Kunst-Reiseführer in der Reihe DuMont Dokumente

Zur schnellen Orientierung – die wichti…
Sehenswürdigkeiten Hamburgs auf ein…

(Auszug aus dem ausführlichen Register)

In der vorderen Umschlagklappe: Stadtplan Innenstadt, Altstadt und Neustadt

In der hinteren Umschlagklappe: Übersichtskarte Hamburg und seine 104 Stadtteile

Hamburger Kontorhaus *Architekt: Franz Bach.*

Hermann Hipp

Freie und Hansestadt Hamburg

Geschichte, Kultur und Stadtbaukunst an Elbe und Alster

DuMont Buchverlag Köln

Umschlagvorderseite: Blick von den Alsterarkaden auf das Rathaus
Umschlaginnenklappe: Pfarrkirche in Niendorf
Umschlagrückseite: Schloß in Hamburg-Bergedorf
Frontispiz: Das Kontorhaus ›Seeburg‹ (Spitalerstr. 16; s. Mönckebergstraße). Schaubild, 1910

2. Auflage 1990

Satz und Druck: Rasch, Bramsche
Buchbinderische Verarbeitung: Bramscher Buchbinder Betriebe

Printed in Germany   ISBN 3-7701-1590-2

Inhalt

Einführung

Einladung an den Leser

Wer einen Kunst-Reiseführer für Hamburg schreibt, hat damit zu rechnen, daß die Hamburger seit eh und je behaupten, in ihrer Stadt gebe es keine Kunst, keine Kulturdenkmäler. Und in der Tat: Hamburg hat durch seine Geschichte eine jahrhundertelange, konsequente Ausbildung als Kaufmanns- und Handelsstadt und als Seehafen erfahren. Dem entspricht sein Wesen als eine bürgerliche Stadt, jedenfalls als eine Stadt, der jeder Einfluß eines Herrscherhauses, einer Residenz, von Zentralverwaltungen und Behörden eines Flächenstaates – freilich auch deren Impulse – fehlen. Es ist im Stadtbild geprägt durch die Wohn- und Arbeitsstätten der Bürger und durch die Gebäude ihrer Selbstverwaltung sowie die Anlagen ihrer Infrastruktur – nichts sonst. »Jede Tageszeit hat in einer großen Stadt, besonders in einer Handelsstadt, ihre eigene sub- und objektive Merkwürdigkeit. Das erfährt der, welcher nach Hamburg kommt, um Hamburg, das ist, das Wesen und Treiben der Handelsstadt zu beobachten; nicht, um Palläste (vielmehr Hausfaçaden), Bibliothecken (eigentlicher Bändetitel), Gallerien u. dgl. zu besehen. Ein wissbegieriger Reisender der letzten Art mag nur seinen Stab unverweilt weiter setzen: denn er findet in den meisten Städten von einigem Rang leicht seine Rechnung besser, als in dem, dem Äußeren nach, ziemlich finstern Hamburg, ohne Rang unter den prunkenden und schönen Städten, wie unter den selbständigen Staaten.« (Friedrich Johann Lorenz Meyer, ›Skizzen zu einem Gemälde von Hamburg‹, 1801)

Stadt und Land Hamburg

Ungefähr 110 km von der Mündung der Elbe entfernt, 10 Grad östlich von Greenwich und 53 Grad 33 Min. nördlicher Breite im Binnenland gelegen, bildet Hamburg die Mitte eines Großraumes, der einen Kreis von ca. 40 km Durchmesser füllt und die Grenzen der 755 qkm umfassenden Fläche der Freien und Hansestadt überschreitet: Einschließlich den niedersächsischen und schleswig-holsteinischen Nachbargemeinden leben hier über zwei Millionen Menschen.

Blick von der Außenalster über die Lombardsbrücke auf die Innenstadt, Lithographie, um 1870

Das Land Hamburg selbst hat etwa 1,6 Millionen Einwohner. Sein Siedlungsgebiet strahlt von der Einmündung von Alster und Bille in die Elbe nach Norden aus in die Bereiche der aus eiszeitlichen Moränen entstandenen höhergelegenen Geest, und entlang ihres Steilabfalls zum Urstromtal der Elbe in östliche und westliche Richtung. Auf dem Geestsporn, der sich von Osten her zwischen Alster und Bille vorschiebt, lag als Keim der Stadt die Hammaburg (s. S. 13, 131), dort liegt bis heute mit Petrikirche und Rathaus das Zentrum Hamburgs.

Das kleinere Gegenstück bildet – ebenfalls zum Staatsgebiet der Freien und Hansestadt gehörend – am Rande der südlich gelegenen Geest Harburg.

In der ausgedehnten Flußmarsch dazwischen breiten sich die landwirtschaftlichen Gebiete der Vier- und Marschlande im Osten sowie des Alten Landes südlich der Elbe im Westen aus, getrennt durch das Stromspaltungsgebiet der Elbe: jenen Bereich, in dem die Wirksamkeit der Tide und die Sedimentation des Stromes Nebenarme und Inseln, sozusagen ein ins Binnenland verlagertes Mündungsdelta, gebildet haben – die natürliche Grundlage für den Hamburger Hafen und damit die entscheidende Existenzbedingung der Stadt schlechthin.

Die Lage Hamburgs bedingt sein Klima: Es unterliegt bei Binnenländern schlimmen Vorurteilen; regnerisch sei es und überhaupt unzuträglich. Ich behaupte – als Binnenländer – das Gegenteil: Es ist ozeanisch und damit mild und erfrischend zugleich. In Hamburg regnet es im Durchschnitt nicht mehr als in Stuttgart – klart durch den Wind aber schneller wieder auf. Es scheint auch ungefähr so häufig die Sonne wie in Stuttgart – aber der Wind sorgt für mehr Sommerfrische. Das berüchtigte ›Schmuddelwetter‹ ist für Hamburg so typisch wie St. Pauli: es gehört dazu, aber nur unter anderem. So etwas gibt es auch in Süddeutschland – dort dauert es in der Regel länger.

Geschichte

Die freie Stadt

Im Frühmittelalter siedelten im Hamburger Raum Sachsen, deren nordelbische Stämme an das Gebiet der slawischen Obotriten grenzten. Die Sachsenkriege Karls des Großen erfaßten Nordelbien erstmals 804. Vorübergehend den Obotriten überlassen, gliederte Karl es 810 in das fränkische Reich ein. Zur Christianisierung gründete er eine erste Taufkirche für den Priester Heridag. Es ist unsicher, ob das damals schon auf dem Hamburger Geestsporn geschah.

831 begründete Ludwig der Fromme in der ›Hammaburg‹ ein Bistum und ließ den Mönch Ansgar zum Bischof weihen. 831/832 zum Erzbischof erhoben, wurde Ansgar als päpstlicher Legat bei den Dänen, Schweden und Slawen eingesetzt – als Missionsbischof also bei den ›heidnischen‹ Völkern nördlich und nordöstlich des fränkischen Reiches rund um die Ostsee. Am Anfang Hamburgs stand damit ein Auftrag im Rahmen der Weltpolitik von Kaiser und Kirche. – Archäologisch konnte die Hammaburg südlich der Hauptkirche St. Petri nachgewiesen werden. Ihr Name geht wohl auf die Lage der Burg, umgeben von sumpfigen Niederungen, zurück (›Hamm‹ als ›Waldland‹ oder ›Flußniederung‹).

845 brannten Wikinger die Hammaburg mit ihrem hölzernen Dom nieder. Ansgar verlegte seinen Sitz nach Bremen, dessen Bischof er zugleich wurde. Seitdem übernahm im Laufe der Zeit Bremen die Hamburger Erzbistumsrechte. Wenngleich wohl mit zeitweiligen Unterbrechungen, bestand in Hamburg aber weiterhin ein Dom und ein Domkapitel (bis zur Reformation Haupt der hamburgischen Kirchen).

Zur Hammaburg gehörte ein ›suburbium‹ oder ›vicus‹, also eine Siedlung von Händlern und Handwerkern, für die Ansgar noch vor 845 das Recht erhalten hatte, Markt zu halten, ja das Recht, Münzen zu schlagen. Sie wuchs auch nach 845 und im 10. Jh. Zu einer neuen Bevorzugung Hamburgs durch die Erzbischöfe kam es im 11. Jh.: Unwan (1013–29) baute einen neuen hölzernen Dom und erneuerte das Domkapitel, Bezelin Alebrand (1035–43) ließ erstmals einen Dom aus Stein und einen steinernen Wohnturm errichten (s. S. 131). Eine

Gras Broick
HAMBVRG
DER
ALSTER
1. Pferdt marckt.
2. Opm berge.
3. S. Peter.
4. Der Domb.
5. S. Iacob.
6. S. Gertraud.
7. Fisch marckt.
8. S. Cathrina.
9. Alte Gran
10 Die Beurs.

Stadtplan von Wenzel Hollar 1643 mit dem Wallring von 1615–26 und der erst mäßig bebauten Neustadt

zwölftürmige Stadtmauer wurde geplant, aber nicht gebaut. Adalbert (1043–72) erhob Hamburg wieder zur Residenz; die Stadt wurde zum Mittelpunkt seiner skandinavischen und slawischen Missionstätigkeit. Adalberts Ziel war der Ausbau Hamburgs zu einem Patriarchat des Nordens – das an seinem reichspolitischen Scheitern 1066 zerbrach.

Im Gegenzug errichteten die sächsischen Billunger-Herzöge um 1040 eine Burg an der Alster (beim Rathausbau wurden ihre Spuren gefunden) und um 1060 eine ›Neue Burg‹ in der Schleife des heutigen Nikolaifleets (s. S. 140).

1110/11 wurde Adolf von Schauenburg mit der Grafschaft in Holstein und damit auch den herzoglichen Teilen Hamburgs belehnt. Die Schauenburger statteten ihre Territorien systematisch mit Städten aus. 1143 gründeten sie auch Lübeck. Adolf III. legte 1186/87 auf dem Gelände der Neuen Burg, gegenüber dem älteren Hamburg, eine Kaufmannsstadt an, organisiert durch ein ›Unternehmerkonsortium‹ (wie man vielleicht sagen kann) unter Leitung von Wirad von Boizenburg. Für dieses Konsortium wurde der Freibrief Kaiser Friedrichs I. Barbarossa ausgestellt, auf den Hamburg bis heute seinen ›Hafengeburtstag‹ zurückführt (die überlieferte Urkunde ist allerdings eine Fälschung aus der Zeit um 1225; s. S. 140).

1201 bis 1225 stand Holstein und damit Hamburg (mit einer kurzen Unterbrechung 1215/16) unter dänischer Herrschaft. Der Herzog und ab 1203 König Waldemar ›der Sieger‹ hatte es erobert. Seit 1202 war Albrecht von Orlamünde dänischer Graf von Holstein und Stadtherr beider Hamburger Siedlungen; damals schlossen sie sich zu einer gemeinsamen Stadt zusammen (s. S. 139). Nach der Gefangennahme Waldemars 1223 und Albrechts 1225 durch eine norddeutsche Fürstenkoalition unterwarf sich die Stadt Adolf IV. von Schauenburg. In der Schlacht von Bornhöved am 22. 7. 1227 fiel Holstein endgültig unter schauenburgische Herrschaft und damit an das Reich zurück. Seit 1228 war Adolf IV. Herr der Gesamtstadt. Der Bremer Erzbischof gebot nur mehr über die Domimmunität im Bereich der ehemaligen Hammaburg. So war aus der dänischen Zeit eine Stadt neuer Qualität hervorgegangen. Nicht ausgeschlossen ist, daß das Waldemarische Ostseereich auch die weitreichenden Handelsbeziehungen gefördert hat, die die Hanse dann weiterentwickelte.

Seitdem verselbständigte sich die Stadt gegenüber den Holsteiner Grafen. Um 1400 war sie faktisch unabhängig und agierte wie eine Freie Reichsstadt – entsann sich aber gelegentlich auch ihrer holsteinischen Landesherren, wenn es etwa um die Verweigerung von Reichssteuern ging. Zur unerwünschten Erinnerung an Pflichten gegenüber dem Reich gehörte etwa die Feststellung des Augsburger Reichstags 1510, daß Hamburg als eine Reichsstadt anzusehen sei. Erst erneute Ansprüche der dänischen Könige (inzwischen Herzöge in Holstein) sorgten im 16. und 17. Jh. dafür, daß Hamburg 1618 die Bestätigung der Reichsfreiheit durch das Reichskammergericht begrüßte.

Schon 1241 sicherte ein Bündnis mit Lübeck die Verbindung der Verkehrswege zwischen beiden Städten und damit die Verbindung von Ost- und Nordsee. Die Bildung der Städte-Hanse im ausgehenden 13. Jh. band Hamburg in deren vernetztes Wirtschaftssystem und in deren Politik ein. Ihr Verfall wiederum seit dem Ende des 15. Jh. entließ Hamburg als eine wirtschaftsstarke, politisch selbständige Stadt, die seitdem systematisch ihre eigenen Interessen ausbaute und verfolgte. Im 16. Jh. ist der bemerkenswerteste Ausdruck dafür die

Offenheit gegenüber Fremden: Niederländer wurden – samt ihrer wirtschaftlichen Kompetenz und ihrem Kapital – ebenso aufgenommen wie die englischen ›Merchant Adventurers‹ (s. S. 201) und portugiesische Juden (die allerdings nur unter dem Schein des katholischen Bekenntnisses in der Stadt geduldet wurden). Um die Mitte des 16. Jh. erreichte Hamburg dieselbe Einwohnerzahl wie Lübeck (ca. 25000); 1662 betrug sie 75000.

Die großen Festungswerke, die 1615–26 ausgeführt wurden (s. S. 206), sicherten die Stadt im Dreißigjährigen Krieg. Politisch hielt sich Hamburg neutral. Es wurde im 17. Jh. für Norddeutschland und Nordeuropa zur Drehscheibe des Handels, der Geldwirtschaft, aber auch der Diplomatie und des Nachrichtenaustauschs.

Lang noch wurde die Selbständigkeit der Stadtrepublik von den dänischen Königen bestritten. In der Belagerung Hamburgs durch Christian V. 1686 kulminierte dieses Spannungsverhältnis. Erst im ›Gottorper Vertrag‹ anerkannte der dänische König 1768 Hamburgs Status als Freie Reichsstadt – gerade noch eine Generation vor Ende des Heiligen Römischen Reiches. Um 1800 lebten mehr als 100000 Menschen innerhalb der Wälle.

Am 6. 8. 1806 legte Franz II. die deutsche Kaiserkrone nieder, Hamburg wurde souverän; am 19. 11. 1806 besetzten jedoch französische Truppen die Stadt, die bereits seit 1803 durch Napoleons Elbblockade betroffen war. Zwei Tage später wurde die Kontinentalsperre verhängt, die Hamburgs Handel vollends schwer beeinträchtigte. 1810 förmlich in das französische Kaiserreich eingegliedert, 1813 für kurze Zeit befreit, begann in Hamburg die ›Franzosenzeit‹ unter dem Besatzungsregiment des Marschalls Davout. Sie endete erst nach langer Belagerung am 30. 5. 1814 (schon am 6. 4. hatte Napoleon selbst abgedankt) und blieb als Tiefpunkt der Stadtgeschichte in Erinnerung.

1815 trat die Stadt dem Deutschen Bund bei. Hamburgs freistaatliches Selbstgefühl erreichte nun einen Höhepunkt: Seit 1819 führt die Stadt den Staatstitel ›Freie und Hansestadt Hamburg‹.

Preußens zugleich einsetzende Expansion blieb für Hamburg nicht ohne Folgen. 1866 zögernd dem Bündnis mit Preußen beigetreten, dann dem Norddeutschen Bund, büßte es wichtige Elemente seiner Eigenstaatlichkeit ein: die eigenständige Außenpolitik und deren Symbol, die eigene Handelsflagge. Aber Hamburg blieb als Freihafen gegenüber dem Deutschen Zollverein und dem 1871 gegründeten Deutschen Reich Zollausland. Um Hamburg herum und höchst alltäglich erfahrbar verlief die Zollgrenze. Sie endete mit dem ›Zollanschluß‹ 1881–88; nur der Hafen blieb davon ausgenommen (s. S. 218).

Innerhalb des Reiches bewahrte Hamburg die Eigenstaatlichkeit als eines seiner Länder. Nach dem Zollanschluß sorgte es für Bauten, die das auch vergegenwärtigten (s. S. 121). Daß Hamburg an einer liberalen Weltwirtschaft interessiert war und sich nicht durch die Reichspolitik allzusehr binden lassen wollte, bedingte eine lange bewahrte Distanz zu den Führungsschichten Preußens und des Reiches. Die wirtschaftlichen Erfolge als ›des Deutschen Reiches Tor zur Welt‹ brachten aber schließlich auch in Hamburg das Einverständnis mit dessen Imperialismus – von den neuen Kolonien profitierte man ja. Das Bismarck-Denkmal auf dem Stintfang als imperialistischer ›Roland‹ ist das monumentale Zeugnis dieses Umdenkens (s. S. 214).

Eröffnung des Freihafens am 29.10. 1888 durch Kaiser Wilhelm II. vor der Brooksbrücke

Die Weimarer Republik anerkannte Hamburg als selbständiges Land, und es blieb dem ›Dritten Reich‹ vorbehalten, ihm seinen Status als ›Freie‹ Hansestadt zu nehmen (s. S. 24). Die im Zweiten Weltkrieg zur Hälfte zerstörte Stadt wurde – entgegen einem ›Führerbefehl‹ – zur offenen Stadt erklärt und damit vor den Schrecken eines Endkampfes als Festung bewahrt. Am 3. 5. 1945 besetzten britische Truppen Hamburg.

Unter der britischen Militärregierung (die bis zur Bildung der von Frankfurt aus verwalteten britisch-amerikanischen ›Bizone‹ am 1. 1. 1947 ihren Sitz in Hamburg hatte) erhielt die Stadt wieder Senat und Bürgermeister, 1946 durfte sie eine Bürgerschaft wählen.

Die Gründung der Bundesrepublik Deutschland gab Hamburg den Status der ›Freien und Hansestadt‹ als eines von deren Ländern zurück – als Stadtstaat neben Bremen (und dem Sonderfall West-Berlin).

Das Land

Bis zur Aufhebung der ›Torsperre‹ 1860/61 (s. S. 206) war die Stadt auf die Flächen innerhalb des Wallrings beschränkt. Seit 1189 der Freibrief Barbarossas der Neustadt freie Schiffahrt auf der Elbe bis zu ihrer Mündung gewährt und den Bau von Burgen in zwei Meilen (15 km) Umkreis untersagt hatte, betrieb Hamburg eine systematische Politik zur Sicherung seiner Verkehrswege und seines Umlandes. Es erwarb und erstritt Rechte, Grundbesitz und Herrschaft durch seine Bürger, durch den Rat oder durch von ihr abhängige geistliche Körperschaften, so vor allem die Hospitäler St. Georg und Heilig Geist sowie das Zisterzienserinnenkloster Harvestehude. Im 14. Jh. kamen Cuxhaven mit Neuwerk, die Dörfer im Norden der Stadt (von Barmbek bis Langenhorn und Wohldorf) in den Besitz der Stadt; ebenso die Marschlande und schließlich – gemeinsam mit Lübeck – die Vierlande und das Städtchen Bergedorf. 414 km^2 umfaßte vor 1937 das alte Hamburg.

Um dieses Gebiet herum entwickelten sich die Nachbarterritorien:

Die Grafschaft Holstein gelangte 1460 durch Erbgang an das dänische Königshaus, wenngleich sie – seit 1474 Herzogtum – Teil des Deutschen Reiches bis zu dessen Ende 1806 blieb. Die Teilung in einen herzoglichen (von Gottorf aus regierten) und einen königlichen (von Kopenhagen aus regierten) Teil seit dem 16. Jh., gemeinschaftliche Verwaltung und die Ausbildung von Nebenlinien unterschiedlicher Rechte machen die Herrschaftssituation (an der auch noch die adligen Güter Wandsbek und Wellingsbüttel beteiligt waren) sehr kompliziert. Viele heutige Stadtteile im Norden und Osten Hamburgs gehörten zum holsteinischen Amt Trittau (herzoglichen Anteils). Altona, Ottensen und die Elbvororte, dazu Stellingen, Lokstedt und Niendorf waren Teil der Grafschaft und später Herrschaft Pinneberg, dem einzigen Teil Holsteins, der noch den Schauenburger Grafen (bzw. deren Hauptzweig mit Gebiet um die Residenzen Stadthagen und Bückeburg) verblieben war. 1640 traten die Holsteiner Landesherren auch hier die Erbschaft an, die Hamburg benachbarte Hälfte kam zum königlichen Anteil des Herzogtums Holstein. – 1767–73 verzichtete die Gottorfer Linie auf ihren Anteil an Holstein; das Land war seitdem unter dem dänischen König vereinigt. Im Gottorfer Vertrag von 1768 konnte Hamburg die bis dahin holsteinischen Elbinseln gewinnen (s. S. 280). Seit 1815 auch das Herzogtum Sachsen-Lauenburg an ihn fiel, stand das gesamte Gebiet nördlich um Hamburg unter dänischer Herrschaft.

Leitfossil ehemals holsteinischer Landeszugehörigkeit sind in vielen Stadtteilen die ›Schleswig-Holstein-Gedenksteine‹, die 1898 zur Erinnerung an den 1848 ausgebrochenen Aufstand der Herzogtümer Schleswig und Holstein gegen die dänische Landesherrschaft gesetzt wurden.

Die heute hamburgischen Gebiete südlich der Elbe haben eine nicht weniger vielfältige Territorialgeschichte: Das 1235 gebildete Welfen-Herzogtum Braunschweig-Lüneburg erlebte viele Teilungen (so war Harburg 1527–1642 Residenz einer Nebenlinie). – 1692 wurde der Celler Hauptteil, zu dem auch Harburg, Wilhelmsburg und die umgebenden Dörfer gehörten, Kurfürstentum (seit Anfang des 18. Jh. Kurhannover, seit 1814 Königreich). – Aus dem Gebiet der Bremer Erzbischöfe – zu dem das ›Alte Land‹ gehörte – entstand nach 1558 bzw. 1566 ein weltliches Herzogtum, das 1648 an Schweden gelangte. 1715–20 ging es auf Hannover über.

1866 wurde das Königreich Hannover von Preußen annektiert, von 1867 bis 1945 war es preußische Provinz – wie seit 1867 auch Schleswig-Holstein, das Preußen im Zweiten Dänischen Krieg 1864 gemeinsam mit Österreich besetzt hatte.

Diese in Jahrhunderten gewachsenen territorialen Verhältnisse wurden im Zuge des modernen Großstadtwachstums seit der Mitte des 19. Jh. für die Hansestadt zur Zwangs-

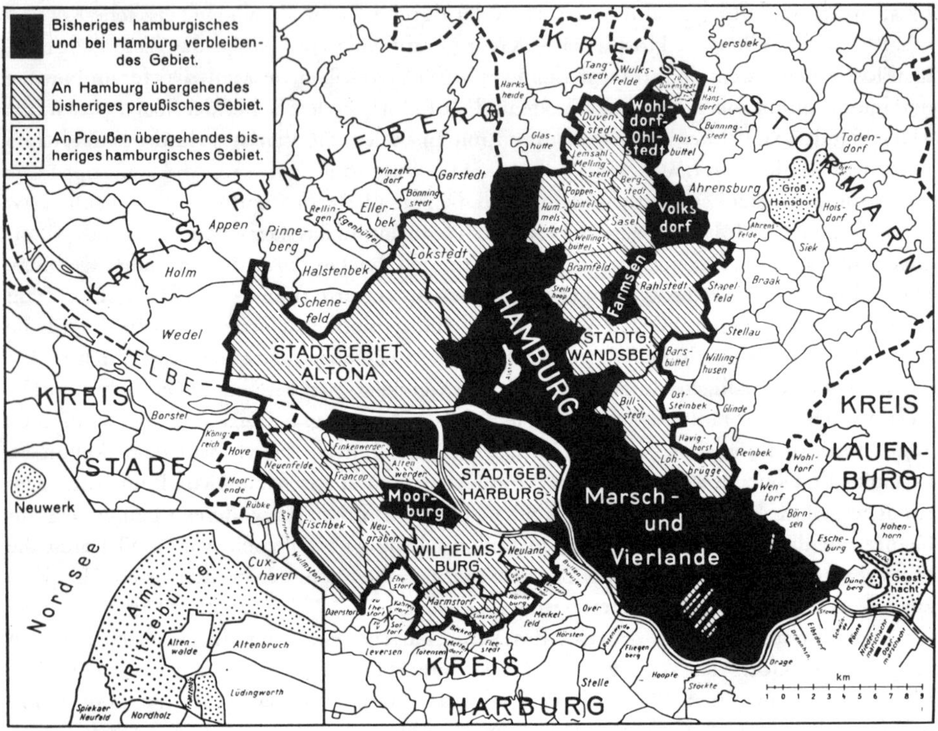

Neugliederung von Hamburg und Umgebung durch das Groß-Hamburg-Gesetz 1937/38

jacke. Und seit dem Ersten Weltkrieg gab es Pläne, einen gemeinsamen Stadtorganismus oder doch wenigstens planerisch einheitlichen Entwicklungraum mit den Nachbarstädten und dem Umland zu schaffen. Aber erst das ›Dritte Reich‹ brachte das ›Groß-Hamburg-Gesetz‹ von 1937, vollzogen 1938: Jetzt wurden die preußischen Nachbargebiete mit Hamburg vereinigt, Teile aber auch von Alt-Hamburg abgetrennt; an Preußen fielen Großhansdorf-Schmalenbek, Geesthacht und Cuxhaven mit Neuwerk. Als Land der Bundesrepublik Deutschland behielt Hamburg die neuen Grenzen. 1962 hat Hamburg die Insel Neuwerk mit Scharhörn und einem großen Wattengebiet an der Elbmündung von Niedersachsen zurückgekauft.

Im geschichtlichen Wandel war Hamburg erfolgreich: Die ›Freie und Hansestadt Hamburg‹ behielt bis heute ihre Eigenstaatlichkeit – in einem Gebiet, das größer ist denn je, zwischen den Nachbarländern Niedersachsen und Schleswig-Holstein, die aus Preußen hervorgegangen sind.

Die Republik

Die bürgerliche Verfassung Hamburgs geht zurück auf die Zeit der Neustadt-Gründung und des Zusammenschlusses der beiden Teilstädte unter dänischer Herrschaft. Seitdem sicherte der Rat als Kollegialorgan die Grundlagen des Fernhandels durch Außen- und Territorialpolitik, dazu die Rechtsverhältnisse im Innern; er verwaltete die Stadt mit Hilfe von Beamten und er sprach Recht. Der Rat ergänzte sich selbst – und fast ausschließlich aus dem Kreis der Großkaufleute; ein Patriziat – also die Beschränkung der Ratsfähigkeit auf bestimmte Familien – gab es aber in Hamburg nie.

In wichtigen Angelegenheiten war der Rat von der Zustimmung der Bürger insgesamt abhängig. In vielen Konflikten und Einigungen entwickelten sich deren Rechte. Die Kaufmannschaft organisierte sich in den Gesellschaften der Flandern-, Schonen- und Englandfahrer, seit 1517 im ›Ehrbaren Kaufmann‹. Die Handwerkerzünfte hießen in Hamburg ›Ämter‹; sie bestanden bis zur Einführung der Gewerbefreiheit 1865. Die gewählten ›Geschworenen‹ oder ›Juraten‹ der Kirchspiele bildeten Kollegien, die dem Rat als Verhandlungspartner gegenübertreten konnten. In mancher Hinsicht waren die Kirchspiele Vorläufer von Stadtteilgliederung und Bezirksverwaltung. Zumal seit der lutherischen Reformation und ihrer Kodifizierung durch die von Johannes Bugenhagen entworfene Hamburger Kirchenordnung von 1529 waren sie – wie die anderen geistlichen Stiftungen – Teil der bürgerlichen Ordnung. Zu ihren Aufgaben gehörten Sozial- und Schulwesen. 1563 übernahmen je Kirchspiel zwei ›Kämmereibürger‹ die Kämmerei und damit die städtische Finanzverwaltung.

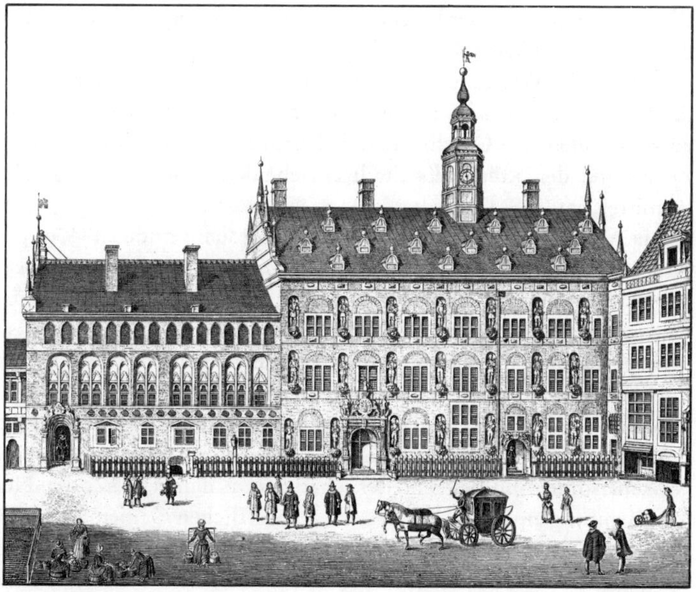

Das alte Hamburger Rathaus an der Trostbrücke im 17. Jh., 1842 zerstört

Natürlich gab es auch Auseinandersetzungen zwischen Rat und Bürgern. Sie kulminierten nach inneren Unruhen 1686 in der Hinrichtung von Cord Jastram und Hieronymus Snitger, Führern der städtischen Mittel- und Unterschichten. Im Kern ging es um die Frage, ob der Rat Obrigkeit oder Mandatsträger sei. Am Ende verbriefte der ›Hauptrezeß‹ von 1712 den Grundsatz, daß weder Rat noch Bürgerschaft, sondern nur beide gemeinsam – ›inseparabili nexu coniunctim‹ – Träger des ›Kyrion‹, der Staatsgewalt seien. Der ›erbgesessenen‹ Bürgerschaft in diesem Sinne gehörte freilich nur eine Minderheit der Einwohner an: wer in der Stadt wohnte, über Grundbesitz (ein ›Erbe‹) in der Stadt verfügte und den Bürgereid geleistet hatte, männlichen Geschlechts und erwachsen war.

Nach vorübergehenden Modernisierungen unter französischer Herrschaft 1810–14 kam es zwischen 1848 und 1850 zu einer verfassunggebenden Versammlung – und dann doch nur zu einer konservativen Reform: 1859/60 wurde die Verfassung verabschiedet, die – mit Veränderungen – bis 1918 in Kraft blieb. Sie sah erstmals eine auf Zeit gewählte ›Bürgerschaft‹ vor. Die Mitglieder des Senats – wie der Rat seit 1860 hieß – wurden auf Lebenszeit gewählt. Der Senat war weiterhin zugleich Regierung wie gesetzgebende Körperschaft, nach wie vor lag die höchste Staatsgewalt bei beiden Körperschaften gemeinsam. – Die Mitwirkungsrechte der ›Bürger‹ an dieser Verfassung blieben durch Bürgerrecht und Wahlmodus beschränkt auf nur rund 10 % der männlichen Einwohner. So gelangte erst 1901 ein einzelner Sozialdemokrat in die Bürgerschaft. Als es 1904 13 waren, kam es zum berüchtigten ›Wahlrechtsraub‹: 1906 wurde durch ein verschärftes Wahlrecht die Mitwirkung der Bevölkerungsmehrheit am Stadtregiment noch stärker beschnitten.

Erst 1870 löste man offiziell die von der Bugenhagenschen Kirchenordnung begründete Einheit von lutherischer Kirche und Staat auf – aber schon seit 1848 hatte die Konfession für das Bürgerrecht keine Rolle mehr gespielt.

Bürgerliche Vereine und Verbände trugen seit je zur Meinungs- und Konsensbildung in der Stadt bei. Welches Maß an politischer und kultureller Bedeutung sie haben konnten, zeigt vor allem die Geschichte der ›Patriotischen Gesellschaft von 1765‹, die dem sozialen Leben und der Kultur der Stadt entscheidende und auf lange Zeiten wirksame Impulse vermittelt hat (s. S. 138).

Die Arbeiterbewegung in Hamburg hatte sich seit den 1840er Jahren formiert, zuerst im Arbeiterbildungsverein, dann im Allgemeinen Deutschen Arbeiterverein, aus dem die Sozialdemokratische Partei hervorging. Das gegen sie gerichtete Sozialistengesetz 1878 wurde auch in Hamburg vollstreckt – wenngleich wohl weniger drakonisch als in den umliegenden preußischen Provinzen. In den allgemeinen Wahlen zum Reichstag gewannen die Sozialdemokraten bis 1890 alle drei Hamburger Wahlkreise (seit 1883 vertrat August Bebel Hamburg im Reichstag). Der 1897 gegründete ›Konsum-, Bau- und Sparverein Produktion‹ wurde eine der größten der Arbeiterkonsumgenossenschaften. Mit Firmen wie der ›Volksfürsorge‹ und Baugenossenschaften (aus denen später die ›Neue Heimat‹ hervorging) war Hamburg ein Zentrum der gewerkschaftlichen Gemeinwirtschaft (s. S. 264).

Die bürgerlichen Parteien formierten sich erst nach dem Ersten Weltkrieg. Die alte Führungsschicht war (national-)liberal orientiert, aus ihr ging die Anhängerschaft der Deut-

Hamburger Münzen 1796 und 1808 – ›zwei Mark Courant‹ zu 32 Schilling

schen Volkspartei hervor. Linksliberale Freisinnige organisierten sich seit dem ›Wahlrechtsraub‹ 1906, nach 1918 in der Deutschen Demokratischen Partei. – Gering war die Anhängerschaft der Rechten, organisiert in der Deutschnationalen Volkspartei (und unterstützt vom Deutschnationalen Handlungsgehilfen-Verband; s. S. 212).

1918 kam es – angestoßen durch den Kieler Matrosenaufstand – in Hamburg zur Revolution. Die USPD forderte am 5. November die Sozialistische Republik, ein Arbeiter- und Soldatenrat übernahm am 6. November die Macht. Der Senat erklärte noch am selben Tag vor der Bürgerschaft seine Bereitschaft, »sich in den Dienst dieser neuen Zeit zu stellen« – drei Tage vor Ausrufung der ›deutschen Republik‹ in Berlin.

Am 16. 3. 1919 wurde eine verfassunggebende Bürgerschaft gewählt – erstmals in Hamburg durch eine allgemeine Wahl. Die (Mehrheits-)Sozialdemokraten errangen 50,5 % der Stimmen. Am 26. 3. 1919 übertrug der Arbeiter- und Soldatenrat die politische Gewalt auf das neue Parlament. Die am 9. 1. 1921 in Kraft getretene Verfassung (die vorher schon provisorisch praktiziert wurde) übertrug die höchste Staatsgewalt dem Parlament; die Bürgerschaft wurde alleiniger Gesetzgeber. Der Senat wird von ihr als Exekutive auf Zeit gewählt und bleibt von ihr abhängig. Das allgemeine gleiche Wahlrecht für alle Erwachsenen ab 20 Jahren wurde in die Verfassung übernommen. Erst jetzt war Hamburg eine wirkliche Republik geworden.

Sozialdemokraten und Liberale der DDP (seit 1924 auch der DVP) bildeten den Senat, bis 1924 stellten die Bürgerlichen sogar den Ersten Bürgermeister.

Innere Unruhen nahmen teilweise einen dramatischen Verlauf, so die ›Sülzeunruhen‹ zwischen dem 23. und 27. Juni 1919, bei denen 60 Menschen, darunter 16 ›Bahrenfelder‹, Angehörige eines Reichswehr-Freiwilligenkontingentes (in den Bahrenfelder Kasernen stationiert) starben. Der Kapp-Putsch vom 13. bis zum 17. März 1920, geführt von rechten Offizieren, scheiterte in Hamburg am Bündnis von Sozialdemokratie und liberalem Bürgertum ebenso wie der kommunistische ›Hamburger Aufstand‹ vom 23. bis 25. 10. 1923.

Im übrigen blieb die getrennte Verwaltung von Stadt und Landgebieten erhalten. Die Landgemeinden und die Stadt Bergedorf behielten eigene kommunale Verwaltungen und Bürgervertretungen wie schon vor dem Ersten Weltkrieg.

Die Machtergreifung der Nationalsozialisten im Reich mit der Ernennung Adolf Hitlers zum Reichskanzler am 30. 1. 1933 wurde durch die Reichstagswahlen vom 5. März 1933 bestätigt: Auf die Rechtsparteien NSDAP und DNVP entfielen 51,9% der Stimmen. In Hamburg allerdings waren es nur 46,8%. Dennoch erhielt Hamburg jetzt einen rechten Senat, der nicht mehr der Bürgerschaft verantwortlich war, sondern dem Reichsstatthalter. Das war der Gauleiter der NSDAP, Karl Kaufmann.

Die Stadt hieß nach dem Groß-Hamburg-Gesetz nur noch ›Hansestadt Hamburg‹: Staatliche Aufgaben übernahm das Reich, Groß-Hamburg erhielt eine kommunale Verwaltung. Die tatsächliche Macht übte der Gauleiter der NSDAP und Reichsstatthalter aus. Bürgermeister und Beigeordnete waren nur noch Verwaltungsbeamte, das neu gebildete Gremium von 60 ›Ratsherren‹ besaß keinerlei Machtbefugnis. – Die Machtergreifung hatte nachhaltige Folgen wie überall. Die fortschrittlichsten Elemente auch der Architektur und der Kunst wurden unterdrückt, ja ausgemerzt. Aber das war eine Nebensache gemessen an der Terrorherrschaft überhaupt, für die in Fuhlsbüttel und dann in Neuengamme Konzentrationslager eingerichtet wurden. Die Geschichte des Faschismus in Hamburg hat viele Züge, die ihn als ›milder‹, den liberalen Traditionen der Stadt angepaßt erscheinen lassen. Selbst in den Neubauplanungen der Partei wurden Hamburg besondere Konditionen und Formen zugewiesen. Ebenso gab es aber genug Hamburger Nationalsozialisten, die gerade deshalb Hamburg zum ›Mustergau‹ machen wollten.

Die Verfassung des Landes Hamburg im Rahmen der Bundesrepublik Deutschland hat in allen wesentlichen Punkten an die der zwanziger Jahre angeknüpft. Lebendiger Repräsentant für die Wiederaufnahme der Weimarer Tradition war als Erster Bürgermeister (1946–53 und 1957–60) Max Brauer, der 1924–33 Oberbürgermeister des ›Neuen Altona‹ gewesen war. – 1949 wurde das Bezirksverwaltungsgesetz beschlossen, auf Grund dessen sieben Stadtbezirke mit Bezirksämtern und 15 Ortsämtern zur Verwaltung der 104 Stadtteile eingerichtet wurden. Gewählte Bezirksversammlungen und von diesen eingesetzte Ortsausschüsse beraten diese untere Verwaltungsebene.

Im übrigen bewahrt Hamburgs Regierungssystem bis heute als Überrest alt-hanseatischer Selbstverwaltung die ›Deputationen‹. Früher wickelten in ihnen ehrenamtlich tätige Bürger die Verwaltung ab. Bis heute bilden sie (von der Bürgerschaft eingesetzt) in den hamburgischen Behörden dem Buchstaben nach die eigentliche Verwaltungsspitze unter einem Senator als ›Präses‹. Auch die moderne repräsentative Demokratie hält so in Hamburg – mit Mißmut und Hingabe – an alten Zöpfen fest, von deren mangelnder Effizienz alle überzeugt sind, die aber nicht abgeschafft werden, weil sie etwas bewirken, das freilich zur politischen Kultur dieser Stadt seit unvordenklicher Zeit gehört: Kein einziger einzelner kann in Hamburgs Staatswesen etwas veranlassen. Immer ist er auf die Mitgenehmigung und Mitwirkung anderer angewiesen. So kommt vieles nicht zustande, das meiste dauert sehr lange. Aber vieles wird damit auch konsensfähig, im Kompromiß tragfähig.

Der handelnde Staat

> *»Die Freie und Hansestadt Hamburg hat als Welthafenstadt eine ihr durch Geschichte und Lage zugewiesene, besondere Aufgabe gegenüber dem deutschen Volke zu erfüllen ...«*
>
> (Verfassung der Freien und Hansestadt Hamburg)

Unter den deutschen Hafenstädten profilierte sich Hamburg seit dem Mittelalter zur mit Abstand bedeutendsten nach Warenumschlag wie nach Bevölkerung. Der Hafen und die daraus abgeleiteten Handelsfunktionen sind seit je nicht nur Lebensgrundlage, sondern Staatszweck der Stadtrepublik gewesen. Johann Georg Büsch nannte Hamburg deshalb 1792 einen ›handelnden Staat‹ – für seine Bewohner klang das nicht zweideutig.

Die durch den Zweiten Weltkrieg veränderten Hinterlandbedingungen, die Weltwirtschaftskrise der letzten Jahre und großräumige Konkurrenz mit anderen Hafenstädten, insbesondere mit Rotterdam, dazu der weltweite Wettbewerb im Schiffbau, stellen diese existenztragende, zentrale Funktion der Hafenwirtschaft zunehmend in Frage. So rückte ein neues Ziel ins Blickfeld: Hamburg als ›Standort‹ von Zukunftstechnologien und modernen Medienindustrien. In beidem setzen sich Traditionen fort. Ob Chips oder Flugzeuge: Sie haben sich entwickelt aus Schiffbau und Ausrüstung. Ob Studio Hamburg oder Privatfernsehen, ZEIT, SPIEGEL, ›Hör zu‹ oder ›Stern‹: Sie haben hinter sich die jahrhundertelange Blüte der Presse in Hamburg, die sich in der Aufklärungstradition der Stadtrepublik freier als irgendwo sonst entfalten konnte.

Um keinen falschen Eindruck aufkommen zu lassen: Nach wie vor gedeiht der Hafen! Ein Jahr vor seinem ›800.‹ Geburtstag wurden 1988 58,7 Millionen Tonnen Güter umgeschlagen. Rund 63 km^2 des Hamburger Gebiets sind Hafenflächen, 16 km^2 nimmt davon der Freihafen ein. Fast 14000 Schiffe haben 1988 Hamburg angelaufen. 39 km Kaimauern dienen Seeschiffen zum Festmachen und zum Güterumschlag (s. S. 266 u. S. 280ff., 305, 514, 522).

Tausend Jahre Wirtschaftsgeschichte haben dahin geführt:

Schon die Grabungen im ältesten Hafenbereich haben große Mengen Getreide nachgewiesen – im Mittelalter ein Haupthandelsgut Hamburgs. Aus dem Binnenland beschafft, wurde es von hier aus in die Nordseeküstengebiete bis Flandern exportiert. Tuche, Vieh und Wein kamen als Importe. Der Hamburger Zwischenhandel war eingebunden in das Handelsgeflecht der Hansestädte und ihrer Verkehrsbeziehungen. Besondere Bedeutung hatte dabei die enge Kooperation mit Lübeck, dessen Nordseehafen Hamburg war. Seit dem 14. Jh. entfaltete sich die Bierbrauerei als eigenes Exportgewerbe in Hamburg. Durch diese Flüssig-Veredelung des Getreides wurde die Stadt zum ›Brauhaus der Hanse‹.

Daß die Freie und Hansestadt Hamburg die ›Hanse‹ ganz offiziell im Namen führt, verweist auf die zentrale Funktion von Handel und Wirtschaft in dieser Stadtrepublik und auf ihre historische Dimension.

So kompliziert die reale Geschichte dieser Städtegemeinschaft auch verlief, so eindeutig war ihr Zweck immer der gemeinschaftliche Schutz von Handel und Seefahrt – durch

Genossenschaften von Kaufleuten und Schiffen seit dem 12. Jh., dann durch Verträge, Bündnisse, gemeinsame politische und militärische Aktionen der Handelsstädte an Nord- und Ostsee, aber auch weit im Hinterland von Nord- und Westdeutschland. Dazu gehört schon das Bündnis, das Lübeck 1241 mit Hamburg schloß, um die Straßenverbindung beider Städte zu sichern, wie dann die Blütezeit der Städtehanse im 14. und 15. Jh. Die kommunale Selbständigkeit der Städte wurde dadurch nie berührt. – Seit dem 16. Jh. gelang es Hamburg – mehr als Lübeck, der ›Königin der Hanse‹ –, erfolgreich sein Eigeninteresse zu entfalten. So bedeutete der Untergang der Hanse (letzter Hansetag 1669) für Hamburg nicht den Abstieg.

Das 16. und 17. Jh. brachten eine wirtschaftliche Blüte, die Hamburg Lübeck überflügeln ließ. Die Ausdehnung des Handels nach Umfang und Reichweite wurde von den englischen ›Merchant Adventures‹, niederländischen und portugiesisch-jüdischen Immigranten mitgetragen; sie brachten neue Gewerbe in die Stadt, so die Tuch- und Zuckerveredelung. 1558 wurde die Hamburger Börse gegründet, die erste in Deutschland und Nordeuropa (s. S. 138). Die 1619 gegründete Hamburger Bank war seitdem mit ihrem Silberschatz Garant des Hamburger Finanzwesens und des bargeldlosen Zahlungsverkehrs, auch der eigenen Hamburger Währung in ›Mark Banco‹ und (seit 1665 als geprägte Münze) ›Mark Courant‹. Sie wurden erst in der Reichsmünzreform 1871–73 außer Kurs gesetzt. Die Unabhängigkeit der Vereinigten Staaten von Amerika seit 1783 brachte die Beteiligung Hamburgs am Transatlantik-Handel. Eine der höchsten Konjunkturen war die Folge – nicht zuletzt Grundlage für die Baukultur des Bürgertums im Klassizismus.

Nach dem Ende der ›Franzosenzeit‹ profitierte Hamburg vom Import englischer Waren. Die Befreiung der lateinamerikanischen Kolonien brachte neue Möglichkeiten im Südamerika-Handel. Die Industrialisierung fand ihren unmittelbaren Ausdruck in der Steigerung des Hafen- und Handelsumsatzes und in einer ›Bevölkerungsexplosion‹ der Stadt: Bis 1910 wuchs Hamburg auf eine Million Einwohner.

Die Zeit bis 1914 war wohl die wirtschaftlich ertragreichste, die Hamburg je erlebte. Der Aufstieg der 1847 gegründeten HAPAG (Hamburg-Americanische Paketfahrt Aktien-Gesellschaft) unter Albert Ballin seit 1886 zur weltgrößten Reederei ist nur ein Symptom dafür. Ein großer Teil der Auswanderungsströme aus Mittel- und Osteuropa nach Übersee ging durch Hamburg und über Hamburger Schiffe.

Der Erste Weltkrieg, ihm folgend die schweren Wirtschaftskrisen am Anfang und Ende der zwanziger Jahre, der Zusammenbruch nach dem Zweiten Weltkrieg, die Krisen der internationalen Hafen- und Schiffbauwirtschaft in den letzten Jahrzehnten haben immer wieder zu Modernisierungen von Hafen und Wirtschaft, am Ende zu neuen Erfolgen geführt, von denen die Stadt leben konnte.

Emanzipation und Verfolgung – die Hamburger Juden

Von den Gruppen, die auf Grund ihrer nicht-lutherischen Konfession in Hamburg bis weit ins 19. Jh. Einschränkungen ihrer politischen Rechte und ihrer Lebensführung hinzunehmen hatten, waren die Juden am meisten benachteiligt. Zwar konnten sie seit Aufnahme

Die Synagoge Kohlhöfen, erbaut 1857–59, 1934 abgebrochen (s. Neustadt)

reicher portugiesischer Flüchtlinge im 16. Jh. in der Stadt leben, und sie erhielten im 17. und 18. Jh. auch die Möglichkeit der Religionsausübung, jedoch stets von der Duldung durch den Rat abhängig. Um 1800 gehörten zur Jüdischen Gemeinde in Hamburg 6500 Menschen, mehr als in jeder anderen deutschen Stadt.

Die Gleichberechtigung unter französischer Herrschaft blieb vorübergehend, leitete aber doch die Emanzipation ein. In Befolgung der ›Grundrechte der Deutschen‹, wie sie die Frankfurter Nationalversammlung am 22. 12. 1848 beschlossen hatte (1851 wieder aufgehoben), wurden in Hamburg 1849 die Einschränkungen der bürgerlichen Rechte für die Juden abgeschafft (das passive Wahlrecht für die bürgerlichen Kollegien erlangten sie erst 1860). Die Leistungen bedeutender Politiker, Gelehrter und Künstler bereicherten fortan die lange Tradition jüdischer Kaufleute und Bankiers.

Berufsverbote seit 1933, dann die Nürnberger Gesetze von 1935 drängten viele dieser Hamburger in die Emigration. Die meisten der 10131 Juden, die noch im Mai 1939 in Hamburg lebten, fielen dem Holocaust zum Opfer. Seit dem 25. Oktober 1941 wurden 8000 von ihnen in die Vernichtungslager deportiert und umgebracht.

Das Wohnviertel Rotherbaum bewahrt mit Spuren und Denkmälern die Erinnerung daran, daß besonders dort viele Juden lebten – und daß dort der nationalsozialistische Terror herrschte (s. S. 378). Die ›Reichskristallnacht‹ des 9./10. November 1938 führte zum Abbruch der Hauptsynagoge am Bornplatz (s. S. 377) in Rotherbaum. Mit ihr zerbrach auch die Möglichkeit, ohne Einschränkung stolz auf republikanische Traditionen in dieser Stadt zu sein.

Stadtbaugeschichte und Architektur

›Technische Energie‹

Stadtentwicklung im Mittelalter

Das hamburgische Wappen, wie es seit 1241 überliefert ist, zeigt auf rotem Grund eine dreitürmige weiße Burg mit geschlossenem Tor. Über dem mittleren Turm steht ein Kreuz, über den Seitentürmen je ein weißer Stern. Stadtmauer und Kirchtürme – etwa den Domturm – mag man darin sehen, Symbole einer mittelalterlichen Stadtstruktur, die ihre Spuren bis heute in der Innenstadt hinterlassen hat.

Den Keim der Stadt bildet die karolingische Hammaburg (s. S. 131). Ihr Holz-Erde-Wall von rund 120 m Durchmesser sicherte, auf der Geestzunge zwischen Alster und Bille/Elbe gelegen, wohl einen alten ost-westlich verlaufenden Handelsweg an seiner Kreuzung mit der Alster. Als ›Steinstraße‹ ist er schon vor 1250 gepflastert worden! Westlich der Hammaburg entstand eine ›zivile‹ Ansiedlung für Handel und Handwerk. Südlich davon verlief ein Bille-Arm bis zur Alster, der als (kleines) Reichenstraßenfleet und Bäckerstraßenfleet bis in die Gründerzeit erhalten blieb. Dieses schmale Gewässer diente der Hammaburg als Schiffslände; Uferbefestigungen und regelrechte hölzerne Kaianlagen, besetzt anscheinend mit Speicherhäusern, entstanden hier seit der Mitte des 9. Jh. als die ersten Hafen-Kunstbauten der Stadt (s. S. 135). Parallel dazu führte eine Straße auf das Westtor der Hammaburg zu und gab damit der karolingischen Gesamtanlage – in bescheidenem Maße – eine städtebauliche Ordnung. Nördlich davon wurde diese Siedlung um 900 nach Westen und dann nach Norden erweitert. Gleichzeitig begann auch schon die Besiedlung der Insel südlich vom Hafenfleet, aus der die Reichenstraße hervorging (s. S. 135).

Bereits im 9. und 10. Jh. war Hamburg eine blühende Hafen- und Fernhandelssiedlung. Wenn 965 der abgesetzte Papst Benedikt V. nach Hamburg verbannt wurde, so weist das darauf hin, daß der Ort damals zwar ›am Ende der Welt‹ lag, gleichwohl aber geeignet gewesen sein muß, dem Verbannten einen standesgemäßen Rahmen zu bieten.

Wiederholte Zerstörungen durch die slawischen Obotriten unterbrachen nicht die Siedlungsgeschichte. Um 1000 dürfte der ›Heidenwall‹ angelegt worden sein, der unter Einbeziehung der Hammaburg-Ostflanke die Siedlung neu sicherte und zuletzt um 1200 ausgebaut wurde.

Die Bauten und Pläne der Erzbischöfe Unwan, Bezelin Alebrand und Adalbert im 11. Jh. gaben dem frühmittelalterlichen Hamburg Residenzcharakter. Das Fundament des ›Bischofsturms‹ erinnert daran (s. S. 132). Die Sachsenherzöge aus dem Billunger-Geschlecht setzten dieser Bischofsstadt mit ihrer Alsterburg um 1040 und mit der ›Neuen Burg‹ um 1060 Zentren der Territorialherrschaft entgegen. Der Ringwall der Neuen Burg, eine gewaltige Bauleistung, füllte die Schleife des Alsterlaufs, des heutigen Nikolaifleets, aus (s. S. 140).

1066 und 1072 wurde Hamburg trotz Heidenwall und Burgen erneut durch Obotriten besetzt und zerstört. Erst deren endgültige Christianisierung seit 1093 sicherte eine ungestörte Stadtentwicklung.

Ein umfassender, systematischer Neuaufbau seit ca. 1100 gab der künftigen Stadt dauerhafte Strukturen. Wahrscheinlich gewann damals die Marktsiedlung auf dem ›Berg‹ ihren Straßenplan; auf der Reichenstraßeninsel erfolgte eine planmäßige Neubebauung mit gleichmäßigem und seitdem festgehaltenem Parzellenzuschnitt sowie wohl neuer Schiffslände am Gröningerstraßenfleet (s. S. 136).

Um diese Zeit wurde Hamburg von der sich schnell entfaltenden Binnenkolonisation erfaßt, die auch zur ersten Besiedlung der Elbmarschen führte (s. S. 142 u. S. 498) und jene Intensivierung der Wirtschaft brachte, die Städte als Bezugspunkt brauchte. Dieser Aufschwung gipfelte 1186/87 in der Gründung der ›Neustadt‹ auf dem Gelände der Neuen Burg durch Graf Adolf III. Ihre systematische Aufteilung in gleichmäßige Grundstücke blieb bis zum Großen Brand erhalten und ist noch heute in Spuren erkennbar (s. S. 140). Mit Markt, Rathaus und Kirche ausgestattet, versehen mit einer Wassermühle am Großen Burstah, war diese Neustadt um 1200 ein hochmodernes Gegenstück zur Hammaburg-Stadt der Erzbischöfe.

Ihr Zweck – dem auch der Barbarossa-Freibrief von 1189 diente – war eindeutig definiert: Fernhandels- und Hafenstadt sollte die Neustadt sein. Wie die dafür wichtigste Einrichtung

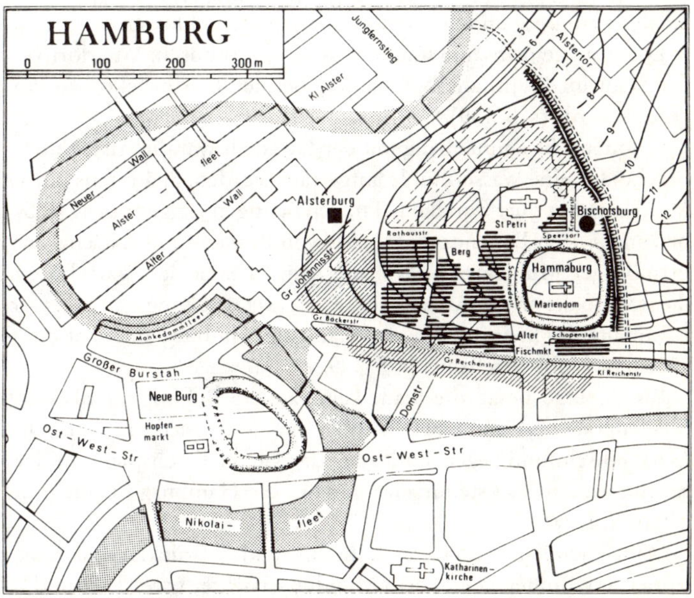

Schematische Darstellung der frühesten städtebaulichen Entwicklung Hamburgs auf Grund der Ergebnisse von Ausgrabungen: Hammaburg, westlich davon Zivilsiedlung, südlich der erste Hafen an der Reichenstraße, rechts Abschnittsfestung ›Heidenwall‹

aussah – die Schiffslände, die im Uferbereich ja vermutet werden muß –, ist nicht bekannt; ebensowenig, ob vielleicht damals schon ein Hafen zum südlich gelegenen, breiteren Gröningerstraßenfleet hin angelegt wurde. Kurz, wie die Schiffe damals landeten und wie die Waren zu den Häusern transportiert wurden, weiß man (noch) nicht.

Kennzeichnend für die meisten Hansestädte und besonders die von Lübeck abhängigen Stadtgründungen des 13. Jh. an der Ostseeküste ist ein Netz von Straßen, die senkrecht auf den Hafen, meist den Ufersaum eines Flusses hin ausgerichtet sind und an denen sich die Häuser reihen; die Straßen vermitteln den Warenumschlag zwischen dem Hafen und den Speichern der Stadt. Hamburg hat einen davon abweichenden, ihm eigentümlichen Stadtplan in seinen alten Vierteln, gekennzeichnet durch das Prinzip der ›Deichstraße‹ als Ergebnis systematischer Erschließung der Marschen. Vorgebildet ist das in der Neustadt auf der Neuen Burg: Auf dem als Deich dienenden Wall stehen die Häuser, davor verläuft der Ufersaum entlang den breiten Fleeten, dahinter erstrecken sich tiefe Grundstücke ins Innere der so gesäumten Marschinsel. Dieses System war so erfolgreich, daß nach seinem Muster auch die südlich anschließende Marschfläche – zwischen Deichstraße und Rödingsmarkt – und die Inseln Cremon und Grimm erschlossen wurden, jetzt durch planmäßige Eindeichung und streifige Grundstücksaufteilung (s. S. 142, 144, 164). Der unmittelbare Zugang zu den Wasserwegen und zum Hafen war damit für alle Grundstücke gesichert. Nur eine grobe Einordnung in die Zeit um 1200–50 ist für diese Erschließung der Marschen und damit für den entscheidenden Entwicklungsschritt der Hamburger Stadtstruktur möglich – eine in jedem Fall unerhörte Bauleistung. Nicht unwahrscheinlich ist, daß sie in die ›dänische‹ Zeit Hamburgs unter Waldemar dem Sieger und Albrecht von Orlamünde fällt, als sich die Siedlung am Berg und die Neustadt zusammenschlossen.

Das erste gemeinsame Rathaus lag am Dornbusch. Von dort verlagerte sich das Zentrum der Stadt im 13. Jh. ans Nikolaifleet bei der Trostbrücke, wo um 1290 ein neues Rathaus gebaut wurde (s. S. 139).

Schon im Zusammenhang mit der Neustadt war die Alster am Großen Burstah (Mühlenbrücke) für eine Wassermühle aufgestaut worden. Spätestens um 1235 zog man einen neuen Mühlendamm quer durch das Tal, den heutigen Jungfernstieg (s. S. 189). Er staute die Alster bis hinauf nach Eppendorf: Der See von Binnen- und Außenalster ist nichts anderes als der Hamburger Mühlenteich. Wie die Kunstbauten der Marsch dem Hafen und Fernhandel dienten, so die an der Alster der Getreideverarbeitung und Stadtversorgung.

Entlang der Steinstraße erweiterte sich Hamburg auch auf der Geest. Dort entstand um 1250 das Jacobi-Kirchspiel (s. S. 179, 174).

Bis ca. 1230 besaß die Stadt keine andere Befestigung als die Gewässer und den alten Heidengraben. Dann aber wurden die Marktsiedlung und die Neue Burg sowie die Marschinseln und gegen 1260 auch das Jacobi-Kirchspiel und der Rödingsmarkt mit einer turmbesetzten Backsteinmauer umfaßt, die Hamburg für mehr als 300 Jahre seine Kontur gab (s. S. 167).

Wahrscheinlich schon im 13. Jh. entstanden Brücken und Kais vor der südlichen Stadtmauer; im ›Binnenhafen‹, dem Mündungstrichter von Alster und Bille, konnten jene großen

Schiffe festmachen und entladen werden, für die die Alsterfleete nicht mehr tief genug waren: die berühmten ›Hansekoggen‹ (s. S. 215).

Die amphibische Stadt

Trotz Großem Brand von 1842, Citybildung und Zweitem Weltkrieg ist immer noch das Grundmuster erhalten, das Hamburgs Stadtbild in Deutschland einzigartig macht und das auf dem Ineinandergreifen von Wasser und Land beruht – mit Alster, Bille und Elbe sowie deren Marschen; vor allem aber mit den künstlichen Veränderungen und Erweiterungen dieser Gewässer von den Fleeten über die Hafenanlagen bis zu den Entwässerungsgräben und Deichen der Landgebiete, bis zur Binnen- und Außenalster mit ihrem Mühlendamm (Jungfernstieg), umgeben und gegliedert durch Stadtmauern, Wälle und Festungsgräben.

Hamburg um 1580, Braun/Hogenberg 1589. Die befestigte Stadt umfaßt etwa die Fläche des heutigen Stadtteils Hamburg-Altstadt und reicht im Westen bis zum Neuen Wall. Die Schiffe ankern im Binnenhafen.

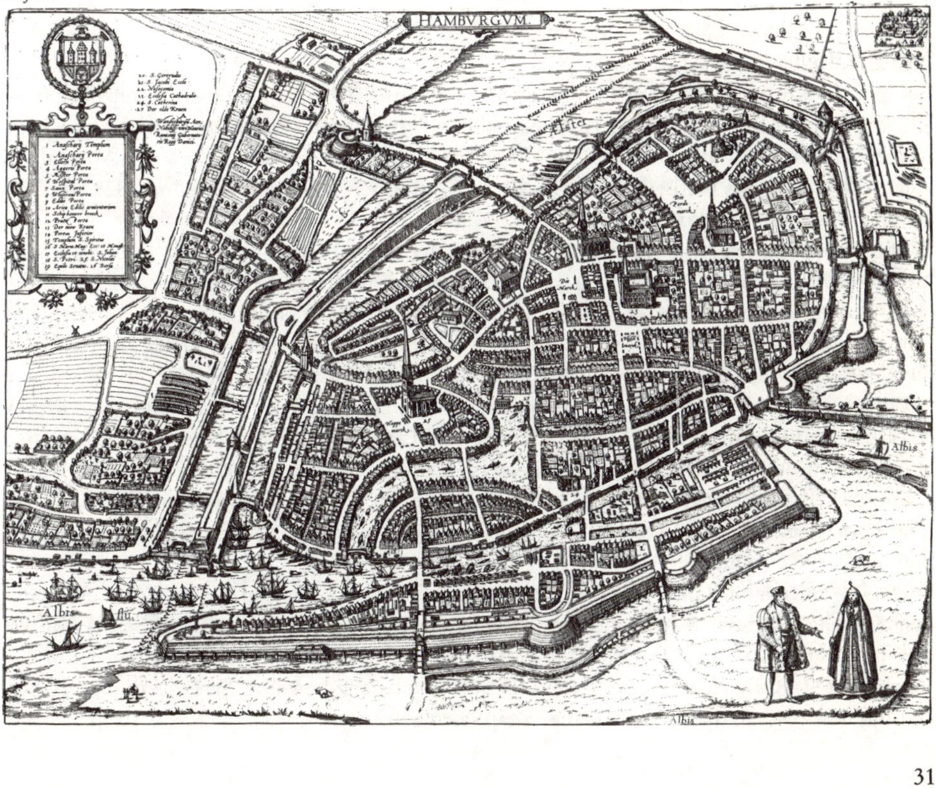

Diese Grundstruktur wurde vom Mittelalter, insbesondere dem 13. Jh. vorgegeben. In ihr und mit ihr hat sich Hamburg von Anfang an zweckmäßig die naturräumlichen Gegebenheiten für Hafen und Handel angeeignet – nicht durch bloße Inbesitznahme, sondern durch entschiedene Umgestaltung: Hamburg »ist wie vielleicht keine andere Großstadt ganz und gar ein Produkt der technischen Energie ihrer Bewohner« (Fritz Schumacher).

Indes wurde nicht nur das Siedlungsgebiet, die Stadt als solche von dieser ›technischen Energie‹ erfaßt. Seit dem 13. Jh. haben die Hamburger auch die Wasserlandschaft im Stromspaltungsgebiet der Elbe durch Ableitungen, Abdeichungen und Durchstiche der Wasserläufe systematisch verändert, kulminierend in der Heranführung der Norderelbe an die Stadt im 16. und frühen 17. Jh.

Selbst die heute idyllische Alster ist im 15./16. Jh. zur Wasserstraße ausgebaut worden – wenngleich der zwischen 1525 und 1529 hergestellte (1448–52 schon einmal vergeblich begonnene) Alster-Trave-Kanal nicht zu einer dauerhaften Wasserverbindung mit Lübeck geführt hat (s. S. 478).

So wurde Hamburgs Wesen mit Recht auf den Begriff der ›amphibischen Stadt‹ gebracht: Sie ist dem Wasser abgewonnen, vom Wasser durchdrungen und sie lebt davon. Sie hat auch oft darunter gelitten, zuletzt in den schweren Sturmfluten von 1962 und 1976.

Die Kirchen

Bis heute bestimmen die fünf Hauptkirchen mit ihren Türmen gemeinsam mit dem Rathausturm als ›Stadtkrone‹ den Fernblick bei der Annäherung an die Innenstadt. Es fehlen freilich der Dom und die großen Bettelordenskirchen St. Johannis und St. Maria Magdalena sowie die Kirche des Heiligengeist-Hospitals. Sie wurden zwischen 1806 und 1829 abgerissen. Die Kapelle St. Gertrud ist 1842 abgebrannt.

Die Hauptkirchen sind unmittelbare Zeugen der Stadtentwicklung: Jede steht als Pfarrkirche im Mittelpunkt eines der alten oder neuen Stadtteile. St. Petri gehört zur bischöflichen Marktsiedlung, St. Nikolai zur gräflichen Neustadt. St. Katharinen ist Kirchspielsmitte für die Inseln Cremon und Grimm, St. Jacobi für die Stadterweiterung beidseits der Steinstraße. St. Michaelis ist in gleicher Weise Mitte der Neustadt des 17. Jh.

Ehemals Zentren der Kirchspiele und damit der kirchlichen wie politischen Organisation des Gemeinwesens, haben die Pfarrkirchen der zur City verwandelten Innenstadt längst ihre alten Gemeinden verloren. Neue Aufgaben im Rahmen der Gesamtstadt sind ihnen jedoch zugewachsen und sichern ihnen – je mit eigenem Profil – ihren traditionellen Rang als ›Hauptkirchen‹. Allein St. Nikolai wurde als Kirche aufgegeben und durch einen Neubau in Harvestehude ersetzt.

Die vier mittelalterlichen Pfarrkirchen und der Dom bestanden spätestens um 1250, wurden aber alle seit dem 14. Jh. neu- oder ausgebaut, im 15. Jh. mit zusätzlichen Seitenschiffen erweitert, im 16. und 17. Jh. mit hohen Turmhelmen bekrönt. Allerdings haben nur St. Jacobi und St. Katharinen ihre mittelalterliche Bausubstanz bewahrt. St. Petri und St. Nikolai brannten 1842 ab und wurden danach ganz neu gebaut.

Die Hauptkirchen (mit einer Variante im Falle von St. Katharinen) folgen nicht wechselnden Leitbildern – wie etwa die Pfarrkirchen in Lübeck –, sondern sind bis hin zur barocken Michaeliskirche als Hallenkirchen sehr ähnlich gestaltet worden – dreischiffig mit etwa gleich hohen Gewölben, also ohne überhöhtes und selbständig belichtetes Mittelschiff, mit einem hohen Westturm. Schon die erste Katharinenkirche um 1250 war so angelegt (im Gegensatz zur gleichzeitigen Emporenbasilika des Doms). Der ›bürgerliche‹ Charakter dieses Typus ist oft – und vielleicht doch zu Recht – hervorgehoben worden: Die breiten Schiffe, die nur kurzen Chöre lassen die Kirchenräume, denen der hohe, lichte, ›aristokratische‹ Obergaden fehlt, fast wie profane Versammlungssäle erscheinen. – Beiläufig ist festzuhalten, daß die Hamburger Kirchen – zumal St. Petri und St. Jacobi – in ihrer Hauptausbauphase im 14. und 15. Jh. zu einer Gruppe gehören, die von St. Johannis in Lüneburg ausgeht.

Im heutigen Staatsgebiet der Freien und Hansestadt liegen als alte Kirchspielskirchen die in Eppendorf, Nienstedten und Bergstedt, dazu die Dorfkirchen der Vier- und Marschlande (vor allem Altengamme ist hervorzuheben) sowie des Alten Landes (Neuenfelde). Die meisten zeigen wenig oder gar keine Baureste des Mittelalters. Die einzige zu Teilen aufrecht stehende und noch als romanisch erkennbare Kirche in Hamburg ist die in Sinstorf. Sie ist auch das beste Beispiel für die Bauweise der frühen Kirchen aus mehr oder weniger behauenen Granitfindlingen. Das Feldsteinmauerwerk herrschte bis zum Beginn des 13. Jh. Dann wurde es im Kirchenbau vom Backstein abgelöst (der älteste erhaltene Rest ist der Turmschaft von St. Katharinen aus dem dritten Viertel des 13. Jh.).

Das alt-hamburgische Bürgerhaus

Die frühmittelalterlichen Kaufmanns- und Handwerkeranwesen in Hamburg waren – nach den Grabungsbefunden – wie überall in den frühen Städten Gehöfte mit Gruppen kleiner Einzelhäuser für verschiedene häusliche und wirtschaftliche Funktionen. Um 1100 bahnte sich ein grundlegender Wandel an. Damals kamen an der Großen Reichenstraße erstmals Großhäuser auf, die alle Funktionen in sich vereinigten. Man hat sie in der Art niedersächsischer Bauernhäuser rekonstruiert und daraus die bäuerlich-bodenständige Wurzel des hanseatischen Kaufmannshauses abgeleitet. In Wirklichkeit handelte es sich – und dafür sprechen die Beobachtungen in anderen Städten, zumal in Lübeck – um die Erprobung und dann den Erfolg eines neuartigen spezialisierten Haustyps, der aus den besonderen Bedürfnissen des Fernhandels hervorging. Vom Mittelalter bis ins ausklingende 18. Jh. wurde dieser Haustyp – das Dielenhaus – in Hamburg wie in anderen Hansestädten zahlreich und in nur noch wenig sich verändernder Form gebaut.

Das Dielenhaus wendet die Giebelseite der Straße zu – in Hamburg also dem Deich. Das Erdgeschoß nimmt eine hohe Diele als Packraum und Verkaufshalle ein. Den Dachraum füllt – beschickt durch eine Winde in der Mitte des Hauses – eine Folge von Speicherböden. Dazwischen schieben sich – jedenfalls seit dem 16. und 17. Jh. – ein oder zwei Wohngeschosse. Die Verschriftlichung der Handelsgeschäfte seit dem 12. Jh. machte wohl von Anfang an eine Schreibstube, eine ›skrivekamer‹ oder – wie es später in Hamburg hieß – ein

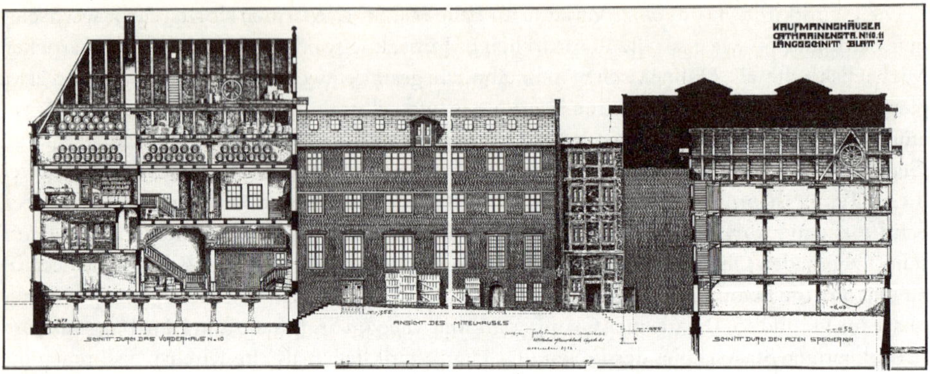

Längsschnitt durch ein alt-hamburgisches Bürgerhaus (Katharinenstr. 10/11 auf der Cremon-Insel – nicht erhalten). Die charakteristische Anlage umfaßt das Haupthaus mit hoher Diele, Kontor- und Wohnräumen sowie Speicherböden links (zur Straße und dem alten Deich hin), sodann den Wohnflügel entlang dem rückwärtigen Hof und rechts (am rückwärtigen Fleet) den Speicher.

›Kontor‹ notwendig; ihm diente die neben dem Dieleneingang abgeteilte heizbare Stube. In der Diele selbst liegt die Hauptfeuerstelle (die in Hamburg vielfach weniger als Küche denn als Sudort für die Bierbrauerei diente). – Nach rückwärts schließt sich ein Hof an, an dessen Seite ein schmaler, meist mehrgeschossiger Flügel die heizbaren Wohnräume des Besitzers und seiner Familie (einschließlich Gesinde) aufnimmt. Dann folgt ein Garten.

Dieses hansestädtische Bürgerhaus wird in Hamburg – und nur hier – in zweierlei Weise variiert: durch Anfügung eines Speichers am Ende des binnendeichs gelegenen Hofes und durch Entwicklung eines speziellen ›Außendeichhauses‹. Beide Typen beherrschten um 1800 die Marschstadtteile.

Der rückwärtige Speicher des Binnendeichshauses kam freilich erst auf, als die Entwässerungsfleete im Inneren der bedeichten Inseln im 16. Jh. für Schuten (Frachtkähne) befahrbar und damit der im Mittelalter entwickelten Hafentechnik dienstbar gemacht wurden. Der Güterumschlag zwischen Schiff und Kaufmannshaus erfolgte nicht mehr unmittelbar über das Deichvorland oder über Kai und Straße. Seit die großen Schiffe nicht mehr in die Fleete einlaufen konnten, vermittelten Schuten zwischen Schiff und Haus. Spezielle Speicher – ohne Diele und Kontor – hatten seit dem 13. Jh. schon zwischen den Bürgerhäusern und dann wohl auch vor den Deichen bestanden. Vielleicht zum erstenmal an der Reichenstraße kamen sie in die Fleetlage hinter dem Kaufmannshaus. Wenn Speicher auch an den inneren Fleeten der Deichstraßeninsel und des Cremon durch deren Schiffbarmachung gebaut werden konnten, so intensivierte dies die Hafenwirtschaft und den Handel ohne Stadterweiterung. Die Speicher waren einfachste Fachwerk- und (später) Backsteingiebelhäuser mit übereinandergestapelten Lagerböden. Die äußere Gestalt beschränkte sich auf das unmittelbar für die Erfüllung des Zweckes erforderliche Minimum. Nur ganz wenige sind noch erhalten (vor allem Deichstr. 27, Admiralitätsstr. 73). Sie halten noch in Erinnerung, daß ihre Aufreihung an den Fleeten geschlossene Zeilen einfachster Architektur entstehen ließ – ein sachliches Gegenstück zur repräsentativen Schauseite der Straße.

Eine andere Form städtischer Verdichtung brachten die ›Außendeichshäuser‹, die seit dem 15. Jh. auf den außerhalb der Deichstraßen liegenden, ursprünglich unbebauten Teilen der Bürgerhausgrundstücke entstanden. Erzwungen durch die beengten Bauplätze, integrierten sie den Wohnflügel in das Dielenhaus und vereinigten alle Funktionen des Bürgerhauses unter einem Dach.

Nur dem romantischen Blick können die alten Kaufmannshäuser als malerische Dokumente alt-hanseatischer Gemütlichkeit auf niedersächsischer Stammesgrundlage erscheinen. In Wirklichkeit waren sie hochfunktionale Werkzeuge der Handels- und Hafenwirtschaft, Produkte derselben ›technischen Energie‹ wie die Stadtstruktur insgesamt. Daß ihre Giebel, dem Zeitstil folgend, geschmückt waren, widerspricht dem nicht: Es macht nur augenfällig, daß dort, in den Speicherböden, Inhalt und Zweck des Hauses lagen.

Noch 1939 konnten etwa 2000 Gebäude in Hamburg im weitesten Sinne als ›Bürgerhäuser‹ aus der Zeit vor 1800 angesprochen werden. Von ihnen hat sich gerade noch eine Handvoll erhalten: die Außendeichshäuser an der Deichstraße nämlich. Binnendeichshäuser finden sich in Resten an der Deichstraße 44 und an der Ost-West-Straße 47. Ihren strukturellen Zusammenhang lassen nur noch die späten Häuser auf der Fleetinsel und Bei den Mühren 69 erkennen.

Vor allem in den Geestteilen des Jacobi-Kirchspiels, dann auch in der Neustadt des 17. Jh. wohnten die städtischen Mittel- und Unterschichten wohl schon im Mittelalter zur Miete. Regelrechte Mietshäuser sind seit dem 17. Jh. überliefert (und mit dem ›Paradieshof‹ noch rudimentär erhalten). Sie konnten in ganz neuzeitlicher Weise an der Straße stehen und ein Haus geschoßweise in Wohnungen aufteilen, entstanden aber meist als Hinterflügel in den Höfen von Häusern, die Kaufleuten und Handwerkern für Wohnen und Gewerbe dienten. Diese Hinterflügel sind damit aber nichts anderes als die aufgeteilten Vettern der Wohnflügel hinter den Kaufmannshäusern. In diese Höfe wurden die kleinen Leute nicht etwa verbannt, vielmehr wohnte man in Hamburg bis um 1800 ganz allgemein so. Zur ebenen Erde waren die ›Buden‹ aufgereiht, darüber in den Obergeschossen ›Sahl‹-Wohnungen gestaffelt. Ihr einfacher Grundriß – mit einer Küchendiele und ein oder zwei Stuben – erinnerte rudimentär an die Struktur des großen Bürgerhauses (s. S. 121, 201). – Daß die Höfe im 19. Jh. als ›Gängeviertel‹ in Verruf gerieten, folgte erst aus der Verslumung der innerstädtischen Altbauten im Zuge der Citybildung.

Daß man sich im frühen Hamburger Hausbau des Holzes als Hauptbaustoff bediente, haben Grabungen erwiesen. Wie sich der Fachwerkbau – vorher der Stab- und der Blockbau – aber entwickelt haben, ist bisher auf Grund Hamburger Materials nicht nachvollziehbar. Was man über die Stadtmauer weiß, belegt immerhin, daß auch im Profanbau seit der ersten Hälfte des 13. Jh. der Backstein benutzt wurde. Aber vorher? Nichts ist bekannt über das Aufgehende der ›domus lapideae‹, der schon um 1250 bezeugten Steinhäuser. Nichts ist bekannt über das Mauerwerk der Alsterburg oder des Bischofsturmes; wahrscheinlich waren sie wie die frühen Dorfkirchen aus Feldsteinen gemauert.

Seit dem verheerenden Stadtbrand von 1284 förderte der Rat die Verwendung von Backstein bei allen Bürgerbauten. Dennoch herrschte das Fachwerk weiterhin vor. Nur jene Häuser wurden mit Ziegelmauern errichtet, die wegen der in ihnen gelagerten Waren hinreichend brandfest zu sein hatten, also die Dielenhäuser und viele ihrer Hofspeicher.

Die Einführung des Backsteins in Norddeutschland und im Ostseeraum seit dem letzten Drittel des 12. Jh. läßt sich nicht einfach mit der ›Bodenständigkeit‹ des Materials und dem Mangel an Naturstein begründen, hatte Unwan doch den Hamburger Dom im 11. Jh. in Stein errichten können, entstanden doch überall Feldsteinkirchen, in Holstein und Dänemark auch Bauten aus rheinischem Tuff. Kein Zweifel kann aber daran bestehen, daß das standardisierte Baumaterial Backstein – eigentlich von Anfang an ein Industrieprodukt – in seiner technischen Flexibilität dem Naturstein überlegen war und dadurch in der Beschaffung und Verarbeitung große Rationalisierungsvorteile besaß, die für die Realisierung der Großbauvorhaben zumal der Hansestädte im Mittelalter zur Geltung kamen. – Die Hamburger Ziegeleien des Mittelalters lagen in der heutigen Neustadt (›Teilfeld‹) oder auch beim Dorf Farmsen (dort gibt es noch die großen Ziegelteiche). Der Import von Ziegeln sogar aus Ostfriesland und den Niederlanden gehörte angesichts der begrenzten Leistungsfähigkeit und notorisch geringen Qualität der Backsteine aus Hamburgs Umland aber wohl zum Alltag. Ohnehin mußte der Mörtelkalk von weither besorgt werden (vor allem aus Segeberg).

Die barocke Stadt

Die wenigen barocken Volutengiebel an der Deichstraße, an der Ost-West-Straße 47 und am Schopenstehl 33 sind die letzten Zeugen dafür, daß fast die gesamte bürgerliche Stadt im 17. und 18. Jh. um- und neu gebaut wurde; kein mittelalterliches Haus ist erhalten, kaum eines in Dokumentationen überliefert. ›Alt-Hamburg‹ vor den Zerstörungen durch den Großen Brand, die Citybildung und den Zweiten Weltkrieg war baulich ›barock‹. Der wirtschaftliche Aufschwung seit dem ausgehenden 16. Jh., im 17. und 18. Jh. hatte die Stadt verwandelt.

Die entscheidende städtebauliche Veränderung brachte der bastionäre Festungsring, der 1615–26 mit der Nikolaikirche als Zentrum um die Stadt gelegt wurde. Er erfaßte auch das westliche Vorland bis zur Geesthöhe und bezog damit große unbebaute Flächen in seinen Schutz ein. Auf ihnen entstand eine weitere Neustadt. Durch sie verdoppelte sich die städtische Siedlungsfläche annähernd. Die Neustadt erhielt ein regelmäßiges barockes Straßensystem, wenngleich es kaum mehr wahrnehmbar ist, und sie birgt das bedeutendste Baudenkmal des Barock in Hamburg, die Hauptkirche St. Michaelis (s. S. 121, 204, 206). Der Wall durchschnitt auch den Alsterstausee und teilte ihn in Binnen- und Außenalster.

Nach Anlage des Wallringes wurde der Binnenhafen zum heutigen Niederhafen hin erweitert, die Elbe selbst erstmals für Hafenzwecke genutzt. An Schlängeln und Dückdalben machten seitdem die Schiffe im Strom fest. Dorthin verlagerte sich der Schwerpunkt des Hafens bis zu den großen Neuanlagen des 19. Jh.

Stadtplan von Hamburg 1672 (D. Lemkus). Oben die Stadtansicht von der Elbe her, vor den Wällen der unbebaute Große Grasbrook. Die Bilder am Rand zeigen links die Kirchen der Stadt, unten Börse und Rathaus, rechts die Gebäude für öffentliche Einrichtungen, die vor allem im 17. Jh. entstanden sind, u. a. der Bauhof (oben rechts)

Daß im 17. und 18. Jh. Hamburg auch große Neubauten für öffentliche Einrichtungen erhielt, ist im Stadtbild nicht mehr nachvollziehbar. Das Rathaus hat aber eine Bauinschrift hinterlassen (s. S. 139), das Waisenhaus ein Portal an der Admiralitätsstraße (s. S. 167). – Übrigens wurde 1673 erstmals eine öffentliche Straßenbeleuchtung durch Öllampen eingeführt, 1676 dann die General-Feuer-Cassa als öffentliche Einrichtung begründet – die erste Brandversicherung dieser Art überhaupt (als ›Hamburger Feuerkasse‹ besteht sie bis heute). ›Barock‹ bedeutete Modernisierung.

Die ältesten erhaltenen Brücken – die gleichwohl als Verbindung der Marschinseln auch für das Mittelalter vorauszusetzen sind – gehören gleichfalls ins 17. Jh., die Zollenbrücke und die Ellerntorbrücke (s. S. 139 u. 167).

Im 18. Jh. entstanden auch in der Stadt einige wenige Adelspalais. Das Görtz-Palais am Neuen Wall ist davon geblieben (s. S. 167).

Die Hauptkirchen der Innenstadt erhielten Neuausstattungen und zum Teil neue Turmhelme. Den Reflex davon sehen wir in den Erneuerungen und Neubauten der Dorfkirchen zumal in den Vier- und Marschlanden. In der Vorstadt St. Georg entstand eine neue Dreieinigkeitskirche. Ebenso wurden die Kirchen der holsteinischen und süderelbischen Nachbarorte und heutigen Stadtteile von Altona bis Neuenfelde, von Harburg bis Bergstedt, von Ottensen und Nienstedten bis Niendorf im 17. und 18. Jh. neu gebaut. Das bemerkenswerteste Denkmal aus dieser Zeit ist die zum Teil erhaltene katholische St. Josephskirche an der Großen Freiheit (s. S. 304). So ist auch kirchlich Alt-Hamburg überwiegend eine Barockstadt gewesen und – mehr als im Profanbau – geblieben, wenngleich vieles durch den Krieg untergegangen ist.

In den erhaltenen Resten von Kirchenausstattungen begegnen Werke Hamburger Bildschnitzer und Bildhauer (Hein Baxmann, Michael Precht u. a.) – vor allem auch des Hamburger Orgelbauers Arp Schnitger. Sie trugen im 16. und 17. Jh. nicht nur zu einer opulenten bürgerlichen Barockkultur in der Stadt und ihren Landgebieten bei, sondern gehörten auch zum Exportgeschäft. Die Altäre des dänischen Königsschlosses in Frederiksborg (1606) und in der Storkyrkan zu Stockholm (1652) sind hamburgischer Kunstexport. – Auch Hamburgs Maler waren am Barock beteiligt, wenngleich die Emporen- und Altarbilder der Dorfkirchen eher zünftig als bedeutend erscheinen. Immerhin läßt die Ausstattung der Hauptkirche St. Jacobi noch ahnen, daß auch in Hamburg eine bedeutende Malereitradition bestand.

Landhäuser

Zum städtischen Leben gehört auch immer ein im Kontrast erlebtes besonderes Verhältnis zum Land. Das kann sich ausprägen in Territorialherrschaft zur Sicherung des Vorfeldes. Das prägt sich aus in der Versorgungsfunktion und damit im Warenaustausch zwischen Stadt und Land: Die stadtnahen Bauern partizipierten gerade in Hamburg auffällig am Wohlstand der Stadt. Das prägt sich aber insbesondere aus in der Erfahrung einer besonderen Lebensqualität auf dem Lande durch die Einwohner der Städte.

Seit dem 14. Jh. kauften sich Hamburger Stadtbürger in Dörfern rund um die Stadt an. Bauernstellen dienten der Selbstversorgung, die zugehörigen Häuser aber auch dem Sommeraufenthalt. Der Wohnteil des traditionellen Bauernhauses wurde dafür erweitert, bald zweigeschossig, dann querhausartig wie ein selbständiger Bauteil unter eigenem Walmdach, schließlich geschmückt mit den Zierformen städtischer Bürgerhäuser, etwa Pilastergliederungen; solche Wohnhäuser entstanden in der Folge auch selbständig (s. u. a. S. 346, 399, 511 u. 513).

Um die Häuser entwickelten sich Schmuckgärten. Die ältesten Gartenanlagen, die bis heute erhalten sind, gehen aber erst auf die Blütezeit der Landhauskultur am Ende des 18. Jh. zurück. Es sind die malerisch anmutigen Landschaftsgärten vor allem der Elbvororte. Das englische Vorbild, das man den Hamburgern immer und überall unterstellt, hat hier in der Tat die entscheidende Rolle gespielt – insbesondere durch die bemerkenswerte ›ornamented farm‹ des Baron Voght in Nienstedten, auf die etwa der Jenisch-Park zurückgeht (s. S. 342 u. 347). – Die zugehörigen neuen Landhäuser brachen mit dem Herkommen. Sie folgten dem Klassizismus.

Aufklärung und Modernisierung

Klassizismus

Das Ende des 18. Jh. brachte nach jahrhundertelanger Kontinuität des Hamburger Bauens einen grundstürzenden Wandel. Damals entstanden Höhepunkte der Hamburger Baukultur: die klassizistischen Villen und Landhäuser in den Elbvororten, dazu die klassizistischen Bürgerhäuser an der Palmaille. Es sind durchweg Putzbauten, einfache, stereometrisch konzipierte und klar begrenzte Baukörper. Die Gliederungen sind als in sich selbständige, ihrerseits einfach und nach klassischen Vorbildern entworfene Versatzstücke in diese Baukörper einmontiert (s. S. 239, 339, 346 u. 352).

Kunstgeschichtlich stammt der Hamburger Klassizismus aus Kopenhagen, über dessen Akademie letztlich aus Frankreich: Nicolas-Henri Jardin lehrte dort 1755–71; unter dem Einfluß seines Schülers Casper Frederik Harsdorff wurden die beiden Architekten ausgebildet, die ihn 1783 bzw. 1789 nach Hamburg brachten: der Däne Christian Frederik Hansen (1756–1845; 1783–1804 königlicher Landbaumeister in Holstein mit Sitz in Altona, dann selbst an der Akademie in Kopenhagen lehrend und bauend) und der Hamburger Johann August Arens (1757–1806).

Der Stilbegriff ›Klassizismus‹ als Siegel auf diesen schönen Häusern genügt für ein Verständnis des architektonischen Wandels im ausgehenden 18. Jh. jedoch nicht. Er ist ›vernünftig‹, insofern er sich von der Willkür des Barock absetzt und die Regeln der Antike und ihrer Formenwelt ›rein‹ zurückzugewinnen sucht. Die Architekturtheorie, die ihm zugrunde liegt, entwickelt darüber hinaus jenes Konzept, das bis in die Gegenwart nachwirkt, wonach nur die Gebäude schön und ›wahr‹ seien, die von einer vernünftigen Lösung der von Zweck und Konstruktion gestellten Aufgabe ausgehen. So entstehe der ›Charakter‹ eines Gebäudes, der seinen Inhalt ästhetisch zur Anschauung bringe. So betrachtet, war der Klassizismus nichts anderes als die angemessene Architektur für das kulturelle Milieu Hamburgs im 18. Jh., die Epoche der Aufklärung.

Republikanisches Staatsdenken – befriedet durch den Hauptrezeß von 1712 – bot in Hamburg den liberalen Rahmen für die Aufnahme der Ideen der Aufklärung, die sich in der jahrhundertelang erfolgreichen zweckrationalen Denkweise der Kaufleute leichter entfalten konnte als irgendwo sonst in Deutschland. »Ihren spezifischen Charakter erhielt die hamburgische Aufklärung durch ihre konsequente Entwicklung zur Reformbewegung, durch ihre gemeinnützigen und sozialreformerischen Bestrebungen, die in der Intensität des späten 18. Jh. lange Zeit keine Fortsetzung fanden. Die Programme, Leistungen und Grenzen dieser Reformbewegung gehören zu den Traditionen der hamburgischen Geschichte, an die zu erinnern und anzuknüpfen lohnt.« (Franklin Kopitzsch)

Es war eine Reformbewegung, an der viele Bauherren der klassizistischen Gebäude beteiligt waren. Eine Reformbewegung, zu deren Plattform insbesondere die 1765 gegründete ›Patriotische Gesellschaft‹ wurde, die ›Gesellschaft zur Beförderung der Künste und der nützlichen Gewerbe‹, Sammelpunkt aller fortschrittlichen Kräfte der Stadt und seitdem Ausgangspunkt umfassender Modernisierungsschübe im Geiste der Aufklärung – von der Neuordnung des Hamburger Armenwesens bis zur Begründung der ersten öffentlichen Gewerbeschule in Deutschland.

Zu ihren Gründern gehörte Ernst Georg Sonnin (1713–94), einer der Architekten der Michaeliskirche, in dessen Werk sich der Wandel der Architektur vollzieht. Der von ihm entworfene Turmabschluß gehört zu den ersten Denkmälern einer nach Proportion und Formen einfach werdenden, vernunftgemäßen Architektur in Hamburg. – Ebenso wichtig war aber der Einfluß von Johann Georg Büsch (1728–1800). Der Mathematiker und Nationalökonom, für seinen Beitrag zur Vereinigung von Wissenschaft und praktischem Leben hochgeehrt durch das erste neuzeitliche Personendenkmal in Hamburg (s. S. 206, 367), hielt für die jungen Kaufleute der Stadt nicht nur Vorlesungen über Buchführung und die Theorie des Geldumlaufs, sondern auch über das Bauen (1793 erstmals als ›Praktische Darstellung der Bauwissenschaft‹ veröffentlicht). Damit lehrte er die künftigen Hamburger Bauherren und Baumeister, daß weder Herkommen noch künstlerische Prätention geeignet seien, wahre und damit schöne Architektur hervorzubringen, sondern allein deren konstruktive Logik und deren aus praktischen Bedürfnissen gewonnene Struktur, klar und vernunftgemäß geordnet.

Der pädagogische Optimismus der Aufklärung, realisiert in der Patriotischen Gesellschaft, bewährte sich in dem von ihr ›entdeckten‹ und geförderten Zögling ihrer um 1770 eingerichteten Schule für Bauzeichnen, eben Johann August Arens. Als er seit 1789 für seine Förderer zu bauen begann und 1790 selbst Lehrer an der Zeichenschule wurde, schloß sich der Kreis: Der Klassizismus als Aufklärungsarchitektur etablierte sich in Hamburg für Jahrzehnte. Die Hamburger Aufklärer konnten sich – jedenfalls in bezug auf Arens – als die eigentlichen Schöpfer der neuen Epoche verstehen: ihr gelungenes Erziehungsprodukt.

Daß die Patriotische Gesellschaft auch zur Modernisierung des Friedhofswesens und damit zu klassizistischen Grabsteinen und Kapellen Anstoß gab, war gleichfalls in erster Linie – als hygienischer Akt ebenso wie in der Idee des Einswerdens mit der Natur nach dem Tode – Aufklärung (s. S. 256). Auch die klassizistische Pantheon-Miniatur des Schimmelmann-Mausoleums in Wandsbek zeigt übrigens etwas Ähnliches: Schimmelmann war der bürgerliche Magnat, der zwar zum Grafen wurde, seine Herrschaften aber im Sinne der Aufklärung ökonomisch und sozial neu ordnete – und sich dazu seinen Architekten erzog (s. S. 466, 471).

Entwurf von Johann August Arens für die Fassade seines eigenen Wohnhauses an der Neustädter Fuhlentwiete um 1793/94. Kopie

Die Wirkung der Landhäuser wird gesteigert durch die natürlichen Geländeformen und Bepflanzungen der Landschaftsgärten, in denen sie stehen. – Nur scheinbar besteht ein Widerspruch zwischen klassizistischem Bauwerk und malerisch-natürlichem Garten: Diese Form des Landsitzes war seit dem frühen 18. Jh. in England entwickelt worden; der englische Garten und das geometrisch klare Landhaus waren dort Ausdruck des liberalen Weltentwurfs der Aufklärung, ihrer Lebensphilosophie wie ihres politischen Liberalismus – das Werk menschlicher Vernunft als klassisch-reine Architektur eingegliedert in die Natur und die darin waltende Vernunft. – Daß im ausgehenden 18. Jh. in England längst neugotisch-romantische Landhäuser ein Gegenmodell dazu entwarfen, wurde in Hamburg nicht wahrgenommen.

Politisch liberal, bürgerlich, modern und aufgeklärt – so sind die Hamburger Landsitze zu verstehen, ob ›der Ruhe weisem Genuß‹ gewidmet wie das Hirschparkhaus oder Mittelpunkt einer landwirtschaftlichen Musterwirtschaft wie Caspar Voghts Klein-Flottbek (s. S. 348). Übrigens waren viele dieser Landsitze Orte eines blühenden gesellschaftlichen und kulturellen Lebens.

Als folgenreich erwies sich die Reform des Bürgerhauses, des Stadthauses, die zugleich vollzogen wurde. Sie ist heute in Hamburg selbst nicht mehr durch Bauten dokumentiert (von späten Beispielen um 1830–50 abgesehen). Nur die Altonaer Palmaille bietet Denkmäler des neuen, komfortablen, auf Dielen, Flügel, Speicherböden verzichtenden Wohnhauses, das damals in Hamburg aufkam und in wenigen Jahren die Tradition des alt-hamburgischen Bürgerhauses beendete. Die hellen Putzbauten des Klassizismus müssen in der von Backstein geprägten Innenstadt, zwischen den »gothischen Steinklumpen« der alten Bürgerhäuser (wie sie ein Zeitgenosse nannte), wie glänzende Vertreter einer neuen Zeit gewirkt haben.

Biedermeier

Auch Carl Ludwig Wimmel (1786–1845) genoß Ausbildung und Förderung durch die Patriotische Gesellschaft. 1815 trat er in den Dienst der Hansestadt – pünktlich zum Wiederaufschwung Hamburgs nach der ›Franzosenzeit‹ – und bestimmte seitdem das gesamte öffentliche Bauwesen durch seine Entwürfe. 1841 wurde er zum ersten Hamburger Baudirektor ernannt. Mit seiner Tätigkeit begann die bauliche Ausgestaltung Hamburgs zur modernen Großstadt. In allen Lebensbereichen traten neue Bauaufgaben hervor. Alte Einrichtungen mußten modernisiert, für neue mußten Räume beschafft werden.

Freilich gilt das überwiegend nur von Einzelbauten. Städtebaulich gab es die engsten Grenzen für Wimmels Wirken. Zwar hatten der Abbruch des Doms wie der Bettelordensklöster Freiflächen innerhalb der Stadt geschaffen, und er baute auf ihnen Börse und Johanneum (s. S. 130 u. 131). Aber das Privateigentum an Grund und Boden und seine Eigenschaft als ›Erbe‹, als Unterpfand der Zugehörigkeit zur ›erbgesessenen Bürgerschaft‹, verhinderte städtebauliche Leistungen größeren Umfangs (wenn man einmal vom Neuaufbau der Vorstadt St. Pauli nach der ›Franzosenzeit‹ absieht).

Nicht Wimmel, sondern der Bremer Gärtner Isaak Hermann Altmann vollzog die städtebaulich bedeutendste Maßnahme, die Entfestigung des Wallkreises, die Herstellung eines Rings von Parkanlagen rund um Hamburg. Damit wurde die Idee des Landsitzes auf die Stadt insgesamt übertragen. Bauten und Denkmäler der Bildung und der Wissenschaft bereicherten im Laufe der Zeit diesen grünen Ring (s.S. 206).

Sachlich-nüchtern und klassisch klar entwickelten sich die Städte und die Bauten des ›Biedermeier‹ überall in Deutschland. In Hamburg aber fehlten jene landesherrlichen und adeligen Bauaufgaben, die staatlichen Baudirektoren wie etwa Schinkel, Klenze oder Gärtner in dieser Zeit dennoch glanzvolle Entfaltungsmöglichkeiten gaben. Zwar begann Wimmel seine Laufbahn mit einem Rathausentwurf, aber alltägliche Bauaufgaben waren seine Hauptaufgabe wie die des Bauinspektors Carl Gustav Forsmann (1795–1878), der einen Teil davon übernahm. Und wo großartige neue Entwürfe von außen kamen, da wurden sie dem Gewohnten vereinfachend angeglichen (wie im Falle des Stadttheaters und des Jenisch-Hauses von Karl Friedrich Schinkel; s. S. 192 u. 339). – Bei der Ausgestaltung neu auf staatlichem Gelände hergestellter Straßen konnte er immerhin Einfluß auf private Häuser gewinnen, so am Zeughausmarkt, am Neuen Jungfernstieg und an der Esplanade, den ersten Straßen in Hamburg mit einheitlicher Gestaltung der Fassadenabfolge. So wirkten sie wie die Keimzellen einer neuen, auch optisch ›aufgeklärten‹ Stadt (s. S. 192).

Die Muster der Zeit um 1800 verallgemeinerten sich: Immer neue klassizistische Landsitze entstanden in den Elbvororten. In der Stadt entfaltete sich eine umfangreiche private Bau-

Der Neubau der Börse von 1839–41. Holzstich 1868

tätigkeit. Die Englische Kirche am Zeughausmarkt ließ schließlich auch Wimmel kritisch über den mangelnden ›Charakter‹ des formelhaft gewordenen Klassizismus nachdenken; sein Johanneum, ein erster Beitrag zum ›Rundbogenstil‹, entwickelte sich aus dieser Kritik (s. S. 131f. u. 201).

Das in derselben Zeit aufblühende Gegenmodell der Romantik, die mit dem Rückgriff auf Stile der Vergangenheit den ›Historismus‹ der Architektur einleitete, blieb in Hamburg fast gänzlich ohne Widerhall. Allenfalls den neuen Turmhelm, den die Jacobi-Kirche erhielt, kann man so verstehen. Wenn die Romantik auch in Hamburg wirkte – niemand hat (jedenfalls vor 1845) in sie so viel investiert, daß es zu einem Bauwerk gereicht hätte.

Der Große Brand von 1842

Die Modernisierung der Stadt erhielt einen drastischen Impuls: Vom 5. bis 8. Mai 1842 fiel das alte Stadtzentrum bei der Trostbrücke, dazu der ganze nördliche Teil der Altstadt und der nordöstliche der Neustadt dem verheerenden ›Großen Brand‹ zum Opfer, ein Drittel der Stadt. Der in wenigen Jahren durchgeführte Wiederaufbau dieses Gebietes brachte in einem großen Zivilisationssprung Hamburg alle Errungenschaften moderner Technik: Der englische Ingenieur William Lindley (1808–1900), der eben die Eisenbahn nach Bergedorf gebaut hatte, übernahm die Anlage einer öffentlichen Wasserversorgung (s. S. 275) und eines Kanalisationssystems – des ersten in einer deutschen Stadt. Das Ergebnis war eine großflächige Einlösung alles dessen, was in der Architektur der Aufklärung bisher nur angelegt war: breite neue Straßen, gerade geführt und in Flucht bebaut – nüchtern, vernünftig, praktisch, aber auch etwas langweilig. Der nördliche Teil der Altstadt bewahrt diese Struktur (s. S. 170).

Die Pläne für den Wiederaufbau entwickelte eine ›Technische Kommission‹, der neben anderen der Baudirektor Wimmel, William Lindley sowie die Privatarchitekten Alexis de

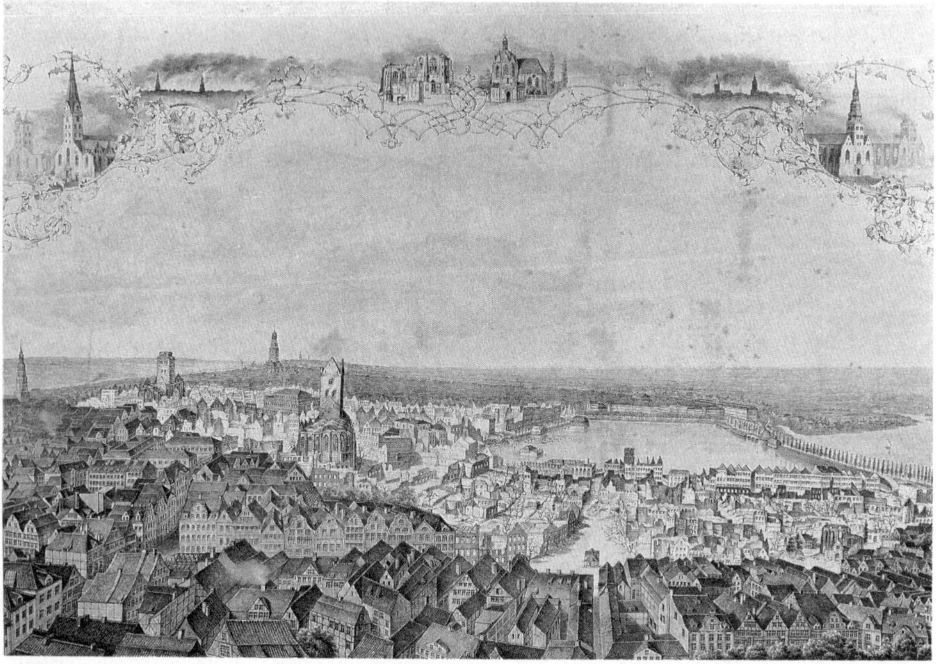

Blick auf das im Großen Brand vom 5.–7. Mai 1848 zerstörte Hamburg vom Turm der Jacobi-Kirche. Lithographie, 1842

Chateauneuf, Jacob Heinrich Ludolf und Johann Hinrich Klees-Wülbern angehörten. Mit ihnen nahm erstmals der seit ca. 1820 in Hamburg schnell wachsende Kreis der an den um 1800 entstandenen Technischen Hochschulen akademisch gebildeten Architekten an öffentlichen Aufgaben maßgeblich teil. Gottfried Semper, aus Hamburg stammender Architekt in Dresden – bald einer der bedeutendsten Deutschlands –, steuerte wichtige Ideen zur Gestaltung des künftigen Stadtzentrums bei. Am Ende jedoch hatte Alexis de Chateauneuf die entscheidenden Gedanken eingebracht: Der Börse vorgelagert sollte das Rathaus gebaut werden, ein großer Rathausmarkt davor öffnet sich auf das streng begrenzte Wasserbecken der Kleinen Alster (Alsterarkaden), das die Platzachse im rechten Winkel bricht und umlenkt zur größeren, jetzt auch an der Ostseite streng architektonisch gefaßten Binnenalster – und jenseits des Walles zur weiten Außenalster. Diese städtebauliche Mitte Hamburgs – nach Fritz Schumachers Wort ›das Kunstwerk Hamburg‹ schlechthin – ist trotz aller Veränderungen erhalten geblieben (s. S. 121).

Der Wiederaufbau nach dem Großen Brand zog zahlreiche Architekten nach Hamburg – und das in jener Phase der deutschen Architektur des 19. Jh., als die Diskussion um den ›Stil‹, in dem man bauen sollte, ihren Höhepunkt erreichte. Die ›Schulen‹, die sich in der deutschen Architektur damals formierten, trafen in Hamburg aufeinander. Dennoch kam es nicht zur erwarteten Vielfalt der Lösungen: Die Bauherren führten vielmehr durch ihre Entscheidungen eine Abstimmung unter den verschiedenen Angeboten herbei, die in erster Linie die klassizistische Tradition in Hamburg bestätigte (und zwar bis in die siebziger Jahre hinein).

Daneben gewann der ›Rundbogenstil‹ Anhänger, der versuchte, durch die Verschmelzung historischer Formen unterschiedlicher Herkunft einen zeitgemäßen modernen Stil zu schaffen. Seine Fähigkeit zur formalen Varianz bedingte seinen Erfolg; die tonangebenden Architekten – Chateauneuf, Klees-Wülbern, vor allem auch Carl Friedrich Reichardt (1803–71), der Theoretiker unter den Hamburger Architekten seiner Zeit – traten für die Abwechslung im Straßenbild als Ausdruck bürgerlicher Freiheit ein. Fast ohne Ausnahme wurden auch diese gegenüber dem Klassizismus moderneren Häuser als Putzbauten errichtet, die sich nach Plastizität und Farbigkeit im Rahmen der klassizistischen Konvention hielten – möglicherweise sorgte auch das für die bemerkenswerte Akzeptanz des Rundbogenstils beim Publikum.

Die meisten neuen Häuser waren ›Bürgerhäuser‹ der seit 1800 verbindlichen modernen Form. Für eine Familie zweckmäßig eingerichtet, boten sie zugleich die erforderlichen Möglichkeiten fürs Geschäft, also Kontore und in den belebteren Straßen vermietete Läden. Am Jungfernstieg und sonst rund um die Börse wurden jetzt auch zahlreiche Mietshäuser errichtet. Nur an Nebenstraßen kam es zu Neubauten für die unbegüterten Bevölkerungsschichten.

Das größte öffentliche Gebäude aus der Zeit des Wiederaufbaus ist Chateauneufs ›Alte Post‹. Die Infrastruktur der Stadt wurde durch dieses Posthaus modernisiert (s. S. 187).

Die Neugotik konnte sich mit divergierenden Konzepten – romantisch und rationalistisch – nur beim Neubau der alten Hauptkirchen St. Nikolai und St. Petri artikulieren.

Frühe Regungen des Hamburger Backsteinbaus

Zugleich mit der Suche nach einem neuen ›Stil‹ geriet seit den zwanziger Jahren eine Bauweise ins Blickfeld der fortschrittlichen Architekten (Schinkel in Berlin und Gärtner in München, Heinrich Hübsch in Karlsruhe, aber auch in Wien und Kopenhagen), die die Identität von Bautechnik und Erscheinungsbild verbürgte, wie sie seit der Aufklärung von den Theoretikern gefordert wurde – und die zugleich höchst modern war: Obwohl in Norddeutschland seit sechshundert Jahren in Gebrauch, wurde der Backstein-, der Ziegelrohbau das Material des beginnenden Industriezeitalters schlechthin. Er bildete das Gegenstück zum bildsamen, jeden bautechnischen Kern verhüllenden Verputz ebenso wie zum mühsam behauenen Werkstein. Seriell und bald industriell erzeugt, wurde er zum Kennzeichen der Nutz- und Alltagsarchitektur des 19. Jh. – auch in Hamburg. Derselbe Bausenator, der das Jenisch-Haus für sich und die Börse für die Stadt klassizistisch bauen ließ, akzeptierte an der ›Stadtwasserkunst‹ den Backsteinrohbau (s. S. 275). Alexis de Chateauneuf (1799–1853), der die Entwürfe lieferte, sah darin freilich mehr. 1822 ließ er sich – nach Studium in Paris und bei Weinbrenner in Karlsruhe – in Hamburg als freier Architekt nieder

Das Haus der Patriotischen Gesellschaft. Lithographie, um 1850

(nach 1846 in Oslo). Er war ein Bewunderer Schinkels und kannte wohl Heinrich Hübsch. Der Backsteinrohbau war auch für ihn das Mittel zur Modernisierung der Architektur; er stand damit im Einklang mit seinen Berufskollegen in Hamburg: Sie förderten durch die Patriotische Gesellschaft die Backsteinproduktion und sorgten dafür, daß für den Neubau ihres Gebäudes ein Wettbewerbsprogramm den Putzbau ausschloß; daß der Architekt Theodor Bülau (1800–61) das dazu nutzte, einen neugotischen, deutsch-national und fromm-christlich motivierten Entwurf zu realisieren, diskreditierte dann aber wohl die ganze Richtung (s. S. 139); Bülau erhielt jedenfalls kaum mehr Aufträge. Das ›Publikum‹ der privaten Bauherren hielt sich an die Konvention von Klassizismus und Rundbogenstil. Jahrzehntelang konnten Backsteinrohbauten nur noch als Kirchen, im Bereich sozialer Bauaufgaben (Stifte) und allerdings weiterhin wie eh und je im Speicher-, Industrie- und sonstigen untergeordneten Zweckbau blühen. Angesichts der Bedeutung, die der Backsteinrohbau fünfzig Jahre später in Hamburg gewinnen sollte, waren das allenfalls ›frühe Regungen‹ (Fritz Schumacher), ohne Bedeutung verglichen mit dem Gewicht, das die Bauweise in der Berliner Schinkel-Schule und in Hannover (s. unten) gewinnen sollte. Bedeutsame Einzelleistungen sind etwa das Amalien-Stift und das Schröder-Stift (s. S. 265 u. 379).

Die Großstadt – ›des deutschen Reiches Tor zur Welt‹

Stadterweiterung im 19. Jahrhundert

Die Entwicklung Hamburgs zur modernen Großstadt sprengte seit der Mitte des 19. Jh. die Grenzen der Innenstadt. Vorbereitet durch den Ausbau der Vorstädte St. Pauli und St. Georg und endgültig ermöglicht durch die Aufhebung der Torsperre 1860/61 (die bis dahin städtisches Leben in Hamburg de facto auf die Innenstadt beschränkt hatte; s. S. 206) bildeten sich neue Wohnviertel in den ehemals ländlichen Gebieten beiderseits der Alster. Rotherbaum, Harvestehude und Eimsbüttel, Eppendorf, Winterhude, Uhlenhorst und Barmbek, Borgfelde, Hohenfelde, Eilbek und Hammerbrook wuchsen schnell zu Vorstädten und Stadtteilen heran.

Diese Stadterweiterung blieb in Hamburg lange allein der ›Spekulation‹ des privaten Grundstücks- und Baumarktes überlassen. Sie entwickelte die Straßensysteme und die Viertel entlang und zwischen den alten Landstraßen sehr uneinheitlich. Nur mühsam konnte die Stadt einige innerstädtische Straßendurchbrüche verwirklichen (Große Reichenstraße, Brandstwiete, Kaiser-Wilhelm-Straße); auch hier war die Privatspekulation schlagkräftiger (Wexstraße, Colonnaden). Man kann diese völlige Freiheit der städtebaulichen Entwicklung als Wildwuchs bezeichnen und ihre Unordnung hervorkehren – als Nachwelt erleben wir sie freilich eher als Vielfalt der Stadt. Auf jeden Fall war sie unverhüllt liberal und bürgerlich: bar jeder Prätention, zweckmäßig, marktgängig und profitabel. – Folgenlos blieben großzügige Stadterweiterungskonzepte der 1850er Jahre, so insbesondere das von William Lindley für die Gegenden vor dem Dammtor von 1854–57 (s. S. 367).

1892 wurde dann aber doch ein ›Bebauungsplangesetz‹ verabschiedet, das nördlich der Elbe die Hamburger Stadtentwicklung ordnete – durch Festlegung der Hauptverkehrswege und dann schrittweise durch Bebauungspläne für die einzelnen Stadtteile. Die Bebauungspläne hielten sich an das gewachsene Radialstraßensystem und wiesen ihm den Hauptverkehr zu, dazwischen entwickelten sie nach Dichte differenzierte Wohngebiete. Die zwischen 1892 und 1914 aufgestellten Bebauungspläne können für das Zustandekommen eines geordneten Stadtbildes in den jüngeren Stadterweiterungsgebieten kaum überschätzt werden (wenn sie auch oft genug Wildwuchs festschrieben, worauf hauptsächlich die spätere Kritik beruhte). Als Rechtsinstrumente bereiteten sie aber die Möglichkeiten vor, aus denen die Zeit nach dem Ersten Weltkrieg schöpfte. Sie waren ein Hauptwerk des Oberingenieurs der Baudeputation, Franz Andreas Meyer (s. S. 62).

Sozialtopographie

Durch die Stadterweiterung entstanden vor allem in Alsternähe reine Wohnviertel. Im Hinterland mischte sich allerdings auch weiterhin Gewerbe und Indutrie in sie ein – wie in den alten Vorstädten und etwa auch in Ottensen und Wandsbek. Insgesamt bahnte sich aber seit den 1860er Jahren die Entmischung der Funktionen in der Gesamtstadt an, der innerhalb des Wallrings die ›Citybildung‹ entsprach.

Die einzelnen Quartiere wurden übrigens zu sozial und gestalterisch gleichermaßen eindeutig definierten ›Adressen‹. Dafür haben die Marktmechanismen der liberalen Stadtentwicklung ebenso gesorgt wie die Flächenausweisungen der Bebauungspläne seit 1892. Wo man wohnte, war man jeweils ›unter sich‹, auf welcher sozialen Ebene auch immer. Mit dieser Sozialtopographie hängt ein erheblicher Teil der Folklore der Hamburger Oberschicht zusammen, etwa der Mythos vom Alsterviertel ›Pöseldorf‹, das nach Meinung seiner

Vogelschau auf Hamburg von Norden. Lithographie, um 1870

Bewohner »die Position von Boston in den vereinigten Vororten von Hamburg« einnahm, wie Ascan Klée Gobert überliefert hat (s. S. 365ff. u. 380ff.). Von dort nach Westen und Süden über Klosterland, Eimsbüttel und St. Pauli erschließt sich dann die ganze soziale Stufenleiter, die Hamburg aufzuweisen hatte und hat.

Villen

Für die Stadterweiterungsgebiete wurden die Bautypen maßgebend, die sich im Hamburg der Aufklärung und danach bis zum Wiederaufbau nach 1842 entwickelt hatten: das Landhaus, das bürgerliche Stadthaus und das Mietshaus.

Das Landhaus allerdings avancierte zur ›Villa‹, zum dauernd bewohnten repräsentativen Einzelhaus mit Garten in landschaftlich reizvoller Lage – aber zugleich nahe der Innenstadt oder wenigstens verkehrsgünstig mit ihr verbunden. Als erstes verwandelte sich so das stadtnächste der traditionellen Landhausviertel am Alsterufer von Rotherbaum und Harvestehude: Die ›Slomanburg‹ (Harvestehuder Weg 5–7) ersetzte 1848 ein Landhaus und war die erste dauernd benutzte Villa in Hamburg (vgl. S. 371). Seitdem entstand eine ganze Perlenkette opulenter freistehender Einzelhäuser in Parks am Alsterufer und an der Elbchaussee. Ihre Größe blieb begrenzt: Jeder Anklang an Herrenhäuser oder Palais hätte die bürgerliche Konvention verletzt. Selbst die größte Villa am Harvestehuder Weg 12 – charakteristischerweise für den aus Frankfurt stammenden amerikanischen Bankier Henry Budge von Martin Haller 1900–13 gebaut – erreicht immer noch nicht Ausmaße und repräsentativen Anspruch der großen Villen in Berlin, im Rheinland, in Süddeutschland. Allerdings beeindruckten die hamburgischen Villen Fritz Schumacher noch 1921 durch ihre Wohnqualität: »Es dürfte in Deutschland wenige Privathäuser geben, die den Apparat der modernen Lebenskultur so vollkommen entwickelt haben, wie die vornehmen neueren Wohnhäuser, die in einem Kranz schöner Gärten besonders um die Alster herum liegen.«

Für fünfzig Jahre wurde die Villa zum bevorzugten Wohnhaus der wohlhabenden Hamburger (Altonaer, Wandsbeker, Harburger) Bürger. Je weiter vom Zentrum entfernt gelegen, um so erschwinglicher wurde sie. So kam es – wieder durch die ›Spekulation‹ – zur Erschließung ganzer Villenvorstädte entlang den nach Hamburg führenden Eisenbahnlinien (soweit diese nicht – wie noch die Alstertalbahn – überhaupt zu diesem Zweck angelegt wurden) in den Elbvororten, in Rahlstedt und in Bergedorf. Carstenns ›Marienthal‹ war die früheste dieser Villenvorstädte – Muster für andere Städte, zumal für Berlin (s. S. 471).

Stadthäuser

Weit überwiegend wohnten die Angehörigen der Hamburger Oberschicht in den Stadterweiterungsgebieten beidseits der Alster in ›Stadthäusern‹. Das sind in Reihe gebaute Einzelhäuser, die nach dem repräsentativen Aufwand in Raumprogramm und Gestaltung als veritable ›Reihenvillen‹ gelten können. In ihrer weithin übereinstimmenden Größe und mit

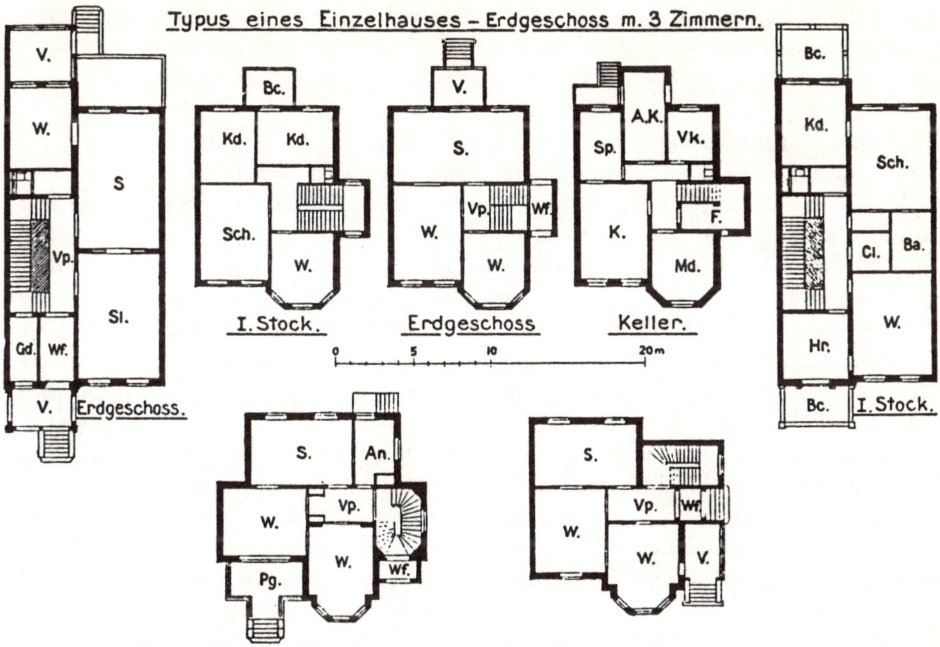

Schematische Grundrisse von Stadthäusern, wie sie in den bürgerlichen Wohnvierteln des ausgehenden 19. Jh. (z. B. Harvestehude) vorherrschen Wf. – Windfang Vp. – Vorplatz Gd. – Garderobe W. – Wohnzimmer S. – Saal Sl. – Salon Hr. – Herrenzimmer V. – Veranda Bc. – Balkon Kd. – Kinderzimmer Sch. – Schlafzimmer K. – Küche Sp. – Speisekammer Md. – Mädchenzimmer F. – Feuerungsraum Vk. – Vorratskeller A. K. – Aufwaschküche Cl. – W. C. Pg. – Pergola Ba. – Badezimmer

ihrer durchweg ähnlichen Raumaufteilung beruhen sie offensichtlich auf einer verbindlichen Konvention bürgerlicher Lebensformen. Mit diesem Haustyp wurde die geschlossene Bauweise des städtischen Bürgerhauses übertragen in die durchgrünten Stadterweiterungsgebiete, dort aber ergänzt durch Vorder- und Hintergärten. Er dokumentiert die Bindung der führenden Schichten an die Tradition, zumal gegenüber der freistehenden Villa kaum ein ökonomischer Vorteil auszumachen ist, was Grundstücksbedarf und baulichen Aufwand angeht. Diese ›Stadthaus‹-Mentalität – Lichtwark sprach von der traditionellen ›Einhäusigkeit‹ des Hamburger Bürgertums – ist im gesamten niederdeutschen Raum zu beobachten. Beziehungen des Stadthauses zum englischen ›terraced house‹ gehen wohl zurück auf die Hausreform der Aufklärung, die nicht zuletzt in England Anregungen gefunden hatte.

Daß ganze Straßen und Stadtviertel solcher Häuser entstanden (s. S. 380 ff.), ließ für sie einen Markt im Rahmen der liberalen Bauspekulation entstehen. Nicht der einzelne Bauherr wurde aktiv, sondern Bauunternehmer produzierten die bürgerlichen Stadthäuser in großer Zahl ›auf Vorrat‹ und verkauften sie dann. Das eröffnete gestalterische Möglichkeiten: Viele der Häuser sind gruppenweise symmetrisch aufeinander bezogen und bilden so palastartige Gesamtfassaden aus.

Mietshäuser und ›Terrassen‹

Das Straßenbild der großen Stadterweiterungsgebiete, in denen die ›kleinen Leute‹ wohnten, aber auch der bürgerlichen Viertel ist geprägt von den Fassadenfolgen großer ›Etagenhäuser‹, wie die Mietshäuser in Hamburg heißen. Das Wohnen zur Miete hat eine jahrhundertelange Tradition in Hamburg. Umstritten ist jedoch, wann das moderne Etagenhaus in Hamburg aufgekommen sei. Wahrscheinlich löste es aber die älteren Mietshausformen in derselben Zeit ab, als im Gefolge der Aufklärung das Bürgerhaus modernisiert wurde. Denn die Ziele dieser Reform teilt es: Das Etagenhaus bietet komfortable, bequeme, teilweise repräsentative Raumfolgen, rationell gestaffelt, erschlossen durch zentrale Treppenhäuser – bis heute eine glänzend vermietbare (und daher teilweise sehr teure) Form der Wohnung.

Die frühen Mietshäuser zeigen wie selbstverständlich geschoßweise die traditionelle Ausbildung von rückwärtigen Flügeln, zwischen denen Lichthöfe oft kleinsten Ausmaßes entstanden. Zögernd versuchte die Baupolizeigesetzgebung, hier Verbesserungen zu erreichen. Das Ergebnis war der seit den 1880er Jahren dominierende Typus des ›Schlitz‹-Grundrisses, bei dem die Lichthöfe sich als tiefe, schmale Freiräume zwischen die kammartigen Grundrisse der Hausgruppen schieben. Zwar lautete die Vorschrift, daß jeder Raum ein Fenster ins Freie haben müsse, aber Küchen und Kammern lagen zum Teil an diesen Schlitzen – einer der Anknüpfungspunkte für die Kritik der Wohnungsreformer seit der Jahrhundertwende.

Die kleinsten Wohnungen mit zwei Zimmern und einer Wohnküche stehen in der Tradition des ›Sahles‹. Bei größeren Wohnungen wird das differenzierte Raumprogramm des Stadthauses in der Horizontalen entwickelt. Durchweg sind diese Wohnungen in sich abgeschlossen. Bei einer vergleichenden Übersicht wurde schon 1889 als Besonderheit Hamburgs notiert, daß dieselbe Tendenz zur Isolierung der Wohneinheit, wie sie das Bürgerhaus kennzeichne, auch im Mietwohnhaus zu beobachten sei: »Die in anderen deutschen Städten wohl übliche Gemeinschaftlichkeit von Gärten, Hofplätzen, Aborten, Müllgruben, Brunnen, Waschküchen usw. kommt bei dem neueren Hamburger Hause nicht vor«. (Rowald, 1889)

So dominiert bei weitem – auch bei kleineren Wohnungen – die ›Zweispännerordnung‹, bei der je Geschoß zwei in sich abgeschlossene Wohneinheiten an einem zentral gelegenen Treppenhaus liegen. Nur in den besonders dicht bebauten Arbeiterwohnvierteln wurden die Geschosse teilweise auch in vier Kleinwohnungen aufgeteilt, also ›Vierspänner‹ gebaut.

Die Baupolizei und – seit der Jahrhundertwende – die Bebauungspläne bestimmten die Höhe der Häuser in Abhängigkeit von der Straßenbreite. Die normale Höhe der Etagenhäuser umfaßt – über einem nur geringfügig unter Straßenniveau angeordneten, sehr häufig für Läden genutzten ›Keller‹ – fünf Geschosse, die bemerkenswerterweise keine ›Beletage‹ kennen, also mehr oder weniger gleichartig ausgestattet und gleichwertig vermietet werden. Die Fassaden sind vielfältig gegliedert durch modeabhängige Dekorationen, Risalitbildung,

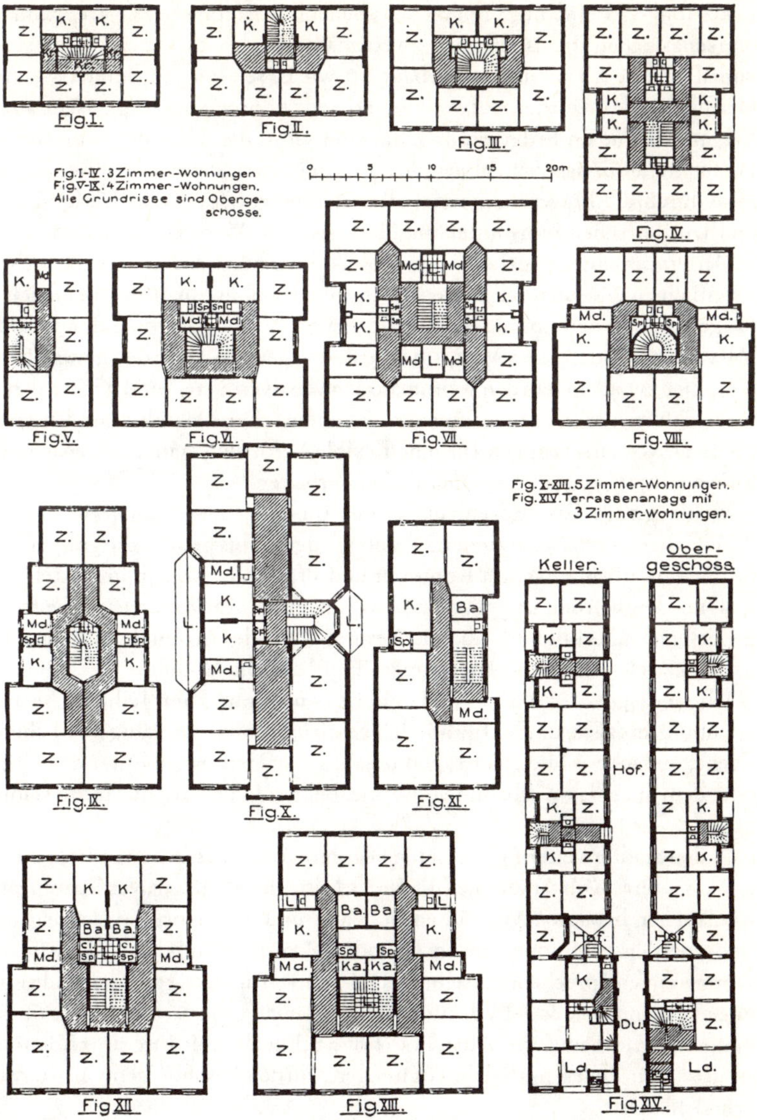

Schematische Grundrisse von Etagenhäusern unterschiedlichen Typs. Oben kleine und mittlere Wohnungen, dabei auch ›Vierspänner‹ mit vier Wohnungen auf jedem Stockwerk. Unten links herrschaftliche Wohnungen. – Unten rechts eine ›Terrasse‹: Der Durchgang im Vorderhaus erschließt einen Hof mit zwei begleitenden Wohnhäusern, die Dreizimmer-Kleinwohnungen enthalten Z. – Zimmer K. – Küche Sp. – Speisekammer Kr. – Korridor Md. – Mädchenzimmer L. – Lichthof Ba. – Badezimmer Ka. – Kammer Ld. – Laden Du. – Durchfahrt Eg. – Eingang

Erker und – in Hamburg immer sehr beliebt – Balkone. – Die Treppenhäuser sind auch in herrschaftlichen Häusern eher zweckmäßig und gediegen als repräsentativ ausgeführt, zumal wenn ein Fahrstuhl eingebaut ist, wie es seit der Jahrhundertwende in den besseren Häusern üblich wurde. Aufwendig und gestalterisch vielseitig ausgestattet sind jedoch die Eingangsräume im Erdgeschoß. Zwar sind selbst die schönsten ›nur‹ mit industriell produzierter Keramik und Schablonendekoration geziert, dennoch lohnt sich eine Entdeckungsreise durch die Etagenhausviertel allemal: Fliesenbilder und -friese finden sich auf Schritt und Tritt zwischen Eimsbüttel und Harvestehude, Winterhude und Hohenfelde.

Der erwünschten Flexibilität im Wohnstil der bürgerlichen Oberschicht kamen die ›herrschaftlichen‹ Mietshäuser entgegen. In ihnen wohnte man, bis man sich das Stadthaus in Hohenfelde leisten konnte, dann kaufte man das im Klosterland, am Ende bezog man die Villa an der Alster. – Das Mietprinzip galt übrigens auch für den gewerblichen Bereich seit je (Speicher vor allem wurden weithin bodenweise vermietet) und wirkte sich dann auch auf die Entwicklung des ›Kontorhauses‹ aus (s. unten). Dem Hamburger Kaufmann boten sich so optimale Voraussetzungen für eine flexible Verortung seiner Lebens- und Erwerbssphäre, für ein konjunkturgerechtes räumliches Verhalten.

Wobei gerade das Etagenhaus in der Innenstadt weit mehr war als ein komfortables Wohnhaus: Es offerierte zugleich – und wiederum bis heute – die geeigneten Räumlichkeiten für die Unterbringung von Kontoren und Praxen, Kanzleien und Ateliers. Straßen wie die Colonnaden wurden und werden bewohnt. Aber von Anfang an spielte sich in ihnen auch bereits die ›Citybildung‹ ab, die Verdrängung des Wohnens durch das ›Geschäft‹. Das Etagenhaus bot dafür das anpassungsfähige bauliche Medium.

Übrigens gilt das alles für Hamburg – und nur zum Teil für Altona, das sich zwar Hamburg anpaßte, um im Immobiliengeschäft konkurrenzfähig zu bleiben, zugleich jedoch eigene, einfachere Mietshaustypen besaß. Aber Hamburg besitzt das Übergewicht, gegenüber dem auch das Wachstum von Wandsbek und Harburg nur mittelstädtischen Charakter hat.

In den Stadterweiterungsgebieten liegt hinter den Fassaden der Etagenhäuser eine verborgene, ›hintere‹ Wohnstadt. Sie ist seit der Mitte des 19. Jh. als Verdichtung auch in den bisher weitläufiger bebauten Vorstädten St. Pauli und St. Georg entstanden und verdankt ihre Existenz den traditionell tiefen Grundstücken in Hamburg – wenn man diese nicht von vornherein entsprechend zuschnitt. Dorthin wurde der Typus der traditionellen Hofbebauungen der Innenstadt – ›Bude‹ und ›Sahl‹ der ›Gängeviertel‹ – übertragen, es entstand gleichsam eine »mechanisierte Altstadt« (Fritz Schumacher). Ihre an Höfen und Durchgängen aufgereihten Zeilen mit Kleinwohnungen wurden beschönigend als ›Terrassen‹ und ›Passagen‹ deklariert.

Daß das Wohnen auf dem Hof in Hamburg Merkmal auch des traditionellen Bürgerhauses war, erleichterte gewiß diese Hinterhofverwertung ideologisch, fehlte ihr doch zunächst der Ruch des Weggedrängten, Verbannten. Jetzt aber – seitdem die bürgerliche Oberschicht im Stadthaus, in der Villa oder doch wenigstens im Etagenhaus wohnte – trennten sich vorne und hinten auch sozial.

Die innere Stadt mit den Terrassen wurde vom Zweiten Weltkrieg besonders stark betroffen (Barmbek, Hammerbrook), und der Wiederaufbau hat sie mißachtet; soviel wie möglich wurde dem Leitbild der ›aufgelockerten Stadt‹ geopfert und abgebrochen. Stellten diese Höfe doch schon für die Wohnungsreformer um 1900 das verschriene Gegenbild dar, vor dessen Hintergrund sie ›Licht, Luft und Sonne‹ propagierten. – Heute kann sich davon jeder verschaffen, soviel er will. Die anderen Eigenschaften der Terrassen kommen nun um so günstiger zum Tragen; in der inneren Stadt gelegen und dennoch abgeschirmt vom Verkehr, mit kleinen Wohnungen, preiswert – sind sie attraktiv für viele Bewohner der Stadt.

Vom Grundriß her bieten die Hinterflügelmietshäuser übrigens gerade in ihrer elementar rationellen, standardisierten Disposition bemerkenswerte Merkmale: Die langen Zeilen haben ja keine ›Schlitze‹. Zweispännertreppenhäuser erschließen durchgehende, beidseits an Außenwänden liegende Kleinwohnungen. Es hätte nur der Befreiung vom Hinterhof bedurft, um sie als Prototypen für den sozialen Wohnungsbau des 20. Jh. verstehen zu können. Zumal auch in diesen Terrassen die Abgeschlossenheit der Wohnung einschließlich ihrer Sanitäreinrichtungen durchweg Standard ist und sie – erzwungen durch die Baugesetzgebung – gegenüber den Etagenhäusern sogar eine geringere Zahl von Geschossen aufweisen.

Stifte

Die Hamburger ›Stifte‹ stellen eine letzte Kategorie von Wohnhäusern der gründerzeitlichen Stadt; in manchen Vierteln bilden sie eigenartige Ensembles (s. S. 392 ff. u. 269). Durch ihre irritierende Ambivalenz fallen sie im Stadtbild auf. Kleinwohnungen für ›kleine Leute‹ werden zu großen Mietshäusern zusammengefaßt; aber diese Häuser sind nicht auf Hinterhöfe gelegt, sondern sie stehen frei in Gärten. Ihre Baukörper sind anspruchsvoll entwickelt, oft wirken sie geradezu ›palastartig‹ (wie schon Zeitgenossen sagten) – und doch sind ihre Fassaden auffallend karg gestaltet, häufig als Backsteinrohbauten wie die gleichzeitigen Fabriken und Speicher – so schon das ›Schröder-Stift‹ von 1851/52 (s. S. 379).

Billige oder sogar mietfreie Wohnungen für bedürftige Bürger wurden in vielen Städten gestiftet (die Fuggerei in Augsburg beispielsweise), besonders häufig im protestantischen Norden, in Hansestädten wie Bremen und Lübeck, aber auch in Altona, in Kopenhagen oder in den Niederlanden. Lutherische Soziallehre wie bürgerlich-republikanisches Milieu ließen schon im 16. Jh. viele Stifte in Hamburg entstehen. Sie wichen in die Vorstädte und Vororte aus, als die Citybildung einsetzte. Das 19. Jh. brachte zahlreiche neue Stiftsgründungen. In der Gründerzeit und um die Jahrhundertwende hatte die Bauaufgabe ihre Hochkonjunktur. – Diese Stifte waren fast alle ›unbescholtenen‹, ›verschämten‹ Armen und Alten, oft ausdrücklich ›aus besseren Kreisen‹ zugedacht – Angehörigen der Mittel- und Oberschichten also, denen der soziale Abstieg auf Grund mißlicher wirtschaftlicher und persönlicher Schicksale erspart bleiben sollte.

Bei den meisten Stiften ist das Innere ›anstaltartig‹ angelegt, das heißt, die einzelnen Wohnungen sind an Fluren aufgereiht, nur wenige Treppenhäuser erschließen sie. Das trug zur gegenseitigen Kontrolle der Bewohner bei, deren Würdigkeit sich so stets zu bewähren hatte. Dennoch: Es sind Kleinwohnungen, wie sie in den großen Städten notorisch fehlten. Und die Stifte boten ihnen Licht, Luft und Sonne, grüne Umgebung, privilegierte sie also vor den Etagenhäusern und Terrassen der übrigen Wohnstadt. Man kann sie durchaus als erste Vorboten einer grundsätzlichen Reform des Wohnungsbaus verstehen. – Aber in jener Zeit der liberalistischen Spekulation in Architektur und Städtebau wurde diese Lebensqualität nur da verwirklicht, wo sie sich auszahlte: als Prämie für soziales Wohlverhalten am Ende des Kleinbürgerlebens. Zugleich konnten sich die Stifter als Wohltäter profilieren. Schöne Häuser, palastartig, gut gebaut, gesünder als alle anderen Wohnhäuser in der Stadt: Das war ein gutes Werk, das den Stiftern zu Nachruhm und Seelenheil, der Gesellschaft zur Ordnung verhelfen sollte.

Bürgerliche Fassaden – Neorenaissance

Der Klassizismus hatte in Hamburg langanhaltenden Erfolg bis in die 1870er Jahre hinein (während der Rundbogenstil um 1860 endete). So herrschen auch in den ältesten ›Jahresringen‹ der Stadterweiterungsgebiete Putzfassaden klassizistischer Tradition. Sie sind oft heterogen zusammengesetzt, wirken graphisch und schmuckreich statt tektonisch und gliedernd. Oft kommt dekoratives Holzwerk an Giebel und Dachtraufe hinzu sowie feingliedriges Gußeisen an Veranden und Geländern.

Mitte der siebziger Jahre trat die Neorenaissance, die sich in Deutschland und Mitteleuropa schon lange für die bürgerliche Repräsentationsarchitektur empfohlen hatte, ihre jahrzehntelange Herrschaft an. Da in Hamburg natürliches Steinmaterial von weit hergeholt werden mußte, wurden die Fassaden weiterhin verputzt, seit etwa 1875 erhielten sie Verblender(Backstein-)wandflächen; die Einzelformen (gelegentlich auch schmückende Plastiken) wurden fertig aus der industriellen Produktion bezogen oder an Ort und Stelle aus der Form gebildet (Zement-Stuck). Große Einheitlichkeit des Formenvorrats und ausgeglichene Qualität waren die Folge. Die Fassaden wirken plastisch (Vorliebe für Halbsäulen und Säulen als Gliederungselemente) und streben dem Vorbild von Palästen nach. Im einzelnen schöpften die Architekten aus der italienischen, der französischen und – in Hamburg selten – der deutschen Renaissance. Seit etwa 1890 wurde der Formenapparat durch ›neubarocke‹ Vielfalt und Bewegung noch bereichert. Wiederum ist der Formenwandel in der fortschreitenden Erschließung der Stadterweiterungsgebiete nachvollziehbar (s. S. 380ff.).

Die Neorenaissance kam dem Repräsentationsbedürfnis des gründerzeitlichen Bürgertums und seinem wachsenden Wohlstand in opulenter Weise entgegen – und war, sich anpassend, auch modernen Bauaufgaben dienstbar. Ihr umfassender Erfolg auf dem Wohnungsmarkt zeigt ihre Popularität: Neorenaissance prägt Alstervillen, Stadthäuser und zahllose Etagenhäuser aller sozialen Schichten, selbst die Terrassen.

Hamburg wie Altona und Harburg haben in dem angesprochenen Zeitraum auch große öffentliche Profanbauten in Renaissanceformen errichtet (u. a. ihre Rathäuser). Die großen Reichsbauten – etwa die Oberpostdirektion am Stephansplatz – folgten ebenfalls diesem Stil

Fassadenaufriß für die Häuser Colonnaden 68 und 70. Johannes Grotjan, 1877

und deuten vielleicht an, daß in ihm etwas für Hamburg Charakteristisches gesehen wurde (s. S. 206 u. 262).

Baudirektor Zimmermann

Nach dem Tode von Carl Ludwig Wimmel 1845 verzichtete Hamburg auf die Ernennung eines Nachfolgers. Erst 1872 wurde ein neuer Baudirektor als Leiter des Hochbauwesens eingestellt, der neben dem Oberingenieur (s. unten) oberste Fachbeamte der Baudeputation. Seine Aufgabe war die Planung der öffentlichen Gebäude. Berufen wurde Carl Johann Christian Zimmermann (1831–1911; im Amt bis 1908), ein in Berlin ausgebildeter Architekt. Die unter seiner Verantwortung gebauten Schulen, Justiz- und Verwaltungsgebäude, das Museum für Kunst und Gewerbe, das Zentralgefängnis in Fuhlsbüttel und das Allgemeine Krankenhaus Eppendorf bilden das bauliche Substrat der zweiten großen Modernisierungswelle, die Hamburg im 19. Jh. erlebte: Das Gemeinwesen entwickelte jetzt die vielfältigen Einrichtungen, die es als Millionenstadt brauchte.

Zimmermanns besonderes Anliegen, durch qualitätvolle Schulbauten zur Erziehung der Jugend beizutragen, hätte sich auswirken können in den zahlreichen Volksschulhäusern, die seit Einrichtung eines öffentlichen Schulwesens in Hamburg 1870 notwendig wurden. Die sparsame Bürgerschaft hielt aber einfachste Geschoßbauten mit Mittelflur und Backsteinaußenhaut für ausreichend. Nur das Wilhelm-Gymnasium durfte er als anspruchsvollen Neorenaissancepalast mit überglastem Arkadenhof errichten. Schon die Realschule vor dem Holstentor konnte dieses eindrucksvolle Hofmotiv aber nur um den Preis einer extrem einfachen Backsteinfassade bewahren (s. S. 254 u. 376).

Zimmermann stand, wo der Aufwand es zuließ, im Einklang mit der Neorenaissance des bürgerlichen Profanbaus seiner Zeit. An ihm hielt er fest bis nach der Jahrhundertwende. Gerade deshalb gehörte es zu seinen persönlichen Leistungen, daß er am Ende seiner Tätigkeit die Bauentwürfe jungen Architekten übertrug, die Reformen im öffentlichen Bauwesen in Hamburg einleiteten (Albert Erbe; s. unten).

Die Rathausbaumeister

Das Rathaus, das sich Hamburg 1886–97 erbaute (s. S. 121), wurde von einer Gruppe von Privatarchitekten unter Führung von Martin Haller entworfen. Diese ›Rathausbaumeister‹ sind die Exponenten jener Architektenschaft, die im Kaiserreich bis zur Jahrhundertwende die private Bautätigkeit in Hamburg trug, Geschäfts- und Etagenhäuser, Stadthäuser und Villen errichtete: Bernhard Hanssen und Wilhelm Meerwein (Hanssen & Meerwein), Wilhelm Hauers (zeitweise Hauers & Hüser), Hugo Stammann und Gustav Zinnow (Stammann & Zinnow), Johannes Grotjan und Henry Robertson (1882 verstorben). Sie repräsentieren den Stand der akademisch ausgebildeten Privatarchitekten, der sich seit 1859 im Architekten- und Ingenieur-Verein zu Hamburg ›AIV‹ organisierte.

Es ist vielleicht nicht ganz überflüssig, darauf hinzuweisen, daß sie das Baugeschehen in seiner ganzen Breite bestimmten. Sogar Terrassen sind häufig von ihnen errichtet worden, ebenso Nutzbauten und Fabriken. Daneben spielten die aus dem Handwerk kommenden ›Baumeister‹ und ›Bauunternehmer‹ im Massenwohnungsbau eine große Rolle. Sie setzten die Vorbilder der führenden Architekten in kleine Münze um – meist gar nicht schlecht. Viele Architekten wirkten übrigens selbst als ›Spekulanten‹, die Etagen- und Stadthäuser serienweise auf eigene Rechnung bauten und dann verkauften.

Diese Architekten kamen – wie schon die der vorausgegangenen Generation – aus allen deutschen ›Schulen‹. Gerade deshalb ist bemerkenswert, wie sie sich der Hamburger Konvention anpaßten und sie trugen. Wenn diese überhaupt von einem Architekten besonders geprägt wurde, dann war das Martin Haller (1835–1925). Er hatte an der École des Beaux-Arts in Paris den bonapartistischen Repräsentationsstil des Zweiten Kaiserreichs gelernt und pflegte ihn zeit seines Lebens in Hamburg – wiewohl auf bürgerlich-gediegene Verhältnisse reduziert. Seine zahlreichen Villen und Geschäftshäuser bestimmten auf Jahrzehnte den Hamburger Lebensstil.

Plastik und Denkmäler

An einigen Staatsbauten und Geschäftshäusern sowie auf dem Ohlsdorfer Friedhof fanden auch Bildhauer Aufgaben. Engelbert Peiffer (1830–96) produzierte viel – und wurde dann ein erfolgreicher Geschäftsmann (Hanseatische Baugesellschaft). Daneben steht Carl Garbers (1864–1943), mit dem 1898–1902 Ernst Barlach (1870–1938) zusammenarbeitete. Die repräsentativen Großdenkmäler – vom Kriegerdenkmal an der Fontenay bis zu den Kaiser-Wilhelm- und Bismarck-Denkmälern – schufen auswärtige Bildhauer, die man auf Grund von Wettbewerben fand oder als bewährte Kräfte anwarb. Das gilt auch für die wichtigste künstlerische Aufgabe des ausgehenden 19. Jh., die Bauplastik am Hamburger Rathaus.

Wie überall haben auch Hamburg und seine Nachbarstädte und -gemeinden das 19. Jh. genutzt, um sich passende Denkmal-Ausstattungen zuzulegen. Sie wurden ergänzt durch die Kriegerdenkmäler für den Ersten und Zweiten Weltkrieg. Ihre Bedeutung liegt selten in der künstlerischen Leistung. Hingegen erfüllen die teilweise auf einen Findling reduzierten Denkmäler ihre Funktion als Dokumente der Stadtteilgeschichte und -identität, als Ausdruck der örtlichen Gemeinschaft und ehemaliger Selbständigkeit in den Stadtteilen.

Die Hannoversche Schule

Neben und unterhalb der Repräsentationsarchitektur der bürgerlichen Neorenaissance gab es eine einfache, sparsame, karge Bauweise. Sie kennzeichnet Nutzbauten, Volksschulen und Stifte. Und sie setzt den Backsteinrohbau fort, dessen ›frühe Regungen‹ um 1830 zu konstatieren waren. Er erlebte seit der Jahrhundertmitte in Hannover seine Entfaltung, wie ihn zugleich in Berlin die Schinkelschule pflegte. Die ›Hannoversche‹ und die ›Berliner Schule‹ kamen auch in Hamburg seit der Gründerzeit zum Zuge, wenn auch nur eingegrenzt auf die genannten Bauaufgaben – dazu auf Kirchen (und als große Ausnahme die ›Berliner‹ Hamburger Kunsthalle; s. S. 206).

Conrad Wilhelm Hase (1818–1902) war seit 1849 Lehrer am Polytechnikum in Hannover. In seinem Lehrsystem verband er die Forderung nach Wahrheit in Konstruktion und Funktion eines Gebäudes mit der Annahme, eben das sei das Wesen des mittelalterlichen Backsteinbaus in Norddeutschland gewesen. Von ihm könne daher eine ›wahre‹ Architektur ausgehen. Seine Formen und Dekorationsmotive sind neugotisch-historistisch; zugleich aber erscheint die Hannoversche Schule modern in ihrer Doktrin und in ihrer Hinwendung zu den Bauaufgaben des Industriezeitalters. Sie konnte sich verbinden mit der Alltagsarchitektur – und ebenso mit der höchstrangigen Bauaufgabe, dem Kirchenbau. Beide hatten dem Wahrheitsanspruch zu genügen – die eine aus Zweckrationalität, die andere aus religiösem Ethos; die Stifte vielleicht aus beiden Gründen. – Gegenüber dem Repräsentationsangebot der Neorenaissance konnte diese Architektur kaum bestehen. Ersterer gehörte die Vorliebe des Publikums, auch wenn sie Werkstein durch Verputz und Zement ersetzte. Jahrzehntelang wurden in Hamburg Architekten-Schnacks kolportiert wie »Ist der Rohbau auch ganz nett, macht der Putzbau doch eher fett«.

Die Anhänger der Hannoverschen Schule steigerten im Gegenzug die Wirkung ihrer Bauten durch vielfältig gefärbte und glasierte Formziegel sowie durch Perfektion der Materialbehandlung – wodurch sie bald in Widerspruch zur eigenen Doktrin gerieten und zur formalistischen ›Hasik‹ gelangten. Dennoch ist unverkennbar, daß sich in ihrem Kreis eines der Konzepte entwickelt hatte, aus denen die Moderne sich entfalten konnte.

Vogelschau auf den Hamburger Hafen vom Binnenhafen über die Speicherstadt bis zum Kleinen Grasbrook. Lithographie, 1892

Die Kirchen der Stadterweiterung

Als wichtigste Baugattung wurde in Hamburg die protestantische Kirchenarchitektur zum Feld der Hannoverschen Schule. Den Bedarf brachte das Bevölkerungswachstum in den Stadterweiterungsgebieten. In fast mechanischer Routine entstanden mit den Wohnvierteln seit den 1860er Jahren auch neue Kirchen. Die Altonaer Norder- und Westerkirche, die Hamburger Christuskirche in Eimsbüttel, St. Gertrud in Hohenfelde, St. Johannis in Harvestehude sind die wichtigsten davon. Bis auf die letztere wurden sie alle von dem Hase-Schüler Johannes Otzen (1839–1911) gebaut. Die Ausnahme stammt von Wilhelm Hauers (1836–1905), der ebenfalls bei Hase studiert hatte. – Durchweg wurden die Entwürfe in Wettbewerben gefunden. In den Preisgerichten hatten Architekten entscheidenden Einfluß – mehrfach gehörte ihnen auch Hase selbst an. Die Vermutung liegt nahe, daß es diese Professionalität der Entscheidungsfindung war, die von vornherein der Hase-Doktrin und dem Backsteinbau seiner Schule gute Chancen gab: Alle hamburgischen Kirchen des letzten Jahrhundertdrittels sind Backsteinrohbauten und nutzen die konstruktiven und dekorativen Eigenschaften dieser Bauweise – teilweise für höchst romantische Wirkungen wie bei St. Gertrud in den Anlagen am Kuhmühlenteich. Otzen wie Hauers ist – im Sinne von Hases Lehre – das Bestreben gemeinsam, aus einem funktional entwickelten Grundriß systematisch den Aufriß abzuleiten und das Ganze zu einer monumentalen Einheit mit städtebaulich wirkungsvollen Ansichten zu verbinden. Vor allem aber sind alle diese Kirchen Beiträge zur Lösung des Problems eines zweckmäßigen, eigenständigen protestantischen Kirchenbaus. Sie halten sich zwar – vorgegeben durch das ›Eisenacher Regulativ‹ von 1861 – an die Tradition des christlichen Kirchenbaus mit der Reihung von Turm, Langhaus und Chor, bemühen sich aber zugleich, durch Zentralisierung mittels Querräumen und durch Vereinheitlichung des Langhauses (Wandpfeilersystem) einen protestantischen Predigtraum herzustellen. Erst die nächste Generation von Hannoveranern, über Otzens Lehrtätigkeit in Charlottenburg und Berlin sozusagen ›Enkel‹ Hases, geht konsequent zum Zentralraum über, wie ihn Otzen selbst im ›Wiesbadener Programm‹ 1891 entwickelt hatte. Die Kirchen von Fernando Lorenzen in Wandsbek, Ottensen und dann St. Pauli zeigen den Wandel.

Franz Andreas Meyer

Der einflußreichste Schüler Hases in Hamburg, Franz Andreas Meyer (1837–1901), war seit 1868 im Ingenieurwesen der Baudeputation tätig. 1872 zum Oberingenieur berufen, verantwortete er das gesamte öffentliche Bauwesen im technischen Bereich und den Städtebau (s. oben) – oft in fruchtbarer Kooperation mit dem Baudirektor Zimmermann. Als zeitweiliger Vorsitzender des AIV reichte sein Einfluß weit über das Staatsbauwesen hinaus.

Als quantitativ größtes, historisch bedeutsamstes und schlechthin eindrucksvollstes Werk der Backsteinarchitektur aus der ›Hannoverschen Schule‹ entstand unter Meyers Verantwortung zwischen 1881 und 1888 die ›Speicherstadt‹ für den damals aus Hamburg ausgegrenzten Freihafen. Mit ihr emanzipierte sich die Tradition der Hamburger Speicherbauten, jenes sachlichen Äquivalents zu den repräsentativen ›Bürgerhäusern‹, das sich an den Fleeten zu einem rückwärtigen, verborgenen Stadtbild zusammenfügte. Die Formen der Hannoverschen Schule ließen und lassen die Lagerhauskomplexe des Freihafens sachlich-nüchtern und dennoch ästhetisch eindrucksvoll wirken (s. S. 218).

Meyers Hannoversche Backsteinneugotik – verbunden mit einer persönlichen Leidenschaft für dekorative Details aus Schmiedeeisen – hat im übrigen in der ganzen Stadt Spuren hinterlassen, von der Heiligengeistbrücke und Trostbrücke bis zum ›Alten Raben‹ an der Alten Rabenstraße (s. S. 370).

Der Hafen

Der Hafen als Motor der Hamburger Stadtentwicklung erfuhr gleichzeitig mit der einsetzenden Stadterweiterung eine spektakuläre Modernisierung. Dem Konzept des 1866 eröffneten Sandtorhafens folgte hundert Jahre lang der Hafenausbau (s. S. 220): Künstliche Hafenbecken mit landfesten, aber seeschifftiefen Kais, der Tide geöffnet und damit jederzeit benutzbar, ausgestattet mit Schuppen, Bahngleisen, Straßen und modernsten Umschlageinrichtungen lösten die althergebrachten Liegeplätze im Binnenhafen und im Strom ab. Seit 1869 überschritt der Hafenausbau die Norderelbe. Zwischen deren Südufer und der Grenze zu Wilhelmsburg sowie im Westen bis zum Süderelbearm Köhlfleet entwickelte sich um die Jahrhundertwende das Hafengebiet (s. S. 266, 280, 281, 283).

Die Arbeitsstätten des Hafens und der Gewerbegebiete verbanden sich zur großflächigen Industrielandschaft, in der heute – bedingt durch den Zweiten Weltkrieg und den technischen Wandel – nur mehr wenig historische Substanz überdauert hat. Gleichwohl sind viele ihrer Bauten und Anlagen geeignet, ihre Geschichtlichkeit lebendig zu erhalten: neben der Speicherstadt öffentliche Gebäude und Lotsenstationen, Kaimauern, Schleusen und Lagerschuppen (die bis ca. 1910 durchweg den von Meyer vorgegebenen Hannoverschen Backsteinbau bewahrten).

Die Speicherstadt als stadtnächster Teil des Freihafens wurde dessen Schauseite, Fassade für das Zentrum der Hamburger Arbeitswelt, die sich der übrigen Stadt auf diese Weise ostentativ darbietet.

Fabriken

Hamburg wandte sich nur zögernd der Industrie zu. Dennoch wurde es bis zur Jahrhundertwende zur größten deutschen Industriestadt nach Berlin.

Seit die Böttcher im Mittelalter mit den von ihnen hergestellten Fässern die ersten Container für Massengüter und empfindliches Stückgut angeboten hatten, bildete die Zulieferindustrie für Hafen und Handel einen wichtigen Wirtschaftszweig. Rohstoffe und Halbprodukte, die im Hafen umgeschlagen wurden, konnten durch Weiterverarbeitung und Veredelung noch günstigeren Absatz und höheren Profit erzielen. Tuchfärberei, Kattundruck, Zuckersiederei und schon die mittelalterliche Bierherstellung hatten die besonderen Möglichkeiten der Hafenstadt genutzt. Seit der Mitte des 19. Jh. entwickelten sich Großbetriebe von der Ölmühle bis zur Kupferhütte, von der Hartgummi- bis zur Margarinefabrik.

Seit Altona 1853 zum Freihafen erklärt wurde, seit Gründung des deutschen Zollvereins und dann insbesondere des Norddeutschen Bundes 1866/67 bildeten Hamburg und Altona eine Freihafenzone; um sie herum aber entstand ein großer Binnenmarkt ohne innere Zollgrenzen. So erwies es sich als günstig, unmittelbar an der Grenze zum Freihafen zu produzieren. Industrieansiedlungen in Barmbek und Winterhude – auf Hamburger Staatsgebiet, aber außerhalb des Freihafenbezirks (s. S. 443) – und in den Nachbarstädten Wandsbek, Harburg und Wilhelmsburg sowie in Ottensen waren die Folge.

Seit dem Zollanschluß 1888 und der zugleich einsetzenden geordneten Stadtplanung in Altona und Hamburg wurden Industrieviertel systematisch entwickelt (etwa Altona-Nord und Bahrenfeld, in Hamburg Hammerbrook und Billbrook) und mit ihnen die Trennung des Stadtgebiets nach Funktionen vorangetrieben.

Die Hamburger Industriebauten sind unprätentiöse Zweckbauten; standardisierte Hallenkonzepte überwiegen, dazu für die Hüllwände einfacher Backsteinrohbau, bis um 1910 meist der Hannoverschen Schule. Repräsentationsabsichten werden nur selten faßbar (s. S. 438ff.).

Einer der wichtigsten Hamburger Industrien kann nur ein Nachruf gewidmet werden, den Werften: Die Trocken- und Schwimmdocks auf Steinwerder und dem Kleinen Grasbrook tragen zwar noch einen florierenden Reparatur- und Ausrüstungsbetrieb; das, was in älteren Hamburg-Beschreibungen eine teilweise hymnische Bewertung gefunden hat, besteht aber nicht mehr: der traditionelle Werftbetrieb mit dem Neubau von Großschiffen. Er gehörte mit Helling-Gerüsten und Kränen, Hallen und Schiffskörpern zum Bild der Stadt seit der Mitte des 19. Jh. Die Fülle optischer und akustischer Reize, die von dort ausgingen, Bild und Klang einer unausgesetzt tätigen Arbeitswelt, sind verloren – als Opfer technischen Fortschritts und der internationalen Schiffbaukonkurrenz.

Hafen und Industrie schufen das Potential für die Hamburger Arbeiterbewegung, die ihre Hochburg am Besenbinderhof in St. Georg einrichtete, zusammen mit den Verwaltungsbauten der von ihr ins Leben gerufenen (und in diesen Jahren liquidierten) Gemeinwirtschaft und deren Großfirmen wie GEG oder Volksfürsorge (s. S. 264, 261).

Verkehrsbauten

Eine wichtige Aufgabe des Stadterweiterungsgesetzes von 1892 und der darauf gründenden Bebauungspläne war die Sicherung der Infrastruktur in den Stadterweiterungsgebieten, im Hafen und in den Industriezonen. Benötigt wurden dazu leistungsfähige Straßen und öffentliche Nahverkehrssysteme. Mit dem Pferde-Omnibus (seit 1836), der Pferde-Straßenbahn (seit 1866; 1876 erstmals mit Dampf betrieben) und schließlich seit 1894 mit elektrischen Straßenbahnen erhielt Hamburg (gemeinsam mit Altona und Wandsbek) ein weitgespanntes innerstädtisches Verkehrsnetz, das weltweit größte damals.

Weniger gut stand es dagegen um die Fern-Eisenbahn. Die territorialen Verhältnisse hatten für Linien gesorgt, deren Endbahnhöfe in Hamburg und Altona nur provisorisch miteinander verbunden waren. Die erste Bahn hatte William Lindley 1841/42 von Hamburg nach Bergedorf angelegt, bald verlängert nach Berlin. Der Berliner Bahnhof stand am Klostertor (in Bergedorf findet sich noch ein Rest der Bahnhofsanlagen; s. S. 498). 1843–46

Hamburg um 1890 mit den sich entwickelnden Stadterweiterungsgebieten, vor der Neuordnung des Eisenbahnsystems

wurde Altona durch eine Bahnlinie mit Kiel verbunden. Aber erst 1864–66 kam es zum Bau einer ›Verbindungsbahn‹ (über die Lombardsbrücke) zwischen Hamburg und Altona. Als selbständige Bahnlinie entstand zugleich die nach Lübeck. 1868–72 wurde die Elbe überbrückt und der ›Venloer‹ Bahnhof gebaut, als Verbindung zum bereits seit 1847 in Harburg bestehenden Bahnhof des Hannoverschen Eisenbahnsystems (s. S. 267).

Wiederum war es Franz Andreas Meyer, der Hamburg in den Verhandlungen vertrat, die zu einem 1899 mit Preußen geschlossenen Staatsvertrag und so zur gänzlichen Neuordnung des Eisenbahnsystems in Hamburg führten. Bis 1906 wurden alle Linien geordnet und neue Bahnhöfe gebaut.

Zum Fernverkehrssystem kam ergänzend ein Stadtbahnennetz, das die seit 1865 betriebene Vorortbahn von Altona nach Blankenese mit einer neuen Linie nach Ohlsdorf verband. Bei ihrer Eröffnung war diese ›S-Bahn‹ 1907 die erste voll elektrifizierte Bahn der Welt (die bis 1918 gebaute Alstertalbahn nach Poppenbüttel wurde daran angeschlossen).

Die Pläne zum Bebauungsplangesetz von 1892 hatten erstmals auch eine Stadtbahn projektiert, die die neuen und die künftigen Vororte mit der City verbinden sollte. Seit 1898 wurde diese ›Ringbahn‹ geplant – und wäre fast als Schwebebahn realisiert worden (1903), die dann aber Wuppertal vorbehalten blieb. Zwischen 1906 und 1912 entstand schließlich die ›Hamburger Hochbahn‹. Die Ingenieure von AEG und Siemens planten und bauten die technischen Anlagen; für die architektonische Gestaltung wurden Hamburger Architekten eingesetzt. Die bis 1918 ergänzten Zweiglinien nach Langenhorn und in die Walddörfer baute das Ingenieurwesen der Baudeputation. Dort war Eugen Göbel Entwurfs-Architekt. Er hatte schon an der ersten S-Bahn und bei der Begutachtung der Hochbahnentwürfe mitgewirkt. – Vom selben Ingenieurwesen wurden übrigens auch die Markthallen am Deichtormarkt gebaut (s. S. 217).

Die Bauwerke – Bahnhöfe, Viadukte, Brücken – bemühen sich durchweg darum, Ingenieurwerk und Kunstform zu verbinden, zu künstlerisch überzeugenden Lösungen zu gelangen. Am neuen Hauptbahnhof (s. S. 262) wie am vornehmen Dammtorbahnhof (s. S. 367) steigern sich Konstruktionsform und herkömmliche ›Architektur‹ gegenseitig in ihrer Wirkung. – Auch der Verkehr auf und unter dem Wasser wurde zugleich mit den Bahnen ausgebaut, durch die ausgedehnten St. Pauli-Landungsbrücken 1907–09 und den technisch spektakulären Elbtunnel 1907–11 (s. S. 224, 249).

Damit war zehn Jahre vor dem Ersten Weltkrieg eine umfassende Modernisierung der technischen Infrastruktur Hamburgs vollzogen, die den Zeitgenossen als epochal erschien und die in ihren Bauwerken auch versuchte, diese Leistung monumental zur Anschauung zu bringen.

Citybildung

Die Innenstadt rund um Börse und Rathausmarkt hat sich seit der beginnenden Stadterweiterung, dann seit dem Zollanschluß, in wenigen Jahrzehnten in eine ›City‹, in eine Geschäftsstadt, verwandelt. Aus dem Bürgerhaus, in dem Wohnung wie Geschäft gleichermaßen Raum gefunden hatten, wurde die Wohnfunktion in die neuen Vororte abgezogen. Zurück blieb das ›Kontor‹, das Geschäftslokal, und – soweit Speicher zum Haus gehörten – die Warenlagerung. Letztere wurde seit 1888 zu einem wesentlichen Teil in die Speicherstadt verlegt. Hamburg nahm so eine Entwicklung vorweg, die vierzig, fünfzig Jahre später (1933) in der ›Charta von Athen‹ zum Dogma des Städtebaus erhoben werden sollte: die Entwicklung hin zu einer nach Funktionen gegliederten Stadt.

Vor allem in den Gebieten, die nach dem Großen Brand von 1842 neu bebaut worden waren, gab es gediegene Häuser und moderne Straßen, die den Bedürfnissen des Geschäfts besonders leicht angepaßt werden konnten. Heute sind ganz Hamburg-Altstadt wie die östlichen und nördlichen Quartiere des Stadtteils Neustadt geprägt durch Büro-, Verwaltungs-, Bankgebäude und Warenhäuser.

Kontorhäuser

Erst die Entwicklung eines neuen Bautyps brachte eine völlige Veränderung des Stadtbildes: Gleichzeitig mit der Speicherstadt und ihr gegenüber entstand 1885/86 der Dovenhof (s. S. 161). Seine Neorenaissancefassade signalisierte gegenüber den Backsteinspeichern die Andersartigkeit der Verwendung. Von Wohnhäusern wiederum unterschied er sich durch seine palastartigen Ausmaße. Die entscheidende Neuerung betraf das Innere dieses von Martin Haller entworfenen Hauses: Es diente ausschließlich der Unterbringung von Kontoren. Die Geschäftsräume wurden vermietet, im Zuschnitt und in der Unterteilung den Bedürfnissen der jeweiligen Nutzer angepaßt. Leistungsfähige vertikale Erschließungen – erstmals in Deutschland wurde ein ›Paternoster‹-Fahrstuhl eingebaut – und zentrale Sanitäreinrichtungen, dazu eine moderne, zentralisierte Haustechnik von der Heizung bis zur Post – das zeichnet von jetzt an die Geschäftshäuser aus. Die Hamburger nennen sie ›Kontorhäuser‹, wie sie überhaupt den Begriff des ›Kontors‹ für die Räumlichkeiten des Geschäftslebens dem des ›Büros‹ vorziehen (ersterer ist vom Geld-Zähltisch abgeleitet, letzterer vom Schreibtisch).

Nach wenigen Jahren der Unsicherheit wurde der Erfolg des Prinzips sensationell. In den alten City-Gebieten am schnellsten, bald in der ganzen Altstadt und nördlichen Neustadt entstanden Kontorhäuser und bieten seitdem die optimale Voraussetzung für eine flexible Unterbringung der Hamburg-typischen Handelsfirmen-Kontore ebenso wie für die zahlreichen anderen mit der Hamburger Wirtschaft zusammenhängenden Unternehmen (Makler, Anwälte usw.). Es sind Mietshäuser wie die Speicher im Freihafen und die Etagenhäuser der Wohnviertel.

Funktion und Bauweise ermöglichten eine neue, ganz dem Kontorhaus eigentümliche Fassadenstruktur: Um die Geschosse bedarfsgerecht frei einteilen zu können, wurden möglichst viele tragende Teile an die Außenwände verlegt, diese wiederum zur Belichtung weitgehend in Fensterflächen aufgelöst. Die seit ca. 1890 eingeführten – damals gerade neu entwickelten – Techniken des Eisen- und Eisenbetonbaus erlaubten die Reduzierung der Fassaden auf ein System von Pfeilern. Anfangs hatten diese große Abstände, oder die

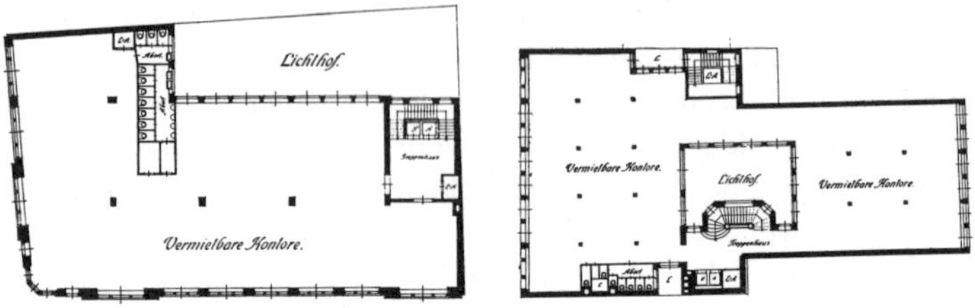

Grundrisse von typischen Kontorhäusern mit frei einteilbaren Geschossen: Haus Elbeschiffahrt – heute gänzlich verändert – und Bülowhaus

Abstände wurden rhythmisch differenziert. Um 1910 erkannte man, daß eine gleichmäßige Reihung im Abstand eines Büroarbeitsplatzes die größte Flexibilität sicherte. So ist die Entwicklung des Typs am Pfeilerrhythmus der Fassaden nachvollziehbar.

Als schließlich 1909 die Mönckebergstraße zwischen Rathausmarkt und Hauptbahnhof durchgebrochen und in kurzer Zeit mit Kontorhäusern bebaut wurde, gewann die Citybildung auch städtebauliche Qualitäten – vollendet durch das ›Kontorhausviertel‹ der zwanziger Jahre rund um den Burchardplatz mit dem Chilehaus als Höhepunkt.

Bürgerliche Repräsentationsansprüche und zeittypische Anliegen (Jugendstil und Reformarchitektur begleiteten die Blütezeit des Hamburger Kontorhauses zwischen 1900 und 1914) verbanden sich in den Fassaden unter Verwendung von kostbaren Verkleidungsmaterialien für das Pfeilergerüst (Werkstein, Keramik, später Klinker). Zugleich entwickelte sich eine ausgeprägte Konvention des Zulässigen. Auf einem bürgerlichen mittleren Niveau, ohne Prunk zu entfalten, aber auch ohne eine selbstverständlich hohe Qualität aufzugeben, tragen die Fassaden gleichsam denselben ›City-Anzug‹ wie die meisten ihrer Nutzer.

Die liberale Hamburger Baupolizeigesetzgebung forderte nur ein Treppenhaus und erlaubte die Konzentration des inneren Verkehrs auf einen einzigen – möglichst immer an die Rückseiten verlegten – Kern. Innen ist meist nur der Eingangsbereich im Erdgeschoß aufwendiger gestaltet: Keramik und Marmor machen ihn repräsentativ und pflegeleicht. Von dort betritt man die Paternosteraufzüge, die alle Kontorhäuser seit dem Dovenhof besaßen. Sie werden nun aufgegeben. Angeblich sind sie zu gefährlich. Damit wird den Hamburger Kontorhäusern künftig ein wesentliches Element fehlen. Der stete, gleichmäßige Umlauf der Fahrkörbe ist ja nicht nur ein zweckmäßiges Beförderungsmittel innerhalb der Häuser – er vergegenwärtigt anschaulich die Geschäftigkeit, den Waren- und Geldkreislauf, der in den Kontoren verwaltet wird.

Insgesamt haben etwa 300 Kontorhäuser der Zeit von 1885 bis 1939 den Zweiten Weltkrieg überstanden.

Übrigens hat das Kontorhaus als flexibler Skelettbau am Ende dasselbe Ergebnis für die Großstadtarchitektur gebracht wie das Berliner Warenhaus (Alfred Messels epochemachende Wertheimbauten etwa). Das wußte man auch in Hamburg. Aber die Hamburger Architekten beanspruchten für sich die Priorität. Warenhäuser wie Karstadt in der Mönckebergstraße oder Tietz am Jungfernstieg (›Alsterhaus‹) sehen denn auch eher aus wie umgenutzte Kontorhäuser. – Überhaupt wurde in Hamburg das Kontorhaus zur Leitform der Großstadtarchitektur. Auch Fabriken übernahmen seine typische Struktur und sein Fassadenbild (s. S. 255), und selbst die Häuser der Gewerkschaften am Besenbinderhof und in Borgfelde paßten sich ihm an (s. S. 264 u. 270).

Nur eine einzige city-typische Baugattung machte die Modernisierung jahrzehntelang nicht mit und hielt bis in die zwanziger Jahre hinein an der Neorenaissance fest, die offenbar bürgerliche Kreditwürdigkeit verbürgte. Das sind die Banken, für die Martin Haller als Spezialist galt (s. S. 130, 173 u. 189).

Jahrhundertwende – Großstadtheimat

Sanierungen

Ein Teil der City entstand durch die ›Sanierung‹ der Innenstadt (Mönckebergstraße und Kontorhausviertel). Der Begriff setzt Krankheitsherde voraus und deren Beseitigung. Als sozial ›krank‹ galten in der Innenstadt vor allem die ›Gänge‹ und die Höfe, in denen die städtischen Unterschichten lebten. Die Vergrößerung der Stadt brachte für sie keine Vorteile; Arbeitsmöglichkeiten bot ihnen vor allem der Hafen. Die Innenstadt mußte daher der günstigste Wohnort bleiben. Die barocken Mietshäuser, ›Bude‹ und ›Sahl‹, wurden aber mit der Citybildung knapper – also teuer; die Fachwerkhäuser vernachlässigt, die Belegung immer dichter. Als dann 1892 die Cholera in Hamburg ausbrach und gerade in diesen Gängevierteln besonders viele ihrer beinahe 10000 Todesopfer forderte, erklärte man die katastrophale Epidemie nicht nur mit der mangelhaften Wasserversorgung der Stadt, sondern mit den schlechten Wohnverhältnissen. Seit der Jahrhundertwende wurden die alten Viertel schrittweise abgerissen. Sie erhielten neue Straßennetze, in der Neustadt entstanden neue Wohnhäuser, in der Altstadt nur noch Kontorhäuser. Die Bewohner wurden in beiden Fällen verdrängt – seitdem ein charakteristischer Mechanismus für viele Sanierungen.

Im Jahr der Cholera wurde aber auch der ›Bauverein zu Hamburg‹ als Genossenschaft gegründet. Zwar hat ihn 1903 sein Hauptgeldgeber, der Senator und Fabrikant Heinrich Traun, in eine Aktiengesellschaft verwandelt, um sozialdemokratischen Einfluß auszuschalten, aber seit 1892 trug er mit seinen Bauten zur Reform des Wohnungsbaus in Hamburg bei. 1898 entstand im Zuge eines Wettbewerbs der neuartige Etagenhaustypus der ›Hamburger Burg‹: Die Freiflächen eines Grundstücks und der Grundriß des Hauses wurden geschickt so geordnet, daß nicht Hinter-, sondern Vorhöfe entstanden, daß alle Wohnungen Fenster zur Straße und Querlüftung erhielten (s. S. 363). Eben diesen Typus plazierte der Bauverein dann in den Sanierungsgebieten der Neustadt (s. S. 201).

Versuche zur Verbesserung der Wohnungsverhältnisse für die städtischen Unterschichten hatte es in Hamburg schon vorher mehrfach gegeben. Die Jäger-Passage der gemeinnützigen ›Baugesellschaft von 1866‹ hielt noch am gängigen Hofmodell mit rückwärtigen Flügelbauten fest (s. S. 252). Einen reformierten Dreispännertyp ohne Hof und Schlitze erprobte das Abraham-Philipp-Schuldt-Stift an den Hütten (s. S. 200).

Auch der ›Altonaer Spar- und Bauverein‹ wurde 1892 gegründet – er baute seitdem in Altona reformierte Wohnhäuser, mit einer Blütezeit vor allem in den zwanziger Jahren.

Eine der angesehensten und größten Genossenschaften wurde die ›Allgemeine Deutsche Schiffszimmerer-Genossenschaft‹, die sich seit 1890 mit der Beschaffung von Wohnraum für ihre Mitglieder befaßte. Ihr 1900 erbautes ›Arbeiterschloß‹ in der Neustadt fiel dem Krieg zum Opfer. Zu den schönsten Wohnhäusern der Neustadt gehört aber ihr Wohnblock Martin-Luther-Straße (1913/14, s. S. 201).

Gemessen an der Gesamtproduktion von Wohnungen in dieser Zeit blieben die Reform-Projekte freilich demonstrative Ausnahmen.

Gartenstadt

Auch im Wohnen der tonangebenden bürgerlichen Oberschicht vollzog sich um 1910 eine Reform: An die Stelle der Villa und des Stadthauses trat als neues Leitbild das ›Landhaus‹ in den Vororten – was jetzt etwas anderes meint als um 1800. Das Leben fern der Geschäftsstadt soll nunmehr als Dauerzustand gesichert werden wie in der Villa; aber nicht konventionelle Repräsentation war der Zweck dieser Häuser, sondern reformiertes Leben. Sie behalten den Komfort der Villa bei, ordnen aber die Räume individuell, verbinden Inneres, Garten und Landschaft gestalterisch zum Bild eines ersehnten Einklangs mit der Natur. Breit gelagerte, in Material und Gestaltung an bodenständigen Vorbildern orientierte Häuser; individuelle, auf den jeweiligen Bauherrn zugeschnittene Entwürfe; die Vorstellung vom ›Eigenheim‹ als angemessenem Gebäude von Bauherren, die ihre Individualität zum Ausdruck bringen wollen – das alles demonstrieren die neuen Landhausviertel (s. S. 338ff.). Die Bauweise greift oft auf die Vorbilder um 1800 zurück, zugleich aber auf bäuerliche Traditionen. Großen Erfolg haben ›zeitlos‹ neoklassizistische Backsteinbauten mit hohen Dächern. Junge Architekten werden um 1910 zu Spezialisten dieser Landhauskultur, so die Brüder Hans und Oskar Gerson (1881–1931 bzw. 1886–1966) oder Erich Elingius (1879–1948) – sie alle auch erfolgreiche Kontorhausarchitekten.

Die bürgerliche Lebensreformbewegung fand in diesen neuen Landhäusern ihren baulichen Rahmen. Eine ihrer wichtigsten Teilkomponenten war die ›Gartenstadtbewegung‹, die aus der Kritik an der Großstadt des Industriezeitalters heraus ein alternatives städtebauliches Ideal gewann. Das ›Landhaus‹ im Garten wurde als Element kleinstädtischer Viertel außerhalb der Industriezentren zur Leitvorstellung schlechthin. Die in Hamburg seit Jahrzehnten entstandenen Villenviertel (Marienthal, Harvestehude usw.) boten dafür schon Ansätze. Englische und deutsche Propheten machten daraus eine Bewegung (Ebenezer Howard veröffentlichte 1898 das Manifest ›Garden Cities of Tomorrow‹, die ›Deutsche Gartenstadt-Gesellschaft‹ wurde 1902 gegründet).

Auch in Hamburg entstanden Gartenstadtvereine und seit 1910 Gartenstädte (s. S. 463, 471). Gegenüber den realistischen, technisch-hygienisch innerhalb des Großstadtkörpers entfalteten Reformen des Bauvereins mit seinen Etagenhäusern wirken sie fast utopisch – und blieben denn auch den Mittelschichten vorbehaltene kleinbürgerliche Traumstädte.

Es ist die entscheidende städtebauliche Leistung dieser Reformbewegung, daß ›Grün‹ eine immer stärkere Bedeutung für den Ausbau der Wohnviertel in den Stadterweiterungsgebieten gewann. Neu zu erschließende Vororte wie die Walddörfer (s. S. 480 u. 484) wurden als Gartensiedlungen ausgelegt. Zusammen mit den älteren Villenvierteln sichern sie bis heute Hamburg als Ganzem weithin den Charakter einer ›Gartenstadt‹.

Ebenso bedeutsam für diese Stadterweiterungsgebiete ist aber, daß sich in ihnen die Großstadtfeindschaft der deutschen Lebensreformbewegung nur bedingt auswirkte. Denn die Wohnviertel blieben verankert im Gesamtsystem der Großstadt. Sie wandten ihr nicht den Rücken, sondern blieben ebenso wie die City lebendige Bestandteile ihres Organismus. S- und Hochbahn waren die Adern, die Leib und Glieder verbanden.

Parks und Stadtgrün

Die Stadtplaner in Hamburg und in Altona, ebenso in Harburg, verwirklichten seit der Jahrhundertwende die großen Stadtparkanlagen in Winterhude, in Bahrenfeld und in Wilstorf – das städtebauliche Korrelat zur Landhaus- und Gartenstadtbewegung. Mit ihnen wurden den verdichteten Stadterweiterungsgebieten große öffentliche Gärten zugeordnet.

In Hamburg war der Stadtpark Gegenstand einer heftigen Polemik zwischen den traditionell zuständigen Ingenieuren der Baudeputation und den ›Reformern‹ unter Wortführung von Alfred Lichtwark, einem der großen Vertreter der Reformbewegung in Deutschland und Vorkämpfer der neuen bürgerlichen Kultur (s. unten u. S. 532). Eine ›landschaftliche‹ Konzeption der Ingenieure in der Tradition des englischen Gartens und eine ›architektonische‹, künstlerisch moderne der Reformer standen einander gegenüber – letztere blieb erfolgreich (s. S. 407). Das hat den Ruf der Ingenieure als Grünplaner dauerhaft geschädigt – zu Unrecht. Denn gerade innerhalb des Stadtwachstums der Gründerzeit, unter dem (seit 1872 amtierenden) Oberingenieur Franz Andreas Meyer entwickelte sich eine sowohl sozialhygienisch wie stadtgestalterisch motivierte, systematische Grünplanung, die den Stadtpark als Ziel einschloß. Ausgehend von den Wallanlagen und entlang der Alster sollte ein Gefüge von Grünräumen die Großstadt lebenswert machen. Auch damit bereitete die Gründerzeit die Jahrhundertwende vor – so gut wie mit ihren Verkehrsplanungen.

Die bedeutendste ›grünplanerische‹ Leistung war der 1876 eröffnete Hauptfriedhof Ohlsdorf – bis heute die wichtigste öffentliche Parkanlage in Hamburg (s. S. 445). Zweckrationale Lösung für eines der großen Probleme der wachsenden Großstadt, der nun eine ›Großstadt der Toten‹ entgegengesetzt wurde, leistete der Ohlsdorfer Friedhof zugleich Lebensreform, lange bevor der Begriff erfunden wurde. Als Parkfriedhof verkündete er die Botschaft einer säkularisierten Weltanschauung: Die Rückkehr des menschlichen Lebens in die Natur, die Einbindung der Großstadtexistenz in einen harmonischen Weltplan war der Konsens derer, die ihn anlegten und gestalteten. Jeder, der ihn kennenlernt, wird nachvollziehen können, daß in Ohlsdorf nicht ein großstädtisches Massengrab entstand, sondern das Gegenteil: eine philosophische Landschaft, die, dem Leben in der Großstadt zugeordnet, es bedenken lehrt.

Stilwandel

Um 1900 hatte auch in Hamburg die gründerzeitliche Neorenaissance ihre Möglichkeiten aufgebraucht. Die Hannoversche Schule und ihre Neugotik erschien als doktrinär, ja schlimmer noch, sie geriet in Widerspruch zu ihrer eigenen Doktrin. Zögernd wurde die internationale künstlerische Reformbewegung des ›Art Nouveau‹, des ›Jugendstil‹ aufgenommen. Etwa zwischen 1900 und 1907 ersetzten einige Architekten ihren gründerzeitlichen Formenapparat mehr oder weniger geschickt durch Jugendstilformen (z. B. George Radel). Aber diese aus Pflanzen- und Blütenmotiven oder verschlungenen Bändern und geometrischen Ornamenten gewonnenen Dekorationssysteme blieben nur eine letzte modische Bereicherung der barockisierend endenden Neorenaissance – zumal ausgeprägt in kleiner Münze an Etagenhaus- und Stadthausfassaden (s. S. 385) oder an einigen Kontorhäusern der Innenstadt. – Hamburg hat zum Jugendstil insgesamt kein Verhältnis gefunden. Der wichtigste Entwurf war der für den Hauptbahnhof 1903, den die Charlottenburger Architekten Reinhardt & Süßenguth geliefert hatten. Kaiser Wilhelm II. setzte statt dessen noch einmal die Neorenaissance durch (am Ende ein Glück für das Bauwerk; s. S. 262).

Heimatstil und Reformarchitektur

Es gab neben dem Jugendstil auch andere Ansätze zur Erneuerung der Architektur – vom Neoklassizismus, der das 19. Jh. ungeschehen machen und an die Zeit ›um 1800‹ anknüpfen wollte (wie es das Verwaltungsgebäude der HAPAG mit seiner Tempelfront demonstriert; s. S. 170), bis zum archaisierenden Monumental-Stil zwischen Nietzsche-Kult und Wilhelminismus. Letzterem folgten Elbtunnel und St. Pauli-Landungsbrücken (s. S. 224) ebenso wie das Hamburger Bismarck-Denkmal (s. S. 214) und manches Kontorhaus. Das Haus Troplowitz an der Außenalster ist der Versuch, Messels vornehme Bauweise aus Berlin heranzuschaffen (s. S. 404). Das ›Vorlesungsgebäude‹ der späteren Universität wirkt wie ein Import von Theodor Fischers süddeutscher Reformarchitektur (s. S. 375). Auch Hamburg war von der Vielfalt der ›Stilkunst um 1900‹ erfaßt.

Aber um 1914 hatte sich ein anderer Reformbeitrag durchgesetzt, Hamburg hatte einen neuen Stil – und nicht nur das: Es hatte einen *eigenen* Stil gefunden. In kürzester Zeit trat eine Bauweise ihren Siegeszug an, die man als Hamburger ›Heimatstil‹ bezeichnen kann, denn sie knüpfte an die bodenständige Überlieferung heimatlicher Bauweise vor Klassizismus und Historismus an. Backstein und kleinteilige weiße Sprossenfenster, barockisierende und biedermeierliche Schmuckformen wurden zu einer verbindlichen regionalen Bautradition, die in den zwanziger Jahren sogar das ›Neue Bauen‹ tief durchdrang.

In den Kontext des ›Heimatstils‹ gehört die Entdeckung der bäuerlichen Kultur der Vier- und Marschlande durch Justus Brinckmann einschließlich der Entwicklung eines Vierländer Stiles für ländliche Neubauten (s. S. 500). Dazu gehört die Erhebung des alt-hamburgischen – und das heißt vor allem des barocken – Bürgerhauses in der Innenstadt durch Architekten und Historiker zum Vorbild; die Kontorhäuser nahmen seine Motive auf. Dann – zunächst nur an der Rückseite, bald mit ihren Hauptfassaden – schlossen sie sich auch an die rationellzweckmäßige Speichertradition an und übernahmen von dort eine auffallend sachliche Backsteinbauweise. Von der wiederbelebten Landhauskultur war schon die Rede.

Die Reform von Kunst und Kultur um 1900 besaß in Hamburg mit Alfred Lichtwark einen ihrer Herolde (s. S. 532). Er warb für die Reform des bürgerlichen Wohnhauses (und trug so zum Erfolg des Landhauses bei), führte eine scharfe Polemik gegen ›Palastfenster und Flügeltür‹ der Neorenaissance, empfahl die ›realistische Architektur‹, auch die des Kontorhauses, der Pflege und regte zum Studium des alten Bürgerhauses an – nicht, weil es ihm als formales Vorbild galt, sondern wegen seiner schlüssigen Sachlichkeit und seiner Verwurzelung in den Gegebenheiten der Stadt.

Schnell konvergierten die Komponenten in Hamburg zu etwas Neuem; das konkrete Vorbild trat zurück, und eine vereinfachte Synthese der Formen verband sich mit den modernen Bauaufgaben der Großstadt. Ausdruck und Wahrzeichen dieses Prozesses ist und blieb seither der – im wortwörtlichen Sinne – ›bodenständige‹ Backstein.

Angesichts seiner zentralen Rolle für diese Reform fällt auf, daß die Reformpolemik nicht nur gegen die Neorenaissance, sondern auch gegen die Hannoversche Schule gerichtet war. In der Ablehnung ihres neugotischen Formalismus vergaß man ihr Wahrheitsethos – das zugleich als Reformerrungenschaft neu propagiert wurde (bezeichnenderweise verlaufen bei manchen ›Hannoveranern‹ durchaus Kontinuitäten hinüber in die Reformarchitektur, etwa bei Fernando Lorenzen).

Mit dem Backsteinrohbau verband sich das kleinteilige Sprossenfenster, als typisch norddeutsches Zargenfenster an der Außenfläche der Fassade montiert und so eine kontinuierliche Textur der Oberfläche sichernd. Hohe, pfannengedeckte Dächer ergänzten das Bild. Eines der programmatischen Manifeste der Reformarchitektur ist das unter Lichtwarks Einfluß neugestaltete Haus Lorenz-Meyer (s. S. 373).

Seit ca. 1910 baute man Wohnhäuser nur noch in der neuen hamburgischen Bauweise – von den Sanierungswohnblocks bis zu den Landhäusern der Elbvororte und den Gartenstadt-Vierteln. Ebenso ergriff die neue Bauweise die Verkehrsbauten (die Bahnhöfe der Langenhorner Hochbahnlinie und der Walddörferbahn) und vor allem auch die City. Dort propagierte der Journalist Paul Bröcker die Reform. Er verband sich mit dem jungen Architekten Fritz Höger (1877–1949) – und dessen Erfolg mit dem Bau großer Kontorhäuser an der Mönckebergstraße war der Durchbruch des neuen Stils (s. S. 176). So kennzeichnet die Synthese zwischen Tradition und Fortschritt, die Verbindung von heimatlichem Material und Formengut mit Großstadtbauaufgaben und modernsten Konstruktionsmethoden den Hamburger Heimatstil.

Lebensreform

Überall in Deutschland versuchte man um die Jahrhundertwende, regionale Bauweisen der letzten scheinbar heilen Epochen vor Einsetzen der Industrialisierung wiederzubeleben. Und tatsächlich finden sich der ›Hamburger‹ Heimatstil und seine traditionsgebundene Backsteinbauweise gleichzeitig in ganz Nordwest- und Norddeutschland. 1904 wurde der

›Deutsche Bund Heimatschutz‹ gegründet, schon 1900 war der erste ›Tag für Denkmalpflege‹ abgehalten worden. Der Raubbau an der überlieferten Umwelt durch die Entwicklung von Wirtschaft und Industrie, Siedlung und Verkehr in der zweiten Hälfte des 19. Jh. stand im Hintergrund dieser Bewegung. Ihr Protagonist Paul Schultze-Naumburg war später so in die ideologische Begründung des Dritten Reiches verwickelt, daß man folgern könnte, es handele sich um eine im schlimmsten Sinne deutsche Bewegung. – Die ›Nationalromantik‹ jedoch, die seit den letzten Jahren des 19. Jh. die kleinen europäischen Randländer von Skandinavien bis Böhmen, auch das große Rußland erfaßte –, zeigt aber, daß das, was wir im lokalen und regionalen Rahmen Deutschlands als ›Heimatstil‹ zu nennen uns gewöhnt haben, paradoxerweise Teil eines internationalen Zeitstils ist, der die Suche nach Überwindung des Historismus mit der nach einer ortsgebundenen Identität in der Gestaltung von Stadt und Land verband.

Auch und gerade diese architektonische Reform war in Deutschland eingebettet in die alle Lebensbereiche erfassende Lebensreformbewegung, die die Jahrzehnte um 1900 kennzeichnet. Sie blühte vor allem in den Mittelschichten des Bürgertums. Ihre Kritik an Industrie, Technik und der Herrschaft der Wissenschaft, ihre Sehnsucht nach scheinbar heilen Gegenwelten in vorindustriellen Epochen oder auf dem Lande, nach Wiederversöhnung mit der Natur führte zu Großstadtkritik, ja Großstadtfeindschaft und zur ideologischen Verklärung der Kleinstadt, zu praktischen Reformen von der Freikörperkultur bis zur Gartenstadtbewegung.

Hamburg hat daran Anteil – und distanziert sich zugleich davon. Denn alle Beiträge – selbst die Heimatschutzbewegung – münden ein in ein positives Verhältnis zur Großstadt.

Im Kontorhaus, dem am meisten hamburgischen Beitrag zur Architektur um 1900, einem Bautyp, durch den die Innenstadt zur City und durch den das alte Hamburg faktisch zerstört wurde, der modern konstruiert war und das Geschäftsleben räumlich neu organisierte, sahen Architekten, Kritiker, Heimatschriftsteller und Bauherren einmütig den legitimen Nachfolger des alt-hamburgischen Bürgerhauses. Wo die Lebensreformbewegung sonst ihre Energie aus der Gegnerschaft zum ›Moloch‹ Großstadt gewann, wurde in Hamburg das City-Kontorhaus zum Unterpfand der Behauptung, daß die Tradition fortgeführt werden könne, ja daß die Großstadt im selben Maße Heimat sein könne wie die untergegangene Altstadt – wenn sie nur aus denselben Prinzipien schöpfe: »Die auf der Grundlage der Zweckmäßigkeit entstandenen Bauten dürfen daher den Anspruch erheben, ihrer Gestaltung nach als bodenständig und heimatberechtigt zu gelten, genau so wie jene in unmittelbarer Nachbarschaft gelegenen altehrwürdigen Patrizierhäuser.« (Schwieker)

Es ist leicht erkennbar, daß diese moderne, großstadtfreundliche Richtung, die Hamburg einschlug, übereinstimmte mit jenem Teil der Reformbewegung, der sich 1907 im ›Deutschen Werkbund‹ organisierte, der seinerseits Kultur und Industrie versöhnen wollte. Nirgendwo sonst aber gelang es ihr, die architektonische Physiognomie einer ganzen Großstadt, ihre Identität, zu bestimmen – die Identität Hamburgs in Tradition *und* Modernität. »Die Zentralisation der Weltwirtschaft und die Dezentralisation der Wohnstätten, die Scheidung des Großstadtorganismus in eine logisch durchgebildete City – eine Geschäftsstadt –

und in eine Wohnstadt in Form einer Reihe kleinstadtartiger Wohnsiedlungen rings um die City ist das Ergebnis. Diese kleinstadtartigen Wohnsiedlungen werden nach dieser Definition nicht selbständige kleine Städte bis zu etwa 30000 Einwohnern sein können, wie es die Gartenstadtbewegung unserer Tage als Endziel erstrebt, bewohnt von großstadtmüden Menschen, sondern sie werden die Wohnsiedlungen bilden der in der Großstadt arbeitenden, die Großstadt bejahenden Menschen.« (Hugo Koch anläßlich einer Städtebauausstellung in Hamburg 1914)

Albert Erbe

Im öffentlichen Bauwesen Hamburgs war während dieser Reformperiode formal nach wie vor Zimmermann maßgebend. Der aber wurde selbst zum Initiator des Neuen, indem er junge Leute holte, die moderne Entwürfe liefern sollten. So bestimmte Albert Erbe (1868–1922, seit 1901 in der Baudeputation angestellt) bis 1910 das Hamburger Staatsbauwesen. Zusammen mit Christoph Ranck erforschte er das alt-hamburgische Bürgerhaus. Von dem gingen seine Entwürfe aus, modern in Grundriß und Massenentwicklung, als Backsteinmischbauten mit Bürgerhausgiebeln, aber zugleich alt-hamburgisch. Einer der frühe-

Dienstgebäude der Landherrenschaften, erbaut von Albert Erbe 1906–08. In der Form inspiriert durch die alten Bürgerhäuser, die es dennoch weit überragt. Zeichnung Ferdinand Sckopp, 1910

sten seiner Entwürfe war 1902/03 ein Kontorhaus – zugleich das früheste Heimatstil-Zeugnis dieser Gattung (s. S. 171).

Erbes Aufgabe war es vor allem, den baulichen Rahmen für ein besonders wichtiges Reformanliegen zu schaffen:

Ein öffentliches Volksschulwesen wurde in Hamburg durch das Unterrichtsgesetz vom 11. 11. 1870 begründet – vorher war Bildung in der Stadt Privatsache. Die Schulhäuser der 1880er Jahre für dieses neue Schulsystem waren einfachste Sparbauten – errichtet meist aus Backstein, zum Kummer Zimmermanns. In diesen Schulhäusern formierte sich die Hamburger Volksschullehrerschaft als ein Berufsstand, der ohne Tradition war. Die tausend Lehrer, die gebraucht wurden, kamen von überall her; sie waren jung und fanden in Hamburg größere Freiheiten vor als irgendwo sonst; Gewissen und private Lebensführung unterlagen keiner Kontrolle. Kurz, die Hamburger Volksschullehrer galten für Generationen als die fortschrittlichsten in Deutschland. Die pädagogische Reformbewegung um die Jahrhundertwende fand daher in Hamburg den günstigsten Boden vor. 1903 wurde ein neues Schulbauprogramm formuliert: »Die Architektur und Dekoration soll durch Form und Farbe wohltuend und bildend auf das Auge und die Stimmung wirken.« Albert Erbe entwarf die neuen Schulhäuser in allen Stadterweiterungsgebieten. Asymmetrische Massenkompositionen spiegeln differenzierte Raumprogramme wider, Bürgerhausmotive binden in die hamburgische Tradition ein.

1912 wurde Erbe nach Essen berufen; 1922 verstarb er – durch den Ersten Weltkrieg um die Chance gebracht, zu beweisen, was er als selbständiger Leiter eines städtischen Bauwesens hätte schaffen können. Daß er in Hamburg selbst seit 1909 nicht mehr entwerfen konnte, lag am damals berufenen neuen Leiter des Hochbauwesens der Baudeputation.

Fritz Schumachers Hamburg

Der neue Baudirektor

»Es war, als wollte das Gemeinwesen sich für das beginnende Jahrhundert ein vollkommen neues Gewand anlegen. Kaum jemals hat eine große Stadt ihr Aussehen in kurzer Zeit so gründlich verändert wie das damalige Hamburg. Die Umgestaltung erstreckte sich schlechterdings auf alle Gebiete der Bau- und Ingenieurkunst« – so beschrieb Gustav Schiefler Hamburgs Verwandlung nach der Jahrhundertwende. Auf dem Höhepunkt der Epoche war auch die Stelle des Baudirektors, des Leiters des Hochbauwesens der Baudeputation, neu zu besetzen. Berufen wurde 1909 Fritz Schumacher. In den 24 Dienstjahren seiner Wirksamkeit gewann Hamburg ein neues Stadtbild.

Fritz Schumacher (1869–1949) hatte 1909 nur wenig Erfahrung im Bauen und keine Verwaltungserfahrung (1901–09 lehrte er an der Technischen Hochschule in Dresden). Aber er galt als einer der profiliertesten Vertreter der Reformbewegung, war Mitbegründer des Deutschen Werkbundes (1907). Seine Aufgabe hat er als ›vorgeschobenen Posten‹ bezeichnet, seine Wirksamkeit als die eines Missionars der Reform beschrieben. In Wirklichkeit hat

Karikatur auf den neuen Oberbaudirektor. Die Woche 1912, Fred Hendrick

er Hamburg nicht aus dem Schlaf erwecken müssen. Vielmehr ist seine Berufung selbst Ergebnis der bereits eingetretenen Verwandlung der Stadt. Schumacher wurde zu ihrem Vollender – weil man ihn dazu berufen hatte. Er war übrigens auch nicht die erste Wahl – sein Name kam (als etwa fünfzigster Kandidat) ins Spiel durch einen inoffiziellen Hinweis des jungen Werkbundsekretärs Wolf Dohrn an den Hamburger Bausenator.

Fritz Schumacher hatte schon zur Dresdner Städteausstellung 1903 die ›architektonischen Aufgaben der Städte‹ skizziert: Die Stadt des 19. Jahrhunderts, die Großstadt, ist für ihn nicht ein Irrweg der Menschheitsentwicklung, sondern bereitet die Lebensformen der Zukunft vor. Ihre Hauptleistung ist die Entwicklung von Lösungen für die vielfältigen Lebensbedürfnisse der modernen Menschen. Ihr noch ungelöstes Grundübel ist die Massenwohnungsfrage. – Die modernen Reformbewegungen, insbesondere der ›Künstlergeist‹ der Gegenwart, müssen sich nicht gegen dieses Machtzentrum stellen, sondern sich damit verbünden, dann kann schneller und erfolgreicher als in jeder vergangenen Epoche eine neue Kulturwelt entstehen.

Ein Reformer mit diesem Programm konnte in Hamburg Erfolg haben – Schumacher und Hamburg, das fügte sich. Bis zu seiner Entlassung durch die Nationalsozialisten 1933 schuf er sein Lebenswerk.

Schumachers städtebauliche Intentionen kamen vorläufig nur in einem Großprojekt zur Entfaltung: im Stadtpark von Winterhude, den er gestaltete und den er mit Hochbauten ausstattete (s. S. 407). Mit ihm sind Schumachers Programm und eine historische Entscheidung verbunden: Er sprach vom Stadtpark als einem ›Freilicht-Volkshaus‹. Mit etwas Risiko könnte man aber auch von einer ›Idealstadt‹ sprechen, bewohnt von den Benutzern, mit einem großräumigen, einheitlich geordneten Gefüge vielfältiger Funktionen – einer Idealstadt im Sinne der Lebensreform. Licht, Luft und Sonne sollten der Großstadtbevölkerung zugänglich werden. Fertige Pläne für die Bauwerke brachte Schumacher aus Dresden mit. Er hatte sie dort als Werksteinbauten entworfen. In Hamburg zeichnete er sie alle neu – als Backsteinbauten. Mit dem Farbklang von dunklem Backstein im Grünen war im Park das Modell geschaffen für eine neue Physiognomie der Stadt insgesamt – aufnehmend, was sich zugleich in der Stadt als Heimatstil entfaltete.

Bis zum Ersten Weltkrieg mußte sich der neue Baudirektor mit den Aufgaben des alten zufriedengeben: Er war für die Entwürfe der öffentlichen Hochbauten zuständig. Diese beanspruchten Schumacher freilich ganz. Erbes Wirken ging abrupt zu Ende. – Die Hochschule für Bildende Künste (s. S. 430), das Johanneum (s. S. 408), die Handwerkskammer und das Museum für Hamburgische Geschichte (s. S. 213) entfalten komplexe Raumprogramme in städtebaulich subtil kalkulierter Massenentwicklung. Die moderne Bautechnik wird in Betonskelett-Treppenhäusern transparent. Im äußeren Erscheinungsbild dominiert aber Hamburg: Dessen neue Backsteinbauweise wird in immer reicheren Materialwirkungen erprobt und bestärkt (Farbabb. 19–21).

Die Integration von Plastik in die Architektur erhielt durch Fritz Schumacher einen neuen Anstoß – wenngleich die Gruppe der beteiligten Bildhauer nicht sehr groß war. Arthur Bock, Ludwig Kunstmann und vor allem – mit fast industriellem Ausstoß an Skulpturen in Stein und Keramik – Richard Kuöhl hielten (abgesehen von expressionistischen Zwischenphasen) gleichermaßen am Stil der Zeit um 1910 fest: geklärt figürlich, manchmal monumental, in jedem Fall populär in Mitteln und Verständlichkeit. Es sind dieselben Bildhauer, die die wichtigsten Grabdenkmäler auf den Friedhöfen schufen.

Die zwanziger Jahre

Nach dem Ersten Weltkrieg setzte die neue, die Weimarer Republik der Stadtentwicklung in erster Linie soziale Ziele. Angesichts der veränderten politischen Verhältnisse, die die Sozialdemokratie zur bestimmenden Kraft in Hamburgs Bürgerschaft und Senat gemacht hatten, mußte im Mittelpunkt der staatlichen Baupolitik die Abhilfe der Wohnungsnot stehen, die Lösung der Kleinwohnungsfrage, die durch den Stillstand der Bauwirtschaft während und nach dem Ersten Weltkrieg bedrängend aufgebrochen war.

Während des Krieges hatte es eine übersteigerte Siedlungspropaganda gegeben: ›Kriegerdanksiedlungen‹ waren versprochen worden. Die Gartenstadtbewegung war damit endgültig zum Leitbild für alle geworden, gerade für die ohnehin bisher im Wohnungswesen benachteiligte große Mehrheit der Großstadtbewohner: die Arbeiter. In Hamburg und Altona wurden tatsächlich Einzelhaussiedlungen mit Gärten verwirklicht (s. S. 334). Vor allem baute Fritz Schumacher 1919–22 die später nach ihm benannte Siedlung in Langenhorn. Sie galt als Versuch – und zeigte alle Probleme des Konzepts: Nur weit draußen vor der Stadt ließen die Bodenpreise die offene Bauweise zu. Das Einzelhaus war damit durch weite Wege zum Arbeitsplatz erkauft (s. S. 463). – Gleichzeitig realisierte Hamburg einen zweiten Großversuch: Die ersten Häuser der neuen Dulsberg-Siedlung entstanden als mehrgeschossige Mietshausblocks (s. S. 435).

Das Ergebnis des Vergleichs war eindeutig: Zumutbare Verkehrswege zwischen Wohnung und Arbeitsplatz und wirtschaftliches Bauen brachte nur das System Dulsberg. Damit war der Kurs in die Richtung festgelegt, die Hamburg schon vor dem Ersten Weltkrieg eingeschlagen hatte: Die Großstadt sollte sich nicht in den ländlichen Raum hinein auflösen, sondern dicht und wohlgegliedert weiterwachsen. Sie wurde aber reformiert. Städtebauliche und wohnungsreformerische Konzepte ließen aus den neuen Mietshausquartieren eine menschenwürdige ›Wohnstadt Hamburg‹ entstehen (so nannte Fritz Schumacher 1932 die Leistung der zwanziger Jahre).

Wenig konnte gebaut werden, solange die Inflation alles aufzehrte, und die 1929 ausgebrochene Weltwirtschaftskrise beendete die Bautätigkeit wieder weithin. Was aber in den sechs ›goldenen‹ zwanziger Jahren zwischen 1924 und 1929 geschaffen wurde, gehört zu Hamburgs größten baugeschichtlichen Leistungen – als logische Folge und Vollendung der Reformperiode um 1900. Es sind vor allem jene Großsiedlungen rund um Hamburg, die sich an die älteren Stadterweiterungsgebiete anlagern und die Fritz Schumacher einen ›Gürtel um Hamburgs alten Leib‹ nannte, von Eimsbüttel über Eppendorf, Winterhude (Jarrestadt), Barmbek-Nord und Dulsberg bis nach Hamm, Horn und zur Veddel. Die schönste Würdigung des Ganzen stammt von Hans Leip. Der Hamburger Schriftsteller verfaßte sie im Auftrag der Oberschulbehörde 1931 und nannte sie ›Von Großstadt, hansischem Geist, Grüngürtel, Schule und guten Wohnungen in Hamburg‹ – das faßt die Leitbegriffe der Gesamtleistung zusammen.

1923 hatte Fritz Schumacher die förmliche Zuständigkeit für alle Fragen des Städtebaus gewonnen, nachdem Hamburg ihn drei Jahre nach Köln ausgeliehen hatte, wo er für den dortigen Oberbürgermeister Konrad Adenauer ein umfassendes Stadtentwicklungskonzept entworfen hatte. Jetzt wurde er in Hamburg zum Oberbaudirektor ernannt und damit zu jenem ›dirigierenden Architekten‹, der die ›Stadt als Relief‹ künstlerisch und sozial durchmodellieren konnte (wie er es selbst gelegentlich darstellte).

Vorbereitungen dafür wurden schon während des Ersten Weltkrieges getroffen. Damals stellte Schumacher einen reformierten Bebauungsplan für den Dulsberg auf. Neue Bebauungspläne für noch unbebaute Stadtteile folgten, so vor allem für Hamm und Horn. – Jedes der Gebiete hatte am Ende seine unverwechselbar eigene Charakteristik: Eine frei dem Markt folgende Vielfalt der Lösungen entstand in Barmbek-Nord, systematisch nebeneinandergestellte Konzepte zeigt der Dulsberg. Die einheitlichste Gestalt gewann die Jarrestadt in Winterhude (s. S. 425).

Die Bebauungspläne paßten sich in die Großstadt ein und gaben ihr zugleich ein neues Gefüge. Die Straßensysteme ordnen sich den Ausfallstraßen zu und bilden innerhalb der Viertel ein systematisch abgestuftes Netz innerer Wege aus. Die Verkehrsinfrastruktur der Jahrhundertwende – S- und Hochbahn – sicherte die Verbindung mit den Arbeitsstätten und der City. Ein Netzwerk von Grünzonen und Grüngürteln, die jedes dieser Viertel durchziehen und begleiten, sollte heranwachsen. Hatte die Gartenstadtbewegung ›Grün‹ zum Ziel der Stadtflucht gemacht, so holte Fritz Schumacher dieses Grün in die Stadt zurück.

Auch die Häuser in den neuen Vierteln waren von Anfang an grundlegend reformiert. Die Voraussetzungen dafür hatte noch 1918 der alte Senat bereitgestellt. Sein ›Kleinwohnungsgesetz‹ machte all das zur Norm, was vorher von Reformern als Alternative zu Schlitz- und Hinterhofbauweise gefordert worden war: Nur zwei Wohnungen durften künftig je Geschoß durch die Treppenhäuser erschlossen werden; diese mußten Fenster an der Außenwand haben, ebenso alle Räume der Wohnungen. Damit wurde überall Querlüftung möglich, die Bautiefe der Häuser beschränkt. Schlitze gab es nicht mehr, auch keine Terrassen. So erhielten die Mietshausviertel ein charakteristisch neues Erscheinungsbild, das oft durch die regelmäßigen Rhythmen der jetzt ja außen sichtbaren Treppenhausachsen gekennzeichnet ist.

Für die Häuser wurden herkömmliche Blockrandbebauungen weiterentwickelt – die jetzt aber große, luftige und durchsonnte Innenhöfe hatten oder aber jene Vorhöfe, die schon vor dem Krieg die Reformbauten des Bauvereins zu Hamburg kennzeichneten. Von Anfang an versuchte man, diese Höfe zu öffnen. Schon am Dulsberg entstanden seit 1919 die ersten ›Zeilen-Bauten‹: nordsüdlich geordnete, parallel gestellte Häuser, die nur noch durch eingeschossige Trakte verbunden wurden. Weiterentwickelt in der Jarrestadt, wurden sie zur Norm in den neuen Vierteln, etwa in den Laubenganghäusern des Dulsbergs oder den Versuchsbauten der östlichen Jarrestadt. – Die Entwicklung verlief überall ähnlich: 1929 wurde der Zeilenbau durch den ›CIAM‹ (Congrès International de l'Architecture Moderne) zum Dogma erhoben. Fritz Schumacher konnte mit Recht annehmen, daß er den Weg früher als andere eingeschlagen habe.

Die Wohnungen waren überwiegend Kleinwohnungen mit zwei bis drei Zimmern und Wohnküche, öfters mit Bad. Grundsätzlich hielten sie aber an den seit der Gründerzeit üblichen Wohnungstypen fest. – Übrigens fallen jetzt auch die Stifte nicht mehr als Besonderheiten im Stadtbild auf: Ihre in der Gründerzeit privilegierten Eigenheiten sind nun Standard (s. S. 406).

Zu Beginn der zwanziger Jahre gab es in Hamburg wie überall eine ›Sozialisierungsdebatte‹, die insbesondere die Vergesellschaftung des Bauwesens und des Wohnungsbaus verfolgte. Fritz Schumacher gutachtete weise dagegen, und die Politik des Ausgleichs von Sozialdemokratie und Bürgertum verhinderte jede Weiterung. Immerhin gab es im Wohnungsbau einschlägige Experimente: Schumacher baute im Dulsberg ein ›Einküchenhaus‹, das die Einzelwohnung von einem Teil der Hausarbeit entlasten sollte (s. S. 435). Paul A. R. und Hermann Frank entwickelten als besondere Wohnform das ›Laubenganghaus‹, das die Baukosten senken sollte (s. S. 436 u. 441). Für alleinstehende Frauen wurden ›Frauenwohnheime‹ gebaut (s. S. 264 u. 441). Aber das waren alles Einzelfälle.

1 Alsterarkaden vor dem Brand von 1989 (Innenstadt, Rathausmarkt) ▷
2 Norderelbe vor den St. Pauli-Landungsbrücken, Hafengeburtstag 1989 (St. Pauli) ▷
3 Rathausmarkt und Kleine Alster (Innenstadt, Rathausmarkt) ▷

GLEICH

Café
Imbiss

4 Einkaufszentrum Hamburger Straße (Barmbek-Süd)

5 Hanse-Viertel (Innenstadt, Poststraße)
6 Außenalster (Rotherbaum)

F O R U M

169
BECK'S

R3
BECK'S
BECK'S
Stuyvesant

7 ›Isemarkt‹ unter dem Hochbahnviadukt in der Isestraße (Harvestehude)

8, 9 Fischmarkt (Altona-Altstadt) ▷

HUREN
Jogging
Anzüge 29.90

BLOHM + VOSS
DOCK 11
IMBISS

11, 12 Milchstraße in ›Pöseldorf‹ (Rotherbaum)

◁ 10 Herbst an der Außenalster

Politisch unterstand die Planung und Finanzierung der Wohnungen liberalen Senatoren; Sozialdemokraten nahmen kaum Einfluß auf das Bauen. Politisches Ziel war, daß der Wohnungsbau sobald wie möglich wieder dem freien Spiel der Kräfte überlassen werde. – In Wirklichkeit entstanden fast alle der zwischen 1918 und 1933 gebauten 65000 Wohnungen durch finanzielle Förderung aus Mitteln der ›Hauszinssteuer‹ und durch die Bindungen des Kleinwohnungsgesetzes sowie der Wohnungszwangswirtschaft unter staatlicher Beteiligung. Schumacher und seine Beamten mußten sich freilich mit einer großen Vielfalt von Bauherren (und deren Architekten) einigen. Die Gewerkschaften des Allgemeinen Deutschen Gewerkschaftsbundes und die von ihnen getragene Gemeinwirtschaft gründeten in Hamburg zwar die ersten Gemeinnützigen Baugesellschaften (aus denen sich die ›Neue Heimat‹ entwickeln sollte; s. S. 440). Aber sie blieben am Rand des Gesamtgeschehens, an dem überwiegend die traditionellen Bauherren des Wohnungsmarktes beteiligt waren, private Unternehmer und Genossenschaften.

Bei aller zweckrationalen Anlage erhielten die Wohnhäuser Fassaden wie in der Vorkriegszeit. Die öffentliche Schauseite ist aufwendig gestaltet, häufig genug sind hingegen die Höfe nur einfach verputzt. Die formale Vielfalt, die verschiedenen ›Stile‹ dieser Fassaden spiegeln die gesellschaftliche Vielfalt und die Widersprüche der Weimarer Republik.

Weitaus die meisten neuen Mietshäuser und fast alle Einzelhäuser hielten an einer mehr oder weniger traditionalistischen Bauweise fest, die den Heimatstil der Vorkriegszeit fortsetzt: Es sind Backsteinhäuser mit hohen Dächern, Sprossenfenstern und biedermeierlichen, bäuerlichen oder Bürgerhaus-Details.

Eine ›moderne‹ Alternative setzte dem Traditionalismus neue, gesuchte Erfindungen entgegen, die sich an die Kristallphantasien des utopischen Expressionismus anlehnten und daraus eine schnell modisch werdende zackig-kristalline Formensprache entwickelten, die man ›expressionistisch‹ nennen kann, zumal wenn sie auch die Gebäudestruktur (wie im Kontorhausbau) exaltiert betont und gotisierende Spitzbogenmotive einbezieht – Elemente und Vorlieben des Expressionismus der bildenden Kunst und ihrer Theoretiker baulich umsetzend. Dazu bot auch die reiche Farbigkeit des Backsteins von Gelb bis Lila geeignetes Rohmaterial.

Hauptleistung der Architektur der zwanziger Jahre war die Formierung des ›Neuen Bauens‹, der klassischen Moderne. Das ›Bauhaus‹ trat in Hamburg zwar nicht in Erscheinung, doch gab es seit 1923 auch hier Architekten, die Beiträge zur internationalen Bewegung des Neuen Bauens leisteten. Mit ihren Werken wurden einfache kubische, allenfalls durch Fensterbänder und die Massenkomposition gegliederte Baukörper im Wohnungsbau bald üblich – kennzeichnend ist das Flachdach als Leitform. Die gewerkschaftlichen, im politischen Selbstverständnis fortschrittlichen Wohnungsunternehmen wandten sich ihm schnell zu. Die Friedrich-Ebert-Höfe in Ottensen und in Wandsbek (auch der Adolf-von-Elm-Hof in Eißendorf) sind dafür programmatische Beispiele.

In diesem Spannungsfeld zwischen sozialer Reform, liberaler Politik, staatlichem Einfluß und formalen Gegensätzen gelang es Fritz Schumacher durch verblüffend einfache städtebauliche Instrumente, ein harmonisches Stadtbild entstehen zu lassen:

Schumacher entwickelte als Planungstechnik der neuen Wohnviertel das ›modellmäßige Bauen‹, bei dem die Ausweisungen der Bebauungspläne in Plastilin-Modelle umgesetzt und die städtebauliche Massenverteilung im Großen festgelegt wurden. Gemeinsam mit den einzelnen Architekten konnten daraus die konkreten Bauentwürfe entwickelt werden; neue Ideen ließen sich an diesen Modellen erproben und einpassen – immer blieb die städtebauliche Gesamtwirkung gewahrt.

Ebenso wirksam war als Mittel zur Integration der formalen Vielfalt der Neubauten in die Einheit des Stadtbildes der Backstein. Dieses Material teilte allen Bauten jenen »leisen Einschlag von Überlieferung« mit, der die Stimmung der Siedlungen und Einzelbauten charakterisiert, Heimatgefühle hervorruft. Mit ihm waren auch expressionistische Dekorationen möglich. Zugleich blieb aber der Backstein ein sachliches, industrielles Baumaterial und konnte dadurch den Vorstellungen von Material- und Konstruktionswahrheit des ›Neuen Bauens‹ dienen.

Die städtebauliche ›Harmonie‹ (ein Lieblingsbegriff Schumachers) in den neuen Vierteln hatte auch eine politische Dimension. Sie vergegenwärtigte die Hoffnung auf Lebensreform, Kulturpolitik, Sozialpolitik mit dem neuen Leitbild der demokratischen Gesellschaft freier,

Das Chilehaus um 1925. Lithographie Arthur Illies

gleicher Bürger. »Einfach, aber in geschickter Überschneidung, leichter Staffelung, Verschiebung mit geschickt betonten Achsen ergeben sich die Häuserfronten, Symbole eines behaglichen, ellbogenfreien Gruppengefühls, wie es in der Zeit liegt und dem allgemeinen Menschen am natürlichsten ist...« (Hans Leip, 1931) Tatsächlich verbergen sich hinter den Fassaden aber Wohnungstypen, die in der Bandbreite ihrer sozialen Nutzung denen der Vorkriegszeit kaum nachstehen, z. B. in den herrschaftlichen Wohnblocks von Eppendorf und den Kleinwohnungen von Barmbek. Ein Eindruck drängt sich auf, der allerdings schwer zu beweisen ist: daß in der Gestaltung der Wohnungsbauten eine Politik zum Ausdruck kam, die wenigstens durch das äußere Erscheinungsbild der ›Wohnstadt‹ soziale Unterschiede zu verwischen und äußere Harmonie zu suggerieren suchte – wenn diese denn in der Realität nicht erreichbar war. Positiver gesehen: Es galt, im Stadtbild die Harmonie der Gesellschaft vorzubereiten.

Der entscheidende Mangel der neuen Häuser konnte damit nicht behoben werden. Die hohe Qualität der Wohnungen und der Fassaden hatte Mieten zur Folge, die der eigentlichen Zielgruppe, den breiten Schichten der Arbeiterschaft, unerschwinglich blieben.

Die sozialen Zentren der Siedlungen, zugleich die Orte, an denen sich die pädagogische Reformtradition der Hamburger Volksschullehrerschaft entfalten sollte, waren die Schulhäuser. Als ›festliche Angelpunkte‹ (Hans Leip, 1931) gehörten sie zum städtebaulichen Konzept. Fast alle entwarf Fritz Schumacher selbst. Mit ihnen wandte er sich dem Neuen Bauen zu – in eben der durch den Backstein gemäßigten Art, die er für das Gesamtbild der Stadt propagierte, am schönsten im Gartenvorort Volksdorf mit der ›Walddörferschule‹ (s. S. 486). – Nur wenig ist geblieben von dem Wandmalereiprogramm, das Ende der zwanziger Jahre zur Förderung Hamburger Künstler durchgeführt wurde und das diese Gebäude zu Gesamtkunstwerken machen sollte (s. S. 272).

Als Gegenstück zur Entwicklung der Wohnstadt entstand in der City seit 1922 das ›Kontorhausviertel‹ rund um den Burchardplatz. Dort stand man vor dem »neuzeitlichsten Großstadtbild Deutschlands, das weltgültig schön, zweckentsprechend und dennoch ganz hamburgisch ist« (Hans Leip, 1931). Sein Herz wurde das ›Chilehaus‹, ein Symbolbauwerk nicht nur für Hamburg, sondern für das Deutschland der zwanziger Jahre überhaupt, ein Hauptwerk des Expressionismus in der Architektur (s. S. 182). In der Krise von Wirtschaft und Gesellschaft nach den Versailler Verträgen, auf dem Höhe- oder eigentlich Tiefstpunkt der Inflation entstand mit ihm das bisher größte Kontorhaus in Hamburg; es verkörperte die Hoffnung auf ›Großstadtheimat‹ und auf das Wiedererblühen von Stadt, Hafen und Handel. – Übrigens ging die eigenständige Kontorhaustradition bald zu Ende. Auch die Geschäftshäuser übernahmen die kubischen Formen und Fensterbänder des Internationalen Stils der Moderne (s. S. 192).

Das Chilehaus war das Hauptwerk des Architekten Fritz Höger. Sein stark farbiger Klinker mit rauher Oberfläche wurde von ihm seitdem zum ›Bauedelstein‹ verklärt. Folgerichtig avancierte der Backstein in Hamburg und Norddeutschland auch zum Material von Denkmälern, wie etwa dem pathetischen Kriegerdenkmal bei der Johannis-Kirche in Altona (s. S. 302).

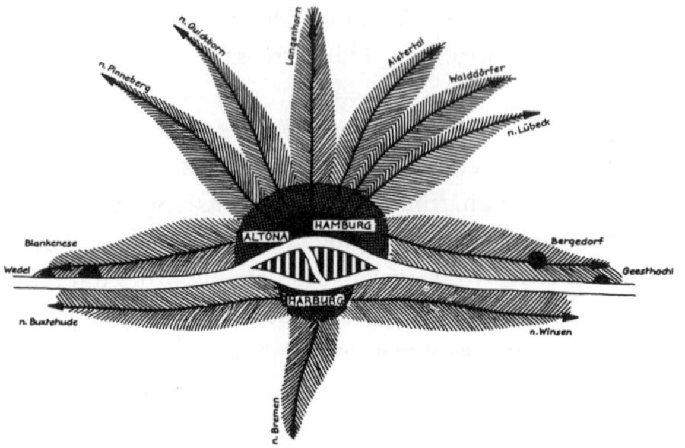

Fritz Schumachers Schema für die natürliche Entwicklung Hamburgs und seiner Nachbarstädte, 1919

Die Citybildung erreichte in den zwanziger Jahren ihren Höhepunkt. Hafen, Kontor-City und Wohnstadt schieden sich jetzt endgültig. Auch diese Wandlung hat Schumacher bejaht und unterstützt. Die nach Funktionen gegliederte Stadt war in Hamburg seiner Ansicht nach organischer Ausdruck der besonderen topographischen und wirtschaftlichen Verhältnisse. Sein suggestives Fächerzeichen für die vom Geschäftskern ausgehende Stadt blieb bis heute die kürzeste Formel für Hamburgs ›natürliche Entwicklung‹.

Im letzten Bauwerk Schumachers, dem neuen Krematorium in Ohlsdorf, verbindet sich die moderne Formensprache des Stadtplaners mit einer Bauaufgabe der Großstadt und der Lebensreform zugleich – bekenntnisfrei sakral überhöht ist das Krematorium der Symbolbau der vollendeten Großstadtreform, zu der der Friedhof selbst schon beitrug (s. S. 444).

Schumachers Städtebau bot den Hamburger Privatarchitekten genügend Bauaufgaben. Sie waren es ja, die die Vielfalt der ›Stile‹ hervorbrachten. Freilich kamen sie nur in wenigen Ausnahmefällen bei öffentlichen Bauten zum Zuge (s. S. 364 u. 397). Schumacher überließ ihnen umgekehrt den gesamten Wohnungsbau. Daß sie seine Autorität auch dort in erstaunlich weitgehendem Maße anerkannten, beschränkte nicht ihre Kreativität, sondern beflügelte sie.

Das Instrument zur Konsensbildung – das Baupflegegesetz von 1912 – hatte Schumacher mit geschaffen; aber auch diese Reform war schon vorbereitet, insbesondere durch Albert Erbe. Das Gesetz, bis 1928 wirksam, war ein erstaunliches Produkt republikanischer Kultur. Auf seiner Grundlage erörterte eine ›Baupflegekommission‹ alle Neubauentwürfe und lenkte deren gestalterische Qualität. Der Kommission gehörten Privatarchitekten (u. a. Erich Elingius) und die Museumsdirektoren an, Bürger und Beamte. Nicht obrigkeitlich-autoritär, sondern kritisch-kollegial haben die so versammelten Fachleute formale Konflikte gelöst – ein Leistungsansporn für die entwerfenden Architekten. Die außerordentlich hohe Durchschnittsqualität der Architektur vor und nach dem Ersten Weltkrieg in Hamburg war das Ergebnis.

Zu vermerken ist, daß nur Hamburger daran teilhatten. In Hamburg baute kaum ein auswärtiger Architekt. Umgekehrt bauten die Hamburger kaum in anderen Städten (am meisten noch Fritz Höger). Die Identität des *genius loci* war so auch um den Preis erkauft, daß Hamburgs baugeschichtliche Leistung außerhalb der Stadt bis heute kaum gewürdigt wurde. Das Werk von Erich Elingius (seit 1924 Elingius & Schramm), Hans und Oskar Gerson, Fritz Höger, Hermann Höger, Paul A. R. und Hermann Frank (Gebrüder Frank), Block & Hochfeld, Carl Bensel, Heinrich Amsinck (Bensel, Kamps & Amsinck), Felix Ascher, Robert Friedmann, Friedrich R. Ostermeyer, Dyrssen & Averhoff, Puls & Richter und vielen anderen ist noch zu entdecken.

Das private Bauen für Industrie und City, aber auch für die Gartenvorstädte setzte sich neben den Großwohnprojekten fort. Das Landhaus hielt meist fest an den zeitlos-traditionellen Formen der Zeit um 1910; einzelne mehr oder weniger expressionistische Häuser kamen hinzu (s. S. 339 u. 400). Es bietet aber auch die schönsten Beispiele Neuen Bauens: Für die bürgerliche Avantgarde wurde es schick, sich eine Villa im Internationalen Stil errichten zu lassen.

Der wichtigste der modernen Architekten war Karl Schneider (1892–1945). Seit 1921 in Hamburg selbständig tätig (anfangs mit Partnern), schuf er zwischen 1923 und 1925 mit dem Landhaus Michaelsen am Falkenstein (s. S. 357) den ersten und wichtigsten Bau der klassischen Moderne in Hamburg. Innerhalb von zehn Jahren entfaltete er ein Werk, das die Villen der Hamburger Oberschicht ebenso wie den Kleinwohnungsbau in den Großsiedlungen erfaßte: Er war Gewinner des Jarrestadt-Wettbewerbs und koordinierte die beteiligten Architekten. – Schneider hatte an der Mainzer Kunstgewerbeschule studiert. Danach ging er als Zeichner in Architektenbüros, und zwar in die wichtigsten: 1912 arbeitete er im Büro von Walter Gropius und Adolf Meyer. Von ihm stammen die hinreißenden Schaubilder der Fagus-Werke und der Kölner Werkbundfabrik. 1915/16 war er bei Peter Behrens, 1921 bei Fritz Höger angestellt. 1933 entließ ihn die Landeskunstschule, an die er 1930 als Professor berufen worden war; 1938 emigrierte er in die USA und arbeitete dort bis zu seinem Tod als Designer und Architekt für den Warenhauskonzern Sears, Roebuck & Co. in Chicago.

Die Gesamtbauleistung der zwanziger Jahre umfaßt viele architektonische Objekte, die hier übergangen werden, natürlich auch Kirchen. Auch sie wurden sämtlich als Backsteinbauten aufgeführt und zeigen meist einen erstaunlich sachlichen Entwurf, so St. Ansgar in Langenhorn, die Frohbotschaftskirche im Dulsberg, die Heilandskirche in Uhlenhorst, die Bugenhagenkirche in Barmbek-Süd und die Osterkirche in Ottensen – sie alle evangelische Stadtteilkirchen. Für katholische Gemeinden entstanden die Franziskuskirche in Barmbek und die Kirche Maria Grün in Blankenese. Eine besondere Leistung unter Hamburgs öffentlichen Bauten der zwanziger Jahre stellen die der Reichspost dar, etwa das Postamt Hühnerposten und das Fernmeldeamt Niedernstraße (s. S. 185 u. 266); sie stehen mit Recht in der Nachbarschaft der besten Kontorhäuser. Der Flughafen in Fuhlsbüttel entstand zur gleichen Zeit; auch hier wurde die Modernität des Zweckbaus in den hamburgischen Backsteinkonsens eingebunden (s. S. 461).

Im wahrsten Sinne enge Grenzen zog der Zuschnitt des Hamburger Staatsgebietes den städtischen Planern; noch immer verfügten sie lediglich über einen schmalen Streifen, der sich von der Elbe nach Norden in preußisches Gebiet hineinschob. Wenn Schumachers

Konzepte sinnvoll werden sollten, dann mußten die Nachbarstädte ähnlichen Vorstellungen folgen wie Hamburg und in einer Art ›Groß-Hamburg‹ kooperieren.

Altona verfolgte seit 1924 unter dem sozialdemokratischen Oberbürgermeister Max Brauer und dem Bausenator Gustav Oelsner (1879–1956) eine Stadtentwicklungspolitik, die moderne Wohnviertel und eine moderne Infrastruktur der Stadt schuf, eingebettet in einen preußischen Generalsiedlungsplan, zu dem 1923 Oelsner (zusammen mit Josef Brix) entscheidend beigetragen hatte. Auch dort spielten Parks und Grünzüge eine große Rolle; durch Eingemeindungen bis hinaus nach Blankenese wurde der Spielraum für großzügige Pläne geschaffen. – Und die Zusammenarbeit Oelsners mit Schumacher war nicht nur die von Nachbarn, sondern freundschaftlich über die Grundlage hinaus, die ihnen der 1928 gegründete Hamburgisch-Preußische Landesplanungsausschuß gab. Wie Schumacher sah Oelsner die Großstadt als »eine Notwendigkeit, eine Folge unserer modernen Kultur, die nur von Schwärmern falsch gewertet werden kann«. Das ›Haus der Jugend‹, die modernen Wohnviertel in Ottensen und Bahrenfeld, Parks und Grünzüge – sie bildeten ein Muster für die moderne, reformierte Großstadt, das ›Neue Altona‹. Übrigens entwarf Oelsner nicht nur die öffentlichen Gebäude, sondern auch die wichtigsten Wohnblocks selbst – früher als Schumacher war er ganz dem Neuen Bauen zugewandt; unverwechselbar ist seine Art, mit gelb-buntem Material den Backsteinbau weiterzuentwickeln (s. S. 300 u. 307).

Eng arbeitete auch die Bauverwaltung Wandsbeks mit der in Hamburg zusammen, so daß dort die neuen Wohnviertel der zwanziger Jahre – etwa am Friedrich-Ebert-Damm östlich von Dulsberg – wie die Fortsetzung der Hamburger Siedlungen wirken (s. S. 470).

In Harburg und Wilhelmsburg setzte eine systematische Stadtplanung mit der Jahrhundertwende ein. Auch hier entfaltete sich in den zwanziger Jahren – 1927 schlossen sich beide Städte zur Großstadt Harburg-Wilhelmsburg zusammen – eine umfassende Wohnungsbau- und Grünplanung, die der Hafen- und Industrieentwicklung eine menschenwürdige Wohnstadt entgegensetzte.

Das Dritte Reich

Groß-Hamburg

Erst das ›Dritte Reich‹ faßte durch einen Federstrich den Planungsraum von Groß-Hamburg auch zu einer politischen Einheit zusammen. Das Groß-Hamburg-Gesetz von 1937/38 vereinigte die Nachbarstädte mit Hamburg. – Fritz Schumacher und Gustav Oelsner wurden gleich nach der Machtübernahme 1933 entlassen – Schumacher pensioniert und bald wieder geehrt, Oelsner verfolgt und ins Exil getrieben.

Daß jetzt alle Planer ›Blut und Boden‹ beschworen, die Großstädte zur ›Scholle‹ der Flachbausiedlung zurückführen wollten, erweist sich in der Realität als Phrase. Zwar entstanden zahlreiche Einzelhaus-Siedlungen in allen Stadtteilen, die die Illusion von der Rückkehr zur Scholle nähren konnten (s. S. 474 u. 522ff.). Demonstrativ wurden auch die Ziele für die Sanierung der Innenstadt geändert: Im Kontorhausviertel entstanden jetzt Wohnhäuser (dann aber auch das Kontorhaus ›Pressehaus‹), im letzten Sanierungsgebiet der Neustadt am Rademachergang heimatliche Wohnblocks (s. S. 182 u. 201).

Dennoch: Die wirtschaftlichen Notwendigkeiten der Großstadt führten in Hamburg dazu, daß die Wohnstadt-Konzepte Fritz Schumachers weithin maßgeblich blieben. Man ergänzte und erweiterte die schon angelegten Wohnviertel des ›Gürtels‹. Und wo es die Rüstungsindustrie forderte, wurden auch idyllische Siedlungsbereiche städtisch überbaut (etwa in Finkenwerder).

Das Erscheinungsbild der Häuser ist gemäßigt traditionalistisch und führt die Backsteinbauweise fort. Noch einmal ›bewährte‹ sich dessen städtebauliche Integrationskraft: Es fällt unter der Einheit des Backsteins kaum auf, daß das Bauen sich geändert hat – nicht durch einen neuen faschistischen Stil. Vielmehr drückt sich der Faschismus der Architektur darin aus, daß vieles *nicht* mehr gebaut wurde. Das Neue Bauen wurde verfemt und ausgemerzt; seine Vertreter, aus öffentlichen Stellen entfernt, gerieten unter Berufsverbot, wurden in die Emigration gedrängt (wie Karl Schneider, Oskar Gerson, Fritz Block und Ernst Hochfeld).

Die meisten Architekten, die bauten, hatten ihre Verdienste in den zwanziger Jahren erworben (s. oben). Zu einem der erfolgreichsten Büros stieg in den dreißiger Jahren Elingius & Schramm auf. Dies, ohne sich anzupassen. Vielmehr wurde ihr ›zeitloser‹ hanseatischer Heimatstil vom Nationalsozialismus in Anspruch genommen, um sich die äußeren Zeichen hamburgischer Legitimität zu sichern (wie auch durch die Übernahme von Alstervillen als Sitz für Gauleitung und Reichsstatthalter; s. S. 369). Hingegen war der Expressionismus der zwanziger Jahre nicht mehr erwünscht – von dem doch zumindest sein Exponent Fritz Höger gehofft hatte, er würde die Baukunst ›aus deutschem Blute‹.

Pläne

Adolf Hitler nahm Hamburg 1937 in die Gruppe der ›Führer-Städte‹ auf. Als ›Tor zur Welt‹ sollte es großartig ausgebaut werden – so wie München, Nürnberg, Berlin und Linz. In Altona sah Hitler eine neue City entstehen, am Elbufer neue Hafenanlagen. Statt des Altonaer Rathauses schwebte ihm ein Gau-Hochhaus der NSDAP vor – der einzige Wolkenkratzer im ›Dritten Reich‹, weil Hamburg nach Ansicht des Führers »so etwas Amerikanisches« habe (s. S. 297) –, pervertierter Ausfluß jener ›Hochhaus-Debatte‹ der zwanziger Jahre, die von allen deutschen Städte geführt worden war (s. S. 182, 206). Die Reichsautobahn sollte auf einer gewaltigen Hängebrücke über die Elbe geführt werden (s. S. 291).

Als leitender Architekt all dieser Projekte war nach einem Wettbewerb von 1937/38 Konstanty Gutschow (1902–78) vorgesehen. Sein ›Neues Hamburg‹ kam freilich über Zeichnungen nicht hinaus. Aber es bestand auch nicht nur aus Hochhaus- und Brückenentwürfen. Gutschow übernahm 1939 als ›Architekt des Elbufers‹ und dann »für die Neugestaltung der Hansestadt Hamburg« vielmehr in schneller Folge alle Kompetenzen des öffentlichen Bauwesens in Hamburg (blieb aber freier Architekt!). Zu seinem Büro gehörten viele Städtebauer, die in der Nachkriegszeit einflußreich wurden (Rudolf Hillebrecht, Bernhard Reichow, Wilhelm Wortmann). Sie entwarfen seit 1940 in zwei Stufen einen General-

Wie die Kirchtürme für die alte Hansestadt, so sollte die seit 1937 geplante Hängebrücke über die Elbe zum Wahrzeichen für das nationalsozialistische Hamburg werden. Johannes Saß u. Hermann Okraß: Hamburg, eine Chronik der Hansestadt, Hamburg 1939. Titelbild

bebauungsplan, der Hamburgs Entwicklung in modernster Weise projektierte – und Ideen der internationalen Stadtplanung wie die von der ›Nachbarschaft‹ (bei Gutschow hieß sie ›Siedlungs-Zelle‹) zugrunde legte. Geplant war eine gegliederte, aufgelockerte ›Stadtlandschaft‹, wie sie dann in der Nachkriegszeit zur neuen Leitvorstellung wurde. Fritz Schumacher konnte hier seine Ideen weiterwirken sehen.

Daß die Planer durch die Zerstörungen von 1943 lediglich neue Möglichkeiten für die Verwirklichung ihrer Konzepte eröffnet sahen, gehört zu ihrem Optimismus, dem Glauben, über den Dingen des politischen Tagesgeschehens zu stehen und als Fachleute mit Einsicht in ›objektive‹ Notwendigkeiten und Methoden eine ›allgemeine‹ Entwicklung der Geschichte zu vertreten. In diesem Bewußtsein begegneten sie übrigens Schumacher. Der schon vorher ›unpolitische Baudirektor‹ pflegte die gleiche Haltung gegenüber dem ›Dritten Reich‹ und war Gutschow ein väterlicher Freund.

Bauten

Hamburg kennt keine exemplarisch ›faschistische‹ Architektur, wenn man einmal vom Standortkommando an der Sophienterrasse oder von der Waffen-SS-Kaserne in Langenhorn absieht (s. S. 381 u. 465).

Orte der Terrorherrschaft gibt es aber viele in Hamburg, angefangen mit der Gestapo-Zentrale im Stadthaus (s. S. 167). Der schlimmste wurde das Konzentrationslager in Neuengamme, in dem 55 000 Menschen umkamen. Es ist auch der Tiefpunkt der hamburgischen Baugeschichte: In den Heimatstilbauten des Lagers sollten Klinker für die ›Führerstadt‹ Hamburg produziert werden (s. S. 506).

Tatsächlich wurden dort dann aber Betonfertigteile für ›Plattenhäuser‹ erzeugt, Behelfswohnungen, die von KZ-Insassinnen für Bombenopfer in den äußeren Stadtteilen errichtet wurden (s. S. 470, 479 u. 528). – Für Privilegierte wurden übrigens reizvollere Notsiedlungen geschaffen: aus Norwegen requirierte Blockhäuser mit Rasendach in den Walddörfern (s. S. 481).

Zweiter Weltkrieg

Luftschutzbunker blieben die dauerhaftesten Zeugen faschistischer Architektur. Sie wurden zwischen 1939 und 1945 für schließlich mehr als die Hälfte der Bevölkerung errichtet. Anfangs mit Klinker verkleidet und dann wenigstens noch dafür vorbereitet, sollten sie repräsentative Fassaden erhalten. Der größte blieb als ›Hochhaus‹ auf dem Heiligengeistfeld stehen (s. S. 254).

Die baugeschichtliche Hauptleistung des ›Dritten Reiches‹ ist das angemessene Äquivalent seines politischen und sozialen Desasters: Fünfzig Prozent des Hamburger Wohnraums waren am Ende des Zweiten Weltkriegs zerstört, 43 der insgesamt 400 Millionen Kubikmeter deutscher Trümmer in Hamburg abzuräumen.

Das war entscheidend das Ergebnis eines großen Luftangriffs, der ›Operation Gomorrha‹ vom 24. Juli bis 3. August 1943. Die Nacht vom 27./28. Juli brachte den ›Feuersturm‹: Vor allem die Massenwohngebiete östlich der Alster gingen im Feuer zugrunde, über 37 000 Menschen kamen darin um. Die bisher noch zahlreich erhaltenen alt-hamburgischen Häuser in Altstadt und Neustadt brannten nieder. »Auf dem europäischen Kriegsschauplatz des Zweiten Weltkriegs ist wohl nur eine Stadt mit dem langfristig und sorgfältig vorbereiteten Ziel ihrer völligen Zerstörung durch eine Serie von Bombardements angegriffen worden: Hamburg« (Brunswig). Der weitere Luftkrieg zerstörte bis 1945 die Innenstadt und den Hafen sowie Harburg und Wilhelmsburg.

Die Bombenschäden treten im heutigen Erscheinungsbild der Stadt nicht im Umfange ihres objektiven Ausmaßes in Erscheinung. Die Luftangriffe konzentrierten sich sehr stark auf bestimmte Stadtteile, die restlos vernichtet wurden; die bautechnische Beschaffenheit vieler Bauten – vor allem der Kontorhäuser, der Schumacher-Schulen und vielfach auch der Wohnungsbauten der zwanziger Jahre – verhinderte andererseits deren völlige Zerstörung. Der Wiederaufbau unmittelbar nach dem Zweiten Weltkrieg rekonstruierte auch schwer geschädigte Gebiete in der ursprünglichen Form. Jedem aufmerksamen Betrachter werden aber auf Schritt und Tritt in der Stadt die Spuren des Krieges begegnen.

Luftbild des zerstörten Hamburgs im Oktober 1945: Innenstadt, St. Georg, Klostertor, Hammerbrook

Die zweite Moderne

Hamburg seit dem Zweiten Weltkrieg

Weit mehr als die Hälfte der Hamburger Bausubstanz ist seit 1945 neu entstanden. Dieser Reiseführer tut sich damit schwer: Die nachfolgend genannten Beispiele werden sehr kurz abgehandelt. Das ist Folge von Unkenntnis, von Wahrnehmungsschwierigkeiten – wohl auch von objektiven Schwächen der Trabantensiedlungen und Geschäftshäuser. Sie bleiben zu erforschen und zu bewerten.

Die Rückkehr der Moderne

Zwar setzte sich in der unmittelbaren Nachkriegszeit – und im Einzelhaus- und Landhausbau noch lange – der traditionalistische Heimatstil fort, der seit 1910 in Hamburg dominierte. Von Anfang an profilierte sich aber daneben und dagegen die ›zweite Moderne‹. Weder für Zuckerbäckerstil noch ›Nierentisch‹ bietet Hamburg nennenswerte Beispiele.

Noch die Stadtplaner des ›Dritten Reiches‹ sahen in den Trümmerfeldern die Chance für großangelegte, nunmehr von Bindungen und Vorgaben befreite Neuplanungen. Erst recht gilt das für diejenigen unter den Architekten, die sich durch den Krieg vom Faschismus befreit fühlten. Politisch befreit, waren sie nun auch frei geworden, zu ihren Vorbildern aus der Zeit um 1930 zurückzukehren. Aus deren Verheißungen neuer Lebens- und Bauformen gewannen sie ihre Zielsetzungen für eine Architektur des demokratischen Deutschland. Sie erhielten bald Einfluß im Landesplanungsausschuß und damit auf die Wiederaufbauplanung. Ihr Fanal wurden die ›Grindelhochhäuser‹ in Harvestehude, zunächst 1946 für die Militärregierung, dann als Wohnviertel geplant. Ostentativ an den Hochhausideen und den radikalsten Städtebauutopien der zwanziger Jahre orientiert, entstand hier die erste Hochhauswohnstadt in Deutschland (s. S. 386).

Von den tonangebenden Architekten hatte Bernhard Hermkes vor 1933 am ›Neuen Frankfurt‹ Ernst Mays mitgearbeitet; Werner Kallmorgen, Rudolf Lodders, Godber Nissen waren noch bei Gustav Oelsner in die Schule gegangen. Ihr Werk bestimmte bis in die siebziger Jahre hinein die Hamburger Architektur, orientiert am Internationalen Stil der klassischen Moderne (jüngere Architekten kamen hinzu, u. a. Jost Schramm, Friedhelm Grundmann). An der Hochschule für Bildende Künste unterrichtete der Bauhaus-Architekt Gustav Hassenpflug – auch er zeitweise Mitarbeiter Ernst Mays – angehende Architekten (1950–56, danach lehrte er in München).

Die wohl schönsten Bauten der fünfziger Jahre hat Ferdinand Streb (1907–70) entworfen – mit dem ›Alsterpavillon‹ als Unterpfand wiedergewonnenen Lebensgenusses und mit dem Verlagshaus Axel Springer als Denkmal neuer Meinungsmacht in der Bundesrepublik sind es weit mehr als nur Denkmäler der Baukultur (s. S. 167 u. 189), nämlich Merkzeichen der Entwicklung der Nachkriegsgesellschaft. Streb hatte vor dem Krieg bei Le Corbusier hospitiert.

Aus seinem türkischen Exil kam 1949 Gustav Oelsner zurück nach Hamburg, von Max Brauer als Berater gerufen. Zwar ist seine Rolle im Wiederaufbau und in der Planung der fünfziger Jahre schwer abzuschätzen (seit 1952 pensioniert, starb Oelsner 1956). In seiner Person war aber die Moderne der Weimarer Republik sichtbar nach Hamburg zurückgekehrt.

Stadtplanung

Rudolf Hillebrecht – im Krieg Gutschows Bürochef, seit 1948 Stadtbaurat in Hannover – bemühte sich um die Berufung Martin Wagners, des in die USA emigrierten Berliner Stadtbaurats der zwanziger Jahre, nach Hamburg. Walter Gropius brachte schon 1948 Werner Hebebrand (1899–1966) in die Diskussion. Dieser wurde 1952 Oberbaudirektor und einer der wichtigsten Nachfolger Fritz Schumachers. 1925–29 hatte er bei Ernst May am ›Neuen Frankfurt‹ mitgearbeitet, 1930–38 mit ihm Städte in der Sowjetunion geplant. Im Krieg beteiligt an der Stadtplanung für Salzgitter, wurde Hebebrand 1946–48 Stadtbaudirektor in Frankfurt, 1950–52 Professor in Hannover. Bis zu seiner Pensionierung 1964 lehrte er auch an der Hochschule für Bildende Künste. Mit ihm hatte die Moderne auch in der Bauverwaltung die Herrschaft übernommen. Sein Ziel war »die Auflockerung der Städte, die Herabsetzung der Wohndichte, die Durchgrünung«, ihre funktionale Gliederung im Sinne der ›Charta von Athen‹, nicht dogmatisch als ›Stilkommando‹, sondern unter Berufung auf den ›Common sense‹ der Engländer und den »freien und wahrhaft modernen Geist der Technik«, aber auch als Ausdruck des Menschenbildes der offenen Gesellschaft westlicher Demokratien. »Die große Idee einer neuen, an keinerlei traditionelle und eklektizistische Tradition anknüpfenden Gestaltung und die Erneuerung der Städte auf sozialer, hygienischer und ökonomischer Grundlage, die Befreiung der großstädtischen Volksmassen aus den Zins-Wohnkasernen der Gründerzeit begeisterte uns«, erinnert sich Werner Hebebrand an den internationalen Konsens seiner Generation schon 1930.

Kontinuitäten

Es fehlte nicht an Polemik Hebebrands gegen die Ideen Gutschows. – In Wahrheit stand er mit seinen Zielen aber in ungebrochener Kontinuität bis zurück zum Bebauungsplangesetz von 1892, zu Schumachers Hamburg und eben auch zu Gutschow. Denn dessen Konzept war modern. Unverdächtig ist dafür das Zeugnis Martin Wagners, der 1948 aus Berkeley den Hamburgern empfahl, Gutschows Arbeiten als Grundlage des Wiederaufbaus weiterzuführen.

Die meisten Planer, die am Wiederaufbau Hamburgs beteiligt waren, hatten schon in Gutschows Büro gearbeitet. Dessen Ideen gingen so ›unter der Hand‹ auf die neu organisierte Bauverwaltung über. Der Generalbebauungsplan von 1947 gründete seinen Prinzipien nach auf dem von 1944, ebenso der ›Aufbauplan‹ von 1950 und Hebebrands ›Aufbauplan 1960‹.

Der Aufbauplan 1960

Die ›aufgelockerte, gegliederte Stadt‹ eröffnet alternative Konzepte. Die Auflösung der Stadt ist ebenso möglich wie ihre Regeneration als eine bewährte und positiv verstandene Lebensform. Die Hamburger Tradition und Schumachers Autorität gaben von vornherein der zweiten Möglichkeit den Vorrang. Die Kern-Stadt behielt ihr Gewicht – die Wohnstadt der zwanziger Jahre ebenso wie die Stadterweiterungsgebiete des 19. Jh. und die Kontorhaus-City: Das war alles keine Altstadt, aber eine nach wie vor starke Gravitationskräfte entfaltende, nun historische Großstadt. Mit ihr rechnet Hebebrands ›Aufbauplan 1960‹.

Eingebettet in den ›urbanen Komplex‹ der ›Stadtlandschaft‹ sollten sich die neuen Wohngebiete an der Peripherie als große, möglichst selbständige Trabantenstädte mit eigenen Versorgungs- und Kulturzentren entfalten. Durch Mischung der Wohnungs- und Wohnhaustypen sollte auch eine soziale Durchmischung vorprogrammiert werden: ›Nachbarschaften‹ als Siedlungstyp der pluralistischen Gesellschaft.

Strukturell stand die Stadtplanung in der Kontinuität. Im Stadterleben aber trat dennoch eine Revolution ein; und sie trug wohl entscheidend zum ›modernen‹ Selbstgefühl der Planer bei. Sind die Baukörper der Jarrestadt und des Dulsbergs oder in Barmbek-Nord Teile einer Stadt als Relief, bei der sich Achsen und Blickpunkte, Raumbegrenzung und Raumöffnung rhythmisch aufeinander beziehen, ein in Raumgrenzen erlebbares Stadtbild, so ist die Stadt der neuen und der neu gestalteten Viertel vor allem ›offen‹, sie kehrt das Raumerlebnis um. Die Stadt ist aufgelöst »in Räume, die man aufatmend durchwandern und auskosten kann, statt durch freudlose Korridore zu hetzen ... Alles ist Raum. Die Bauten stehen im Raum und bringen ihn uns zum Bewußtsein: in ihrer Masse, Stellung, Beleuchtung, Tiefenstaffelung. Sie sind für den Raum und nicht nur als Träger schöner Fassaden geschaffen« (Max Grantz, ›Hamburg baut‹, 1957). Die Grindelhochhäuser hatten den Anfang gemacht.

Die ausgedehnten Freiflächen der neuen Viertel boten – abgesehen von der lockeren Bepflanzung mit Bäumen und der Plazierung von Plastiken – wenig Notwendigkeit für Gartenarchitektur. Um so intensiver artikulierten sich ambitionierte Grüngestaltungsideen in den Internationalen Gartenbauausstellungen, den ›IGAs‹, die 1953, 1963 und 1973 in Hamburg stattfanden und der Innenstadt jeweils einen neuen Grüngürtel gaben (s. S. 206 u. 257).

City und City Nord

Für den Wiederaufbau der Innenstadt wurde schon 1948 ein Ideenwettbewerb durchgeführt, der ein Panorama der städtebaulichen Ideen im Nachkriegsdeutschland bot, aber ohne konkrete Folgen blieb. – Was Hebebrand 1952–62 ausführte, war die seit 1940 geplante Ost-West-Straße durch die Innenstadt. Jetzt sollte auch in der City freier Raum gestaltet werden, durch den sich organisch die Verkehrswege ziehen und aus dem sich als rundum frei stehende Solitäre die Geschäftshäuser erheben. Die Freiräume dafür hatte der Krieg geschaffen. Diese Durchbruchstraße wurde zum Standort einiger der schönsten Bürohochhäuser der Nachkriegsmoderne (s. S. 144 u. 167).

Vision der Ost-West-Straße 1947. Holzschnitt von Otto Meyer-Ottens, Oberbaudirektor 1946–1951

Die Planung einer neuen City war in der Epoche Hebebrand das Mittel, sich von den Konzepten Gutschows zu distanzieren: Hatte dieser eine Geschäftsstadt in Altona geplant, so verlegte Hebebrand sie nach Winterhude, ins freie Gelände nördlich vom Stadtpark. Diese ›City Nord‹ besitzt mit Arne Jacobsens HEW-Verwaltungsgebäude den wohl schönsten Solitärbau der sechziger Jahre in Hamburg. Zugleich bezeugt sie den Übergang von der Spätmoderne zu formalen Alternativen, zu gegliederten, breit gelagerten, komplex entwikkelten Gebäuden – nicht zuletzt wegen des Erfolgs des Großraumbüros und seines Bedarfs an allseits ausgedehnten Flächen, die zu einer neuen Generation von Nachfolgern des Hamburger Kontorhauses führten. – Durch die City Nord sind bemerkenswert erfolgreich Deformationen der Innenstadt und der angrenzenden Viertel verhindert worden. Dort blieben die traditionellen Stadt- und Stadtteilstrukturen bewahrt. Hebebrand hatte schon seine Stelle in Frankfurt aus Protest dagegen aufgegeben, daß die alte Struktur der Innenstadt – die er in neue Bebauungskonzepte integrieren wollte – im Wiederaufbau preisgegeben wurde. Werner Kallmorgen gab in Hebebrands Ära mit dem Wiederaufbau der Speicherstadt im übrigen das beste Beispiel für die Integration historischer Strukturen und moderner Architektur in den Bereich Innenstadt und Hafen (s. S. 218).

Neu-Altona

Das Muster der neuen Wohnstadt entstand in Altona: ›Neu-Altona‹, eine Trabantenstadt mitten in der Stadt, eine große ›Nachbarschaft‹ mit Zeilen- und Hochhäusern an Stelle der zerstörten Altstadt (s. S. 303). Sie war das erste Werk Ernst Mays, den Werner Hebebrand 1954 aus seinem afrikanischen Exil nach Hamburg geholt hatte. Als Planungschef der Neuen Heimat wurde er zu einem der großen Planer der gemeinnützigen Bauwirtschaft und in

Hamburg zu einem der einflußreichsten Architekten (s. S. 432). Ernst May, dessen ›Neues Frankfurt‹ zu den Klassikern der Moderne gehört, vollendete so deren Rückkehr nach Hamburg.

Die neuen Viertel

Neu-Altona und City Nord galten als Demonstrativprojekte im Sinne der Funktionentrennung, der Auflockerung und Gliederung des Großstadtkomplexes. – Auch schwer zerstörte Etagenhausviertel wurden neu geordnet, so das alte Zentrum von Eimsbüttel am Eimsbütteler Marktplatz oder die Zeilen- und Punkthäuser in der Neustadt westlich von St. Michaelis. – Die eigentlichen Trabantenstädte entstanden in den äußeren Stadtteilen Lurup, Niendorf, Langenhorn, Berne, Rahlstedt, Billstedt, Lohbrügge, Harburg und Wilhelmsburg. In ihnen entfaltete die Wohnungswirtschaft der Nachkriegszeit ihre neue Struktur. Der ›soziale Wohnungsbau‹ stellte staatliche Förderungsmittel bereit, die alten Genossenschaften und gemeinnützigen Baugesellschaften aus den zwanziger Jahren übernahmen weithin die Rolle der Bauherren, wobei die städtische, auf eine Altonaer Gründung zurückgehende Wohnungsbaugesellschaft ›SAGA‹ und die gewerkschaftliche ›Neue Heimat‹ (1988/89 ebenfalls von der Stadt übernommen) viele kleinere Gesellschaften inkorporierten und zu den weitaus größten Wohnungsbauunternehmen in Hamburg wurden.

Die Mischung von Zeilenbauten und Punkthochhäusern, Reihenhäusern und Mietwohnungen charakterisiert diese Viertel. Als besonders vorbildlich galten die Planungen von Hans Bernhard Reichow in Farmsen und Bramfeld (s. S. 474 u. 475).

Kirchen

Wie überall in Deutschland beförderte das ›Wirtschaftswunder‹ – linear umgesetzt durch das System der Kirchensteuer – einen in der Geschichte beispiellosen Boom von Kirchenbauten. Sie gehörten zu den neuen Wohnvierteln der Wiederaufbauzeit und den Trabantenstädten der sechziger Jahre oder setzten in wiederaufgebauten Vorkriegsvierteln neue Akzente. Insgesamt ist mehr als die Hälfte aller Hamburger Kirchen in dieser Zeit entstanden (bei insgesamt kaum veränderter Bevölkerungszahl gegenüber der Vorkriegszeit). Die Hammer Kirche erhielt den aufsehenerregendsten Nachkriegsneubau (s. S. 270).

Staatlicher Hochbau – Paul Seitz

Hebebrands Stadtplanung schloß auch die Arbeit des Hochbauamtes der Baubehörde ein. Dessen Leitung hatte gleichzeitig mit der Berufung Hebebrands Paul Seitz (1911–89) übernommen, der um 1950 in Leverkusen modernste Wohnanlagen und vor allem Schulen gebaut hatte, die exemplarisch für die Schulbaureformen der Nachkriegszeit in der Bundesrepublik wurden.

Unter Leitung von Paul Seitz und unter Beteiligung vieler Privatarchitekten entstand in den Zentren der Trabantenstädte und in allen alten Stadtteilen eine Fülle öffentlicher Gebäude der verschiedensten Art (s. S. 144 u. 397). Die weithin beachtete Hauptleistung des Hamburger Hochbauamts war die Ausstattung der Stadt mit neuen Schulen. Die quantitativen Anforderungen wurden bewältigt durch die Entwicklung seriell und ab 1962 industriell gefertigter Grundtypen für Klassen- und Funktionsräume. Die Qualität beruhte auf der Integration hygienischer, technisch-finanzieller und pädagogischer Vorgaben, auf der differenzierten Kombination der Grundtypen zu Schulorganismen. Sie sind das anschauliche Dokument des neuen Menschenbildes liberaler, demokratischer Nachkriegsreformen in der Pädagogik. Flache, offene Pavillonbauten, um gegliederte Höfe geordnet, und mehrgeschossige ›Kreuzschulen‹, schließlich ein ›Waben‹-Konzept begegnen so in allen Stadtteilen, immer zu neuen, individuellen Komplexen gefügt. Ihre damals begeistert begrüßte Modernität und Eignung für den Schulbetrieb steht in der Tradition der Hamburger pädagogischen Reformbewegung und deren emphatischer Wiederbelebung nach dem Zweiten Weltkrieg. – Als Schule besonders hohen Prestiges bezog das Gymnasium Christianeum in Othmarschen allerdings einen Neubau nach Entwürfen von Arne Jacobsen.

Für die Universität, die wichtigste Bildungseinrichtung der Stadt, wurde ein neuer Campus konzipiert, und zwar am angestammten Standort in Rotherbaum, nicht also in Othmarschen, wohin Gutschow ihn hatte verlagern wollen. Werner Hebebrand, Paul Seitz, Gustav Hassenpflug und Bernhard Hermkes gestalteten seit 1955 die Gesamtanlage um den Von-Melle-Park (s. S. 374 ff.).

In der Innenstadt erhielten zwei der wichtigsten Kulturinstitutionen (Augäpfel der Kulturpolitik bis heute) neue Häuser: das Thalia-Theater durch Werner Kallmorgen und die Hamburgische Staatsoper (s. S. 173 u. 194).

Unter den Funktionsbauten der städtischen Infrastruktur erscheinen die Großmarkthallen in Klostertor als das eindrucksvollste Projekt nach Größe, Bautechnik und Gestaltung. Um 1960 gipfelte die Verwandlung der Stadt, die quantitativ die der Jahrhundertwende weit übertraf.

Baumaterial

Mit der Nachkriegsbautätigkeit sind in Hamburg übrigens auch mehr Backsteinbauten hervorgebracht worden als jemals zuvor. Die wieder aufgebauten Stadtviertel in Barmbek, Hamm und Horn, zahllose Neubauten vom Einfamilienhaus bis zur Kirche bekräftigen die in den zwanziger Jahren begründete Tradition. Und doch nicht mit deren Schlagkraft, wie es scheint. Haben wir dafür noch nicht die Augen? Ist der gelbe Spaltklinker, den Paul Seitz einsetzte, nicht auch ein schönes Material, werkgerecht und schöpferisch verwendet? Wie auch immer: Der Konsens der zwanziger Jahre löste sich auf. Backstein wurde eines unter vielen immer mannigfaltigeren, industriell erzeugten Materialien zur Gestaltung von Architektur – vom Beton ganz abgesehen.

Die 1960 einsetzende, vom Hochbauamt geförderte und mehr als ein Jahrzehnt lang im öffentlichen Bauwesen wie im sozialen Wohnungsbau ausgereizte Vollmontagebauweise

Porträt Werner Hebebrand. Gustav Seitz um 1960

trug wohl entschieden zur Monotonie vieler Wohnviertel und Staatsbauten bei, die heute kritische Distanz hervorruft.

Die ›Kunst am Bau‹ sicherte allen öffentlichen Bauten und allen Wohnvierteln zwischen den fünfziger und siebziger Jahren ein Deputat an Bildender Kunst – meist als Freiplastik. Charakteristisch sind auch in dieser Hinsicht schon die Grindelhochhäuser.

An der Landeskunstschule lehrten Gerhard Marcks (1946–51) und Edwin Scharff (1947–55), die beide Schlüsselwerke zur Kultur des Wiederaufbaus beisteuerten (s. S. 458 u. 431). Ihr zeitlos-humanistischer Stil bestimmte jahrzehntelang die Bildhauerkunst in Hamburg und damit die Ausstattung vieler öffentlicher Bauten und des Gemeinschaftsgrüns der Wohnviertel.

Die Gesamtleistung

Für alle Städte der Bundesrepublik sind die Wiederaufbaulösungen zu verorten im Spannungsfeld zwischen den historisch gewachsenen Strukturen einerseits und dem Idealbild der ganz und gar modernen Stadt. In Hamburg hat unter Hebebrand scheinbar letzteres die Oberhand behalten. Aus der Distanz aber erscheint die Hamburger Nachkriegszeit merkwürdig doppelgesichtig: Die wiedergekehrte Moderne der zwanziger Jahre verschmilzt mit städtebaulicher Kontinuität zu einem schlüssigen Konzept. Nicht nur Gutschows Entwurf lebt in den Nachkriegsplanungen fort, sondern auch dessen Voraussetzung: Schumachers Optimismus, sein Glaube an die Zukunft der Großstadt als Lebensform.

Neue Urbanität

Noch Hebebrand leitete die Wendung der Stadtplanung zurück zur ›Urbanität‹ ein. Die Neubauviertel wurden seitdem dichter, bald wieder unter bewußter Begrenzung der städtebaulichen Räume mittels Band-, Hof- und Block-Bebauungen wie in Steilshoop und in Mümmelmannsberg (s. S. 476 u. 273). Wenn man so will, ist seitdem die ›offene‹ Stadt zurückgekehrt zur Begrenzung und Gliederung des Raumes im Sinne der Wohnstadt Fritz

Schumachers, zumal nachdem später übertriebene Höhenentwicklungen wie in Steilshoop zurückgenommen wurden – etwa am Altonaer Hexenberg oder im Wohnviertel Tegelsbarg (s. S. 303 u. 479).

1973 wurde die Stadtplanung im ›Flächennutzungsplan‹ verfestigt. Er ersetzte den Aufbauplan von 1960 – und setzte ihn zugleich fort. Ergänzend zur City Nord avancierten Altona und Harburg zu City-Entlastungszentren, die historischen Bezirkszentren wurden aufgewertet. Die Anordnung von Subzentren entlang den radialen Hauptverkehrsadern entspricht Schumachers Fächer-Schema – so schon im ›Dichtemodell 1969‹ (ausgebaut 1980), das eine Verdichtung der Wohnbebauung im Einzugsbereich der Schnellbahn-Haltestellen vorsieht.

Seit 1975 wurde die ›STEP‹ entwickelt, die Stadtteilentwicklungsplanung. Nicht mehr neue Wohngebiete sind ihr Hauptgegenstand, sondern die Revitalisierung der älteren Quartiere, Stadtreparatur und Stadtumbau. Zugleich entfaltete sich in den Stadtteilen ein Identitätsbewußtsein wie kaum je zuvor. In ihnen konkretisiert sich heute ›Heimat‹ in der Großstadt.

Diese Wandlungen spiegeln nicht zuletzt die sich seit den sechziger Jahren entfaltende Kritik an der ›Unwirtlichkeit der Städte‹ (A. Mitscherlich) wider, die die Rationalität der aufgelockerten und gegliederten Stadt als menschenfeindliche Monotonie bloßstellte und die geplante Urbanität als gescheiterte Utopie entlarvte. Ebenso drückt sich darin die Wachstumskrise der Industriegesellschaften aus. Planen und Bauen ist schwieriger geworden. Die Erhaltung und Pflege der Ressourcen – der natürlichen wie des architektonischen und städtebaulichen Erbes – ist zur Hauptaufgabe geworden.

Im Stadtbild werden die Spuren der Geschichte neu und hoch bewertet – als unverzichtbare Grundlage der Identität von Stadt und Stadtteil, als kostbares Substrat einer lebenswerten Gegenwart. 1973 wurde dafür das seit 1920 bestehende Hamburger Denkmalschutzgesetz novelliert. Gründerzeitliche Straßen und Siedlungen der zwanziger Jahre gelten seitdem als ›Denkmal‹. Aber der reale Bedarf ging dem voraus. Der preiswerte Wohnraum der Altbauten wird dringend gebraucht. Protuberanzen sozialer Probleme der Stadtteilentwicklungspolitik sind die Auseinandersetzungen um alternative Wohnmodelle wie das der ›Hafenstraße‹ (s. S. 224).

Soweit neue Viertel entstehen, übernehmen sie Modelle der alten Großstadt. So propagierte die ›Hamburg-Bau 1978‹ das Stadthaus als alt-neue Wohnhausform (s. S. 478). Andere Wohnquartiere erproben verdichtete Siedlungsformen, die wie in den zwanziger Jahren Gartenstadt und Großstadt als Rahmenbedingungen verbinden wollen (s. S. 400).

Die Neugestaltung des Rathausmarktes bis 1982, durch die er vom Verkehrsverteiler wieder zum gestalteten Zentrum der Gesamtstadt wurde, ist Ausdruck einer verstärkten Wertschätzung der Innenstadt. Deren wichtigste Errungenschaft im letzten Jahrzehnt ist ein dichtes Netz von überdachten Einkaufspassagen zwischen Neuem Wall, Gänsemarkt und Colonnaden. Sie verwirklichen ein seit langem entwickeltes Konzept von Fußgängerwegen durch die Innenstadt, erklären sich aber natürlich auch als Möglichkeit, auf diese Weise letzte Grundstücksreserven im Blockinneren zu verwerten (s. S. 187 u. 191).

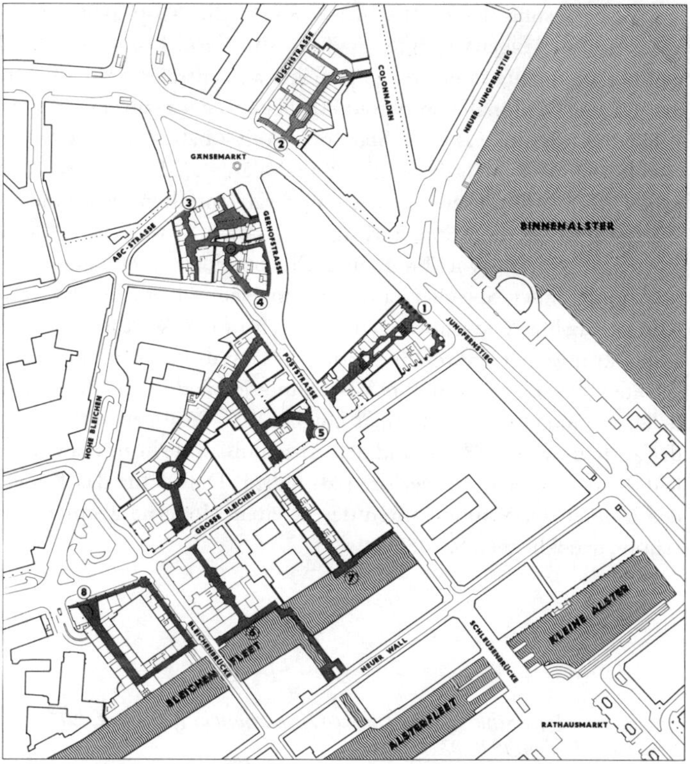

Lageplan der wichtigsten neuen Passagen in der Innenstadt (s. S. 187 u. 191)
1 Hamburger Hof
2 Gänsemarkt-Passage
3 Neuer Gänsemarkt
4 Gerhof
5 Hanse-Viertel
6 Kaufmannshaus
7 Galleria
8 Bleichenhof

Die neuen Geschäftshäuser in der City versuchen seit ca. 1975 wieder, geschlossene Blockstrukturen herzustellen; Straßenfluchten haben den Raum der fünfziger und sechziger Jahre abgelöst (s. S. 191).

Zugleich geriet die Architektur auch in Hamburg in jene Krise, die mit dem Begriff ›Postmoderne‹ ein Etikett gefunden hat. Die formale Beliebigkeit, ja Hilflosigkeit, die sie weithin an den Tag legte, als sie eine Gegenposition zu den vulgarisierten Massenprodukten der Moderne aufzubauen suchte, hat in Hamburg schnell Halt gewonnen an der schon in den zwanziger Jahren gefundenen Synthese von Tradition und Fortschritt. Die Entdeckung des Kontorhauses, die Zuwendung zum Werk Fritz Schumachers erschloß Muster und Traditionen, an die man auf der Suche nach der Identität hamburgischer Architektur anknüpfen konnte. Kurz, seit Mitte der siebziger Jahre ist der Backstein neuerlich zum Standardmaterial geworden. In der Innenstadt werden wieder Kontorhäuser mit Pfeilerfassaden gebaut, in den Außenbezirken entstehen Mietshäuser, die an die Jarrestadt erinnern.

Seit dem 1. 7. 1981 ist die ›Kunst im öffentlichen Raum‹ neu geordnet: Unabhängig vom einzelnen Bauprojekt sollen die vom Staat finanzierten Kunstwerke im Stadtbild nunmehr die ›Verbesserung der städtischen Umwelt, die Ausprägung der urbanen Identität Hamburgs und der Eigenart seiner Stadtteile‹ fördern. Daraus sind in den letzten Jahren ungewöhnliche, qualitativ neuartige Projekte an zentralen Orten hervorgegangen, so vor allem das ›Gegen-Denkmal‹ von Alfred Hrdlicka an der Dammtorstraße (s. S. 210).

Die Erfordernisse aktiver ›Standort‹-Politik haben aber weitergehende Wünsche aufkommen lassen. Manche hoffen, mit spektakulären städtebaulichen und architektonischen Projekten für Hamburg eine Anziehungskraft entfalten zu können, die auch wieder höhere Wirtschaftskraft und Steuererträge zur Folge hätte. Glanzvolle Utopien sind formuliert worden für die Entwicklung einer Cityerweiterung entlang dem Elbufer, von der umzufunktionierenden Speicherstadt bis zum Neumühlener Hafen (also doch die neue City in Altona – behält Gutschow recht?). Auch in den Wettbewerb bundesdeutscher Städte um architektonische Großrepräsentation in Gestalt von Museumsneubauten ist Hamburg eingetreten. Der Entwurf für ein Ausstellungsgebäude an Stelle des Kunsthauses bei der Kunsthalle, den man Oswald Matthias Ungers 1985/86 abgekauft hat, ist wie ein Importstück aus der großen, weiten Welt – und den Anschluß an sie hofft man zu gewinnen, denn Hamburg leidet am Glauben, ihn verloren zu haben. Daß dafür das Kunsthaus von Paul Seitz und damit einer der Symbolbauten der zweiten Moderne geopfert wird, zeigt, wie weit diese schon zurückliegt (s. S. 208).

Alt und neu: Fritz Schumachers Hansa-Gymnasium in Bergedorf, 1912–14 mit Turnhalle von Markovic, Ronai und Lütjen, 1986/87

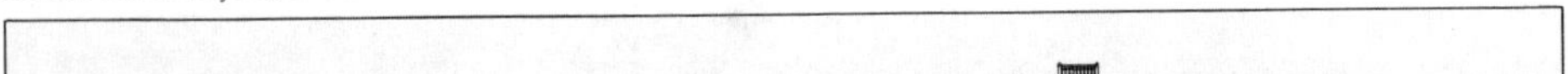

Die Stadt der Dörfer

Selbst in schon lange städtisch bebauten Stadtteilen kann man auf Spuren ihrer dörflichen Vergangenheit stoßen. Das Dorf in der Großstadt setzt Stadt und Land unmittelbar in Dialog und berichtet in anschaulichen Bauten auf dichtem Raum über die Geschichte der Auseinandersetzung des städtischen Gravitationszentrums und seiner Stadterweiterungen mit der umgebenden Kulturlandschaft. Das reicht vom dicht bebauten gründerzeitlichen Ottensen mit seinem Dorfgrundriß bis zum museal bewahrten Dorfüberrest in Volksdorf, vom intakten Dorfkern in Lemsahl, Bergstedt, Neu-Rahlstedt oder Sülldorf in sich entfaltenden neuen Wohngebieten bis zur Tradition der ›Walddörfer‹ in Gestalt von Gartenstädten der zwanziger, dreißiger und fünfziger Jahre (Wohldorf-Ohlstedt, Volksdorf). Dazu gehört die stufenweise Eroberung der Dörfer durch die Stadt vom vorgeschobenen Posten einzelner Landhäuser und zum Landhaus umgewandelter Höfe bis zur Bauernvilla als Zeugnis guter ländlicher Verdienstmöglichkeiten bei der Versorgung der städtischen Bevölkerung. Auch zum Hamburger ›Heimatstil‹ haben die Dörfer beigetragen.

Höchst eindrucksvoll und besuchenswert sind aber vor allem die erhaltenen bäuerlichen Kulturlandschaften der Freien und Hansestadt Hamburg in den Elbmarschen, die von der Fruchtbarkeit der eingedeichten Flächen einerseits und dem guten Absatz in Hamburg andererseits profitiert haben: die ›Vier- und Marschlande‹ im Osten, das ›Alte Land‹ im Westen des Stromspaltungsgebietes der Elbe.

Weitaus weniger ist von den alten Kulturlandschaften der Geest geblieben: Ihre ›Knicks‹ und ›Koppeln‹ sind nur in Resten – manchmal in spätere städtische Wohnviertel einbezogen – erhalten (s. S. 487). Während aber die Marschflur über einen Zeitraum von 800 Jahren zurückzuverfolgen ist, ohne daß das besonders bewußt wäre, wird die Knickflur von vielen Besuchern für eine besonders alte, jedenfalls die ältere Form der Kulturlandschaft angesehen. Tatsächlich ist sie ein Produkt der Aufklärung und insofern Denkmal eines umfassenden Modernisierungsschubs auf dem Lande, der sich in der zweiten Hälfte des 18. Jh. vollzog – zunächst in Dänemark und im dänisch verwalteten Holstein, dann in den hamburgischen Walddörfern. Die ältere ›Rehmenflur‹ (bei der die Flurgemeinschaft eines Dorfes schmale Äcker jeweils der Reihe nach den einzelnen Hufen zuordnete) wurde damals einer umfassenden Flurbereinigung unterzogen: Jede Hufe erhielt durch diese ›Verkoppelung‹ den ihr zugehörigen Grund als große einheitliche Fläche, umgeben von den als Grenze angelegten Knicks (Lesesteinwälle mit Busch- und Baumbewuchs).

Die Haustypen, denen man in den Dörfern begegnet, sind lokale Varianten des niedersächsischen Bauernhauses und seiner Ableitungen:

Die ›Hufnerhäuser‹, die eigentlichen Bauernhäuser, die jeweils einer Hofstelle zugeordnet sind, stehen in den Marschen hinter den Deichen und wenden ihnen den Wohnteil zu. Sie sind als ›Fachhallenhäuser‹ konstruiert, als Zweiständerbauten mit Diele und seitlichen Kübbungen, Flett und Kammerfach. Offene Feuerstellen, später gemauerte Herde und Öfen dienen der Nahrungsbereitung und Heizung. Die ›Grootdör‹ an der Giebelseite des Wirtschaftsteils führt in die Diele; in den Kübbungen sind Pferde- und Kuhställe untergebracht. Das Kammerfach bildet den Wohnteil für den Bauern und die Altenteiler. Die

›Deichtür‹ in seiner Mitte wurde nach 1660 in den Vier- und Marschlanden aufgegeben, ist jedoch im Alten Land auch späterhin erhalten geblieben. – Nebengebäude, vor allem Scheunen, ergänzen die Hofanlagen. – Am besten informiert darüber das Freilichtmuseum Rieck-Haus in Curslack (s. S. 500). Oftmals einfacher sind die Häuser der Geestdörfer (s. S. 484).

Katen – verkleinerte Ausgaben des Fachhallenhauses, ebenfalls mit Diele und Kammerfach – gab es schon seit dem 16. und 17. Jh. – Seit dem 18. Jh. hat sich die ländliche Siedlungsstruktur differenziert. Jetzt kommen kleine Wohnhäuser für Landarbeiter und Handwerker hinzu.

Das 19. Jh. hat die bäuerlichen Siedlungen – soweit die stadtnahen nicht in die Großstadt hineingewachsen sind – verändert, ohne ihre Integrität zu stören. Die gründerzeitlichen Gasthäuser, Bäckereien, Bauernvillen mit ihren betulichen Neorenaissancegliederungen ebenso wie die meist als sachlich-preiswerte Backsteinrohbauten errichteten Schulhäuser gehören mittlerweile zum angestammten Bild solcher Dörfer – deren Höhepunkte im übrigen die alten Kirchspielskirchen sind.

Das Profil einer Stadt

Die Katastrophen, die Hamburg im Laufe seiner Geschichte heimgesucht haben, wurden jeweils Ausgangspunkt neuer Konzepte – vom Wikingerüberfall von 845 bis zum Zweiten Weltkrieg. Die ›technische Energie seiner Bewohner‹ hat in immer neuen Modernisierungsschüben aus dem Marschland von Alster, Bille und Elbe die Welthafenstadt entwickelt. Hamburg ist deshalb eine junge, eine moderne Stadt geblieben, die freilich die Züge ihres Alters dennoch nicht verbirgt. Die ›Altstadt‹ als ›City‹ ist ihre Mitte und ihr eigentliches Gesicht.

Heimatkunden und Bildbände, die es – glaube ich – nirgendwo zahlreicher gibt als in Hamburg, haben schon oft das Lob dieser Stadt gesungen. Und doch zieht sich durch sie wie ein roter Faden – nein, wie ein alter Zopf – das gleichbleibende Schuldbekenntnis, daß diese Stadt nur eine ›heimliche‹ Schönheit besitze, eine Schönheit, die es allenfalls als Unerwartetes zu entdecken gebe; daß es in Hamburg keine Kultur gebe oder doch wenigstens die Kultur es allzeit schwer habe; daß die Hamburger in erster Linie konservativ seien.

Dagegen kann man nun manches einwenden: Hamburg ist ein lebendiges Zentrum der Kultur der Gegenwart. Daß beklagt wird – in Tradition der genannten Selbstbezichtigungen –, es habe bis jetzt den ›Museumsboom‹ anderer Städte verschlafen, wird aufgewogen durch die Bereitschaft zum sozialen Experiment von der Hafenstraße bis zur Stadterneuerung in St. Georg, durch künstlerische Innovation von der ›Kunst im öffentlichen Raum‹ bis zu ›Kampnagel‹. Liberalität und Aufklärung als jahrhundertealte Selbstverständlichkeiten der Stadtrepublik stehen im Hintergrund.

Daß Hamburg schließlich nur heimlich schön sei, ist nicht wahr. Es ist so offensichtlich, so hinreißend schön – wie nur je ein altes Gesicht schön sein kann. Freilich verlangt es, daß man nicht mit einem vorgefaßten Schönheitsbegriff hier eintrifft.

Als halb Hamburg in Trümmern lag, pries Wolfgang Borchert 1947 seine Stadt:

> »Hamburg! – Das sind diese ergrauten, unentbehrlichen, unvermeidlichen Unendlichkeiten der untröstlichen Straßen, in denen wir alle geboren sind und in denen wir alle eines Tages sterben müssen – und das ist doch unheimlich viel mehr als nur ein Haufen Steine!
>
> Gehe hindurch und blähe deine Nasenlöcher wie Pferdenüstern: Das ist der Geruch des Lebens! Windeln, Kohl, Plüschsofa, Zwiebeln, Benzin, Mädchenträume, Tischlerleim, Kornkaffee, Katzen, Geranien, Schnaps, Autogummi, Lippenstift – Blut und Schweiß – Geruch der Stadt, Atem des Lebens: Mehr, mehr als ein Haufen Steine! Das ist Tod und Leben, Arbeit, Schlaf, Wind und Liebe, Tränen und Nebel!
>
> Das ist unser Wille, zu sein: Hamburg!«

Seitdem ist aufgeräumt worden; weit mehr als die Hälfte Hamburgs ist inzwischen neu entstanden. Und es ist immer noch mehr als ein Haufen Steine – auch wenn in diesem Buch hauptsächlich Steine beschrieben werden.

Fenster über dem Turmportal von St. Michaelis

Die Stadtteile

Vorbemerkung

Die Freie und Hansestadt Hamburg ist verwaltungsmäßig in sieben Bezirke und in 104 Stadtteile gegliedert. Sie entsprechen meist den Dörfern und Städten, aus denen das heutige Stadtgebiet entstanden ist. Jeder Stadtteil hat sein unverwechselbares Erscheinungsbild, seine eigene Persönlichkeit und bildet dadurch die eigentliche ›Heimat‹ der Hamburger.

In den letzten Jahrzehnten wurde durch die Stadtentwicklungsplanung, auch durch die Kulturpolitik dieses Hamburg der Stadtteile bewußt gefördert. Auch dieser Führer folgt dieser Einteilung. Natürlich weisen die Stadtteile je eine sehr unterschiedliche Dichte an Sehenswertem auf. Aber alle zusammen machen die Identität Hamburgs und in ihrer Vielfalt das Profil der Gesamtstadt aus.

Die Stadtteilbeschreibungen sind jeweils so angelegt, daß die wichtigsten siedlungs- und territorialgeschichtlichen Daten und allgemeine Angaben zur städtebaulichen Charakteristik und Entwicklung am Anfang stehen. Es folgt dann eine Beschreibung der Bauten und Kulturdenkmäler, die im einzelnen die Geschichte des Stadtteils kennzeichnen. Diese Objekte werden so angeordnet, daß jeweils ein Rundgang möglich ist – bei großen Stadtteilen wird dieser allerdings sehr umfangreich! Aber natürlich können auch Teilbereiche herausgegriffen oder Objekte übergangen werden. – Allein die Innenstadt (Hamburg-Altstadt und Neustadt) ist in mehrere Rundgänge aufgeteilt, die versuchen, quartierweise thematische Schwerpunkte zu bilden.

Besucher, denen nur wenig Zeit zur Verfügung steht, erhalten Hinweise für knappe Besichtigungsprogramme am Schluß der ›Praktischen Reiseinformationen‹: Hamburg in . . .

Bei alledem ist Hamburg für den Ortsunkundigen auf Grund seiner Größe und durchaus auch auf Grund seiner charakteristischen Stadtentwicklungsgeschichte auf den ersten Blick eher unwegsam: es fehlt ihm insgesamt und es fehlen den einzelnen Stadtteilen die ›Achse‹ und das ›Schloß‹ und vieles andere, was große Städte sonst zur Orientierung bieten. Für die Erkundung der Stadtteile ist daher ein guter Stadtplan unentbehrlich.

Die Anordnung der 104 Stadtteile folgt der amtlichen Gebietsgliederung in der Reihenfolge der Bezirke Hamburg-Mitte (Innenstadt, angrenzende Stadtteile, Hafen), Altona (der Westen nördlich der Elbe), Eimsbüttel (der Nordwesten), Hamburg-Nord (der Norden), Wandsbek (Nordosten), Bergedorf (die südöstlichen Stadtteile) und Harburg (südlich der Elbe). Innerhalb der Bezirke ordnen sich die Stadtteile topographisch, nicht alphabetisch (s. Karte in der hinteren Umschlagklappe).

Bezirk Hamburg-Mitte

Innenstadt – Hamburg-Altstadt und Neustadt

(s. Stadtplan in der vorderen Umschlagklappe)
Die Innenstadt, am Nordufer der Elbe gelegen, mit der Speicherstadt in den Hafen übergehend, durchflossen von der Alster mit ihren Fleeten, umgeben von einem Straßenzug auf dem alten Wallring – dieses Areal von 6,4 qkm (davon 2,1 qkm Hamburg-Altstadt und 2,4 qkm Neustadt, 1,9 qkm im Freihafen, insgesamt davon wiederum 1,6 qkm Gewässer) war bis weit ins 19. Jh. hinein Hamburg schlechthin: Wohn-, Arbeits-, Handels- und Verwaltungsort in einem.

Die ältesten Stadtentwicklungsspuren sind nur noch bei genauem Hinsehen erkennbar. Sie sind überformt und verdrängt durch die ›City‹ – und durch die schweren Zerstörungen des Zweiten Weltkriegs. Schon nach dem Großen Brand von 1842 waren großflächig ganze Viertel neu geordnet und gebaut worden, dazu kamen die Sanierungen nach 1892. Seit der Gründerzeit haben in der Altstadt ›Kontorhäuser‹ die ›Citybildung‹ getragen. Nur in der Neustadt dominiert noch das Wohnen.

Rathaus

Das alte Rathaus an der Trostbrücke ist im Großen Brand 1842 untergegangen (s. Innenstadt, Trostbrücke). Der 1842 neu ausgelegte Stadtplan der abgebrannten Altstadt wies ihm die Mitte der Stadt zu, zwischen Börse und Kleiner Alster, mit dem Hauptplatz der Stadt als Rathausmarkt. Hier, in der geometrischen Mitte Hamburgs, zwischen Wasser und Stadt, im Bankenviertel und bei der Börse war der ›handelnde Staat‹ richtig repräsentiert.

Das **Rathaus** hat eine lange Planungs- und Baugeschichte: Entwurfswettbewerbe 1854/55 und 1876 führten nicht zum Baubeginn. Dagegen setzte sich ein Konzept durch, das eine Gruppe Hamburger Architekten ohne Auftrag 1880 vorlegte. Es wurde 1884 angenommen und von 1886 bis 1897 ausgeführt. Abgesehen von leichten Beschädigungen hat das Rathaus den Zweiten Weltkrieg unversehrt überstanden und bildet eines der bedeutendsten vollständig erhaltenen Bauwerke des Historismus in Deutschland.

Zum ›Rathausbaumeisterbund‹ faßte 1880 Martin Haller die Architekten Leopold Lamprecht (1878–83 sein Kompagnon), Bernhard Hanssen, Wilhelm Emil Meerwein (Hanssen & Meerwein), Wilhelm Hauers, Hugo Stammann, Gustav Zinnow (Stammann & Zinnow), Johannes Grotjan und Henry Robertson (1882 verstorben) zusammen – die damals tonangebenden Privatarchitekten Hamburgs. Haller blieb spiritus rector der Gruppe. – Wie der erste Entwurf schon eine Gemeinschaftsarbeit war, so nahmen an der Ausformulierung der Pläne (an der auch der Berliner Architekt Hermann Ende beteiligt war) und an der Ausführung mit vielen Anpassungen an neue Bedürfnisse unübersehbar viele einzelne Politiker und Fachleute, Gremien und Vereine, die Öffentlichkeit und die Presse Anteil. Die Bürgermeister Petersen und Burchard als Vorsitzende der Baukommission steuerten nur die Entscheidungsprozesse, in denen die Ideen der Architekten und ausführenden Künstler geprüft, geglättet, zerredet, angepaßt und verändert, mehrheitsfähig gemacht wurden. Das Ergebnis ist dennoch – oder deswegen – ein Bauwerk von lückenloser Schlüssigkeit in Architektur und Gestaltung. Bis zur Fertigstellung hat der Bau rund 11 Millionen Mark gekostet.

Die *Kleine Alster* (Farbabb. 5) und der *Rathausmarkt* bilden den Freiraum, auf den hin das Rathaus seine 111 m breite, symmetrisch zum (112 m hohen) Mittelturm entwickelte Fassade entfaltet. Granit und Sandstein und hohe Kupferdächer bestimmen das Erscheinungsbild. Mit ornamentaler und figürlicher Plastik bereicherte Architekturmotive aus dem Formenschatz der deutschen Renaissance vermitteln den Eindruck prächtiger Staatsrepräsentation. Zwischen zwei rückwärtigen Flügeln, die Rathaus und Börse verbinden, liegt ein Innenhof.

Das Programm des Bauwerks, des Skulpturenschmuckes an den Fassaden, der Malereien und

Rathaus und Rathausmarkt. Schaubild, 1892

Plastiken in den Sälen läßt sich unter zwei Ideen zusammenfassen: Einerseits wird die Hamburger Verfassung als politische Grundlage der Stadtrepublik dargestellt und andererseits das Verhältnis Hamburgs zum Deutschen Reich. Beides aus damals sehr aktuellen Gründen: Seit 1860 (revidiert 1879) war eine Verfassung in Kraft, die die Hamburger Stadtrepublik in einer Mischung von herkömmlich ständestaatlicher und modern parlamentarischer Regierung neu organisiert hatte. Zum anderen wurde seit der Gründung des Deutschen Reiches 1871 das Leben der Bürger spürbar verändert, beginnend mit dem Verlust der eigenen Hamburger Währung. 1881 war der Zollanschluß Hamburgs an das Deutsche Reich besiegelt worden – die bis dahin durch die Hamburg umgebenden Zollgrenzen handfest-alltägliche Erfahrung der Eigenstaatlichkeit ging verloren. Der Einbindung in das Reich und dann der Indienstnahme als ›des Deutschen Reiches Tor zur Welt‹ entsprach ein gesteigertes Bedürfnis der Selbstversicherung lokaler Tradition und hanseatisch-bürgerlicher Identität. Das Rathaus löste dieses Bedürfnis ein.

Kern der hamburgischen Verfassung war bis 1918 die Dualität von politischer ›Bürgerschaft‹ und Rat/Senat als den Organen der Gesamtbürgerschaft, die – nach einer Formulierung von 1712 – gleichwohl »inseparabili nexu coniunctim«, nur in unauflöslicher Gemeinsamkeit die Stadt regierten und ihr die Gesetze gaben. Diese Dualität in der Gemeinsamkeit drückt sich aus in der Gesamtgestalt des Bauwerks, in der breit gelagerten Front mit ihren durch Risalite betonten Bereichen für Senat (rechts) und Bürgerschaft (links) – und der gemeinsamen Mitte, die ein hoher Turm überragt (Umschlagvorderseite, Abb. 1).

Dieser *Turm* ist als Kennzeichen des Rathauses gemeint, nach dem Vorbild flandrischer und deutscher Rathäuser des Spätmittelalters und der Renaissance. Ihn machten die Rathausbaumeister auch verantwortlich für den Stil des Ganzen: Seine Vertikale habe zur Wahl der deutschen Renaissance geführt, deren hohe Dächer und Giebelchen mit ihm korrespondieren. – Freilich griff auf diesen Stil die Mehrzahl der deutschen Rathäuser der Gründerzeit zurück. Er zitierte eine Blütezeit des deutschen Bürgertums (wie man glaubte), und seine Verbindung nordischer und klassischer Elemente zu einer ›faustischen‹ Synthese paßte zum nationalen Selbstverständnis des Kaiserreichs.

Sogar ihren reichen plastischen Schmuck verdanken die *Fassaden* des Rathauses ihrer Stilwahl: Die malerische Vielfalt der deutschen Renaissance habe ihn nötig gemacht. – Schrittweise und erst im Verlauf des Baufortgangs wurden dafür Inhalte gesucht. Am Ende ergab sich aus ihnen ein überzeugendes Programm: ›Hamburg und das Reich‹ ist das Thema dieser nach außen gerichteten Demonstration in Stein und Bronze.

Im Hauptgeschoß der Rathausmarktseite stehen in Nischen zwischen den Fenstern zwanzig Kaiser des alten deutschen Reiches von Karl dem Großen (zusammen mit Friedrich Barbarossa am Turm) bis zu Franz II. (von Bildhauern aus ganz Deutschland); sie zitieren die Tradition Hamburgs als freie Reichsstadt. Mit ihnen verschränkt sich die vertikale Mittelachse am Turm: In der Lünette des Hauptgeschosses (dahinter der Saal der Republiken) ein Mosaikbild der Hammonia. Darüber sitzen vier Bronzeallegorien der Bürgertugenden Weisheit, Eintracht, Tapferkeit und Frömmigkeit (Carl Garbers und Rudolf Thiele); sie rahmen die Mahnung vom alten Millerntor: »Libertatem quam peperere maiores digne studeat servare posteritas« – die Freiheit, die die Vorfahren errungen haben, ist es wert, daß die Nachwelt sich darum mühe, sie zu erhalten. Das damit geschmückte Gebälk trägt das Staatswappen. – Nach oben folgen am Turm ein Balkon mit aufsteigendem Phönix (Hinweis auf den Wiederaufbau Hamburgs seit 1842), darüber das Turmgeschoß und im reich entwickelten Helm Herolde mit Hamburger Wappenschilden. Die Spitze krönt ein Reichsadler.

Die Kaiserfiguren im Hauptgeschoß sind eingespannt in ein bürgerliches Programm: Die Schlußsteine der Erdgeschoßfenster tragen die Familienwappen ehemaliger Senatoren. Auf den Giebeln der Fenster im Hauptgeschoß sitzen Büsten mit Attributen bürgerlicher Berufe (virtuos bewegte Plastiken von Aloys Denoth), in den Giebeln selbst die Wappen von Hansestädten.

Über den Giebelspitzen der Risalite schweben Kupferstatuen von Heiligen, die die alten Hamburger Kirchspiele (und die Kloster- und Vorstadtkirchen) repräsentieren, also die jahrhundertelange Organisationseinheit der bürgerlichen Selbstverwaltung Hamburgs (an der Hauptseite links Katharina von Aloys Denoth, rechts Michael von August Vogel für Altstadt und Neustadt).

Zum Alten Wall hin – an der Seite des Senats – ist die Hauptfigur eine Justitia, höchste Tugend der Stadtregierung (Friedrich Offermann). – An der Großen Johannisstraße sind zwischen die drei großen Fenster des Bürgerschaftssaales zwei Nischen mit Rednern als Allegorien von Konservatismus und Fortschritt gestellt (Friedrich Offermann).

Die Einfahrten in den *Hof* zwischen Rathaus und Börse sind von je zwei liegenden Löwen flankiert (Engelbert Peiffer). Die Börsenfassade wurde 1892–94 den Rathausflügeln angepaßt und mit den Wappen von Welthandelsstädten geschmückt.

Die Hoffront des Rathauses zeigt als Entsprechung zu den Kaisern der Hauptfassade Steinsta-

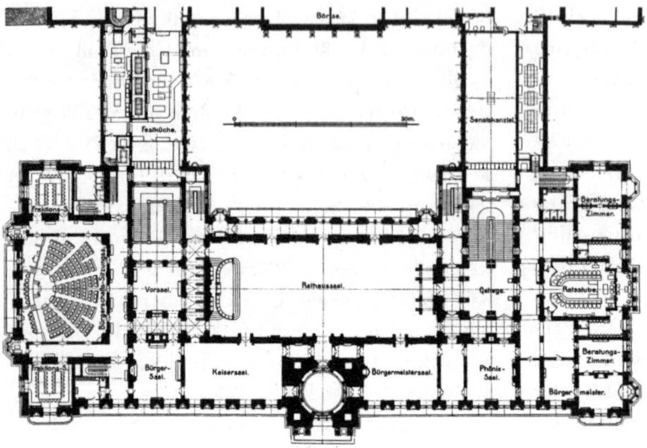

Rathaus, Grundriß des Hauptgeschosses mit Bürgerschafts-Sitzungssaal (links) und Ratsstube des Senats (rechts). In der Mitte der große Festsaal, davor im Turm der runde Saal der Republiken

tuen von Fürsten und Bischöfen, die für Hamburgs Geschichte bedeutsam waren: die Bischöfe Ansgar, Adaldag und Adalbert, Herzog Heinrich der Löwe und die holsteinischen Grafen Adolf III. und Adolf IV.

Die Hofmitte nimmt der *Hygieia-Brunnen* ein. Seine Bronzefiguren wurden von dem Münchner Bildhauer Joseph von Kramer 1895/96 modelliert. Die weibliche Allegorie der Gesundheit/Hygieia hatte einen damals aktuellen Bezug: Der Drache, auf den sie tritt, steht für die Cholera-Epidemie von 1892, der Brunnen feiert die seitdem durchgeführte Modernisierung der Trinkwasserversorgung Hamburgs (s. Rothenburgsort). Die Assistenzfiguren am Beckenrand weisen auf nützliche Eigenschaften des Wassers hin. – Technisch ist der Brunnen die Ansaugöffnung der Frischluftversorgung des Rathauses. Befeuchtung und Kühlung der Luft durch das Wasser waren einkalkulierte Effekte dieser Klimaanlage.

In die Winkel zwischen Rathaus und Hofflügel treten die Nebentreppenhäuser. Die plastische Dekoration des rechten weist mit einem Küchenjungen auf die Küche hin, die dort ein Fenster hat. Als künstlerisches Gegengewicht dazu haben die Rathausbaumeister die ›Brautpforte‹ erfunden; das Säulenportal mit Plastiken von Adam, Eva und Hymen (Jakob Ungerer, München) sowie Blaubart und Xanthippe im Gebälk weist auf Hochzeit und Ehe hin (wie innen die Ausschmükkung des Flurs). – Freilich wurde hier nie geheiratet: 1898 stellte ein Senator fest, die Brautpforte sei »gewissermaßen versehentlich dahin gekommen«.

Das *Innere* des Rathauses vergegenwärtigt das zweite große Thema, die Verfassung der Stadtrepublik. Weniger durch die Bilder als durch die architektonische Struktur: Der Benutzer des Rathauses begibt sich gleichsam in ihren Bann; er wird von dieser Verfassung geführt, sie beeinflußt unmerklich sein Empfinden und Verhalten. Die Polarität der beiden Körperschaften wie ihre untrennbare gemeinsame Verkörperung der höchsten Staatsgewalt wird nachvollzogen in der Anordnung, Gestalt und Ausschmückung der Raumfolgen. – Die Schlüssigkeit des Gebäudes verhüllt allerdings die Mängel dieser Verfassung: Bis 1918 war Hamburg eine Oligarchie, in der nur ein Zehntel der männlichen Bevölkerung politische Rechte besaß. Nur diese ›Fünf-Prozent-Republik‹ also gewann im Rathaus Gestalt.

Die Gewerke oder gar die Arbeiter, die das Rathaus geschaffen haben, kommen folgerichtig nur an einer Stelle und verniedlicht vor: als Gewölbekonsolen in der Vorhalle des Turmerdgeschosses (Maurer-, Steinmetz-, Malerlehrlinge usw.). Ein halbes Jahr vor der Einweihung war der große Hafenarbeiterstreik zu Ende gegangen, der dem Hamburger Bürgertum die soziale Frage drastisch vor Augen geführt hatte.

Die *Diele* und der darüber liegende Saal als größte Räume in der Mitte des Gebäudes sind seit dem Mittelalter feststehende Hauptbestandteile und Kennzeichen der meisten Rathäuser gewesen. – Innerhalb der ›Verfassungswirklichkeit‹ des Rathauses vertritt die Diele die Gesamtheit der Bürger und Einwohner. An den Pfeilern der dreischiffigen Halle bieten Medaillons mit den Porträts verdienter Bürger dem Besucher Vorbilder an. – Die Treppen an den Stirnseiten sind unterschiedlich gestaltet: Die Bürgerschaftstreppe mit zwei Anläufen und einer Rednerbühne weist auf Parteibildung und Debatte des Parlaments hin; die Senatstreppe ist einläufig, wird von wappenhaltenden Löwen flankiert (Schmiedeeisen nach Entwürfen Carl Börners) und entspricht so der Repräsentationsaufgabe des Senats. – Über dem Haupteingang dringt eine Uhr mit Mutter und Kind sowie dem Tod als Stundenschlag (Carl Börner) auf Pünktlichkeit. Eine Bronzetafel ist den Gefallenen der ›Sülzeunruhen‹ von 1919 gewidmet (Albert Wöbcke).

Seitwärts liegen die großen *Treppenhäuser*, die ins Hauptgeschoß führen. Das der Bürgerschaft zeigt in den Voluten der Decke Szenen eines bürgerlichen Lebensweges, in der Mitte den Bürgereid (Hermann de Bruycker). Eine 1981 angebrachte Gedenktafel ehrt die Mitglieder der Bürgerschaft, die Opfer der nationalsozialistischen Herrschaft geworden sind (es waren vor allem die Angehörigen der kommunistischen Fraktion). – Das Treppenhaus führt in die Vorhalle, die Lobby des Sitzungssaals der Bürgerschaft. Ein Wandbild (Carl Rodeck) mit Stadt- und Hafenpanorama vergegenwärtigt die Stadt, für die die Abgeordneten wirken. Ein Bild des Gebäudes der Patriotischen Gesellschaft (ebenfalls von Rodeck) erinnert daran, daß dort die Bürgerschaft von 1860 bis 1897 ihre Sitzungen hielt. – Der runde Tisch ist aus einem beim Bau gefundenen mittelalterlichen Gründungspfahl hergestellt.

Materiell wertvoll, handwerklich aufwendig, aber sich nicht bis zum Prunk steigernd sind die Haupträume ausgestattet, die im ersten Obergeschoß liegen (Erdgeschoß und zweites Obergeschoß enthalten Büroräume). Das Rathaus sollte im Rahmen bürgerlicher Gediegenheit bleiben – ausdrücklich abgesetzt vom Luxus etwa der bayerischen Königsschlösser Ludwigs II. Alle Räume des Hauptgeschosses dienen seit ihrer Erbauung der Alltagsarbeit von Senat und Bürgerschaft. Dadurch ist leider oft keine Besichtigung möglich.

Nach Südosten liegt der *Sitzungssaal der Bürgerschaft,* des Hamburger Landesparlaments. Einfache Putzwandflächen, Holzeinbauten und Mobiliar im Holzton geben ihm ein vergleichsweise sachliches Gepräge (das zum Teil aber auf Umgestaltungen im Dritten Reich und in der Nachkriegszeit beruht). – Beidseits vom Plenarsaal liegen in den Ecken Fraktionssitzungssäle (Wandmalereien mit Stadtansichten).

Der *Bürgersaal* ist der erste in einer Flucht von Repräsentationsräumen, die sich entlang der Front zum Rathausmarkt hinziehen. Sie begleiten den großen Festsaal und vermitteln zwischen Bürgerschaft und Senat. Hier zeigen Medaillons im Deckenfries Porträts der Bürgerschaftspräsidenten seit 1860. Über dem Kamin ein Bild des alten Binnenhafens (Valentin Ruths). Zwei Marmorbüsten für die Bürgerschaftspräsidenten Baumeister (Engelbert Peiffer, 1877) und Hinrichsen (Adolf Brütt, 1904) standen ehemals im Vorsaal der Bürgerschaft. Die Büste Adolf Schönfelders hat Edwin Scharff geschaffen (um 1950).

Der *Kaisersaal* ist nicht etwa zu vergleichen mit den Kaisersälen oberschwäbischer Reichsabteien. Sein Name bezieht sich nur auf die Anwesenheit Wilhelms II. in diesem (damals provisorisch hergerichteten) Raum am 19. 6. 1895 anläßlich der Eröffnung des Nord-Ostsee-Kanals. Das meldet die Inschrift über der Seitentür (die korrekt verschweigt, daß der Wasserweg wenige Tage später schon Kaiser-Wilhelm-Kanal hieß) – und darauf bezieht sich die Deckengestaltung: in den Lünetten Stuckreliefs der stürmischen Nordsee und der friedlichen Ostsee, in den Stichkappen Hafenstädte der beiden Meere zwischen Allegorien von überseeischen Weltgegenden, in der Mitte der ›Triumph der deutschen Flagge‹ (der Reichshandelsflagge) über den Meeren, zwischen Astronomie und Geographie (Stuckplastiken von Carl Börner, Gemälde von Arthur Fitger). – Hier fanden Marmorbüsten Aufstellung, die als Gründer des Kaiserreichs Wilhelm I., Bismarck und Roon zeigen (Bruno Kruse); sie wurden gestiftet von den Freiherren Albertus und Heinrich von Ohlendorff, den entschiedensten Parteigängern Bismarcks in Hamburg. Zu solchen Stiftungen konnte der Senat nicht nein sagen; die Büsten sind aber in Augenhöhe des Betrachters aufgestellt, wie ständige Gäste, nicht in erhabener Distanz. Bürgermeisterporträts schmücken die Wände.

Bemerkenswert – wie im ganzen Hauptgeschoß – sind die Bronzeleuchter: Ursprünglich war für das Rathaus Gaslicht vorgesehen. Während des Baues setzte sich die elektrische Glühlampe durch. Die neue Möglichkeit, ohne Rücksicht auf den Abzug von Verbrennungsgasen Beleuchtungskörper frei – auch mit nach unten gewandten Lichtquellen – zu gestalten, wurde im Rathaus in der vielfältigsten Weise aufgenommen.

Der *Saal der Republiken* liegt im Mittelturm, im Kreuzungspunkt der Raumflucht zwischen Senat und Bürgerschaft mit der Verbindung von Einwohnerschaft insgesamt draußen (auf dem Rathausmarkt) und drinnen (im Festsaal). Türen mit geschmiedeten Gittern aus Aluminiumbronze (ein damals neues und kostbares Material) schließen ihn ab. Rund, von einer Kuppel überwölbt, erinnert er an Tempel und Kapellen. Das umlaufende Gebälk ruht auf acht Onyxsäulen. Wandgemälde rufen Stadtrepubliken der Geschichte herbei: Athen und Rom, Venedig und Amsterdam – sie alle haben längst ihren Status als freie Städte verloren. Nicht dargestellt ist die fünfte, die lebendige Stadtrepublik Hamburg – sie ist im Betrachter gegenwärtig. Inschriften nennen ihm die Tugenden, auf denen sie beruhen soll (Vaterlandsliebe, Menschlichkeit, Wissenschaft und Sittlichkeit). Das Sallust-Zitat über der Tür zum Festsaal »concordia parvae res crescunt, discordia maximae dilabuntur« (durch Eintracht wächst auch das Kleine, durch Zwietracht zerbricht selbst das Größte) macht dem – gegenüber dem Nachbarland Preußen – kleinen Hamburg Mut. – Ausgemalt wurde der Saal 1899 durch Alexander von Wagner (München), der für das Gewölbe eine Allegorie der politischen und geistigen Freiheit vorschlug (Winkelried, Luther, Kant, Schiller, Arndt und Wichern, Galilei und Washington werden dazu zitiert; immerhin wurden durch die Baukommission anstößigere Vorschläge wie die Tyrannenmörder Harmodios und Aristogeiton und Charlotte Corday aus dem Programm gestrichen).

Zur Senatsseite hin schließt sich der *Bürgermeister-Saal* an. Der Marmorkamin verkörpert Klio, die Muse der Geschichtsschreibung (Karl Garbers); sie setzt den mahnenden Maßstab für das Handeln der Stadtregierung mit dem Buch der Geschichte, in das sie die Namen verdienter Bürgermeister einträgt – die als Marmorbüsten und Porträtgemälde präsent sind. An der Schmalseite hängt ein Gruppenporträt von Hugo Vogel (1900–04), gestiftet von den Mitgliedern des Senats, das ihn in der Zusammensetzung zur Zeit der Fertigstellung des Rathauses 1897 und in der bis 1918 benutzten Amtstracht zeigt.

Der anschließende Vorraum, das *Waisen-Zimmer*, wurde von Insassen des Waisenhauses mit Kerbschnitzereien ausgestaltet. Bilder und Vierländer Intarsienstühle beziehen sich auf die hamburgischen Landgebiete (auch sie insofern zu Recht auf der Senatsseite des Rathauses, als Senatoren als Landherren dort die Herrschaft ausübten). – Die Eichenholzstatuette des Senators Hayn (langjähriger Bausenator und Patron des Waisenhauses) schuf Aloys Denoth.

Der *Phönix-Saal* feiert das Rathaus als Schluß- und Höhepunkt des Wiederaufbaus seit dem Großen Brand von 1842. Über dem Giebel des Kaminaufsatzes erhebt sich der Phönixwundervogel. Das Gemälde Arthur Fitgers darunter läßt Hammonia verjüngt über Trümmern schweben. Über der gegenüberliegenden Vertäfelung zeigt eine Kartusche den Plan des Brandgebiets. – Eine schöne Denkmalminiatur ist die Hammonia-Allegorie neben dem Kamin, die dem Bürgermeister Carl Friedrich Petersen zur Sitzung der Bürgerschaft am 15. 6. 1881 gewidmet worden ist – als sie den Zollanschluß Hamburgs an das Deutsche Reich bestätigte (Hammonia mit Klugheit, Gerechtigkeit, Nächstenliebe und Mut). – Ein Gruppenporträt stellt den Senat zur Zeit der Verfassungsreform von 1860 dar (Christian Carl Magnussen, 1890). Ein mit Trümmern verschmolzener Silberbarren aus den Tresoren der Hamburger Bank erinnert an den Untergang des alten Stadtzentrums von Bank, Börse und Rathaus an der Trostbrücke 1842.

Am Ende der Raumflucht, in der Nordecke des Rathauses, liegt das *Bürgermeister-Amtszimmer*, der Repräsentationsraum des Ersten Bürgermeisters und Präsidenten des Senats (seine Arbeitsräume liegen im Erdgeschoß darunter). Es ist in der Art von bürgerlichen Herrenzimmern der Gründerzeit mit Mahagonivertäfelung, Erker und Kamin ausgestattet. – Die Porträtbüste des Bürgermeisters Carl Friedrich Petersen im Kaminaufsatz (Hermann Haase) ist eine Stiftung der Rathausbaumeister. Sie ehrt den 1892 verstorbenen Vorsitzenden der Rathausbaukommission (seit 1880). – Bronze-Wandtafeln verzeichnen Namen und Wappen aller hamburgischen Bürgermeister seit 1264.

Den Gegenpol zum Bürgerschafts-Plenarsaal stellt das *Senatsgehege* dar, zu dessen vergitterter Wandelhalle ein Wartezimmer zwischen Phönix-Saal und Bürgermeister-Amtszimmer führt. Es umgibt auf drei Seiten den Sitzungssaal des Senats, die *Ratsstube* (und Nebenräume trennen sie auch an der vierten Seite von der Außenwelt). – Die Ratsstube empfängt ihr Licht von oben; in romantischer Bezugnahme auf altgermanische Rechtsgebräuche tagt der Senat unter freiem Himmel. – Das Hamburger Wappen im Baldachin hinter den Plätzen der beiden Bürgermeister ist eine Stiftung von Hamburger Damen (1897, entworfen von Valeska Röver). – Beidseits des Tores zum Senatsgehege stehen Statuen der Gnade und der Gerechtigkeit von August Vogel. – In den Nebenräumen befindet sich die Schatzkammer mit dem Ratssilber.

Der 46 m lange *Festsaal* liegt zwischen Ratsstube und Bürgerschaftssaal. Er vermittelt zwischen ihnen räumlich und verschränkt sie zu jenem ›inseparabilis nexus‹: eine Mitteltür erlaubt dem Senat den Einzug vom Senatsgehege her bis zu seinen Plätzen auf der gegenüberliegenden Estrade; beidseits von dieser schaffen zwei Türen – links und rechts im parlamentarischen Sinn ist damit gemeint – den Zugang der Bürgerschaft, deren Mitglieder an der Senatsestrade vorbei ihre Plätze vor dieser einnehmen können; der Hauptteil des Saales auf der Senatsseite ist der Bürgerschaft im ganzen zugedacht – so jedenfalls die ursprüngliche Sitzordnung bei feierlichen Staatsakten (während derer die Damen auf der Empore zwischen den Pfeilern der Hofseite sitzen durften). – Die Karyatiden am prächtigen Portal in der Mitte der nördlichen Längswand verkörpern Gerechtigkeit, Stärke, Weisheit und Fleiß (Joseph von Kramer, 1899) als Gegenstücke zu den Tugenden an der Außenseite des Turmes. Sie trugen ursprünglich einen hohen Aufsatz mit der Friedensgöttin (beseitigt zugunsten der Wandgemälde). Dieses Portal führt in den Saal der Republiken und von dort hinaus auf den Rathausmarktbalkon; quer zur beschriebenen Staatsaktion verläuft so ein ideologischer Lehrpfad, der dazu mahnt, durch Bürgertugenden und Frieden die Fortexistenz republikanischer Freiheit in der Wirklichkeit der Stadt zu sichern.

Schon die ersten Entwürfe der Rathausbaumeister sahen als Wandgemälde im Festsaal dramatische Szenerien vor. Als dann während des Baus überlegt wurde, welche Ereignisse der hamburgischen Geschichte dafür in Frage kämen, stellte sich heraus, daß diese Geschichte nicht genug spektakuläre Stoffe bot. So sollte ihr Verlauf durch Epochenbilder allgemeinen Charakters dargestellt werden. – Realisiert wurden die Wandbilder erst 1903–09 durch Hugo Vogel. Der hatte gestalterische wie technische Schwierigkeiten. Obwohl auf seinen Wunsch die Türbekrönung an der Längswand und Figurennischen in Pfeilern und Pilastern entfernt und der Marmor des Wandsockels dunkel eingefärbt wurden, galt die Ausmalung vielen Zeitgenossen als mißlungen. Der beste Gedanke Vogels war es, statt einer

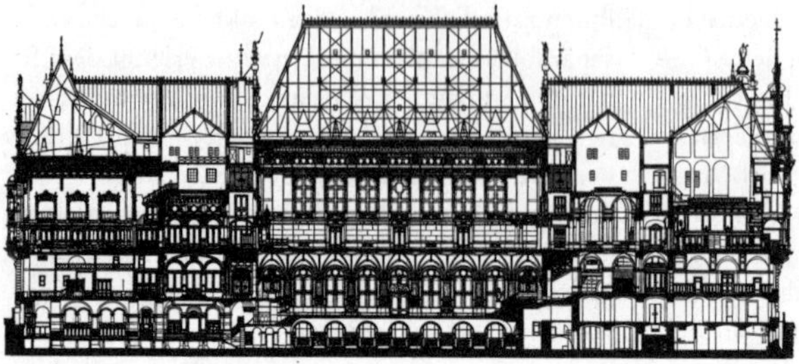

Rathaus, Längsschnitt durch die Haupträume. In der Mitte die Diele und darüber der Festsaal, links Bürgerschafts-Sitzungssaal, rechts Ratsstube

Hammonia-Allegorie das realistische Hafenbild über der Senatsestrade zu malen. An der Westwand steht ihr die menschenleere Landschaft des Urstromtales der Elbe gegenüber, an der Längswand folgen aufeinander heidnische Vorzeit, die Christianisierung der Sachsen, Hamburgs Hafen zur Zeit der Hanse. – Die Felder zwischen den Konsolen der Kassettendecke füllen die Wappen der Hansestädte.

Das *Senatstreppenhaus* wirkt monumentaler als das der Bürgerschaft. Über ihm stellt ein Tondo von Arthur Fitger noch einmal die Muse der Geschichtsschreibung dar. – Zum Ratssilber gehört der Tafelaufsatz in Form eines Schiffes vor dem Fenster. – Übrigens führt zwar die seitliche Lage der Treppenhäuser (ein Gedanke Hermann Endes) den von der Diele (oder den Hofdurchfahrten) Aufsteigenden nicht auf geradem Weg in die Haupträume, aber erst dadurch konnten diese ihre bedeutsame axiale Beziehung aufeinander gewinnen.

Im Winkel zwischen Senatstreppe und Hof führt ein Abgang aus der Diele zum Flur hinter der *Brautpforte;* dort steigt eine Treppe mit Rankengeländer zu einer Intarsientür. Deren junges Liebespaar und die Sinnsprüche des Raumes lassen ein stimmungsvolles Trauzimmer erwarten. Tatsächlich führt die Tür zum Senatstreppenhaus und insofern ins Leere, als im Rathaus nie getraut wurde und nie getraut werden sollte (die Gründe für die Existenz der Brautpforte sind im Hof genannt worden).

Der *Ratsweinkeller* ist ein aus sehr eindrucksvollen Sälen zusammengesetztes, weitläufiges Lokal. Im *Grundsteinkeller* unter der Diele erlauben seitliche Séparées ungestörte Besprechungen. Der schönste Raum ist in der Nordostecke die *Rose,* so genannt nach dem Reigen junger Mädchen im Rosenhag in Paul Duyffckes Deckenbild (und nach dem Rosenkranz, als der der Kronleuchter stilisiert ist). – Im Flur zur Rose hängt ein Gruppenbildnis der sieben Rathausbaumeister von Julie de Boor. – Auf der Spindel der Treppe zur Großen Johannisstraße steht die Bacchusstatue, die bis zum Großen Brand von 1842 das Eimbecksche Haus schmückte, also den alten Ratsweinkeller Hamburgs am Dornbusch (Johann Wilhelm Manstaedt, 1770).

Die offiziellen *Rathausführungen* beginnen in der Rathausdiele – soweit die Räumlichkeiten nicht durch Politik und Veranstaltungen benutzt werden (mo–fr 10–15 Uhr alle halbe Stunde, sa und so 10–13 Uhr, englisch und französisch stündlich zwischen 10.15 und 15.15 bzw. 13.15 Uhr. ✆ 3681–2010).

Rathausmarkt

Am Ort des Rathauses haben sich tausend Jahre Stadtgeschichte abgespielt. Unter seiner Nordostecke wurden beim Bau Fundamente gefunden, die seitdem mit der überlieferten Alsterburg der sächsischen Herzöge aus dem 11. Jh. gleichgesetzt werden – ein Gegenstück zum Bischofsturm beim Dom (s. Innenstadt, Domplatz). Hier verlief die erste Stadtmauer des frühen 13. Jh., hier bauten die Dominikaner um 1230/40 ihr Kloster St. Johannis. Nach dem Großen Brand von 1842 wurde hier das neue Stadtzentrum entworfen; von hier strahlen die geordneten Straßensysteme des Wiederaufbaus aus.

Bis heute ist die Raumwirkung der Abfolge von Rathausmarkt, der architektonisch streng gefaßten Kleinen Alster und der sich jenseits der Reesendammbrücke öffnenden Binnenalster erhalten geblieben, wie sie 1842 konzipiert wurde – vor allem nach Ideen von Gottfried Semper und Alexis de Chateauneuf. Alfred Lichtwark und Fritz Schumacher haben darin das städtebauliche ›Kunstwerk Hamburg‹ schlechthin gesehen. Die Verbindung von Platz und Wasserfläche, das Wechselverhältnis von architektonischer Rahmung und Öffnung in die Weite, der rechte Winkel, in dem Rathausmarkt und Kleine Alster einander zugeordnet sind – sie haben ihr Gelenk in der *Wassertreppe,* die Johann Hermann Maack nach 1842 als Viertelkreis in den Winkel zwischen Schleusentreppe und Rathausmarkt gelegt hat (aus ganz profanen Gründen für das Festmachen von Kähnen im Wartebecken der Alsterschleuse). Für Alfred Lichtwark war es die schönste Wassertreppe der Welt – ein Angelpunkt der amphibischen Struktur Hamburgs.

Fritz Schumacher hat diesen Punkt städtebaulich durch das **Ehrenmal** für die Gefallenen des Ersten Weltkriegs noch betont: vor der Wassertreppe steht in der Kleinen Alster eine schlichte Stele, von Claus Hoffmann nach einem Wettbewerb 1930–32 errichtet. Durch Vermittlung von Fritz Schumacher kam das Relief einer trauernden Mutter von Ernst Barlach hinzu (nach dem Zweiten Weltkrieg rekonstruiert, da im Dritten Reich durch einen Phönix ersetzt). Die lakonische Inschrift »40000 Söhne der Stadt ließen ihr Leben für Euch«, die städtebauliche Bedeutung und die extrem einfache Form geben dem Denkmal eine kaum zu übertreffende Dichte der Aussage, die ohne jede Verherrlichung des Krieges auskommt. – Dieses Denkmal wurde zum politischen Manifest, weil gleichzeitig – vordergründig mit den Bedürfnissen des gewachsenen Verkehrs begründet – das Kaiser-Wilhelm-Denkmal vom Rathausmarkt entfernt wurde.

1898 hatte Hamburg beschlossen, vor dem Rathaus **Kaiser Wilhelm I.** durch ein **Denkmal** zu ehren. Der von Johannes Schilling 1889 für das Berliner Kaiser-Wilhelm-Nationaldenkmal eingereichte (und mit einem Preis geehrte) Entwurf eines Reiterdenkmals wurde dafür angekauft. Die weitläufige Anlage, in die es eingebunden wurde, entwarfen – als Sieger eines Wettbewerbs – Carl Garbers und Ernst Barlach. Das Ganze führte Schilling bis 1903 aus. – 1930 wurde der Kaiser an den Sievekingplatz versetzt, 1984–86 folgten ihm auch die (bis dahin eingelagerten) allegorischen Assistenzfiguren (s. Innenstadt, Wallring). – Auf dem Rathausmarkt sind nur die beiden Flaggenmasten dieser Denkmalanlage verblieben: Mit Sockelreliefs und Bekrönungen sind sie als Masten für Reichs- und Hamburgflagge gekennzeichnet (Vogesengrün und eine Karte von Elsaß-Lothringen, dazu der wehrhafte Friede und ein bekrönendes Kriegsschiff charakterisieren das Reich; Vierländer Gemüse, ein Plan der Speicherstadt und ein Handelsschiff gehören zu Hamburg). Die Flaggenmasten unterstreichen so das Thema der Rathausfassade ›Hamburg und das Reich‹. – Der Kaiser stand dem Rathaus zugewandt: ein geehrter Gast, nicht der Schutzherr der Stadt (wie etwa vor dem Rathaus in Altona).

Nach einem Wettbewerb (1977) wurde der Rathausmarkt 1980–82 grundlegend neugestaltet (FNO-Planungsgruppe – Timm Ohrt mit Henning Dau, Dieter Paul, Hille von Seggern). Der riesige Platz wurde differenziert durch Bäume und glasüberwölbte Buswartehallen, vor allem seine Oberfläche durch eine subtile Reliefierung, die der Wirkung des Rathauses zugute kommt. Die von Fritz Schumacher 1930 aufgestellten Lichtmasten wurden erhalten. Daß zugleich die Kaimauer der Kleinen Alster durch eine Freitreppe ersetzt wurde, verunklärt eher die klassische Raumfolge im Stadtzentrum – aber sie wirkt freundlich (Abb. 3).

Seit 1982 steht an der Ostseite des Rathausmarktes das nachdenkliche **Standbild Heinrich Heines** (W. Otto), eine schöpferische Rekonstruktion des 1926 im Stadtpark aufgestellten Heine-Denkmals von Hugo Lederer. Dessen Vernichtung in der Nazizeit ist Thema der Sockelreliefs.

In die Platzfläche ist eine **Gedenkplatte für Georg Philipp Telemann** eingelassen, der 1767 in der Johanniskirche bestattet wurde (Werner Bunz, 1984). Sie bezeichnet ungefähr deren ehemaligen Standort (1829 war sie abgebrochen worden). Telemann (1681–1767) war seit 1721 Kantor des Johanneums und Direktor der Kirchenmusik an den fünf Hamburger Hauptkirchen.

Die prominenteste Stelle an der dem Platz gegenüberliegenden Seite der Kleinen Alster erhielt beim Wiederaufbau nach 1842 – als städtebauliches Schaustück wie als Aussichtsplatz für das Rathaus – einen Arkadengang vorgelagert, entworfen von Alexis de Chateauneuf 1842/43, die **Alsterarkaden** (Farbabb. 12). Dahinter stehen noch die bis 1846 erbauten Häuser 9–13 mit einfachen, lisenengegliederten Putzfassaden. Das südliche Eckhaus wurde 1896 in ein Geschäftshaus umgewandelt, das nördliche fiel von Anfang an aus dem Rahmen, ist aber vielfach umgebaut. – Gerade der besterhaltene Teil der Alsterarkaden ist Ende 1989 abgebrannt; er soll bis 1992 originalgetreu wiederaufgebaut werden.

Die **Reesendammbrücke,** die Kleine Alster und Binnenalster voneinander trennt, gehört zu Johann Hermann Maacks vielen Brückenbauten aus der Wiederaufbauzeit nach 1842. Sie wurde mehrfach verändert, zuletzt bis 1976 neu gebaut, hat aber ihre alte Verkleidung wiedererhalten.

Die zwei Gebäudeblocks beidseits des Plans wurden um die Jahrhundertwende von Kontorhäusern und Banken neu überbaut und im 2. Weltkrieg zerstört. Ernstlich wurde erwogen, sie abzuräumen und so den Rathausmarkt zur Binnenalster hin zu öffnen. Am Ende siegte das alte ›Kunstwerk Hamburg‹, und sie wurden wieder aufgebaut, der **Fölschblock** zwischen Plan und Hermannstraße entstand ganz neu (H. Rieckert, 1949–52).

Alter Wall

Die nach 1842 errichteten Häuser zwischen Altem Wall und Alsterfleet sind seit 1900 Kontorhäusern und Banken gewichen, so der ehemaligen Hamburger Hauptstelle der **Reichsbank,** Alter Wall 2 (Bauverwaltung der Reichsbank, 1914–19). Der plastische Schmuck der neoklassizistischen Muschelkalkfassaden bezieht sich auf den Zweck des Gebäudes (u. a. Münzen); am Giebel Hamburger Berufspersonifikationen vom Senator bis zum Wasserträger und das Reichswappen. Die aufwendig gestalteten Publikumsräume sind beim Umbau (Schramm, Pempelfort, von Bassewitz, Hupertz 1982/83) erhalten geblieben. – **Alter Wall 10** entstand als Kontorhaus (Schaudt & Puritz, 1909/10), **Alter Wall 12** als Geschäftshaus einer Versicherung (Emil Schaudt und Emil Janda, 1908/09), **Alter Wall 20–22** als Bank (Martin Haller, 1900–02), Alter Wall 32 als Kontorhaus **Börsenhaus** (Johannes Grotjan, 1894/95, 1930 umgebaut).

Das Bankhaus **Alter Wall 37** wurde 1883–88, 1903 und 1910 durch Martin Haller gebaut. Zeichenhaft wie an vielen Banken in den folgenden Jahrzehnten verbürgt die Tempelfront Kompetenz und Zuverlässigkeit. – Am **Adolphsplatz** stehen weitere Banken der Börse gegenüber. **Nr. 5** baute wieder Martin Haller (mit Hermann Geißler, 1907). – Die Nachkriegsneubauten entwarfen Georg Wellhausen (**Nr. 7,** 1951–53) und Schramm & Elingius (**Nr. 2–4/Großer Burstah,** 1954–58).

Auf dem **Adolphsplatz** wurde 1821 ein **Denkmal für den Grafen Adolf IV. von Schauenburg** aufgestellt (später an andere Stellen versetzt und im Krieg zerstört), der 1239 in das 1227 (als die Schlacht von Bornhöved ihn wieder endgültig in seine Rechte als Landesherr in Holstein und Hamburg eingesetzt hatte) von ihm gestiftete Franziskanerkloster Maria Magdalena eingetreten war. Dessen 1807 abgebrochene Kirche nahm ungefähr die Fläche des Platzes ein. Anstelle der 1837/38 abgerissenen Konventbauten entstand 1839/41 die neue **Börse** (sie überstand den Großen Brand; ihr ehrwürdiger Vorgänger an der Trostbrücke verbrannte 1842). Die städtischen Baubeamten Carl Ludwig Wimmel und Franz Gustav Forsmann hatten sie als konventionell

Börse und Rathaus, darunter der Tunnel der Hamburger Hochbahn, 1912

klassizistischen Putzbau entworfen. Sie bildet den Kern eines heute dreiteiligen Komplexes: 1856 war der zweite, östliche Saal zuerst fertiggestellt worden (Abb. 14), 1880–84 folgte der Westtrakt mit dem dritten Börsensaal (der heutigen Wertpapierbörse); 1892–94 ist die Umbauung des Mittelteils samt triumphbogenartiger Vorhalle und neuer Fassade zum Rathaushof sowie 1909–12 der Neubau des Osttraktes mit Uhrturm hinzugekommen. – Der älteste Saal liegt in der Mitte, klassizistische Friese gliedern die zwei Arkadenumgänge (nach schweren Kriegsschäden 1949–57 wiederhergestellt). – Mit dem Rathaus ist die Börse über den Rathaushof zu einem einheitlichen Gebäudekomplex verbunden.

Führungen an Börsentagen (11.15–12.15 Uhr nach vorheriger Anmeldung, ✆ 36130–218). – Wertpapierbörse und Devisenbörse mo–fr 11.30–13.30 Uhr bzw. 13–14 Uhr.

Domplatz

Der Domplatz südlich der Petrikirche wird als Parkplatz genutzt und sieht einer ungewissen Zukunft entgegen. Das ist der Standort der karolingischen **Hammaburg,** der Keimzelle Hamburgs. Ihre Überreste wurden durch Reinhard Schindlers Ausgrabungen 1949–57 gefunden. Neue Untersuchungen 1982–87 haben die Kenntnis erweitert: Spuren weisen auf eine sächsische Burg des 7./8. Jh. hin.

Zwischen 810 und 832 ist der nordelbische Brückenkopf des fränkischen Imperiums Karls des Großen bzw. seines Sohnes Ludwig des Frommen als Ringwall von ca. 120 m Durchmesser entstanden. Hier errichtete der Missions-Erzbischof Ansgar eine hölzerne Kathedrale. Zwar wich er 845 vor Wikingerüberfällen nach Bremen aus, aber Hamburg behielt seitdem eine Marienkirche als **Dom.** Erstmals unter dem Erzbischof Bezelin Alebrand (1035–43) in Stein errichtet, seit 1248 als Backsteinbasilika neu erbaut, später zur weitläufigen Halle erweitert, wurde er samt den Gebäuden des Domkapitels 1804–07 abgebrochen. Das hatte politische Gründe. Denn die Domimmunität gehörte innerhalb der Hansestadt dem Bremer Bischof und dessen weltlichen Nachfolgern, also zeitweise Schweden, zuletzt dem Kurfürstentum Hannover. Nachdem der Reichsdeputationshauptschluß 1803 Hamburg den Dom zuwies, war der Abbruch der Gebäude ein Akt politischer Vorsicht: Der alte Pfahl im Fleische der Hamburger Stadtherrschaft sollte ein für allemal beseitigt werden. – Die bei den Ausgrabungen gefundenen Reste vom Lettner des 14. Jh. und eine kleine Steinmadonna aus dem 15. Jh. werden im Museum für Hamburgische Geschichte gezeigt.

Auf diesem Gelände entstand 1837–40 das **Johanneum.** Dort hatten das Akademische Gymnasium und die Gelehrtenschule ihren Ort, das Allgemeine Vorlesungswesen, die Sammlung Hamburgischer Altertümer und viele andere Bildungsinstitutionen Hamburgs – jeweils, bis sie eigene Bauten an anderer Stelle bezogen. Zuletzt hatte die Staatsbibliothek das Gebäude inne; zwei Drittel der Bücherbestände verbrannten mit ihm 1943.

Der älteste sichtbare Baurest Hamburgs ist im Keller des Hauses Kreuslerstr. 4 erhalten, ein ringförmiges Findlingsfundament von 19 m Durchmesser, das 1962 bei Bauarbeiten zum Vorschein kam. Der als Turm zu ergänzende Steinbau kann ins 11. Jh. datiert werden. Es ist wahrscheinlich der Überrest jenes ›steinernen Gebäudes‹, das Erzbischof Bezelin Alebrand als Burg für sich errichten ließ.

Der **Schauraum Bischofsturm,** der dafür hergerichtet wurde, informiert über die Hammaburg und die Mittelalter-Archäologie in Hamburg (geöffnet mo–fr 10–13 und 14–17, sa 10–13 Uhr).

Unmittelbar östlich davon verlief quer zur Steinstraße der **Heidenwall,** eine Abschnittsbefestigung, die vielleicht noch im 10. Jh. zur Sicherung Hamburgs angelegt worden ist.

St. Petri

Es ist umstritten, wann und wo der fränkische Priester Heridag 810 die erste Hamburger Pfarrkirche baute. Daß sie neben dem Dom und dem Siedlungsbezirk außerhalb des Stifts und der Hammaburg stand, ist aus Gründen der Analogie zu anderen karolingischen und ottonischen Bischofsstädten zu vermuten. Vielleicht ist die Petri-Kirche ihr Nachfolger. Deren erste Erwähnung als Marktkirche fällt allerdings erst ins Jahr 1195. Auch damit ist die ev.-luth. Hauptkirche St. Petri (Mönckebergstraße/Bergstraße) die älteste bezeugte unter den Pfarrkirchen der Innenstadt. Ihr Kirchspiel umfaßt die ältesten Teile der Altstadt, vor allem die Händler- und Handwerkersiedlung westlich der Hammaburg.

St. Petri ist in der ersten Hälfte des 14. Jh. neu errichtet und im 15. Jh. nach Süden erweitert worden. Dieser mittelalterliche Bau fiel dem Großen Brand von 1842 zum Opfer. Auf den alten Fundamenten entstand 1844–49 ein Neubau. Dessen Architekten waren Alexis de Chateauneuf und Hermann Peter Fersenfeldt (der Turmhelm nach Entwurf von Johann Hermann Maack folgte 1866–78). Das Renaissancesüdportal von 1604/05 wurde später im Hof des Museums für Hamburgische Geschichte eingebaut. Die Kirche hat den Zweiten Weltkrieg glimpflich überstanden (nur der Chor hat durch Bomben Gewölbe und Ausstattung verloren).

Mit ihrem mächtigen, von Kapellen flankierten Westturm, dem einheitlichen Dach, den drei gestuften Apsiden der Schiffe, mit gotischen Formen und dem Backsteinmaterial vergegenwärtigt die Kirche das Erinnerungsbild an Alt-St. Petri. Dessen gewachsene Unregelmäßigkeiten sind jedoch aufgegeben worden. – Bereichert ist das äußere Erscheinungsbild durch Skulpturen in den Eingangshallen der Südseite (vier Evangelisten, August Herzig, 1888 – Marmor, Signaturen und Stifterinschriften) und an der Giebelwand der Westseite (Christus mit Engeln über Petrus und Paulus – Carl Fr. Neuber und August Herzig).

Die mittelalterliche Hallenkirche mit nachträglich angebautem, zweitem südlichem Seitenschiff und an dieses angefügten Kapellen sollte nach 1842 aus geschichtlicher Pietät dem Neubau zugrunde gelegt werden; zugleich aber sollten ihre wenig praktische Einteilung und ihre historisch gewachsene, formale Unordnung beseitigt werden, an ihre Stelle sollte ein moderner, praktischer Neubau treten. Dafür hat Chateauneuf das Innere (Abb. 15) völlig neu geordnet: Die Südschiffe wurden durch einen Mittelpfeiler zentralisiert und räumlich zusammengezogen; die Hauptpfeiler wurden zwar in der alten Form rekonstruiert, jedoch mit deutlich verringertem Querschnitt, so daß die Kirche insgesamt im Sinne einer protestantischen Predigtkirche auf die Kanzel hin geordnet wurde. – Die Pastoren und Kirchenältesten von St. Petri stellten unter den Hamburger Hauptkirchen innerhalb der kirchengeschichtlichen Parteibildung der ersten Hälfte des 19. Jh.

die Exponenten des lutherischen Rationalismus (gegenüber der Erweckungsbewegung). So sollte in der Konzeption für den Neubau ein vernünftiger Ausgleich zwischen Tradition und praktischem Bedarf sowie moderner Architekturauffassung angestrebt werden (im scharfen Gegensatz zur romantischen Nikolaikirche).

Die Hauptmerkmale der Kirche lassen ihre Zugehörigkeit zur ›Lüneburger Gruppe‹ erkennen: Die Schiffe der Halle sind durch kräftig profilierte Scheidbogen geschieden, die auf Rundpfeilern mit vier dünnen Diensten ruhen, die Kreuzrippengewölbe haben nur schmale Gurtrippen (s. S. 33).

Von den Granitsäulen der beiden Emporen im Südschiff stammen je zwei aus dem Schappendom, einer mit dem Dom zusammen 1804–06 abgebrochenen spätgotischen Halle aus dessen Nebengebäuden.

Die *Ausstattung* von St. Petri wird bestimmt durch die neugotischen Einbauten vom Wiederaufbau nach 1842 sowie durch die Instandsetzung nach dem Zweiten Weltkrieg. Sie enthält Einzelstücke, die 1842 vor dem Feuer in Sicherheit gebracht werden konnten.

Der *mittelalterliche Hochaltar* von St. Petri – 1383 von Meister Bertram vollendet – ist eines der Hauptwerke der Hamburger Kunstgeschichte. Er ist jedoch 1724 durch einen modernen Barockaufbau ersetzt worden. 1731 gelangte er nach Grabow in Mecklenburg, wurde dort von Alfred Lichtwark entdeckt und ist seit 1903 in der Hamburger Kunsthalle ausgestellt.

Der *neugotische Altar* des Wiederaufbaus nach 1842 ist im Zweiten Weltkrieg zerstört worden bis auf die Ölgemälde von Petrus und Paulus (Hermann Steinfurth, 1851, gestiftet vom Hamburger Künstler-Verein), die unter der Orgelempore hängen. – Der *heutige Hauptaltar* besitzt eine Kreuzigungsgruppe aus dem ausgehenden 15. Jh.; sie gehörte zum selben Retabel wie die gemalten Flügel an der Chorwand (Heilige, Passionsszenen), mit denen sie am Ende des 15. Jh. in Hamburg entstanden sein dürfte. Die ursprüngliche Aufstellung ist unbekannt.

Die Fenster im *Chor* wurden 1950 (Hermann Oetken – Südfenster ›Jüngstes Gericht‹, ursprünglich als Mittelfenster montiert) und 1959 eingebaut (Claus Wallner – von Norden Altes Testament, Weihnachten, Ostern, Pfingsten).

Das Marmorrelief der Grablegung Christi (Hermann Schubert) an der Chornordwand wurde 1870 in die Petri-Kirche gestiftet.

Am südlichen Chorpfeiler ist eine Holzfigur des Heiligen Ansgar aufgestellt (um 1480/83, Werkstatt des Lübecker Bildschnitzers und Malers Bernt Notke). Sie stand ehemals im Dom, auf dessen Gründung das Kirchenmodell hinweist, das der Heilige trägt.

In der *Barbara-Kapelle* (Nordapsis) steht ein kleiner Flügelaltar (nordwestdeutsch um 1490/1500). Er ist erst 1962 in die Petrikirche gekommen. Auf den Außenflügeln das Martyrium der Heiligen Katharina und der Heiligen Barbara, innen Kreuzigung mit volkreichem Kalvarienberg, auf den Flügeln Passionsszenen.

Über der Sakristei (Südapsis) ist die barocke *Kreuzigungsgruppe* des Hauptaltars von 1724 aufgestellt worden (Holz, weiß gefaßt – Johannes Christoph von der Heide). Zu diesem Altar gehört auch das Wappen seines Stifters Johann Hanker (gest. 1729) unter der Südostempore. Neben der Sakristeitür die Bildnisse von Johann und Christian Hanker (von Johann Hinrich Rundt bzw. Balthasar Denner, 1742).

Die *Kanzel* (Abb. 15) am östlichen Langhausnordpfeiler erhielt ihren neugotischen Korb beim Wiederaufbau nach 1844. An den Nischen der Brüstung sind Alabasterfiguren der 1842 zerstörten Taufe wiederverwendet worden (Matthäus, Lukas, Jacobus d. Ä. und drei weitere Apostel – 1638, Maximilian Steffens). Die Schalldeckelbekrönung aus der Zeit um 1400 zählt zu den ehrwürdigsten mittelalterlichen Ausstattungsstükken in den Hamburger Kirchen. Die kleinteilige Eichenholzarchitektur stammt wohl von einer Sakramentshausbekrönung, wurde jedoch schon im 16. Jh. für die Kanzel verwendet.

Die *Orgel* baute 1955 Rudolf von Beckerath (Prospekt Friedhelm Grundmann).

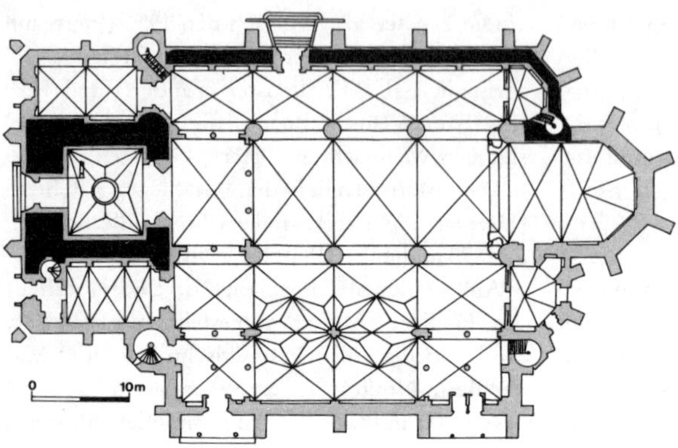

Hauptkirche St. Petri, Grundriß. Die schwarz hervorgehobenen Mauerzüge enthalten noch Reste des mittelalterlichen Mauerwerks

Südliche Langhauspfeiler von Osten: Epitaph Hans und Margarete Lente (1574) mit Darstellung der Auferstehung Christi. – Das Amt (also die Zunft) der Müller bzw. ihre Martins-Brüderschaft stiftete 1817 ein Bild (von Siegfried Bendixen), das an die Weihnachtsnacht 1813 erinnert. Damals wurden unter dem französischen Marschall Davout 20000 Hamburger Einwohner aus der Stadt vertrieben: alle, die nicht in der Lage waren, sich aus eigenen Mitteln für sechs Monate zu verproviantieren. Das war der grausame Höhepunkt der ›Franzosenzeit‹. Dargestellt ist die Austreibung der in der Petri-Kirche (sie diente den französischen Truppen auch als Pferdestall) zusammengezogenen Hamburger. – Epitaph des Arztes Dr. Petrus Galbius (gest. 1573) mit Bild der Auferweckung des Lazarus (Cornelius Crommeny) in Pilasterrahmen.

Langhausnordwand von Osten: Sandsteinfigur der stehenden Madonna mit Kind (1471 als Bestandteil des Theobald-Altars in St. Petri geweiht, ein Werk des Meisters der Lübeckischen Steinmadonnen). – Abendmahl (Gillis Coignet, 1595; unter weiteren Gemälden des Malers in der Petri-Kirche entdeckte Alfred Lichtwark Teile des ehemaligen Hochaltars! – Christus am Kreuz (Giovanni Battista Salvi gen. Sassoferrato, 1912 in die Petri-Kirche gestiftet). – Ansgar (um 1450, das Bild wurde von dem Dompropst Johann Middelmann – gest. 1457, Stifterfigur mit Inschrift! – in den Dom gestiftet und kam vor dessen Abbruch 1804 nach St. Petri; dem Hamburger Maler Hans Bornemann zugeschrieben). – Grablegung Christi (1849 aus dem Nachlaß des Kirchengeschworenen G. Geffcken in die Petri-Kirche gestiftete Kopie nach einem Bild des Hugo van der Goes). – Geburt Christi und Jakobs Traum von der Himmelsleiter (G. Libalt, 1649). – Bildnisse Martin Luthers und des Kurfürsten von Sachsen Johann Friedrich des Großmütigen (Jacob Jacobs, 1603, in der für die Authentizität der Reformatoren-Bildnisse verbindlichen Tradition Lucas Cranachs). – Sandsteinstatue des Apostels Paulus (um 1440/50).

In der *Martins-Kapelle* (nördlich vom Turm) steht der Taufstein aus Marmor (Ernst von Bandel, 1842). Die kostbar reiche, kleinteilige Ausarbeitung weist auf den höfischen Zusammenhang hin, für den der Taufstein bestimmt war: die Schloßkirche in Hannover. Dort nicht verwendet, wurde er 1849 von Senator Martin Johann Jenisch der Petri-Kirche zur Einweihung gestiftet. – Kopie von Meister Franckes Christus als Schmerzensmann (das Original befindet sich seit 1924 in der Kunsthalle).

In der *Ansgar-Kapelle* (südlich vom Turm – ehemals Taufkapelle) befindet sich die Erinnerungstafel für die Architekten der Kirche, H. Fersenfeldt und A. de Chateauneuf. – Darüber Reste der Farbverglasung der Kirche, mit den Monogramm-Wappen des Hamburger Künstler-Vereins, der auch den Hauptaltar gestiftet hatte.

Im südlichen Seitenschiff steht ein *Modell der St. Petri-Kirche* von 1843 im Zustand vor dem Brand von 1842. Man beachte das Innere mit dem barocken Altar und die Anbauten rund um die Kirche, insbesondere vor dem südlichen Seitenschiff mit dem zweigeschossigen Renaissanceportal (später im Hof des Museums für Hamburgische Geschichte eingebaut).

Die Ausstattung der Kirche wird ergänzt durch Pastorenbildnisse, Gedenktafeln und Wappen seit dem 16. Jh.

In der *Turmhalle* Fenster von Elisabeth Coester (1940/41 – ›Kampf des Reiches Gottes mit dem Bösen‹). – Gefallenenehrung für die beiden Weltkriege: Die gekrümmten Namenstafeln für die Gefallenen 1914–18 befanden sich an den Langhauspfeilern. Neuaufstellung 1961 (F. Grundmann). – In neugotischem Rahmen Gedenktafel für die im Gefolge der Sülzeunruhen am 24./25. 6. 1919 gefallenen ›Bahrenfelder Jäger‹.

Außen an der linken Tür des *Westportals* befindet sich der älteste erhaltene Bestandteil der Ausstattung von St. Petri, ein bronzener Türzieher mit Löwenkopf und Umschrift (Abb. 16). Diese weist auf die Grundsteinlegung des neuen Turmes im Jahr 1342 hin (rechts Nachbildung mit Daten des Wiederaufbaus 1842–49).

Besichtigung: mo–fr 8–18 Uhr, sa 9–17 Uhr, so 12–18 Uhr, ✆ 32 44 38.

Am Chor zur Mönckebergstraße hin steht ein **Bronzedenkmal** für den 1944 ermordeten Theologen **Dietrich Bonhoeffer** (Fritz Fleer, 1979, gestiftet von Axel Springer).

Reichenstraße

Südlich vom Domplatz steht am **Schopenstehl 32/33** (Abb. 17) noch eine spätbarocke Fassade (um 1750). Das Haus und der zur Kleinen Reichenstraße hin gelegene Trakt wurden als Wohn- und Geschäftshaus 1885–88 neu gebaut (Arthur Viol). Damals wurde die Fassade verputzt und reicher dekoriert als ursprünglich. Erhalten ist jedoch das schöne Rokokodoppelportal mit Sandsteinrahmen und geschnitzten Türflügeln.

Die **Kleine** und die **Große Reichenstraße** weisen mit ihrem Namen darauf hin, daß an ihr besonders reiche Bürger wohnten. Tatsächlich ist die südlich von ihr liegende Insel vor der Hammaburg schon um 850 besiedelt worden, die erste Erweiterung in die Marsch hinein. Der Straßenverlauf entspricht dem Reichenstraßenfleet (nach Westen fortgesetzt als Bäckerstraßenfleet), dem Gewässer, das ursprünglich zur Hammaburg als Hafen gehörte. Es wurde zugeschüttet, als seit 1866 eine breite Straße zwischen dem Berliner Bahnhof (im Bereich des Deichtormarktes) und dem Stadtzentrum bei der Börse angelegt wurde. Das hat über zwanzig Jahre gedauert. In diesem Zeitraum entstand die Bebauung der Nordseite an der Kleinen Reichenstraße und am Hopfensack. Ein Wohn- und Geschäftshaus, bei dem die ersten Anzeichen einer Rücksichtnahme auf Kontore schon beim Bau sichtbar werden, nämlich durch die auffällig großen Fenster im ersten Obergeschoß, ist **Kleine Reichenstr. 20/Schopenstehl 31** (Carl Elvers, 1885).

Am **Hopfensack 26** steht noch ein Speichergiebel aus dem 18. Jh. (Backsteinmauerwerk mit Mansardgiebel), einer der letzten seiner Art. Unmittelbar davor verlief das Fleet.

Der schmale Hof neben dem Kontorhaus **Hopfenburg,** Hopfensack 19 (C. Tesgen, 1905) ist der Überrest eines nach dem Zweiten Weltkrieg zugeschütteten Fleets – sein Verlauf entspricht dem ›Heidenwall‹ und deutet darauf hin, daß es ursprünglich ein Festungsgraben war.

Die Grundstücke der Reichenstraßenhäuser erstreckten sich rückwärts bis zum parallel verlaufenden **Brauerstraßen- bzw. Gröningerstraßenfleet;** es wurde nach dem Zweiten Weltkrieg zugeschüttet, darauf verläuft die Ost-West-Straße. Dort lagen die Speicher der Reichenstraßenhäuser, mit ihnen durch die charakteristischen Hofflügel verbunden. Möglicherweise hat sich auf dieser Insel der komplexe Typus des hamburgischen Bürgerhauses zuerst entwickelt. Das Brauerstraßen-/Gröningerstraßenfleet dürfte aber schon vorher die erste große Hafenerweiterung nach dem Reichenstraßenfleet gewesen sein;

Dort legten wohl die Schiffe der ›Reichen‹ an, als sie zu groß für das Reichenstraßenfleet wurden, wie man es für das 11. und 12. Jh. annehmen darf.

An der **Kleinen Reichenstr.** 7 steht noch ein Bürgerhaus. Es wurde 1839 erbaut und hat eine klassizistische Fassade. Sein Treppenhaus (mit zeitgemäß antikischen Säulen) ist in der Art einer traditionellen Diele mit Galerien angelegt.

Der **Alte Fischmarkt** war wohl der Marktplatz des ältesten Hamburg. An seiner Ecke zur Brandstwiete 4 hat das Kontorhaus der **Wechslerbank** den Zweiten Weltkrieg überstanden (Martin Haller mit Hermann Geißler, 1901/02). Putzflächen und helle Verblender ohne repräsentative Qualität machen seine Gestaltung sehr ungewöhnlich. Vergleichbar ist nur das Afrika-Haus in der Nähe.

Zwischen Reichenstraße und Gröningerstraßenfleet erstreckt sich mit Vorder- und Hinterhaus in der Art der alten Bürgerhäuser das Kontorhaus **Afrika-Haus,** Große Reichenstr. 27, das Martin Haller mit Hermann Geißler 1899 für die Reederei Carl Woermann errichtet hat. Die Keramikverkleidung der Straßenfront ist sonst nur in Innenhöfen von Kontorhäusern üblich. Auf den Bauherrn weist die Ausgestaltung des Eingangs mit Palme an der Tür und Afrikaner-Freiplastik (Walter Sintenis, Dresden) ebenso hin wie der Eingang des Hintergebäudes mit seinen beiden flankierenden Elefanten (Abb. 18; Carl Börner) und dem Tropenbild darüber.

Carl Woermann hatte bereits 1854 die erste Niederlassung seiner Firma in Afrika gegründet. Adolph Woermann (1847–1911) gehörte zu den treibenden Kräften des Kolonialismus im Kaiserreich.

Daneben sind zwischen Dom- und Ost-West-Straße bei **Ausgrabungen** 1988/89 große Flächen der Bürgerhausgrundstücke archäologisch untersucht worden. Sie versprechen neue Einsichten in die frühe Hafenentwicklung (der von Gerkan, Marg und Partnern geplante Geschäftshausneubau wird Spuren der Ausgrabungen sichtbar halten).

Der Berg

Nach dem Zweiten Weltkrieg war der südliche Teil der Innenstadt fast völlig zerstört. Dieses Trümmerfeld bot die Chance, hier das neue Leitbild der ›aufgelockerten, gegliederten Stadt‹ zu verwirklichen. An der Stelle enger Altstadtgassen sollten fließende Räume und leistungsfähige Straßen entstehen; die neuen Geschäftshäuser sollten sich frei im Raum entfalten. Die **Domstraße** ist eines der Ergebnisse: Das Hochhaus der **Commerzbank** entstand 1960/61 (Godber Nissen und Wilhelm Fritzsche), das der **Bank für Gemeinwirtschaft** 1957/58 und der **Raiffeisen- und Volksbanken-Versicherung** 1958/59 (beide Schramm & Elingius – vor der Bank für Gemeinwirtschaft Bronzeplastik ›Segelmotiv‹, Rudolf Belling, 1959).

Dahinter liegt der **Dornbusch.** Der Platz ist ehrwürdig, auf ihm und an seinem Nordrand stand bis 1842 das Eimbecksche Haus mit dem Ratsweinkeller – wahrscheinlich war es das erste Rathaus Hamburgs. Hier lag schon die zur Hammaburg gehörende Siedlung des 9. Jh. Von hier aus nach Norden hat sich um 900 eine Erweiterung entwickelt, die im 12. Jh. zur Marktsiedlung mit regelmäßigem Straßennetz wurde. Ihre Mitte war der Marktplatz **Berg.** Er lag etwa in der Mitte zwischen Dornbusch und Petrikirche. Straßennamen von der Bäckerstraße und den Brodschrangen bis zur Pelzerstraße deuten ein Handwerkerviertel an.

Der Berg wurde durch den Wiederaufbau nach 1842 mit einem neuen Straßenraster überplant. Dort hat sich fünfzig Jahre später die Citybildung mit Kontorhäusern durchgesetzt.

Schauenburgerstr. 15 und 21 haben noch die Fassaden der Kontorhäuser, die 1906 bzw. 1911 gebaut wurden (Leon Frejtag und Erich Elingius). Sie zeigen die konsequente Ausbildung des Fassadenvertikalismus, den die außenliegenden Pfeiler der Skelettbauweise bedingen, in der gleichmäßigen Folge eng gestellter Fensterachsen. Das Stahlbetongerüst ist mit der von Frejtag & Wurzbach (Hermann Wurzbach war 1905 verstorben) in Hamburg eingeführten, grün und rot irisierenden

›grès flammée‹-Keramik überzogen, bei Nr. 15 noch mit Jugendstilornamenten, bei Nr. 21 mit Blütendekoration.

Schauenburgerstr. 32 wurde 1845 als Amtshaus der Schlosser errichtet, d. h. als Zunfthaus und Zunftherberge. Trotz der Modernisierung der Stadt im Wiederaufbau bestand noch in dieser Zeit die alte Zunftorganisation (bis 1864 die Gewerbefreiheit eingeführt wurde). Im zweiten Obergeschoß ist die Lage des ehemaligen Zunftsaales durch eine Dreibogengruppe erkennbar (innen verändert).

Das Kontorhaus **Bülowhaus,** Schauenburgerstr. 34 (Richard Jacobssen, 1906/07) verbindet Jugendstil und wilhelminischen Monumentalismus. An der Rathausstr. 4 hat ein Laden noch die alte Decke mit Fliesenbildern bewahrt (Industrie, Schiffahrt, Handel und Landwirtschaft).

Unterschiedliche Entwicklungsstadien des Kontorhauses dokumentieren der **Johannishof,** Kleine Johannisstraße 9/11 (George Radel, 1895 – über dem Eingang Allegorien von Handel und Schiffahrt), Rathausstr. 2 (ehemals **Seidenhaus Brandt,** Frejtag & Elingius 1907/08 – nach dem Krieg vereinfacht), der **Rathausmarkthof,** Kleine Johannisstr. 4 (Hanssen & Meerwein, 1899 – spätgotische Formen), **Große Johannisstr. 3** (Rambatz & Jollasse, 1903), **Große Johannisstr. 11** (Otto Westphal, 1906/07 – dreiseitig gebrochene Muschelkalkfront; Skulpturen eines Schmieds und eines Seemanns berufen die Verbindung von Industrie und Welthandel), **Haraldhof,** Große Johannisstr. 13 (F. W. Gerhard, 1907 – Umbau eines Nachbrandhauses), **Große Johannisstr. 17** (George Radel, 1896 – ebenfalls Umbau eines nach 1842 errichteten Hauses).

Das **Äskulaphaus,** Rathausmarkt 19 (nach dem Krieg modern wieder aufgebaut), enthält noch die Apothekeneinrichtung, die hier 1910 eingebaut worden ist (Adelbert Niemeyer, München).

Das Kontorhaus **Börsenbrücke 5–7** ist 1895 äußerlich noch ganz in der Art eines Etagenhauses errichtet worden (George Radel). Zwischen ihm und dem Eckhaus Große Bäckerstr. 2/Börsenbrücke 3 kann man in einen schmalen Hof hineinsehen: Es ist das **Bäckerstraßenfleet,** die Fortsetzung des Kleinen Reichenstraßenfleets, also wieder der älteste Hafen Hamburgs, dessen zuletzt schmaler Wasserlauf schon um 1880 zugeschüttet wurde. – Das **Eckhaus** selbst wurde nach dem Großen Brand um 1845 neu gebaut, ein charakteristischer Putzbau mit klassizistischen Formen und Elementen des Rundbogenstils.

Die **Große Bäckerstraße** wurde zur Basis der nördlich davon nach 1842 neu angelegten Straßen. Sie hat aber den alten, fleetparallelen Verlauf und ist eine der ältesten Hamburger Straßen überhaupt.

Die Mauerwerkfassade des Kontorhauses **Große Bäckerstraße 4** (Walter Martens, 1899) ist in breite Pfeiler aufgelöst, über denen das oberste Geschoß einen friesartigen Abschluß bildet – ein System, das seit den neunziger Jahren für viele Kontorhäuser angewandt wurde. Ungewöhnlich vornehm ist das Entree gestaltet.

Das Doppelhaus **Große Bäckerstr. 10** stand wohl schon vor dem Großen Brand. Es gehört also zu den ältesten erhaltenen Häusern der City: Die einfachen Putzfassaden verdecken Fachwerkbauten, deren ehemals über dem Fleet auskragende Rückseiten von den Brodschrangen aus gesehen werden können (17. Jh.?).

Daß der **Dornbusch** ein Platz geworden ist, liegt an jener Verbindungsstraße, deren Anlage seit 1866 schon zur Zuschüttung des Kleinen Reichenstraßenfleets geführt hat. Hier schwenkt sie seit 1878/79 zur Großen Bäckerstraße und führt über sie zur Börse. Das Haus **Rolandsbrücke 1/ Brodschrangen 3** (C. W. Dencker, 1867/68) berücksichtigte schon den neuen Straßenplan und folgte mit seiner prächtigen Neorenaissancefront dem Verkehrsfluß. – Für das legendäre *Austernrestaurant Cölln* wurde um 1900 der Verkaufsraum im Keller mit seinen Fliesenbildern eingerichtet. Hier schlürfte Bismarck mit Hamburger Verehrern Austern (Erneuerung des Hauses 1988/89, mit Überbauung des ehemaligen Fleets an der Rückseite).

Der Name **Rolandsbrücke** bezieht sich auf eine Brücke über das Bäckerstraßenfleet, an der im

14. Jh. der Hamburger Roland stand, das Symbol städtischer Rechtshoheit.

Trostbrücke

Die westliche Spitze der Reichenstraßeninsel südlich vom Bäckerstraßenfleet (das zwischen Bäkkerstr. 6 und 10 in das Nikolaifleet mündete) – der **Neß** – wurde seit dem 13. Jh. der Mittelpunkt Hamburgs. Hier wurde um 1290 ein neues Rathaus errichtet, bis zum Großen Brand Sitz des Rates und Versammlungsort der Bürgerschaft (es wurde 1842 gesprengt, um die Ausbreitung des Brandes zu verhindern; die Kaiserstatuen vom 1649 vollendeten Erweiterungsbau sind gerettet und später in die Fassade des Museums für Hamburgische Geschichte eingefügt worden). Hier – heute Bei der alten Börse – wurde 1558 als Versammlungsort der Kaufleute die **Börse** in Hamburg gegründet und für sie 1577–83 eine eindrucksvolle (1842 untergegangene) Renaissancehalle errichtet. Hier lag auch der hochmittelalterliche Hafen, das **Nikolaifleet,** mit Kai und einem Kran für Schwerlasten. Ihren Platz hatten hier auch die städtische **Waage** und die 1619 gegründete **Hamburger Bank.**

Die **Zollenbrücke** (Abb. 19) überspannte das 1946 zugeschüttete Gröningerstraßenfleet und verband damit die erste Kaufmannsstadt an der Reichenstraße mit der Insel Grimm und dem Katharinenkirchspiel. Erstmals genannt ist sie 1355. 1633 wurde der erhaltene Sandsteinquaderbau errichtet (im Schlußstein das Hamburger Wappen). Ihren Namen hat sie von dem Zollhaus der Grafen von Schauenburg, das ebenfalls hier im Zentrum der Stadt stand. – Das klassizistische Gußeisengeländer an der Stützmauer stammt von der Graskellerbrücke. Es wurde 1835 nach Entwürfen von Otto Sigismund Runge gegossen und 1955 zusammen mit Kandelabern von 1847 hier eingebaut.

Das Haus der ›Hamburgischen Gesellschaft zur Beförderung der Künste und der nützlichen Gewerbe‹, der **Patriotischen Gesellschaft von 1765** (Abb. 20), ist an der Stelle des alten Rathauses 1845–47 nach Entwürfen von Theodor Bülau errichtet worden. Diese Institution war der historischen Stätte würdig: Von dieser aus der Aufklärung hervorgegangenen Gesellschaft waren seit ihrer Gründung 1765 so wesentliche Impulse für die Entwicklung des Gemeinwesens ausgegangen, daß ihr Sitz mit Recht als Nebenrathaus hätte bezeichnet werden können.

Der neugotische Backsteinbau mit Sandsteinmaßwerk an Eingängen und Fenstern sowie einem Treppenturm am Fleet wurde 1923/24 (Klophaus und Schoch) verändert: Durch aufgesetzte Geschosse und ein neues Treppenhaus entstand eine spannungsvolle Beziehung von Neugotik und expressionistischer Backsteinbauweise an den neuen, oberen Zonen der Fassade. Im Zweiten Weltkrieg ist das Haus ausgebrannt (und wertvolle Archive, Bibliotheken und Modellsammlungen gingen so verloren); die Wiederherstellung 1949–57 (Friedrich R. Ostermeyer) hat Vereinfachungen am Außenbau und eine Neugestaltung des Inneren gebracht (Keramikrelief im Treppenhaus ›Hamburg‹ von Helmuth Heinsohn, 1972; im ersten Obergeschoß Mosaik mit symbolischer Darstellung von Kriegszerstörung und Wiederaufbauwillen durch Flammen und die emblematischen Bienen der Patriotischen Gesellschaft – H. McLean). – Eine Bauinschrift vom alten Rathaus (1600) und die des Neubaus (1847) sind am Abgang zum Kellerlokal erhalten.

Die Patriotische Gesellschaft hatte für die Entwürfe zu ihrem Haus einen Wettbewerb veranstaltet, denn es sollte ein Vorbild für Architektur und Bautechnik werden – in diesem Haus lehrten ja die Gewerbeschule und die Zeichenschule für Bauhandwerker, die Vorschule für künftige Architekten. Es sollte aus echtem Material gebaut werden – und das bedeutete damals in Hamburg: Backsteinrohbau. Konstruktive Wahrheit erschien als architektonisches Äquivalent für die fortschrittlichen Ideen der Gesellschaft, wohingegen die Patrioten im sonst üblichen Putzbau »eine krankhafte Verirrung« sahen. – Der ausgewählte Architekt Bülau mokierte sich freilich über diese »Fortschrittsmänner« und unterschob

Die alte Hamburger Börse und das Rathaus an der Trostbrücke um 1830. Stahlstich von Jens Gray

ihnen mit der Gotik die eigene romantisch-nationale Frömmigkeit und reaktionäre Biederkeit.

1848 tagte im Haus der Patriotischen Gesellschaft die Constituante, die verfassunggebende Versammlung der Bürgerschaft – wenngleich ergebnislos. Die Hamburgische Verfassungsrevision kam erst 1859 zustande. Damals wurde aus der erbgesessenen Bürgerschaft aller Grundbesitzer und Notablen erstmals ein gewähltes Parlament. Diese neue Bürgerschaft tagte seit 1860 im Gebäude der Patriotischen Gesellschaft bis zur Fertigstellung des Rathauses 1897 (der Senat hatte 1842 bis 1897 seinen Sitz im ehemaligen Waisenhaus an der Admiralitätsstraße).

Im übrigen ist das alte Stadtzentrum von der Citybildung erfaßt worden. Bemerkenswert ist das Kontorhaus **Alte Bankhalle,** Neß 1 (George Radel, 1903), mit einer Sandsteinfassade, deren altdeutscher Staffelgiebel von Jugendstilornament durchdrungen ist.

Das Denkmal des Stadtwerdungsprozesses Hamburgs am Anfang des 13. Jh. ist die **Trostbrücke** (Abb. 20). Sie überbrückt das Nikolaifleet zwischen der bischöflichen Altstadt und der gräflichen Neustadt und stellt deren Einheit verkehrstechnisch her. 1266 erstmals genannt, hat sie gewiß schon um 1200 bestanden. 1881/82 wurde die heutige Brücke nach Entwürfen von Franz Andreas Meyer neu gebaut. Ihre Geschichte erzählt die damals neben der Brücke angebrachte Tafel. Sie selbst vergegenwärtigt sie mit den (von Engelbert Peiffer geschaffenen) Statuen von *Ansgar,* dem Begründer des Domes und damit Repräsentanten der Altstadt, und mit *Graf Adolf III. von Schauenburg,* dem Begründer der Neustadt (s. Einführung).

Neue Burg und St. Nikolai

Der sächsische Herzog Ordulf (1059–72) ließ 1061 die **Neue Burg** (nach der älteren ›Alsterburg‹ im Bereich des heutigen Rathauses) auf einer Insel im Alsterlauf anlegen, die bis heute ihren Namen bewahrt hat. Es war ein vom Nikolaifleet umflossener Ringwall von ca. 100 m Durchmesser – der vermutlich den Slawenüberfällen auf Hamburg 1066 und 1072 erfolgreich widerstanden hat. Die 1110/11 mit den Grafschaften Holstein und Stormarn belehnten Schauenburger übernahmen diese Neue Burg. Graf Adolf III. ließ auf ihrem Gelände 1186/87 durch Wirad von Boizenburg als Haupt eines Gründerkonsortiums von 50 Kaufleuten eine neue Hafen- und Kaufmannsstadt mit eigenem Markt anlegen; dafür wurde der Ringwall wie ein Kuchen in Grundstücksektoren aufgeteilt. Der Wall diente als Deich, auf dem die Häuser gebaut wurden, das Vorgelände wohl als Schiffslände. Die Mitte nahm der Marktplatz ein; dort entstanden bald eine Kapelle und dann die Pfarrkirche St. Nikolaus sowie ein eigenes Rathaus.

Für diese Neustadt wurde am 7. Mai 1189 durch Friedrich Barbarossa jener Freibrief ausgestellt, auf den der Hamburger ›Hafengeburtstag‹ zurückgeführt wird (er ist nur als Fälschung überliefert, sein ursprünglicher Rechtscharakter bleibt umstritten). Er sicherte der Neustadt vor allem die freie Schiffahrt auf der Elbe und setzte Recht für Markt und Handel, er befreite die Bürger von der Heeresfolge. In zwei Meilen Umkreis verbot er den Bau von Burgen.

Der Große Brand von 1842 hat die ganze Insel im Alsterbogen zerstört. Die Kirche erhielt einen neuen Standort, der Hopfenmarkt wurde in regelmäßiger Rechteckform angelegt. Nur die Straße Neue Burg verläuft noch ungefähr wie der alte Ringwall. Den Zweiten Weltkrieg haben hier nur die beiden Kontorhäuser beidseits der Trostbrükke überstanden: Der **Laeiszhof,** Trostbrücke 1, wurde für die Reederei Ferdinand Laeisz 1897/98 erbaut (Hanssen & Meerwein und Martin Haller). Der Backsteinbau nimmt Bezug auf die Bauweise der Speicherfronten, die das von hier zum Hafen führende Nikolaifleet bis zum Zweiten Weltkrieg bestimmten. Die Dachzone wurde 1958 vereinfacht. Dort sitzt auf einem Giebelchen ein Pudel – eine familiäre Anspielung des Bauherrn und zugleich Hinweis auf die berühmten ›Flying P Liner‹, die Großsegler der Reederei, deren Namen alle mit ›P‹ begannen. Sehr ernsthaft erscheinen hingegen die vier Statuen der Reichsgründer Wilhelm I., Bismarck und Moltke sowie Wilhelms II. an der Fassade zur Trostbrücke (Bruno Kruse, Berlin), die deren Figurenschmuck imperialistisch übertrumpfen. Das Innere wird durch Lichthöfe erschlossen (Abb. 21).

Der **Globushof** an der Trostbrücke 2 wurde 1907/08 von den Architekten Lundt & Kallmorgen errichtet. In seiner Gestaltung nimmt das Kontorhaus – im Rahmen der Heimatschutzbewegung – die Barockformen und Giebel sowie die Mischung von Backstein und Sandsteingliederungen der Hamburger Bürgerhäuser des 18. Jh. auf. Neptun und Schiffsmodelle aus Kupfer bekrönen die Giebel.

Die **Nikolaikirche** ist 1195 als Kapelle gegründet und als Kirchspiel-Pfarrkirche im 13. und 14. Jh. zur großen Hallenkirche ausgebaut worden. Sie stand nördlich vom Hopfenmarkt und wurde 1842 völlig zerstört.

Dem Wiederaufbau der Kirche ging 1844 ein Wettbewerb voraus, der für die Geschichte des protestantischen Kirchenbaus in Deutschland höchste Bedeutung hat: Sieger war Gottfried Semper mit einem zentralisierten Kirchengebäude im Rundbogenstil. In seinem Entwurf sah Semper – dann in Streitschriften ausführlich begründet – den modernen protestantischen Kirchenbau realisiert. – Das Publikum, Hauptpastor, Pastoren und Kirchenälteste bauten aber etwas ganz anderes, nämlich den in suggestiven Perspektiven dargestellten Entwurf einer romantisch-mittelalterlichen Kathedrale, den der Engländer George Gilbert Scott eingereicht hatte. Dabei spielte die erhoffte Stimmung eine Hauptrolle, und sie hatte ihre Grundlage in der kirchlichen Orientierung von St. Nikolai: Diese Hauptkirche war – im scharfen Gegensatz zu St. Petri – die Hochburg der Hamburger Erweckungsbewegung, die an die Stelle des herrschenden lutherischen Rationalismus wieder fromme Empfindung und Wortgläubigkeit, aber auch direktes soziales Engagement setzen wollte. Die Kirche wurde 1846–74 ausgeführt.

Im Zweiten Weltkrieg ist St. Nikolai ausgebrannt. Für den Wiederaufbau der Kirche bestand kein Bedarf mehr, nachdem die Bewohner der Innenstadt in diesem Viertel längst der Citybildung gewichen waren (die heutige Hauptkirche St. Nikolai steht in Harvestehude).

Außer Resten der Chorwände blieb nur der *Turm* bestehen (vgl. Farbabb. 2, 8, 11). Er ist mit 145 m Höhe der höchste der Hamburger Kirchtürme und der dritthöchste Steinkirchturm Deutschlands. Die Helmpyramide löst sich in Maßwerk auf. Das Kernmauerwerk besteht jedoch aus Backstein, die Flächen sind mit gelben Verblendern gefüllt. An den Resten ist noch ablesbar, in welchem Umfang das Bauwerk auch Träger eines plastischen Programms war, das evangelisch-erweckte Frömmigkeit veranschaulichte.

Heute ist die *Ruine* der Nikolaikirche – durch Gerhart Laage geordnet – Gedenkstätte für die Opfer von Krieg und Gewaltherrschaft des Dritten Reiches. Die Schwarzweißfassung von Oskar Kokoschkas Mosaik ›Ecce homines‹ gibt ihr seit 1978 im Turmerdgeschoß die kontemplative Mitte (s. Harvestehude, St. Nikolai). – An der ehemaligen Langhaussüdwand eine Gedenktafel für Scott. – Hinter dem Chor zur Neuen Burg hin steht ein Bronze-Engel (Barbara Haeger, 1960).

Die wohlerhaltenen *Kellergewölbe* unter der Kirche waren von Anfang an für eine kommerzielle Nutzung vorgesehen und sollten mit ihrem Mietertrag zur Finanzierung der am Ende alle Voranschläge weit überschreitenden Baukosten der Kirche beitragen. Der Keller ist immer noch in Betrieb (Eingang von der Südseite).

Der **Hopfenmarkt** war bis zur Neuanlage des Deichtormarktplatzes neben dem Meßberg der Hamburger Großmarkt. Mit gewissem Recht wurde daher dort 1978 der **Vierländerin-Brunnen** aufgestellt; ursprünglich war das der Marktbrunnen auf dem Meßberg (1878 entworfen von Franz Andreas Meyer) mit der Standfigur einer Vierländer Bäuerin mit Marktkorb (Engelbert Peiffer) im neugotischen Baldachin. Die Inschrift »Auf dem Markt lernt man die Leute kennen« verweist auf den ursprünglichen Zweck. – In der Mitte der Grünanlage steht seit 1984 das aus Quadern gefügte Monument ›Tempel‹ (Ulrich Rückriem).

An seiner Süd- und Westseite ist der Hopfenmarkt durch die **Ost-West-Straße** aufgerissen.

Einladung zur Turmweihe der Hauptkirche St. Nikolai, 1874

Sie hat auch die Großform der Neuen Burg und das Nikolaifleet nachhaltig verändert. Das Pathos des Wiederaufbaus eines neuen, offenen, modernen Hamburg wurde gerade hier demonstrativ durchgesetzt. Die Hochhausgruppe **Ost-West-Straße 59/61** (Reederei Hamburg-Süd und Condor-Versicherung) mit ihren Glas-Aluminium-Kuben bildet den denkbar schärfsten Gegensatz zur Kirchenruine; Proportion und Komposition, auch die Pfeiler mit ihren kannelurenartigen Riefen vermitteln klassizistische Assoziationen (Cäsar Pinnau, 1958/59). – Der **Globus-Brunnen** von Kurt Kranz wurde 1965 aufgestellt.

Am Nordrand der Neuen Burg verläuft der **Große Burstah,** ein Abschnitt der alten Hauptstraße durch Hamburg, die hier die Alster überquert. Dort errichtete wohl im Zusammenhang mit der Gründung der Neustadt Adolf III. einen Mühlendamm, der erstmals den Alstersee aufstaute (Mühlenbrücke). Die Straße wurde nach dem Großen Brand reguliert und neu bebaut, sodann ihre Bebauung durch die Citybildung überformt, durch Krieg und Neubauten seitdem dezimiert.

Das Kontorhaus **Börsenburg,** Großer Burstah 1 (Henry Grell, 1908/09), entfaltet sich nach drei Seiten mit seiner anspruchsvollen Muschelkalkfassade (zum Fleet ein Kranausleger). – Das schmale Kontorhaus **Große Burstah 23** (A. Heidtmann, 1905/06) ersetzt ein Nachbrandhaus.

Großer Burstah 36–38, der **Burstahhof** (Bahre & Querfeld, 1887/88) ist das älteste erhaltene Kontorhaus, seitdem der Dovenhof abgerissen wurde. Über jenen hinaus betont es schon die künftigen Merkmale des Kontorhauses, so vor allem die Vergrößerung der Fenster und den Übergang von der Wand zur Pfeilerfassade. – Die Neorenaissance der Straßenseite gerät mit diesem Wandel in Konflikt, sie wirkt unorganisch. Um so sachlicher ist die Backsteinfront mit Gußeisenteilungen an der rückwärtigen Fleetseite (sichtbar vom Mönkedamm aus).

Das Kontorhaus **Hindenburghaus,** Großer Burstah 31, wurde als ›City-Hotel Hamburg‹ gebaut (Hiller & Kuhlmann, 1909/10), jedoch nach dem Ersten Weltkrieg in ein Geschäftshaus umgewandelt. Seine Fassaden sind mit ihrem Pfeilermotiv ganz am Kontorhaus orientiert (wenngleich die vielen Balkone noch an das Hotel erinnern). In der Eingangshalle herrscht barocker Prunk – freilich orientiert nicht an Schlössern, sondern an alt-hamburgischen Bürgerhaus-Dielen.

Cremon

Die Marschinsel **Cremon** wurde 1188 den Neusiedlern auf der Neuen Burg als Weide überwiesen. Bald darauf haben sie dort ihre Siedlung erweitert. Die Insel wurde durch einen Ringdeich umgeben und streifenartig in etwa 30 Grundstükke eingeteilt; an deren nördlichem Kopfende wurden auf dem Deich die Häuser errichtet, vor denen das Vorland zum Hafen im Nikolaifleet abfiel (Katharinenstraße und Cremon sind die ›Deichstraßen‹). Ein rückwärtiger Graben diente der Entwässerung (das Katharinenfleet, jenseits dessen die Grundstücke später eine selbständige Bebauung erhielten). – Dasselbe Anlageschema wiederholte sich mit Deichstraße und Grimm noch zweimal. Dort entwickelte sich die traditionelle Bürgerhausbebauung Hamburgs; im Laufe des Mittelalters kamen Außendeichshäuser auf dem Vorland hinzu.

Dem Cremon wurde 1937 die Aufgabe einer hanseatischen ›Traditionsinsel‹ zugewiesen. Noch während des Krieges wurden dort Kunstwerke eingelagert und Bauten restauriert. Die Juli-Angriffe 1943 machten dem ein Ende: Bis auf geringfügige Reste (das Haus Katharinenstr. 31 zeigt zum Fleet noch Fachwerk) wurden die bis dahin zahlreich erhaltenen Bürgerhäuser zerstört. Es gab Bemühungen, wenigstens die alten Strukturen zu bewahren, aber das Katharinenfleet wurde dann doch 1946 zugeschüttet. Immerhin: Ein spätbarockes Sandsteinportal ist als Brosche in den Neubau Katharinenstr. 4 eingesetzt.

Erhalten ist der Querschnitt der Straße Cremon. Dort stehen außendeichs sogar noch vier Speicher, der letzte Überrest der Speicherreihen,

Denkmalpflegerisches Konzept für die Katharinenstraße als Kern der ›Traditionsinsel‹ Cremon 1938. Unten der damalige Bestand der Häuser 15–21, darüber die geplante Rekonstruktion (1943 zerstört)

die bis zu Citybildung und Zweitem Weltkrieg die Hamburger Fleete säumten und den Bürgerhausfassaden an den Straßen ein nüchternes zweites Stadtbild gegenüberstellten. Es sind Backsteinrohbauten: **Nr. 33** besonders einfach und zweckorientiert (1868/69). **Nr. 34** (um 1800) zeigt am Fleet noch den alten Mansardgiebel; bei einem Umbau 1913 wurden die Windenluken der Straßenseite erneuert und der Sandsteinfries des ehemaligen Portals an die Seite der Fassade versetzt (Merkur be›sitzt‹ gespeicherte Waren). **Nr. 35** hat am Fleet eine Fachwerkfront wohl noch des 18. Jh., die Straßenfassade entstand 1897 (Semper & Krutisch). **Nr. 36** hat Fronten in der Art der Hannoverschen Neugotik (Gustav Schrader, 1884).

Das Kontorhaus **Cremon 37/Holzbrücke** (Martin Haller, 1890) hat eine konventionelle Neorenaissancefassade, charakteristisch für die Frühphase des Bautyps.

Das **Cremonhaus,** Cremon 11–12 (Gustav Blohm, 1905/06) übernimmt für seine Fassade die Formen des Alt-Hamburger Bürgerhauses. Es fügte sich ehemals noch in ein Ensemble solcher Häuser ein.

Ein Zeuge für den Wandel städtebaulicher Leitbilder ist das **Neptunhaus,** Cremon 22, bei dem man 1971–73 wieder zur blockfüllenden Bauweise überging, in das Betonskelett wieder roten Backstein fügte und das Haus dem alten Parzellenrhythmus entsprechend gliederte (Schramm, Pempelfort und Partner). – Die *Neptunfigur* stammt vom im Krieg zerstörten Vorgänger (1904/05, vielleicht ein Werk von Ernst Barlach).

Für schwere Lasten gab es im Mittelalter einen Kran in der Nähe des Rathauses. Seit 1352 ist ein zweiter an der Einmündung des Nikolaifleets in den Binnenhafen bezeugt: **Bei dem Neuen Kran.** Und noch 1858 wurde er in der traditionellen Technik erneuert, wenngleich mit einer modernen, ausgeklügelten Eisenkonstruktion: Das turmartige Gehäuse beherbergt den Antrieb, ursprünglich mit einer Handkurbel (!), aus ihm tritt der einfache Ausleger heraus. Er ist so konstruiert, daß während des Hebevorgangs die Last gewogen werden konnte. – 1896 wurde der Kran auf elektrischen Betrieb umgestellt, 1974 stillgelegt. Er war der erste eiserne Kran des Hamburger Hafens. – 1887/88 wurde beim Neubau der Hohen Brücke über dem Nikolaifleet das zinnenbekrönte **Kranmeisterhaus** gebaut.

Die **Hohe Brücke** wurde im Zusammenhang mit den Zollanschlußbauten bei der Regulierung des Zollkanals erneuert. Ihr Name erinnert an die Vorgänger: Sie sollten den Weg in das Nikolaifleet für möglichst große Fahrzeuge freihalten.

Zwischen den Deichstraßen der Marschinseln vermittelten da und dort Twieten, zu den Grundstücken parallele, schmale Durchgangswege, die erst spät auf beiden Seiten bebaut wurden. Die **Reimerstwiete** mit den Fachwerkhäusern 17–21 ist ihr letztes Beispiel: Nr. 17 erhielt 1824 einen neuen Giebel; Nr. 18 wurde 1761, Nr. 19 1778 als Wohnhaus gebaut (und 1832 um zwei Geschosse erhöht), Nr. 20 entstand 1808, Nr. 21 wurde 1812 aus einem Wohnhaus in einen Speicher umgebaut. Gründerzeitliche Ladeneinbauten haben Gußeisenpfeiler hinterlassen. Wie schmal das Sträßchen war, zeigt noch das erhaltene Pflaster.

Durch Neubauten der Umgebung seit 1980 ist die Struktur der Cremoninsel weiter verändert worden: Wo bis zum Zweiten Weltkrieg das **Katharinenfleet** verlief, findet sich eine Treppe, wo Speicherfronten das Fleet säumten, stapeln sich Balkone von Mietshäusern.

Unscheinbar ist die Fassade **Bei den Mühren 69.** Das Etagenhaus (um 1860/70) verbirgt aber einen baulichen Organismus, der in Hamburg einzigartig geworden ist, das einzige erhaltene Beispiel von jener charakteristischen Struktur des alt-hamburgischen Bürgerhauses der Marschinseln, aufgebaut aus repräsentativem Vorderhaus an Straße/Deich (hier dem Süddeich des Cremon), Hof mit seitlich angeordnetem Wohnhausflügel und rückwärts zum Binnenfleet, hier dem Katharinenfleet, hin gelegenem Speicher. Das Ganze ist verhältnismäßig jung: Zum Hofflügel – ein dreigeschossiger Fachwerkbau des 18. Jh. – gehörte eigentlich ein Dielenhaus, das wohl Handwerk und Handel diente. Speicher wurden am Katharinenfleet erst errichtet, als es aus einem Entwässerungsgraben zum mit Schuten befahrbaren Kanal ausgebaut worden war (1519–21); in der erhaltenen Gestalt stammt der Speicher aus dem Jahr 1846; charakteristisch für die jahrhundertealte Tradition des Typus sind die einfache Backsteinaußenhaut und das Holzgerüst des Inneren.

Das verfüllte Katharinenfleet ist zum Fußweg umgestaltet worden. Dort wirkt der alte Speicher deplaziert. Aber wenn man um sich blickt, wird man auch an anderen Häusern Luken und Kranausleger finden, die dem Warenumschlag über diese Wasserstraße dienten, sogar am **Gotenhof,** dem großen Kontorhaus Steckelhörn 9/Katharinenfleet, das sich ansonsten bemüht, die expressionistische Klinkerarchitektur des Chilehauses zu variieren (Karl Stuhlmann, 1926).

Grimm und Ost-West-Straße

Bald nach dem Cremon wurde die **Insel Grimm** eingedeicht (ohne Entwässerungsfleet). Die Häuser standen an der **Straße Grimm** (Nikolaifleet) mit ostwestlich verlaufenden und an der **Gröningerstraße** (entlang dem Gröningerstraßenfleet gegenüber der Reichenstraße, auf dem jetzt die Ost-West-Straße verläuft) mit nordsüdlich ausgerichteten Grundstücken.

Am Grimm hatten einige Altstadthäuser den Zweiten Weltkrieg überlebt. Sie wurden bis 1973 abgebrochen. Aus dem Museum für Kunst und Gewerbe stammt die Sandsteintürumrahmung des lange vorher abgebrochenen Hauses Speersort 14 (erbaut 1617) am Neubau **Grimm 16.**

Das Bürgerhaus **Ost-West-Str. 47** ist 1761/62 errichtet worden. Vor der Backsteinfront mit gequaderten Lisenen, Schweifgiebel und Rokokoportal verläuft noch ein Rest der alten Gröningerstraße (auf der Krone des Grimm-Deichs). Das Innere des Hauses wurde 1950–57 stark verändert.

Daß auch die Marschinseln seit der Jahrhundertwende von der Citybildung erfaßt wurden,

14 Börse (östlicher Saal, Innenstadt, Alter Wall)

◁ 13 Innenstadt mit den Türmen der Hauptkirchen und des Rathauses von Westen, im Vordergrund der ›Michel‹

15 Hauptkirche St. Petri (Innenstadt) ▷

16 Türzieher der Hauptkirche St. Petri (Innenstadt, St. Petri)

17 Haus Schopenstehl 32/33 (Innenstadt, Reichenstraße)

18 Eingang in das Hintergebäude des Afrika-Hauses (Innenstadt, Reichenstraße)

19 Zollenbrücke über das ehemalige Gröningerstraßenfleet (Innenstadt, Trostbrücke)

20 Nikolaifleet mit Trostbrücke und dem Gebäude der Patriotischen Gesellschaft (Innenstadt, Trostbrücke)

1

22 Häuser des Wiederaufbaus nach dem Großen Brand von 1842, Deichstr. 19–23 (Innenstadt, Deichstraße)
21 Im Kontorhaus Laeiszhof (Innenstadt, Neue Burg)
23 Görtz-Palais am Neuen Wall (Innenstadt, Fleetinsel)

Sonnenberg
Ursula Aust
Ursula Aust
Bei der Petrikirche
TV-VIDEO Sonnenberg

25 Lukas-Altar in der Hauptkirche St. Jacobi (Innenstadt, St. Jacobi)
24 Hulbehaus, Mönckebergst. 21 (Innenstadt, Mönckebergstraße)
26 Hauptkirche St. Jacobi mit ihrer spätgotischen Sakristei (Innenstadt, St. Jacobi)

27 Treppenhaus des Meßberghofs (Innenstadt, Kontorhausviertel)

28 Fassade des Sprinkenhofs (Innenstadt, Kontorhausviertel) ▷

29 Chilehaus, Durchführung der Fischertwiete (Innenstadt, Kontorhausviertel)

31 Haus Pinçon, Fleetseite (Innenstadt, Neuer Wall) ▶

30 Diele im Hildebrand-Haus (Innenstadt, Neuer Wall)

32 Halle im Hanseatischen Oberlandesgericht am Sievekingplatz (Innenstadt, Wallring)

33 Lessingdenkmal auf dem Gänsemarkt, vor der Neugestaltung des Platzes (Innenstadt, Gänsemarkt)

34 Ruine der Synagoge des Israelitischen Tempel-Vereins (Innenstadt, Neustadt)

35 Inneres der Hauptkirche St. Michaelis (Innenstadt, St. Michaelis)

36 Museum für Hamburgische Geschichte am Holstenwall (Innenstadt, Wallring)

37 Handwerkskammer am Holstenwall (Innenstadt, Wallring)

zeigt das **Asia-Haus,** Ost-West-Str. 49 (George Radel, 1906, 1909 nach rückwärts erweitert). An den Pfeilern der Kontorhausfassade verbinden sich Jugendstil und fernöstliche Motive mit dem Reichsadler. Innen erschließt ein Lichthof mit Galerien die Kontore.

Die Ostkante dieses Blocks hat den Krieg fast unbeschadet überstanden. Dort war 1868/69 die **Brandstwiete** als Hauptverbindung des Grasbrookhafens mit dem Stadtzentrum verbreitert und in den 1870er Jahren mit Etagenhäusern bebaut worden; zwischen deren Neorenaissancefassaden ein Backsteinhaus (Nr. 50, um 1870).

Gleichzeitig mit Speicherstadt und Freihafen errichtete Martin Haller 1885/86 Ecke Brandstwiete/Dovenfleet das erste Hamburger Kontorhaus, den **Dovenhof.** Er wurde 1967 abgebrochen (dort befindet sich der Besucherparkplatz des SPIEGEL).

Die Notwendigkeit einer Durchbruchstraße durch die südliche Innenstadt zur Entlastung des Wallrings und der Hafenrandstraße wurde in Hamburg seit den zwanziger Jahren erörtert. Im Rahmen der Umgestaltung der Hansestadt, wie sie seit 1937 geplant wurde, kam dieser Idee eine Schlüsselfunktion zu. Die neue Straße sollte die alte City mit der neuen in Altona verbinden. 1941 wurde ein Architektenwettbewerb durchgeführt. Kurz darauf schufen die Angriffe vom Juli 1943 den erforderlichen freien Raum für die Anlage dieser **Ost-West-Straße.** 1952–62 wurde sie realisiert, in leichten Schwingungen vom Deichtor zum Millerntor führend. Seitdem trennt sie den Stadtkern von seinem alten lebendigen Bezug zum Hafen. Frei zerfließt der städtische Raum beiderseits. Solitärbauten nach dem Vorbild der Hochhäuser von Mies van der Rohe und Le Corbusier als stereometrisch einfache Scheiben mit Glas- und Eloxal-Vorhangfassaden oder Betongittern sind an ihr entstanden. Auf dem östlichen Teil der ehemaligen Grimm-Insel errichtete Werner Kallmorgen die schönsten davon: **Ost-West-Str. 23** (1965) und **25** (1967).

Durch die Zollanschlußbauten veränderte sich schon in den 1880er Jahren die Hafenkante des Grimm: Dort verlief die Stadtmauer des 13. Jh. (Straßenname ›Bei den Mühren‹) und später eine regellose Speicherbebauung am Dovenfleet. An ihrer Stelle wurde für den Zollkanal ein neuer Kai angelegt (seit 1962 durch Hochwasserschutzmauer und Hafenpromenade ersetzt) und wurden Geschäftshäuser errichtet.

Der 1885/86 erbaute Dovenhof, das erste Hamburger Kontorhaus. Photo um 1900

Zippelhaus 5, das **Seehaus,** baute Martin Haller als ›Nobelshof‹ für die Dynamit-Nobel-AG 1894/95. Die oberen Geschosse sind dem Krieg zum Opfer gefallen. Der erhaltene Rest des Neorenaissancebaus vergegenwärtigt am Eingang mit allegorischem Schmuck Alfred Nobels Erfindung (gebändigte Blitze als Symbol für Dynamit).

Zippelhaus 3 (Carl Elvers, 1890/91) und Zippelhaus 4 (**Transporthaus,** Elvers, 1894) sind charakteristische Beispiele für den Übergang vom Etagen- zum Kontorhaus: Nur die obersten Geschosse sind noch für Wohnungen geplant worden, darunter liegen Kontor- und Geschäftsgeschosse. Hermen mit den Porträts von Johann Gutenberg und Alois Senefelder (die um 1445 den Letterndruck bzw. 1796 die Lithographie erfanden) bezeugen, daß in Nr. 3 eine Druckerei residierte.

Zippelhaus 1–2, das **Frachtenhaus** (Hinrich Fittschen, 1890/91), ist deutlicher als seine Nachbarn als Kontorhaus gekennzeichnet – aber auch hier war das oberste Stockwerk noch Wohnungen vorbehalten. Am Eckerker beziehen sich Reliefs mit Darstellungen von Hafenbau und Frachtenumschlag (durch niedliche Putten) auf den neuen Freihafen.

Die Schule **Bei der Katharinenkirche** wurde 1956 als eine der ersten ›Kreuzschulen‹ errichtet, die Paul Seitz als Montagetypus für Hamburger Schulen entwickelt hatte (insgesamt wurden 57 davon gebaut). Um ein zentrales Treppenhaus sind vier Klassentrakte angeordnet.

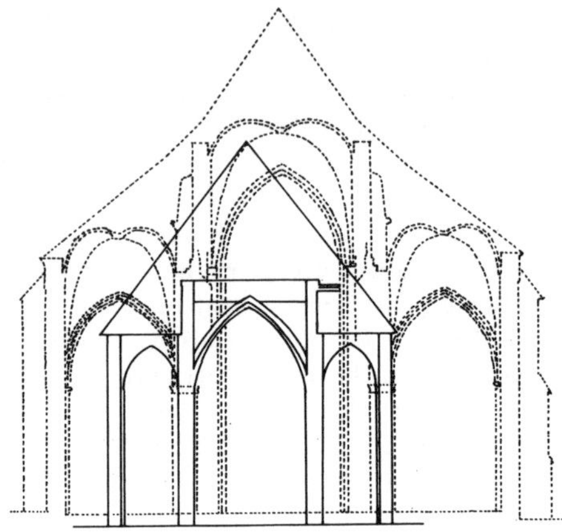

Hauptkirche St. Katharinen, Querschnitt durch die Pseudobasilika mit Rekonstruktion des Querschnitts der Hallenkirche des 13. Jh. auf Grund von Mauerwerksspuren am Turmschaft

St. Katharinen

Die ev.-luth. Hauptkirche St. Katharinen (Katharinenkirchhof/Grimm) ist vom erhaltenen Baubestand her die ehrwürdigste der Hauptkirchen der Innenstadt. Sie erscheint zuerst in einer spätestens 1256 entstandenen Urkunde und bildet den Mittelpunkt für das Kirchspiel von Cremon und Grimm.

Die Katharinenkirche wurde am 30. 7. 1943 ein Opfer der Luftangriffe. Zeitweise wurde der Abbruch der Ruine erwogen, von der nur noch Turmstumpf und die ausgebrannten Mauern standen. 1950–56 wurde jedoch das Kirchengebäude durch die Architekten Hopp & Jäger instandgesetzt. 1955–57 folgte die Rekonstruktion des Turmhelms als Stahlkonstruktion. Seitdem liegt St. Katharinen wieder wie ein schwerfälliges, altertümliches Schiff am Zollkanal (Farbabb. 11), gegenüber der Speicherstadt (für die 1881–85 ein Teil ihres Kirchspiels auf Wandrahm und Kehrwieder aufgegeben wurde). – Die 1962 angelegte und in den letzten Jahren erhöhte und umgestaltete Flutschutzmauer nimmt als später Nachfahre die Stelle der ersten Stadtmauer ein, die im 13. Jh. die Marschinseln Cremon und Grimm von Süden her umfaßte (Straßenname ›Bei den Mühren‹).

Noch aus dem 13. Jh. stammt der *Turmschaft* mit seinen von Wulstprofilen gerahmten Blenden. Er ist trotz vieler Veränderungen das älteste aufrecht stehende Bauwerk in Hamburg! An seiner Ostseite waren nach den Kriegszerstörungen Spuren einer dreischiffigen Hallenkirche zu erkennen, wohl auf die Mitte des 13. Jh. zurückgehend. – 1656/57 errichtete der Zimmermeister Peter Marquard den gestuften barocken *Turmhelm,* der beim Wiederaufbau rekonstruiert wurde und heute St. Katharinen innerhalb der Turmsilhouette der Innenstadt auszeichnet. Die vergoldete Krone, die ihn umfaßt, ist nur der Sage nach aus Störtebekers Gold gefertigt worden. Die Märtyrerkrone der Katharina weist vielmehr – wie die um 1630 (wohl von Heinrich Wilhelm) geschaffene Statue an der Südseite des Turms – auf die Kirchenpatronin hin. – 1732–37 wurde durch Johann Nikolaus Kuhn die Westseite des Turms verstärkt und dabei mit einer barocken Pilasterfassade versehen.

Das *Langhaus* der Kirche ist in der zweiten Hälfte des 14. Jh. und bis gegen 1450 neu entstanden. Seine Achse ist gegenüber dem Turm nach Norden verschoben. Wie die anderen alten Pfarrkirchen hat St. Katharinen ein mächtiges einheitliches Dach (bis ins 16. Jh. hatten die drei Schiffe eigene Dächer!). Statt einer gestuften Chorpartie wie etwa an St. Petri und St. Jacobi schließt aber die ganze Kirche in sieben unregelmäßigen Polygonseiten. Am mittleren, weit die anderen überragenden Fenster ist schon ablesbar, daß das Innere sich von den beiden genannten Kirchen unterscheidet. – Vom ursprünglichen Mauerwerk der Kirche ist wenig erhalten. Am Chor zeigen noch einige Partien den Wechsel von roten und dunkel glasierten Backsteinschichten, die dem Ostabschluß der Kirche ehemals eine außerordentlich reiche Wirkung gaben. – Daß die Kirche in der Elbmarsch und damit auf sehr schlechtem Baugrund liegt, kann man an den ausweichenden Chorwänden und dem schräg stehenden Turm sowie an den vielen Ausbesserungen von Schäden am Mauerwerk sehen. Die Chorstrebepfeiler wurden im 17. Jh. verstärkt (Zuganker bilden die Jahreszahl 1660).

Die Kirche war rings von *Anbauten* umgeben, die in modernen Formen wiedererrichtet wurden. Erhalten blieb nur die durch dorische Pilaster gegliederte Sakristei von 1792 an der Chorsüdseite (mit Kirchensaal). – Beim Wiederaufbau wurden zwei Sandsteinportale von Bürgerhäusern der Umgebung eingebaut: Das Haus Katharinenstraße 8 (Portal am Südanbau, um 1640) wurde noch 1941 abgebrochen, um die ›Denkmalzone Cremon‹, die damals realisiert werden sollte, im ›siedlungshygienischen‹ Sinne der damaligen Planer aufzulockern! Das Portal des 1885 abgerissenen Hauses Kleine Reichenstraße 9 von 1642 (Nordseite) lag siebzig Jahre im Museum für Kunst und Gewerbe.

Der Haupteingang an der Südseite, zwischen Sakristei und Gemeindehaus, führt durch ein profiliertes gotisches Portal (Bronzetür mit dem ›Kreuziget ihn‹ auf den Flügeln und dem apokalyptischen Lamm im Tympanon, Fritz Fleer, 1961–63).

Das dreischiffige *Innere* der Katharinenkirche ist ganz anders als bei den übrigen mittelalterlichen Hauptkirchen Hamburgs: Es hat den Querschnitt einer Pseudobasilika, d. h. ein gegenüber den Seitenschiffen stark erhöhtes, jedoch fensterloses Mittelschiff. Die fensterartigen Blenden der Mittelschiffhochwand waren immer vermauert, nur im Chorbereich vielleicht ursprünglich – wie bei einer echten Basilika – geöffnet (ob das einem später geänderten, für die ganze Kirche geplanten Konzept entspricht, bleibt offen). Während die Seitenschiffe in ihren Dimensionen etwa mit denen von St. Jacobi und St. Petri vergleichbar sind, erreichen die Gewölbehöhen des Mittelschiffes 29 m. – Die Rundpfeiler mit dünnen Diensten (und Figurennischen) und die Scheid- und Gurtbogen gehören wieder in den Zusammenhang der von St. Johannis in Lüneburg abhängigen norddeutschen Kirchengruppe. Das Mittelschiff läuft durch bis zu dem großen Chorfenster. – Der Fußboden wurde beim Wiederaufbau 1954 angehoben.

Die figürliche Verglasung im *Chorhaupt (Gloria-Fenster)*, im Westfenster des nördlichen Seitenschiffes *(Tauf-Fenster)* und über dem Nordeingang *(Weihnachtsfenster)* wurde 1955–57 von Hans Gottfried von Stockhausen geschaffen.

Die reiche alte *Ausstattung* der Kirche fiel dem Zweiten Weltkrieg zum Opfer. Nur die Steinepitaphien für die Ratsherren Caspar Moller (gest. 1610 – südlicher Chorumgang) und Georg von der Fechte (gest. 1630 – am nördlichen Langhauspfeiler gegenüber der Kanzel) sind übriggeblieben. Das Epitaph, das der Bürgermeister Wetken 1566 für seine beiden Söhne errichten ließ, stammt aus der alten Nikolai-Kirche und wurde 1958 an der Nordwand aufgehängt. In Typus und Ikonographie entsprechen die Epitaphien dem üblichen Schema mit Darstellung der Verstorbenen (im Falle Wetken das Elternpaar zusammen mit den verstorbenen Söhnen), Darstellungen der Auferstehung (Wetken und Fechte im Aufsatz) bzw. von deren alttestamentarischem Vorbild (Jonas mit dem Wal im Aufsatz Moller), mit Kreuzigung bzw. Kruzifix und (beim Fechte-Epitaph) Moses bzw. Johannes dem Täufer als Vertreter von Altem und Neuem Testament – jeweils im charakteristischen Aufbau mit säulengerahmtem Hauptfeld über einer Sockelzone und bekrönt von einem Aufsatz. – An der Chorwand ist die Deckplatte des 1692 gestifteten Erbbegräbnisses der Familie des Daniel Friel aufgerichtet.

Die übrige Ausstattung ist für die wieder aufgebaute Kirche neu geschaffen (Altar, Kanzel, Chorgestühl von Otto Münch, Zürich 1956–59; Bronzetaufe von Hans Kock, 1963) oder hinzuerworben worden (Gekreuzigter, Holz um 1300 süddeutsch, im südlichen Seitenschiff neben dem Chor; Holzfigur der Hl. Katharina, 3. Viertel 15. Jh., süddeutsch, an der Südwand im dritten Joch von Westen). – Den Prospekt der Orgel (Kemper, 1962) haben die Architekten des Wiederaufbaus, Bernhard Hopp und Rudolf Jäger, entworfen. 1972 wurde an der Nordwand (zweites Joch von Westen) die Bronzefigur Davids mit der Harfe aufgestellt. Im Leib-Christi-Altar (Helmut Lander, 1983, nördliches Seitenschiff) ist der Tisch nicht nur Ort des Abendmahls, sondern wird mit dessen Inhalt identisch durch die Darstellung der Jünger als Retabel, mit der Büste des brotbrechenden Christus als Zentrum.

1987 wurden in die Mittelschiffblenden die dafür geschaffenen Bilder von Ingeborg zu Schleswig-Holstein eingesetzt. Das Halbdunkel der Gewölbezone wird durch Farben aufgehellt und der Kirchenraum als ›Weg ins Licht‹ interpretiert.

Die sparsamen Mittel der Ausstattung, die wenigen historischen Reste in dem schlicht weiß gestrichenen Kirchenraum stehen im Einklang mit der Theologie des Wiederaufbaus, auf die die Einweihungsinschrift über dem Südportal hinweist.

In der *Turmhalle* fliegt ein Bronze-Albatros (Gerhard Marcks, 1958) über der Gedenktafel für die Opfer des 1957 gesunkenen Segelschulschiffs Pamir. Diese Turmhalle soll mit Treppe und Galerie an die Kaufmannsdielen der im Krieg untergegangenen Bürgerhäuser des Kirchspiels erinnern.

Die Kirche ist täglich 9–18 Uhr, im Winter bis 16 Uhr geöffnet (✆ 336275).

Deichstraße und Rödingsmarkt

Von der Neuen Burg aus wurde um 1200 die südlich davon gelegene Fläche für die Bebauung erschlossen. Daß dafür ein Deich erforderlich war, dokumentiert die (1304 erstmals genannte) **Deichstraße,** die auf seiner Krone verläuft. Hier ist eine Gruppe von Häusern des 17. und 18. Jahrhunderts erhalten geblieben. Besonders eindrucksvoll sieht ihre Giebelreihe am Nikolaifleet aus (Farbabb. 15). Daß sie seit 1974 restauriert wurde, ist dem Verein ›Rettet die Deichstraße‹ zu verdanken.

Es handelt sich um Häuser und Speicher, die auf dem Vorland des Deiches errichtet wurden. Die meisten dieser Außendeichshäuser hatten Braugerechtsame. Die Herstellung von Bier für den Export war wohl mit ein Grund für die Erschließung von Bauplätzen am Wasser im späteren Mittelalter. Damit die älteren Binnendeichshäuser ihren Zugang zum Wasser nicht verloren, blieben ›Fleetgänge‹ frei. Heute kann man über sie einen im Wasser liegenden Ponton erreichen.

Den Auftakt der Deichstraße vom Hafen her bildet ein Kontorhaus, das **Haus der Seefahrt,** Deichstr. 51 (Edgar Foßhag und G. Schlepps, 1909/10), mit gruppenweise rhythmisierten Fassadenpfeilern, Jugendstilornamenten und einer Bronzegruppe der Hammonia an der Ecke zur Hohen Brücke (Farbabb. 8).

Deichstr. 49 ist 1982–84 neu gebaut worden und hält sich im Erscheinungsbild an das im Krieg zerstörte Haus (um 1700).

Deichstr. 47 ist eine Rekonstruktion (1974–80) des um 1658 errichteten und im Krieg zerstörten Bürgerhauses. Das Portal stammt vom ehemaligen Haus Deichstr. 29. Reste von Diele, Balken- und Stuckdecken sind im Neubau mitverwendet worden.

Deichstr. 45 ist 1698 erbaut worden und hat noch die alten Giebelseiten – an der Straße mit Voluten, am Fleet mit Fachwerk.

Die barocke Fassade des Hauses **Deichstr. 43** ist im Krieg zerstört und bei der Sanierung 1974 rekonstruiert worden. Teile des Hauses stammen noch vom Neubau 1697, die Fachwerkfront am Fleet von einem Umbau 1738.

Deichstr. 41, erbaut um 1700, erhielt im 19. Jh. neue Fronten zur Straße und zum Fleet.

Deichstr. 39 ist als Bürgerhaus am Ende des 17 Jh. erbaut worden. Es besitzt noch seinen Giebelschmuck mit Blumen- und Früchtegirlanden aus Sandstein. Das Innere ist verändert.

Deichstr. 37 ist als ›Alt-Hamburger Bürgerhaus‹ 1978–80 durch den Verein ›Rettet die Deichstraße‹ wiederhergestellt worden – Mittelpunkt seiner Aktivitäten zur Erhaltung des Ensembles. Die vielfach veränderte Fassade hatte damals nicht erwarten lassen, was überraschenderweise zutage trat und wiederhergestellt werden konnte: eine über zwei Geschosse gehende, typische Bürgerhausdiele mit bemalter Balkendecke vom Neubau des Hauses 1686 bzw. einem Umbau um 1750 (Treppe und Galerie). Alles wurde – wie die übrigen Innenräume mit Stuckdecken unterschiedlicher Zeiten – eingerichtet mit Mobiliar der Stiftung ›Alt-Hamburger Bürgerhaus‹, d. h. Möbeln des 17. bis 19. Jh. aus dem Besitz alter Hamburger Häuser.

Der Neubau **Deichstr. 35** (Planungsgruppe Nord mit Schiefler u. Denker, 1980–82) ist ein souveränes Beispiel für modernes Bauen in historischer Umgebung, auf welche Massengliederung und Material eingehen, ohne im einzelnen formale Kompromisse zu suchen. Die Elefanten-Hausmarke stammt vom 1641 erbauten, im Krieg beschädigten und 1978 abgebrannten Vorgänger.

Deichstr. 29 ist ein Kontorhaus aus der Zeit um 1905, das alt-hamburgische Bürgerhausformen zitiert, sich aber als großstädtischer Zweckbau über die Umgebung hinwegsetzt.

Deichstr. 27 ist der am besten erhaltene und – obwohl erst um 1780 erbaut – der älteste noch erhaltene Hamburger Speicher. Zwischen Backsteinfronten mit Mansardgiebeln und mittleren Luken spannt sich das zweischiffige Holzgerüst der Lagerböden (im Keller mit Granitpfeilern). Hunderte solcher einfacher Zweckbauten an den Fleeten sind der Citybildung und dem Krieg zum Opfer gefallen. Jahrhundertelang sicherten sie das Funktionieren des Warenhandels der Hafenstadt. – Hier hatten zeitweise Bardowicker Gemüsehändler ihr Lager, das gab dem Haus den Namen ›Bardowicker Speicher‹.

Das Haus **Deichstr. 25** ist 1659 erbaut worden, von damals stammt das 1974 wiederentdeckte Sandsteinportal mit Beschlagwerkornamenten. Es ist durch Feuer verstümmelt: Mit diesem Haus griff der in der Deichstr. 38 am 5. Mai 1842 ausgebrochene Große Brand auf die Ostseite der Deichstraße über und breitete sich von hier nach Nordosten aus. Dieses Haus konnte wiederhergestellt werden und erhielt um 1842–45 seine neue Putzfassade. An der Fleetseite ist die alte Fachwerkfront des 17. Jh. zu sehen. Das Innere wurde 1974–76 weitgehend neu gebaut.

Die drei anschließenden Häuser entstanden im Wiederaufbau nach 1842. Neben den beiden klassizistischen Fassaden von **Deichstr. 23** und **21** ist **Nr. 19** (Abb. 22) eines der schönsten Nachbrandhäuser überhaupt: Es wurde 1842–45 nach Entwürfen von Georg Luis für den Oberalten Johann Heinrich Schäffer erbaut. Die Werksteingliederung der verputzten Fassade ist ein besonders reiches Beispiel für den Rundbogenstil der Jahrhundertmitte. Im Innern ist das aufwendig konstruierte Treppenhaus bemerkenswert.

Auch das gegenüberliegende Eckhaus **Deichstr. 32** wurde nach 1842 neu erbaut (innen verändert). Damals wurde bereits der Straßen-

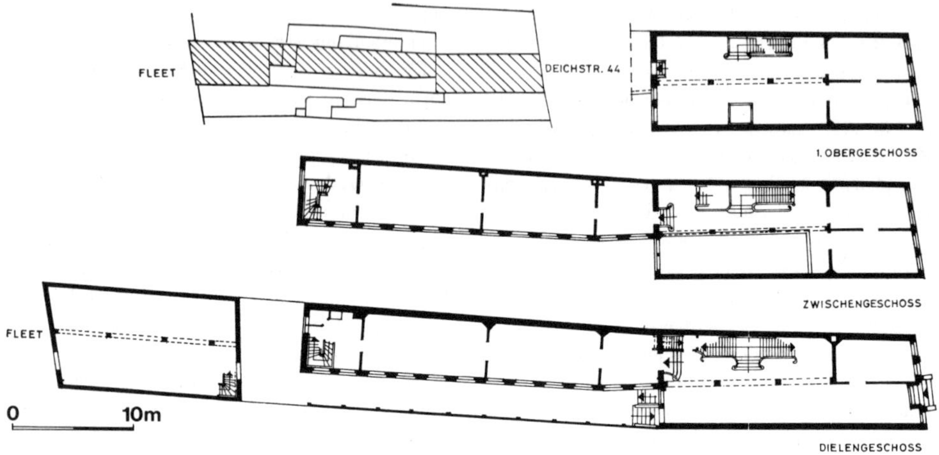

Grundrisse durch das ehemalige Kaufmannshaus Deichstr. 44, ein typisches ›Binnendeichshaus‹ mit Dielenhaus an der Straße (also dem alten Deich), mit Hofflügel und rückwärtigem Speicher (nach Rudhard) – das Haus wurde 1943 zerstört

querschnitt verbreitert. Auch die Kontorhäuser **Deichstr. 36** (Georg Radel, 1896) und **48** (Gustav Blohm, 1909/10) folgen dieser Baulinie. Dazwischen der Neubau **Deichstraßenhof** (Planungsgruppe Nord, 1981–83). Nur **Nr. 42** als einziger Rest der alten Haupthäuser der Deichstraße (die an der Binnen-, also der Westseite des Deiches lagen) ragt weit in den Straßenraum hinein. Nach Krieg und Bränden sowie dem 1989 begonnenen Neubau ist auch davon allein die verstümmelte Barockfassade erhalten.

Den Nordabschluß der Deichstraße bildet – der Lage an der Ost-West-Straße mehr als dem Ensemble gerecht werdend – der Neubau der **Landeszentralbank** (Westermann & Pysall, 1976–82, geplant seit 1968). Eine Stahlbrücke verbindet sie mit dem Hopfenmarkt. – Davor und an der Steintwiete Bronzebrunnen und -poller von Georg Engst (1982), die Hamburger Motive assoziieren (Schiffsmotoren, Taue, Haken).

Das rückwärtige Entwässerungsfleet der Deichstraße folgte dem **Steintwietenhof.** Dort zeigen einige Gebäuderückseiten noch die Luken und Kranausleger, die für den Warenverkehr mit Schuten auf diesem Fleet gedacht waren.

Westlich davon entstand wohl bald nach dem Deichstraßenpolder im 13. Jh. eine neue Stadterweiterung: Dort wurden beidseits eines breiten Fleetes Straßen mit Häuserreihen als **Rödingsmarkt** angelegt und nach Westen entlang dem Alsterfleet durch die Stadtmauer gesichert. Das Fleet wurde bis 1886 zugeschüttet. Auf ihm verläuft der Viadukt der Hochbahn (1906–12). Die beiderseitige Bebauung entstand seit der Citybildung und nach den Zerstörungen des Zweiten Weltkriegs.

Bemerkenswert unter den jüngsten Geschäftshäusern ist das **Ibau-Haus,** Rödingsmarkt 35 (A.P.B., 1985/86). – **Rödingsmarkt 24** (Arthur Viol, 1887) ist ein Beispiel für den Mischtypus von Kontor- und Etagenwohnhaus. – Rödingsmarkt 19, das **Flüggerhaus** (Frejtag & Elingius, 1908), hat eine sandsteinverkleidete Pfeilerfront zur Straße. Die Rückseite des Speichers ist als Backsteinrohbau gestaltet. – **Rödingsmarkt 15** – durch die Ost-West-Straße nach Norden freigestellt – ist wie ein Bürgerhaus in Vorderhaus, Hof und Speicher gegliedert (George Radel, 1909/10). Die schmale Fassade des auch als Fabrik genutzten Geschäftshauses ist mit dunklem Klinker verkleidet. Die Speicherrückseite lag am Deichstraßenfleet.

Rödingsmarkt 9, das **Alte Klöpperhaus** (Lundt & Kallmorgen, 1902–04), wurde für die Wollhandelsfirma W. Klöpper erbaut. Nach Errichtung des neuen Klöpperhauses an der Mönckebergstraße wurde es zum Mietkontorhaus. Die Pfeilerfassade ist mit Granit und Sandstein verkleidet. Sie versucht, durch archaisierende, romanisch inspirierte Monumentalformen den Jugendstil zu überwinden. Wie bei Lundt & Kallmorgen öfters, kann man als Vorbilder amerikanische Bauten Henry Hobson Richardsons vermuten.

Das Ingenieurbauwerk der **Hochbahnhaltestelle Rödingsmarkt** erhielt einen Treppenaufgang mit granitverkleideter Monumentalarchitektur im kleinen (Raabe & Wöhlecke, 1910–12).

Das Dienstgebäude der **Oberfinanzdirektion** am Rödingsmarkt 2 wurde nach Entwürfen von Albert Erbe 1907–12 auf dem Gelände des Hospitals zum Heiligen Geist erbaut (das seit dem Anfang des 13. Jh. hier lag und von dessen Bauten die letzten 1906 für den Neubau abgerissen wurden). Das Verwaltungsgebäude lehnt sich nicht an die hamburgischen Kontorhäuser an, sondern unter Steigerung des Maßstabs an alt-hamburgische Bürgerhäuser des Barock – in der Formensprache, in der Materialkombination, vor allem in der Ausgestaltung des Eingangsraumes als eine große althamburgische Diele.

Fleetinsel

Das **Alsterfleet** ist der alte Stadtgraben Hamburgs nach Westen. Er gehörte zur Stadtmauer des 13. Jh. und wurde für den Erdwall verbreitert, der sie im 15. Jh. ablöste. Der wurde zum **Alten Wall,** als 1530–38 ein **Neuer Wall** mit neuem Graben, dem **Bleichen- und Herrengrabenfleet,** vorgelagert wurde. Festungstechnisch abgelöst wurden sie durch die wiederum weit im Westen durch Johan van Valckenburgh 1615–26 angelegte Festung (siehe Innenstadt, Wallring).

Vom Rödingsmarkt führt die **Heiligengeistbrücke** über das Alsterfleet zur **Fleetinsel**. Die Brücke wurde 1883–85 durch das Ingenieurwesen (Franz Andreas Meyer) als Hauptverbindung zur Neustadt (samt Pferdebahnlinie nach Altona) errichtet. Entsprechend großzügig ist sie bemessen und gestaltet. Sie ist stillgelegt; die **Michaelisbrücke** als ihre Fortsetzung fiel dem Zweiten Weltkrieg zum Opfer und ist nur noch ein Fußgängersteg.

Der historisch wichtigste Weg von der Altstadt in die Neustadt führt vom Großen Burstah über die Graskellerbrücke und die Ellerntorsbrücke. Das ist der Straßenzug, dessen Namen – Steinstraße (und in St. Georg Steindamm), Alter und Neuer Steinweg – schon darauf hinweisen, daß er zu den ersten Pflasterstraßen der Stadt gehört. Hier lag im Alten und dann Neuen Wall das **Ellern- oder Millerntor,** dessen Name auf das neue Tor im Wall von 1615–26 überging. Der Torturm wurde 1668 abgerissen. Damals entstand die **Ellerntorsbrücke** als dreibogige Steinbrücke über das Herrengrabenfleet. Unter ihr lag 1786 bis 1883 eine Schleuse, deren Spuren noch zu erkennen sind.

Die **Stadthausbrücke** wurde 1887–89 angelegt – ebenfalls zur Verbesserung der Verkehrsverbindungen zwischen Alt- und Neustadt (nur Reste sind erhalten). Hier entstand ein neues Zentrum der Innenstadt mit großen Geschäftshäusern (im Zweiten Weltkrieg zerstört). Der **Stadthaus**-Komplex Neuer Wall/Stadthausbrücke war damals das Hamburger Verwaltungszentrum. Seine Keimzelle bildete das barocke **Görtz-Palais,** Neuer Wall 86 (Abb. 23). Es wurde um 1710 von Johann Nikolaus Kuhn für Georg Heinrich Görtz gen. von Schlitz errichtet, den Holsteinisch-Gottorpischen Gesandten in Hamburg, der 1714 Minister Karls XII. von Schweden wurde und 1719 tragisch endete. Ursprünglich als Ziegelrohbau erbaut, wurde das Haus 1776 verputzt. Flache Mittel- und Seitenrisalite, am Mittelteil mit Pilaster, Segmentgiebel und ein dorisches Säulenportal gliedern die Front. – Seit 1722 diente das Palais als Sitz des Kaiserlichen Gesandten im Niedersächsischen Kreis; in der ›Franzosenzeit‹ war es die Mairie; 1814 wurde in dem seitdem so genannten Stadthaus die erste selbständige Behörde Hamburgs untergebracht, die Polizeiverwaltung.

Mit dem Wachstum der Stadt wuchs auch das Stadthaus, insbesondere durch den großen Erweiterungsbau von 1888–92 an der Ecke zur Stadthausbrücke (Baudirektor Zimmermann). Er setzt das System des Palais fort, jedoch in wertvollerem Material und gesteigertem Aufwand. Später wurden Geschäftshäuser und Neubauten an der Stadthausbrücke und bis hin zur Bleichenbrücke einbezogen. Den wichtigsten Abschnitt Stadthausbrücke 8 samt dem Verbindungsbau über dem Alsterfleet baute Fritz Schumacher (1909–12) – übrigens ausnahmsweise nicht aus Backstein, sondern in Angleichung an den älteren Bestand mit einer hellen Muschelkalkfassade.

Der Komplex wurde 1943 schwer beschädigt und nach dem Krieg vereinfacht wiederhergestellt. Vom Görtz-Palais blieb nur die Fassade stehen. Dahinter errichtete man ein Bürohaus (Carl Friedrich Fischer nach einem Vorschlag von Werner Hebebrand 1953/54) – was später als ›Hamburger Lösung‹ im Umgang mit historischen Bauten allzu oft nachgeahmt wurde. Heute ist das Ganze der Sitz der Baubehörde; darüber ist fast in Vergessenheit geraten – jetzt erinnert daran eine Gedenktafel im Eingang Stadthausbrücke 8 –, daß dieses Stadthaus als Sitz der Gestapo (Geheime Staatspolizei) in Hamburg von 1933 bis 1943 das Zentrum der Gewaltherrschaft im Dritten Reich gewesen ist. Hier wurde gefoltert.

Am Neuen Wall steht gegenüber dem Görtz-Palais das **Denkmal für den Bürgermeister Carl Friedrich Petersen** (1809–92, im Senat seit 1855, 1876 erstmals Bürgermeister, langjähriger Vorsitzender der Rathausbaukommission). Es wurde 1897 aufgestellt (Viktor Tilgner, Wien). Es zeigt Petersen in der bis 1918 für feierliche Anlässe verbindlichen Amtstracht der Hamburger Senatoren. Petersen war lange Polizeiherr im Stadthaus.

Die platzartig erweiterte Straße Stadthausbrükke wird von Norden her beherrscht durch ein Hochhaus, das 1953/54 nach Entwürfen von Ferdinand Streb zwischen Kaiser-Wilhelm-Straße und Fuhlentwiete als Zentrale des **Axel-Springer-Verlages** gebaut wurde, eines Pressekonzerns, dem man kein Unrecht antut, wenn man ihm für Hamburg eine marktbeherrschende und für die Bundesrepublik insgesamt jedenfalls eine mächtige Position zuweist. Die Pressetürme der zwanziger Jahre und die Hochhäuser des Internationalen Stils der Klassischen Moderne standen Pate. Das zwischen Pfeilern verglaste Erdgeschoß enthält ein intaktes Ensemble der Innenarchitektur der fünfziger Jahre mit Mosaiken (Wilhelm Haerlin, 1954–56) und leichten Drahtmöbeln. Der Platz vor dem Gebäude heißt seit 1990 Axel-Springer-Platz.

Zurück zur Fleetinsel: Erst im 18. Jh. wurde der Neue Wall eingeebnet und die Fläche bebaubar, der Festungsgraben zum Fleet ausgebaut. 1787 entstanden im Abschnitt südlich der Ellerntorsbrücke die ersten Speicher außerhalb der Altstadt. Überhaupt folgte dort die Bebauungsstruktur altstädtischen Mustern. Darauf geht der Rest historischer Bebauung südlich vom Stadthaus zurück: Den Kopf des Ensembles bildet das **Neidlingerhaus,** Michaelisbrücke 1 (Johannes Grotjan, 1885/86); die Neorenaissancefassade diente der Repräsentation eines jener Wohn- und Geschäftshäuser, wie sie in den 1880er Jahren die einsetzende Citybildung als Übergangsform hervorgebracht hat, bevor das eigentliche Kontorhaus als Typ sich durchsetzen konnte.

Admiralitätsstraße 75 hat zur Straße hin ein klassizistisches Wohnhaus aus der ersten Hälfte des 19. Jh. Rückwärts zum Fleet ist dem Haus ein 1896 erbauter Speicher zugeordnet. Er weist zum Hof wie zum Fleet mit einer Backsteinfassade und den charakteristischen Windenluken alle Kennzeichen seiner Gattung auf. Das Grundstück zeigt damit eine ähnliche Ordnung wie die älteren Bürgerhäuser der Altstadt-Marschviertel. – Das Geschäftshaus **Admiralitätsstraße 73** (Gustav Kraus, 1913) wurde nur in Erd- und erstem Obergeschoß als Kontor genutzt; darüber diente es als Lagerhaus. Die Plastiken am Eingang (Die Gewinnung von Papyrus und Holz als Rohstoffe für die Papierherstellung) weisen auf den Verwendungszweck hin: Hier wurde Papier gelagert und gehandelt. – Zum Haus gehört rückwärts wieder ein **Speicher,** der dem Fleet eine einfache Backsteinfront zuwendet (Farbabb. 9). Die dreischiffigen Lagerböden werden durch Holzstützen getragen. 1787 erbaut, ist das der zweitälteste Speicher in Hamburg (nach Deichstr. 27).

Das Kontorhaus **Admiralitätshof**, Admiralitätsstr. 71/72 (Bahre & Querfeld, 1889/90) ist eines der ältesten echten Kontorhäuser (Fassade nach dem Zweiten Weltkrieg vereinfacht). Es hat einen rückwärtigen Speicherbau für Musterlager. Auch er hält sich mit seiner Backsteinfassade zum Fleet an die Lagerhaustradition. – Südlich der Ost-West-Straße ist durch den Neubau **Pulverturmsbrücke** (Walter von Lom, 1985–88) ein weiteres Kontorhaus-/Speicherensemble verdrängt worden.

Jenseits der Slamatjenbrücke ist das Bankgebäude **Ost-West-Str./Rödingsmarkt 10** eines der elegantesten Geschäftshäuser der Ost-West-Straße (Schramm & Elingius, 1962/63, 1977 um ein Geschoß erhöht).

Das **Arbeitsamt** an der Admiralitätsstraße wurde 1950–52 erbaut (Hans Dietrich Gropp). Der gemäßigt moderne Backstein-/Betonbau nimmt mit seiner symmetrischen Gesamtanlage die des ehemaligen *Waisenhauses* auf, das an dieser Stelle bis zum Zweiten Weltkrieg stand. Von dem spätbarocken Bauwerk (Johann Gropp, 1781–85) ist am linken Teil des Arbeitsamtes das Sandsteinportal erhalten. – Das Waisenhaus diente von 1842 bis 1897 als provisorisches *Rathaus,* insbesondere als Sitz des Senats. Dafür wurde 1856 nördlich eine neue *Ratsstube* angefügt (F. G. Forsmann), von der nach Krieg und Wiederherstellung nur noch ein formloser Rest steht.

Die **Feuerwache** an der Admiralitätsstraße 54, 1906–08 erbaut, gehört zu Albert Erbes aus althamburgischen Bürgerhäusern inspirierten Staatsbauten.

Jenseits der Schaartorsbrücke und -schleuse (Neubauten nach 1962 mit Hochwasserschutzschleusen, Gußeiseninschrift vom 1839–43 angelegten Vorgänger) beherrscht das Kontorhaus **Stellahaus** die Umgebung (Zauleck & Hormann, 1922). Es setzte erstmals Staffelgeschosse als städtebaulich wirksamen Gebäudeabschluß ein und wurde so anregend für das Chilehaus. Expressionistische Ornamente schmücken den Putzbau.

Der obere Abschluß der Granitfassade des Kontorhauses **Elbhof,** Steinhöft 9 (Walter Martens, 1904/05), ist seit dem Krieg vereinfacht. Die Eingänge sind durch allegorische Bronzeplastiken von Arthur Bock bekrönt (›Flüsternde Wellen‹ und ›Stürmische Wogen‹).

Das **Slomanhaus,** Steinhöft 11/17/Baumwall 3 (Martin Haller mit Hermann Geißler, 1908/09), ist der Sitz der Reederei Rob. M. Sloman – und zugleich ein Kontorhaus, in dem viele andere Firmen ihre Büros haben. Die Front – einer der markantesten Punkte der Hafenkante – ist als Gegenüber zur Speicherstadt (wie schon das Laeiszhaus!) als Backsteinrohbau entwickelt. Die ba-

Viaduktstrecke der Hochbahn am Baumwall. Holzschnitt ›Hamburger Abstraktionen‹, Ottheinrich Strohmeyer, 1927

rock gestalteten Portale beziehen sich – der Entstehungszeit gemäß – auf alt-hamburgische Bürgerhäuser (im Aufsatz Bronzereliefs mit Schiffsporträts). – Der Eingang Steinhöft führt zu einem rückwärtigen Erweiterungsbau (Fritz Höger, 1921). – Am Baumwall 5–7 schließt sich das **Überseehaus** an (Graaf, Schweger und Partner, 1980–82).

Der Straßenname **Baumwall** bezieht sich auf den ›Baum‹, der etwa im Bereich der Niederbaumbrücke den Binnenhafen verschloß: eine schwimmende Fortsetzung des Festungsrings von 1615–26, der sich (vom Johannisbollwerk her) auf der Kehrwiederinsel fortsetzte.

Die Hafenkante wird hier durch den 1910–12 erbauten Hochbahnviadukt und dessen **Station Baumwall** markiert: Sie gehören zu den Abschnitten, die auf jede ›künstlerische Gestaltung‹ verzichten und auch an der Haltestelle – der Arbeitswelt des Hafens gemäß – allein durch ihre konstruktiven Merkmale wirken (Farbabb. 13).

Ballindamm und Ferdinandstraße

Der **Ballindamm** ist der jüngste der drei ›Jungfernstiege‹, die die Binnenalster einfassen: Ursprünglich verlief hier die Stadtmauer des Jacobi-Kirchspiels. Die alte Bebauung ging im Großen Brand von 1842 unter. Mit dessen Trümmern aufgeschüttet, entstand die gerade geführte Uferpromenade. Sie wurde mit Trümmerschutt des Zweiten Weltkriegs verbreitert und ausgebaut, aber ihr Grundcharakter als Allee hat sich erhalten (Farbabb. 28).

Hinter dem Ballindamm erstreckt sich bis zur Rosen- und Lilienstraße das regelmäßig angelegte Straßennetz des nach 1842 wieder aufgebauten Gebietes. Es war mit Reihen von Bürgerhäusern besetzt. Davon sind nur Spuren erhalten geblieben. Denn dieses Viertel eignete sich besonders für die Citybildung durch seine breiten, geraden Straßen und modernen Häuser. Zwar blieb der äußere Ballindamm noch lange eine bevorzugte bürgerliche Wohnstraße. Um 1900 aber entstand vom Stadtzentrum her ausstrahlend Kontorhaus um Kontorhaus, oft bis zur Hermannstraße und zur Ferdinandstraße durchgehend und mit den Neubauten dort sich zu einem einheitlichen Viertel zusammenschließend, das freilich der Zweite Weltkrieg verändert hat.

Das Kontorhaus **Europahaus,** Ballindamm 39 (George Radel, 1909–12), besitzt im Innern noch die schöne Treppenhalle. Die Fassade ist nach Kriegszerstörung verändert worden. Bemerkenswert ist die Rückseite zur Hermannstraße: Auch sie ist aufwendig als Kontorhaus gegliedert und dekoriert, jedoch als Backsteinrohbau eines der Beispiele für die Wahl dieses Materials für zweitrangige Fassaden (dabei ist sie fortschrittlicher geworden als die ehemals sehr repräsentative Werksteinschauseite des Hauses). – **Ballindamm 36** ist das letzte Haus aus der Zeit des Wiederaufbaus nach dem Großen Brand am Ballindamm – nein, nur dessen Fassade. Sie ist hinterfüttert und bekrönt durch einen Neubau (1986/87). – **Ballindamm 27,** das Verwaltungsgebäude einer Privatbank, ist 1954/55 errichtet worden. Architekt war Konstanty Gutschow, der damit an seine modernen Entwürfe um 1930 anknüpfte. – Ballindamm 26, das Kontorhaus **Senator-Hayn-Haus** (George Radel, 1908), ist durch Krieg und Wiederaufbau stark verändert.

Ballindamm 25 ist das Verwaltungsgebäude der ›Hamburg-Amerika-Linie‹, der **HAPAG,** der größten und traditionsreichsten Hamburger Reederei (heute Hapag-Lloyd). Es hat sein Erscheinungsbild 1912–23 durch einen von Fritz Höger entworfenen Um- und Erweiterungsbau erhalten. Der 1901–03 von Martin Haller errichtete Kern nimmt den zur Stadtmitte gewandten Teil des Komplexes ein; er durfte nur an der Rückseite zur Ferdinandstraße seine Neorenaissancefassade behalten. Die breit gelagerte Pilasterfassade zur Alster, mit Tempelfront in der Mitte, erinnert eher an Schlösser des Klassizismus als an Kontorhäuser. Sie ist auch für Fritz Höger untypisch und drückt wohl die Wünsche des Bauherren aus, dessen Repräsentationsbedürfnis sie besser befriedigte als eine Pfeilerfassade; Albert Ballin war damals Generaldirektor der HAPAG (s. Rotherbaum,

Feldbrunnenstraße). Die ebenfalls in abgewandelt klassizistischen Formen gestaltete Eingangshalle am Ballindamm ergänzten 1928 Elingius & Schramm.

Ballindamm 17, das **Kirdorfhaus** (Lundt & Kallmorgen 1901–05, Staffelgeschoß und rechte Achse 1921, Eduard Theil), wurde für das Rheinisch-Westfälische Kohlensyndikat erbaut (plastische Gruppe an der Ecke von Schmied, Bergmann und Hermes von 1921). Dessen Mitbegründer, der Ruhrmagnat Emil Kirdorf (Porträtplakette in der Vorhalle), hat maßgebend zur Finanzierung der NSDAP durch die deutsche Industrie schon in den zwanziger Jahren beigetragen. Das Kontorhaus hat am Ballindamm eine monumentale Sandsteinfassade über archaisch wirkenden Pfeilern aus poliertem Labradorstein. Auch hier ist die Rückseite sachlicher, verwendet helle Glasurverblender und ist nur durch blaue Bänder und sparsame Jugendstilstuckornamente bereichert. Im Durchgang zum Hof von der Ferdinandstraße her ist links das Barockportal eines Bürgerhauses aus der Zeit um 1770 eingebaut.

Ballindamm 14–15 ist ein Kontorhaus mit späthistoristischer Fassadendekoration (Rambatz & Jollasse, 1900). – Ballindamm 13, das **Alsterhaus,** ist das erste der Kontorhäuser des Unternehmers Max Albrecht (1902/03, s. Innenstadt, Mönckebergstr., Glockengießerwall 3–4). Die monumentale Fassade am Ballindamm stammt von Rambatz & Jollasse. Bemerkenswert sind die Bronzefensterrahmen mit ihrer symbolistischen Jugendstildekoration. – Entwicklungsgeschichtlich wichtiger ist die Rückseite **Ferdinandstr. 32** (man kann durch das Haus durchgehen). Sie wurde von Albert Erbe – in den folgenden Jahren der entscheidende Entwurfsbeamte der Baudeputation – ausgeführt, und zwar im ›Hansestil‹; was nichts anderes bedeutet, als daß hier erstmals im Geschäftshausbau Hamburgs versucht wurde, die Inspiration des einheimischen, lokalen Bürgerhauses aus Renaissance und Barock aufzunehmen. Dahinter steht die Denkmalschutz- und Heimatschutzbewegung der Jahrhundertwende. Sie fand so gleichsam durch die Hintertür den Zugang zur Großstadtbauaufgabe Kontorhaus. – Ballindamm 5, das Kontorhaus **Propfe** (Rambatz & Jollasse, 1904/05) hat eine stark vereinfachte Sandsteinfassade. – Ballindamm 1 / Glockengießerwall, das Kontorhaus **Alsterblick** (Rambatz & Jollasse, 1899/1900), wirkte ursprünglich durch unterschiedliche Materialien farbig und akzentuierte so die Ostecke der Binnenalster.

Glockengießerwall 26 / Ferdinandstr. 2a, das Kontorhaus **Scholvienhaus** (Lundt & Kallmorgen, 1904/05), galt Zeitgenossen als Anlehnung an die amerikanische Werksteinarchitektur, wie sie Henry Hobson Richardson entwickelt hatte. Die ursprünglich aufgelöste Dachgestalt wurde schon 1927 durch Staffelgeschosse ausgeglichen (wie sonst meist erst im Wiederaufbau nach 1945). – Ferdinandstr. 6, das Kontorhaus **Frenssenhaus** (H. Fehmer, 1908), besitzt in der – nicht zugänglichen – Eingangshalle ein Porträtrelief für den Schriftsteller Gustav Frenssen (1863–1945), auf dessen nordisch-völkische Romanwelt (›Jörn Uhl‹, 1901) sich auch die archaisch nackten Figuren von Fischer und Fischerin am Portal beziehen. – Während alle Kontorhäuser der Zone Ballindamm/Ferdinandstraße unter ihrer formalen Vielfalt die charakteristische Skelettstruktur der Fassaden gemeinsam haben, ist das Bankgebäude **Ferdinandstr. 5** (Lundt & Kallmorgen, 1907–10) ein Beispiel für das Festhalten der Banken an repräsentativen Neorenaissancekonzepten, hier in der zeitgemäß monumentalen Form, für die Lundt & Kallmorgen bürgten.

Zahlreiche mehr oder weniger durch den Zweiten Weltkrieg zerstörte Altbauten, zumal solche aus der Zeit des Wiederaufbaus nach 1842, wurden in der City in den fünfziger Jahren durch Rasterbauten mit Vorhangfassaden ersetzt; freistehend lockerten sie das Straßenbild auf. In der nördlichen Altstadt stehen sie hingegen in Reihe mit den älteren Häusern, bilden wieder geschlossene Blockränder, wie eben an Ballindamm und Ferdinandstraße. Eines der besten (inzwischen modernisierten) Nachkriegskontorhäuser ist Raboisen 16, der **Keramikhof** (Gustav Mewes, 1952). – Das Großbürohaus **Rosenstraße/**

Brandsende/Raboisen (als Hauptverwaltungsgebäude der Neuen Heimat 1979–82 erbaut) gehört zu den Geschäftshäusern, die seit Mitte der siebziger Jahre wieder außenliegende Stützen und den Vertikalismus des klassischen Kontorhauses und den Backstein als Fassadenmaterial einsetzen, um dem genius loci der Hamburger City gerecht zu werden.

Raboisen 5 steht das **Eimbcke-Haus** (früher **Brügge-Haus,** Franz Bach, 1905). Der große Maßstab und die erstrebte Wirkung des Sandsteinportals verlieren sich in Materialvielfalt und heterogenen Jugendstilformen. Die für Kontorhäuser ungewöhnlich große Eingangshalle ist mit Balkendecke und Fliesenbildern als repräsentative Bürgerhausdiele ausgestaltet.

Ferdinandstr. 28/30 ist als Doppelhaus schon 1837/38 gebaut worden: Beispiel für die allmähliche Modernisierung des vornehmen bürgerlichen Wohnhauses in der Altstadt seit der Aufklärung. Die Erdgeschosse blieben im Brand von 1842 erhalten, auch die Obergeschosse erhielten 1843/44 wieder ihre einfach klassizistischen Putzfassaden (später aufgestockt und zum Teil mit Kontorfenstern versehen). – **Ferdinandstr. 34/36** ist ein Kontorhaus, das durch Umbau zweier Häuser aus der Zeit nach dem Großen Brand gewonnen wurde (Rambatz & Jollasse, 1900). Ihre Struktur und klassizistische Dekoration sind noch erkennbar. – Die **Evangelisch-reformierte Kirche,** Ferdinandstr. 21, hatte 1854–57 einen von Eduard Averdieck entworfenen, betont einfachen neugotischen Bau mit Doppelturmfassade und Vorhof erhalten, der dem Zweiten Weltkrieg zum Opfer fiel. Der heutige Neubau setzt sich als Sakralbau ostentativ von der Geschäftshausumgebung ab (Rudolf Esch, 1962–65).

Ferdinandstr. 25–27, Kontorhaus **Hesse-Newmanhaus** (früher **Amerikahaus,** Claus Meyer, 1903): Die breiten Achsen der Pfeilerfassade zeigen noch Reste der Jugendstilornamentik – viel einfacher war von Anfang an die Rückseite zu den Raboisen. – Ferdinandstr. 29, das Kontorhaus **Friedrichshof** (Franz Bach, 1904/05), geht durch bis Raboisen. Beide Fassaden haben breite Achsen, ihr Jugendstilornament ist nur noch in Resten vorhanden. – **Ferdinandstr. 39–43** (Rudolf Klophaus, 1955) bietet mit seiner Kunststeinfassade ein bemerkenswertes Zeugnis für das Fortleben der Architektur der dreißiger Jahre in der Nachkriegszeit. – Ferdinandstr. 55–57, das Kontorhaus **Schiffahrtshaus** (M. Gerhardt, 1909/10), zeigt an seiner Sandsteinfassade verspätetes Jugendstilornament.

Es ist ein Glücksfall, daß von den wenigen erhaltenen Häusern des Wiederaufbaus nach dem Großen Brand von 1842 an der Ferdinandstraße gerade zwei in unmittelbarer Nachbarschaft stehen, die die große Spannweite der architektonischen Möglichkeiten um 1845 in Hamburg vergegenwärtigen: **Ferdinandstr. 63** wurde 1844–46 erbaut als Bürgerhaus für den Kaufmann A. Kunhardt nach Entwürfen von Alexis de Chateauneuf (der als Mitglied der Technischen Kommission für den Wiederaufbau maßgeblichen Einfluß auf die Wiederaufbauplanung hatte). Die einfache Putzfassade mit klassizistischem Formenvorrat und Gliederungsschema (freilich mit Rundbogenfenstern) ist allerdings wenig typisch für ihn. So ähnlich haben die meisten um 1845 gebauten Häuser ausgesehen. – **Ferdinandstr. 65** wurde 1843/44 errichtet. Sein Architekt war jener Theodor Bülau (1800–61), der als Hauptvertreter der Neugotik in Hamburg eine Erneuerung der Baukunst des 19. Jh. allein aus der norddeutschen Backsteingotik zulassen wollte. Nur selten gelang es ihm, dafür in Hamburg Bauherren zu gewinnen, so hier den Anwalt Johann Friedrich Voigt, dessen Stadthaus er errichten konnte. Als Backsteinrohbau mit gotischen Formen ist es ein Muster der von Bülau angestrebten Bauweise. Die ihn zugleich bewegenden nationalen und christlichen Gefühle finden ihren passenden Ausdruck in den Statuen des Heiligen Ansgar und Karls des Großen.

Ferdinandstr. 67, das Kontorhaus **Haus Harmonie** (Claus Meyer, 1902), ist auf einer Parzelle des Wiederaufbaus entstanden und so verhältnismäßig klein. Die Pfeilerkanten seiner Jugendstilfassade sind mit Pflanzenstengeln besetzt, deren

Ferdinandstraße 63 und 65 als Teil der nach dem Großen Brand von 1842 wiederaufgebauten Viertel. Lithographie aus Charles Fuchs: Hamburgs Neubau 1850

Blüten sich im verbindenden Bogen zusammenschließen. Das Pfeilergerüst wird so zum Liniensystem umgedeutet und organisch-floral ausgeformt.

Ferdinandstr. 75 (Alstertor 4, Raboisen 72–80) wurde als **Bankhaus Warburg** 1912/13 durch Martin Haller (mit Hermann Geißler) erbaut. Seine Palastfassade aus Sandstein mit Pilastergliederung steht in der Neorenaissancetradition, die diese Baugattung besonders lange festhielt. Selbst der von Hans und Oskar Gerson entworfene Erweiterungsbau von 1923/24 (an Alstertor und Raboisen) hielt sich an die so vorgegebenen Formen; auch die neuartigen Staffelgeschosse wurden mit Balusterbrüstungen ausgestattet. Erweiterungsbauten folgten an der **Ferdinandstr. 69** (Gustav Burmester, 1955–57) und – mit einer der bemerkenswertesten neuen Fassaden in Hamburg – an den **Raboisen 66** (Böge, Friedrich, Lindner, 1985–88).

Alstertor 16 / Ferdinandstr. 68 ist das Kontorhaus **Haus Alstertor** (früher **Heintzehof,** Krumbhaar & Heubel, 1900). Die Skelettfassade ist mit Renaissance-, Barock- und Jugendstilformen reich und städtebaulich wirksam dekoriert.

Hermannstraße 3 wurde nach 1842 von Georg Gottlieb Ungewitter erbaut – einem Architekten, der später als streng dogmatischer Neugotiker berühmt wurde. Hier hat er eine für die Nachbrandzeit moderne, historische Gliederungs- und Ornamentsysteme integrierende Putzfassade hergestellt. Der Umbau zum modernen Bankhaus hat nur die Fassade bewahrt.

Die (nach dem Krieg vereinfachte) Neorenaissancefassade **Hermannstr. 29–33** (Martin Haller, 1891) ist gründerzeitlich konventionell und zeigt noch nichts von den typischen Strukturen des Kontorhauses – das sich dennoch mit frei einteilbaren Geschossen dahinter verbirgt.

Bergstr. 16 / Hermannstraße, das um 1905 erbaute Kontorhaus **Hermannshaus,** erhielt 1923/24 durch einen Umbau (Zerbe & Harder) sein heutiges Erscheinungsbild.

Das **Thalia-Theater** wurde 1911/12 errichtet (Lundt & Kallmorgen). Seinen Bauplatz hatten vorher Markthallen eingenommen, die nach 1845 errichtet worden waren (Straße Hinter den Markthallen!). Der nach 1842 errichtete Vorgänger des Theaters stand gegenüber an der Stelle des Thalia-Hofes. – Die Tempelfront am Alstertor verbindet sich zum Gerhart-Hauptmann-Platz hin mit einem Kontorhaus, dessen Vermietung der Rentabilität des Theaterunternehmens dienen sollte, auf dessen höhere Zwecke die Musenreliefs an den Pfeilern hinweisen. – In der Kriegsruine hat Werner Kallmorgen bereits 1945 ein provisorisches Theater hergerichtet, 1956–60 entstand der heutige Neubau hinter der alten Fassade; trotz seitdem eingetretener Veränderungen ist er ein hervorragend erhaltenes Beispiel für die Moderne der fünfziger Jahre.

Alstertor 1, der **Thalia-Hof,** gehört zu den frühesten Kontorhausbauten nach dem Ersten Weltkrieg in Hamburg. Hans und Oskar Gerson bauten ihn 1921/22, mit expressionistischen Dreieckserkern und Klinkerverblendung (in diesem Bürohaus hatten die Architekten übrigens dann auch ihr Büro). 1975–77 wurde das Innere des Hauses völlig verändert. Die Pferdeskulptur an der Ecke (Ludwig Kunstmann) weist darauf hin, daß damals der Gerhart-Hauptmann-Platz noch Pferdemarkt hieß.

Dieser **Pferdemarkt / Gerhart-Hauptmann-Platz** gehörte zu den Zentren des nach 1842 neu organisierten Straßensystem. Er wurde später von der Mönckebergstraße angeschnitten und 1973/74 neu gestaltet (Wehberg, Lange, Eppinger). Dazu gehört auch der Verkaufspavillon (Graaf & Schweger, 1973/74).

Der **Gertrudenkirchhof** geht zurück auf einen Pestfriedhof, Zeuge der verheerenden Epidemie des ›Schwarzen Todes‹, die 1350/51 Europa entvölkerte. 1391 wurde dort die **St. Gertrud-Kapelle** errichtet, die dem Großen Brand zum Opfer fiel. – Eine Gertrud-Statue aus dem frühen 17. Jh., die vom Kirchhof stammt, schmückt die Fassade des Etagenhauses Gertrudenkirchhof 4.

Lilienstr. 11, das Kontorhaus **Lilienhof** (Bruno Wieck, 1909/10) zitiert im Sinne der Heimatschutzbewegung alt-hamburgische Bürgerhäuser.

Das Straßensystem des Wiederaufbaus erhielt am Ausgang in die Vorstadt St. Georg mit dem **Georgsplatz** ein Nebenzentrum, an dem sich Lilien- und Rosenstraße vereinigen. Georgsplatz 16 war wegen seiner prominenten Lage einem öffentlichen Gebäude vorbehalten. Dann wurde es aber doch verkauft, und dort entstand die **Niemitz-Apotheke** 1846–48 mit schönen Rundbogenstilfassaden.

Georgsplatz 10, das Kontorhaus **Georgshof** (Wilhelm Fischer, 1905), verbindet Jugendstilformen mit spätbarocken Reminiszenzen und dekorativ ausgewerteter Eisenkonstruktion im Erdgeschoß.

Die großen öffentlichen Versorgungsunternehmen, dazu die **Hamburger Feuerkasse,** erhielten an den **Kurzen Mühren** in den 1890er Jahren Verwaltungsgebäude und trugen damit zur Citybildung bei; durch den Zweiten Weltkrieg sind die Häuser nur noch zu Teilen erhalten (Feuerkasse, Hanssen & Meerwein 1893, Kurze Mühren 20).

Mönckebergstraße

Südlich von Lilienstraße und Pferdemarkt (Gerhart-Hauptmann-Platz) blieb bis zur Jahrhundertwende zwischen Spitaler- und Steinstraße ein dicht bebautes Altstadtquartier erhalten. Es gehörte zum Jacobi-Kirchspiel, dem Stadtteil der kleinen Leute. Handwerker, Fuhr- und Arbeitsleute hatten in Fachwerkhäusern mit den zugehörigen Gängevierteln, in Buden und Sälen ihre Wohnungen. Außerdem gab es hier Stifte für Arme, Kranke und Alte. Nach der Cholera-Epidemie von 1892 wurde dieser Bereich zum Sanierungsgebiet ›Altstadt-Nord‹ erklärt; daraus entstand seit 1909 die Mönckebergstraße. Schon vorher aber setzte die Neubebauung durch die Spekulation ein, ausgehend vom Glockengießerwall, der mit dem 1906 eröffneten Hauptbahnhof von einer Rand- zur Vorzugslage in der City geworden war.

Als Gegenüber zum Hauptbahnhof versteht sich Glockengießerwall 3–4, das Kontorhaus

Wallhof, der zweite Großbau für den Unternehmer Max Albrecht (nach Ballindamm 13). Der sah in der Gestaltung seiner Geschäftshäuser eine öffentliche Aufgabe und führte dafür Wettbewerbe durch. Hier gewannen Rambatz & Jolasse (1907/08). Die Fassade mit gleichmäßiger Pfeilerreihung entwarf Erich Elingius.

Glockengießerwall 1, das Kontorhaus **Klosterburg** (1903/04, benannt nach dem Maria-Magdalenen-Kloster, das hier 1838/39 einen Neubau erhalten hatte und an dessen Stelle das Kontorhaus steht), hat eine durch den Krieg verstümmelte Jugendstilfassade. Architekt und Bauherr war Franz Bach. – Er entwarf und baute auch das Kontorhaus **Semperhaus,** Spitalerstr. 10 (1905/06), benannt nach Gottfried Semper, dem aus Hamburg stammenden berühmten Architekten, dem großen Vorbild von Franz Bach. Für ihn ließ er im Vestibül eine Bronzesitzstatue aufstellen (ursprünglich eingefügt in eine Marmorwand mit Porträthermen Leonardos und Michelangelos). Das Haus ist durch Krieg und Wiederaufbau verändert. – Franz Bach war weiterhin Bauherr und Architekt der **Seeburg,** Spitalerstr. 16 (1908/09). Städtebaulich überaus wirksam ist die schmale Fassade zwischen Spitalerstraße und Lilienstraße entwickelt. Archaisch vereinfachte Ornamente und allegorische Figuren von ›Arbeit‹ und ›Wissenschaft‹ tragen zur monumentalen Wirkung der gestuften Eckbildung bei; Seegetier und ein athletisch nacktes Fischerpaar dekorieren den Eingang Spitalerstraße des Kontorhauses (Frontispiz S. 2).

Inzwischen war auch das Sanierungsgebiet zwischen Spitaler- und Steinstraße 1907/08 abgerissen worden. Dort entstand die bisher größte Durchbruchstraße in der Altstadt, die 1914 so genannte **Mönckebergstraße** zwischen Rathaus und neuem Hauptbahnhof. Die Idee hatte schon die Straßeneisenbahngesellschaft 1901 propagiert; die Durchführung einer Untergrundbahnlinie der neuen Hochbahn gab den konkreten Anlaß für ihre Anlage bis 1909. Mit dieser im wahrsten Sinne des Wortes bahnbrechenden Straße erreichte die Citybildung ihren Höhepunkt. Sie wurde als neue Hauptverkehrsader der Geschäftsstadt zu jener ›Starkstromleitung städtischen Lebens‹, als die sie Zeitgenossen empfanden. Wohl nicht zuletzt wegen ihrer subtilen städtebaulichen Gestaltung: Nicht gradlinig, sondern in leichtem Doppelschwung geführt, erzeugt sie beim Durchfahren stets wechselnde Bilder, in die das Rathaus, die Petri- und die Jacobikirche, der Gerhart-Hauptmann-Platz, die Kreuzung Spitalerstraße und der Hauptbahnhof einbezogen sind. Ideen des künstlerischen Städtebaus im Sinne von Camillo Sitte wurden hier wirksam.

Übrigens hatte die Ausmündung der Mönckebergstraße auf den **Steintorwall** Rücksicht auf Vorhandenes nehmen müssen: Dort stand das 1886–88 errichtete *Hamburger Naturgeschichtliche Museum* (1943/44 zerstört). Ein Kaufhaus (Fischer / von Bassewitz, 1967–69) nimmt seinen Platz ein. Der runde Grundriß des Parkhauses zitiert übrigens den einer *Badeanstalt,* die hier 1854 durch William Lindley errichtet worden war: ein öffentliches Wannenbad zur Hebung der städtischen Hygiene, das erste seiner Art in Hamburg (1963 abgerissen; in der U-Bahn-Haltestelle ein Keramikbild des ungewöhnlichen Bauwerks). – Am *Steintor* (1266 erstmals erwähnt) kamen bei den Baumaßnahmen für den Wallringtunnel 1963 die Überreste des zweitürmigen Vortores zutage, das 1483 nach dem Vorbild des Lübecker Holstentors hier gebaut worden war.

Daß mit der Mönckebergstraße an Stelle eines dichtbevölkerten Wohnviertels nur Geschäftshäuser entstehen sollten, nahmen sogar die Hamburger Sozialdemokraten bald hin. Zu zwangsläufig erschien der Citybildungsprozeß. Die Bebauung im einzelnen hat dann aber die Politiker und die Behörden, die Öffentlichkeit und vor allem die Hamburger Architekten sehr beschäftigt: Sie wurde zum ausschlaggebenden Anstoß für die Entwicklung des Hamburger Baupflegegesetzes, das wesentlich zur hohen Durchschnittsqualität der Hamburger Architektur zwischen 1912 und dem Ende der zwanziger Jahre beigetragen hat. Für die Mönckebergstraße wurde erstmals in Hamburg eine Kunstkommission eingesetzt, die auf die Gestaltung der Häuser entscheidend Ein-

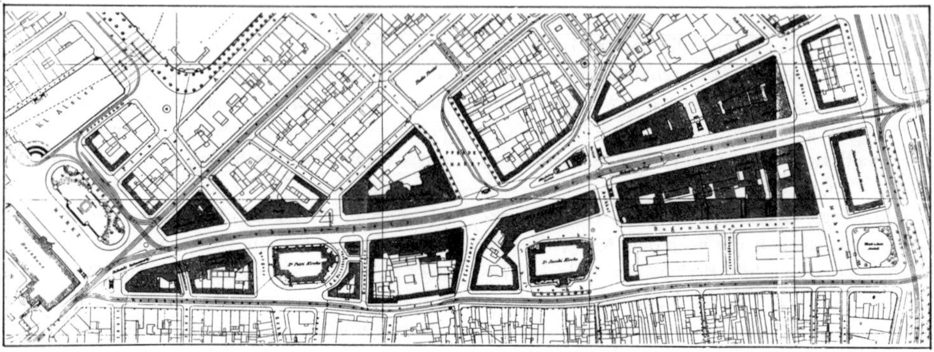

Lageplan der Mönckebergstraße, 1911. Dunkel angelegt sind die neu zugeschnittenen Blocks, die die Altstadtbebauung ersetzen. Nördlich schließt sich das regelmäßige Straßennetz des Wiederaufbaus nach 1842 an. Am unteren Rand sind noch die schmalen Parzellen des Sanierungsgebietes südlich der Steinstraße zu erkennen, wo dann das Kontorhausviertel entstand.

fluß nehmen konnte. Seit 1910 gehörte ihr Fritz Schumacher an. Mit seinem Vorschlag für die Überbauung der Einmündung der Knochenhauertwiete und seiner Ausgestaltung der Einmündung der Spitalerstraße durch den Mönckebergbrunnen setzte er die städtebaulichen Akzente.

Mönckebergstr. 8–12, das Kontorhaus **Barkhof** (1909/10, Franz Bach), bildet mit der Seeburg gegenüber an der Einmündung der Spitalerstraße in die Mönckebergstraße ein großzügiges Tormotiv. In drei Abschnitte ist der Kontorhauskomplex gegliedert, an dessen Fronten eng gereihte Stützen den Höhepunkt der typologischen Entwicklung des Kontorhauses anzeigen. Die schmale Fassade auf der Spitze ist mit allegorischen Reliefs aufwendig geschmückt, die die Blüte von Handel und Wandel beschwören. Am obersten Geschoß auf der Mönckebergstraßenseite ist ein Reliefmedaillon dem Bürgermeister Mönckeberg gewidmet. – Mit dem **Südseehaus,** Mönckebergstr. 6 (1911/12) übernahm Franz Bach den neuen Kontorhausstil, der sich mit Backstein und Bürgerhausmotiven auf die alt-hamburgische Bautradition bezog (durch Krieg und Wiederaufbau ist das Haus allerdings weitgehend verändert); hier hatte Carl Bensel mitentworfen.

Für Mönckebergstr. 3, das **Klöpperhaus,** hat sein Bauherr Heinrich Adolf Klöpper (der eng mit Alfred Lichtwark befreundet war und dessen Bestrebungen für eine Erneuerung der bürgerlichen Kultur unterstützte) einen Wettbewerb ausgeschrieben, mit dem die Entwicklung einer eigenständigen Geschäftshausarchitektur in Hamburg weiter gefördert werden sollte. Ausgeführt wurde Fritz Högers Entwurf 1912/13. Während sonst um 1910 Bürgerhausgiebel das alte Hamburg zitieren, bindet das Klöpperhaus die Großform des Kontorhauses mit gleichmäßiger Pfeilerreihung (dazwischen bay-windows) nur noch durch Backstein und Sprossenfenster in die hamburgische Tradition ein. – Die Bronzeschafe von August Gaul an der Ecke zu den Langen Mühren flankierten ursprünglich den Haupteingang der Firma Adolf Klöpper, die den größten Teil ihres Gebäudes selbst nutzte, und erinnern an deren Geschäfte im Wollhandel. Hinter den erhaltenen Fassaden wurde 1966/67 ein modernes Warenhaus errichtet.

Mönckebergstr. 5, das Kontorhaus **Hammoniahaus** (Ernst Friedheim, 1912/13), ist mit Backsteinverkleidung, Giebel und Erker noch traditionalistischer gehalten. Reliefs mit Darstellungen von Schotten erinnern an den ursprünglichen Namen **Caledonia-Haus** (im Ersten Weltkrieg patriotisch geändert). – Mönckebergstr. 7, das **Philipps-Levante-Haus** (Franz Bach und

Carl Bensel, 1912/13), besteht aus zwei Baukörpern an Mönckeberg- und Bugenhagenstraße, die durch ein zentrales Treppenhaus verbunden sind. Die Fassade zur Mönckebergstraße – Backstein mit Muschelkalkgliederungen – ist schmuckreich detailliert. Die Rückseite zur Bugenhagenstraße hingegen ist auf einen einfachen Backsteinrohbau reduziert, der das Pfeilerskelett des Kontorhauses unverhüllt zeigt. Die Reformer sahen darin die eigentliche Lösung des Fassadenproblems für die moderne Großstadtbauaufgabe Kontorhaus: nüchtern, sachlich und dadurch monumental. – Carl Bensel konnte einen Neubau an der **Bugenhagenstraße 5** bald darauf (1914) mit einer so aufgefaßten Hauptfassade versehen; die Figur nach berühmtem Vorbild in der Nische am Eingang verdankt einer Weinlaune der Bauherren ihre Existenz.

Mönckebergstr. 11, das **Rappolthaus** (Fritz Höger, 1911/12) wurde im Krieg schwer beschädigt, die rechte Hälfte (zum Gerhart-Hauptmann-Platz hin) ist in ganz veränderter Form wieder aufgebaut worden. Auch der erhaltene Teil verlor das hohe Dach und die Bürgerhausgiebel (ersetzt durch Staffelgeschosse). Backstein und Bürgerhausdetails verkleiden die Skelettkonstruktion des Kontorhauses, ohne sie zu verhüllen. Die Figuren am Eingang stammen von Georg Wrba, Dresden (wohl eine Empfehlung Fritz Schumachers).

Die gegenüberliegende Einmündung der Spitalerstraße ist seit dem Krieg nicht mehr in der ursprünglichen Einheitlichkeit erhalten. **Spitalerstr. 32 / Gerhart-Hauptmann-Platz** (1909 als Hotel erbaut) ist verstümmelt und vereinfacht. – Das Kontorhaus **Spitalerstr. 30** gehört mit seinen Jugendstilformen noch zu den frühen Neubauten in diesem Viertel vor Anlage der Mönckebergstraße (Claus Meyer, 1906/07). – **Spitalerstr. 22–26** (HEW-Kundenberatungszentrale, Garten & Kahl, 1967–69) setzt sich nach Material und Fassadensystem souverän über alles hinweg, was in der Umgebung an Vorbildern zitierbar gewesen wäre. Vielleicht gerade deshalb gehört es zu den besten Leistungen der sechziger Jahre in Hamburg: Seine zurückschwingende Front schließt eine Kriegslücke und setzt zugleich einen neuen räumlichen Akzent. – Das **Mönckeberghaus,** Gertrudenkirchhof 1 / Lilienstr. 36 (Claus Meyer, 1908/09 – ein Porträtmedaillon bezieht sich auf den Bürgermeister Mönckeberg), stellt sich als Eckhaus der Seeburg und dem Barkhof gegenüber.

Fritz Schumacher sorgte 1911 dafür, daß auf dem Restgrundstück zwischen Spitaler- und Mönckebergstraße nicht ein Turmhaus gebaut wurde, sondern daß ein Komitee, das ein Denkmal für den verstorbenen Bürgermeister Mönckeberg schaffen wollte, es hier plazierte und dazu Schumachers Entwürfe verwendete; es entstand der **Mönckebergbrunnen** (baulich ausgeführt bis 1913, die Skulpturen folgten bis 1926): Ein zweigeschossiges Haus wendet seinen Tempelgiebel einem Vorplatz zu, der seinerseits auf einen stelenartigen Brunnen ausläuft, der von Bronzeplastiken flankiert und bekrönt wird. In Schumachers Sinne war so eine stufenweise Überleitung aus der Fußgängerebene zum Maßstab der Kontorhäuser geschaffen, deren Größe dadurch nachvollziehbar wird. Zugleich erhält die ganze Mönckebergstraße einen Angelpunkt und point de vue. – Die Nutzung fand sich alsbald: Hier wurde die Zentralbücherei der Hamburger Öffentlichen Bücherhallen untergebracht. – Das Denkmalkomitee hatte seinerzeit Sorge, daß zukünftig eine der Würde des Ortes weniger angemessene Nutzung einziehen könnte und untersagte daher dem Staat, dem es die Gesamtanlage schenkte, jede Veräußerung des Gebäudes. Nun ja, es ist verpachtet. – Das Porträt Mönckebergs ist aus dem Muschelkalk der Brunnenstele herausgehauen und – wie die figürlichen Szenen der Stele – nur noch schwer erkennbar. Die flankierenden Figuren und der bekrönende Löwe stammen von Schumachers Dresdner Bildhauerfreund Georg Wrba (der im Krieg verlorengegangene Löwe wurde 1965 durch Philipp Hardt rekonstruiert). – Dr. Johann Georg Mönckeberg (1839–1908, seit 1876 Mitglied des Senats, 1889 erstmals Bürgermeister) war Vorsteher der Sanierungskommission und insofern mitverantwortlich für die Entscheidungen, die zur Anlage der nach ihm benannten Straße führten. Vorsitzender des Denkmalkomitees war Edmund Siemers. – Neben dem Mönckebergbrunnen steht eine Stahlsäule (Hermann Goepfert, 1969). – Zwischen Denkmalanlage und Barkhof war der Abgang zur 1912 eröffneten Untergrundbahn besonders vornehm gestaltet. Davon ist nur noch die Fliesenverkleidung der südlichen Treppe erhalten.

Den Westabschnitt der Mönckebergstraße und den Gerhart-Hauptmann-Platz beherrscht das **Warenhaus Karstadt** (Carl Bensel, 1912/13). Eng gesetzte Fassadenpfeiler mit Sandsteinverkleidung signalisieren, daß es sich in die Reihe der Kontorhäuser stellt. Das kriegszerstörte Gebäude wurde 1953 in stark vereinfachter Weise wieder aufgebaut (Kreyenberg, Hannover) und 1989 modernisiert.

Mönckebergstr. 21, das **Hulbehaus** (Abb. 24), wurde nach Entwürfen von Henry Grell 1910/11 für das Kunstgewerbehaus Georg Hulbe errichtet. Es ist als verhältnismäßig kleiner Einzelbaukörper dem Chor der Petrikirche beigesellt worden, um dessen Anspruch auf großen Maßstab zu erhalten. Der fast noch historistisch wirkende Reichtum des Äußeren ist in seiner Bezugnahme auf die niederländische und hansestädtische Renaissance um 1600 ein Beitrag zur Heimatschutzbewegung. Andererseits weist er auf die Geschäftstätigkeit des Inhabers hin: Hulbe war eines der Kunstgewerbegeschäfte, in denen man sich standesgemäß einrichten konnte.

Bergstr. 7/Mönckebergstraße, das Kontorhaus **Prediger** (ehem. Glass, Fritz Höger, 1911), an der Ecke gegenüber der Petrikirche verbindet wie am Rappolthaus Gerüstbauweise und lokale Tradition (Erker, Bürgerhausgiebel und vor allem Backstein). – Mönckebergstr. 27, das Kontorhaus **Seidenhaus Brandt** (Henry Grell, 1912/13), ist natürlich ein Skelettbau – hier aber mit Travertinfassade und neoklassizistischer Gliederung, eine Reaktion auf das nahe Rathaus. – Mönckebergstr. 29–31, das Kontorhaus **Versmannhaus** (Rambatz & Jollasse, 1910–12), ist fast ein Werk Fritz Schumachers: Er riet zur Überbauung der Knochenhauertwiete (an der Durchfahrt nehmen Plastiken auf den Straßennamen Bezug) und erreichte damit einen Baukörper, der genügend groß war, um an der Einmündung der Durchbruchstraße in den Rathausmarkt und gegenüber dem Rathaus städtebaulich wirken zu können – zugleich als Platzwand wie als Auftakt der neuen Großstadtstraße. Dem Rathaus verdankt das Versmannhaus seine stilistischen Anleihen bei der deutschen Renaissance (leider sind die bekrönenden Zwerchgiebel verloren).

Das gegenüberliegende **Rathaushörn,** Mönckebergstr 22 (Claus Meyer und Alfred Löwengard, 1910/11), hat durch den Krieg seine Fassade verloren. Unter der modernen Verkleidung ist der alte Stützenrhythmus erhalten. – Am **Commeterhaus,** Bergstr. 11/Hermannstraße (Franz Jacobssen, George Radel und Henry Grell, 1907/08), verbinden sich die sehr eng gestellten Stützen des Kontorhauses mit Werksteinverkleidung, Plastiken und dem Kuppeldach über der abgerundeten Ecke zu monumentaler Wirkung; sie feiert die Kunst und den Kunsthandel.

Mönckebergstr. 18, das Kontorhaus **Domhof** (Franz Bach, 1912/13), ist der einzige Backsteinrohbau an der Mönckebergstraße, gegliedert durch Terrakottamaßwerk. Neuerdings sind die im Krieg zerstörten Giebel wieder aufgesetzt worden.

Nach dem Ersten Weltkrieg schloß sich im Sanierungsgebiet Mönckebergstraße noch die ergänzende Bebauung an der Nordseite der Steinstraße an: Dort entstand 1921–24 die **Hauptverwaltung des Karstadt-Konzerns,** entworfen von dessen Architekten Philipp Schäfer. Sie bediente sich desselben mächtigen Neoklassizismus wie unmittelbar vor dem Kriege Högers HAPAG-Erweiterung – vor allem das Mittelmotiv der langgestreckten Sandsteinfassade mit seinen Kolossalsäulen wirkt noch wilhelminisch. Dieser Neoklassizismus war in den zwanziger Jahren international, in Deutschland weist er voraus auf das Dritte Reich, das ihn als seine Repräsentationsarchitektur requirierte.

Wichtiger als diese Schaufront ist die Rückseite zur Bugenhagenstraße. Dort schließt das Karstadtgebäude an die fortschrittlichsten Entwicklungen der Zeit vor dem Ersten Weltkrieg mit Bensels Rückseite des **Philipps-Hauses** an: Eine straffe, alle stilisierende Details beiseitelassende Backsteinverkleidung der gleichmäßig gereihten Pfeiler dokumentiert die Richtung, in die die zwanziger Jahre weiterschritten. – Hans und Oskar Gerson bauten 1923 das einfache Kontorhaus **Steinstr. 12.**

St. Jacobi

Die Hauptkirche St. Jacobi (zwischen Steinstraße und Jacobikirchhof) wird 1255 erstmals erwähnt. Sie bildet den Mittelpunkt für die Siedlung außerhalb des Heidengrabens, die im 13. Jh. entstand und dann durch die neue Stadtmauer in die Stadt einbezogen wurde. Das Kirchspiel liegt auf der Geest und hat keinen Anteil an den Fleeten und am Hafen. Andererseits erstreckt es sich beidseits der **Steinstraße,** der Hauptstraße der Stadt und Teil des Fernhandelsweges nach Lübeck. Das bedingte den Charakter des Viertels als Standort des Klein- und Versorgungsgewerbes, das die Hafen- und Verkehrswirtschaft der Kaufmannshäuser um Petri, Katharinen und Nikolai brauchte.

Das heute bestehende Kirchengebäude wurde seit ca. 1340 errichtet. 1493–1508 entstand das zweite südliche Seitenschiff. 1944 ist St. Jacobi ausgebrannt; der neugotische Turmhelm und die Gewölbe wurden zerstört. 1951–63 erfolgte die Wiederherstellung durch Hopp & Jäger.

Dem Typus nach folgt der gotische Backsteinbau von St. Jacobi dem Vorbild der Petri-Kirche und damit dem von St. Johannis in Lüneburg: eine dreischiffige, fünfjochige Halle mit Westturm und Chorgruppe.

Die *Westfront* wurde 1737–43 durch Johann Nikolaus Kuhn verstärkt und dabei durch pilasterartige Stützpfeiler gegliedert. Im gesprengten Giebel des Turmportals von 1743 steht eine Figur des Kirchenpatrons Jacobus maior von Matthias Dücker. – Auf der Bronzetür (Jürgen Weber, Braunschweig, 1966) erscheint das Jüngste Gericht (im Bogenfeld Christus zugleich als Schmerzensmann und Weltenrichter, die Klugen und die Törichten Jungfrauen als Selige und Verdammte, zwischen den als Vorhang gestalteten Türflügeln der Erzengel Michael – darauf Szenen aus dem Leben des Jacobus).

Der kupfergedeckte *Turmhelm* (Abb. 1) ist ein bemerkenswerter Versuch, mit modernen architektonischen Mitteln der mittelalterlichen Kirche gerecht zu werden und die historische Stadtsilhouette der Turmhelme wieder zu komplettieren (Bernhard Hopp, 1959–62). – Der zweigeschossige Anbau für Sakristei (Abb. 26) und Kirchensaal

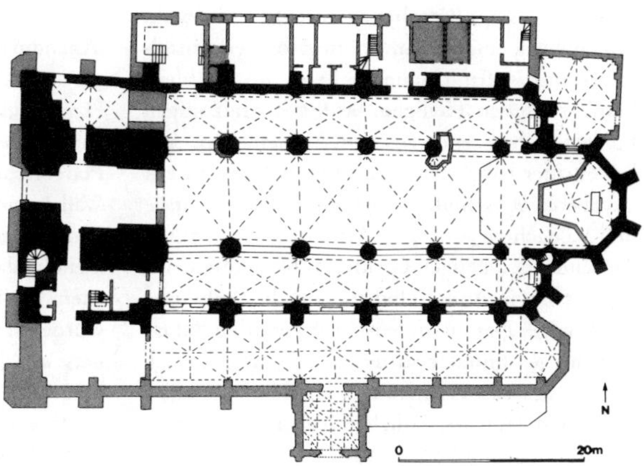

Hauptkirche St. Jacobi, Grundriß
schwarz ausgeführtes Mauerwerk – 14. Jh.
grau – Erweiterungen seit dem 15. Jh.

von 1434–38 an der Nordseite des Chores ist mit Blenden gegliedert. – Der Gemeindehausanbau an der Nordseite aus dem 18. Jh. (beim Wiederaufbau verändert und ergänzt) zeigt noch Spuren des Backsteinschmuckverbandes (Rautennetz und Jahreszahl 1707). Zwei Pilasterportale führten in die früheren Begräbnishallen. – Die neugotische Eingangshalle an der Südseite baute 1869 Isaiah Wood, der Bauleiter der Nikolai-Kirche.

Innen tragen mächtige Rundpfeiler mit je vier dünnen Diensten vielfach profilierte Scheidbogen und gebuste Kreuzrippengewölbe mit Gurtrippen. An der einfachen Arkadenform zum Südschiff hin ist die Durchbrechung der ursprünglichen Südwand für das zusätzliche Seitenschiff zu erkennen (1947–49 vermauert, um das Südschiff provisorisch als Notkirche herzurichten. 1982/83 Einbau der Verglasung). – Das Gewände der Tür zur Sakristei im Hauptchor ist mit Reliefs besetzt (im Schlußstein Marienkrönung). – Das Gewölbe der Sakristei mit figürlichen Konsolen und Schlußsteinen wird von einem Mittelpfeiler getragen (Bauinschrift!).

Die *Farbfenster* im Chor 1959 von Carl Crodel beziehen sich auf Geburt Christi und Passion, auf Himmelfahrt und Pfingsten (dazu 1961 im südlichen Nebenchor Taufe im Jordan, Jesus segnet die Kinder).

Hinter dem *Hauptaltar* ist das geschnitzte Flügelretabel des ehemaligen, 1518 geweihten St. Trinitatis-Altars der Böttcher aufgestellt. Es ist wohl in Hamburg entstanden. Im zweizonigen Mittelteil oben die Trinität, unten Maria im Strahlenkranz zwischen Heiligen. Auf den dreizonigen Flügeln sechs Szenen aus dem Marienleben. Alle Relieffelder haben fein geschnitztes Rankenwerk als oberen Abschluß, die Hauptfelder sind in je drei Baldachine aufgelöst. Auf den gemalten Außenseiten der Flügel Gnadenstuhl und Christi Geburt sowie Anna selbdritt und die Anbetung der Könige. Der zu diesem Altar gehörige Baldachin mit geschnitzter Stifterinschrift befindet sich – mit Teilen des Fischeraltars zusammengefügt – an der Südwand des südlichen Nebenchors; davor steht die Marmortaufe von 1814. – Das 1508 aufgestellte Flügelretabel des St. Annen- und Petrialtars der Fischer zeigt im dreiteiligen Baldachin des geschnitzten Mittelschreins eine Mondsichelmadonna zwischen Petrus und Gertrud. Die Bilder der bemalten Flügel beziehen sich auf Petrus und Gertrud (Petri Fischzug bzw. Schlüsselübergabe, die Heilige Gertrud mit einem Pilger bzw. ihre Weihe zur Äbtissin von Nivelles, auf den Außenseiten ganzfigurige Bilder der Heiligen). Die Zuschreibungen sind unsicher, wahrscheinlich ist der Altar aber in Hamburg entstanden; Maler war möglicherweise Wilm Dedeke, der Werkstattnachfolger des 1499 verstorbenen Hinrik Bornemann.

Die *Kanzel* wurde 1609/10 von Georg Baumann gestaltet. Der Treppenaufgang, der sechseckige Korb und die ihn gliedernden Säulchen sind aus farbigem Marmor, die Reliefs und Ornamente aus weißem Alabaster mit Vergoldungen formal und materiell besonders reich hergestellt. An den Brüstungsflächen Evangelienszenen (Verkündigung, Anbetung der Hirten, Kreuzigung, Auferstehung und Himmelfahrt), an der Treppe die vier Evangelisten. – In der Bekrönung des Treppenportals das Pfingstwunder. Die Tür holzgeschnitzt mit Figur der ›Fides‹. Der Schalldeckel (Johann Moltzan, 1610–14) ist nur im Kern und mit Teilen des figürlichen Schmucks (Engel mit Gesetzestafeln, Putten) erhalten.

Im nördlichen Nebenchor steht eine Holzfigur des Jacobus maior (17. Jh.). Über der Nordtür ›Abendmahl‹ (Mitte 17. Jh.).

An der *Langhausnordwand* Gemälde der Stadt Hamburg, von Süden gesehen (Joachim Luhn, 1681). Die Stadtsilhouette mit den Türmen von Pfarrkirchen und Dom erhebt sich hinter dem Wall Johan van Valckenburgs (links die Einfahrt in den Binnenhafen) mit sehr genau beobachteten Details, davor liegen der Grasbrook (mit ländlichem Treiben) und die Norderelbe. – Das Bild wurde für die Ratsstube, den Sitzungssaal des Senats im alten Rathaus, gemalt, wo es bis 1788 hing. 1819 kam es in die Jacobi-Kirche.

Daneben Gemälde ›Der reiche Mann und der Tod‹ (David Kindt, 1622) mit einem reichen

Kaufmann im Kontor, dem sich der Tod nähert, und eine Allegorie auf die Auferstehung (gestiftet 1691, Joachim Luhn?).

Die vier barocken Evangelistenfiguren im Westjoch des Langhauses stammen vom 1720 hergestellten (und im 19. Jh. wieder ersetzten) Hauptaltar. An der Westwand über der Orgelempore Grablegung Christi (Inschrift 1650).

Im Westteil des Gemeindehauses wurde als Zugang zur Orgelempore das Treppenhaus des 1960 abgebrochenen Hauses Katharinenstr. 7 eingebaut (Treppe um 1700, Stuckdecke um 1750).

Die *Orgel* von 1689–93 gehört zu den Meisterwerken Arp Schnitgers. Sie ist trotz Kriegsschäden die größte erhaltene Barockorgel Norddeutschlands (seit 1990 Restaurierungsarbeiten). Der Prospekt Christian Prechts wurde mit geschnitzten Teilen, die den Zweiten Weltkrieg überstanden hatten (u. a. König David mit Harfe, Engel), bis 1960 rekonstruiert. – An der Emporenbrüstung Reste der Brüstungsbilder früherer Emporen der Kirche aus der Mitte und dem dritten Viertel des 17. Jh. – Weitere dieser Emporenbilder im Südschiff, in der Kunsthalle und im Museum für Hamburgische Geschichte.

Der wichtigste Bestandteil der Ausstattung von St. Jacobi steht im Chor des äußeren südlichen Seitenschiffes: der dem Schutzheiligen der Maler, dem Apostel Lukas gewidmete *Altar des Maleramtes* (der Hamburger Malerzunft). Er war bis 1804 im Dom aufgestellt und gehört auch heute noch der Maler-Innung. Das Flügelretabel – datiert 1499 am Beischlag eines Hauses auf der Innenseite des linken Flügels – hat einen geschnitzten Mittelteil und gemalte Flügel (Abb. 25). – Der Schrein zeigt den die Madonna malenden Apostel Lukas und die mystische Vermählung der Heiligen Katharina mit dem Christkind vereinigt zu einer Szene zwischen der Heiligen Lucia (die die ausgestochenen Augen ihres Martyriums präsentiert) und einem Farbe reibenden Malerlehrling. Dahinter stehen die vier lateinischen Kirchenväter und Cyriakus, einer der vierzehn Nothelfer. Die Flügelinnenseiten zeigen das Emmausmahl und den Tod des Lukas, die Außenseiten die Madonna auf der Mondsichel (ungewöhnlich die ihr von Engeln zugetragenen drei Blütenkronen) und nochmals der sie malende Apostel, dessen scharfer Schlagschatten in der Nische auffällt. – Die geschnitzten Szenen werden mit dem Lübecker Imperialissima-Meister in Verbindung gebracht. Die Flügel malte Hinrik Bornemann, der um 1499 verstorben ist (er ist zusammen mit seiner Frau Berteke als Stifter auf den Flügelaußenseiten dargestellt). Sein Werkstattnachfolger Wilm Dedeke hat wohl die Flügel um 1500 vollendet. – Hinrik Bornemann, der Sohn Hans Bornemanns, hatte 1496 eine eigene, innerhalb des Maleramts neue Werkstatt gründen können. Möglicherweise steht die Altarstiftung damit im Zusammenhang.

Im äußeren südlichen Seitenschiff befindet sich weiterhin das Epitaph für den Bildschnitzer Jost Rogge (gest. 1616); sein zweigeschossiger Säulenaufbau mit Beschlagwerkwangen rahmt Gemälde der Kreuzigung (die Stifter sind nachträglich aufgemalt) und der Auferstehung von Johann Willings, Lübeck. – Ehemalige Grabtür mit gemalter Gedenktafel für Anna Elisabeth Schuppius (gest. 1649). – Weitere frühere Emporenbilder an der Kleinen Orgel (s. oben). – Beichtstuhl des 18. Jh.

In der *Norderkapelle:* Epitaph für den Hauptmann Hans Lüders (gest. 1616) mit Säulenädikula aus Sandstein, Marmor und Alabaster, um 1630. Knorpelwerkdekor, als Hauptrelief Verklärung Christi, im Aufsatz die drei christlichen Tugenden und Relief mit Auferstehung der Toten. Georg Baumann zuzuschreiben. – Epitaph für den Secretarius Bernhard Teggius (gest. 1606), zweigeschossiger architektonischer Aufbau aus schwarzem Marmor mit Alabasterreliefs. Im Hauptrelief Jüngstes Gericht, im Aufsatz Porträtreliefs des Stifterpaares. – Grabplatten aus der Sakristei.

Der *Kirchensaal* über der Sakristei wurde 1710/11 neu ausgestattet. Die allegorischen Gemälde in der Stuckdecke beziehen sich auf Stadtregiment und Bürgertugenden, sie machen die Bedeutung der Kirchspiele für die bürgerliche Selbstverwaltung anschaulich. Landschaftsmalereien an den Wänden ahmen Gobelins nach (alle Gemälde

Johann Moritz Riesenberger d. J.). Wappentafeln der Kirchspielherren, Geschworenen und Pastoren seit dem 16. Jh. sind an den Wänden angebracht.

Die Jacobi-Kirche ist mo–fr 10–16 Uhr und sa 10–13 Uhr zu besichtigen (✆ 327744).

Das Kontorhausviertel

Im **Kontorhausviertel** zwischen Steinstraße und Meßberg, rund um den Burchardplatz, hat die Hamburger Citybildung ihren Höhepunkt erreicht. Auch hier, südlich der Steinstraße im Jacobi-Kirchspiel, wohnten vorher kleine Leute in einem dichten ›Gängeviertel‹, in Fachwerkhäusern des 17. bis 19. Jh. Auch hier sollte seit 1892 saniert werden. Geplant war ein hafennahes Wohnviertel (Bebauungsplan 1912 und städtebaulicher Wettbewerb 1914). Noch vor dem Ersten Weltkrieg begann der Abbruch im Südteil (an der Steinstraße blieben Reste bis 1930 stehen). Um Wohnungsbau durchzusetzen, gründeten alteingesessene Bewohner des Viertels noch 1925 den Bauverein Alt-Hamburg – am Ende wurden sie jedoch in die Jarrestadt (Winterhude) und auf die Veddel umgesiedelt. Der Druck der wirtschaftlichen Verhältnisse (und die Überzeugung von der Zwangsläufigkeit des Citybildungsprozesses bei den beteiligten Planern, auch bei Fritz Schumacher) führten dazu, daß hier seit 1921 nur Kontorhäuser entstanden, darunter die größten überhaupt und mit dem Chilehaus das berühmteste, ein Wahrzeichen Hamburgs.

Korrekturen des Bebauungsplans unter dem Einfluß Fritz Schumachers reagierten auf die einzelnen Bauvorhaben mit dem Ziel, möglichst große Baumassen zu erzielen und jedem Bauwerk eine ausgeprägte Individualität zu sichern. Andererseits haben – wie in den gleichzeitigen Wohnvierteln – der Klinker als einheitliches Baumaterial und die Massenkomposition die städtebauliche Einheit des Viertels bewahrt – trotz grundlegend verschiedener Baukonzepte zwischen Expressionismus und Neuem Bauen, Skelettfassade und kubischem Mauerkörper im einzelnen.

Das **Chilehaus** (Farbabb. 10), Burchardplatz 1, wurde nach Entwürfen von Fritz Höger 1922–24 für Henry Brarens Sloman erbaut. Mit seinem Namen weist es auf dessen Hauptgeschäft hin, den Import von Chile-Salpeter. Für seine Erbauung wurden 4800000 Backsteine verwendet. Es besitzt 36000 qm Nutzfläche, nimmt zwei große Grundstücke ein und überbaut die dazwischen liegende Fischertwiete.

Atemberaubend ist die Dynamik der Perspektiven, die das Bauwerk entfaltet: An streng geraden (Burchardstraße) oder spannungsvoll geschwungenen Fronten (Pumpen) durchlaufende, eng gestellte, durch einfachste Mittel des Backsteinmauerwerks irisierende Pfeiler lösen den Körper des Kontorhauses zwischen einem massiv wirkenden Erdgeschoß und den auskragenden Laufgängen der Staffelgeschosse auf. Die Grundstücke sind bis in den spitzen Winkel des Blocks zwischen Pumpen und Burchardstraße hinein restlos ausgenutzt. Dort entstand mit der Ostspitze der wahrzeichenhafte ›Schiffsbug‹ des Chilehauses, der es als ›Flaggschiff in Stein‹ (Kamphausen) zum Symbol für den Wiederaufbau der Wirtschaft nach dem Ersten Weltkrieg werden ließ (die Erdgeschoßzone der Spitze ist mit ihrem Andenkondor ein direktes Zitat des HAPAG-Dampfers ›Imperator‹ und von dessen imperialistischer Adler-Galion).

Das Chilehaus ist Fritz Högers Hauptwerk. Hier entwickelte er seine Technik, reiche dekorative Wirkungen aus dem Backsteinverband zu gewinnen, zur Vollendung; sie trug ihm den Namen ›Klinkersticker‹ ein (im Kern hat das Haus ein Stahlbetonskelett). – An den Hauptfronten, am Bug und an den Portalen ist die Klinkerarchitektur des Chilehauses bereichert durch expressionistisch gotisierende Arkaden von Richard Kuöhl (an der Durchfahrt Fischertwiete trägt ein Knabe das Modell des Hauses). – Die Eingangsräume und Treppenhäuser sind mit Keramikverkleidungen ausgestattet, wirken jedoch ruhig, gesammelt, sachlich, wie übrigens auch die Innenhöfe.

»Machttat des Geistes, Spiel und Vollendung ungeheuren Gesichtes, lachende sieghafte Formung riesenhaften Gedankens, gewaltigstes überraschendstes Denkmal eingeborener Kraft einer Stadt, eines Volkes: das ist dein stolzes, dein hinreißendes, dein jauchzendes Bekenntnis« meinte der expressionistische Dichter Rudolf G. Binding.

Nüchtern betrachtet ist dieses Bauwerk aber sehr hamburgisch zustande gekommen, nämlich als Produkt eines diskursiven Entwurfsfindungsprozesses vieler Beteiligter: Seine Wurzeln reichen von trivialen Zufällen – wie etwa der Tatsache, daß der bunte Klinker, der so entscheidend zu seiner Wirkung beiträgt, vom Bauherrn längst auf Vorrat gekauft worden war, bevor überhaupt Fritz Höger ins Spiel kam – über verhältnismäßig konventionelle Vorentwürfe Fritz Högers, über eine schrittweise Entwurfsentwicklung, eine anhaltende Beratung durch die Behörden der Hansestadt (so stammt die Idee der für Bug wie Silhouette überaus wirksamen Staffelgeschosse von der Baupflegekommission) bis hin zur expressionistischen, so von Höger selbst keineswegs von Anfang an gedachten Gotik der Arkaden Kuöhls. Der Tudorbogen über der Fischertwiete (Abb. 29) ist ein Zitat des Wohnhauses des Bauherrn (Harvestehuder Weg 5) und auf dessen Wunsch verwendet worden. Die Einzigartigkeit der Wirkung des Chilehauses war von Höger keineswegs erkannt worden – er hätte am liebsten das ganze Kontorhausviertel mit Repliken des Bugs gefüllt. Sie war der subtilen Reaktion Fritz Schumachers zu verdanken, der sogar den Straßenplan korrigierte, um dem Chilehaus zu einer angemessenen Entfaltung zu verhelfen und alle anderen Spitzen zu unterdrücken.

Vom Chilehaus wird die **Polizeiwache Klingberg 1** umklammert. Sie war das erste moderne Gebäude im Sanierungsgebiet, erbaut nach Entwürfen von Albert Erbe 1906–08 als Dienstgebäude für die Landherrenschaften und für eine Polizeiwache. Mit seinen hohen Giebeln nimmt es wie viele Bauten Erbes Bezug auf alt-hamburgische Bürgerhäuser. – Die Details der Eingänge weisen auf die ursprüngliche Nutzung hin, etwa mit Vierländer Feldfrüchten. Von hier aus verwaltete Hamburg seine Landgebiete.

Der **Meßberghof** (Farbabb. 10), Meßberg 1, wurde erbaut nach Entwürfen von Hans und Oskar Gerson 1923/24, ursprünglich als ›Ballinhaus‹. Das hochhausartige Kontorhaus sollte an die Vorkriegsblüte der Hamburger Weltwirtschaft anknüpfen. – Ein turmartiger Baukörper wird an seinen seitlichen Flanken wirkungsvoll abgestuft und rahmt damit die schmale Hauptfront zum Meßberg (und heute zur Ost-West-Straße); er war bis zum Krieg bekrönt durch ein hohes Walmdach. Die Kanten der flächigen Fassaden sind zu Strebepfeilern aus der Wand herausgezogen, deren gotisierender Charakter durch Statuen betont wurde, die im ersten Obergeschoß davor gesetzt waren (›Temperamente‹, in den sechziger Jahren entfernt). Im Erdgeschoß überfangen maßwerkartige Muschelkalkbaldachine die Eingänge. – Die von den Gersons besonders geschätzten Wendeltreppen in Kontorhäusern (Sprinkenhof, ehemals auch Thalia-Hof) haben hier ihr schönstes Beispiel (Abb. 27; den Einfall hatte ihr junger Büromitarbeiter Hans Blumenfeld, später ein bedeutender Städtebauer).

An den Pumpen schließt sich ein 1978–83 errichtetes Geschäftshaus an (Graaf, Schweger und Partner), das sich gegenüber seinen monumentalen Nachbarn aus den zwanziger Jahren ehrenvoll behauptet.

Der babylonische Turm der City wäre das **Messehaus** geworden – und wie sein mythisches Vorbild ist dies Projekt gescheitert. Seit 1924 wurde als östlicher Abschluß des Kontorhausviertels eine Außenhandelsmesse mit Kontorhäusern geplant. Der Entwurfswettbewerb brachte 1924/25 Hochhausutopien, für die die wirtschaftlichen Grundlagen auch nach Inkrafttreten des Dawes-Planes nicht ausreichten. An dieser Stelle entstand erst nach dem Zweiten Weltkrieg die Hochhausgruppe des **City-Hofes,** Klosterwall 2–8 (Rudolf Klophaus, 1954–60).

Das größte Gebäude im Kontorhausviertel blieb der **Sprinkenhof,** Burchardstr. 6–14. Mit dem mittleren seiner drei Höfe überbrückt er die Springeltwiete. Gebaut wurde er in drei Abschnitten: zuerst der Mittelteil (Fritz Höger mit

Luftbild des Kontorhausviertels um 1930. Rechts das Chilehaus, dahinter der Sprinkenhof (mit Baustelle für den zweiten Abschnitt), in der Mitte Montanhof, Fernmeldeamt Niedernstraße und Mohlenhof, dahinter Reste der Altstadtbebauung und die Steinstraße mit dem Karstadt-Verwaltungsgebäude

Hans und Oskar Gerson 1927/28); der westliche Teil des Gebäudes wurde von denselben Architekten 1930–32 angefügt; der östliche folgte 1939–43 (Fritz Höger erbaute ihn allein; Oskar Gerson durfte seit 1933 aus rassischen Gründen nicht mehr bauen, Hans Gerson war 1931 verstorben). Konstruiert ist auch dieses Kontorhaus als Stahlbetonskelett, das aber hinter einheitlichen Wandflächen verborgen wird. Den ursprünglich freistehenden Mittelblock überzieht ein netzartiges Backsteinmuster, in das die Fenster sowie Keramikknäufe mit vergoldeten Emblemen eingebunden sind (Abb. 28). Die Motive erinnern durch Rad, Schiff, Adler, Burg, Waage an Hamburg und das Reich, an Wirtschaft und Verkehr (Ludwig Kunstmann). Im Innenhof vertreten ihre Stelle vergoldete Doppelsteine. Dort sind auch die ursprünglichen Buckelglasscheiben der Fenster erhalten bzw. wiederhergestellt: Die Reflexe auf ihnen zusammen mit Schmuckverband und Vergoldungen geben dem Haus eine unübertreffliche Vielfalt an Farb- und Lichtwirkungen. Übrigens stammt dieses dekorative Konzept von den Gersons: Sie entwickelten dafür den Entwurf für eine Heldengedächtnishalle (!) auf dem Ohlsdorfer Friedhof von 1921 weiter (s. S. 457).

Anders und je verschieden sind die Flächen der Seitentrakte gemustert, ganz manieriert an der Südostfront, wo das Muster allmählich in der Wandfläche verschwindet. Das Menschenbild des Dritten Reiches vergegenwärtigen die Plastiken am Eingang Johanniswall 4. – Innen ist die Wendeltreppe am Eingang Burchardstr. 8 besonders eindrucksvoll.

Nach Westen begrenzt der **Mohlenhof** den Burchardplatz (Klophaus, Schoch, zu Putlitz, 1928/29). Der Stahlbetonskelettbau mit flächiger Klinkerverkleidung wendet ihm eine hochhausartig überhöhte Ecke zu. – Obwohl sich an der Konstruktion der Kontorhäuser nichts geändert hat, ist die Fassade hier als glatte Fläche mit Lochfenstern gestaltet: Die Abwendung des Neuen Bauens von der expressionistischen Vielfalt des Backsteinschmuckwerks ist der ästhetische Grund dafür; aber man hatte auch schlechte Erfahrungen mit der Witterungsbeständigkeit einer allzu aufgelösten Klinkerbauweise gemacht. – Die Sandsteinfigur des *Hermes* stammt von Richard Kuöhl. In der Art eines übergroßen Christophorus, wie man ihn in mittelalterlichen Kirchen als Schutzpatron gegen einen jähen Tod findet, mag er vor den unverhofften Wechselfällen des Wirtschaftsleben schützen.

Als Zentrum der Kommunikations-Infrastruktur wurde in diesem Kontorhausviertel auch ein **Post- und Fernmeldeamt** an der Niedernstr. 10 errichtet (Postbauverwaltung, Postbaurat Thieme, 1924–26). Seine Fassade hält sich mit ihrer enggestellten Pfeilergliederung an die Prinzipien der Hamburger Kontorhäuser, neben denen es sich auch der Qualität nach behaupten kann.

Der **Montanhof,** Kattrepel 2, wurde 1924–26 nach Entwürfen von Distel & Grubitz errichtet. An der Ecke Niedernstraße/Kattrepel, als Eckpfeiler des Kontorhausviertels, wird der stumpfwinklig gebrochene Baukörper durch Dreieckserker aufgefaltet und durch Staffelgeschosse bekrönt, so daß das Kontorhaus wie ein Kristallgebilde erscheint, Muster einer expressionistischen Durchgestaltung des Baukörpers. Die expressionistische Vorliebe für gotisierende Einzelformen verbindet sich damit, von den Spitzbogen des Erdgeschosses bis zu den strebepfeilerartigen Abschlüssen der Lisenen (wo ursprünglich noch Keramikplastiken aufgestellt waren).

Gegenüber stehen die zwei ersten Kontorhausbauten, die in diesem Viertel nach dem Ersten Weltkrieg entstanden sind: das Kontorhaus **Hanseatenhof,** Kattrepelbrücke 1 (Heinrich Mandix und Hans Franck, 1921/22 – ein traditionalistischer Backsteinbau ganz in der Vorkriegsbauweise), und das Kontorhaus **Miramar,** Schopenstehl 15 (Max Bach 1921 – Berufsdarstellungen am Eingang).

Hochhausartig überhöht schließt das Kontorhaus **Hubertus,** Steinstr. 27/Burchardstr. 24 (Max Bach und Fritz Wischer, 1930/31), das Kontorhausviertel nach Westen ab; es ist aus kubisch einfachen Elementen im Sinne des Neuen Bauens komponiert; Gesimse betonen die Geschoßschichtung; das Klinkermaterial sichert die Einbindung in die Umgebung. – Das Nachbarhaus **Steinstr. 25/Burchardstr. 22** baute Emil Neupert 1930. – Steinstr. 23, **Haus Gülden Gerd**, nimmt mit seiner Werksteinfassade Bezug auf das Karstadt-Verwaltungsgebäude, als dessen Dependance es 1924 (um)gebaut wurde (Philipp Schäfer).

Der nördliche Teil des Kontorhausviertels entstand im Dritten Reich. Alle Bauten entwarf Rudolf Klophaus. Vom großstädtisch-modernen Mohlenhof ging es jetzt zurück in die biederkleinstädtische Idylle: Das 1937/38 erbaute **Bartholomay-Haus,** Altstädter Str. 1–3, ist zwar ein echtes Kontorhaus in Betonkonstruktion, hat aber hohe Dächer und hanseatische Scheingiebel, die schon die Zeitgenossen als grotesk empfanden. – Der **Altstädter Hof** (1936/37) versucht altstädtisches Milieu durch Erker und Giebelchen vorzuspiegeln. Beschauliche Plastiken über dem Erdgeschoß zitieren die bürgerliche Berufswelt des Biedermeier, darunter auch einen Nachtwächter; im Hof signalisiert ein Olympionike das Baujahr 1936 (Richard Kuöhl). Der Altstädter Hof ist ein Wohnhaus; er will gleichsam die Citybildung rückgängig machen. – Einfacher und damit auch weniger zeittypisch sind die Wohnungsbauten **Burchardstr. 18–20** und **Burchardstr. 16** (1934/35).

Seine Hamburger Propagandazentrale schuf sich das Dritte Reich mit dem **Pressehaus,** Speersort 1 (1938), das an den Domplatz grenzt und damals dem Johanneum benachbart war, dessen Arkadenmotiv übernommen wurde. Auch hier wird in der Bauplastik kleinbürgerliche Idylle zitiert. Die Tageblattkogge am Eingang Curienstraße wirkt besonders romantisch; leicht läßt sich aber das abgemeißelte Hakenkreuz auf ihrem Segel ergänzen – sie war das Emblem des nationalsozialistischen ›Hamburger Tageblatts‹. – Im Krieg hat das Haus sein hohes Walmdach verloren; an seine Stelle trat ein Staffelgeschoß. In dieser modernisierten Gestalt wurde es der Ort einer wichtigen Epoche der Nachkriegspressegeschichte der Bundesrepublik: Hier wurden ›SPIEGEL‹ und ›Stern‹ produziert – einschließlich der ›SPIEGEL-Affäre‹ 1962; noch heute ist es Sitz der ›ZEIT‹-Redaktion.

Neuer Wall

Durch die Kleine Alster und das Alsterfleet verläuft die Grenze zwischen den Stadtteilen Hamburg-Altstadt und Neustadt. Zu Recht, denn Alsterfleet und Bleichenfleet sind ja die alten Stadtgräben, jenseits derer im 17. Jh. das Vorland zur Neustadt wurde (s. Innenstadt, Neustadt). Dennoch ist das Viertel zwischen Jungfernstieg und Stadthausbrücke, Neuem Wall und Gänsemarkt viel eher ein Stück der Altstadt: Heute geprägt durch Kontorhäuser wie der Bereich östlich vom Rathausmarkt, wie dieser ebenfalls 1842 (bis zu den Großen Bleichen) abgebrannt und dann neu überplant, gehört es schon seit dem 17. Jh. zum Kirchspiel St. Petri. Das hat wohl mit dem Jungfernstieg zu tun (s. Innenstadt, Jungfernstieg). Er geht bis zum Gänsemarkt, und so weit reicht auch bis heute der Cityableger nach Westen.

Der Neue Wall, die Poststraße und die Großen Bleichen sind zwischen 1900 und dem Ersten Weltkrieg fast vollständig durch die Citybildung erfaßt worden. In wenigen Jahren wurden ganze Abschnitte abgerissen und neu bebaut.

Das **Hildebrand-Haus,** Neuer Wall 18, wurde 1907/08 erbaut (Frejtag & Wurzbach, Fassade George Radel und Richard Jacobssen). Die Front zum Neuen Wall ist als Gerüst aus Haupt- und Nebenpfeilern gegliedert und kostbar mit Sandstein und Bronze verkleidet. Den Zugang vermittelt ein mit Marmorinkrustationen ausgestatteter, gewölbter Flur. Die Diele (Abb. 30) am Treppenhaus in der Mitte (es erschließt zwei große, frei einteilbare Kontorflächen zur Straße und zur Rückseite) ist außergewöhnlich aufwendig ausgestattet (Marmor- und Mosaikdekorationen, Stuckfries nach Thorvaldsen).

Das **Gutruf-Haus,** Neuer Wall 10 (es reicht durch den Block bis zum Jungfernstieg 13), war das letzte Kontorhaus, das in der City vor dem Ersten Weltkrieg gebaut wurde (Franz und Max Bach, 1914/15).

Weitere Kontorhäuser am Neuen Wall: **Hübner-Haus,** Neuer Wall 22/Poststr. 2–4 (Henry Grell, 1907/08). – **Neuer Wall 37** (Puttfarcken & Janda, 1903). – **Neuer Wall 55/Adolphsbrücke 9–11** (Otto Engler, Düsseldorf, 1906 – einer der ganz wenigen Fälle, wo damals in der Hamburger City ein auswärtiger Architekt baute). – **Bürgermeisterhaus,** Neuer Wall 73–75 (um 1910). – **Paulsen-Haus,** Neuer Wall 72 (Claus Meyer, 1907/08). – **Neuer Wall 52/Bleichenbrücke** (um 1880) ist eines der Etagenhäuser der beginnenden Citybildung, bei denen bereits im ersten Obergeschoß durch größere Fenster Rücksicht auf Kontore genommen wurde. – **Kirsten-Haus,** Neuer Wall 44 (Alfred Löwengard, 1908). – **Haus Prediger,** Neuer Wall 40 (C. F. Dröger, 1907/08). – **Neuer Wall 32** (Frejtag & Elingius, 1910/11 – schöne Keramik-Fassade).

Unter den Neubauten seit dem Zweiten Weltkrieg am **Neuen Wall** ist **Nr. 39–43** bemerkenswert (Godber Nissen, 1951–58). Die städtebaulichen Leitvorstellungen seiner Entstehungszeit führten zu einem freigestellten Solitär (mit der ersten modernen Vorhangfassade in Hamburg!) – der dennoch durch das zweigeschossige Sockelbauwerk die Bauflucht an Straße und Fleet geschlossen hält.

Zur Postbrücke leitet der **Leopoldshof** über (Ricardo Bahre, 1903). – Am Bleichenfleet bei der Postbrücke ist nur noch die Rückseite des **Haus Pinçon,** Neuer Wall 26 (Frejtag & Wurzbach 1904/05), erhalten. Die aufwendig-repräsentative Straßenfront ist dem Krieg zum Opfer gefallen. Am Fleet ist das Kontorhaus als Backsteinrohbau ausgeführt; die drei Giebel und diese Bauweise versuchen bewußt, das traditionelle Bild der Fleete mit ihren Reihen von Speicherfassaden zu bewahren und zugleich in moderner Weise fortzuentwickeln (Abb. 31). – Von der Postbrücke aus sieht man die Fleetfassaden von **Paulsen-** und **Kirsten-Haus:** Auch sie haben im Gegensatz zu den repräsentativen Straßenseiten Backsteinverkleidungen. Ebenso wie auf der anderen Seite – Bei der Stadtwassermühle – die Rückseiten des Hildebrand- und des Gutruf-Hauses. Sie alle zeigen bereits die Sachlichkeit, die am Ende zu den Klinkerfassaden des Kontorhausviertels führt.

Poststraße

Postbrücke und Poststraße haben ihren Namen von der **Alten Post,** Poststr. 11. Der zum Jungfernstieg parallele Straßenzug entstand nach 1842. Dienten die damals angelegten Straßen sowie die unsichtbar in ihnen verlaufenden Leitungen für Frischwasser und Siel, dazu die neugeordneten Fleete als materielle Infrastruktur des modernen Hamburg, so ist die Alte Post das Denkmal für die Modernisierung der Kommunikationstechnik: Lange vor der Neuordnung des Postwesens in Deutschland (1866 durch den Norddeutschen Bund und dann durch die Reichspost) wurde hier 1845–47 versucht, die Vielfalt der Postanstalten in Hamburg wenigstens durch ein gemeinsames Gebäude zu vereinfachen. Alexis de Chateauneuf hat es entworfen. 1968–71 wurde hinter seinen Fassaden ein modernes Bürohaus und eine Ladenpassage errichtet. Die Fassaden blieben erhalten. Ihr Backsteinmauerwerk ist mit Werkstein gegliedert; ihr Rundbogenstil erinnert hier an italienische Paläste und Rathäuser. Die vier Portale gehörten je der Hamburgischen Stadtpost, der Thurn- und Taxis'schen, der Kgl. Hannoverschen und der Kgl. Schwedischen Post.

Der scheinbar nutzlos-romantische Turm diente als Endstation eines optischen Zeigertelegraphen, über den eine schnelle Nachrichtenverbindung zur Elbmündung bestand (freilich nur bis 1848, dann wurde er durch einen elektrischen Morsetelegraphen ersetzt). – Seit 1887 dient das Gebäude Verwaltungszwecken.

Die Ladenpassage in der Alten Post war das erste Beispiel für einen neuen Typus innerstädtischer Geschäftsarchitektur. Seitdem sind zwischen Neuem Wall und Gänsemarkt immer neue Passagen entstanden: überdachte Fußgänger-Ladenzonen im bisher ungenutzten Kern und auf den Höfen der Kontorhäuser. Die größte ist das **Hanse-Viertel** (Abb. 5) zwischen Poststraße und Großen Bleichen (von Gerkan, Marg u. Partner, 1976–81). Sein Haupteingang Ecke Poststraße sammelt die Besucherscharen wie ein Brennspiegel. Die Fassadenverkleidung durch Backsteinmauerwerk zollt der Alten Post Reverenz. Innen verbindet sich dasselbe Material mit den Stahlkonstruktionen der verglasten Tonnendächer zum glänzenden Ambiente gehobenen Lebensstils – verblüffend genug, ist es doch die angestammte Materialkombination von Industrie- und Speicherbauten, der sachlichen Tradition hamburgischer Architektur.

Poststr. 12 läßt an der Fenstergliederung seiner (stark veränderten) Neorenaissancefassade noch erkennen, daß es zu jenen Geschäftshäusern gehört, die in den oberen Geschossen noch Wohnungen enthielten, darunter aber bereits Kontorgeschosse vorsahen (Schmidt & Neckelmann, 1880). – Damit begann auch hier die Citybildung. Sie hat in den Jahren 1905–08 die gesamte Poststraße verwandelt und mit Jugendstilfassaden ausgestattet: Das **Australhaus,** Poststr. 17–19 (Frejtag & Wurzbach, 1906), ist eines der schönen Häuser mit (hier grün-blau) changierender ›grès flammée‹-Keramikverkleidung, die Frejtag & Wurzbach in Hamburg eingeführt hatten (vgl. Schauenburgerstr. 15–21).

Weiterhin stehen an der Poststraße das **Barnbrock-Haus,** Poststr. 21–23 (Ricardo Bahre, 1906), das **Henneberghaus,** Poststr. 25–27 (Claus Meyer, 1907 – im Treppenhaus ein Glasbild mit der anschaulichen Gegenüberstellung der alten Fachwerkbebauung und des neuen Kontorhauses mit dem heroischen Zitat aus Schillers Tell ›Das Alte stürzt, und neues Leben blüht aus den

Ruinen‹), die **Ottoburg,** Poststr. 29–31 (Heinrich Kaune, 1907), **Poststr. 33** (C. F. Christens, 1913); **Poststr. 8** ist die Rückseite des Warenhauses Jungfernstieg 15 (ehemals Tietz, s. Jungfernstieg), die sich ganz an die Fassadenstruktur der Kontorhäuser angleicht. – Poststr. 14–16, **Streits Hof** (Frejtag & Elingius, 1908/09), hat eine kräftig rhythmisierte, tuffverkleidete Skelettfassade und ein schönes Treppenhaus. – **Gerhofstr. 2** (um 1910) lenkt zum Gänsemarkt hin.

Den Winkel zwischen Gerhofstraße und Poststraße nimmt das Geschäftshaus **Gerhof** mit Passage ein (Schramm, Pempelfort, von Bassewitz, 1973–77).

Die 1880 durchgebrochene Gerhofstraße wurde damals noch ganz mit Etagenhäusern bebaut, von denen einige erhalten sind. Auch und vor allem **Poststr. 35** ist als ein Denkmal dieser den Kontorhäusern vorausgegangenen Epoche stehengeblieben: ein 1878–80 erbautes Etagenhaus mit Neorenaissancefassade – das neben seinen Nachbarn klein und bescheiden wirkt. An ihm wird die Maßstabssteigerung ablesbar, die die Citybildung für das alte Hamburg bedeutet hat. – Das **Körnerhaus,** Poststr. 37–39 (Heinrich Kaune, 1904/05) dekoriert seine Pfeilerfassade mit einer Mischung aus Romanik und Jugendstil. – Das **Parkhaus** des Hanseviertels in der Poststr. 41 entstand 1981–83 (von Gerkan, Marg und Partner). – Das **Girardet-Haus** (s. Innenstadt, Gänsemarkt) wendet zur Poststraße 20 sein ehemaliges Druckereigebäude (Gustav Schrader, 1913/14 – hier wurde die ›Neue Hamburger Zeitung‹ hergestellt); diese der Arbeitswelt zugewiesene Rückseite ist – natürlich – mittels Backstein gestaltet (inzwischen ist sie in eine Passage integriert). – Das **Klopstockhaus,** Poststr. 36 (Claus Meyer, 1908), bewahrt über dem Eingang die Büste des Dichters Friedrich Gottlieb Klopstock (1724–1803), die hier 1859 in dessen ehemaligem Wohnhaus (1774 bis zu seinem Tode wohnte er dort) aufgestellt worden war.

Auch noch an den Hohen Bleichen gibt es – neben dem späthistoristischen Eckhaus ABC-Straße Ausläufer der Citybildung mit den Kontorhäusern **Poststr. 53/Hohe Bleichen 28** (um 1905), **Hohe Bleichen 19** (um 1900), 21 (**Bleichenhof** – Hinrich Fittschen, 1896) und 22 (**Brandenburgerhaus,** 1907–09).

Hohe Bleichen 24 hatte eine weit ins 19. Jh. zurückreichende Tradition als Tanzlokal (und deswegen Säle). 1920/21 erhielt es eine neue Fassade (Kurt F. Schmidt) mit expressionistischen Plastiken am Eingang (Musiker und Tänzerinnen).

Die **Hypothekenbank** Hohe Bleichen 17 wurde 1896/97 nach Entwürfen des Berliner Baurats W. Martens erbaut. Die Sandsteinfassade ›im Stile der italienischen Renaissance‹ entfaltet – zumal durch den in den Obergeschossen zurückgenommenen Mittelteil – städtebauliche Ambitionen, die hier nicht eingelöst werden konnten (an der plastischen Dekoration war A. Brütt beteiligt).

Hohe Bleichen 15 ist 1859 mit seiner dreiachsigen, herkömmlich klassizistischen Putzfassade als traditionelles bürgerliches Stadthaus errichtet worden, eines der letzten seiner Gattung in der Innenstadt – im Jahr vor der Aufhebung der Torsperre, die endgültig das Wohnen der bürgerlichen Schichten in die Stadterweiterungsgebiete verlagerte.

Mit dem 1926 errichteten **Geschäftshaus des Broschek-Verlags** – damals wurde hier das ›Hamburger Fremdenblatt‹ gemacht, die lange Zeit wichtigste Hamburger Tageszeitung – steht am Heuberg ein Hauptwerk von Fritz Höger. 1980–82 wurde das Gebäude zum Hotel umgebaut (Architekten von Gerkan, Marg und Partner) und dabei die Ecke Heuberg/Große Bleichen ergänzt. Allenfalls ist zu bedauern, daß die alten Buckelglasscheiben nicht mehr erhalten sind. Mit ihrem Glanz und den goldenen Pyramiden auf den auskragenden Steinen der dichtgereihten Pfeiler sowie den ursprünglich über dem Erdgeschoß angeordneten Blumenkästen führte Höger die Licht- und Farbeffekte des Expressionismus auf ihren Höhepunkt. Es fehlt auch der ursprünglich geplante, aber nie ausgeführte Turm, der das Ganze als Ausdruck der ›Macht der Presse‹ überragen sollte.

Von hier führen die Großen Bleichen wieder in die City zurück. Das größte Kontorhaus, das vor dem Ersten Weltkrieg errichtet wurde, ist das **Kaufmannshaus** (Bleichenbrücke 10 usw.). 1974–78 wurde es umfassend erneuert (Graaf, Schweger und Partner), erhielt dabei an Stelle von Nachkriegsumbauten die ursprünglichen bay-windows und dazu eine neue Dachzone. Erhalten sind das Pfeilersystem und die Jugendstildekoration. In den Lichthöfen ist die Passage **Commercie** eingerichtet worden. – Die **Bleichenbrücke** von 1844–46 (Johann Hermann Maack) gehört wie die Adolphsbrücke zu den schönen Brücken des Wiederaufbaus nach dem Großen Brand.

Die **Kaisergalerie,** Große Bleichen 23/27 (Emil Grossner, 1907–09), ist gleichfalls eines der besonders großen Kontorhäuser. – Daneben (Nr. 21) wurde 1978–83 die **Galleria** mit Ladenpassage erbaut (H. Ruppert mit Robert und Trixi Haussmann).

Jungfernstieg

Der **Jungfernstieg** – ursprünglich ›Reesendamm‹ – ist der Mühlendamm, mit dem die Alster um 1235 zu dem städtebaulich so eindrucksvollen See aufgestaut wurde, den dann der Wallring von 1615–26 in **Binnen-** und **Außenalster** getrennt hat, eine Maßnahme des Stadtausbaus unter Graf Adolf IV. im Gefolge der Errichtung der Stadtmauer und der Stiftung der Bettelordensklöster nach der Schlacht von Bornhöved. Hier stand die ›Obermühle‹ (die so im Unterschied zur älteren ›Untermühle‹ am Großen Burstah/Mühlenbrücke hieß – die Gasse Bei der Stadtwassermühle ist davon als Reminiszenz geblieben). – In der Hochbahnhaltestelle Jungfernstieg erinnert die Plastik von Richard Luksch aus einem der beim Untergrundbahnbau 1930 gefundenen Eichenpfähle des Reesendamms an diese Bauphase. Aus der Straße wurde eine der beliebtesten Promenaden der Stadt. Schon 1665 wurde sie dafür mit Bäumen bepflanzt.

Bei der Regulierung des Jungfernstiegs nach dem Großen Brand 1842 entstand die **Reesendammbrücke** zwischen Binnen- und Kleiner Alster, die größte Brücke im Wiederaufbauviertel (Johann Hermann Maack). Sie bewahrt die ursprüngliche Gestaltung, ist aber im Zusammenhang mit der Anlage der City-S-Bahn (S 10 der S-Bahn) und damit dem Ausbau des Untergrundbahnknotens Jungfernstieg 1969–75 neu gebaut worden. – Wie überhaupt damals der Jungfernstieg – nach vielen früheren Neugestaltungen – sein heutiges Gesicht erhielt.

Der traditionsreiche **Alster-Pavillon** (seit 1799 hatte das heutige Bauwerk mehrere Vorgänger) wurde 1952/53 nach Entwürfen von Ferdinand Streb erbaut. Der damalige Bürgermeister Max Brauer empfand ihn als »das schönste Lokal Deutschlands«. Tatsächlich ist nachvollziehbar, wie glänzend, elegant, offen, modern und optimistisch dieses Bauwerk damals im zerstörten Hamburg gewirkt haben muß. Mit ihm wurde ein Symbol für den Wiederaufbau geschaffen. Das über die Terrasse ausfahrbare Dach wirkte wohl geradezu futuristisch.

Die Häuserzeile, die im 17. und 18. Jh. auf dem Damm entstand, ist 1842 abgebrannt und wurde anschließend neu gebaut. Ihr heutiges Erscheinungsbild gewann sie durch die Citybildung und durch den Wiederaufbau nach dem Zweiten Weltkrieg. – Das **Neidlingerhaus,** Ecke Alsterarkaden, dokumentiert, daß beim Wiederaufbau die Leitvorstellung herrschte, eine ausgeglichene Gesamtsilhouette zu erzielen. – Das **Gutruf-Haus,** Jungfernstieg 12/Neuer Wall 10 (Franz und Max Bach, 1914/15, s. Innenstadt, Neuer Wall), hat seine klassische Kontorhausfassade beim Wiederaufbau behalten. – Das Geschäftshaus **Jungfernstieg 13** wurde 1963 erbaut – nachdem schon 1953 eine (anders gestaltete) Fassade aufgestellt worden war, um die Gesamtsilhouette des Jungfernstiegs zu schließen (Schramm & Elingius). – Auch das Warenhaus **Alsterhaus,** Jungfernstieg 15 (erbaut als Warenhaus Tietz 1911/12 nach Entwürfen der Berliner Architekten Cremer & Wolffenstein), hält sich mit seiner Pfeilerfront ganz an die Hamburger Citykonvention.

Martin Haller, der Rathausbaumeister und Bankenspezialist unter Hamburgs Architekten,

Der Jungfernstieg um 1850. Links beginnen die Alsterarkaden

baute die **Dresdner Bank** am Jungfernstieg 22 mit mächtiger Neorenaissancefassade und einem glasüberdachten, zweigeschossigen Arkadenhof als Schalterhalle (1896–99). – In dieses Bankgebäude wurde 1963/64 das letzte Haus eingebunden, das vom Wiederaufbau nach 1842 am Jungfernstieg erhalten geblieben ist: **Jungfernstieg 25** mit vornehmer (ursprünglich viergeschossiger) Putzfront (Hermann Peter Fersenfeldt, 1842–44 – erneuert 1988/89).

Der **Hamburger Hof,** Jungfernstieg 26, ist zum Bürohaus mit Einkaufspassage ausgebaut worden (Hans-Joachim Fritz, 1976–79). Der rote Sandsteinbau in Formen der deutschen Renaissance hat sich am vornehmen Jungfernstieg recht aufdringlich inszeniert, um seinen Rang als Luxushotel zu demonstrieren (Hanssen & Meerwein 1881–83; Engelbert Peiffer schuf die Fassadenplastik, und seine Hanseatische Baugesellschaft baute das Haus). – Das **Heine-Haus,** Jungfernstieg 34 (Ricardo Bahre, 1903), hat zwar durch Krieg und Wiederaufbau Vereinfachungen erlitten, dabei aber seinen eleganten Jugendstilcharakter bewahrt. – **Streits Haus,** Jungfernstieg 38 (Schramm & Elingius, 1955/56), ist als Hotel gebaut worden. Es enthält eines der letzten großen Kinos aus der Fünfzigerjahre-Blütezeit der Kinokultur in Hamburg.

Das **Kunsthaus Jungfernstieg 44** hat 1932 seine elegante Front des Internationalen Stils erhalten (Paul Huster).

Die Abzweigung des **Neuen Jungfernstiegs** wird vom **Prien-Haus** am Eingang der Colonnaden beherrscht. Auch **Jungfernstieg 50** (J. Grotjan, 1879) gehört als Etagenhaus in den Zusammenhang dieser gründerzeitlichen Straßenanlage (s. Innenstadt, Neuer Jungfernstieg, Colonnaden).

Gänsemarkt

Jungfernstieg 49, das Kontorhaus **Wrangelhaus** (Albert Lindhorst, 1913/14), verbindet eine klinkerfarbige Keramikverkleidung, dreiseitige Erker und fast expressionistisch wirkende Plastiken. – **Jungfernstieg 48** daneben hat eine romantisch-historistische Putzfassade um 1850. **Gänsemarkt 13** wurde 1844/45 erbaut und gehört so zu den Nachbrandhäusern, obwohl es hier nicht mehr gebrannt hatte. Aber der Brand bot auch die willkommene Möglichkeit für eine Verbreiterung und Regulierung des Jungfernstiegs – und hier dessen Einmündung in den Gänsemarkt. Die runde Ecke rechnet mit großstädtischem Verkehrsfluß. Die Rundbogenstilfassade mit besonders reicher und plastischer Ornamentierung der Fensterumrahmungen gehört aber zu den besten Beispielen dieser damals besonders modernen Bauweise.

Der dreieckige Platz **Gänsemarkt** ist ein alter Verkehrsknotenpunkt vor dem Westende des Dammes durch die Alster, vor dem Dammtor also. An der Einmündung des Jungfernstiegs in den Platz stand als vorgeschobenes Brückenkopfbollwerk noch bis 1728 ein mittelalterlicher Turm. Von hier aus ging die Landstraße nach Norden, später durch das neue Dammtor im Wall des 17. Jh. Die Alltäglichkeit dieses Platzes macht bis heute seinen Charakter aus. Er hatte nie repräsentative Funktionen zu erfüllen; er war nicht einmal Marktplatz (seinen Namen verdankt er vermutlich einer früheren Gänseweide). Sein Rand wurde immer wieder neu bebaut und bot bis vor wenigen Jahren eine Mischung von biedermeierlichen Bürgerhäusern und City – inzwischen hat letztere die Oberhand behalten.

1985/86 wurde der Platz neu gestaltet (Wehberg, Lange, Eppinger). Dabei erhielt auch das **Lessing-Denkmal** (Abb. 33) einen neuen Standort vor der Einmündung der Gerhofstraße, mitten im Fußgängerstrom. Friedrich Schaper hat die 1881 in der Platzmitte aufgestellte Sitzfigur entworfen, die den dreieckigen Zuschnitt des Platzes gestalterisch reflektiert. Realistisch porträtiert und gewandet, wirkt sie trotz Bronze und Erhöhung sehr alltäglich und menschlich. Das Denkmal war ursprünglich so ausgerichtet, daß Lessing in die Richtung blickte, wo im Blockinneren (hinter Gänsemarkt 50) von 1677 bis 1827 das alte **Stadttheater** (1767–69 ›Nationaltheater‹), die Stätte seines Hamburger Wirkens 1767–70, lag. Das liberal gesonnene bürgerliche Denkmalkomitee wollte mit dem Denkmal auf dem Gänsemarkt die aufklärerischen Ideen Lessings demonstrativ ›unters Volk‹ bringen.

Das Neorenaissance-Etagenhaus **Gänsemarkt 19/Ecke Gerhofstr. 23–31** (Carl Elvers, 1881/82) markiert die Einmündung der 1880 angelegten **Gerhofstraße.** Wie der Name sagt, verläuft sie durch den Werkplatz der Gerber, die hier vor der mittelalterlichen Stadt ihren Platz hatten. – Das Kontorhaus Gänsemarkt 21–23 (**Girardet-Haus,** Puttfarcken & Janda, 1896) hat eine entwickelte Pfeilerfassade, die aber noch in späthistoristischen Formen verkleidet ist (zum rückwärtigen Druckereigebäude s. Innenstadt, Poststraße). Gänsemarkt 24 (me di um, 1976–81) mit der Passage **Kleiner Gänsemarkt** vermittelt zu den anschließenden gründerzeitlichen Etagenhäusern an der ABC-Straße. – Gegenüber entstand ein Hotelneubau, Ecke **ABC-Str. 52** (Schramm, von Bassewitz, Hupertz – auf Grund eines Wettbewerbs von 1979 ausgeführt bis 1988). – Dahinter ist übrigens noch ein Teil der 1831 angelegten **Neuen ABC-Straße** erhalten, einer jener Privatstraßen, mit denen damals die großen Grundstükke der Neustadt erschlossen wurden. Das Haus **ABC-Str. 50** erhielt um 1850 einen Ladeneinbau. Das Schaufenster ist das älteste in Hamburg erhaltene.

Gänsemarkt 31 (ein Etagenhaus um 1860) und das kleine Kontorhaus **Gänsemarkt 33** (um 1900) sind durch Aufstockung der Umgebung angepaßt worden, zumal dem **Lessinghaus,** Gänsemarkt 35 (Albert Lindhorst und Emil Schaudt, 1908/09); es nutzt mit Klinker und Sandsteingliederungen, Jugendstilformen und alt-hamburgischen Backsteinschmuckverbänden alle stilistischen Möglichkeiten, die es in dieser Zeit in Hamburg gab.

Gänsemarkt 36, das **Verwaltungsgebäude der Finanzdeputation** (jetzt **Finanzbehörde**) an der Einmündung des Valentinskamps in den Gänsemarkt, wurde von Fritz Schumacher 1918–26 errichtet (Farbabb. 20). Die städtebauliche Neuordnung dieses Bereichs wurde mit der mächtigen Eckturmanlage betont; deren Kuppelbekrönung repräsentiert zugleich die staatliche Funktion des Gebäudes. Die Bürotrakte hingegen nehmen mit klinkerverkleideten Pfeilerfassaden und Staffelgeschossen die Konstruktionsweise des Hamburger Kontorhauses auf. Die ehemalige Kassenhalle im Innern und die repräsentative Eingangshalle (vom Valentinskamp her) mit ihrer Keramikverkleidung (wie die Keramikschmuckdetails am Außenbau von Richard Kuöhl) lassen an Bankgebäude denken.

Das **Deutschlandhaus,** Dammtorstr. 1/Valentinskamp 91 (Block & Hochfeld, 1929), wurde für die Berliner ›Ufa‹ gebaut. Es verließ die Kontorhauskonvention und ging mit seinen geschichteten Fensterbändern zum Internationalen Stil über; nur die Verwendung von Backstein signalisiert noch die Einbindung in den lokalen Kontext. Die rasante Eckrundung interpretiert die Regulierung von Valentinskamp und Dammtorstraße, die damals dem Verkehr eine neue Schneise nach Westen öffnen sollte. – Im Kern des Geschäftshauses war ein Großkino der Ufa eingebaut. – 1979–81 wurde die Bausubstanz völlig erneuert (unter Verlust wohlerhaltener Details des Originals).

Das neue Eckhaus **Gänsemarkt 43** (1985/86) ist mit seiner klinkerverkleideten Pfeilerstruktur ein Symptom dafür, daß seit den siebziger Jahren die Muster des Kontorhauses den genius loci der City sichern sollen. Das gilt auch für die nahen Neubauten auf Nord- und Südseite des Valentinskamps.

Gänsemarkt 44, das Kontorhaus **Stadtbäckerei** (Theodor Speckbötel, 1913), ist ein charaktervoller Beitrag zur Aufnahme alt-hamburgischer Bürgerhausmotive (Giebel, Backstein mit Werksteinzierat) für das großstädtische Geschäftshaus. – Das Nachbarhaus, das die Straße Kalkhof überbaut, hat diese Fassade als Kopie übernommen (1979–81).

Am **Gänsemarkt 50** wurde 1722 ein **Englischer Stall** als Reitschule gegründet. Seine 1885 neu gebaute Halle wurde durch das heutige Geschäftshaus – mit Ladenpassage als Durchgang zu den Colonnaden – verdrängt (Graaf & Schweger, 1976–79). Dort wurde 1989 der Gründungsstein des Englischen Stalles wiederaufgestellt (Inschrift).

Neuer Jungfernstieg, Esplanade und Dammtorstraße

Nördlich von Jungfernstieg und Gänsemarkt, zwischen Binnenalster und Dammtorstraße, gab es bis ins 19. Jh. hinein Gärten, dazu den städtischen Kalkhof; hier lagen der Englische Reitstall und das 1677 gegründete Stadttheater. – Dieses Viertel wurde unter Carl Ludwig Wimmel neu geordnet. Damals verwandelte es sich in eine biedermeierliche Vorstadt, die seit der Gründerzeit von der Citybildung eingeholt wurde: 1825–27 entstand durch Aufschüttungen am Binnenalsterufer der **Neue Jungfernstieg** mit Ufermauer, Alleen und Bürgerhäusern nach dem Vorbild des alten Jungfernstiegs. – Von den wenigen erhaltenen klassizistischen Häusern ist Nr. 19 das bedeutendste, das (nach einem späteren Besitzer so genannte) **Amsinck-Palais:** Es wurde von Franz Gustav Forsmann 1831–34 für den Bankier Gottlieb Jenisch errichtet, den Bruder jenes Martin Johann Jenisch, der damals Bausenator war und gleichzeitig von Forsmann sein Landhaus in Othmarschen bauen ließ. – Dieses Stadthaus erreichte Ausmaße wie wohl wenig andere: breit gelagert zwischen zwei Seitenrisaliten, mit vergoldetem Gußeisengeländer vor dem Mittelteil des ersten Obergeschosses und als Bekrönung (das Innere ist um 1900 durch Martin Haller neu gestaltet worden; 1963 wurde der Eingang an die neu gestaltete Nordfassade – ursprünglich eine Brandmauer – verlegt). Heute ist es Sitz des Übersee-Clubs.

1968–71 ist dahinter das Hochhaus einer Bank in sorgfältiger Abwägung der maßstäblichen Beziehungen zum Amsinck-Haus wie innerhalb der Alstersilhouette errichtet worden (Schramm, Pempelfort nach Wettbewerbsentwürfen von 1963).

Der Kern des Hotels **Vier Jahreszeiten,** das inzwischen fast eine Hälfte des Neuen Jungfernstiegs einnimmt, wurde 1904 am Neuen Jungfernstieg 9–10 durch Frejtag & Wurzbach gebaut – die freilich hier nichts von der großstädtischen Modernität ihrer Kontorhausentwürfe zeigten, sondern einen freundlich-konventionellen, an spätbarocken Vorbildern orientierten Stil anwandten.

Ein bemerkenswerter Beitrag zur Citybildung ist in der Fehlandstraße die Rückseite des **Esplanadebaus,** Esplanade 6, mit Backsteinverkleidung und zur Straße hin abgestuften Geschossen – den ersten Staffelgeschossen in Hamburg (Rambatz & Jollasse, 1912/13); auch diese Erfindung taucht also im Kontorhausbau an der Rückseite zuerst auf. – Daneben steht der Rest des ersten Geschäftshauses der Deutsch-amerikanischen Petroleum-Gesellschaft, des **Esso-Hauses,** Neuer Jungfernstieg 21, dessen Fassade zusammen mit einem großen Erweiterungsbau 1937/38 mit Sandstein verkleidet wurde. Vereinfacht klassizistische Motive passen sich der Tradition des Neuen Jungfernstiegs an; aber sie passen auch in die Zeit – ebenso wie der Eckturm, der damals schon für die Aufstellung einer Flak-Batterie kriegstauglich gemacht werden mußte.

1827–30 entstand nach Plänen von Carl Ludwig Wimmel die **Esplanade** auf einem planierten Wallabschnitt als vornehme Allee. – An der Nordseite bildeten ursprünglich klassizistische Stadthäuser eine von Wimmel entworfene Einheit. Nur eines davon ist mit **Nr. 37** erhalten geblieben. Übrigens läßt in einem solchen Haus an der Esplanade Thomas Mann seinen Roman ›Der Zauberberg‹ beginnen: Hier wohnte Hinrich Castorps Großvater. – Das Geschäftshaus **Esplanade 36** erinnert mit einigen neoklassizistischen Zügen an die Teile der Esplanadebebauung, die es verdrängt hat. Es wurde als Hotel errichtet (O. Rehnig, 1906/07). – Die gut durch den Zweiten Weltkrieg gekommenen Reste der klassizistischen Häuser wurden zwei Hochhäusern geopfert: dem **BAT-Haus,** Esplanade 39 (Hentrich & Petschnigg, 1958/59), und dem **Finnlandhaus,** Esplanade 41 (Hentrich & Petschnigg mit Fritz Rafeiner, 1961–66 – Pilzkopfkonstruktion mit Stahlhängesäulen für die Geschosse!).

Die Entwürfe der Häuser auf der Südseite der Esplanade mußten Wimmel zur Genehmigung vorgelegt werden, durften aber individueller aussehen als an der Nordseite, z. B. **Nr. 14,** dann das Doppelhaus **Nr. 15–16** (mit gründerzeitlichem Gartensaal), dazu die Häusergruppen **17–22** und **29–31.** Die Gasträume im Café Oertel, **Nr. 29** (seine Fassade wurde in den zwanziger Jahren neoklassizistisch verändert), sind typisch für eine bürgerliche Wohnung im Biedermeier (ein rückwärtiger Raum gründerzeitlich ausgetäfelt).

Das Kontorhaus **Esplanadebau,** Esplanade 6 (Rambatz & Jollasse, 1912/13), hat eine charakteristische Skelettfassade und ein schönes Treppenhaus (zur Rückseite vgl. oben). – Das **Hotel Esplanade 12** entstand 1930 (Geißler & Wilkening).

An der **Dammtorstraße** fand die klassizistische Esplanade Anschluß an die Häuser, die dort im Zusammenhang mit dem neuen Stadttheater an der Dammtorstraße entstanden (**Stephansplatz 2–8**). Gründerzeit und Citybildung haben diese Bürgerhäuser verdrängt. **Dammtorstr. 15** (Frejtag & Elingius, 1908–12) ist das am weitesten in die Neustadt vorgedrungene Kontorhaus.

Auf der Westseite der Dammtorstraße sind nach schweren Kriegszerstörungen Neubauten entstanden. Die **Welckerstraße** ist der Überrest einer Privatstraße, die 1845–48 angelegt wurde. Von den vornehmen Wohnhäusern ist **Drehbahn 50–52** erhalten (Jean David Jollasse).

Als Vorbild für die weitere Entwicklung der Dammtorstraße war das von Schumacher entworfene **Verwaltungsgebäude der Oberschulbehörde,** Dammtorstr. 25 (1911–13) gemeint. Der mächtige Doppelgiebelbau ist eine Synthese von Bürgerhaus und Kontorhaus (Plastiken von O. Ulmer) und bildete den Mittelpunkt des (sehr liberalen) Hamburger Schul- und Bildungswesens, das Kultusministerium des Stadtstaates.

Das Kontorhaus Dammtorstr. 27 (**Schwan-Apotheke,** Jacob & Ameis, 1911/12) verbindet den Heimatstil der Zeit, den seine Architekten maßgebend mittrugen, mit der Bauaufgabe Kontorhaus durch eine aufwendige Erkerfassade mit Backsteinverblendung, Sprossenfenstern, Kupferdächlein und hohem Dach. Die Offizin der Apotheke ist wohlerhalten – ein bürgerlich gediegenes Interieur, das auf alt-hamburgische Dielen anspielt – wie auch das Kontortreppenhaus (Keramikverkleidung, Fliesenbild der Dammtorstraße um 1850).

Für den Neubau des ›Stadttheaters‹, der späteren **Hamburgischen Staatsoper,** an der Dammtorstraße 1826/27 waren Entwürfe von Karl Friedrich Schinkel beschafft worden. Zur Ausführung kamen aber viel einfachere, die Carl Ludwig Wimmel daraus ableitete. 1873/74 durch Martin Haller ausgebaut, erhielt es 1925/26 ein neues Bühnenhaus (Distel & Grubitz). 1943/44 ist der Publikumsteil ausgebrannt. – Der Wiederaufbau 1953–55 (Gerhard Weber, Frankfurt) war umstritten. Im Inneren ist er unprätentiös und zweckmäßig – außen verwendet er mit Goldeloxal, Travertin und viel Glas, dazu Blumenschalen mit buntem Kleinmosaik die typischen Mittel der Repräsentationsarchitektur der fünfziger Jahre.

Das kommunale Kino ›Metropolis‹, Dammtorstr. 30, nutzt einen 1952 eingerichteten Kinosaal. Eingangspassage und Innenhofwände wurden 1986 von Dagmar Fedderke und Adam Jankowski bemalt und besprayt. Am Eingang ein Lichtobjekt ›Metropolis‹ von Klaus Geldmacher.

1827/28 entstanden die **Große** und die **Kleine Theaterstraße;** letztere zeigt noch Spuren der ehemals einheitlichen klassizistischen Bebauung. – Das Haus **Büschstraße 9** ist der letzte Rest einer Gruppe freistehender Doppelhäuser, die Eduard Averdieck 1841/42 baute – nur die Fassade hat den Krieg überstanden, sie wurde in einen Neubau integriert (Planungsgruppe Nord, 1986–88).

Die gründerzeitliche Spekulation nahm sich der Flächen im Blockinneren an: 1876/77 wurde als Privatstraße eine diagonale Verbindung von Jungfernstieg und Dammtor durchgebrochen. Das Unternehmerkonsortium hatten Ernst und Adolph Wex organisiert (s. auch die Wexstraße). – Herrschaftliche Etagenwohnhäuser mit Geschäften in den Erdgeschossen entstanden bis 1878 an der neuen Straße, durch die »der direkte Verkehr der vor dem Dammtor wohnenden Vornehmen Welt mit dem Herzen der Stadt« verlief. Sie sollte übrigens ›Kaiserstraße‹ heißen, jedoch fand das wenig Gegenliebe bei dem für Straßennamen zuständigen, sehr hanseatisch gesonnenen Staatsarchivar Beneke. Aber auch ihr Name **Colonnaden** ist wenig glücklich. Denn eigentlich sind es ja Arkaden, die die Ostseite des Südabschnitts begleiten. – Die Neorenaissancefassaden entwarfen angesehene Architekten; der spätere Rathausbaumeister Wilhelm Hauers wohnte selbst in dem von ihm erbauten Haus Nr. 9. Ungewöhnlich ist der Backsteinrohbau **Nr. 24–48** (Jordan & Heim). – Zur Umgestaltung als Fußgängerzone 1974–78 gehören eine Stahlplastik ›Atlas‹ von Jörn Pfab (Südausgang) und ein Bronzebrunnen von Detlef Birgfeld (1977/78). – Das **Prien-Haus,** Jungfernstieg 51, wurde 1935 gebaut (Elingius & Schramm), mit Quaderfassade und reduziert klassizistischer Gliederung.

Neustadt – das Michaelis-Kirchspiel

Vor dem Alten und Neuen Wall, auf dem sanft ansteigenden Geestrücken westlich der Alster, brachte Hamburg jahrhundertelang störende oder gefährliche Einrichtungen unter, die die Stadt dennoch brauchte: Ziegeleien (Teilfeld), Pulver- und Lohmühlen sowie einen Pestfriedhof. 1615–26 wurde die Gegend durch den neuen, von Johan van Valckenburgh angelegten Wall in die Stadtbefestigung einbezogen (s. Innenstadt, Wallring) und dann schnell besiedelt – bot der Wall doch Sicherheit in den Wirrnissen des Dreißigjährigen Krieges. Aber das Viertel hatte als ›Neustadt‹ jahrzehntelange Emanzipationsschwierigkeiten gegenüber den alten Kirchspielen: Die Altstadtbürger befürchteten Konkurrenz. Dazu verhinderte die Topographie den Bau

Die Colonnaden in der ›Allgemeinen Illustrirten Zeitung‹ von 1880

von traditionellen Bürger-, also Geschäftshäusern, gab es doch keine Fleete. Hier wohnten daher bald vorzugsweise die städtischen Mittel- und Unterschichten. Erst 1685 erreichte das neue Quartier um die Pfarrkirche St. Michaelis den Status eines gleichberechtigten Kirchspiels, erlangten seine Bürger die gleichen Rechte wie die der Altstadt (s. Stadtplan S. 14/15).

Die Einwohnerzahlen 1920 sind charakteristisch dafür, wie die Neustadt im Gegensatz zur Citybildung in der Altstadt ein Wohnviertel blieb: Zwischen 1895 und 1920 verringerte sich die Bevölkerung der Altstadt von 53000 auf knapp 20000 – in der Neustadt von 89000 auf 63000. Selbst heute hat die Neustadt immerhin noch knapp 10000 Einwohner (mehr als sechsmal soviel wie in der Altstadt).

Der alte Spruch kennzeichnet ihr Verhältnis gegenüber den alten Kirchspielen: »Sankt Petri de Rieken / Sankt Nikolai desglieken / Sankt Catharinen die Sturen / Sankt Jacobi de Buren / Sankt Michaelis de Armen / Daröber mag sick Gott erbarmen.«

Der Ingenieur der Wälle, Johan van Valckenburgh, war es wohl, der der Neustadt ihr Straßennetz gab. Das war ein Kompromiß zwischen alten Landstraßen (Alter und Neuer Steinweg) und Feldwegen (den späteren ›Gängen‹, z. B. Breiter Gang, Rademacher- und Kornträgergang) und barockem Ordnungssystem: Beidseits vom Neuen Steinweg wurde die Gegend schachbrettartig in quadratische Blocks eingeteilt. – Die Sanierungen seit der Jahrhundertwende haben die Gänge, der Wiederaufbau nach dem Zweiten Weltkrieg hat das barocke Straßensystem freilich so überformt, daß es nur noch mit Mühe im Stadtplan erkennbar ist.

Beginnt man einen Rundgang durch die Neustadt am Gänsemarkt, so ist charakteristisch für ihren sozialen Status das Gebäude der ehemaligen **Armenanstalt,** ABC-Str. 47, erbaut vom Hochbauwesen der Baudeputation 1898/99 in Neorenaissanceformen mit Sandsteingliederungen – gleichsam den Zweck durch architektonischen Aufwand kompensierend.

Große Flächen wurden durch den Zweiten Weltkrieg und den Wiederaufbau in diesem Stadtteil zerstört. So insbesondere nördlich vom Valentinskamp. Dort verwirklichte das **Unilever-Gebäude** auf einem freigeräumten Block das Ideal der Nachkriegsmoderne vom freistehenden Solitärhochhaus (auf dreistrahligem Grundriß – Hentrich und Petschnigg, 1958–64).

Von den für die Neustadt bis ins 20. Jh. charakteristischen Wohnverhältnissen künden noch Reste der Bebauung an der Südseite des Valentinskamps: Hinter den Vorderhäusern liegen Terrassen oder Gewerbehöfe. – In dieser Gegend wurde übrigens der Komponist Johannes Brahms (1833–97) geboren (*Gedenkstein* an der Caffamacherreihe). – **Valentinskamp 34** hat ein traufständiges Fachwerkvorderhaus des 17. Jh., dahinter einen Fabrikhinterhof (um 1905). – Valentinskamp 38 ist eine Hofbebauung aus der Zeit um 1860–70: **Schier's Passage** mit Durchgang zur Speckstraße. Repräsentative klassizistische Tradition verleiht der Straßenfassade Prestige, schlichtester Backsteinrohbau kennzeichnet den Hinterhof.

In der nördlichen Neustadt, an Valentinskamp und Dammtorstraße, lagen viele Tanz- und Vergnügungslokale, die seit dem 18. Jh. entstanden waren und teilweise zu den repräsentativsten Etablissements der Stadt gehörten, wo auch viele öffentliche Veranstaltungen stattfanden (Sagebiel), die aber teilweise auch in zweifelhaftem Ruf standen; ein Vergnügungsviertel, das dann durch St. Pauli abgelöst wurde. – Valentinskamp 40–42 ist das einzige Rudiment davon; als **Tütje's Etablissement** (seit 1866) wurden seine Säle eine wichtige Versammlungsstätte der Arbeiterbewegung in Hamburg, insbesondere in der Zeit der Sozialistengesetze 1878–90.

Die Bebauung am **Bäckerbreitergang 49–58** und **Valentinskamp** dokumentiert als letztes erhaltenes Ensemble noch die weitverbreitete Wohnweise der städtischen Unterschichten in Hamburg. Allerdings nur noch auf der einen Seite der Straße, deren Breite man noch an der alten Pflasterung ablesen kann. Der jüngste Teil – vom Anfang des 19. Jh., gleichzeitig mit den Häusern am Valentinskamp – ist die Zeile **51–58:** Sie vergegenwärtigt die typische Gänge- und Hofbebauung von Bude und Sahl; dabei ist die im Erdgeschoß liegende Wohnung die Bude, durch eine Tür direkt zugänglich, während zu den Obergeschoßwohnungen, eben dem Sahl, eine Tür zwischen zwei Budentüren führt. – Das Haus **49–50** ist ein älteres Neustadtwohnhaus, breit gelagert mit Zwerchhaus, wahrscheinlich ein typisches Mehrfamilien-Mietwohnhaus aus der Mitte des 17. Jh. – Die biedermeierlichen Stadthäuser **Dragonerstall 11–13** sind erst um 1820 entstanden.

Südlich davon verläuft die **Kaiser-Wilhelm-Straße,** die seit 1892 als großstädtische Durchbruchstraße von der Stadthausbrücke zum Holstentor/Karl-Muck-Platz führt. Mit ihr stieß die Citybildung am weitesten nach Westen vor: durch späthistoristische Etagenwohnhäuser, dann durch Kontorhäuser. Das eigenartigste ist der **Holstenhof,** Kaiser-Wilhelm-Str. 79 (Albert Lindhorst, 1900/01). Es treibt eine Tendenz auf die Spitze, die bald darauf heftig kritisiert wurde, nämlich die weitgehende Auflösung der unteren Geschosse in Glasflächen für Schaufenster.

Vom Karl-Muck-Platz geht die Poolstraße/Kohlhöfen nach Süden, die östliche Nord-Süd-Straße innerhalb des barocken Neustadt-Straßenrasters.

Am 11. 12. 1817 wurde von Mitgliedern der Jüdischen Gemeinde der ›Neue Israelitische Tempel-Verein in Hamburg‹ gegründet. Die Wirkungen der Aufklärung kamen darin ebenso zum Ausdruck wie die vorübergehenden Erfahrungen der Gleichstellung in der Franzosenzeit: Die Gründer wollten sich durch Reformen des Gemeindelebens aktiv an ihre Umwelt anpassen. Im Gottesdienst etwa sollten die deutsche Sprache und der Gemeindegesang eingeführt werden. Ein erster Betsaal wurde 1842–44 durch die **Tempel-Synagoge** an der Poolstraße 12–13 ersetzt, die Johann Hinrich Klees-Wülbern entwarf. Dieser ›Tempel‹ ist 1931 durch den Neubau an der Oberstraße ersetzt worden (s. Harvestehude, Klosterland); er wurde geschlossen und profaniert, diente als Lagerhaus und mußte 1937 verkauft werden; 1944 wurde er durch Bomben zerstört. Die Synagoge lag hinter dem einfachen Vorderhaus auf dem Hof, eine Durchfahrt führt auf sie zu. Die Ruine bewahrt noch den Eingang (im Rundbogenstil der Jahrhundertmitte, gotische und klassizistische Formen verbindend) und die Apsis, in der der Tora-Schrein stand (Abb. 34). – Auch die Nachbarhäuser **Poolstr. 11** und **13** gehören zu der Gesamtanlage des Tempels. Ihre klassizistischen Fassaden sind reicher als die des Mittelhauses. Sie dienten der Vermietung.

Das Gebäude der **Bücherhalle Kohlhöfen** 28 gehört in die Entstehungszeit der ›Hamburger Öffentlichen Bücherhallen‹. Diese 1898 begründete Einrichtung – als öffentliche Bibliothek neben die traditionsreiche Staatsbibliothek gestellt – ist eine der vielen Schöpfungen der Patriotischen Gesellschaft. Zunächst provisorisch untergebracht, wurde für sie 1907–09 das heute noch bestehende Gebäude von Hugo Groothoff errich-

Luftbild der südlichen Neustadt vor dem Zweiten Weltkrieg

tet. Es vergegenwärtigt mit den Bürgerhausmotiven seiner Fassaden hanseatische Tradition und mit seinem fast zu kolossalen Eingang öffentlichen Anspruch. Hier im Unterschichtwohnquartier der Neustadt erschien die volksbildnerische Institution am nötigsten.

Unmittelbar daneben öffnete sich zu ihrer Entstehungszeit – gegenüber der heutigen Jan-Valkenburg-Straße – ein Hof, an dem die **Hauptsynagoge Kohlhöfen** der Hamburger Jüdischen Gemeinde lag. Sie war 1857–59 von Albert Rosengarten errichtet worden. Ihr benachbart lag die **Talmud-Tora-Schule** – um nur eine der anderen Einrichtungen der Jüdischen Gemeinde zu nennen, die in der Neustadt lagen. Diese Neustadt war das eigentliche Wohngebiet der Juden in Hamburg bis zur Entwicklung der Stadterweiterung. An seine Stelle trat dann seit der Aufhebung der Torsperre vor allem Rotherbaum. Dort wurde die Hauptsynagoge am Bornplatz neu errichtet. Dorthin wurde auch die Talmud-Tora-Schule verlegt. Die Synagoge Kohlhöfen wurde 1934 an die Stadt Hamburg verkauft und abgerissen. Ihre Umgebung wurde in das Sanierungsgebiet Rademachergang einbezogen (s. S. 27).

Hier lag eines der dichten Gängeviertel, das seit der Jahrhundertwende für die Sanierung durch Abbruch vorgesehen war. Die wohnungshygienische Planung wurde zur sozialhygienischen Gewaltmaßnahme seit der nationalsozialistischen Machtübernahme 1933. Die alten Häuser galten jetzt als ›Brutstätte des Kommunismus‹. Sanieren bedeutete vor allem, die Bewohner zu vertreiben (hatte doch in der Weimarer Republik die KPD in der Neustadt ihre besten Hamburger Wahlergebnisse).

An Stelle von Fachwerkhäusern des 17. und 18. Jh. trat das **Viertel Rademachergang, Breiter Gang, Kornträgergang** – bei dem 1933–37 demonstrativ großzügig geplant und gebaut wurde. An breiten, ruhigen Wohnstraßen entstanden viergeschossige Backsteinhäuser mit plastischem Schmuck, heimeligen Giebeln und Erkern (Breiter Gang 15, Rudolf Klophaus 1936 – Breiter Gang 8–18, Rudolf Klophaus und Alfredo Puls 1936/37 – Kohlhöfen 16–18, Hans Ludwig und Alfredo Puls 1935 – Kornträgergang 9–13, Rudolf Klophaus 1934–36 – Kornträgergang 23–27, Hans Ludwig 1936/37 – Kornträgergang 8–18, Wilhelm Behrens 1935 – Rademachergang 16–22, Rudolf Klophaus 1935).

Die für den Bau der Häuser eingesetzten Baugesellschaften – der Bauverein zu Hamburg und die Allgemeine Deutsche Schiffszimmerergenossenschaft – hatten eine gute Tradition im sozialen Wohnungsbau, ebenso die beteiligten Architekten. Der Bauverein zu Hamburg baute das Haus Breiter Gang 2–6 (Wilhelm Behrens, 1934/35). Hohe Giebel, Rundbogen und Erker wirken gemütlich, kleinstädtisch; das bildhauerische Detail ist noch bemerkenswert expressionistisch gehalten.

Das **Memel-Haus** der Allgemeinen Deutschen Schiffszimmerergenossenschaft Breiter Gang 1–13 (Puls & Richter, 1935/36) trägt am Erker ein Relief von Ludwig Kunstmann, das auf die Gründung der Genossenschaft fünfzig Jahre vorher hinweist (als Selbsthilfeorganisation von Schiffszimmerleuten in Memel), zugleich wurde es aber bei der Einweihung in Anspruch genommen als »ein Zeichen der unauflöslichen Verbundenheit aller Deutschen mit den Brüdern im Osten«. – Die drastische Kinderfigur an der Ecke bezieht sich auf das **Hummel-Denkmal,** einen Brunnen, der dem Platz in der Mitte des Rademachergangs beschauliche Heimatverbundenheit mitteilt, gestiftet vom Verein geborener Hamburger mit dem Bauverein zu Hamburg. Er besteht aus demselben Muschelkalk und wurde vom selben Bildhauer hergestellt wie das Kriegsdenkmal am Dammtordamm (Richard Kuöhl, 1937/38). Galt es dort, Wehrtüchtigkeit zu befördern, so sollte hier eine heile Feierabendwelt gesichert werden.

Die Mitte der Neustadt bildet der **Großneumarkt** an der alten Landstraße des Alten und Neuen Steinwegs. Seine ursprüngliche Bebauung wie die der Umgebung ist durch den Zweiten Weltkrieg dezimiert worden. – Auf dem Platz steht ein Brunnen von Doris Waschk-Balz (1978).

Die Schlote beginnen wieder zu rauchen, die Maschinen werden wieder blank. Der Schiffsfriedhof im Waltershofer Hafen leert sich langsam.
Der Führer aber baut das Reich. Sein Hamburger Gauleiter, Karl Kaufmann, wird am 15. Mai 1933 Reichsstatthalter und Hamburg unlösbar Teil des einen, großen Reiches. Die Entschlüsse seiner Regierung müssen vom Reichsstatthalter gegengezeichnet werden, bevor sie Gesetzeskraft erlangen. Der Senat wird von ihm ernannt und entlassen. Im August 1934 ruft der Führer das deutsche Volk zur Volksabstimmung. Fast einmütig antwortet ihm Hamburg mit „Ja".
Im Hamburger Stadtbild aber zeigen sich stärker und stärker die Spuren des neuen Schaffens.

Der Hummelbrunnen
Bildhauer Professor
Richard Kuöhl, Hamburg

Seite aus einer nationalsozialistischen Heimatchronik. Johannes Saß u. Hermann Okraß: Hamburg, eine Chronik der Hansestadt, Hamburg 1939

Ein letztes Fachwerkgiebelhaus ist am **Thielbek 13** erhalten, ein Mehrfamilienmietshaus, wie die Eingänge noch andeuten. Es ist wohl um 1780 entstanden.

Schon in der Mitte des 19. Jh. hatte die Kritik an den mißlichen Wohnverhältnissen der ›Gängeviertel‹ in der Neustadt zu Vorschlägen geführt, sie niederzulegen und neu zu ordnen. Senat und Bürgerschaft konnten sich darüber allerdings nicht verständigen. – Nur die Spekulation ergriff die Initiative: Die Brüder Friedrich Hermann und Ernst Wex kauften 1866 die Grundstücke östlich vom Großneumarkt, legten bis 1867 eine Privatstraße an und rissen die alte Bebauung ab. Bis 1876 waren die **Wexstraße** und die **Brüderstraße** neu bebaut. Die gründerzeitlichen Putzfassaden zeigen, daß damals die alten Bewohner durch zahlungskräftige und repräsentationsbedürftige Mieter ersetzt wurden.

Immer noch ist – obwohl jahrelang umstritten – der **Paradieshof** am Alten Steinweg 49–51 erhalten. Der viergeschossige Backsteinrohbau mit Lisenengliederung (in seiner handwerklichen Rationalität ein Vorläufer moderner Skelettbauweisen) hat ein Fachwerkinnengerüst. Er ist als Mietshaus 1762 durch einen Bauunternehmer erbaut worden, vor Hinterflügeln, die seit dem 17. Jh. den vielversprechenden Namen führten. Sie wurden 1939 und dann vollends nach Kriegsschäden abgebrochen, ebenso wie die beiden barocken Giebel, deren Voluten noch erkennbar sind.

Das **Hertz-Joseph-Levy-Stift** am Großneumarkt ist eines der Stifte, die für ältere bedürftige Mitglieder der Jüdischen Gemeinde eingerichtet wurden. Im Grundriß und Aufbau ist es ein normales Etagenhaus, das sich aber mit seiner einfachen Backsteinfront (1855) von den repräsentativen Fassaden der Nachbarschaft oder der Wexstraße als ›einfach und würdig‹ abhebt, wie bei Stiftsbauten üblich.

Die **Pelikan-Apotheke,** Großneumarkt 37, erhielt 1913 einen Neubau nach Entwürfen der Architekten Jacob & Ameis. Ihre bis 1696 zurückreichende Tradition drückt sich in der ganz am alt-hamburgischen Bürgerhaus orientierten Fassade aus. – Vom Vorgängerbau stammt das spätbarocke Sandsteinportal an der Rückseite (um 1780, mit einem Pelikan im Aufsatz, der als Symbol der Nächstenliebe seine Jungen mit dem eigenen Blute füttert).

An der Neanderstraße 22 steht der Paradieshof noch einmal – schöner, als er je war; aus dem Mietshaus ist ein behäbiges Palais geworden, mit Saal im ersten Obergeschoß und Wiederholung der Barockgiebel an einer frei stehenden Südseite und auf der Rückseite. – Neanderstraße und Peterstraße sind Teile des Valckenburghschen Neustadtstraßennetzes. Die Peterstraße hat sich ursprünglich genau da fortgesetzt, wo das Double des Paradieshofes steht. – Aber nicht die authentische Neustadtgeschichte ist das, was an dieser Stelle mittlerweile Touristen anzieht, sondern ein fiktives, ja potemkinsches Hamburg, die legendäre **Peterstraße.** Sie ist seit 1966 unter Einsatz von viel Geld und handwerklichem Aufwand, wohl auch mit viel Liebe entstanden. Das Ergebnis ist eine Geschichtsklitterung

Nur das **Beylingstift,** Peterstr. 35–37, ist ein authentischer Rest der Neustadt: ein traufständig zur Straße stehendes Mehrfamilienhaus, das 1751 errichtet worden war; das Portal mit frommer Inschrift weist auf den Hausbesitzer hin, der hier selbst wohnte (dahinter kleine Diele mit barocker Treppe). Die anderen Türen erschließen die Mietwohnungen (im Obergeschoß sind *Gedenkräume* für *Johannes Brahms* eingerichtet, mit dem das Haus aber historisch nichts zu tun hat; di–fr 12–13 Uhr, do 16–18 Uhr). – Um 1760/70 wurden die Hinterflügel auf dem Hof als Fachwerkgebäude errichtet, zu denen man durch einen schmalen Durchgang gelangt. Im 19. Jh. wurde in dieser typischen Wohnanlage das Beylingstift mit Altenwohnungen eingerichtet.

Zahlreiche solcher Hinterflügel mit Buden- und Sahl-Wohnungen sind im Laufe des 18. Jh. dichtgereiht in der Neustadt entstanden, wo sie die früheren Freiräume und Gärten im Blockinneren ausfüllten. Gerade die berüchtigte Enge dieser Quartiere ist heute nicht mehr nachzuvollziehen. Die properen Häuser wurden 1967–70 neu errichtet. – Wie all die nachgemachten Bürgerhausgiebel, denen an der Nordseite der Straße die originalen Fachwerkhäuser weichen mußten, und die es so in der Neustadt nie gab.

Die Realität, jedenfalls die Einschätzung der Neustadt durch die Obrigkeit, wird ablesbar in der ehemaligen **Polizeiwache Hütten** 40. Der Backsteinrohbau im Rundbogenstil (Franz Gustav Forsmann, 1857/58) diente der vorübergehenden Inhaftierung von kleinen Straftätern, mit denen man also gerade in der Neustadt rechnete. – Im Dritten Reich war er als Polizeigefängnis für viele Hamburger die Durchgangsstation ins Konzentrationslager.

Nördlich vom Enckeplatz – der zusammen mit der Ringstraße 1895/96 angelegt wurde – erstrecken sich an den Hütten 1–12 und am Pilatuspool 14–24 die zwei langen Backsteinzeilen des **Abraham-Philipp-Schuldt-Stiftes.** Dies war 1891, noch vor der Cholera-Epidemie, aus dem Nachlaß von Abraham Philipp Schuldt gegründet worden, um mustergültigen Kleinwohnungsbau zu errichten. Die Häuser entstanden 1895/96 nach Entwürfen von Hinrich Fittschen. Sie organisieren als Dreispänner Kleinwohnungen mit Küche und zwei Zimmern. Für die Fassaden ist die Sachlichkeit des Backsteinrohbaus gewählt. Nur die Denkmalnische für den lebensgroß dargestellten Stifter am Abschnitt Hütten nutzt repräsentative Renaissanceformen. Die Villa Schuldts lag übrigens zwischen Hohen Bleichen und ABC-Straße (sie wich dem Neubau des Staatsarchivs) und gehörte zu den luxuriösesten Häusern in Hamburg.

Im südlichen Teil der Hütten entstanden gleichzeitig die üblichen Neorenaissance-Etagenhäuser. **Hütten 85–92** wurde sogar ein geradezu hochherrschaftliches Mietshaus (Kahl & Endresen, 1910). – Das klassizistische Haus **Hütten 66** ist 1806/07 erbaut worden. – Ein einziges verstümmeltes Fachwerkhaus ist an den **Hütten 84** erhalten geblieben.

Den Ausgang der Neustadt nach Westen bildete bis nach 1850 das Millerntor, zu dem der Neue Steinweg hinführt. Dort liegt der **Zeughausmarkt,** heute zerschnitten durch die 1952–62 angelegte Ost-West-Straße. Er ist benannt nach dem Artilleriezeughaus, das 1661 bis 1826 hier stand und nach der Demolierung der Wälle überflüssig geworden war. Der Platz wurde rechteckig begrenzt und erhielt 1821–27 eine Randbebauung, die nach den Plänen Carl Ludwig Wimmels ausgeführt werden mußte. Darauf gehen die Häuser an der Ausmündung des Millerntors zurück. Die südlichen sind durch spätere Umbauten und dann den Krieg entstellt. Intakt war die Nordecke erhalten. Ausgerechnet sie ist durch einen Neubau ersetzt worden; freilich nach Wimmels Entwürfen (wenn man von den grotesk zur Kulisse verkürzten Eingängen und Vortreppen absieht). Dabei wurden drei statt zwei Geschosse errichtet (was zwar Wimmel geplant hatte, aber aus Rücksicht auf Windmühlen auf dem Wall nicht durchführen durfte).

Von den übrigen klassizistischen Häusern rund um den Zeughausmarkt sind nur Nr. 34 und 36 erhalten. – Die **Anna-Siemsen-Schule** wurde als ›Stiftungsschule von 1815‹ 1914–17 nach Entwürfen von Fritz Schumacher erbaut, der zwar Backstein als Material verwandte, aber nach Maßstab und Gliederung auf die Häuser am Zeughausmarkt einging. – Die Stiftungsschule war eine jüdische Gründung, die unter dem Einfluß des Reformpädagogen Anton Rée (1815–91) seit 1859 zur Simultanschule ausgebaut wurde.

Die englische Handelsgilde der ›Merchant Adventurers‹ gab 1564–67 ihren Stapel in Antwerpen auf. Ihre Monopolstellung im Export englischen Tuches auf das Festland führte zu Auseinandersetzungen und zu wechselnden Standorten. 1611 räumte ihnen Hamburg weitgehende Handelsprivilegien ein, die dazu führten, daß sie sich hier niederließen. – Das **Englische Haus** als Sitz ihres Court, später der **Bosselhof** an der Englischen Planke gehörte ihnen. Sie wurden infolge der französischen Kontinentalsperre 1806 enteignet. Aus der Entschädigung, die Hamburg 1825 an die beiden letzten Adventurers Joseph Blacker und William A. Burrows erstattete, wurde dann die **Englische Kirche** errichtet: ein einfacher Putzbau mit zum Platz gewandter ionischer Tempelfront, gebaut von Ole Jörgen Schmidt 1836–38, einem Kopenhagener Schüler Hansens, an dessen dogmatischem Klassizismus er festhielt.

Das Innere ist ein Saal mit Emporen wie bei vielen protestantischen Kirchen der Zeit um 1800 (z. B. Wimmels St. Pauli – oder in großem Maßstab Hansens Kopenhagener Erlöserkirche). Über den auf Pfeilern ruhenden Emporen tragen korinthische Säulen die flache Stuckdecke. Nach Kriegsschäden erhielt die Kirche 1945–47 eine neue, einfache Ausstattung. Seitdem führt sie das Patrozinium St. Thomas a Becket. – Erhalten blieb der Altar mit einer Kopie der Sixtinischen Madonna Raffaels zwischen Tafeln (Zehn Gebote und Glaubensbekenntnis) in einem Pilasterrahmen.

Südwestlich davon liegt zwischen Zeughausstraße und Neumayerstraße ein 1900/01 errichteter Block des **Schuldt-Stiftes** ganz in der Art seiner Häuser an den Hütten.

Sanierungen

Die Ursache der Cholera-Epidemie von 1892 lag in der mangelnden Hygiene der Hamburger Wasserversorgung – ebenso aber in den Wohnungsverhältnissen der zu Slums verkommenden Gängeviertel in Alt- und Neustadt. Schließlich kam es seit 1900 zur Sanierung der Innenstadt. Die Mönckebergstraße und das Kontorhausviertel in der Altstadt sowie reformierte Wohngebiete in der Neustadt sind so entstanden.

Unterhalb des Venusbergs liegt der hafennahe Teil der Neustadt. Das regelmäßig vom Hochwasser heimgesuchte Viertel zwischen Eichholz und Johannisbollwerk wurde als erstes **Sanierungsgebiet** in Angriff genommen. 1900–04 wurden die alten Häuser niedergelegt, das ganze Gelände aufgehöht und mit neuen Straßen versehen. Die Bebauung blieb der Spekulation vorbehalten. Es entstanden daher typische Etagenhausstraßen (z. B. an der Ditmar-Koel-Straße), am Johannisbollwerk auch teilweise zu Kontorzwecken ausgenutzte Häuser (**Hafenhof,** Vorsetzen 53 – Blohm & Schultze, 1902). – An der Rambachstraße und am Eichholz hingegen erhielt der 1892 gegründete Bauverein zu Hamburg Grundstücke zugewiesen, auf denen er Kleinwohnungen nach dem Konzept der ›Hamburger Burg‹, der mäandrierenden Blockführung mit Hofbildung zur Straße hin, verwirklichte (Ernst Vicenz, 1902/03 bzw. 1903/04). Die kargen Fassaden mit Putzflächen und Backsteingliederungen sind charakteristisch für die frühen Reformbauten des Bauvereins.

In die Bauzeit der Häuser **Eichholz 23–37** fiel die Umwandlung der Genossenschaft in eine Aktien-Gesellschaft durch den Hauptgeldgeber Heinrich Traun. So sollte sozialdemokratischer

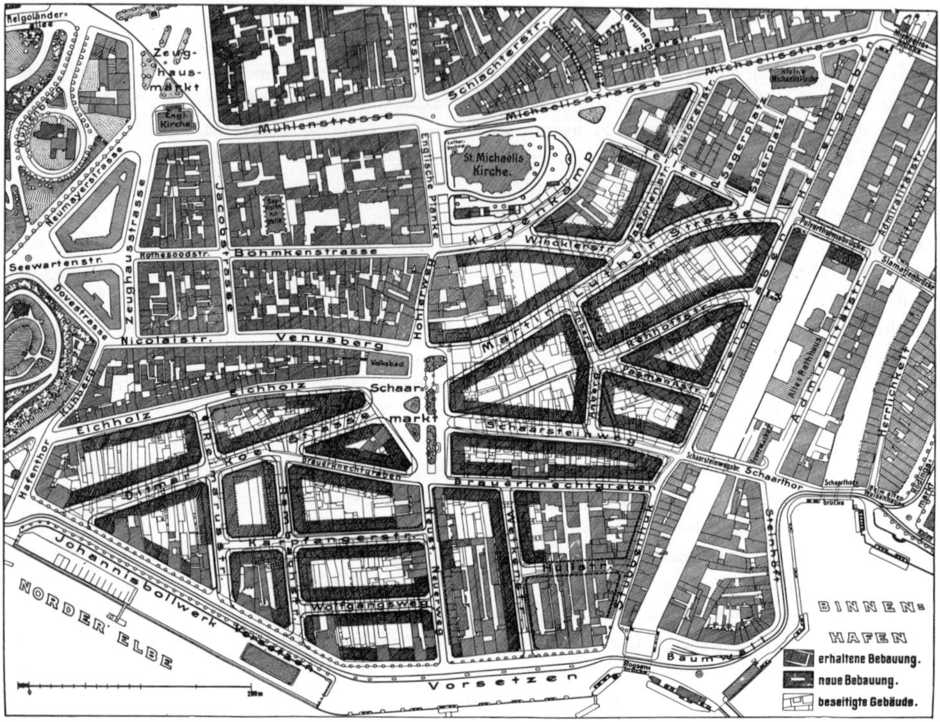

Die Sanierung der südlichen Neustadt bis zum Ersten Weltkrieg

Einfluß abgewehrt werden. Die neue Geschäftsform wurde am Mittelgiebel festgeschrieben.

Der einfache Backsteinrohbau **Eichholz 43** stammt noch aus der Zeit vor der Sanierung. Er wurde 1851 erbaut und sollte jüdischen und christlichen Familien Freiwohnungen bieten, finanziert von einem 1849 gegründeten Verein zur Erinnerung an die gesetzliche Gleichstellung der Juden in Hamburg 1848/49.

Die soziale Bestimmung des **Seemannsheims der Deutschen Seemannsmission,** Wolfgangsweg 12 (Hugo Groothoff, 1905/06 – die zugehörige Lutherkirche an der Karpfangerstraße wurde im Zweiten Weltkrieg zerstört; s. Moorfleet), drückt sich in der konventionellen Backsteinneugotik der Hannoverschen Schule aus (hier in einem ihrer spätesten Beispiele). – Christliche und landsmannschaftliche Fürsorge hat in diesem hafennahen Viertel auch kirchlich-soziale Einrichtungen für ausländische Seeleute entstehen lassen: Die von der Evangelischen Vaterländischen Stiftung in Stockholm für schwedische Seeleute in Hamburg gebaute **Gustav-Adolf-Kirche** an der Ditmar-Koel-Straße (Yderstadt, 1906/07) steht auf einem Gemeindehaus, das schwedischen Seeleuten auch als Unterkunft dienen sollte; die hansische Backsteingotik ist hier als Hamburg und Schweden verbindender Kirchenstil aufzufassen. – Im Rahmen des Wiederaufbaus nach dem Zweiten Weltkrieg entstanden weiter östlich die Gebäude der **Lutherischen Finnischen Seemannsmission** (Ditmar-Koel-Str. 6 – Rentti Ahola und Gerhard Langmaack, 1965/66), die **Norwegische** (Ditmar-Koel-Str. 4 – Harald Hille, 1958/59) und die **Dänische Seemannskirche** (Ditmar-Koel-Str. 2 – Otto Kindt, 1951/52).

Das zweite Sanierungsgebiet wurde 1904–12 zwischen Schaarmarkt und Herrengraben neu geordnet. Hier entfalten – neben Spekulationsbauten – die Häuser der Wohnungsreformbewegung auch gestalterischen Anspruch: Die Allgemeine Deutsche Schiffszimmerer-Genossenschaft errichtete die Wohnanlage **Martin-Luther-Str. 14–18/Wincklerstraße** (Ernst Vicenz, 1913/14); bodenständig heimatlich und doch auch anspruchsvoll repräsentativ sind die Fassaden nach beiden Seiten entwickelt. – Die Wohnanlage des Bauvereins zu Hamburg am **Herrengraben 54–63/Pasmannstraße/Rehhoffstraße** (Ernst Vicenz und Wilhelm Behrens, 1912/13, nach Kriegszerstörungen bis 1951 wiederhergestellt) variiert aufs neue die ›Hamburger Burg‹, jetzt mit aufwendiger Backsteinfassade. Ein großer Abschnitt an der Ecke Herrengraben/Rehhoffstraße wurde hier als ›Ledigenhaus‹ mit Einzelzimmern und Gemeinschaftsanlagen ausgestattet, um die besondere Wohnungsnot alleinstehender Arbeiter zu lindern. – Für Hafenarbeiter entstand der gleichfalls mit Höfen zur Straße hin ausgestattete Wohnblock **Herrengraben 64–72/Rehhoffstraße/Martin-Luther-Straße** (Ernst Vicenz und Wilhelm Behrens, 1913/14).

Das zwischen Schaarsteinweg und Vorsetzen gelegene Viertel wurde im Zweiten Weltkrieg zerstört. Fast unbeschädigt blieb nur das Kontorhaus **Stubbenhuk** erhalten. Es ist 1923–25 im Auftrag der Getreideheber-Gesellschaft durch die Firma Fr. Holst (Hoch- und Tiefbau) nach Entwurf von deren Architekten W. Lemm erbaut. Die Klinkerverkleidung zeigt, daß die Muster des Chilehauses bereits wirkten. Das Kontorhaus wird einbezogen in die im Gang befindliche Neubebauung des ganzen Viertels durch die ›Medienstadt‹ eines großen Zeitschriftenverlags (Otto Steidle und Partner mit Kiessler u. Partner und Schweger u. Partner, seit 1984).

Zwischen Venusberg und Gerstäckerstraße realisierte der Wiederaufbau nach dem Zweiten Weltkrieg neue Ideale des sozialen Wohnungsbaus in der Großstadt und vervollständigte damit die Modellsammlung zur Wohnungsreform seit der Jahrhundertwende, als die sich die Wohnviertel rund um die Michaeliskirche darstellen. Das Hochhaus des **Gebhard-Hofs** der Allgemeinen Deutschen Schiffszimmerer-Genossenschaft und die anschließenden Zeilenbauten am **Venusberg 26–36** bzw. **6–22** (Hermann Schöne, 1956–66) knüpfen an die fortschrittlichsten Konzepte der zwanziger Jahre an und öffnen sich mit ihren gedrehten Balkonen Licht, Luft und Sonne. – Um Höfe geordnete neuere Wohnblocks nördlich von Rothesood- und Böhmkenstraße bemühen sich wieder um bessere Voraussetzungen für Kommunikation und Gemeinschaft (Graaf, Schweger und Partner mit Gartenarchitekten Wehberg, Lange, Eppinger, 1972–81).

Zurück in die alte Neustadt führt ein gleichfalls schon soziales Wohnmodell: Eine vollständige Hofanlage des 17. Jh. ist noch vorhanden in den **Krameramtswohnungen,** Krayenkamp 10 (Farbabb. 25). Die auskragenden Fachwerkbauten, an den Hofflügeln mit Zwerchhäusern für die

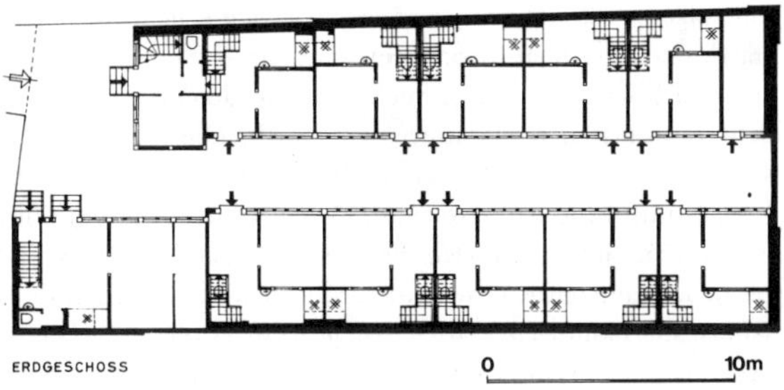

Erdgeschoßgrundriß der Krameramtswohnungen (nach Rudhard)

Beschickung der Dachböden, bekrönt von gedrehten Schornsteinen, bilden eine der Hauptattraktionen für Touristen wegen ihrer idyllischen Kleinmaßstäblichkeit, herausgeputzt durch die umfassende Restaurierung 1971–74.

Die ältesten Teile der Anlage sind die Häuser a und m/n; erbaut 1615–20, reichen sie sogar zurück in die Zeit vor der Anlage der Neustadt und waren Gartenhäuser (gerade eben noch) vor den Toren, die ältesten aufrecht stehenden Profanbauten in der Innenstadt. Nach der Umwallung wurden sie als Wohnhäuser ausgebaut. Um 1625 entstand das Vorderhaus an der Straße. 1676 gelangte das Ganze in den Besitz des Krameramtes, der Einzelhändlerzunft. Sie ließ bis 1677 im Garten zwei Hofzeilen erbauen mit Kleinwohnungen für die Witwen des Amtes. Aus den Buden im Erdgeschoß mit Herd-Diele und Stube geht eine Treppe in das Obergeschoß zu einer zweiten Wohnung gleicher Art (später zu einer Wohnung vereinigt). – Eine der Wohnungen ist als Außenstelle des *Museums für Hamburgische Geschichte* hergerichtet (di–so 10–17 Uhr).

St. Michaelis

Die ev.-luth. **Hauptkirche St. Michaelis** ist weit jünger als die vier anderen Hauptkirchen, jedoch ganz in der gleichen Weise entstanden wie jene: als kirchliches und kommunales Zentrum eines neuen Kirchspiels, das durch die planmäßige Erweiterung der Stadt entstand – eben der Neustadt. – Westlich von der schon bestehenden Friedhofkirche St. Michaelis (auf dem Krayenkamp) entstand 1648–61 eine dreischiffige Halle mit (1669 vollendetem) Westturm, wie es für deutsche Pfarrkirchen, zumal protestantische, in dieser Zeit üblich war, wie es aber auch dem Vorbild der alten Hauptkirchen Hamburgs entsprach. Diese Kirche ist 1750 durch Blitzschlag abgebrannt. Auf ihren Grundmauern und mit angefügten Kreuzarmen ist 1751–62 die neue Kirche entstanden, einer der bedeutendsten Kirchenbauten des Protestantismus überhaupt, entworfen von Johann Leonhard Prey unter Mitwirkung von Ernst Georg Sonnin, der nach Preys Tod 1752 die Bauleitung übernahm. Sonnin schuf den kupferverkleideten Turmaufbau (1777–86) – der durch seine markante Gestalt, seine Höhe von 132 m und die Lage auf der Geesthöhe im Westen der Stadt seitdem als ›Michel‹ zum Wahrzeichen der Stadt geworden ist (Abb. 13).

Die Michaeliskirche brannte am 3. 7. 1906 (ausgelöst durch Reparaturarbeiten) erneut ab. Architekten und Denkmalpfleger in ganz Deutschland traten für einen modernen Neubau ein. Die Mehrheit der Bevölkerung, das Kirchspiel und der Senat entschieden sich für eine Rekonstruktion der vertrauten Gestalt. Sie wurde 1907–12 durch Julius Faulwasser durchgeführt, der kurz zuvor eine Dokumentation der Kirche aufgenommen hatte (zusammen mit Hermann Geißler und Wilhelm Emil Meerwein sowie dem Ingenieur Benno Hennicke). – Bautechnisch wurde modernisiert, was möglich war (Beton für die Hauptgesimse, Dachstuhl und Turm als Stahlkonstruktion).

Das spätbarocke *Äußere* ist bestimmt durch den Dreiklang von Backstein für die Flächen, Sandstein für die Gliederungen und patiniertem Kupfer für die Dächer und den oberen Turmschaft. Das Wandsystem bilden ionische Kolossalpilaster auf hohem Sockel und mit mächtigem Gebälk, über dem das Mansardwalmdach ruht. Die Querhausfronten sind die Hauptfassaden der Kirche mit aufwendigen Säulenportalen. Der Westturm erhebt sich als gemauerter Schaft bis zur Firsthöhe der Kirche. Der kupferverkleidete Aufbau leitet über in den Klassizismus durch die Klärung von Proportionen und gliedernden Pilasterordnungen, zumal mit dem abschließenden, kuppelbekrönenden Rundtempel über dem würfelförmig proportionierten Uhrgeschoß. Das 1907–12 an Stelle eines einfachen Eingangs gestaltete Turmportal wird bekrönt von der Bronzefigur des Erzengels Michael von August Vogel; im Bogenfeld ein Jugendstilglasfenster mit dem ›Segen Gottes über Hamburg‹ (s. Abb. S. 119).

Das *Innere* zeigt im Prinzip die Struktur einer dreischiffigen Halle mit Kreuzarmen und damit

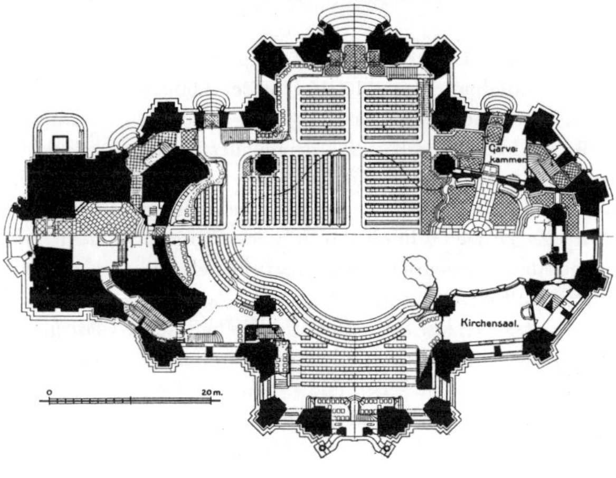

Hauptkirche St. Michaelis. Grundriß, oben auf Fußbodenniveau, unten Emporenebene

einen sehr traditionellen Typus. Dem entspricht die Ausrichtung des Raumes auf den Hauptaltar im Chorhaupt (seitlich vom Chor sind Sakristei und Kirchensaal abgeteilt). – Dieser konservative Raum wird kunstvoll überspielt durch die geschwungene, vor die Pfeiler vortretende und so die Langhausteile verbindende Empore, die in das architektonische Gefüge einen zentralisierten Einheitsraum hineinstellt, wie es den neuen Anliegen des protestantischen Kirchenbaus im 18. Jh. entspricht (Abb. 35).

Rekonstruiert wurde bis 1912 auch die *Ausstattung* von Cord Michael Möller. Dabei ist der materielle und dekorative Aufwand noch gesteigert worden. Kostbare Materialien (Marmor, Teakholz, Mosaik) verbinden sich mit ornamentalem Reichtum. Auch der Stuck an Wänden und Gewölbeflächen wurde erheblich reicher rekonstruiert, als er gewesen war. – Im Zweiten Weltkrieg wurden die Gewölbe der Kirche stark zerstört. Die Wiederherstellung bis zur Wiedereinweihung 1952 und dann noch bis 1958 (Gerhard Langmaack als Architekt, Günther Grundmann als Denkmalpfleger) reduzierte wieder den Formenreichtum im Deckenstuck; andererseits interpretierte sie den Raum neu durch farbige Abtönungen und Vergoldungen an Emporen und Stuck.

Der Altar hat ein Mosaikbild von Ernst Pfannschmidt (1911). Die Kanzel bekrönt ein Engel von Otto Lessing. Von der barocken Ausstattung blieb die von Putten getragene Marmortaufe übrig sowie ein eiserner ›Gotteskasten‹ (am Westende des Langhauses), das Architektengeschenk Sonnins zur Einweihung 1762. Dieser Opferstock ist, wenn man so will, auch ein Denkmal für die Bedeutung der Kirchspiele in der Stadt: Aus den nach 1527 gebildeten Kollegien von je zwölf Gotteskastenverwaltern der Pfarrkirchen entwickelten sich die politischen Vertretungen der Kirchspiele, die Vorläufer der gewählten Bürgerschaft.

Auch in der Michaeliskirche wurde – wie in allen Hamburger Kirchen – bis ans Ende des 18. Jh. bestattet. Dem diente die Unterkirche. Dort sind u. a. Carl Philipp Emanuel Bach (gest. 1798, Musikdirektor der Hamburger Hauptkirchen) und Ernst Georg Sonnin (gest. 1794) beigesetzt. In der Nachkriegszeit wurde in dieser Gruft eine Notkirche eingerichtet. Heute dient sie der Ausstellung ›Michaelitica‹ zur Geschichte von St. Michaelis (geöffnet mo–sa 11–16.30 Uhr und so 12–16.30 Uhr, im Winter nur sa 11–12 Uhr und so 11–16 Uhr).

Der Blick von der 82 m hohen Turmplattform (Fahrstuhl) erschließt die verschiedenen Wohn- und Sanierungsgebiete der Neustadt, darüber hinaus die Hafenlandschaft, die Innenstadt, die westlichen und nördlichen Vororte. – Turmaufgang von der südwestlichen Tür 2 (April–November: mo–sa 9–17.30 Uhr, so 11.30–17.30 Uhr; im Winter mo, di und do–sa 10–16 Uhr, so 11.30–16 Uhr, ✆ 371727).

Bis 1912 wurde auch die Umgebung der Kirche neu gestaltet. Das war eine der ersten Aufgaben Fritz Schumachers nach seinem Dienstantritt 1909. Gegen die traditionell malerischen Vorstellungen des Ingenieurwesens setzte er ein architektonisches Konzept durch: Terrassen, Pastorenhäuser und Denkmäler sollten die Kirche interpretieren. Seit dem Krieg sind von den Bauten nur die Stützmauern im Süden und Osten davon erhalten. Die Platzfläche und die umgebenden Gebäude wurden 1955–58 durch Gerhard Langmaack neu gestaltet.

Reste von Schumachers Gestaltung sind auch noch zwei Denkmäler: das für den 1912 verstorbenen Bürgermeister *Johann Heinrich Burchard,* den Kirchspielsherrn während des Wiederaufbaus, am nördlichen Querarm (Bronzetafel mit Porträtbüste – Adolf von Hildebrand) und das *Luther-Denkmal* an der Turmnordseite (Bronzestandbild – Otto Lessing). Vor allem das letztere kann die Absichten Schumachers vergegenwärtigen: Überlebensgroß vermittelt es zwischen dem Erfahrungshorizont des Betrachters und den riesigen Dimensionen des Turmes. – Vom *Sonnin-Denkmal,* das am südlichen Pastorat in einer Pfeilerhalle stand, sind noch das Porträtmedaillon (an der Südwestecke der Kirche) und ein Jüngling mit Kirchenmodell erhalten (Oskar Ulmer, in der Gruft ausgestellt).

Durch die Nachkriegsstadtplanung ist St. Michaelis großräumig freigestellt worden: Von Süden her wurde ein Grünzug darauf zugeführt, nach Norden grenzt der Kirchplatz an die Ost-West-Straße. – Überdimensioniert und in Konkurrenz mit der Michaeliskirche fragwürdig ist das Hochhaus **Ost-West-Straße 110** (Joachim Matthaei und Heinz Graaf, 1962–64) – aber es ist auch eines der konsequentesten Dokumente der Sehnsucht nach Sauberkeit, nach Freiheit im offenen Raum der Nachkriegsmoderne in Hamburg.

Die erste Michaeliskirche war schon 1600 und dann größer 1606 als Friedhofskapelle vor dem Neuen Wall der Altstadt entstanden. Sie wurde noch einmal 1754–57 als Interim für die abgebrannte Hauptkirche neu erbaut (Johann Hinrich Nicolassen). Der einfache barocke Saal (durch den französischen Präfekten wurde er 1811 dem katholischen Gottesdienst überwiesen, der seitdem dort gefeiert wird, seit 1825 offiziell anerkannt) wurde im Zweiten Weltkrieg zerstört. An seiner Stelle steht jetzt die katholische Kirche **St. Ansgar,** auf den alten Grundmauern erbaut nach Entwürfen von Jean Charles Moreux und Johann Kamps, 1953–55 (Herrengraben/Michaelisstraße). Ein Teil der Nordmauer ist erhalten, und der Charakter als Backsteinbau ist bewahrt; das Innere ist neu gestaltet, mit traditionalistischen Assoziationen. – An die Kirche schließt sich der Neubau der **Katholischen Akademie** und des Gemeindezentrums St. Ansgar an, von Walter Bunsmann und Paul-Gerhard Scharf 1972/73 erbaut.

Am Vorplatz der Kirche wurde 1977 die *Statue Karl des Großen* aufgestellt, die 1889 von Engelbert Peiffer zu einem von Johannes Vollmer für den Verschönerungsverein am Alten Fischmarkt errichteten und im Zweiten Weltkrieg zerstörten Brunnenturm geschaffen worden war (Neuguß von 1926, nachdem das Original im Ersten Weltkrieg eingeschmolzen wurde). Dort an der Stelle der karolingischen Hammaburg diente es in der Zeit des Zollanschlusses als Denkmal der historischen Identität Hamburgs.

Der Wallring

Die Innenstadt wird auf der Basislinie der Hafenkante zwischen Deichtorplatz und St.-Pauli-Landungsbrücken umfaßt durch einen im Stadtplan markant in Erscheinung tretenden Halbkreis: jenen ehemaligen **Wall,** der die Altstadt neu sicherte und durch Einbeziehung des westlichen Vorlandes die Neustadt entstehen ließ. 1608 hatten sich Hamburg, Lübeck, Bremen, Magdeburg, Braunschweig und Lüneburg zur gemeinsamen Verteidigung verbündet. Am 1. 5. 1609 wurde der Niederländer Johan van Valckenburgh als Ingenieur angestellt, der diese Städte nach dem neuesten Stand der Festungstechnik mit Wällen umgab. 1615 war er erstmals in Hamburg, bis 1626 entstand hier die neue Umwallung: Ungefähr mit der Nikolaikirche als Mittelpunkt schlug sie ein Oval um die Altstadt, das ihr westlich vorgelagerte Gelände, dazu auch um die Inseln bis zum Grasbrook (der Sandtorhafen war dort der Stadtgraben). *Hafentor, Millerntor, Dammtor, Steintor* und *Deichtor* waren die Durchlässe. Durch 22 Bastionen konnte das Bollwerk und sein Glacis – das von jeder Bebauung freigehaltene Vorland (Moorweide und Heiligengeistfeld sind davon noch erhalten) – so bestrichen werden, daß Hamburg als uneinnehmbar galt. Es hat den Dreißigjährigen Krieg im Schutz dieser Wälle erstaunlich gut überstanden. – Die Bastionen wurden mit männlichen Vornamen benannt, die in Straßennamen noch weiterleben (Ferdinandstor, Johannisbollwerk, Ericus).

Am Ende des 18. Jh. hatte die Festung ihre kriegerische Bedeutung verloren – wohl weniger aus militärischen Gründen als durch die auf Neutralität und Freihandel gerichtete Politik der Stadt. Um 1800 galten die Wälle längst als friedliche Einrichtung, »die immer nur dem ruhigen und fleißigen Bürger nach der Arbeit zur Erholung dienten« (Friedrich Johann Lorenz Meyer, 1802). 1804 beschlossen Senat und Bürgerschaft auch offiziell die Demolierung: Schon 1805 wurden auf den Wällen Alleen gepflanzt, bis 1811 wurden sie ihres militärischen Charakters gänzlich beraubt.

Das Desaster, als das am Ende sich die ›Franzosenzeit‹ im Gedächtnis festgesetzt hat, die napoleonische Besetzung Hamburgs 1806–14, fand seinen städtebaulichen Ausdruck in der nochmaligen Rückverwandlung dieser Wälle in eine Festung im Winter 1813/14 durch den französischen Stadtkommandanten, den Marschall Louis Nicolas Davout (Herzog von Auerstedt, Fürst von Eckmühl). Die Niederlegung der Vororte zur Herstellung eines neuen Glacis, die Vertreibung der Stadtarmen zu Weihnachten 1813 gehören zu dieser Maßnahme aus den Endkämpfen um die Herrschaft Napoleons in Mitteleuropa.

Seit 1819 wurde Hamburg endgültig entfestigt. Der Bremer Kunstgärtner Isaak Hermann Altmann machte daraus den großartigsten Landschaftsgarten in Hamburg, die Wassergräben und hohen Bastionen als Geländemodellierung ausnutzend. – Die **Wallanlagen** waren in der Tradition der Englischen Gärten im gleichen Maße der geistigen Erbauung gewidmet wie der physischen. Schon 1802 wurde deshalb auf der **Bastion Vincent** (später Standort der Kunsthalle) das *Denkmal für Johann Georg Büsch* errichtet (heute auf der Moorweide in Rotherbaum), um den lustwandelnden Bürgern ein Vorbild der »Civität« vor Augen zu stellen, der am Nutzen des Gemeinwesens orientierten, von Bildung und Wissenschaft getragenen Lebenspraxis eines der Ihren. »... und wenn ihr in der künftigen Generation, alle Kanonen unsers friedlichen Walles in solche Denkmäler verwandeln könnt, so werden sie mehr, wie jene, ihren Zeitgenossen Achtung für die Freiheit eines kleinen Staates einflössen, der glücklich genug war, solchen Bürgern solche Monumente errichten zu können.« So hieß es 1802.

Im Laufe von über hundert Jahren reicherte sich der Wall an mit wissenschaftlichen und kulturellen Instituten, weiteren Denkmälern und Museen. Zwischen der Innenstadt und den Stadterweiterungsgebieten beidseits der Alster liegen sie als Bildungslandschaft; ganz im Sinn der Ziele des Aufklärungszeitalters, Wissenschaft und Leben zusammenzubringen.

Der Weg, der an der Innenseite des Walles entlangführte, wurde im Laufe von hundert Jahren zur Ringstraße ausgebaut. Nicht Boulevards sind daraus geworden, aber doch eine Zone, die auch bürgerlicher und staatlicher Repräsentation neue Möglichkeiten eröffnete.

Freilich galt das nie von den Wällen in der Elbmarsch: Sie gingen im Ausbau des Hafens und der Märkte auf. Der Ostabschnitt wurde von dort aus zur Eisenbahn- und Verkehrszone, zuletzt mit dem **Deichtortunnel** der Ost-West-Straße 1959–62 und dem **Wallringtunnel** zwischen Kloster- und Glockengießerwall (1963–66).

Die Bildungslandschaft kann man dennoch schon am Deichtor beginnen lassen, seitdem die alten Großmarkthallen als neues Ausstellungsgelände genutzt werden (s. Innenstadt, Markthallen). Auch das Museum für Kunst und Gewerbe gehört in diesen Zusammenhang (s. St. Georg, Alleen).

Das erste Museum, das in den Wallanlagen gebaut wurde, war aber die **Hamburger Kunsthalle** auf der ehemaligen Bastion Vincent. Der Backsteinrohbau mit Sandstein- und Terrakottaschmuck in reichen Renaissanceformen wurde von den jungen Berliner Architekten Georg Theodor Schirrmacher und Hermann von der Hude entworfen (und blieb beider Hauptwerk). Das Gebäude steht in der Tradition der Schinkelschen Versuche zu einer Neubelebung der Backsteinbauweise. Das Treppenhaus im Kern des Gebäudes ist inspiriert von Stülers Neuem Museum in Berlin. Die Flügel zwischen den Eckpavillons wurden 1883/84 (durch den Baudirektor Zimmermann) als Erweiterungen eingefügt. Das äußere Erscheinungsbild ist zugleich ein Denkmal der Kunst als Kunstgeschichte durch Statuen und Porträtbüsten großer Maler, Bildhauer und Architekten. Heute ist das der *Altbau* der Kunsthalle.

Seit 1886 war Alfred Lichtwark (1852–1914) Direktor der Kunsthalle. Von dieser Institution aus wurde er einer der einflußreichsten Förderer der Hamburger Kultur um die Jahrhundertwende (s. Museen, Hamburger Kunsthalle). – Dafür sollte der *Neubau* mustergültige Ausstellungsbedingungen bieten. Museumsbaustudien Alfred Lichtwarks zusammen mit Albert Erbe (darauf gehen die Oberlichtkonstruktionen zurück) führten zu Planungen, die dann 1912–21 durch Fritz Schumacher verändert ausgeführt wurden. Der sonst an seinen Staatsbauten verbindliche Backstein sollte nicht mit dem Altbau in Konkurrenz treten, daher die Muschelkalkfassade. Eine Kuppel behauptet sich gegenüber dem Hauptbahnhof. Im Innern bildet ein Kreis dorischer Säulen das humanistische Entree zu den Oberlichtsälen und Kabinetten der beiden Museumsgeschosse. Vor dem Kuppelbau stehen eine bronzene Reiterfigur von Hermann Hahn (1908, aufgestellt 1920) und der ›Kleine Zyklop‹ (Bernhard Luginbühl, 1967).

Schon 1914 sollte zur Alster hin ein Ausstellungsgebäude vor die Kunsthalle gelegt werden. Erst 1961–63 entstand der Komplex von **Kunstverein** und **Kunsthaus** (Paul Seitz als Leiter des Hochbauwesens der Baubehörde hat ihn entworfen). Auf dem Sockel einer Tiefgarage entstanden ein (heute schändlich vernachlässigter) Skulpturenhof und die Ausstellungsräume des Kunstvereins, darüber erhebt sich das Kunsthaus als Ausstellungsgebäude. Zwischen Binnen- und Außenalster, City und Wohnstadt wurde es zum städtebaulichen Gelenkpunkt des modernen Nachkriegs-Hamburg am Ende der Wiederaufbauepoche. Die Modernität des Skelettbaus und die Subtilität seiner künstlerischen Durchbildung ist freilich zur Zeit kein Thema: 1985/86 wurde ein Wettbewerb durchgeführt, der an dieser Stelle eine neue **Museumsinsel** bringen soll (nämlich zwischen Bahn und Straße). Oswald Matthias Ungers soll nunmehr einen prätentiösen, monumental-kubischen Museumsneubau errichten. – Zur bisherigen Skulpturenausstattung gehören eine Löwenfigur von August Gaul (1904 – vor der Westecke), Plastiken von Gustav Seitz und Jörn Pfab (Skulpturenhof) und der Treppentunnel von Friedrich Gräsel (1973) sowie Emailbilder von Werner Nöfer an der Betonfassade der Tiefgarage (1973).

Erst der Wall von 1615–26 hat den alten Hamburger Mühlenteich in Binnen- und Außenalster zerschnitten. Hier stand seit 1651 der ›Lombard‹, ein städtisches Leihhaus. Und nach ihm wurde die **Lombardsbrücke** benannt, die über den Alsterdurchfluß führt. Sie wurde notwendig, als 1864–66 die Verbindungsbahn zwischen dem Klostertor und dem dort liegenden Berliner Bahnhof und Altona hergestellt wurde. Zugleich wurde sie zum wichtigen Bestandteil der künftigen Ringstraße (Johann Hermann Maack, 1864–68). Die Backsteinflächen des Bauwerks sind durch Werkstein gegliedert; Balustraden säu-

Wettbewerbsentwurf für ein Kunstausstellungsgebäude vor der Kunsthalle (Sckopp & Vortmann, 1914)

men die Trottoirs. Kandelaber (von Carl Börner) bekrönen die Brücke. 1900 wurde sie für die neuen Eisenbahnanlagen nach Norden verbreitert.

Für den gewachsenen Straßenverkehr wurde 1952/53 (entworfen von Bernhard Hermkes) die ›Zweite Lombardsbrücke‹ (heute **Kennedybrükke**) nördlich davor gelegt. – Hier durchschneidet übrigens der 10. Längengrad östlich von Greenwich Hamburg (Markierung im Gehweg).

Schon in den 1820er Jahren war der westlich folgende Abschnitt des Walles durch Carl Ludwig Wimmel in die vornehme Esplanade umgewandelt worden (s. Innenstadt, Neuer Jungfernstieg).

Das **Schiller-Denkmal** stand ursprünglich auf der Bastion Ferdinandus gegenüber der Kunsthalle. 1958 wurde es in die Grünanlage am Dammtordamm zwischen Esplanade und Verbindungsbahn versetzt. Das Werk von Julius Lippelt (nach dessen Tod 1864 vollendet durch Carl Börner) war 1866 enthüllt worden. In realistischer Gewandung und porträtgetreu erhebt sich auf hohem Sockel die Bronzestatue des Dichters, dessen inspirierter Blick in die Ferne gerichtet ist. Allegorische weibliche Figuren der dramatischen und der lyrischen Poesie, der Geschichtsschreibung und der Philosophie flankieren sie. Seit dem Schillerfest 1859 hatte ein Schiller-Verein die Denkmalsetzung betrieben – Bildungsbürger, die sich um Hamburgs Kultur sorgten: »Ist irgendwo das Bedürfnis vorhanden, daß der Geist durch ein öffentliches Kunstwerk, durch das Denkmal eines großen Mannes, den Alle kennen, ehren und lieben, mitten in der Hast des Alltagsgetriebes und Erwerbes, an das Schöne und Große erinnert werde, so ist das hier in Hamburg der Fall, wo nichts auf Plätzen und Straßen den Kaufmann, der zu seinen Speculationen, seinen Contobüchern und Zahlen eilt, daran mahnt, daß es noch höhere Güter in der Welt giebt, als Courant und Banco...« (Bernhard Endrulat, 1860)

Das Ehrenmal an der Kleinen Alster, das der Staat 1932 den Opfern des Ersten Weltkrieges gesetzt hatte, erhielt am Dammtordamm sein militaristisches Gegenstück – nach der Machtübernahme durch die Nationalsozialisten: Sie ermöglichten es dem Traditionsverein des in Hamburg stationierten 76. Infanterieregiments, ein eigenes **Gefallenendenkmal** zu realisieren. Nach einem Wettbewerb 1934 wurde bis 1936 der Entwurf von Richard Kuöhl ausgeführt. Ein mächtiger, muschelkalkverkleideter Quader wird durch das flache Relief der Hamburger Wappen-Türme als Stadtsymbol deklariert, umzogen von einer Kolonne im Gleichschritt marschierender Soldaten. Ernst und Trauer, die man in der Menschendarstellung spüren mag, werden durch die Worte von Alfred Lersch »Deutschland muß leben, und wenn wir sterben müssen« und durch die Bezeichnung der Schlachten auf der benachbarten Inschrifttafel als »Großtaten der Vergangenheit«

und »Brückenpfeiler der Zukunft« entlarvt: Hier wurde propagandistisch der Krieg vorbereitet, dessen Opfer zum Anlaß neuer Inschriften wurden.

1985 wurde der erste Teil eines interpretierenden Gegendenkmals von Alfred Hrdlicka aufgestellt: Dem Kriegsdenkmal ist das **Denkmal der Opfer von Krieg und Faschismus** konfrontiert, künstlerisch sensibel und zugleich grauenerregend in der Vergegenwärtigung von Gewalt, Feuer, Tod (die Bronzewand ›Feuersturm‹ bezieht sich auf die Luftangriffe vom Juli 1943, die Marmorplastik ›Cap Arcona‹ erinnert an die KZ-Häftlinge, die mit diesem Schiff kurz vor Kriegsende untergegangen sind). – Die Provokation bleibt dennoch bestehen: Die Aussage des Kriegsklotzes ist trivialer und bleibt wirksam.

Die letzte Spur des Dammtors ist das **Polizeiwachgebäude,** das dort 1879 errichtet wurde (Dammtordamm 2). Es bewachte den Verkehr zwischen der Innenstadt und den vornehmen Stadtteilen Rotherbaum und Harvestehude. – Das nördliche Eingangsbauwerk der **Hochbahnhaltestelle Stephansplatz** (Distel & Grubitz für die 1926–29 angelegte Linie Jungfernstieg – Kellinghusenstraße) steht daneben als ein fast unverändertes, schönes Beispiel des Neuen Bauens der zwanziger Jahre.

Westlich vom Dammtor beginnt der Wallabschnitt, in dessen Verlauf die Ringstraße zum Standort der Institutionen und Bauten wurde, die nach der Gründung des Kaiserreichs 1871 in Hamburg notwendig wurden. Die städtebauliche Fernbeziehung dieser Reichsfolgebauten am Wallring – gemeinsam mit der Speicherstadt – zum Rathaus, das gleichzeitig im Herzen der Stadt als Manifestation hamburgischer Eigenstaatlichkeit entstand, vergegenwärtigt im gründerzeitlichen Stadtbild das Verhältnis Hamburgs zum Reich.

Das Gebäude der **ehemaligen Oberpostdirektion** am Stephansplatz (Postamt 36) ist 1883–87 entstanden (F. Ruppel nach Plänen der Postverwaltung, die einen Entwurf von Julius Raschdorff vereinfachten). Zusammen mit dem **Telegraphenamt** und bis 1902 angefügten **Erweiterungsbauten** entwickelte es sich vom Stephansplatz bis zur Caffamacherreihe entlang dem Gorch-Fock-Wall. Bekrönt ist es durch allegorische Gruppen, die Telegraphie und Telephonwesen sowie den Nutzen der Post für den Handel zu Lande und zur See feiern (Engelbert Peiffer, 1886); der Eckturm trägt einen fliegenden Merkur in der klassischen Formulierung Giovanni da Bolognas. Wie im bürgerlichen Repräsentationsbau Hamburgs entfaltet sich auch hier repräsentative Neorenaissance. – Übrigens war erwogen worden, an dieser Stelle ein Schloß als Gästehaus für den deutschen Kaiser zu bauen. – Das Gebäude beherbergt das Postmuseum (s. Museen).

Der Komplex der Postbauten wird ergänzt durch das **Postzollamt**, Dammtorwall 9, 1913–15 von Fritz Schumacher als Verwaltungsgebäude erbaut: ein langgestrecktes Bürohaus, dessen Backsteinfront mit Erkern und Giebeln in flacher Schichtung gegliedert ist. Der Erweiterungsbau an der **Drehbahn** folgte 1926/27. Die Stirnseite beider Schumacher-Bauten verbindet – ohne Anbiederung, doch respektvoll – ein Neubau (Riecke & Karres, 1980–82).

Harmloser Stadtschmuck ist die ›Liegende‹ von Edgar Augustin an der Ecke zum Gorch-Fock-Wall (1977 – Augustin war 1975 Edwin-Scharff-Preisträger). Dort ist einer der Eingänge in den Alten Botanischen Garten und damit in die Wallanlagen, die sich von hier aus nach Westen und Süden ziehen. Nach Norden schließt sich ›Planten un Blomen‹ an (s. St. Pauli, Karoline).

Der erste **Botanische Garten** war westlich der Esplanade 1821 gegründet worden. In seinem Bereich sind die ursprünglichen Geländeverhältnisse des Walles und ein Stück des Stadtgrabens am besten erhalten geblieben. Mit dem alten Baumbestand gewinnt man eine Ahnung von den Parkvorstellungen Altmanns. Inzwischen hat auch dieser Bereich die vielfältige Verwandlungsgeschichte der Wallanlagen zwischen Planten un Blomen mitgemacht, die die Internationalen Gartenbauausstellungen IGA 1953, 1963 und 1973 gebracht haben, jeweils neue Vorstellungen von

Gartenarchitektur in die Wirklichkeit umsetzend. Zur Zeit ist der Botanische Garten einbezogen in die Umgestaltung von Planten un Blomen. Dabei bleiben die großen **Pflanzenschauhäuser** (Bernhard Hermkes und Gerhard Becker, 1962/63) erhalten (geöffnet täglich 9–16.45 Uhr, im Winter bis 15.45 Uhr). – Der Botanische Garten als wissenschaftliche Einrichtung ist 1979 nach Groß Flottbek verlegt worden.

Im Winkel zwischen Jungius- und Marseiller Straße liegt der Gebäudekomplex der ehemaligen **Botanischen Staatsinstitute** (Albert Erbe, 1904–07, beide Flügel 1913/14 verlängert). Den ovalen Hörsaalbau mit Kuppeldach zwischen den Flügeln schmücken Medaillons mit den Porträts bedeutender Hamburger Naturforscher (u. a. Joachim Jungius, 1587–1657, Mathematiker und Botaniker, Direktor des Johanneums seit 1628; der Gründer des Botanischen Gartens Lehmann, 1799–1860).

Die gegenüberliegenden **Physikalischen Institute der Universität** sind hervorgegangen aus dem Staatsinstitut für Physik, das 1896–99 hier gebaut wurde (als nüchterner Backsteinbau). Hier forschte 1923–33 Otto Stern (1888–1969), dessen Erkenntnisse zur Elementarteilchenphysik 1943 mit dem Nobelpreis geehrt wurden. Die Nationalsozialisten hatten ihn zur Emigration gezwungen.

Am Wallring setzen sich die Bauten im Gefolge der Reichsgründung fort mit der ehemaligen **Generalzolldirektion,** Gorch-Fock-Wall 17 (1891–93). Im Zollanschluß 1881–88 war Hamburg die Zollverwaltung im Freihafen zugestanden worden. Den Stolz darauf drückt der Tempelgiebel mit dem Hamburger Wappen an diesem Dienstgebäude des Reichsbevollmächtigten für Zölle und Steuern aus. Hier durfte der Baudirektor Zimmermann den vollen Aufwand seiner Neorenaissance betreiben – ein bemerkenswertes Gegenstück zu den Zweckbauten der Speicherstadt, mit denen das Haus ja der Funktion nach in direkter Beziehung stand. Kriegszerstört und 1946–48 verändert ausgebaut, dient das Gebäude als Finanzamt.

Das ehemalige Dienstgebäude der **Behörde für das Versicherungswesen** am Gorch-Fock-Wall 15–17, von Zimmermann 1894/95 errichtet, ist das Dokument der Bismarckschen Sozialgesetzgebung seit 1883. Die hamburgische Krankenversicherungsbehörde war 1884 gegründet worden, 1891 kam die Invaliditätsversicherung hinzu. – Dem sozialen Zweck entsprechend ist das Haus bescheiden sachlich ausgefallen (heute Hygienisches Institut).

Im westlichen Wallring wurde als neuer Stadtausgang 1859 das ›Holstentor‹ **(Karl-Muck-Platz)** geöffnet. Erst dreißig Jahre später folgte als Verbindung mit dem Stadtzentrum 1890–92 die **Kaiser-Wilhelm-Straße.** Von den Etagenhäusern, die an ihrer Ausmündung schon 1885/86 erbaut wurden, ist noch das südliche erhalten (Arthur Viol). Der Karl-Muck-Platz und das Justizforum jenseits des Walles bilden die städtebaulich anspruchsvollste Zäsur im Verlauf der Ringstraße.

In die kulturelle Tradition der Wallanlagen gehört die **Musikhalle,** Karl-Muck-Platz 20 (Martin Haller und Wilhelm Emil Meerwein, 1904–08). Die Mittel stellten ein Legat des 1901 verstorbenen Reeders Carl Heinrich Laeisz und Stiftungen seiner Witwe Sophie Laeisz bereit. Großer und kleiner Konzertsaal sowie Verkehrs- und Nebenräume sind zusammengefaßt in einem Bauwerk, dessen Materialien (Backstein mit Steingliederung) und spätbarocke Formensprache an den ›Sonnin-Barock‹ der Michaeliskirche anknüpfen.

Am 7. 5. 1909 wurde im Obergeschoß des Foyers das *Brahms-Denkmal* von Max Klinger enthüllt. Die symbolistische Marmorplastik – der Körper des Komponisten löst sich aus der Umschlingung von vier Nebenfiguren (die Deutung bleibt offen) – ist drehbar aufgestellt (an den Wänden Büsten von Musikern, die zu Brahms in Beziehung stehen, und von Zeitgenossen). – Brahms wird auch durch das 1981 hergestellte Doppeldenkmal vor der Musikhalle geehrt: die Bronzeplastik von Maria Pirwitz musikalisch-ungegenständlich, mit Porträts besetzt der Granitwürfel von Th. Darboven an der Ecke Dragonerstall.

Das Gegengewicht – oder sogar das Übergewicht – zur Musikhalle bildet am Karl-Muck-Platz 1 das **DAG-Haus** (Deutsche Angestellten-Gewerkschaft). Hier war vor 1933 der Sitz des Deutschnationalen Handlungsgehilfen-Verbandes (DHV), in dem die ›Handlungs-Commis‹, die Kontor-Angestellten des Handels, organisiert waren. – Der DHV vertrat in den zwanziger Jahren (wie der Name sagt) national-konservative Ziele. Seine Zentrale war eine Hochburg der ›Konservativen Revolution‹ und gehörte zu den Wegbereitern des Dritten Reiches, jedenfalls zu den Feinden der Weimarer Republik. Dem Haus sieht man das nicht an; denn die Grundkonstruktion des Hamburger Kontorhauses mit seiner von dichtgereihten Pfeilern gegliederten Fassade und seinen Staffelgeschossen, auch mit seiner Backsteinbauweise wird schon im 1921/22 (als Umbau eines Vorkriegsneubaus in neuromanischen Formen) von Sckopp & Vortmann errichteten älteren Teil am Holstenwall angewandt, ja schöpferisch weiterentwickelt: zum erstenmal sind hier an einer Geschäftshausfassade Staffelgeschosse angewandt worden. Erst recht gilt das im jüngeren Bauabschnitt, dem 1929–31 von denselben Architekten errichteten turmartigen Trakt am Karl-Muck-Platz, einem Hamburger Beitrag zu der Hochhausdebatte, die die zwanziger Jahre in Deutschland beschäftigt hat. Nur der ungewöhnliche Bauschmuck mit der übereinander gestuften Reihe heroischer Jünglinge (Karl Opfermann) und dem Elefantenreiter an der Seite zu den Hütten (ein Hinweis auf imperialistische Ambitionen des DHV, auch die Auslandsdeutschen zu organisieren) sowie Wappen und Symbolen aus Hansezeit und Norddeutschland in der Vorhalle (Ludwig Kunstmann) weisen auf ideologische Aspekte hin, ohne sie allzu deutlich ablesbar zu machen. Die Vorhalle und das Treppenhaus am Karl-Muck-Platz sowie die Eingangshalle am Holstenwall gehören zu den besterhaltenen Innenräumen der zwanziger Jahre in Hamburg.

Folge der Reichsgründung und zugleich Unterpfand hansestädtischer Eigenstaatlichkeit ist das **Justizforum**, das sich gegenüber dem Karl-Muck-Platz um den Sievekingplatz ordnet: Die Gebäude für Straf- und Ziviljustiz sowie das gemeinsame Obergericht der Hansestädte wurden durch die Neuordnung des Rechtswesens im Kaiserreich erforderlich. – Der sandsteingegliederte Backsteinbau des **Strafjustizgebäudes** hält sich an Formen der deutschen Renaissance (Baudirektor Zimmermann, 1879–82). Rückwärts schließt sich das **Untersuchungsgefängnis** an; es erhielt 1927–29 durch Fritz Schumacher einen Neubau, der auf beunruhigende Weise die Möglichkeiten des Klinkers dazu nutzt, düster-mächtige Wirkungen zu erzeugen (und die Stahlgitter der Fenster haben dieselbe ästhetische Wirkung wie die freundlichen Sprossenfenster in Kontor- und Wohnhäusern). – Das **Ziviljustizgebäude** (Zimmermann, 1898–1903) ist nach Maßstab, Stil und Material das Pendant, im einzelnen eine Variante des Strafjustizgebäudes. – Über dem Haupteingang stehen seit 1904 Bronzeplastiken von vier bedeutenden Hamburger Juristen, die damit die eigenständige Rechtstradition der Stadt verkörpern: Vincent Moller (1560–1615), Matthäus Schlüter (1648–1716), Georg Arnold Heise (1778–1851) und Hermann Baumeister (1806–77) – die ersten drei von Eduard Albrecht, Berlin, Baumeister von Georges Morin, Berlin. Die Justitia schuf Hans Arnold, Charlottenburg, die Herolde Franz Drexler, München. – Nach Süden ist 1928–30 ein von Fritz Schumacher entworfener **Erweiterungsbau** in die Wallanlagen hineingeschoben worden. Sein Stahlbetonskelett wird sichtbar in der zentralen Oberlichthalle (mit Keramikbrunnen von Richard Kuöhl). Den Wallanlagen wendet der Erweiterungsbau eine ruhige, polygonal geführte Backsteinfassade zu. – In den Anlagen zur Ringstraße hin wurde 1930 die Reiterstatue vom **Kaiser-Wilhelm-Denkmal** auf dem Rathausmarkt aufgestellt.

Das **Hanseatische Oberlandesgericht** in der Mitte des Forums ist bis heute der Sitz der höchsten hamburgischen Gerichte und des gemeinsamen Verfassungsgerichtes von Hamburg und Bremen (früher auch oberstes Gericht für Lübeck). Der kuppelbekrönte Bau (Lundt & Kallmorgen, 1907–12) ist eines der seltenen Beispiele, bei denen im Hamburger staatlichen Hochbauwesen Privatarchitekten zum Zuge kamen. Wie beim Rathaus sollte höchste architektonische Qualität erreicht werden. Im Ergebnis gilt das zumindest für das monumentale Pathos; die Mittelhalle (Abb. 32) macht die Funktionsräume fast zur Nebensache. – Unter der Inschrift »jus est ars boni et aequi« (Das Recht ist die Kunst des Guten und Billigen, gut und angemessen zu entscheiden – Celsus) boten Oberlandesgericht und Strafjustizgebäude auch den Rahmen für Sondergerichte und Terrorjustiz des Dritten Reiches.

Die Muschelkalk-Figurengruppen in den Anlagen des **Sievekingplatzes** stammen von einer 1912 aufgestellten **Brunnenanlage** von Arthur Bock mit Verkörperungen von Industrie und Seefahrt nebst den Hansestädten Hamburg, Lübeck und Bremen; Kinder veranschaulichen ›Streit‹ und ›Frieden‹. – 1984 kamen die allegorischen Gruppen des **Kaiser-Wilhelm-Denkmals** vom Rathausmarkt (Johannes Schilling, 1902 – Neuaufstellung Hans Kock) hinzu. Sie repräsentierten allegorisch gegenüber dem Rathaus die Reichs-Errungenschaften von Sozialgesetzgebung, vereinheitlichtem Geld- und Münzwesen, neuer Rechtsordnung, von Post- und Fernmeldewesen (s. Innenstadt, Rathausmarkt).

Das Gebäude der **Handwerkskammer,** Holstenwall 12, wurde als **Gewerbehaus** 1912–15 für die Handwerkskammer und die Handwerks-Innungen sowie für ihre Bildungsstätten und Arbeitsnachweise nach Entwürfen von Fritz Schumacher errichtet (Abb. 37). Die Backsteinfront mit Muschelkalkgliederungen und -plastiken (von Oskar Ulmer) kombiniert Bürgerhausgiebel und Kontorhausmotive (Mittelteil mit bay-windows zwischen durchlaufenden Pfeilern). Das Innere wird durch zwei Treppenhäuser erschlossen; vor allem das im Innungsflügel mit seinem Lichthof entwickelt als Eisenbetonskelett eine monumentale Raumwirkung (Farbabb. 21). – Das Gewerbehaus war ein bewußtes Gegenstück zu den Bauten der Arbeiterbewegung am Besenbinderhof (s. St. Georg, Alleen), eine »Trutzburg gegen die Gewerkschaften« (wie Fritz Schumacher nachträglich erkannte). – Das Gewerbehaus entstand als Folge der Neuordnung des Handwerks im Deutschen Reich mit der Einführung der Handwerkskammern als Selbstverwaltungseinrichtungen 1897. Nach der Ära der Gewerbefreiheit (in Hamburg seit 1864) sollte dadurch das Handwerk wieder gewerblich geschützt, zu Qualität und traditionsgebundenem Selbstverständnis geführt werden. Das Bauwerk und seine Ausstattung sollten das zum Ausdruck bringen.

Für die Neustadt errichtete Albert Erbe an der Ringstraße zwei **Volksschulhäuser.** Sie dokumentieren mit ihren anspruchsvollen (im Krieg beschädigten) Fassaden den Übergang Erbes vom Späthistorismus mit gotischen Formen am **Holstenwall 14–15** (1901/02), zur Heimatschutzbewegung und ihrer hanseatischer Backstein-Bürgerhausbauweise am **Holstenwall 16–17** (1904–06).

Die **Wallanlagen** zwischen Sievekingplatz und Millerntor verloren ihre kräftige Geländemodellierung 1946/47, als der tiefe Graben mit Trümmerschutt der Innenstadt ausgefüllt wurde. 1963 und 1973 erfuhren die Wallanlagen Neugestaltungen durch die Internationalen Gartenbau-Ausstellungen IGA, deren Spuren sich in unterschiedlichen Systemen der Wegeführung, in Wasserbassins und Kleinbauten teilweise überschichten; geometrische Gartenarchitektur, großstädtische Modernität und Nutzungsvielfalt kennzeichnen beide Konzepte. Die IGA 1973 bestimmt noch das Gesamtbild (Arbeitsgemeinschaft Heinz Becsai, Dietrich Brunken und Hans Stieglitz). Von den Bauten der IGA 1963 ist das *Kleine Teehaus* südwestlich der Eis- und Rollschuhbahn erhalten, eine leichte Stahlkonstruktion (Heinz Graaf und Per Krusche – heute Altentagesstätte). – Zur künstlerischen Ausstattung der IGA 1963 gehörte u. a. der *Panther* beim Ziviljustizgebäude (Hans Martin Ruwoldt), zur IGA 1973 die *Bretterwand* bei der Kunsteisbahn (Graziella Heyn).

Auf der ehemaligen Bastion ›Henricus‹ erhebt sich das **Museum für Hamburgische Geschichte** am Holstenwall 24 (Abb. 36). Es entstand 1914–23 an der Stelle der Sternwarte von 1823–25. Fritz Schumacher betrachtete das Haus als eines seiner Hauptwerke, sowohl im Hinblick auf eine damals moderne Museumskonzeption – in der sich historische Inszenierung und sachliche Präsentation in neutralen Raumfolgen ausgleichend verbinden – als auch im Hinblick auf die städtebauliche Lage und die Bedeutung des Ortes. Der Grundriß folgt dem Winkel der Bastion. Das Baumaterial der zwanziger Jahre – kleinformatiger, stark farbiger Oldenburger Klinker – wurde hier erstmals für einen Staatsbau verwendet. Die differenzierte Raumabfolge des Inneren nutzt die um 90° gebrochene Achse geschickt aus. Der Ehrenhof am Eingang führt auf eine Treppenhalle zu, die fast sakrale Wirkung erreicht. Der Innenhof wurde 1989 mit einem Glasdach versehen. – Viele Bauteile von Renaissance- und Barockbauten, die dem Großen Brand von 1842 oder der Citybildung zum Opfer gefallen und vom Verein für Hamburgische Geschichte geborgen worden waren, hat Schumacher in das Gebäude integriert; hervorzuheben sind davon die Kaiserstatuen vom alten Hamburger Rathaus (1649) an der Fassade und das ehemalige Südportal der Petrikirche (Georg Baumann, 1604) im Hof.

Auch der Garten rund um das Museum nahm Stücke der Sammlung für Hamburgische Altertümer auf. Zwanglos verbinden sie sich mit dem *Denkmal für Johann Georg Repsold* (1770–1830), das 1833 für den Gründer der Sternwarte (1802) gesetzt wurde; Alexis de Chateauneuf hat die Granitstele mit bekrönender Büste von Otto Sigismund Runge entworfen. Repsold baute optische Instrumente und Leuchtturmeinrichtungen, er reorganisierte und leitete das Hamburger Feuerlöschwesen (bei einem Brand kam er ums Leben). Als Förderer der nützlichen Wissenschaften und für das Gemeinwohl wirkend galt er als vorbildlicher Bürger. – Im Garten des Museums sind Überreste des *Kugeldenkmals* untergebracht, das 1878 auf dem Grasbrook aufgestellt worden war. Es bestand aus Kanonenkugeln der ›Franzosenzeit‹ und hielt die Befreiungskriege in Erinnerung.

Nicht jede Baugattung war an der Ringstraße zugelassen, so durfte das Schuldt-Stift seine Kleinwohnungsbauten nur davon abgewandt an den Hütten errichten (s. Innenstadt, Neustadt). Anders das **Heine'sche Wohnstift**: diese wohlhabende Institution hatte das Bürgerhaus am Jungfernstieg, in dem sie fundiert worden war (das ehemalige Stadthaus von Salomon Heine – dort steht jetzt das Heine-Haus), verkauft und dafür 1901/02 durch Martin Haller am Holstenwall 18 einen Neubau errichten lassen, der barocke Stadtpalais und adlige Gutshöfe zitiert – letzter Ausläufer des Historismus einerseits und Vorbereiter des Heimatstils andererseits. In der Eingangshalle erklärt ein Relief den Stiftungszweck. – Der daneben stehende neugotische Backsteinbau althanseatischen Gepräges ist das ehemalige **Bäckerinnungshaus** (Hermann Wurzbach, 1899/1900).

Als der Wall entfestigt wurde, verlor er noch nicht seine Funktion als höchst wirksame Umgrenzung der Innenstadt: Bis zu ihrer Aufhebung 1860/61 zwang die ›Torsperre‹ zur Entrichtung von Abgaben auf bestimmte Waren (›Akzise‹ als Stadtzoll); während der Dunkelheit blieben die Tore verschlossen. Diesem zivilen Zwecke dienten Eisengitter und klassizistische Wachhäuser. Das einzige, das davon erhalten ist, steht mit seiner dorischen Säulenvorhalle am **Millerntor** (Carl Ludwig Wimmel, 1819/20).

Die Neustadt wird außer vom ›Michel‹ vom **Bismarck-Denkmal** beherrscht. Das größte Denkmal Hamburgs steht auf der ehemaligen Bastion ›Casparus‹ (Zugang über Neumayerstraße/Am Elbpavillon). Auf einem mächtigen Rundsockel erhebt sich die zum seewärts blickenden ›Roland‹ stilisierte Standfigur des Reichskanzlers Otto von Bismarck (1815–98), in mittelalterlicher Rüstung und Mantel, auf ein Schwert gestützt (10 m ist es lang, die Figur ist 14,8 m, das ganze Denkmal 34,3 m hoch). Zu seinen Füßen sitzen Adler. Am Sockel verkörpern kolossale Athleten die deutschen Stämme. Das Ganze besteht aus Schwarzwälder Granit. Es wurde nach einem Wettbewerb von 1901/02 durch den Architekten Emil Schaudt und den Bildhauer Hugo Lederer

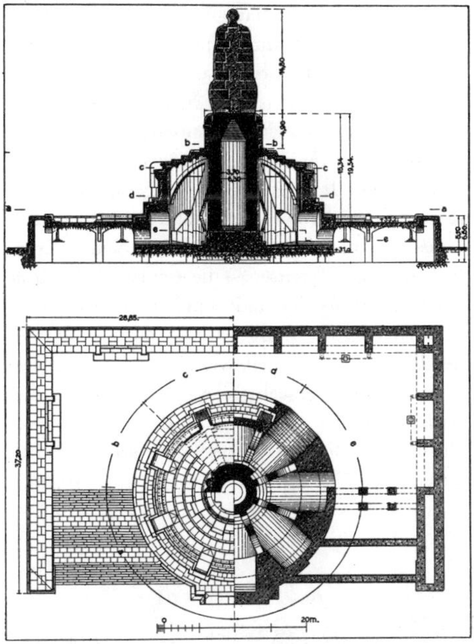

Bismarck-Denkmal im Alten Elbpark, Schnitt und Grundriß

bis 1906 ausgeführt. Die archaisch grobe Architektur und die in mythische Zeitlosigkeit entrückte Statue bringen den übersteigerten Bismarck-Kult der Zeit des Imperialismus zum Ausdruck. Aber die Gestaltung entsprach durchaus auch zeitgenössischen künstlerischen Anliegen in der Suche nach Überwindung des Historismus. – Nicht ausgeführt wurde eine mächtige Freitreppe, die zur Helgoländer Allee hinunterführen sollte.

Diese Straße (1894–98 angelegt) führt durch den Stadtgraben hinunter zu den St.-Pauli-Landungsbrücken (s. St. Pauli). – Darüber hinweg entstand 1895/96 eine neue Verbindung der Innenstadt mit St. Pauli, die zugleich die Denkmallandschaft des Wallrings abschließt: Der Zugang zum Hafen, der Weg vom Hafen herauf in die Stadt stellt dem Passanten vier Hamburger ›Seehelden‹ vor Augen: Vor die Pfeiler der in frühgotischen Formen gestalteten **Kersten-Miles-Brükke** sind Statuen von Kersten Miles (er war Bürgermeister, als 1394 Ritzebüttel, das heutige Cuxhaven, und so die Elbmündung an Hamburg kam), Simon von Utrecht (der 1401/02 die Vitalienbrüder besiegte und Störtebeker fing), Ditmar Koel (der 1525 den Freibeuter Claus Kniphoff besiegte) und Berend Karpfanger (1674–83 Hamburger Convoykapitän) aufgestellt (Bildhauer Carl Boerner, Carl Garbers, Wilhelm Giesecke und Robert Ockelmann). Es sind die altfränkischen Vertreter jener Ordnung und Weltgeltung zur See, für die dann auch der Bismarck-Roland stand.

Auf der Bastion ›Albertus‹, dem *Stintfang*, wurde 1881 die **Deutsche Seewarte** »als sichtbares Zeichen der der Stadt obliegenden Wahrnehmung der Seewege« errichtet. Der Neorenaissancepalast wurde 1943/44 zerstört. An seiner Stelle wurde 1952–55 die **Jugendherberge** errichtet (Hermann Schöne) – ein optimistisch-leichter Bau der Nachkriegsmoderne.

Die **Hochbahnhaltestelle Landungsbrücken** war – wie die Hochbahnbrücke über die Helgoländer Allee – vom Architekten des Bismarck-Denkmals, Emil Schaudt, 1910–12 ausgestaltet worden und besaß einen Turm, der mit Bismarck und Landungsbrücken eine wilhelminisch-monumentale Gruppe bildete (im Krieg zerstört). Die unprätentiös-moderne Neugestaltung der Haltestelle gehört zu den besten Hochbahnbauten der Nachkriegszeit (Fritz Trautwein, 1959).

Hafenkante

Die Hafenkante der Innenstadt zwischen St.-Pauli-Landungsbrücken und Deichtor-Markthallen ist von den vorausgegangenen Beschreibungen jeweils erfaßt worden – von Reimerstwiete und St. Katharinen bis zur Hochbahnhaltestelle Landungsbrücken. Straßennamen (Johannisbollwerk, Vorsetzen, Baumwall, Kajen, Bei den Mühren) erinnern noch an Kais, die alte Stadtmauer und den Wall des 17. Jh. Vor Johannisbollwerk und Vorsetzen liegt der Niederhafen an der

Norderelbe. Am Baumwall münden die Fleete und der Binnenhafen – das aus Bille und Alster hervorgegangene Gewässersystem, das bis ins 19. Jh. hinein den Kern der Häfen bildete. Schon im 14. Jh. konnte dieser Hafenbereich durch einen schwimmenden ›Baum‹ verschlossen werden. Die jenseits liegenden Grasbrook-Inseln wurden 1531–50 und 1615–26 in den Festungsring einbezogen. Dort entstanden später die ersten modernen Häfen und 1881–88 die Speicherstadt. Die Neuordnung der Hafenkante durch den Zollkanal, die Regulierung des ihm folgenden Straßenzuges auf neuen Ufermauern seit 1881 war Folge des Zollanschlusses.

Die heutige Gestalt des Uferrandes ist seit der Sturmflutkatastrophe von 1962 entstanden. Auf der Sturmflutschutzmauer ist vor den Vorsetzen zugleich eine Hafenpromenade mit Aussichtsrestaurant angelegt worden (am Aufgang Hafentor eine 1982 aufgestellte, aus Schrott der Werften vom jenseitigen Ufer zusammengesetzte Plastik von Bernhard Luginbühl). Inzwischen ist sie eingebunden in den seit 1984–87 insgesamt zur Promenade ausgebauten Hafenrand der Innenstadt. So ist – trotz des darauf plazierten Neuen Krans (s. Innenstadt, Cremon) – die ursprüngliche Zone der Integration von Stadt und Hafen umgemünzt worden in eine bloße Aussichtsgelegenheit für den Blick auf die Arbeitswelt des andern Ufers.

Auch die **Überseebrücke** ist vorwiegend zum Ausstellungsort geworden, an dem Flottenbesuche und Windjammer vorgeführt werden. Ihre al-

Siel-Einstieghäuschen an den Vorsetzen. Um 1910, vor dem Bau des Hochbahnviadukts

te Funktion als Fahrgastanlage hat sie weitgehend verloren (sie war 1929 in Fortsetzung der St. Pauli-Landungsbrücken entstanden und nach dem Krieg wieder hergestellt worden). Die Schuppen, die bis 1962 am Niederhafen standen, sind Parkplätzen gewichen.

Übriggeblieben ist auch an diesem Verkehrsknotenpunkt einer der **Rundbunker ›System Zombeck‹**, die 1939/40 in Hamburg gebaut wurden.

Die 1909–11 gebaute **Viaduktstrecke der Hochbahn** entlang Johannisbollwerk und Vorsetzen bis zur Haltestelle Baumwall – ein Ingenieurbauwerk, das ganz auf architektonische Zutaten verzichtet – ist zum markanten Bestandteil der Hafenkante geworden. – Mit Jugendstilformen geschmückt und doch unscheinbar klein steht unter diesem Viadukt an den Vorsetzen das Denkmal für einen besonders wichtigen Teil der Hamburger Großstadt-Infrastruktur: das **Einstieghäuschen** in das 1899–1904 angelegte **Geest-Stamm-Siel**, den Hauptstrang der Kanalisation für die Gebiete links der Alster. Es wurde 1904 zur Fertigstellung des neuen Entwässerungssystems errichtet. (Nach dem Großen Brand von 1842 hatte Hamburg als erste deutsche Stadt eine moderne Kanalisation erhalten.)

Deichtor-Markthallen

Die Hamburger Märkte auf Hopfenmarkt und Meßberg waren seit je Großmärkte, sie dienten in erster Linie der Versorgung der Händler. Diese ›Höker‹ übernahmen die Aufgabe der Versorgung der Verbraucher. Als deren Zahl die Million erreichte, genügten die alten Marktplätze nicht mehr. 1906–11 wurde daher ein neuer Großmarkt eingerichtet: Seine drei Hallen markieren die Südostecke der Innenstadt und des ehemaligen Wallringes am Deichtorplatz. Der **Deichtormarkt** hatte eine Marktfläche von 29000 m^2 und lag verkehrstechnisch optimal im Knoten von Straßen, Eisenbahn und Hafen. Er wurde zu einem großen Teil unterkellert (hier konnten die Marktbeschikker und Produzenten ihre Waren lagern; dazu wurden auch die Kasematten im Eisenbahndamm verwendet). Das Ingenieurwesen der Baudeputation errichtete 1911/12 über einem Teil als ›provisorische Überdachungen‹ die beiden großen **Markthallen** (Abb. 38), deren nördliche 1913/14 erweitert wurde; die Außenwände der Stahlskelette wurden mit Backstein ausgemauert. Die ehemalige **Blumenmarkthalle** wurde 1913/14 als massiver Bau errichtet. Die Hallen wirken monumental wie gleichzeitig auf andere Weise die Bahnhöfe, die Landungsbrücken und der Elbtunnel. Von diesen Ingenieurbauten erhoffte man sich um 1910 Impulse für die Erneuerung der Architektur.

In Hamburg sah allerdings der 1909 berufene Leiter des Hochbauwesens, Fritz Schumacher, in der Erneuerung der Architektur seine genuine Aufgabe. Gerade mit den Ingenieuren geriet er in langjährige Rivalitäten. Deren Ehrgeiz konkretisierte sich – wohl auch deswegen – in Bauten wie den Deichtor-Markthallen. Sie entwickeln aus der Konstruktionsform, wie sie die Nutzung bedingte, ein beeindruckendes Erscheinungsbild durch städtebaulich wirksame Massengliederung und qualitätvolle, durch Plastiken und Ornamente bereicherte, traditionelle Architekturdetails. – In den zwanziger Jahren wurden mehrfach hochmoderne und viel größere Markthallen am Deichtor geplant. Die Ausführung scheiterte an der Weltwirtschaftskrise.

1962 wurde der Großmarkt nach Hammerbrook verlegt. Seitdem als Blumenmarkt genutzt, standen die Hallen leer, bis 1988/89 eine private Stiftung die Mittel bereitstellte, um sie in ein Ausstellungszentrum umzubauen. Damit werden sie sich künftig einreihen in die Bildungslandschaft des Wallrings, dessen Südostecke sie bilden. – Leider ist der Umbau (nach Entwürfen von Joseph Paul Kleihues) so elegant geraten, daß vom Großmarkt der Großstadt nicht mehr viel spürbar ist. So lautet ihr neuer offizieller Name mit Recht nur noch ›Deichtorhallen‹.

Ungefähr an der Stelle der Eisenbahnbrücke über die Amsinckstraße stand der *erste Hamburger Bahnhof*, 1841/42 gebaut für die Linie nach

Bergedorf und bald darauf nach Berlin nach Entwürfen von Alexis de Chateauneuf. Er wurde überflüssig durch die Neuordnung der Eisenbahnverhältnisse mit dem Bau des Hauptbahnhofes 1899–1906 (s. St. Georg).

Die Speicherstadt

Jenseits des Zollkanals steht der City die **Speicherstadt** gegenüber, städtebaulich und architektonisch die eindrucksvollste Denkmallandschaft Hamburgs (Farbabb. 1, 2). Sie entstand durch den Zollanschluß, die Einbeziehung Hamburgs in das Zollinland des Deutschen Reiches. 1881 wurden – unter dem Druck der 1879 eingeleiteten Schutzzollpolitik Bismarcks und gegen erhebliche Widerstände in Hamburg – die Zollanschluß-Verträge zwischen Hamburg und dem Reich abgeschlossen, 1888 traten sie in Kraft. – Es ist kaum zu überschätzen, wie einschneidend sich das auf Hafen und Wirtschaft, aber auch auf die Lebensverhältnisse aller Einwohner Hamburgs auswirkte: Jahrhundertelang hatte die weitgehende Befreiung des Transithandels von Zöllen Hamburgs Hafen und Wirtschaft begünstigt. Selbst nach der Gründung des Deutschen Reiches 1871 blieb Hamburg mit einem großen Teil seines Staatsgebietes Freihafen und Zollausland. – Nach 1888 mußten hingegen alle Waren im Stadtgebiet Hamburgs verzollt werden. Nur der Hafen selbst behielt künftig das Freihafenprivileg. Der große wirtschaftliche Aufschwung, den Hamburg in den folgenden 25 Jahren erlebte, kompensierte freilich alle Nachteile.

Zur zollfreien Lagerung von Waren mußten in großer Zahl neue Speicher im Freihafen errichtet werden. Dafür wurde nach Erörterung vieler Alternativen das der Stadt zunächst gelegene Areal gewählt, das von den Citykontoren aus leicht erreichbar war. An neu angelegten Straßen und Fleeten umfaßte der erste, bis 1888 fertiggestellte Abschnitt der Speicherstadt die Anlagen auf der Kehrwiederinsel westlich vom Kannengießerort (erbaut und verwaltet von der Freihafen-Lagerhaus-Gesellschaft, heute der HHLA – Hamburger Hafen- und Lagerhaus-Aktiengesellschaft). Das erste Verwaltungsgebäude der Lagerhausgesellschaft bei St. Annen erinnert mit Erker und St.-Annenstatue an die 1869 abgebrochene St. Annen-Kapelle. – Neue Speicherkomplexe wurden seit 1891 östlich davon auf der Wandrahmsinsel gebaut: P, Q und R bis 1896, S und T bis 1902, U 1902/03, der westliche Teil von W 1903/04 und V 1905/06.

In diesen Bereichen standen vorher Wohnhäuser; 24 000 Einwohner wurden umgesiedelt. Viele Bürgerhäuser waren auch schon von der Citybildung erfaßt worden und beherbergten nur noch Kontore. Auch diese wurden verdrängt. Das bot den Anstoß für die Umgestaltung des alten Hamburg in eine City: Unmittelbar am Zollkanal entstand gleichzeitig mit der Speicherstadt der Dovenhof als erstes Kontorhaus (s. Innenstadt, Grimm).

Alle Speicher liegen jeweils zwischen Straße und Fleet, so daß sie durch Schuten zu Wasser und von der Straße her be- und entladen werden können – wie es für die Altstadtmarschen, zumal die Außendeichsspeicher (s. S. 34) schon immer üblich war. Die Bemessung der einzelnen Abschnitte folgt den Erfordernissen des Verkehrs, der Größe von Schuten und Fuhrwerken, mit denen sie beliefert wurden – und damit letzten Endes den traditionellen Größenordnungen der Hamburger Fleetspeicher. Die Lukenachsen der einzelnen Abschnitte und die Zwerchhäuser und Giebelchen für die Windenausleger reihen sich an den langen Blocks zur rhythmischen Gliederung auf. Die jüngeren Speicher auf der Wandrahmsinsel haben zusätzlich an den Fleetseiten Feuertreppen als Fluchtwege für die beiden je benachbarten Speicher.

Das Innere der Speicher ist ein einfaches Gerüst von Lagerböden, das mit der Mauerhülle nicht verbunden ist. Querwände teilen die Blocks in Brandabschnitte ein. Anfänglich verwendete Schmiedeeisenskelettkonstruktionen erwiesen sich als nicht feuerbeständig. Ab 1892 erhielten daher die Speicher Holzgerüste; ab 1903 kamen Betondecken und verkleidete Gußeisensäulen

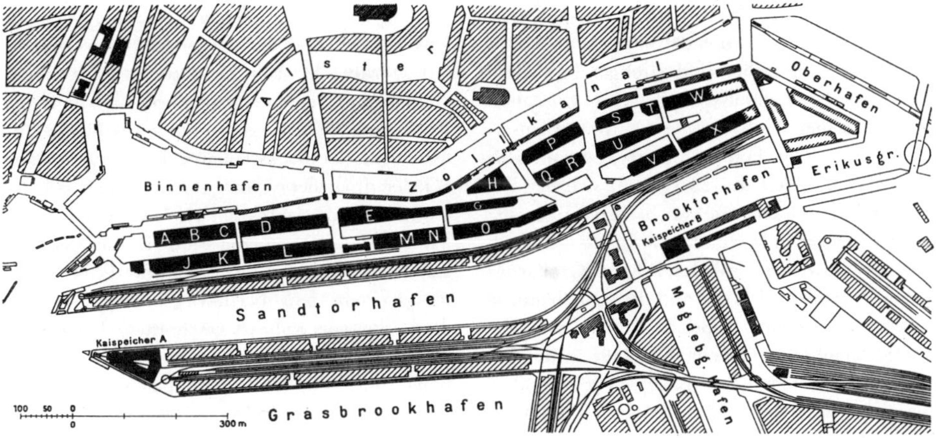

Lageplan der Speicherstadt, 1914

auf, später ummantelte Stahlskelette. Seit dem Wiederaufbau sind Betonskelettkonstruktionen üblich.

Als die Speicherstadt angelegt wurde, erhielt sie – nach dem Vorbild englischer Häfen wie vorher schon Bremerhaven – eine zentrale Energieversorgung durch ein hydraulisches (mit Druckwasser arbeitendes) Kraftübertragungssystem. Es ermöglichte den Antrieb der Winden und Kräne mit zentraler Kraftversorgung. Der Siegeszug des Elektromotors löste das störungsanfällige System ab. Die Kraftstation am Sandtorkai 30 wurde daher bald zum Elektrizitätswerk.

Franz Andreas Meyer war als Oberingenieur der spiritus rector der Freihafenbauten. Er war verantwortlich für Fleete, Brücken und Straßen, aber auch ausschlaggebend für die Gestaltung der Speicher: In seinen Worten handelte es sich um eine zweckmäßig »einfache, solide Backsteinarchitektur«. Meyer war der Ansicht, daß die »Formen des deutschen Backsteinbaus sich den konstruktiven Anforderungen für derartige Gebäude am besten anschließen«. Mit dem Abstand von hundert Jahren fällt viel mehr das ins Auge, was Meyer nur als willkommene Zutat ansah: die malerische Gliederung der Speicherblöcke durch ihre Windenerker und die Anreicherung des Backsteinmauerwerks mit Schmuckverbänden und keramischen Ornamenten, Glasursteinen usw. in neugotischen Formen als gigantisches ›Schatzkästlein‹ der Hamburger Wirtschaft.

Die Backsteinbauweise war in Hamburg seit Jahrhunderten zum Kennzeichen der Speicher geworden, die sich an den Fleeten aufreihten. Seit den 1860er Jahren nahm sie die Hannoversche Neugotik der Schüler Conrad Wilhelm Hases auf, zu denen Meyer zählte. Mit der Speicherstadt emanzipierte sich dieses ›zweite Stadtbild‹ zu städtebaulicher Wirkung: frei im Raum, auch mit Straßenfassaden und das Ganze wie auf dem Präsentierteller gegenübergestellt dem alten, zur Geschäftsstadt werdenden Hamburg – so wie vorher Haus und Speicher auf einem Grundstück einander zugeordnet waren. – Die Architekten, die für die Gestaltung herangezogen wurden – Hanssen & Meerwein und Stammann & Zinnow (Rathausbaumeister!) –, pflegten übrigens sonst Neorenaissance und Neubarock, sie haben sich hier der Speichertradition und Meyers Bindung an die Hannoversche Schule untergeordnet.

Bis 1904 wurden die gotischen Formen festgehalten. Erst dann wurden die Backsteinfronten – zeitgemäß – einfacher und strenger gegliedert. Der östliche Abschluß von **W** (1926/27) nähert sich mit seiner Pfeilerfassade der Kontorhausarchitektur. – Das **Hauptzollamt Poggenmühle** wurde 1909–11 erbaut. Es schließt sich der Reformarchitektur der Hamburger Staatsbauten an.

Von Anfang an bewunderten die Zeitgenossen den »überall wahrnehmbaren Zug der Großartigkeit«. Es scheint, daß das und die städtebauliche Einheit der Freihafenspeicherbauten bald die Stadt-Metapher auf sie zog. Seit 1884 ist der Begriff ›Speicherstadt‹ geläufig. Er wurde besonders befördert durch die Brückenbauten mit ihren Toren und ihrem Statuenschmuck. Zumal die im Krieg zerstörte **Große Wandrahmsbrücke,** die 1907–09 erbaut wurde, hatte einen altdeutschen Uhrturm und Fachwerkgiebelchen. – Erhalten ist nur die **Kornhausbrücke.** Auf der Stadtseite erhielt sie 1903 als Brückenheilige Statuen der Entdecker Vasco da Gama (Hermann Hosaeus) und Christoph Kolumbus (Carl Börner). Der Zollkanal wird so symbolisch zur Grenze zwischen Stadt und Übersee. – Auf der **Brooksbrücke** standen die Personifikationen von Hammonia und Germania (im Krieg zerstört). – Die zahlreichen schmiedeeisernen Details in der Speicherstadt vom Brückengeländer bis zum Laternenarm zu entwerfen, war eine Liebhaberei von F. A. Meyer.

1902/03 erhielt die Speicherstadt ein neues **Verwaltungsgebäude Bei St. Annen 1** (Johannes Grotjan und Hanssen & Meerwein – drei der Rathausbaumeister). Der aufwendig gegliederte Kopfbau zwischen Holländischem Brook und Wandrahmsfleet hebt sich demonstrativ heraus aus der Reihe der Speicher. Er folgt im Stil (deutsche Frührenaissance) und mit seinen Motiven (Türmchen, Erker, Lauben) ganz dem, was in der Gründerzeit für Rathausbauten in Deutschland konventionell geworden ist. Für jeden Zeitgenossen bedeutete das: Hier steht das Speicher-›Rathaus‹ (Farbabb. 1, 2).

Der Zweite Weltkrieg hat die Speicherstadt zu über 50 % zerstört. Architekt des Wiederaufbaus war seit Kriegsende Werner Kallmorgen. Ihm ist zu verdanken, daß die meisten Ruinen rekonstruiert wurden, je nach Zerstörungsgrad von der sorgfältigen Detailrekonstruktion bis zur freien Ergänzung. Vielfach geben nur geringfügige Unterschiede der Backsteinfarbe Hinweise auf den Wiederaufbau der oberen Abschnitte der Speicher – oder etwa die Jahreszahl 1957 im Backsteinverband an der Ostecke von **Block L.** Zugleich entstanden Neubauten, die konsequent die von Kallmorgen vertretene Nachkriegsmoderne verkörpern – knappe, kubisch geschnittene Baukörper, die sich durch das Backsteinmaterial in die Umgebung konfliktlos einbinden (**Speicher K** und **O**, 1958). Für die **Kaffeebörse** entstand als Skelettbau mit Backsteinausfachung ein Kontorhaus **(Block O).** Den Abschluß bildete der 1967 fertiggestellte **Block T,** Alter Wandrahm 12.

Die Speicherstadt wird heute nicht mehr von Fuhrwerken und Schuten beliefert. Lastkraftwagen wickeln den Umschlag auf der Straßenseite ab. – Häufig wirkt die weitläufige Anlage leer, viele halten sie für tot. Sie verstehen nichts von dem Geschäft, für das sie gebaut wurde: In den Häusern lagern ›Quartiersleute‹ hochwertige Waren, pflegen und verpacken sie; alle Speicher sind in Betrieb. – 1988 ist eine Diskussion darüber ausgebrochen, ob es nicht nötig sei, in die Speicherstadt Wohnungen und Geschäfte einzubauen, um sie zu erhalten und zu beleben. Vorläufig ist sie aber als Arbeitswelt höchster Eigenart so intakt, daß die Umnutzung noch lange aufgeschoben werden kann. – In der Wirtschaftskrise nach dem Ersten Weltkrieg standen die Speicher schon einmal leer – damals (1920) hat Fritz Schumacher vorgeschlagen, eine Außenhandelsmesse darin einzurichten. Auch das blieb auf sich beruhen.

Sandtor- und Grasbrookhafen

Die Hamburg vorgelagerten Inseln sind im 15. Jh. besiedelt worden. 1531–50 in den Wallring einbezogen, wurden sie zum städtischen Viertel mit Wohn- und Geschäftshäusern sowie Speichern wie die Marschviertel der Altstadt. In diesem

Viertel entstanden schon vor dem Zollanschluß die ersten modernen Hafenanlagen Hamburgs.

Der entscheidende Wandel zur modernen Hafentechnik war eingetreten, als das Dampfschiff aufkam (das erste hatte sich 1816 auf der Elbe gezeigt); mit größerem Tiefgang stellte es neue Ansprüche an die Häfen, seine höheren Kosten machten kurze Hafenliegezeiten, den schnellen Güterumschlag zum wesentlichen Wirtschaftsfaktor. Gleichzeitig wurde zu Land die Eisenbahn zum wichtigsten Transportmittel. Seit 1837 wurden in Hamburg Pläne zu einem entsprechend modernen Hafenausbau erörtert. Am Ende stand das Konzept des offenen Tidehafens, wie er bis heute besteht und die Schnelligkeit des Hafenbetriebs sichert. Das Gegenkonzept eines Dockhafens wurde verworfen. Johann Dalmann – Wasserbaudirektor seit 1864 – legte den **Sandtorhafen** an: im ehemaligen Stadtgraben ein tiefes, zur Elbe offenes, künstliches Hafenbecken (1866 wurde der *Sandtorkai* eröffnet, 1872 der *Kaiserkai*). Es erhielt Kaimauern, an denen Seeschiffe festmachen konnten. Auf dem Kai wurden bewegliche Dampfkräne aufgestellt, die einen schnellen Güterumschlag ermöglichten. Dahinter folgten Schuppen, eingeschossige Lagerhallen für das Sortieren und vorübergehende Lagern der Güter. Beidseits der Schuppen verliefen Bahngleise, rückwärts eine Straße.

Das gesamte System war grundlegend neu, auch seine wichtigsten Elemente – Bahnanschluß, Kaikräne, Schuppen – hatte es so vorher in Hamburg nicht gegeben. Es wurde zum Muster für den Hafenausbau für rund hundert Jahre. Erst der Containerverkehr hat grundsätzlich neue Hafenstrukturen entstehen lassen. – Leider wird die bis vor einigen Jahren erhaltene Funktionseinheit schrittweise zerstört. Das älteste Hamburger Hafenbecken ist zum Teil schon zugeschüttet worden.

Der Südrand der Altstadt mit dem neu angelegten Sandtorhafen, 1868

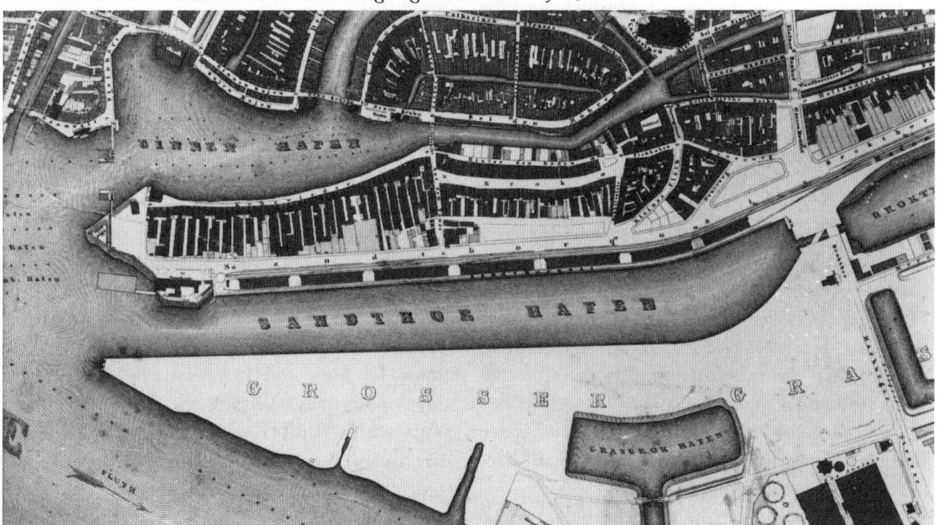

Das erfolgreiche Konzept des Sandtorhafens wurde auf das zweite Hafenbecken, den **Grasbrookhafen** übertragen (1876 bzw. 1881 wurden seine beiden Kais in Benutzung genommen). Seine Anlagen wurden im Krieg zerstört.

Auf der Spitze zwischen beiden Hafenbecken errichtete Werner Kallmorgen 1963–65 den **Kaispeicher A** am Kaiserhöft, eine der Dominanten der Hafenlandschaft. Der siebengeschossige, streng kubische Bau mit seinen Ladeluken zum Kai hin und den wenigen kleinen Fenstern ist streng funktionalistisch konzipiert – und doch durch die bloße Proportion und die Materialbehandlung (eine Backsteinaußenhaut verhüllt auch hier das Stahlbetonskelett), mit den Halbportalkränen am Kai ein subtiles Kunstwerk. – Nach Lage und Volumen ist es der Nachfolger des *Kaiserkaispeichers,* der hier 1875 erbaut worden war, der größte Speicherbau vor dem Zollanschluß im Hafen.

Am Brooktor bei der Magdeburger Brücke steht seit 1982 eine Bronzestatue des Seeräubers *Klaus Störtebeker* (Hansjörg Wagner), der im Jahr 1400 auf dem Grasbrook enthauptet wurde.

Der weitere Freihafenbereich nördlich der Elbe gehört zum Stadtteil Klostertor.

St. Pauli

Vor dem Millerntor

Die Gerichtsbarkeit über den ›Hamburger Berg‹, die Geesthöhe westlich der Stadt bis zum Grenzbach Pepermölenbek, gelangte im 13. Jh. an Hamburg. Am Pepermölenbek verlief die Landesgrenze bis 1937. Seit dem 16. Jh. entwickelte sich westlich davon Altona (s. Altona-Altstadt). Nach Anlage des neuen Wallringes 1615–26 bildete diese Gegend einen Abschnitt im Glacis der Festung. Das Millerntor führte aus der Stadt heraus nach Westen und Nordwesten.

Hierhin konnten alle die Einrichtungen verlegt werden, die damals in die Umwallung hineingeraten waren und dort jetzt die Entwicklung der Neustadt störten. So entstand vor dem Millerntor eine lockere Besiedlung: Garten- und Landhäuser entlang den alten Landstraßen, Gewerbebereiche am Elbstrand sind bereits im 17. Jh. zu Ansätzen für eine Vorstadt geworden. Straßennamen im Karolinenviertel erinnern an Glashütten und Ölmühlen; es gab einen Gassenkummerplatz (eine große Deponie für den Stadtmüll, ehemals an der Laeiszstraße). Die größten unter diesen Einrichtungen waren der Pesthof und – am Ende des 18. Jh. – die Friedhöfe vor dem Wall westlich des Dammtors.

Für die Bewohner des Hamburger Berges wurde 1682 eine St.-Paulus-Kirche erbaut: Die Ansiedlung hatte den Umfang eines Kirchspiels erreicht (wie in derselben Zeit St. Georg). – Was auch immer dort stand: Bei der Neubefestigung Hamburgs durch den französischen Marschall Davout wurde es 1813/14 abgeräumt, um freies Schußfeld zu schaffen.

Dem Wiederaufbau nach 1815 verdankt St. Pauli sein regelmäßiges Straßensystem ebenso wie dessen teilweise schematische Benennungen nach Vornamen (Antoni- und Davidstraße, Herbertstraße usf.).

1830 erhielt der Hamburger Berg den Status einer Vorstadt, 1833 offiziell den Namen St. Pauli (nach der Kirche, entsprechend der Vorstadt St. Georg). Seit 1860/61 die ›Torsperre‹ aufgehoben wurde, entwickelte sich St. Pauli schnell zum dichtbesiedelten Viertel. 1894 wurde es mit der Stadt vereinigt. Damals hatte es 72 000 Einwohner (heute etwa 22 000).

1891 heißt es in einem Stadtführer: »Wohl keine Stadt im deutschen Reiche hat einen Fleck Erde aufzuweisen, der so reich an Vergnügungen und Sehenswürdigkeiten wäre als St. Pauli, die Vorstadt der See- und Handelsstadt Hamburg … Metropole des Vergnügens, unvergleichliche Vorstadt St. Pauli …« – Das bestimmt bis heute das Image des Stadtteils. Für viele Hamburger und alle Fremden ist er ein Synonym für ›Nachtleben‹ jeder Art – aber das ist nur ein Teil seiner Realität.

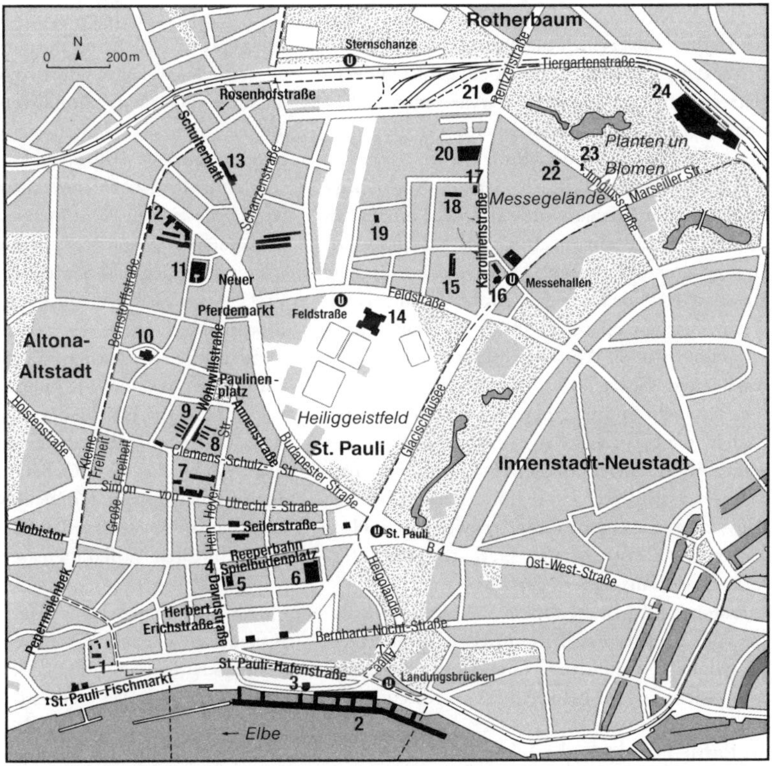

St. Pauli 1 Pfarrkirche St. Pauli 2 St. Pauli-Landungsbrücken 3 Elbtunnel 4 Davidswache 5 St. Pauli-Theater 6 Operettenhaus 7 Ehem. Deutsch-Israelitisches Krankenhaus 8 Jäger-Passage 9 Terrassen Wohlwillstraße 10 Friedenskirche 11 Ehem. Schilleroper 12 Adolphpassage 13 Ehem. Boarding-house des Westens 14 ›Hochhaus 1‹ (Hochbunker) 15 Marktstraße 7–9 16 Gnadenkirche 17 Ehem. Israelitische Töchterschule 18 Industriehaus 19 Vorwerkstift 20 Heizkraftwerk Karoline 21 Heinrich-Hertz-Turm 22 Begräbniskapelle St. Petri 23 Denkmal für die vertriebenen Hamburger 24 Congress Centrum Hamburg CCH

Pfarrkirche St. Pauli

Mittelpunkt der Vorstadt war die ev.-luth. **Pfarrkirche St. Pauli.** Anstelle der Fachwerkkirche von 1682 wurde nach der ›Franzosenzeit‹ 1819/20 ein Neubau nach Entwürfen von Carl Ludwig Wimmel errichtet, als Kirche des rationalistischen Protestantismus jener Zeit ein schlicht längsrechteckiger Backsteinsaalbau, innen mit Emporen und eingezogenem Altarraum, alles einfach klassizistisch, Kanzel und Altar vor der Ostwand vereinheitlicht. Ausstattungsstücke sind noch aus dem Vorgängerbau erhalten, der Taufstein von 1693 (Schaft mit Evangelistenfiguren) mit zugehörigem Holzdeckel, das Kruzifix und eine Holzfigur des Kirchspielsheiligen Paulus vom Ende des 17. Jh. – 1864 erhielt die Kirche ihren Turm.

Auf dem Kirchhof liegen noch Sandsteindeckplatten von Familiengrüften. An seinen Ecken stehen die einfachen Backsteinhäuser der Pastorate, der Kirchenschule und des Küsters.

Die ehemalige **Infanterie-** (später Nacht- und Feuer-)**wache Paulus** wurde um 1820 erbaut, an der zweiten Ausfahrt nach Altona, und somit als Grenzposten Hamburgs. Das kleine Haus (Lange Str. 6, an der Nordseite des Kirchhofs) mit seinen klassizistischen Pilastern gehört ins gleiche Bauprogramm wie die Millerntorwache und die Alte Wache in St. Georg.

Kaum mehr Spuren gibt es vom klassizistischen – eher biedermeierlichen – Wiederaufbau des Stadtteils im Viertel um die Kirche; es sind einfache, traufständige, zwei- und dreigeschossige Putz- und Backsteinbauten, teilweise mit Hofhäusern (z. B. Erichstraße, Gerhardstraße, Herbertstraße, Hans-Albers-Platz).

1986 hat Jörg Immendorf, Gründer und Inhaber von ›La Paloma‹ (Ecke Friedrichstraße/Gerhardstraße), auf dem Hans-Albers-Platz ein Bronzedenkmal für Hans Albers aufgestellt.

St. Pauli-Landungsbrücken

Vom Rand der Geest, auf der St. Pauli liegt, fällt der Hang steil ab zum Elbufer, an dem sich der St.-Pauli-Teil des Hamburger Hafens hinzieht. Sein westlichster Abschnitt ist der St. Pauli Fischmarkt, der unmittelbar an den Altonaer angrenzt. Seit 1861 wurde unterhalb des Pinnasbergs ein Fischereihafen mit Fischgroßmarkt angelegt. Davon zeugen nur noch Straßennamen und die Häuser St. Pauli Fischmarkt 14–20: Fischlager- und Verarbeitungshallen der Zeit um die Jahrhundertwende, darunter das mit Erker und Schweifgiebel sehr bürgerliche Gasthaus Nr. 14 (Hanssen & Meerwein, 1898). – Die Auktionshalle wurde 1971 abgerissen. – Durch Flutschutzbauwerke seit 1962 und die neue Hafenpromenade ist die Hafenkante selbst völlig verändert. Dort mahnt seit 1985 das **Seefahrer-Denkmal** an die 30000 Toten der Handelsmarine in den letzten hundert Jahren (Manfred Sihle-Wissel).

Die (St. Pauli-)**Hafenstraße** ist zum ominösen Begriff geworden: Die Mietshäuser, die dort in den 1860er Jahren gebaut worden sind, wurden – soweit sie Krieg und Sanierung überlebt hatten – 1981 besetzt: Seitdem sind sie zum Symbol für die Auseinandersetzung der Gesellschaft mit ihren Randgruppen geworden. Eine 1988 gefundene, konstruktiv-friedliche Lösung bleibt umstritten.

Die östliche Hälfte der Hafenkante von St. Pauli bildet am Elbufer wie auf der Geestkante eine eindrucksvolle Gebäudegruppe, ergänzt durch die angrenzenden Wallhöhen mit ihrer Bekrönung sowie die Brücken über die Helgoländer Allee im alten Wallgraben (s. Innenstadt, Wallring). Hier lag lange Zeit ein wichtiger Teil des Hamburger Hafens: Als seit 1816 Dampfschiffe aufkamen, wurden sie als feuergefährlich zunächst aus dem alten Hafenbereich herausgehalten (bis dann der moderne Sandtorhafen gebaut wurde – s. Innenstadt, Sandtorhafen). Seit 1839 entstanden dafür die **St.-Pauli-Landungsbrükken.** Hier hatten die großen Überseelinien ihre Abfertigungsstellen – so u. a. lange Zeit die HAPAG. Hier landeten aber auch Viehtransporte an (wegen der Nähe zum Zentralviehmarkt). Schließlich war hier das Zentrum für den Hafenfährverkehr und für die Unterelbe- und Seebäderschiffahrt. Für alle diese Bedürfnisse wurde 1906–10 eine neue 420 m lange Pontongruppe hergestellt, zu der bewegliche Brücken führen, dazu auf der Kaimauer ein großes Abfertigungsgebäude (Farbabb. 3). Die Gesamtanlage wurde vom Ingenieurwesen der Baudeputation konzipiert. Wie alle Hamburger Verkehrsbauten um

1 Verwaltungsgebäude der Hamburger Hafen- und Lagerhausgesellschaft Bei St. Annen, das ›Rathaus‹ der Speicherstadt im Freihafen (Innenstadt) ▷

2 Verwaltungsgebäude und Lagerhäuser der Speicherstadt vom Brooktor aus gesehen (Innenstadt) ▷▷

MESSBOOT

3 St. Pauli-Landungsbrücken, Norderelbe und die Werften auf Steinwerder

4 Das Museumsschiff ›Cap San Diego‹ am Westkai des Altonaer Hafens (Ottensen, Neumühlen)

5 Alsterfleet und Kleine Alster (Innenstadt, Rathausmarkt)

7 Die Häfen und Werften auf Steinwerder – nördlich der Elbe Altona, St. Pauli und Innenstadt ▷

6 Das Blankeneser Hanggebiet und die Elbe

8 Der Binnenhafen an der Mündung des Nikolaifleets zwischen Deichstraße und Cremon (Innenstadt)

10 Landherrenschaften, Chilehaus und Meßberghof (Innenstadt, Kontorhausviertel)

9 Speicher der Admiralitätsstraße am Herrengrabenfleet (Innenstadt, Fleetinsel)

POLIZEI
Deutsche Bank

11 Speicherstadt und Hauptkirche St. Katharinen mit Kleinem Fleet und Zollkanal (Innenstadt)

12 Die Alsterarkaden an der Kleinen Alster vor dem Brand von 1989 (Innenstadt, Rathausmarkt)

13 Hochbahnhaltestelle Baumwall (Innenstadt, Hafenkante)

15 Der letzte Rest des alten Hamburg: die Außendeichshäuser der Deichstraße am Nikolaifleet ▷

14 Bahnsteighalle des Hauptbahnhofs (St. Georg)

16 Das Jenisch-Haus in Othmarschen

18 Herrschaftliche Etagenhäuser an der Isestraße (Harvestehude)

17 Ein Wohnhof der Gründerzeit – die Grindelhof-Allee (Rotherbaum)

19, 20 Fritz Schumachers ›Johanneum‹ (Winterhude) und Finanzbehörde (Innenstadt, Gänsemarkt)

21 Treppenhaus in Fritz Schumachers Handwerkskammer (Innenstadt, Wallring)

22 Die Elbe vor Blankenese ▷

23 Die Kirche von Curslack in den Vierlanden

25 Die ›Krameramtswohnungen‹ in der Neustadt (Innenstadt, Sanierungen)

24 Altländer Bauernhaus, Stellmacherstr. 9 (Neuenfelde)

26 Hamburger Hafen (Albert Marquet, 1909. Hamburger Kunsthalle)

27 Terrasse des Restaurants Jacob in Nienstedten (Max Liebermann, 1902. Hamburger Kunsthalle)

28 Blick auf die Binnenalster (Edouard Vuillard, 1913. Hamburger Kunsthalle)

29 Bürgermeister Max Brauer (Oskar Kokoschka, 1951. Hamburger Kunsthalle)

1910 sollte es aber auch eine eindrucksvolle Hülle erhalten, die die Architekten Raabe & Wöhlecke entwarfen (wie bei den Bauten der Hamburger Hochbahn und beim Elbtunnel). Der Quaderbau »in freien, an das Nordgermanische anklingenden Zierformen« und mit Kuppeln über den Durchgängen wirkt archaisch-monumental; allegorische Plastiken der Winde (Arthur Bock) flankieren den Mittelteil (der nach Kriegszerstörung 1975/76 erneuert wurde – Garten, Kahl, Hoyer). Der Turm am Ostende zeigt weithin ablesbar den Wasserstand der Elbe an. – Die im Krieg zerstörte Pontonanlage wurde 1953–55 als 688 m lange Betonkonstruktion mit Oberdeck nach Ideen von Werner Hebebrand neu gebaut.

Am Westende des Empfangsgebäudes entstand 1907–11 der (alte) **Elbtunnel**, geplant seit 1901 durch das Ingenieurwesen der Baudeputation, das dazu englische und amerikanische Vorbilder studierte. Er besteht aus zwei parallelen Röhren, zu deren Enden jeweils ein zylindrischer Schacht mit Aufzuganlagen hinunterführt. Für seine Zeit war der Elbtunnel eine technische Sensation, im Schildvortrieb unter Preßluftdruck durch den Sand des Untergrunds getrieben. Gebraucht wurde er vor allem für die im Hafen beschäftigten Arbeiter als Weg zum Arbeitsplatz. – Über den Eingangsschächten erheben sich *Kuppelbauten*. Der auf der St.-Pauli-Seite erhielt eine besonders repräsentative Architektur, entworfen wieder von Raabe & Wöhlecke. Sie gemahnt an das Pantheon in Rom und feiert damit Technik und Verkehr. Freilich meinten schon die Zeitgenossen: »Seine einem Mausoleum nicht unähnliche Gestalt ist wohl geeignet, beim Beschauer, der den Zweck nicht ahnt, ein Grübeln über dessen Bestimmung zu wecken« (Deutsche Bauhütte). Die Plastiken schuf Hermann Perl: Im Giebel der Nordseite ist durch ein allegorisches Paar dargestellt, wie sich Arbeits- und Freizeitwelt unter der Elbe (und einem Schiff) hindurch die Hände reichen. – In die Majolika-Verkleidung des Inneren ist eine Fülle bedeutungsvoller, sinniger oder sogar witziger Kleinreliefs eingelassen. – Das Eingangsbauwerk des Elbtunnels auf der Steinwerder-Seite ist nach dem Zweiten Weltkrieg neu gestaltet worden. Es war ein karg-monumentaler Backsteinbau, seiner Lage mitten in der Arbeitswelt der Freihafenwerften entsprechend.

Die ganze Bautengruppe, zu der am Stintfang noch der kriegszerstörte Turmbau der **Hochbahnhaltestelle Landungsbrücken** zu ergänzen ist, sollte »mit lauter Sprache reden, wie die moderne Technik zu Lande, zu Wasser und unter dem Wasser die an sie herantretenden Aufgaben überwindet« (Hamburger Fremdenblatt, 1911).

Schon 1858–63 wurde durch die Hamburger Reeder (nach Entwurf von Christian Timmermann) auf der Höhe der Geestkante das **Seemannshaus** erbaut; es bot Seeleuten Unterkunft und enthielt ein Krankenhaus. Der nüchtern-sachliche Backsteinrohbau war lange Zeit der markanteste Teil des Hafenpanoramas. Später zogen andere hafenbezogene Institutionen ein, die im Laufe der Zeit wieder eigene Gebäude erhielten. – 1987 wurde dort ein Hotel eingebaut, als Ergänzung kam ein pyramidengekrönter Turm hinzu (Kleffel, Köhnholdt und Karl Jacobsgaard – »eine Prise Schumacher, ein Schuß Aldo Rossi« stand im Abendblatt). – Dahinter liegt das 1898–1900 errichtete **Hafenkrankenhaus.**

Die **Navigationsschule** wurde 1749 gegründet. 1903–05 erhielt sie – entworfen von Albert Erbe – einen giebelgekrönten Neubau »in niederländischer Renaissance«, über dem Mast und Takelage auf die Zweckbestimmung hinwiesen; einer von den öffentlichen Bauten, mit denen Erbe versuchte, eine hamburgische Architektursprache zu entwickeln (daneben Neubauten des Bundesverkehrsministeriums von 1956/57). – Heute beherbergt das Gebäude das Seewetteramt des Deutschen Wetterdienstes.

Das Haus des 1900 eröffneten **Bernhard-Nocht-Instituts für Schiffs- und Tropenkrankheiten,** Bernhard-Nocht-Str. 74, wurde 1910–14 von Fritz Schumacher errichtet. Trotz Krieg und Wiederaufbau ist die städtebauliche Qualität des Gebäudekomplexes bewahrt, der sich über Elbtunnel und St.-Pauli-Landungsbrücken hinzieht und die Gesamtgruppe nach Westen abschließt.

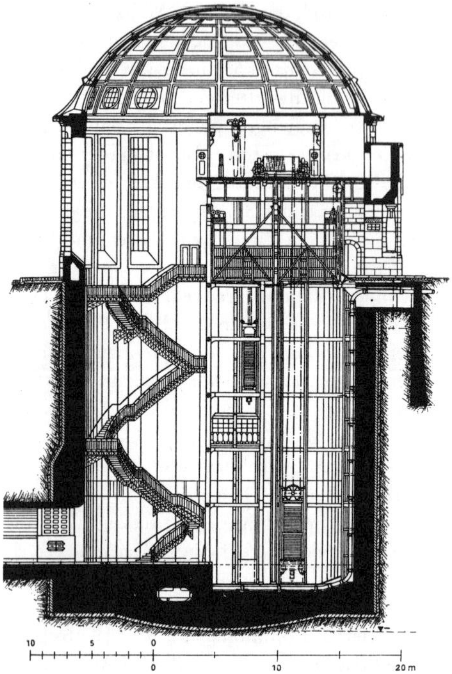

Eingangsschacht des Elbtunnels bei den St. Pauli-Landungsbrücken. Aufzüge vermitteln zwischen Straße und Schachtsohle, von der die beiden Tunnelröhren unter der Elbe ausgehen.

Ursprünglich befanden sich auf der Höhe der Geestkante Aussichtslokale; in ihrer Tradition steht der **Bavaria-Blick** (im obersten Geschoß des 1969–71 nach Entwürfen von Carl Friedrich Fischer und Horst von Bassewitz errichteten Verwaltungsgebäudes der 1862 hier begründeten Brauerei; das Sudhaus bauten Elingius & Schramm 1936).

Das Vergnügungsviertel

Der **Spielbudenplatz** hatte seinen Namen schon 1798 und zeigt an, daß der Stadtteil, dessen Mittelpunkt er städtebaulich und dem Rufe nach bildet, eine alte Tradition hat. Die ›unehrlichen‹ Leute, die in der Stadt nicht geduldet wurden, zu ihrer Unterhaltung und Belustigung aber erheblich beitrugen, konnten hier vor dem Hamburger Millerntor und dem Altonaer Nobistor im Zwischenreich der Phantasie ihr Wesen treiben und außerhalb der beiden Stadtgrenzen auch manche moralischen und geschmacklichen Grenzen überschreiten.

Die Entwicklung dieses Vergnügungsviertels gab 1854 Veranlassung, die Polizeiwachen ›David‹ und ›Paulus‹ zusammenzulegen und durch eine neue **Davidswache** am Spielbudenplatz, Ekke Davidstraße zu ersetzen, von wo aus das Geschehen zu übersehen und zu kontrollieren war. Das eindrucksvolle Gebäude, das heute dort steht, hat Fritz Schumacher 1913/14 errichtet. Sein hoher Backsteingiebel vergegenwärtigt zeichenhaft ein Hamburger Bürgerhaus und damit die bürgerliche Ordnung – ebenso wie der Erker mit Uhr, der die Mitte der Fassade einnimmt. Legionärsköpfe am Erker der Seitenfassade deuten an, wie diese Ordnung gewährleistet wird. Die Keramikdekorationen von Richard Kuöhl machen das Gebäude zu einem der farbigsten aus Schumachers erster Arbeitsphase. Die Davidswache setzt sich damit auch ästhetisch gegenüber ihrer Umgebung durch.

Das **St.-Pauli-Theater** am Spielbudenplatz 29–30 ist das älteste bestehende Hamburger Theatergebäude: Das Innere ist von der 1840/41 erbauten ›Urania‹ in der ursprünglichen Gestalt erhalten. Die Fassade wurde 1898 durch Franz Jacobssen neu gestaltet: Selbst eine Art Bühnendekoration, die in Konkurrenz zu den anderen inzwischen entstandenen Etablissements sich zu behaupten versuchte.

Zum Millerntor hin sind in der Gründerzeit prachtvolle Großbauten entstanden, Konzert- und Bierpaläste, Musik- und Operettentheater (deren Programm und Inhaber oft wechselten). Sie fielen dem Zweiten Weltkrieg und der Reinlichkeit der Nachkriegszeit zum Opfer (Hochhaus Millerntor, Carl Friedrich Fischer, 1960, neue Fassade 1988 von Michael Piatschek). Das **Operettenhaus** hat einen Neubau erhalten (Riecke & Karres, 1979–81).

Der Spielbudenplatz, um 1850

An der Nordseite des Spielbudenplatzes lag bis in die Gründerzeit hinein eine der größten Gewerbeflächen Hamburgs. 1626 wurden die **Reeperbahnen** vom Eichholz nach St. Pauli verlegt. Das waren die langgestreckten Bahnen, auf denen Seile, Taue, eben ›Reep‹ gezogen wurden – wesentliche Betriebsmittel der Segelschiffzeit. Daß sie aufgegeben wurden, hing mit der Bodenpreissteigerung in der inneren Stadt ebenso zusammen wie mit der Industrialisierung der Seilherstellung. – Das über 400 m lange Areal zwischen den heutigen Straßen *Reeperbahn, Hamburger Berg, Simon-von-Utrecht-Straße* und *Kleiner Seilerstraße* wurde 1883 geräumt und dann zur Bebauung erschlossen. An der Nordseite der Seilerstraße entstanden Etagenhausreihen mit reputierlichen Neorenaissancefassaden und dazwischen eine Volksschule (1887/88) und eine ev-.-ref. Realschule »im italienischen Renaissancestil« (Hallier & Fittschen, 1885/86).

Das Wohnviertel

Ein biedermeierliches Haus aus der Zeit des Wiederaufbaus um 1820 ist in der **Hein-Hoyer-Str. 44/48** erhalten. Die drei Haustüren sind charakteristisches Merkmal von Bude und Sahl: die seitlichen führten ins Erdgeschoß, die mittlere in die oberen Stockwerke und ihre Sahl-Wohnungen. Der Putzbau wird klassizistisch bekrönt durch ein Zwerchhaus mit Frontispiz und ist ansonsten so einfach wie möglich.

Damals lag das Gelände nördlich der Reeperbahnen noch frei im Grünen und wurde der dort herrschenden frischen Luft halber als Standort ausgewählt für das **Deutsch-Israelitische Krankenhaus** (Abb. 39), das der Bankier Salomon Heine 1841–43 bauen ließ. Die Pläne entwarf Johann Hinrich Klees-Wülbern, der zur gleichen Zeit die Tempel-Synagoge in der Neustadt baute. Die Rundbogenstilfassade mit Mittelrisalit ist eingebunden in die moderne Architektur dieser Zeit

– baulich ein Stück Emanzipation der Juden in Hamburg.

Der nach dem Korridorsystem angelegte Bau war auch krankenhaustechnisch modern und hatte nach Süden gerichtete Krankensäle; den religiösen Bedürfnissen trug er Rechnung durch die *Synagoge,* die den Mittelteil einnahm. – Der rückwärtige Neubau entstand 1928–30 nach Entwürfen von Distel & Grubitz, die damals unter den Hamburger Architekten als Krankenhausspezialisten galten. – Das Krankenhaus ist eine der Stationen der Verfolgung der Hamburger Juden durch die Nationalsozialisten: 1939 geschlossen, wurden die Gebäude von der Stadt ›übernommen‹ und innen umgebaut. Nachdem lange Zeit der Abbruch geplant war, ist in den letzten Jahren die Instandsetzung eingeleitet worden. Die Synagoge soll rekonstruiert werden.

Das Krankenhaus steht der Lage nach in der Tradition des 1606 ebenfalls weit draußen vor der Stadt eingerichteten **Pesthofes** und späteren **Krankenhofes** – des ersten städtischen, nicht als kirchliche Stiftung entstandenen Krankenhauses in Hamburg. Es wurde 1814 abgerissen. Die Mitte des 1857–60 parzellierten Geländes bildet der **Paulinenplatz.** Soweit die ursprüngliche Bebauung der von dort abgehenden Straßen erhalten ist, zeigt sie einen sehr bürgerlichen Charakter – mit Stadthaus-Reihen an der Annenstraße, mit spätklassizistischen und Rundbogenstilfassaden (am schönsten das Doppelhaus Budapester Str. 21/22).

Südlich vom Paulinenplatz entstand zehn Jahre später ein Muster für die Reform des Wohnens kleiner Leute, die **Jägerpassage** (Abb. 40) an der Wohlwill-(früher Jäger-)Straße 20–28. Aus den Diskussionen der Kleinwohnungsfrage in Hamburg innerhalb der Patriotischen Gesellschaft war die gemeinnützige ›Bau-Gesellschaft von 1866‹ hervorgegangen; auf dem Gelände an der Jägerstraße errichtete sie 1866 ihre erste Wohnanlage: Hinter einer Etagenhausgruppe erstreckten sich in die Tiefe des Grundstücks drei Hofflügel (der nördliche wurde 1977 abgerissen). Daß es ein Reformprojekt ist, zeigt die für Wohnhäuser ungewöhnliche unverputzte Backsteinbauweise mit Lisenengliederungen und gemauerten Stichbogen, Blenden und materialgerechten Friesen (Christian Timmermann und Gustav Schrader); die Treppenhäuser liegen an der Außenseite (das gibt der Straßenfront ihren für Häuser dieser Zeit ungewohnten Rhythmus). – Der Vergleich mit der gleichzeitig von einem privaten Unternehmer gebauten Nachbaranlage **Wohlwillstr. 10–18** liegt nahe: der vermutlich 1867/68 erbaute Wohnhof wirkt freundlicher als das soziale Experiment und ist hell verputzt, mit der üblichen dekorativen Stuckgliederung; die Hofflügel haben sogar Vorgärten.

Die gegenüberliegenden Häuser **Nr. 7–23** mit rückwärtigen Terrassen sind Spekulationsbauten aus der Zeit nach 1873, jedoch entstanden auf Grundstücken, die die Stadt (preisgünstig) auf Grund des damals erlassenen ›Gesetzes betreffend die Beförderung der Erbauung kleiner Wohnungen‹ zur Verfügung gestellt hatte; auch daß die Terrassen nur drei Geschosse haben (im Gegensatz zu den viergeschossigen Hofflügeln der Jägerpassage), erweist sie als Muster beabsichtigter Reformen. **Nr. 13–17** wurde 1892 von der Allgemeinen Deutschen Schiffszimmerer-Genossenschaft übernommen, die zwei Jahre zuvor begonnen hatte, Häuser für ihre Mitglieder herzurichten, der Einstieg in den genossenschaftlichen Wohnungsbau in Hamburg.

Von hier aus nach Norden und Westen fand St. Pauli in wenigen Jahrzehnten Anschluß an die Stadterweiterungsgebiete von Eimsbüttel und Altona.

Grenzgang

Heute reicht St. Pauli nach Westen bis zur Bernstorffstraße. Die alte *Grenze* zwischen Hamburg und Altona folgte weiter östlich einer Linie, die den Taleinschnitt des Pepermölenbek und die Westseite des Neuen Pferdemarktes verbindet. Dazwischen durchschnitt sie die Straßenblocks. Dort verlief entlang einer Palisade ein **Kontrollgang,** der teilweise heute noch sichtbar ist, so an der Reeperbahn zwischen Nr. 172 und 174, an der Paul-Roosen-Straße (zwischen Nr. 3 und 5, 6 und 8 – das Haus Nr. 8 weist mit Pickelhauben an den Erkerkonsolen auf den Übergang ins damals preußische Altona hin) sowie am Schulterblatt (s. Altona-Altstadt, Thede u. Freiheiten).

So gehört heute ein Teil Altonas zu St. Pauli, nämlich dessen parallel zu den Hamburger Stadterweiterungsgebieten in der Gründerzeit anwachsendes neues Wohngebiet zwischen Reventlowstift und der Hamburger Grenze. Das durch den Zweiten Weltkrieg schwer zerstörte und seit einigen Jahren schrittweise reparierte Viertel hat sein städtebauliches Zentrum in der ev.-luth. **Friedenskirche,** die 1893–95 von Johannes Otzen erbaut wurde – eine seiner Hamburger Stadterweiterungskirchen, dazu wie alle ein neugotischer Backsteinbau der Hannoverschen Schule und ein Diskussionsbeitrag zur Reform des protestantischen Kirchenbaus. Auch hier tendiert die Planentwicklung zur Zentralisierung: Ein kurzes Wandpfeilerlanghaus schließt an ein zentrales Achteck mit kurzen Kreuzarmen und Chor an. Daß der formale Aufwand geringer ist als bei den anderen Kirchen Otzens (Christuskirche Eimsbüttel, Johanniskirche Altona), weist auf den sozialen Status des Viertels hin.

Die Umgebung der Kirche ist am **Brunnenhof** und an der **Brunnenhofstraße** bestimmt durch große Mietshäuser des Altonaer Bau- und Sparvereins. Sie haben die charakteristischen Backstein-/Putzfassaden der sozialen Reformbauten um die Jahrhundertwende.

Wie das Flora (s. Altona-Altstadt, Thede) ist auch die **Schilleroper** (Bei der Schilleroper) ein weit nach Norden vorgeschobener Ableger des Vergnügungsviertels von St. Pauli, gehörte aber zu Altona: Der durch Krieg und Abnutzung veränderte runde Stahlskelettbau war 1889–91 für den Zirkus Busch erbaut worden (der dann 1899 an die Reeperbahn umzog); von der Manege hat er seine Form. 1905 wurde erstmals ein Theater eingerichtet, das seinen Namen zum 100. Todestag Friedrich Schillers erhielt – Opern und Tragödien, Revuen und Sittenstücke führte es auf; Laiengruppen der Hamburger Arbeiterbewegung nutzten es für ihre Aufführungen. Nach einem Umbau 1932 wurde daraus die ›Oper im Schiller-Theater‹, dann die ›Schilleroper‹. Weder die Neubarock- noch die Jugendstilfassade, auch nicht die routinierte Moderne vom Umbau 1932 (Esselmann & Gerntke) haben überlebt.

Der Terrassenhof der **Adolphpassage,** Bernstorffstr. 160–164, wurde 1885 erbaut. Zwischen ihr und der Stresemannstraße entstand 1981/82 als Beitrag zur Stadterneuerung der **Gewerbehof** Schilleroper/Stresemannstraße (Nietz, Prasch, Sigl).

Schulterblatt und Heiligengeistfeld

Entlang der Landstraße vom Millerntor nach Eimsbüttel entwickelte sich bereits vor 1800 und dann nach der ›Franzosenzeit‹ ein zweiter Siedlungsschwerpunkt des Hamburger Berges, bald zusammenwachsend mit dem Eimsbütteler Schanzenviertel jenseits der seit 1864 angelegten Verbindungsbahn zwischen Altona und Hamburg. Mehrfach sich überschichtend sind dort seit dem Biedermeier Mietshäuser entstanden. Die das Straßenbild beherrschenden Fassaden gehören in die 1880er und 1890er Jahre. Damals entstanden auch die Passagen und Terrassen zwischen Neuem Pferdemarkt und Sternstraße (**Beckstraße** 1898/99, **Augustenpassage** um 1870). Dem Viertel zwischen Schulterblatt und Schanzenstraße setzte der Arbeiterschriftsteller Willi Bredel mit seinem Roman ›Rosenhofstraße‹ ein Denkmal.

Das **Boarding-house des Westens,** Schulterblatt 36, war ein Sonderfall unter den Großwohnanlagen der zwanziger Jahre: Ein bürgerliches ›Einküchenhaus‹ sollte das Wohnen in der Stadt mit Gemeinschaftseinrichtungen und dem Service eines Hotels ermöglichen – ein Experiment, das auch hier scheiterte (Klophaus, Schoch, zu Putlitz 1930/31 – 1933 in ein normales Mietshaus umgebaut).

Zwischen der Innenstadt und St. Pauli liegt wie ein städtebaulicher Puffer das **Heiligengeistfeld.**

Es ist jetzt fast gleichbedeutend mit dem ›Dom‹, der dort seit 1893 mehrmals jährlich stattfindet: Rummel und Volksfest wie überall – aber im Hintergrund steht die Erinnerung an den mittelalterlichen Weihnachtsmarkt bei der Domkirche. In seiner langen Geschichte hatte der Platz auch andere Funktionen: Hier (wie auf der Moorweide) exerzierte das Bürgermilitär, die Fläche war das Schußfeld für die Kanonen auf dem Wallring, lange vorher war es Weideland im Besitz des Heiliggeist-Hospitals (und hat davon den Namen behalten). 1894–99 ist es als Festplatz planiert worden.

Auf dem Heiligengeistfeld steht noch einer der beiden Hochbunker, die dort 1942 errichtet wurden. Sie nahmen die zentrale Leitstelle für die Flugzeugabwehr auf (ein ›Würzburg-Riese, eine Art Radar, war auf dem jetzt abgetragenen ›Hochhaus 2‹ an der Stelle des Fernmeldeamtes untergebracht) sowie eine Flugzeugabwehrbatterie auf dem noch erhaltenen **Hochhaus 1,** das darüber hinaus Schutzraum für die Bevölkerung und übrigens auch für Archiv- und Museumsbestände enthielt. Die Hochhausdebatte der zwanziger Jahre erlebte in diesen Bunkern ihre Perversion. Wie bei vielen Schutzbauten war ihre Gestaltung zugleich symbolisch gemeint: Wie alte Kastelle sollten sie Schutz und Sicherheit suggerieren. – Im Hochhaus 2 hatte das Deutsche Fernsehen seine ersten Nachkriegsstudios.

Der Eingang zur **Hochbahnhaltestelle St. Pauli** am Südende des Heiligengeistfeldes hat noch das umhegende Pfeilergitter aus der Zeit des ersten Hochbahnrings (Raabe & Wöhlecke, 1909–12).

1863/64 wurde an der Nordwestecke des Heiligengeistfeldes der Hamburg-Altonaer **Viehmarkt** eröffnet. Seine nach dem Krieg noch einmal neu gebaute Markthalle dient heute als Warenhaus.

Karoline und die Friedhöfe

Die **Karolinenstraße** heißt aus dem gleichen Grunde so wie die Herbertstraße im südlichen St. Pauli: Ein weiblicher Vorname (ursprünglich mit ›C‹) war 1843 schematisch zur Benennung herangezogen worden. Der Straße verdankt das zwischen ihr und der Feldstraße liegende **Karolinenviertel** seinen Namen. Es gehörte wie der ganze Hamburger Berg in die tabula rasa des Davoutschen Glacis von 1813/14. Nach der ›Franzosenzeit‹ wurde es ein ruhig gelegenes Gartenhausviertel. Davon gibt es kaum mehr Spuren als den einfachen Putzbau an der **Marktstraße 7–9.** – Hinter ihm verstecken sich zwei eingeschossige Hauszeilen, die nach dem Brand von 1842 als Notwohnanlage errichtet worden sind.

Seit der Öffnung des Holstentors 1859 (Karl-Muck-Platz) lag das Karolinenviertel direkt vor dem Tor, und nach Aufhebung der Torsperre 1860/61 bot es die Möglichkeit für innenstadtnahes Wohnen. Das kam dann auch in allen Formen von herrschaftlichen Etagenhäusern bis zu Hinterhofterrassen, die die tiefen Gartengrundstücke des Viertels dicht auffüllten.

Dem Justizforum (s. Innenstadt, Wallring) gliederten sich die wichtigsten öffentlichen Gebäude des Viertels an: Die ev.-luth. **Gnadenkirche** (Fernando Lorenzen, 1906/07) verwendet am Ende des Historismus – ganz ungewöhnlich für Hamburg – rheinisch-romanische Formen. Innen ist die Kirche modern, sie nahm Reformvorstellungen des protestantischen Kirchenbaus auf, für die Johannes Otzen 1891 das ›Wiesbadener Programm‹ formuliert hatte: Der Zentralraum ist theaterartig auf die Chornische ausgerichtet, in der Altar, Taufstein und Kanzel zu einer gemeinsamen Gruppe verbunden sind, um die sich so die Gemeinde versammeln kann. – Ein als Provisorium gedachtes gründerzeitliches Fachwerkschulgebäude hat im **Haus der Heimat,** Vor dem Holstentor 2, neben der Kirche überlebt.

Die erste höhere Schule im Viertel, später ›Albrecht-Thaer-Gymnasium‹, heute **Studienkolleg für ausländische Studierende** am Holstenglacis 6, wurde als Oberrealschule 1875/76 erbaut und 1901–03 erweitert. Mit dieser Schule verwirklichte der Baudirektor Zimmermann einen Schulbautypus, den er im Wilhelm-Gymnasium (s. Rotherbaum, Universität) noch einmal wiederholte: Statt eines konventionellen Korridor- und Flügelhauses errichtete er einen italienischen Renaissancepalast mit vier Flügeln um einen arkadengesäumten Innenhof und überdeckte diesen mit einem Glasdach. Von der auf Sparsamkeit bedachten Bürgerschaft vor die Wahl gestellt, diese Raumlösung oder eine repräsentative Fassade zu verwirklichen, entschied sich Baudirektor Zimmermann für den Hof und ließ den Außenbau als einfachen Backsteinrohbau stehen. Ihn leitete die Hoffnung, durch eine würdige Gestaltung der Schulgebäude einen Beitrag zur Erziehung zu leisten. – Den fast armseligen Normaltypus des öffentlichen Schulwesens in der Gründerzeit zeigen die Backsteinschulhäuser an der **Grabenstraße.**

Am Gebäude Karolinenstr. 35 ist die Inschrift **Israelitische Töchterschule** mit Mühe noch zu entziffern. Es wurde 1882–84 nach Entwürfen von Peter von der Heyde errichtet, ebenfalls als Backsteinrohbau. – 1818 war die Mädchenschule der deutsch-israelitischen Gemeinde gegründet worden, seit 1798 gab es schon als Stiftung eine Israelitische Mädchenschule. Beide wurden in der Karolinenstraße zur Israelitischen Töchterschule vereinigt. 1930 hatte sie noch den Status einer Realschule erreicht. Im Dritten Reich wurde sie einer der Orte der Verfolgung: Hier wurden die letzten jüdischen Schüler seit 1939 zusammengezogen. Seit 1941 wurden die Hamburger Juden in die Vernichtungslager deportiert. Am 30. 6. 1942 wurde die Schule geschlossen.

Das **Industriehaus,** Glashüttenstr. 78/79 (Claus Meyer, 1907/08), überträgt den Typus des Kontorhauses auf den Gewerbebau: Ein großes Stahlbetonskelett bietet frei einteilbaren Mietraum für kleinere Gewerbebetriebe. Das äußere Erscheinungsbild signalisiert diese Zweckbestimmung mit Backsteingliederung und Putzflächen.

An der Vorwerkstraße 21 wurde 1866/67 das **Vorwerkstift** errichtet, damals am Rande des Viertels im Grünen gelegen. Freistehend, wie für Stifte üblich, ist der Backsteinrohbau angelegt (Kleinwohnungen an Mittelfluren).

Nördlich und westlich ist das Karolinenviertel von Einrichtungen umfaßt worden, die seine Wohnqualität seitdem beeinträchtigt haben. Auslöser war die Anlage der Verbindungsbahn zwischen Hamburg und Altona 1864–66. Der **Bahnhof Sternschanze** wurde als Hamburger Viehbahnhof zur Lagerstraße hin entsprechend ausgebaut: Von hier aus konnten der 1863/64 eröffnete Zentralviehmarkt am Heiligengeistfeld und dann auch der seit 1888 zwischen Lager-, Stern-, Feld- und Marktstraße angelegte Zentralschlachthof (beide wurden auch von Altona genutzt) versorgt werden. – Das Schlachthofgelände ist inzwischen einbezogen in die Pläne zur Stadterneuerung im Karolinenviertel.

Auf die Zufuhr von Kohle durch die Eisenbahn war auch das **Heizkraftwerk Karoline,** Karolinenstr. 36, angewiesen. Es wurde als erstes großes Kraftwerk der 1894 gegründeten Hamburgischen Electricitäts-Werke HEW erbaut (Albert Winkler, 1894/95). Vielfach erneuert ist der rückwärtige Kraftwerkteil, gut erhalten dagegen der neugotische Backsteinrohbau an der Karolinenstraße. Mit Albert Winkler beauftragten die HEW den Altonaer Hauptvertreter der Hannoverschen Schule, deren Herrschaft bei allen technischen Bauaufgaben Hamburgs Oberingenieur Franz Andreas Meyer sicherte.

Der Fernmeldeturm der Deutschen Bundespost an der Rentzel- und Lagerstraße (Fritz Trautwein und Fritz Leonhardt, 1965–68 nach einem Wettbewerb von 1962) ist 204 m hoch (mit Antenne 271,5 m). Er ist als **Heinrich-Hertz-Turm** (vgl. Farbabb. 7) dem Andenken an den aus Hamburg stammenden Physiker gewidmet, dessen Entdeckungen die moderne Funktechnik mitbegründeten. – Das sich drehende Restaurant bietet einen eindrucksvollen Ausblick über Innenstadt und Hafen, Alster und westliche Stadtteile. – Übrigens sollte der Turm ein Eckpfeiler hochfliegender Neubaupläne werden: Ein Wettbewerb 1963 überplante das Karolinenviertel mit einem riesigen Sport- und Kongreßhallenkomplex. – Inzwischen beschränkt sich die Messeerweiterung auf den Nordrand des Quartiers.

Die schöneren Fassaden im Karolinenviertel stehen an der Karolinenstraße. Sie hatten ursprünglich eine durchaus vorteilhafte Aussicht, nämlich auf die zu dichten Parks herangewachsenen Friedhöfe vor dem Dammtor. Heute liegen dort das Messegelände und der Park ›Planten un Blomen‹, die sich mit den Wallanlagen und dem Heiligengeistfeld zu einer großräumigen Trennzone zwischen Kernstadt und Stadterweiterungsgebieten verbinden.

Die **Friedhöfe** lösten am Ende des 18. Jh. die mißlichen Begräbnisverhältnisse in der Innenstadt ab. Bis dahin wurde in den alten Pfarr- und Klosterkirchen sowie auf dem Friedhof bei St. Gertrud bestattet. 1713 hatte man Pestfriedhöfe im Glacis vor den Wällen angelegt. Diese hygienische Maßnahme kündigte schon die Auffassung des Aufklärungszeitalters an, die sich schließlich durchsetzte, als seit 1794 die Pfarrkirchen St. Petri, St. Nikolai und die Klosterkirche St. Johannis, dann auch noch St. Michaelis, St. Katharinen, Maria Magdalenen, St. Gertruden und St. Pauli ihre Begräbnisplätze vor die Wälle verlegten (wie zugleich St. Jakobi vor dem Steintor in St. Georg).

Johann Arnold Günther (1755–1805, Senator seit 1792, Mitbegründer der Patriotischen Gesellschaft, die maßgeblichen Anteil an der Friedhofsreform hatte) beschrieb den Fortschritt: »Ganz anders fühlt sich dies unter dem Rauschen der dämmernden Hänge-Birke, im Strahl der niedergehenden Sonne oder im stillen Sternen-Glanz, als im dumpfigten Gewölbe unter den Karikaturen von Heiligen-Bildern und apokalyptischen Theater-Dekorationen.« – 1879–99 wurden diese Friedhöfe schrittweise geschlossen und bis 1934 abgeräumt (die schönsten Grabmäler kamen nach Ohlsdorf). – Die **Begräbniskapelle des Kirchspiels St. Petri** an der Jungiusstr. 27 ist das letzte Überbleibsel (um 1800 von Johann August Arens entworfen). Der kleine Rundbau mit flacher Putzdecke und Kuppeldach zeigt zur Jungiusstraße eine strenge Fassade mit halbrunder Eingangsnische. Der Säulenumgang zum Messegelände hin ist eine Zutat von 1925.

Abgeschieden am Rand von Planten un Blomen steht das **Denkmal für die vertriebenen Hamburger** – nicht ganz zu Unrecht in Sichtweite der Wallanlagen, deren Reaktivierung als Festung zu diesem Denkmal führte: Zu Weihnachten 1813 wurden durch den französischen Marschall Davout alle diejenigen Bewohner aus der Stadt vertrieben, die sich nicht auf sechs Monate verproviantieren konnten. Not und Seuchen brachten über tausend von ihnen in Altona den Tod. Auf ihrem Begräbnisplatz in Ottensen wurde 1815 das

Der Friedhof der in der ›Franzosenzeit‹ 1814 aus der Stadt vertriebenen Hamburger in Ottensen mit dem darauf 1815 errichteten Denkmal. Es wurde 1841 auf die Hamburger Friedhöfe versetzt. Am Horizont die Hamburger Kirchtürme. Lithographie, 1815

Denkmal aufgestellt, das dann 1841 in die Friedhöfe an der Jungiusstraße versetzt wurde. »Hamburgs trauernde Bürger ihren entschlafenen Mitbürgern« – die Initiatoren (die Patriotische Gesellschaft) haben etwas Einmaliges in der Frühzeit der bürgerlichen Denkmalgeschichte geschaffen: ein Armen-Denkmal. Der sarkophagartige Gedenkstein wurde von C. L. Wimmel entworfen.

Nach Norden hatte seit 1861 der **Zoologische Garten** die Friedhöfe umfaßt und dazu alte Sandgruben zum Park gemacht, ein Unternehmen auf privater Basis – nicht mit Hagenbecks Tierpark zu verwechseln. Zu den damals modernsten Einrichtungen gehörte das erste Meerwasseraquarium auf dem Kontinent. Der Erste Weltkrieg brachte sein Ende.

Zoo und Friedhöfe zwischen Jungiusstraße und Verbindungsbahn wurden 1934/35 zu einer öffentlichen Grünanlage neu gestaltet, die an den Botanischen Garten innerhalb der Wallanlagen anschloß. Hier sollte ein Muster für heimatgebundene Gartengestaltung gegeben werden; die ›Niederdeutsche Gartenschau‹ erhielt daher den Namen **Planten un Blomen** – bieder heimatlich und zugleich nicht allzuweit von ›Blut und Boden‹. – Seitdem hat die Fläche das Schicksal der Wallanlagen geteilt und durch die Internationalen Gartenbau-Ausstellungen von 1953, 1963 und 1973 mehrfach ihr Gesicht gewechselt, jedesmal neu und mit anderen Mitteln das Thema ›Erholungspark in der Großstadt‹ variierend (s. Innenstadt, Wallring). Von diesen Musteranlagen der Gartengestaltungsgeschichte sind nur Fragmente in der jeweils nächsten IGA erhalten geblieben – und werden seit 1985 wieder überformt nach Entwürfen von Yoshikuni Araki (Osaka/Japan) zusammen mit Ernst-Dietmar Hess und Christian Wegener. Dabei ersetzen naturnahe, landschaftliche Anlagen und geschwungene Wege die geometrisch-architektonischen Strukturen der IGAs von 1963 und 1973. – An sie erinnert künftig noch das 1970–73 in der Nordostecke von Planten un Blomen errichtete **Congress Centrum Hamburg CCH** mit seinem Hotelturm (Jost Schramm, Gerd Pempelfort).

In der Tradition vieler Ausstellungen, die in den Wallanlagen stattgefunden hatten, steht das **Messegelände,** das zur IGA 1953 zwischen Karolinenstraße und Jungiusstraße entstand (Sprotte & Neve, 1952/53) und seitdem vielfach verändert wurde. Die regelmäßige Stellung der Hallen parallel zur Jungiusstraße geht auf das Wegeschachbrett der Friedhöfe zurück.

St. Georg

Vor dem Steintor

Seinen Namen hat der Stadtteil zwischen östlichem Wallring, Außenalster, Sechslingspforte und der Lübecker Eisenbahn vom Hospital St. Georg, das um 1200 für Lepröse begründet worden ist – außerhalb der Stadt; der Aussatz, den Kreuzfahrer aus dem Orient mitgebracht hatten, forderte zwar christliche Fürsorge, aber isoliert von der Gemeinschaft. Die letzten Reste des späteren ›Siechenhauses‹ sind erst um 1970 für die Bürohäuser beim Kirchhof abgerissen worden. Dem Hospital gehörte das Land zwischen Koppel und Alster, dazu seit dem 14. Jh. ein kleines Landgebiet (u. a. Langenhorn und Berne).

Von der Koppel nach Süden und Osten bis zum Besenbinderhof gehörte das Gelände schon immer der Stadt. Dorthin hat Hamburg jahrhundertelang all das abgeschoben, was als störend empfunden wurde: Schweinezüchter und Branntweinbrenner, Bäcker und Grützmacher ließen sich dort nieder, 1564 wurde ein Pestfriedhof angelegt, der dann als Armsünder- und als Armenfriedhof weiterbestand. Seit dem 16. Jh. stand der Hamburger Galgen in St. Georg.

St. Georg wurde bereits im 17. Jh. festungstechnisch mit der Stadt verbunden. Das **Neue Werk,** auf dessen Areal heute das Allgemeine Krankenhaus St. Georg liegt, wurde als vorgeschobener Wall mit Bastionen 1679–81 angelegt. Er sicherte den gesamten Geestbereich zwischen Alster und Elbmarschen. Nach der Aufhebung der hoheitlichen Rechte der Klöster und Stiftungen, so auch des Hospitals St. Georg, erhielt 1830 das ganze Gebiet innerhalb des ehemaligen Neuen Werks den Status einer Vorstadt und dann 1868 den eines Stadtteils.

Der Zweite Weltkrieg hat St. Georg schwer betroffen. Es grenzte im Osten an die Ruinenfelder des ›Feuersturms‹ vom Sommer 1943. Wiederaufbau und Neubauten, das historische Straßensystem – aber auch noch Häuser aus (fast) allen Phasen seiner Entwicklung – bestimmen heute sein heterogenes Stadtbild.

In Hamburg erinnert man sich bis heute an die Ideen zur Umgestaltung des Stadtteils, die die ›Neue Heimat‹ 1966 lanciert hatte, als an den grotesken Höhepunkt der Planungseuphorie der sechziger Jahre. Damals sollten gigantische Hochhaustürme eine amphitheatralisch geordnete Terrassenarchitektur bekrönen, in deren Zentrum als einziger erhaltener historischer Zeuge die Dreieinigkeitskirche stehen sollte. – Das wurde nur eine Schrecksekunde lang ernst genommen. Es trug aber nicht zuletzt dazu bei, daß St. Georg zum ersten Stadtteil in Hamburg wurde, bei dem der Übergang von der Kahlschlagsanierung zur behutsamen Stadtreparatur gefunden wurde.

Die Dreieinigkeitskirche

1627 wurde die mittelalterliche Hospitalkapelle als **Dreieinigkeitskirche** zur Pfarrkirche für die Bewohner der Ansiedlungen vor den Wällen erhoben. 1743–47 erhielt sie einen Neubau nach Plänen von Johann Leonhard Prey. Der geräumige Saal mit polygonalem Chorschluß und eingebautem Turm hatte wenig tiefe Querarme (ein Modell steht in der Kirche). Die Kirche ist im Zweiten Weltkrieg ausgebrannt. Nur der Turm wurde 1956–62 wiederhergestellt; der spätbarokke Backsteinbau ist mit Sandsteingliederungen ausgeschmückt; sein kupfergedeckter Helm schließt mit charakteristischer Silhouette die Stadtkrone der Innenstadt-Kirchtürme nach Osten ab.

Die Kirche selbst entstand 1954–57 neu nach Entwürfen von Heinz Graaf, der sie aus der ursprünglichen Nord-Süd-Achse nach Westen drehte. Das Innere ist betont asketisch gestaltet; die dreischiffige Anlage aus Beton und Stahl gewinnt durch den trapezförmigen Grundriß und die ansteigende Raumhöhe im Chor ihre sakrale Mitte (Mosaik ›Dreieinigkeit‹ von Karl Knappe,

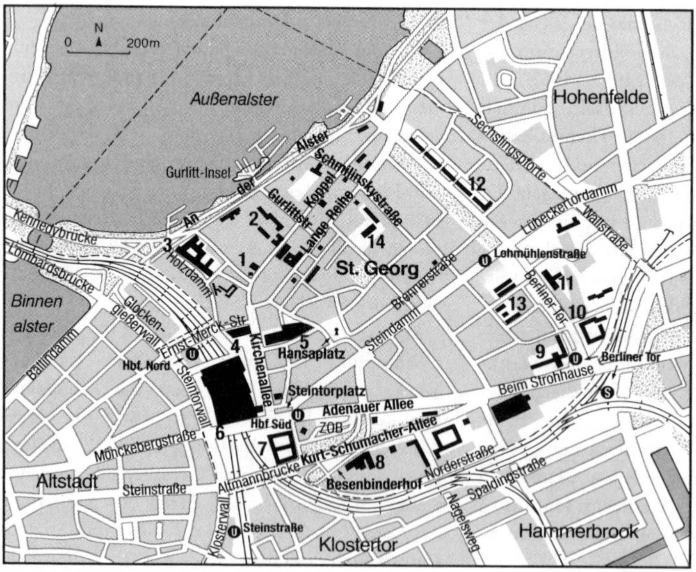

St. Georg
1 Dreieinigkeitskirche
2 August-Heerlein-Stift
3 Atlantic Hotel
4 Bieberhaus
5 Deutsches Schauspielhaus
6 Hauptbahnhof
7 Museum für Kunst und Gewerbe
8 Gewerkschaftshaus
9 Polizeipräsidium
10 Feuerwache Berliner Tor
11 Fachhochschule Hamburg
12 Allgemeines Krankenhaus St. Georg
13 Amalienstift
14 St. Marien

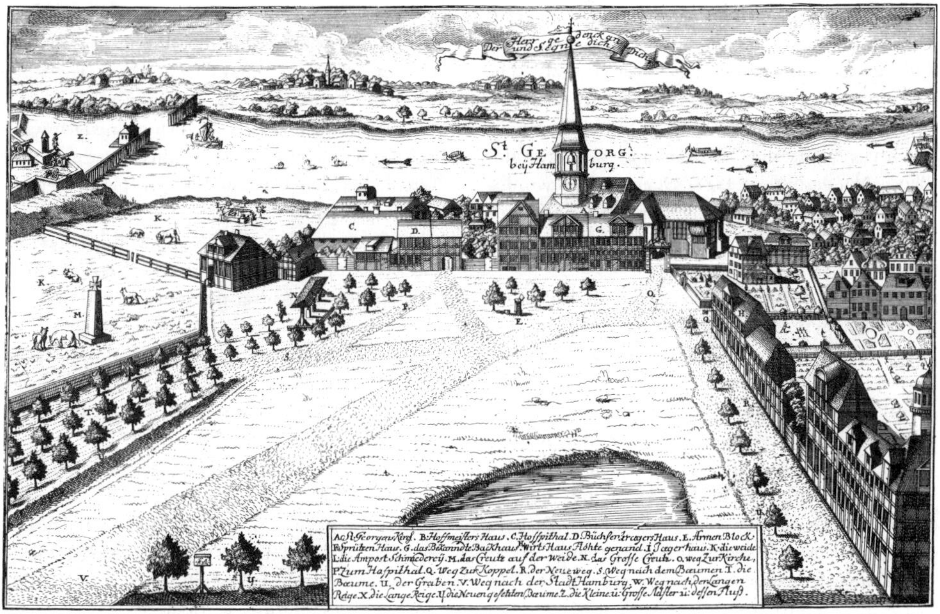

Das Hospital St. Georg und die Dreieinigkeitskirche um 1720. Kupferstich aus J. W. Hempel: Ausführliche Nachricht von dem Hl. Ritter Georgio, 1722

München, Kruzifix und Leuchter Jürgen Weber, Stuttgart). Den Eingang an der Nordseite rahmen Reste der barocken Seitenportale. – In der Turm-Kapelle ist eine *Kalvarienberg-Gruppe* aufgestellt: Christus und die Schächer am Kreuz, Maria und Johannes. Der Bronzeguß (um 1500) zeigt durch Verwitterungsspuren, daß die Figuren lange im Freien standen, zuletzt auf den drei Granitpfeilern in der Anlage vor der Kirche, dem ehemaligen Kirchhof; bis 1831 bildeten sie am Nordende der Kirchenallee den Endpunkt des Kreuzwegs, der vom Dom nach St. Georg führte (dort steht seit 1986 eine umstrittene plastische Gruppe von Horst Hellinger – 24 Schiffswrackbleche). – Der *Hl. Georg* mit dem Drachen vor der Kirche ist ein Werk von Gerhard Marcks (1958). – Am Turm steht das einfache *Grabdenkmal für Johann Wilhelm Rautenberg* (1791–1865, seit 1820 Pastor in St. Georg), einen der Gründer der evangelischen ›Inneren Mission‹.

Den dreiseitigen Chorschluß der untergegangenen Kirche hält die darauf ausgerichtete Anlage des Großwohnhauses **St. Georgs Kirchhof 21–25** (1925/26) in Erinnerung – ein schönes Beispiel für den Mietshausbau der zwanziger Jahre.

Zwischen Langer Reihe und Alster

Die **Lange Reihe** war wohl die erste (allerdings nur auf der Westseite) geschlossen bebaute Straße in St. Georg (als Straße 1715 reguliert). Das älteste erhaltene Gebäude ist das Fachwerkhaus **Nr. 61,** das schon 1621 als Gartenhaus entstanden ist (1988/89 erneuert).

1799 wurde das Gelände östlich der Langen Reihe vom Staat zur Bebauung verkauft. Damals wurde – noch ganz traditionell – das Fachwerkgiebelhaus **30–32** gebaut (eingreifend erneuert). Gleichzeitig sind auch einfache klassizistische Wohnhäuser entstanden, von denen nur noch Rudimente erhalten sind (Nr. 50). – Für einen Feuerlöschteich entstand damals der **Greifswalder Platz** (Neugestaltung 1988/89, entworfen von Johann Dietrich Meyer; der Schulneubau nach Entwürfen der Architektengruppe me di um 1987/88).

Die Lange Reihe ist der Kern des Stadtteils. An ihr finden sich in bunter Mischung Häuser aller seiner Entwicklungsstufen, vom Fachwerkhaus des 17. Jh. bis zum Kontorhaus (Fritz Höger baute 1913/14 den **Handelshof,** Lange Reihe 29, und die gleichzeitigen Etagenhäuser an der **Koppel 20–26**), dazwischen gibt es biedermeierliche Bürgerhäuser (**Lange Reihe Nr. 39,** Mitte 19. Jh. – mit Apothekerzeichen St. Georg von Ernst Georg Vivié, das Original steht im Treppenhaus), gründerzeitliche Etagenhäuser (z. B. **Lange Reihe Nr. 21,** – das Geburtshaus von Hans Albers – Gedenktafel) und eine Schule (**Koppel 98,** mit Schulhof und Turnhalle zur Langen Reihe – erbaut 1889/90).

Zwischen Koppel und Langer Reihe sind in der Gründerzeit zahlreiche Terrassen und Passagen entstanden. Ungewöhnlich als gotisierender Backsteinrohbau ist das Etagenhaus **Lange Reihe 92** (Inschrift! – C. H. M. Bauer, 1871). Die spitzbogige Durchfahrt führt auf den tiefen rückwärtigen Teil des Grundstücks mit seiner Terrasse. – Zusätzlich oder statt dessen konnten – wie überall in den Höfen der inneren Stadt – Gewerbehöfe und kleine Fabriken entstehen, so zum Beispiel die frühere Brotfabrik an der **Schmilinskystr. 6,** die seit 1985 durch eine Bewohnergenossenschaft umgebaut wird. Die ehemalige Maschinenfabrik Koppel 66 (1924) dient seit dem Umbau von 1980 (Hanna Kluth) als **Haus des Kunsthandwerks** kunsthandwerklichen Werkstätten.

Stifte gaben dem Stadtteil weithin das Gepräge. Sie wurden hier angesiedelt, als er noch ruhig war. In die Vorzugsgegend zwischen Koppel und Alster wurde 1893 das **August-Heerlein-Stift** (Koppel 17) gebaut, damals für »hiesige unbemittelte christliche Witwen und Jungfrauen aus den gebildeten Gesellschaftskreisen«. Die Zielgruppe macht das eindrucksvolle Gebäude verständlich, entworfen von Ernst Paul Dorn als neugotischer Backsteinbau mit Werksteingliederungen. 1912 fügte Dorn den Gartenflügel an, einen herrenhausartigen Trakt.

Nebenstraßen zwischen Koppel und Alster zeigen noch Spuren biedermeierlichen Charmes; bürgerliche Stadthäuser mit einfachen klassizistischen Putzfassaden stehen an der um 1845 bebauten **Gurlittstraße** (z. B. **Nr. 10**), Putzfassaden des Rundbogenstils an der 1857–60 angelegten und bebauten **Schmilinskystraße** (z. B. **Nr. 26,** erbaut 1857 durch Eduard Averdieck).

Zur Außenalster wendet St. Georg mit der Straße **An der Alster** seine Schauseite. Die Außenalsterkante war im 17. Jh. mit kleinen Bastionen befestigt, nach der Entfestigung seit 1820 wurde daraus eine gerade Uferstraße wie Jungfernstieg und Neuer Jungfernstieg. 1856–58 legte William Lindley in ihrer Verlängerung einen Crescent nach englischem Vorbild an, die halbmondförmige Ausbuchtung an der Einmündung **Lohmühlenstraße.** – 1873–75 wurde die Fahrstraße auf einen künstlich angeschütteten Uferstreifen vorverlegt. Der 1872 zum Oberingenieur berufene Franz Andreas Meyer sorgte so (in Angleichung an die übrigen Außenalsterufer) für einen landschaftlichen, gekurvten Verlauf mit vorgelegten Parkstreifen und -inseln. Das Wechselverhältnis zwischen der strengen, alten Allee und der großzügigen Neuanlage ist bis heute erlebbar.

Schöne Stadthäuser der ersten Hälfte und Mitte des 19. Jh. mit klassizistischen und Rundbogenstilfassaden stehen noch An der Alster, am Crescent-Abschnitt etwa die um 1860 von Jean David Jollasse errichteten Häuser **Nr. 9–10** und **Nr. 12–14.** Das spätklassizistische Haus **Nr. 39** mit seiner dreigeschossigen Dreifensterfront erhielt erst nachträglich die dorische Säulengruppe, die den vorgesetzten Balkon trägt: Mit ihr deklarierte Fritz Schumacher, der das Haus 1914 erworben hatte, Beruf und humanistisches Ethos in einem –

nicht ohne Ironie für einen Architekten und Städtebauer, der sonst den bodenständigen Backsteinbau förderte.

Das **Hauptverwaltungsgebäude der Volksfürsorge** wurde 1930/31 nach Entwürfen von Distel & Grubitz An der Alster 57 erbaut. Erstmals errang damit ein Bau aus dem Umkreis der gewerkschaftlichen Gemeinwirtschaft die noble Lage an der Alster – Manifest der veränderten Herrschaftsverhältnisse der Weimarer Republik. Das moderne Bürohaus war mit Muschelkalk verkleidet und erhielt einen Mitteleingang mit kostbarer Travertinausstattung (seit 1985 allzu weitgehend modernisiert).

Den Eckpfeiler an der Alsterfront St. Georgs bildet das **Atlantic Hotel,** erbaut von einer Berliner Aktiengesellschaft und der Baufirma Boswau & Knauer 1907–09. Für die Entstehungszeit ist die Neorenaissance der Fassaden altmodisch, ein Rückschritt gegenüber der gleichzeitig einsetzenden Reform der Architektur. Der Erfolg spricht für die Anhänglichkeit des bürgerlichen Publikums an die gründerzeitlichen Konventionen gehobenen Lebensstils.

Das Bahnhofsviertel

Abseits der Alster liegt die ehemalige **Klosterschule St. Johannis** am Holzdamm 5. Der trotz romanisierender Sandsteingliederungen karge Backsteinbau (H. D. Hastedt, 1873/74) ist ein Dokument der Bildungsgeschichte der Frauen: Mit ihr schuf das St.-Johannis-Kloster die erste Hamburger Mädchenschule mit weiterführenden Bildungsmöglichkeiten.

Auf der Ostseite des **Holzdamms** stehen die Häuser **39–51** mit schönen, um 1850 im Zusammenhang entstandenen gotisierenden Stadthausfassaden.

Ein verstecktes – und besser auch in Ruhe zu lassendes – Rudiment der Vorstadtvergangenheit St. Georgs ist der **Kattenhof** hinter den Häusern St. Georgstr. 5–7: An dem schmalen, abknickenden Innenhof hat sich eine Fachwerkbebauung in der Art der Hamburger Gängeviertel erhalten, nämlich Budenreihen mit darüberliegenden Sahl-Wohnungen. Die Vorderhäuser sind 1820–24 erbaut worden, die Hofbebauung für Notwohnungen nach dem Großen Brand von 1842.

Die Citybildung hat um 1910 auch St. Georg erfaßt: Das **Bieberhaus** am Hachmannplatz/Ernst-Merck-Str. 9 (Rambatz & Jollasse, 1908–10), zeigt als Stahlbetonskelettbau mit Gerüstfassade und Paternosterfahrstühlen alle Merkmale des Kontorhauses. Die ungewöhnlich weiträumigen Treppenhäuser lassen ahnen, daß es zunächst als Hotel geplant war.

Wie in St. Pauli gab es auch in dieser Vorstadt ein Vergnügungsviertel mit Etablissements, Buden und Zirkus. Das heutige Bahnhofsviertel steht in gewissem Sinne in dieser Tradition – ebenso aber das **Deutsche Schauspielhaus** (Abb. 41) an der Kirchenallee. Sein erhabener Name stand für die Erbauer – eine Aktiengesellschaft – nicht im Widerspruch zu ziemlich populären Programmen; das mag vielleicht erklären, warum es eines der größten Theater in Deutschland ist (1800 Sitzplätze).

Die Wiener Theaterbauspezialisten Ferdinand Fellner und Hermann Helmer haben es 1899/1900 errichtet. Unter ihren fast hundert Theaterbauten entspricht dem Wiener Volkstheater fast wörtlich das Hamburger, 1892–94 hatten sie das Staatstheater in Wiesbaden gebaut; mit ihnen konnte man also in Hamburg bewährte Lieferanten für den Lebensstil in Residenz und Kurbad gewinnen. Daß es ohne feierliche Erhöhung durch Sockel und Freitreppe gewissermaßen platt an der Straße und auf dem Trottoir steht, ist das Ergebnis feuerpolizeilicher Auflagen. Seine Architektur war zur Erbauungszeit schon sehr konventionell. Ein festlicher Dekorationsstil mit Versatzstücken aus Renaissance und Barock sollte das Publikum aus dem Alltag entführen. In die Fassade einbezogen sind Büsten von Goethe und Schiller, Lessing, Kleist, Shakespeare und Grillparzer, bekrönt ist sie durch plastische Gruppen der ernsten und der heiteren Muse (Carl Garbers). Das Innere glänzt nach der 1984 abgeschlossenen Restaurierung wieder in routiniertem Rokoko. Das Hauptdeckengemälde von Carl Marr, München, zeigt den Siegeszug des Apoll und die ihm dargebrachte Huldigung der Hammonia – Kultur kommt nach Hamburg.

Der **Hauptbahnhof** entstand im Rahmen der Neuordnung der Hamburger Bahnverhältnisse 1899–1906: Die bis dahin nur notdürftig miteinander verbundenen, selbständigen Bahnhöfe von Verbindungsbahn, Berliner Bahn, Lübecker Bahn und Hannoverscher Bahn wurden hier zusammengezogen. Für vornehme Gäste und für die Stadtteile rechts der Alster wurde gleichzeitig der Dammtorbahnhof gebaut (s. Rotherbaum). – Dem Hauptbahnhof mußten die 1793–1803 angelegten Friedhöfe der Jakobi- und der St. Georg-Gemeinde an der Kirchenallee weichen.

Für die bauliche Gestaltung wurde 1901/02 ein Wettbewerb durchgeführt. Realisiert wurde 1903–06 ein Entwurf, der aus dem organisatorischen Konzept des Eisenbahningenieurs Ernst Moeller und dem gestalterischen der Berliner Architekten Reinhardt & Süßenguth hervorgegangen ist; demzufolge wurde der im Wallgraben verlaufende Bahnkörper mit einer Glas-Eisen-Halle (Farbabb. 14) überwölbt, deren nördlichstes Joch als Wandelhalle ausgeschieden ist. Nur für diesen nördlichen Teil und die südlichen Ein- und Ausgänge war eine traditionelle architektonische Gestaltung vorgesehen. Allerdings mußten Reinhardt & Süßenguth ihren reichen Jugendstilentwurf aufgeben: Kaiser Wilhelm II., dem die Pläne vorgelegt wurden, fand sie »einfach scheußlich«, da viel zu modern. Er verlangte Renaissanceformen wie am Rathaus. Das Ergebnis wurde trotz oder sogar wegen dieses reaktionären Eingriffs fortschrittlicher als am Anfang geplant. Das kurzlebige Jugendstilexperiment hätte zur Zeit der Fertigstellung des Bahnhofs 1906 schon abgestanden gewirkt – die zurückhaltenden Renaissanceinspirationen innerhalb der ausgeführten Stein-

Gedenkblatt zur Einweihung des Hamburger Hauptbahnhofs 1906 mit Kaiser Wilhelm II., den Architekten und dem Hamburger Senat

architektur hingegen verschwinden hinter dem von grauem Naturstein in rauher Oberflächenbearbeitung bestimmten Gesamteindruck, der sich wiederum der mächtigen Ingenieurform der Bahnsteighalle nicht über-, sondern zwanglos zuordnet. 1914 erschien der Bau im Jahrbuch des Deutschen Werkbundes als Muster moderner Zweckarchitektur. – Der Querschnitt der Halle mit Dreigelenkbindern in Tudorbogenform – sie hat 73 m Spannweite – und niedrigen Seitenschiffen ist ein Zitat der Halle des Machines der Pariser Weltausstellung von 1889.

Durch Kriegszerstörungen und Abnutzung ramponiert, wird der Hauptbahnhof seit einigen Jahren instand gesetzt, zum Teil abgetragen und rekonstruiert. Es ist zu hoffen, daß das expressionistische Schmuckstück des *Blumenladens Holthusen* wieder eingebaut wird: 1925 war er mit grün-ockerfarbiger, zum Teil vergoldeter Majolikaverkleidung ausgestattet worden (entworfen vom Inhaber selbst, dem Gartenarchitekten Karl Löther, die Beleuchtungskörper von dem Silberschmied Otto Stüber). Dem Umbau mußte er vorläufig weichen.

Die Etagenhausviertel östlich der Kirchenallee entstanden in der Gründerzeit als großangelegtes Spekulationsunternehmen der Hanseatischen Baugesellschaft. Sie erschloß und bebaute seit 1873 den alten Zimmerplatz des Zimmereramtes. In der Mitte entstanden der **Hansaplatz** und ein Brunnen mit hohem Aufbau, flankiert von Ansgar und Adolf III., den Kaisern Konstantin und Karl, bekrönt von einer ›Hansa‹ – das sollte die Gegend attraktiv genug machen, um durch hohe Mieten die Investition rentabel zu gestalten. Der **Hansa-Brunnen** von 1878 wurde von den Berliner Architekten Kayser & v. Großheim entworfen; die Plastiken schuf Engelbert Peiffer, der zugleich als Miteigentümer und Manager der Hanseatischen Baugesellschaft seine Geschäftstüchtigkeit bewies.

Wo der Krieg Lücken hinterlassen hat, ist an Hansaplatz, Baumeisterstraße und Kirchenweg vorbildlicher sozialer Wohnungsbau entstanden (Nietz, Prasch, Sigl, 1980–82).

Die alten Straßen in St. Georg haben sich sehr unterschiedlich entwickelt: Der **Steindamm** als 1536 erstmals gepflasterter Teil der ost-westlichen Landstraße, deren Kreuzung mit der Alster Hamburg seine Lagegunst verdankt (fortgesetzt durch Steinstraße, Alten und Neuen Steinweg), ist im Ostteil jetzt bestimmt durch Bürohochhäuser der sechziger Jahre, wurde aber schon in der Gründerzeit vom Hansaplatz her überformt (Etagenhäuser, u. a. Steindamm 1, Hallier & Fittschen, 1875). – Auch das Eckhaus zur Kirchenallee und damit der Angelpunkt dieses Teils von St. Georg war ein Etagenhaus. 1926 entstand daraus durch Aufstockung und Klinkerverkleidung unter dem Eindruck der damals aktuellen Hochhausdebatte das **Klockmannhaus** (Klophaus & Schoch).

Alleen, Besenbinderhof und Tore

Südlich vom Steintorplatz dehnt sich der weite Freiraum zwischen Adenauer- und Kurt-Schumacher-Allee (mit dem **ZOB** – dem Zentralen Omnibusbahnhof einschließlich eines Rundbunkers ›System Zombeck‹ von 1940). Diese Alleen wurden 1652 zur Verschönerung der Gegend und als Spaziergangsmöglichkeit für die Hamburger angelegt. Dort gab es Spielbahnen für ›palla al maglio‹ wie an der Altonaer Palmaille (s. Altona, Altstadt).

Ergänzt man sich die Umwandlung der Wälle in Parkanlagen, so kann man sich vorstellen, wie das heutige **Museum für Kunst und Gewerbe** sich nach seiner Erbauung wie ein Schloß in parkartiger Umgebung erhob, ähnlich wie heute noch das Museum für Hamburgische Geschichte als sein westliches Pendant – jetzt ist es vom Verkehr umfaßt und durch ihn isoliert. Als es 1874–76 errichtet wurde, nahm es die Realschule des Johanneums sowie die allgemeine Gewerbeschule auf und ihr zugeordnet eben das Museum für Kunstgewerbe, weiterhin die Schule für Bauhandwerker, dazu die botanischen und völkerkundlichen Sammlungen. Alle haben später eigene Häuser erhalten, bis das Museum für Kunst und Gewerbe allein zurückblieb.

Sein äußeres Erscheinungsbild in Renaissanceformen und mit Werksteingliederungen drückt die idealen Zwecke aus, für die es bestimmt war. Der Leiter des Hamburger Hochbauwesens in der Gründerzeit, Carl Johann Christian Zimmermann, hatte hier eine der wenigen Gelegenheiten, wo er nicht nur mit sparsamsten Mitteln Zweckbauten errichten durfte. – Im südlichen Innenhof wurde die säulengeschmückte Fassade eines Bürgerhauses von 1619 eingebaut, des *Kaiserhofes,* der 1873 am Neß einer Bank Platz machen mußte. Im nördlichen Innenhof wurde 1985/86 ein *Saalbau* errichtet (Schrader, Weydemann), der die Innendekoration des 1980 abgerissenen Musiksaals des ›Budge-Palais‹ (s. Rotherbaum, Badestraße bis Pöseldorf) aufgenommen hat. Dieser war dort 1909 entstanden – damals altmodisch-konventionell mit seinen opulenten Renaissance- und Barockformen.

Die biedermeierliche Atmosphäre St. Georgs vor Aufhebung der Torsperre vergegenwärtigt noch das klassizistische **Nachtwächterhaus,** das – nach Entwürfen Carl Ludwig Wimmels – 1819 an der heutigen Adenauerallee 70 erbaut worden ist, ein einfacher Putzbau mit Rundbogenarkaden (als Gaststätte umgebaut).

Am **Besenbinderhof** verläuft die Geesthangkante, südlich davon liegt die Elbmarsch, deren zum Stadtteil gehörender Bereich das trostlose Schicksal von Hammerbrook teilt (s. dort). Die Kante selbst war einst eine der beliebtesten Sommerhausgegenden: Vom Besenbinderhof bis weit nach Hamm hinaus zogen sich die Garten- und Sommerhäuser der Hamburger Bürger im 18. Jh.

Gerade hier entstanden die Großbauten der Arbeiterbewegung: Das **Gewerkschaftshaus** Besenbinderhof 56–66 wurde zwischen 1903 und 1913 in mehreren Abschnitten als Hamburger Hauptquartier des Allgemeinen Deutschen Gewerkschaftsbundes (ADGB) erbaut, zunächst nach Entwürfen von Heinrich Krug, 1912/13 von Wilhelm Schröder. Seine am 1906 fertiggestellten rechten Teil überladene, aus wertvollen Natursteinen mit reichlich Jugendstildekor entwickelte Fassade fand nicht nur Zustimmung. Man wird ihr wohl am ehesten gerecht, wenn man darin den Versuch anerkennt, dem Haus ein festliches Erscheinungsbild zu geben, vor allem aber auch die Kontorhäuser der City gestalterisch zu übertreffen, handelte es sich hier doch nach August Bebels Einweihungsrede um eine »geistige Waffenschmiede der deutschen Arbeiterbewegung«. Der jüngere Teil ist demgegenüber deutlich vereinfacht, gleichwohl wirkt er monumentaler. – Das ehemalige Hauptverwaltungsgebäude der **GEG,** der **Großeinkaufsgesellschaft Deutscher Konsumvereine,** Besenbinderhof 52, wurde 1906/07 erbaut (Heinrich Krug). Romanisierende Formen geben dem Bürohaus imperiales Pathos.

In den zwanziger Jahren wurde in Ergänzung zum Besenbinderhof das Arbeiterhotel **Deutsche Heimstätte** am Nagelsweg 10–14 errichtet, ein traditionalistischer Klinkerblock (Wilhelm Schröder, 1926). Gleich daneben entstand dann das **Frauenwohnheim des ADGB** am Nagelsweg 16 (Distel & Grubitz, 1927/28); in der Woh-

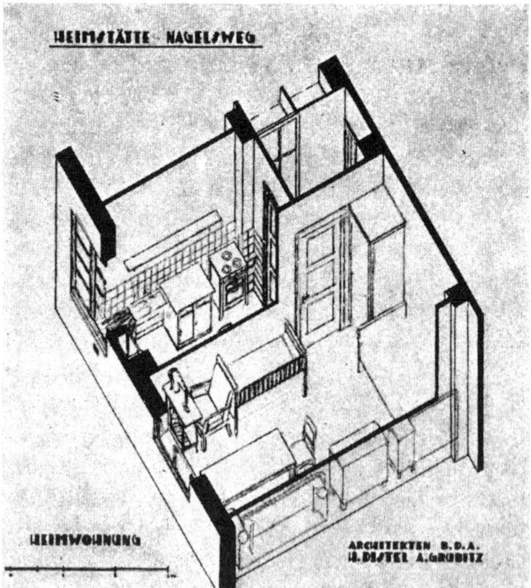

Eine Wohnung im ehemaligen Frauenwohnheim des ADGB, 1929

nungsnot der zwanziger Jahre sollte es den besonders benachteiligten berufstätigen Frauen Wohnungen mit Gemeinschaftseinrichtungen bieten.

Dazwischen wurde 1915–26 das **Staatliche Gesundheitsamt,** Besenbinderhof 41, erbaut (Hermann Höger). Die enggestellte Stützenreihe der Fassade (über dem sockelartigen Erdgeschoß) hat ihren überhöhten Mittelteil eingebüßt; sie übernimmt die Formen des Kontorhausviertels.

Das **Fernmeldeamt,** Nagelsweg 1, war einmal ein bemerkenswerter Bau der zwanziger Jahre, es hat durch den Krieg sein Gesicht verloren. Das Portal ist beim Wiederaufbau von der zerstörten **Stadtpost** (Alexis de Chateauneuf, 1831/32) am Neuen Wall übernommen worden.

Neubauten der fünfziger Jahre für **Arbeitsamt, Wohnungsbaukreditanstalt, SPD** (W. Sottorf und W. Richter, 1956/57 – schönes Treppenhaus an der Rückseite) und ein Kaufhaus, erbaut 1956/57 Beim Strohhause 2 für die **Pro** (Schramm & Elingius – ›Produktion‹ hieß die Hamburger Konsum-Genossenschaft) vervollständigen die Zeile von Großbauten an der Geestkante von St. Georg.

Berliner Tor und **Lübecker Tor** erinnern im Osten des Stadtteils noch an die alten Fernverbindungen Hamburgs vor dem Eisen- und Autobahnzeitalter. In die ausgedehnten Flächen des ehemaligen **Neuen Werks,** des seit 1820 abgetragenen St. Georger Walles von 1679–81, sind zahlreiche öffentliche Gebäude verlegt worden, zunächst das Allgemeine Krankenhaus (s. unten). – Von den Alleen her ist heute der dominierende östliche Eckpfeiler des Stadtteils, der diesen Bereich einleitet, das Hochhaus des **Polizeipräsidiums,** Beim Strohhause 31 – eines der programmatischen Hochhäuser der Nachkriegsmoderne in Hamburg, erbaut nach Entwürfen von Hans Atmer und Jürgen Marlow zusammen mit Conrad Holthey, Harro Freese und Egon Jux 1958–66; inspiriert durch Le Corbusier, steigt der Skelettbau aus breit gelagerten Flachbauten auf; das frei davor hängende Lamellengitter mußte nach Korrosionsschäden vereinfacht werden.

Östlich davon ist – wiederhergestellt nach schweren Kriegsschäden – eine Gruppe von Staatsbauten Fritz Schumachers erhalten: Die **Feuerwache Berliner Tor,** Westphalensweg 1, wurde 1914–22 gebaut. – Das **Klostergymnasium** (ehemaliges Lyzeum) Lübeckertorfeld (Westphalensweg 7, 1919–22) bezog sich auf die axial dazu stehende **Handelsschule,** Lübeckertordamm 2 (erbaut 1918–21); die Neubauten der Fachhochschule aus den sechziger und siebziger Jahren haben sich dazwischengeschoben. – Schumachers Hauptgebäude der Technischen Staatslehranstalten, die heutige **Fachhochschule Hamburg,** Berliner Tor 21, 1910–22 erbaut, ist seit dem Zweiten Weltkrieg nur verstümmelt erhalten. Dennoch vermitteln Hauptfront und Eingangshalle noch etwas vom Pathos des im Range wichtigsten Bildungsbauwerks, das Fritz Schumacher in Hamburg schuf (neben Johanneum und Kunstgewerbeschule). Die weibliche Allegorie des Ingenieurwesens und im Inneren Figuren der ›gebundenen und ungebundenen Naturgewalten‹ stammen von Richard Luksch.

Das **Allgemeine Krankenhaus St. Georg** war zeitweise das größte und modernste Krankenhaus Europas; Carl Ludwig Wimmel hat es 1821–23 erbaut. Das monumentale Gebäude für tausend Kranke – seine Front an der Lohmühlenstraße reichte von der Barcastraße bis fast zum Lübeckertordamm – war nach dem Korridorsystem angelegt. Unter dem Eindruck der Reform des Krankenhausbaus – verwirklicht im Eppendorfer Krankenhaus – wurde es 1898–1912 in fünf Teilgebäude aufgelöst und so dem Pavillonsystem angenähert; seitdem sind Ergänzungs- und Umbauten vorgenommen worden. Die jüngsten halten sich an ein Konzept, das seit 1955 die Beseitigung des klassizistischen Krankenhauses vorsieht.

Noch einmal zurück in den Stadtteil: Das **Amalienstift,** Stiftstr. 65, wurde durch Amalie Sieveking begründet (die Schöpferin des evangelischen Diakonissenwesens, eine der Hauptgestalten der hamburgischen Erweckungsbewegung). Der zweigeschossige Backsteinbau mit Fachwerkabschnitten entstand 1839/40 nach Entwürfen von Alexis de Chateauneuf und steht innerhalb seines Werkes als einer seiner rationalistischen Zweckbauten. Als der Bauteil von 1892 entstand, war bei Stiften der Backsteinrohbau längst Konvention. Der Bauabschnitt von 1914 wendet sich der heimatlichen Bauweise zu. – Das **Hartwig-Hesse-Stift,** Alexanderstr. 27, wurde schon 1824 angelegt; seine beiden Budenreihen sind im Krieg zerstört und durch Neubauten ersetzt worden, die aber noch das alte Anlageprinzip bewahren. – Das **Pauline-Mariannen-Stift,** Brennerstr. 79, von 1873 ist ein einfacher Backsteinrohbau mit Lisenenrahmengliederung, noch ganz im sachlichen Stil der Jahrhundertmitte.

Als erste seit der Reformation für den katholischen Gottesdienst erbaute Kirche in Hamburg entstand 1890–93 **St. Marien** an der Danziger Straße nach Plänen des Paderborner Diözesanbaurats Arnold Güldenpfennig. Ihre Doppelturmfassade und die romanischen Formen unterscheiden die Backsteinkirche von den gleichzeitigen evangelischen Neubauten in Hamburg, wie übrigens auch von den sonst meist neugotischen Werken Güldenpfennigs (Inneres verändert).

Klostertor

Der Stadtteil entstand durch die Bezirkseinteilung von 1949. Er wurde benannt nach dem 1853 angelegten **Klostertor,** das seinerseits seinen Namen vom St. Johannis-Kloster herleitete (das seit 1839 am Klosterwall lag). Sein westlicher Teil umfaßt den Oberhafen und den Baakenhafen. Die östliche Hälfte bis zum Nagelsweg gehört zum Hammerbrook, der ehemals sumpfigen Marschniederung zwischen Geestrand und Bille unterhalb von St. Georg, Hamm und Horn. An ihm haben auch diese Stadtteile sowie Borgfelde Anteil. Zusammen mit dem Stadtteil Hammerbrook gehört Klostertor seit jeher zu Hamburg. Beide waren seit 1830 Teile der Vorstadt St. Georg.

Das **Postamt Hühnerposten** wurde 1902–05 als dem Hauptbahnhof zugeordnetes Bahnpostamt erbaut (Postbaurat Schuppan). Ursprünglich war es – durch Wilhelm II. (im Gegensatz zum Jugendstil-Hauptbahnhof) ausdrücklich gutgeheißen – im Stil märkischer Spätgotik gestaltet. Ein Um- und Ausbau 1923–27 (Postbaurat Thieme) glich es dem hamburgischen Kontorhausstil an durch die Betonung der vertikalen Gliederung und neue Staffelgeschosse. Nach dem Zweiten Weltkrieg wurde die ursprünglich expressionistisch ›zackige‹ Silhouette vereinfacht.

Im Winkel zwischen Innenstadt und St. Georg erinnert der **Münzplatz** daran, daß hier eine neue Münze errichtet wurde, als Hamburg nach der Gründung des Kaiserreichs seine eigene Währung verlor. – Das Haus **Münzplatz 11** (J. H. M. Brekelbaum, 1886) ist eines der wenigen Beispiele für die Anwendung des Backsteinrohbaus der Hannoverschen Schule im repräsentativen Wohnhausbau. – An der **Rosenallee 11** ist ein charakteristisches Beispiel für die einfachen Volksschulhäuser erhalten, mit denen Hamburg in den 1870er und 1880er Jahren ausgestattet wurde (Backsteinrohbau, 1882/83). – Das Haus **Spaldingstr. 41/45/Repsoldstr. 42–46** (Hallier & Fittschen, 1886/87) hat eine der aufwendigsten Hinterhofbebauungen (mit Terrassenflügeln und Werkstattgebäude sowie eindrucksvoller Einfahrt). – Alle diese Häuser gehören in die Zeit des Zollanschlusses: Damals wurde der Hammerbrook dicht bebaut (s. unten).

Beidseits der 1899–1906 hergestellten Eisenbahnanlagen gehörten Teile des Deichtormarkts zum heutigen Klostertor, so der ›Fruchtschuppen‹ am Stadtdeich (1911–13 für den Südfrüchtegroßmarkt erbaut, im Krieg zerstört). An ihn erinnert das Kontorhaus **Fruchthof,** Oberhafenstr. 1 (Claus Meyer, 1910/11 – nur rudimentär erhalten). – Von hier aus führt die **Oberhafenbrücke** zum Hafenteil von Klostertor. Sie wurde 1902–04 zweigeschossig für Straße und Eisenbahn konstruiert. Der Gitterfachwerkbalken mit Jugendstilgeländern war ursprünglich auf dem mittleren Pfeiler drehbar gelagert.

Der **Hammerbrook** wird zur Elbe hin seit dem 13./14. Jh. durch den Stadtdeich geschützt. Nachdem ein Spekulantenkonsortium die Fläche übernommen und William Lindley dafür einen

Straßenplan entworfen hatte, wurde seit 1842 die Entwässerung und die Aufschüttung eingeleitet (wozu Schutt aus der 1842 abgebrannten Innenstadt diente). Ein rechtwinkliges System von Straßen und Kanälen entstand, das die Zuordnung von Straße und Fleet aus der Altstadt schematisiert übernahm. Der **Mittelkanal** – seit 1980 neu gestaltet und jetzt eher ein stilles Wasser mit geruhsamen Spazierwegen – war die Hauptverkehrsader im Gewässersystem und die Achse des neuen Viertels, gesäumt von Alleen; an den Nebenkanälen siedelten sich Gewerbe und Industrie an. Nach 1881 entstand hier eines der dichtesten Etagenhausquartiere mit engen und hohen Hinterhofbebauungen (hierher zogen viele der vom Freihafen verdrängten Menschen).

Klostertor und Hammerbrook gehören zu den von hier aus nach Osten in die Elbmarsch reichenden Stadtteilen, die – neben Barmbek, Hamm und Horn – unter den Zerstörungen des Zweiten Weltkrieges am schwersten gelitten haben: Der ›Feuersturm‹ des Juli 1943 hat fast die gesamte Bebauung vernichtet. Mit den Trümmern wurden viele Kanäle zugeschüttet und das Gelände aufgehöht. Nur einige Gewerbebauten haben den Krieg überstanden oder sind seitdem neu errichtet worden – gestalterisch mit zunehmendem Anspruch übrigens.

Mit der Erschließung des Hammerbrook steht die **Hammerbrookschleuse** (Abb. 43) im unmittelbaren Zusammenhang. Sie schließt den Schleusenkanal als Fortsetzung des Mittelkanals zur Elbe ab. Schiffahrt findet nicht mehr statt, die Regelung des Wasserstandes leistet eine moderne Schleuse, die die älteste Hammerbrookschleuse von 1844 ersetzt hat. Dahinter liegt aber noch, als technisches Kulturdenkmal konserviert, ein Neubau von 1865/66, den Johann Hermann Maack konstruiert hat. Der vielseitige Wasserbaukondukteur (von 1838 bis zu seinem Tode 1868 in der Baudeputation) war imstande, die reizvollsten Brückengestaltungen zu entwerfen (Lombardsbrücke) und zugleich innovative Ingenieurleistungen zu ersinnen. Denn die Hammerbrookschleuse ist ungewöhnlich, ja einzigartig konstruiert: Der Verschluß des Schleusenbeckens wird durch ein Tor bewirkt, das sich um eine in der Mitte des Beckens stehende Achse dreht und als schwimmender Hohlkörper ausgebildet ist (es übt dadurch auf die Achse nur ein geringes Gewicht aus). Durch das Öffnen von Klappen wird der unterschiedliche Wasserstand ausgeglichen und außerdem für die Bewegung des Tores genutzt.

An der Banksstraße wurden 1956–62 auf Grund eines 1954 durchgeführten Wettbewerbs durch eine Planungsgemeinschaft der Architekten Bernhard Hermkes und Gerhard Becker, Gottfried Schramm und Jürgen Elingius die großen neuen **Großmarkthallen** mit 40000 qm Fläche errichtet, die an die Stelle des Deichtormarktes traten (s. Innenstadt, Deichtor-Markthallen). In Schalenbauweise über Bogenbindern symbolisieren die Hallen drei Wellen, die je durchlaufenden Fensterbänder deren Schaumkronen.

Die Insel des **Baakenhafens** entstand durch die Verbindung des abgetrennten östlichen Grasbrooks mit der Insel Baakenwerder um 1870. Dort lag seit dem 17. Jh. südlich von der Bastion Ericus die vorgeschobene Schanze ›Leopoldus‹. Seit der Entfestigung entwickelten sich hier Verkehrs- und Hafenanlagen sowie Fabriken (seit 1836 die Stockfabrik von Heinrich Christian Meyer, woran die **Stockmeyerstraße** erinnert).

Bevor 1899–1906 die Hamburger Eisenbahnverhältnisse neu geordnet wurden, gab es in Klostertor und Hammerbrook die nur schlecht und recht miteinander verbundenen Endbahnhöfe dreier Hauptlinien, den seit 1841 entstandenen ›Berliner Bahnhof‹ (Reste von Nebengebäuden am Högerdamm), den ›Lübecker Bahnhof‹ (seit 1863, er lag zwischen Norder- und Spaldingstraße) und den **Hannoverschen Bahnhof** (am Lohseplatz, seit 1906 Güterbahnhof). Letzterer war seit der 1868–72 eingerichteten Eisenbahnverbindung über die Elbe nach Harburg und damit nach Hannover Hamburgs Tor zum Süden, was sich in Namen wie ›Venloer Bahnhof‹, ja ›Pariser Bahnhof‹ ausdrückte. Türme und Bogen stilisierten das Empfangsgebäude ganz in der Art eines Stadttors.

Sie wurden erst in den letzten Jahren beseitigt. 1941–44 war das der Bahnhof, von dem die Deportation der Hamburger Juden in die Vernichtungslager ausging.

Durch den Güterbahnhof verläuft die Zollgrenze zum Freihafen, der den Baakenhafen und den westlichen Rand der Insel erfaßt. Der **Kaispeicher B** steht dort auf ihrer Westecke. Er wurde 1878/79 als Silospeicher erbaut, also vor dem Zollanschluß (Hanssen & Meerwein); Vorbehalte der Nutzer gegenüber der neuartigen Speicherform führten zum Umbau als traditioneller Bodenspeicher 1884. Er ist in der Speichertradition als Backsteinrohbau und neugotisch in der Konvention der Hannoverschen Schule gestaltet wie dann auch die Speicherstadt (s. Innenstadt, Speicherstadt). – Der **Speicher** daneben an der **Magdeburger Straße** – ein sachlich-moderner Neubau um 1960 – erhielt 1986/87 Kontorgeschosse aufgesetzt (E. Ulrich Arndt). Ironisch spielen deren Giebelmotive auf die Speicherbauten in der Nähe an. – Der zweigeschossige **Schuppen 24** am Versmannkai wurde 1928 für den Import von Südfrüchten erbaut.

Die erste Brücke über die Norderelbe diente der Eisenbahn. Sie wurde 1868–72 erbaut und hatte die nach ihrem Konstrukteur benannten ›Lohse'schen Träger‹, die später von der östlich folgenden Neuen Elbbrücke übernommen wurden (s. Rothenburgsort). Die **Eisenbahn-Elbbrücke** wurde 1926/27 mit einem neuen, anders konstruierten Oberbau versehen, der dem Vorbild der 1914–26 errichteten **Freihafen-Elbbrükke** folgte.

Hammerbrook

Der Stadtteil Hammerbrook ist nur ein Teil der Marschgebiete, die ursprünglich diesen Namen trugen. Seit 1842 ist er durch die Spekulation bebaut und im Zweiten Weltkrieg großflächig zerstört worden (s. Klostertor).

An den Mittelkanal wurde 1985 das **Denkmal für Heinrich Christian Meyer** versetzt (Südufer zwischen Amsinckstraße und Nagelsweg). Es ist 1854 am Klostertor enthüllt worden und hat mehrfach seinen Standort gewechselt. – Meyer (1797–1848) galt als Muster eines modernen Fabrikanten. Aus kleinen Verhältnissen hervorgegangen, gründete er 1836 auf der ehemaligen Schanze ›Leopoldus‹ eine Stock- und Schirmfabrik, die ihm den Namen ›Stockmeyer‹ und ein großes Vermögen einbrachte. – Das Denkmal ist von Meyers Freunden gestiftet worden, als Obelisk der Form nach an das Büsch-Denkmal gemahnend (s. Rotherbaum, zwischen Dammtor und Fontenay), wohl mit Bedacht. Wie jener sollte auch Meyer als Vorbild seinen Mitbürgern vor Augen gestellt werden; und das war nötig: Meyers Ruf hatte erheblich unter der Hammerbrook-Spekulation gelitten, die er maßgeblich mitfinanziert hatte.

Die **S-Bahn-Haltestelle Hammerbrook** wurde 1978–83 im Zug der S-Bahnlinie Hamburg – Harburg errichtet (Schramm, Pempelfort, von Bassewitz, Hupertz). Sie ist selbst wie ein zu schneller Fahrt bereiter Zug gestaltet (Abb. 42).

Einer der repräsentativsten Firmenbauten der Nachkriegszeit in Hamburg ist das **Philips-Verwaltungsgebäude,** Hammerbrookstr. 69/Wendenstr. 1 (Paul Jeckel, 1963–65, Hochhaus über Basement, frei schwingende Treppe in der Eingangshalle).

Die Ostgrenze der Hammerbrookerschließung verläuft entlang dem **Heidenkampsweg.** Dessen gerade Führung folgt dem ›Retranchement‹, einer Festungslinie, die das St. Georger Neue Werk 1679 durch die Marsch hindurch fortsetzte (und insofern ist der Heidenkampsweg barock).

Von den überwiegend gewerblichen Bauten in diesem Bereich haben einige den Zweiten Weltkrieg überlebt, vor allem ein Werk Fritz Högers, das Geschäftshaus **Leder-Schüler,** Heidenkampsweg 32, erbaut 1927/28. Die enggestellten Lisenen des Skelettbaus nach dem Muster der Kontorhäuser endeten ursprünglich frei und gaben mit ihrem zur Mitte hin gestuften Abschluß dem Gebäude eine expressionistische Krone.

Der äußere Hammerbrook östlich vom Hochwasserbassin wurde seit 1884 systematisch für die

Erbauung erschlossen. Auch dort hat nur wenig den Zweiten Weltkrieg überstanden – so etwa die Mietfabrik **Industriehof,** Hammerbrookstr. 93 (Albert Lindhorst, 1906 – Stahlbetonskelettbau mit Backsteinverkleidung). – An Bullerdeich und Anton-Ree-Weg steht noch eines der ersten Großkraftwerke Hamburgs, die 1899–1901 erbaute **Zentralstation der Hamburgischen Electricitäts-Werke HEW,** ein Backsteinrohbau wie schon das Kraftwerk an der Karolinenstraße (s. St. Pauli, Karoline); es sollte den Hafen und das Industrieviertel mit Strom versorgen. – Die **Brükke** des Ausschläger Wegs über den **Süderkanal** (1912/13) trägt auf einem Pfeiler eine Muschelkalkplastik der ›Arbeit‹ (der bis zum Krieg eine ›Ruhe‹ entsprach, Alfred Hoffmann), Symbol für die Funktion des Stadtteils als Industrie- und Arbeiterviertel.

Die **Gewerbeschule Wendenstr. 268** wurde 1911–13 als eine der ersten von Fritz Schumachers Hamburger Volksschulen (damals Teutonenstraße) erbaut. Die schöne Dächergruppe fiel dem Krieg zum Opfer. – Die **Handelsschule Wendenstraße 164–166** wurde 1929/30 ebenfalls als Volksschule erbaut. Wie vielfach bei Schumachers Schulbauten um 1930 ist das Hauptmotiv der verglaste Treppenturm.

Borgfelde

Das ›Borgfeld‹ auf der Geest zwischen Hamm und Horn, südlich von Hohenfelde, unterstand seit dem Mittelalter Hamburg. Seit der Anlage des Neuen Werks vor St. Georg 1679–81 wurde es als Glacis freigehalten. 1871 wurde Borgfelde Vorort, 1894 Stadtteil. Der seit 1884 erschlossene äußere Hammerbrook wurde ihm zugeschlagen, soweit er angrenzte. Heute reicht der Stadtteil vom Berliner Tor bis zum Grevenweg und von der Lübecker Bahn bis zum Mittelkanal.

Borgfelde war bis zum Zweiten Weltkrieg ein dicht bebauter Stadtteil geworden, sowohl mit Villen und Stadthausquartieren im Alstereinzugsbereich (Kuhmühlenteich) als auch dichtbesiedelten Massenwohnquartieren im Hammerbrook. Er ist von den Zerstörungen des Krieges, insbesondere von den Juli-Angriffen 1943, dem ›Feuersturm‹, schwer betroffen worden, so daß weithin nur Spuren von der alten Wohnbebauung künden. Nachkriegswohnungsbau bestimmt das Stadtbild; unprätentiöse Zeilenbauten öffnen sich Luft, Licht und Sonne.

Die Straße **Bürgerweide** weist mit ihrem Namen darauf hin, daß es sich um öffentlichen Grund handelte. Aus ihm wurde zahlreichen Stiften Baugrund angewiesen, die im Laufe der 1870er und 1880er Jahre die zur Geschäftsstadt werdende Innenstadt verließen oder auch neu gegründet wurden. Das **Alida-Schmidt-Stift,** Bürgerweide 23 (Albert Rosengarten, 1874/75), wurde von seiner Stifterin Ida Schmidt errichtet zum Gedächtnis für ihre jung verstorbene Tochter Alida und als Wohnhaus für »hilfsbedürftige, unbescholtene Witwen und Jungfrauen christlicher Konfession«. Der graugelbe Backsteinbau mit Kleinwohnungen ist als Vierflügelanlage mit zentral gelegenem Treppentrakt entwickelt. – Das **Hiobs-Hospital,** Bürgerweide 25 (Semper & Krutisch, 1883/84), ist ebenfalls eine Vierflügelanlage mit Kleinwohnungen. Die allerdings vereinfachte äußere Erscheinung – roter Backstein mit Werksteingliederungen – weckt Erinnerungen an Schlösser und Rathäuser der deutschen und der niederländischen Renaissance. – Das **St. Gertrud-Stift,** Bürgerweide 41–45 (Backsteinrohbauten in vier Hauseinheiten, Peter von der Heyde, 1882–84), organisiert zwar seine Kleinwohnungen als Vierspänner – also wie häufig im Spekulationsbau –, stellt die Häuser aber frei, die Vorzüge der Villa mit dem Typus des Kleinwohnungs-Großhauses verschmelzend.

In diesen sozialen Kontext des Stadtteils gehört auch noch die Errichtung des expressionistischen Klinkerbaus der **Allgemeinen Ortskrankenkasse,** Bethesdastr. 40, eines der anspruchsvollsten Gebäude seiner Architekten Distel & Grubitz von 1924/25, mit plastischem Schmuck von Ludwig Kunstmann.

Heute von den Hauptstraßen abgewandt und deshalb kaum bekannt ist ein Bauwerk, das Hamburgs bedeutende Rolle in der Gewerkschaftsbewegung – neben den Bauten am Besenbinderhof (s. St. Georg, Besenbinderhof) – dokumentiert: Das 1910/11 erbaute **Haus des Allgemeinen Deutschen Bauarbeiterverbandes,** heute Teil der Verwaltungsgebäude der DGB-Gewerkschaft Bau, Steine, Erden an der Wallstr. 1/Claus-Groth-Str. 1. Seine Pfeilergliederung knüpft an das Hamburger Kontorhaus an. Architekt war Albert H. W. Krüger. Auf seinen Vorschlag wurde keine repräsentative Werksteinfassade errichtet, sondern ein Backsteinrohbau, »der den Maurern Gelegenheit gab, die Leistungsfähigkeit des Maurerhandwerks darzutun und in angemessener Weise auf die Auftraggeber hinwies«.

An die Stelle eines neuromanischen Backstein-Zentralbaus, der im ›Feuersturm‹ ausgebrannt war (Georg Thielen, 1901–03), entstand 1952/53 die ev.-luth. **Erlöser-Kirche** (Jungestraße) als ein einfaches Backsteinhaus, innen mit Seitenschiffen und Chorbogen traditionell angelegt (Henry Schlote und Friedrich R. Ostermeyer).

Hamm

Das Dorf Hamm gab drei Stadtteilen den Namen: **Hamm-Nord** zwischen Lübecker Bahn und Hammer Landstraße auf der Geest, **Hamm-Mitte** im Hammerbrook bis zum Mittelkanal und **Hamm-Süd** von dort bis zur Bille. Es lag nördlich der Dreifaltigkeitskirche am Horner Weg und wurde 1256 erstmals erwähnt. Damals gelangte es in Hamburger Pachtbesitz, seit 1358 gehörte es endgültig zu Hamburg. 1375 wurde die ›Landwehr‹ (dem heutigen Straßenzug dieses Namens folgend) als Verteidigungswerk angelegt. Das gehört zu den umfangreichen Maßnahmen Hamburgs im 14. und 15. Jh., von Neuwerk bis Bergedorf Verkehr und Handel in seiner Umgebung zu sichern. – Seit dem 16. und 17. Jh. hatten sich auch hier Hamburger Bürger angekauft; am Ende des 18. Jh. gab es eine fast geschlossene Reihe von Land- und Sommerhäusern entlang der Geestkante von Hamburg bis Hamm. – 1871 wurde Hamm Vorort, 1894 Stadtteil. Es gehörte am Ende des Zweiten Weltkrieges zu den schwerstzerstörten Stadtteilen Hamburgs.

1683 erhielt Hamm eine eigene Kirche, wohl nicht zuletzt für die Bedürfnisse der hier zeitweise lebenden Stadtbürger. Nur der Friedhof ist erhalten. Die Kirche fiel dem ›Feuersturm‹ vom Juli 1943 zum Opfer. An ihrer Stelle steht die ev.-luth. **Dreifaltigkeitskirche,** ein damals als ›hypermodern‹ gelobter und umstrittener Neubau von 1956/57, »der modernste Kirchenbau der fünfziger Jahre in Hamburg« (Christoph Timm), 1953–56 entworfen von Reinhard Riemerschmid (München). Stahlbeton, gelber Klinker, Glas und Metall – die Materialien in dieser Kombination sind die Signatur der fünfziger Jahre in Hamburg. Die unkonventionelle Gestaltung ließ damals an einen Sendemast und andere Zweckbauten denken – aber der gelängt-ovale Grundriß des Kirchengebäudes meint ein ›Omega‹, dessen Basislinie die breite Westfront trägt; der Aufriß des Turmes ergänzt das ›Alpha‹ der Offenbarung Johannis – Symbole der Erlösungshoffnung unter dem Eindruck des apokalyptischen Bombenkrieges. – Stahlbetonbinder gliedern den Kirchenraum jochweise; nach Osten steigt die Decke stark an und gibt so dem Altarraum als Ziel des Andachtsraums sakrale Wirkung (Bronzerelief am Altar von Fritz Fleer, Dreifaltigkeit an der Ostwand von Helmut Amann 1961/62); nach Norden öffnet sich die Taufkapelle (Fenster von Klaus Wallner). – Auf dem Vorplatz steht als Überrest der alten Kirche ein steinerner Opferstock.

Der die Kirche umgebende **Friedhof** (geschlossen 1899) erinnert mit Grabsteinen und Grüften an die alte ortsansässige Bevölkerung, an Hamburger Stadtbürger und an Pastoren der Kirche. Hier ist Johann Hinrich Wichern beigesetzt (1808–81), der Pionier der evangelischen Inneren Mission und Gründer des ›Rauhen Hauses‹. Zum ›Hammer Hof‹ der Familie Sieveking gehört die Gruft mit dem darüber aus Granit errichteten sarkophagartigen Denkmal (Alexis de Chateauneuf, 1828–30, an der Stirnseite Bronzerelief eines sitzenden Engels von Eduard Schmidt von der Launitz). – An diesem Vorbild orientiert sich das

Inneres der 1943 zerstörten Kirche in Hamm

Denkmal für die Gefallenen des Ersten Weltkriegs auf dem Friedhof.

Nach der Jahrhundertwende sollte für die städtische Aufsiedelung der ›Hammer Hof‹ mit seinem englischen Garten parzelliert und bebaut werden. Die Übernahme durch die Stadt ermöglichte es am Ende, wenigstens auf einem Teil der Fläche eine öffentliche Grünanlage zu erhalten, den **Hammer Park** (1914–20). – Er erinnert an die Zeit, in der hier das Landhaus der Familien de Chapeaurouge und seit 1827 Sieveking lag, ein Zentrum des geistigen Lebens in Hamburg um 1800 und in der ersten Hälfte des 19. Jh. Vom Landhaus (von Alexis de Chateauneuf 1829/30 aus einem Bauernhaus entwickelt) und den Wirtschaftsgebäuden des Mustergutes ist nichts erhalten. – Im Park erinnert das 1883 aufgestellte *Campe-Denkmal* (wenngleich nicht mehr an der ursprünglichen Stelle) als »für die gesamte Kinderwelt des Erdballs bedeutender Gedenkstein« (Hamburg und seine Bauten 1890) an die erste deutsche Übersetzung von ›Robinson Crusoe‹, die Joachim Heinrich Campe (1746–1818) in Hamm geschrieben hat; im Hammerbrook hatte er 1778–83 eine aufklärerisch-philanthropische Erziehungsanstalt geführt.

Mit der elektrischen Vorortbahn (S-Bahn) von Hamburg nach Ohlsdorf 1900–06 wurde auch Hamm an den städtischen Nahverkehr angeschlossen. Dafür wurde an der Nordgrenze des Stadtteils der **Bahnhof Hasselbrook** erbaut. Unter den S-Bahnhöfen ist er ungewöhnlich durch seine noch späthistoristische Gestaltung als gotisierender Backsteinrohbau.

Die östlichen Teile von Hamm-Nord und Hamm-Mitte, auch Teile von Hamm-Süd wurden nach dem Ersten Weltkrieg in Hamburgs Siedlungsgürtel der zwanziger Jahre einbezogen. Sie bildeten ein ausgedehntes, zusammenhängendes, etwa mit Barmbek-Nord vergleichbares städtisches Wohngebiet; viele Häuser entstanden auch erst nach 1933. Der Zweite Weltkrieg hat mit den Luftangriffen vom Juli 1943 diese Viertel in Hamm-Nord schwer beschädigt. Im Bereich zwischen Hammer Steindamm/Chateauneufstraße und in den Blocks entlang und östlich der Caspar-Voght-Straße sind die Häuser erhalten oder aus Ruinen vereinfacht und verändert rekonstruiert, die städtebaulichen Strukturen bewahrt worden (Platzbildung an der Smidtstraße), so daß der Charakter von Schumachers Wohnstadt noch ablesbar ist. Pars pro toto sind die Häuser **Chateauneufstr. 7–9** (Weber, 1926/27) und **11–13** (Carl Eickmann und Wilhelm Schröder, 1927, für die Hamburger Lehrerbaugenossenschaft) erwähnenswert.

Auch in Hamm sind Fritz Schumachers Schulbauten die gestalterischen Zentren und städtebaulichen Kristallisationspunkte der neuen Wohnviertel. Sie haben fast alle den Krieg unversehrt überstanden; als Stahlbetonbauten zeugen sie dafür, daß die Hauptzerstörung nicht von der Sprengkraft der Bomben ausging, sondern vom Feuer, das ihnen wenig anhaben konnte: Die **ehe-**

malige Volksschule Marienthaler Straße 172/ Griesstr. 101 entstand 1928/29, die **ehemalige Oberrealschule Caspar-Voght-Straße** 54 folgte 1929–31, ein streng sachlicher Zweiflügelbau mit Treppenturm im Hofwinkel; im ehemaligen Gymnastiksaal Wandgemälde von Anita Rée (Orpheus mit den Tieren). – Das **ehemalige Kirchenpauer-Realgymnasium** Hammer Steindamm 129 wurde auf Grund eines Wettbewerbs von 1919 ausnahmsweise nicht von Fritz Schumacher, sondern von den Architekten Bomhoff & Schöne 1928/29 ausgeführt.

Für den wiederaufgebauten Stadtteil entstand 1965/66 das ev.-luth. **Gemeindezentrum St. Simeon,** Sievekingsallee 12d. Die Architekten Friedhelm Grundmann und Herbert Kuhn zusammen mit dem Bildhauer Hans Kock erreichten damit eine eindrucksvolle Integration von Bauwerk und Ausstattung, Farbe und Plastik, inspiriert von Le Corbusier.

In den sechziger Jahren wurde Hamm von der U-Bahn erreicht. Vor ihrer Haltestelle **Rauhes Haus** ein ›Stehender‹ von Fritz Fleer (Bronze, 1966).

Die zu Hamm gehörenden Teile der Marschniederung bis zur Bille sind als Teil des Hammerbrook (s. Klostertor) seit dem 13. Jh. eingedeicht und landwirtschaftlich genutzt worden. – Vom inneren Hammerbrook her schritt die Erschließung für die Bebauung nach Osten voran. Hamm-Süd wurde in seiner südlichen Hälfte zum Gewerbeviertel, die nördliche und Hamm-Mitte aber wurden in den Siedlungsgürtel der zwanziger Jahre einbezogen. Hier wurde ein Gegenmodell zum übervölkerten, dicht und schematisch bebauten inneren Hammerbrook realisiert, der sich westlich anschließt. Die Häuser sind im Zweiten Weltkrieg zerstört worden. – Vereinzelte Überreste sind immerhin erhalten: **Eitzensweg 2/Wicherns Garten 2–8/Wichernsweg 17–31** erbaute Heinrich Schöttler 1928/30 für den Eisenbahner-Bauverein mit schönen Klinkerplastiken von K. Weinberger. – **Dobbelersweg 45/Droopweg 16–18/Wackerhagen 2–12** gehörte zu Hamburgs modernsten Wohnblocks der zwanziger Jahre

Anzeige der Papierindustrie Lehmann & Hildebrandt mit der Hansaburg, Wendenstr. 493, 1921

(Robert Friedmann, 1927/28 – verändert). – **Wendenstr. 485–489** (F. Steineke, 1928/29) hat eine schöne Kanalfront.

Die **Hansaburg,** Wendenstr. 493, die durch den Krieg ihre Dächer verloren hat, wurde als Fabrik erbaut (Heinrich Schöttler, 1913–15). Symmetrisch entwickelt wie ein öffentliches Gebäude, ist der Betonskelettbau in der Art der gleichzeitigen Kontorhäuser mit Backstein verkleidet.

Fritz Schumachers **Volksschule Osterbrook** 17–19 (1929–31) ist ein symmetrisch aus den Funktionsbestandteilen komponierter sachlicher Bau mit Flachdächern und Betonskelett. Für den im Krieg untergegangenen Stadtteil war auch seine Aula mit Bühne als kulturelles Zentrum von Bedeutung.

Ein zierlicher, aber entstellter Kleinbau von Fritz Schumacher ist die **Polizeiwache** am Hammer Deich 57 von 1911/12 mit buntem Klinkermauerwerk in reichem Zierverband und mit keramischen Ornamentfeldern.

Horn

Das 1306 erstmals erwähnte Dorf Horn lag im Bereich des Bauerberg; 1383 kam es an Hamburg (im Rahmen der expansiven Territorialpolitik der Hansestadt). Es wurde seit dem ausgehenden 19. Jh. in die von Hamburg her vordringende Bebauung einbezogen, und ebenso in die schweren Zerstörungen der östlichen Stadtteile im Zweiten Weltkrieg. Von den Bauernhäusern und von den auch hier am Geestrand liegenden Hamburger Garten- und Landhäusern ist nichts übriggeblieben (s. Hamm).

Aus der Landhausgeschichte von Hamm und Horn ist allerdings eine der bedeutendsten sozialen Einrichtungen Hamburgs hervorgegangen, die im Stadtteil heute ein großes Areal am Geesthang der Horner Landstraße einnimmt, das **Rauhe Haus.** Pastor Johann Hinrich Wichern (1808–81), Anhänger der pietistischen Erwekkungsbewegung, erhielt auf dem Gelände des Landsitzes von Karl Sieveking (s. Hamm) 1833 eine Strohdachkate, das ›Rauhe Haus‹ (die Herkunft des Namens ist unsicher) und gründete dort ein ›Rettungshaus‹ für Großstadtkinder. In den folgenden Jahren errichtete Alexis de Chateauneuf Erweiterungsbauten. Bis heute ist ein ausgedehnter Komplex entstanden, in dem vielfältige Aufgaben der Diakonie erfüllt werden. Der Ursprungsbau wurde 1943 zerstört. Als historisches Denkmal hat man die Kate 1978 rekonstruiert. – An den Gründer Wichern erinnert ein Findling mit Bronzeplakette in der Anlage hinter der Kate.

In den zwanziger Jahren galt Horn als das natürliche Erweiterungsgebiet für den Hamburger Massenwohnungsbau. 1929–31 wurde dafür die **Schule Beim Pachthof** errichtet (einer der sachlichen Bauten aus Fritz Schumachers Spätzeit mit ausgemauertem Betonskelett und kubischen Baukörpern sowie Treppenturm als Gelenk zwischen den beiden Flügeln). – Realisiert wurde diese Bebauung überwiegend erst im Dritten Reich. Alles ist ein bißchen biederer als in den zwanziger Jahren, es fehlt das Neue Bauen, es fehlen expressionistische Details; statt dessen begegnen einfach traditionalistische Schmuckformen, die Dächer sind geneigt. Nach wie vor sind es aber große Hof- und Zeilenanlagen mit gemeinsamen Gärten und öffentlichen Grünanlagen, die diese Viertel prägen. – Charakteristisch sind die Häuser um den **Pagenfelder Platz** und zwischen **Washingtonallee** (z. B. **Nr. 34–52,** erbaut 1936/37 durch H. Stockhause) und **Weddestraße.**

Horn sollte seit 1936 durch einen ›Autobahnhof‹ zum östlichen Stadteingang Hamburgs für die von Berlin her kommende Autobahn ausgebaut werden. Imposante Gebäudegruppen wurden in einem Architektenwettbewerb entworfen. Davon realisiert wurde allein das als Kreisverkehr angelegte Autobahnende, der **Horner Kreisel.**

Die **Horner Rennbahn** für das berühmte ›Horner Derby‹ erhielt 1911 einen Neubau mit Eisenbetontribünen, der im wesentlichen noch vorhanden ist, wenngleich vielfach verändert (Rennbahnstraße).

Die ev.-luth. **Kapernaumkirche** in Horn (Sievekingsallee), innen ein an Sternrippengewölbe erinnerndes Stahlbetongeflecht, außen Kristallbau-Phantasien des Expressionismus der zwanziger Jahre evozierend, wurde 1960/61 von Otto Kindt erbaut.

Das wohl unscheinbarste Denkmal Hamburgs ist die kaum mehr leserliche Tafel am Haus **Horner Landstr. 192:** Sie erinnert an Anna Lühring, die als Mann verkleidet an den Befreiungskriegen teilgenommen hatte: »An dieser Stätte wohnte und starb 25. August 1866 Anna Lühring, Lützower Jäger von 1813.«

Billstedt

Billstedt ist 1927/28 durch den Zusammenschluß der Stormarner Dörfer *Öjendorf, Schiffbek* und *Kirchsteinbek* entstanden. Mit dem Groß-Hamburg-Gesetz kam es 1937/38 zu Hamburg. Spuren der alten Dorfkerne geben dem Stadtteil die historischen Bezugspunkte, ebenso wie die alte Landstraße, die von Hamburg her früh bebaut worden war (Billstedter und Steinbeker Hauptstraße). Gründerzeitliche Industrieanlagen in der Billeniederung – darunter die 1881 gegründete Vereinigte Jute-Spinnerei – sind großenteils wieder verschwunden. Zur Hauptsache ist der Stadtteil geprägt von Wohnbauten der Zeit seit 1945, teilweise in großflächigen und großmaßstäblichen Agglomerationen für insgesamt 64000 Einwohner.

Das Zentrum **Billstedts** umfaßt etwa den Bereich des ehemaligen Dorfes Schiffbek östlich der Kreuzung Schiffbeker Weg/Billstedter Hauptstraße (mit Resten gründerzeitlicher Vorstadtbebauung).

Der **Spökelberg** an der Billstedter Hauptstraße 120 ist wahrscheinlich ein frühmittelalterlicher Ringwall, der in Beziehung zum Weg auf der Geestkante stand. Die darauf in der Gründerzeit plazierte Villa gibt ihm herrschaftliches Aussehen.

An der Kreuzung Archenholzstraße/Reinskamp – Merkenstraße/Mattkamp liegen im Kern von **Öjendorf** noch einige Bauernhäuser des 19./20. Jh., die reetgedeckte Fachwerkkate Archenholzstr. 84 und gründerzeitliche Vorstadthäuser. – Nördlich davon ist 1966 zur Entlastung des Zentralfriedhofes in Ohlsdorf der **Hauptfriedhof Öjendorf** eröffnet worden (Planung seit 1931). Dort gibt es einen Museumsbereich, in dem hierher übertragene ältere Grabdenkmäler aus anderen Friedhöfen die Entwicklung der Grabmalkunst im 19. und 20. Jh. veranschaulichen.

Die von der gewerkschaftlichen ›Selbsthilfe‹ 1928–30 durch die Architekten Berg & Paasche am **Billstedter Mühlenweg 21–31/Kapellenstr. 6–12** errichtete Wohnhausgruppe gehört zu den besten Beispielen für das Neue Bauen der zwanziger Jahre in Hamburg: niedrige Zeilenbauten mit Flachdach in knapp geschnittenen Formen; die Fenster haben eine Unterteilung, die die Flächenkontinuität der Backsteinfassade wahrt und doch das traditionelle Sprossenfenster hinter sich läßt.

Die ev.-luth. **Dreieinigkeitskirche,** namengebender Mittelpunkt von **Kirchsteinbek,** ist ein Neubau von 1883/84 (Otto Ritscher) an der Stelle der alten Kirchspielskirche St. Secundus; der für die Zeit konventionelle Backstein-Wandpfeilersaal mit hohem Westturm treibt einen erheblichen Aufwand mit Sandsteingliederungen in Formen der Frühgotik; er ist innen modernisiert. Von der Ausstattung der Vorgängerkirche sind Kronleuchter von 1679 und 1719 erhalten. Vom alten Wohlstand des Kirchspiels zeugen große Sandsteingrabplatten des 17. und 18. Jh., die an der Außenwand der Kirche aufgestellt sind. – Auf dem Kirchhof gibt es noch einzelne klassizistische Grabstelen und alte Familiengrüfte mit einfachen Deckplatten.

Im Umkreis der Kirche ist in der bewegten Geestrandlandschaft noch manches von der kleinteilig vielfältigen, im späten 19. Jh. entstandenen Bebauung des Dorfes erhalten. Der **Mühlenteich** mit der Mühle weist auf die alte Nutzung der Wasserkraft der Glinder Au hin. – Dazu kennzeichnet die übliche Ausstattung mit Denkmälern den Dorfkern: ein **Denkmal für die Erhebung Schleswig-Holsteins** (Steinbeker Hauptstraße – Kunststein mit Platte »24. März 1848 – 1898 – Up ewig ungedeelt«) und gleich daneben ein **Kriegerdenkmal** für die Gefallenen des Ersten Weltkriegs (Findling mit Helm und Schwert).

An der Steinbeker Reihe zeigt die kleine **Granitbrücke** als Dokument der Herrschaft der dänischen Könige über Schleswig und Holstein das Monogramm Christians VII. und die Jahreszahl 1802.

Verwaltungstechnisch gehört auch **Mümmelmannsberg** zu Billstedt, jene ›Beton City‹, die Udo Lindenberg besang und die nicht erst dadurch zum Synonym für eine verfehlte, jedenfalls hypertrophe Wohnungsbau- und Städtebaupolitik der sechziger Jahre wurde. Dennoch: Der Straßenplan (geplant seit 1965 ausgehend von einem Wettbewerbsentwurf der Werkgemeinschaft Freie Architekten Karlsruhe) ist mit seinen rechtwinkligen, nach Norden ausschwingenden Blockrandbebauungen nicht schematischer als der von Harvestehude, die Häuser (gebaut 1970–80 mit 7200 Wohnungen) sind doch nicht so überdimensioniert wie andernorts. – Allerdings wird man wehmütig den Abstand der Alltagsarchitektur und ihrer Waschbeton-Montagebauweise zu den Möglichkeiten konstatieren, die an der sorgfältig durchgestalteten Einheit von Architektur, Plastik, Farbe und Form sichtbar werden, die das ev.-luth. **Kirchengemeindezentrum** Havighorstredder/Kandinskyallee auszeichnet (Grundmann, Rehder, Zeuner, 1974–76 – Außenwandbilder, Farbgestaltung und Ausstattung Hans Kock).

Billbrook

Billbrook umfaßt die von Billwerder aus im 13. und 14. Jh. eingedeichten Marschflächen an der Bille und den westlichen Teil von Billwerder. Das Billeufer wurde im 19. Jh. als Gewerbegebiet erschlossen, dadurch die bäuerliche Siedlung bis auf geringe Spuren am Billbrookdeich verdrängt. Auch die Garten- und Landhäuser, die es hier im 18. Jh. gegeben hat, sind verschwunden. 1912 wurde der Billbrook als Stadtteil von Billwerder abgetrennt.

Wie im Hammerbrook, dessen Erschließung Billbrook fortsetzte, bilden seit der Jahrhundertwende bis in die zwanziger Jahre hinein angelegte Kanäle und Straßen, Brücken und Bahnen für das zugleich aufgeschüttete Gelände die Infrastruktur des Industriegebietes. Die **Liebigbrücke** über den 1903 angelegten *Tiefstackkanal* wurde 1914–17 gebaut (Plastiken an den Widerlagern).

Das **Großkraftwerk Tiefstack,** Ausschläger Allee 22–26, gehört zu den bedeutendsten Bauten der Industrialisierung Hamburgs. Trotz Kriegsschäden und vielfacher Veränderungen vergegenwärtigt es immer noch den zur Erbauungszeit 1914–17 unerhörten Maßstab. 1914 wurde die 1894 gegründete Aktiengesellschaft der Hamburgischen Elektrizitäts-Werke zum gemischtwirtschaftlichen Betrieb; die Beteiligung des Staates anerkannte die grundlegende Bedeutung, die der elektrische Strom für Industrie und Zivilisation der Industrieländer gewonnen hatte. Tiefstack als erstes Kraftwerk, das dann entstand, macht nach Dimension wie gestalterischem Anspruch die neue Gemeinschaftsaufgabe sichtbar. Hatte die größte der bis dahin gebauten vier Kraftstationen der HEW 20000 Kilowatt Leistung erreicht, so konnte Tiefstack 1923 100000 Kilowatt abgeben.

Der Wettbewerb zur Erlangung »künstlerischer Entwürfe« unter zwölf Hamburger Architekten führte zur Ausführung des Entwurfes von Carl Bensel wegen der »ruhigen Wucht in den vortrefflich verteilten Massen«. Sie werden überragt durch vier gleich hohe Schornsteine (nur noch verkürzt erhalten) wie von den Überresten eines gigantischen Tempels (die Silhouette diente den HEW lange als Firmenzeichen). Neoklassizistische Reminiszenen und Industriepathos bieten das Bezugsfeld dieser Architektur – wie die Backsteinverkleidung sie in die lokale Identität der Hamburger Reformarchitektur einbindet.

Rothenburgsort

Die Flächen des Stadtteils Rothenburgsort in der Elbmarsch wurden im 14. und 15. Jh. als ›Billwerder Ausschlag‹ eingedeicht und gehören seit 1383–85 zu Hamburg. In der Gründerzeit ist im Westteil – im Anschluß an den Hammerbrook – ein großes hafennahes Arbeiterwohnquartier entstanden; 1871 erhielt daher der Billwerder Ausschlag den Status einer Vorstadt, 1894 wurde er Stadtteil. Der östliche und nördliche Teil wurde zum Industriegebiet, die Mitte nehmen (seit 1900–03 entlang der Berliner Bahnlinie) ausgedehnte Güter- und Verschiebebahnhofanlagen ein. Die Elbinseln *Kalte Hofe* und *Billwerder Insel* sind gleichfalls in den Stadtteil einbezogen. – An der Norderelbe wurden um 1870 das Hafenbecken des *Haken* und der (inzwischen zugeschüttete) *Zollhafen* angelegt.

Das weithin das Stadtbild beherrschende Wahrzeichen Rothenburgsorts ist der Turm des Wasserwerks am Billhorner Deich. Seit 1845 wurde es als **Stadtwasserkunst,** als erstes städtisches Wasserwerk (private Wasserkünste und Wasser-

Turm der Stadtwasserkunst Rothenburgsort, um 1860

leitungsvereine hat es in Hamburg schon vorher gegeben) angelegt. Es versorgte den nach 1842 wieder aufgebauten Stadtteil und dann – mehrfach ausgebaut – die ganze Stadt mit Elbwasser. William Lindley plante die Anlage zusammen mit dem Engländer Mylne von den Londoner New-River-Wasserwerken; an den Hochbauten wirkte Alexis de Chateauneuf mit.

Jahrzehntelang war die Stadtwasserkunst eine der Hauptsehenswürdigkeiten in Hamburg. Heute tritt als Hauptbestandteil der 65 m hohe **Wasserturm** in Erscheinung, das älteste Denkmal einer zentralen Wasserversorgung in Deutschland. Er ist kein Wasserhochbehälter, sondern diente der automatischen Druckregulierung: In der Mitte stand ein Steigrohr, aus dem das Wasser in das Leitungssystem überfloß und das so den Leitungsdruck bestimmte; zugleich diente seine Wassersäule als Regelgewicht der Cornwall-Dampfmaschine, die die Pumpen betrieb; so paßten sich deren Leistung und Energieverbrauch dem Bedarf an (diese Technik wurde erst nach der Jahrhundertwende abgelöst). Der Rauch der Dampfmaschine wurde durch den Schornstein im Turm abgeleitet und verhinderte dadurch das Einfrieren der Wasserrohre. Der runde, leicht nach oben verjüngte Schaft hat als einzige Kunstform ein Kranzgesims, das die Aussichtsplattform (nicht zugänglich) umgibt, und ist – zusammen mit den benachbarten Maschinenhäusern – ein Musterbeispiel für den sachlichen Backsteinbau, den Alexis de Chateauneuf vertrat. – Zur Reinigung des Elbwassers dienten drei Ablagerungsbecken (jetzt Trauns Park). – Seit 1891 und beschleunigt durch die von verdorbenem Wasser dieses Wasserwerks ausgelöste Cholera-Epidemie von 1892 entstanden östlich vom Kernwerk auf Kalten Hofe bis 1893 die schon von Lindley projektierten Sandfiltrieranlagen und auf der Billwerder Insel große Ablagerungsbecken (später mehrfach erweitert).

Die ehemals dichten Wohnviertel in Rothenburgsort sind durch den Zweiten Weltkrieg – vor allem durch die Juliangriffe von 1943 – weitgehend zerstört worden. Immerhin weisen die Reste noch auf die Probleme des Stadtteils hin: Der Block des **Bauvereins zu Hamburg,** Billwerder Neuer Deich 141–165/Hardenstraße/Billhorner Mühlenweg (Ernst Vicenz, 1900/01) vergegenwärtigt mit seinem Verzicht auf die Schlitzbauweise und dem eingezogenen Hof an der Hardenstraße die Versuche, die Mängel von Schlitz- und Hinterhofbebauungen zu reformieren. Gerade Rothenburgsort galt – wie der Hammerbrook – als Muster der Mißstände des Spekulationsbauwesens.

Einige mehr oder weniger verändert erhaltene öffentliche Gebäude erinnern noch an ihre frühere Funktion als Zentren der Wohnbebauung. Das Portal einer zerstörten Volksschule wurde in das **Ortsamt** (Hardenstr. 51) eingebaut. – Von der neugotischen, 1943 zerstörten ev.-luth. Pfarrkirche **St. Thomas** an der Lindleystraße (C. H. Grassmann, 1883–85) ist der Turm erhalten geblieben; das Kirchengebäude selbst wurde als quergestelltes Achteck neu errichtet (Otto Kindt, 1956/57).

Das ehemalige **Kinderkrankenhaus Rothenburgsort** (Marckmannstr. 131) wurde 1898 von einem privaten Verein als Säuglings-Fürsorgeheim und Kinder-Poliklinik gegründet. Wie das Altonaer Kinderkrankenhaus sollte es die hygienischen und sozialen Nöte in den Arbeitervierteln lindern. 1914–17 erhielt es einen anspruchsvollen Neubau (Martens und Henry Grell), 1927/28 wurde es erweitert (Grell & Pruter) und am Eingang durch eine Plastik ›Mutterliebe‹ von Richard Kuöhl geschmückt.

Auch die **Janusz-Korczak-Schule** am Bullenhuser Damm 92–94 dokumentiert mit ihrer betont qualitätvollen Architektur und mit ihrer liebevollen Bauplastik sozialreformerische Impulse, unter deren Wirkung sie 1908–10 von Albert Erbe erbaut worden ist. Die einer benachteiligten Bevölkerungsschicht zugedachte Schule wurde zu einem der Orte der Verbrechen des Nationalsozialismus. Hier befand sich am Ende des Zweiten Weltkriegs eines der Außenlager des Konzentrationslagers Neuengamme mit 600 Häftlingen. Nach seiner Räumung wurden am 20. April 1945 im Keller 20 jüdische Kinder, 24 sowjetische Gefangene und die vier sie betreuenden KZ-Häftlinge erhängt, um sie als Opfer und Zeugen unmenschlicher ›medizinischer‹ Versuche zu beseitigen. 1980 wurde die Schule nach Janusz Korczak benannt, dem 1942 in Treblinka umgebrachten Leiter des Warschauer Waisenhauses für jüdische Kinder.

In den zwanziger Jahren entstanden auch in Rothenburgsort Großwohnanlagen, die zum Siedlungsgürtel Fritz Schumachers gehören; so die Laubenganghäuser um 1930 an der **Marckmannstr. 1–3** und **Billhorner Kanalstr. 17–23.** Der Block **Billhorner Brückenstraße 1** (Willy Wegner, 1926–28) mit schöner Klinkerfassade steht jetzt frei in einer amorph gewordenen Umgebung.

Das ehemalige Reedereiverwaltungsgebäude **Brandshofer Deich 114–116** (Otto Hoyer, 1928/29) mit seiner lisenengegliederten, expressionistischen Klinkerfassade und turmartigen Überhöhung wirkt wie der Rest eines Stadttors am Elbübergang.

Dem Vorbild der ersten Eisenbahnbrücke über die Norderelbe von 1868–72 (s. Klostertor) folgte die **Neue Elbbrücke** in der Anwendung ›Lohse'scher Träger‹ (die liegende Zug- und hängende Druckbögen kombinieren). Sie wurde 1884–87 als erste Straßenverbindung über die Elbe erbaut und löste eine Dampffähre ab. Die neugotischen Torbauwerke, die sie schmückten, sind dem Ausbau 1957–60 zum Opfer gefallen. Die zweite Fahrbahn wurde 1928/29 mit verstärkten Trägern hergetellt. Nur diese sind erhalten.

Die **Autobahnbrücke** über die Norderelbe (Südliche Umgehung Hamburg) verbindet seit 1959–62 Wilhelmsburg und Billwerder Insel. Sie ist als schrägseilverspannte Mittelträgerbrücke 411 m lang, mit 172 m Mittelöffnung und 53 m hohem Mittelpylon.

Veddel

Die Veddel ist wie die Peute eine der im Laufe des Mittelalters im Stromspaltungsgebiet der Elbe eingedeichten Inseln des Gorieswerder, die den Grafen von Holstein und den Herzögen von Braunschweig-Lüneburg gehörten (s. die folgenden Stadtteile). Wenig besiedelt, kamen die holsteinischen, nördlichen davon 1768 im Gottorfer Vertrag an Hamburg. Ihre Weideflächen wurden interessant, als der Hamburger Hafen die Norderelbe überschritt. Veddel und nach Westen Kleiner Grasbrook, Steinwerder und Waltershof sind die Hauptgebiete des Hafens geworden, in der Verwaltungsgliederung jeweils selbständige Stadtteile seit 1894.

Innerhalb der Hafenentwicklung wurde die Veddel seit der Gründerzeit zum Wohnquartier. Dafür wurde die ›Sloman-Siedlung‹ errichtet, an die heute nur noch ein 1934 gesetzter Denkstein erinnert (Findling in den Anlagen bei der Schule): Die Gemeinnützige Baugesellschaft baute zwischen 1879 und 1890 unter ihrem Vorsitzenden,

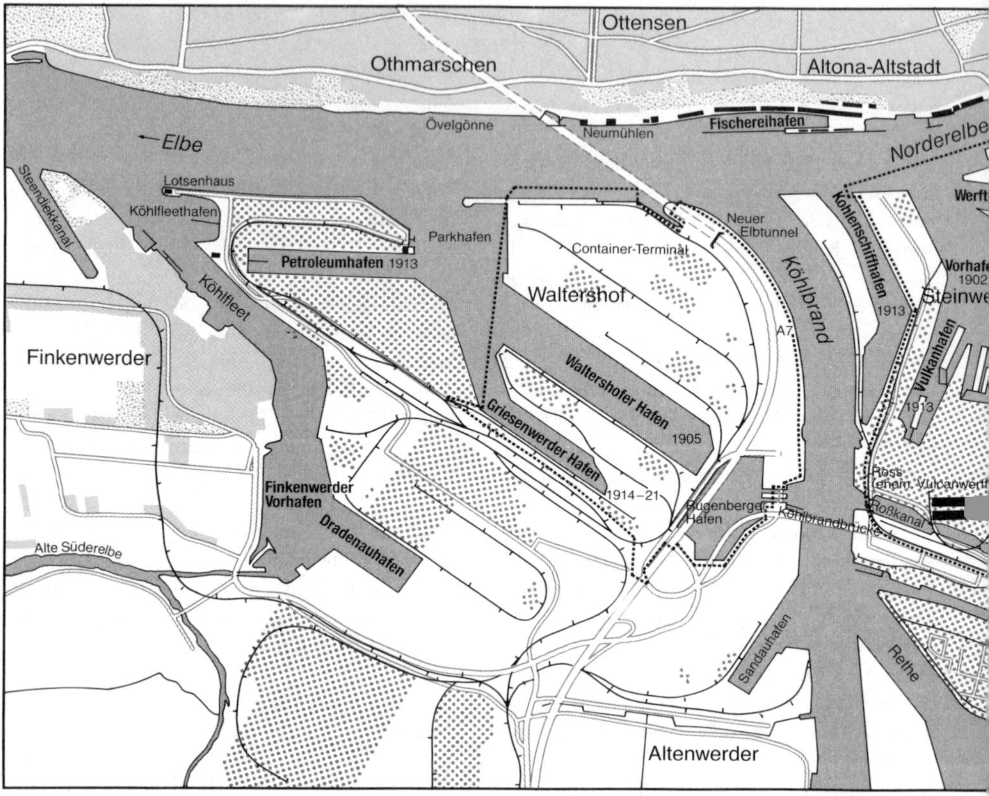

Das Hamburger Hafengebiet. Die ersten modernen Hafenbecken (Sandtorhafen und Grasbrookhafen) und die Lagerhäuser der Speicherstadt entstanden noch am Rand der Innenstadt. Der moderne Hafen hat sich seit der Gründerzeit vor allem südlich der Elbe entfaltet.

dem Reeder Robert M. Sloman, etwa 200 Einzelwohnungen mit Garten, meist in Doppelhäusern. Sie sollten ein Reformmodell für das Wohnen der Arbeiterschaft im eigenen Haus demonstrieren.

An ihrer Stelle steht jetzt die 1926–28 angelegte **Groß-Siedlung Veddel.** Sie nahm Bewohner aus dem Altstadtviertel südlich der Steinstraße auf, dessen letzte Reste damals abgebrochen werden sollten, um Bauplätze für Kontorhäuser zu gewinnen. – Die Häuser bilden blockrandfüllende Höfe und insgesamt das neben der Jarrestadt (s. Winterhude, Jarrestadt) einheitlichste Quartier im Siedlungsgürtel der zwanziger Jahre. Besonders gut durch den Zweiten Weltkrieg gekommen sind die Häuser **Am Gleise 32–40/Immanuelplatz** (Distel & Grubitz, 1926/27), **Immanuelplatz 11–13/Immanuelstieg/Veddeler Brückenstraße** (Elingius & Schramm mit Hermann Höger, 1926/27). Die Flachdachbauten haben keine Keller; Brennmaterial für die Öfen mußte deshalb auf die Dachböden befördert werden; die Windenluken wurden als reizvolle Motive zur Gliederung der Häuser eingesetzt.

Die Mitte der Siedlung nimmt ein Sportplatz ein, zwischen der 1929–31 am Slomanstieg von Fritz Schumacher erbauten **Volksschule** und der ev.-luth. **Immanuel-Kirche** (Hugo Groothoffs Kirche von 1905 wurde 1944 zerstört und auf dem

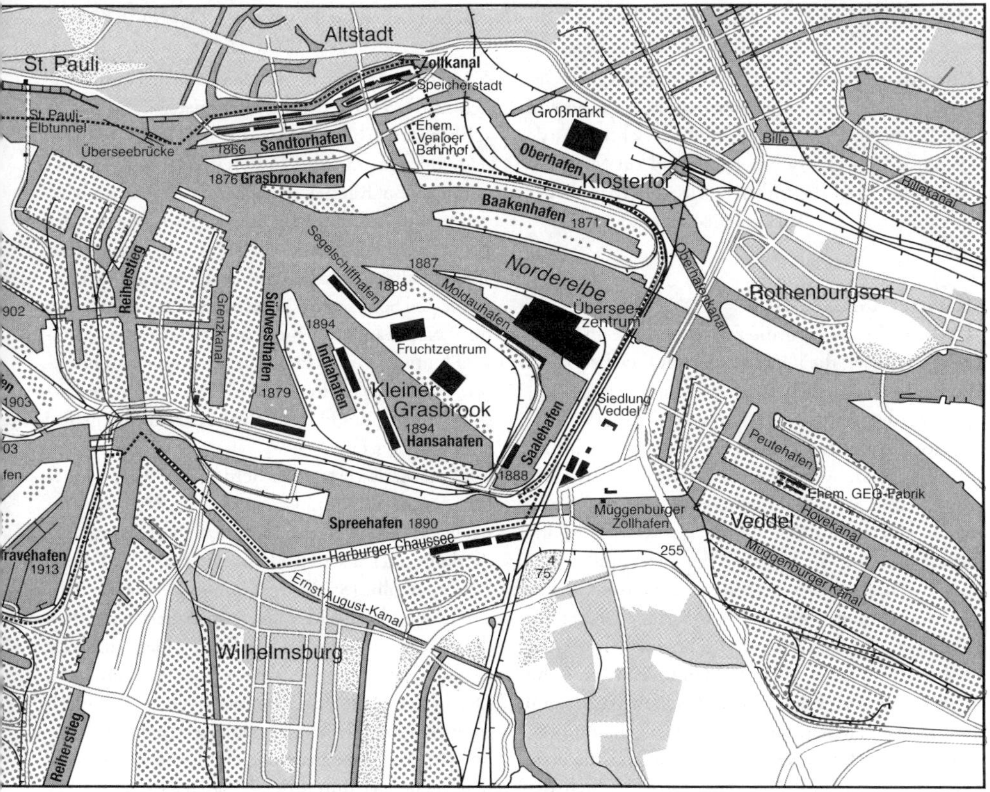

Er erfaßt die Stadtteile Klostertor, Veddel, Kleiner Grasbrook, Steinwerder und Waltershof sowie Finkenwerder. Den Hauptteil bildet der Freihafen als Zollausland (Zollgrenze - - - - -). Altonas Hafenanlagen folgen dem Nordufer der Elbe in Altona-Altstadt und Ottensen

alten Grundriß in einfacher Form wieder aufgebaut – Hermann Schöne, 1953/54).

In den letzten Jahren hat man für die zum Milieugebiet erklärte Siedlung durch Verkehrsberuhigung und die Neugestaltung von Straßen und Plätzen, auch Brunnen (Veddeler Stieg – Doris Waschk-Balz, 1983) viel getan; bemerkenswert ist die Umgestaltung des Innenhofs im Block zwischen Slomanstraße und Sieldeich.

Dem Hafen zugeordnet ist die (durch Umbauten veränderte) **Feuerwache Zollhafen** von Fritz Schumacher 1927/28 (Am Zollhafen 11). Sie zeigt den Umschwung zum Neuen Bauen in den Staatsbauten der 20er Jahre, zumal gegenüber der kaum älteren, ganz traditionalistischen **Polizeikaserne,** der sie benachbart ist (Christoph Ranck, 1926).

Eine hafentypische Besonderheit ist die **Flußschifferkirche,** Am Zollhafen 5a (ursprünglich am Marktkanal), 1952 auf einem Binnenschiff eingerichtet (1970 umgebaut, Taufe von Wolfgang Tümpel).

Die Peute wurde 1886–93 durch Kanäle, Straßen und Aufhöhung des Geländes als Industriegebiet erschlossen. Die **Müggenburger Schleuse** am Müggenburger Kanal dient als Hafenschleuse der Regulierung des Tidestroms (1904–06). – Eines der anspruchsvollsten Industriegebäude der zwanziger Jahre in Hamburg ist die ehemalige

Chemische Fabrik der GEG (Großeinkaufs-Genossenschaft deutscher Konsumvereine), die von der Bauhütte Bauwohl 1925–27 errichtet wurde (Peutestr. 22–28): Symmetrisch und zur Mitte hin ansteigend sind die kubischen Klinkerbaukörper zu monumentaler Wirkung geordnet.

Kleiner Grasbrook

Der ›Grasbrook‹ war die zwischen Elbe und Bille gelegene Insel, die heute etwa vom Grasbrookhafen und von einem Teil von Klostertor eingenommen wird (s. Innenstadt, Grasbrookhafen u. Klostertor). Auf alten Hamburgbildern erscheint sie als der Stadt vorgelagerte Viehweide. Als sie durch die Strombaumaßnahmen des 16. und 17. Jh. durchschnitten wurde, geriet der Kleine Grasbrook auf die Südseite der Norderelbe. Die noch weiter südlich liegenden Inseln des Gorieswerder kamen 1768 im Gottorfer Vertrag zu Hamburg. Dieser Bereich des Stromspaltungsgebietes der Elbe zwischen Hannoverscher Bahn und Reiherstieg bildet seit 1871 einen Vorort und seit 1894 einen Stadtteil. Er liegt fast ganz im Freihafengebiet. Der Kleine Grasbrook war die erste Hafenerweiterungsfläche Hamburgs südlich der Norderelbe. Wenn man daher nach Spuren und baulichen Zeugnissen der Hafenentwicklung des ausgehenden 19. und des frühen 20. Jh. sucht, kann man sie hier noch vereinzelt finden: Kaimauern aus Basalt, Klinker und Granit, Speicherblocks und Schuppen. Wie der gesamte Hafen wurde auch der Kleine Grasbrook im Zweiten Weltkrieg bis zu 90 % zerstört. Der Wiederaufbau und die Umstrukturierung des Hafenbetriebs seit den sechziger Jahren haben weitere Veränderungen gebracht.

Seit 1838 waren die Werder durch Aufhöhung, Begradigung und Bedeichung, durch Anlage von Kanälen reguliert worden. Seit ca. 1860 entwikkelte sich das Ufer der Norderelbe zum Werft- und Gewerbegebiet. Als erstes Hafenbecken südlich der Elbe war 1879 der **Südwesthafen** als Petroleumhafen entstanden – aus Feuerschutzgründen so weit ab vom bisherigen Hafenbereich.

Im Zusammenhang mit dem Zollanschluß wurden seit 1884 die großen Hafenbecken des **Segelschiffhafens** (bis 1888), des **Oberländer Hafens,** dann des **Hansa- und Indiahafens** (bis 1894) ausgeführt, mit Kaimauern ausgestattet und schrittweise mit Kaischuppen besetzt, so am **Bremer Kai** und **Australiakai** 1908–12. Dort sind im ältesten erhaltenen Kaiensemble die aus Holz konstruierten Schuppen 50 und 52 erhalten geblieben; ihre Kopfbauten zeigen die zeitgemäße Backsteinbauweise der Hamburger Reformarchitektur. Noch etwas älter ist der 1906 erbaute Stückgutschuppen des **Hafenbahnhofs Hamburg-Süd** am Lübecker Ufer.

Bemerkenswert ist der **Schuppen 59** am Veddeler Damm/Windhukkai (1930–32). Er war zunächst als konventioneller Holzbau geplant, wurde dann aber als Betonbau verwirklicht: Dünne Betongewölbe (Stichbogentonnen) in gleichmäßiger Reihe überdecken ihn, konstruiert nach dem damals neuen System Zeiß-Dywidag, das für Planetariumskuppeln entwickelt worden war. Der in der Mitte des Schuppens gelegene Verwaltungsbau folgt dem sachlichen Konzept der Hamburger Moderne: Flachdach, Fensterbänder, seitlich gegliedert durch die Treppenachsen. An der Wasserseite gibt es noch Halbportalkräne der Erbauungszeit. – Wie überall im Hafen sind die meisten übrigen Schuppen Ergebnisse des Wiederaufbaus nach 1947, Rekonstruktionen oder Neubauten (z. B. **51** und **53, 55–58** 1950–52); auch der Schuppen 59 wurde dabei im einzelnen verändert.

Immer noch gibt es auf den Kaistrecken des Hafens zahlreiche **Kräne,** in der Zeit des Stückguts entscheidendes Mittel für den schnellen Warenumschlag vom Schiff zur Bahn und in die Schuppen. Die ursprünglich vor den Schuppen verlaufenden Halbportalkräne wurden seit den zwanziger Jahren abgelöst durch Portalkräne (O'Swaldkai). Höhe- und Endpunkt der Entwicklung markieren die schlanken Portalkräne der fünfziger Jahre (z. B. Hansahafen und Indiahafen). Ausgemusterte Kräne werden auf dem Bremer Kai abgestellt, der so eine temporäre Kransammlung geworden ist.

Das **Polizeihaus Worthdamm** (Wasserschutzpolizeischule) ist 1926/27 nach Entwürfen von Christoph Ranck erbaut worden (expressionistische Klinkerarchitektur mit Lisenen und Schmuckband im vierten Obergeschoß).

Auf dem Kleinen Grasbrook wurden am **Moldauhafen** und **Saalehafen** mehrgeschossige Speicherbauten errichtet, Ableger der Speicherstadt. Anders als die Kaischuppen stehen sie unmitelbar auf der Kaimauer. Das **Lagerhaus C/D** am Melniker Ufer entstand 1913–23, die Backsteinaußenwand ist durch neoklassizistische Giebel gegliedert. – Zur Geschichte des Hafens gehört auch der Einsatz von zahlreichen Insassen des Konzentrationslagers Neuengamme und seiner Außenlager für Räumarbeiten im Bombenkrieg. Ein solches Außenlager hatte seinen Platz in dem **Lagerhaus G** am Dessauer Ufer, einem dreigeschossigen Speicherbau (Backsteinrohbau, innen Holzkonstruktion), der 1903–06 entstanden war.

Die grundlegenden Wandlungen von Schiffahrt und Hafenbetrieb seit den sechziger Jahren haben auch bei den Häfen des Kleinen Grasbrook einschneidende Folgen gehabt: Der **Segelschiffhafen** wurde 1976 zugeschüttet und bis 1978 mit dem modernen **Fruchtzentrum** besetzt. Es löst den 1961 in Betrieb genommenen und 1971 modernisierten **Bananenschuppen 42** mit seinen klimageschützten Elevatorenrüsseln ab (Denkmal steigenden Lebensstandards der fünfziger Jahre in der Bundesrepublik: die Banane wurde zum Volksnahrungsmittel).

Das 1967 in Betrieb genommene **Überseezentrum** am Prager Ufer ist 1984/85 neu strukturiert und umgebaut worden: Die ursprüngliche Funktion als Verteilerschuppen für Stückgüter tritt immer mehr in den Hintergrund; für den Gütertransport von hier aus zu den Schiffen haben Lastkraftwagen die Schuten abgelöst.

Einen dreiteiligen Komplex von Siedlungsbauten der zwanziger Jahre errichtete – nach dem mäandrierenden Schema seiner Vorkriegsreformbauten – der Bauverein zu Hamburg 1915–20 an der **Harburger Chaussee 25–119** (Ernst Vicenz).

Steinwerder

Die Namen *Steinwerder, Grevenhof, Ellerholz* und *Roß* erinnern noch an Pachthöfe auf den im Mittelalter eingedeichten, 1768 durch den Gottorfer Vertrag an Hamburg gefallenen, ehemals holsteinischen Elbinseln zwischen den Elbarmen *Reiherstieg* und *Köhlbrand.* Der 1871 zum Vorort und 1894 zum Stadtteil erhobene **Steinwerder** gegenüber von St. Pauli ist zum Hauptort der Hamburger Werftindustrie geworden (Farbabb. 7). Die ersten Schiffbauplätze entstanden in den 1840er Jahren am Reiherstieg. Dort wurde 1851 das erste Hamburger Trockendock gegraben, 1859 das erste Hamburger Schwimmdock gebaut. – Auf Steinwerder sind über hundert Jahre lang die meisten und größten Schiffsneubauten Hamburgs für Handelsschiffahrt und Kriegsmarine auf Kiel gelegt worden (im Dritten Reich wurde das größte **Trockendock Elbe 17** für Schlachtschiffe angelegt). Das abgelaufene Jahrzehnt hat das Ende des Großschiffneubaus in Hamburg gebracht.

Für die hier beschäftigten Arbeiter stellt seit 1907–11 der **Elbtunnel** die Verbindung zu den Wohnvierteln in St. Pauli und Neustadt her. Das Steinwerder-Eingangsgebäude ist allerdings im Krieg stark zerstört und dann in modernen Formen wiederhergestellt worden. Als betont einfacher Backsteinrohbau war es die Arbeitsseite gegenüber dem pathetisch-monumentalen Eingangsbauwerk in St. Pauli (s. St. Pauli).

Das Verwaltungsgebäude für die 1877 gegründete Werft **Blohm & Voss** an der Hermann-Blohm-Straße – erbaut 1908, symmetrisch gegliedert, freistehend ein anschauliches Dokument für Größe und Anspruch der Werft in der Kaiserzeit – wurde 1977–81 modernisiert (Schramm, Pempelfort, von Bassewitz) und verlor dabei seine durch alle Geschosse gehenden Lichthöfe.

Aus der 1906 auf Roß angesiedelten ehem. ›Vulcan-Werft‹ (Stettiner Marinewerft) gingen die bestehenden weitläufigen Werft- und Industrieanlagen auf Roß hervor. Daß es bis zum Ende des Zweiten Weltkriegs eines der Zentren der deutschen Rüstungsindustrie war, halten die Trümmer gesprengter Unterseeboot-Bunker am Kopfende des **Vulkanhafens** in Erinnerung. Dazu gehören auch die vier von Bernhard Hermkes 1938–40 errichteten Glas-Stahlhallen der **Maschinenfabrik Roß-Industrie** (Roßkanal/Hachmannkai), Dokumente für den Rückzug des Neuen Bauens der zwanziger Jahre in den faschistischen Industriebau.

1897–1903 entstanden als zweiter großer Erweiterungsbereich des Hafens südlich der Norderelbe die großen Hafenbecken von Steinwerder, Kuhwerder und Roß-Neuhof: Unter anderem **Kuhwerder Hafen, Kaiser-Wilhelm-Hafen, Ellerholzhafen,** dann **Oderhafen, Travehafen, Roßhafen** – alle im schon routinierten Organisationssystem von zur Elbe hin offenem Hafenbecken, begleitet von Kais mit Schuppen, Bahn und Straße. Der **Kaiser-Wilhelm-Hafen** (am 20. 6. 1903 eingeweiht – gleichzeitig mit dem Kaiser-Wilhelm-Denkmal am Rathausmarkt) diente im wesentlichen der Hamburg-Amerika-Linie HAPAG, die vor dem Ersten Weltkrieg zur weltgrößten Reederei herangewachsen war – auch hier hat sich inzwischen die Umstrukturierung des Hamburger Hafens durch die Anlage des **Uni-Kais** seit 1970 und vor allem seit 1982 mit teilweiser Zuschüttung des Hafenbeckens ausgewirkt

›Prospect und Grundris der Keiserl. Freyen Reichs und Ansee Stadt Hamburg‹. Joh. Bapt. Homann, vor 1715. Der westliche Teil des Stromspaltungsgebiets der Elbe wird heute vom Hafen eingenommen, der östliche umfaßt die Vier- und Marschlande. Unten Ansicht der Stadt von Süden

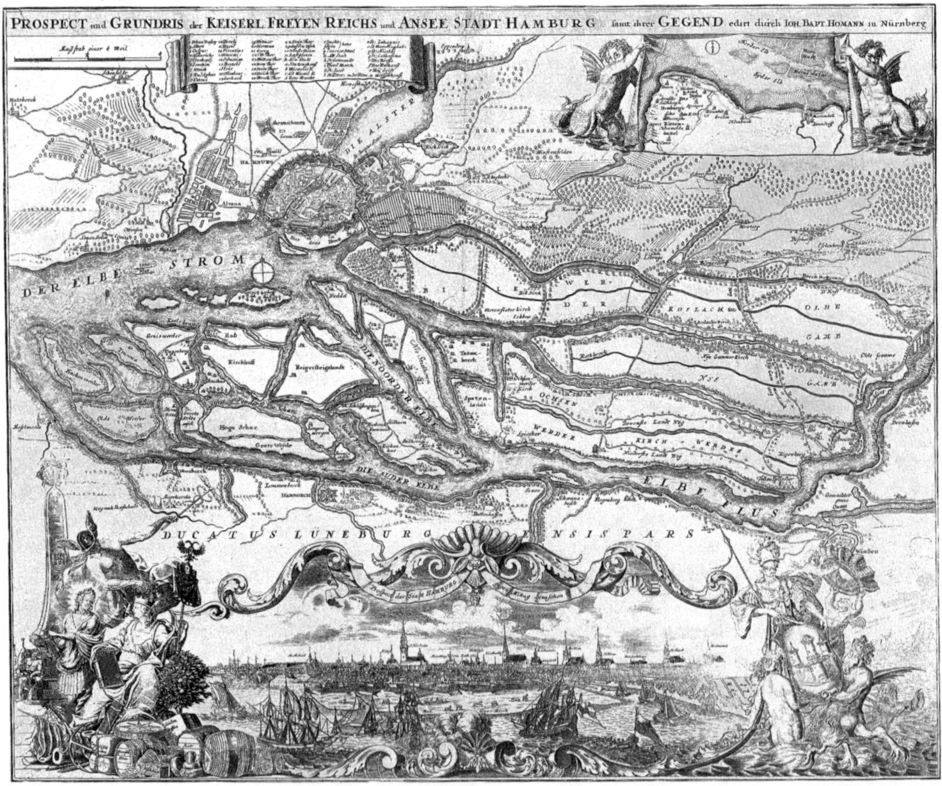

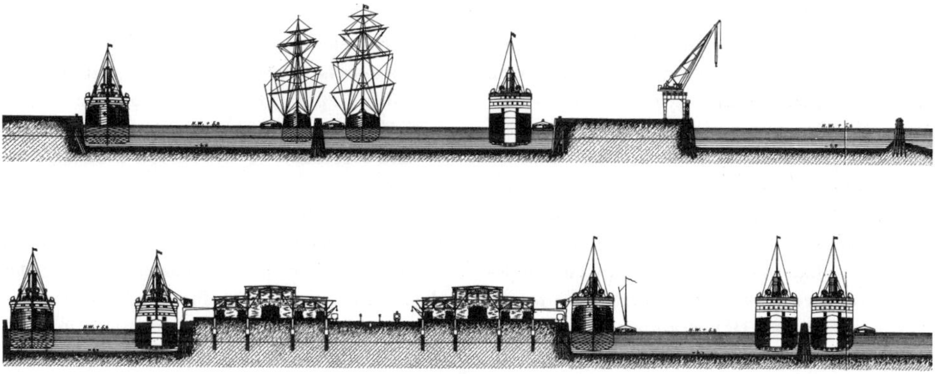

Querschnitte durch die Hafenanlagen auf Kuhwerder zwischen Kuhwerder Hafen und Kaiser-Wilhelm-Hafen mit dem charakteristischen System von seeschifftiefen Kais, Kaikränen, Schuppen, Bahnen und Straßen, um 1914

(erhalten sind aber auch noch Dreibeinportalkräne der fünfziger Jahre und Schuppen aus der Wiederaufbauzeit nach 1947). – Spuren der Jahrhundertwende-Anlagen sind das Anzeigetürmchen am **Kaiser-Wilhelm-Höft** und die Kaispitze **Roßhöft,** Verwaltungsgebäude und Anzeigetürmchen am **Ellerholzhöft.**

Die **Schuppen 85** (1927) und **82** (1929) sind schöne Beispiele für die Hafenarchitektur der zwanziger Jahre mit der charakteristischen Klinkerarchitektur des Hamburger Neuen Bauens an den Kopfbauten. Vor Schuppen 82 am **Chilekai** und am **Roßkai** laufen noch Halbportalkräne aus den fünfziger Jahren (Kampnagel).

Den Kopfbau von Schuppen 85 bildet das **Kühlhaus Roß,** ein riesiger Würfel ohne Fenster (Otto Hoyer, 1926). Die Stahlskelettkonstruktion ist mit Klinkermauerwerk verkleidet, das wuchtige Massen nur vortäuscht. Lisenengruppen und expressionistische Details steigern die Wirkung – aus dem Zweckbau (damals für die Lagerung von Eiern) wurde ein Denkmal des Welthandels.

Zu den modernen Neuanlagen im sich verändernden Hafen gehört das **Brasil-Terminal,** Sthamerkai/Oderhafen, das seit 1980 ausgebaut wurde.

Die **Ellerholzschleuse** (1898–1905) trennt als Hafenschleuse die Hafen- und Kanalsysteme von Kleinem Grasbrook und Steinwerder.

Der **Köhlbrand** – durch den sich die Süderelbe wieder mit der Norderelbe vereinigt – wurde auf Grund des Köhlbrandvertrags von 1908 um 600 m nach Westen verlegt, ein Rudiment des ursprünglichen Verlaufs ist der **Kohlenschiffhafen.** Auf der Landzunge dazwischen steht als Landmarke das **Klärwerk Köhlbrandhöft** (Farbabb. 7) mit seinen eiförmigen Faulbehältern (1961 in Betrieb genommen).

Südlich davon wurde die **Köhlbrandbrücke** zum Wahrzeichen der Hafenmodernisierung: Die an zwei markanten, 135 m hohen Pylonen aufgehängte Schrägseilbrücke mit einer Spannweite des Mittelteils von 520 m (54 m Durchfahrthöhe) wurde im Zusammenhang mit dem Bau der Autobahn und des neuen Elbtunnels 1970–74 gebaut (architektonisches Konzept Egon Jux; nur Kfz-Verkehr – für Radfahrer und Fußgänger verboten!).

Waltershof

›Griesenwerder‹ gehörte zu den holsteinischen Elbinseln, die 1768 an Hamburg gelangten. Zusammen mit dem hamburgischen ›Rugenwerder‹ bildete es ein Gut, das seit dem 17. Jh. Hamburger Bürger als Sommersitz nutzten; es wurde 1788 nach dem Senator Walter Beckhoff (1693–1768) ›Waltershof‹ genannt und 1838 vom Staat erworben. Das Herrenhaus von 1775 ist 1969 dem Elbtunnel geopfert worden.

Durch den Köhlbrandvertrag von 1908 zwischen Hamburg und Preußen wurde die Verlegung des Köhlbrand-Elbearms nach Westen möglich. Zwischen Köhlbrand und Finkenwerder wurde seitdem der Hafen erweitert.

Der **Petroleumhafen** (1911–13) war einer der ersten modernen Häfen in Europa, die speziell für den Mineralölumschlag angelegt wurden. Er war mit umfangreichen modernen Sicherungseinrichtungen versehen, so mit einem Auffangmechanismus für auslaufendes Öl und einer eigenen Feuerwache (mit der Fritz Schumacher auf dem Parkhöft auch diesem Hafenteil einen städtebaulichen Akzent gab).

Am Ende des Bubendeywegs, am Seemannshöft zwischen Elbe und Köhlfleet, errichtete Fritz Schumacher 1913/14 das **Lotsenhaus** für die Hafenlotsen. Anspielungen auf Stadttore wie auf Leuchttürme sind in das wahrzeichenhafte Gebäude am Hafeneingang aufgenommen worden; der Uhrturm wird als Radarstation genutzt.

Fritz Schumacher hat auch das **Haus Jachtweg 10** entworfen (1914–20), damals als Speisehalle für diesen von den Hamburger Wohngebieten der Hafenarbeiter weit entfernten Hafenteil.

Seit dem Aufkommen des Containerverkehrs 1966 sind die Waltershofer Häfen zum Hauptbereich der Hafenmodernisierung geworden: Im **Container-Terminal** am Burchardkai wurde 1968 die erste Container-Brücke in Hamburg aufgestellt, daneben entstand der **Eurokai.** Hinzu kommen die modernen Anlagen am **Finkenwerder Vorhafen** und **Dradenauhafen** (**HHLA-Terminal** für Forstprodukte) sowie am **Sandauhafen** der **Hansaport** als Massenschüttgutanlage.

Dem internen Hafenverkehr zwischen den Waltershofer Häfen und dem Köhlbrand dient die 1911–16 angelegte **Rugenberger Schleuse.**

Waltershof durchqueren wohl die meisten Menschen nur auf der Autobahn südlich des neuen **Elbtunnels** (1969–75; Länge des geschlossenen Tunnel-Abschnitts 2653 m). Die Fahrt nach Norden – die Tunnelröhre tritt in Othmarschen wieder ans Tageslicht – führt auf das Eingangsbauwerk zu, das Egon Jux mit kristallinen Flächen überformt hat. Zusammen mit den Autobahnviadukten und der Köhlbrandbrücke (s. oben) bildet es ein eindrucksvolles Verkehrsensemble in der Hafenlandschaft. Die Anfahrt von Süden ermöglicht den Fernblick auf die Innenstadt und die Parks des nördlichen Elbufers.

Finkenwerder

Auf der seit dem 13./14. Jh. eingedeichten Insel Finkenwerder zwischen der Alten Süderelbe und der Norderelbe, westlich vom Köhlfleet, trennt der Finkenwerder Landscheideweg den nördlichen Teil – der seit 1445 Hamburg gehört (seit 1919 als Vorort) – vom ehemals braunschweiglüneburgischen, dann hannoverschen und zuletzt preußischen Südteil, der erst mit dem Groß-Hamburg-Gesetz 1937/38 zu Hamburg geschlagen wurde. Das Stadtbild Finkenwerders reicht vom Industrieareal bis zur Marschenlandschaft, von Großwohnsiedlungen bis zu Überresten des Fischerdorfes entlang den alten Deichen im Osten und Norden.

Wenn man – was zu empfehlen ist – mit der Hadag-Fähre von den St.-Pauli-Landungsbrükken aus übersetzt, vorbei an den Häfen von Steinwerder und Waltershof, entlang an Altona und dann an den Elbchaussee-Villen und Parks des Elbenordufers, landet man auf dem modernen Teil der Insel. Das Vorland vor den Deichen gegen Köhlfleet und Elbe wurde seit 1900 aufgeschüttet, um ein Wohnviertel für Hafen- und Werftarbeiter und ein neues Industriegebiet zu entwickeln; zuvor lagen hier die ›Schallen‹, mit Prielen durchzogene Elbwatten.

Den Bebauungsplan für den Ostteil des erhöhten Geländes hat Fritz Schumacher mitgestaltet; hier liegt der Kern des heutigen Stadtteils, mit Wohnblocks und Siedlungen der zwanziger und dreißiger Jahre. Das **Ortsamt** Butendeichsweg 2 wurde 1912/13 für die Deutsche Seefahrtsschule gebaut und seit 1919 von der Deutschen Werft genutzt, ein hamburgischer Backsteinbau mit einem Segelschiffrelief als Wahrzeichen. – Finkenwerder hat 1929/30 mit der **Gorch-Fock-Halle** sein kulturelles Zentrum erhalten (Fritz Schumacher, 1929/30). Der Flachdachbau ist symmetrisch geordnet und mit einer Pfeilervorhalle nobilitiert. Die Turnhalle sollte zugleich den Öffentlichen Bücherhallen und für kulturelle Veranstaltungen dienen – ein kleines ›Volkshaus‹. Beidseits des Bühnenraumes hat Eduard Bargheer Bilder der Finkenwerder Jugend »in lockeren, frischen Farben hingesetzt« (Fritz Schumacher). Über dem Eingang Keramikfigur eines Finkenwerder Fischers und ›Heimat‹-Inschrift zur Erinnerung an Gorch Fock. – Den Wohnblock **Benittstr. 20–26/** Finksweg / Focksweg / Schloostraße (1925–27) haben Klophaus & Schoch entworfen.

Am **Steendiek** berührt das Vorland den alten Deich, der die Insel schützte – oft unzulänglich: Finkenwerder hat jahrhundertelang unter schweren Überflutungen zu leiden gehabt (u. a. 1771 in der berüchtigten Weihnachtsflut, die auch die übrigen Elbmarschen heimgesucht hat). Die Neubedeichung unter dem Landherren und Bürgermeister Wilhelm Amsinck seit 1800 dokumentiert in der Anlage vor Finksweg 6 ein 1903 aufgefundener *Stein* mit Inschrift ›W. Amsink 1806‹.

Von hier aus erstreckt sich entlang von *Finkenwerder Norderdeich* und *Neßdeich* nach Westen und von *Steendiek, Müggenburg, Sandhöhe* und *Auedeich* nach Süden jenes eigentliche Finkenwerder, auf das sich noch immer in erster Linie das Heimatgefühl der Einwohner bezieht, und das Hamburger und andere Auswärtige dort suchen. Es sind baulich vielfach veränderte, nur selten in die Zeit vor der Industrialisierung zurückreichende, in der Kleinteiligkeit der Giebelhäuser aber malerisch vielfältige Reminiszenzen an die Fischersiedlung, die sich hier im 17. und 18. Jh. entwickelte.

Wilhelminische Heimatschriftsteller wie eben jener Gorch Fock (1880–1916) haben zur Legende von den Finkenwerder Fischern beigetragen. Heute ist ihr **Kutterhafen** (am Köhlfleet-Hauptdeich) nur noch ein Rudiment. Vielleicht wird das Münchener Deutsche Museum mit seinem Finkenwerder Kutter eines Tages das letzte Denkmal der wichtigsten Phase dieser Elbinsel besitzen. Mit kleinen Schiffen haben sich die Finkenwerder Fischer seit dem 18. Jh. auf die hohe See gewagt, nachdem die Elbe nicht mehr genug Ertrag brachte. Sie hatten aber schon um die Jahrhundertwende gegen die Industrialisierung der Hochseefischerei um ihre Existenz zu kämpfen. Durch Hilfen des Reiches und des Deutschen Seefischereivereins »... gelang es, die Finkenwerder Hochseefischerei, die hohe Schule der Seemannschaft, vor dem völligen Niedergang zu bewahren und damit einen wertvollen Anteil für die Bemannung unserer Kriegsmarine sicherzustellen« (Ernst Finder, 1940). Das Schicksal von Gorch Fock, der 1916 im Skagerrak mit dem Kreuzer ›Wiesbaden‹ unterging, wurde selbst Bestandteil dieser Propaganda. Heute vernichtet vollends die katastrophale Elbverschmutzung die Existenzgrundlage der Finkenwerder Fischer.

Auf der Deichkrone verläuft die schmale Straße, dahinter ducken sich die Häuser, deren Giebel meist dem Deich zugewandt sind. Erst später hat man auch auf der zum Köhlfleet, dem alten Elbearm, hin gelegenen Seite Häuser gebaut, wo das flache Vorland dem Anlanden und Pflegen von Booten und Netzen diente (heute durch die seit 1962 entstandenen Flutschutzbauten vom Köhlfleet abgeschnitten und aufgesiedelt). – Die meisten Häuser sind in der Gründerzeit neu gebaut worden. Einfache Backsteinrohbauten wechseln mit reputierlichen Neorenaissancefassaden. Häuser aus dem 18. und frühen 19. Jh. sind noch **Sandhöhe 4** und **10** (Fachwerkgiebel um 1800), **18 a, Emder Str. 4** (Inschrift von 1856); das Hinterhaus zu **Auedeich 10** ist um 1800 als Fachwerk-Kornspeicher für die Bäckerei Wriede errichtet worden, deren Jugendstilneubau von 1906 **Auedeich 22** steht; **Auedeich 24** mit schönem Giebel und Reetdach verweist mit seiner Inschrift auf die Erbauung 1817 (Abb. 44); weitere Häuser des 18.

und frühen 19. Jh. sind **Auedeich 52, 54, 58–60, 59** und **114.** – Diese Siedlung erhielt in der **Aue-Schule** erstmals 1882/83 eine Schule.

Insgesamt jünger ist die Bebauung am **Finkenwerder Norderdeich** und **Neßdeich.** Sie schritt im Laufe des 19. Jh. mit kleinen Einzelhäusern vom Steendiek voran nach Westen, vom herkömmlichen Giebelhaus übergehend zur gründerzeitlichen Kleinstvilla. Ganz im Westen liegt **Neßdeich 6,** das 1880 gebaute Haus, in dem seit 1892 Gorch Fock aufgewachsen ist (damals hieß er Hans Kinau).

Auf dem aufgespülten Vorland vor Norder- und Neßdeich wurde seit 1920 die ›Deutsche Werft‹ angelegt, 1919 gegründet als ein Gemeinschaftsunternehmen der Hamburger Reederei HAPAG mit den Industriekonzernen Gutehoffnungshütte und AEG. Deren Anlagen wurden seit den siebziger Jahren wieder abgeräumt. Die westlich seit den dreißiger Jahren angelagerte Flugzeugfabrik (1933 als Tochter von Blohm & Voss gegründet, 1936–40 mit Flugplatz ausgebaut) wird sich nach Osten in dieses Gebiet hinein ausdehnen. – Ein Überbleibsel der Deutschen Werft sind die Werkmeisterhäuser am **Finkenwerder Norderdeich 120–132.** Die zu hufeisenförmigen Gruppen mit Gärten geordnete Siedlung folgt einer Idee, die Peter Behrens (der seit 1907 für die AEG baute) und Heinrich de Fries 1918 für den sparsamen Siedlungsbau propagiert hatten; allerdings hat hier nicht Peter Behrens selbst entworfen, die Siedlung wurde durch Werksarchitekten ausgeführt (die von Peter Behrens im Detail entworfene und gebaute Beamtensiedlung hingegen liegt auf dem sozial und überhaupt attraktiveren Nordufer der Elbe; s. Groß Flottbek).

Große Flächen des nördlichen und das ganze südliche Finkenwerder werden noch landwirtschaftlich genutzt. Die Höfe (baulich seit dem 19. Jh. verändert) liegen vereinzelt in der Marschenflur auf Wurten, ein Charakteristikum, das Finkenwerder von den übrigen Hamburger Elbmarschen unterscheidet und darauf hinweist, daß es erst viel später als jene eingedeicht wurde.

Die ev.-luth. **Kirche** am Landscheideweg in der Mitte der Insel wurde 1754–56 auf hannoverschem Gebiet, jedoch »auf beiderseitige Kosten« erbaut und 1880/81 durch eine neugotische Emporenbasilika ersetzt (Architekt Wagner, Winsen/L.). Werner Kallmorgen hat sie 1966 umgebaut und ihr eine neue Raumwirkung durch die Verglasung der südlichen Querhauswand gegeben. Zur Ausstattung gehören die Kanzel des barocken Vorgängers (Holz, Figuren von Christus und den Evangelisten), barocke Figuren an der Chornordwand und ein Messingkronleuchter von 1727.

Vor der Kirche das *Kriegerdenkmal* 1870/71 des hamburgischen Finkenwerder. Der alte Friedhof südlich davon liegt auf einer Wurt.

Auf dem **Friedhof Norderkirchenweg** steht das Finkenwerder *Kriegerdenkmal* für die Gefallenen des Ersten Weltkriegs (Muschelkalkrelief von Johannes Köster). – Am Süderkirchenweg (gegenüber Nr. 13) steht ›Germania‹ auf einem Obelisken: das *Kriegerdenkmal* für die Gefallenen von 1870/71 aus dem preußischen Teil der Insel.

1914 hat Hamburg begonnen, auch das Hinterland von Finkenwerder aufzuhöhen. Die geplante Arbeiterwohnstadt wurde aber erst angelegt, als die Werften in Finkenwerder und Waltershof in die Aufrüstung des Dritten Reiches einbezogen wurden und Kriegsschiffe bauten. Beidseits der **Ostfrieslandstraße** stehen Mietshäuser des ›Volkswohnungsbaus‹ (1938–41, beteiligt waren die Architekten Dyrssen & Averhoff, G. Hinrichs und Gerhard Langmaack). Die verputzten Zeilenbauten mit Satteldach zeigen an den Türen sinnige Symbole aus Hafen, Schiffahrt und häuslichem Glück. An der Ecke Ostfrieslandstr. 23 sorgt ein Schifferklavier für Feierabendstimmung.

Am Rande dieses Wohngebietes stehen am Uhlenhoffweg noch ›Plattenhäuser‹, die 1943 für Bombenopfer als Behelfssiedlung gebaut wurden; die Betonfertigteile wurden im KZ Neuengamme hergestellt (siehe Neuengamme und Poppenbüttel).

Neuwerk

1286 und dann 1299/1300 erwarb Hamburg das Recht, auf der im Wattenmeer gelegenen Insel ›Nige O‹ einen Turm zu errichten, der als Seezeichen dienen und eine Hamburger Besatzung zur Überwachung der Elbmündung aufnehmen konnte. 1309 war ein erstes ›Werk‹ fertig, ein Turm, der nach einem Brand zwischen 1376 und 1379 weitgehend neu entstanden ist. Deiche und Höfe entstanden seit dem 16. Jh.

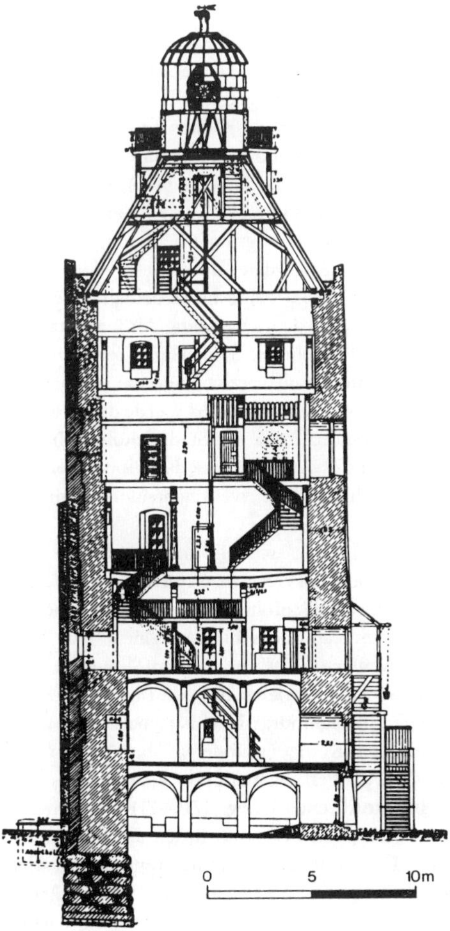

◁ *Der Turm auf der Insel Neuwerk. Schnitt nach einer Revisionszeichnung von 1934*

1393/94 gewann Hamburg durch Fehde und Kauf *Schloß und Herrschaft Ritzebüttel* – das heutige *Cuxhaven* – und war damit auch Territorialherr am Südufer der Elbmündung. Erst mit dem Groß-Hamburg-Gesetz 1937/38 verlor Hamburg diesen Vorposten, der von einem Senator an Ort und Stelle verwaltet worden war. Im Ausgleich zu den an Hamburg abgegebenen Flächen rund um die Stadt gelangte Cuxhaven/Ritzebüttel und Neuwerk an Preußen, später an das Land Niedersachsen. Im Hinblick auf die damals als notwendig erscheinende Sicherung geeigneter Flächen für die Anlage eines Tiefwasserhafens unmittelbar an der See erwarb Hamburg 1962 Neuwerk und die vorgelagerte Sandbank *Scharhörn* von Niedersachsen zurück. Neuwerk ist das urtümlichste Ensemble von Landschaft, Nutzbau und historischer Architektur in Hamburg überhaupt: eine bis heute nur wenig besiedelte Insel mit Deich, Baake und Leuchtturm.

Der **Turm** des 14. Jh. erhebt sich als ungegliederter Backsteinbau auf rechteckigem Grundriß mit vielfach geflickter und erneuerter Außenhaut in sechs Geschossen, wovon die beiden unteren innen über je vier Stützen gewölbt sind. Der Zugang erfolgt erst im zweiten Obergeschoß. – Den heutigen Leuchtturmaufsatz erhielt er 1892, nachdem das Leuchtfeuer erstmals 1814 auf ihn aufgesetzt worden war, das bis dahin als offenes Kohlenfeuer auf einem Gerüst (›Blüse‹, erstmals bezeugt 1648) unterhalten worden war.

Ebenso wichtig als Seezeichen waren die **Nord-** und die **Ostbaake,** hohe Holzgerüste, die seit Jahrhunderten bestehen und immer wieder erneuert wurden (die Ostbaake mit rundem Aufsatz 1894).

Der **Friedhof der Namenlosen** geht auf eine seit dem 14. Jh. überlieferte Tradition zurück, fremde Seeleute hier zu bestatten.

Bezirk Altona

Altona-Altstadt

Eine eigene Geschichte

Altona-Altstadt ist jünger als fast alle anderen Siedlungskerne des heutigen Hamburg: Zwischen den Westgrenzen Hamburgs und dem Kirchdorf Ottensen, am Taleinschnitt des Grenzbaches Pepermölenbek, wurde erst kurz vor 1535 eine Ansiedlung auf dem Territorium der Herrschaft Pinneberg begründet – ›all zu nah‹ bei Hamburg, wie der Name der Tradition noch besagen soll. Pinneberg gehörte den Grafen von Schaumburg, deren Kerngebiet mit den Residenzen Stadthagen und Bückeburg in Niedersachsen lag; sie waren die Nachfahren der alten Schauenburger Grafen von Holstein. – Für 1548 ist überliefert, daß Altonaer Handwerker den Hamburger Zünften spürbare Konkurrenz brachten; das wurde zu einem Leitmotiv der Altonaer Geschichte. – Übrigens war hier schon im 13. Jh. irgendwo das Nonnenkloster Harvestehude gegründet und wieder aufgegeben worden (s. Harvestehude).

Heute wird amtlich als ›Bezirk Altona‹ etwa jenes Gebiet verzeichnet, das mit den großen Eingemeindungen von 1889 und 1927 zu einer selbständigen Großstadt geworden war. Sie reichte bei der Vereinigung mit Hamburg durch das Groß-Hamburg-Gesetz 1937/38 von St. Paulis Westgrenze bis Blankenese. Altona im engeren Sinne sind die Stadtteile ›Altona-Altstadt‹ und ›Altona-Nord‹; sie umfassen den historischen Kern der Stadt und das ihm zugehörige Stadterweiterungsgebiet des 19. Jh. – Vom alten Altona gehören die wichtigsten Überbleibsel an der Großen und Kleinen Freiheit heute zum Stadtteil St. Pauli.

Der Aufschwung Altonas setzte um 1600 ein. 1601–22 war der Graf (und spätere Fürst) Ernst Landesherr; er gehört zu den bedeutendsten Territorialherren am Vorabend des Dreißigjährigen Krieges in Deutschland. Planmäßig baute er sein Ländchen nach modernen, vor allem ökonomischen Gesichtspunkten aus. Wie schon sein Vorgänger Adolf XIV. förderte er in Altona die Ansiedlung von Glaubensflüchtlingen. Insbesondere Niederländer ließen sich seit ca. 1580 nieder, u. a. 1601 Mennoniten. 1594 und 1607 erhielten Katholiken das Recht zur Ausübung ihres Gottesdienstes. Ebenso förderte Ernst die Ansiedlung von hochdeutschen und portugiesischen Juden. Sie alle brachten Kapital, Gewerbekenntnisse und internationale Handelsverbindungen nach Altona.

In den Erbstreitigkeiten nach dem Tod des Grafen Otto V. 1640 besetzte der dänische König Christian IV. die Herrschaft Pinneberg und Altona. Zwar wechselte Christians Kriegsglück (1643 belagerte er Hamburg, 1645 unterlag er selbst Schweden). Aber de facto stand Altona seitdem unter dänischer Herrschaft, wie schon vorher der Hauptteil der Herzogtümer Schleswig und Holstein. 1657/58 wurde es durch Schweden besetzt und büßte seinen Landesherrn beinahe noch einmal ein, als der dänische König Altona, Ottensen und die Elbinseln der Stadt Hamburg zum Kauf anbot – die darauf verzichtete (eine Chance, die sich nicht wiederholte). 1664 wurde durch königliches Dekret Altona zur Stadt erhoben. Neuerlich erhielt es Ansiedlungs-, Religions- und Gewerbefreiheit, dazu weitreichende Zollprivilegien.

Altona wuchs schnell und regellos. Davon zeugten bis zum Zweiten Weltkrieg die malerisch winkligen Straßenführungen zwischen Elbe und Bergstraße. Übrigens blieb es eine offene Stadt ohne Mauer und Wall, ganz im Sinne des alten Barbarossa-Freibriefes, der den Bau von Befestigungen in Hamburgs Nachbarschaft verbot. Die dänischen Könige gründeten statt dessen elbabwärts die Festungsstadt Glücksburg.

Im Nordischen Krieg (1710–13) von schwedischen Truppen besetzt, wurden am 8./9. 1. 1713 zwei Drittel der Stadt durch deren Feldmarschall Graf Steenbock niedergebrannt. – Nach Abzug der Schweden folgte ein systematischer Wieder-

Altona-Altstadt und Altona-Nord
1 Jüdischer Friedhof
2 Hauptkirche
3 Friedhof Königstraße
4 Bismarck-Denkmal
5 Behn-Brunnen
6 Altonaer Balkon
7 Rathaus Altona
8 Altonaer Museum
9 Haus der Jugend
10 Bahnhof Altona
11 Stuhlmannbrunnen
12 St. Petri
13 Bei der Friedenseiche
14 Amtsgericht
15 Ehem. Allgemeines Krankenhaus Altona
16 Helenen-Stift
17 Nyegaard-Stift
18 Ehem. Victoria-Kaserne
19 Schule Thedestraße
20 Ehem. Thede-Bad
21 St. Johannis
22 Gefallenendenkmal
23 Friedhof Norderreihe
24 Reventlow-Stift
25 Minerva-Brunnen
26 Große Freiheit
27 St. Joseph
28 Nobistor
29 Fischauktionshalle
30 Holzhafen
31 Köhlbrandtreppe
32 Große Elbstraße 146
33 Lunapark 2–12
34 Arbeitsamt
35 Gemeindezentrum der Mennoniten

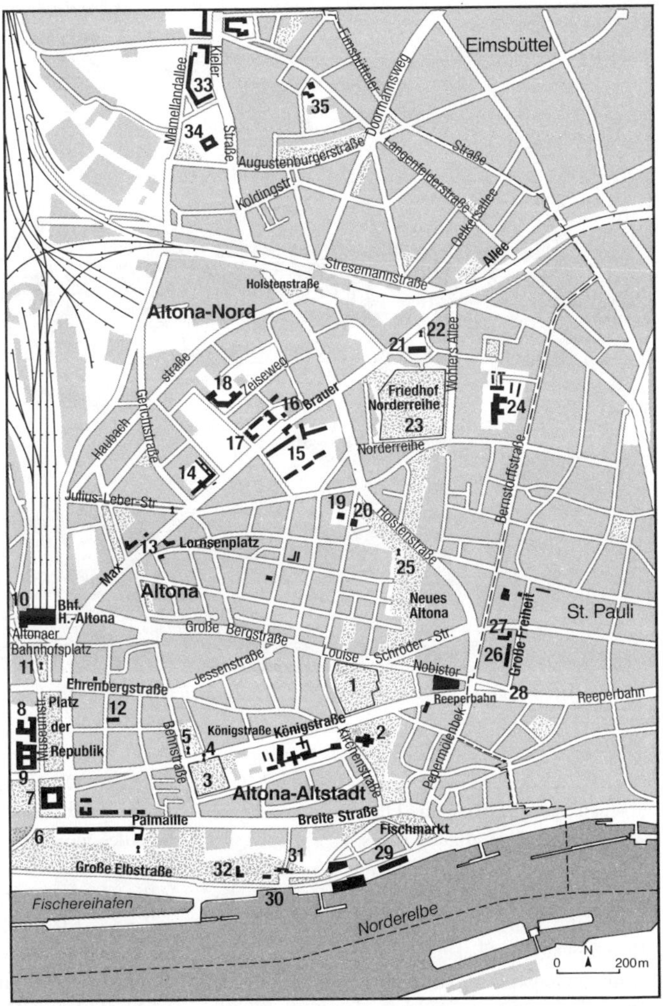

aufbau unter dem Oberpräsidenten Detlef Graf von Reventlow (in Altona 1713–32) und durch den königlichen Baumeister Claus Stallknecht (der 1734 starb). Seitdem wurde Altona zur zweitgrößten Stadt im dänischen Herrschaftsbereich nach Kopenhagen. Es erlebte jetzt sein goldenes Zeitalter. 1806 hatte es 23 000 Einwohner und 300 Schiffe. Baugeschichtlich erreichte es den Höhepunkt seiner Entwicklung durch den Dienstantritt des damals 28jährigen Christian Frederik Hansen als königlicher Landbaumeister für Holstein mit Sitz in Altona 1784. Bis 1804 hatte er hier seinen Wohnsitz, zuletzt an der Palmaille, deren klassizistische Bebauung er entwarf.

Die Zeit der napoleonischen Kriege, die für Hamburg katastrophale ›Franzosenzeit‹ von 1806 bis 1814, ließ die Stadt weitgehend unbehelligt. Seit ca. 1830 begann dann die Entwicklung Alto-

Ansicht Altonas von Waltershof aus, um 1730. Kolorierter Kupferstich, C. G. Probst zugeschrieben

nas zu einer vom Industriezeitalter und der Nachbarschaft zur Hafenstadt Hamburg geprägten Großstadt eigenständigen Profils.

Im 17. und 18. Jh. waren die Landesherren maßgebend für Altonas Ausbau. Im Zeitalter der Industrialisierung übernahm die kommunale Selbstverwaltung diese Rolle. So leitete Carl Heinrich Caspar Behn (Bürgermeister 1838 bis zu seinem Tode 1853) die Modernisierung der Stadt ein; 1840 wurde der Hafen mit einem Dampferkai ausgebaut. 1840–44 entstand die Eisenbahnlinie von Altona nach Kiel. Für die Entwicklung der Stadt wurde auf Jahrzehnte hinaus vorgesorgt durch die Anlage eines Stadterweiterungsgebietes nach Norden bis zur heutigen Max-Brauer-Allee.

Schon 1797 und 1803 hatte Altona im Rahmen dänischer Zollverordnungen einen Teil seiner Privilegien eingebüßt. 1853 wurde die Stadt gegenüber dem Umland zum Freihafen und damit zum Zollausland erklärt. Die Eisenbahn und die Große Allee wurden zur Zollgrenze. Viele Gewerbebetriebe mußten jetzt Altona verlassen, um den Zöllen zu entgehen, die im Handel mit dem Hinterland seitdem gefordert wurden. Sie ließen sich im benachbarten Ottensen nieder, das sich dadurch seinerseits zur Industriestadt entwickelte.

Das Ende der dänischen Zeit Altonas kam 1864 mit dem zweiten Deutsch-dänischen Krieg. Schleswig und Holstein kamen im Frieden von Wien an die Sieger Preußen und Österreich, die bald ihrerseits den Deutschen Krieg gegeneinander führten; zum 24. 1. 1867 wurde Schleswig-Holstein als Provinz in das Königreich Preußen einverleibt. Altona wurde zur preußischen Stadt. Aber es blieb wie Hamburg Freihafen. Erst 1881–88 wurde der Zollanschluß vollzogen.

1889 wurde Ottensen von Altona eingemeindet; 1890 folgte der Anschluß von Othmarschen und Bahrenfeld. Damit erhielt die Stadt einen neuen Schwerpunkt im Westen. Nach jahrelangen Vorplanungen für die Entwicklung der ganzen Region durch Preußen wurden 1927 auch die Elbvororte bis Rissen eingemeindet. Unter dem sozialdemokratischen Oberbürgermeister Max Brauer (1924–33) entwickelte sich die Großstadt Altona zu einer Musterkommune der Weimarer Republik, die ihre Leistungen schon 1929 durch eine monumentale Veröffentlichung als ›Neues Altona‹ feiern ließ. Den baulichen Beitrag dazu bildeten die Entwürfe des Bausenators Gustav Oelsner (1924–33).

Dem Dritten Reich blieb es vorbehalten, Altona gar zum Zentrum von Groß-Hamburg zu machen – das 1937/38 aus dem alten Hamburg, Wandsbek, Harburg-Wilhelmsburg und Altona gebildet worden war. Nach Anweisungen Adolf Hitlers plante Konstanty Gutschow als ›Architekt zur Umgestaltung der Hansestadt Hamburg‹ hier eine neue City. Hochbrücke, Hochhaus, riesige öffentliche Bauten und eine neue Geschäftsstadt sowie am Elbufer neue Hafenanlagen sollten die Altonaer Altstadt ersetzen. Das blieb auf sich beruhen. Dennoch wurde das alte Altona fast gänzlich ausgelöscht, freilich auf andere Weise als beabsichtigt, nämlich durch die Zerstörung des Zweiten Weltkriegs, durch die Angriffe des ›Unternehmens Gomorrha‹ vom Juli 1943 und dann weiter 1944 und 1945.

Der Wiederaufbau veränderte die Stadtstruktur fast so radikal, wie es Gutschow vorgesehen hatte. Allerdings entstand nicht eine neue City, sondern das Gegenteil: ein aufgelockertes, von

Grünzügen großzügig aufgeteiltes, modernes Wohngebiet als Muster für die damals erhoffte Entwicklung Hamburgs.

Der Jüdische Friedhof

Am Nordrand der ehemaligen Altstadt, am Ausgang Königstraße der S-Bahn-Haltestelle Reeperbahn, liegt das älteste und wichtigste Kulturdenkmal Altonas, der **Jüdische Friedhof.** Das eingezäunte Gelände zwischen Königstraße und Louise-Schroeder-Straße kann nur mit besonderer Genehmigung betreten werden (Jüdische Gemeinde in Hamburg, HH 36, Schäferkampsallee 29, ✆ 440944) und hat Respekt verdient. Der Friedhof reicht zurück in die erste Zeit der religiösen Freistatt Altona und ist zugleich gezeichnet durch deren Ende im Dritten Reich. 1611 erlangten in Hamburg lebende portugiesische Juden (Sephardim) von Ernst von Schaumburg die Erlaubnis, auf Altonaer Gebiet einen Friedhof anzulegen. Er wurde bis 1877 benutzt und bildet das südwestliche Viertel des Geländes. Begräbnisflächen für in Altona wohnende Hochdeutsche Juden (Aschkenasim) sowie für Hamburger Mitglieder der Altonaer Gemeinde gliederten sich seit 1616 nach Osten und Norden an.

Die Grabmäler auf dem portugiesischen Teil sind nach sephardischem Brauch liegende, oft mit dachartig geneigten Flächen ausgebildete Steine. Mit ornamentalem und symbolischem Schmuck sowie Familienwappen stellen sie die aufwendigsten Grabmäler (z. B. die in der Südwestecke nahe der Königstraße liegenden Grabplatten für Abraham Senior Texeira, gest. 1666, und seine Frau Sara, gest. 1693. Abraham Texeira war Bankier und seit 1655 Resident der schwedischen Königin Christine in Hamburg).

Die ursprünglich aufrecht stehenden Stelen der deutschen Juden im Ost- und Nordteil sind meist niedergelegt: Folge des Dritten Reiches und des Zweiten Weltkriegs, während dessen rassistischer Vandalismus, die Abräumung eines Teils des Friedhofs für Baracken und schließlich Bombentreffer den Grabmalbestand dezimiert haben. Die 1942 geplante gänzliche Räumung konnte verhindert werden.

Die Inschriften der sephardischen Steine sind hebräisch, portugiesisch und spanisch, seit 1810 auch deutsch, die Stelen der Aschkenasim haben seit 1835 deutsche Inschriften. Der übrige Schmuck beschränkt sich auf Ornamente und Symbole: So verweisen u. a. auf Cohanim (die Männer der Priesterkaste) segnende Hände, die Krone des Priestertums bzw. der Gelehrsamkeit, Trauben für die Fülle des Wissens (Abb. 45).

Die Altstadt

Südlich vom Jüdischen Friedhof lag Altonas Altstadt; heute verlieren sich dort in einem weitläufigen Freiraum die unprätentiösen Nachkriegsbauten des Gemeindehauses und Pastorats, westlich davon die Gebäude der Schule Königstraße. Einsam steht die ev.-luth. Hauptkirche auf der Geestkante, von der sich eine Grünanlage zum Hafen hinunterzieht. Dort, jenseits der Breiten Straße, liegt wie ein Amphitheater, eingefaßt durch 1986/87 errichtete Neubauten, der Fischmarkt, der ehemalige Mittelpunkt Altonas.

Die Altonaer ev.-luth. **Hauptkirche St. Trinitatis** wurde 1742/43 von Cai Dose an Stelle der 1649/50 errichteten und 1688–94 mit einem Turm versehenen ersten Pfarrkirche erbaut, wobei der Turm übernommen wurde. Die Bauphasen waren Zeugnis für die Konsolidierung der Siedlung und Stadterhebung nach dem Dreißigjährigen Krieg sowie für die Blütezeit des 18. Jh. Altona erhielt mit diesem Bauwerk ein geistliches Zentrum – und das die Stadtsilhouette bekrönende wichtigste Gebäude, ein Statussymbol des aufstrebenden Konkurrenzunternehmens zu Hamburg. Im Juli 1943 wurde die Kirche bis auf die Umfassungsmauern zerstört. – Den Wiederaufbau haben Friedhelm Grundmann und Horst Sandtmann 1954–69 ausgeführt. – Der Backsteinrohbau hat einen kreuzförmigen Grundriß. Die Sandsteinportale an den Querarmen waren die Haupteingänge der Kirche (über dem Nordportal Inschrift zur Einweihung mit Königsmonogramm Christians VI., am älteren Westportal Monogramm Christians V.). Die bis zum Krieg reiche Barockausstattung der Kirche ist verloren. Die betonte Kargheit des Innern wurde zum Mahnmal gegen den Krieg. Nur ein Holzkruzifix des ausgehenden 13. Jh. und ein Pastorenbild von 1654 haben die Zerstörung überstanden.

Im Bereich der Grünanlage an der Kirchenstraße stand die 1682 und dann 1715/16 neu erbaute **Hochdeutsche Synagoge** (sie wurde 1940 profaniert, diente als Fremdarbeiterunterkunft und wurde im Juli 1943 durch Bomben zerstört). Sie war einer der bedeutendsten Sakralbauten des deutschen Judentums; als dreischiffige Halle ähnelte sie den großen Amsterdamer Synagogen.

Schon in den zwanziger Jahren gab es Pläne für den Abriß der Altstadt. Die seit 1901 laufende Hamburger Sanierung war das Vorbild. Moderne neue Wohnhäuser sollten hier entstehen. Den Anfang machten seit 1934 die Zeilenbauten zwischen Amundsenstraße und Breiter Straße. Sie hätten übrigens den ab 1937 verfolgten Plänen für eine neue City der umgestalteten Hansestadt wieder weichen müssen.

Die **Königstraße** war eine der alten Hauptstraßen Altonas und zugleich Achse des Stadtwachstums nach Westen. An ihr lag das *Reventlow-Stift,* 1715 vom Oberpräsidenten gestiftet: eine Hofanlage mit eingeschossigen Armenwohnungen, Waisenhaus und Kapelle zum Heiligen Geist. Das Stift wurde 1883 verlegt (s. unten Thede), die spätbarocken und klassizistischen Bauten vernichtete der Zweite Weltkrieg. Als Grünanlage ist der **Friedhof** erhalten, der von 1741 bis 1878 hier bestand; einige Grabdenkmäler und Grüfte halten Altonaer Familien in Erinnerung. – Am Rande dieser Grünanlage steht das Altonaer **Bismarck-Denkmal** – 1897, also noch zu Lebzeiten des ehemaligen Reichskanzlers, von den Einwohnern Altonas gestiftet und 1898 enthüllt, ein Werk des Berliner Bildhauers Adolf Brütt. Bismarck ist realistisch dargestellt. Durch seinen hohen Sockel erhält er die historische Distanz und mythische Ferne, in die der ›Alte im Sachsenwald‹ durch den Bismarck-Kult damals bereits gerückt war.

Der **Behn-Brunnen** an der Königstraße, Ecke Behnstraße, steht erst seit 1963 hier. Ursprünglich wurde ein 1890 vom Altona-Ottenser Verschönerungsverein gestifteter und von Wilhelm Giesecke ausgeführter Brunnen (ein Schalenaufbau mit bekrönender Figur einer Okeanide als weiblicher Allegorie auf Seefahrt und Seehandel) an der Goetheallee aufgestellt – zur Erinnerung an den Bürgermeister, unter dem Altona seine moderne Entwicklung eingeleitet hat. Nur die Figur ist davon erhalten.

In vielen nordeuropäischen Städten gibt es eine ›Palmaille‹, ›Pall Mall‹ oder ähnlich (s. St. Georg). Das erinnert an die große Mode eines aus Italien eingeführten Kugelspiels (ähnlich Boule oder Boccia, jedoch mit einem Schlaghammer – maglio – gespielt) im 17. Jh. Dafür wurden Spielbahnen mit Alleen gebraucht, die oft später zu vornehmen Prachtstraßen wurden. Die Altonaer **Palmaille** legte 1636–39 Otto V. von Schauenburg (1635–40) an, gewiß auch als Freizeitattraktion für Hamburger. Sie war kein Erfolg; zeitweise wurde sie als Reeperbahn (zur Herstellung von Tauen) genutzt. 1713 von der Stadt erworben, wurde sie zur ›publiquen Allee‹, zu einem Corso für Spaziergang und -fahrt. Das war Teil des Neuaufbauprogrammes nach der Schweden-Zerstörung, Denkmal neuer städtebaulicher Ordnung und neuer Lebensqualität.

Die Vorzugslage an der Kante des Geesthangs zur Elbe mit dem weiten Ausblick über deren Niederung hat mehrfach zu Plänen geführt, hier der dänischen Landesherrschaft ein angemessenes Domizil zu errichten: Schloßprojekte wurden 1737 für Christian VI. und 1757 für Friedrich V. entworfen – freilich nie ausgeführte Symbole für Altonas Blütezeit im 18. Jh.

Die ersten Häuser hat die Palmaille viel später erhalten. Sie tragen deutlich den Charakter spekulativen Großwohnungsbaus: Der Altonaer Kaufmann Hinrich Dultz hatte 1786 sechs Mietshäuser errichten lassen. **Nr. 106** ist davon erhalten, ein traufständiges Backsteinmietshaus mit Zwerchgiebel. – **Nr. 100** ist ebenfalls um 1790 als Mietshaus errichtet worden.

Ausschlaggebend für das berühmte Erscheinungsbild der Palmaille als klassizistische Prachtstraße wurden die Neubauten um 1800, die Christian Frederik Hansen für Altonaer Bürger errichtete, Muster einer neuen, aufgeklärten Wohnweise mit komfortablen Raumprogrammen hinter klassizistischen Fassaden. – An der Nordseite standen die Häuser in Reihe, mit schmalem Bauwich, an der Südseite entfalteten sich größere, frei stehende Einzelbaukörper. Im einzelnen ist jedes Haus sehr individuell entworfen mit immer neuen Ideen für die Lösung desselben Programmes bürgerlichen ›Comforts‹ und immer neuer Formulierung der Fassaden – einfachen Putzflächen mit streng antikischen Gesimsen, Portal- und Fensterumrahmungen. Dennoch waren es überwiegend Renditebauten, die von Spekulanten erbaut und vermietet oder verkauft wurden: Die Häuser **70, 112** und **118** baute Hansen für den Bankier Salomon Dehn, **108** und **116** für sich selbst (Abb. 46).

Im Zweiten Weltkrieg wurde die Palmaille zu zwei Dritteln zerstört, darunter Hansens Häuser **29** (Willink), **35** (Jarvis), 70 (Dehn) und **108**. Was heute so eindrucksvoll erscheint, beruht daher zu guten Teilen auf Rekonstruktionen, die allerdings durch Hansens erhaltene Baupläne sehr zuverlässig möglich waren.

Nr. 112 wurde 1797/98 für den Bankier Salomon Dehn erbaut. Die Fassade ist eine Rekonstruktion nach Kriegsschäden (1958/59).

Nr. 116 hat Christian Frederik Hansen 1803–04 für sich selbst errichtet (allerdings lebte er seit 1802 schon überwiegend in Kopenhagen, wohin er 1804 endgültig berufen wurde). 1952 wurde das vielfach umgebaute Haus rekonstruiert (Cäsar Pinnau). In der elementar einfachen Fassade schwebt die Fensterädikula des Hauptgeschosses als bedeutungsvolle Pathosform. Das scheinbar unmotiviert darüber eingeschnittene Fenster war von Hansen als Arbeitszimmer für sich selbst vorgesehen.

Nr. 118 wurde 1803/04 erbaut, im 19. Jh. stark verändert und 1968/69 (mit zusätzlichem Mezzaningeschoß) rekonstruiert.

Gartenfront des Baurschen Hauses Palmaille 49. Präsentationszeichnung von Christian Frederik Hansen

Nr. 120 entstand 1802/03 und wurde später verändert. Von Hansen stammt der Mittelteil der Fassade.

Nr. 49 wurde 1801–05 für den Kaufmann und Konferenzrat Georg Friedrich Baur als Stadtwohnhaus errichtet (s. Blankenese, Katharinenhof). 1867/68 weitgehend umgebaut, wurde das Haus 1936/37 nach Hansens Entwürfen durch Erich Elingius und Mogens Koch rekonstruiert. – Die Straßenfront hat ein offenes, freundliches Gegenstück in der ionischen Dreibogengruppe der Gartenseite. Eingeschossige Nebengebäude halten den Abstand zur Nachbarbebauung frei und schirmten ehemals das große Elbhanggrundstück vom öffentlichen Raum ab; so wurde das Landhaus in die Stadt geholt, Garten und städtisches Wohnen vereinigt. 1936/37 wurde die Wandvertäfelung im Südostzimmer des Obergeschosses wieder eingebaut (mit zarten klassizistischen Ornamentauflagen, vergoldet auf grünem Grund; diese Teile wurden 1801 aus dem Paris des sich entfaltenden Empire importiert; seit 1929 befanden sie sich im Altonaer Museum). Elingius und Koch haben mit ihrer Rekonstruktion ein bedeutsames Stück Denkmalpflege geleistet. – Als Firmensitz der Reederei Essberger diente das Haus im Dritten Reich auch der Repräsentation für den ›Wehrwirtschaftsführer‹ und ›Führer der deutschen Seeschiffahrt‹ John T. Essberger.

1967 wurde von Hentrich & Petschnigg ein Bürohaus neben das Haus gesetzt, dessen viergeschossiger Kubus Wahlverwandtschaften der Moderne mit dem Klassizismus Hansens andeutet. Leider sind die zunächst subtilen Proportionen durch eine Aufstockung aufgegeben worden. – Östlich von diesem Haus führt ein Weg zu den öffentlichen Grünanlagen am Geesthang: Dort wird die der Landschaft zugewandte Rückseite von Nr. 49 sichtbar. Sie ist repräsentativ und doch privat. Die westlich folgenden Häuser werden sogar zum Teil ganz unprätentiös: Sie zeigen den unverputzten, einfachen Backsteinrohbau.

In den Grünanlagen steht seit 1958 das **Österreicher-Denkmal.** Ursprünglich stand es beim Waisenhaus, in dem 1864 österreichische Marineangehörige gepflegt wurden, die während des Deutsch-dänischen Krieges in der Seeschlacht vor Helgoland verwundet worden waren. Ihnen und den in Ritzebüttel (Cuxhaven) bestatteten Gefallenen ist es gewidmet. Es war auch ein Denkmal hamburgisch-altonaischer Präferenzen für Österreich (während gegenüber Preußen Vorbehalte im Schwange waren). Die Stele mit Bronzeplakette wurde gestiftet von einem Hamburger Komitee und nach einem Entwurf von Martin Haller 1864/65 hergestellt. 1895/96 wurde die Bronzetafel mit dem Doppeladler hinzugefügt.

Zurück zur Palmaille: Christian Frederik Hansens Neffe Johann Mathias Hansen war der Architekt der **Baurschen Häuser,** einer Reihe von Mietshäusern, die Georg Friedrich Baur an sein Stadthaus anschließend 1824/25 errichten ließ (Nr. 53–65, teilweise rekonstruiert).

Im Zweiten Weltkrieg wurde auch das *Generalkommando* zerstört, das 1903–05 westlich der Baurschen Häuser errichtet worden war. Die Baulücke **(Nr. 67–71)** füllt ein Bürohausneubau (Schramm, Pempelfort, von Bassewitz und Hupertz, 1981/82).

Eine gründerzeitliche Fortsetzung der klassizistischen Stadthäuser bilden die Häuser **Nr. 73–79** (1868/69 bzw. Nr. 77 1876 für Altonaer Kaufmannsfamilien erbaut, 1981/82 innen und an der Gartenseite verändert). Ihre äußere Gestaltung ist wie bisher ganz auf die Straße hin orientiert; die Gartenfronten mit asymmetrisch entwickelten Veranden, Balkonen und Fenstergruppen zeigen dagegen mehr private Bequemlichkeit an als die klassizistischen Häuser.

Die Bebauung der Südseite der Palmaille endet an der Grünanlage **Altonaer Balkon** mit Aussicht auf die Hafenlandschaft. Sie wird sinnig geschmückt durch die Bronzeplastik ›Maritim‹ (Gerhard Brandes, 1965).

Viele der Häuser an der Palmaille, die der Krieg zerstört hat, waren erst in der Gründerzeit entstanden (Gertrud Wenzel-Burchards Buch ›Granny‹ berichtet über das Leben in einem solchen Haus). – Wie die Nordseite immer die einfachere war, ohne den direkten Zugang zum landschaftlichen Reiz des Geesthangs zur Elbe und dem Ausblick auf die Elbe, so entstanden hier auch in der Gründerzeit zum Teil mächtige Etagenhäuser und typische Hinterhofbebauungen – aber selbst diese scheinen noch, dem besonderen Prestige der Örtlichkeit gemäß, aufwendiger als sonst gestaltet worden zu sein wie im Falle des Hauses **Nr. 126/130** (1885).

Wäre die ›Umgestaltung der Hansestadt‹, die seit 1937 geplant wurde, vollzogen worden, gäbe es keine Palmaille mehr: An ihrer Stelle sollte eine monumentale Aufmarsch- und Geschäftshausstraße entstehen, oberhalb der neuen Landungsanlage für Überseeschiffe am Elbufer eine neue City für Groß-Hamburg. Als Restnutzung bis zur Realisierung dieser Vorhaben hatte bis zur Zerstörung 1943 der dafür verantwortliche Architekt Konstanty Gutschow sein umfangreiches Planungsbüro im Haus Nr. 81 (zerstört).

Im Rahmen des planerischen Wiederaufbaukonzeptes für ›Neu-Altona‹ sollte die Palmaille Standort für drei Punkthochhäuser als Bekrönung der Geestkante über dem Hafen werden. Davon sind nur die beiden östlichen ausgeführt: Das westliche war gedacht als Gelenk zum Platz der Republik. Ihm hätten die Bürgerhäuser am Altonaer Balkon weichen sollen, deren Erhaltungswürdigkeit 1980 gerade noch rechtzeitig anerkannt wurde.

Das neue Zentrum

Unter Bürgermeister Behn wurde Altona zum Endpunkt der 1840 beschlossenen ›König-Christian-VIII.-Ostseebahn‹ von Kiel her. Der **Bahnhof** wurde an die Palmaille gelegt, die so als einzige Verbindungsstraße nach Westen benutzbar blieb, übergehend in die Elbchaussee; damit wurde die Bahnlinie zur Barriere zwischen Altona und den Elbvororten. Das 1843/44 errichtete Empfangsgebäude des Kopfbahnhofs bildet heute noch den Kern der Südfront des Altonaer Rathauses: Dort ist im Hintergrund der Erdgeschoßloggia der große Bogen zu sehen, durch den ursprünglich Lokomotiven und Züge fahren konnten; über eine Drehscheibe gelangten sie von hier aus hinunter zum Altonaer Hafen (1876 durch einen Tunnel ersetzt).

1883–90 war Franz Adickes (1846–1915) Oberbürgermeister von Altona (er wurde dann als Oberbürgermeister von Frankfurt a. M. einer der wichtigsten Kommunalpolitiker des Kaiserreichs). Durch ihn kamen die Bewegungen in Gange, die Altona dann prägten. Eingemeindungen und Wirtschaftspolitik, dazu eine weitsichtige Stadtplanung mit Erweiterungsplänen von Joseph Stübben aus Köln, dem vielleicht wichtigsten Städtebauer dieser Zeit in Deutschland, sind zu nennen.

Für diese ambitionierte Stadt genügte nicht mehr der alte Stadtkern an der Grenze zu St. Pauli. Ihr Zentrum wurde vielmehr künstlich neu geschaffen, mit allem, was zur städtischen Selbstdarstellung erforderlich schien; die 1891 eingeleitete Neuordnung der Hamburg-Altonaer Eisenbahnverhältnisse machte es möglich. Ein neuer Bahnhof wurde weit nördlich vom alten errichtet. Dessen ehemaliges Empfangsgebäude konnte damit einbezogen werden in den mächtigen Vierflügelbau eines neuen **Rathauses** (Stadtbaumeister Emil Brandt, 1896–98). Heute ist es Sitz der Bezirksversammlung und des Bezirksamts Altona, damit nach wie vor ein Ort bezirklich-altonaischen Selbstbewußtseins. Es ist im Krieg stark beschädigt worden. Im Inneren ist daher – abgesehen vom Treppenhaus – nur noch wenig repräsentativer Anspruch zu spüren (die Historienbilder aus dem Kollegiensaal hängen im Altonaer Museum). Die durch Risalite gegliederte Neorenaissancefassade des Rathauses wird bekrönt durch den Giebel über dem Haupteingang an der Nordseite, dessen bewegtes Relief Karl Garbers und Ernst Barlach schufen; es zeigt das Altonaer Stadt-Schifflein, sicher durch bewegte See geführt (Abb. 47).

Zwischen das Rathaus und den neuen Bahnhof wurde der **Kaiserplatz** gelegt, heute **Platz der Republik** – dazwischen schon einmal Platz der Republik, aber auch zeitweise Adolf-Hitler-Platz. Entworfen hat ihn Josef Brix (1895–98 Stadtbaurat in Altona, später als Professor in Charlottenburg ein angesehener Städtebauer). Der langgestreckte Platz selbst ist in den letzten Jahren neu gestaltet worden, an der Westseite dazu vom Verkehr befreit. In der Nähe des Altonaer Museums erinnert noch ein 1899 gesetzter Findling an den Stifter der ursprünglichen Anlage, das ›Altonaer Unterstützungsinstitut‹ (eine gemeinnützige Bank, gegründet durch wohlhabende Altonaer zur Unterstützung kleiner Gewerbetreibender mit Krediten).

Das neue Stadtzentrum wurde systematisch mit Denkmälern ausgestattet; auch sie sollten ihm eine repräsentative, vaterstädtische und vaterländische Gefühle erweckende Erscheinung geben. Eine Siegessäule und ein Kriegerdenkmal für den Sieg von 1870/71 entstanden; beide sind durch den Krieg vernichtet worden, den sie verherrlichten. Vor dem Rathaus steht noch das wichtigste der Denkmäler, das für **Kaiser Wilhelm I.** (Gustav Eberlein, 1898). Der überlebensgroße Bronzereiter ist konventionell gestaltet (Abb. 47). Im allegorischen Begleitpersonal zu seinen Füßen beginnt sich aber schon völkisch und genialisch die

›Stilkunst um 1900‹ zu regen: vorne die Heldenfigur des siegreichen Preußen, begleitet von Schleswig und Holstein, hinten die Gruppen von Handel und Industrie. Wie es sich für eine preußische Stadt gehört, stellt sich der Kaiser vor das Rathaus (in Hamburg stand er ihm gegenüber). – Ein schwarzes Quader-Monument für die zerstörte jüdische Gemeinde Altonas wurde 1989 zwischen dieses Denkmal und den Platz der Republik gestellt (Sol LeWitt).

Seit der Wiederaufstellung 1953 steht auch das Blücher-Denkmal beim Altonaer Rathaus. Wegen seiner Verdienste um Altona in der ›Franzosenzeit‹ erhielt der Oberpräsident Conrad Daniel Graf von Blücher-Altona nach seinem Tod 1845 eines der ersten Standbilder im heutigen Hamburger Stadtgebiet (Franz Schiller, 1852, Kupferreplik des ursprünglichen Zinkgusses). Es stand früher an der Palmaille.

Die städtebauliche und architektonische Entfaltung einer neuen Identität Altonas mit Rathaus, Platz und Bahnhof bezog die Errichtung eines **Altonaer Museums** ein (s. Museen). 1898–1901 wurde es durch die Berliner Architekten Reinhardt & Süßenguth erbaut. Von dem prächtigen Gebäude als Ort historischer Selbstvergewisserung der Stadt künden nach Kriegszerstörung und modernem Wiederaufbau nur noch Spuren. Sie zeigen die vom Auftraggeber gewünschte ›nordische Renaissance‹.

Zwischen wilhelminischem Rathaus und wilhelminischem Museum entstand in der Weimarer Republik der Symbolbau des ›Neuen Altona‹ Max Brauers: das **Haus der Jugend** (Abb. 48), erbaut von Gustav Oelsner 1927–30. Der Betonskelettbau im Rastersystem ist zwar wohlgegliedert, jedoch allein aus dem Raumprogramm heraus entwickelt, unter Verzicht auf Symmetrien und traditionelle Repräsentationsformeln, selbst am Eingang unprätentiös sachlich. Immerhin assoziiert das patinierte Kupfer der Brüstungsflächen traditionelle Materialwirkungen. Hier wurde erstmals im Deutschen Reich ein integriertes Berufsschulzentrum mit den Weiterbildungs- und Aufbaulehrgängen eines zweiten Bildungsweges für Handwerker und Arbeiter eingerichtet. Durch den Saalbau (heute vom Altonaer Theater genutzt) wurde es über die Bedürfnisse der Schule hinaus als Veranstaltungsort zum ›Volkshaus‹. »Wie hätte das Stadtparlament sich deutlicher zur Priorität Bildung, deutlicher aber auch zur Teilhabe der Arbeiterjugend an der Republik bekennen können?« (Joist Grolle)

1893–95 wurde nördlich von dieser Gesamtanlage der neue **Bahnhof** gebaut, ein neugotischer Backsteinbau mit vielschiffigen gußeisernen Bahnsteighallen. 1974–76 wurde er beseitigt und durch ein ›Warenhaus mit Gleisanschluß‹ ersetzt.

Vor dem Bahnhof – in dem nach Entwürfen von Nickels, Orth und Partner versenkten **Paul-Nevermann-Platz** – hat der **Stuhlmannbrunnen** eine Neuaufstellung erfahren. Dieser Brunnen ist (nach einem Wettbewerb 1897) von Paul Türpe geschaffen und 1900 am Nordende des neuen Stadtzentrums aufgestellt worden. Weit überlebensgroße Kentauren um einen Fisch streiten zu lassen, war die Idee Türpes (im Wettbewerb war kein Thema vorgegeben). Sie lassen sich auf die alte Konkurrenzsituation Hamburg–Altona beziehen, näherhin auf die Konkurrenz der beiden Fisch-Großmärkte (s. unten Fischmarkt). Finanziert wurde er aus dem Legat von Günther Ludwig Stuhlmann (gest. 1872) für einen ›Zierbrunnen‹, womit er wohl mehr die anschauliche Erinnerung an seine Lebensleistung, die Gründung der Altonaer Gas- und Wassergesellschaft 1854, im Auge hatte.

Ins Gigantische sollte dieser Platz vergrößert werden im Rahmen der ›Neugestaltung des Elbufers‹ und dann ›der Hansestadt‹, die seit 1937 geplant wurde. An die Stelle des Rathauses sollte ein Hochhaus der NSDAP treten – nach dem Willen des Führers das einzige Hochhaus im Großdeutschen Reich, »weil Hamburg so etwas Amerikanisches hat«, dazu öffentliche Gebäude und eine Halle für Massenveranstaltungen. Auch noch einmal ein neuer Bahnhof sollte entstehen, jetzt der Zentralbahnhof Hamburgs. Daraus ist nichts geworden.

Die Stadterweiterungsgebiete

An der Westseite des Platzes der Republik, an der Alten Königstraße und in den Blocks nördlich davon bis zur Ehrenbergstraße sind noch – durch Krieg und Nachkriegszeit dezimiert und verändert – Rudimente der Stadterweiterung zu beobachten, die sich von Osten, vom alten Zentrum her, seit ca. 1850 und in der Gründerzeit zum Bahnhof vorgeschoben hatte. Zwischen spätem Klassizismus und beginnender Neorenaissance variiert das Formenrepertoire der Fassaden meist bürgerlicher Stadthäuser. Besonders bemerkenswert ist etwa das spätklassizistische Doppelhaus **Ehrenbergstraße 66/68** (um 1850).

Für dieses Wohnviertel zwischen der alten Hauptkirche im Osten und der Ottenser Kirche im Westen wurde 1880–83 die ev.-luth. ›Westerkirche‹ **St. Petri** gebaut, ein neugotischer Backsteinbau von Johannes Otzen mit Zwillingsturm. Im Innern ist die Kirche modernisiert. Die Raumstruktur variiert das von Otzen vielfach untersuchte System der Wandpfeilerhalle mit Emporen.

Von der Ehrenbergstraße nach Norden bis zur Max-Brauer-Allee reicht das 1844 konzipierte Behnsche Stadterweiterungsgebiet mit seinem Schachbrett-Straßenraster. Um 1870 erreichte, nach Norden voranschreitend, die Bebauung den **Lornsenplatz,** wo Stadthäuser, bürgerliche und kleinbürgerliche Etagenhäuser zu schönen Gruppen zusammentreten. Charakteristisch für die Bauzeit ist die detailreiche klassizistische Tradition der Fassadengestaltung (bei der leicht zu erkennen ist, daß die antik-bedeutungsvollen Formen aus – eben ›Formen‹ stammen, nämlich den von der Baustoffindustrie angebotenen Gußformen bzw. fertigen Schmuckversatzstücken, die es nach Katalog zu kaufen gab). – Dieser Bereich ist heute ein Stadterneuerungsgebiet; ursprünglich gehörte er zu den besseren Vierteln Altonas.

Gleich um die Ecke, **Bei der Friedenseiche,** erinnert der Platz mit dem namengebenden Baum und einem Findling an den 1870er-Krieg, an den Friedensschluß und die Reichsgründung von 1871. Die umgebenden Etagenhäuser sind um 1880 entstanden und zeigen dementsprechend Neorenaissanceformen – mit dem Eckhaus auch die Backsteinbauweise der Hannoverschen Schule (Albert Winkler, 1887). In Hamburg hatte man damals Sorgen wegen des Zollanschlusses. Im preußischen Altona baute man ungehemmt private Denkmäler des Patriotismus: Am Gesims des Hauses **Bei der Friedenseiche 6** reihen sich Porträts der Reichsgründer von Wilhelm I. über Bismarck, Roon und Moltke bis zu Max von Baden, am Haus **Willebrandstr. 37** tritt Wilhelm I. lebensgroß und realistisch bemalt in Erscheinung (Abb. 50).

Der regionale Patriotismus Altonas erhielt sein Denkmal mit dem **Schleswig-Holstein-Denkmal,** Max-Brauer-Allee/Julius-Leber-Straße, das am 24. 3. 1898 aufgestellt wurde. Die Bronzetafel von Carl Garbers und Ernst Barlach ist verloren.

An der Ecke Goetheallee und Max-Brauer-Allee hat der **Altonaer Spar- und Bauverein** sein Domizil, jene gemeinnützige Baugenossenschaft und -gesellschaft, die seit ihrer Gründung 1892 in Altona Muster für die Wohnungsreform baute. Das Bürohaus wurde 1928/29 nach Entwürfen des Bauvereins-Architekten Hans Meyer errichtet.

Amtsgericht, Krankenhaus und Kasernen

An der Max-Brauer-Allee 91 wurde 1873–78 (von Berlin aus) das **Amtsgericht Hamburg-Altona** gebaut; es zeigt die Berliner Schule des auf Schinkel zurückgehenden Backstein-Rundbogenstils, sprechender Ausdruck für die Zugehörigkeit Altonas zu Preußen. 1904–07 wurde ein großer Neubau angefügt, in Formen der deutschen Renaissance, verputzt und mit Werksteingliede-

◁ *Modell der seit 1937 von Konstanty Gutschow geplanten Umgestaltung des Elbufers mit Aufmarschstraße anstelle der Palmaille, Gauhochhaus der NSDAP und Autobahnbrücke über die Elbe (s. Abb. auf S. 104)*

rung. Das ist eher wilhelminischer Staatsstil als Hamburg-Altonaer Reformarchitektur. Das ungefähr gleichzeitige Gymnasium am Hohenzollernring kommt aus der gleichen Richtung. – Wie die Hamburger Justizgebäude, so wurden auch die Altonaer im Dritten Reich zu Stätten des Unrechts und der Terrorjustiz. Eine Gedenktafel erinnert daran, daß hier im Gefolge des ›Altonaer Blutsonntags‹ von 1932 die ersten politischen Todesurteile des Dritten Reiches gesprochen worden sind; im Hof des Altbaus wurden 1933 August Lütgens, Walter Moller, Bruno Tesch und Karl Wolff hingerichtet.

Der Bürgermeister Behn hatte den Anstoß gegeben für die letzte große öffentliche Leistung Altonas in dänischer Zeit, den Bau eines **Allgemeinen Krankenhauses** 1855–61. Dafür suchte man die gesündeste Gegend als Standort aus, den künftigen – durch die Besiedelung noch lange nicht erreichten – nördlichen Stadtrand an der Max-Brauer-Allee (Nr. 140). Die schloßartige Anlage in bevorzugter Lage mit zugehörigem Park drückt kommunales Selbstbewußtsein und das Bedürfnis aus, die soziale Einrichtung auch zur Veredelung des Stadtbildes zu verwenden – dadurch aber auch bessere Voraussetzungen für die Heilung der Patienten in diesem Haus zu schaffen. Das Krankenhaus wurde durch den Stadtbaumeister Heinrich Oswald Winkler (1820–99) erbaut. Er war seit 1840 in Altona und hatte wohl Kontakt zur Hannoverschen Schule Conrad Wilhelm Hases, der im selben graugelben Stein und in denselben gotischen Formen 1858–67 das Welfenschloß Marienburg bei Hannover errichtete. – Durch Erweiterungsbauten bis in die 1920er Jahre hinein wuchs das Krankenhaus auf seinem parkartigen Grundstück zu einer weitläufigen Gebäudegruppe. Es wurde abgelöst durch einen Neubau in Othmarschen und ist inzwischen das Herzstück der Stadterneuerung im Viertel Chemnitzstraße.

Zum Schüler Hases und konsequenten Vertreter der Hannoverschen Bauschule in Altona wurde Heinrich Oswalds Sohn Albert Winkler. Er baute 1881 gegenüber dem Altonaer Krankenhaus das **Helenen-Stift** des Vaterländischen Frauenvereins im Rahmen der internationalen Rot-Kreuz-Bewegung. Der Backsteinbau an der Max-Brauer-Allee zeigt alle Merkmale der Hannoverschen Schule. Er kündet aber auch vom Selbstverständnis der Institution, die sich die Ausbildung von Krankenpflegerinnen zur Aufgabe gemacht hatte, erinnert an mittelalterliche Ordens- und Spitalbauten und demonstriert christliche Frömmigkeit als eine Grundlage der Krankenpflege. Der Bau einer eigenen Kapelle – wiederum durch Albert Winkler, 1892 – unterstreicht das noch.

Dem Krankenhaus gegenüber steht gleichgewichtig das **Nyegaard-Stift.** Es wurde 1898 von der Witwe Hedwig Magdalene Henriette von Nyegaard für alleinstehende Damen gestiftet. Den Wettbewerb von 1899 für das Gebäude gewannen die Berliner Architekten Kühn & Baumgarten. Mit Zitaten deutscher Renaissance, mit der Verbindung von Werkstein und grauem Rauhputz brachten auch sie Berliner Bauweise nach Altona.

Altonaer Krankenhaus, Helenen-Stift und Nyegaard-Stift bilden beidseits der Max-Brauer-Allee ein reizvolles Ensemble. Es erhielt seinen Abschluß durch das neue **Schwesternwohnhaus,** das Gustav Oelsner 1927 dem Krankenhaus an der Nordseite anfügte. Mit seinen gelb-bunten Klinkern zeigt es die typische Backsteinbauweise Oelsners. Zugleich signalisiert es mit seiner sachlichen Gestaltung auch das Pathos des ›Neuen Altona‹ der Weimarer Republik: Es galt als Ausdruck einer modernen, säkularisierten Auffassung von Krankenpflege. Sie sollte nicht mehr mildtätig-karitativen, gar konfessions- oder ordensgebundenen Charakter haben, sondern zur selbstverständlichen, ganz profanen Aufgabe der Gemeinde werden. Gerade das Gegenüber von Helenen-Stift und Schwesternheim macht diesen Wandel anschaulich.

Die Gründung des Norddeutschen Bundes und dann des Deutschen Reiches hatte allenthalben eine Neuorganisation des Militärwesens zur Folge. In Altona wurde die **Victoria-Kaserne** als ausgedehnte Randbebauung eines großen Exerzierhofes nördlich der Allee im noch freien Gelände 1878–83 erbaut. Heute sind davon nur noch Reste an der Bodenstedtstraße vorhanden. Die zinnenbekrönten Türme drücken – ohne echten Festungssinn – die Zweckbestimmung des Gebäudes aus. Der Backsteinrundbogenstil gehört wie am Amtsgericht in die preußische Baukonvention der siebziger Jahre. – Der größere Teil der ausgedehnten Kasernenanlage ist abgerissen worden. An seiner Stelle wurde der Wohnungskomplex **Eggerstedtstraße** errichtet (Planpartner, 1983/84). – Subtile Wirkungen entfaltet der Backsteinrohbau des **Kindertagesheims Zeiseweg**, das auf dem Kasernengelände 1984–88 entstanden ist (Wolfgang Schultz-Coulon).

Thede, St. Johannis und Friedhof Norderreihe

Die Hannoversche Schule der Backstein-Gotik blühte gleichzeitig mit jenem traditionellen Klassizismus, der das Behnsche Stadterweiterungsgebiet beherrscht. Nur selten wurde freilich ein Wohnhaus in dieser Bauweise errichtet. So zum Beispiel das Bürgerhaus **Max-Brauer-Allee 79.** Sonst zeigen gotisierende Backsteinformen in den Altonaer Wohngebieten öffentliche, kirchliche oder soziale Bauaufgaben an. Das gilt etwa für das Haus **Hospitalstraße 44,** das 1893 von Albert Winkler als ›Mädchenherberge‹ im Auftrag der ehedem nördlich anschließenden Diakonissenanstalt errichtet worden ist. Zwischen Altstadt und Behnschem Stadterweiterungsgebiet gelegen, dokumentiert es die Versuche der freien Wohlfahrtsverbände, die sozialen Probleme der Großstadt des 19. Jh. zu bewältigen, insbesondere die traurigen Folgen der Prostitution.

Die ›Altonaer Speiseanstalt‹, 1830 gegründet als wohltätiger Verein Altonaer Bürger, leistete sich 1880 an der **Billrothstr. 77** ein neues Gebäude (Zimmermeister Voss). In dem neugotischen Backsteinhaus waren im Erdgeschoß zwei Speisesäle und im Obergeschoß eine Wohnung untergebracht. Bis heute ist rückwärts die Küche erhalten, die um einen mittleren Herd mit Schornstein herum gebaut ist und mit ihrem gotischen Rippengewölbe, das zur Mitte hin ansteigt, romantische Erinnerungen an mittelalterliche Klöster erweckt. Ganz und gar nicht romantisch war der Zweck dieser Anstalt: Der Verein gab hier an Arme und Bedürftige der angrenzenden Altstadt billige Mittagessen aus. – Daneben errichtete 1888/89 – also pünktlich zum Eintritt Altonas ins Großstadtwachstum – der 1877 gegründete Verein ›Stadtmission‹ sein Gebäude – ebenfalls ein neugotischer Backsteinbau.

Der neugotische Backsteinbau der **Schule Thedestraße** wurde 1868 durch das Stadtbauamt errichtet. Bis 1868 gab es in Altona – wie übrigens in Hamburg bis 1871 – nur die Freischulen der Armenverwaltung und private Schulen für die bessergestellten Bürger. Erst die preußische Schulverwaltung brachte ein öffentliches Schulwesen zustande. So ist dieses Gebäude das älteste öffentliche Volksschulhaus Hamburgs.

Es bildet städtebaulich ein Ensemble mit dem gegenüberliegenden ehemaligen **Thede-Bad.** Es ist das älteste im Hamburger Stadtgebiet erhaltene Hallenbad und doch fast spät zu nennen innerhalb der Entwicklung des 19. Jh. zu öffentlichen Badeanstalten hin, die in Deutschland nach englischen Vorbildern bereits um 1840 im Gange war. Das Thede-Bad wurde 1880/81 nach Entwürfen des Architekten A. Petersen durch ein privates Komitee errichtet. Erst später ging es in den Besitz der Stadt über. Es gehörte damit in jenen Bereich freier Wohlfahrtspflege, der für das 19. Jh. in den Städten charakteristisch war: Mehr oder weniger kleine Gruppen der bürgerlichen Führungsschichten erkannten die sich zuspitzende soziale Frage und begannen sich vor dem umstürzlerischen Potential der Arbeiterbewegung, vor den städtischen Unterschichten zu fürchten. Mit isolierten Maßnahmen versuchten sie, Einzelerscheinungen zu bessern. Weit verbreitet war die Vermutung, Reinlichkeit würde auch bürgerliches Wohlverhalten der Unterschichten bewirken. Die teilweise missionarische Züge annehmende Propaganda für öffentliche Badeanstalten war die Folge; auch das Thede-Bad ist sein Denkmal –

freilich in einem merkwürdigen Zustand, seitdem der Hallenbadteil 1985–87 umgebaut wurde.

Ganz am Nordende des Behnschen Stadterweiterungsgebietes entstand 1868–72 die zweite ev.-luth. Pfarrkirche Altonas, die ›Norderkirche‹ **St. Johannis** an der Max-Brauer-Allee/Bei der Johanniskirche. Sie beherrscht mit ihrem hohen Backsteinturmhelm dieses Gebiet und den Fernblick aus der Max-Brauer-Allee. Der traditionell angelegte Längsbau mit Westturm und Chor im Osten, in neugotischer Backsteinbauweise war die erste Kirche Johannes Otzens. Schon hier versuchte er, neue Ideen für die Gestaltung des protestantischen Gottesdienstraums zu realisieren, indem er die Seitenschiffe der Basilika zu schmalen Wandelgängen reduzierte und das Mittelschiff verbreiterte. Heute ist das Innere bestimmt durch Erneuerungen der fünfziger Jahre.

Auf dem als Grünanlage gestalteten Kirchhof steht ein bemerkenswertes Monument aus den für Altona so wichtigen zwanziger Jahren: die expressionistische Stele der Architekten Esselmann & Gerntke und des Bildhauers August Henneberger, die 1925 als **Gefallenendenkmal** durch das in Altona kasernierte **Infanterie-Regiment 31** und seine Traditionsvereine aufgestellt wurde. Der eindrucksvolle Klinkerbau mit keramischer Dekoration und Plastik – ein auch im Verständnis der Zeit ausgesprochen modernes Werk – zeigt in neuen Formen das Pathos wilhelminischer Militärtradition, im wahrsten Sinne unverhüllt mit den athletischen Helden-Jünglingen, die die Stele auf allen Seiten mit blankem Schwert bewachen. So sollte es »den kommenden Geschlechtern zur Nacheiferung« dienen, wie die Inschrift besagt.

Südöstlich von der Johanniskirche wurde schon 1830/31 der **Friedhof Norderreihe** angelegt, damals noch weit außerhalb der Stadt. Aus Gründen der Hygiene, aber auch als Ausdruck des seit der Aufklärung veränderten Verhältnisses zu Tod und Begräbnis sollte er die beengten Kirchhöfe bei der Hauptkirche und bei der Heiliggeist-Kirche ablösen. Die Grabfelder sind orthogonal um ein Alleenkreuz geordnet. Der Friedhof wurde 1879 geschlossen und erlitt Kriegsschäden. Als Grünanlage bildet er einen Teil des Grünzugs von Neu-Altona, der von hier nach Süden bis zur Hauptkirche reicht. Dennoch sind zahlreiche Grabmäler und Familien-Grüfte (mit ihren großen Deckplatten) erhalten geblieben. Die wichtigste Grabstätte ist die des Oberpräsidenten *Conrad Daniel Graf von Blücher-Altona* (1764–1845) und seiner Familie. Die Lage der Hügelgruft am Ende der Hauptallee als Haupt des ganzen Friedhofs installierte gleichsam seine Funktion als Vertreter des Königs auf Dauer. Auf dem Friedhof wurde auch der Bürgermeister *Carl Heinrich Behn* bestattet (1799–1853). 1913 wurde der Grabstein für *Matthäus Friedrich Chemnitz* (1815–70) gesetzt, den Dichter der Landeshymne ›Schleswig-Holstein meerumschlungen‹.

Östlich des Friedhofs setzt sich das Stadterneuerungsgebiet Altonas fort bis zur Friedenskirche (die jedoch heute zu St. Pauli gehört; s. St. Pauli, Grenzgang). Bemerkenswert ist etwa die aus Stadthäusern, Etagenhäusern und Terrassen gemischte Bebauung an **Wohlers Allee.** Im Blockinnern, zugänglich von der Bernstorffstraße her, liegt das **Reventlow-Stift.** Es wurde 1882/83 von Albert Winkler in dessen Hannoveraner Backstein-Neugotik errichtet, als das Stift von der Königstraße hierher verlagert wurde. Es ist ein Denkmal für den Oberpräsidenten des Wiederaufbaus nach 1713 und für die Tradition privater Wohltätigkeit im protestantischen Nordeuropa. Die Stiftsanlage wurde 1986–88 umfassend neu gestaltet und durch Neubauten ergänzt (me di um).

Auf der Straße **Schulterblatt** verlief streckenweise die nördliche Grenze zwischen Hamburg (St. Pauli) und Altona. Dort stand auf Altonaer Seite eines der großen Vergnügungsetablissements des ausgehenden 19. Jh., das **Flora.** Seine bis 1988 im wesentlichen erhaltenen Baulichkeiten wurden das Opfer überhasteter Planungen für ein Musical-Theater; nur die Eingangsfassade Nr. 71 ist erhalten. Der Neubau des ›Flora‹ entsteht jetzt (1989/90) am Holstenplatz (Kleffel + Köhnholdt).

Münzmarkt und Neu-Altona

Von der Thadenstraße und dem Friedhof Norderreihe nach Süden ist Altona großzügig und weit geöffnet; in ausgedehnten Grünflächen stehen einzelne Hochhäuser und Wohnzeilen mit großen Abständen von den Straßen. Das ist jenes **Neu-Altona,** das der SPIEGEL 1955 als »Vision einer atemberaubend modernen Stadt« vorstellte. Solche »lockeren Gruppen 16stöckiger Hochhäuser« im offenen Raum kennzeichnen viele Stadtrandsiedlungen der fünfziger und sechziger Jahre in Europa, von Stockholm bis Athen. Neu-Altona unterscheidet sich von ihnen dadurch, daß es nicht ›auf der grünen Wiese‹ entstand, sondern an der Stelle einer Kernstadt, eben jenes Altona, das sich zwischen Fischmarkt und Friedhof Norderreihe, zwischen St. Pauli und dem Behnschen Stadterweiterungsgebiet bis zum Krieg erstreckte. – Der Zweite Weltkrieg zerstörte es nicht ganz restlos, denn eine Reihe barocker und klassizistischer Häuser und Häuschen hat die Luftangriffe überstanden; mit jüngeren Wohnhäusern zusammen standen 1950 noch 3600 Wohnungen. Sie wichen dem ehrgeizigsten Wiederaufbauprojekt in Hamburg.

In mancher Hinsicht war Neu-Altona ein Gegenprogramm zu den Planungen des Dritten Reiches; wo eine neue City hatte entstehen sollen, baute man ein Muster-Wohngebiet (wie umgekehrt in Winterhude dann die ›City Nord‹).

Die 1933 begrabenen Hoffnungen der zwanziger Jahre auf eine Erneuerung der Städte und des Städtebaus in Deutschland sollten hier realisiert werden. Die Trennung der Funktionen, vor allem von Wohnen und Arbeiten, Zeilenbauten und Punkthochhäuser im fließenden Raum des öffentlichen Grüns, Geschäfts-, Schul- und Verwaltungszentren, die Idee perfekt organisierter ›Nachbarschaften‹, wie sie etwa Ernst May seit 1920 propagiert und 1925–30 im ›Neuen Frankfurt‹ verwirklicht hatte, das alles wurde in ›Neu-Altona‹ angestrebt.

Das war nicht bloß eine programmatische Rückkehr zur Klassischen Moderne, es war die

Aus den Entwürfen für Neu-Altona, Ernst May, 1955

Rückkehr ihrer Protagonisten: Ernst May, der 1930–33 in der Sowjetunion neue Städte entworfen hatte, kam 1954 aus seinem afrikanischen Exil zurück und wurde Planungsleiter der ›Neuen Heimat‹. Sein Assistent in Frankfurt und Moskau, Werner Hebebrand, war seit 1952 Oberbaudirektor in Hamburg. Gustav Oelsner, der Altonaer Bausenator der zwanziger Jahre, war seit 1951 wieder als maßgeblicher Berater des Senats in Hamburg. Erster Bürgermeister war 1946–53 (und 1956–60) Max Brauer, in den zwanziger Jahren Oberbürgermeister des damals ›Neuen Altona‹. Von May konzipiert, von Hebebrands Bauverwaltung realisiert, entstanden so 1954–56 die Pläne für ›Neu-Altona‹.

Charakteristisch für die zahlreichen Hamburger Schulbauten unter Paul Seitz ist das Schulzentrum an der **Königstraße** mit Pavillon- und Kreuzbauten der unterschiedlichen Montagebautypen, die der Leiter des Hochbauamtes (1952–62) entwickelte. – Übrigens wurde die Planung nicht konsequent umgesetzt. Wer sich über sie informieren will, kann im Rathaus Altona das Modell besichtigen. – Die jüngsten Häuser sind die aufgelockerten Zeilen-Höfe am **Hexenberg**

(Werner Kallmorgen u. Partner, Carl Friedrich Fischer, Horst von Bassewitz, 1971–74).

Als eine Art Pointe für das große Vorhaben und als historische Reminiszenz wurde 1960 in die Grünanlagen beim ehemaligen Münzmarkt der barocke **Minerva-Brunnen** gesetzt. Er stand ursprünglich (seit 1742) auf dem Fischmarkt: ein hoher Wasserkasten aus Sandstein mit Reliefs auf den Flächen (Blumengebinde bzw. ›Amor und Psyche‹). Die ursprünglich auf dem Brunnenstock stehende Figur der Minerva fehlt seit dem Krieg. – Am Hochhaus **Königstraße 7** erinnert ein Keramikrelief an das 1716–21 von Claus Stallknecht an dieser Stelle erbaute barocke *Rathaus* Altonas, das im Krieg zerstört worden ist.

Charakteristisch für das Schicksal der Bewertung dieser städtebaulichen Utopie ist das 1963 eröffnete »modernste Kaufhaus der Bundesrepublik« an der **Königstraße 4** – damals programmatisch als point de vue St. Pauli gegenübergestellt. Es wurde freilich nicht Markt und Mittelpunkt für Neu-Altona; 1977 mußte es geschlossen werden und stand für zehn Jahre als Symbol der städtebaulichen Ödnis, als die mittlerweile Neu-Altona empfunden wurde. 1987/88 ist es zum Hotel und Bürohaus umgebaut worden; mit Anspielungen auf Schiffsmotive versucht es jetzt, der Reeperbahn gerecht zu werden (Schweger u. Partner).

Die Freiheiten

Der letzte Rest des ganz alten Altona, die **Große** und die **Kleine Freiheit,** gehört heute verwaltungstechnisch zu St. Pauli. Die Straßennamen erinnern an jene Religions- und Gewerbefreiheit, der Altona seinen historischen Aufschwung verdankte und die 1611/12 für dieses Gelände gewährt wurde. Die gradlinige Anlage der beiden parallelen Straßen läßt ahnen, daß hier bereits so etwas wie Städtebau im Spiel war (1601 wird für den Stadtausbau in Altona ein ›Abriß‹, also ein Straßenplan, erwähnt). Auch hier hat der Zweite Weltkrieg schwere Verluste gebracht; die Ruinen der Kirche der Reformierten und der Mennonitenkirche wurden in den fünfziger Jahren abgerissen. Immerhin ist das einfache barocke Predigerwohnhaus **Große Freiheit 75** vom Komplex der Mennonitengemeinde übriggeblieben (um 1772).

Die Buden-Reihe **Große Freiheit 84** ist um 1850 entstanden und gehört zu den seltenen letzten Zeugnissen dieser charakteristischen Form von Mietwohngebäuden für die städtischen Unterschichten, typisch gelegen auf einem tiefen Grundstück, das hinten an die Grenze zwischen Altona und Hamburg stößt.

Erster Vorbote der Pläne zur Verbesserung der Wohnverhältnisse in der Altonaer Altstadt war die **Pestalozzi-Schule,** die nach Entwürfen Gustav Oelsners 1928 an der Kleinen Freiheit 68 errichtet wurde. Ihre sachliche Architektursprache (für Oelsner ungewöhnlich die dunkle Klinkerfarbe) ist wie das Manifest einer neuen Zeit in den Block hineingesetzt.

Schwer kriegszerstört war auch die katholische Kirche **St. Joseph** an der Großen Freiheit 43. Sie war von dem aus Österreich stammenden Baumeister Melchior Tatz 1718–23 errichtet worden. Vom barocken Bau sind die Westfassade und die unteren Teile des übrigen Mauerwerks erhalten (Abb. 49). Die durch einen Vorhof von der Großen Freiheit abgesetzte Fassade hält sich im Material (Backsteinmauerwerk mit Sandsteingliederungen) an das Landesübliche. Aber die schwungvoll entwickelte Gesamtform, der konkave Mittelteil mit seinen verkröpften Gesimsen und die Ausstattung mit Plastiken – St. Joseph mit Jesusknabe über dem Portal (Original im Altonaer Museum), Engel neben dem giebelbekrönenden Kreuz – wirken wie ein Import aus der Heimat des Architekten. – Darin wird die Diaspora-Situation der Katholiken in Norddeutschland sichtbar, die weit und breit nur hier – eben im Schutz der Altonaer ›Großen (Religions-)Freiheit‹ – ihren Gottesdienst öffentlich feiern konnten.

Von Georg Wellhausen wurde die Kirche 1953–55 wieder aufgebaut. Dabei blieb die Raumform des Saals mit eingezogenem Rechteckchor und einfacher Pilasterwandgliederung erhalten, wurde jedoch mit flach gewölbter Decke im

Langhaus und flach gedecktem Chor (dessen Apsis eingezogen und verkleinert wurde) vereinfacht und in sehr kargen Formen ausgestattet. Erst in den siebziger Jahren ist dann der Versuch unternommen worden, das Ganze wieder ›barock‹ zu gestalten. Gemeint war: ansprechender und gemütvoller. – Kunstgeschichtlich ist eine erstaunliche Mischung zustande gekommen: Süddeutscher Barock in der Fassade, das Pathos der Nachkriegs-Bescheidenheit in Resten der Ausstattung, v. a. dem Altar von Hans Kock, dann die ungefähre Rekonstruktion der Stuckdekoration und barocker Pastelltöne auf der Unterlage des Wellhausen-Baus und schließlich die prachtvollen Neubarock-Altäre aus dem Westfälischen, die man zur Bereicherung erwerben konnte.

Das nördlich vom Vorhof gelegene **Pfarrhaus** ist die Rekonstruktion des 1717 errichteten Pfarrhauses von Claus Stallknecht, ihm gegenüber liegt neuerdings ein angepaßter Neubau.

Dem Abschnitt der Großen Freiheit zwischen St. Joseph und der Reeperbahn verdankt die Straße den landläufigen Ruf, der sich ja auch unübersehbar bestätigt – durch Gewerbe, die den Begriff der Großen Freiheit allerdings sehr wörtlich nehmen. Beim zweiten Hinsehen kann man noch die Handwerkshäuser **Große Freiheit 31–33** und **27–29** finden, die aus der Zeit des Wiederaufbaus nach 1713 stammen: zweigeschossige Backsteinhäuser, traufständig zur Straße, mit Zwerchgiebeln (von deren geschweiftem Umriß heute nur noch Spuren zu erkennen sind). Obgleich vielfach erneuert, weisen die Schuppen und Werkstattgebäude in den Höfen auf die handwerkliche Vergangenheit des Viertels hin.

An der Reeperbahn ist als Durchgang zwischen den Häusern Nr. 172 und Nr. 174 ein Teil des Ganges erhalten, der früher die **Grenze** zwischen Hamburg und Altona begleitete und nebst einer Palisade zur Sicherung vor Schmuggel diente (s. St. Pauli, Grenzgang). – Seit einigen Jahren steht an der Reeperbahn wieder einer der Pfeiler des **Nobis-Tores,** eines eisernen Gittertors, das kurz vor 1848 errichtet worden war. Das Monogramm des dänischen Königs Christian VIII. und die Personifikation der Stadt Altona kennzeichnen die Grenze, die Inschrift »nobis bene – nemini male« – »uns wohl – niemandem schlecht« – gab dem Tor den Namen.

Fischmarkt und Hafen

Das Tal des Grenzbaches Pepermölenbek und die gleichnamige Straße führen zum historischen Ursprung Altonas am **Fischmarkt.** Dort ist in den letzten Jahren eine Neubebauung entstanden, die das Viertel wieder aufwerten soll, nachdem durch Kriegszerstörungen ebenso wie durch den wirtschaftlichen Wandel die Dichte hafennahen Wirtschaftslebens dahin ist – wenn man vom berühmten Trödel-, Blumen- und eben auch Fischmarkt sonntagvormittags absieht (Abb. 8, 9). Der Fischmarkt hat als Platz wieder Wände bekommen – ungefähr so, wie sie ihn nach einer Vergrößerung vor hundert Jahren begrenzten. Hier stand der Minerva-Brunnen (s. oben, Neu-Altona).

Nach dem Zollanschluß Hamburgs und Altonas an das Deutsche Reich 1881–88 war es eine der wichtigsten Maßnahmen der Wirtschaftsförderung in Altona, als der Oberbürgermeister Adickes aus dem raschen Aufschwung der Nordsee- und Hochseefischerei in der zweiten Hälfte des 19. Jh. (neue Schiffbautechnik, Verkehrsverbindungen ins Binnenland waren die Voraussetzungen) einen neuen wichtigen Erwerbszweig für Altona machte. Altona wurde seit den 1880er Jahren zum Hauptanlandeplatz der deutschen Fischereiflotte. Neben Hafenanlagen und Abfertigungseinrichtungen, wurde 1895/96 die große **Fischauktionshalle** errichtet. Sie ist wegen ihrer reizvollen Eisenkonstruktion 1982–84 instandgesetzt worden (Günter Talkenberg). Der basilikale Querschnitt, das Querhaus mit Vierung, die zweigeschossigen Emporen geben ihr gleichsam sakrale Würde. Später angebaute, eher sachliche Hallenabschnitte hat man abgebrochen.

St. Paulis Hafenkante wie die von Altona wurden seit 1962 durch neue Sturmflutbauwerke verändert, zuletzt durch die darauf verlaufende neue Promenade. Aus der Stätte der Arbeit und des

Fischereihafen und Fischauktionshalle in Altona, um 1930

Handels, des Warenumschlags und der Seewirtschaft wurde ein bloßer Schauplatz, adrett und sauber. – Erst westlich von der Fischauktionshalle an der **Großen Elbstraße** wird es unordentlich, sind authentische Hafenanlagen erhalten. Obwohl durch Brände, Umbauten und Kriegsschäden fast amorph geworden, hat Altona an der Wasserseite der Großen Elbstraße noch Reste seiner eigenen Speicherstadt. An der Landseite stehen ihr hafenbezogene Industriebetriebe gegenüber (die um die Jahrhundertwende errichteten Gebäude der Mühle H. W. Lange und der Mälzerei Naefeke).

Altonas Hafen wurde seit dem Bau einer Landungsbrücke durch Christian IV. 1641 laufend ausgebaut. Gegenüber der Einmündung der Carsten-Rehder-Straße in die Große Elbstraße ist in das Elbufer ein Hafenbecken eingeschnitten, das als älteste erhaltene künstliche Hafenanlage in Hamburg überhaupt gelten kann, der 1722–24 angelegte **Holzhafen.**

Aufwendig und anspruchsvoll sind die Stützmauern am steilen Geesthang. Die gotisierende **Köhlbrandtreppe** von 1887 inszeniert feierlich den Übergang von der Wohnstadt zur Arbeitswelt des Hafens, gesiegelt mit den Wappen von Preußen und Altona im Tympanon der Brunnennische, die wohl nur symbolisch zur Erfrischung und Reinigung der Arbeiter vor der Rückkehr in die Stadt diente, wenn diese ihren Dienst für Merkur und Neptun (dargestellt in den Medaillons der Wandflächen) verrichtet hatten.

Das Haus des **Seemannsheimes,** Große Elbstraße 124–126, wurde 1928/29 im sachlichen Habitus des Neuen Bauens errichtet (Kurt Stoltenberg).

Auch hier ist glücklicherweise noch ein Haus der Altonaer Altstadt erhalten geblieben, **Große Elbstraße 146** (Abb. 51) an der Einmündung des Sandbergs, der zur Palmaille hinaufführt und übrigens noch sein altes Pflaster besitzt. Dieses Backsteinhaus mit Mansarddach und barock geschweiftem Giebel wurde 1772 errichtet; zwischen Haus und Hang steht ein rückwärtiges Speichergebäude. – 1880 hat sich hier der Schiffsmaschinenreparaturbetrieb von *Groth* & *Degenhart* etabliert; für seine blühenden Geschäfte errichtete er daneben ein neues Fabrikgebäude (Schaar & Hintzpeter, 1899). Inzwischen gibt es viele Pläne für das funktionslos gewordene Gebäude. Es wäre der gegebene Ort für ein Museum der Altonaer Hafengeschichte.

Viele andere Spuren davon gibt es noch in der Umgebung, so den Brückenbogen, der am Hang anzeigt, wo die ›schiefe Ebene‹ vom Altonaer Bahnhof (dem heutigen Rathaus) parallel zur Kaistraße zum Hafen hinunterführte: Damit erreichte Altona – lange vor Hamburg – die direkte Verbindung von Hafenkai und Eisenbahn, nachdem bereits 1840/41 der Hafen modern ausgebaut, das heißt mit seeschifftiefen Kaianlagen versehen worden war.

Die letzte Ausbaustufe erreichte der Altonaer Hafen in den fünfziger Jahren mit den ausgedehnten Fischanlandungs- und Vermarktungsanlagen im westlichen Abschnitt der Großen Elbstraße. Er setzt sich nach Westen fort in Neumühlen (s. Ottensen, Neumühlen).

Altona-Nord

Heute bildet der Teil von Altona jenseits der Max-Brauer-Allee, der sich seit dem ausgehenden 19. Jh. entwickelt hatte, den Stadtteil **Altona-Nord.** Soweit er von der Verbindungsbahn umfaßt wird, ist er dennoch mit Altona-Altstadt zusammen beschrieben; viel zu sehr gehören Amtsgericht, ehemalige Kasernen, Nyegaard-Stift, Wohnviertel usw. mit der Altstadt zusammen (s. Altona-Altstadt). – Einen eigenständigen Charakter hat Altona-Nord nördlich der Bahn, im Bereich der Kieler Straße, der nach dem Ersten Weltkrieg erschlossen wurde. Grundlage dafür war der noch unter Oberbürgermeister Adickes 1890 durch eine Wettbewerbsausschreibung auf den Weg gebrachte Erschließungsplan für das Diebsteichviertel (Sieger war der Kölner Städtebauer Joseph Stübben).

Rund um die platzartige Ausweitung der **Kieler Straße** im Bereich Ophagen entstanden im Auftrag der gewerkschaftlichen ›Selbsthilfe‹ 1924–29 von Friedrich R. Ostermeyer entworfene Mietshäuser. Die Gruppe ist ein besonders schönes Beispiel für den Groß-Hamburger Wohnungsbau der zwanziger Jahre, außerdem für die rasche Entwicklung ihres Architekten: Kieler Str. 66–68 und 70–74 entstanden 1925/26 mit expressionistischer Zacken-Silhouette bzw. stilisierter Keramik-Plastik; Kieler Str. 67–71 folgte 1927/28; mit Nr. 75–89 ist schließlich 1928/29 die auf kubische Baukörperkomposition und einfachste Mauerwerksmusterung reduzierte Hamburger Moderne erreicht.

Gustav Oelsner hat den städtischen Wohnblock **Lunapark 2–12**/Memellandallee 1929/30 gebaut. Er zeigt seinen charakteristischen Material- und Farbklang (gelber Klinker, Glas, patiniertes Kupfer) und zugleich die Klarheit des Neuen Bauens. Bemerkenswert ist die besonders weit getriebene Horizontalisierung durch die gleichmäßige Reihung von Fenstern im Wechsel mit Balkonnischen sowie durch die im Verband abgesetzten und durchgezogenen Brüstungsflächen.

Das Altonaer **Arbeitsamt** (Kieler Str. 39) ist ein programmatisch moderner Bau der Sozialpolitik der Weimarer Republik und zumal des ›Neuen Altona‹ (Gustav Oelsner, 1925–27). Wie das Haus der Jugend (s. Altona-Altstadt, das neue Zentrum) ist es als Betonskelettbau im Rastersystem konstruiert; die Füllflächen sind mit Keramik verkleidet.

An die Geschichte protestantischer Minderheiten unter dem Schirm von Altonas Religionsfreiheit erinnert das **Gemeindezentrum der Mennoniten** an der Langenfelder Str. 100, das 1914/15 nach Entwürfen von Curt Francke – damals Professor an der Altonaer Kunst- und Gewerbeschule – in dessen malerischer Heimatstilarchitektur als Backsteinrohbau mit barocken Formen errichtet wurde (die ältere Mennonitenkirche an der Großen Freiheit ist damals profaniert und nach dem Krieg abgebrochen worden).

Stark verändert bzw. nach dem Krieg durch Neubauten ersetzt sind die von Gustav Oelsner 1925–27 erbauten städtischen Wohnblocks zwischen **Kieler, Augustenburger, Alsen-** und **Stresemannstraße.** Bemerkenswert sind noch manche Mauerwerkdetails, vor allem auch die gestufte Grundrißausbildung im Hof südlich der Koldingstraße, eines der vielen Experimente im Wohnungsbau der zwanziger Jahre zur Auflösung der überkommenen Blockrandbebauung.

Ottensen

Geschichte und Stadtbild

1310 wird das Dorf **Ottensen** erstmals erwähnt. Es gelangte mit der Herrschaft Pinneberg im 17. Jh. unter dänische Herrschaft und 1864–67 unter preußische. 1873 mit Neumühlen vereinigt und zur Stadt erhoben, wurde Ottensen 1889 seinerseits in die Stadt Altona eingemeindet und mit ihm 1937/38 Teil von Groß-Hamburg.

Der Wandel Ottensens vom Kirchdorf zum dichtbebauten großstädtischen Stadtteil im 19. Jh. ist ganz von der Nachbarstadt abhängig. Durch die Erklärung des Hafens und Stadtgebietes zum Freihafen 1854 wurde Altona als Gewerbestandort vom schleswig-holsteinischen Hinterland abgeriegelt. Hingegen bot der Freihafen den umliegenden Orten und dort angesiedelten Gewerbebetrieben die Möglichkeit, Rohstoffe so lange zollfrei zu lagern, bis sie für die Produktion gebraucht wurden; der Hafenhandel bot auch Absatzchancen. So verlagerten zahlreiche Betriebe ihren Standort aus Altona heraus in möglichst unmittelbare Nähe zur Zollgrenze. Auch die mit der Industrialisierung einhergehenden Firmenneugründungen wählten entsprechende Standorte. Das bis 1850 noch dörfliche Ottensen als Altona nächstgelegener Ort wurde damit zum Kristallisationskern für Industrie und Gewerbe sowie zum Wohnort der zugehörigen Arbeiterbevölkerung. Das Fehlen einer diesem Vorgang gewachsenen kommunalen Verwaltung und Planung (so gelang es Ottensen vor 1889 nicht einmal, ein Rathaus zu erbauen) führte dazu, daß Gewerbe und Wohnen sich dicht ineinander verflochten.

Erst nach dem Zollanschluß Altonas 1881–88 und nach der Eingemeindung Ottensens in Altona 1889 wurde dieser regellose Zustand durch eine geordnete Stadtentwicklung abgelöst. Bis dahin hatte Ottensen schon fast sein heutiges Erscheinungsbild gewonnen. Es unterscheidet sich von dem der anderen Stadtentwicklungsgebiete des 19. Jh. in Hamburg durch seine krummen Straßen in dichter Vernetzung – es sind die unverändert beibehaltenen Wege des alten Dorfes; Ottenser Marktplatz und Spritzenplatz bilden die Zentren.

Der aus heutiger Sicht charakteristische Reiz des Stadtteilkerns liegt in der wechselnden Nachbarschaft von dichter, blockrandfolgender Etagenhausbebauung (mit für die Gründerzeit typischen, traditionell klassizistischen und Neorenaissance-Fassaden) und Gewerbebetrieben und Fabriken. – Städtebaulich wohlgeordnet ist der Westen des Stadtteils durch die seit 1893 von Altona aufgestellten Stadterweiterungspläne.

Seit ca. 1975 ist ›Mottenburg‹ (wie Ottensen mit einem populären Kosenamen umstrittener Ableitung – möglicherweise unter Anspielung auf die grassierende Tuberkulose – genannt wurde) Gegenstand des Konzepts ›Stadterneuerung in kleinen Schritten‹, durch das Hamburg damals die älteren Vorstellungen von der Altstadtsanierung durch Flächenabriß ablöste. Obwohl zur Verbesserung der Wohnqualität immer noch Verluste an historischer Bausubstanz hingenommen werden mußten, hat Ottensen dadurch sein Stadtbild bewahrt.

Christianskirche

Die erste eigene Kirche erhielt Ottensen 1547/48. Die bestehende ev.-luth. **Christianskirche** an der

Die Christianskirche in Ottensen mit den Klopstockgräbern, um 1830

Klopstockstraße baute der Schleswiger Landbaumeister Otto Johann Müller 1735–38; sie wurde nach dem Landes- und Kirchenherrn König Christian VI. benannt. 1944/45 teilweise zerstört, wurde die Kirche 1946–52 wieder hergestellt.

Der einfache, von einem Mansarddach gedeckte Backsteinbau mit pilasterartigen Wandvorlagen folgt dem traditionellen Typus evangelischer Dorfkirchen als fünfseitig geschlossener Saal mit Westturm (am Schaft Königsmonogramm und Jahreszahl). Das Turmdach stammt von einer Erneuerung von 1897/98, ebenso wie das Westportal mit seinem Säulenrahmen und die daneben aufgestellten Stahlglocken. – Das beim Wiederaufbau neugestaltete Innere wird bestimmt durch den (stark ergänzten) Kanzelaltar aus der Erbauungszeit; der Säulenrahmen mit Evangelistenfiguren (in der Predella Abendmahl) faßt jetzt ein bemerkenswertes Hauptbild ein (Hans Gottfried von Stockhausen, 1968). Die Kanzel, die sich dort befand, wurde separat neu aufgestellt. Der Taufstein hat ein gotländisches Kalksteinbecken des 13. Jh., montiert auf einem Sockel der Zeit um 1600. Darüber schwebt ein Taufengel, der einen Lorbeerkranz in den Händen hält; er hatte im 18. Jh. eigentlich eine Taufschale zu tragen, die den im damaligen Verständnis mittelalterlich-altmodischen Taufstein ersetzte. Die Empore bezieht die über den Krieg gerettete Orgel von 1744 ein. – In der Vorhalle der Kirche hängt ein Holzkruzifix der Zeit um 1490. Zwei Tafeln von 1726 mit den Zehn Geboten und ein Relief ›Jakobs Kampf mit dem Engel‹ aus der ersten Hälfte des 18. Jh. stammen dort wohl noch aus der Vorgängerkirche.

Der **Friedhof** bei der Christianskirche ist 1759 neu angelegt worden; er wurde 1929 geschlossen und ist seit 1954 als öffentliche Grünanlage gestaltet, die Einfriedung stammt von 1897/98. Von den zahlreichen erhaltenen *Grabdenkmälern* – Familiengrüfte und Stelen seit dem 18. Jh. – sind die wichtigsten die für den Dichter *Friedrich Gottlieb Klopstock* (1724–1803) und seine beiden Frauen (Abb. 53). 1759 hatte Klopstock, der später – seit 1770 – in Hamburg wohnte, diese Grabstätte bei der Dorfkirche erworben und mit zwei Linden bepflanzt. Hierher – damals in dörfliche Ruhe und idyllische Landschaft – ließ er die aus Hamburg stammende und dort 1758 verstorbene, zunächst in der Hauptkirche St. Nikolai beigesetzte Meta überführen; 1803 wurde der Dichter selbst und 1821 seine zweite Frau Johanna Elisabeth hier beigesetzt.

Die Grabstätte ist ein frühes Denkmal der sich wandelnden Todesvorstellung im Zeitalter der Empfindsamkeit, für das Klopstock als Dichter entscheidende Ausdrucksformen fand: Nicht mehr die durch das Kirchenbegräbnis garantierte Auferstehung, sondern das Einswerden mit einer als göttlich und harmonisch verstandenen Natur ist Inhalt der Jenseitshoffnung. Die Gedenkworte für Meta stammen von Klopstock selbst, die für ihn von Graf Friedrich Leopold Stolberg. Der Grabstein des Dichters spielt mit dem Marmorrelief der ›Religion Jesu‹ auf das 1773 in Hamburg vollendete Hauptwerk ›Messias‹ an.

Fabriken und Wohnhäuser

Die Mietshäuser des ausgehenden 19. und beginnenden 20. Jh. in Ottensen zeigen den typischen Stilwandel der Zeit und in Anlage und Aufwand den sozialen Status des Fabrik-Ortes. Nur in wenigen Sonderfällen ist im einzelnen darauf einzugehen. – Ottensens zahlreiche Fabriken haben im Zuge des wirtschaftlichen Strukturwandels der letzten Jahrzehnte weithin ihre ursprüngliche Funktion verloren und werden inzwischen für die verschiedensten neuen Zwecke umgenutzt. – ›Ottenser Industriegeschichte‹ vergegenwärtigt ein Wandbild im Hof der ehemaligen Fabrik **Holstentwiete 31** (Ingrid Heinsohn und Hildegund Schuster, 1985).

Die **Schiffsschraubenfabrik Zeise,** Friedensallee 9, wurde durch Theodor Zeise 1857 gegründet. Zunächst baute er Maschinen, dann wurde eine Gießerei errichtet, die Gußteile für den Schiffbau lieferte, zumal Kesselroste für Dampfschiffe. Bald spezialisierte er sich auf Schiffsschrauben. – Die Fabrik umfaßte schließlich das heute noch vorhandene Konglomerat von Hallen. Der Guß von immer größeren Schiffsschrauben machte sie nötig. Der älteste erhaltene Teil ist das Kontorgebäude (heute *Filmhaus*) an der Friedensallee 7 (später aufgestockt, Gedenktafel für Theodor Zeise). Die Doppelgiebelfassade an der Bergiusstraße (Schaar & Hintzpeter, 1891) zeigt die schmuckreiche Backsteinbauweise, die Industriebauten der Zeit um die Jahrhundertwende auszeichnet. Die Halle an der Friedensallee, die eigentliche Gießerei, wurde erst 1948–50 gebaut. Zur Friedensallee hin stand zuletzt der große Schmelzofen. Eingeschlossen in diese winkelförmige Anlage ist ein 1890 errichteter Etagenhauskomplex. Das Werk II an der gegenüberliegenden Seite der Friedensallee übernimmt mit seiner Fassade Elemente des traditionalistischen Bauens der zwanziger Jahre in den Industriebau (und bewahrt im Kern ältere Reste).

1986–88 wurde im hintersten Winkel der alten Fabrik – da wo überhaupt ihre erste Halle stand – das ›Eisenstein‹ eingerichtet sowie das Werk II zum ›Medienhaus‹ ausgebaut; es sind die riskantesten und besten Beispiele der Aneignung funktionsloser Industriearchitektur in Deutschland (Peter Dinse, Isabell Feest und me di um).

Die heute so genannte **Fabrik** an der Barnerstr. 36 hat einen legendären Ruf gewonnen, seit der auf Abbruch verkaufte Bau 1971 von Horst Dietrich und Friedhelm Zeuner zum Ort einer höchst wirksamen Verbindung kommerzieller Kulturveranstaltungen und sozialer Stadtteilarbeit gemacht wurde. Sie wurde zum Prototyp vergleichbarer Umnutzungen von Zweckbauten in vielen anderen Städten. – Mit zum Erfolg trug die eindrucksvolle Raumgestalt des 1889 für eine Maschinenfabrik (sie stellte Maschinen zur Holzbearbeitung her) errichteten dreischiffigen Holzbaus mit Backsteinaußenwänden bei: Die dreigeschossigen Seitenschiffe und das von den Stirnseiten her belichtete Mittelschiff geben der Fabrik geradezu sakrale Assoziationen. Freilich ist das heutige Bauwerk Ergebnis des Wiederaufbaus nach einem Brand von 1977 (von Gerkan, Marg und Partner, 1978/79); insbesondere ist die Holzkonstruktion gänzlich neu. – Der abzeichenhaft

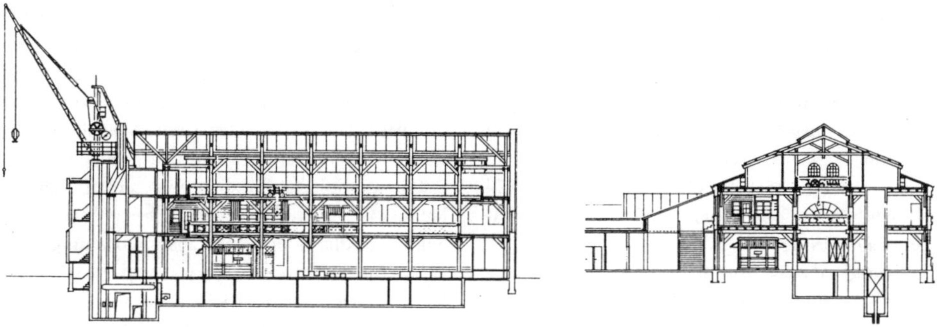

Die ›Fabrik‹ an der Barner Straße nach dem Wiederaufbau 1979

am Eingang montierte Kran stammt aus dem Abbruch der Fabrikanlagen von Menck & Hambrock auf dem benachbarten Gelände (durch Wohnungsbau ersetzt).

In der Nähe liegt ein bemerkenswertes kleines Wohnviertel an der **Abbe-** und **Zeißstraße.** Die ältesten Häuser Zeißstraße **31–49** sind 1861–64 entstanden; sie halten noch an der in Hamburgs Gängevierteln traditionellen Struktur von Bude und Sahl fest – erkennbar an den Drei-Türen-Gruppen (durch die je zwei Erdgeschoß- und zwei Obergeschoßwohnungen zu erreichen sind). – Hinter den Häusern 22–34 liegt eine ehemalige Drahtstifte-Fabrik. Seit 1986 instandgesetzt, ist hier das **Stadtteilarchiv Ottensen** eingezogen, das als Geschichtswerkstatt die Stadtteilgeschichte erforscht und in Ausstellungen und Rundgängen erläutert.

Parallel zur Entwicklung des Altonaer Fischgroßmarktes entwickelte sich Ottensen seit der Gründerzeit zum Standort zahlreicher Fischverarbeitungsbetriebe. Einer der letzten charakteristischen Fischräucher-Schornsteine mit einer eisernen Fischsilhouette als Bekrönung steht am **Hohenesch 70.**

Der Straßenname **Am Felde** weist noch auf die Lage am Rande des alten Dorfes hin. Hier wurden um 1850 Baugrundstücke ausgewiesen. Von der Erstbebauung stammen noch die Häuser 126–130, 136–140 und 142–144 – Häuser mit Kleinwohnungen zur Vermietung; an den Drei-Türen-Gruppen ist wieder der Sahlhaus-Typ zu erkennen.

Für die 1844 in Flensburg gegründete ›Maschinen-Düten- und Couvert-Fabrik N. F. A. Netzler Nachf., Spezial-Maschinen für Papiersäcke- und Düten-Fabrikation‹ (sie war also wichtig für Hafen und Kontore zugleich) ist 1884 bzw. um 1910 die Fabrikanlage **Donnerstraße 18** entstanden, Ausdruck der Prosperität in der Zollanschlußphase Altonas und Hamburgs (seit 1984 in eine Wohnanlage umgebaut).

Die Villa **Große Brunnenstr. 67** steht seit 1884 an der Stelle eines Bauernhofes und zeigt den Wohlstand, den sein Besitzer aus dessen allmählicher Parzellierung gezogen hat, sowie dessen Bedürfnis, sich die städtischen Architekturformen der bürgerlichen Neorenaissance dieser Zeit als neuen Anzug zuzulegen.

An der **Holländischen Reihe** (deren Namen an niederländische Emigranten erinnert) gibt es noch Häuser aus den 1860er Jahren: Nr. 33–37 (etwa 1862) als dreitüriges Sahlhaus, dazu die kleinbürgerlichen Einzelhäuser Nr. 43 (der Giebelschmuck legt Zeugnis ab vom Handwerksstolz des Erbauers), Nr. 45 und Nr. 47.

Klopstockstraße und Elbchaussee

Die **Klopstockstraße** gehörte als Fortsetzung der Palmaille zu Altona. Hier entstanden 1797 die

Häuser 2–8 als Reihenhauszeile mit einheitlicher Fassade; die Häuser Nr. 3 (in dem vor 1889 die Ottenser Stadtverwaltung residierte) und 11–25 an der Südseite wurden in den 1840er Jahren als vornehme Bürgerhäuser gebaut, Nr. 5 folgte 1881 (Martin Haller). – Klopstockstraße **27/29** (mit Nebengebäude) war das Gebäude einer der 1854 eingerichteten Zollstationen rund um das Freihafengebiet Altona.

Westlich davon beginnt die **Elbchaussee,** die vornehme, durch Villen in Gärten und Landhäuser in Parks gesäumte Straße, die in die Elbvororte und bis hinaus nach Blankenese führt. Sie wird noch auf eine kurze Strecke gesäumt durch Etagenhäuser, an ihrer Nordseite stehen die kleinbürgerlichen Reihenhäuser Nr. 38–52 (um 1850–60).

An der Geesthangkante zur Elbe ist Ottensen schon im 17. Jh. von der Hamburger Landhauskultur erfaßt worden wie die anderen Dörfer in schöner Lage rund um die Hansestadt. Die Elbchaussee vergegenwärtigt auch heute noch diese Landhauskultur in hervorragenden klassizistischen Bauten und späteren Villen. Sie ist heute eine viel befahrene Hauptstraße. Ihren Ausgangspunkt hatte sie in einer einfachen Landstraße. Die Besitzer der dort entstehenden Landhäuser bildeten einen Wegebauverein und bauten sie 1830 zur Chaussee aus, wofür sie bis 1889 an mehreren Schlagbäumen Wegegeld erheben konnten. Dann übernahm Altona die »schönste Straße der Welt« (Detlev von Liliencron nannte sie so um 1900).

Schon ganz am Anfang stand eines der schönsten Landhäuser Christian Frederik Hansens, das *Haus Abbema,* 1795 errichtet. In ihm richtete der französische Emigrant *Rainville* später ein berühmtes Restaurant ein, 1867 wurde es abgebrochen und das Anwesen zur Bebauung erschlossen, die um 1880 abgeschlossen war (Rainvilleterrasse). Hier liegt eines der patriotischen Denkmäler Altonas, der **Chemnitz-Bellmann-Brunnen** in der Stützmauer der Rainvilleterrasse, errichtet 1909 für den Dichter und den Komponisten des Schleswig-Holstein-Liedes, Matthäus Friedrich Chemnitz und Carl Gottlieb Bellmann. – Wichtiger ist als eines der modernen öffentlichen Gebäude Altonas aus den zwanziger Jahren die **Seefahrtschule** (heute Fachhochschule Hamburg, Fachbereich Seefahrt, Rainvilleterrasse 4), errichtet 1931/32 durch die Preußische Staatshochbauverwaltung. Der einfach und klar gegliederte, kubisch konzipierte Putzbau mit seinen Relings, Masten und Antennen steht teils gegenständlich, teils symbolisch in jener vagen Beziehung zum Schiffbau, die in der Architektur der zwanziger Jahre vielfach zu beobachten ist und hier ausnahmsweise der Zwecksetzung des Gebäudes ganz entspricht.

Einer der größten Landsitze der Elbvororte war der des Bankiers Salomon Heine, des Onkels von Heinrich Heine und des vielfachen Wohltäters der Jüdischen Gemeinde und der Hansestadt Hamburg. Er hatte das Deutsch-Israelitische Krankenhaus gestiftet (s. St. Pauli, Wohnviertel), er hatte durch großzügige Kredite dazu beigetragen, daß nach dem Großen Brand von 1842 die Hamburger Wirtschaft nicht zusammenbrach. John Blacker hatte den Landsitz an der Elbchaussee 31 1780 angelegt; Salomon Heine erwarb ihn 1808. Das klassizistische Landhaus wurde 1880 abgerissen, der Park zum Teil parzelliert. – Dort hatte Salomon Heine 1832 ein Gärtnerhaus erbaut, mit einem Gartensaal für sich selbst. Es wurde 1975–79 wieder hergestellt und dient jetzt als **Heine-Haus** kulturellen Zwecken. Hier hielt sich wohl auch Heinrich Heine bei seinen Hamburg-Besuchen 1843 und 1844 auf. Der eingeschossige Bau mit Krüppelwalmdach und Zwerchhaus ist einfach klassizistisch dekoriert.

Donners Park (Bereich Elbchaussee 75) geht auf einen seit dem 17. Jh. bestehenden bürgerlichen Landsitz zurück, den seit 1820 der Altonaer Kaufmann Conrad Hinrich Donner besaß. Zum Garten gehörte die dem Dorf Neumühlen den Namen gebende Wassermühle. – Das ungewöhnlich große, daher *Donnerschloß* genannte neugotische Landhaus (Johann Heinrich Strack, 1856/57) wurde im Zweiten Weltkrieg zerstört. Bereits seit 1912–14 diente es öffentlichen Zwecken der Stadt Altona, seit damals ist der Park öffentliche

38 Südliche Deichtor-Markthalle, vor der Restaurierung (Innenstadt, Deichtor-Markthallen)

39 Ehemaliges Israelitisches Krankenhaus (St. Pauli)

Jäger=Passage
Regenbogen
T.K
YASA
VIDEO . KULÜB

41 Deutsches Schauspielhaus (St. Georg)

◁ 40 Vorderhaus der Jägerpassage (St. Pauli)

42 Mittelkanal mit Meyerdenkmal und S-Bahn-Haltestelle (Hammerbrook)

43 Hammerbrookschleuse am Mittelkanal (Klostertor)

44 Auedeich 22–24 in Finkenwerder

45 Jüdischer Friedhof Königstraße (Altona-Altstadt)

46 Palmaille 112 ff. (Altona-Altstadt) ▷

112

47 Altonaer Rathaus (Altona-Altstadt)

48 Haus der Jugend – das Neue Altona der zwanziger Jahre (Altona-Altstadt)

49 St. Joseph an der Großen Freiheit (Altona-Altstadt)

50 Bei der Friedenseiche (Altona-Altstadt)

51 Große Elbstr. 146 (Altona-Altstadt)

52 Das ›Elbschlößchen‹, Elbchaussee 372 (Nienstedten)

53 Klopstocks Grab bei der Christianskirche (Ottensen)

54 Gartensaal im Jenisch-Haus (Othmarschen)

55 Lindenallee im Hirschpark (Nienstedten)

56 Leuchtturm am Rissener Ufer (Rissen)

57 Häuser am Alsterglacis (Rotherbaum)

60 Alsterufer 25–27 (Rotherbaum)

58 Terrassen Rothenbaumchaussee 71–73 (Rotherbaum)

59 Wasserturm Sternschanze (Rotherbaum)

61 Krugkoppelbrücke (Harvestehude)

62, 63 Hauseingänge in der Isestraße (Harvestehude)

Grünanlage. **Elbchaussee 79** gehört in die Reihe der nicht mehr sehr zahlreichen Nebengebäude für Ställe, Kutscher und Gärtner, die früher zu den Landsitzen gehörten (um 1860).

Das Landhaus des Reeders Carl Woermann **Elbchaussee 131** wurde 1856/57 auf einem Teil des ehemaligen Anwesens Lawaetz errichtet, nicht mehr in den philosophischen oder auch bloß repräsentativen Formen des Klassizismus, sondern mit unübersehbaren Freiheiten in der Gestaltung; mit Elementen des ›Schweizerstils‹ weist es auf neue ›Freizeit‹-Leitbilder hin.

Auf dem **Friedhof Bernadottestraße** des ev.-luth. Kirchengemeindeverbandes Altona wird seit 1860 bestattet. Die Kapelle an der Bernadottestraße – ein charaktervoll sachlicher Klinkerbau mit Walmdach – stammt aus den 1920er Jahren. – Zeittypisch für die Mitte des 19. Jh. ist das schematische Wegenetz. Die Grabdenkmale dokumentieren die gesamte Belegungszeit, wenn sie auch weit überwiegend erst den letzten Jahrzehnten angehören. Sie zeigen mit der in Hamburg üblichen Bandbreite an Typen ein mittleres Niveau. Erwähnenswert sind die neben dem Verwaltungsgebäude liegende Figur des abgetragenen Grabmals Jebens (1925) und die Grabanlage Langhaus von 1913 (A 411 – Bronzefiguren von Richard Jansen).

Hohenzollernring und Friedrich-Ebert-Hof

1893 entwarf Joseph Stübben aus Köln, der berühmte Städtebauer, der schon 1890 den Plan für Altona-Nord geliefert hatte, eine Planung für die Stadterweiterung nach Westen, die Grundlage der Altonaer Entwicklung bis in die dreißiger Jahre blieb. Die Nord-Süd-Achse neuer Wohngebiete wurde der **Hohenzollernring.** Er folgt Maximen, die Stübben 1890 im ›Handbuch der Architektur‹ für den Städtebau aufgestellt hatte: großzügige funktionale Ordnung von Verkehr und Siedlungsfläche, Baugrundstücken und Straßenanlagen und monumentale Wirkungen durch öffentliche Bauten sowie Rhythmus und Symmetrie der Freiraumentwicklung.

Die ev.-luth. **Kreuzkirche** als denkmalhafter Mittelpunkt an der Kreuzung Behringstraße wurde 1897/98 durch Fernando Lorenzen errichtet. Der zentralisierte Grundriß und die neugotische Backsteinbauweise stehen ganz in der Entwicklungslinie der Hamburg-Altonaer Kirchen des 19. Jh., die ja überwiegend Johannes Otzen entworfen hatte (und dieser saß im Preisgericht des Wettbewerbs von 1896).

Das **Kinderkrankenhaus Altona** (Bleickenallee 38) wurde von Curt Francke 1912–14 erbaut, der ländliche Herrenhäuser als Vorbild im Auge hatte. Die anmutige Gebäudegruppe mit Garten (damals am Stadtrand) sollte wenigstens kranken Kindern die Umwelt bieten, die sie in den krankmachenden Arbeitervierteln Ottensen und Altona-Altstadt entbehrten. Die Milchküche, deren Eingang noch erhalten ist, bot den Bewohnern dieser Stadtteile die Möglichkeit, hygienisch einwandfreie Säuglingsnahrung zu beziehen. Qualitätvoll ist auch der rückwärtige Erweiterungsbau, eines der gelungensten Beispiel für die Integration von Neuem Bauen und traditioneller Backsteinbauweise in Hamburg (Elingius & Schramm, 1930/31).

Das **Lankenau-Stift** an der Bleickenallee 34–36 (Raabe & Wöhlecke, 1912/13) vergab »Freiwohnungen an alleinstehende ältere Männer und Frauen, wie auch an Ehepaare, vornehmlich aus dem Handwerker- und Arbeiterstande«. In städtebaulicher Vorzugslage verbindet auch seine Baugestalt die aktuelle hamburgische Heimatschutz-Bauweise mit dem Anlagetypus adliger Herrensitze.

Die ehemalige Oberrealschule Hohenzollernring 57–61 (**Gymnasium Altona**) wurde 1908–10 vom Stadtbaumeister Emil Brandt erbaut. Sie zeigt dieselbe Bauweise wie Amtsgericht und Nyegaard-Stift (s. Altona-Altstadt). Am Eingang Statuen von Luther und Kopernikus.

Am **Hohenzollernring** begann noch vor dem Ersten Weltkrieg eine neue anspruchsvolle Wohnbebauung, wie die Etagenhäuser Hohenzollernring **27–29** (Fritz Neugebauer, 1912) zeigen, die die neue hamburgische Backsteinbauwei-

Skizze Friedrich R. Ostermeyers für den Friedrich-Ebert-Hof, um 1928

se aufnehmen und zu aufwendigen Dekorationen nutzen. In den zwanziger Jahren folgten charaktervolle Großwohnanlagen (**Nr. 23–25** August Soll, 1927; **Nr. 31–37** Friedrich R. Ostermeyer; **Nr. 28–30** Heinrich Müller, 1930–32; **Bernadottestr. 36–40** Georg Hinrichsen, 1928). – Das Mehrfamilienwohnhaus Ecke **Hohenzollernring/Elbchaussee 126** (Friedrich R. Ostermeyer, 1928–30) verbindet den weißen Internationalen Stil und die Subtilität hamburgischer Backsteinbauweise.

Als Teil dieses Stadterweiterungsgebiets sind in den zwanziger und dreißiger Jahren die umfangreichen Siedlungsbauten entstanden, die westlich anschließen, darunter die Gesamtanlage **Am Rathenaupark:** eine geschlossene Blockrandbebauung, deren dreigeschossige Häuser teils als Putzbauten, teils mit Klinkerverblendung von der Stadt Altona durch ihren Bausenator Kurt Meyer 1922–24 erbaut wurden. Sie bemühen sich mit traditionalistischen Formen und einigen expressionistischen Details in der Nachbarschaft des Parks, einen kollektiven Landhaushabitus zu entfalten. Schön ist die Nordostecke mit Ladengebäude und Durchfahrten.

Weiter nördlich liegt eine der wichtigsten Hamburger Großwohnanlagen der zwanziger Jahre mit den beiden Abschnitten des **Friedrich-Ebert-Hofes,** der nördlich und südlich der Jahn-Kampfbahn (Friedensallee 249–261 bzw. Behringstr. 84–110) durch die gewerkschaftliche ›Selbsthilfe‹ 1928/29 errichtet wurde. Architekt war Friedrich R. Ostermeyer, der für dieselbe Genossenschaft die Bauten an der Kieler Straße entworfen hatte (s. Altona-Nord).

Mehr als alle anderen Siedlungsbauten hatte der Friedrich-Ebert-Hof programmatische Bedeutung für die sozialdemokratische und gewerkschaftliche Wohnungsbaupolitik der Weimarer Republik: Die Gemeinschaft der Arbeiterbewegung sollte vergegenwärtigt werden – durch die Großform mit Achsen, Toren, Symmetrien und durch den gemeinsamen Innenhof mit dem Denkmal des sozialdemokratischen ersten Reichspräsidenten Ebert (es wurde nach dem Kriege erneuert, nachdem der Hof im Dritten Reich in ›Bahrenfelder Hof‹ umbenannt gewesen war). Kollektive Lebensformen sollten mit Gemeinschaftseinrichtungen im eingeschossigen Flügel an der Griegstraße gefördert werden. Das Neue Bauen bestimmt die Gestaltung im einzelnen mit kubischen Baukörpern und Flachdach, Fassaden ohne jede Dekoration und serieller Abfolge von Fenstern, Loggien, Türen. Äußerst subtil ist die Behandlung des Mauerwerks, bei dem die Stoßfugen verstrichen und gefärbt wurden, so daß sich die horizontale Tendenz der Komposition auch im Detail der Backsteinschichtung wiederholt.

Mit anderen Mitteln erreicht eine ähnlich hohe Qualität die Großsiedlung **Helmholtzstraße/ Bunsenstraße,** die 1926/27 im Nordteil von Ottensen durch die Stadtverwaltung Altona nach Gustav Oelsners Entwurf errichtet wurde. Hier sind erstmals in dieser konsequenten Form sachliche Zeilenbauten aufgereiht, ein Motiv, das in kürzester Zeit zum Dogma des modernen Städtebaus werden sollte. Die Fluchten der Häuser sind leicht gestuft, was die Schematik des Zeilenbaus differenziert. Die Fassaden sind mit Oelsners gelb-bunten Klinkern verkleidet, darunter einzelne dunkle, formlose, zum Teil aus der Fläche vorgezogene Steine; die Materialwirkung des Backsteins ist kaum mehr zu steigern. – Dem Dritten Reich blieb es vorbehalten, hier seinen ›Kampf gegen das Flachdach‹ siegreich zu bestehen und unpassende Walmdächer aufzusetzen.

Mit der **Osterkirche** (Bei der Osterkirche) erhielt Ottensen 1930/31 auch noch einmal eine neue Kirche, charakteristisch mit Gemeindehaus und Pastorat zu einer Gebäudegruppe entwickelt.

Der Ostrand des Stadtteils ist im übrigen dadurch bestimmt, daß dort nach 1889 das Stadtzentrum des größeren Altonas entwickelt wurde, von dessen Bauten das Altonaer Museum und das Haus der Jugend wie auch das Blücher-Denkmal verwaltungstechnisch zum Stadtteil Ottensen gehören (s. Altona-Altstadt, das neue Zentrum).

Hafen und Kühlhaus

Am Ottenser Elbufer setzen sich die in den zwanziger Jahren ausgebauten Hafen- und Kaianlagen des Altonaer Hafens bis zum Neumühlener Kai fort. Davon ist vor allem der 1923/24 errichtete **Kaispeicher D** (ursprünglich ›F‹) hervorzuheben, dreigeschossig direkt am seeschifftiefen Kai die Aufgaben von Schuppen und Speicher integrierend, formal modern mit kubischem Baukörper – und doch pathetisch durch den überhöhten Mittelteil. Kräne liefen über der am Kai entlang geführten Bahn. Sie bestehen nicht mehr, und auch der Kaischuppen hat seine ursprüngliche Funktion verloren. – Nach Entwürfen von Gustav Oelsner ist 1927/28 der noch erhaltene Kopfbau des **Kaispeichers F** (ursprünglich ›D‹) errichtet worden.

Hier hat die **Cap San Diego** einen Liegeplatz gefunden, eines der schönsten Schiffe, die in Hamburg je gebaut wurden (Farbabb. 4). Der Stückgutfrachter der Reederei Hamburg-Süd (Hamburg-Südamerikanische Dampfschiffahrtsgesellschaft Eggert & Amsinck) war im Liniendienst nach Südamerika eingesetzt und konnte auch Passagiere befördern; er ist mit 10017 t (7777 tdw) vermessen. 15 Schiffe der Cap-Klasse wurden 1955–69 geplant und gebaut; gestaltet wurde der Typ durch den Architekten Caesar Pinnau; das Fehlen von Schornsteinen und die Stromlinienform der Aufbauten sollten dem Schiff ein yachtartiges Image geben. Die Cap San Diego wurde auf der Deutschen Werft Hamburg gebaut und 1962 in Dienst gestellt. Von der Hansestadt 1986 vor der Verschrottung gerettet, hat sie hoffentlich eine Zukunft als Museumsschiff (Besichtigung täglich 10–18 Uhr, ✆ 3905546).

Den monumentalen Abschluß der Altonaer Hafenanlagen und zugleich einen Eingangspylon für den Hamburger Hafen von See her bildet das **Kühlhaus Union** (Elingius & Schramm, 1924/25); es wurde für Gefrierfleisch aus Argentinien gebaut, dessen Einfuhr erstmals nach dem Ersten Weltkrieg und endgültig seit 1922 möglich wurde und das eine bedeutende Rolle für die Verbesserung der Ernährungsverhältnisse der Unterschichten in den deutschen Städten spielte. Inzwischen ist das Kühlhaus außer Betrieb, es soll zum Wohnstift ausgebaut werden. – An der Westseite des Gebäudes sind übrigens noch Spuren der Versuche zu sehen, mit denen die Wirkung unterschiedlicher Materialien für die Pylone der von Adolf Hitler gewünschten und seit 1937 geplanten Elbehochbrücke erprobt wurden. – Am Kai steht ein **Portalkran** aus den zwanziger Jahren.

Neumühlen

Zu Ottensen gehört das bis 1889 selbständige Dorf **Neumühlen** am Elbufer, das zusammen mit

Övelgönne eine der merkwürdigsten Siedlungen Hamburgs bildete. Am Fuß des Hangs – hinter einem neuen Deich versteckt, ursprünglich am Strand gelegen – zieht sich ein Rest des Dorfes hin, von dessen bunt gemischter Häusergruppe vor allem das 1756 erbaute Haus Nr. 33 bemerkenswert ist. Nach Westen schließt sich Övelgönne an (s. Othmarschen, Övelgönne).

Schon am Ende des 17. Jh. besetzten Gewerbebetriebe die Strandgrundstücke und nutzten z. T. auch die Wasserkraft, die sich im Namen andeutet. An diese Zeit knüpft noch die nur scheinbar amorphe Gruppe von Häusern an der **Elbtreppe 3–7** an (darunter ein charakteristisches Sahlhaus, das noch ins frühe 19. Jh. zurückreicht und damit wohl eines der ältesten erhaltenen überhaupt ist).

Neumühlen wie Övelgönne stehen in spannungsvoller Beziehung zur Elbchaussee, deren Landhäuser und Villen die Oberkante des Steilabfalls zur Elbe besetzen. Beide Sphären verbanden sich gelegentlich. So vor allem durch den Landsitz von *Johann Daniel Lawaetz* (1750–1826), der sich als Kaufmann und Fabrikant 1778 in Altona niedergelassen hatte. 1793–98 erwarb er Gelände zwischen Neumühlen und Elbchaussee und ließ darauf ein Landhaus durch Christian Frederik Hansen errichten (1944 zerstört).

Wie viele seiner wohlhabenden Zeitgenossen in Hamburg und Altona hatten die Ideen der Aufklärung Lawaetz beeindruckt; an ihrer Umsetzung in eine praktische Reformbewegung nahm er maßgebend teil, u. a. durch die Gründung des Altonaischen Unterstützungs-Instituts 1799 (eine gemeinnützige Sparkasse) und der Schleswig-Holsteinischen Patriotischen Gesellschaft 1812 (nach Hamburger Vorbild). Wirtschaftlicher Erfolg verpflichtete demnach zu sozialem Handeln. Das Problem der Behebung der Armut beschäftigte Lawaetz in vielfältiger Form zeitlebens. Die Gründung der Armenkolonie Friedrichsgabe in Schleswig-Holstein 1821 war eine Folgerung (ein frühes Beispiel für praktische Großstadtkritik).

Seit 1793 hatte Lawaetz auf dem unteren Teil seines Neumühlener Grundbesitzes verschiedene Betriebe gegründet, vor allem 1802 eine Wolltuchmanufaktur. Auch diese Betriebe sollten Arbeitsplätze für die Überwindung der Armut der städtischen Unterschichten bereitstellen. ›Tempel der Tätigkeit‹ stand am Hauptgebäude. Von diesen gewerblichen Anlagen ist – vielleicht von Hansen entworfen – das langgestreckte, zweigeschossige Gebäude **Neumühlen 16–20** erhalten (mit Monogramm ›L‹ und der Jahreszahl 1802). Unmittelbar dahinter beginnt der **Rosengarten,** der sich den Hang hinauf zieht: Dort stand ursprünglich das Landhaus des Fabrikherrn.

Bahrenfeld

Wohnungen, Kasernen und Industrie

Zwischen den Bahnlinien nach Blankenese und Kiel liegt **Bahrenfeld** im Nordwesten Altonas. Das 1256 erstmals erwähnte Dorf nahm etwa die Fläche des Straßendreiecks nördlich der Von-Sauer-Straße ein. Wie Altona und Ottensen gehörte es zur Herrschaft Pinneberg und wurde seit 1640 durch die dänischen Könige regiert; seit 1867 gehörte es zur preußischen Provinz Schleswig-Holstein. Im selben Jahr wurde die Eisenbahnlinie Altona – Blankenese eröffnet. Ausgehend vom Bahnhof begann seitdem die Erschließung der Gemarkung für die städtische Besiedlung. – 1890 wurde Bahrenfeld in die Stadt Altona eingemeindet und von deren weit ausgreifender Stadtplanung erfaßt, die für Ottensen und Bahrenfeld Joseph Stübben aus Köln 1893/94 entworfen hatte. Josef Brix (Altonaer Stadtbaurat 1895–98) gab die entscheidenden Impulse für ihre Umsetzung. Dadurch wurden das Straßennetz und die Nutzung Bahrenfelds festgelegt, im Bereich der Bahnlinien Gewerbe und Industrie, ihnen zugeordnet Arbeiterwohngebiete und im Westen ›bessere Wohndistrikte‹. Die nördliche Feldmark wurde schon seit den 1860er Jahren für Friedhöfe und dann für Grünanlagen in Anspruch genommen.

An das Dorf und die Landhäuser, die auch hier im 18. Jh. Hamburger und Altonaer Bürger errichtet hatten, erinnert nichts mehr (die Windmühle Osdorfer Landstraße 20 gehörte zu Flottbek – um 1870). Immerhin stammt aus dem frühen 19. Jh., als Bahrenfeld zum Ausflugsziel wurde, der ehemalige Gasthof **Waidmannsruh** am Bahrenfelder Kirchenweg 84, ein biedermeierliches Gartenlokal – seit einer Fassadenmodernisierung erinnert nur noch die Form des Krüppelwalmdachs an die Entstehungszeit. – Nach dem Eisenbahnanschluß Bahrenfelds ist die **Bahrenfelder Eiche,** Von-Sauer-Straße 22, mit gründerzeitlichem Tanzsalon entstanden.

Seit dem Bahnanschluß 1867 sind die vorstädtischen Wohnhäuser nördlich vom Bahnhof und dann die Blocks am **Bahrenfelder Steindamm** und an der **Stresemannstraße** entstanden, Gründerzeit- und Jugendstil-Etagenhäuser (auffallend reine Jugendstildekoration haben die Häuser **Bahrenfelder Chaussee 1ff** von 1904), wie überall von der liberalen Spekulation der Zeit vor dem Ersten Weltkrieg für die wachsende Bevölkerung Altonas schnell und schematisch errichtet.

Bahrenfelds besondere Bedeutung für den Hamburger Wohnungsbau liegt in den Mustern für den sozialen Wohnungsbau, die hier seit der Jahrhundertwende errichtet wurden. Sie sollten nachweisen, daß auch die Großstadt ein lebenswertes und ökonomisch vernünftiges Wohnangebot für die breiten Bevölkerungsschichten zuläßt. Das gilt besonders für die Großsiedlung **Bahrenfelder Kirchenweg/Woyrschweg** des Altonaer Spar- und Bauvereins, die 1905–12 entstand (Gustav Markmann, dann Hans Meyer, der langjährige Architekt des ASBV). Hier ist alles vermieden, was dem Spekulationsbau vorgeworfen wurde: statt schematischer Erschließung eine bewegte, Bilder erzeugende Straßenführung, statt hoher Mietshäuser mit maximaler Grundausnutzung Reihenhäuser und Mietshäuser mit höchstens zwei Obergeschossen und Vorgärten; die rückwärtigen Grundstücksteile zu großen Nutzgartenarealen zusammengefaßt – das Ideal der Gartenstadt ist unübersehbar. Das äußere Erscheinungsbild der ersten Häuser war zunächst sparsam gehalten, dann übernahm es die Backsteinbauweise des Hamburger Heimatstils.

In den zwanziger Jahren sind im Stadtteil mehrere Komplexe von Großwohnanlagen nach Entwürfen Gustav Oelsners entstanden. Vor allem der an beiden Enden abgewinkelte Zeilenbau **Schützenstraße 53/69** (1925/26) zeigt die Virtuosität, die Gustav Oelsner im Umgang mit dem Backstein erlangte: Die rauhe und brüchige Oberfläche spricht den Tastsinn an, das Farbenspektrum von Schwarzbraun über Violett bis leuchtend Gelb, die Textur der Fugen und der Verband liegender und stehender Steine zusammen mit den in der Fassadenfläche bündig liegenden Sprossenfenstern verletzt nicht die Regeln der Sachlichkeit und ergibt doch einen unübertrefflichen dekorativen Effekt. – Übrigens ist dieses Haus nur eine Ergänzung zu den umfangreichen Reformwohnanlagen des Altonaer Spar- und Bauvereins östlich davon (Schützenstraße, Leverkusenstraße, Bessemerweg), die seit 1913 gebaut wurden, nachdem ihr Architekt Hans Meyer einen reichsweit ausgeschriebenen Wettbewerb gewonnen hatte. – In der Nähe liegt das Laubenganghaus **Leverkusenstraße 40–42** (Heinrich Müller, 1930/31), ein typologisch wie gestalterisch besonders modernes Haus aus der Schlußphase des Wohnungsbaus der zwanziger Jahre.

Den die Horizontale betonenden Aufbau von Oelsners Wohnungsbauten mit durchgehenden Brüstungsbändern, im Mauerverband differenziert, zeigt auch sein Block **Bahrenfelder Steindamm 37–49** mit markanter Ausrundung an der Kreuzung (1927/28, oberstes Geschoß und Dach 1934/35).

An der **Valparaiso-** und **Reichardtstraße** sowie am **Bornkampsweg** hat der Altonaer Spar- und Bauverein Blocks im Sinne des entwickelten Neuen Bauens errichtet (Hans Meyer, 1928–31); die vier parallelen Zeilen sind zur Hauptverkehrsstraße im Süden hin zu Höfen verbunden.

Diese Wohnanlagen grenzen an Gewerbe- und Industriegebiete. Auch Anlagen der städtischen Infrastruktur Altonas wurden nach Bahrenfeld gelegt. Daran erinnert zwischen Gasstraße und Bahrenfelder Chaussee das weitläufige Gelände der ehemaligen **Altonaer Gasanstalt,** der umfangreichste industrielle Komplex im Stadtteil. Er wurde seit 1892 angelegt (im Zusammenhang mit der Kommunalisierung der Altonaer Gaswerke) und bis zur Stillegung in der Nachkriegszeit vielfach ausgebaut.

Zahlreiche heute gewerblich genutzte Bauten gehörten ursprünglich zu den ehemals militärischen Einrichtungen, die Bahrenfeld seit dem Anschluß an Preußen 1867 aufnehmen mußte. Sie umfassen das Gelände **Bahrenfelder Chaussee/ Theodorstraße** (Bekleidungsamt – 1904) und die weitläufige Anlage **Theodorstr. 41** (1894 – Pferdeställe und Remisen der Feldartillerie), **Luruper Chaussee 45** (Kaserne – 1914) und **Bahrenfelder Chaussee 49** (Proviantamt). Hier lagen die ›Bahrenfelder Freiwilligen‹, die 1919 in die ›Sülzeunruhen‹ eingriffen.

Nach Westen folgen dreizehn Zeilen von Mietshäusern an der **Luruper Chaussee 1–123,** die nach Gustav Oelsners Entwürfen 1929/30 erbaut wurden. Auch diese Putzbauten, die mit ihrer einfachen kubischen Form und der Zeilenreihung ganz dem Neuen Bauen zugehörten, wurden 1933 aufgestockt und mit Satteldächern versehen.

Zwischen Notkestraße und Osdorfer Weg, durchschnitten von der Ebertallee, erstreckt sich die Siedlung **Steenkamp,** Altonas Beitrag zur Einzelhaussiedlung – jener Alternative zum städtischen Geschoßwohnungsbau, die die Siedlungsbewegung vor und nach dem Ersten Weltkrieg propagierte (s. Langenhorn). Das Ziel der Stadtverwaltung Altonas, eine Gartenstadt zu errichten, verhinderte zunächst der Erste Weltkrieg; nur die schmucken Häuschen am *Riemenschneiderstieg* sind im ersten Kriegsjahr gebaut worden (Fritz Neugebauer), wie das patriotisch-kriegerische Denkmal an seinem Nordende bezeugt. Diese Häuser sollten dem Mittelstand ihm gemäßen Wohnraum bieten und zum Bollwerk gegen soziale Konflikte werden. Konsequenterweise wurde 1919–22 die Gemeinnützige Aktiengesellschaft für Angestellten-Heimstätten GAGFAH Bauträger der Siedlung (damals war Hermann Frank ihr Geschäftsführer) und so deren kleinbürgerliches Siedlungsprogramm maßgebend. Jetzt entstand der Kern der Siedlung zwischen Ebertallee und Steenkamp.

1922 übernahm schließlich die Stadt Altona allein die Regie und gründete für Bau und Verwaltung die Gemeinnützige Siedlungs-Aktiengesellschaft Altona SAGA (heute der einzige Träger des staatlichen Wohnungsbaus der Freien und Hansestadt). Der weitere Ausbau erfolgte nach Plänen der Altonaer Bausenatoren Kurt Meyer (*Im Hag* und *Rüsternkamp*) und ab 1924 Gustav Oelsner (Reihenhäuser an *Hochfeld, Osteresch, Zum Hünengrab, Tönninger Straße* und *Urnenfeld*). – Am Ende umfaßte Steenkamp 800 Einzel-, Doppel- und Reihenhäuser mit (1937) 4000 Einwohnern. Berühmt war in den zwanziger Jahren das Gemeinschaftsleben in der Siedlung, das Züge der Lebensreformbewegung aufwies (genossenschaftliche Gartenarbeit, Erntefeste usw.). – Vom Doppelhaus bis zu langen Zeilen sind die Siedlungshäuschen entlang den malerisch geführten Straßen verbunden. Alle haben Vorgarten und rückwärtigen Selbstversorgergarten. Einen repräsentativen Saum bildet die Ebertallee im Osten mit Torbauten zum Osdorfer Weg und dem in ihrer Mitte liegenden neoklassizistischen *Ledigenheim* (Wohnhaus für erwerbstätige Frauen, Friedrich R. Ostermeyer, 1919).

›Das Leben in der Siedlung Steenkamp‹. Scherenschnitt aus: ›Neues Altona‹, 1929

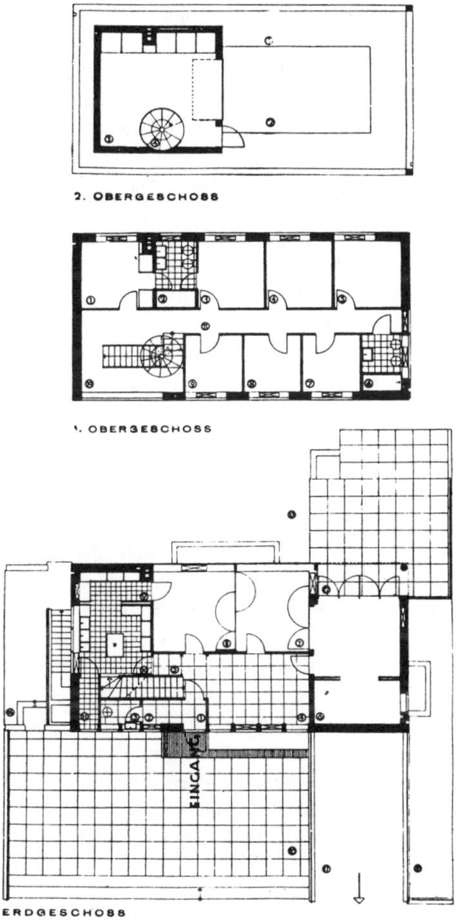

Das Wohnhaus des Architekten Karl Schneider, Grünewaldstraße 11, 1928/29

Im architektonischen Bild zeigt sich der Stilwandel vom Heimatstil zum Neuen Bauen, aber auch der Wandel der Trägerschaft von der kleinbürgerlich-deutschnationalen Tendenz am Riemenschneiderstieg zum modernen ›Neuen Altona‹ im westlichen Teil. Ohne Zweifel sind die dort von Oelsner gestalteten Häuser die wertvollsten der Steenkampsiedlung, zuletzt als Flachdachblocks ganz städtisch wirkend und so auch das Gartenstadtideal hinter sich lassend. – Die Details und die Farbigkeit der Putzbauten sind leider völlig verändert.

Nach Westen geht Bahrenfeld in die Villenvororte von Othmarschen bis Hochkamp über. Schöne Beispiele für Einzelhäuser und Villen aus der Zeit vor und nach dem Ersten Weltkrieg dokumentieren das.

Auf einem ursprünglich zusammenhängenden, großen Grundstück errichtete Karl Schneider 1927/28 bzw. 1928/29 an der **Baurstraße 74** und **Grünewaldstr. 11** je ein Haus für sich selbst und für den damaligen Herausgeber der ›Bau-Rundschau‹ (der einflußreichsten Hamburger Architekturzeitschrift der zwanziger Jahre) Rolf Spörhase, einen seiner Bewunderer. Die glänzenden Beispiele des entwickelten Neuen Bauens in Hamburg – früher mit vollständig von Karl Schneider entworfenen Einrichtungen – sind leider verändert.

Das Thema ›Reihenhäuser‹ hat die zwanziger Jahre vielfach beschäftigt: In ihnen verband sich der Versuch, die bürgerliche Stadthaustradition mit einheitlichen Großformen und rationeller Bauweise zu verbinden. Die Gruppe **Lyserstraße 1–13** aus Reihen- und Geschoßmietshäusern (Karl Schneider, 1928/29) gehört zu den besten Beispielen: In den Fenstern der subtil gegliederten kubischen Baukörper verbinden sich wohnungshygienische Sehnsüchte – mehr Licht und Luft – mit dem Wunsch, Fassaden wie abstrakte Bilder zu gestalten.

Die **Schule Mendelssohnstraße** (1952–54, ausgebaut bis 1965) ist die erste Schule aus dem umfangreichen Bauprogramm, das Paul Seitz in Hamburg seit 1952 verwirklichte und das als vorbildlich für die Großstädte der Bundesrepublik galt.

Die Nordhälfte Bahrenfelds ist im wesentlichen durch Friedhöfe und Grünanlagen, Kleingärten und große Gewerbegebiete bestimmt. – Der **Friedhof Am Diebsteich,** einer der Friedhöfe des ev.-luth. Kirchengemeindeverbandes Altona, wurde 1868 angelegt. Geschwungene Hauptwege und reicher Baumbestand sollen trotz der regelmäßigen Grabfelder eine parkartige Erscheinung hervorrufen. Die Kapelle am Haupteingang mit später veränderter Klinkerfront entstand in den zwanziger Jahren. Aufwendigere ältere Grabmale im ansonsten gemischten Bestand konzentrieren sich am südlichen Hauptweg westlich von der Kapelle. – In der gleichen Zeit entstand der ähnlich angelegte **Friedhof Bornkampsweg.** Ältere Grabdenkmäler stehen in der Nähe des Haupteingangs Ruhrstr. 103. Die neugotischen Backsteingebäude stammen aus der Anlagezeit und sind vielfach verändert. Unter den Grabdenkmälern ist das sehr einfache für Theodor Zeise (s. Ottensen, Fabriken) zwischen Eingang und Kapelle. – Für Ottensen entstand 1887–89 der **Friedhof Holstenkamp,** ebenfalls mit geschwungener Wegeführung und dennoch schematischen Grabreihen. Nur im Nordosten bei der (neugotischen, später veränderten) Kapelle erreicht der höhergelegene ›Waldteil‹ parkartige Wirkung. Dort sind aufwendigere Familiengrabmäler versammelt.

Nördlich von dieser Friedhofgruppe, an Holstenkamp/Am Winsberg wurde 1878 der neue **Friedhof der Altonaer Mennoniten** angelegt. Dorthin wurden 1936 ältere Grabdenkmale der Gemeinde vom aufgelassenen Friedhof Große Freiheit überführt und in einer Heckenanlage vereinigt: Sandsteingruftplatten und einige gelegte Stelen aus dem 17. bis 19. Jh., die mit ihren zum Teil niederländischen Inschriften auf die Herkunft dieser Glaubensflüchtlinge und bekannte Namen aus der Altonaer Geschichte hinweisen. Das Relief an der abschließenden Klinkerwand stammt von Arthur Bock.

Der **Jüdische Friedhof,** Ecke Bornkampsweg/Regerstraße, wurde 1873 angelegt. Dichte Reihen von Stelen füllen die (nicht zugängliche) Fläche.

Der **Lutherpark** ist im Zusammenhang mit einer Gruppe von Bauten öffentlicher und sozialer Zweckbestimmung seit der Jahrhundertwende entstanden. Mit ihnen bildet er eine schöne Gesamtanlage, wenngleich sein westlicher Teil durch die Autobahn brutal abgeschnitten worden ist. – Für das Stadterweiterungsgebiet wurde nach Plänen von Julius Faulwasser 1909/10 die ev.-luth. **Luther-Kirche** errichtet, ein schönes Beispiel für die Übernahme des Heimatstils durch diesen Architekten und Historiker. – Auf dem Hügel nördlich der Kirche steht das **Kriegerdenkmal** von 1920, eine Gußeisenschale auf Steinsockel (von dem Hamburger Architekten Kurt Schmidt entworfen).

Das Alten-Wohnstift **Sarlingheim,** Von-Hutten-Str. 5 (Friedrich R. Ostermeyer, 1913/14), wirkt landhausartig mit seinen Walmdächern und den traditionalistischen Details. – Sein städtisches Gegenstück aus den zwanziger Jahren ist das ehemalige **Siechenhaus Altona,** Holstenkamp 119 (jetzt Altenheim Bahrenfeld mit späteren Erweiterungsbauten). Es ist 1925 von Gustav Oelsner in dessen charakteristischer Backsteinbauweise mit stark farbiger Wirkung errichtet worden. – Das **Helft-Stift** am Kielkamp 4 (jenseits der Autobahn – es geht zurück auf ein Vermächtnis des Zigarren-Fabrikanten Carl Eduard Helft, gest. 1883) erhielt seine schöne Anlage 1911/12 nach Entwürfen der Architekten Petersen und Spreckelsen. In einer parkartigen Gartenanlage sind fünf biedermeierlich wirkende Putzbauten zum Hufeisen geordnet. Sie vergegenwärtigen wie fast alle Stifte die Verbindung zwischen Kleinwohnung, traditionell-hochrangiger Anlage und Garten, damit ein Modell für die Reform des Kleinwohnungsbaus überhaupt – wenngleich im Sinne der patriarchalischen Stiftungsidee ›nach Gutsherrenart‹.

Altonaer Volkspark, Volksparkstadion und Hauptfriedhof

Seit 1894 war Bahrenfeld im Rahmen der Altonaer Entwicklungsplanung auch eine bedeutende Rolle für die Freizeitgestaltung der Bewohner der Gesamtstadt zugewiesen. Im Heide- und Waldgebiet der **Bahrenfelder Tannen** nördlich des Dorfes sollten Sport- und Parkanlagen entstehen. 1914–27 wurde der **Altonaer Volkspark** durch den 1913 bestellten städtischen Gartendirektor

Ferdinand Tutenberg angelegt, das Gegenstück zum Hamburger und zum Harburger Stadtpark (s. Winterhude u. Eißendorf). Eine aufsehenerregende Gartenbauausstellung dokumentierte 1914, welch zentrale Aufgabe die öffentliche Grünplanung gerade in Altona einnahm, die es mit seinen Stadtteilen im Laufe der zwanziger Jahre zur ›Stadt der Parks‹ machte.

Der Altonaer Volkspark sollte auch erzieherisch wirken durch einen Schulgarten, durch Musteranlagen, in denen Klein- und Hausgärten vorgeführt werden, durch Pflanzensammlungen und Versuchsfelder. Insgesamt entstand eine vielfältige Parklandschaft in natürlich bewegtem Gelände, gegliedert durch sorgfältig geplante Wegeführungen, Blickbeziehungen, Raumbildungen und markante Bauwerke. Im mittleren Parkteil steht unter anderem noch das Holzgebäude, das als *Schulhaus* zum Schulgarten gehörte. Am Rande des Ostteils (Nansenstraße) ist das 1914 erbaute und nach einem Brand 1927 rekonstruierte *Bauernhaus* das reizvollste Relikt der ursprünglichen Parkidee. Weiter östlich erhebt sich als Altonaer Gefallenendenkmal ein zum Gedächtnis an den Gartenarchitekten *Tutenberg* genannter künstlicher Hügel.

Im Südwesten grenzt an den Volkspark die schon 1880 angelegte **Bahrenfelder Trabrennbahn.** Im Norden des Parks entstanden nach Tutenbergs Entwurf 1919–21 das **Volksparkstadion** nebst *Schwimmstadion.* Die Hochbauten, die dafür Gustav Oelsner 1925–27 errichtete (Tribünen, Sprungturm u. a.), sind durch Neubauten ersetzt oder völlig verändert; nur das etwas verloren an der Ecke Stadion-/ August-Kirch-Straße plazierte *Transformatorenhäuschen* zeigt noch Oelsners Handschrift mit gelb-buntem Klinker und moderner Formgebung (auf ovalem Grundriß).

Nordwestlich gliedert sich an Volkspark und Stadion der 1920–24 von Tutenberg angelegte **Hauptfriedhof Altona** an (Haupteingang Stadionstraße). Wie in Hamburg-Ohlsdorf sollte er für die Großstadt Altona einen kommunalen, nicht mehr konfessionell gebundenen Friedhof bereitstellen. – Nach Tutenbergs Idee wurde daraus ein ›Gartenfriedhof‹, mit achsenbezogenem und geometrisch-regelmäßig geordnetem Wegesystem, aufgeteilt in kleine, geschlossene Gartenbereiche und einen Waldfriedhof im Westteil. Insgesamt herrscht eine großzügige, weiträumigharmonische, durch den inzwischen beachtlichen Baumbestand parkartige Atmosphäre. – Die *Friedhofskapelle* ist 1927 eingeweiht worden. – Der Grabmalbestand dokumentiert die sechzigjährige Belegungsgeschichte. Neben der dominierenden, konventionellen Stelenform finden sich künstlerisch anspruchsvollere Grabmale auf Familiengrabstätten in der Nähe des Haupteingangs. – Auf dem Friedhof befinden sich auch zwei *Kriegerdenkmäler* für die 1914–18 Gefallenen der in Altona stationierten ›31er‹, des sog. Lauenbergischen Regiments (ein Denkmal mit Soldatenfigur von Arthur Bock – das andere als Steinwand mit Bronzerelief ›Soldat‹ von Ludwig Kunstmann) sowie ein Kriegerehrenfriedhof für die Gefallenen des Zweiten Weltkrieges. – Bei der Kapelle werden abgeräumte erhaltenswerte Grabmale aufgestellt.

Ganz am Westrand von Bahrenfeld liegt auch der **Flottbeker Friedhof** am Stillen Weg. Er wurde 1909 für die damals gebildete Kirchengemeinde Groß Flottbek angelegt (s. Groß Flottbek). Dem regelmäßig angelegten Oval schließt sich ein Waldteil am Nordrand an. Die *Kapelle* mit schönen Keramikfenstersäulchen wurde 1927/28 von Raabe & Wöhlecke errichtet. – Erwähnenswert sind die Grabdenkmäler von Arthur Bock für den Dichter Otto Ernst (1862–1926, Muschelkalk-›Wanderer‹ im Waldteil) und die Familie Bülle (im Südwestteil – Bronzerelief ›Sämann‹ von 1932).

Eine der wichtigsten Stätten naturwissenschaftlicher Grundlagenforschung in Europa ist das 1959 gegründete Deutsche Elektronen-Synchrotron **DESY** westlich der Luruper Chaussee (Notkestr. 85) mit seinen weitläufigen Baulichkeiten. Deren wichtigste sind freilich unsichtbar: die Positron - Elektron - Tandem - Ringbeschleuniger-Anlage PETRA (die im Institutsgelände einen ungefähren Kreis von 2,3 km Umfang bildet) und die 1984 begonnene Hadron-Elektron-Ring-Anlage

HERA (die mit 6,4 km Umfang den Volkspark umfaßt) sind unterirdische Tunnels, in denen Elementarteilchen fast auf Lichtgeschwindigkeit beschleunigt werden können.

Groß Flottbek

Das Dorf Groß Flottbek wurde 1305 erstmals urkundlich genannt. Wie die anderen Elbvororte gehörte es zur Herrschaft Pinneberg, stand seit 1640 unter dänischer und seit 1867 unter preußischer Herrschaft. 1927 wurde es in Altona eingemeindet und ging mit ihm 1937/38 in Groß-Hamburg auf.

Die Lage des Dorfes ist noch durch einige Überreste bäuerlicher Hufnerhäuser und Katen rund um die Flottbeker Kirche an Groß Flottbeker und Baron-Voght-Straße erkennbar. Es hat eine typische Denkmälerausstattung: Das **Kriegerdenkmal** für die Gefallenen des Ersten Weltkriegs bei der Flottbeker Kirche (Rudolf Matzen, 1927) ist ein archaisch-kubischer Granitaufbau, der durch vier würfelförmig beschnittene Baumkronen eingefaßt werden sollte. – Ein 1898 gesetzter **Findling** an der Kreuzung Groß Flottbeker und Bellmann-Straße erinnert an die Erhebung Schleswig-Holsteins 1848 und an die Gefallenen von 1870/71.

Die ev.-luth. **Flottbeker Kirche** sieht zwar sehr dörflich aus, aber ihr qualitätvoller Heimatstil (Raabe & Wöhlecke, 1911/12 auf Grund eines Wettbewerbs, bei dem u. a. Schumacher im Preisgericht saß) ist das Korrelat zum Ausbau Groß Flottbeks zum bürgerlichen Wohngebiet im Grünen, halb als Villenvorort, halb als Gartenstadt.

Groß Flottbek geht in die Villenviertel Othmarschen und Hochkamp über, die nach der Anlage der Blankeneser Bahn (1867) Hamburger Bürger hinaus ins Grüne lockten. Der Bahnhof Othmarschen/Groß Flottbek ist baulich stark verändert, besitzt aber noch die alte hölzerne Bahnsteigüberdachung. Damals entstanden die gründerzeitlichen Bauten im Bereich des Ortskerns als Nahversorgungszentrum für die neuen Wohngebiete.

Systematisch wurde Groß Flottbek als Teil des Villengebiets **Neu-Othmarschen** entwickelt. Seit 1881 kaufte dafür eine Terraingesellschaft das Gelände nördlich der Blankeneser Bahn auf und erschloß es durch ein vom Bahnhof ausgehendes Straßennetz. Die gründerzeitlichen Villen mit Neorenaissance- und (um 1900) Jugendstil-Formen, mit gruppierter Anordnung des Baukörpers, Zementstuckgliederung und Verblenderwandflächen prägen nach wie vor das Viertel (obwohl sie seit Jahren schrittweise der intensiveren Nutzung des Bodens durch Mehrfamilienwohnanlagen weichen).

Zu individuellen Einzelleistungen kam es seit der Jahrhundertwende: So war das Haus **Müllenhoffweg 2** (Hans und Oskar Gerson, 1910/11) eines der in seiner Zeit viel beachteten und nachgeahmten Muster für das Landhaus neuen Typs in bodenständiger Backsteinbauweise, das die Villa ablöst, ein frei entwickelter Backsteinbau mit weiß gestrichenem Holzwerk und heimatlich traditionalistischen Details. – Die expressionistische Intensität der Farbigkeit von **Müllenhoffweg 35** (Fritz Höger, 1927/28) ist nicht mehr voll nachvollziehbar: Die gelb-bunten Klinker hatten lila Fugen! Auch Gesimse und Fenster waren buntfarbig abgesetzt. – Am Landhaus Neumann, **Cranachstr. 27** (Esselmann & Gerntke, 1923), werden die dekorativen Möglichkeiten des Backsteins und der Gebäudetypus des Heimatstil-Landhauses expressionistisch gesteigert.

Neben den Villen und Landhäusern sind um die Jahrhundertwende nördlich vom Bahnhof vornehme Etagenhäuser (mit nur drei Geschossen) und aufwendige Stadthäuser entstanden, u. a. die Verergruppe **Dürerstraße 9–15** (Friedrich R. Ostermeyer, 1913/14, plastischer Schmuck von August Henneberger – Nr. 13 gehörte dem Architekten selbst). – Eine Lehrergenossenschaft baute an der Nordseite der Cranachstraße 1913 im Sinne der Gartenstadtbewegung Doppelhäuser.

Die **Deutsche Werft** bezog Groß Flottbek in ihr Bauprogramm ein, das damit insgesamt zum Sozialdiagramm einer Firmenhierarchie wurde: Jenseits der Elbe lag die Werft selbst mit Arbeiter-

und Werkmeistersiedlung (s. Finkenwerder). In Othmarschen residierte die Firmenleitung (s. Othmarschen). In Groß Flottbek liegt die Siedlung der höheren Angestellten, der ›Beamten‹ der Firma, und für sie wurde auch ein international renommierter Architekt herangezogen, nämlich Peter Behrens. Von diesem Wegbereiter der Moderne in Architektur und Design hätte man etwas Fortschrittliches, allenfalls etwas pathetisch die Macht der Industrie Verherrlichendes erwartet – statt dessen baute er ein niederdeutsch-bäuerlich inspiriertes Ensemble von Häusern mit niedriger Backsteinwand, Sprossenfenstern und hohen Walmdächern. Die Gärten sind nicht so groß wie die gleichzeitiger Arbeitersiedlungen, denn Selbstversorgung spielte keine Rolle. Dafür gab es in den Drei- bis Fünf-Zimmerwohnungen teilweise Mädchenzimmer. Die 1920/21 erbauten Häuser liegen an der *Adickesstr. 2–14, Eckernwoort 3–5, Gutzkowstr. 1* und *9–11, Rosenhagenstr. 24–46* und *27–29* sowie *Wolfsloh.*

Eine bemerkenswerte Siedlung aus der Nachkriegszeit bilden die Reihenhäuser **Hölderlinstraße** von Ingeborg und Friedrich Spengelin 1953.

Othmarschen

Landhäuser

Das Gebiet des heutigen Stadtteils *Othmarschen* umfaßt das Dorf dieses Namens (etwa im Bereich Hirtenweg/Ansorgestraße/Agathe-Lasch-Weg), das Dorf *Klein Flottbek* (im Bereich Hochrad/Baron-Voght-Straße) sowie die Lotsensiedlung *Övelgönne* am Elbufer. Als Bestandteile der Herrschaft Pinneberg kamen sie 1640 unter dänische Herrschaft, wurden 1867 preußisch und 1890 in Altona eingemeindet. Seit 1937/38 gehören sie zu Groß-Hamburg.

Othmarschen und Klein Flottbek haben ihr heutiges Erscheinungsbild nach der Anlage der Bahn Altona – Blankenese 1867 mit einem Bahnhof an der Nordgrenze zu Groß Flottbek gewonnen; seit 1881 wurden in dessen Umgebung für das Villenviertel **Neu-Othmarschen** ein bewußt malerisches Straßensystem und großzügige Bauplätze ausgewiesen (wie nördlich davon in Groß Flottbek). Die damals errichteten Villen sind meist zweigeschossige, im Grundriß aufgelöste Gruppenbauten mit historistischen und dann Jugendstil-Dekorationen.

Die Häuser **Jungmannstraße 1** und **3** (Hans und Oskar Gerson, 1913/14 bzw. 1908/09 für Salomon Bondy) liegen städtebaulich markant nahe dem Bahnhof. Sie galten als Muster für das moderne Landhaus, breit gelagert, in Baumaterial und Gestaltung an bodenständigen Vorbildern orientiert und zugleich im Entwurf individuell auf den jeweiligen Bauherrn zugeschnitten. – Zu den

Grundrisse des Landhauses Jungmannstr. 1

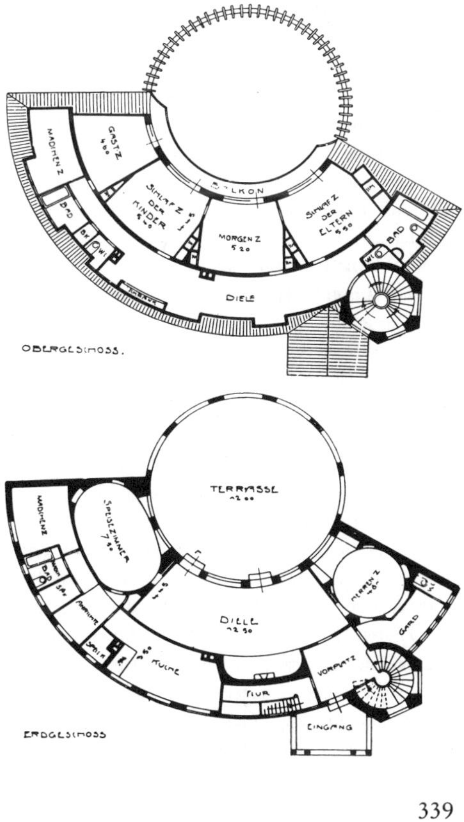

damals bewunderten Bauten von Hans und Oskar Gerson gehörte auch das **Landhaus Beuleke** an der Droysenstr. 9 (1912).

Die expressionistischen Landhäuser **Gottorpstr. 3, 5** und **7** (Esselmann & Gerntke, 1922/23) fallen durch ihre Dachgestalt und den Schmuckverband der Backsteinmauern auf. – Die Landhäuser **Emkendorfstr. 7** und **10** wurden von C. L. Hintzpeter 1910 bzw. 1911 für sich und zur Vermietung erbaut. Sie zeigen die Hinwendung auch dieses Architekten zur Reformarchitektur – als Partner und dann Alleininhaber der Firma Schaar & Hintzpeter baute er zuvor in historistischen Formen.

Der Landhausvorort erhielt 1899/1900 eine eigene Kirche, die ev.-luth. **Christuskirche** (gestiftet durch den Bankier C. H. von Donner, entworfen von A. Petersen). Sie weicht von den bisher im Hamburger Raum üblichen Backsteinkirchen ab: Bruchstein und romanisierende bzw. frühgotische Formen erinnern an Richardsons amerikanische Reformarchitektur, die in den 1890er Jahren in Deutschland bekannt wurde. 1956 wurde die Kirche im Zusammenhang von Gemeindeneubauten nach Entwürfen von Jürgen Elingius umgebaut (innen Ernst Barlachs ›Lehrender Christus‹).

Vom Dorf Othmarschen blieb das Bauernhaus **Agathe-Lasch-Weg 2** von 1759 erhalten (1889 ist der Wirtschaftsteil erneuert worden). Es hat einen kreuzförmigen Grundriß mit zweigeschossigem Wohnteil (Backstein-Schmuckverband). – Das Fachwerkhaus **Ansorgestr. 10** (Anf. 19. Jh.) ist rekonstruiert worden. Immerhin erinnert es so an die dörfliche Vergangenheit des Stadtteils – wie auch das gegenüberliegende reetgedeckte Haus und der Dorfteich. – Das obligate *Schleswig-Holstein-Denkmal* (Findling von 1898) steht unter einer Doppeleiche Ecke Liebermannstraße/Hirtenweg, das *Kriegerdenkmal* für die Gefallenen des Ersten Weltkrieges Am Teich/Ansorgestraße. – Der Ansorgestraße gab eine Gärtnerei den Namen. Zu ihr gehörte das gründerzeitliche Häuschen Nr. 24. – Caspar Voght (s. Nienstedten) hatte von seiner Englandreise 1793–95 den schottischen Gärtner James Booth nach Othmarschen mitgebracht, dessen Baumschulen und Gärtnereien seitdem die zahllosen Gärten der Elbvororte mit Bäumen und Pflanzen ausstatteten. Die **Booth/Ansorgesche Gärtnerei** umfaßte ehemals das ganze Gelände zwischen Jenisch-Park und altem Dorfkern.

Heute überragt das Scheibenhochhaus des **Allgemeinen Krankenhauses Altona** den Stadtteil (W. Kallmorgen, 1959–70 – Paul-Ehrlich-Str. 1).

Das **Betty-Stift,** Philosophenweg 29, wurde gestiftet von Pius Warburg zur Erinnerung an seine Mutter Betty für gebildete, gealterte, alleinstehende Altonaer Frauen. 1904/05 haben dafür Raabe & Wöhlecke drei Häuser um einen Hof angeordnet, eine Synthese von Landhaus und Gutshof.

Gustav Oelsners Reihenhäuser **Rulantweg 2–16** von 1927 sind Beispiele für das Neue Bauen und des neuen Wohnens (Dachterrassen) der Klassischen Moderne, aber auch für Oelsners Liebe zum gelb-bunten Klinker.

Ein später Nachfahre der großzügigen Landsitze der Elbvororte war die **Villa Reemtsma,** erbaut in weitläufigen Gärten durch Martin Elsäßer 1930–32. Durch Godber Nissen wurde sie 1952/53 im Zusammenhang mit Neubauten für die Firmenverwaltung verändert (Eingang Parkstraße 51).

Das traditionsreiche Altonaer Gymnasium **Christianeum** erhielt 1968–71 einen Neubau an der Otto-Ernst-Straße; entworfen von Arne Jacobsen und Otto Weidling als einer der qualitätvollsten modernen Bauten Hamburgs. Davor steht das barocke *Portal* des Ursprungsbaus. Das Christianeum wurde 1721 als Lateinschule in Altona gegründet und bekam 1744 seinen nach dem dänischen König benannten Neubau an der Königstraße, der im Krieg zerstört wurde; sein erstes Gebäude in Othmarschen – von Gustav Oelsner für eine pädagogische Akademie seit 1930 erbaut – mußte dem Neuen Elbtunnel weichen.

Von **Klein Flottbek** gibt es noch Reste am *Hochrad,* u. a. die Kate Nr. *69* und das Wohnhaus Nr.

Präsentationszeichnung Christian Frederik Hansens für das Landhaus Gebauer, Philosophenweg 18

35, dazu die Fachwerkkaten *Ohnsorgweg 7–9;* auch Klein Flottbek hat sein *Kriegerdenkmal,* eine Findlingsmauer mit Inschrifttafel am Hochrad (1923 nach Entwurf des Hamburger Baupflegers Hellweg).

Image und sozialer Rang Othmarschens knüpfen an die alte Landhauskultur der Elbvororte an. Entlang der Elbchaussee haben sich schon im 17. Jh. Stadtbürger aus Hamburg und aus Altona angesiedelt. Um 1800 entstanden ausgedehnte Landsitze mit klassizistischen Landhäusern in englischen Parks.

Etwas landeinwärts am **Philosophenweg 18** liegt ein Landhaus, das 1806 der Altonaer Kaufmann Anton Friedrich Gebauer nach Entwürfen von Christian Frederik Hansen bauen ließ. Der zylinderförmige Baukörper ist 1871 um ein Geschoß erhöht worden. Ursprünglich saß über dem Zahnschnittfries ein mit Reet gedecktes Kegeldach. Die aufgeklärte Einheit von Natur und Menschenwerk, von landschaftlich-natürlichem Park und geometrisch elementarer Architektur ist hier zum Extrem geführt.

Das **Landhaus Weber,** Elbchaussee 153, ist 1836/37 von Franz Gustav Forsmann für einen Hamburger Bürgermeister erbaut worden – nicht so groß wie das Jenisch-Haus, aber mit schöner Säulenloggia zur Elbe hin.

Das ›Säulenhaus‹ **Elbchaussee 186** wurde um 1820 für den Kaufmann Wilhelm Brandt nach Entwürfen des dänischen Architekten Axel Bundsen erbaut. Die zweigeschossige, halbrund zur Elbseite vortretende Säulenloggia ist der Tradition nach von einer Villa auf der Krim abgeleitet (Brandt betrieb Geschäfte mit Rußland).

Das klassizistische **Landhaus Böhl,** Elbchaussee 190, ist 1943 zerstört worden. Erhalten blieb ein ländliches Nebengebäude.

Die für den Betrieb der Landhäuser erforderlichen Nebengebäude, Remisen und Stallungen sind sonst nur selten überliefert. Der ›Halbmond‹, **Elbchaussee 228,** gehörte zum Landhaus des englischen Kaufmanns John Thornton (1795/96 Christian Frederik Hansen, 1913 abgebrannt und durch einen neoklassizistischen Neubau ersetzt). Das Stallgebäude hat Johann Mathias Hansen 1820 nach einem Brand in der heutigen Form neu errichtet: Beidseits vom Mittelbau mit Durchfahrt schwingen sich die niedrigen Stallflügel zum Landhaus und rahmen so dessen Vorplatz ein. Der klassizistische Putzbau hat ein reetgedecktes Dach, das ihm einen ländlichen Charakter und damit seine Funktion innerhalb des früheren Landsitzes zuwies.

Von einem Landhaus der Familie Amsinck ist das um 1880 erbaute Stallgebäude **Elbchaussee 230** übriggeblieben.

Den östlichen Teil der ›ornamented farm‹ des Caspar von Voght (s. Nienstedten) erwarb 1828 Martin Johann Jenisch (1793–1857) als Landsitz. 1927 wurde das Anwesen von der Stadt Altona gepachtet und zum öffentlichen Park mit Museum gemacht; seit 1939 gehört es der Stadt – damals entstanden Pläne für die Verlagerung der Hamburger Universität hierher. Seit 1955 wurde das **Jenisch-Haus** (Farbabb. 16) als Museum Hanseatischer Wohnkultur neu eingerichtet (Außenstelle des Altonaer Museums, di–so 10–17 Uhr).

Dieses Jenisch-Haus wurde 1831–34 errichtet. Es ist eng mit der Geschichte des Hamburger Bauwesens verbunden, denn sein Bauherr war seit 1827 Senator und dann Präses der Baudeputation, also das für öffentliche Bauten maßgebliche Mitglied des Hamburger Senats während des Wiederaufbaus nach dem Großen Brand von 1842 und während der ersten epochalen Modernisierung der Stadt durch Bauten wie zum Beispiel das Wasserwerk Rothenburgsort und die Berliner Eisenbahn. Der Architekt des Hauses, Franz Gustav Forsmann (1795–1878), war Angestellter von Jenischs Behörde. Dies Subalternverhältnis drückte sich in einem bemerkenswerten Vorgang aus: Der Hamburger Bausenator legte Forsmanns Entwürfe dem preußischen Oberbaurat Schinkel zur Begutachtung vor. Und dieser entwarf gleich ein ganz neues Landhaus, das im Maßstab, im Aufwand, in der Geste des Stils alles hinter sich gelassen hätte, was es bisher in Hamburg gab – allerdings wohl auch die Wünsche des Bauherrn; ausgeführt wurde jedenfalls von Forsmann eine wieder vereinfachte Fassung (vgl. die im Eingangsbereich des Hauses ausgestellten Entwürfe). Dennoch ist das Haus ungewöhnlich groß geraten. An die Stelle philosophischen Maßes der Hansenschen Landhäuser traten jetzt unübersehbar Komfort und Luxus.

Der Baukörper wirkt durch seine einfachen, nur graphisch fein differenzierten Flächen, vor die im Erdgeschoß der Elbseite ein Balkon auf vier dorischen Sandsteinsäulen tritt. Das Filigran vergoldeter Gußeisengeländer bekrönt das Gebäude und schmückt Fenster und Balkon entsprechend. – Das zentral gelegene Treppenhaus ist ungewöhnlich weiträumig und repräsentativ – vielleich darf man in seiner Anlage mit Galerie eine Reminiszenz an Alt-Hamburger Dielen sehen. – Das Erdgeschoß ist 1955 eingerichtet worden; Möbel und Kunstgegenstände unterschiedlicher Herkunft vermitteln eine Vorstellung des großbürgerlichen Lebenstils um 1840 (Abb. 54). – Die Obergeschosse dokumentieren die Entwicklung der bürgerlichen Wohnkultur in Hamburg bis zum Jugendstil.

Der **Jenisch-Park** war ursprünglich, um 1800, ein Teil der ausgedehnten ›ornamented farm‹ des Caspar Voght, nämlich dessen ›parc du midi‹. Nach 1828 wurde er umgestaltet. Er nutzt die Geländemodellierung des Geestrandes durch den Taleinschnitt der Flottbek zu einer besonders großzügigen landschaftlich-natürlichen Gartenanlage mit wechselnden Wiesenflächen, Baum- und Buschgruppen, geschickt gewählten Blickbahnen und Aussichtspunkten. Höchst eindrucksvoll ist die Aussicht vom Gartensaal des Jenisch-Hauses über den Park auf die Elbe (zumal, wenn Schiffe passieren) und über das jenseits der Elbe gelegene Finkenwerder hinweg zu den Harburger Bergen am Horizont.

Dem klassizistischen Eisengitter am Eingang Baron-Voght-Straße aus der Erbauungszeit des Hauses entspricht an der Ecke Elbchaussee/Holztwiete ein neubarockes Tor (Ende 19. Jh.). Am Eingang Holztwiete 9 steht ein 1830–35 errichtetes, reetgedecktes *Gärtnerhaus*. – Das hölzerne Tempelchen im Südteil oberhalb der Flottbek ist erst nach dem Zweiten Weltkrieg im Jenisch-Park aufgestellt worden; es stammt aus dem Privatgarten des Architekten Ludwig Raabe (Raabe & Wöhlecke); immerhin kann es für die schon von Caspar Voght an besonders schönen Stellen des Parks eingerichteten Ruheplätze und ländlichen Hütten stehen, die selbst längst verloren sind.

Im Park steht auch das **Ernst-Barlach-Haus,** gestiftet von Hermann F. Reemtsma und gebaut von Werner Kallmorgen 1961/62. In der Nach-

Das erste Landhaus Caspar Voghts an der Stelle des Hauses Elbchaussee 277. Zeichnung 1799 (s. S. 348)

barschaft des Jenisch-Hauses bewährt sich die unprätentiöse Bauweise des hell geschlämmten Backsteinhauses; Kallmorgens Auffassung der Moderne steht im Einklang mit dem Klassizismus der Landhäuser um 1800. – In den Schauräumen um einen Innenhof – mit klösterlichen wie japanischen, jedenfalls asketischen Assoziationen – sind von Hermann F. Reemtsma gesammelte Werke von Ernst Barlach ausgestellt (v. a. der ›Fries der Lauschenden‹, 1931–35), ergänzt durch wechselnde Ausstellungen (di–so 11–17 Uhr).

Links vom Parkeingang liegen an der Baron-Voght-Straße die **Instenhäuser,** die Caspar Voght für die Landarbeiter seiner ›ornamented farm‹ 1786–98 hatte anlegen lassen (sein Landhaus liegt westlich gegenüber; s. Nienstedten).

Elbchaussee 277 gegenüber dem Südosteingang des Jenisch-Parks war das größte je an der Elbchaussee gebaute Landhaus; es wurde 1864 in immer noch klassizistischer Formensprache für den Konsul August Joseph Schön errichtet, einen der Spekulanten des Harvestehuder Klosterlandes, wo er seinen Hauptwohnsitz errichtete. 1886 wurde das Haus in das überaus fashionable ›Park-Hotel‹ umgewandelt, für das ein großer Anbau entstand. Nach dem Ersten Weltkrieg nahm es die Verwaltung der in Finkenwerder damals neu gegründeten Deutschen Werft auf (s. Groß Flottbek u. Finkenwerder). – An dieser Stelle hatte Caspar Voght sein erstes Landhaus in der Art eines urtümlichen griechischen Tempels aus Holz mit Reetdach errichtet, in dem er ab 1793 zeitweise wohnte (das erstaunliche Bauwerk brannte 1809 ab).

Die Brücke der Elbchaussee über die Flottbek führt den Namen **Teufelsbrück;** die Lage ist aber – vom Verkehr der Elbchaussee abgesehen – eher lieblich in der Nähe des Jenisch-Parks und der Freizeiteinrichtungen des Elbestrandes. Hier gab es schon im 17. Jh. eine Ansiedlung (einen Krug, eine Brauerei, einen Bäcker), an die der Rest eines Fischerhauses von Blankeneser Typus noch erinnert (Nr. 346) ebenso wie das gründerzeitliche Ausflugslokal Nr. 332.

Övelgönne

Övelgönne war als Ansiedlung zu Beginn des 18. Jh. so gewachsen, daß es 1731 von Othmarschen als eigene Gemeinde abgetrennt wurde. Seitdem entwickelte es sich selbständig und wur-

Övelgönne, Blick von der Elbchaussee auf Elbe und Hafen. Holzschnitte von Frans Masereel

de 1890 in Altona eingemeindet. Es besteht aus einer einzigen Häuserzeile, die sich von Neumühlen nach Westen an der Elbe hinzieht (s. Ottensen, Neumühlen). Zwischen dem Strand – dem die Bewohner Gärten abgewonnen haben – und den Häusern am Fuß des steilen Geesthanges verläuft ein Fußweg. Das ist einer der beliebtesten Spaziergänge Hamburgs, er bietet den Ausblick auf die Weltschiffahrt und zugleich abgeschiedene Idylle.

Hier lebten ursprünglich Fischer, die auch die Bauern der Geestdörfer über die Elbe setzten, wenn sie die Wiesen der Elbinseln bewirtschafteten (ihr Weg hinauf war der ›Heuberg‹, heute Övelgönner Hohlweg). Dafür gab es auch einen ›Krug‹. – Dann wurde der Elbufersaum seit dem 17. Jh. – insbesondere durch dort eingerichtete Trankochereien und Leimsiedereien aufgrund des aufblühenden Walfanges – ein Industriestandort. – Schließlich siedelten sich in Neumühlen und Övelgönne Lotsen an, die angesichts des von hier an elbeaufwärts durch Sandbänke schwierigen Fahrwassers und der steigenden Größe der Seeschiffe notwendig wurden. Vor Övelgönne und Neumühlen versammelten sich auch auslaufende Schiffe je nach Tide und Wind – der ideale Standort für Lotsen, um sie von hier aus weiterzugeleiten. 1745 gründeten sie eine Brüderschaft.

Die ältesten Häuser sind traufständige, ein- und zweigeschossige Fachwerk- und Backsteinhäuser; sie stammen noch aus dem 18. Jh. *(Nr. 65–66, 70–71, 72–75, 88–89);* in solchen Häusern wohnten wohl die Lotsen. – Das Giebelhaus *Övelgönne 13* ist das Wirtshaus, in dem die Lotsenbrüderschaft zu tagen pflegte.

Im 19. Jh. wurde Övelgönne (wie zeitweise auch Neumühlen) zur beliebten Sommerfrische für Hamburger, die es nicht zu einem Landsitz an der Elbchaussee gebracht hatten. Dafür entstanden dann viele der Häuser neu und mit neuem Anspruch, mit gründerzeitlichem Stuckdekor und Gußeisenveranden, so daß jene »Anklänge an Monte Carlo und Biarritz« ins Dorfbild kamen, die Peter Rühmkorf berufen hat.

Aus der Zeit kommunaler Selbständigkeit sind das ehemalige Schulhaus **Schulberg 6** (um 1743 erbaut) und das *Kriegerdenkmal* am Schulberg erhalten.

Das Privatmuseum **Övelgönner Seekiste** gehört zum unverzichtbaren Besuchsprogramm Övelgönnes (s. Museen und Sammlungen).

Der besondere Reiz dieser Idylle liegt in der Konfrontation zu Welthandel und Weltverkehr, in der Spannung von Fußweg und Gärtchen zu den High-tech-Schiffen auf der Elbe (und dem jenseitigen Container- und Petroleum-Hafen). – Ebenso spannend ist die Nachbarschaft – und Distanz – zu den großbürgerlichen Gärten, Parks, Villen und Landhäusern an der Elbchaussee. Hans Leip hat diesen topographisch-sozialen Niveauunterschied auf engstem Raum (einer der Verbindungswege heißt sogar ›Himmelsleiter‹) in seinem Roman ›Jan Himp und die Kleine Brise‹ beschrieben.

Neuerdings kragt **Elbchaussee 139** ein fliegender Dampfer, nein, eine subtile Glas-Stahl-Architektur aus dem Hang (von Gerkan, Marg und Partner, 1989/90), die übrigens einen großartigen Aussichtspunkt für den Blick über Elbe und Hafen bietet. Der Övelgönner Mühlenweg verbindet auch hier Elbchaussee und Övelgönne.

Am *Anleger Neumühlen* ist 1977 von einem privaten Verein der **Museumshafen Övelgönne** gegründet worden. Hier liegen viele historische Schiffe – unter anderem das ehemalige Feuerschiff Elbe 3, die Dampfbarkasse Otto Lauffer des Museums für Hamburgische Geschichte, vor allem jene kleinen Segelschiffe, die noch vor hundert Jahren den Hauptteil des Verkehrs auf der Elbe und an den Küsten bewerkstelligten. Der *Schwimmkran* war bis 1986 im Einsatz; er ist 1928 für den Umschlag schwerer Stückgüter gebaut worden – der Ponton von der Deutschen Werft, der Kran von der traditionsreichen Kranfabrik Kampnagel. – Auf der Hafenmauer ist 1978 ein *Kran* aufgestellt worden, der 1881 im Freihafen installiert worden war. Für Handbetrieb ausgelegt, konnte er immerhin 1500 kg heben. Er ist der einzige aus der Erbauungszeit der Speicherstadt (am falschen Platz) erhaltene Kran! – 1989 ist ein 1898 gebauter Hafenkran vom Rüschkanal in Finkenwerder hierher überführt worden, einer der ersten elektrisch betriebenen Hafenkräne.

Am Eingang zu Övelgönne und am Museumshafen bildet das Lüfterbauwerk des 1968–75 gebauten Neuen **Elbtunnels** eine bastionartige Landmarke mit dem Teil eines Stahl-Tubbings (Stahlauskleidung der Tunnelröhren) als Denkmal (architektonische Gestaltung Godber Nissen).

Lurup

Wohnviertel der Zeit seit dem Zweiten Weltkrieg machen im wesentlichen den Stadtteil **Lurup** aus. Von den ersten Ansiedlungen an der Luruper Hauptstraße im 18. Jh. (ein Wirtshaus war der Keim und gab den Namen), aus denen sich dann im 19. Jh. eine Straßensiedlung entwickelte, ist nicht viel übriggeblieben. **Luruper Hauptstr. 132** steht noch die 1823 erbaute Schulkate als ältester Bezugspunkt im Luruper Stadtbild.

Demonstrativprogrammen der Bundesregierung für den Wohnungsbau haben die Großsiedlungen **Fahrenort-Nord** und **-Süd** ihr Entstehen zu verdanken (Bernhard Hermkes und Gerhard Becker, 1957–69). Reihenhäuser am Fahrenort, Punkt- und Blockhäuser an der **Franzosenkoppel/Spreestraße** vergegenwärtigen die Planungsideale der offenen, gegliederten Stadt – übrigens einschließlich einer kreuzförmigen Typenschule, wie sie damals überall in Hamburg nach Ideen von Paul Seitz errichtet wurde.

Osdorf

Der Stadtteil Osdorf ist seit dem Zweiten Weltkrieg als Wohngebiet entstanden (vorbereitet durch die Eingemeindung in Altona 1927). Das 1268 erstmals erwähnte Dorf lag an der Kreuzung von Osdorfer Landstraße und Rugenbarg, an Diekweg und Langelohstraße. Dort sind – wenn auch großenteils erst aus dem 19. Jh. stammend – Hofanlagen, Windschutzbäume, Reste von Findlingsmauern und Reetdächer so versammelt, daß noch ein traditioneller Dorfkern wahrnehmbar ist.

Dazu gehört die **Windmühle Osdorfer Landstr. 162;** sie ist 1890 hier aufgestellt worden und stammt aus Büttel in Dithmarschen, ein Holländer mit achteckigem massivem Unterbau.

Am **Eichenplatz** (Friedenseiche) stehen drei Findlinge als Kriegerdenkmäler für die Gefallenen seit 1870/71.

Die Trabantenstadt **Osdorfer Born** wurde seit 1963 unter Werner Hebebrand geplant und seit 1966 mit 5000 Wohnungen gebaut; sie gilt als Musterbeispiel für die Planungseuphorie der sechziger Jahre. Städtebauliches Zentrum, Hochhausbänder und hofartige Blocks sollten urbanes Wohnen ermöglichen.

Teil der Elbvororte ist das Villenviertel **Hochkamp** im Süden des Stadtteils. Es ist seit 1896 durch dieselben Unternehmer erschlossen worden wie seit 1881 Groß Flottbek und Othmarschen. 1898 wurde dafür an der Blankeneser Bahn ein eigener Haltepunkt eingerichtet. Daß die großen Grundstücke dauerhaft nur als Villengebiet genutzt wurden (und damit ihren besonderen Wert behalten sollten), verdanken sie der ›Hochkamp-Klausel‹, die grundbuchmäßig den Villencharakter sichert. Spätgründerzeitliche Villen, traditionalistische Landhäuser der Zeit um 1910 und der zwanziger Jahre bestimmen das Gesamtbild. Dazu kommen aber auch überaus wertvolle Einzelbauten des Neuen Bauens, so das Haus **Dörpfeldstr. 39,** das Heinrich Amsinck 1928 für Kurt Sieveking erbaut hat, und das turmartige Wohnhaus Norwald an der **Brentanostraße 13;** es wurde nach Entwürfen von Werner Kallmorgen 1929 erbaut, der damals seine Laufbahn als selbständiger Architekt begann.

Durch die Nutzung als Privatschule stark verändert ist das ehem. Landhaus Max Emden an der **Jenischstr. 48** (Wilhelm Fränkel, 1906). Max Emden, der sich durch engagierte Architekturkritik an der Hamburger Reformbewegung um 1910 beteiligte, wollte mit diesem Landhaus ein Modell für die Reform des Wohnungsbaus seiner bürgerlichen Kreise liefern. Auch der architektonisch gegliederte, in das Grundrißkonzept und Raumprogramm integrierte Garten trug dazu bei.

Zur Infrastruktur der vornehmen Elbvororte gehört der **Poloplatz,** Jenischstraße 26; sein Clubhaus ist ein Dokument für die Freizeitqualität, die sich mit dem Neuen Bauen in dieser Zeit zu verbinden begann (Heinrich Amsinck, 1928).

Zu den umfangreichen Kasernenanlagen, die in den dreißiger Jahren auch in den Elbvororten errichtet wurden (Luftwaffenkaserne am Blohmkamp), gehören die Offizierssiedlungen an der **Arnimstraße** (1–13 und 2–14 mit Umgebung) und **Bockhorst** (9–11 und Umgebung), erbaut 1939 nach Entwürfen von Rudolf Klophaus. Die einfachen zweigeschossigen Mietshäuser versuchen, am Landhauscharakter der Elbvororte festzuhalten.

Am Eingang des 1979 eröffneten **Neuen Botanischen Gartens** (s. Museen u. Sammlungen) (Ohnhorststraße) steht die Bronzeplastik ›Adam plündert sein Paradies‹ (Waldemar Otto, 1982).

Nienstedten

Nienstedten ist der alte Pfarrmittelpunkt für die Elbvororte von Othmarschen bis Blankenese; das Kirchspiel wurde wohl im 12. Jh. begründet. Wie die anderen Elbvororte gelangte es mit der Herrschaft Pinneberg 1640 unter dänische Herrschaft und 1867 zur preußischen Provinz Schleswig-Holstein. 1927 von Altona eingemeindet, wurde es mit ihm 1937/38 ein Teil von Groß-Hamburg.

Die **Kirche** lag im Mittelalter näher an der Elbe. 1616 wurde sie auf die Höhe des Geestrandes gelegt und 1750/51 durch den Landbaumeister Otto Johann Müller neu erbaut. Nach Westen ist der einfache Fachwerksaal durch eine Backsteinmauer abgeschlossen, über der sich ein Giebelturm erhebt (Königsmonogramm Frederiks V. und Datum 1750). Im Innern spannen sich zwischen Holzstützen auf beiden Seiten Emporen und im Mittelraum darüber ein hölzernes Korbbogengewölbe. Der Kanzelaltar stammt von 1750.

Nördlich der Kirche liegt als Kern des Stadtteils das alte Dorf. Vereinzelte reetgedeckte Häuser (z. B. die Kate Hasselmannstr. 18) bezeugen das ebenso wie gründerzeitliche Läden, Gaststätten und Wohnhäuser und das liebenswürdige Ortsbild zwischen Kirche, Hasselmannstraße, Sieberlingstraße und Nienstedtener Straße mit dem **Nienstedtener Markt** als Zentrum. Dort steht auch die **Friedenseiche** mit Findling ›1870/1871‹. – Das Haus **Hasselmannstr. 1** war bis 1881 die Schulkate; sie wurde 1923 umgebaut und erhielt damals Mansardgiebel.

An der **Elbchaussee** entstanden bei der Kirche früh Ausflugslokale. Seit 1814 ist die ehemalige Bäckerei Elbchaussee 404 (heute **Landhaus Dill**) als Gasthaus überliefert, ein damals erbautes einfaches Backsteintraufenhaus. – Am Elbhang liegt **Jacob**, Elbchaussee 401–403. Der Kern der vielfach veränderten Gebäudegruppe geht auf das 18. Jh. zurück (als Gasthaus seit 1765 überliefert). Die berühmte *Lindenallee* (Farbabb. 27) der Hangterrasse wurde durch Daniel Louis Jacob angelegt, einen Kunstgärtner, der 1791 durch Heirat Besitzer, Wirt und Namengeber des Gasthauses wurde.

Westlich von Dorf und Kirche liegt der große **Friedhof,** der 1814 eröffnet und mehrfach erweitert worden ist (vorher wurde bei der Kirche bestattet). Er ist die Begräbnisstätte vieler hier begüterter Hamburger und Altonaer Bürgerfamilien geworden, die so auch für ihr Grab die Vorzüge der ländlichen Lage Nienstedtens nutzten – so mit den Familiengrüften im Bereich A 3 (Parish, de la Camp, Wesselhoeft, Carl Godeffroy, Hesse u. a.). Die Gruftplatte für Caspar Voght (1752–1839) trägt eine Inschrift von Karl Sieveking, die seine »Kunst des sinnigen Wohlthuns« preist.

Der Friedhof ist schematisch angelegt – wie für das frühe und mittlere 19. Jh. charakteristisch. Der herangewachsene Baumbestand gibt ihm trotzdem einen der Landhauskultur adäquaten parkartigen Charakter. – Die *Kapelle* ist ein schöner Klinkerrundbau von 1927 (Kurt Stoltenberg). – Das *Kriegerdenkmal* (im Bereich östlich der Kapelle) für die Gefallenen des Ersten Weltkrieges hat Richard Luksch 1920 gestaltet (achteckige Anlage aus Sandstein, expressionistisch stilisiertes Kruzifix).

Die zahlreichen älteren Grabdenkmäler zeigen gängige Typen von der Stele bis zum Obelisk, z. B. auf dem Familiengrab des Landschaftsgärtners *James Booth* (1772–1814, mit Säulenstumpf, klassizistischen und neugotischen Stelen der Mitte des 19. Jh. – A 1/79–81). – Dazu kommen figürliche Grabmäler, meist aus den beiden Jahrzehnten vor dem Ersten Weltkrieg: nahe der Kapelle die *Gräber Hagenbeck* (Granit-Ädikula, Bronzerelief einer sinnenden Frau – 1909), *Claviez* (Granitwand mit Bronzerelief, W. Roepke, 1905 – C 4/14–16), *Langer* (Sämann, Bronzeguß Arthur Bock, 1928 – 16 D/38a–d), *Neuerburg* (Liegender auf sarkophagartigem Unterbau, Muschelkalk, B. Bleeker, 1939 – Abt. 9), *Reemtsma* (Muschelkalkwand, in der Mitte stehender Wanderer, 1932 – Abt. 16 D), *Essberger* (Grabwand mit Arkosolnische, Relief eines Segelschiffes, 1939 – Abt. 16 D), *Graf Holck* (Muschelkalkgrabwand mit Giebel, Bronzerelief eines Ritters, Arthur Bock, um 1910). Die Friedhofsmitte markiert das neoklassizistische *Mausoleum Schröder.*

Zwei Bereiche dienen der Aufstellung bemerkenswerter Grabdenkmäler von aufgegebenen Gräbern: Auf den Grabstätten *Renner* und *O'swald* (C Qu 4) sowie vor allem im *Grabsteinmuseum* in der Südostecke des Friedhofs (mit klassizistischen und neugotischen Stelen aus dem 19. Jh.; die Stele für Mathilde Arnemann – gest. 1828 – nach antikem Vorbild trägt ein Relief von Bertel Thorvaldsen).

Wie in Othmarschen gehören die wichtigsten Kunstdenkmäler Nienstedtens zur Landhauskultur der Elbvororte und deren Gartenanlagen. Der wichtigste Beitrag dazu ist die **›ornamented farm‹ des Caspar Voght** mit ihren ausgedehnten Parks, dem landwirtschaftlichen Mustergut Klein Flottbek. Der östlich der Baron-Voght-Straße gelegene Teil gehört zu Othmarschen und hat als Jenisch-Park eine eigene Geschichte (s. Othmarschen). – 1785 erwarb der Hamburger Kaufmann

Caspar Voght (1752–1839) den aus drei Bauernhöfen bestehenden Kern seines künftigen Besitztums, der schon lange vorher von Bürgern aus Hamburg und Altona als Landaufenthalt benutzt worden war (das Gelände beidseits der Baron-Voght-Straße). 1796/97 erwarb er das Quellental.

Weitreichende sozialpolitische Aktivitäten machen Caspar Voght zu einer zentralen Gestalt der Hamburger Aufklärungsgesellschaft des ausgehenden 18. Jh.: seine wichtigste Leistung war – im Rahmen der Patriotischen Gesellschaft – die Hamburger ›Allgemeine Armenordnung‹ von 1788 und die Mitwirkung an der Hamburger Armenanstalt als erster neuzeitlicher, öffentlicher Sozialfürsorge in Hamburg (1802 wurde Voght von Kaiser Franz II. zum Reichsfreiherrn geadelt).

So sollte auch Voghts Flottbeker Landsitz nicht bloß dem Genuß der Muße dienen, sondern nützlichem Fortschritt. Bei einem England-Aufenthalt 1793/94 hatte Voght den Landsitz ›The Leasowes‹ des Dichters William Shenstone kennengelernt. Nach dessen Vorbild ließ er Klein Flottbek zur ›ornamented farm‹ ausgestalten: hier organisierte er eine moderne, ertragreiche Landwirtschaft als Versuchs- und Mustergut, Vorbild für Reform und Modernisierung der Landwirtschaft. Zugleich schuf er die reizvollen Landschaftsinszenierungen und Bildführungen eines englischen Gartens: »Die schönen Bäume, die liebliche Abwechslung von Hügel und Tal, die mannigfaltigen Baumgruppen, die so verschiedenen Land- und Strom-An- und Aussichten suchte ich zu benutzten, um auf jenen, durch die (mit solchem Fleiß bestellten) Felder geführten Wegen, eine Reihe wechselnder, in ihrem Charakter voneinander verschiedener Landschaften dem Auge des Wandelnden der Reihe nach darzustellen – dabei alles Kleinliche sorgfältig zu vermeiden, die Hand der Kunst allenthalben zu verstärken, und nur große Massen zu bilden, die des Pinsels würdig wären. Ich bin so eitel zu glauben, daß mir dieses gelungen sei . . .«

Von dieser einzigartigen Anlage ist – nach 1828 umgestaltet – der Jenisch-Park erhalten, dazu die unmittelbare Umgebung des Landhauses, vor allem das **Quellental**, der stark modellierte Einschnitt der Kleinen Flottbek in die Geestlandschaft. Die Erschließung und Bebauung der Straßen Quellental und Nettelhof sowie Landhausbauten südlich und südwestlich seit dem frühen 19. Jh. und bis in die Gegenwart hinein haben zwar die Anlage verändert, die Grundstruktur ist aber immer noch nachvollziehbar.

Die erste Sommerwohnung Caspar Voghts war – ganz wie bis dahin in solchen Fällen üblich – in einem der Bauernhäuser untergebracht, das allerdings 1793 abbrannte. Es folgte ein ungewöhnliches Gebäude, der Tempel auf dem Elbufer (s. Othmarschen, Elbchaussee 277). 1794–97 entstand dann – nach den Wünschen Caspar Voghts durch Johann August Arens ausgeführt – das Landhaus **Baron-Voght-Straße 63.** Auch dieses Gebäude unterscheidet sich von den anderen zeitgenössischen Elb-Landsitzen: Nicht klassische Harmonie und geometrische Klarheit der Form ist das vorrangige Ziel, sondern Bequemlichkeit für das Wohnen. Das Haus ist im Südteil geöffnet in zweigeschossigen, an drei Seiten umlaufenden Säulengalerien. Daran schließt sich rückwärts ein einfaches Wohnhaus. An die landwirtschaftliche Nutzung erinnern noch die reetgedeckten Bauernhäuser **Baron-Voght-Straße 59** (vor 1786 erbaut, später verändert und ausgebaut) und Nr. **73–75.**

Die **Instenhäuser** gegenüber dem Landhaus an der Baron-Voght-Straße, neben dem Eingang zum Jenisch-Park, hat Caspar Voght für die Landarbeiter seines Gutes 1786–98 errichten lassen (später entstanden weitere Landarbeiterhäuser an der Jürgensallee 102–124 und 75–95). In ihnen reihen sich kleine Wohnungen aus Wohnküche und Kammer. Für Voght überbrückten philanthropische Gefühle die krasse Kluft zu seinem Landhaus: »Glückliche Tagelöhnerfamilien saßen am Sonntag vor den freundlichen Wohnungen, die ich ihnen erbaut hatte, mit ihren in eigener malerischer Landestracht wohlgekleideten Kindern, die ich durch einen jungen genialen Mann, der sie auch Gesang und Musik lehrte, zu

Das Landhaus Caspar Voght, Baron-Voght-Str. 63. ›Gemeinnützige Unterhaltungsblätter‹, 1806

höherer Bildung, bei einfachen Sitten erziehen ließ, und frühe an ländliche Arbeit gewöhnte.«

Vom **Schulhaus,** das Voght später stiftete, stammt die Inschrifttafel am Neubau von 1884 (Quellental 24).

Unmittelbar südlich vom Landhaus Voght ist übrigens mit dem zweigeschossigen, walmdachgedeckten Backsteinbau **Baron-Voght-Str. 57** eines der ältesten Gartenhäuser der Elbvororte (wohl Anf. 18. Jh.) erhalten geblieben. – Baron-Voght-Str. 27 ist bereits um 1700 als Wohnhaus mit ›Sommersahl‹ erwähnt. Es wurde 1794/95 durch Salomon Roosen als ›Eichen-Lust‹ neu gebaut und inzwischen vielfach verändert. – **Baron-Voght-Str. 19** wurde von dem Hamburger Kaufmann Georg Friedrich Vorwerk 1840/41 erbaut (Franz Gustav Forsmann, später verändert).

Elbchaussee 352 wurde 1826 erbaut. Hier lag seit ca. 1700 an der Kleinen Flottbek eine Mühle, auf die noch der große Teich zurückgeht; nach Norden schloß Caspar Voghts Quellental an; der nach 1826 neu gestaltete **Wesselhöfts Park** ist seit 1953 eine öffentliche Grünanlage.

Christian Frederik Hansens Landhaus für den Altonaer Kaufmann Johann Heinrich Baur (s. Altona-Altstadt, Palmaille) an der Elbchaussee 372, das **Elbschlößchen** (Abb. 52), wurde 1804–06 erbaut. Die elementare Geometrie des klassizistischen Hauses zitiert Palladios Villa Rotonda: Eine zylindrische Halle mit Pilastergliederung und Oberlicht in der flachen Kuppel bildet die Mitte des fast würfelförmigen Baukörpers, dessen Eingang durch eine ionische Tempelfront geadelt wird. Leider ist das Haus nicht öffentlich zugänglich. – Im Park wurde 1881 eine **Brauerei** begründet, die mit ihren gründerzeitlichen Backsteinbauten eine verblüffende Alternative in die Reihe der Landhäuser und Villen an der Elbchaussee bringt. Ein Versuch, die gestalterischen Folgen zu heilen, ist der Restaurantumbau mit seiner Art-deco-Fassade (Esselmann & Gerntke, 1927/28).

Das Landhaus ›Lindenhof‹ des Hamburger Kaufmanns Berend Roosen, **Elbchaussee 388,** wurde 1798 erbaut, ein spätes Beispiel der traditionellen Verbindung bäuerlicher Wirtschaftsge-

Blankenese und das romantische Elbufer. Lithographie von J. Gottheil, um 1860. – Ansicht Blankeneses mit dem Süllberg, umrahmt von Sehenswürdigkeiten der Elbvororte: Rechts u. a. ›Säulenhaus‹ (Villa Brandt), Kirche Nienstedten, Jenisch-Haus; links unten ›Hirschparkhaus‹ (Caesar Godeffroys Park) und

›Elbschlößchen‹ (Baurs Villa). Nicht mehr erhalten sind ›Rainville‹ in Ottensen (unten Mitte) und die Villa Godeffroy (links oben) sowie ›Schillers Burg‹ (rechts oben) und die Pagode in Baurs Park (rechts unten)

bäude mit bürgerlichem Wohnteil (Kreuzbau). Erhalten ist nur dieser, ein zweigeschossiger, ursprünglich reetgedeckter Fachwerkbau mit Bohlenverkleidung. – 1805 wurde das Landhaus Linnich, **Elbchaussee 400**, erbaut (verändert). – Vom ehemals opulenten Landsitz des aus England stammenden Hamburger Kaufmanns John Parish (Elbchaussee 411) ist leider nichts Nennenswertes erhalten geblieben.

Einer der ausgedehntesten englischen Gärten der Elbvororte ist der **Hirschpark** (so genannt nach einem in der Gründerzeit eingerichteten Hirschgehege) mit dem klassizistischen Landhaus Elbchaussee 499, das Christian Frederik Hansen 1789–92 für den Hamburger Kaufmann Johann Cesar IV. Godeffroy errichtete – das erste wichtige Gebäude aus Hansens Altonaer Zeit; vermutlich gleichzeitig entstand als Zubehör das Bauernhaus in der Nähe (›Witthüs‹). Der Park umfaßt ältere Bestandteile (Lindenallee am Nordrand, Abb. 55), die darauf hinweisen, daß das Gelände schon vorher für bürgerliche Sommeraufenthalte genutzt worden war. Seit 1927 ist der Park öffentliche Grünanlage.

Vor dem Hirschpark-Haus erinnert eine Gedenkeiche mit Findling an Bismarck, am Ausgang Mühlenberg ein Findling an den Dichter Hans Henny Jahnn. – Das **Hirschpark-Haus** wurde im 19. Jh. verändert und im äußeren Erscheinungsbild später rekonstruiert. Der kubische Mittelbau wird von niedrigen Seitenflügeln begleitet und erweitert sich zur Elbe hin in einer halbrunden Exedra. Das Motiv der in den Baukörper geschnittenen Eingangsnische mit den eingestellten Säulen läßt sich wie ein Leitfossil aus dem französischen Klassizismus über Hansens Kopenhagener Lehrer Harsdorff nach Nienstedten verfolgen. Eine Gebälkinschrift DER RUHE WEISEM GENUSS (auf Horaz, Satiren 2,6 anspielend) vergegenwärtigte ehemals die Freizeitidee der Landhauskultur.

Unterhalb des Hirschparks **In de Bost 39–40** erbaute Richard Godeffroy 1836 durch Arthur Patrick Mee 1836 (einen Schüler von John Soane) ein spätklassizistisches Landhaus.

Zwischen die beschriebenen Landhäuser haben sich wie in Othmarschen an der Elbchaussee Villen der Gründerzeit und Landhäuser der Zeit um 1910 sowie der zwanziger Jahre geschoben: Die spätgründerzeitliche Großvilla in der Ecke zwischen **Georg-Bonne-Straße** und **Elbchaussee 354** mit großem Park und rückwärts auf dem Grundstück liegendem Stallgebäude stellt sich in die Tradition der Landhäuser um 1800. – Das **Landhaus Berwanger,** In de Bost 10–12 (Walther Baedeker, 1922/23, 1950 umgebaut), bildet ein schönes Beispiel für den komplexen Organismus eines Landhauses der Zeit um 1910 mit Nebengebäuden und Garten, der hier in den ausgedehnten Hirschpark überleitet. – Vom spiritus rector der deutschen Landhauskultur um 1910, Hermann Muthesius, wurde 1922 das **Haus Bouncken,** Hirschparkweg 1, entworfen – ein die Hamburger Backsteintradition aufnehmender, zurückhaltender Bau.

Der nördliche Teil des Stadtteils setzt die Villenbebauung von Othmarschen und Hochkamp mit einem einheitlichen, großflächigen Villenensemble zwischen Humannstraße und Bahnlinie fort. – Die Voraussetzung dafür hat auch in Nienstedten die 1867 eröffnete Bahn von Altona nach Blankenese geschaffen. Das damals errichtete **Bahnhofsgebäude Klein Flottbek** ist davon noch erhalten, ein landhausartiger Putzbau im Rundbogenstil der Jahrhundertmitte.

Blankenese

Blankenese liegt auf dem westlichen Ende der die Elbe begleitenden Geestkante, die hier ihre größte Höhe erreicht und dann zur Wedeler Marsch abfällt. Durch Taleinschnitte stark modelliert ist das Hanggebiet, aus dem sich vor allem der Süllberg und der Kiekeberg herauslösen. Der kleinteiligen Bebauung an deren Hängen, die sich nach Süden zur seeartig ausgeweiteten Elbe wenden (in dieses Mühlenberger Loch mündete ursprünglich die Süderelbe, hier beginnt das Stromspaltungsgebiet, das sich bis Altengamme nach Osten erstreckt und letztlich den Hamburger Hafen entstehen ließ), verdankt Blankenese jenen Hauch von Ascona, der es zu einem der attraktivsten Stadtteile Hamburgs gemacht hat. Der Sandstrand gab Blankenese den Namen (Ness = Sandbank).

Der Stadtteil umfaßt drei historische Siedlungskerne: *Blankenese* selbst als Hang- und Strandsiedlung zwischen Kiekeberg und Süllberg, den *Mühlenberg* und das Dorf *Dockenhuden* (etwa im Bereich Hasenhöhe/Elbchaussee). Als Teil der Herrschaft Pinneberg standen diese Siedlungen seit 1640 unter dänischer Herrschaft, seit 1867 gehörten sie zur preußischen Provinz Schleswig-Holstein. 1919 wurde Dockenhuden von Blankenese eingemeindet, 1927 letzteres zusammen mit den anderen Elbvororten von Altona; 1937/38 ging alles in Groß-Hamburg auf.

Das historisch bedeutsame Ortsbild ist im folgenden in zwei Komplexe aufgelöst: Die alten Ortskerne mit ihren Erweiterungen, insbesondere mit dem Hanggebiet von Blankenese, stehen am Anfang. Dann folgt ein Gang entlang der Hangkante, auf der sich die Landhauskultur der Elbchaussee fortsetzt.

Das Blankeneser Hanggebiet

Die Bebauung des Blankeneser Hanggebiets kann nicht im einzelnen beschrieben werden: Für sich betrachtet ist das meiste, was an kleinen Häuschen dort steht, ohne besonderes Interesse. Aber in der gegebenen Topographie, mit seiner Vielfalt und Kleinmaßstäblichkeit ist dieses Milieu einmalig (Farbabb. 22). Das läßt sich an jeder beliebigen Stelle des Hanggebiets mit immer neuen Überraschungen erleben: Gewundene Fahrwege und verwinkelte Treppen vermitteln zwischen den auf steilen Grundstücken liegenden Häusern, die von Stützmauern abgefangen sind und in kleinen Gärten, der Südlage gemäß, botanischen Ehrgeiz entfalten (Farbabb. 6). Am Strandweg geht das Ganze in die Reihung einer Uferstraße über.

Im 19. Jh. war Blankenese einer der Hauptplätze der deutschen Hochseefischerei und in Konkurrenz zu Neumühlen und Övelgönne Lotsenstandort. Wie es der Lokalmythos will, waren wohl tatsächlich Kapitäne, Lotsen, Schiffsbauer und Reeder Bewohner der malerischen kleinen Häuser, die seit dem Biedermeier hier entstanden und dabei den bekannten Typ des eingeschossig traufständigen (öfters mit Zwerchhaus versehenen) Wohnhauses variieren, bis sie in der Gründerzeit immer größer werden und zu jenen »Vorstadtvillen auf Landpartie« heranwachsen, die Alfred Lichtwark in Blankenese beobachtete: Stuck und Schmiedeeisen als Schmuck immer freier gruppierter Putzbauten in Formen der Neorenaissance, des Neubarock und des Jugendstils. Mit Etagen- und Ladenhäusern entstand an der Blankeneser Bahnhofstraße und an der oberen Blankeneser Hauptstraße ein Versorgungszentrum. Nur noch wenig Platz blieb für die Häuser der Reformarchitektur um 1910 und die der zwanziger Jahre. Brutal und für das Ortsbild katastrophal haben sich in den letzten Jahrzehnten Neubauten in dieses Milieu gedrängt, das auch durch Modernisierungen manchen Schaden nahm – insgesamt aber noch immer seinen legendären Charakter bewahrt hat.

Den geschichtlichen Kern des Hanggebietes bildet das ehemalige **Fährhaus** an der Blankeneser Hauptstraße 107, schon weit hinuntergerückt am Abhang; über die Grube ist von hier aus der Strand zu erreichen. 1301 ist erstmals eine Fähre erwähnt, die wohl schon lange vorher und bis ins frühe 19. Jh. den wichtigsten Elbübergang unterhalb Altonas darstellte. Seit das Fährhaus 1826 nach einem Brand neu errichtet wurde (ganz traditionell in der Art einer niedersächsischen Fachhallenkate), diente es nur noch als Gasthaus. 1868 wurde es an Wilhelm Sagebiel verkauft, der ihm seinen inzwischen traditionsreichen Namen gab und es mit Sälen und Terrassen ausbaute, die einen besonders schönen Ausblick auf die Elbe gewähren.

Daß Blankenese ursprünglich ein Fischerdorf war, bezeugen noch eine ganze Reihe charakteristischer **Fischerhäuser** des 18. und frühen 19. Jh. Es sind einfache Backsteinfachwerkhäuser mit Reetdach. In typischer Weise sind meist zwei oder drei Wohnhäuser mit einer gemeinsamen

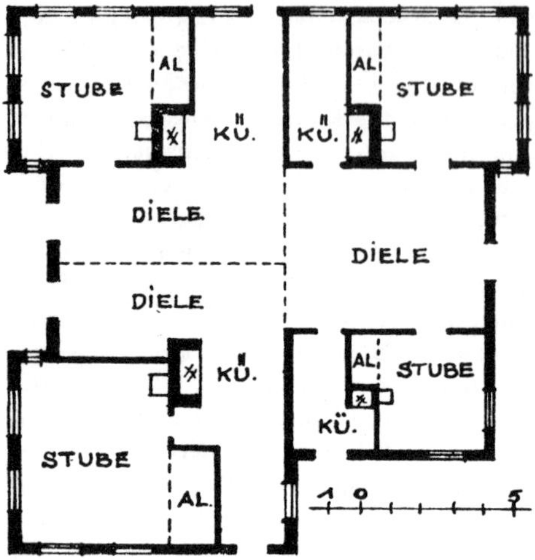

Grundriß eines typischen Blankeneser Fischerhauses: ›Dreehus‹ mit zusätzlicher Altenteilerwohnung und gemeinsamer Diele, Am Hang 22–26

Diele als ›Twee-‹ oder ›Dreehus‹ zusammengefaßt (manchmal ist später die eine Hälfte modernisiert oder durch einen Neubau ersetzt worden). Über der nach außen vortretenden Stube ist oft ein Obergeschoß aufgesetzt, das söllerartig als Sahl aus dem Dach heraustritt und eine weitere Stube enthält. Sie liegen mehr oder weniger versteckt an den Treppen des Hanggebiets: *Elbterrasse 4–6,* Dreehus um 1800, *5–7,* Tweehus (erste Hälfte 18. Jh.), *Nr. 18* ebenfalls ein Tweehus; Fischerhäuser des 18. Jh. stehen auch *Am Hang 5–7, 13–15* und *22–26,* am *Krumdals Weg 14* und *18, Op'n Kamp 9, 24, 28,* am *Osterweg 11–13, Rutsch 1* und *2, Bremers Weg 1.* – Weitere Fischerhäuser gibt es am *Mühlenberg.*

Spätere Häuser einzeln hervorzuheben erzwingt Willkür. Erwähnenswert ist dennoch **Strandweg 16–17** (ein biedermeierliches Wohnhaus um 1820), das klassizistische Wohnhaus **Elbchaussee 564,** als programmatischer Heimatschutzbau die Villa des niederdeutsch-völkischen Dichters Gustav Frenssen, **Baurs Weg 8** (Curt Francke, 1906). Wie die Topographie unter Wahrung der Charakteristika des Ortsbildes für ein ganz modernes Haus ausgenutzt werden kann, demonstrierte Karl Schneider 1925/26 mit dem Haus **Charitas-Bischoff-Treppe 9** (verändert).

Ein Grund für die schnelle Entwicklung Blankeneses war die Eröffnung der Bahn nach Altona 1867. Der **Bahnhof** dieser Zeit ist als Putzbau im Rundbogenstil erhalten. Zwischen Bahnhof und Hanggebiet entstand seit der Gründerzeit ein Villenvorort.

Zum Ausbau des Fischerdorfes zur Vorstadt gehörte die Errichtung einer eigenen ev.-luth. **Pfarrkirche** 1895/96 (bis dahin gehörte Blankenese zu Nienstedten), ein inzwischen veränderter neugotischer Backsteinbau des Landbauinspektors Ehrhardt. Aus Nienstedten wurde 1896 der Bronzetaufkessel übernommen (Fünte mit Inschrift auf drei Standbeinen, 2. Hälfte 13. Jh.). Im Bereich Oesterleystraße/Blankeneser Bahnhofstraße/Auguste-Baur-Straße markieren **Findlinge** für die Gefallenen von 1870/71 (nebst Friedenseiche) und für die Erhebung Schleswig-Holsteins 1848 das neue Ortszentrum.

Von den öffentlichen Gebäuden des Stadtteils ist die 1927–29 nach Entwürfen von Paul Marschall durch Altona erbaute **Richard-Dehmel-Schule** (Volksschule Blankenese, heute ›Gorch-Fock-Schule‹) trotz späterer Veränderungen als ein schönes Beispiel des Neuen Bauens (und des ›Neuen Altona‹ der zwanziger Jahre) erwähnenswert.

Das **Wohnhaus Richard Dehmels** an der Richard-Dehmel-Str. 1 wurde von Walther Baedeker entworfen, von vermögenden Freunden des Dichters (wohl vor allem auch Baedeker selbst) 1911 für ihn gebaut und ihm dann zum 50. Geburtstag (18. 11. 1913) geschenkt, nachdem er mit seiner zweiten Frau Ida Dehmel seit 1901 in Blankenese wohnte. Hier starb er am 8. Februar 1920. Der für die Zeit in Hamburg ungewöhnliche Putzbau, ursprünglich frei gelegen, erinnert mit seinem Walmdach ein bißchen an Goethes Gartenhaus in Weimar. – Ein regelmäßig angeordneter Garten führte ursprünglich auf die Südwand des Hauses zu. Sie ist auffallend verschlossen; in der Mitte steht eine Mädchenstatue von Richard

Luksch, ähnlich der Statue auf dem Grab des gemeinsamen Freundes von Luksch und Dehmel, Detlev von Liliencron (s. Rahlstedt). Wenn man so will, kennzeichnet sie das Haus als Mausoleum, als Dichtergrab. – Der einfache, ganz aus dem auf den Dichter bezogenen Raumprogramm heraus entwickelte Putzbau mit seinen qualitätvollen Details enthält die wertvolle Ausstattung, die sich Richard Dehmel nach eigenen, an Peter Behrens angelehnten Entwürfen um die Jahrhundertwende hatte anfertigen lassen. Sie bilden nach wie vor den Rahmen für den letzten, scheinbar unberührten Arbeitsplatz Richard Dehmels, mit Kunstwerken und Krimskrams, die zu seinem Leben gehörten, aber auch für die von Richard Luksch gestaltete Urne, die die Asche Richard Dehmels und seiner Frau Ida birgt.

Mühlenberg

In einem tief eingeschnittenen Tal führt die Straße **Mühlenberg** zur Elbe hinunter und erinnert durch ihren Namen an eine Wassermühle, die hier schon im 15. Jh. lag. Seit ca. 1700 entstand von Blankenese aus eine Fischersiedlung mit charakteristischen Häusern *Am Hirschpark 2, Mühlenberg 42–44, 54–56* und *72, Panzerstr. 6, 10–12, 11–13* und *14–16.*

Dockenhuden

Das Dorf Dockenhuden ist heute ununterscheidbar in Blankenese einbezogen. Sein Kern lag an der **Hasenhöhe** (dort gibt es noch Spuren dörflicher Bebauung). Die reetgedeckte ehemalige **Schulkate** Elbchaussee 530/Dockenhudener Str. 1 ist erhalten geblieben.

Die drei obligaten **Denkmäler** des Dorfes stehen an der Kreuzung Elbchaussee/Gätgensstraße (Findlinge für die Kriege 1870/71 und 1914–18, ein Findling als Schleswig-Holstein-Denkmal von 1898).

Das Landhaus Overmann, **Pepers Diek 8** (Walther Baedeker, 1911) zeigt einen freien Umgang mit historischen Formen in der Heimatstilmischung von Klinker und Muschelkalk (gedoppelte ionische Kapitelle an den Eingangssäulen).

An der Schenefelder Landstraße wurde im alten Dockenhudener Dorfkern 1928–30 nach Entwürfen von Clemens Holzmeister die katholische **Pfarrkirche Maria Grün** errichtet. Der asketische Rundbau paßt sich seinem norddeutschen Ambiente durch das Klinkermauerwerk an.

Wie die anderen Elbvororte wurde Dockenhuden nach der Anlage der Bahn Altona – Blankenese zum Villenvorort. Der Höhenrücken des **Krähenbergs** nordwestlich vom Bahnhof Blankenese setzt Neu-Othmarschen und Hochkamp fort. Der besondere Charakter des Viertels ist bestimmt durch die systematische Erschließung, die der Architekt Carl Otto Müller 1892 mit der Anlage der Straße Am Krähenberg einleitete. Die Bebauung zog sich bis in die dreißiger Jahre hin und erfährt seit Jahren das übliche Schicksal solcher Viertel: Ihrer Attraktivität fällt durch dichtere Neubebauung die wertvolle Bausubstanz selbst zum Opfer. Dennoch ist der Gesamtcharakter noch erhalten mit Häusern vom Späthistorismus bis zur traditionalistischen Architektur der Zwischenkriegszeit. Nach dem Verlust anderer Beispiele des Neuen Bauens in diesem Viertel erst in den letzten Jahren sind wohl die qualitätvollsten Häuser die drei Villen, die die Architekten Bensel & Kamps 1924/25 an **Goßlers Park 22–24** errichteten; aus kubischen Körpern entwickelte Flachdachhäuser, verputzt, mit ihren Terrassen und Gärten am Rande des alten Parks Dokumente der Reform von Bauen und Wohnen in den zwanziger Jahren (zu Goßlers Park s. unten).

Landhäuser und Höhen

Auf der Geestkante setzt sich auch in Dockenhuden und Blankenese die Landhauskultur der Elbvororte fort – eine ›Oberschicht‹ bezogen auf die Fischer- und Kapitänshäuser wie auf die rückwärtigen Villenviertel, denen sie freilich das Prestige lieferte.

Das Landhaus des Hamburger Kaufmanns Peter Godeffroy, **Elbchaussee 547,** wurde von Christian Frederik Hansen um 1790 erbaut. Das breitgelagerte ›Weiße Haus‹ hat auf der Gartenseite zur Elbe hin eine ionische Säulenvorhalle.

Zum Haus gehört ein Landschaftsgarten (nicht zugänglich).

Der (erst 1923 so genannte) ›Katharinenhof‹, **Mühlenberger Weg 33,** das Landhaus des Altonaer Kaufmanns Georg Friedrich Baur, wird vom Ortsamt Blankenese genutzt. Es wurde von Christian Frederik Hansens Neffen Johann Mathias Hansen (mit Ole Jörgen Schmidt) 1826–33 erbaut. Das zweigeschossige klassizistische Haus hat seine Hauptfront zum Garten hin: Dort wird eine dorische Säulenhalle von den Seitenrisaliten gerahmt (in der Attika Sandsteinrelief ›Raub der Proserpina‹). – Das Stallgebäude (öffentliche Bücherhalle) entstand 1839.

Der Garten – seit 1939 als öffentliche Grünanlage **Baurs Park** – erstreckt sich mit seinen von Baumgruppen gesäumten Rasenflächen den Elbhang hinunter. Er wurde zwischen 1802 und 1817 nach Entwürfen des französischen Architekten Joseph Ramée angelegt. Er war der einzige der Landschaftsgärten in den Elbvororten, der ein umfangreiches Programm von bedeutungsvollen Kleinbauten erhielt, darunter ein gotischer Turm und eine chinesische Pagode. Davon ist nichts erhalten. Vom ›Kanonenberg‹ aus wurden die einlaufenden Schiffe des Bauherrn begrüßt. Das gußeiserne Gitter am Strandweg mit seinen stilisierten Palmetten entstand 1834.

Das **Landhaus Blacker** bzw. Goßler, Goßlers Park 1, jetzt Ortsamt Blankenese, wurde von Christian Frederik Hansen 1794/95 für den in Hamburg ansässigen englischen Kaufmann John Blacker erbaut. Der eingeschossige Putzbau hat an den Längsseiten eingezogene, dorische Kolonnaden; an den Schmalseiten tritt jeweils eine dorische Tempelfront vor. 1897 aufgestockt und 1901 abgebrannt, ist das Haus eine anschließend hergestellte Rekonstruktion des späteren Zustandes. Im Vestibül stehen seit 1963 klassizistische Marmorfiguren der Psyche und der Artemis (H. W. Bissen, 1838). – Das Landhaus liegt beherrschend auf einer Anhöhe, von der nach allen Seiten der zugehörige Landschaftsgarten ausgeht. Seine Ränder sind in den zwanziger Jahren aufgesiedelt worden.

Der **Hesse-Park** wurde um 1800 durch den Hamburger Kaufmann Rütger Heinrich Klünder angelegt und ist seit 1926 öffentliche Grünanlage; das um 1800 erbaute, 1860 stark veränderte, immer noch an die klassizistische Tradition anklingende *Landhaus Hesse* dient dem *Ortsamt.* – Von hier aus schritt die Bebauung der Blankeneser Höhen weiter nach Westen erst in der Gründerzeit voran. Die charakteristischen Villen, die sich nicht nur die höchsten Lagen aussuchten, sondern sich auch noch mit Türmchen der Aussicht über die Elbe versicherten, wurden in den letzten Jahrzehnten leider dezimiert.

Zugleich mit Landhausbebauung und Villenerschließung wuchs die Attraktivität Blankeneses als Sommerfrische und Ausflugsort für Hamburger und Altonaer. So wurde 1837 auf dem **Süllberg** – als bestem Aussichtspunkt – für Ausflügler ein Milchausschank eröffnet, aus dem sich die heutige malerische Baugruppe entwickelt hat. 1887 entstand der Hauptbau und der runde Aussichtsturm, der an die Burg erinnern soll, die hier um 1060 stand: Der Süllberg (75 m) als höchste Erhebung über Elbe und Elbübergang war prädestiniert für einen Vorposten des jeweiligen Terri-

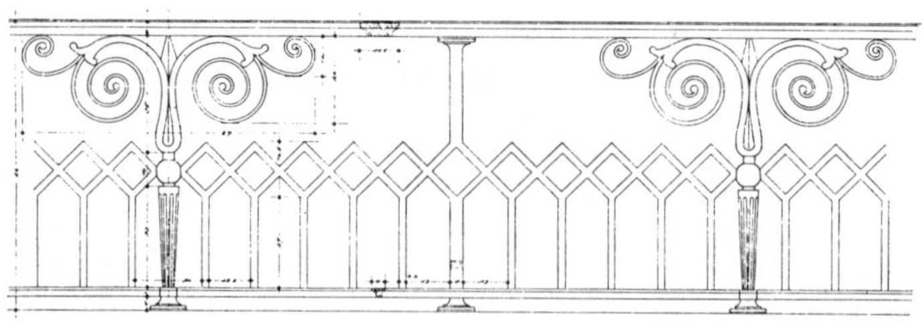

Klassizistisches Gußeisengitter am Elbufer von Baurs Park

torialherrn, die Anlage einer Burg und Propstei unter dem ehrgeizigen Erzbischof Adalbert (1045–72) daher nur natürlich. Sie hatte nur kurzen Bestand (1066 haben aufständische Bewohner der Umgebung sie zerstört) – ebenso wie eine unter den Schauenburger Grafen im 13. Jh. erfolgte Neubefestigung: Die Freiheiten des Hamburger Barbarossa-Privilegs verboten im Umkreis von zwei Meilen (also 15 km) die Errichtung von Befestigungen.

An **Krumdals Weg 9** knüpft das von Caesar Pinnau 1965 erbaute herrschaftliche Wohnhaus mit seiner Tempelfront an die Landhäuser um 1800 an (oder auch an die Virginias oder Englands), ein verblüffend früher Vorbote der Postmoderne. Ein jüngster Beitrag zur Landhauskultur ist die Villa am Ende von **Krumdals Weg** (A. P. B., 1985/86), palladianische Proportionen und spätmoderne Klarheit mit Hamburger Klinkern integrierend.

Der **Bismarckstein** geht als Anlage auf den Kaufmann Anton Julius Richter zurück, einen Bismarckverehrer, der das Gelände 1890 erworben hatte und seit 1895 (dem 80. Geburtstag Bismarcks) hier ein kolossales Denkmal plante, das nie ausgeführt wurde; es blieb ein – leider nicht benutzbarer – Aussichtsturm. – 1935 wurde nahebei vom Marineverein Blankenese ein *Denkmal* für die im Weltkrieg Gefallenen der deutschen Marine errichtet (Findling mit Bronze-Tafel); von dort aus öffnet sich der Blick auf die Elbe.

Den rückwärtigen Teil des Taleinschnittes zum Kösterberg und Polterberg nimmt **Schinckels Park** ein; das zugehörige Landhaus an der Richard-Dehmel-Straße ist eine vielfach veränderte Baugruppe. Zum Anwesen gehörte mit **Richard-Dehmel-Str. 6** eines der Spitzenwerke des Neuen Bauens in Hamburg, ein 1929 von Henry van de Velde entworfener Backsteinbau mit Flachdach, abgerundeten Ecken und Reling-Geländern. Jetzt behütet ein Reetdach das Haus.

Das ehemalige **Landhaus Köster,** später Warburg auf dem Kösterberg (Kösterbergstr. 60), ist ein ländlich-einfaches, ursprünglich reetgedecktes Holzhaus von 1794. Das **Elsa-Brandström-Haus** wurde als Villa Warburg, Kösterbergstr. 62, erbaut durch Martin Haller, umgebaut durch Hans und Oskar Gerson 1929. Zu dieser Anlage gehörte auch als Privatgarten der **Römische Garten,** seit 1897 unter Verwendung italienischer Gartenmotive als eine umfangreiche Anlage gestaltet, die mit ihren regelmäßig-architektonischen Terrassen, Treppen und Wegen im Kontrast zu den sonst als englische Gärten gestalteten Parks und Gärten der Elbvororte stand. 1951 wurde der Garten der Stadt als öffentliche Grünanlage überlassen. Heute erinnern nur noch Spuren an das mediterrane Ensemble.

Der **Falkenstein** ist locker mit weitläufigem Grundstückszuschnitt bebaut. Das ursprünglich von Johann Cesar Godeffroy aufgeforstete Heidegebiet geriet seit 1883 (Verlängerung der Altonaer Bahn von Blankenese nach Wedel) in den Einzugsbereich der Großstädte Hamburg und Altona. Bald darauf setzte die erste Villenbebauung ein (deren bauliche Zeugnisse längst wieder Neubauten gewichen sind).

Grotiusweg 36 ist das Haus des Malers Otto Illies, erbaut 1911 nach Entwürfen von Walther Baedeker wie gleichzeitig das Dehmel-Haus, hier als ein palladianisch wirkender Putzbau mit strengen Symmetrien. Im Nordflügel war das Atelier eingerichtet, davor erstreckt sich in den Garten hinein eine lange Pergola – Ausdruck der streng architektonischen Gartenanlage, die um so deutlicher den Reiz der landschaftlichen Lage spürbar macht (nur andeutungsweise vom Parkplatz Tafelberg aus sichtbar).

Das wichtigste der erhaltenen Häuser ist das **Haus Michaelsen,** Grotiusweg 79 im **Sven-Simon-Park.** Es wurde 1923–25 nach Entwürfen von Karl Schneider für Ite Michaelsen, die kunstinteressierte Frau eines Altonaer Fabrikanten, erbaut – das erste Manifest des Neuen Bauens der zwanziger Jahre in Hamburg. – Der weiß geschlämmte Backsteinbau hat noch ein ausgebildetes Dach, das einbezogen ist in eine neue Auffassung von Architektur, komponiert aus elementaren kubischen Elementen, in ihren Ausmaßen

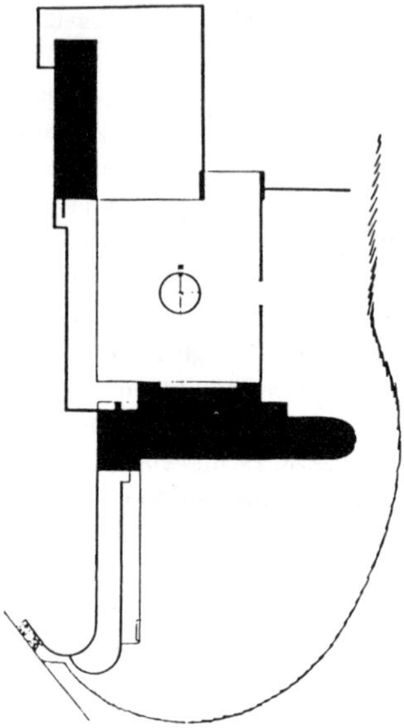

Lageplan des Hauses Michaelsen, Grotiusweg 79. Karl Schneider, um 1925. Das Wirtschafts- und Atelierhaus steht nicht mehr

und Begrenzungen subtil aufeinander abgestimmt wie eine abstrakte Plastik – über die sich zugleich wie eine ›Stijl‹-Graphik das Muster der frei – und doch nur nach der Zweckmäßigkeit der Belichtung des Inneren – verteilten Fenster legt. Die turmartige Überhöhung des Hauses, die von ihm ausstrahlenden Gartenstützmauern und das Wohnzimmer mit halbrunder Spiegelglasscheibe, darüber die Terrasse, die zum Garten trauflose Dachkante – alles löst sich radikal vom sonst verbindlichen traditionalistischen Bauen der Elbvororte. Obwohl die Hügelkuppe für den Bau eingreifend umgestaltet wurde, fügt sich das Haus wie selbstverständlich in die Landschaft. Das zur Ruine verkommene Haus ist 1984/85 durch Volkwin Mark rekonstruiert worden und hat dabei eine Anpassung an seine neue Nutzung als *Puppenmuseum* und Galerie erfahren (Zusammenfassung der Räume im Obergeschoß; s. Museen).

Unterhalb des Falkensteins führt die Kate **Falkensteiner Ufer 58** (um 1800) in die ländliche Vorzeit von Blankenese zurück. An den früheren Kleinschiffbau in Blankenese erinnert das Fachwerkhaus **Falkensteiner Ufer 28,** Überrest einer Segelmacherei und Reepschlägerei (um 1780).

Für die Elbvororte und vor allem die sich entfaltende Großstadt Altona übernahm Blankenese eine bedeutende Versorgungsrolle mit dem **Wasserwerk,** das 1854–59 am Falkensteiner Ufer angelegt wurde (William Lindley wirkte dabei beratend mit). Die ältesten Bauten (Pumpstation und Arbeiterwohnhäuser am Falkensteiner Ufer 42) wie die 1913/14 errichteten Filtrieranlagen auf *Baurs Berg* (mit 92 m die höchste Erhebung Blankenese) bilden eines der ältesten kontinuierlich in Betrieb befindlichen öffentlichen Wasserwerke Deutschlands.

Iserbrook

Iserbrook – ursprünglich Teil der Gemarkungen von Sülldorf und Osdorf – war bis in die dreißiger Jahre hinein kaum besiedelt. Erst die dann angelegten Kasernen und die sich daran anschließende Bebauung haben das geändert. Seit dem Zweiten Weltkrieg wurde Iserbrook zum geschlossenen Wohngebiet entwickelt.

Abgelegen und besonders ländlich müssen die wenigen Landhäuser gewirkt haben, die dort um 1912 errichtet wurden: Vom Landhaus Darboven, Bockhorst 70, und seiner umfangreichen Gesamtanlage sind innerhalb der Neubebauung des Geländes nur noch Spuren erhalten. – Das Landhaus Ernst Hertz, **Osdorfer Landstr. 370/372,** und das Landhaus Otto Traun, **Osdorfer Landstr. 390/392** (beide Walther Baedeker, 1912–1914), sind typische Beispiele für die traditionalistische Reformarchitektur. Imposant ist die Eingangshalle von Nr. 390/92 mit umlaufenden figürlichen Friesen.

Sülldorf

Das Dorf **Sülldorf** ist heute nördlich der Bahnlinie von Blankenese nach Wedel noch in seiner Einbindung in die freie Kulturlandschaft erhalten. Wenngleich die meisten Bauernhäuser nicht sehr alt und auch nicht so aufwendig und eindrucksvoll wie etwa die der Marschlande sind, so vergegenwärtigen sie doch nach wie vor den Eindruck eines typischen Geestdorfes im nördlichen Randbereich Hamburgs (entlang dem **Sülldorfer Kirchenweg,** z.B. 187, 223, 237, 259, 224 u.a.). Am Sülldorfer Kirchenweg/Heidhofsweg stehen die *Kriegerdenkmäler* für den Krieg 1870/71 und den Ersten Weltkrieg.

Rissen

Der in Hamburg abgegriffene Schnack, ›Rissen‹ komme von ›abgerissen‹, trifft die Realität: Vom Dorf ist nicht mehr viel erhalten. Das, was heute im Stadtteil sehenswert ist, gehört zur Landhauskultur des Elbufers im Süden oder setzt nördlich der Bahnlinie die Villengebiete von Othmarschen und Hochkamp fort. Die Geschichte der Elbvororte teilend, ist Rissen über die Eingemeindung in Blankenese und Altona zum Bestandteil Groß-Hamburgs geworden.

Den Villen und Landhäusern des westlichen Blankenese, des Falkensteins und Rissens ist als angemessene Sporteinrichtung der Golfplatz zugeordnet. Trotz späterer Umbauten zeigt das Clubhaus **In de Bargen 59** noch den Glanz des Neuen Bauens (Elingius & Schramm, 1930).

Die **Freiluftschule Wittenbergen** umfaßt zu einem Hauptteil das Areal des ehemaligen Landhauses Münchmeyer (Wittenbergener Weg 110). Dessen Gebäude von 1920, entworfen von Bensel & Kamps, zeigt nicht zuletzt den Einfluß von Frank Lloyd Wright auf die jungen Architekten.

Die **Leuchttürme** am Rissener Ufer (Abb. 56) und oben auf der Geestkante (Am Leuchtturm) wurden 1899 für die Elbefahrwassersicherung hergestellt. Die Schaftverjüngung der Stahlgittertürme verbürgt Standfestigkeit. An der Landesgrenze der Freien und Hansestadt zu Elbe und See hin, an der Grenze zwischen Land und Wasser symbolisieren sie die Abhängigkeit Hamburgs von der Seefahrt, der sie dienen.

Von den Villen im Nordteil Rissens vergegenwärtigen zwei in enger Nachbarschaft das Neue Bauen der zwanziger Jahre (**Gudrunstr. 66** – Haus Blunck von Karl Schneider, 1927/28) und die ostentative Rückkehr zur heimatgebundenen, traditionellen Bauweise in den dreißiger Jahren (**Gudrunstr. 69** – das Haus hat Konstanty Gutschow – seit 1937 der ›Architekt zur Umgestaltung des Elbufers‹ – für sich gebaut).

Das **Allgemeine Krankenhaus Rissen** ist eine umgebaute Kasernenanlage aus den dreißiger Jahren und zeigt deren typische Züge: Die Rücksichtnahme auf regionale Bautraditionen und gemütliche Akzente (wie die Erker an den Schmalseiten) belegen den im Dritten Reich unter dem Einfluß von Ratschlägen Paul Schultze-Naumburgs unternommenen Versuch, Heimatgefühle der Soldaten anzusprechen und sie damit für ihren Dienst einzunehmen. Die besondere Bemühung um gestalterische Qualität ist aber auch typisch für Luftwaffenkasernen und ihren erhöhten sozialen Status – und das bewährt natürlich wieder das Image der vornehmen Elbvororte.

Bezirk Eimsbüttel

Eimsbüttel

Der Stadtteil

Das Bauerndorf Eimsbüttel wurde erstmals 1275 erwähnt; seit 1339 gehörte es dem Kloster Harvestehude, seit der Reformation dem St. Johanniskloster – und damit Hamburg. 1830 den Landherrenschaften unterstellt, wurde es 1874 Vorort und 1894 Stadtteil. Seit der Aufhebung der Torsperre 1860/61 begann die Stadterweiterung Hamburgs, Eimsbüttel zu erfassen. 1866 hatte es schon über 8000 Einwohner, 1894 über 50000; 1920 aber waren es 125000 (heute ca. 54000). Große Teile Eimsbüttels wurden im Zweiten Weltkrieg zerstört.

Das Dorf

Das alte Dorf lag etwa zwischen Eimsbütteler Marktplatz und Wiesenstraße. Seine landschaftli-

Das Doormannsche Gartenhaus in Eimsbüttel. ›Gemeinnützige Unterhaltungsblätter‹, 1808

che Lage galt im 18. Jh. als besonders reizvoll. Damals wurde Eimsbüttel zu einem der Landhausvororte rund um Hamburg. Im Winter 1813/14 durch die französische Besatzung Hamburgs als Glacis niedergebrannt, erlebte es noch einmal eine Nachblüte als Ausflugsort. Der ›Heußhof‹, ›Belle-Alliance‹ und das Lokal der ›schönen Marianne‹ sind allerdings nur als Straßennamen überliefert. Noch 1855 beschreibt die Topographie von Schröder/Biernatzki das »hoch, romantisch belegene, und durch Kunst verschönerte Dorf, enthält 3 Vollhufen, 4 Halbhufen, 2 Brinksitzerstellen und etwa 31 Garten- und andere Eigentums-Häuser«.

Gerade dieser Bereich ist schwer zerstört worden. 1958–63 entstand hier ein Wohnviertel, das musterhaft den modernen Städte- und Wohnungsbau unter Werner Hebebrand als Oberbaudirektor vorführt: Zeilenbauten und Hochhäuser in offenen, fließenden Grünflächen, deren Wohnwege von den Verkehrsstraßen getrennt sind (unter anderem waren die Architekten Bernhard Hermkes, Hopp & Jäger, Joachim Matthaei und Caesar Pinnau beteiligt).

Das für den Stadtteil wichtigste öffentliche Gebäude, das **Hamburg-Haus,** Doormannsweg 12, wurde als vielfältig genutzter Veranstaltungsort 1963–65 nach Entwürfen von Paul Seitz errichtet (in der Halle ›Begegnung‹ von Hans Kock).

Schanzenviertel

Von der Stadt her bildet die **Hochbahnhaltestelle Schlump** (Horst Sandtmann, 1966–68) das Tor nach Eimsbüttel, zusammen mit dem **Haus des Sports,** Schäferkampsallee 1 (einem der von Le Corbusier inspirierten Bauten von Ferdinand Streb, 1950/51).

Im Dreieck zwischen Eimsbütteler Chaussee, Altonaer Straße/Kleinem Schäferkamp und Schäferkampsallee liegt als **Schanzenviertel** (s. Rotherbaum, Schröderstift) der älteste, Hamburg zunächst gelegene Teil der Eimsbütteler Stadterweiterungsgebiete: Um 1860/70 wurden hier Straßen angelegt (zum Beispiel 1870 die Bellealliancestraße). Zunächst hoffte man auf ein vornehmes Wohnviertel und baute bürgerliche Reihen-Stadthäuser mit Vorgärten wie gleichzeitig in Rotherbaum und Harvestehude (Reste an der

Weidenallee 22 ff.). Um 1870 sorgte die Spekulation aber schon dafür, daß nur noch Mietshäuser entstanden – ähnlich wie im benachbarten St. Pauli mit kleinen Wohnungen für kleine Leute und deshalb auch mit den charakteristischen Terrassen auf den rückwärtigen Grundstücksteilen (in den 1880er Jahren entstanden Weidenallee 57, 59 und 61 sowie die Etagenhäuser mit Hinterhöfen an der Lindenallee, Vereinsstraße und Fettstraße). – Die aus Zementstuck hergestellten Fassaden versuchen wie überall in der Gründerzeit, mit Neorenaissanceformen zu repräsentieren. Gerade da, wo allegorischer Schmuck eine höhere Lebensqualität behauptet, ist leicht die serielle Herstellung zu durchschauen. So wiederholt sich in nächster Nähe die ›Frau mit Siegerkranz‹ an den Häusern Bellealliancestraße 48 und 53 sowie Margaretenstraße 58.

Als spätes, aber auch besonders typisches Beispiel für eine umfangreiche Hinterhofbebauung ist der Komplex **Weidenallee 6–12** mit dem Hof 10 a–c bemerkenswert: Zwischen zwei herrschaftlichen Jugendstil-Etagenhäusern gelangt man auf den Hof, wo Terrassen mit kleinen Vorgärten stehen; am Ende folgt ein Stahlbeton-Fabrikgebäude (Albert Lindhorst, 1909/10 – im Erdgeschoß der zu Ateliers umgenutzten Fabrik ist das ›Künstlerhaus‹ eingerichtet; s. Museen und Sammlungen: Ausstellungen).

Das Schanzenviertel ist seit Ende der siebziger Jahre Stadterneuerungsgebiet. Wohnungsmodernisierung, Verkehrsberuhigung, ergänzende Neubauten verbessern zunehmend den Wohnwert.

Die Stadterweiterung

Vom Schanzenviertel nach Norden und Nordwesten bis an die Stadtteilgrenze (Högenstraße, Steenwisch, Eidelstedter Weg) reihen sich die Etagenhausquartiere Eimsbüttels. Sie sind in der Regel entlang von Privatstraßen entstanden, mit

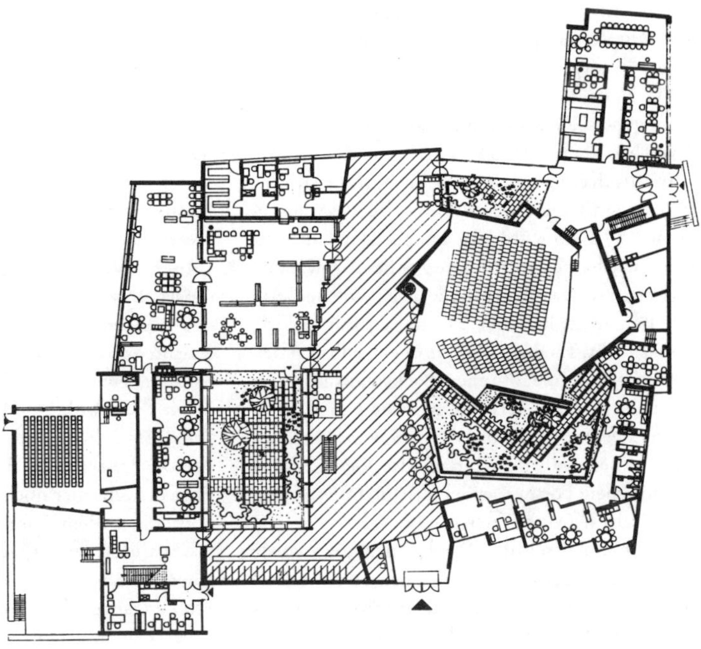

Grundriß des Hamburg-Hauses, Doormannsweg 12

denen die Spekulation mehr oder weniger rationell das Gelände für die Erbauung erschloß. – Die meisten Häuser sind stereotype Schlitzbauten mit Wohnungen mittlerer Größe. Die Fassadengestaltung folgt den üblichen Moden, denen man wie Jahresringen des Stadtbildes stadtauswärts nachforschen kann: Neorenaissance, die immer freier gehandhabt wird, dann barockisierende, schließlich von Jugendstilornamenten erfaßte Dekorationen, denen die serielle Herstellung leicht anzusehen ist. Als die architektonische Reformbewegung kurz vor dem Ersten Weltkrieg auch die Massenproduktion zu erfassen begann, war Eimsbüttel schon ausgebaut, sie kam deshalb hier im Wohnungsbau nicht mehr zur Geltung. Nur einzelne Einsprengsel entstanden noch in den zwanziger Jahren. Große Teile des Stadtbildes bestimmt der Wiederaufbau nach 1945.

Hinweise auf die Entstehungszeit der jeweiligen Umgebung geben die Baudaten der Schulen und Kirchen, die gleichzeitig mit dem Wohnungsbau entstanden – und zwar meist auf normalen Parzellen, da auch Staat und Kirchen sich mit Bauplätzen jeweils aus dem Spekulationsmarkt versorgten.

Die Veränderung Eimsbüttels bis gegen 1880 bezeugt – wie ein monumentaler Meilenstein an der Schäferkampsallee/Fruchtallee – die ev.-luth. **Christuskirche,** die erste Eimsbütteler Kirche (Johannes Otzen, 1883/84). Sie ist 1943 ausgebrannt; 1952/53 wurde das Langhaus in einfacher Weise wieder hergestellt. Die zur Stadt gewandte, einstmals reiche Chorfassade erscheint heute in der Bescheidenheit der Nachkriegszeit niedrig und schlicht. Eingang und Turm zeigen noch den Reichtum des neugotischen Backsteinrohbaus. – Die nahe gelegene **Jerusalemkirche** wurde 1911/12 an der Schäferkampsallee 36 von Johannes Grotjan für die Presbyterianische Gemeinde in romanischen Formen errichtet (im Innern nach Kriegsschäden vereinfacht).

Die **Handelsschule,** Weidenstieg 29, wurde 1893–95 als Realschule für das neue Wohnviertel erbaut, ein einfacher Backsteinrohbau, der mit spärlichen Neorenaissancedetails ein Mindestmaß an Ästhetik zur Schulerziehung beizusteuern versucht.

An den Nebenstraßen gibt es in der Nähe noch viele gründerzeitliche Stadthäuser, die zeigen, daß auch hier Eimsbüttel zeitweise ein bürgerliches Villenviertel werden sollte. Der malerische **Eimsbütteler Park** mit seinem Teich war 1875 als Villenkolonie ›Eichenpark‹ angelegt worden, die kurzen Abschnitte einer Stadthaus-Randbebauung gehen darauf zurück. Man mag in ihm auch eine Erinnerung an die Landhauszeit Eimsbüttels und ihre englischen Gärten erblicken. – Die schönen Etagenhausensembles in seiner Umgebung, insbesondere an der **Ottersbekallee,** erreichen – der Parknähe entsprechend – gestalterisch und im Wohnungszuschnitt herrschaftliches Format.

Die katholische **Bonifatiuskirche** wurde 1909/10 durch den Mainzer Architekten Fritz Kunst zwischen Mietshäusern Am Weiher erbaut. Er hat sich an den Backstein gehalten, der im Kirchenbau in Hamburg seit 50 Jahren verbindlich geworden war. Vielleicht wollte er auch mit der ›englischen Gotik‹, die er als Inspirationsquelle wählte, der Hamburger Mentalität gerecht werden.

In der Nähe liegt die ev.-luth. **Bethlehemkirche** (Eppendorfer Weg/Alardusstraße). Sie ist mit dem extrem einfachen Baukörper und den flächigen Musterungen des Inneren eine der besten Kirchen aus der Wiederaufbauzeit (Joachim Matthaei, 1958/59, Altar und Leuchter von Fritz Fleer).

In der Nähe kann man übrigens im Haus **Wiesenstr. 47** noch den unkenntlich gewordenen Rest des 1836 mit klassizistischem Säulenvorbau neu errichteten ›Heußhofes‹ finden (1870 zum Wohnhaus umgebaut).

Die **Schule Heußweg/Telemannstraße** (1909–11) gehört zu den letzten, die Albert Erbe vor der Übernahme des Hochbauwesens durch Fritz Schumacher noch planen konnte. Der Baukörper mit dem vorgelagerten Schulhof unterbricht durch seine Querstellung den Block zwischen den beiden Straßen. – Auch die **Schule Schwenckestraße 98–100** ist noch 1909–11 nach Erbes Plänen gebaut worden, einbezogen in die

Blockrandbebauung. Zwei Seitenpavillons (mit dorischen Säulenportalen je für Jungen und Mädchen) flankieren einen schmalen Vorhof.

Etwas früher – und konsequenter den damals aufkommenden Reformideen im Schulbau folgend – entstand 1906–08 die von Albert Erbe entworfene **Schule Lutterothstraße 34–36:** Stark nach den einzelnen Funktionen gegliedert, entfaltet sich der asymmetrisch gruppierte Baukörper rundum frei. Material (Backstein/Sandstein) und barocke Formen zeigen Erbes Hinwendung zur alt-hamburgischen Bauweise.

Der neue Leiter des Hochbauwesens, Fritz Schumacher, entwarf die 1911/12 errichtete **Schule Lutterothstraße 78–80.** Mit ihr setzt die lange Reihe der Volksschulbauten ein, mit denen er insbesondere den Siedlungen der zwanziger Jahre Glanzpunkte verlieh. Hier beschränkt sich das Neue auf die kunstvolle Backsteindekoration eines konventionellen, in den Blockrand einbezogenen Doppelschulhauses.

St. Stephanus an der Lutterothstr. 98 ist die letzte der evangelischen Stadterweiterungskirchen in Eimsbüttel (Distel & Grubitz, 1912). Sie modelliert die Ecklage einer ziemlich schematischen Erschließung im Sinne des ›künstlerischen Städtebaus‹ plastisch aus; der Backsteinrohbau hat die Neugotik der Otzen-Kirchen endgültig verlassen und interpretiert Vorbilder norddeutscher und skandinavischer Kirchen des 16. und 17. Jh. Das Innere, ein einfacher Saal, ist verändert.

Unter den Wohnblocks der Umgebung fallen mehrere auf, deren großer Vorhof das Reformkonzept der ›Hamburger Burg‹ anzeigt: so am **Eidelstedter Weg 63–65,** an der **Lutterothstr. 62–74** und **54–56, Methfesselstr. 100–102, Stellinger Weg 32–38, Odenwaldstr. 6–14.** Tatsächlich hat hier dieses Konzept sogar seinen Ursprung in Hamburg. Am Stellinger Weg in Eimsbüttel wollte der Bauverein zu Hamburg eine Musteranlage für Kleinwohnungs-Mietshäuser errichten, die die Nachteile der Spekulationsbauten überwinden sollte. 1898 wurde ein Wettbewerb ausgeschrieben: Wohnungen »für Arbeiter, Handwerker und kleine Beamte« mit möglichst freiem Zutritt von Licht und Luft sollten hier entstehen; »einfach, aber immerhin ansprechend und wirkungsvoll« sollte das Äußere werden. Die wichtigste Idee des 1899 gebauten Haustyps war, durch die Bildung eines großen Vorhofes das Grundstück maximal auszunutzen und trotzdem allen Wohnungen Zimmer zur Straße zu sichern; diesen Gedanken hatte Rudolf Rzekonski. – Auf der Pariser Weltausstellung 1900 errang der Bauverein mit dem Projekt eine Silbermedaille.

Das Geschäftszentrum des Stadtteils wurde die **Osterstraße.** Ihr glanzvoller Höhepunkt war in den zwanziger Jahren der **Emelka-Palast** an der Ecke Osterstraße 120/Heußweg (Karl Schneider, 1927/28); als Wohnblock mit Geschäften im Erdgeschoß umschloß er ein Großkino – alles konsequent im Sinne des Neuen Bauens, glänzend weiß, mit Klinkerstreifen zur Stockwerksgliederung, im Kino ein Stromlinieninterieur. Leider ist das nach Krieg und Wiederaufbau sowie Fassadenerneuerung kaum mehr nachzuvollziehen. Das Kino ist verloren.

Bemerkenswert sind einige neue Bauten in Baulücken der weniger zerstörten Viertel. So versuchen die Mehrfamilienwohnhäuser **Schwenckestr. 87** und **Osterstraße 135** (Architekten A. P. B., 1981/82 bzw. 1983/84) mit eigenständigen Mitteln auf Maßstab und Straßenrhythmus, Motive und Materialien des Viertels einzugehen.

Zentrum des westlichen Eimsbüttel ist die ev.-luth. **Apostelkirche,** eine der spätesten unter den historistischen Backsteinkirchen der Stadterweiterungsgebiete (Erwin von Melle und P. G. Jürgensen, 1893/94), vor der eine Platzanlage die Lappenbergsallee unterbricht. Gut erhalten hatte sie den Zweiten Weltkrieg überstanden. Sie stand am Übergang des protestantischen Kirchenbaus vom traditionalistischen Längsbau zum neuen Gemeinschaftsbau. Charakteristisch modern unter der romanisch-gotischen Hülle war die Zentralisierung des Kirchenraums. – 1977 ist die Kirche ausgebrannt. Beim Wiederaufbau (Bernhard Hirche, 1980–82) wurde das Innere in ein vielfältig nutzbares Gemeindezentrum verwandelt – mit Respekt vor dem Bestand, aber auch den technischen und gestalterischen Mitteln der Gegenwart.

Eines der schönsten Häuser der zwanziger Jahre in Eimsbüttel ist **Kieler Str. 144–146** mit seiner symmetrischen Fassade (Gustav Schmidt, 1927/28).

Schlankreye

Der Grenzbereich zwischen Schlump und Isebekkanal, zwischen Eimsbüttel und dem benachbarten, viel vornehmeren Stadtteil Harvestehude, die **Schlankreye** als sumpfige Niederung des Isebek (der 1884 kanalisiert wurde), konnte erst durch Aufhöhung und Straßenanlage seit 1914 für die geschlossene Bebauung nutzbar gemacht werden. Hier entstanden öffentliche Gebäude, die über Eimsbüttel hinaus zentrale Funktionen für die westlichen Stadtteile erfüllen, in erster Linie Schulen, gewissermaßen eine ›pädagogische Provinz‹ innerhalb der benachbarten Wohnviertel. Hier konnte nach dem Ersten Weltkrieg aber auch ein wichtiger Teil des Siedlungs-»Gürtels um Hamburgs alten Leib« entstehen.

Hinter dem Klinkergebäude des **Krankenhauses Elim,** Hohe Weide 17 (Theodor Speckbötel u. R. Donat, 1925/26), liegt eine große Doppelbadeanstalt, das **Hallenbad Hohe Weide,** dessen Backsteinrohbau 1893–95 vom Hamburger Ingenieurwesen Franz Andreas Meyers gebaut wurde. – Hohe Weide 16 erbaute Fritz Schumacher das **Lehrerinnenseminar** 1913/14. – Als Oberrealschule entstand 1909/11 das **Gymnasium Kaiser-Friedrich-Ufer,** dem Albert Erbe als erster Oberschule in Eimsbüttel eine imposante Gestaltung mit Mitteln gab, die aus dem Hamburger Bürgerhausbarock abgeleitet sind – die letzte anspruchsvolle Hamburger Schule des Bauinspektors. – Die benachbarte Turnhalle ist 1909/10 gebaut worden (H. Stövhase und O. Schwartz).

Hier wurden in der Grünanlage am 15. 5. 1933 Bücher verbrannt, die nach Ansicht der deutschnationalen und nationalsozialistischen Hamburger Studenten nicht ins Dritte Reich gehörten. Seit 1983 erinnert daran ein Gedenkplatz (Gedenkstein Wolfgang Finck). – Gegenüber ist nachzuvollziehen, wie attraktiv (bis heute) die Freizeitseite des Dritten Reiches aussah: Das **Freibad Kaiser-Friedrich-Ufer** ist 1934 angelegt worden. Seine traditionalistischen, sommerlich-sympathischen Backsteinbauten entwarf Konstanty Gutschow.

Die **Lernbehindertenschule Bundesstraße 94** (1926) zeigt Fritz Schumachers subtile Backsteinbehandlung.

Die Jüdische Gemeinde in Hamburg erhielt ein neues Zentrum mit der **Synagoge** an der Hohen Weide 34 (Wongel und May, 1958–60).

Unter den Wohnungsbauten der Umgebung (an der Hohen Weide entstanden 1921–24 Genossenschafts-Wohnblocks) fällt der Wohnblock **Moorkamp 10–28** (Allgemeine Deutsche Schiffszimmerer-Genossenschaft, 1924/25) durch den halbrunden Vorhof auf.

Die **Handelsschule,** Schlankreye 1/Bundesstraße 88, wurde nach einem 1927 durchgeführten Wettbewerb von den Architekten Hinsch & Deimling 1928/29 erbaut – eines der wenigen Beispiele, wo in Fritz Schumachers Amtszeit öffentliche Bauten an freie Architekten vergeben wurden. Das Ergebnis spricht für dieses Verfahren: Zwar eingebunden in den Backsteinkonsens der Zeit und der näheren Umgebung, entfaltet das Gebäude doch völlig frei seine eigene Charakteristik als konsequent dem Neuen Bauen folgender, streng kubisch aus zwei Trakten entwickelter Baukörper, dessen Reiz sich aus der Biegung des einen Flügels – er folgt der Hochbahnkurve – und aus der Färbung des Klinkers ergibt, mit dem der Stahlbetonbau verkleidet ist.

Schlankreye 2–4/Bundesstraße/Gustav-Falke-Straße (Richard Laage, 1927/28 erbaut), ist ein anspruchsvolles Mietshaus mit raffiniert gestalteter Klinkerfassade, Erkern und vornehmen Eingängen.

Das **Emilie-Wüstenfeld-Gymnasium** entstand 1919–23 (entworfen 1915 von den Architekten Distel & Grubitz) für die 1897 durch das Paulsen-Stift gegründete höhere Mädchenschule. Ihr Name erinnert an Emilie Wüstenfeld (1817–74), eine

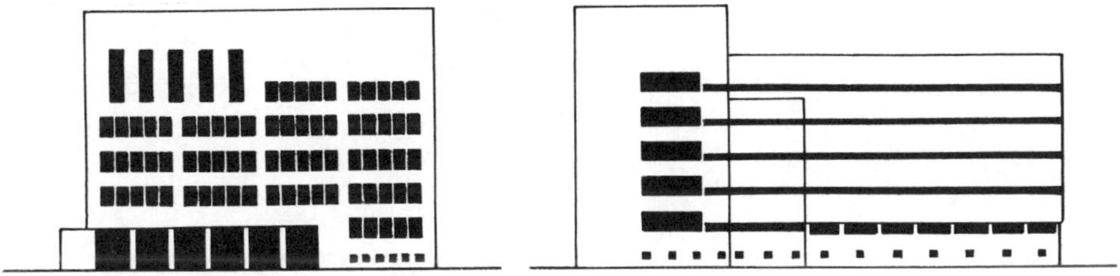

Handelsschule Schlankreye, Wettbewerbsentwurf von Hinsch & Deimling 1927

Hamburger Vorkämpferin der qualifizierten Ausbildung für Mädchen. Auch dieses eindrucksvoll entwickelte und mit einer qualitätvollen, dekorativen Klinkerfassade bekleidete Schulhaus ist eine bemerkenswerte Alternative zum Hamburger Schulbau Fritz Schumachers.

Im dahinter liegenden Quartier, vor allem an Kippingstraße und Koopstraße, gibt es als Ableger Harvestehudes reizvolle kleine Stadthausensembles der Gründerzeit.

Auch der Sportplatz zwischen Gustav-Falke-Straße und Schlankreye gehört zu den öffentlichen Anlagen der zwanziger Jahre an der Schlankreye. An seiner Südostseite liegen die beiden Häuser der **Vaterstädtischen Stiftung** mit Altenwohnungen, deren detailreiche Gestaltung Glanz durch die Buckelglasscheiben der Sprossenfenster erhält (Dyrssen & Averhoff, 1926). Daneben liegt an der Kielortallee das **Rosenthal-Altenheim** der Vaterstädtischen Stiftung (Stammann & Zinnow, 1907/08). – Ihm gegenüber steht das Haus des ehemaligen **Oppenheimer-Stifts,** Kielortallee 22, für ältere Mitglieder der jüdischen Gemeinde (Ernst Friedheim, 1907/08). Es ist in eine Eigentumswohnanlage umgebaut. Die Apsis der Haus-Synagoge ist noch auf der Rückseite erkennbar.

Die Nordwestseite des Sportplatzes flankiert der langgestreckte Wohnblock der **Malereigesellschaft** (Berg & Paasche, 1926–29). Im Hof stehen die Werkstattbauten der Genossenschaft, die ihn errichtete: einer der größten und modernsten Malerbetriebe im Hamburg der zwanziger Jahre, der als Teil der gemeinwirtschaftlichen Bauwirtschaft aus der Arbeiterbewegung hervorgegangen war. Die symmetrische Gesamtanlage mit einer Art Ehrenhof und die expressionistischen Details an den Hauseingängen sollten ihr Selbstbewußtsein dokumentieren.

Die Schlankreye setzt sich in Harvestehude fort. Zu Eimsbüttel gehört noch das **Bismarck-Gymnasium,** Bogenstr. 59, das 1909–11 als Realschule gebaut wurde – noch ein Beispiel für den aufwendigen Bürgerhaus-Barock Albert Erbes, auch für sein Schulbaukonzept des zweckmäßig entwickelten, asymmetrischen Zweiflügelbaus.

Rotherbaum

›Hamburg 13‹

Der Postbezirk ›Hamburg 13‹ – die Stadtteile Rotherbaum und Harvestehude – ist eine der besten Adressen in Hamburg. Wer hier wohnt, zehrt vom Prestige des vornehmsten bürgerlichen Stadterweiterungsgebietes in Hamburg. Die Nähe zur Innenstadt, die bevorzugte Lage an der Alster, die fast durchweg mit Alleebäumen und Vorgärten durchgrünten Straßen, die vornehmen Fassaden hundertjähriger Wohnhäuser, die Universität bestimmen das Stadtteilmilieu.

Geographisch bilden beide Stadtteile eine Einheit, jedenfalls soweit sie gemeinsam jenen flachen Moränenrücken einnehmen, der sich westlich der Außenalster erstreckt. Auf ihm verlaufen die alten Landstraßen von Hamburg nach Norden, Edmund-Siemers-Allee/Grindelallee und

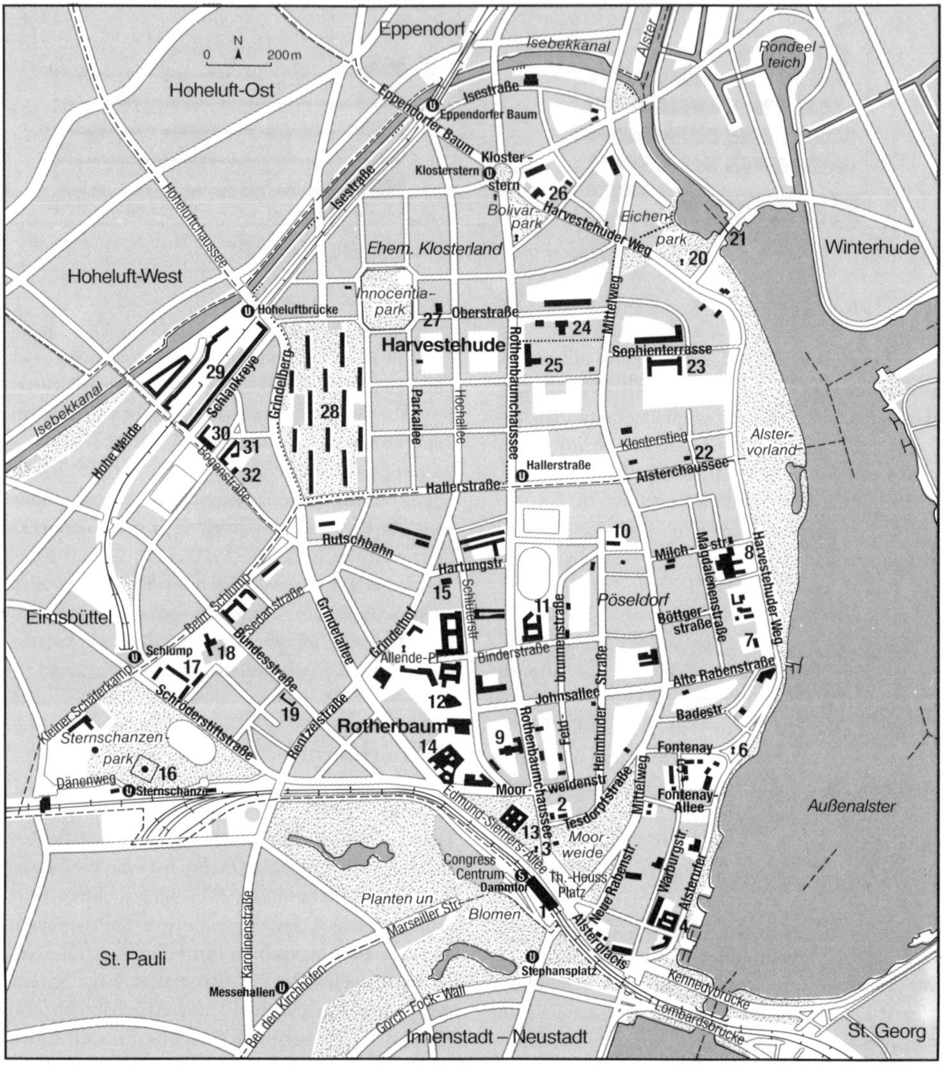

Harvestehude–Rotherbaum 1 Dammtorbahnhof 2 Amerika-Haus 3 Büsch-Denkmal 4 BATIG-Haus (ehem. Shell-Haus) 5 Fontenay 6 Kriegerdenkmal 1870/71 7 ›Sloman-Burg‹ Harvestehuder Weg 8 ›Budge-Palais‹ 9 Curio-Haus 10 St. Johannis in Harvestehude 11 Hamburgisches Museum für Völkerkunde 12 Universität 13 Vorlesungsgebäude 14 Staats- und Universitätsbibliothek Carl von Ossietzky (Neubau und ehem. Wilhelm-Gymnasium) 15 Hamburger Kammerspiele 16 Wasserturm Sternschanze 17 Ehem. Schröderstift 18 Geomathikum 19 Ehem. Warburg-Stift 20 Hagedorn-Denkmal 21 Krugkoppelbrücke 22 Theater im Zimmer 23 Sophienterrasse 24 Ehem. Tempel-Synagoge 25 NDR 26 St. Nikolai 27 St. Elisabeth 28 Grindelhochhäuser 29 ›Klinker‹/ Schlankreye 30 Jahnschule 31 Helene-Lange-Gymnasium 32 St. Andreas

Rothenbaumchaussee, dazu der Mittelweg und an der Alster der Harvestehuder Weg. Den Zugang bildet das frühere Dammtor als Durchlaß durch den Wallring um das alte Hamburg. Nach Norden umfaßt der Isebekkanal das Gebiet.

Historisch sind die beiden Stadtteile nach ihren früheren Besitzverhältnissen unterschieden: Nördlich der Hallerstraße gehörte das Gelände dem Kloster Harvestehude bzw. dem St. Johanniskloster, sein Hauptteil ist das ›Klosterland‹ oder eben Harvestehude. Die Flächen zwischen Stadt und Klosterland hingegen wurden seit dem 17. Jh. und endgültig 1752 durch die Stadt erworben, um sie als Glacis vor dem Wall freizuhalten; daraus wurde Rotherbaum, benannt nach einem Schlagbaum am Anfang der Rothenbaumchaussee.

Um 1800 hatte sich in dieser Gegend vor dem Dammtor eine erste, spärliche Garten- und Landhaussiedlung entlang der Alster und an den Landstraßen festgesetzt. Das alles wurde abgebrannt und abgerissen, als 1813/14 Hamburg noch einmal zur Festung wurde. Die tabula rasa des Schußfeldes der ›Franzosenzeit‹ wurde dann zur Grundlage für die städtische Bebauung zwischen Alster und Grindel.

1871 wurden Harvestehude und Rotherbaum Vororte, 1894 Stadtteile. Zwischen der Aufhebung der Torsperre 1860/61 und 1920 stieg die Zahl der Einwohner von 8000 auf 59000 (heute sind es etwa 33000).

Die Gegend vor dem Dammtor

In Rotherbaum waren die Voraussetzungen für eine großzügige Entwicklungsplanung durch die Stadt günstig, denn sie hatte den größten Teil des stadtnahen Grundbesitzes in eigener Hand. Gesamterschließungspläne der Ingenieure Westphalen (1845) und William Lindley sowie des Geometers Nagel (1854–58) für die Gegend vor dem Dammtor wurden jedoch nie offiziell beschlossen, geschweige denn ausgeführt. Auch in Rotherbaum sorgte die private Spekulation, schrittweise dem Markt folgend, für die Erschließung von Bauland. Dadurch kam die reizvolle Vielfalt von Kleinquartieren im Stadtteil zustande. Als 1904 schließlich für Rotherbaum ein Bebauungsplan festgestellt wurde, gab es fast nichts mehr zu regeln: der Stadtteil war weitgehend ausgebaut.

Zwischen Dammtor und Fontenay

Das alte Dammtor lag am Dammtordamm, der noch immer einen der wichtigsten Zugänge zum Stadtteil Rotherbaum und damit überhaupt zu den nordwestlichen Stadtteilen Hamburgs bietet. Architektonisch markiert diesen Punkt der **Dammtorbahnhof.** Er liegt frei zwischen Botanischem Garten und dem Park ›Planten un Blomen‹ und der Moorweide, ein Großstadtbahnhof mitten im Grünen, der ob seiner Lage zum Bahnhof für höhere Stände wurde; hier stieg zum Beispiel der Kaiser aus und ein, wenn er mit der Bahn Hamburg besuchte oder verließ.

Der bis 1989 weitgehend erneuerte Bau wurde 1901–03 im Rahmen der Neuordnung der Hamburger Eisenbahnverhältnisse für die Verbindungsbahn und die damals neu angelegte S-Bahn Hamburg – Altona durch die preußische Eisenbahnverwaltung – mit ihren Ingenieuren Caesar und Schwartz – errichtet. Das Vorbild für das System des Dammtorbahnhofs (wie auch Sternschanze und Holstentor) waren die Berliner Bahnhöfe Friedrichstraße und Alexanderplatz mit hochgelegenen Bahnsteigen und sie gemeinsam überwölbender Halle, mit den Empfangs- und Betriebsräumen im Erdgeschoß darunter. Der Schmuck der triumphbogenartigen Fassaden in der Mitte der Längsseiten verbindet historistische Architekturmotive und Jugendstilornament mit den Emblemen von Bahn, Handel und Schifffahrt zu einem Weltverkehrssymbol, in dessen Mitte das Hamburger Wappen steht.

Die **Moorweide** ist ein Rest des Hamburger Glacis. Sie hat eine wechselvolle Geschichte als Exerzierplatz des Bürgermilitärs im frühen 19. Jh., als Liegewiese an schönen Sommertagen oder als Ausgangspunkt für Demonstrationen. Aber auch als Ort nationalsozialistischer Aufmär-

Relief des Büsch-Denkmals

sche, als Sammelplatz für die Deportation der Hamburger Juden in die Vernichtungslager und für die Evakuierung von Bombenopfern im Dritten Reich. – Sie dient auch gelegentlich der Ausstellung von Großplastiken. Auf Dauer installiert ist dort seit 1979 einer der Abgüsse von einer von Henry Moores berühmten ›Liegenden‹. – Daß die Moorweide überhaupt als Grünfläche erhalten geblieben ist, liegt am entschiedenen Willen des Senats seit der Aufhebung der Torsperre, den Gegenden vor dem Dammtor ihren »landschaftlichen Charakter« und damit den hohen Wohnwert für ihre vornehmen Bewohner zu belassen. – Auf der Moorweide steht auch einer der Rundbunker ›System Zombeck‹ (1939–41). Durch Klinkerverkleidung und Biberschwanzdach wurde dem Zweckbau die Anmutung von alten Stadttürmen, sicherer Heimat mitgeteilt.

Freundlich-modern, offen und hell ist das **Amerika-Haus,** Tesdorpfstr. 1, am Nordrand der Moorweide (Paul Seitz, 1956/57) – einer der besten Bauten der Nachkriegsmoderne in Hamburg.

Auf dem Stück Moorweide westlich der Rothenbaumchaussee steht seit 1984 nach langer Wanderschaft hoffentlich endgültig das älteste öffentliche Personendenkmal Hamburgs, nämlich der Obelisk, den die Patriotische Gesellschaft 1802 für ihren Mitbegründer, den Mathematiker und Nationalökonomen **Johann Georg Büsch** (1728–1800) errichten ließ. Entworfen wurde das **Denkmal** von Johann August Arens, das (erneuerte) Idealporträt schuf Ernst Matthaei, das Relief einer antikischen Opferhandlung stammt von Conrad Wolff aus Weimar. Die ›Bürgerliebe‹ mit Mauerkrone in Gestalt des Hamburg-Wappens opfert mit der ›aufwachsenden Generation‹ dem Gedächtnis Büschs, dessen Verdienste Personifikationen von ›Staatswirtschaft und Handel‹ sowie ›Gewerbe‹ ausdrücken.

Der südliche Zipfel von Rotherbaum zwischen Alsterufer, Alsterglacis und Neuer Rabenstraße wurde zuerst im städtischen Maßstab bebaut und ist bis heute dem Expansionsdruck aus der City ausgesetzt. Bürohäuser sind schon in den zwanziger Jahren hier entstanden und haben die ältere Bebauung verdrängt.

Ganz vereinzelt steht so das Haus **Neue Rabenstraße 13** zwischen modernen Büros. Es wurde 1883/84 durch Hans Rackwitz erbaut – ein typisches Stadthaus der gründerzeitlichen Spekulation mit Neorenaissancefassade. Es ist ein Beispiel dafür, daß sich hinter vielen dieser Fassaden ein vielfacher Funktionswandel vollzogen hat: Einfamilienhäuser dieser Größe wurden spätestens in der Weltwirtschaftskrise 1929/30, meist schon in der Inflationszeit nach dem Ersten Weltkrieg zur unbenutzbaren Last für ihre Eigentümer. Sie wurden in Etagenmietshäuser geteilt oder an öffentliche Institutionen verkauft – wie hier, wo

1925 das erste ›Studentenhaus‹ der 1919 gegründeten Hamburger Universität eingerichtet wurde – und die erste Hamburger Mensa (heute Musikwissenschaftliches Seminar).

Das Haus **Neue Rabenstraße 31** hat Martin Haller 1895/96 für den Kaufmann Siegfried Wedells gebaut. Es ist eines der anspruchsvollsten Stadthäuser überhaupt, mit einer aufwendigen Neorenaissance-Sandsteinfassade. Durch das Vermächtnis des Eigentümers gelangte es in den Besitz der Stadt und konnte bis heute fast unversehrt auch die Innenausstattung behalten, mit Stuck- und Holzdekorationen der Wände und Decken. Auf dem Hof steht das zugehörige Remisen- und Stallgebäude.

Das **Alsterglacis** wurde zwischen 1857 und 1863 bebaut, der Anfang für eine in erst nach Jahrzehnten sich schließende vornehme Uferstraße entlang der Alster. Die Stadthäuser zwischen Warburgstraße und Neuer Rabenstraße haben Fassaden, die klassizistische Formen, Rundbogenstil und Tudorgotik mischen, und bilden gegenüber der Kennedybrücke ein eindrucksvolles Tor zum Stadtteil. **Alsterglacis 8** (1862) nimmt Assoziationen an venezianische und florentinische Paläste und damit anspruchsvolle Traditionslinien des Großbürgertums auf (Abb. 57). – Die Stadthäuser **Warburgstr. 8–22** sind um 1870 entstanden und stehen in geschlossener Reihe und ohne Vordergarten an der Straße, nicht anders als die Häuser in der Innenstadt seit je und gut vergleichbar mit den Straßen des Wiederaufbaus nach 1842, auch mit ihren traditionell klassizistischen Fassaden.

Warburgstr. 35 und **37** wurden 1878/79 bzw. 1888/89 durch die Architekten Stammann & Zinnow erbaut, beide Häuser für Hugo Stammann – zunächst das Etagenhaus als Renditeobjekt und dann die Stadtvilla als eigenes Wohnhaus. Für diese Rathausbaumeister kam es offensichtlich nur auf die Fassaden der Häuser als solche an, den Maßstabsbruch und die hohe Brandwand über der Villa nahmen sie in Kauf.

Das Geschäftshaus **Alsterufer 1–3** (Elingius & Schramm, 1934/35) zeigt das Fortschreiten der City-Bildung über den Wallring hinaus an. Wie alle Kontorhäuser am Alsterufer verwendet es für seine Fassaden hellen Naturstein. Zeittypisch ist die konservative Formensprache.

Das **BATIG-Haus,** ehemals **Shell-Haus**, am Alsterufer 4–5 wurde von Rudolf Brüning (Düsseldorf) für die Rhenania-Ossag Mineralölwerke 1929–31 erbaut. Der einfache kubische, die Geschoßschichtung als Hauptmotiv der Fassadenausbildung nutzende Bürobau ist als Stahlskelett konstruiert, jedoch – in Reverenz vor der Alsteruferbebauung – mit Muschelkalkplatten bekleidet. An der Ecke dekoriert den Haupteingang ein Relief mit Bildern aus der Mineralölwirtschaft.

Eine besondere Entwicklung hat in Rotherbaum wie in Harvestehude der Ufersaum an der Alster durchgemacht: Gärten und Landhäuser sind dort schon Ende des 18. Jh. und dann noch einmal nach 1814 entstanden. Bis heute sind die großen Villen am Harvestehuder Weg Zeugen dafür (s. unten). Zwei davon sind auch am **Alsterufer 25–27** erhalten geblieben, allerdings verändert. Martin Haller hat sie um 1880 erbaut, in Nr. 27 wohnte seit 1891 der Begründer der Deutsch-Amerikanischen Petroleum-Gesellschaft (der späteren Esso-Deutschland), Wilhelm Anton Riedemann. In diese Häuser quartierte sich 1933 die Gauleitung der NSDAP ein, die sich damit das hanseatisch-bürgerliche Milieu für ihre Repräsentationsabsichten aneignete. Nach dem Zweiten Weltkrieg wurde das Doppelhaus Sitz des Generalkonsulats der USA, wofür es 1950 um einen Säulenvorbau bereichert wurde – ein ›Weißes Haus‹ in Hamburg (Abb. 60).

Bis heute gehört die **Fontenay** zwischen Alsterufer und Neuer Rabenstraße mit der Fontenay-Allee zu den reizvollsten kleinen Vierteln, angesichts der Geschäftshäuser in der Nähe ein merkwürdig liegengebliebenes Idyll. Sie hat ihren Namen von dem Kaufmann John Fontenay (1769–1835), der hier seit 1818 einen Privatpark und Landhäuser für sich und seine Familie anlegte. Die bis zur Alster reichende Anlage blieb rund hundert Jahre für die Öffentlichkeit geschlossen. Erst nach 1912 wurde hier die Straße Alsterufer angelegt und damit die Alsterringstraße geschlossen. Damit konnte noch einmal eine kleine Villengruppe entstehen: **Alsterufer 35** und **36** (Hans und Oskar Gerson, 1914) als neoklassizistische Putzbauten, Alsterufer **37** und **38** als Klinkervillen (Block & Hochfeld, 1922 bzw. Max Bach, 1921). Aus der Zeit John Fontenays stammen die beiden klassizistischen Häuser **Mittelweg 183** (um 1820) und **185** (um 1825). In den dreißiger Jahren entstanden die Reihenhausgruppen an der **Fontenay-Allee** (Elingius & Schramm).

Ein *Gedenkstein* erinnert an *John Fontenay* in der kleinen Grünanlage zwischen Fontenay und Alsterufer (1835, das Porträt 1962). – Dort hat 1926 das Hamburger **Denkmal für die Gefallenen des Krieges von 1870/71** seinen Ort gefunden. Als eines der eindrucksvollsten Kriegerdenkmäler seiner Epoche wurde es nach einem Wettbewerb 1871/72 von dem Dresdner Bildhauer Johannes Schilling geschaffen und 1877 auf der Esplanade enthüllt. Man möchte er gerne als hamburgisch bezeichnen, denn es hat – gemessen an anderen, heroischen Denkmälern der Gründerzeit – einen ungewöhnlichen Zug: Die dicht, auf Rundumsicht hin komponierte Bronzegruppe bietet keine Verherrlichung des Krieges, sondern eine – wenn auch in den allegorischen Konventionen jener Zeit dargestellte – Vermenschlichung des Soldatentodes: Drei sterbende Soldaten repräsentieren die Waffengattungen Infanterie, Kavallerie, Artillerie; die Siegesgöttin, die sie berührt, ist eher ein tröstender, trauernder Friedensengel.

Badestraße bis Pöseldorf

Zwischen Rothenbaumchaussee und Harvestehuder Weg führt der **Mittelweg** nach Harvestehude. Hier gibt es Etagenhäuser mit Läden, in den Höfen Werkstätten oder Terrassen (z. B. Mittelweg 22–24, 1879–81 und 25, 1886/87) – das bunte Gemisch einer vorstädtischen Straße, die Versorgungsfunktionen für den Stadtteil übernimmt. Der umtriebige Mittelweg war vor allem die Alltagsseite, wenn nicht der Hinterhof der vornehmen Viertel, die sich zur Alster hin erstrecken.

Als erste neue Straße vor dem Dammtor wurde für die Bebauung mit Wohnhäusern 1842 die **Badestraße** angelegt und mit vornehm-ruhigen Stadthäusern bebaut. Das größte ist **Nr.** 30 (um 1867); mit gotischen Fenstern, Zinnen und Türmchen (die gußeiserne Veranda kam 1909 hinzu) wendet es sich der Alster zu. – Die **Alte Rabenstraße** wurde seit 1850 mit Stadt- und dann auch Etagenhäusern bebaut. **Nr. 13–14** entstand als Doppelhaus 1855 mit neugotischer Fassadendekoration.

Den Häusern an diesen Straßen ist leicht anzusehen, daß ›man‹ in Rotherbaum (und Harvestehude) wohnte. Vornehm-vorstädtisch an der Alster leben und dennoch zu Fuß das Geschäft in der Innenstadt erreichen zu können, bestimmte Lebensqualität und Bodenpreise. – An der Alten Rabenstraße wohnte auch der Oberingenieur der Baudeputation, Franz Andreas Meyer. Ecke Alte Rabenstraße/Alsterufer hat dieser Ingenieur-Architekt, der Hamburg in der Gründerzeit den Stempel aufgeprägt hat (u. a. mit der Speicherstadt), eine ganz persönliche Schöpfung hinterlassen, das schmiedeeiserne Straßenschild *Alter Rabe*.

An derselben Ecke, an Stelle eines im Krieg zerstörten Etagenhauses (das stets als Schande im Stadtbild kritisiert worden war), errichtete Ferdinand Streb 1950/51 ein Geschäftshaus **Alte Rabenstr. 1.** Es erreicht höchste gestalterische Qualität, und es löst das städtebauliche Problem der Einbindung in historische Umgebung und landschaftliche Vorzugslage, indem es sich ihrem Maßstab unterwirft, die Baumasse durch Biegungen und Abstufung in Bewegung setzt und mit dem beschwingten Vordach an der Alten Rabenstraße sich dem erhöhten Lebensgefühl der Außenalster anpaßt.

Der Harvestehuder Weg verläuft von hier an bis zur landeinwärts führenden Biegung entlang den Uferwiesen des **Alstervorlands,** einer öffentlichen Grünanlage seit der Internationalen Gartenbauausstellung IGA 1953. Vorher gehörten sie parzellenweise als Gärten zu den Villen auf der Landseite der Straße. Das ist der schönste Ab-

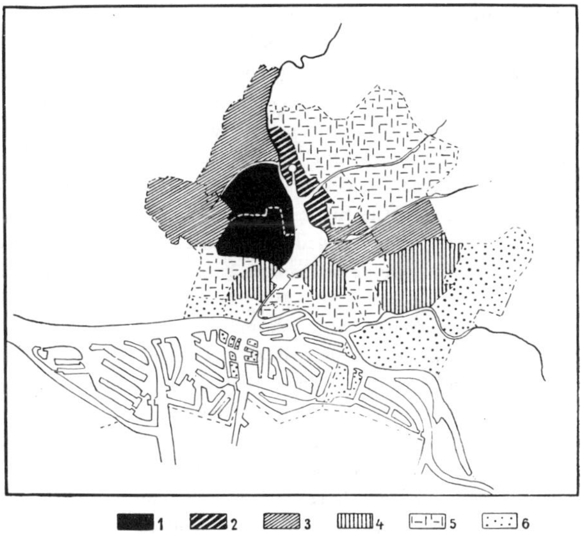

1. über 1/2 der Höchstzahl des Steuerertrages v. 100 (9,6 %—19,2 %). 2. über 1/3 der Höchstzahl (6,4 %—9,6 %). 3. über dem Stadtdurchschnitt bis 1/3 der Höchstzahl (3,6 %—6,4 %). 4. bis 1,5 % unter Stadtdurchschnitt. 5. 1,5 % bis 3,0 % unter Stadtdurchschnitt. 6. mehr als 3,0 % unter Stadtdurchschnitt.

›Gesellschaftliche Gliederung nach dem versteuerten Einkommen‹ in Hamburg 1916. Friedrich Schwieker: Hamburg, eine landschaftskundliche Stadtuntersuchung, 1925. – Die höchsten Werte erreichen Rotherbaum und Harvestehude.

schnitt der Außenalster – wenngleich inzwischen mancher Neubau die Attraktivität beeinträchtigt, die er seinen Bewohnern zugänglich machen will.

Von der ältesten, ersten Landhausschicht hat die ›Franzosenzeit‹ keine Spur gelassen. Die ›Sloman-Burg‹ ist das älteste erhaltene Haus und zugleich die erste dauernd – also nicht nur für Freizeitaufenthalte – bewohnte Villa an der Alster; die aus zwei Häusern zusammengewachsene Gebäudegruppe **Harvestehuder Weg 5–6** entstand 1848 nach Entwürfen von Jean David Jollasse, Nr. 5 für Robert M. Sloman. Der charakteristische Stil mit gotischen Formen englischer Herkunft, Tudorfenstern, Staffelgiebel, Zinnen und Turm wurde von Jollasse als zeitgemäßer Beitrag zur Synthese historischer und moderner Bedürfnisse, als Stil des 19. Jh. aufgefaßt. Er wurde häufig im Wiederaufbau der Innenstadt nach 1842 verwendet und begegnet um 1850 in den Stadterweiterungsgebieten rund um die Alster – wie ja schon an Alsterglacis und Badestraße (s. oben). In England war dieses ›Castellated Gothic‹ damals übrigens schon altmodisch.

Die anschließende Villengruppe löste klassizistische Vorgängerbauten ab. Gründerzeitliche Neorenaissance dekoriert ihre umfangreichen Raumprogramme wie beim **Harvestehuder Weg 7a** (1879) und **8** (1872, von Albert Rosengarten entworfen, der sich hier ganz konventionellen Repräsentationsbedürfnissen unterwirft und seine sonst gepflegte sachliche Backsteinweise vergißt). – Nr. **8a** (Ernst Paul Dorn, 1905/06 für Sophie Laeisz, die Witwe des Reeders Carl Laeisz) nimmt Jugendstilelemente auf, wird aber nicht unschicklich modern und bleibt so im Rahmen der Konvention.

Die Maßstäbe für diese Konvention setzte jahrzehntelang der Architekt (und Rathausbaumeister) Martin Haller. Er entwarf **Harvestehuder Weg 12,** 13 und 14 und davon wieder mit Nr. 12 die größte Villa an der Alster, das ›Budge-Palais‹: Der in Amerika reich gewordene Bankier Henry Budge (1840–1928) und seine in Hamburg geborene Frau Emma (1852–1937) kehrten 1903 nach Deutschland zurück. Für sie entstand durch Um- und Ausbau eines vorhandenen Hauses bis 1914 ein weitläufiger Komplex, der amerikanischen Maßstäben folgte, was den technischen und sonstigen Komfort angeht; hamburgische Bedürfnisse der bürgerlichen Repräsentation erfüllen Lage, Neorenaissancefassaden und -ausstattung. Der große Musiksaal wurde 1987 im Museum für Kunst und Gewerbe wieder eingebaut, nachdem er 1980 dem Ausbau des Budge-Palais zur Hochschule für Musik und darstellende Kunst hatte weichen müssen, wie vorher schon andere Nebengebäude (Fritz Trautwein, 1969–82). – Dieses Zentrum gründerzeitlichen Reichtums war auch der Mittelpunkt nationalsozialistischer Herrschaft in Hamburg: Das Budge-Palais gelangte nach dem Tod Emma Budges 1937 in den Besitz der Stadt und wurde Sitz des Reichsstatthalters Karl Kaufmann (der als Gauleiter der NSDAP schon am Alsterufer 25–27 residierte). Der Bunker im Garten war sein Unterschlupf während des Krieges.

Jenseits der Milchstraße an der Villa **Harvestehuder Weg 13** (ehemals Beit, Martin Haller, 1890/91) ist besonders vollständig noch der große Wirtschaftshof erhalten, der üblicherweise zu diesen herrschaftlichen Häusern gehörte. – Als dritte Haller-Villa schließt sich noch Nr. **14** an (1896–99).

Zum Mittelweg hin liegt hinter diesen Villen **Pöseldorf.** Die Herkunft des Namens ist umstritten. Wahrscheinlich ist das ›Pöseln‹ jener Zeit gemeint, in der hier noch Gärtner Gemüse und Blumen anbauten, übrigens nicht etwa Schrebergärtner oder Eigenheimbesitzer: Hier wurde seit dem 17. Jh. die (in Hamburg einst berühmte) Böckmannsche Gärtnerei betrieben. 1856–60 wurde ihr Gelände durch die *Magdalenen-* und *Böttgerstraße* aufgeteilt und mit vornehmen Doppel- und Reihenvillen bebaut. Klassizistische und romantisch-historistische Fassaden, filigrane Gußeisenveranden, Alleebäume und Vorgärten säumen die ruhigen Straßen.

An der **Milchstraße** gibt es Ableger der Geschäftszone des Mittelwegs. Die ehemaligen Stall- und Remisengebäude, die dem Bedarf des Viertels dienten, sind zu fashionablen Läden, Galerien und Lokalen geworden, Inbegriff jenes ›Pöseldorf‹, das seit 1960 nach Ideen von Eduard Brinkama zum belebten Szene-Viertel wurde – ein bißchen zu schick vielleicht (Abb. 11, 12).

Zwischen Rothenbaumchaussee und Mittelweg

Die **Rothenbaumchaussee** hat durch vielfältige Überschichtungen ihr Erscheinungsbild gewonnen: Der Innenstadt zu sind hohe Etagenhäuser und neuerdings ein großes Hotel Zeichen urbaner Dichte und hohen Bodenwertes. Andererseits gibt es hier sogar Terrassen-Höfe (freilich sind sie besonders großzügig angelegt und gestaltet, z. B. zwischen Rothenbaumchaussee 101–103 und Schlüterstr. 82–84 – 1889–94 sowie Rothenbaumchaussee 71–73, 1888–90, Abb. 58). Unregelmäßigkeiten in der Gebäudeflucht (z. B. die Stadthausgruppe Nr. 93–99) weisen darauf hin, daß nicht immer Klarheit über die Entwicklung bestand. Aber vornehm war die Rothenbaumchaussee wie das ganze Rotherbaum.

Das zeigte sich, als Rothenbaumchaussee 13–15 das **Curio-Haus** erbaut wurde (Schaudt & Puritz, 1910/11), Sitz der von Johann Carl Daniel Curio 1805 gegründeten ›Gesellschaft der Freunde des vaterländischen Schul- und Erziehungswesens‹ (wurzelnd in den pädagogischen Ideen der Aufklärung der wichtigste Hamburger Volksschullehrerverband, seit 1948 Bestandteil der Gewerkschaft Erziehung und Wissenschaft). Daß die Gesellschaft in Rotherbaum ihr Haus bauen wollte, war eine Provokation für die Anwohner: »Es waren dabei Privatpersonen im Spiel, die verhindern wollten, daß am Rothenbaum, wo sie und so viele andere vornehme Leute wohnten, ein Lehrervereinshaus entstünde; dahin gehörten nach ihrer Meinung die Volksschullehrer nicht.« Das Haus steht mit seinen aus Barock und Klassizismus gewonnenen Fassadenmotiven, mit seiner schieren Größe wirklich sehr selbstbewußt zwischen den Wohnhäusern der Umgebung (Muschelkalkplastiken über dem Haupteingang von Richard Guhr, Dresden). An Curio (1754–1815) erinnert ein Denkmal in der Durchfahrt. – Die Säle waren Schauplatz der berühmten Hamburger Künstlerfeste der zwanziger Jahre – und nach dem Zweiten Weltkrieg der ›Curio-Haus-Prozesse‹, mit denen die Verbrechen des Nationalsozialismus in Hamburg juristisch gesühnt wurden.

Streng gerade, sichtlich in einem Zug geplante, ruhige – jetzt wie überall vollgeparkte – Alleen sind die Seitenstraßen zwischen Rothenbaumchaussee und Mittelweg. Die ursprüngliche Bebauung ist im Typ und in der Gestaltung sehr einheitlich: bürgerliche Stadthäuser der Gründerzeit, meist als Zweier- oder auch Vierergruppen zu größeren Fassadeneinheiten geordnet, rhythmisiert durch die zurückgenommenen Treppenhäuser und die in Vorgärten vortretenden Veranden. Nach Norden nehmen die freistehenden Doppel- und Einzelvillen zu. – Dieses Viertel entstand seit 1868, als die **Johnsallee** angelegt wurde; **Tesdorpf-, Heimhuder-, Moorweiden-** und **Feldbrunnenstraße** folgten bis 1889. Die Stadt legte als Grundeigentümer durch Verkaufsbedingungen den Villencharakter der Gegend fest – und bot mit dieser Erschließung ein marktregulierendes öffentliches Korrektiv zur Spekulation im nördlich gelegenen Klosterland (s. Harvestehude, Klosterland).

Die Häuser der Gründerzeit haben die üblichen Neorenaissancefassaden mit Zementstuckgliederungen. Als Backsteinrohbauten fallen die beiden symmetrisch einander zugeordneten Häuser **Feldbrunnenstr. 11–13** auf, die George Radel 1890/91 erbaute. Wie flexibel dieser Architekt den Moden folgte, zeigt dann Feldbrunnenstr. 3 (1900/01); kaum ein anderes Haus in Hamburg weist so reine Jugendstilformen auf (und doch nur als konventionelle Reflexe einer Strömung, die sich in der Hansestadt nie recht durchsetzen konnte).

Durch Kriegszerstörungen und dann durch die Spekulation sind Neubauten in dieses Viertel eingedrungen und haben vielfach seinen Reiz beeinträchtigt. – Aber schon nach der Jahrhundertwende setzten Veränderungen ein. – Das Haus **Tesdorpfstr. 18** sah ursprünglich aus wie sein Nachbar Nr. 19 (beide 1872/73); 1912 ließ aber sein neuer Besitzer Eduard Lorenz Lorenz-Meyer die Fassade neu bauen und damit ein Manifest für die Ideen Alfred Lichtwarks zur Reform der Architektur aus Sachlichkeit und bodenständiger Tradition: Backstein, Sprossenfenster, breite Fenster (ein programmatischer Text, den Lorenz-Meyer und Lichtwark gemeinsam veröffentlichten, hieß ›Breitfenster und Hecke‹), ein freilich nur scheinbar hohes Dach vor dem zweiten Obergeschoß. – Den Umbau führte eben jener Martin Haller aus, der die damit getilgte Neorenaissance selbst jahrzehntelang zum Erfolg geführt hatte.

Das Haus **Heimhuder Str. 39** erhielt bei einem Umbau eine expressionistisch-gotische Fassadendekoration (Kurt F. Schmidt, dann Hermann Höger, 1923–27).

Die wenigsten dieser Stadthäuser erfüllen heute noch ihren ursprünglichen Zweck als bürgerliches Einfamilien-Wohnhaus. Seit dem Ersten Weltkrieg und der Weltwirtschaftskrise der zwanziger Jahre wurden sie in Mietshäuser umgewandelt oder für gewerbliche und öffentliche Zwecke genutzt. So diente **Rothenbaumchaussee 38** seit 1916 der Jüdischen Gemeinde als Gemeindebüro. Es gehört zu den jüdischen Liegenschaften, die 1939 verkauft werden mußten. Das Reich richtete darin eine Dienststelle der Gestapo ein, die von hier aus die Verfolgung und Vernichtung der Hamburger Juden organisierte.

Im Nordteil des Quartiers liegt – verwaltungstechnisch in Rotherbaum – die ev.-luth. Pfarrkirche **St. Johannis** ›in Harvestehude‹, geographisch der Mittelpunkt des Doppelstadtteils. Vorbereitet durch Sammlungen von Bewohnern der Gegend vor dem Dammtor seit den 1860er Jahren wurde sie 1880–82 errichtet. St. Johannis ist unter Hamburgs gründerzeitlichen Stadterweiterungskirchen die einzige große, die nicht von Johannes Otzen entworfen wurde. Ihr Architekt Wilhelm Hauers (einer der Rathausbaumeister) knüpfte aber wie Otzen an Formen und Ideen seines Hannoverschen Lehrers Conrad Wilhelm Hase an und suchte zugleich selbst einen eigenständigen Beitrag zum Kirchenbau des Protestantismus zu schaffen. Ersteres zeigt sich in der Konzeption des Bauwerks als neugotischer Backsteinrohbau, letzteres im Grundgedanken des Entwurfs, der Längs- und Zentralbau verschmilzt. Traditionsgebunden ist die Abfolge von Eingang/Westturm, Gemeinderaum/Langhaus und Chor; modern protestantisch ist die Ausweitung des Querschiffs zu einem Zentralraum – Symbol der Gemeindekirche, wenngleich noch nicht ihr funktionalistischer Ausdruck. Das Äußere überträgt die differenzierte Grundrißorganisation in eine entsprechend lebendige Gruppenwirkung des Baukörpers und der Dächer.

Die Innenausstattung ist gut erhalten: Altar, Taufstein und Kanzel, Gestühl und Orgel, Chorfenster und sogar (in den siebziger Jahren freigelegt) die dekorative Ausmalung von Wand und Gewölben im Chorbereich. Vor allem an den Fenstern ist abzulesen, daß auch für diese Kirche zahlreiche Stifter zur Ausstattung beitrugen – wie es in Hamburg Tradition war. Alt-hamburgische Namen zeigen, daß ihre Träger aus der Innenstadt in die vornehmen Vororte umgezogen sind. – An der Chornordseite ist ein Nachguß von Giovanni da Bolognas berühmter Geißelung Christi (das Original entstand 1585) eingelassen (das Pendant auf der Südseite 19. Jh.).

Bei St. Johannis 5–6 steht als letztes Zeugnis der Vorgeschichte des Stadtteils ein kleines ländliches Wohnhaus, vermutlich aus der Zeit nach 1814.

Die Umgebung der St. Johanniskirche sollte seit 1880 zum städtebaulichen und auch sozialen Zentrum des Stadtteils werden. Auf sie sollten radial Straßen zugeführt werden, an Parks vornehmste Bauplätze entstehen. Davon ist der *Turmweg* ausgeführt worden; auch die *Mollerstraße* ist ein Rudiment dieser Planungen. Und deswegen entstanden an der oberen Feldbrunnenstraße besonders aufwendige Villen, so die des HAPAG-Generaldirektors Albert Ballin, **Feldbrunnenstr. 58** (Lundt & Kallmorgen, 1908/09) mit Sandstein und Muschelkalk sowie klassischen Säulen denselben Geschmack zeigend wie das Bürohaus der HAPAG am Ballindamm (s. Innenstadt, Ballindamm). – Das Haus des Warenhausbesitzers Heilbuth, **Feldbrunnenstr. 70** (Hans und Oskar Gerson, 1910), ist bodenständig in der Materialwahl und reagiert mit Blumengittern vor den Fenstern auf Ideen Alfred Lichtwarks zum Blumenschmuck des bürgerlichen Hauses. – In den zwanziger Jahren entstand als reizendes Sanssouci das Wohnhaus Dr. Magnus an der **Mollerstr. 20** (Hans und Oskar Gerson, 1925).

Den Hauptteil des damals erhofften künftigen Stadtteilzentrums aber nahmen bald und bis heute **Sportanlagen** ein, angefangen mit Tennisplätzen (aus denen im Winter eine Eisbahn wurde) 1886, einem Velodrom (Radrennbahn), das 1898 bis 1912 hier stand, gefolgt von einer Reitbahn und von Fußballplätzen mit ruhmreicher Vergangenheit und Gegenwart (Tennis ›am Rothenbaum‹ gehört zur Weltspitze; in dem seit 1910 hier liegenden Stadion des 1888 gegründeten ›Hamburger Sportvereins‹ HSV spielte Uwe Seeler).

Das **Hamburgische Museum für Völkerkunde** südlich davon an der Rothenbaumchaussee hat einen asymmetrischen Grundriß, sein Nordflügel lenkt auf die St. Johanniskirche hin – Rudiment einer Radialstraße jener nie ausgeführten Pläne für das Stadtteilzentrum. – Albert Erbe hat das Museum 1907 nach den Vorstellungen des damaligen Direktors Georg Thilenius entworfen und bis 1911 erbaut (1929 erweitert) – im Innern mit großen Sälen, deren Stützen und Stahlbetondekken betont unabhängig von einer bestimmten Museumskonzeption sein sollten, frei einteilbar und gut belichtet wie ein Kontorhaus. Zugleich verweisen aber das monumentale äußere Erscheinungsbild und die marmorverkleidete Eingangshalle auf den Reichtum, den Hamburg aus den fernen Ländern zog, deren Kulturen hier zur Schau gestellt sind (s. Museen).

Universität und Grindelhof

Man würde gerne sagen, daß sich an der Moorweide nach Westen beherrschend die **Universität** ins Stadtbild erhebe. Die kupfergedeckte Kuppel des Hauptgebäudes (Distel & Grubitz, 1909–11)

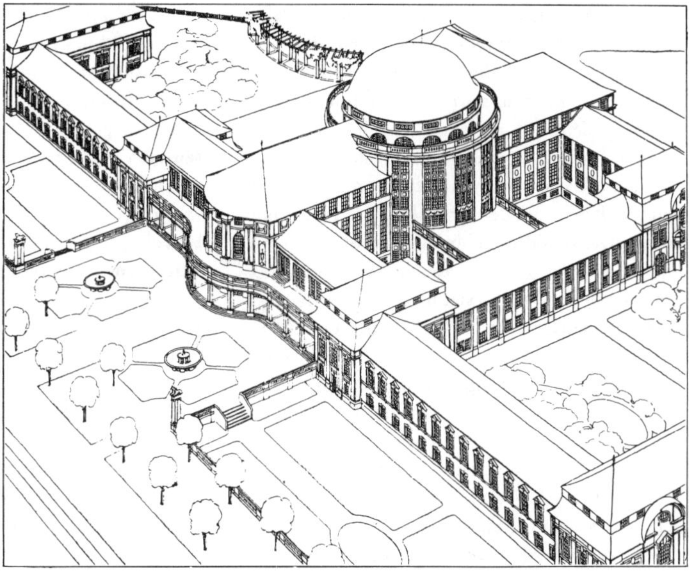

Vogelschau des Vorlesungsgebäudes der Universität mit den ursprünglich geplanten Erweiterungsbauten. Distel & Grubitz, 1911

ist immerhin sichtbar; aber davor schieben sich unscheinbare Gebüsche und Baracken. Die Hauptfassade wendet das schöne Bauwerk dem Bahndamm und dem Verkehrsfluß der Edmund-Siemers-Allee zu.

Die Hamburger Universität steht in der Tradition des ›Akademischen Gymnasiums‹, das 1613 gegründet wurde und bis 1883 bestand. Aus ihm ging das ›Allgemeine Vorlesungswesen‹ hervor, eine Art Volksuniversität, die Vorlesungen und Kurse für Laien anbot – allgemeinbildend oder zur beruflichen Fortbildung. Dafür stiftete Edmund Siemers das **Vorlesungsgebäude,** das dann auch ein neugegründetes ›Kolonialinstitut‹ aufnahm. Die lange angestrebte Universität Hamburg übernahm nach ihrer Gründung am 28. März 1919 dieses Gebäude. – Der breit gelagerte Putzbau mit Werksteingliederungen in spätbarocken Formen erinnert an süddeutsche Bauten, etwa von Theodor Fischer – zu einer Zeit, als man in Hamburg sich anschickte, den Backstein zum sine qua non einer eigenen Architekturphysiognomie zu machen. Vielleicht liegt es daran, daß – wie manche meinen – die Universität in Hamburg bis heute ein Fremdkörper geblieben ist. Die Kuppel, die das Gebäude bekrönt, weckt sehr feierliche Assoziationen – technisch war das Gebäude hochmodern als monolithischer Stahlbetonbau konstruiert. An den seitlichen Aufgängen der Eingangshalle sind Büsten für den Stifter des Gebäudes und den für die Universitätsgründung zuständigen Senator Werner von Melle aufgestellt worden, letztere eine ungefähre Rekonstruktion des Originals von Friedrich Wield, das 1977 zerstört wurde.

Auf dem Höhepunkt der studentischen Protestbewegung 1969 wurden Denkmäler für die Kolonialoffiziere Hermann von Wissmann und Hans Dominik (aus Deutsch-Ostafrika bzw. Kamerun stammend, erhielten sie 1922 bzw. 1935 Standplätze beim Vorlesungsgebäude) aus Sicherheitsgründen entfernt – und aus politischer Einsicht seitdem nicht wieder aufgestellt. – Seine Rückseite wendet das Vorlesungsgebäude der Moorweiden- und Schlüterstraße zu, dem heutigen Campus.

Dort bildet das Etagenhaus **Dammtor-Palais,** Moorweidenstraße 34/Ecke Schlüterstraße, einen markanten Auftakt des Uni-Viertels. Es wurde durch das ›Atelier für vornehme Architektur Emil Neupert‹ 1910–12 errichtet und versucht, der städtebaulichen Vorzugslage durch heimatlich-traditionelle Reformarchitektur gerecht zu werden (Backstein, an der schmalen Eckfassade bäuerlicher ›Donnerbesen‹ und ›Windmühle‹ sowie Hamburger Wappen und Reichsadler). – Ihm gegenüber steht **Schlüterstr. 6** eines der ›Mietergesellschaftshäuser‹ der Brüder Hans und Oskar Gerson (1921 – wie zugleich an der **Rothenbaumchaussee 26;** s. Eppendorf, Haynstraße).

Das Haus der **Freimaurer-Provinzialloge Niedersachsen** an der Moorweidenstraße (M. Gerhardt, Hermann Schomburgk und H. Leopold Strelow, 1907–09) erinnert mit seiner Tempelfront als Hauptfassadenmotiv an die ältesten (längst verlorenen) Hamburger Logenhäuser aus der Zeit des Aufklärungs-Klassizismus. Das Verbot der Freimaurerbewegung im Dritten Reich verband sich 1941 mit der Verfolgung der Hamburger Juden: Hier war einer der Sammelplätze für die Deportation in die Vernichtungslager. Der 1983 errichtete **Gedenkstein** (Ulrich Rückriem) auf der davorliegenden Freifläche (einem Rest der Moorweide) erinnert daran.

Die Ecke zur Grindelallee nimmt das ehemalige Wilhelm-Gymnasium ein, seit 1945 von der **Staats- und Universitätsbibliothek** genutzt. Für die Bewohner Rotherbaums wurde 1883/84 das erste neue Gymnasium nach dem traditionsreichen Johanneum gebaut. Hier konnte der Baudirektor Zimmermann unbehindert durch Sparauflagen seine Idee eines auch durch Architektur pädagogisch wirksamen Schulhauses realisieren. Der sandsteingegliederte Neorenaissancebau hat einen glasüberdachten Innenhof mit Arkaden wie ein italienischer Palast – ehemals als zweckmäßigen Pausenaufenthalt bei schlechtem Wetter, aber auch als erhebendes Raumerlebnis für Schüler einer humanistischen Anstalt.

1929 schlug Fritz Schumacher für die Universität einen neuen Standort in Groß Borstel vor, seit 1937 war ihre Verlegung nach Othmarschen (s. Altona-Othmarschen) Bestandteil der Planungen von Konstanty Gutschow. In der Nachkriegszeit wurde jedoch ihre innerstädtische Vorzugslage endgültig gefestigt: 1950/51 entstand das **Studentenhaus** mit der Mensa an der Schlüterstraße als Kern eines neuen Campus, dessen Gesamtplan – entworfen durch das von Paul Seitz geleitete Hochbauamt – 1955 veröffentlicht wurde. Das **Auditorium Maximum** (Bernhard Hermkes, 1957–59) übernahm die Mitte des *Von-Melle-Parks;* moderne Konstruktion und zeichenhafte Erinnerung an hochrangige Bauaufgaben verbinden sich in der damals hochaktuellen Spannbetonkuppel (die Berliner Kongreßhalle wurde 1956/57 gebaut).

Der ›**Philosophenturm**‹ (Paul Seitz, 1957–62) überragt den Campus von Norden her. Dunkelroter, polierter Granit verkleidet die im Basement verteilten Hörsäle des Zweckbaus. Neben den Eingängen des ›Kokoschka-Hörsaals‹ D stehen Büsten für den Philosophen Ernst Cassirer (1874–1945, 1919–33 in Hamburg, 1929/30 Rektor – der erste jüdische Rektor an einer deutschen Universität, emigriert 1933 – Büste von Harald Isenstein, 1923, Guß 1964) und den Psychologen William Stern (1871–1938, emigriert 1933 – Büste von Fritz Fleer, 1971). Im Hörsaal hängt das Triptychon ›Thermopylae‹, das Oskar Kokoschka 1954 für die Universität schuf: Links eine bukolische Friedenswelt mit dem Abschied des Leonidas, rechts die Barbarei der Sieger bei der Eroberung Athens; in der Mitte steht als »Zauderer« die »Schlüsselgestalt des Ganzen«: »das negative Pathos der Entschlußlosigkeit wird die Schlacht zu Ungunsten der heroischen Kämpfer entscheiden. Ein Volk, das nicht mehr mit ungebrochener Kraft an seine Bestimmung glaubt, hat den Sieg verwirkt. Die Entscheidung durch Waffengewalt wird vom Künstler verlagert auf die geistige Entscheidung« (Carl Georg Heise) – ein prätentiös-abendländisches, politisches Bild in der Zeit des Kalten Krieges. – Der Fachbereich Erziehungswissenschaften erhielt 1957–60 den Trakt neben dem ›Philosophenturm‹. Er wirkt wie ein großer Bruder der Seitzschen Typenschulen (im Foyer Bronzeplastik ›Der Pädagoge‹, Fritz Fleer, 1960).

Das **Rechtshaus,** Schlüterstraße 28 (Gustav Hassenpflug, 1960–65), versucht, als Stahlbetonskelettbau an das Neue Bauen der zwanziger Jahre anzuknüpfen (Hassenpflug war Bauhausschüler). – Von den jüngeren Bauten der Universität ist der Neubau der **Staats- und Universitätsbibliothek Carl von Ossietzky** hervorzuheben (Dr. Schween & Partner, 1980–82; in den Lichthöfen ›der gestürzte Stamm‹ von Jan Meyer-Rogge und ›Verspannung im Raum‹ von Bodo Baumgarten, 1983; an der Grindelallee ›Gedankenflug‹ von Detlef Birgfeld, 1983). – Schlüterstr. 5 erhielt 1989 an der Brandwand zum Vorplatz der Bibliothek hin ein *Wandbild* von A. R. Penck – ›Theorie in Hamburg NÄHE FERN gesehen FERNE nahgesehen WELT GESCHEHEN WELT VERSTEHEN‹.

Im **Fernmeldeamt 1,** Schlüterstr. 51–55, hat auch das Postamt Hamburg 13 seinen Sitz. 1881 war in Hamburg das Telephon eingeführt worden, 1902–07 wurde dafür dieses Gebäude als zentrale Vermittlungsstelle errichtet (Entwürfe des Geheimen Baurats Schuppan und des Postbaurats Sucksdorff) – durchaus zweckmäßig plaziert zwischen Geschäftsstadt und bürgerlichem Wohnviertel. Mächtig wie eine Ordensburg, das Backsteinmauerwerk durch Sandstein neugotisch gegliedert, inszeniert das Amt die neue Kommunikationstechnik und die kaiserliche Reichspost.

Der ›Pferdestall‹, **Allendeplatz 1–3,** wurde 1908 als Fuhrgeschäft erbaut (daher der überdachte Hof). Seit 1929 dient er Instituten der Universität – das erste Gebäude, das zusätzlich zum Vorlesungsgebäude übernommen wurde. Seine wissenschaftliche Tradition wurde begründet durch das philosophische Seminar, dem damals Ernst Cassirer vorstand. Dort entwickelte auch William Stern seine Methoden der empirischen psychologischen Forschung. Heute nutzen sozialwissenschaftliche Seminare das Gebäude. Auf seine wechselvolle Geschichte weisen die Wandbilder im Treppenhaus hin (Constantin Hahm, 1986).

1988 wurde der ehemalige **Bornplatz** – heute **Allendeplatz** – so umgestaltet, daß wieder sichtbar wird, warum er ein Zentrum jüdischen Lebens in Hamburg und der Judenverfolgung im Dritten Reich bildete. Hier stand die große **Hauptsynagoge,** die 1904–06 (nach Entwürfen von Ernst Friedheim und Semmy Engel) errichtet worden war. In der ›Reichskristallnacht‹ 1938 geschändet und in Brand gesetzt, wurde sie 1939 abgerissen; südlich davon entstand ein später zum Institutsgebäude umgebauter Hochbunker. Margrit Kahl hat 1988 durch ihre Platzgestaltung den Synagogen-Grundriß wieder sichtbar gemacht. Dieser Teil des Bornplatzes wurde nach Joseph Carlebach benannt, dem 1942 in Riga ermordeten Oberrabbiner der Jüdischen Gemeinde in Hamburg.

Am Grindelhof 30 schließt sich das ehemalige Gebäude der **Talmud-Tora-Schule** an (Ernst Friedheim, 1909–11, heute Fachhochschule für Bibliothekswesen). Es ersetzte das 1855 bei der Kohlhöfen-Synagoge in der Neustadt errichtete Haus dieser orthodoxen jüdischen Schule. Das Gebäude hält sich im Rahmen der Reformarchi-

Grundriß der ehemaligen Hauptsynagoge am Bornplatz, heute Joseph-Carlebach-Platz

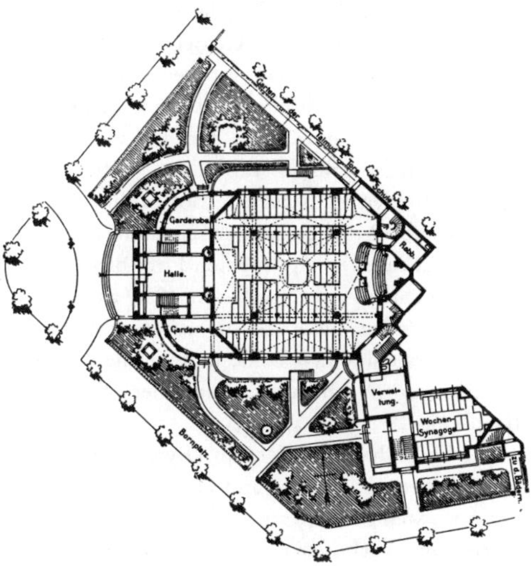

tektur an alt-hamburgische Traditionen und deren charakteristische Mischung von Backstein- und Werksteingliederungen.

Außer der Bornplatz-Synagoge gab es noch mehrere größere und vor allem kleinere Synagogen und Betsäle in Rotherbaum. Versteckt auf dem Hof des Etagenhauses Rutschbahn 11 steht die 1905 durch Semmy Engel erbaute einfache **Synagoge der ›Vereinigten Alten und Neuen Klaus‹**, einer orthodoxen privaten Stiftung.

Mit 15 % Bevölkerungsanteil lebte 1925 etwa die Hälfte der jüdischen Bevölkerung (Alt-)Hamburgs in Rotherbaum und Harvestehude (rund 10000 Menschen). So wurden diese Stadtteile auch zum Hauptschauplatz der Judenverfolgung und der Judenvernichtung im Dritten Reich in Hamburg.

In besseren Zeiten war das Haus der **Hamburger Kammerspiele** an der Hartungstr. 9 entstanden. Deren Prinzipalin Ida Ehre (gest. 1989) hat es seit der Nachkriegszeit berühmt gemacht. – Eine Gedenktafel weist auf die Bedeutung dieses Gebäudes für die Geschichte der Juden in Hamburg hin: Es war 1903 (durch Semmy Engel) für die 1887 gegründete jüdische ›Henry-Jones-Loge‹ errichtet worden. Seitdem diente es Clubs, Kultur- und Bildungseinrichtungen der Jüdischen Gemeinde. 1930 wurde das Gebäude verkauft – an die Anthroposophische Gemeinschaft, die ihrerseits im Dritten Reich verboten wurde. 1936 durfte/mußte der Jüdische Kulturbund es als Gemeinschaftshaus einrichten: Nach dem Verbot der Nationalsozialisten für Juden, öffentliche Veranstaltungen zu besuchen, bot es ihnen seitdem die letzte Möglichkeit zur Teilnahme am kulturellen Leben. Die Architekten Fritz Block und Ernst Hochfeld – ihrerseits seit 1933 aus rassischen Gründen unter Berufsverbot stehend – richteten es dafür her (beide konnten noch 1938 emigrieren, s. Ohlsdorf, Jüdischer Friedhof Ilandkoppel).

Die Etagenhausquartiere im Dreieck zwischen Grindelallee, Grindelhof und Hallerstraße haben nur noch wenig Anteil am vornehmen Status Rotherbaums. Auch hier zeigen Terrassen-Höfe die gründerzeitliche Arbeiterwohnstadt an, die sich weiter westlich in St. Pauli und Eimsbüttel entwickelte – so vor allem die **Grindelhof-Allee**, Grindelhof 81–83 (A. Heidtmann, 1892/93, Farbabb. 17).

Schröderstift und Sternschanze

Das Viertel zwischen Grindelallee und Sternschanze, das frühere ›Papenland‹, wurde seit 1866 bebaut. Damals entstanden Stadthäuser an der Schröderstiftstraße und Etagenhausgruppen an der Bundesstraße, dazu Terrassen zwischen Grindelallee und Bundesstraße.

Den Block zwischen Rentzel- und Bundesstraße, Durchschnitt und An der Verbindungsbahn nahm der 1909 geschlossene jüdische **Grindelfriedhof** ein. Er mußte angelegt werden, als während einer Pest-Epidemie 1713 die Bestattung in Altona verboten war, und entwickelte sich zum jüdischen Hauptfriedhof in Hamburg. Als er 1937 abgeräumt werden mußte, um Wohnungsbauten Platz zu machen (einfache Putzbauzeilen des ›Volkswohnungsbaus‹), gelang es, die Gebeine nach Ohlsdorf umzubetten, wohin auch die schönsten Grabdenkmäler überführt wurden (s. Ohlsdorf, Jüdischer Friedhof Ilandkoppel).

Von der Innenstadt ist das Viertel durch die Verbindungsbahn getrennt, die seit 1864–66 die Bahnhöfe von Hamburg und Altona verband. – Als spätklassizistischer Putzbau steht an der Sternschanze 1 der alte **Sternschanzenbahnhof.** Der Neubau, der ihn 1901–03 ablöste, ist an der Schanzenstraße nur in Resten erhalten; er hatte eine ähnliche Bahnsteighalle wie der Dammtorbahnhof. 1909–11 kam das Eingangsbauwerk der Hochbahn hinzu, bei Kriegsbeginn ein Rundbunker.

Dort lag seit 1682 die **Sternschanze,** ein bastionär befestigtes und deshalb im Grundriß sternförmiges Fort, das mit ›Laufgraben‹ und ›Durchschnitt‹ Verbindung zum Wallring hatte (Straßennamen!). Sie beherrschte die Geestzunge nach Eimsbüttel und die sumpfige Niederung von Schlump und Schlankreye (zum Beispiel bei der

Ansicht des Schröderstifts. Lithographie, um 1855

Belagerung Hamburgs durch Christian V. 1686). 1863–65 wurde auf ihrem Gelände ein Hochbehälter der Stadtwasserkunst gebaut (der heute noch im aufgeschütteten Hügel erhalten ist) und der **Sternschanzenpark** angelegt. 1907–10 folgte der mächtige **Wasserturm** (s. Winterhude, Stadtpark). Der junge Architekt Wilhelm Schwarz hatte mit seinem Entwurf ›Jörn Uhl‹ den Wettbewerb dafür gewonnen und mit diesem Motto auch die Idee seines Entwurfes benannt: Wie Gustav Frenssens völkischer Romanheld sollte das düster-monumentale Bauwerk als bodenverhaftet, norddeutsch, wehrhaft gelten (Abb. 59). Das bestimmende Material, der Backstein, wurde übrigens vom zuständigen Ingenieurwesen der Baudeputation vorgeschrieben, ein Zeugnis der Hinwendung zur daraus zu gewinnenden Hamburger Architekturphysiognomie schon vor Schumacher (der 1909 sein Amt antrat). – Am Westrand des Sternschanzenparks, am Kleinen Schäferkamp und damit dem Eimsbütteler Schanzenviertel zugewandt, wurde 1884/85 das ehemalige **Freimaurer-Krankenhaus** erbaut, ein landhausartiger Neorenaissancebau (Hardorff & Schomburgk).

Gegenüber der Sternschanze an der Schröderstiftsstraße entstand 1851/52 das **Schröderstift,** ins Leben gerufen und finanziert durch Johann Heinrich von Schröder, entworfen von Albert Rosengarten (und von ihm 1866 nach Nordosten erweitert). Die Wohnungen für »Personen aus höheren Ständen, die dessen bedürfen«, mit zwei bis drei Stuben und Küche als Zweispänner an schmalen Treppenhäusern, nehmen ein Reformmodell vorweg, das erst viel später in so freier Lage Grundmuster des Wohnungsbaus in Hamburg wurde. Die »palastartige Anlage« mit drei Flügeln und zentraler Kapelle, mit Ehrenhof zur Sternschanze hin, diente in ihrer repräsentativen Gestalt sowohl der Erhöhung des Lebensgefühls der Bewohner als auch dem Ansehen und Nachruhm des Stifters. Der Rundbogenstil Albert Rosengartens bindet den Backsteinbau in die modernsten Architekturströmungen der Zeit um 1850 ein. Die kuppelbekrönte Kapelle wurde 1896 durch einen größeren Neubau ersetzt, als das Stifterehepaar von den damals geschlossenen Dammtorfriedhöfen hierher überführt wurde. – Durch eine Bewohnerinitiative und musterhafte Betreuung (Architektengruppe Planerkollektiv) wurde das Gebäude seit 1981 instandgesetzt, nachdem man jahrzehntelang den Abriß zugunsten von Universitätsneubauten plante und das Stift 1972 (samt den Stiftersarkophagen) nach Langenhorn umgezogen war. – Übrigens hatte Schröder ursprünglich einen Bauplatz in Harvestehude in Aussicht genommen; das hatten aber die Anwohner der Alster verhindert: ein Stift paßte eben doch mehr zur Sternschanze als in das Landhaus- und künftige Villenviertel.

Vor den alten Wällen entstanden seit dem Anschluß Hamburgs an den Norddeutschen Bund 1868 große Kasernen für das Hamburger Bataillon der ›76er‹, des 76. Hanseatischen Regiments. Sie sind abgerissen worden für die Neubauten der Universität zwischen Grindelallee, Sedanstraße, Bundesstraße und Laufgraben, die seit den 1960er Jahren errichtet wurden, als die deutschen Universitäten ihren größten Wachstumsschub erlebten. Das Hochhaus des **Geomathikums** (Mathematische und Geowissenschaftliche Institute) hinter dem Schröderstift wurde 1975 fertig (Hochbauamt).

Der palaisartige, symmetrische Bau des ehemaligen **Warburg-Stifts,** Bundesstr. 43 (Rambatz & Jollasse, 1890/91 – durch den Wiederaufbau verändert) folgt der zugleich sachlichen und frommen Backsteinneugotik.

Nördlich der Universitätsbauten liegen am Schlump das ehemalige **Rot-Kreuz-Krankenhaus** (Kirchenpauer & Philippi, 1876–78), das ehemalige **Dienstgebäude der Militärersatzbehörde** (1904–05, jetzt Finanzamt Schlump) und das ehemalige **Heinrich-Hertz-Realgymnasium,** Ecke Bundesstraße 58 (Albert Erbe, 1908–10, jetzt Gewerbeschule), im alt-hamburgischen Bürgerhausbarock ein Denkmal des entwickelten Heimatstils, mit der asymmetrischen Baukörperentwicklung Muster der Schulreform nach der Jahrhundertwende.

Harvestehude

Ein Kloster an der Alster

Der Name des Stadtteils Harvestehude zwischen Grindelallee und Alster, Hallerstraße und Isebekkanal (s. Rotherbaum) erinnert an das Zisterzienserinnenkloster Herwardeshude/Harvestehude. Es wurde 1247 am Pepermölenbek im heutigen Altona gegründet und 1293 an das Nordende der Außenalster verlegt – kontemplativ einsam, wie es sich für den Orden gehörte, und der Stadt nahe genug, der es zur Versorgung unverheirateter Töchter diente. – Der Hamburger Senat erlangte im 14. Jh. das Patronat über das Kloster. Zugleich stieg es durch Schenkungen und Vermächtnisse zum größten Grundherrn im Hamburger Norden auf, ein wichtiges Element der hamburgischen Herrschaft über die umliegenden Gegenden. Nach der Reformation wurden 1530 die Gebäude abgerissen; an ihrer Stelle entstand ein Pachthof (ungefähr zwischen Eichenpark und Abteistraße am Klostergarten). Grundbesitz und Hoheitsrechte des Klosters wurden mit dem ehemaligen Dominikanerkloster St. Johannis vereinigt, seit der Reformation ein evangelisches Damenstift, das aber auch Schulen finanzierte. – Als die Klöster und Stifte 1826–30 ihre obrigkeitlichen Rechte an den Staat abtraten, verblieb das ›Klosterland‹ Harvestehude dem St. Johanniskloster als Privatbesitz.

Im **Eichenpark,** der ehemaligen ›Krugkoppel‹, erinnert seit 1897 ein Findling an **Friedrich von Hagedorn** (1708–54), der »hier dichtete« (wie das Bronzerelief von C. Boerner zeigt); seine vielzitierte Ode ›Harvestehude‹ (1746) trug nicht wenig zur Entdeckung des landschaftlichen Reizes dieser Gegend bei: »Hier gehet in gewölbten Lüften / Die Sonne recht gefällig auf / Und lachet den beblümten Triften / Und sieht mit Lust der Alster Lauf.«

In diesem Eichenpark am ›Schiffsloch‹ als Ausläufer der Außenalster ist bis heute vom Naturzustand Harvestehudes noch am ehesten eine Ahnung zu gewinnen. – Die Verbindung zum Nachbarstadtteil Winterhude stellt die **Krugkoppelbrücke** her (Fritz Schumacher und Gustav Leo, 1927/28). Die Eisenbetonkonstruktion mit drei Bögen auf Pfahlgründung ist mit einer charakteristisch gemusterten Klinkerhaut verkleidet, das Geländer mit ornamentaler Klinkerterrakotta gefüllt (Abb. 61).

Nördlich von Pöseldorf

Seit der ›Franzosenzeit‹ begann das St. Johanniskloster, seinen Grundbesitz an der Alster zu parzellieren. Wie in Rotherbaum entstanden hier Landhäuser, die dann durch Villen abgelöst wurden, z. B. **Harvestehuder Weg 44** (Martin Haller 1865 und 1901 in seiner charakteristischen Neorenaissance) und Harvestehuder Weg **41** (Martin Haller 1878 – seit 1963 kennzeichnet eine Plakette mit dem Bildnis Heinrich Heines – Caesar Heinemann, 1898 von Julius Campe gestiftet – den heutigen Firmensitz von Heines Verlag). – Mit Harvestehuder Weg **45** in der Nähe baute 1928 Emil Fahrenkamp eine der besten Villen des Neuen Bauens – klinkerverkleidet, wie es sich für Hamburg gehörte. – Die Gärten der Alstervillen außerhalb des Harvestehuder Wegs wurden 1953 als **Alstervorland** zur öffentlichen Grünanlage zusammengelegt.

Hinter dem Ufersaum steht als Spur der frühesten klassizistischen Landhäuser das **Theater im Zimmer,** Alsterchaussee 30; 1828 legte der Bauunternehmer Schwieger die Straße an, teilte Grundstücke ein und erbaute eine Reihe solcher Häuser an der nach ihm benannten Privatstraße, die später Alsterchaussee genannt wurde. – In dieselbe Zeit gehören auch die klassizistischen Landhäuser **Mittelweg 116** (1827, 1921/22 durch Henry Grell modifiziert) und Mittelweg **50** (1826).

Die Villa **Mittelweg 113** ließ der aus Hamburg stammende Londoner Kaufmann Alfred Beit für seine Mutter bauen (Stammann & Zinnow, 1889–91). Daß er erfolgreich am südafrikanischen Diamanten- und Goldgeschäft beteiligt war, zeigt der Fries im kostbar ausgestalteten Windfang, wo Kinder anschaulich das Schürfen von Diamanten demonstrieren.

Als Privatstraße entstand 1860/61 die **Sophienterrasse;** sie wurde damals auf der Nordseite mit Stadthäusern bebaut, deren romantisch-historische Putzfassaden zu symmetrischen Zweier- und Vierergruppen geordnet sind. – Die Putzbauten Sophienterrasse 11a–i wurden 1929 durch die Architekten Semmy und Bernd Engel für die ›Sophieneck GmbH‹ errichtet; sie zeigen den traditionellen Typus bürgerlicher Stadthäuser (mit vorgezogenen Veranden, gestuften Baukörpern und gliedernden Treppenhäusern), übersetzt in die Formensprache des Neuen Bauens durch Flachdach, geometrische Klarheit, den halbkreisförmigen Abschluß der Veranden.

Auf diese modernen Häuser ist das ehemalige **Standortkommando der Wehrmacht** ausgerichtet (Wehrkreisverwaltung der Bundeswehr, Sophienterrasse 14). Das Pathos der adlerbekrönten Pfeilervorhalle des 1936 errichteten neoklassizistischen Putzbaus verpufft in der stillen Nebenstraße. Die Architekten Distel & Grubitz fielen mit diesem Bau zurück in die Formensprache um 1910, die sie in den zwanziger Jahren längst hinter sich gelassen hatten.

Das Klosterland

Die Größe des ›Klosterlandes‹ führte seit den 1840er Jahren zum Entwurf von Gesamterschließungsplänen, teilweise für die ganze Gegend vor dem Dammtor (s. Rotherbaum). Sie artikulierten das öffentliche Interesse an der Erhaltung des hohen landschaftlichen Wertes für die Allgemeinheit. So meinte William Lindley über Harvestehude in seinem Stadterweiterungsplan 1854: »Es wird darin eine der wichtigsten und vortheilhaftesten Parthien bilden, wenn es nicht vereinzelt, sondern als Ganzes angemessen behandelt wird und namentlich von vornherein dafür gesorgt wird, derselben durch geeignete Anlagen größere Gemeinnützigkeit, also einen höheren Charakter zu verleihen.«

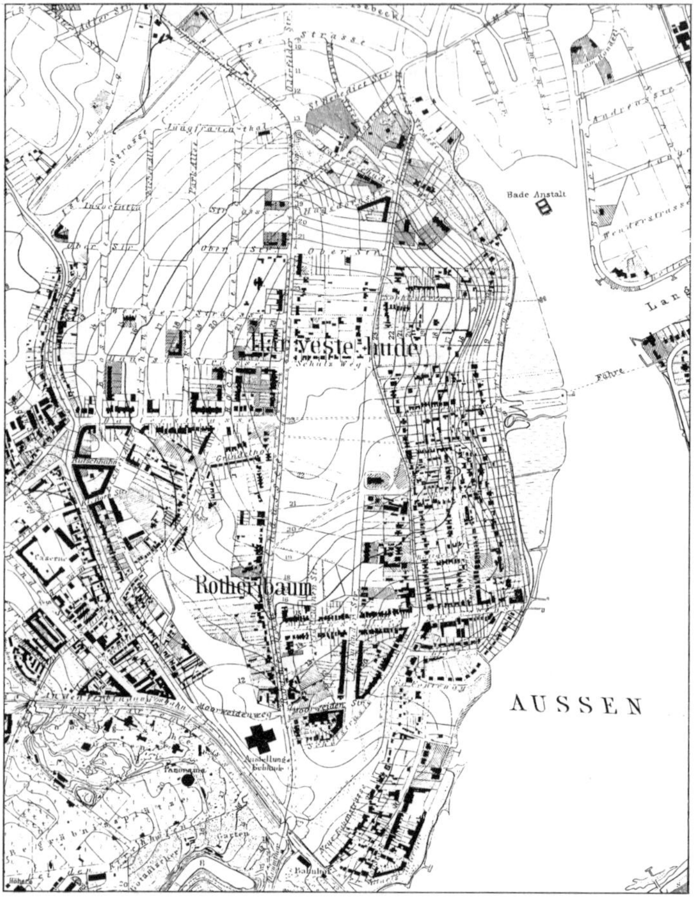

Harvestehude–Rotherbaum, 1882. Das markante ›Ausstellungsgebäude‹ auf der Moorweide stand nur bis 1889; es war 1881 aus Teilen des Industriepalasts der Pariser Weltausstellung von 1878 errichtet worden.

Erschlossen wurde dann aber auch Harvestehude durch die private Spekulation, von der es in den Hamburger Nachrichten 1868 hieß: »Die Speculation, welche allein auf möglichst hohe Dividende ausgeht, und welche der Schönheit nur dann Rechnung trägt, wenn ihre Reize für Geld zu haben sind, kümmert sich nicht um das, was die Pietät und die Freude an der schönen Gotteswelt gern vor ihren Geiersgriffen geschützt haben möchte. Nur Geld will sie machen, möglichst viel Geld...« – Das war Polemik: Gerade die möglichst profitable Verwertung des Klosterlandes setzte die Bewahrung seiner Attraktivität voraus.

1866 bildete sich das ›Klosterlandkonsortium‹ und kaufte dem St. Johanniskloster das gesamte Klosterland für 4 Millionen Mark Banco (Hamburger Währung bis 1871) ab. Die staatliche Genehmigung für diese Transaktion wurde unter der Bedingung erteilt, daß 1,55 Millionen vom Kloster an die 1870 geschaffene evangelische Landeskirche als deren finanzielle Grundausstattung abgetreten würden – so wurde in Hamburg die Trennung von Kirche und Staat durch die Bodenspekulation finanziert. Das Konsortium erschloß das gesamte Gebiet durch Straßenanlagen und parzellierte es. 1882 übergab es die Straßen der Stadt.

Den Straßenplan entwarf Christian Wilhelm Plath (seit 1868 Oberingenieur der Baudeputation) sehr schematisch; das nach den Himmelsrichtungen ausgerichtete Schachbrett fiel nur im Bereich der alten Landstraßen etwas differenzierter aus (Klosterstern an der Vereinigung von Harvestehuder Weg und Rothenbaumchaussee). So ließen sich die Blocks am einfachsten aufteilen. Dennoch ist das Straßenbild voll reizvoller Details. Subtil variierende, platzartige Ausweitungen der Kreuzungsbereiche, die verschiedenen Baumarten der durchweg als Alleen bepflanzten Straßen, die in Spuren erhaltene gegliederte Pflasterung sowie öffentliche Grünanlagen übersetzen die landschaftliche Qualität in städtebaulichen Reichtum. Die Grundstücke wurden durch den Blockzuschnitt sehr tief und ermöglichten jedem Haus große Gärten. Die von der Stadt verlangten ›Klosterlandbedingungen‹ legten eine einheitliche Baulinie fest, die nur durch Veranden überschritten werden durfte. So entstanden Vorgartenstreifen, die die Straßenräume erweitern. Die Klosterlandbedingungen schlossen vor allem Bauten für Gewerbe und kleine Wohnungen aus. Damit war der soziale Status des Gebietes definiert, es wurde ein Wohngebiet für die bürgerliche Oberschicht der Stadt.

Die Bebauung zog sich vier Jahrzehnte hin. Sie folgte der Nachfrage und begann so naturgemäß an der Hallerstraße und Rothenbaumchaussee – an der innenstadtnächsten Ecke. An den Fassaden lassen sich die Jahresringe des Stadtteils von Südosten nach Norden und Westen ablesen: Von der klassizistischen Tradition über die Neorenaissance und deren barockisierende Spätformen bis hin zu Jugendstil und Reformarchitektur um 1910. In den ersten Jahren entstand noch eine regellose Mischung aus Etagenhäusern, freistehenden Villen und Stadthausgruppen – später setzte sich das Stadthaus alleine durch.

Durch die Wohnquartiere zwischen dem westlichen Alsterufer und dem Schanzenviertel kann man ein soziales Profil legen: Am Ufer die ganz Reichen, in Eimsbüttel das Kleinbürgertum, im nördlichen St. Pauli die Arbeiter – von der Villa über das Etagenhaus zum Terrassen-Hof reicht das Spektrum der Wohnhäuser. Über die Bewohner des Klosterlandes kann dabei kein Zweifel bestehen: Als Rudolf Martin 1912 in Hamburg 723 Vermögensmillionäre auflistete, wohnten davon mehr als 50 % in Rotherbaum und Harvestehude, allein 125 im Klosterland.

Obwohl nach der Verfassung von 1859/60 nur die Oberschicht über politische Rechte in Hamburg verfügte, pflegten deren Vertreter für sich doch die republikanische Ideologie bürgerlicher Gleichheit. – Wenn man so will, wird das in der Gleichheit der Parzellen und Stadthäuser des Klosterlandes anschaulich – und in seiner Ausgrenzung aus den übrigen Stadterweiterungsgebieten: Hier lebte man bevorzugt, unter sich, aber unter sich gleich.

Beeindruckend am Klosterland sind nicht die einzelnen Bauten für sich genommen. Ein Rundgang wird aber im Ganzen das Ausmaß und die Qualität der Wohnstadt des bürgerlichen Hamburg der Kaiserzeit spürbar machen können. Die folgenden Hinweise gelten einigen Besonderheiten.

Die **Oberstraße** hat zwischen Mittelweg und Rothenbaumchaussee an der Nordseite eine typische, konventionelle Stadthausbebauung, deren Hauptabschnitt (Nr. 111–135) von Hans Rackwitz stammt, einem in der Erschließung des Klosterlandes besonders aktiven Bauunternehmer und Architekten, der an seinen Fassaden immer die gleichen Neorenaissanceformen verwandte, durch ihre wechselnde Kombination aber jedem Haus Individualität zu geben suchte (1893–95). – Hans Rackwitz baute auch die beiden Häuser Oberstr. 108 und 110 (1898). Nr. 108 erhielt aber 1922 eine neue Fassade (Block & Hochfeld), modern vereinfacht, am Eingang mit expressionistisch stilisiertem Ornament (ein Rosenzweig, der auf den Namen des Eigentümers hinweist) und dekoriert durch die Figur einer Fortuna (Richard Kuöhl).

Einige Grundstücke hatte das Klosterlandkonsortium dem Staat für öffentliche Zwecke überlassen müssen, so eben an der Oberstraße: Dort entstand gleichsam als Vergegenwärtigung der Nachtwächterfunktion des Staates im gründerzeitlichen Liberalismus 1876 bzw. 1891/92 eine **Polizeiwache** für das Viertel (Nr. 128). – Den übrigen Teil des Grundstückes stellte die Stadt 1929 dem Israelitischen Tempelverband als Bauplatz zur Verfügung (s. Innenstadt, Neustadt).

Für die aus der Neustadt in die Stadterweiterungsgebiete abgewanderte jüdische Bevölkerung wurde 1930/31 mit der **Tempel-Synagoge,** Oberstr. 116–120, einer der bedeutendsten modernen Sakralbauten Deutschlands errichtet. Halb versteckt zwischen Wohnhäusern, entfaltet sie souverän sakrale Würde und die glänzende Ästhetik des Neuen Bauens der Weimarer Republik. Die Synagoge wurde entweiht durch das Dritte Reich, 1938 profaniert und 1941 von der Stadt übernommen; seitdem nutzt sie der Norddeutsche Rundfunk (1950 Ausbau zum Großen Sendesaal). Symmetrisch sind die streng kubischen, muschelkalkverkleideten Baukörper um einen Vorhof geordnet, drei Portale führen ins Innere (darüber die hebräische Inschrift »Mein Haus soll ein Bethaus genannt werden für alle Völker« – Jesaja 56,7), ein Rundfenster mit dem siebenarmigen Leuchter definiert den Zweck des Gebäudes. Innen ist die Vorhalle mit den Treppen zu den Frauenemporen bemerkenswert. Die Synagoge selbst ist völlig verändert. – Das 1983 auf den Stufen der Freitreppe aufgestellte Denkmal (Doris Waschk-Balz) erinnert an die Schändung der Synagogen im Dritten Reich.

Am 2. Mai 1924 hat die ›Nordische Rundfunk Aktien-Gesellschaft‹ NORAG ihren Sendebetrieb aufgenommen. Ihr erstes Hamburger Studio war im Fernmeldeamt Schlüterstraße untergebracht. 1928 übernahm die NORAG zwei Villen (den Kern des heutigen Eingangsgebäudes) an der Rothenbaumchaussee 132–134 und von dort aus seitdem nahezu den ganzen Block, heute der Sitz des **Norddeutschen Rundfunks NDR** (Hörfunk). Dem entspricht ein überwiegend heterogenes Erscheinungsbild der Gesamtanlage. – Der Ursprungsbau ist aber immer noch bemerkenswert: nach Entwürfen der Architekten Puls & Richter wurde um die Villen herum 1929/30 ein moderner Funkhauskomplex errichtet. Heute ist davon unter der modernen Keramikverkleidung nicht mehr viel sichtbar, das Türmchen über dem Eingang mit dem teilweise verglasten Antennenmast sollte – nachts leuchtend – für das neue Medium werben. Das Herz des Neubaus bildete der Sendesaal (heute Studio 1), übrigens mit seiner berühmten ›Funkorgel‹ von 1930 noch gut erhalten. – Der heutige Große Sendesaal ist in der ehemaligen Tempel-Synagoge eingerichtet.

Alte Sandkuhlen zwischen Rothenbaumchaussee und Harvestehuder Weg wurden als Park in das Klosterland einbezogen. Dort steht seit 1960 ein **Standbild** des südamerikanischen Freiheitshelden **Simon Bolivar** (L. Frizzi). Es wurde aufgestellt durch die Republik Venezuela und erinnert an die alten Beziehungen Hamburgs zu Lateinamerika. Der **Bolivar-Park** ist danach benannt worden.

Die **Hochbahnhaltestelle Klosterstern** entstand mit der 1929/30 vom Jungfernstieg nach Eppendorf gelegten Linie. Der Abgang Rothenbaumchaussee ist überdacht durch eine Halle mit Klinkerpfeilern und Kupferdach. Er führt in die von Walther Puritz gestaltete Bahnsteighalle (1986 in den ursprünglichen Formen rekonstruiert). – Die einfachere und stark veränderte **Haltestelle Hallerstraße** hat übrigens gleichzeitig Karl Schneider entworfen.

Die ev.-luth. Hauptkirche **St. Nikolai** wurde 1960–62 nach Entwürfen von Gerhard Langmaack erbaut. Sie trat die Nachfolge der kriegszerstörten Nikolaikirche am Hopfenmarkt an – deren Gemeide ohnehin längst, der Citybildung weichend, in die Stadterweiterungsgebiete abgewandert war. In dem asymmetrischen, lichten Kirchenraum bildet seit 1974 ein von Kokoschka entworfenes Mosaik das künstlerische und gedankliche Zentrum: ›Ecce homines – So sind die Menschen‹. Das Kruzifix auf dem Altar und die Bronzereliefs an der Kanzel schuf Fritz Fleer. –

Im zur Straße vorgelagerten Turmmassiv fand ein für die alte Hauptkirche geschaffenes Fenster seinen Platz (E. Coester, 1939), das dort wegen des Krieges nicht mehr eingebaut wurde. Die Motive aus der Apokalypse des Johannes erinnern seitdem auch an den Zweiten Weltkrieg – wie die Trümmer der alten Nikolaikirche, die im Taufaltar der Turmvorhalle verwendet wurden.

Ein bemerkenswertes Innenraumensemble bietet das Haus, das der Innenarchitekt Edgar Michahellies (1874–1969) 1911 für sich am **Nonnenstieg 1** erbaute. Das Äußere mit seinen repräsentativen Formen zitiert spätbarocke Vorbilder in der Konvention gründerzeitlicher Villen. Das Innere gibt mit reichen Barock- und Rokoko-Dekorationen (im Dachgeschoß kam für die Kinderzimmer auch Bäuerliches in Frage) ein Muster dessen, was ›man‹ im reichen Bürgertum der Zeit vor dem Ersten Weltkrieg mochte. – Im wahrsten Sinne des Wortes ein Muster, denn so belieferte Michahellies seine Kunden. Und das waren nicht nur die Bewohner Harvestehudes, sondern u. a. auch die HAPAG, deren große Schiffe er vor und nach dem Ersten Weltkrieg ausstattete.

Wie überall in Hamburg entstanden vor dem Ersten Weltkrieg die meisten bürgerlichen Wohnhäuser durch spekulativen Vorratsbau. Auch Architekten bauten solche Häuser auf eigene Rechnung, um sie dann einzeln zu verkaufen – so etwa **Heilwigstr. 17–21** (Wilhelm Hausers, 1897–99) und **23–25** (Semper & Krutisch, 1895/96). – Erst nach der Jahrhundertwende bekam im Klosterland anstelle der Spekulationsbauten das für jeweils einen Bauherrn geplante Wohnhaus die Oberhand. Betont individuell, wenngleich weiterhin in Reihe gebaut, wurden die Häuser um 1910 entworfen – etwa die Gruppe **St.-Benedict-Straße 2** und **4** (Ernst Paul Dorn, 1912), **6** (Franz Jacobssen für sich selbst, 1910/11) und **8** (Ernst Paul Dorn für sich selbst, 1912/13). Das Doppelhaus **Heilwigstr. 31** (Paul Schöß, 1907/08 für Henry Oswald) – zugleich als Backsteinbau ein Beitrag zur Reformarchitektur – entfaltet sich städtebaulich höchst wirksam gegenüber dem kleinen Heilwigpark.

Nach Norden wurde der Stadtteil durch die Kanalisierung des **Isebek** seit 1870 und die ihm folgende Bebauung der Isestraße begrenzt. Dort wirkte sich der 1906 festgestellte Bebauungsplan für Harvestehude aus, insofern die Gebäude jetzt straßenweise streng vereinheitlicht wurden – leicht nachzuvollziehen an den regelmäßigen Stadthaus- bzw. Etagenhauszeilen zwischen Innocentiapark und Isebekkanal. – Wie eine Stadtmauer umschließen zumal die Etagenhäuser der **Isestraße** (Farbabb. 18) den Stadtteil von Norden her. Sie sind alle in wenigen Jahren entstanden und zeigen durchweg den für Hamburg um 1905 typischen, vom barockisierenden Späthistorismus herkommenden Jugendstil. Die reichsten und schönsten Fassaden liegen an der Nordseite des östlichen Abschnittes der Straße (z. B. 115–117 – Wilhelm Schröder, 1907/08). Sie enthalten stadtteilgemäß herrschaftliche Wohnungen. Die Treppenhäuser, vor allem die Eingangsflure, sind mit Keramik und Stuck sehr repräsentativ ausgestattet (Abb. 62, 63). – Was die Häuser nicht daran hindert, dem Isebekkanal ganz gewöhnliche Rückseiten zuzuwenden, an denen man das System der Hamburger ›Schlitzbauten‹ studieren kann. – Mitten in die Isestraße wurde zwischen Eppendorfer Baum und Grindelberg der Viadukt der **Hochbahn** (1909–12) gelegt.

Beidseits der Straße **Eppendorfer Baum** – der Hauptstraße nach Eppendorf – waren schon in den 1890er Jahren Etagenhäuser entstanden, deren Läden bis heute die Versorgung des nördlichen Klosterlandes übernahmen. – Das Gelände der **Eppendorfer Brücke** über den Isebekkanal ist 1927 durch Richard Haizmann gestaltet worden (›Fische‹).

Die katholische **Elisabethkirche** entstand 1926 auf dem Wohnhausgrundstück Oberstr. 67 (entworfen von den Kölner Architekten Heinrich Renard und J. van Geisten). Ihre traditionalistische Gestaltung mit wenigen expressionistischen Details paßt sich ganz dem umgebenden Milieu an.

Das Zentrum des Klosterlandes bildet der **Innocentiapark:** Er nimmt einen leicht vergrößerten Block im Straßenraster ein; wie ein englischer

Square ist er von einseitig bebauten Straßen umfaßt. Die leicht bewegte Harvestehuder Geländebeschaffenheit wurde Grundlage eines typisch landschaftlichen Parks, entworfen unter Franz Andreas Meyer 1884 (später verändert).

Die kostbare Travertinfassade von **Parkallee 38** wurde einem älteren Stadthaus 1928 vorgeblendet (A. Gathmann) und verbindet die einfache Formensprache des Neuen Bauens mit dem vornehmen Charakter des Stadtteils.

1935 wurde für die Portugiesische Jüdische Gemeinde im Haus **Innocentiastraße 37** eine Synagoge eingerichtet; sie bestand bis 1942, als die Deportationen in die Vernichtungslager der Gemeinde das Ende setzten.

Grindelberg

Der Teil des Klosterlandes westlich vom Innocentiapark wurde im Zweiten Weltkrieg durch Luftangriffe zerstört. Dort erheben sich zwölf streng gereihte, nordsüdlich ausgerichtete Hochhausscheiben mit acht bis vierzehn Geschossen, mit hellem Klinker ausgemauerte Stahlskeletthäuser. Sie wurden 1946 konzipiert und bis 1956 ausgeführt als Gemeinschaftsleistung einer Gruppe von Architekten, von denen jeder für die Wiederkehr der klassischen Moderne der zwanziger Jahre in der Hamburger Nachkriegszeit stand, und die die **Grindel-Hochhäuser** als Manifest dafür verstanden: Bernhard Hermkes, Bernhard Hopp, Rudolf Jäger, Rudolf Lodders, Albrecht Sander, Ferdinand Streb, Fritz Trautwein und Hermann Zess. Utopien wie die von Ludwig Hilberseimers Hochhausstadt (1924) wurden Realität.

Wie von selbst ordnet sich die Gebäudegruppe in den gründerzeitlichen Straßenplan ein; das fließende Grün der Freiflächen geht zwanglos über in die Alleen des Klosterlandes – das großbürgerliche Ambiente des Kaiserreichs, der alten Hansestadt, wurde so zur Fassung für das Symbol des modernen Massenwohnungsbaus, für die ersten Wohn-Hochhäuser im Nachkriegsdeutschland.

Daß diese Hochhäuser in Harvestehude stehen, haben sie dessen traditionellem Prestige zu verdanken: Diesen besonders schönen und doch zen-

Modell des Grindelbergprojekts, 1947

tral gelegenen Stadtteil beanspruchte nach Kriegsende die Britische Militärregierung für ihre Dienststellen und als Wohnviertel. Sie deklarierte 1946 Harvestehude samt den angrenzenden Teilen von Rotherbaum und Winterhude zur britischen Enklave, deren deutsche Bewohner evakuiert werden sollten; in diesem Gebiet wurden bald auch die Kriegsschäden behoben. Für Büros und für die Unterbringung der Mitarbeiter sollte im Rahmen dieses ›Hamburg-Project‹ zusätzlich ein Bauprogramm größten Ausmaßes sorgen – eben jene Hochhausgruppe am Grindelberg. Freilich wurde das Projekt noch 1946 aufgegeben. Die schon begonnenen Hochhäuser wurden seit 1949 dennoch fertiggestellt, jetzt im Rahmen des sozialen Wohnungsbaus. Ihre Wohnungen gehören seitdem zu den beliebtesten in Hamburg. Die Mitte nimmt – als ›Rathaus‹ des Hamburger Nordwestens – das **Bezirksamt Eimsbüttel** ein.

Die Grünflächen zwischen den Häusern sind frei vom Verkehr (dem eine Tiefgarage mit Tankstelle dient), 1956–58 aufgestellte Bildwerke sollten zu einem neuen Lebensgefühl beitragen (›Große Liegende‹ – Barbara Haeger, ›Schwäne‹ – Karl-August Ohrt, ›Schreitende‹ – Hans Martin Ruwoldt, ›Großer Speerträger‹ – Fritz Fleer, ›Eselreiter‹ – Ursula Querner).

Schlankreye

Das sumpfige Gebiet der ›Schlankreye‹ zwischen Harvestehude und Eimsbüttel wurde nach dem Ersten Weltkrieg zu einem einheitlichen Wohngebiet der zwanziger Jahre mit charakteristischen Klinkerwohnblocks und vielen Schulen (s. Eimsbüttel). Mit den Wohnblocks beidseits der Hochbahnlinie hat auch Harvestehude Anteil am Siedlungsgürtel der zwanziger Jahre. – Nördlich zum Isebekkanal hin liegen die Häuser der Baugenossenschaft ›Hoheluft‹, **Hohe Weide 39–53** und **58–88, Bogenstr. 56–62** und **Kaiser-Friedrich-Ufer 15–28** (Klophaus & Schoch, 1924–28) – ganz traditionalistisch gestaltete Klinkerbauten.

Zwischen Schlankreye und Hochbahn zieht sich die Zeile des **Klinkers** hin (Ernst und Rudolf Eckmann mit Chr. H. L. Strelow, 1924–28). Sein Name sollte dem wichtigsten Baumaterial der zwanziger Jahre huldigen. Die Möglichkeiten dieses Bausteins für dekorative Schmuckeffekte nutzt die Gliederung der Hauptschauseite vielfältig aus. Bauherr war der ›Gewerbeverein vor dem Dammtor‹, eine kleinbürgerliche Genossenschaft von Gewerbetreibenden, die mit diesem Gebäude auch eine Manifestation für die Lebenskraft des Handwerks meinte (dem Werkstätten im Hof dienten) – vielleicht in Konkurrenz zum benachbarten Block der gewerkschaftlichen ›Malereigenossenschaft‹ in Eimsbüttel. – Im ehemaligen Gemeinschaftssaal wurde 1952 das *Holi-Kino* eingebaut (in dessen Eingang übrigens die von Richard Kuöhl gestaltete Keramik-Bautafel mit Handwerkssymbolen). Es ist trotz Veränderung des Foyers und des Zuschauerraums eines der wenigen erhaltenen Kinos der fünfziger Jahre in Hamburg. Der 1988 restaurierte Bühnenvorhang zeigt Hamburg-Motive (Wilfried Haase und Herbert Rose).

Die **Jahnschule,** Bogenstr. 34–36, gehört zu den letzten Schulbauten Fritz Schumachers (1929–33). – Ihr benachbart liegt das **Helene-Lange-Gymnasium.** Am 22. 6. 1904 schloß die Bürgerschaft eine lange Debatte über die Notwendigkeit höherer Schulen für Mädchen mit dem Ersuchen an den Senat, »ihr baldigst eine Vorlage, betreffend die Errichtung staatlicher höherer Mädchenschulen zugehen zu lassen«, nachdem schon vor Jahren private Stiftungen mit der Emilie-Wüstenfeld-Schule (s. Eimsbüttel) und der Klosterschule St. Johannis (s. St. Georg) mit gutem Beispiel vorangegangen waren. – Das Ergebnis war der Bau zweier Lyzeen, so auch des heutigen Helene-Lange-Gymnasiums (1927 so genannt zu Ehren der Vorkämpferin der höheren Schulbildung für Mädchen), das 1908–10 erbaut wurde (und östlich der Alster das Lyzeum am Lerchenfeld; s. Uhlenhorst). Den freundlichen Putzbau mit Anklängen an den Bürgerhausbarock entwarf Albert Erbe.

Die ev.-luth. Pfarrkirche **St. Andreas** an der Bogenstraße (Hugo Groothoff 1906/07) ist ein

Backsteinzentralbau von großer Schlichtheit, noch einfacher als ursprünglich durch Krieg und Wiederaufbau.

Hoheluft-West

Hoheluft-West ist nach dem Zweiten Weltkrieg als Stadtteil aus Teilen von Eppendorf und Eimsbüttel gebildet worden. Die angrenzenden Stadterweiterungsgebiete ergänzend besitzt Hoheluft-West eine zwischen 1890 und 1910 entstandene dichte, kleinbürgerliche Stadthaus- und vor allem Etagenhausbebauung.

Für Hamburg war bis zum Ersten Weltkrieg weithin die dichte Mischung von Gewerbe und Wohnen typisch – jedenfalls in den Vierteln, die nicht einen betont privilegierten Charakter haben sollten wie Harvestehude und Rotherbaum oder wie Uhlenhorst (wo belästigende Betriebe ferngehalten wurden). So verbirgt sich auch einer der eindrucksvollsten Fabrikbauten, die ehemalige Tabakfabrik Johann Wilhelm von Eicken, im Inneren eines Wohnblocks **Hoheluftchaussee 95.** Sie wurde 1902/03 nach Entwürfen von Gustav Schrader erbaut, einem der erfolgreichsten Hamburger Industriearchitekten um 1900. 1984 ist sie zu einem Atelier- und Bürohaus umgebaut worden (›factory‹). Das sechsgeschossige Hauptgebäude war höchst zweckmäßig für den Produktionsprozeß, der von oben nach unten ablief (vom Abwiegen und Befeuchten des Tabaks im obersten Geschoß bis zur Verpackung der Endprodukte im Erdgeschoß). Die Backsteingliederung mit Putzflächen nutzt die übliche Zweckbauweise zu ambitionierter Wirkung aus.

Lokstedt

Vom ehemaligen Dorf Lokstedt (erstmals 1347 erwähnt) ist nichts mehr zu sehen; es lag im Bereich Grelckstraße/Grandweg/Siemersplatz. Überwiegend ist Lokstedt bestimmt durch jüngere und jüngste Einfamilienhausquartiere und Großsiedlungen. – Den alten Dorfkern beherrscht die schöne Eckhausgruppe von Klinkerhäusern der zwanziger Jahre am **Siemersplatz 3–5** (Block & Hochfeld, 1930). Auf der Verkehrsinsel am Siemersplatz liegt das obligate Schleswig-Holstein-Denkmal von 1898.

Sottorfallee 7 steht das ehemalige **Rathaus** der bis 1937 selbständigen Gemeinde (die durch das Groß-Hamburg-Gesetz zu Hamburg kam). Die Pfeilervorhalle und einige expressionistische Ornamente lassen erkennen, daß das Äußere des früheren Privathauses in den zwanziger Jahren seinem neuen Zweck angepaßt wurde.

Das **Denkmal für die Gefallenen des Ersten Weltkrieges** Am Grandweg/Bei der Lutherbuche von dem Architekten Reusse (1923), eine Klinkerstele auf sternförmigem Grundriß, soll an eine explodierende Granate erinnern.

Zur kommunalen Hauptaufgabe der schnell wachsenden Gemeinden rund um Hamburg gehörte um 1900 die Bereitstellung öffentlicher Versorgungseinrichtungen. So erhielt Lokstedt 1906–11 ein **Wasserwerk,** dessen Turm an der Buchenallee von den Berliner Ingenieuren Ludwig und Hermann Mannes (1910/11) allerdings in einer zu dieser Zeit schon sehr altmodischen Weise gotisierend gestaltet worden ist.

In Lokstedt liegen die Fernsehstudios des **Norddeutschen Rundfunks;** unter anderem wird hier die ›Tagesschau‹ der ARD gemacht (Friedrich und Ingeborg Spengelin mit Gerd Pempelfort 1964–67, vielfach erweitert).

Ganz am Rand der damaligen Gemeinde liegt der Wohnblock **Heimat,** Gazellenkamp 80–84 (Ernst und Eduard Theil 1929 für eine Angestellten-Baugenossenschaft). Vom expressionistischen Brunnen Richard Kuöhls Hof ist nur eine Mädchenfigur erhalten geblieben.

Auch Lokstedt gehörte zu den Landhausvororten Hamburgs. Das bezeugt noch das ehemalige **Landhaus Amsinck,** Beim Amsinckpark 18 (Martin Haller 1868–70 für Johannes Amsinck).

Das **Denkmal für Catharina Margaretha von Axen** (1773–99) am Heckenrosenweg hat ihr Vater, der Senator Jacob von Axen, im Park seines *Gutes Collau* als 8 m hohen Obelisken errichten lassen (Relief- und Inschrifttafeln verloren).

Niendorf

Im Ortskern Niendorf beidseits der Straße **Tibarg** gibt es noch Spuren, die zeigen, daß er einst ein bäuerliches Dorf war (das erst durch das Groß-Hamburg-Gesetz 1937/38 zu Hamburg kam). Gründerzeitliche Vorstadthäuser und Bauernvillen haben schon am Ende des 19. Jh. unter dem Einfluß des großstädtischen Ballungsraumes zu einer kleinstädtischen Entwicklung geführt. – Am Garstedter Weg/Fuhlsbüttler Weg gibt es natürlich auch ein *Schleswig-Holstein-Denkmal* von 1898. – Vor allem seit dem Zweiten Weltkrieg ist aus Niendorf ein besonders ausgedehnter Wohn-Stadtteil geworden.

1768/69 wurde Niendorf kirchlich von Eppendorf gelöst und erhielt eine **Pfarrkirche** am Niendorfer Marktplatz, erbaut 1769/70 durch Heinrich Schmidt als regelmäßig achteckiger Backsteinrohbau mit Mansarddach nach dem Vorbild, wenn nicht nach dem Entwurf von Cai Dose, dessen als Zentralbauten konzipierte Kirchen in Brande-Hörnerkirchen und Rellingen vorausgingen. Erst in dieser Zeit begann man in Norddeutschland, sich von den traditionell gebliebenen Kirchenbauformen der lutherischen Orthodoxie zu lösen und aus den praktischen Erfordernissen des protestantischen Gottesdienstes neue Raumformen abzuleiten (Leitbilder in Schleswig-Holstein waren wohl dänische Kirchenbauten). So ist der Mittelpunkt des theaterartigen Kirchenraums (Umschlagklappe vorn) der Kanzelaltar (darüber auch die Orgel), und in dessen Aufbau ist wiederum mit dem Monogramm ›C 7‹ der dänische König als oberster Kirchenherr gegenwärtig. Mit dem barocken Gestühl und der Empore ist die Ausstattung vollständig erhalten, über ihr schwebt der Taufengel von 1785 (gleichzeitig die Holzstatuen von Moses und Johannes Ev. beidseits des Altars).

Der **Gemeindefriedhof** bei der Niendorfer Kirche entstand zusammen mit ihr (erhalten ist ein barocker Grabstein bei der Kirche). Um 1840 wurde er erweitert und erhielt dabei sein regelmäßiges Wegenetz. Der Friedhof gehörte – ähnlich dem in Nienstedten – zu einem der beliebten Landhausvororte Hamburgs und hat einen demgemäß großen Bestand aufwendiger älterer Familiengrabmäler der bürgerlichen Oberschicht der Stadt, zumal am Hauptweg parallel zur Kollaustraße, darunter zwanzig Grüfte. – Zahlreiche der älteren Stelen sind inzwischen auf einem Museumsfeld zusammengestellt (Abt. IV Reihe 12). – Das späthistoristische *Mausoleum Heymann* (Abt. V, Reihe 38) wurde 1890 errichtet. – 1903 erhielt die Gemeinde einen neuen Friedhof nordöstlich der Kollaustraße.

Daß Niendorf und das **Niendorfer Gehege** zunächst als Landhausvorort in die Hamburger Stadtstruktur einbezogen worden sind, zeigt nur noch das ehemalige **Landhaus Bolten,** Niendorfer Gehege 32 (1875). Es ist einem niedersächsischen Bauernhaus nachempfunden und mit gotischem Maßwerk dekoriert. So bot es seinem Bauherrn ein teils ländliches, teils romantisch-mittelalterliches Freizeitambiente.

Niendorf zeigt im übrigen die Entwicklung des Wohnungsbaus seit der Nachkriegszeit in allen Stadien, vom Einzelhaus mit Steildach bis zur Trabantenstadt und deren Punkthäusern (Wohnsiedlung **Vielohweg,** seit 1967). – In der Grünanlage am Ernst-Mittelbach-Ring *Widerstandskämpfer-Denkmal.* Die Straßennamen des Quartiers nennen die ermorderten Widerstandskämpfer gegen den Nationalsozialismus, für die der ›Tisch mit zwölf Stühlen‹ gemeint ist (Thomas Schütte, 1986; Nordalbinger Weg/Ernst-Mittelbach-Ring/Kurt-Schill-Weg).

Schnelsen

Schnelsen war ein kleines holsteinisches Dorf, zu dem die Vogtei Burgwedel gehörte. 1937/38 kam es durch das Groß-Hamburg-Gesetz zu Hamburg.

Wenige Reste der ländlichen Vergangenheit – Bauernhäuser und Katen am **Königskinderweg 2,** an der **Holsteiner Chaussee** (402/428 – Burgwedel), die **Windmühle,** Peter-Timm-Straße – bilden noch reizvolle Merkpunkte im Bild des Stadtteils, der im übrigen einen Kern vorstädtischer

Wohnhäuser des späten 19. und des frühen 20. Jh. besitzt (darunter die **Kriegerdank-Siedlung** aus den zwanziger Jahren an der Oldesloer Straße), aber insgesamt durch neuzeitliche Wohnbauten bestimmt ist.

An die Territorial- und Verkehrsgeschichte erinnert der **Meilenstein** vor dem Haus Oldesloer Str. 141 (Königsmonogramm Christians VII. und Jahreszahl 1840, Entfernungsangabe ›1/2 M‹).

Eidelstedt

Eidelstedt wurde 1927 in Altona eingemeindet und kam mit ihm 1937/38 zu Groß-Hamburg. Vom Dorfkern ist wenig erhalten, so die stark erneuerte, reetgedeckte Fachwerkkate **Dörpsweg 2.** In ihrer Nähe erhielt Eidelstedt um 1890 eine eigene **Kirche** – einen einfachen neugotischen Backsteinbau mit spitzem Turm.

Den Hauptbestand älterer Architektur, der den Kern Eidelstedts prägt, bilden gründerzeitliche Vorstadthäuser und einige Villen. Großflächig bestimmt jüngerer Wohnungsbau den Stadtteil. Darunter erreicht die Siedlung **Redingskamp/ Heimstättenstraße** (1929–31) eine besonders hohe Qualität (hellbunter Klinker, sorgfältig detaillierte Hauseingänge); an ihrer Planung war vermutlich Gustav Oelsners Altonaer Hochbauamt beteiligt.

Die **Brücke über die Mühlenau** ist kaum den Namen wert – und dennoch ist diese kleine Dole mit ihrem Granitmauerwerk und dem dänischen Königsmonogramm im Schlußstein auf der einen und der Jahreszahl 1805 auf der anderen Seite ein Denkmal der Verkehrsgeschichte, der Chaussee-Verbindung Altonas mit Kiel in der Zeit vor der Eisenbahn (Kieler Straße).

Zur Chaussee nach Kiel gehört auch der **Meilenstein** bei dem Haus Holsteiner Chaussee 45/47 (Königsmonogramm Frederiks VI. und Jahreszahl 1832, Entfernungsangabe Kiel ›11 1/2 M‹ – daneben eine Gedenktafel für die Erneuerung der Chaussee nach Kiel 1830–32).

Über Eidelstedt wurde auch die 1844 eröffnete Eisenbahn von Kiel nach Altona geführt. Bis heute bilden Rangier- und Betriebsbahnhof einen Schwerpunkt des Stadtteils.

Die Terrassenwohnanlage **Holsteiner Chaussee/Reemstückenkamp** (Ingeborg und Friedrich Spengelin, 1965–69) integriert in einem hochdifferenzierten Komplex vielfältige Wohnungsformen.

Stellingen

Das holsteinisch-pinnebergische Dorf Stellingen wurde 1927 in Altona eingemeindet und 1937/38 mit Groß-Hamburg vereinigt. Ebenso das Dorf Langenfelde, das im Stadtteil aufgegangen ist. Die Aufsiedelung dieser Dörfer seit der Jahrhundertwende bestimmt das Bild des Stadtteils.

Das **Rathaus** Stellingen (jetzt Ortsamt) am Basselweg 73 wurde 1910 erbaut, dessen Architektur der Hamburger Heimatschutzbewegung nahesteht und barocke Bürgerhausmotive aufnimmt – Ausdruck für ›städtisches‹ Selbstbewußtsein, das sich die kleine, aber schnell wachsende Gemeinde vor den Toren Hamburgs und Altonas dadurch beilegen wollte. – Ein *Schleswig-Holstein-Denkmal* steht seit 1912 bei der Kirche an der Johann-Wendt-Straße.

Hagenbecks Tierpark ist die bedeutendste Sehenswürdigkeit Stellingens. Hier hat Carl Hagenbeck 1902–07 (Grunderwerb seit 1897) erstmals das Konzept eines naturähnlichen Tierparks verwirklicht, wie es seitdem weltweit vorbildlich geworden ist. Obwohl immer wieder behutsam modernisiert, hat er im wesentlichen seine ursprüngliche Gestalt bewahrt. Carl Hagenbeck ließ sich dabei von der Idee leiten, den Tieren jeweils die ihnen von ihrer Heimat her gemäße Umwelt zu bieten – jedenfalls für die Wahrnehmung des Betrachters: die Höhle des Löwen und der Affenfelsen, der Flamingoteich und das Eismeerpanorama bieten sich ungehindert durch Gitter dar (die geschickt unsichtbare Trennung von Publikum und Tieren geschieht durch Gräben). Die Szenerie entwarf der Schweizer Maler und Tierbildhauer Urs Eggenschwyler. Die Eingangspylone mit ihren naturalistischen Plastiken

Hagenbecks Tierpark. Postkarte, um 1930

samt Jugendstilformen stimmen auf das Erlebnis ein. – Gegründet wurde ›Hagenbeck‹ 1848 als Tierhandlung in St. Pauli von Gottfried Claus Carl Hagenbeck (1810–87). Im Tierpark erinnern Denkmäler an den Gründer (Büste von Rudolf Francke 1907), an den Bauherrn der Anlage Carl Hagenbeck (1844–1913, Standfigur mit Löwen wie ein neuer Daniel in der Löwengrube – Rudolf Marcus, 1926) sowie an Heinrich Hagenbeck (1875–1945 – Reliefplakette von A. W. Goebel).

Der Stellinger **Wasserturm** an der Högenstraße wurde von dem Kölner Architekten Max Stirn 1910 entworfen, der damals sehr stolz auf sein Werk war: Die profane, zylinderförmige Zweckform erhielt von ihm auf einer Seite eine Bürgerhausfassade vorgeblendet. Leider ist dieser schöne Zweckbau durch den Einbau von Wohnungen mit den dafür nötigen Fenstern und dem brutal angefügten Treppenhaus entstellt worden. Ein Bronzerelief feiert die Segnungen der Wasserversorgung.

In den zwanziger Jahren hat – wie alle Kommunen – auch Stellingen seinen Beitrag zur Behebung der Wohnungsnot geleistet. Es errichtete Gemeindebauten am **Dörpkamp 2–6** (Gemeindeverwaltung 1927/28 – Flachdach und routinierte Klinkerbauweise zeigen, wie die in Hamburg entwickelten Lösungen des Wohnungsbaus schnell populär wurden). **Dörpkamp 1–5** entwarf Konstanty Gutschow 1929 – ein wohlgegliederter, moderner Flachdach-Putzbau (Dach verändert).

Eine Besonderheit ist die **russisch-orthodoxe Kathedrale** mit ihren Zwiebeltürmchen an der Hagenbeckstr. 70 (1961–65).

Ganz an der Peripherie des Stadtteils, am Försterweg, damals im Dorf Langenfelde auf preußischem Boden, aber an der Hamburger Stadtgrenze, wurde 1883 ein **jüdischer Friedhof** angelegt.

Bezirk Hamburg-Nord

Hoheluft-Ost

Hoheluft-Ost ist als Stadtteil von Eppendorf abgetrennt worden. Von seiner Vergangenheit als Landhausgegend – im Park der Markuskirche stand das Haus Abendroth mit ionischem Tempelgiebel von Axel Bundsen – gibt es keine Spur mehr.

Mit den **Falkenried-Terrassen** ist der größte zusammenhängende Bereich dieser für Hamburgs Gründerzeit charakteristischen Wohnhausform erhalten geblieben. Sie sind 1890–1903 entstanden für die Arbeiter des 1890–92 angelegten Betriebsbahnhofs und der Fahrzeugwerke Falkenried der Straßeneisenbahngesellschaft. Zwischen Etagenhäusern an Falkenried und Löwenstraße wurden langgestreckte Doppelzeilen dreigeschossiger Kleinwohnungshäuser errichtet. Die Fassaden sind schematisch mit konventionellen Neorenaissanceformen dekoriert (Wandmalereien am Bunker ›Hilfe in der Not‹, Sönke Nissen und Eckart Keller, 1982).

Wohl weniger auf den Bedarf der hier Wohnenden als vielmehr für Eppendorfer und Harvestehuder Bürger wurde 1926–28 die Mädchenoberschule, das **Lyzeum Curschmannstraße,** Curschmannstraße 39 errichtet (jetzt vom Universitäts-Krankenhaus Eppendorf genutzt). Wie die Handelsschule Schlankreye (s. Eimsbüttel) ist es eines der ganz wenigen öffentlichen Gebäude der Epoche Fritz Schumachers, für das er nicht selbst die Entwürfe geliefert hat. Durch einen 1919 ausgeschriebenen Wettbewerb sollte in der Nachkriegskrise des Bauwesens Architekten eine Beschäftigungschance gegeben werden. Sieger wurde Fritz Höger mit einem Entwurf im Sinne der Vorkriegsschulreform: einhüftiger Klassentrakt, turmartiges Gelenk mit Sonderräumen, Aula und Turnhalle als eigener Flügel (vgl. dazu auch die von Albert Erbe 1913 erbaute, benachbarte Volksschule Breitenfelder Straße). Kostbar ist wie immer bei Höger die Verwandlung dieses zweckmäßigen Gebildes in einen Schmuckkasten: Dunkler Klinker und teilweise vergoldete Keramik, Buckelglas in kleinteiligen Sprossenfenstern verhüllen den Stahlbetonbau.

Die ev.-luth. Pfarrkirche **St. Markus,** Eppendorfer Weg/Neumünstersche Straße war eine der ersten Kirchen, die nach dem Zweiten Weltkrieg wieder aufgebaut wurden: Gerhard Langmaack paßte die von Otto Bartning als Notkirche für die zerstörten deutschen Städte entworfene und durch das ›Hilfswerk der Evangelischen Kirche in Deutschland‹ finanzierte Holzbinderkonstruktion den Umfassungsmauern des neugotischen Vorgängers an (s. auch Eppendorf, St. Martinus).

An Löwenstr. 77 und Martinistr. 83 liegt das **Martin und Clara-Heimann-Stift** mit zwei Häusern (Krumbhaar & Heubel, 1902/03 bzw. 1912/13). Die breit gelagerten Backsteinbauten zeigen mit Heimatstilformen nicht mehr architektonische Askese, sondern bürgerliche Wohlhabenheit. – Benachbart ist an der **Martinistr. 85** ein Jugendheim. Wie viele andere ähnliche Häuser in den Hamburger Stadtteilen, die nicht genannt werden, ist der geduckte Putzbau mit seinen Satteldächern 1936 für die ›Hitler-Jugend‹ erbaut worden (Dyrssen & Averhoff).

Eppendorf

Eppendorf erscheint 1140 erstmals in einer Urkunde. Im 14. Jh. gelangte es in den Besitz des Harvestehuder Zisterzienserinnenklosters – und damit in den Herrschaftsbereich Hamburgs. Nach der Reformation gehörte es dem St. Johanniskloster. 1832 in die Verwaltung der Hamburger Landherrenschaften überführt, wurde es 1871 Vorort und 1894 Stadtteil. Den größten Entwicklungsschub erlebte Eppendorf zwischen 1890 und dem Ersten Weltkrieg. Damals vervierfachte sich die Bevölkerung (1920: 84000 Einwohner). Das vielfältige, teils vornehme Stadtbild verbindet großstädtische Dichte mit der Lage an der Alster. In Eppendorf zu leben, ist immer noch ›in‹, auch

Die Eppendorfer Kirche mit dem Steg über die Alster nach Winterhude. Stahlstich, um 1830

wenn es ›Onkel Pö's Carnegie Hall‹ als legendäres Szene-Lokal nicht mehr gibt.

Bis heute ist das historische Zentrum Eppendorfs – wenngleich ganz am Rande des Stadtteils, beim Alsterübergang nach Winterhude (Kellinghusenstraße/Heilwigstraße) – in Gestalt der ev.-luth. Pfarrkirche **St. Johannis** (Abb. 64), erhalten. Sie ist wohl im 12. Jh. gegründet worden (seit 1267 in Urkunden nachweisbar), und ihr Kirchspiel umfaßte viele Dörfer in Hamburgs nördlicher Umgebung. Das Patronatsrecht der Kirche (d. h. das Recht, den Pfarrer zu bestellen) war jahrhundertelang zwischen Harvestehude und den Holsteiner bzw. Pinneberger Territorialherren umstritten. Seit 1690 wurde es abwechselnd von Hamburg und dem dänischen König wahrgenommen, bis letzterer im Gottorfer Vergleich 1768 darauf verzichtete.

Der romanische Feldsteinrundturm vor dem Westgiebel aus dem 12. oder frühen 13. Jh. wurde 1751 mit Backstein ummantelt (Zahlen der Ankerschlaudern) und mit dem geschweiften Kupferhelm bekrönt. Das Langhaus wurde 1622 als Fachwerksaal neu errichtet. Der *Innenraum* ist bestimmt durch die Holztonne von der umfassenden Erneuerung der Kirche 1902/03 (Julius Faulwasser – s. auch die Kirchenerneuerungen in den Vier- und Marschlanden in dieser Zeit) und Restaurierungen 1961–84.

Das Holzkruzifix über dem Altar wurde 1961 erworben (Anfang 16. Jh., fränkisch?). – Die klassizistische Kanzel stammt von 1781, ebenso wie einige Gestühlswangen und -türen. – An den Emporen Brüstungsbilder (an der Chorempore Anf. 17. Jh. – kluge und törichte Jungfrauen, an der Nordempore von 1677, an der modernen Orgelempore um 1700). – Weiterhin gehören zur alten Ausstattung die Gemälde ›Gesetz und Gnade‹ (eine der weitverbreiteten Varianten dieses Lehrbildes lutherischer Orthodoxie), Samariterin am Brunnen, Kreuzigung und Abendmahl, Kreuzigung (1624 von einem Epitaph), ganzfigurige Bildnisse von Luther und Melanchthon in der Tradition der Cranach-Werkstatt (gestiftet 1625), die Evangelisten Markus und Johannes (gestiftet 1623) und Pastorenbildnisse des 17. bis 20. Jh. – Messingkronleuchter Mitte 17. Jh.

Die Umgebung der Kirche vergegenwärtigt mit Bauten und Parks alle Entwicklungsphasen des Dorfes: Ihr gegenüber stehen Jugendstiletagenhäuser, ein Fachwerkwohnhaus des 18. Jh. (›Brahms-Keller‹, **Ludolfstr. 43**), das ehem. **Gemeindehaus** der Kirche aus den zwanziger Jahren (Geißler & Wilkening 1927/28 mit Klinkerfront und Keramikverkleidung am Erker – Plastiken von Ludwig Kunstmann), unmittelbar neben der Kirche der verbohlte Fachwerkbau des behäbigländlichen **Pastorats** aus dem 18. Jh. Südlich schließen sich an der **Heilwig-** und **Kellinghusenstraße** große Klinkerwohnblocks an, die formal zum Siedlungsgürtel der zwanziger Jahre gehören, jedoch stadtteilgemäß herrschaftlich zugeschnittene Wohnungen enthalten (Zwinscher & Peters, 1925/26).

Der **Seelemannpark** zur Alster hin ist ein Überbleibsel der Zeit, in der vom 17. bis zum frühen 19. Jh. auch Eppendorf einer der hamburgischen Landhausvororte war. – In diesem Park erinnert das **Samuel-Heinicke-Denkmal** (Bronzebüste auf Granitsockel, 1894/95 von dem taubstummen Künstler Peter von Woedtke) an Samuel Heinicke (1727–90), der als Küster in Eppendorf die erste deutsche Taubstummenanstalt nach der Lautsprach-Methode eingerichtet hatte.

Das **Kloster St. Johannis** – das vornehme Damenstift, das aus dem Harvestehuder Zisterzienserinnenkloster und dann dem evangelischen St. Johanniskloster hervorgegangen ist, dem Eppendorf jahrhundertelang gehörte – ist 1914 hierher umgezogen. 1912–14 wurden die Neubauten von den Architekten Kahl & Endresen mit Reminiszenzen norddeutscher Klöster und englischer Landsitze zwischen den Hochbahnlinien (und deren besonders schönen Brücken von 1909–12) an das Alsterufer komponiert. Hier war das Stift keine soziale Einrichtung, sondern eine Sonderwelt der Hamburger Oberschicht, unter dem Patronat von Senatoren und Bürgermeistern bis heute ein Residuum eigener Art. Die Gesamtanlage mag man hanseatisch vornehm nennen; Materialien und Ausstattung sind vielfach alt-hamburgischen Bürgerhäusern nachempfunden (z. B. die Diele und der Saal im Erdgeschoß des Konventsbaus, Heilwigstr. 162).

Die **Hochbahnhaltestelle Kellinghusenstraße** entstand zusammen mit dem Ring von 1909–12 (Architektur Raabe & Wöhlecke). Die mythischgewaltig wirkenden Figuren am Eingang weisen mit ihren Emblemen auf die elektrische Schnellbahn hin, deren Bahndamm sie stützen. – Als von

Hochbahnbrücken über die Alster in Eppendorf. Einweihungsfestschrift der Hamburger Hochbahn, 1912

hier aus 1929–31 die direkte Verbindung zum Jungfernstieg hergestellt wurde, kam die *Bahnsteigbrücke* hinzu, vielleicht von Karl Schneider entworfen und jedenfalls eine der schönsten Architekturen des Neuen Bauens in Hamburg: Geometrisch klar entwickelt aus dem Modul der quadratischen Scheiben ihrer Verglasung, mit gestuften Flachdächern überbrückt sie die Gleise.

Besonders vornehm ist auch die Eppendorfer Badeanstalt, das **Holthusenbad** (Fritz Schumacher, 1912–14); vielleicht, weil im Obergeschoß das Eppendorfer Standesamt eingerichtet war, worauf sich der Bauschmuck an den Eingängen bezieht. Es ist eines der vielen Beispiele dafür, daß Fritz Schumacher an jedem seiner Bauten neue Effekte der Backsteinbauweise erprobte, hier den schichtweisen Wechsel von Handstrichsteinen und Eisenklinkern mit nach Farbe, Struktur und Oberflächenwirkung je nach Lichtverhältnissen wechselnden Effekten.

Die ›Eppendorfer Looge‹ war eine sumpfige Dorfweide. Seit ihrer Erschließung 1898 wurde aus ihr ein Villenviertel zwischen Isebekkanal, Alster und Hochbahn. Die Bebauung hat schon um 1900 eingesetzt, und deshalb gibt es schöne Jugendstil- und Heimatstilhäuser, zumal am Isequai. Besonders qualitätvoll wurde hier auch nach dem Ersten Weltkrieg gebaut, etwa mit den Häusern **Heilwigstr. 140** (Jacob & Ameis, 1921) und dem Eckhaus **Goernestraße 30** (Eickmann & Schröder, 1926/27 mit expressionistischer Klinkerplastik). Einen Sonderfall mitten im Backsteinviertel bildet das Holzhaus **Arnold-Heise-Str. 27**, das zwar schmuckreich individuell aussieht, aber die zu Beginn der zwanziger Jahre häufigen Versuche mit Montage- und Fertigbauweisen vertritt (hier 1922/23 mit der patentierten Montagebauweise von Gottfried Hagen).

Im Haus **Heilwigstraße 114** wohnte bis zu seinem Tode 1929 Aby Warburg, der als Privatgelehrter der Kunstgeschichte und den Kulturwisschenschaften neue Wege gewiesen hat. Für seine Bibliothek wurde 1925/26 das Haus Nr. **116** errichtet (eines der ersten Werke von Gerhard Langmaack, den Fritz Schumacher als Architekten empfohlen hatte). Als ›Kulturwissenschaftliche Bibliothek Warburg‹ bildete es ein Zentrum der Forschung, des geistigen Lebens in Hamburg. Das Dritte Reich machte dem ein Ende. Noch 1933 konnten die Bücher nach London gebracht werden, dort lebt die Bibliothek als ›Warburg Institute‹ fort. Der Mittelflur – mit dem sich der Weg aus Warburgs Wohnhaus kreuzt – führt durch den vorderen Verwaltungs- und Magazinbau zum querovalen Lese- und Vortragssaal. Hier fanden die berühmten ›Vorträge der Bibliothek Warburg‹ statt. Die Ellipse des Grundrisses war für Warburg ein Symbol für die Harmonie polarer Gegensätze.

Die Fassade gehört mit ihrer Klinkerverkleidung zur neuen hamburgischen Architekturphysiognomie der zwanziger Jahre (während Warburgs Wohnhaus selbst ein um die Jahrhundertwende entstandener Jugendstilputzbau ist), Reverenz an die Vaterstadt. Sie ist gegliedert durch vier Lisenen, deren subtil gebrochener Backsteinschmuckverband nicht völlig verhüllt, daß hier dieselbe Viersäulen-Tempelfront zu assoziieren ist, wie sie Fritz Schumacher zehn Jahre vorher noch explizit vor sein Haus (s. St. Georg, An der Alster 39) gestellt hatte: In der Architektur eine jener ›Pathosformeln‹, deren Erforschung Warburgs Anliegen war. Hier stehen sie nicht nur für Antike und Humanismus, sondern vielleicht auch ironisch für ›Bank‹. Nirgends war das Motiv um die Jahrhundertwende beliebter als an Bankgebäuden (nicht zuletzt am Bankhaus Warburg, s. Innenstadt, Ferdinandstr. 72). Und tatsächlich finanzierte das Bankhaus Warburg ja seit 1900 den Aufbau der Bibliothek. Die gußeisernen klassizistischen Geländerfüllungen der Vortreppe sind aus dem Haus von Aby Warburgs Großeltern an der Rothenbaumchaussee übernommen. Da sein Vaterhaus am Mittelweg 17 stand, gehörte er selbst zu den ›Mittelweg-Warburgs‹.

Zurück zur Umgebung der Eppendorfer Kirche. Die Gebäudegruppe **Ludolfstr. 19** ist ein Rudiment der Wandlung Eppendorfs in einen bürgerlichen Landhausvorort im 17. Jh. Der zweigeschossige Backsteinbauteil ist wohl noch vor 1700 gebaut worden. Seine korinthischen Kolossalpilaster mit Sandsteinkapitellen gehören zu den wenigen authentischen Überresten des profanen bürgerlichen Barock in der Hamburger Architektur und sind beeinflußt von niederländischen Vorbildern (Abb. 67).

In die gleiche Tradition gehört **Hayns Park.** Er wurde in den zwanziger Jahren zur öffentlichen Grünanlage (im Zusammenhang der Alsterkanalisierung, s. Winterhude) und ist benannt nach dem Senator und Bürgermeister Max Theodor Hayn (1809–88 – langjähriger Präses der Baudeputation), der hier seinen Landsitz hatte. Davon ist der *Gartenpavillon* erhalten, ein gründerzeitliches Rundtempelchen. – Der angrenzende Wohnblock **Eppendorfer Landstr. 148–170** entstand 1934 (Carl Petzold).

Am **Eppendorfer Marktplatz 11,** dem alten Dorfplatz, kündet noch ein spätbarockes Fachwerkhaus von dörflicher Vergangenheit und Verwaltungsgeschichte: Hier residierte der Eppendorfer Klostervogt als Vertreter des St. Johannisklosters. Übrigens hat auch Eppendorf seine **Friedenseiche** von 1871 (Eppendorfer Landstraße/ Martinistraße).

Beidseits der **Eppendorfer Landstraße** und des Eppendorfer Marktplatzes setzte seit der ersten Hälfte des 19. Jh. die vorstädtische Bebauung und dann die städtische Verdichtung ein. Das bunte Bild der Eppendorfer Landstraße erinnert daran noch, wenn auch die kleineren Stadthäuser – z. B. Eppendorfer Landstr. **33–39** – immer mehr verdrängt werden. Die großen Hamburger Etagenhäuser setzten sich seit etwa 1880 als neuer Maßstab durch. Daß sie häufig Vorgärten haben, gibt ihnen vorstädtische Lebensqualität. – Das **Postamt 20** an der Eppendorfer Landstr. 23–25 ist 1929/30 errichtet worden und versucht – wie das in der Nähe stehende Wohnhaus **Eppendorfer Landstr. 47–51** (Robert Friedmann, 1928) – deutlich zu machen, daß der Backstein nur noch ein Verkleidungsmaterial ist, indem die Steine aufrecht in einen Flächenverband gebracht werden (1970 wurden die Fensterbänder der Obergeschosse vermauert).

Sehr einheitlich sind die blockweise entstandenen Etagenhausquartiere, vor allem das Viertel zwischen Eppendorfer Landstraße und Hochbahn. Die Fassaden der um 1904–07 entstandenen Häuser an **Haynstraße** und **Beim Andreasbrunnen** sind Vertreter des typisch Hamburger Jugendstils – Putzbauten mit Gliederungen im Sinne des Neobarock, jedoch versetzt mit modischen Ornamenten.

Der Straßenname **Beim Andreasbrunnen** spielt auf die Vorgeschichte des Geländes an: Wie in vielen Landhausvororten spielte auch in Eppendorf der Ausflugstourismus eine große Rolle, der auch jenen Bürgern die Vorzugslage zugutekommen ließ, die sich kein eigenes Landhaus halten konnten. Der ›Andreasbrunnen‹ war ein Kurhaus mit Mineralwasserangeboten und großem Garten, das 1824 durch Georg Andreas Knauer eingerichtet (und 1906 abgerissen) wurde. An Knauer erinnert ein 1829 aufgestellter *Sandsteinobelisk* (Vorgarten Eppendorfer Landstr. 42).

Die letzten Landhausanwesen wurden in den zwanziger Jahren mit Geschoßwohnhäusern bebaut, die – äußerlich gesehen – in den Hamburger Siedlungsgürtel aus der Zeit der Weimarer Republik gehören und scheinbar zu deren Kleinwohnungsbauprogramm – so hat sie Fritz Schumacher in seinem ›Werden einer Wohnstadt‹ 1932 dargestellt. Erst wenn man Türen und Fenster zählt und die kostbar gestalteten Portale mit bunt glasiertem Klinker oder Marmor und Bronze in den Treppenhäusern wahrnimmt, merkt man, daß hier keine Arbeitersiedlung entstanden ist, sondern nach wie vor herrschaftliche Etagenhäuser mit Großwohnungen. Schumachers Stadtgestaltung hat bewirkt, daß im Gesamtzusammenhang der Siedlungsbauten die real fortbestehenden Klassenunterschiede unter der harmonisierenden Decke der Backsteinfassaden nicht mehr auffielen. Das Mietshaus **Haynstr. 2–4** (Hans und Oskar Gerson, 1923) hat für seine großbürgerlichen Wohnungen eines der schönsten Portale der zwanziger Jahre in Hamburg aufgebaut, expressionistisch dekorativ aus blau glasierten Klinkern – vielleicht unter dem Eindruck des damals in Berlin rekonstruierten babylonischen Ischtar-Tors des Nebukadnezar.

Nördlich davon liegt **Kellinghusens Park,** wiederum ein früherer Landhausgarten (Schröder). Ein kleiner Reetdachbau, ein Teich, der Baumbestand sind Rudimente davon in der heutigen Anlage (in der Mitte ein Terrakotta-Luchs, Kurt Bauer 1953). – Die Randbebauung zur **Eppendorfer Landstraße 58–65/Goernestr. 4–12,** dazu **Gustav-Leo-Str. 5–15** und **2–16** wurde 1926–28 nach Entwürfen von Hans und Oskar Gerson errichtet – weitere herrschaftliche Beiträge zum Siedlungsgürtel der zwanziger Jahre.

Klinker-Großwohnbauten entstanden auch an der **Breitenfelder Str. 68–70** (Pierstoff, 1929), Nr. **76–78** (Eickmann & Schröder, 1929). Nr. **80,** den anspruchsvollsten davon, haben wieder Hans und Oskar Gerson gebaut (1924/25); den bürgerlichen Status signalisieren expressionistische Keramikplastiken von Ludwig Kunstmann an den Ecken und aufwendig konstruierte Eingangsumrahmungen aus blau glasierten Steinen. – Der Wohnblock **Breitenfelder Str. 82ff.** wurde 1933–38 errichtet (A. Ruppert) – mit städtebaulich eindrucksvoller Torsituation, im einzelnen aber wieder an ältere Traditionen anschließend.

Auch der **Schrammsweg** erinnert an einen bürgerlichen Landsitz. Dort sind hinter den Etagenhäusern 13–37 einige charakteristische Terrassen und Hinterhofbebauungen der Zeit zwischen 1890 und 1910 erhalten.

Der nordwestliche Teil Eppendorfs ist bestimmt durch öffentliche und halb-öffentliche Bauaufgaben: Ein Denkmal der Neuordnung der Hamburger Verwaltung in sieben Bezirke nach dem Zweiten Weltkrieg ist der Komplex des **Bezirksamts Hamburg-Nord** an der Kümmellstraße, erbaut 1953–59 nach Entwürfen des Hochbauamts (Paul Seitz). Keine Nierentisch-Fünfzigerjahre, sondern die unprätentiöse Moderne der Hamburger Bauverwaltung um 1960 kennzeichnet das Bezirksamt; Betonskelett und helle, gelbe Verblendsteine sind ihre typischen Materialien.

Die dahinter liegende **Sonderschule Robert-Koch-Straße 15** war eine der meistbeachteten aus dem umfassenden Schulbauprogramm Hamburgs, das in den fünfziger und sechziger Jahren nach Ideen von Paul Seitz verwirklicht wurde (hier 1955/57 und 1959/61 von Gerhart Laage). Stahlbetonskelettkonstruktionen verbinden sich mit einer freien Ordnung der räumlichen Anlage »abgestimmt auf den natürlichen Rhythmus kindlichen Lebens.«

Das **Universitäts-Krankenhaus Eppendorf UKE** ist seit 1885 als ›Allgemeines Krankenhaus‹ entstanden (zugleich der vorgelagerte Eppendorfer Park). Mit dieser Großanlage sollte das Krankenhaus St. Georg entlastet werden, wie immer bei Krankenhäusern in einer noch grünen Vorzugslage außerhalb der damaligen Stadt. Sein ›Pavillonsystem‹ war die modernste Anlageform für große Krankenanstalten: Ein weitläufiger Park wurde durch ein regelmäßiges Straßensystem erschlossen, frei stehen dazwischen die einzelnen Abteilungen, Operationsbauten, Bettenstationen und Versorgungseinrichtungen. Den Zugang bildete das Verwaltungsgebäude an der Martinistraße.

In mancher Hinsicht war es wirklich eine Stadt für sich – aber nicht nur als funktionierende Ordnung vieler Gebäude, sondern zugleich als ein Modell dafür, wie damals eine Stadt eigentlich hätte gebaut werden können: durchgrünt, luftig, hygienisch und funktional geordnet. Im Krankenhaus konnte dieser Fortschritt den Bewohnern gegönnt werden, um sie zu heilen, aber erst nach dem Ersten Weltkrieg wurden entsprechende Maximen auf Wohnviertel übertragen.

Schwere Zerstörungen im Zweiten Weltkrieg und gewandelte Nutzungsansprüche führten seit 1954 zu zahlreichen Neubauten auf Grund einer Gesamtplanung, die das Gelände neu aufteilen und von den Altbauten nur den Eingang bewahren sollte (Hochbauamt – Paul Seitz, für die Einzelbauten teilweise Zusammenarbeit mit Privatarchitekten). Beide Pläne überlagern sich heute. – Nur noch wenige Details (z. B. der Pavillon hinter dem alten Haupteingang mit seinen verglasten Operationssaal-Vorbauten) belegen die hohe Qualität, die diese Anlage auch baukünstlerisch

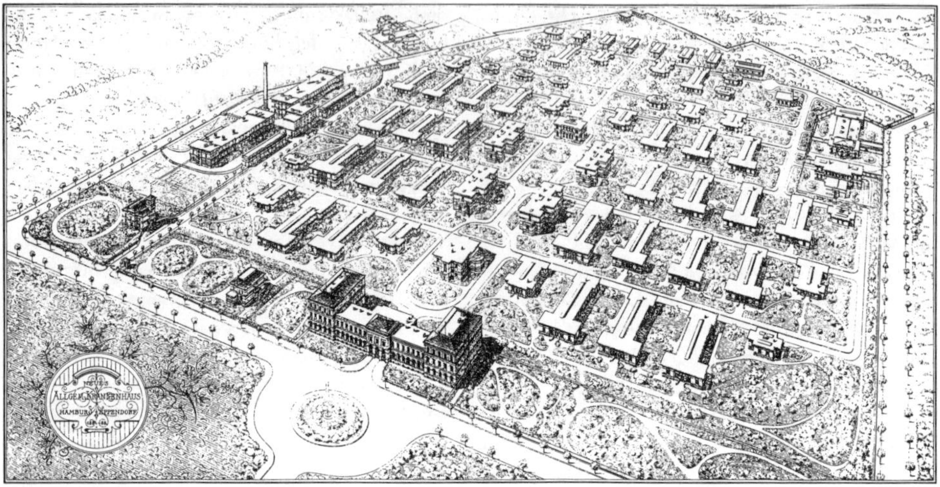

Vogelschau des Allgemeinen Krankenhauses Eppendorf, 1890

und handwerklich hatte. – Ältere Ergänzungsbauten sind das *Schwesternhaus* im Westteil und das *Pathologische Institut* im nördlichen Winkel des Geländes (Fritz Schumacher, 1912–15). Vereinzelt (z. B. hinter dem alten Haupteingang) zeugen *Bunker* vom Krankenhausbetrieb im Zweiten Weltkrieg. – Im übrigen ist das Krankenhausgelände reich an *Denkmälern* für verdienstvolle Ärzte und an Beispielen für ›Kunst am Bau‹ bei den Neubauten der Nachkriegszeit.

Östlich vom UKE hat sich das Diakonissen-Krankenhaus **Bethanien** angesiedelt (1888–92), mit einem schönen Erweiterungsbau der zwanziger Jahre (der jetzt das Erscheinungsbild bestimmt – Distel & Grubitz, 1927/28).

Gegenüber liegt Martinistr. 31 die ev.-luth. Kirche **St. Martinus.** Sie gehört zu den von Otto Bartning entworfenen neunundvierzig ›Notkirchen‹, die das ›Hilfswerk der Evangelischen Kirche in Deutschland‹ in den kriegszerstörten Städten 1946–51 (hier 1949, 1972/73 durch Jörn Rau ausgebaut) als standardisierte Montagebauten errichten ließ. Es gab in Hamburg zwei davon (s. Hoheluft-Ost, St. Markus).

Vom Krankenhaus nach Osten entwickelte sich von der Gründerzeit bis in die zwanziger Jahre eines der großen **Stiftsquartiere** Hamburgs, wie in St. Georg und Borgfelde damals außerhalb der Stadt, die sie aber bald einholte. Auch sie bilden mit freistehenden, teilweise schloßartig wirkenden Baukörpern auf parkartig gestalteten Grundstücken Gegenmodelle zum gängigen Wohnungsbau ihrer Zeit: Kleinwohnungen im Grünen, mit Licht und Luft, hygienisch und schön, wenngleich das Fassadenbild meist Bescheidenheit zum Ausdruck bringen soll.

Die **Johann Koop Gotteswohnungen** (1611 gegründet), Frickestr. 20, baute Julius Faulwasser 1894; in dem Backsteinbau liegen die Kleinwohnungen an einem Mittelflur. – Das **Altenheim Elim,** Frickestr. 22 (1894/95) ist ein Backsteinbau mit einfachen Neorenaissancegliederungen. – Bauten der **Vaterstädtischen Stiftung,** die seit 1905 eine Reihe jüdischer Freiwohnungsstiftungen zusammenfaßte, sind Frickestr. 24 (*Martin Brunn-Stift* – Backsteinrohbau, Alfred Löwengard 1896/97), Frickestr. 26/Schedestr. 4 *(Julius Ernst Oppenheim-Stift)* und Schedestr. 2 (*Gu-*

stav-Kaemmerer-Stift) – Backsteinrohbauten mit hellen Wandflächen und farbiger Gliederung sowie Kleinwohnungen an Mittelfluren (Stammann & Zinnow, 1906–1910).

Die **Senator Erich Soltow Stiftung,** Schedestr. 6 wurde schon Ende des 16. Jh. gegründet (Putzbau mit Backsteingliederungen, Ernst Vicenz 1906; der Bau zeigt dieselbe karge Mischung von Putz und Rohbau wie die von Vicenz um 1900–05 errichteten Reformwohnungsbauten des Bauvereins zu Hamburg; s. Innenstadt, Sanierungen). – Die **Bürgermeister Albert Hackmann Stiftung** (gegr. 1579), Schedestr. 11, sieht aus wie ein Etagenhaus (Krumbhaar & Heubel, 1907). – An der Schedestr. 13–17 baute die **Familie Beyling Wohltätige Stiftung** ein Klinkerhaus im Sinne der Großsiedlungen der zwanziger Jahre (Strohmeyer & Giese, 1927), als Stift gekennzeichnet durch den als Symmetrieachse genutzten einen Haupteingang (im Gegensatz zur rhythmischen Folge der Treppenhäuser bei den Wohnblocks). – Das **Julius und Betty-Rée-Stift,** Schedestr. 19–43, entwickelt die Kleinwohnungsanlage in der Art eines Etagenhausblocks mit Zweispänner-Wohnungen an rückwärtigen Treppenhäusern hinter traditionalistischen Backsteinfassaden (Ernst Friedheim, 1912–15).

Das **Kampe-Stift,** Schedestr. 22/Tarpenbekstr. 35 (gegr. 1582), war ein dreiflügliger Bau mit Hof zur Straße (Backsteinrohbau mit farbiger Gliederung – Hermann Behr und Alfred Eckmann 1906/07), der durch einen Klinkerbau der Hamburger Moderne geschlossen wurde (Strohmeyer & Giese, 1928). – An der Tarpenbekstr. 33 folgt das **Mathilden-Stift,** ein Putzbau mit sparsamer Backsteingliederung (Details neugotisch und Jugendstil), symmetrisch entwickeltem Vorhof und Stufengiebel (C. D. Müller, 1900–02). – Tarpenbekstr. 31/Ecke Martinistraße liegt die **Daniel Schutte Stiftung,** ein symmetrisch mit Vorhof auf die Ecklage abgestimmter Putzbau mit Backsteingliederungen, wohl dem Mathilden-Stift angepaßt (Haller & Geißler, 1906/07). – Zum Krankenhaus Bethanien hin schließt das Stiftsviertel an der Martinistr. 42 mit dem **St. Joseph-Stift** ab (Backsteinbau mit Neorenaissancegliederung um 1890).

Die Häuser der **Senator Martin Johann Jenisch wohltätige Stiftung** für hilfsbedürftige Familien (gegr. 1858), Tarpenbekstr. 93 (Krumbhaar & Heubel, 1893–95 bzw. 1910) stehen wie großbürgerliche Hotels in ihrem Park – freilich als Putzbauten mit Backsteingliederung bescheiden gestaltet. – Die Stifte **Anscharhöhe,** Tarpenbekstr. 107, gingen aus Stiftungen der Familie Jenisch für soziale Einrichtungen und Heime für Mädchen und Frauen hervor; dazu gehört auch die *Kirche zum guten Hirten* (Julius Faulwasser, 1888/89). Alles ist baulich stark verändert, zeigt aber noch die für alle Stifte charakteristische Struktur freistehender Einzelbauten in großen Gärten. – Hervorragend eingepaßt und dennoch eigenständig sind die *Neubauten* von Patschan, Werner, Winking, 1977–83. – Einen ungewöhnlichen Typus von Stiften zeigt weiter nördlich die **Heinrich und Caroline Köster-Testaments-Stiftung,** Kösterstr. 11, als Zeile in der Tradition der Hamburger Buden (1902–09 erbaut).

Nördlich des Lokstedter Wegs und an der Erikastraße löst sich im übrigen die Eppendorfer Wohnbebauung in Stadthauszeilen auf (seit ca. 1900 entstanden). – Eine schöne Einzelvilla wurde um 1870 am **Salomon-Heine-Weg 24** errichtet. Sie ist ungewöhnlich, weil als reiner Backsteinrohbau entwickelt.

Eine Gedenktafel und ein als Schauraum eingerichteter ehemaliger Laden erinnern im Etagenhaus **Tarpenbekstr. 66/Ernst-Thälmann-Platz** daran, daß seit 1929 zeitweise Ernst Thälmann in Eppendorf wohnte – einer der populärsten Führer der Kommunistischen Partei in der Weimarer Republik (1944 in Buchenwald ermordet).

Groß Borstel

Groß Borstel gehört zu den Dörfern, die als Besitz des Harvestehuder Zisterzienserinnen- und dann des St. Johannisklosters unter Hamburger Herrschaft gelangten. 1832 den Landherrenschaften unterstellt, wurde es 1913 Stadtteil.

Groß Borstel lag noch bis in die zwanziger Jahre hinein weit draußen und hat bis heute noch keine bauliche Verbindung mit Eppendorf als dem nächsten hamburgischen Stadtteil erfahren. Dennoch ist es natürlich inzwischen weithin aufgesiedelt. Dabei hat es sich Reste seines alten **Dorfkernes** bewahrt (Die Katen *Borsteler Chaussee 159* und *285*, *Moorweg 1*). Zahlreiche Einzelhäuser sind seit der Jahrhundertwende hier entstanden und geben dem Stadtteil den Charakter eines Gartenstadtquartiers.

Das **Stavenhagenhaus,** Frustbergstr. 4, bildet jetzt ein Zentrum der Stadtteilkultur. Obwohl bei der Restaurierung Anfang der sechziger Jahre praktisch neu gebaut und innen völlig verändert, gibt es noch einen Eindruck von jener Zeit wieder, als die Bauernhäuser rund um Hamburg in den Besitz von Stadtbürgern übergingen und von diesen in Landhäuser umgewandelt wurden (1703 als Bauernhaus mit T-förmig angefügtem Wohnteil errichtet – Wappen mit Inschrift über dem Portal). – Im Garten steht eine Büste des Heimatdichters *Fritz Stavenhagen* (Hermann Haar, 1913), der in Groß Borstel gelebt hatte und nach dem das Haus benannt ist.

Der Dichter *Gustav Falke* (1853–1916) konnte sich 1904 – mit den Mitteln einer Ehrengabe Hamburger Bürger – in Groß Borstel das Vorstadthaus **Brückwiesenstr. 27** bauen. An ihn erinnert ein **Denkmal** in der benachbarten Grünanlage.

Das erste staatliche **Altenheim** neben und nach den zahlreichen privaten Stiftungen baute die Freie und Hansestadt an der Borsteler Chaussee 301 (Fritz Schumacher, 1927–29); es ist – halb Kloster, halb Schloß, in konservativer Formensprache – als Bauwerk der Gemeinschaft charakterisiert, ganz anders als die gleichzeitigen Stifte (s. Winterhude).

Der **Licentiatenberg** ist ein bronzezeitlicher Grabhügel, wie sie rund um Hamburg auf der Geest zu finden sind (Weg beim Jäger). Darauf hat der Stadtteil sein **Kriegerdenkmal** errichtet, einen Klinkerkubus mit bekrönendem Eisenadler (Richard Kuöhl, 1922).

Alsterdorf

Alsterdorf gehörte zum Gebiet des Klosters Harvestehude und dann des St. Johannisklosters, also seit dem Mittelalter zu Hamburg. Seit 1832 von den Landherrenschaften verwaltet, wurde es 1913 Stadtteil.

Am **Alsterdorfer Damm 12–14** liegt malerisch hinter Windschutzbäumen noch eines der Hufnerhäuser des Dorfes (Wohngiebel 1834, Wirtschaftsteil 1872).

Gründerzeitliche Vorstadthäuser an der **Alsterdorfer Straße** sind weitere Spuren des alten Dorfes, das durch die Alsterkanalisierung (s. Winterhude) zu einem bevorzugten Wohngebiet werden sollte.

Noch vor der städtischen Aufsiedelung sind die **Alsterdorfer Anstalten** östlich der Sengelmannstraße und Alsterdorfer Straße entstanden. Hervorgegangen aus der evangelischen ›Inneren Mission‹, 1860 begründet durch den Moorfleeter Pastor Sengelmann (s. Moorfleet), bilden sie heute einen ausgedehnten Komplex mit kaum zu überschätzender Bedeutung für die Hamburger Sozialpflege. Baulich bildet ihre neugotische Backsteinkirche noch einen historischen Bezugspunkt (1889).

Nach dem Ersten Weltkrieg entstanden bürgerliche Einzelhäuser und Villen entlang der seit 1909 kanalisierten **Alster** und an den sie begleitenden Straßen, etwa an der **Brabandstr. 1–2** ein expressionistisch gotisierendes Doppelwohnhaus (das Hermann Höger 1926/27 für sich selbst erbaute) – und als Gegenstück des Neuen Bauens die Villa **Brabandstr. 13** (Block & Hochfeld, 1928/29). – Besonders reizvoll ist das Villenensemble auf der **Alsterinsel** (Inselstraße). – Landhausartig gibt sich die **Feuerwache Alsterdorf** an der Alsterkrugchaussee 288 (Fritz Schumacher, 1912/13).

Aus Reihenhäusern zusammengesetzt ist der Block **Orchideenstieg,** aber er wirkt wie einer der großen Geschoßwohnungsblocks des Siedlungsgürtels der zwanziger Jahre (Jürgen Brandt, 1925/26) – von denen es dann eine ganze Serie entlang der **Alsterdorfer Straße** gibt, z. B. Nr. **182–192** (Felix Ascher u. a., 1930/31), Nr. **175–205** (Steineke & Voth, 1927–29), Nr. **466–482** (Richard Wagner, 1928/29). Augenfällig – etwa gegenüber Eppendorf, Jarrestadt, Dulsberg – ist die verringerte Geschoßzahl in diesem Vorort. Klinker und die formale Spannweite von traditionalistischen und expressionistischen bis zu modern-sachlichen Formen sind auch hier typisch. – **Carl-Cohn-Str. 60–64**/Alsterdorferstr. 253 ist 1928/29 durch C. Plötz auf eigene Rechnung errichtet worden. Die aufwendige Musterung des Klinkermauerwerks unterstreicht die städtebauliche Bedeutung im Verlauf der Alsterdorfer Straße.

Die Altenwohnanlage des **Schumacher-Stifts** (für Angehörige der Schlachter-Innung) setzt sich aus mehreren landhausartig wirkenden Klinkerhäusern zusammen (Heilholtkamp 4–16, Otto Wilkening, 1926/27).

Die **Gartenstadt Alsterdorf** zwischen Hindenburg- und Sengelmannstraße, Heilholtkamp und Hochbahnlinie wurde 1936–38 als bürgerliche Einzelhaus-Siedlung errichtet: Auf verhältnismäßig kleinen Gärten stehen Häuser in gepflegt bodenständigen Bauformen (Henry Schlote u. a.).

Die Nähe des Stadtteils zum Ohlsdorfer Friedhof zeigt sich mit dem ehemaligen **Krematorium,** Alsterdorfer Straße 523: Es durfte einerseits noch nicht auf dem Friedhof selbst eingerichtet werden, andererseits sollte es doch in seiner Nähe liegen. Denn es gehört in die Anfangszeit der Leichenverbrennung in Deutschland. Erbaut wurde es 1890/91 von dem privaten ›Hamburg-Altonaer Verein für Feuerbestattung‹ (gegründet 1883 – erste Feuerbestattung 1892) und ist das älteste Krematorium modernen Typs in Deutschland (nach der ersten Herstellung einer Verbrennungsanlage in Gotha 1878, die jedoch noch keinen Feierraum mit umfaßte). Sein Architekt Ernst Paul Dorn entwickelte das Bauwerk nach Zweckmäßigkeits- und Repräsentationsaspekten als Zentralbau; die Backsteinarchitektur ist von romanischen Bauten Oberitaliens inspiriert. – Der ehemals subtil gestaltete *Urnenfriedhof* wurde 1979 aufgehoben, nachdem das Krematorium bereits 1933 durch einen Neubau auf dem Ohlsdorfer Friedhof abgelöst worden war. – Lange vernachlässigt, ist das Gebäude 1987–89 instandgesetzt worden.

Das Krematorium in Alsterdorf. ›Meyers Konversations-Lexikon‹, 1897

Der nördliche Zipfel des Stadtteils zwischen Sengelmannstraße und Alsterkrugchaussee (und nördlich davon das angrenzende Fuhlsbütteler Gelände) wurde ab 1925 mit der Großwohnanlage **Am Weißen Berge** nach Entwürfen von Klophaus, Schoch, zu Putlitz bebaut: Unterschiedliche Mietwohnhaustypen im Übergang zum Neuen Bauen sind hier zu beobachten.

Ein vorbildliches Wohnviertel entstand 1982–85 auf dem Gelände des ehemaligen **Anzuchtgartens** zwischen Maienweg und Brabandstraße nach dem städtebaulichen Konzept von Anton C. Alberts (Amsterdam) und unter Beteiligung zahlreicher Hamburger Architekten für die Einzelausgestaltung. Mit städtischer Dichte, vielfach variierenden Stadthäusern, dem Vorrang des Fußgängers in den Verkehrsflächen ist die **Wolfgang-Borchert-Siedlung** das Gegenmodell zu den Trabantenstädten der sechziger Jahre.

Winterhude

Das Dorf

Winterhude erscheint 1250 erstmals in einer Urkunde. Seit 1347 ist das Dorf in der Hand Hamburger Bürger; seit 1365 gehört es dem Kloster Harvestehude, seit der Reformation dem St. Johanniskloster – also seit mehr als sechshundert Jahren zu Hamburgs Hoheitsgebiet. 1832 unter die Verwaltung der Landherrenschaften genommen, wurde es 1871 Vorort und 1894 Stadtteil. Sein vielfältiges Stadtbild umfaßt Bleicherhäuser und Stadtpark, großbürgerliche Villen und die Großsiedlung Jarrestadt; Winterhude wurde eines der vornehmsten Stadterweiterungsgebiete an der Alster und zugleich Industrievorstadt.

Vom Bauerndorf, eingepfarrt in das benachbarte Eppendorf jenseits der Alster, ist nur noch ein Rest im Stadtplan aufzuspüren: der dreieckige **Winterhuder Marktplatz,** um den die Bauernhäuser gruppiert waren. – Die heute den Platz beherrschenden Bauten entstanden erst in den zwanziger Jahren mit dem sich in der Erkergruppe des Mittelteils (man beachte die Silhouette!) expressionistisch steigernden Haus **Hudtwalckerstr. 24–30** (Johannes Hansen, 1928/29), **Ohlsdorfer Str. 2–6** von Fritz Höger (gebaut 1927/28 für die Gebrüder Dransfeld, die wichtigsten Architekturphotographen Hamburgs in den zwanziger Jahren) und **Winterhuder Marktplatz 10** (Esselmann & Gerntke, 1927/28).

In der Nähe sind auch die Zeugnisse für das erste Ausgreifen der Großstadt nach Winterhude erhalten geblieben: die **Bleicherhäuser** an Ohlsdorfer Straße und Ulmenstraße. Am Alsterübergang und damit den bürgerlichen Wohnvierteln von Uhlenhorst wie Harvestehude gleichermaßen nahe, mit reichlich Wasser und Wiesen versorgt, war Winterhude der gegebene Standort für Wäschereibetriebe, die städtische Haushalte versorgten, soweit die es sich leisten konnten. 1837 entstand die erste Wäscherei und Bleicherei an der damals angelegten Ulmenstraße. 1872 wurde erstmals ein Bleicher anstelle der bisherigen Bauernvögte Gemeindevorsteher in Winterhude.

Wie ein kleines Dorf für sich versammeln sich die Bleicherhäuser auf dem ehemaligen Hintergelände der Winterhuder Höfe, in einer Gruppe an der **Ohlsdorfer Straße 31, 37** und **39–41** sowie **32–34,** dazu an der **Ulmenstraße 17, 23, 24, 25–27, 33–35** und **48.** Sie sind in den 1850er und 1860er Jahren von einem ortsansässigen Maurermeister gebaut worden: eingeschossig, traufständig in der Art der landesüblichen Landarbeiterhäuser; teils für eine, teils für zwei Familien, oft mit einem Zwerchhaus; teils ganz einfach als Backsteinrohbauten, teils verputzt und mit klassischem Stuckdekor nach städtischem Muster, eines auch als Fachwerkhaus (Abb. 66). Die rückwärtigen Höfe und Gärten besetzten Nebengebäude und Bleichen.

Stadterweiterung

Winterhude wurde selbst zu einem der Stadterweiterungsviertel der Alsterumgebung, die sich seit 1860/61 (Aufhebung der Torsperre) entwikkelten – zumal seit 1859 der Alsterdampfer bis hierher fuhr und damit eine moderne, wenn auch nicht für jeden erschwingliche Verbindung mit

Winterhude 1 Winterhuder Marktplatz 2 Bleicherhäuser 3 Goldbekhaus 4 ›Kampnagel‹ ▷ 5 Alsterkanalisierung 6 Winterhuder Fährhaus 7 Winterhuder Stifte 8 Landhaus-Gaststätte 9 Brunnenhaus 10 Wasserturm (Planetarium) 11 Jahn-Kampfbahn 12 ›Badende‹ (W. Kolbe) 13 Forsthaus 14 Matthäus-Kirche 15 Bodelschwingh-Kirche 16 ›Johanneum‹ 17 Jarrestadt 18 City Nord 19 Bauschule (Fachhochschule Hamburg)

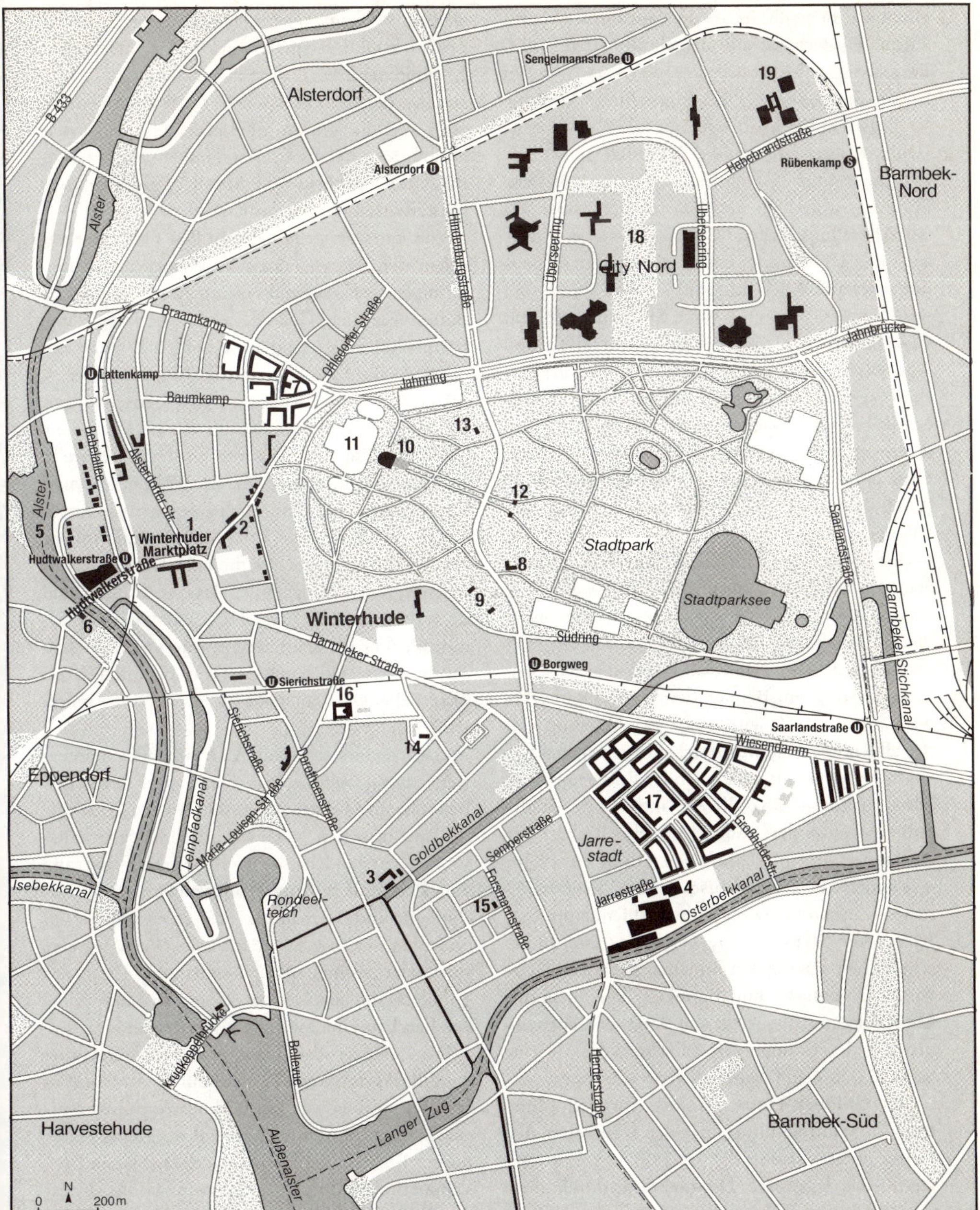

Sengelmannstraße
19
Alsterdorf
B 433
Alster
Hebebrandstraße
Rübenkamp
Barmbek-Nord
Alsterdorf
Hindenburgstraße
Überseering
18
City Nord
Überseering
Braamkamp
Ohlsdorfer Straße
Jahnbrücke
Lattenkamp
Jahnring
7
Baumkamp
13
11
10
Bebelallee
Alsterdorfer Str.
12
Alster
5
1
Winterhuder Marktplatz
2
Stadtpark
Saarlandstraße
Hudtwalkerstraße
Hudtwalkerstraße
8
Stadtparksee
9
6
Winterhude
Südring
Barmbeker Straße
Borgweg
Sierichstraße
16
Barmbeker Stichkanal
Saarlandstraße
14
Wiesendamm
Sierichstraße
Eppendorf
Dorotheenstraße
17
Maria-Louisen-Straße
Goldbekkanal
Semperstraße
Jarre-stadt
Großheidestr.
Leinpfadkanal
Isebekkanal
3
Forsmannstraße
Jarrestraße
4
Osterbekkanal
Rondeelteich
15
Krugkoppelbrücke
Bellevue
Herderstraße
Langer Zug
Harvestehude
Barmbek-Süd
Außenalster
N
0
200 m

Hamburg herstellte. Um die Jahrhundertwende wuchs Winterhude am schnellsten (1880: 3000 Einwohner, 1894: 11000, 1920: 33000 – zur Zeit hat der Stadtteil ca. 48000 Einwohner). Von dieser Entwicklung profitierte vor allem der größte Grundbesitzer am Ort, Adolf Sierich (sein Vater, ein Hamburger Goldschmied, hatte 1838 eine Hufe erworben). Er verfügte um 1865 über das zur Alster hin gelegene Gelände zwischen Dorfkern und Uhlenhorst, das er seitdem zur Bebauung erschloß. Nach ihm und seiner Familie sind viele Straßen benannt, so die **Sierichstraße** und **Clärchenstraße, Maria-Louisen-Straße** und **Andreasstraße,** an denen dicht bebaute bürgerliche Etagenhausviertel entstanden. Zahlreiche Jugendstilfassaden bestimmen das Stadtbild. – Auch in den zwanziger Jahren wurden hier noch freie Grundstücke bebaut, so etwa **Gryphiusstr. 8–10** (Grell & Pruter, 1923 – expressionistische Details).

Der andere Großspekulant, der Winterhudes Stadtentwicklung in der Gründerzeit lenkte, war Julius Gertig (1829–98), ein Lotterieeinnehmer, der mit seinem Schwager Franz Deisselberg 1857 das ausgedehnte Hinterland des Sierichschen Grundbesitzes im Bereich des **Mühlenkamp** erwarb. Schon 1859 wurde zur Erschließung von der Uhlenhorst her die Osterbekbrücke gebaut.

Nach Osten, mit zunehmender Entfernung zur Alster, nahm offenbar die Attraktivität des Stadtteils und auch der Bodenwert schnell ab: Dort entstanden – hauptsächlich gegen Ende des 19. Jh. – schematische Etagenhausquartiere kleinbürgerlichen Zuschnitts (zwischen Mühlenkamp und Barmbeker Straße) sowie Gewerbe- und Industrieflächen entlang den Kanälen, wie im benachbarten Uhlenhorst und Barmbek. Vor allem am **Osterbekkanal** (angelegt seit 1863–65) entstanden seit der Gründerzeit Fabriken, die Stearin, Seife, Maschinen, Chemikalien produzierten.

Das **Goldbek-Haus** am Moorfurtweg (Zentrum für Stadtteilkultur) ist in den Überresten der Fabrik untergebracht, die seit 1889 Lysol produzierte, das legendäre Desinfektionsmittel, dem eine erhebliche Bedeutung im weltweiten Imperialismus zukam: Ohne seine Wirkung gegen tropische Infektionsquellen wäre eine ertragreiche Erschließung der Kolonien nicht möglich gewesen (Lysol gab in Deutsch-Ostafrika zeitweise eigene Briefmarken aus). In Hamburg selbst war die Substanz bei der Cholera-Epidemie des Jahres 1892 das entscheidende Mittel gegen die noch stärkere Ausbreitung der Krankheit.

Von den Winterhuder Fabriken hat **Kampnagel** in den letzten Jahren internationalen Ruhm errungen – als Ausstellungsort und Theaterspielstätte. Auf dem Gelände zwischen Jarrestraße, Barmbeker Straße und Osterbekkanal hatte sich seit 1874 die Maschinenfabrik Nagel & Kaemp, später Kampnagel, zu einem Großbetrieb entfaltet. Hier wurden bis 1968 vor allem Hafenkräne hergestellt; seit zehn Jahren wird der Abbruch geplant. Die Entwürfe für ein Wohngebiet sind längst fertig, das der nördlich gelegenen Jarrestadt (s. unten) würdig sein will. Vorläufig und immer wieder gefährdet, dienen die Fabrikhallen kulturellen Veranstaltungen aller Art. – Übrigens sind sie verhältnismäßig jung: Die größten an der Jarrestraße wurden überhaupt erst im und nach dem Zweiten Weltkrieg gebaut. Die Haupthalle am Osterbekkanal entstand 1912/13 (verlängert 1922/23).

Ganz anders sieht das **Alsterufer** des Stadterweiterungsgebietes aus. Dort sind zwischen **Bellevue** und **Fernsicht** seit 1860 große Einzelvillen und in ihrem Rücken vornehme Stadthausstraßen entstanden, die zwischen **Sierichstraße** und **Leinpfad** bis zur **Hudtwalckerbrücke** reichen und deren Bebauung – soweit sie erhalten ist (viele Häuser wurden im Zweiten Weltkrieg zerstört oder wichen später Neubauten) – von der gründerzeitlichen Neorenaissance bis zum Klinker-Landhaus der zwanziger Jahre reicht.

Das qualitätvollste Haus in diesem Bereich ist die Villa **Agnesstraße 1;** hier konnte, was sonst in Hamburg selten war, ein Berliner Architekt bauen, für einen einflußreichen und wichtigen Hamburger Bürger, der damit seiner Stadt einen baukünstlerischen Impuls vermitteln wollte. Es ist das Haus Dr. Oscar Troplowitz, erbaut 1908/09 durch William Müller, einen Schüler Alfred Messels. Troplowitz (vgl. sein Grabmal auf dem Ohlsdorfer Friedhof von Fritz Schumacher) war der Begründer der Beiersdorf AG, zugleich aber ein wichtiges Mitglied der bürgerlichen Selbstverwaltung Hamburgs. Als Mitglied der Baudeputation spielte er eine bedeutsame Rolle, nicht zuletzt bei der Berufung Fritz Schumachers nach Hamburg. Allerdings ist es der Berliner Stil der Zeit, den er hier für Hamburg vorschlug: barocke und klassizistische Inspirationsquellen für die Gestaltung, grauer Muschelkalk und Rauhputz als Material.

Die Alsterkanalisierung

Oberhalb der Hudtwalckerbrücke (die erste trat 1841 an die Stelle eines »halsbrecherischen« Steges) war die Alster bis zum Ersten Weltkrieg ein ländlicher Bach mit moorigen Uferbereichen, die in das Eppendorfer Moor übergingen. Hier war die Endstation der Alsterschiffahrt. Seit 1865 stand dort ein Ausflugslokal, das **Winterhuder Fährhaus.** Dessen Gründerzeitbau ist 1980 abgerissen worden. 1986–88 entstand ein umfangreicher Neubaukomplex (Graaf & Schweger), der an die alte Tradition anknüpfen will, u. a. mit der ›Komödie im Winterhuder Fährhaus‹.

Pläne zur Kanalisierung des Alsterlaufes gab es schon um 1870, um einen Wasserweg zum damals geplanten Ohlsdorfer Friedhof zu gewinnen. Ab 1909 wurden sie ernsthaft verfolgt, jetzt vor allem auch, um die Uferbereiche durch Aufschüttungen bebaubar zu machen. Daraus entspann sich eine der großen städtebaulichen Auseinandersetzungen in der Zeit um 1910 in Hamburg: Das Ingenieurwesen der Baudeputation – zuständig für die technische wie die städtebauliche Seite des Projektes! – entwarf damals Straßen, öffentliches Grün, Blocks und Wasserläufe in der Tradition des romantischen Garten- und Städtebaustils, der sich unter dem Oberingenieur Franz Andreas Meyer im letzten Viertel des 19. Jh. in Hamburg durchgesetzt hatte. Gerade im Bereich von Garten- und Städtebau war einer der großen Fürsprecher der Reformbewegung der Jahrhundertwende Alfred Lichtwark, der Direktor der Hamburger Kunsthalle. Leidenschaftlich stritt er für regelmäßige, architektonische Lösungen bei der Alsterkanalisierung.

Zum Zuge kam 1914–26 die vermittelnde Lösung, die Fritz Schumacher entwickelte. Gerade zwischen Hudtwalckerbrücke und Meenkwiese erreicht sein Konzept einen spannungsvollen Dialog zwischen landschaftlichen und architektonisch gestalteten, zugänglichen und unzugänglichen Uferbereichen, architektonischen Aussichtspunkten und Umwegen: Der Eppendorfer Seite mit Kirche, Gemeindehaus und Hayns Park ist eine Stadthaus- und Villenbebauung auf der Winterhuder Seite gegenübergestellt, die sich an Winterhuder Kai und Bebelallee hinzieht, beginnend mit den Doppelhäusern **Winterhuder Kai 13–14, 15–16** und **17–18,** die das Stadthauskonzept weiterentwickeln und mit ihren dunklen Klinkergiebeln althamburgische Bürgerhäuser zitieren (Ernst und Wilhelm Langloh, 1925/26, Philipp Schäfer 1924/25 bzw. Franz Jacobssen 1924/25).

Das Haus **Winterhuder Kai 19** wurde 1928/29 erbaut (Planung seit 1924) nach Entwürfen des Berliner Architekten Hermann Muthesius (1861–1927). Es läßt in der winkelförmigen Anlage und der freien Gliederung noch immer die von Muthesius vor dem Ersten Weltkrieg propagierten Vorbilder englischer Landhäuser als Quellen erkennen. Für die Bauzeit schon betont konservativ, kann es als Beleg für die Distanz des Architekten gegenüber dem Neuen Bauen verstanden werden.

Entlang der Bebelallee steht eine Reihe schöner Einzel- und Doppelhäuser aus den zwanziger Jahren: **Bebelallee 6–6a** (Heinrich Mandix und Hans Franck, 1924/25 – ebenso Nr. **7–7a**), Nr. **10** und Nr. **11** (Walter Hinsch, 1923/24 bzw. 1922/23), Nr. **12** (Erich Elingius, 1922/23 – besonders großzügige herrschaftliche Villa in traditionalistischen Formen), Nr. **13–13a** (um 1925), Nr. **14** (Elingius & Schramm, 1923/24 – hinter einer attikaartigen Überhöhung der Umfassungswände verschwindet das Dach), Nr. **15** (Christoph Ranck, 1922/23), Nr. **18** (Fritz Höger, 1925/26 – Schmuckmauerwerk mit expressionistischen Formen, insbesondere in der spitzen Überdachung des Eingangs; auch die Buckelglasscheiben sind typisch für Höger), Nr. **20** (Elingius & Schramm, um 1930).

Der Grünstreifen, der die **Bebelallee** zwischen Hochbahndamm und Straße begleitet, ist eine der wenigen öffentlichen Grünanlagen der zwanziger Jahre, wo noch mit klar begrenzten Rasenflächen, Hecken und Heckentoren die damals vorherrschende ›grüne Architektur‹ anschaulich erhalten ist. So ähnlich muß man sich auch Teile etwa des Grünzugs der Dulsberg-Siedlung vorstellen.

Die Erschließung der Alsterviertel und Winterhudes wurde gefördert durch die Anlage der Hamburger Hochbahn: 1913 wurde die **Haltestelle Hudtwalckerstraße** eröffnet.

Stifte

Zwischen Winterhuder Marktplatz und Hochbahn entstand seit der Jahrhundertwende ein dicht bebautes Wohnviertel – teils mit Etagenhäusern, teils mit Stadthäusern (entlang Himmel- und Bussestraße). Seine Mitte erhielt es mit dem Platz Lattenkamp/Alsterdorfer Straße und dessen Klinker-Wohnblocks der zwanziger Jahre: **Lattenkamp 13–29/Lattenkampstieg 2–4** (F. Steineke, 1927–30), **Alsterdorfer Straße 59–61** und **Lattenkamp 2–10** (C. Werner, 1929/30) und **Lattenkamp 3–9/Lattenkampstieg 1–3** (Ernst Dorendorf, 1929 – erbaut für den Beamten-Wohnungsbauverein dokumentiert es die anspruchsvolle Haltung des Mittelstandes durch die aufwendig ausgestalteten halbrunden Erker).

Die städtebaulichen Pläne für die Gesamtanlage der **Winterhuder Stifte,** die sich zwischen Braamkamp und Ohlsdorfer Straße dem Stadtpark zuwendet, entwarf Fritz Schumacher seit 1922. Den Bewohnern sollte die Nähe des Stadtparkes in besonderer Weise zugute kommen. Im Vergleich mit den Eppendorfer Stiften wird hier deutlich, daß diese besondere Baugattung sich nach 1918 auflöst in der allgemeinen Reform des Wohnungsbaus: In nichts unterscheiden sich die Altenwohnhäuser der Winterhuder Stifte von den Kleinwohnungsblocks für die übrige Bevölkerung, wie sie sich zwischen Efeuweg und Braamkamp anschließen. Jetzt sind die Errungenschaften der Stifte – keine Hinterflügel, Freiflächen, Qualität der Architektur – auch vom sozialen Wohnungsbau erreicht.

Das **Georg-Buchecker-Stift,** Ohlsdorfer Str. 53–55 (Carl Brunke, 1922/23) mit behäbigem Walmdach und Erkerfenstern, dunklem Klinker in Schmuckverbänden, regelmäßig angelegtem Vorgarten samt Pavillon ist allenfalls das letzte jener Stifte, die im Gesamterscheinungsbild den sozialen Zweck durch Assoziationen an hochrangige Bauaufgaben nobilitieren wollten – Altenheim nach Gutsherrenart. – Das **Parkheim der Detaillisten-Kammer** (als Altenwohnanlage des Einzelhandelsverbandes ein Nachfahre der Krameramtswohnungen), Baumkamp 88ff/Baumtwiete/Bussestraße (Puls & Richter, 1926/27) versucht, durch einen mäandrierenden Grundriß die geschlossene Blockform aufzulösen; expressionistische Perspektiven bilden die auf dreieckigem Grundriß vortretenden Erker, zumal am Gartenhof zur Ohlsdorfer Straße hin. – Der Verein ›Kleinrentner-Speisung‹ errichtete die dreiteilige **Stiftsanlage Baumkamp 81–97, Braamkamp 48–76/Efeuweg/Fiefstücken** (Klophaus, Schoch, zu Putlitz 1929/31) mit geschlossenen Blockrändern und einem zentralen Platz (Märchenplastiken von Richard Kuöhl). Dieses Wohnstift war das einzige, das mit zeitgenössischen Vorstellungen von einer Reform des Wohnens experimentierte; es war ein ›Einküchenhaus‹. Der im Innern des von ihm umbauten Blocks liegende Saal mit Gemeinschaftsküche hat sich freilich mangels Nachfrage nicht bewährt und wurde bald in ein Kino verwandelt. – Das villenartige **Jacobi-Stift,** Beim Jacobistift, 6 wurde 1928/29 nach Entwürfen von Distel & Grubitz errichtet. – Das **Hamburger Heim,** Krochmannstraße 41–45 und das **Senator-Erich-Soltow-Stift,** Krochmannstraße

47 (Ottheinrich Strohmeyer, 1929–31), sind klar konturierte Zeugnisse der Hamburger Moderne.

Der Stadtpark

Zur Anlage eines öffentlichen Parks erwarb die Stadt 1901/02 das ›Sierichsche Gehölz‹ in Winterhude. Adolf Sierich hatte es als Jagd aufgeforstet (das Haus des Försters steht noch an der Hindenburgstr. 1, 1885). – Der Hamburger **Stadtpark** wurde die größte öffentliche Grünanlage im Gebiet der Freien und Hansestadt (180 ha Fläche).

Die Auseinandersetzungen um die Art, wie dieser Stadtpark angelegt werden solle, sowie die Wettbewerbs- und Planungsgeschichte gelten als Schlüsselereignis in der Entwicklung der Gartenarchitektur in Deutschland: Gegen die Konvention romantischer Landschaftsgärten setzte sich eine neue architektonische Konzeption durch. Vor allem Alfred Lichtwark bezog Stellung zugunsten der neuen Auffassung. – Nach einem 1908 durchgeführten Wettbewerb entstand der Plan 1910–14 in Zusammenarbeit von Ingenieurwesen und Hochbauwesen der Baudeputation, vor allem nach Ideen Schumachers, der 1909 das Hochbauwesen übernommen hatte. Seit 1911 wurden die Anpflanzungen durchgeführt. Die Ausgestaltung zog sich bis in die zwanziger Jahre hinein.

Der Stadtpark ist funktional und gestalterisch durch Alleen und Hecken in große Einzelbereiche aufgeteilt, die ihrerseits – abgesehen von Waldgruppen dazwischen – sehr ›architektonisch‹ aufgefaßt sind, mit Achsen, Symmetrien, geometrischen Motiven und räumlich klarer Begrenzung der Anpflanzungen. Die von Nordwesten nach Südosten den ganzen Park durchziehende Hauptachse faßt die Teile städtebaulich zusammen. – Kriegsschäden (im Stadtpark war 1940/41 eine der größten Flakstellungen Hamburgs eingerichtet worden) und Abholzaktionen in der Nachkriegszeit haben die Allee- und Randbepflanzungen weithin beseitigt; die Wiederherstellung des Parks in den fünfziger Jahren folgte zeitgemäßen Leitvorstellungen. Dadurch ist das Konzept Schumachers nicht mehr überall nachvollziehbar.

Der Wasserturm im Stadtpark. Linolschnitt eines Schülers der Lichtwarkschule, 1925

Den wichtigsten Teil-Gärten waren als Akzente Gebäude zugeordnet. Die *Stadthalle* bildete am Ostende den Gegenpol zum Wasserturm an der Hauptachse des Parks; sie wurde im Zweiten Weltkrieg zerstört, ebenso wie die *Milchwirtschaft,* das *Stadtcafé* und andere Bauten. Erhalten blieben die **Landhaus-Gaststätte** und das **Brunnenhaus** (1910–12). Die Pläne für alle Hochbauten hatte Fritz Schumacher zwischen Berufung und Dienstantritt 1909 noch in Dresden gezeichnet – mit Werksteinfassaden. In Hamburg verwandelte er sie in Backsteinhäuser. Das war die Entscheidung für eine neue bauliche Physiognomie der Stadt insgesamt; seitdem war Schumacher der Protagonist dieses Materials in Hamburg. Wenn man den Stadtpark nicht nur als Erholungsfläche versteht, sondern darüber hinaus in der Vielfalt seiner räumlichen und funktionalen Gliederung, seiner Ausstattung mit Bauten gleichsam als Idealstadt, dann ist hier erstmals der Backstein – im Zusammenklang mit Grün und Wasserflächen – zum stadtbildbestimmenden Material geworden.

An der höchsten Stelle des Geländes entstand 1913–15 nach Entwürfen des Dresdner Architekten Oscar Menzel einer der **Wassertürme,** für die 1906/07 ein Wettbewerb durchgeführt worden war (s. Rotherbaum, Wasserturm Sternschanze). Die Aufgabe, Wasserbehälter hochzustemmen, nutzt der Backsteinbau zur Entfaltung von bedeutungsvollem Pathos, ist er doch Endpunkt der Hauptblickachse des Parks. In seiner Architektur tauchen Ideen auf, die Fritz Schumacher kurz zuvor für das Dresden-Tolkewitzer Krematorium entwickelt hatte, so dieselbe Verbindung eines zylinderförmigen Bauwerks mit einer westwerkartigen Schildwand an der Hauptseite. Eine von Fritz Schumacher geplante Ausgestaltung als Ehrenmal für die Gefallenen des Ersten Weltkrieges wurde nicht ausgeführt. – Hinter dem Turm wurde 1919–24 die **Jahn-Kampfbahn** als Sportanlage angelegt (verändert). – 1929/30 wurde im Wasserturm ein *Planetarium* eingerichtet. Von der Sammlung zur Geschichte von Sternkunde und Sternglaube, die der Kunsthistoriker Aby Warburg (1866–1929) für das von ihm als Volksbildungsanstalt geförderte Planetarium zusammenstellte, und die sich dort bis 1966 befand, sind nur Rudimente als Teil der neuen Schausammlung erhalten.

Die künstlerische Ausschmückung des Stadtparks sollte dem Stiftungswillen der Hamburger Bürger überlassen bleiben. So ließ Oskar Troplowitz Arthur Bocks ›Diana mit Hunden‹ (1911) im Garten am Brunnenhaus aufstellen. – Emma Budge stiftete auf Anregung Fritz Schumachers zwei Muschelkalkskulpturen von Georg Kolbe (1926/27). Sie erfüllen am besten Schumachers Vorstellung von ›städtebaulicher Plastik‹: Durch ihre im Fernblick markante Form, subtile Details, rundum bewegt und räumlich empfunden, markieren die überlebensgroßen weiblichen Figuren (seien es ›Badende‹ oder ›Windsbräute‹) den Übergang von der streng begrenzten Fläche vor dem Wasserturm zur großen Spielwiese. – Weitere Plastiken stehen in den verschiedenen Parkabschnitten (u. v. a. ›Diana mit Hirschkuh‹ im Dianagarten, Georg Wrba, 1910; ›Badende‹ in der Nähe des Planschbeckens, Reinhold Begas, um 1870).

Johanneum und Jarrestadt

Südlich vom Stadtpark ziehen sich seit 1910 entstandene Wohnviertel hin. Hier wurden auch die öffentlichen Bauten des Stadterweiterungsgebietes untergebracht: So die **Matthäus-Kirche** (Julius Faulwasser, 1911/12), ein für den Architekten typischer Heimatstilbau, der sich an protestantischen Kirchen des 18. Jh. inspirierte (innen nach Kriegsschäden verändert).

Die **Bodelschwingh-Kirche,** Forsmannstraße 19, wurde 1961/62 von Gerhard und Dieter Langmaack erbaut. Der Chor kragt weit über die Gemeinde- und Eingangsräume im Erdgeschoß aus (Fassade Franz Porsche).

1914 wurde die **Gelehrtenschule des Johanneums** aus der Innenstadt nach Winterhude verlegt. Fritz Schumacher entwarf den Neubau (1912–14), in dem er den Typus des alten Johanneums auf dem Domplatz (eine Dreiflügelanlage mit Arkade als Hofabschluß) aufnahm und in seine Backsteinsprache umsetzte (Farbabb. 19; mit Bauplastik von Richard Kuöhl). – Johannes Bugenhagen hatte entscheidend an der Einführung der Reformation in Hamburg und damit 1529 an der Begründung des Johanneums mitgewirkt; daran erinnert das Standbild, das 1914 von der Innenstadt hierher übertragen wurde (Stirnseite des rechten Flügels, Engelbert Peiffer, 1885). – Die Bronzestatue eines Jünglings im Hof wurde 1929 zum 400jährigen Jubiläum der Schule aufgestellt (Richard Kuöhl). – Das Johanneum ist die älteste der höheren Bildungsanstalten Hamburgs, und es pflegt diese Tradition (die den ›Johannitern‹ auch Sozialprestige sichert).

Aus anderem Geist ging die ebenfalls von Schumacher entworfene **Lichtwarkschule** hervor (heute *Heinrich-Hertz-Gesamtschule,* Grasweg, 1915–25). Durch den Zweiten Weltkrieg ist das

1751
Centrum
Berlin 5
Lübeck
Elbbrücken
Sporthalle

65 Wohnblock in der Jarrestadt, Jean-Paul-Weg (Winterhude)
◁ 64 St. Johannis in Eppendorf
66 Bleicherhäuser an der Ulmenstraße (Winterhude)

67 Ehemaliges Landhaus Ludolfstr. 19 (Eppendorf)

68 Hochschule für Bildende Künste (Uhlenhorst)

69 Gymnasium Krausestraße (Dulsberg)

70 Laubenganghäuser an der Oberschlesischen Straße (Dulsberg)

71 Ehemalige Margarine-Fabrik Voss, vor der Restaurierung (Barmbek-Nord)

72, 73 Grabmal und Verwaltungsgebäude auf dem Hauptfriedhof Ohlsdorf

74 Bombenopfer-Mahnmal auf dem Hauptfriedhof Ohlsdorf

75 Inneres des Schimmelmann-Mausoleums (Wandsbek)

76 Herrenhaus Wohldorf (Wohldorf-Ohlstedt)

77 Ehemaliger Bergedorfer Bahnhof, Neuer Weg 54 (Bergedorf)

78 St. Petri und Pauli mit Kornwassermühle (Bergedorf)

79 St. Severin und Kirchhof in Kirchwerder

Hans Brüoman
Anno 1796
Hans Hitscher
Anno 1796

81 Rieck-Haus in Curslack
80 St. Nikolai in Altengamme
82 Windmühle in Wilhelmsburg

83 Ehemalige Wohnhäuser und Industrieanlagen am Schellerdamm (Harburg)

84 Rethespeicher am Reiherstieg (Wilhelmsburg)

85 Fähranleger am Reiherstieg (Wilhelmsburg)

86 Kirche in Altenwerder

87 Moorburger Elbdeich (Moorburg)

88 St. Pankratius in Neuenfelde

Gebäude zwar beeinträchtigt, dokumentiert aber immer noch den Reformanspruch der Integration von wissenschaftlicher, praktischer und kreativer Bildung, den diese Schule nach den Ideen Alfred Lichtwarks während der zwanziger Jahre verwirklichte. Die Orgel in der Aula hat Hans Henny Jahnn gebaut.

Die Umgebung akzentuieren Wohnblocks der zwanziger Jahre: Der Straßenführung angepaßt ist das ganz moderne Haus **Maria-Louisen-Str. 63–67/Dorotheenstr. 123** (Karl Schneider, 1927/28). – Die Wohnanlage Ecke **Barmbeker Straße 125–133/Maria-Louisen-Straße** zeigt expressionistische Details (Robert Friedmann, 1924). – Durch den Zweiten Weltkrieg und Modernisierung vereinfacht sind die beiden Wohnblocks **Poßmoorweg/Krohnskamp/Barmbeker Straße** (Elingius & Schramm mit Karl Schneider, 1926–28).

In Winterhude erreichte der Hamburger Wohnungsbau der Weimarer Republik seinen städtebaulichen Höhepunkt: Die **Jarrestadt** hat ihren (inoffiziellen) Namen von der **Jarrestraße,** die die Basis des bis zum Goldbekufer reichenden Quartiers zwischen Glindweg und Wiesendamm bildet. – Für das städtebauliche Konzept wurde 1926 ein Wettbewerb ausgeschrieben, dem Fritz Schumacher den Straßenplan zugrundegelegt hat. Der ist ganz konservativ: Symmetrisch zur gekrümmten Mittelachse ist er auf das Zentrum ausgerichtet. – Außerhalb des Wettbewerbsgebiets liegt der Sektor zwischen Großheidestraße und Wiesendamm. Auch er ist ähnlich streng organisiert.

Bis 1929 waren die Häuser fertiggestellt. Ideen des Wettbewerbs (den Karl Schneider gewonnen hatte) wurden von den unter Schumachers Leitung kooperierenden Architekten zu einer Art Zeilenbauweise umgesetzt: Hohe, parallel geführte Blocks sind an den Kopfseiten durch niedrige Trakte zu Höfen verbunden. – Allen Häusern ist die Ausbildung flacher Dächer und das dunkle Klinkermaterial für die Fassaden gemeinsam. Bei aller Vielfalt der Details (z. B. Backsteinschmuckverbände) und Grundrisse (mit Folgen etwa für den Fassadenrhythmus durch Treppenhäuser und Erker) kommt so die moderne und zugleich monumental geschlossene Wirkung der Jarrestadt zustande. – Schon den Zeitgenossen galt sie als Denkmal des sozialen Städtebaus der Weimarer Republik. Aber sie brachte auch die Erfahrung, daß der hohe Bauaufwand zu hohe Mieten verursachte und die erreichte Qualität den breiten Bevölkerungsschichten, für die sie gedacht war, unerschwinglich blieb.

Als Bauherren traten private und gemeinnützige Gesellschaften sowie Genossenschaften auf, ohne daß das Einfluß auf das Aussehen der Häuser gehabt hätte.

Private Auftraggeber (einschließlich Kapitalgesellschaften: Meerweinstraße 2–10 (Emil Neupert 1928); Hölderlinsallee 2–4/Jarrestr. 37–41 (Emil Neupert 1929); Großheidestr. 19, Meerweinstr. 12–16 (Emil Neupert 1928/29); Großheidestr. 21–33, Meerweinstr. 5–7, Novalisweg 2–14, Stammannstr. 16–18 (Otto Hoyer 1928); Glindweg 30–32, Hanssensweg 1–9, Semperplatz 2, Semperstr. 66–78 (Block & Hochfeld 1928/29); Großheidestr. 49, Hanssensweg 11–19, Semperplatz 1–5, Semperstr. 80–90 (Robert Friedmann 1928); Glindweg 14–28, Hanssensweg 2–8, Jean-Paul-Weg 19–35, Stammannstr. 1–7 (Bomhoff & Schöne); Hanssensweg 10–20, Jean-Paul-Weg 22–38, Novalisweg 15–31, Stammannstr. 9–17 (Karl Schneider – es handelt sich um den ursprünglich glänzenden, heute vielfach verstümmelten Mittelhof der Jarrestadt).

Genossenschaften: Großheidestr. 2–30, Martin-Haller-Ring 19–22, Meerweinstr. 9–13, Stammannstr. 29–24 – das ›Kranzhaus‹ der Allgemeinen Deutschen Schiffszimmerer-Genossenschaft (Puls & Richter 1930); Großheidestr. 35–47, Hanssensweg 22–28, Novalisweg 24a–h, Stammannstr. 17–23 – der ›Otto-Stolten-Hof‹ der Allgemeinen Deutschen Schiffszimmerer-Genossenschaft (Friedrich R. Ostermeyer 1928/29).

Gemeinnützige (gewerkschaftliche) Gesellschaften: Glindweg 2–12, Jarrestr. 21–25, Jean-Paul-Weg 1–17, Stammannstr. 2–6 (Wilhelm Behrens 1928/29); Jean-Paul-Weg 2–18 (Abb.

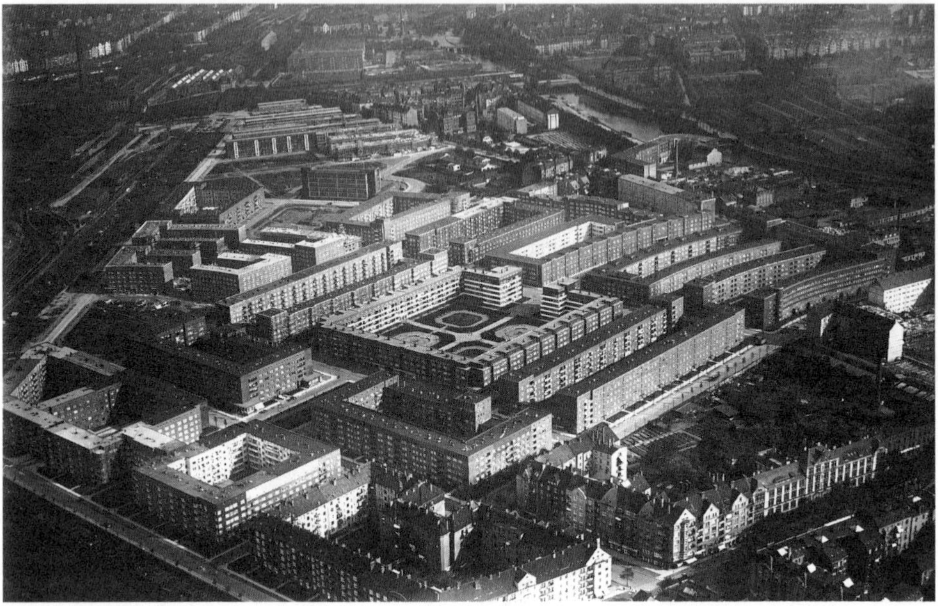

Luftaufnahme der Jarrestadt, um 1930

65), Jarrestr. 27–29, Hölderlinsallee 1–17, Stammannstr. 8–10 (Distel & Grubitz 1928/29); Hölderlinsallee 6–22, Meerweinstr. 1–3, Novalisweg 1–11, Stammannstr. 12–14 (R.E. Oppel 1927/29).

In Schumachers Siedlungen ist die Schule jeweils formal und sozial der Kristallisationspunkt wie hier die Volksschule, heute **Gesamtschule Meerweinstraße,** eine der letzten und konsequent Neues erprobenden Schulen Fritz Schumachers (erbaut 1928–30): Streng kubisch, als Betonskelettbau, dessen struktive Elemente am Außenbau sichtbar werden, nur noch die nichttragenden Teile aus Backstein, flaches Dach – und doch ist auch dieses Gebäude noch eingebettet in seine traditionsgebundene Moderne durch die Symmetrie, die hier aus der Nutzung als Mädchen- und Knabenschule sachlich begründet ist.

Am östlichen Ende des Geländes, zwischen **Jarrestraße** und **Wiesendamm,** entstand 1929/30 ein weiteres geschlossenes Viertel durch Versuchsbauten der ›Reichsforschungsstelle für die Wirtschaftlichkeit im Bauwesen‹. Die eigens gegründete Gesellschaft ›Rationell‹ sollte hier unterschiedliche technische und strukturelle Wohnungsbaukonzepte erproben. Wie um 1930 fast selbstverständlich, benutzte man als städtebauliches Grundmuster das Zeilensystem – nicht ohne den Versuch, durch die Einzelanordnung interessante Wirkungen für das Stadtbild zu erzielen.

Im einzelnen bauten hier Hamburger Architekten, die sich als Vertreter der Moderne profiliert hatten: Block & Hochfeld *(Hauersweg 2–20),* Bensel & Kamps *(Georg-Thielen-Gasse 1–15),* Paul A.R. Frank mit Laubenganghäusern *(Georg-Thielen-Gasse 2–4* und *Groothoffgasse 1–3),* Karl Schneider *(Groothoffgasse 2–10* und *Saarlandstraße 25–29).* Je paarweise wurden traditionelle Mauerwerksbauten und Stahlskelett- sowie Stahlbetonbauten errichtet (alle mit Klinker verkleidet), ohne daß übrigens nennenswerte Ergebnisse für die erhoffte Bevorzugung der modernen Bauweisen gewonnen werden konnten.

Die ev.-luth. **Epiphanienkirche** in der Jarrestadt (Wiesendamm/Semperstraße) wurde von F. R. Ostermeyer 1961/62 erbaut. Es ist eines der letzten Werke dieses Architekten, der wesentlich zur Blüte der Hamburger Architektur in den zwanziger Jahren beigetragen hatte. Der halbkreisförmig geschlossene, hohe Backsteinsaal mit niedrigen Abseiten wirkt freilich ganz traditionell.

City Nord

Die City Nord ist eine der wichtigsten städtebaulichen Leistungen der Zeit um 1960 in Hamburg. Das städtebauliche Konzept ist nach Ideen von Werner Hebebrand seit 1961 entwickelt worden, nicht zuletzt als ein Gegenprojekt zu der Ausdehnung der City nach Altona, wie sie im Dritten Reich für die Umgestaltung der Hansestadt geplant war (s. Altona-Altstadt). Diese Geschäftsstadt nimmt seitdem Firmen-Großverwaltungen auf, die – hätte man sie in der eigentlichen ›City‹, der historischen Innenstadt, gebaut – dort längst jeden Maßstab gesprengt und die historische Struktur verdrängt hätten. – Alle Einzelentwürfe sind aus Wettbewerben hervorgegangen, so daß jeweils für die Entstehungszeit repräsentative Qualität erreicht worden ist. – Inzwischen ist die Gesamtanlage zu einer Art permanenter Architekturausstellung geworden. Hier finden sich die Entwurfsmethoden und baulichen Leitbilder, insbesondere die Bürohauskonzepte (Einzel- und Großraumbüro), die seit den sechziger Jahren eine Rolle gespielt haben.

Eine zentrale Versorgungszone wird vom Haupt-Straßenbügel **Überseering** umfaßt, auf großen offenen Flächen stehen die einzelnen Geschäftshäuser (nord-südlich ausgerichtet). Die Fußgängerwege verlaufen in Grünanlagen oder auf einer zweiten Geschoßebene. Nach Süden öffnet sich die Geschäftsstadt zum Stadtpark.

Das wichtigste und nach wie vor das schönste Bauwerk in der City Nord ist das Verwaltungsgebäude der **Hamburgischen Elektrizitätswerke HEW** am Überseering 12 (Arne Jacobsen und Otto Weitling, 1963–69). Die vier gegeneinander verschobenen Scheiben des Hochhauses haben dunkle Glas-Vorhangfassaden an den Seiten. Die Stirnseiten sind mit Travertin verkleidet, so daß eine abstrakt-monumentale Gesamtwirkung entsteht, die den Zweck des Verwaltungsgebäudes aufzuheben, jedenfalls zu nobilitieren scheint. Die Außenanlagen sind in zum Haus parallelen Linien komponiert. Innen beeindruckt die skandinavisch-humane Ausstattungsperfektion, zumal in dem in den Garten versenkten Kantinenbereich und dem darin wiederum eingelassenen gläsernen Vortragssaal.

Weitere Geschäftshäuser: Verwaltungsgebäude **Claudius Peters AG,** Kapstadtring 1 (Peter Neve und Claus von Spreckelsen, 1965/66). – **ESSO,** Kapstadtring 2 (Schramm, Pempelfort und Partner, 1963–68 – das klassische moderne Geschäftshaus – die Hochhausscheibe – entfaltet sich in zwei Haupt- und zwei Nebentrakten über weitläufigem Basement, Einzel- und Großraumbüros sind kombiniert). – **EDEKA,** New-York-Ring 6, 1972–74 (Wolske & Erler). – **Deutsche BP,** Überseering 2 (Kraemer, Pfennig, Sieverts, 1968–70 – aus Sechsecken (Benzolring!) entwickelter Gruppenbau – erstmals wurde hier in der City-Nord das Großraumbüro konsequent durchgeführt). – **Postamt 60** (City Nord), Überseering 17 (Ingeborg und Friedrich Spengelin, 1970–74). – **Tchibo,** Überseering 18 – (Burckhardt & Partner, Basel 1975–77). – **IBM Deutschland,** Überseering 24 (Dissing & Weitling, 1972–77). – **Postsparkassenamt,** Überseering 26 (Pysall, Jensen und Stahrenberg, 1983–85). – **Oberpostdirektion,** Überseering 30 (Gerhard Weber und Partner/Georg Küttinger, 1974–77 – aus drei dreieckigen Zentren entwickelte Verbindung von Scheibenhochhäusern – im Fernblick durch deren Abstufung wie eine unvollendete Pyramide wirkendes, betont individuelles Erscheinungsbild). – **Deutsche Shell,** Überseering 35 (von Gerkan & Marg, 1972–74 – aus vier Scheibenhochhäusern mit konventionellen Einzelraumbüros gebildetes Kreuz;

»die straffe und disziplinierte Formensprache soll das Selbstverständnis der Bauherrschaft spiegeln«). – **DEA** (früher TEXACO), Überseering 40 (1974–77, Schramm, Pempelfort, von Bassewitz, Hupertz). – **Hamburg-Mannheimer** Versicherungs AG, Überseering 45 (Ingeborg und Friedrich Spengelin/Graaf & Schweger, 1971–74 – ›Bürolandschaft‹ in abgestuften, aus einem Dreieckraster entwickelten Baukörpern).

Nordöstlich der City Nord liegt die **Bauschule** (Fachhochschule Hamburg, Fachbereiche Architektur, Bauingenieur- und Vermessungswesen), Hebebrandring 1 (Hochbauamt/Helbrecht, 1963–69).

Uhlenhorst

Das Pachtgut ›Uhlenhorst‹, das dem Stadtteil den Namen gab, lag zwischen Feenteich und Langem Zug. Es gehörte der Hamburger Kämmerei (der Finanzbehörde der Hansestadt), die 1711 dort ein Fachwerk-Landhaus erbaute. Es diente unter anderem lange Zeit dem Rat zur Bewirtung von Gästen und wurde 1813 beim Ausbau Hamburgs zur französischen Festung wie die gesamte Umgebung zerstört.

1837 erwarben August Abendroth, Karl Heine und Adolf Jenquell das Gut. Das war Spekulation, denn erst die Absenkung des Alsterspiegels um einen Meter (von 7,5 auf 6,5 m über NN) nach dem Großen Brand von 1842 machte die Uhlenhorst bebaubar. 1844–46 legte das Konsortium Straßen an, die es u. a. nach den Beteiligten **Adolfstraße, Auguststraße** und **Karlstraße** benannte (die Adolfstraße heißt jetzt **Herbert-Weichmann-Straße**). 1852 wurde die Verbindung mit der Straße An der Alster erstellt, 1859 die Alsterdampfschiffahrt aufgenommen. Seit der Aufhebung der Hamburger Torsperre 1860/61 entwickelte sich dann das Gebiet »mit einer nur dem amerikanischen Städtewachstum vergleichbaren Geschwindigkeit«. 1871–74 wurde auch das Gelände am Schwanenwik erschlossen (s. Hohenfelde). 1871 wurde die Uhlenhorst Vorort, 1894 Stadtteil. Er umfaßt das Gebiet zwischen Langem Zug und Kuhmühlenteich/Eilbekkanal, zwischen Außenalster und Winterhuder Weg/Hamburger Straße/Richardstraße.

Wie Rotherbaum, Harvestehude und Winterhude wurde auch die Uhlenhorst – jedenfalls zur Alster hin – ein vornehmes bürgerliches Wohnviertel mit Villen und Stadthäusern. Es hat schwere Kriegsschäden erlitten, und sein Stadtbild ist deshalb weithin von Neubauten durchsetzt. Sowenig wie in den anderen Stadterweiterungsgebieten können die ansehnlichen Reste der alten Bebauung einzeln aufgezählt werden. Hinzuweisen ist auf die Häuser an Schwanenwik/Herbert-Weichmann-Straße und Papenhuder Straße/Hofweg. Nach Osten werden die Stadthäuser bescheidener, die Etagenhäuser zahlreicher; zu Barmbek hin mischen sich Gewerbebauten ein.

Das 1989 eröffnete **Literaturhaus,** Schwanenwik 38, macht ein besonders interessantes Haus auch innen zugänglich: Der Hauptbau wurde – wie sein Nachbar Nr. 37 – 1867/68 mit Rundbogenstilfassade errichtet, wohl nach Entwurf von Jean David Jollasse. 1888 ließ ein repräsentationsbedürftiger Eigentümer im Garten einen Saal anbauen, der mit Säulen und Stuck einschließlich einem poetischen Deckengemälde prunkt (Krauß & Minck). Mit den restaurierten Wand- und Deckendekorationen der übrigen Räume im Erdgeschoß und ersten Obergeschoß ist ein musterhaftes bürgerliches Wohnmilieu der Gründerzeit wiedergewonnen worden (Instandsetzung: Schramm, v. Bassewitz, Hupertz u. Partner, 1989).

Der vornehmste Teil war die **Schöne Aussicht** als Uferstraße. Den bewegten Ufersaum verdankt sie der Neugestaltung unter Franz Andreas Meyer 1886–89. Die **Brücke** am seit 1841 aus dem ›Moorloch‹ gestalteten **Feenteich** besteht aus Teilen der erst 1872 gebauten Kornhausbrücke, die 1884 den Zollanschlußbauten im Freihafen weichen mußte. – **Schöne Aussicht 26** dient seit 1965 als Gästehaus des Senats. Es war 1868 (durch Martin Haller) als Villa für einen Baumaterialienhändler errichtet worden – passend zum Bauboom jener Zeit auf der Uhlenhorst. – Die iranisch-schiitische **Moschee** an der Schönen Aussicht entstand 1963–69 (Schramm & Elingius). – Im Zweiten Weltkrieg wurde das in Hamburg immer noch legendäre *Uhlenhorster Fährhaus* zerstört, das in dieser Gegend seit 1845 bestand.

Die meisten Häuser, die auf der Uhlenhorst den Krieg überstanden haben, halten sich an die in Gründerzeit und Jugendstil geltenden Konventionen mit ihrer stilistischen Haltung zwischen klassizistischer Tradition, Neorenaissance und barockisierendem Jugendstil. Nur wenige weichen davon ab, so die Häuser **Marienterrasse 12–14** (Wilhelm Hauers, 1872/73). Sie sollten helfen, den Backsteinrohbau auch im Wohnungsbau populär zu machen, was damals aber nicht gelang. Auch die Wahl der hellen, gelben Tönung half da nicht viel.

Die in den zwanziger Jahren errichteten routinierten Putzbauten mit Flachdach und halbrund vorgezogenen Veranden **Herbert-Weichmann-Straße 15–19** übertragen den Typus des bürgerlichen Stadthauses in Formen des Neuen Bauens.

Das **Hofweg-Palais** am Hofweg 49–53 ist ein Musterbeispiel des hochherrschaftlichen Etagenhauses der Zeit vor dem Ersten Weltkrieg (1912/13) »in unmittelbarer Nähe der Außenalster und in vornehmer Gegend, sowie in gesunder, freier Lage der Uhlenhorst«, wie es damals hieß. – Gerade vor diesem Haus erinnert ein kleines *Denkmal* an die Cholera-Epidemie von 1892 und damit die katastrophalen Wohnverhältnisse der alten Innenstadt-Gängeviertel; hier lag einer der Brunnen, aus denen während der Epidemie hygienisch einwandfreies Trinkwasser besorgt wurde.

Die ev.-luth. **Heilandskirche** am Winterhuder Weg (Emil Heynen, 1926–28) setzt sich, auf einer normalen Parzelle gelegen, durch einen Vorhof (Brunnen von Richard Kuöhl) in Distanz zur Straße und signalisiert durch die spitzbogige Arkade den sakralen Zweck. Bei der Wiederherstellung nach dem Zweiten Weltkrieg wurde das Innere des Klinkerbaus verändert.

Den großen sozialen Einrichtungen des ehem. **Waisenhauses** (1856–58 – zwischen Averhoffstraße und Heinrich-Hertz-Straße) und des ehem. **Werk- und Armenhauses** (1852/53 – zwischen Oberaltenallee und Eilbekkanal schon auf damals Barmbeker Markung, durch die Nachkriegsbauten des Pflegeheims ersetzt) sollte die vorteilhafte Lage »im Grünen« zugute kommen. Vom Waisenhaus sind nach den Kriegszerstörungen das gotisierende Verwaltungsgebäude an der *Averhoffstraße* (Albert Erbe 1906–08) sowie am Winterhuder Weg das *Kleinkinderhaus* (Fritz Schumacher, 1914–18) vereinfacht erhalten.

Auch die Uhlenhorst wurde durch den 1912 fertiggestellten **Hochbahnring** in das Schnellbahnsystem einbezogen. Die Hochbahnbauwerke in diesem Stadtteil zwischen Mundsburg und Uhlandstraße (Brücke, Viadukt, Haltestellen Mundsberg und Uhlandstraße) erfuhren eine besonders anspruchsvolle Gestaltung. – Die **Brücke** über den **Kuhmühlenteich** gehört zu den schönsten in Hamburg (Raabe & Wöhlecke, 1910/11). Die Widerlager mit Granitpfeilern vermitteln zwischen den Grünanlagen des Eilbekufers, zwischen sie spannt sich eine leicht wirkende Stahlkonstruktion. Die Pfeiler deuten in Reliefs der ›vier Elemente‹ deren Beherrschung durch die moderne Technik aus. – Die **Haltestelle Mundsburg** ist landhausartig freigestellt (Raabe & Wöhlecke, 1910–12, 1985/86 restauriert).

Das **Hammonia-Bad,** Lerchenfeld 14–18, wurde von Carl Feindt 1926–28 erbaut. Der Klinkerbau wirkt durch sein ›zackiges‹ Abschlußgesims expressionistisch (im Innern Keramikplastiken von Richard Kuöhl). – Das Wohnhaus Ekke **Lerchenfeld/Oberaltenallee 4** wirkt trotz bescheidener Dimensionen hochhausartig (Paul und Hermann Frank, 1929/30).

Für das Stadterweiterungsgebiet wurde 1879 eine eigene Kirchengemeinde begründet. Aus dem Vermögen der 1842 abgebrannten Gertrud-Kapelle erhielt sie einen Neubau am Kuhmühlenteich, die ev.-luth. Pfarrkirche **St. Gertrud** – nach Lage wie Gestalt eine der schönsten Hamburger Kirchen des 19. Jh. (Johannes Otzen, 1881–85). Der Entwurf variiert Otzens Bestrebungen zur Integration von Längs- und Zentralraum, hier durch den kreuzförmigen Grundriß; wobei die Querschiffarme durch hohe Arkaden

Inneres der Pfarrkirche St. Gertrud, 1890

überbrückt werden, in denen sich die Emporen der Wandpfeilerhalle des Langhauses fortsetzen. Der Backsteinrohbau in neugotischen Formen der Hannoverschen Schule erreicht im Streben nach glänzender Materialwirkung und Schmuckreichtum deren Grenzen; die über 460 verwendeten Sorten Backstein waren nur unter Schwierigkeiten zu beschaffen.

Das *Innere* ist gut erhalten. Nur die Putzflächen von Wänden und Gewölben sind hell übergangen; die Fenster sind nach Kriegsschäden ersetzt worden. 1987 wurden in die Chorfenster einige erhaltene Farbverglasungen der ehemaligen Hauptkirche St. Nikolai eingesetzt. Parallel zum Kuhmühlenteich und in dessen Grünanlagen hineingestellt, aus denen der hohe Westturm und der steil komponierte Ostteil mit Querarmen, Chor, Treppen- und Vierungstürmchen herausragen, erinnert die Kirche an romantische Bilder von Friedrich und Schinkel. Dazu klingen ganz hamburgisch Wasser, Grün und Backstein zusammen. – Vor der Kirche wurde 1883 eine **Luther-Eiche** gepflanzt (1946 gefällt und neu gepflanzt), 1889 ergänzt durch acht Steinpfeiler, die sich auf Hamburger Kirchspiele beziehen und Stationen der Reformationsgeschichte bezeichnen.

Der Wiederaufbau des im Krieg zerstörten gründerzeitlichen Wohnviertels zwischen Gertrudenkirche und Mundsburger Damm gehört zu den charaktervollsten Leistungen der Nachkriegszeit (Rechtern & Landsmann, 1955/56). Die geknickten Zeilen sind offen angeordnet und geben dennoch der Kirche wieder räumliche Bindung.

Der **Kuhmühlenteich** als Teil des nach Wandsbek führenden **Eilbekkanals** (ausgebaut 1854–87) geht auf eine schon 1247 erwähnte Mühle zurück, die 1874 bei der Aufschließung der Gegend zu Bauland abgebrochen wurde.

Das **Lyzeum Lerchenfeld** (heute Gymnasium) wurde 1908–10 in spätgotischen Formen erbaut (Albert Erbe – nach Kriegszerstörungen vereinfacht). Es war eine der ersten staatlichen höheren Mädchenschulen in Hamburg (s. Harvestehude, Helene-Lange-Gymnasium).

Die wichtigste Bildungseinrichtung der Uhlenhorst wurde die Kunstgewerbeschule, für die Fritz Schumacher 1911–13 einen Neubau am Lerchenfeld 2/Uferstraße errichtete, heute **Hochschule für Bildende Künste.** Die einzelnen Funktionsbereiche bestimmen Dimensionierung, Gestaltung und gegenseitige Zuordnung der Trakte. Städtebaulich wirksam entfaltet sich der Kernbau mit Treppenhaus, Aula und zentralen Einrichtungen an der Ecke zum Eilbekkanal. Der dunkle Klinker, die Muschelkalk- und Keramikdetails ebenso wie die hohen Dächer gehören zu Schumachers Programm vor dem Ersten Weltkrieg. Hier sind sie durch den Zweiten Weltkrieg und den Wiederaufbau zu einem guten Teil verloren gegangen.

Der Architekt des Wiederaufbaus Gustav Hassenpflug – selbst Lehrer und Direktor der Hochschule (1950–56) – wollte das Haus baulich klären und ordnen, dekorativen Ballast abwerfen. Im neuen Obergeschoß des Lerchenfeldflügels – leicht und hell, mit Flachdach ganz modern – brachte er die Entwurfslehrstühle der Architekten unter. – Bedauerlich ist der Verlust des Vorhofes, zu dem der Eingang durch einen ovalen Kuppelbau eröffnet wurde. Die von Richard Luksch dafür geschaffenen Keramikplastiken sind neben den Haupteingang der Hochschule versetzt.

Die hohe *Eingangshalle* (Abb. 68) mit dem als Betongerüst entwickelten Treppenhaus erreicht sakrale Wirkung durch eine flache Apsis mit fünf Fensterbahnen und deren Gestaltung durch Carl Otto Czeschka (der zur Erbauungszeit Lehrer an der Schule war): Unter Verzicht auf Farbglas, nur durch Schliff und die Zeichnung der Bleiruten entstehen Ornamente, die Gestalten dreier junger Menschen und die pathetischen Schriftfelder der äußeren Fensterbahnen, die verkünden: »der Sinn der Erde ist, der Schönheit sich zu bünden.«

Von der Eingangshalle führen rechts Eingänge in die Aula mit allegorischen Wandbildern von Willi von Beckerath (1913–18 ausgeführt; Beckerath war Lehrer für Monumentalmalerei an der Kunstgewerbeschule). Der Zyklus mit Tageslauf- und Lebensaltermotiven, in der Form harmoniesüchtig und im Menschenbild konservativ, war von Anfang an umstritten: Die Bilder entstanden gleichzeitig mit der Entfaltung von abstrakter Malerei und Expressionismus, dazu während des Ersten Weltkrieges – unberührt von beiden.

Weitere öffentliche Bauten errichtete Fritz Schumacher an der (damals zu Barmbek gehörenden) Finkenau mit der **Lernbehindertenschule** (Nr. 42 – 1912/13) und der »harmlos und freundlich in die Landschaft gruppierten« **Frauenklinik Finkenau** (Nr. 35 – 1911–14).

Die heute als Grünanlage gestaltete Fläche zwischen **Oberaltenallee** und **Hamburger Straße** war bis 1943 städtisch dicht bebaut; hier befand sich das Einkaufszentrum für die Uhlenhorst und für Barmbek. Von hier aus nach Norden und Osten erstreckte sich das schwerst zerstörte Gebiet Hamburgs im Zweiten Weltkrieg, das Ruinenfeld, das der ›Feuersturm‹ vom Juli 1943 zurückgelassen hat. Daran erinnert das 1985 aufgestellte **Mahnmal** (Hildegard Huza).

Hohenfelde

Das ›hohe Feld‹ zwischen St. Georg und Eilbek gehörte seit dem Mittelalter dem Hospital zum Heiligen Geist in Hamburg und stand damit unter der Herrschaft der Stadt. Da es als Glacis des 1679 fertiggestellten ›Neuen Werkes‹ (s. St. Georg) freigehalten wurde und 1813/14 nochmals die geringe Bebauung niedergebrannt worden war, konnte sich hier die Stadterweiterung auf einer tabula rasa entfalten. 1871 wurde es Vorort und 1894 Stadtteil.

Seit dem Großen Brand von 1842 und dann ab 1852 setzte die städtische Bebauung ein – entlang den alten Wegen und dazwischen angelegten neuen Straßen (ohne einheitliche Planung). Die wichtigste Maßnahme war 1871–77 die Neuordnung des Übergangs nach der Uhlenhorst mit dem Bau von Brücken und dem Ausbau der Straßen Mundsburger Damm und Schwanenwik. Die sorgfältig restaurierte Schwanenwik- und die Mundsburger Brücke mit ihren Sandstein- und Schmiedeeisengliederungen sind so die historische Mitte des Stadtteils.

Der ›Feuersturm‹ vom Juli 1943 hat Hohenfelde weitgehend zerstört. Kleinere Bereiche ordnen sich aber mit reizvollen Straßenbildern immer noch in die bürgerlichen Stadterweiterungsgebiete des 19. Jh. beidseits der Alster ein. Das gilt für die Neorenaissancefassaden der Etagen- und Stadthäuser im Bereich der **Mundsburger Brücke** wie für die Stadthauszeilen der 1860er Jahre am **Graumannsweg** und die aus den 1870er und 1880er Jahren an der **Uhlandstraße.**

Als Manifest der Zeit, als Hamburg sich aus Asche und Trümmern wieder freigeschaufelt hatte, steht in den Außenalsteranlagen auf hoher Stele die Bronzeplastik **Drei Männer im Boot** (Edwin Scharff, 1953).

Das **Marienkrankenhaus,** Alfredstr. 9, ist einer jener Sozialbauten zwischen Borgfelde und Uhlenhorst, die zunächst ›draußen‹ liegen sollten und dann von der städtischen Bebauung eingeholt wurden. Es wurde 1880–82 von Martin Haller errichtet. Ein neues Erscheinungsbild gewann es durch die Erweiterung von Puls & Richter 1927/28; gelbes Klinkermauerwerk mit expressionistischen Motiven setzt sich von den staatlichen Gebäuden Fritz Schumachers aus derselben Zeit fast demonstrativ ab (am Haupteingang Marienstatue von Ludwig Kunstmann).

Die **Gewerbeschule Angerstraße** (Fritz Schumacher, 1926/27) ist ein backsteinverkleideter Stahlbetonbau. Die Fassadenflächen sind durch wellenartigen Schmuckverband gegliedert. Daß es sich um eines der von Schumacher damals wieder eingeführten Schulgebäude mit Mittelflur handelt (damit ließen sich gegenüber den vorausgegangenen Reformschulhäusern kostengünstigere bauliche Lösungen erzielen), kann an dem verglasten Erker der Schmalseite abgelesen werden.

Für die neue Hochbahnlinie nach Wandsbek entstand das Eingangsbauwerk der **Haltestelle Lübecker Straße** mit Betonschalendach (Friedhelm Grundmann und Horst Sandtmann, 1961/62, Reliefwand am Eingang von Hans Kock).

An der Lübecker Str. 54 steht wie ein übriggebliebenes Landhaus aus besseren Zeiten mitten im Verkehr die **Polizeiwache Lübecker Tor** (Fritz Schumacher, 1913/14).

Die großzügige Nachkriegsbebauung nördlich der **Lübecker Straße,** zwischen Neubertstraße und Mühlendamm sowie an der Ecke zur Sechslingspforte – gestufte Zeilenbauten mit Sägezahnbalkons und Laubenganghäuser, überragt von einem Bürohochhaus mit schwungvollem Penthouse – war ein Musterprojekt der ›Neuen Heimat‹, entworfen von deren Chefarchitekten Ernst May (1955/56), Anregungen der internationalen Moderne aufnehmend (Le Corbusier für das Hochhaus) und mit buntem Backstein auf Hamburg eingehend. Das Hochhaus diente der Hauptverwaltung der Neuen Heimat. Im Penthouse fielen die Vorstandsentscheidungen.

Heute ist die **Alsterschwimmhalle** das größte öffentliche Bauwerk des Stadtteils mit der städtebaulich anspruchsvollen Geste des freitragenden Schalendaches (Horst Niessen und R. Störmer, 1968–76).

Barmbek-Süd

Das 1271 erstmals erwähnte Dorf Barmbek gehörte seit 1355 dem Hospital zum Heiligen Geist in Hamburg. Seit 1830 unter der Verwaltung der Landherrenschaft der Geestlande, wurde Barmbek 1871 Vorort und 1894 Stadtteil. Den nördlichen Hauptteil der ehemaligen Feldflur nimmt der Stadtteil Barmbek-Nord ein.

Barmbek-Süd hat sich in der zweiten Hälfte des 19. Jh. als ausgedehntes und dicht besiedeltes Arbeiterwohnquartier entwickelt. Die Spekulation erschloß es durch schematische Straßenzüge. – Davon ist nur wenig erhalten. Denn Barmbek war das Zentrum des ›Feuersturms‹, den die Juli-Bombenangriffe von 1943, die ›Operation Gomorrha‹ der Royal Air Force, entfachte. Der Wiederaufbau hielt sich an die alten Straßen und errichtete ihnen folgend schematische Zeilen einfacher, traditionalistischer Backsteinbauten mit Satteldach (etwa im Viertel hinter dem Einkaufszentrum Hamburger Straße).

Durch den Hochbahnring von 1906–12 hat Barmbek-Süd die Haltestellen Mundsburg (s. Uhlenhorst), Hamburger Straße und Dehnhaide erhalten. Die einfache **Haltestelle Dehnhaide** verbirgt sich hinter einer Sandsteinfassade (Raabe & Wöhlecke, 1908–10). **Hamburger Straße** wurde als freistehender Bau ähnlich Mundsburg monumental gestaltet (Rambatz & Jollasse, 1911/12). – Unmittelbar bei dieser Haltestelle liegt übrigens das **Museum Electrum** der Hamburgischen Elektrizitäts-Werke (s. Museen).

Heute wird der Stadtteil überragt von den Hochhäusern des **Einkaufszentrums Hamburger Straße** (Planung seit 1963 Edgar Horstmann, Adolf K. Kruse, Klaus Kruse; Ausführung seit 1968, die drei Türme zur Stadt hin nach Entwürfen von Garten, Kahl und Bargholz). Die zweigeschossige Einkaufspassage im Inneren war die erste und blieb die größte in Hamburg. Sie erhielt –

um mit den jüngeren innerstädtischen Passagen gleichzuziehen – ein gläsernes Tonnengewölbe von Gerkan, Marg und Partner, 1987). – Bereits vor dem Zweiten Weltkrieg lag hier das Geschäftszentrum des Stadtteils. Auf der Grünanlage zwischen Hamburger Straße und Oberaltenallee standen dicht bebaute Blocks. Der ›Feuersturm‹ von 1943 hat davon nur Rudimente überleben lassen (z. B. an der Finkenau; s. Uhlenhorst).

Aus dem alten Barmbek gibt es mehr zum Winterhuder Weg hin noch Etagen- und Stadthäuser mit Werkstätten und kleinen Fabriken (übergehend in das Hinterland der Uhlenhorst), darunter auch öffentliche Gebäude, so die **Badeanstalt** Bartholomäusstr. 97 (Doppelhalle von 1907/08) und die **Feuerwache** Bachstr. 98 (1896–98). – Von den Spekulationsbauten des nach seinen Bauherren so genannten ›Dänenviertels‹ mit seinen Terrassenhöfen gibt es noch Rudimente an **Humboldtstr. 102–104, 118** und **134–136** mit **Schumannstr. 57–59** (1891–93).

Auch in den zwanziger Jahren sind in Barmbek-Süd eine Reihe von Wohnblocks entstanden. Besonders eindrucksvoll ist der Block **Flotowstraße** mit der von ihm überbauten **Stradellakehre:** Wie meist, so ist auch hier das öffentliche Erscheinungsbild des Blocks von Backstein bestimmt, der Hof aber nur verputzt, gleichwohl für sich zur Fassade geordnet mit Treppenhausachsen und Balkongruppen (Friedrich R. Ostermeyer und C. Wendt, 1929/30).

1903/04 wurde für den Stadtteil der erste öffentliche Park angelegt: Der **Biedermannplatz** mit Teich, unregelmäßiger Bepflanzung und Wegen – ganz in der Tradition der romantischen Parkvorstellungen des hamburgischen Ingenieurwesens.

Diesem Park zugewandt ist die Turmfront der kath. Kirche **St. Sophien** (Heinrich Beumer, 1900) errichtet. Sie ist innen westfälischen Hallenkirchen des 13. Jh. nachempfunden und mit ihrem Backsteinaußenbau den hamburgischen Kirchen angeglichen. Von der neugotischen Ausstattung sind die Hauptteile bei der Wiederherstellung nach Kriegsschäden bewahrt worden. Stifter der Kirche war Wilhelm Riedemann (1832–1920), einer der Gründer der Deutsch-Amerikanischen Petroleumgesellschaft (heute ESSO), deren Kontorhaus (s. Innenstadt, Neuer Jungfernstieg) ebenso zu Riedemanns Bauprogramm gehörte wie seine Villa Alsterufer 27 (s. Rotherbaum) und sein Mausoleum (s. Ohlsdorf).

Hinter der Kirche wurde 1964–66 für den Konvent der 1962 nach Hamburg gerufenen Dominikaner das **Kloster St. Johannis** errichtet, das mit seinem Patrozinium an den mittelalterlichen Vorgänger in Hamburg anknüpft. Die Bauaufgabe ›Klausur in der Großstadt‹ wurde von Walter Bunsmann, Jörn Rau und Paul-Gerhard Scharf durch einen kreisrund organisierten Hofbau gelöst, der in der Achse der Kirche hinter deren Chor liegt.

An der Westseite des Biedermann-Platzes steht die ev.-luth. **Bugenhagenkirche** (Emil Heynen, 1927–29). Sie bildet in einem Baukörper, der ein Gemeindezentrum und Wohnungen umfaßt, das Obergeschoß und die Mitte, bekrönt von dem nach Osten gerichteten Turmmassiv (Klinkerplastiken der Bildhauer Kuöhl, Wield und Ely). Dunkler Klinker bestimmt die Baugruppe, in der das Neue Bauen nach sakralem Ausdruck sucht. – Gleichzeitig mit der Kirche entstand dahinter der Wohnblock **Lachnerstr. 1–3** (Bensel & Kamps, 1928/29).

Der Wohnblock **Schleidenstraße 2–6** wurde 1905/06 errichtet (im Zweiten Weltkrieg ausgebrannt); ohne Schlitze und Hinterflügel bildet er nach Norden zur Brucknerstraße den charakteristischen Hof der ›Hamburger Burg‹ aus (s. Eimsbüttel). Die Backstein-Putz-Mischbauweise ähnelt den gleichzeitigen Häusern des Bauvereins zu Hamburg (Ernst Vicenz). Bauherr war die Konsum-Genossenschaft ›Produktion‹, die damit in Barmbek ein Muster für die Verbesserung der Lebensverhältnisse der Arbeiterbevölkerung schuf – eine Antwort der Arbeiterbewegung auf die gründerzeitliche Spekulation und ihre Terrassen-Höfe.

Das **Keitel-Stift** an der Lohkoppelstr. 24 wurde 1904/05 nach Entwürfen des sonst auf Fabriken spezialisierten Architekten Gustav Schrader errichtet. Die Kleinwohnungen liegen an Mittelgängen, das Ganze wirkt wie ein Schloß oder wenigstens Palais mit Mittelturm und kurzen Seitenflügeln. In Barmbek brachte das Bauwerk sinnfällig die Wohltat zum Ausdruck, die es bedeutete, hier aufgenommen zu werden.

Die erste eigene Kirche des Stadtteils war die ev.-luth. **Heiligen-Geist-Kirche** an der Hufnerstraße. Der neugotische Backsteinbau auf zentralisiertem Grundriß (Hugo Groothoff, 1902/03) ist durch Krieg und Wiederaufbau vereinfacht. An dieser Stelle stand das ›Herrenhaus‹ des Heiligen-Geist-Hospitals, dem Barmbek jahrhundertelang gehörte.

Von dem »freundlich belegenen Dorf« (Schröder/Biernatzky, 1855) ist nichts mehr zu spüren bis auf wenige winzige Spuren: Am Barmbeker Markt/Lohkoppelstraße steht noch die **Friedenseiche** von 1871.

Als Hamburg 1814 unter französischer Herrschaft noch einmal zur Festung wurde, vertrieb der Kommandant Davout alle die Bewohner Hamburgs aus der Stadt, die sich nicht selbst bevorraten konnten (s. St. Pauli). In Barmbek fanden viele ihr Exil. An die fünfzig, die die Entbehrungen nicht überlebten, erinnert auf dem ehemaligen Begräbnisplatz ein 1817 errichteter **Gedenkstein** (Grünanlage am Pfennigsbusch).

Ebendort am Reyesweg nennt eine **Granitstele** »Das Amt der Reeper Ao. 1787«, wahrscheinlich um 1880 von den Reeperbahnen in St. Pauli hierher übertragen.

Nach Norden und Osten – wo sich dann die Wohnviertel von Barmbek-Nord und Dulsberg anschließen – dehnte sich die städtisch verdichtete Bebauung erst in den zwanziger Jahren aus.

Die Wohnanlage am **Pfennigsbusch 6–28** entstand 1924/25. Ihr Grundriß folgt den Reformblocks aus der Zeit um 1905 (›Hamburger Burg‹), die Backsteinfassade experimentierte (heute kaum mehr wahrnehmbar) mit bunten Fugen! – Ungewöhnlich durch seine Putzfassade ist der **Daniel-Bartels-Hof,** Alter Teichweg 7–11 (Puls & Richter, 1926/27) mit Klinkerplastiken am Haupteingang. – Der Wohnblock Kraepelinweg 25–31, Pinelsweg 9–11, Reyesweg 26–32 ist als **Heinrich-Grosz-Hof** der Allgemeinen Deutschen Schiffszimmerer-Genossenschaft (Friedrich R. Ostermeyer, 1928) einer der Traditionsbauten dieser bedeutenden Wohnungsbaugenossenschaft mit der Statue eines Schiffszimmerers zwischen den Spitzbogen der Eingangshalle am Pinelsweg. Dort ehrt eine überlebensgroße Büste Heinrich Grosz, in dessen Zeit als Vorsitzender der Selbsthilfegenossenschaft von Schiffszimmerern sie im Wohnungsbau ihre neue Aufgabe ergriff.

Zu Barmbek gehört das **Allgemeine Krankenhaus Eilbek.** Es war 1862–64 als ›Irrenanstalt Friedrichsberg‹ angelegt worden – wiederum eine der sozialen Anstalten, die im Grünen plaziert wurden, weil man sich von einer gesunden Lage und Bauweise Heilung versprach. Die Reste aus der ersten Zeit zeigen die charakteristische Verbindung von schloß- und palaisartiger Anlage im Park, hygienischer Raumorganisation und spartanisch-zweckmäßiger Gestaltung als Backsteinrohbau. Fritz Schuhmacher hat im Sinne des Pavillonsystems 1911–14 landhausartige, je verschieden gestaltete Häuser in den Park gesetzt. Die Anlage wurde im Zweiten Weltkrieg schwer zerstört und seit dem Wiederaufbau vielfach im einzelnen verändert.

Die **Schule Von-Essen-Straße 84** (Albert Erbe, 1909–11) zeigt, daß Erbe in dieser Zeit nicht weit entfernt von dem war, was dann Fritz Schumacher als Leiter des Hochbauwesens seit 1909 für die öffentlichen Bauten Hamburgs glänzend verwirklichte.

Wohldorfer Str. 35–63/Stuvkamp 2–12 ist der große Wohnblock des Bauvereins zu Hamburg – wenngleich durch den Krieg beeinträchtigt – erhalten (Ernst Vicenz, 1901–02), eine charakteristische ›Hamburger Burg‹.

Die **Hauswirtschaftsschule,** Uferstraße 10, wurde von Fritz Schumacher 1927/28 als Gewerbeschule für Mädchen errichtet. Leider ist das von Anita Rée geschaffene Wandgemälde der ›Klugen und Törichten Jungfrauen‹ dem Dritten Reich zum Opfer gefallen.

Dulsberg

Die Siedlung

Der Dulsberg war Teil der Gemarkung Barmbeks; er wurde in den zwanziger Jahren als Siedlungsgebiet erschlossen. Als Grundlage dafür entwickelte Fritz Schumacher noch während des Ersten Weltkrieges einen Bebauungsplan, den er als Musterlösung für die von ihm erstrebte Reform des Städtebaus verstand: Er wollte die Mißstände der Großstadt heilen und die Großstadt als Lebensform retten. Der alte Bebauungsplan hatte in einem schematischen Straßennetz gemischte Wohn- und Gewerbeviertel vorgesehen. Nach dem Ersten Weltkrieg konnte Schumacher Reformvorstellungen um so leichter durchsetzen, als die Patriotische Gesellschaft viel radikalere Vorschläge für die Reform des Wohnungsbaus und für Dulsberg ins Spiel gebracht hatte.

Das städtebauliche Ordnungssystem in Schumachers Plan hat formal traditionelle Elemente (Achsen, Blockbildung), sozial aber entscheidende Neuerungen: Neben der **Straßburger** und der **Nordschleswiger Straße** als Durchgangsstraßen und Hauptachsen erhielt der Stadtteil sein Skelett durch einen ausgedehnten **Grünzug** (mit Sportplätzen). Das Wegenetz ist von ihm und von den Hauptstraßen aus abgestuft bis zu Fußwegen in den Höfen der Wohnblocks und sichert so Wohnruhe im Innern der Siedlung. Öffentliche Bauten setzen die Akzente.

Die ersten Wohnhäuser entstanden 1921–23 – also in der Inflationszeit – zwischen **Altem Teichweg** und **Dulsberg-Nord, Lothringer** und **Elsässer Straße.** Sie wurden von der Freien und Hansestadt Hamburg erbaut – und nach Typus wie Grundriß von Fritz Schumacher 1920 entworfen. Die Fassade jedes Blocks zeichneten je zwei Privatarchitekten (die Vielfalt an Klinkerdetails rührt daher). Die Blocks sind an den Schmalseiten geöffnet und an den Gärten vorbei durch niedrige Trakte verbunden. So ergeben sich freistehende Zeilen – eines der frühesten Beispiele für diese bald allgemeinverbindliche Form des Wohnungsbaus. – Ein Beitrag zur ›Sozialisierungsdebatte‹ war die Planung des Blockes **Memeler Straße** als ›Einküchenhaus‹: Im Haus **Elsässerstraße** (mit seinen Einzelzimmern dann als Studentenheim genutzt) sollte eine Gemeinschaftsküche die Bewohner des ganzen Blocks versorgen. Die damals vieldiskutierte Idee – die den Frauen Entlastung und damit Emanzipationschancen bringen sollte – blieb auf sich beruhen. In einem Protokoll von 1920 heißt es: »Diese Neuerung sei nur geeignet, den häuslichen Herd zu zerstören und damit den Familiensinn zu untergraben, sie werde ohne Zweifel an dem Widerstand der hamburgischen Hausfrauen scheitern, die es vorziehen würden, selbständig zu wirtschaften ... Nur Herr Paeplow (sc. der Vorsitzende des Deutschen Bauarbeiterverbandes) sprach sich im Prinzip für das Einküchenhaus aus, weil dies zum Sozialisierungsprogramm gehöre und in absehbarer Zeit doch kommen werde ...« – womit er sich irrte.

Auch die Wohnblocks zwischen **Straßburger** und **Lothringer Straße, Dulsberg-Süd** und **Elsässer Straße** wurden 1922/23 von der Stadt errichtet (diesmal nach Entwürfen von Christoph Ranck und Carl Brunke): Blockrandbebauungen in einfach traditionalistischen Formen. Die Folge von Hofeinfahrten zwischen Elsässer und Weißenburger Straße wirkt freilich sehr pathetisch. – Diese Häuser waren bis zum Zweiten Weltkrieg zusammen mit der Siedlung in Langenhorn die einzigen, die von der Freien und Hansestadt selbst erbaut wurden. Mit ihnen führte Schumacher den Nachweis, daß der städtische Mietwohnungsbau eine Zukunft habe (s. Langenhorn).

In den folgenden Jahren gewann der Dulsberg seinen Charakter als Experimentiergebiet für unterschiedliche Konzepte des Geschoßwohnungsbaus; jeder Block hat ein eigenes Konzept und eigene formale Lösungen gebracht. Der Stadtteil hat dies verkraftet, da die übergeordnete Planung Fritz Schumachers die Vielfalt zur Gesamtwirkung verband.

An der **Straßburger Straße 2–32** entstanden 1927/28 Häuser von Klophaus & Schoch, deren eingezogene und überhöhte Ecken mit den darin untergebrachten Treppenhäusern etwas Expres-

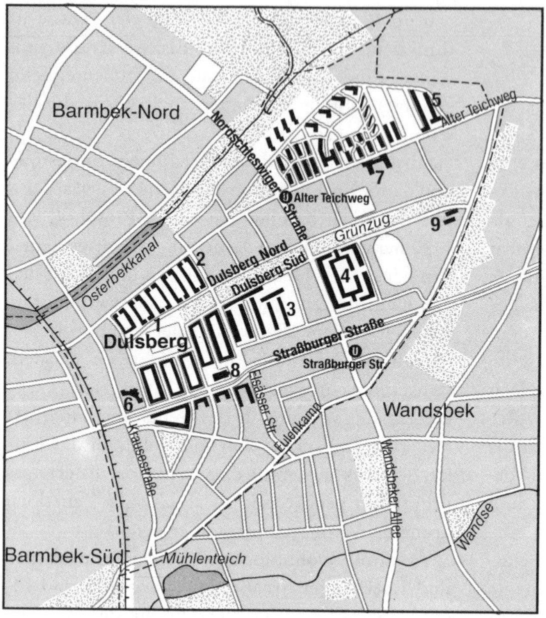

Dulsberg
1 Die ersten Blocks der Siedlung (Fritz Schumacher)
2 ›Einküchenhaus‹ Elsässer Straße
3 Laubenganghäuser
4 Naumannplatz
5 Dulsberg-Ost
6 Gymnasium Krausestraße
7 Gesamtschule Alter Teichweg
8 Frohbotschaftskirche
9 Dietrich-Boenhoeffer-Kirche

sionistisches haben. Bauherr war die liberale (von der DDP begründete) Baugesellschaft ›Freie Stadt‹. – Auch die Großwohnanlage **Naumannplatz** wurde 1928/29 nach Entwürfen von Rudolf Klophaus für sie errichtet. Diese Anlage versucht, durch zwei ineinandergefügte hufeisenartige Wohnhäuser eine gute Ausnutzung von Grund und Boden und schließlich einen attraktiven Gemeinschaftshof im Innern zu erzielen. Durch den Wiederaufbau ist der Formcharakter, der ursprünglich programmatisch modern war, etwas traditionalistischer geworden. Wie der Name ausweist, war der Block ein Manifest der Liberalen in Hamburg – wohl gegen die gewerkschaftliche Baupolitik.

Der Block zwischen **Dulsberg-Süd, Elsässer, Oberschlesischer** und **Diedenhofer Straße** wird von einer Gesamtanlage eingenommen, in der Paul R. und Hermann Frank 1929/30 die Idee des Laubenganghauses mit dem neuen Konzept der Zeilenbauweise und schließlich dem Formenapparat des Internationalen Stils zu einer schlüssigen Einheit geführt haben. Die Laubengänge, die der Erschließung der Kleinwohnungen von wenigen Treppenhäusern aus dienen (s. Barmbek-Nord), sind an den Südenden halbrund herumgeführt, in kollektive Gemeinschaftsbalkone für die einzelnen Stockwerke übergehend. In der Reihung entlang der Oberschlesischen Straße bilden sie eines der schönsten architektonischen Motive des Neuen Bauens in Hamburg (Abb. 70).

Die übrigen Bauten im Dulsberg wurden nach dem Krieg vereinfacht oder in ganz veränderter Form wieder aufgebaut. – Wie festzuhalten ist, daß der Dulsberg 1945 nur aus ausgebrannten Ruinen bestand. Die Siedlung galt aber als so vorbildlich, daß sie weithin rekonstruiert wurde. An vielen Spuren (z. B. Materialunterschiede) kann man den Grad der Zerstörung noch ablesen.

Dulsberg-Ost

In wenigen Jahren wurde erkennbar, daß die Häuser dieser Siedlung wie der Wohnungsbau der

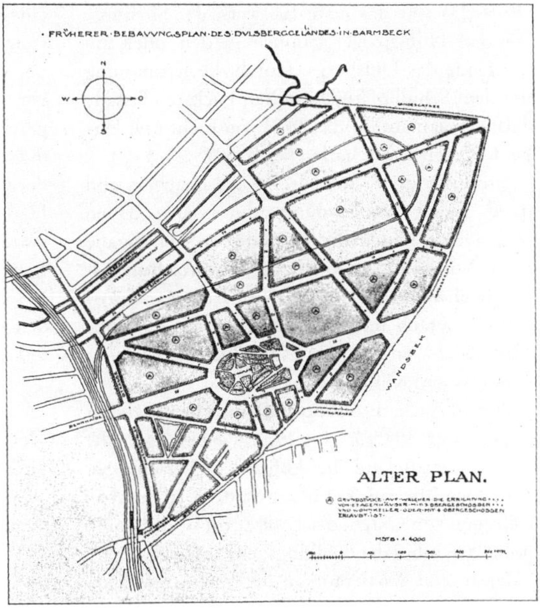

Der Bebauungsplan für das Dulsberg-Gelände vor dem Eingreifen Fritz Schumachers

›goldenen zwanziger Jahre‹ insgesamt zu teuer wurde, um sein sozialpolitisches Ziel erfüllen zu können: Die Mieten wurden zu hoch. Zugleich hatte sich in Deutschland und durch die ›CIAM‹ (Congrès Internationaux de l'Architecture Moderne) international die Erkenntnis durchgesetzt, daß die rationellste Ausnutzung von Grund und Boden ebenso wie die bestmögliche Zuwendung der einzelnen Wohnungen zu Licht und Luft durch gleichmäßig gereihte, nord-südlich ausgerichtete Zeilen zu erreichen sei. Als daher 1927 für den Ostteil des Dulsberg-Geländes ein Wettbewerb ausgeschrieben wurde, war das Ergebnis ein Zeilenbauviertel nördlich vom **Alten Teichweg** und östlich der **Nordschleswiger Straße** mit ›Wohnungen für das Existenzminimum‹, in dem auch der Backstein aufgegeben wurde und statt dessen Putzbauten entstanden. Diese vereinfachte und rationalisierte Bauweise kam den Doktrinen und den ästhetischen Ansprüchen des Neuen Bauens sehr entgegen. Seine Hamburger Vertreter kamen dann auch zum Zuge: Karl Schneider, Walter Hinsch und Erwin Deimling, Robert Friedmann bauten hier 1930/31. – Diese Häuser wurden beim Wiederaufbau weniger sorgfältig behandelt als die des älteren Dulsbergs. So geben die Reste nur fragmentarischen Aufschluß über den Wandel im Wohnungsbau am Ende der zwanziger Jahre in Hamburg (Alter Teichweg 169 und 175–185). – Das meiste ist durch eine veränderte Nachkriegsplanung ersetzt – die ihrerseits zwischen **Nordschleswiger Straße** und **Graudenzer Weg** zur Musteranlage für den Wohnungsbau der fünfziger Jahre wurde (Sprotte & Neve, 1952–54).

Öffentliche Gebäude

Zum städtebaulichen Programm Fritz Schumachers gehörten die von ihm entworfenen öffentlichen Gebäude als architektonische und soziale Kristallisationspunkte.

Die frühere Volksschule Ahrensburger Weg, das **Gymnasium Krausestraße,** Krausestraße 53

(1919–23) war das erste Bauwerk der Siedlung. Wie ein Hohlspiegel sammelt es den Blick am Westende des Dulsbergs. Durch die Krümmung der dem Schulhof zugewandten Backsteinfassade entfaltet sich auf ihr das Spiel von Licht und Farbe, Reflexen und Schatten (Abb. 69).

Am Ende der Schulbaureihe Schumachers und damit seiner Hinwendung zum Neuen Bauen steht 1929–31 am östlichen Ende der Siedlung die ehem. Volksschule und jetzige **Gesamtschule Alter Teichweg 200,** aus dem inneren Raumprogramm heraus und doch ausgewogen komponiert, Glanz und Farbe auf die Materialwirkung von Glas und Klinker reduzierend.

Der ev.-luth. **Frohbotschaftskirche** (Dyrssen & Averhoff, 1935/36, bis 1953 wiederaufgebaut) war eine städtebauliche Aufgabe zugedacht: Sie bildet den Blickpunkt für den Stadtteil in der Annäherung von Osten, der Kirchturm ist das traditionelle Symbol der Siedlungsgemeinschaft.

Nach dem Wiederaufbau der zerstörten Siedlung hat sie mit dem ev.-luth. Kirchengemeindezentrum der **Dietrich-Bonhoeffer-Kirche** ein besonders schönes Bauwerk der Nachkriegs-Moderne erhalten (Gerhart Laage, 1967–69, Fenster Sergio de Castro), aus strengen Kuben zusammengesetzt, mit dunklem Klinker verkleidet und mit karger Ausstattung des Inneren.

Ein deutschnationales Element der Weimarer Republik wird in den Straßennamen spürbar. Sie erinnern an die nach dem Ersten Weltkrieg vom Deutschen Reich abgetrennten Gebiete im Osten und Westen. – 1956 wurde mit einer gewissen Konsequenz der **›Memeldank‹-Gedenkstein** hierher versetzt, der 1935 in Wellingsbüttel zur Erinnerung an die Volksabstimmung im Memelland aufgestellt worden war (Memeler Straße).

Barmbek-Nord

Der Stadtteil

Barmbek-Nord umfaßt die Barmbeker Feldmark nördlich vom alten Dorfkern (s. Barmbek-Süd). Das Gelände galt seit der Jahrhundertwende als eines der wichtigsten Hamburger Stadterweiterungsgebiete – benachbart dem neuen Stadtpark (s. Winterhude). Dafür hatte die Entwicklung von Bebauungsplänen seit 1892 die Grundlagen geschaffen. Wie in Barmbek-Süd sollten hier dichte Wohnviertel für die Arbeiterbevölkerung der Großstadt entstehen. Die damals festgelegten Hauptstraßen des Stadtteils sind verwirklicht worden. Die Ausgestaltung im einzelnen und die Bebauung wurden aber dann zum Muster für die Reform des Städtebaus in Hamburg. Denn erst in den zwanziger Jahren entwickelte sich der Stadtteil.

Großstadtbauten

Noch vor dem Ersten Weltkrieg entstand die städtische Infrastruktur: Der **Bahnhof Barmbek** dient der seit 1898 angelegten S-Bahn und seit 1907–12 auch der Hochbahn. Viaduktstrecken und Bahnsteigüberdachungen gehen noch auf diese Zeit zurück. Westlich davon liegt der **Betriebsbahnhof der Hamburger Hochbahn;** Wagenhallen und Werkstattbauten sowie das ehemalige Kraftwerk, dazu das Verwaltungsgebäude an der Hellbrookstraße (Raabe & Wöhlecke, 1907–10) bieten bei der Fahrt mit der Hochbahn vor dem Hintergrund des Stadtparks eine merkwürdige Mischung aus technischer Großanlage und Gutshausromantik. Insgesamt ist der Bahnhof Barmbek vielfach umgebaut und modernisiert. – Wie an den anderen Verkehrsknotenpunkten entstand hier 1939 einer der **Rundbunker** ›System Zombeck‹, die seit Beginn des Zweiten Weltkriegs mit ihren altdeutschen Backsteintürmen und Kegeldächern Sicherheit vor dem befürchteten Luftkrieg suggerieren sollten.

Zugleich mit der erwähnten Wohnbebauung und für ihre Versorgung errichtete Fritz Schumacher seine ersten großen **Volksschulbauten: Rübenkamp** (Genslerstr. 33, 1911–13) und **Tieloh 28** (1913/14). Wie die gleichzeitigen Schumacherbauten der Innenstadt haben sie hoch entwickelte Dächer; ihr Äußeres bestimmt der Backsteinrohbau, angereichert durch Werkstein- und Kera-

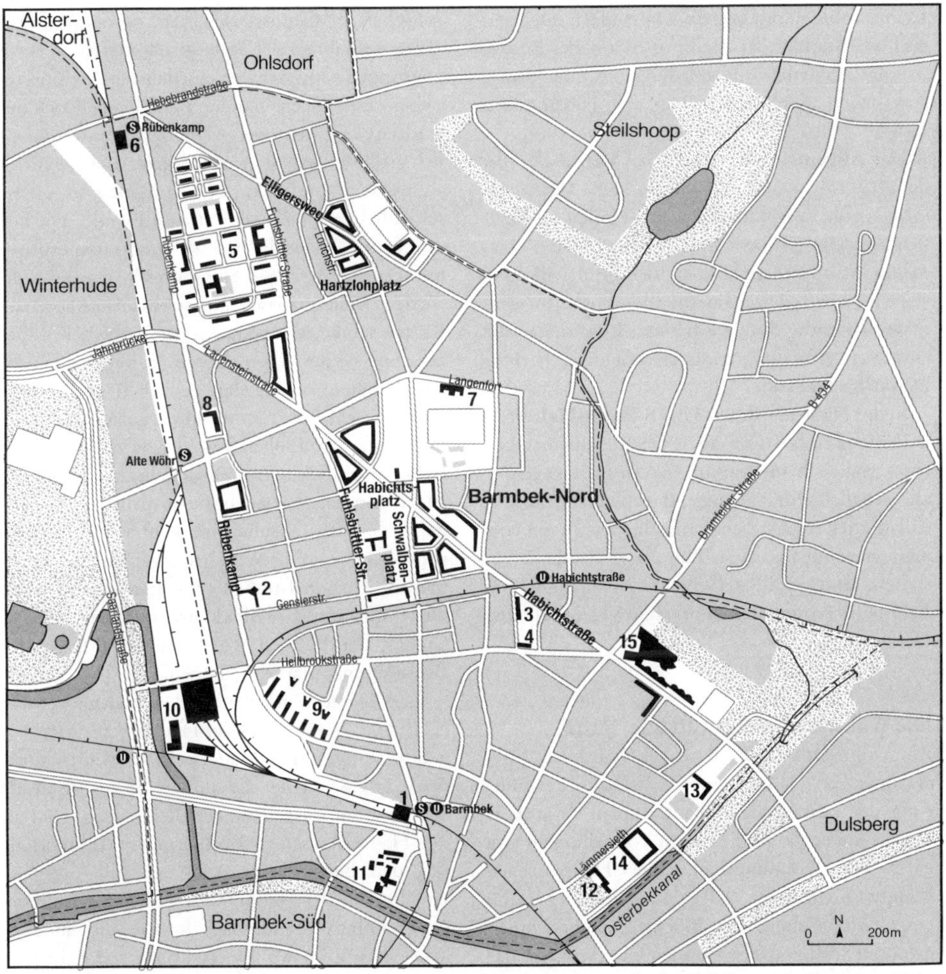

Barmbek-Nord 1 Bahnhof Barmbek 2 Schule Rübenkamp 3 Schule Tieloh 4 Auferstehungskirche 5 Allgemeines Krankenhaus Barmbek 6 S-Bahn-Haltestelle Rübenkamp 7 Schule Langenforth 8 Schule Schaudinnsweg 9 Hochbahnschleife 10 Hochbahn-Betriebsbahnhof 11 Ehem. Hamburg-New Yorker Gummiwaren-Compagnie (Museum der Arbeit) 12 St. Franziskus 13 Volksschule Lämmersieth 14 ›Heimat‹ Adlerstr. 5–19 15 Ehem. Margarine-Fabrik Voss

mikgliederungen sowie Bauplastik. Städtebaulich exponiert gelegen, sind sie Vorboten der Ideen, mit denen Schumacher dann in den zwanziger Jahren die Schulen in dem neuen Wohnviertel zu künstlerischen und sozialen Zentren machte.

Wie die älteren Stadterweiterungsgebiete wurde auch das neue Viertel mit einer ev.-luth. Pfarrkirche ausgestattet. Die ev.-luth. **Auferstehungskirche** entstand 1916–20 nach Entwürfen von Camillo Günther am Tieloh 18. Als Backsteinzentralbau mit hohem Kuppeldach integriert sie bodenständige Bautraditionen und das Bestreben nach neuen Grundrißlösungen für den protestantischen Kirchenbau seit der Jahrhundertwende.

Das **Allgemeine Krankenhaus Barmbek** wurde 1910–15 – wie jeweils schon seine Vorgänger (St. Georg, Eppendorf) – weit draußen im Grünen angelegt (Rübenkamp 148), wie das Allgemeine Krankenhaus Eppendorf im Pavillonsystem (entworfen von Friedrich Ruppel). Im ehemals aufwendig durchgestalteten Park stehen die einzelnen Abteilungen als selbständige, herrenhausartige Gebäude.

In der Nähe wurde 1913 die **S-Bahn-Haltestelle Rübenkamp** eingerichtet. Das Ingenieurwesen hat – vielleicht in Konkurrenz zu Schumacher – alle Möglichkeiten genutzt, durch einen traditionalistischen Backsteinbau mit Bauplastik ein vornehmes, landhausartiges Eingangsgebäude zu gestalten. Jetzt wird das Gebäude unabhängig vom Bahnbetrieb durch einen privaten Verein erhalten und genutzt.

Die Wohnstadt der zwanziger Jahre

Zur Wohnstadt wurde Barmbek-Nord seit 1918, als unter Fritz Schumachers städtebaulicher Führung der bestehende Bebauungsplan reformiert wurde, angepaßt an die neuen Vorstellungen von gesundem Wohnungsbau. Die Hauptstraßen konnten nicht mehr verlegt werden. Aber durch geschickten Schnitt der Blöcke zwischen ihnen gelang es, ruhige Nebenstraßen zu gewinnen, dazu Baugrundstücke, die die neuen, reformierten Mietshaustypen zuließen und schließlich vor allem eine Folge von öffentlichen Freiräumen, die auch diesem Stadtteil einen Grünzug bescherten. So entstand das größte zusammenhängende Wohngebiet der zwanziger Jahre in Hamburg, weit größer als Jarrestadt und Dulsberg-Siedlung (s. Winterhude und Dulsberg).

Während aber jene jeweils Modellcharakter hatten, war Barmbek-Nord der Normalfall: Hier bauten Bauherren aller Art – Gemeinnützige Gesellschaften, Genossenschaften, private Anleger, Bauunternehmer, Kapitalgesellschaften, Versicherungen – mit den verschiedensten Architekten neben- und durcheinander. Beim Gang durch den Stadtteil kann man beobachten, wie unterschiedlich große Mietshäuser traditionalistische, expressionistische und dem Neuen Bauen in unterschiedlichen Spielarten zuzuordnende Formen immer anders für die Fassadengestaltung erprobten. Darin fand das in Hamburgs Wohnungspolitik der zwanziger Jahre angestrebte ›freie Spiel der Kräfte‹ seinen architektonischen Ausdruck. – Gerade hier ist deswegen aber auch am besten nachzuvollziehen, wie es den einfachen städtebaulichen Mitteln Fritz Schumachers gelang, dennoch das Ganze als Einheit erscheinen zu lassen. Sie sicherten einheitlichen Maßstab und geschlossene Blockfronten, aber auch die ausdrucksvolle Modellierung städtebaulich markanter Stellen (und gerade die vom alten Bebauungsplan übernommenen Diagonalstraßen brachten davon viele durch spitzwinklige Blockzuschnitte hervor). Die Vielfalt der Formen wurde in der Einheit des Backsteinmaterials aufgehoben.

Der Zweite Weltkrieg hat den Stadtteil schwer geschädigt. Kaum eines der Häuser war nicht ausgebrannt. Spuren im Mauerwerk und Luftschutzpfeile (weiße Pfeile, die auf die provisorisch als Schutzräume ausgebauten Keller weisen) sind an den Häusern noch als Erinnerungen daran erhalten, daß Barmbek-Nord in den Juli-Angriffen von 1943 in der Hauptanflugschneise der alliierten Bomberverbände lag. – Wie die anderen kriegszerstörten Wohnviertel der zwanziger Jahre wurde auch Barmbek-Nord 1949 bis 1952 in der alten Form rekonstruiert.

Habichts- und **Schwalbenplatz** bilden das Zentrum des Stadtteils. Zwischen ihrer Ostseite und der **Habichtstraße,** mit **Heidhörn, Rosamstwiete** und **Lißmannseck,** erreichen Blockrandbebauungen in den klaren Formen des Neuen Bauens monumentale Wirkung. Bauherr war die 1926 von den Gewerkschaften gegründete ›Gemeinnützige Kleinwohnungsbaugesellschaft Groß-Hamburg‹, die Keimzelle der späteren

›Neuen Heimat‹. Die Architekten waren Karl Schneider (Südost-Block, 1927/28), Hermann Höger (Südwest-Block zusammen mit Karl Schneider, 1927–30) und Berg & Paasche (Nord-Block, 1930/31). – An der **Habichtstraße 114–130** mit **Eckmannsweg** und **Herbstsweg** errichtete dieselbe Gesellschaft nach Entwürfen von Karl Schneider und Berg & Paasche 1927/28 eines der schönsten Hamburger Mietshäuser dieser Epoche. Die Ecke Habichtsplatz/Habichtsweg und die mittlere Durchfahrt nutzt es zu gestalterischen Effekten mit den einfachen Mitteln des Neuen Bauens: abgerundete Eckbalkons, im Erdgeschoß zur Durchfahrt halbrund vortretende Läden.

In der Nähe liegen zwei sozialgeschichtliche und architektonische Sonderleistungen des Wohnungsbaus der zwanziger Jahre: Das ›Laubenganghaus‹ **Heidhörn 2–4** (Paul A. R. und Hermann Frank, 1926/27) ist der Prototyp dieser Hamburger Spezialität des Massenwohnungsbaus (s. Dulsberg und Winterhude, Jarrestadt): Durch Laubengänge entlang der Hofseite konnten Treppenhäuser gespart werden. Die sehr kleinen Wohnungen mit Wohnküche, Schlafzimmer und Kammer galten als Versuch äußerster Rationalisierung; die ›Wohnung für das Existenzminimum‹ der ausgehenden zwanziger Jahre kündigt sich darin an. – Das ehemalige Frauenwohnheim ›Schwalbenhof‹, **Schwalbenplatz 15** (Paul A. R. und Hermann Frank, 1929/30) ist gleichfalls ein Laubenganghaus. Hier diente dieser Typus der Lösung eines besonderen Problems. Im Rahmen der Wohnungszwangswirtschaft der zwanziger Jahre hatten alleinstehende Frauen kein Anrecht auf eine selbständige Wohnung. Sie waren auf Untermiete angewiesen. Wenigstens die besser Verdienenden unter ihnen erhielten durch den Schwalbenhof ein angemessenes Wohnraumangebot (das Haus hatte eine hochmoderne Ausstattung und Gemeinschaftsanlagen).

Das Hochhaus **Habichtsplatz 8** wurde 1955 errichtet (Neue Heimat – deren Chefarchitekt war damals Ernst May). Es dokumentiert den Abschluß des Wiederaufbaus in Barmbek-Nord; es erinnert aber auch selbstbewußt daran, daß bei allem Respekt vor Schumachers Viertel eine neue Zeit angebrochen war: die der Solitärbauten im offenen Raum und der Trabantenstädte mit ihren Punkthäusern.

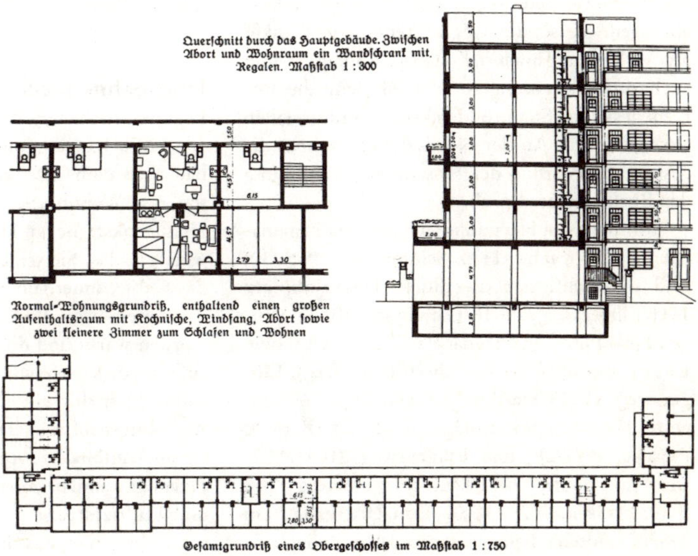

›Laubenganghaus‹ Heidhörn 2–4, Grundrisse und Schnitt, 1927

Von den vielen anderen Bauten der zwanziger Jahre im Stadtteil seien nur wenige hervorgehoben: Der Architekt Friedrich R. Ostermeyer errichtete für eine Genossenschaft den Block **Bendixensweg 2–10** 1925 mit expressionistisch geschmückten Erkern. – Den **Adolf-von-Elm-Hof,** Dennerstraße/Fuhlsbüttler Straße 236–256/Mildestieg baute er für die Hamburger Konsumgenossenschaft ›Produktion‹, jetzt ganz im Sinne des Neuen Bauens. Die kubisch geschnittenen Baukörper staffeln sich an der Nordecke des Blocks zu einer städtebaulich wirksamen Gruppe und endeten (bis zum Bau der Straßenüberführung) in einer Pfeilerlaube mit einem ›Rattenfängerbrunnen‹ von Richard Kuöhl (der jetzt im Hof Schwalbenplatz 66 aufgestellt ist). An der Südostecke krempelt pathetisch ein von Richard Kuöhl modellierter Arbeiter die Ärmel hoch. Im Hof steht als ein Denkmal für die Bemühungen der zwanziger Jahre um Steigerung der Lebensqualität durch Gemeinschaftseinrichtungen tempelartig die ehemalige *Waschküche*.

Einer der gestalterisch anspruchsvollsten Wohnblocks ist das Haus **Rübenkamp 74–80**/ Grögersweg/Wasmannstraße (Albert H. W. Krüger, 1925–29). Jede seiner vier Fronten versucht auf eigene Weise, die Möglichkeiten von Klinker als Verkleidungsmaterial auszuschöpfen – und auch zur Anschauung zu bringen, denn die aufrecht gestellten Steine bilden keinen traditionellen Verband mehr. An der Nordseite ermöglicht die gestufte Gliederung der Fassade jeder Wohnung den Blick zum Stadtpark.

Nördlich vom Hartzlohplatz mit seiner ehemaligen **Polizeiwache** (Fritz Schumacher, 1929/30) sind am wichtigsten die Blocks **Hartzlohplatz 1–11**/Elligersweg 14–16/Lorichsstr. 30–44 (Eugen Fink 1927 – mit Jaguarplastiken von Ludwig Kunstmann über der Einfahrt Elligersweg), **Elligersweg 33–39**/Matthias-Scheits-Weg 4–6/Rungestr. 11–17/ Schmachthägerstr. 21–23 (Berg & Paasche, 1927/28) und **Elligersweg 21–31**/Meister-Francke-Str. 7–15/Münstermannsweg 2–8 (J. C. Hansen, 1929–31). – Den Übergang zum neuen städtebaulichen System des Zeilenbaus vollziehen die Häuser zwischen **Mildestieg** und **Otto-Speckter-Straße** (Hermann Höger, 1925/26 bzw. 1929–31).

Die **Schule Langenforth** ist von Fritz Schumacher 1927–29 als symmetrisch angelegtes Doppelschulhaus erbaut worden. Der kräftig durchmodellierte Mittelteil wendet sich städtebaulich wirkungsvoll zum Grünzug hin. – Die **Schule Schaudinnsweg** (Fraenkelstr. 1–3, 1929–31) gehört zum späten, ganz sachlichen Typus der Schumacher-Schulen mit winkelförmigem Grundriß und kubischen Baukörpern.

Barmbek-Nord wurde auch nach 1933 weiter durch Wohnblocks aufgefüllt, die als Blockrand- und Zeilenbauten am vorgegebenen Bebauungssystem festhalten, freilich die für die Anpassung an die nationalsozialistische Ideologie wie für die nationalsozialistische Wirtschaft (Kontingentierung des Baueisens zugunsten der Rüstungsindustrie) charakteristische Rückkehr zu traditionellen handwerklichen Formen zeigen. So etwa mit dem Block **Lauensteinstr. 2–6**/Fuhlsbüttler Straße, Albers-Schönberg-Stieg (Elingius & Schramm, 1936), der wieder ein Satteldach hat und die Balkonnischen mit gemauerten Stichbogen überfängt.

Hochbahnschleife

Die besprochenen Bauten verdanken überwiegend ihre Existenz dem sorgfältigen Wiederaufbau nach dem Zweiten Weltkrieg. Auch für die schönen Wohnblocks zwischen Hochbahn und Hellbrookstraße, an **Hardorffsweg** und **Peiffersweg,** gilt das. Sie schlossen aber ursprünglich an das Gebiet innerhalb der ›Hochbahnschleife‹ an, das bereits vor 1914 mit Mietshäusern bebaut worden war – und diese galten nicht als wiederaufbauwürdig. Sie wurden abgeräumt und boten damit Platz für ein Demonstrativvorhaben des Wohnungsneubaus der Nachkriegszeit: Nach einem Wettbewerb von 1952 (den Zwinscher & Peters gewannen) entstand zwischen **Hellbrook-** und **Hufnerstraße** sowie **Rübenkamp** bis 1958 ein Wohngebiet, das die Grundthemen des Wohnungsneubaus jener Zeit anschlug und zum Lernort für die großen Planungen der Zeit um 1960 wurde. An die Stelle der früheren Blockbebauung trat die offene, gegliederte Stadt; auf einer einheitlichen Grünfläche stehen hinter freien Zeilenbauten Hochhäuser (die sich jeweils mit zwei Wohnungsgruppen auf v-förmigem, gestuftem Grundriß der Sonne öffnen – entworfen von Schramm & Elingius, Karl Trahn und Lothar Zeitz).

Südlich vom Bahnhof Barmbek

Barmbek-Nord reicht südlich vom Bahnhof Barmbek bis zum **Osterbekkanal,** der Barmbek-Süd und damit den alten Dorfkern begrenzt. Dieser Kanal wurde seit 1877 im Verlauf des Baches Osterbek angelegt. Bach und Kanal bildeten zwanzig Jahre lang die Zollgrenze innerhalb des Hamburger Staatsgebietes; sie war zwischen dem Deutschen Zollverein und Hamburg nach der Gründung des Norddeutschen Bundes 1868 und dann des Kaiserreiches 1871 festgesetzt worden und galt bis zum Zollanschluß 1888, der den Freihafenstatus Hamburgs auf das Hafengebiet einschränkte. In der Gründerzeit bedingte die Grenze die Standortwahl neuer Industrien: Unmittelbar nördlich vom Osterbek gelegene Fabriken konnten überseeische Rohstoffe aus Lagern im Freihafengebiet schnell heranschaffen und hatten so immer nur das zu verzollen, was wirklich verbraucht wurde; die Fertigprodukte hingegen entstanden bereits im Zollinland des Deutschen Zollvereins bzw. Reiches und mußten dort nicht mehr verzollt werden – konnten aber natürlich auch leicht exportiert werden (s. Ottensen).

Die größte Fabrik, von der noch am meisten Reste erhalten sind, war die **Hamburg-New Yorker Gummiwaren-Compagnie** an der Maurienstraße, die 1871/72 angelegt wurde. Hier entstand aus Rohkautschuk Hartgummi – ein Stoff, der für die Industrialisierung eine Schlüsselrolle spielte (nach der Entdeckung des Vulkanisierverfahrens 1842 durch Goodyear um 1850 erfunden). Erstmals konnten hochwertige Gebrauchsgüter, die vorher aus wertvollem Naturmaterial (z. B. Horn oder Schildpatt) handwerklich hergestellt wurden, als Massenartikel billig erzeugt werden. In Barmbek waren das zum Beispiel Kämme und Pfeifen. Dazu kamen aber bald auch die massenhaft gebrauchten Gegenstände der am Ende des 19. Jh. einsetzenden Elektrifizierung wie Schalter und Isolatoren.

Architektonisch bewegte sich die Fabrik im Rahmen des für Nutzbauten in Hamburg Üblichen (Backstein, bemerkenswerterweise noch im Rundbogenstil der Jahrhundertmitte). An- und Ausbauten haben die Gesamtanlage verändert, der Zweite Weltkrieg hat sie schwer zerstört. Die Gründungsfirma hat die Gebäude seit langem verlassen. Die Reste werden aber jetzt zum Kristallisationskern für ein neues Museum, das die Geschichte der Industrialisierung und der Industriekultur in ihnen vergegenwärtigen wird; in einem besser erhaltenen Neubautrakt von 1906/07 befinden sich die ersten Sammlungen des *Museums der Arbeit* (s. Museen und Sammlungen). – Das Funktionieren der Fabrik kann man trotz aller Verstümmelungen noch gut nachvollziehen: Der Hauptbau diente der Bearbeitung der Produkte; durch das langgestreckte Gebäude verliefen Transmissionen, an denen die Maschinen aufgestellt waren. Den Antrieb lieferte am Südende eine Dampfmaschine, deren Kesselhaus noch zum Teil erhalten ist. Das Nebengebäude ›Zinnschmelze‹ diente der Herstellung von Metallfolien, die für die Formung des Kautschuks gebraucht wurden. Der gepflasterte Hof wurde für die Lagerung von Kohlen und Rohkautschuk genutzt. Ein um 1910 entstandenes Kraftwerk weist auf den Wandel der Energiegewinnung nach dem Siegeszug der Elektrizität hin.

Nach Südosten entwickelte sich Barmbek-Nord als Fortsetzung des Wohngebiets Dulsberg: Die katholische **Franziskuskirche** (Lämmersieth/Kranichweg) mit Pfarrhaus und Gemeindewohnungen errichteten die Architekten Bensel & Kamps 1926/27. – Die **Volksschule Lämmersieth** 72 (1929–31) gehört wie die nicht weit entfernte Schule Alter Teichweg (s. Dulsberg) zu den spätesten, streng sachlichen, nur noch mit Baukörperkomposition und -proportion, mit Materialwirkungen wie den verglasten Treppenhäusern operierenden Schulen Fritz Schumachers. – Der Wohnblock der Angestellten-Baugesellschaft ›Heimat‹ **Adlerstr. 5–19**/Dohlenweg/Lämmersieth/Wachtelstr. (Ernst und Eduard Theil, 1926/27) demonstriert mit seiner differenzierten Baukörperentwicklung, seinen schmuckreichen Eckausbildungen und Türumrahmungen sowie mit farbiger Baukeramik in expressionistisch ›zackigen‹ Formen (R. Kuöhl) den erhöhten Anspruch auf Lebensqualität seitens der ›Weiße-Kragen‹-Mittelschicht innerhalb des Massenwohnungsbaus der zwanziger Jahre in Hamburg (s. Lokstedt). – Die Altenwohnanlage **Köster-Testament,** Habichtstr. 35/Meisenstr. (Paul A. R. Frank, 1931/32) zeigt, wie der in Hamburg traditionsreiche Bautypus des Stiftsgebäudes sich in den zwanziger Jahren die modernste Ausprägung des Kleinwohnungsbaus, das Laubenganghaus und die Formen des Neuen Bauens aneignete.

Zunächst weit außerhalb der Wohngebiete lag seit 1910 an der Bramfelder Str. 140/Habichtstraße die **Margarine-Fabrik Voss** (Abb. 71). Nur ihr 1925/26 errichtetes Eingangsbauwerk (Grell & Pruter) ist übriggeblieben von der eindrucksvollen und zweckmäßigen, Reklame und Produktionsrationalität verbindenden Industriearchitektur des Werks, auf dessen Gelände 1985–89 ein ambitionierter Bürohausneubau entstand (Graaf, Schweger und Partner). Mit dem plastischen Rinderkopf und dem expressionistischen Glanz seiner Architektur vergegenwärtigt auch dieser Rest noch die große Bedeutung der Margarineindustrie als ›künstliche Kuh‹ für die Versorgung der städtischen Massenbevölkerung mit preiswertem und hochwertigem Nahrungsfett zwischen Gründerzeit und Wirtschaftswunder. – Die subtile, mit Keramik bereicherte Hamburger Backsteinbauweise der zwanziger Jahre am Eingangs- und Turmbau verbindet sich mit der auslaufenden ›Hannoverschen‹ Industrie-Baukonvention der Fabrik von 1910. – Hier wird 1990 das von der Hamburgischen Architektenkammer getragene *Architekturarchiv* eingerichtet.

Ohlsdorf

Der Stadtteil

Ohlsdorf gelangte 1325 in den Besitz des Zisterzienserinnenklosters Harvestehude und aus dessen Erbschaft an das Kloster St. Johannis. Es lag südlich vom Bahnhof und östlich der Alster. Der heutige Stadtteil umfaßt auch Klein Borstel, das nördlich vom Bahnhof lag und dem Hospital St. Georg gehörte. 1830 in das Hamburger Landgebiet aufgenommen, wurden die Gemeinden 1913 zu Vororten. Ein großer Teil ihrer wenig fruchtbaren Feldmark wurde seit 1874 von Hamburg für seinen neuen Hauptfriedhof erworben, bald das eigentliche ›Ohlsdorf‹. Ihm verdankt der Stadtteil seinen späteren Ausbau als Verkehrsknotenpunkt: Die S-Bahn erhielt 1904–07 hier ihren Endbahnhof (von wo aus bald die Alstertalbahn Richtung Poppenbüttel weiterführte). 1912–14 folgte die **Hochbahn,** die bis 1918 nach Langenhorn hinaus fortgesetzt wurde. Der **Bahnhof** zeigt nur noch in Rudimenten die Anlage aus der Erbauungszeit; das landhausartige Eingangsbauwerk Fuhlsbüttler Straße (Henry Grell) gibt einen Hinweis auf den erwarteten Charakter der Alster-Stadtteile. Monumental in romanischen Formen sind die Widerlager der **S-Bahn-Brücke** über die Alsterdorfer Straße ausgebildet.

Bis Ohlsdorf und einschließlich der 1912–17 errichteten großen Schleusenanlage zwischen Ratsmühlendamm und Am Hasenberge reicht die Kanalisierung der Alster, die 1914–18 durchgeführt wurde (s. Winterhude). Am Ratsmühlendamm beginnt der stark mäandrierende, natürliche Lauf des Flüßchens. – Die Kanalisierung wurde schon bei der Anlage des Friedhofes seit 1874 erwogen – als naturnah feierlicher Trauerweg damals eine faszinierende Idee für manchen Hamburger Bürger.

In der Tradition der Alster-Badeanstalten entstand 1926/27 das **Familienbad Im grünen Grunde** mit einem Aufsichts- und Umkleidehaus von Fritz Schumacher – das erste Hamburger Bad übrigens, das nicht mehr nach Geschlechtern trennte.

Ganz städtisch erscheint die Umgebung der Schleuse mit Siedlungsblocks aus den zwanziger Jahren – **Am Hasenberge 45**/Maienweg 272–304/ Woermannsweg 1–14 (Carl Winand, 1927–30), **Am Hasenberge 47**/Im Grünen Grunde 2–6/Justus-Strandes-Weg 2–8 (Krüger & Schrader, 1927–29). Eingebunden in den Grünzug der Alsterkanalisierung versuchen die Baukörper, die alten Schlitzbauten und Hinterhöfe vergessen zu machen mit ihrer offenen, mäandrierenden Führung. – Sie zeigen noch deutlicher als in den inneren Stadtteilen, wie die Wohnstadt der Schumacher-Zeit gemeint ist: als Überwindung der Übel der Großstadt des 19. Jh. durch Licht, Luft und Sonne, Grün und Wasser, reformierte Wohnungen.

Schon vorher hatte die Großstadt versucht, in diesem Vorort ihre Mißstände zu heilen: Die **Justizvollzugsanstalt Fuhlsbüttel** zwischen Suhrenkamp, Am Hasenberg, Maienweg und Nesselstraße – das ominöse ›Santa Fu‹ – gehört heute zum Stadtteil Ohlsdorf. Sie entstand als ›Centralgefängnis Fuhlsbüttel‹ in zwei großen Bauabschnitten 1876–81 (Am Suhrenkamp) und 1906 (Am Hasenberge); beide bilden umfangreiche Komplexe, zusammen mit Häusergruppen für die Bediensteten. Die Strafanstalt lag damals weit draußen im Grünen. Das ist ambivalent: Es sollte die Straffälligen zugleich aus der Stadt aussondern wie in eine Umgebung verpflanzen, die fern von ihren Gefährdungen lag. – Für die bauliche Ausgestaltung hatte der Senat die modernsten Gefängnisse der Welt begutachten lassen und den panoptischen Typus der sternförmigen Anlage ausgewählt (vom Zentrum aus sind alle Flügel leicht zu überwachen). Mittelalterliche Architekturmotive vergegenwärtigen die Idee einer wehrhaften und frommen Vergangenheit wie die Tradition des sachlich-wahren Backsteinrohbaus (hingegen sind die Beamtenhäuser als Putzbauten gestaltet).

Die Geschichte des Ortes ist belastet durch das Dritte Reich. Hier wurde 1933–36 das erste Hamburger Konzentrationslager und dann das Gestapo-Gefängnis eingerichtet, 1943–45 noch einmal ein Außenlager des KZ Neuengamme. Das dokumentiert die **Gedenkstätte** im ehemaligen **Torbau** am Suhrenkamp 98 (geöffnet so 10–12 Uhr und nach Vereinbarung, ✆ 7231031, Dokumentenhaus Neuengamme).

Im Gewerbegebiet an der **Röntgenstraße 22/26** steht sehr entstellt der bedeutendste Industriebau des Neuen Bauens in Hamburg, ehemals ›Röntgen-Müller‹, erbaut als Stahlbetonskelettbau mit Fensterbändern und markanten Treppentürmen durch Karl Schneider 1929/30.

Von der bäuerlichen Vergangenheit Ohlsdorfs und Klein Borstels gibt es kaum noch Spuren, abgesehen von der Hofanlage **Wellingsbütteler Landstraße 59** (Bauernhaus aus der Zeit um 1750, zur Straße hin vor neuerem Wirtschaftsteil eine gründerzeitliche Bauernvilla).

Die ›Franksche Siedlung‹ zwischen **Stübeheide** und **Wellingsbüttler Straße** liegt auf der Gemarkung des Dorfes Klein Borstel. Dort führten die Brüder Paul A. R. und Hermann Frank, jene Pioniere des Wohnungsbaus der zwanziger Jahre, die u. a. den Typus des Laubenganghauses in Hamburg eingeführt hatten, seit 1934 ein Musterbauvorhaben durch, bei dem statt Geschoßwohnhäusern Reihenhäuser mit verhältnismäßig großen Gärten rationelle Bauweise und nationalsozialistische Siedlungsideen verbinden sollten (der örtlichen SA war damals das Ganze aber noch viel zu städtisch und zu kollektivistisch). – Für die Siedlung haben Hopp & Jäger 1938 die ev.-luth. **Maria-Magdalenen-Kirche** an der Stübeheide errichtet mit ihrer schönen, archaischen (insofern auch der Zeit angepaßten) Backsteinbauweise.

Der Hauptfriedhof

Die Anlage

Hamburg, das im 19. und 20. Jh. zur modernen Großstadt heranwuchs, mußte nicht nur für das Leben der Bevölkerung Vorsorge treffen, sondern auch für den Tod. Die um 1800 vor den Wällen angelegten Friedhöfe der Kirchengemeinden reichten dafür bald nicht mehr aus. Seit 1854 stellte der Senat Überlegungen an, wie und wo ein neuer Großfriedhof anzulegen sei. 1874 wurde ein erheblicher Teil der Ohlsdorfer Feldmark östlich der Fuhlsbüttler Straße bis zur Bramfelder Grenze angekauft für den neuen Hamburger ›Hauptfriedhof‹, eben ›Ohlsdorf‹. – Das war ein Schritt von grundsätzlicher Bedeutung. Es ging um nicht mehr und nicht weniger als die Säkularisierung der Gesellschaft. Nicht mehr die Kirchengemeinden, sondern der Staat legte den neuen Friedhof an und hielt ihn für jeden Bürger bereit, ohne Rücksicht auf Glaube und Konfession.

Ohlsdorf sollte alle anderen Friedhöfe ablösen. So wurde er von Anfang an besonders groß geplant und ist heute einer der größten Friedhöfe der Welt: Eine zur Landschaft gewordene Parkanlage, mit eigenem Straßensystem und eigener städtebaulicher Gestalt, mit anspruchsvollen Bauten und Grabdenkmalen. Er hat nichts von der Faszination verloren, die ihn schon um die Jahrhundertwende zu einer der Hauptsehenswürdigkeiten in Hamburg machte (auf der Pariser Weltausstellung 1900 mit einem ›grand prix‹ ausgezeichnet – wie zugleich das Rathaus).

Seine heutige Größe hat der Friedhof schrittweise erreicht: Die Beerdigungen begannen 1877. Eine erste Erweiterung nach Osten erfolgte 1896–1900 (von 133 auf 186 ha), 1914–20 wurde auf Bramfelder Gebiet die Erweiterung bis zur Bramfelder Chaussee vorgenommen, wodurch die Gesamtfläche auf 405 ha anwuchs. Die Gesamtanlage ist 3,5 km lang und durchschnittlich 1,3 km breit. 17,5 km Fahrstraßen und zwei Buslinien erschließen das Gelände. Seit 1877 sind mehr als 1,3 Mill. Menschen hier beerdigt worden, etwa 400000 Grabstellen mit rund 200000 Grabmalen bestehen zur Zeit.

Der Friedhof ist täglich ab 8 Uhr geöffnet; die Schließungszeiten wechseln mit der Jahreszeit. Wer Ohlsdorf besuchen will, sollte sich ein Auto mitnehmen. Spaziergänge können sehr lange dauern. Die beigegebene Karte ermöglicht eine grobe Orientierung. Als Hilfe dient das seit Anlage des Friedhofs benutzte Koordinatensystem, auf das sich auch die folgenden Einzelangaben beziehen.

Informationsmaterial über den Friedhof ist erhältlich beim *Friedhofskulturdienst* (Hauptfriedhof Ohlsdorf, Verwaltungsgebäude, Fuhlsbüttler Str. 756, HH 63, ✆ 59105–1, Sprech- und Öffnungszeiten mo–fr 8.30–13 Uhr).

Der Cordes-Teil

Im Kartenbild zeichnen sich die beiden Hauptteile des Friedhofs auf den ersten Blick ab. Geschwungene Wege und ein großer Waldanteil, landschaftlich-malerische Partien bestimmen den älteren Bereich im Westen – hingegen regelmäßig rechtwinklige Systeme und Alleen die Erweiterung nach Osten. Nach den jeweils maßgebenden Friedhofsdirektoren werden sie ›Cordes-Teil‹ und ›Linne-Teil‹ genannt.

Wilhelm Cordes (1840–1917) war seit 1874 im Hamburger Ingenieurwesen Franz Andreas Meyers beschäftigt; von dort aus wurde Ohlsdorf seine Hauptaufgabe: Von 1879 bis 1917 war er sein Gestalter und Verwalter. Die Organisation von Gräbern und Grabfeldern, die Verteilung der Straßen und Bauten war für ihn ein ›Zweckmäßigkeitsprojekt‹. Aber »alle diese mehr nüchternen Dinge sollen nun von Poesie und Formschönheit durchdrungen in die Erscheinung treten...« (Cordes 1911).

Dieses Ziel erreichte Cordes, indem er die zweckmäßig-rationell aufgeteilten einzelnen Grabfelder durch eine landschaftlich-malerische Großstruktur überlagerte. Die Hauptfahrwege durchziehen den Friedhof in großen Schwüngen, ausgehend von der gerade geführten Cordes-Allee. Die alten Knicks und Pflanzungen wurden von Cordes geschont. Die Ränder des Areals wurden schon seit 1874 zu einem ›Waldgürtel‹ aufgeforstet. Entlang den Wegen, als Grenzen der Grabfelder und auf herausgehobenen Bereichen folgten im Laufe der Jahre Anpflanzungen teils einheimischer, teils ausländischer und überseeischer Baumarten. Durch Modellierung und Bepflanzung schuf Cordes Blickbahnen und immer neue Bildwirkungen (durch Wachstum und spätere Neuanpflanzungen heute freilich verwandelt, aber noch spürbar). – Es sollte ein überkonfessioneller ›Friedhofspark‹ entstehen, in dem sich die menschliche Existenz in der Natur auflösen kann – eine Vorstellung, die sich für die säkularisierte Mentalität der Großstadtbewohner gut eignete.

Der Linne-Teil

Einen ganz anderen Charakter hat der östliche Friedhofsteil, der 1914–20 auf ehemals Bramfelder Gelände entstanden ist. Der architektonische Stil der Gartengestaltung hatte sich damals gerade in den Auseinandersetzungen um Stadtpark und Alsterkanalisierung durchgesetzt (s. Winterhude). Otto Linne, der 1920 Nachfolger von Cordes wurde und in Fritz Schumachers Hochbauamt die Gartenabteilung geleitet hatte, entwickelte aus gleichmäßigen Grabreihen über geometrisch gegliederte Grabquartiere große räumliche Zusammenhänge. Auch er schonte die alten Knicks und legte Alleen sowie parkartige Baumgruppen an. Aber die ›landschaftliche‹ Wirkung war Linne kein Anliegen mehr.

Bauten

Die Bauten und gartenarchitektonischen Details aus der Zeit von Wilhelm Cordes im Westteil zeigen persönliche Vorlieben: Vor allem die Sandsteintreppen – etwa im Gedächtnisfriedhof – und das Hauptverwaltungsgebäude lassen den typischen ›Cordes-Stil‹ mit spätbarocker Formenwelt und einer allgegenwärtigen Vorliebe für Rosendekoration erkennen. – Die Bauten der zwanziger Jahre hingegen gehören zu den Hauptwerken Fritz Schumachers.

Das **Verwaltungsgebäude** beim Haupteingang an der Fuhlsbüttler Straße wurde von Cordes selbst entworfen. Für die Bauzeit 1911–14 (Schumachers öffentliche Bauten entstanden seit 1909!) ist das Haus sehr altmodisch, freilich adäquat der Cordesschen Friedhofsanlage (Abb. 73). Der schloßartige Sandsteinbau ist Ausgangspunkt der Cordes-Allee, die als Hauptachse den Friedhof ostwestlich durchschneidet. – Gleichzeitig entstanden die Schmiedeeisentore der beiderseitigen Einfahrten.

Hauptfriedhof Ohlsdorf
Bauten
A *Verwaltungsgebäude*
B *Wasserturm*
C *Kapellen aus der Cordes-Zeit*
D *Wasserbehälter Nordring*
E *Kapelle 12*
F *Kapelle 13*
G *Krematorium*
H *Mahnmal für die Opfer des Faschismus*
I *Mausoleen*
K *Jüdischer Friedhof*
Auswahl aus dem Rundgang
1 *J 9/10 Denkmal für Johann Wilhelm Cordes*
2 *L/K 7 Polizei-Ehrengräber*
3 *L/K 5 ›Ehrenhain‹ für Opfer der Gewaltherrschaft des Nationalsozialismus*
4 *L 5 Denkmal für die Opfer der Revolutionsjahre 1918–20*
5 *O/P 5/7 Hamburger Gedächtnisfriedhof*
6 *Q 10 Albert Ballin*
7 *V 7/8 Familien Canel, Laeisz, Hanssen und Meerwein*
8 *AA 10 Familie Mönckeberg*
9 *AD 10 Mausoleum Riedemann*
10 *AC 5 Wolfgang Borchert*
11 *AD 12 Wilhelm Cordes*
12 *AB 12 Senator Sthamer*
13 *AA 16 Familie Burchard*
14 *AD/AE 14/15 Edmund Siemers, Carl Hagenbeck*
15 *AC 18 Heinrich Traun*
16 *AH 18 ›Das Schicksal‹*
17 *AA 21/22 Familie von Ohlendorff*
18 *V 20 Familie Heye*
19 *T 20/21 Eduard Hallier*
20 *U/V 23 Marianne und Eduard Lippert*
21 *U/V 25 Moeller-Jarke*
22 *O/N 23/24 Wedells, Albrecht, Friedrichs, Troplowitz*
23 *T 27/28 Grabmalmuseum ›Ämtersteine‹*
24 *Bh 54/55 Grabmalmuseum ›Historischer Friedhof‹*
25 *Bi 58 ›Seemannsfriedhof‹*
26 *Bi/Bk 59 Britische Soldatenfriedhöfe*
27 *X–Z 34–36 Deutsche Soldatengräber 1914–18*
28 *X/Y 40–43 Deutsche Soldatengräber 1939–45*
29 *Bo/Bp 66/67 Bombenopfer 1943*
30 *Bp/Bq 72/74 Kriegsgefangene und ausländische Fremdarbeiter 1939–45*
31 *Bn 73 Ehrenfriedhof für ehemalige Verfolgte des Nationalsozialismus*

---

32 *Bi 68 Jüdische Opfer der Gewaltherrschaft 1940–43*
33 *K/L/M 27/28 und J/K/L 31 Opfer des Luftkriegs 1941–45*
34 *Bq 62 Opfer der Sturmflut 1962*

Jüdischer Friedhof Ilandkoppel
35 *B 12/13 Soldatenfriedhof 1914–18*
36 *ZY 12 Ehrenfriedhof mit Grabmal Gabriel Rießer*
37 *B 14 Gedenkstätte 1933–1945*

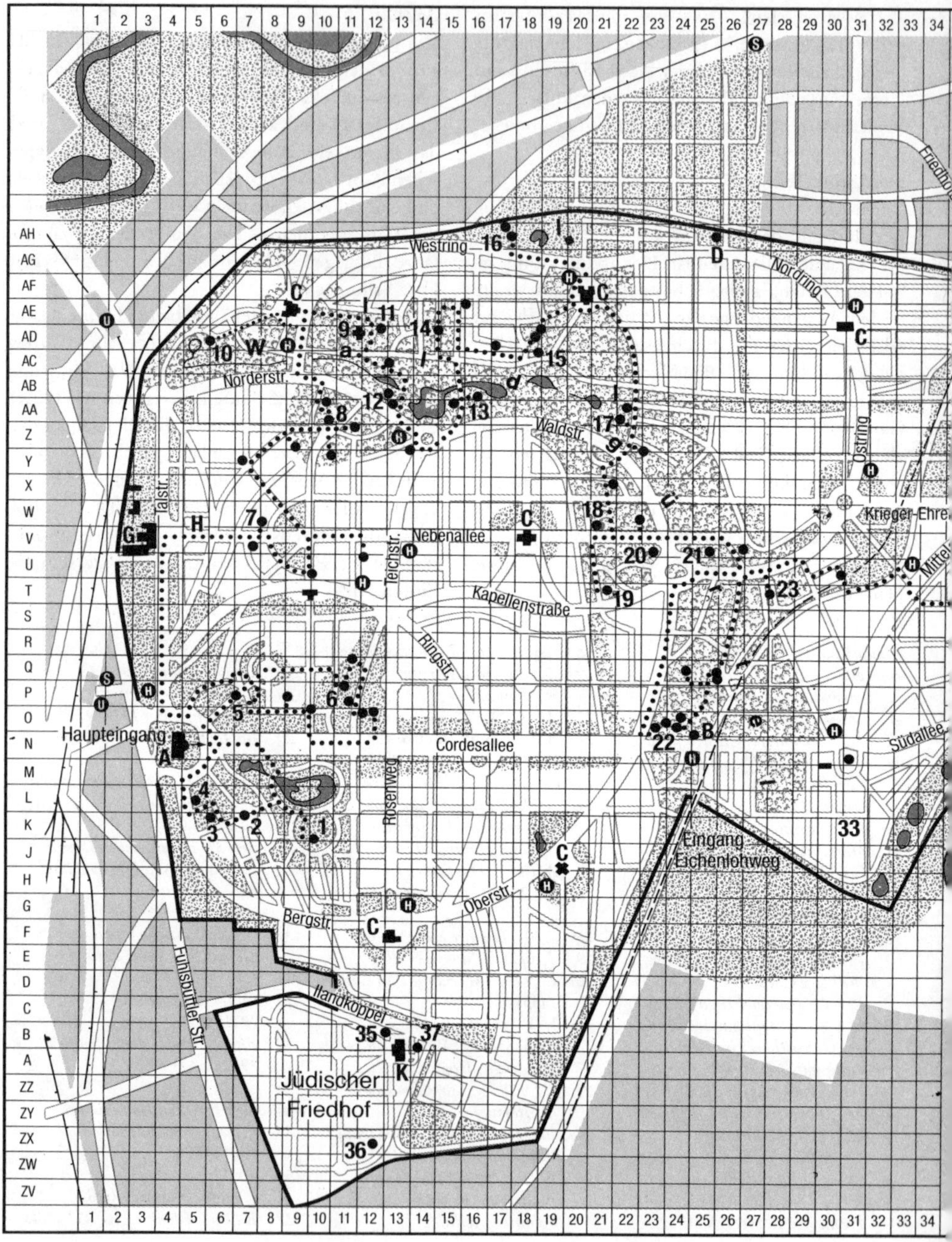
Westring
Nordring
Norderstr.
Waldstr.
Nebenallee
Kapellenstraße
Ringstr.
Teichstr.
Talstr.
Östring
Krieger-Ehre
Haupteingang
Cordesallee
Südallee
Rosenweg
Eingang Eichenlohweg
Oberstr.
Bergstr.
Fuhlsbüttler Str.
Ilandkoppel
Jüdischer Friedhof

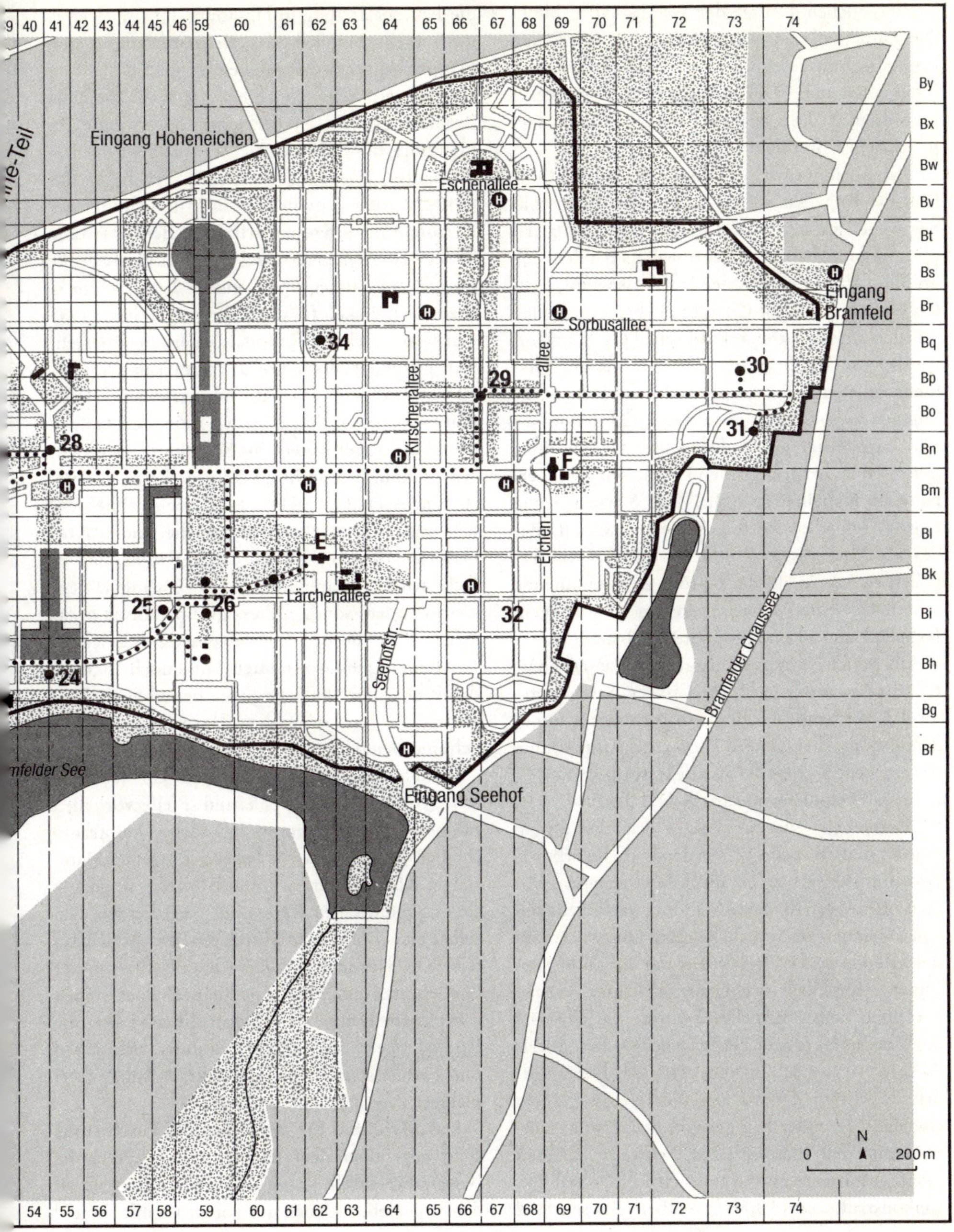

Eingang Hoheneichen
Eschenallee
Eingang Bramfeld
Sorbusallee
Kirschenallee
Eichen
allee
Lärchenallee
Seehofstr.
Eingang Seehof
Bramfelder Chaussee
mfelder See
ne-Teil
24
25
26
28
29
30
31
32
34
E
F
By
Bx
Bw
Bv
Bt
Bs
Br
Bq
Bp
Bo
Bn
Bm
Bl
Bk
Bi
Bh
Bg
Bf
9 40 41 42 43 44 45 46 59 60 61 62 63 64 65 66 67 68 69 70 71 72 73 74
54 55 56 57 58 59 60 61 62 63 64 65 66 67 68 69 70 71 72 73 74
N
0
200 m

Im östlichen Drittel der Cordes-Allee bildet der Zweckbau des **Wasserturms** – ein bißchen romantisch ausgeschmückt wie ein Rapunzelturm – einen zweiten Markierungspunkt. Hier verlief ursprünglich die Ostgrenze des Friedhofs zum preußischen Bramfeld.

Gleichmäßig über den alten Teil des Friedhofs sind die **Kapellen** verteilt, selten im Blickpunkt der Wege (Kapelle 2), meist seitwärts als malerische Schmuckbauten angeordnet. Es handelt sich im Sinne der Friedhofsidee um Aussegnungshallen ohne kirchlichen Charakter. Insofern spielen sie auch mit ihrer architektonischen Gestalt weniger auf die Tradition des Kirchenbaus an. Vielmehr versuchen sie, unspezifisch feierliche Stimmungen zu erzeugen, etwa durch Cordes-Rosen und barockisierende Stilelemente da und dort. Die noch im ursprünglichen Erscheinungsbild erhaltenen **Kapellen 2, 3, 4, 7** und **8** wurden von Cordes selbst entworfen, **Kapelle 6** vom Leiter des Hochbauwesens Zimmermann. Auf die Kapellen verweisen aus der Cordes-Zeit stammende schmiedeeiserne Wegweiser an den Hauptwegen. **Kapelle 1** und **10** sind moderne Neubauten.

Am besten vergegenwärtigt der **Wasserbehälter** am Nordring (AH 26) Cordes' Schönheitsideal: roter Sandstein und ornamentales Schmiedeeisen; als eher heitere Parkarchitektur könnte das auch ein Kiosk oder Aussichtsturm sein.

Im östlichen Erweiterungsgebiet des Friedhofs, im Linne-Teil, gibt es weniger Kapellen als im Cordes-Teil: **Kapelle 12** wurde als Fachwerkprovisorium 1920 erbaut (Zauleck & Hormann). Damals plante man für einen Standort westlich davon eine ›Heldengedächtnishalle‹ als Hauptfeierraum des Friedhofs; das Projekt fiel der Inflation zum Opfer. – **Kapelle 9** ist ein ganz schlichter Notbau derselben Zeit. – **Kapelle 13** wurde die schönste des Friedhofs, erbaut als Blickpunkt der Mittel-Allee von Fritz Schumacher 1927/28. Der zylindrische Mittelteil wird von niedrigeren Flügeln eingefaßt. Dunkler Klinker gibt dem Bau zusammen mit den bleiverglasten Fenstern düsteren Glanz. Im Innern entwickelt sich aus der Stahlbetonkonstruktion ein Sterngewölbe. – Als seit 1892 die Feuerbestattung in Hamburg aufkam, war es noch nicht möglich, das Krematorium in den Hauptfriedhof einzubeziehen, es steht deshalb in Alsterdorf. – Sehr schnell entfaltete sich die neue Bestattungsform seit der Jahrhundertwende. In Hamburg dominiert sie heute. Ihr dient das bedeutendste Gebäude auf dem Friedhof, das 1930–32 nach Entwürfen von Fritz Schumacher errichtete neue **Krematorium** an der Tal-Straße in der Nähe des Haupteingangs. Mit dieser großzügigen Gebäudegruppe endete Fritz Schumachers Bautätigkeit für den Hamburger Staat; 1933 wurde er durch die Nationalsozialisten entlassen. Sein erster Großbau war 1905 auch in Dresden (-Tolkewitz) ein Krematorium gewesen. Beide Bauwerke fassen ein Lebenswerk ein, dessen ›Dome‹ Volksschulbauten in Siedlungen wurden. Was Schumacher an Möglichkeiten hatte, sakrale, ja – ungescheut zu sagen – erhabene Architekturwirkungen zu erzeugen, zeigen die beiden Krematorien. Und es ist fast zwangsläufig, daß es nicht Kirchen waren, die ihm als Bauaufgabe gestellt wurden, sondern diese großtechnisch organisierten, modernen Zweckbauten zur Leichenverbrennung in Großstädten – und doch zugleich damit Orte der Auflösung von menschlicher Existenz in jener kosmischen Harmonie, mit der Schumacher zeitlebens rechnete.

Symmetrisch ist die Baugruppe zur Talstraße hin geöffnet, Freitreppen und Pfeilervorhallen rahmen den steil emporragenden Hauptraum (Halle B) ein. Die durchs Feuer gegangenen Materialien Klinker, Keramik und Bronze – so gängig sie in Schumachers Werk sind – werden wie von selbst zum schlüssigen Mittel, um dem Außenbau feierliche Würde mitzuteilen; Bauplastik – an der Giebelspitze ein Phönix – kennzeichnet seinen Zweck. Im Innern der Haupthalle erzeugen die Parabelbögen der Stahlbetonbinder, Mosaiken und Farbfenster unbestimmt sakrale Ruhe. Zwei kleinere Feierhallen liegen daneben.

Das **Mahnmal für die Opfer des Faschismus** steht gegenüber dem Krematorium. Eine hohe Betonrahmenstele ist in 15 Fächer unterteilt, in denen je sieben Urnen aus rotem Granit stehen.

Die Inschrift am Sockel weist auf 25 Konzentrationslager des Dritten Reiches hin, von denen Erde in den Urnen verwahrt wird. Die mittlere in der unteren Reihe enthält die Asche eines unbekannten Häftlings aus Neuengamme. – Das Denkmal zeugt für die brüchige Geschichte der deutschen Nachkriegszeit: Ein Standort in der Innenstadt wurde schon 1946 abgelehnt, ein Architektenwettbewerb brachte kein brauchbares Ergebnis. 1947/48 wurde dann für Ohlsdorf von Heinz-Jürgen Ruscheweyh der bis 1949 ausgeführte Entwurf verwirklicht. Zugleich aber kam es zum Zerwürfnis zwischen Senat und Verfolgtenorganisationen und zu getrennten Einweihungsfeierlichkeiten – Zeichen des Kalten Krieges, der die Gemeinschaft der Antifaschisten zerbrach.

Mausoleen

Zu den Bauwerken auf dem Friedhof gehören auch die – insgesamt mit nur wenig mehr als ein Dutzend Beispielen erstaunlich seltenen – Mausoleen. Die größten davon gehören einer sehr kleinen Bevölkerungsgruppe, die auch sozial von der hanseatischen Norm abwich: Schon 1887 erkundigten sich die Barone Schröder, Donner und Ohlendorff – alles geadelte Kaufleute und Bankiers – nach den Möglichkeiten, in Ohlsdorf Mausoleen zu errichten (die ihre bestehenden Bauten auf den alten Friedhöfen ersetzen sollten). Ihren dynastischen Ansprüchen genügten die Familiengräber nicht, die ansonsten die Angehörigen der hamburgischen Führungsschicht bevorzugten. Am nördlichen Rand des Cordes-Teils (Westring bei Kapelle 7, AH 17/19) bilden diese Mausoleen eine kleine Gruppe. Das **Mausoleum von Schröder** ist ein düster archaisierender Rundbau in romanischen Formen (Edmund Gevert, 1906/07). Der neoklassizistische Bau der **Familie Jenisch** ist eine Kopie des in den Dammtorfriedhöfen abgebrochenen älteren Mausoleums, das Franz Gustav Forsmann 1836 errichtet hat (wie gleichzeitig das Jenisch-Haus in Othmarschen).

Das **Ohlendorffsche Mausoleum** bindet sich in die Grabmallandschaft ein (AA 21/22) und ist mit seiner Gruftanlage und der dorischen Granittempelfront, entworfen von Martin Haller (wie gleichzeitig die Ohlendorffsche Villa und der von den Ohlendorffs erbaute Dovenhof, das erste neuzeitliche Kontorhaus in Hamburg) eher ein überdimensionales Familiengrab als ein eigentliches Mausoleum.

1905 ließ Wilhelm Anton **Riedemann** auf einer Anhöhe sein Familienmausoleum anlegen (AD 11). Der neuromanische Sandsteinbau erinnert an das Friedrichsruher Mausoleum Bismarcks – und wie jener das Deutsche Reich, so hatte dieser die Deutsche Esso begründet (s. Barmbek-Süd, St. Sophien).

Denkmäler und Grabmale

Es ist kaum möglich, eine vernünftige Auswahl aus den etwa 200 000 Ohlsdorfer Grabdenkmalen zu treffen, von denen um die tausend plastisch bereichert, viele tausend mit Architekturmotiven gestaltet sind. Die folgenden Beispiele stehen daher pars pro toto – auch die Namen, die sie in Erinnerung halten. Jede Abweichung vom vorgeschlagenen Rundgang wird gleichwertige Entdekkungen bringen.

In den zwei Jahrzehnten vor dem Ersten Weltkrieg erlebte der Cordes-Teil seinen Hauptausbau und vergegenwärtigt damit die Blüte der Grabmalkultur in Hamburg. Es sind die für Hamburg auch sonst typischen Grabmalarten, die damals in Ohlsdorf Aufstellung fanden: traditionelle Stelen, die vielfältigen gründerzeitlichen Denkmalformen mit Obelisken, Kreuzen und Kissensteinen, dazu dann in immer wieder neuer Variation die Ädikula – ein Grabwandaufbau in der Art einer kleinen Tempelfront oder eines Portals. Gerade in Ohlsdorf wurden Findlinge als Grabmal sehr beliebt; sie gehen gleichsam in der Natur auf, der sie entstammen. Dazu kommt ab und zu die Figur einer ›Trauernden‹ oder ein Relief, zurückhaltend gegenständlich, ›zeitlos‹, von den anerkannten Bildhauern der Stadt (wie vor allem Arthur Bock und Richard Kuöhl) – oder auch als Galvanoplastik industriell hergestellt (wie die vielfältig variierten Engel der Württembergischen

Metallwarenfabrik, die um 1900 Mode waren). Nichts fällt künstlerisch aus dem Rahmen des leicht verständlich Konventionellen. Die Hamburger Grabmalkultur um die Jahrhundertwende war bürgerlich wie die Architektur in der Stadt, in den Wohngebieten und in den Kontorhäusern der City: Eine große Zahl von Grabdenkmälern vergegenwärtigt unverkennbaren Wohlstand, aber kaum eine Grabstätte erhebt sich über das Niveau einer ›gediegenen‹ Gestaltung; alles ist dennoch von sicherem Selbstbewußtsein bestimmt.

Die Grabstätten der führenden bürgerlichen Familien liegen vor allem im Waldgürtel. Anfangs war die Hamburger Oberschicht nicht gerade geneigt, sich der scheinbar gleichmacherischen Größe dieses Friedhofs anzubequemen und bevorzugte weiterhin die alten Friedhöfe in den Landhausvororten, z. B. Niendorf oder Nienstedten. – Inzwischen hat sie sich in Ohlsdorf durchgesetzt. Denn die älteren Gräber der einfachen Menschen sind längst mehrfach neu belegt worden, und die meisten älteren Grabdenkmäler dieser – zahlenmäßig so viel größeren – Schicht sind verschwunden. – Auch in dieser Herrschaft über das Friedhofsbild dokumentiert sich der bürgerliche Charakter Hamburgs im Sinne seiner Verfassung vor dem Ersten Weltkrieg: Nur diese Oberschicht war an der republikanischen Selbstverwaltung des hanseatischen Gemeinwesens beteiligt.

Rundgang

Der hier vorgeschlagene Rundgang kann – allerdings nur mit viel Eifer – in ca. fünf Stunden absolviert werden. Die Planquadratangaben lassen aber die Auswahl von Teilausschnitten oder Einzelobjekten zu. Wer nur wenig Zeit hat, könnte sich etwa die Denkmäler im Waldteil beim Wasserturm (O–V 24–26) ansehen.

Cordes-Teil

Südöstlich vom Haupteingang – hinter ›Prophet und Genius‹ von Gerhard Marcks – liegen Bereiche mit Denkmälern, die in merkwürdiger Mischung die Hamburger Geschichte vergegenwärtigen.

1 J 9/10 – Als Blickpunkt des Rosariums am Südteich wurde 1920 das von Fritz Schumacher entworfene **Denkmal für Wilhelm Cordes** aufgestellt, vier Muschelkalkpfeiler mit Deckplatte; die Porträtbüste schuf Oskar Ulmer (Cordes ist in AD 12 bestattet).

2 L/K 7 – Im ›Hamburger Aufstand‹ von 1923 starben 17 Polizisten. Sie erhielten eine von Fritz Schumacher und Richard Kuöhl gestaltete **Ehrengrabanlage,** in der seitdem **Polizisten** bestattet werden, die im Dienst ihr Leben ließen. Liegeplatten und Stelen sind im Kreis geordnet.

3 L/K 5 – 52 **Opfer der Gewaltherrschaft des Nationalsozialismus** erhielten 1946 Ehrengräber in einem ›Ehrenhain‹, darunter August Lütgens, Bruno Tesch, Karl Wolff und Walter Möller, die am 1. August 1933 in Altona hingerichtet wurden, Opfer der nationalsozialistischen Terrorjustiz (s. Altona-Altstadt, Amtsgericht).

4 L 5 – Die 60 **Opfer der Revolutionsjahre 1918–20** (Kommunisten und Sozialdemokraten vor allem, aber auch ›Bahrenfelder‹ Freiwillige) wurden 1920 durch ein von Fritz Schumacher gestaltetes Denkmal geehrt (freilich ist es nicht so groß und nicht so prominent aufgestellt wie das für Cordes). Die beiden Muschelkalkpfeiler mit Querbalken wurden 1933 abgetragen und 1945 rekonstruiert.

5 O/P 5/7 – Nördlich der Cordes-Allee wendet sich dem Verwaltungsgebäude der **Hamburger Gedächtnisfriedhof** zu, dessen Sandsteintreppen das Cordes-Rosen-Rokoko zeigen und der überragt wird von einer Christus-Statue (Xaver Arnold, 1904). Hierher wurden seit 1895 jene Hamburger von den aufgelassenen Friedhöfen vor Steintor und Dammtor umgebettet, deren Andenken besonders bewahrt werden sollte. Die Grabsteine für *Vincent Placcius* und *Martin Lappenberg* hat Cordes gestaltet (1899 bzw. 1906), sie sollten als Grabsteinmuster angesehen werden und sind doch vor allem im unverkennbaren Cordes-Stil Zeugnisse seiner persönlichen Vorliebe. Nur wenige Hamburger erhielten hier später ein Ehrengrab, so vor allem die beiden großen Architekten, die die Stadt in den zwanziger Jahren ge-

stalteten, *Fritz Schumacher* (1869–1949) und *Gustav Oelsner* (1879–1956); die Grabstele für *Alfred Lichtwark* (1852–1914) hatte Schumacher entworfen.

Die nach Nordosten folgenden Grabquartiere (O/R 6/10 und S/Y 7/15) gehören zu den ältesten in Ohlsdorf. In diesen Bereichen ist eine vielfältige Mischung an Grabdenkmalen aller Typen aus der gesamten Belegungszeit des Friedhofs erhalten. – Die Querachse, auf der Kapelle 1 steht, endet zur Cordes-Allee hin in einer der charakteristischen Treppenanlagen aus rotem Sandstein mit Rosendekor.

6 Q 10 – Die Grabanlage der Familie von **Albert Ballin** (1857–1918), des berühmten Generaldirektors der HAPAG, ist allein durch Findlinge ausgestattet – eines der Beispiele für die prätentiös unprätentiöse Grabmalkultur der Hamburger Führungsschicht.

Q 11 – In einer runden Anlage des folgenden Taleinschnittes sind die Gräber für **Feuerwehrleute** geordnet, die im Dienst ihr Leben ließen.

Q 12 – Auf dem Grab **Cohen** entführt die Schicksalsgöttin den Vater seiner Familie (Hugo Lederer, um 1910).

O/P 11/12 – Charakteristische ›Trauernde‹ – weibliche Figuren, die zeitlos rührend Grab und Parkstimmung ausdeuten – hat Richard Kuöhl in den zwanziger Jahren für die beiden Gräber **Köser** (O 11 und P 11) und das Grab **Tchilinghiryan** (O 12) geschaffen.

P/Q 8/9 – Aus rotem Sandstein und Granit aufgebaut, ist das Familiengrabmal **Eckler** typisch für den Cordes-Stil um 1900 (Plastiken von Xaver Arnold).

Über den Gedächtnisfriedhof und die Talstraße, die westliche Basislinie des Friedhofs (mit Krematorium und Mahnmal) führt der Weg zum Grabfeld **U/X 7/12:**

UN 7 – Die Muschelkalkgruppe ›Mutter Erde‹ von Arthur Bock erinnert an **Offiziere der deutschen Handelsmarine,** die während des Ersten Weltkriegs in amerikanischer Internierung gestorben sind.

7 V 7/8 – Wie ein kleiner Privatfriedhof wirkt die Grabanlage der Familien **Canel, Laeisz, Hanssen und Meerwein,** entstanden 1881 nach Entwürfen der ›Rathausbaumeister‹ Hanssen & Meerwein und bis 1901 mit Plastiken ausgestattet. Der Bronzeengel am Kopfende der Anlage wurde 1886 aufgestellt (Otto Geyer), die vier Kinderengel auf dem Grab Canel um 1891–93 (Aloys Denoth). Die Bronzegruppe auf dem Grab Hanssen (Bruno Kruse, 1901/05 – der Engel entrollt den Plan der Grabanlage) bildet den Abschluß.

U 9/10 – Ein Findling bei der Kapelle 1 erinnert an den Beginn der Bestattungen am 1. 7. 1877.

U 12 – Das Grab **Eduard Brackenhoefts** (1845–1914), des Protagonisten der Feuerbestattung in Hamburg, trägt einen portalartigen Jugendstilaufbau, in dessen Nische eine ›Trauernde‹ steht. – Daneben das Grab von **Hermann Wex** (1833–87), einem der Brüder, die Wexstraße und Colonnaden anlegten, eine Granitstele mit Porträtmedaillon.

Y 7 – ›Ausruhender Pilger‹ von Hans Dammann (Grab **Lindemann,** 1935).

Z 8 – Das Grab von **Anton Rée** (1815–91), einem Vorkämpfer der Emanzipation der Juden in Hamburg (Lehrer der später nach ihm benannten Stiftungsschule am Zeughausmarkt) kennzeichnet ein Granitobelisk mit Porträtrelief.

Von hier aus nach Norden und Osten erstreckt sich der *Waldgürtel,* der im großen Bogen zur Cordes-Allee zieht, begleitet von Norder- und Wald-Straße. Die starke Geländemodellierung mit dem Nordteich und der Baumbestand machen ihn zum privilegierten Friedhofsteil:

Y 10 – Ein ›junges Mädchen‹ als ›Mariensäule‹ hat der Bildhauer **Richard Kuöhl** (1880–1961) in den dreißiger Jahren auf seinem eigenen Familiengrab aufgestellt.

Z 11 – Das Familiengrab von **Justus Brinckmann** (1843–1915), dem Gründer des Museums für Kunst und Gewerbe, gehört zu den schlichtesten des Friedhofs mit seinen kleinen, liegenden Grabsteinen.

8 AA 10 – Das Familiengrab **Mönckeberg** gruppiert sich um eine rote Sandsteinstele mit Porträt des Senators Johann Georg Mönckeberg (1766–1842), der hierher überführt wurde (der Bürgermeister gleichen Namens – 1839–1908 – hat eine Schriftplatte, die ihn nicht von den anderen Familienmitgliedern unterscheidet).

AA 10 – Die Familiengrabanlage **Hell** schmückt die Bronzegruppe ›Trauernde Mutter‹ (Puttfarken & Janda und F. Hartzer, 1896).

9 AD 10 – Über den Anfang des Westrings und die Kapelle 8 kommen wir am Mausoleum **Riedemann** vorbei (s. oben), vor dem die ansteigende Rasenfläche als anonymer Urnenfriedhof gestaltet worden ist.

10 Ein Abstecher kann nach Westen zur ›Dichterecke‹ AC 5 führen, wo unter anderem **Wolfgang Borchert** (1921–47) beerdigt ist.

11 AD 12 – Hinter dem Riedemann-Mausoleum liegt das Grab von **Wilhelm Cordes** (1840–1917), dem Schöpfer des Ohlsdorfer Friedhofs.

AC 12 – Grab **Matthaei** mit plastischer Gruppe ›Mutter mit Kindern‹ von Frida Matthaei (Santiago de Chile, dreißiger Jahre).

12 AB 12 – Die neugotische, von Cordes 1899 über dem Nordteich errichtete Turmstele ist das Denkmal des Senators **Johann Friedrich Thomas Sthamer,** der bis zu seinem Tod 1896 erster Präses der Friedhofsdeputation, somit ›Bauherr‹ des Ohlsdorfer Friedhofs war (Engel von Friedrich Küsthardt, Hildesheim, Porträtbüste von Xaver Arnold).

AA 13 – Als lebensgroße Porträtsitzstatue (Bronze auf hohem Sockel, – Gustav Eberlein, Berlin) ist in Ohlsdorf das Grabmal für **Gustav Adolf Graf von Goetzen** (1866–1910) ganz ungewöhnlich. Er war (1908–10) preußischer Gesandter bei den Hansestädten (mit Sitz in Hamburg).

Z 14 – Gemessen am üblichen zeitlosen Figurenstil in Ohlsdorf ist die expressionistische ›erwachende Blume‹ von 1923 (von Albrecht Leistner, einem Leipziger Schüler Max Klingers) erstaunlich modern (im Winkel zwischen Teich- und Norderstraße).

AA 15 – ›Der glückliche Weg des Lebens‹ ist auf dem Familiengrab **Scholtz** durch Arthur Bock in Bronze dargestellt worden (1928).

13 AA 16 – Fritz Schumacher und Richard Kuöhl haben 1912 das Familiengrab des Bürgermeisters **Johann Heinrich Burchard** (1852–1912, seit 1885 Mitglied des Senats) gestaltet – eine der zurückhaltend aufwendigen Grabanlagen in Ohlsdorf, deren Mittel sich auf das sarkophagartige Grab selbst und einfache Architekturformen beschränken (ein Steinkreis mit Stelen).

14 AD/AE 14/15 – Das rechteckige Grabquartier des sogenannten ›Millionenhügels‹ ist von den typischen Sandsteintreppen mit Rosen eingefaßt, die Cordes liebte. Es ordnet eine Gruppe von Familiengräbern (der zwanziger Jahre) streng regelmäßig. – Die Grabmäler sind überwiegend einfach architektonisch gestaltet, so etwa die archaisierende Nischenwand auf dem Familiengrab von **Edmund Siemers** (1840–1918), dem Stifter des Universitäts-Hauptgebäudes. – Einzelplastiken von Karl Kluge, Leipzig, schmücken die Gräber **Ahlers-Westerich** (Trauernder mit Opferschale) und **Blunck** (sinkender Krieger). Das Familiengrab von **Carl Hagenbeck** (1844–1913) wirkt wie ein Modell seines Tierparks mit Felsengruppe und liegendem Bronzelöwen.

Viele gleich wichtige Familiengräber liegen im Bereich zwischen diesem Grabfeld und Kapelle 7:

AC 17 – Das Grabmal **Diederichsen** öffnet seine archaische Granitwand in die Unterwelt: Charon führt eine junge Frau hinab (Cäsar Scharff, um 1905).

15 AC 18 – Das Familiengrab des Fabrikanten und Senators **Heinrich Traun** (1838–1909) hat an der breiten Grabmalwand Bronzereliefs ›Treidler an der Alster‹ und ›Fischer an der Elbe‹, gedeutet von der Inschrift ›Arbeit ehrt – Arbeit nährt‹ (Traun war der Hauptgeldgeber des Bauvereins zu Hamburg).

AD 18 – Franz Dorrenbach, Charlottenburg, gestaltete in den dreißiger Jahren die Gruppe ›Mutterliebe‹ auf dem Grab **Rieck** (1923).

AD 18 – Über das Familiengrab **Zennig-Deussen** wacht eine monumentale Granitgruppe ›Mutter Erde holt ihre Kinder heim‹ (Ludolf Albrecht, um 1920).

Jenseits der Kapelle 7 liegen die erwähnte Mausoleengruppe (s. oben) und zwei bemerkenswerte Denkmäler:

AH 17 – Auf dem Grab **Simms** wurde 1910 eine aus Rom beschaffte Marmorkopie der Pietà des Michelangelo (in St. Peter) aufgestellt – eines der nicht sehr häufigen Grabmäler mit christlichem Inhalt.

16 AH 18 – Die plastische Gruppe ›**Das Schicksal**‹ von Hugo Lederer ist 1891–96 entstanden und paßt nach Stil wie Inhalt gut auf den Ohlsdorfer Friedhof. Ursprünglich stand aber die kolossale Jugendstil-Nemesis, die zwei junge Leute am Schopf gefaßt durchs Leben schleift, im Garten der Villa Eduard Lippert am Harvestehuder Weg 107.

Der Rundgang führt im Waldteil weiter nach Osten:

17 AA 21/22 – Mitten im Waldteil, zwischen unterschiedlich großen Familiengräbern und damit letztlich ihnen zuzurechnen, ist die umfangreiche Gruftanlage der Familie **von Ohlendorff** angelegt worden. Die Mitte bildet eine dorische Tempelfront aus Granit, die den Typus der Ädikula und Grabwand zum Mausoleum weiterentwickelt. Sie wurde von Martin Haller entworfen (wie auch die Ohlendorffsche Villa und das von Ohlendorff errichtete Kontorhaus Dovenhof).

Z 22 – 1954 wurde vom Jacobifriedhof das Grabmal für **Abraham Philipp Schuldt** (1807–92) nach Ohlsdorf übertragen, der sein Vermögen der nach ihm genannten Stiftung hinterließ (die davon Arbeiterwohnungen in der Neustadt baute).

Z 22 – Das ›weinende Mädchen‹ auf dem Grab **Lachmann** stammt von dem norwegischen Bildhauer Stephan Sinding, ein naturalistischer Bronzeguß der Jahrhundertwende.

X 21 – Die gotische Stele für den Maler **Otto Speckter** (1807–71) gehört zu den nicht ganz seltenen Grabdenkmälern, die durch Umbettungen von den alten Friedhöfen nach Ohlsdorf gelangten.

18 V 20 – Zur Zeit seiner Aufstellung 1893 war das Grabmal für die Familie des Kommerzienrats **Heye** das aufwendigste überhaupt in Ohlsdorf. Es sollte vorbildlich wirken und leitete tatsächlich die Ohlsdorfer Blütezeit ein. Engelbert Peiffer schuf den Ädikulaaufbau und in dessen Nische die Gruppe ›Mutter mit Kindern‹, eine säkularisierte Madonna.

19 T 20/21 – ›Arbeit und Familiensinn‹ soll die Gruppe Hugo Lederers auf dem Familiengrab **Eduard Hallier** (1906) vor Augen stellen.

W 22 – Der Architekt **Martin Haller** (1835–1925) hat mit seinen Bauten, dem Rathaus, mit Bankgebäuden und zahllosen Privathäusern das Architekturmilieu der Hamburger Gründerzeit in glänzenden Neorenaissanceformen geprägt. – Das hohe Alter, das er erreichte, ließ sein Grabmal zeitgemäß sachlich werden; ein einfacher Steinwürfel trägt eine Urne.

20 U/V 23 – Das Grabmal für **Marianne** und **Eduard Lippert** (1856–97 bzw. 1844–1925) wurde 1897 errichtet; die Reliefs (Johannes Schilling) zeigen Marianne Lipperts Leben in Afrika und ihr wichtigstes wohltätiges Werk, die Einrichtung eines Waisenhauses auf dem Familiengut in Poppenbüttel.

21 U/V 25 – Werke aus der Hamburger Frühphase Ernst Barlachs sind die an eine Tür gelehnte Frauengestalt ›Lauschen ins Jenseits‹ auf dem Grab **Moeller-Jarke** (1900) sowie die Reliefs der davor liegenden Inschrifttafel (Abb. 72).

U/V 26 – Das Grabmal für den Kaufmann **Friedrich Wencke** (1845–1905) verrät durch den roten Sandstein, daß es von Johann Wilhelm Cordes entworfen wurde. Die Bronzereliefs stammen von Xaver Arnold: unter einem Christusmedaillon Maria mit Christkind und Engeln (›Ehre sei Gott in der Höhe‹) und eine bürgerliche Weihnachtsszene (›und Friede auf Erden‹).

22 O/N 24 – Das Wandgrabmal **Wedells** (Walther Schmarje, 1919) zeigt eine liegende Figur, an den Rahmenpfeilern Berufsdarstellungen.

N 23 – ›Werden-Sein-Vergehen‹ stellt die Gruppe der Lebensalter von Arthur Bock auf dem Grab Albrecht dar. Der Fabrikant und Kaufmann **Max Albrecht** (1851–1926) war zeitweise Vorsitzender des Kunstvereins, dazu Bauherr wichtiger Kontorhäuser in der Hamburger Innenstadt.

N 24 – Arthur Bock ist auch der Bildhauer der Bronzegruppe eines trauernden Paares auf dem Sarkophaggrab **Friedrichs** (um 1925).

O/N 24 – Nach Fritz Schumachers Entwurf entstand 1920 die Grabanlage für **Oscar Troplowitz** (1863–1918): Eine kreisförmige Kolonnade in der Art antiker Altarbezirke umhegt mit zehn ionischen Säulen den Grabstein mit Reliefs von Arthur Bock (Charon mit Orpheus und Euridike). Troplowitz war als Mitglied der Baudeputation ein engagierter Vertreter der kulturellen Reformbewegung des Jahrhundertanfangs (s. Winterhude, Agnesstr. 1); er war beteiligt an der Berufung Fritz Schumachers nach Hamburg. Sein Vermögen hatte er als Mitbegründer der Beiersdorf-Werke erworben.

Q 24 – Das Familiengrab des Reeders **Carl Woermann** (1813–80) ist durch einen großen Findling mit Porträtplakette gekennzeichnet. Trotz dessen Größe läßt dieses Grabmal kaum erkennen, daß Woermann einer der wirtschaftlich mächtigsten Hamburger seiner Zeit war.

Q 25 – Das Familiengrab für den Architekten **Franz Bach** wurde wohl von seinem Sohn Max Bach Ende der zwanziger Jahre gestaltet: Es ist das seltene Beispiel für die Verwendung von Klinker für ein Grabdenkmal in Ohlsdorf (wie gleichzeitig für viele Kriegerdenkmäler). Vier Keramikfiguren (von Richard Kuöhl?) verweisen auf die Lebensalter.

Q 25 – Das Familiengrab **Kähler** ist von Wilhelm Cordes entworfen worden; es besteht aus rotem Sandstein und trägt Rosenschmuck. Das Bronzerelief zeigt einen Sämann vor dem Hintergrund der Hamburger Stadtsilhouette (1907).

23 T 27/28 – Als die alten Friedhöfe vor dem Dammtor und dem Steintor endgültig geschlossen und dann abgeräumt wurden (vor dem Steintor für den neuen Hauptbahnhof um 1899, vor dem Dammtor für die Erweiterung der Wallanlagen als ›Planten un Blomen‹ bis 1934), wurden die wertvollsten und historisch bedeutsamsten Grabsteine nach Ohlsdorf überführt und dort in zwei **Grabmalmuseen** neu aufgestellt. – Die **Ämtersteine** füllen eines davon, das an der Grenze von Cordes- und Linne-Teil angelegt wurde. – Die um 1800 entstandenen klassizistischen Stelen, Säulen, Urnen und Pyramiden vergegenwärtigen die alte Tradition des korporativen Begräbniswesens, das für die städtische Mittelschicht kennzeichnend war. Die Handwerkerzünfte (in Hamburg ›Ämter‹), kirchliche Bruderschaften und freie Beerdigungsvereine hatten eine wichtige Aufgabe in der Verwaltung von Gemeinschaftsgräbern für ihre Angehörigen, die dann durch diese Steine gekennzeichnet wurden.

U 30/31 – 1902 war der Raddampfer **›Primus‹** bei einer Ausflugsfahrt des Arbeitergesangvereins ›Liedertafel Treue von 1887 zu Eilbek‹ nach einer Kollision gesunken. Von den 101 Opfern wurden 78 auf einer Gemeinschaftsgrabanlage in Ohlsdorf beigesetzt. Das von Cordes entworfene Grabmal von 1904 zeigt mit rotem Sandstein und Marmorchristus ganz seinen Lieblingsstil.

Linne-Teil

Der Fußweg, der das Quartier zwischen Kapellenstraße und Mittel-Allee teilt, ist die Grenze des alten Ohlsdorf; von dort aus erfolgte die Erweiterung des Friedhofs durch den Linne-Teil. Dort wechselt das Friedhofsbild nicht nur der Anlage nach. Abgesehen von den neuen und neuesten Grabmälern allerorten zeigen auch die immer noch zahlreich erhaltenen Grabfelder der ersten Anlage seit 1920, daß eines der Hauptanliegen Otto Linnes die ›Grabmalreform‹ war: Die regelmäßige, ja schematische Anordnung einfacher Stelen eng regulierter Größe und Beschaffenheit bestimmt diesen Friedhofsteil, aus dem einzelnes kaum hervorzuheben ist. Figürliche Grabmäler wurden weiterhin auf den Familiengräbern im Waldgürtel aufgestellt.

24 Bh 54/55 – Das zweite **Grabmalmuseum** neben dem der Ämtersteine ist der **Historische Friedhof,** der von Linne angelegt wurde, um die formal oder geschichtlich wichtigsten Denkmäler der alten Friedhöfe aufzunehmen. Sie dokumentieren mit klassizistischen und historischen Stelen, mit Urnen und Obelisken die Grabmalkultur des 19. Jh.

25 Bi 58 – 1923 wurde der **Seemannsfriedhof,** die Grabanlage für in Hamburg verstorbene Seeleute, eingerichtet (1936 wurde ein Schiffsanker auf Steinplatten als Mitte aufgestellt).

Bh 59 – In der Tradition der alten Genossenschaftsgräber steht die Gemeinschaftsanlage der **Johannes-Loge** ›Phoenix zur Wahrheit‹. Die Muschelkalkplastik von Alphons Ely (1931) stellt die Befreiung des Menschen aus der Erdgebundenheit eines Steinblocks dar.

Die größten Grabfelder des Linneteils sind Massengräber für die militärischen und zivilen Opfer der beiden Weltkriege, dazu für die der nationalsozialistischen Herrschaft des Dritten Reiches. Nicht der natürliche, in die Natur zurückführende Tod des Cordes-Teils, sondern der durch massenhaftes, gewaltsames Töten erzwungene Tod der Opfer ist die Signatur der Epoche, die 1914 gleichzeitig mit dieser Friedhofserweiterung angebrochen ist.

26 Bi/Bk 59 – Zwei große Friedhöfe für **britische Soldaten** des Ersten und Zweiten Weltkrieges liegen beidseits der Lärchenallee; den Mittelpunkt des südlichen, älteren Teils markiert ein altarartiges Hochkreuz, der Eingang in den jüngeren Teil ist durch zwei neoklassizistische Pavillons flankiert.

Bl 62 – Die andreaskreuzartige Wegeführung, die von Kapelle 12 ausgeht, geht auf alte Knicks der Bramfelder Feldmark zurück. Sie sind heute noch wahrnehmbar. Die Grabfelder und -reihen in diesem Bereich zeigen auch immer noch am besten den alten Zustand des Linne-Teils.

27 X–Z 34–36 – Für die **deutschen Gefallenen des Ersten Weltkriegs** gestaltete Otto Linne die Stelenfelder nördlich der Krieger-Ehrenallee. –

Wettbewerbsentwurf von Hans und Oskar Gerson für eine ›Heldengedächtnishalle‹ auf dem Hauptfriedhof Ohlsdorf, 1921

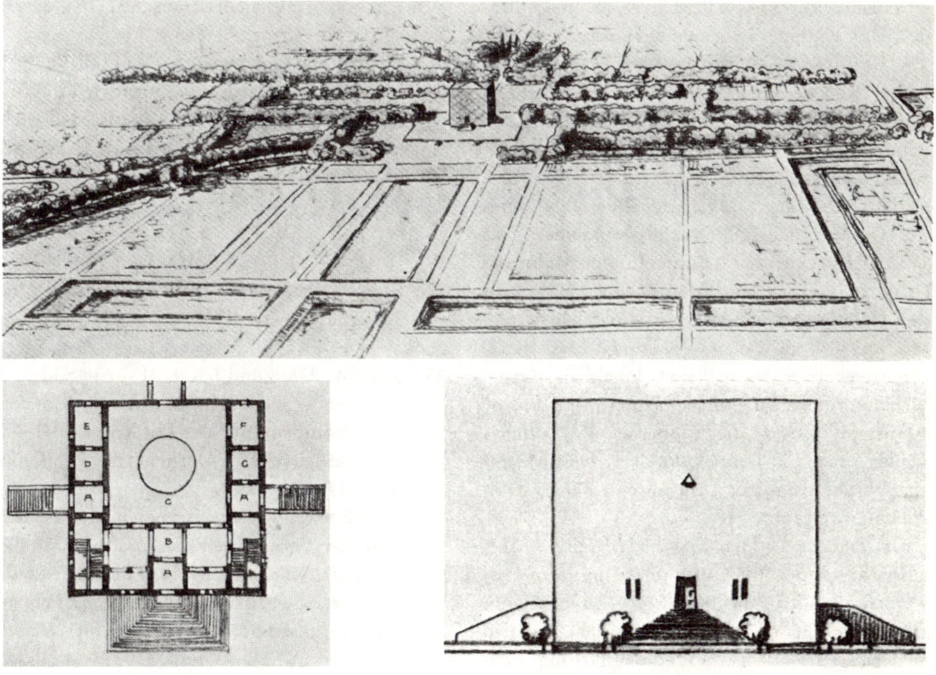

Eine runde Steinplattensetzung im Kriegerehrenfriedhof des Ersten Weltkriegs erinnert an **Kriegsgefangene** und **Fremdarbeiter,** die in Hamburg im Zweiten Weltkrieg umgekommen sind und dort begraben wurden.

28 Bn 53, X/Y 40–43 – Die ›Heldengedächtnishalle‹, die nach dem Ersten Weltkrieg geplant war, wurde nicht ausgeführt. Auf ihrem Bauplatz entstand statt dessen ein neuer **Soldatenfriedhof,** jetzt für die Opfer des **Zweiten Weltkriegs.** Die Mitte markiert ein Rundbau von 1953 (Robert Tischler). Heldische Granitsäulen und hamburgische Ziegelmauern bestimmen das Äußere. Das Relief im Innern hingegen soll – in den Worten seines Bildhauers Franz Mikorey, München – »Sinnbilder« anbieten »für alle, die ohnmächtig und unausweichlich dem Schicksal gegenüberstanden, das jedermann getroffen hat oder hätte treffen können« und erzeugen damit freilich eine »milde Ohnmacht«, die auch die geschichtlichen Zusammenhänge zudeckt, denen das Grauen des Zweiten Weltkrieges zu verdanken ist. Im Fußboden das Grab eines unbekannten Soldaten.

29 Bo/Bp 66/67 – Nahe der Kapelle 13 bildet ein karger Kalksteintempel die Mitte einer großen kreuzförmigen Anlage, deren Holzinschriften darauf hinweisen, daß hier ganze Stadtteile liegen: 37000 Menschen, die im ›Feuersturm‹ der Luftangriffe vom Sommer 1943, in der alliierten ›Operation Gomorrha‹ erstickten und verbrannten. Das 1952 eingeweihte **Bombenopfer-Mahnmal** (Abb. 74) von Gerhard Marcks (der 1945–50 an der Hamburger Landeskunstschule lehrte und seit 1948 an dem Mahnmal arbeitete) vergegenwärtigt formal und inhaltlich dessen Wahlverwandtschaft mit der Antike – und seine Abneigung gegen die Moderne. Ein offenes Mauerviereck mit Tempelportal läßt den Blick auf eine Nische zu, in der Charon seine Fährgäste in die Unterwelt führt.

Das Zeitlose des Denkmals bedarf der Interpretation durch den Bildhauer selbst, um lesbar zu werden: »Ich habe dies Motiv gewählt und damit auf das vorchristliche Zeitalter zurückgegriffen, weil hier eine christliche Todesauffassung nicht am Platze war. Weder ist in dieser Art Tod irgend etwas Versöhnliches zu sehen, noch starben die Bombenopfer als Märtyrer für eine Idee, sondern alle, Männer, Frauen und Kinder wurden in den Wahnsinn der Vernichtung hineingerissen ohne Antwort auf die Frage: warum?, die auf so vielen Grabkreuzen sich wiederholt. Aus diesem Grund habe ich auch dem Charon grausame Züge gegeben; er ist eine Personifikation der Gleichgültigkeit und des organisierten Massenmordes. – Die Insassen des Kahnes, die Toten, sind von dieser Scheußlichkeit unberührt. Brautpaar, Mutter und Kind, Vater und Großvater tragen das Menschliche unberührt hinüber.«

30 Bp/Bq 72/74 – 2993 **Kriegsgefangene und Fremdarbeiter** aus 18 Nationen, die während des Zweiten Weltkrieges in Hamburg umkamen, liegen auf Grabfeldern in der östlichen Randzone des Friedhofs. Ein Gedenkstein in Form eines Pyramidenstumpfes erinnert daran. Die Bronzeplastik ›Sterbender Jüngling‹ (Cor Kralingen, 1956) gehört zum niederländischen Teil dieses Bereichs.

31 Bn 73 – Die Geschwister-Scholl-Stiftung hat 1961 dafür gesorgt, daß ein **Ehrenfriedhof für ehemalige Verfolgte des Nationalsozialismus** eingerichtet wurde, die das Dritte Reich lebend überstanden haben.

---

32 Bi 68 – **Bestattungsplatz jüdischer Opfer** von Krieg und Gewaltherrschaft 1941/43 (Gedenkstein).

33 K/L/M/ 27/28 und J/K/L 31 – Am Südrand des Friedhofs liegen zwei Grabfelder, auf denen 400 zivile **Bombenopfer** des Luftkriegs 1941–45 bestattet wurden (eiserne Dornenkrone von Egon Lissow als Mittelpunkt).

34 Bq 62 – Vergleichsweise bescheiden ist der Zahl wie der Größe nach das Grabfeld für die größte Katastrophe, die nach 1945 die Hansestadt betroffen hat, die **Sturmflut vom 16./17. Februar 1962.** Von ihren 315 Opfern sind hier 77 bestattet.

Prähistorisches
Übrigens gibt es auch eine Reihe prähistorischer Denkmäler in Ohlsdorf, meist bronzezeitliche **Hügelgräber,** die von Cordes sorgfältig konserviert wurden: südlich der Christusstatue am Gedächtnisfriedhof ein Hügel, am Ausgang Ilandkoppel eine Steinsetzung, Findlinge eines Hünengrabes am Weg zwischen Cordes-Allee und Teichstraße; drei **Steinkreise** im Winkel zwischen Teich- und Kapellenstraße erinnern an 1884 ausgegrabene Urnengräber der älteren Eisenzeit; Hügelreste liegen auch nördlich der Kurve, mit der die Kapellenstraße sich zur Kapelle 2 wendet.

Jüdischer Friedhof an der Ilandkoppel

Die Straße Ilandkoppel begrenzt den Hauptfriedhof nach Südwesten und bildet den Zugang zu einem gleichfalls großen Friedhof, der eigentumsrechtlich wie verwaltungstechnisch zu jenem gehört, jedoch innerhalb seiner Umfriedung selbständig angelegt ist. Er ist 1883 eröffnet worden und sollte den Angehörigen der Jüdischen Gemeinde die Bestattung der Toten nach ihren Religionsgesetzen ermöglichen, nachdem die alten jüdischen Friedhöfe in der Stadt alle an die Grenzen ihrer Aufnahmefähigkeit gelangt waren. Die Sicherung der Bestattungen ›auf Friedhofsdauer‹ genügte übrigens streng orthodoxen Ansprüchen nicht; so kam es zur Anlage von Friedhöfen ›ewiger Dauer‹ in Stellingen-Langenfelde, Bahrenfeld und Jenfeld. Dennoch wurde der Jüdische Friedhof an der Ilandkoppel zum größten in Hamburg, weit größer als der in Altona. Er hat Schändungen erlebt und Kriegsschäden. 1944 wurden auf den freien Flächen Baracken errichtet, in denen in ›Mischehe‹ lebende Hamburger wohnen mußten.

Der Friedhof ist tägl. außer sa 8–16 Uhr geöffnet. Besucher tragen eine Kopfbedeckung.

Der besondere, konfessionelle Charakter des Geländes (gegenüber dem säkularisierten Hauptfriedhof) und seiner Gebäude sowie der Grabdenkmäler teilt sich unmittelbar mit: Durch die regelmäßige Anlage und Belegung des Friedhofs – gegenüber dem Parkcharakter des Zentralfriedhofs ein strenges Schachbrettsystem mit gleichmäßigen Reihen ost-westlich ausgerichteter Gräber – ebenso wie durch die eng nebeneinander stehenden, aus religiösen Gründen auf figürliche Dekoration und Bildwerke fast völlig verzichtenden Grabdenkmäler. Das rituelle Verbot der Grabpflege gibt ihm ein ruinöses, von der Natur überwuchertes Gesamtbild, das tief berührt. – Die **Friedhofssynagoge** ist ein im romanischen Stil ausgeführter, kuppelbekrönter Backsteinrohbau (August Pieper, 1883/84).

Einzeln abgegrenzte Gräber bestimmen den Nordteil des Friedhofs. Die einfacheren Reihengräber liegen im Westen und Süden. Dementsprechend sind die aufwendigeren Grabmale im Bereich des nördlichen Hauptwegekreuzes zu finden. Mit Stelen bzw. breiten Tafelgrabsteinen und Wandgrabmalen, Obelisken und Ädikula-Denkmälern, die nach dem Ersten Weltkrieg einfacher werden, begegnen ähnliche Grabmaltypen wie auf dem allgemeinen Friedhof. Dazu gibt es hier einen Grabtypus, der sonst in Hamburg nicht vorkommt, der religiösen Bedingungen gerecht wird und doch besondere gesellschaftliche Ansprüche zur Anschauung bringt: Einige aufwendige Familiengrabmäler sind von Säulenstellungen umhegt, die sie aus den Reihen herausheben. Damit konnten die Einzelgräber unter freiem Himmel liegen, wie es vorgeschrieben war, und erhielten dennoch eine architektonische Form, die den christlichen Mausoleen entsprach. – Die liegenden Platten der portugiesischen, sephardischen Juden bilden einen eigenen Bezirk (ZY/ZZ 12/13).

35 B 12/13 – Westlich vom Eingang ist im Ersten Weltkrieg ein **Ehrenfriedhof für gefallene jüdische Soldaten** aus Hamburg angelegt worden. Um ein Pfeilermonument in der Mitte gruppieren sich einfache Stelen (Block & Hochfeld, 1920–22).

Es ist einigen mutigen Hamburger Bürgern zu verdanken, daß 1937–41 **Grabmale von den damals abgeräumten jüdischen Friedhöfen** am Grindel und in Ottensen nach Ohlsdorf überführt werden konnten; von einem ehemaligen jüdischen Friedhof am Neuen Steinweg wurde 1954 die Pforte nach Ohlsdorf gebracht. Die Grabmäler wurden in Gruppen im Südostteil des Friedhofs neu aufgestellt (ZX/ZZ 12/13). Darunter sind schöne Steinmetzarbeiten des Barock und des Klassizismus.

36 ZY 12 – Die 1937 nach Ohlsdorf überführten Gebeine vieler bedeutender Angehöriger der Jüdischen Gemeinde wurden in einem **Ehrenfriedhof** beigesetzt. Seine Mitte kennzeichnet ein sarkophagartiges Denkmal mit zerstörter Inschrift. Die Seiten des Rechteckplatzes säumen einfache Stelen mit Namen der hier Bestatteten. Am Südende steht in der Mitte das Denkmal für **Gabriel Riesser.** Es war 1865 dem Vorkämpfer der Emanzipation der Juden und dem angesehenen Demokraten (1806–63) auf dem Grindelfriedhof gesetzt worden. Vereinfacht 1937 in Ohlsdorf aufgestellt, wurde es 1985 restauriert und teilweise rekonstruiert: An der Vorderseite des Viersäulenbaus zeigt ein Relief von Engelbert Peiffer die »leuchtende und unverhüllte Wahrheit, die die Schlange der Lüge tötet«. – Diesen Ehrenfriedhof gestaltete der Architekt Fritz Block; es war sein letztes Hamburger Werk, nachdem er und sein Partner Ernst Hochfeld seit 1933 nur noch für die Jüdische Gemeinde tätig werden durften. 1938 konnten sie nach Amerika emigrieren.

37 B 14 – 1951 wurde östlich der Friedhofssynagoge eine **Gedenkstätte** für die Opfer des Massenmords im Dritten Reich, des Holocaust, eingeweiht. Eine Urne enthält Asche aus Auschwitz. Die Inschrift der Rückwand lautet: »Ungestillt ist die Träne um die Erschlagenen unseres Volkes.« (Jer. 8,23)

Fuhlsbüttel

Das 1283 erstmals erwähnte Dorf Fuhlsbüttel, das seit dem Mittelalter Hamburg gehörte, lag westlich der Alster, gegenüber von Ohlsdorf und Klein Borstel, nördlich vom Ratsmühlendamm. Seit der Jahrhundertwende zum Einzelhausvorort aufgesiedelt, wurde es 1913 Stadtteil. Seit den zwanziger Jahren ist Fuhlsbüttel vor allem auch der Name des Hamburger Flughafens geworden. Der südlichste Teil der Gemarkung mit der dort seit 1874 entstandenen Strafanstalt gehört heute zum Stadtteil Ohlsdorf.

Zu Fuhlsbüttel gehörte schon im 13. Jh. eine Wassermühle an der Alster (an die der Ratsmühlendamm erinnert). Als seit 1448 die Schiffbarmachung der Alster und ihre Verbindung mit der Trave nach Lübeck betrieben wurde, entstand die erste Schleuse von Hamburg aus in Fuhlsbüttel. Vielfach verändert, sind Reste im **Ratsmühlendamm** erhalten. Das dort um 1910 errichtete ›Landhaus‹ setzt die Tradition des alten Schleusenmeisterhauses fort, das in der Nähe lag.

Voraussetzung für die Entwicklung Fuhlsbüttels war die Anbindung an die Verkehrssysteme der Stadt über den Bahnhof Ohlsdorf seit 1906 und dann über die eigene Station Fuhlsbüttel der 1912–16 erbauten Hochbahnlinie nach Langenhorn. Von diesen Punkten aus wuchsen die Wohnviertel des Stadtteils, meist getragen von Erschließungsgesellschaften (z. B. für das Einzelhausgebiet zwischen Ratsmühlendamm, Alsterkrugschaussee und Erdkampsweg). Der Bauverein zu Hamburg versuchte (neben seinen Leistungen für die Reform des städtischen Mietshauses in der Innenstadt), im Vorort Fuhlsbüttel eine Gartenstadt zu entwickeln; seit 1907 entstand so die Siedlung **Alsterhöhe** zwischen Hummelsbütteler Landstraße und Brombeersweg, wenngleich durch die abschnittsweise Ausführung bis 1939 nicht ganz so einheitlich, wie zunächst geplant. Eine Büste auf dem **Heinrich-Traun-Platz** erinnert an den Hauptfinanzier und Gründer des Bauvereins, den Fabrikanten und Senator Heinrich Traun (1838–1909).

Der Platz westlich der Hochbahnhaltestelle Fuhlsbüttel wird bestimmt durch ein glänzendes Beispiel des Neuen Bauens der zwanziger Jahre, das von Karl Schneider 1928/29 errichtete Mietwohnhaus **Kleekamp 1–7**/Bergkoppelweg 26–34; der Flachdachbau ist leicht gebogen und städtebaulich höchst wirksam abgestuft. – Nach Westen erstrecken sich bürgerliche Einzelhausstraßen aus der Zeit um 1910 mit Häusern zwischen Jugendstil und Reformarchitektur. – Die öffentliche **Grünanlage** zwischen Wacholder- und Bergkoppelweg ist durch neuere Veränderungen verstümmelt. Dennoch zeigt sich mit ihrer rechteckigen Anlage – einer großen Wiese, gesäumt von Baumgruppen und Lindengängen – noch das Grundmuster, das sie 1909 erhielt. Sie war der vielbeachtete Beitrag des jungen Leberecht Migge (1881–1935) zur Reform der Gartenarchitektur.

1893 erhielt Fuhlsbüttel (bis dahin im Kirchspiel Eppendorf) eine eigene Kirche, deren Standort am Erdkampsweg die Verlagerung des Siedlungsschwerpunkts weg von der Alster dokumentiert. Die evangelisch-lutherische Pfarrkirche **St. Lukas** zeigt nichts mehr vom neugotischen Ursprungsbau (von Julius Faulwasser). Von Hopp & Jäger wurde sie 1937/38 in ihr heutiges Erscheinungsbild versetzt, das trotz des hohen Daches hinter dem massiven Westturm niedrig, geduckt und bodenständig wirkt. – Mit der benachbarten Wohnanlage **Erdkampsweg 102** hatte die Gemeinde übrigens 1926/27 einen eigenständigen Beitrag zur Hamburgischen Wohnungsbaupolitik geleistet (Carl Winand). Auch ihr turmartiger Eckerker markiert den neuen Stadtteilkern. – Ebenso wie der benachbarte Schulbau: Das heutige **Gymnasium Erdkampsweg** wurde erbaut als ›Realschule Alstertal‹ 1929/30. Fritz Schumacher hat den sachlichen Flachdachbau entworfen. Wie in den anderen Gartenstadtsiedlungen Hamburgs (s. Volksdorf, Walddörfergymnasium) waren auch hier pädagogische Reformideen verwirklicht worden: Eine moderne Realschule war 1924 gegründet, 1929 zur Oberrealschule erweitert worden.

Zur gleichen Zeit wie die Fuhlsbüttler Häuschen im Grünen entstand dort der Hamburger **Flughafen.** Seit 1911 wurde er angelegt für Luftschiffe; davon zeugt noch die Zeppelinstraße (die große Luftschiffhalle fiel 1921 dem Versailler Vertrag zum Opfer). Das *Empfangsgebäude* ist einer der bedeutendsten Verkehrsbauten, fast so alt wie der Flugverkehr überhaupt: Von den deutschen Großflughäfen, die in den zwanziger Jahren entstanden, ist er der einzige, der baulich erhalten geblieben ist und bis heute kontinuierlich genutzt wird. Entworfen von den jungen Architekten Dyrssen & Averhoff, ist 1926–28 der Kern der weitläufigen Anlage entstanden. Nach außen zeigt er eine repräsentative Backsteinfassade, zum Flugfeld eine Abstufung in Aussichtsterrassen. Die leichte Biegung der Front erinnert daran, daß

Flughafen Fuhlsbüttel, 1930

er am Rande des ehemals kreisförmigen Flugfeldes stand – wie eine Zuschauertribüne am Stadion. – Durch Umbauten 1959–62 und seitdem ist dieses qualitätvolle Bauwerk außen und innen kleinmütig entstellt; kaum mehr als Spuren der ursprünglichen Eleganz halten die beiden Wendeltreppen an den Ecken des Mittelrisalits in Erinnerung. Ein großzügiger Ausbau ist geplant (von Gerkan, Marg und Partner).

Am äußeren Aufgang zu der Aussichtsterrasse stehen zwei *Denkmäler* – eine Findlingsgruppe, die an die Toten der Marineluftschiffahrt 1913 und im Ersten Weltkrieg erinnert, und ein 1929 errichtetes Muschelkalkdenkmal für den 1927 verunglückten Hamburger Kunstflieger und Testpiloten Paul Wilhelm Bäumer. – Die *Halle C* ist von Fritz Schumacher als Flugzeughangar erbaut worden (innen ebenfalls verändert).

Die **Siedlung Flughafen,** Lilienthalstraße/Lilienthalplatz (Fritz Höger, 1927/28) hat durch ihre Nähe zum Flughafen aus Lärmschutzgründen eingreifende Veränderungen hinnehmen müssen. Die geometrisch klaren Flachdachbauten zeigen die Fähigkeit des Hauptmeisters des architektonischen Expressionismus, auch die Mittel des Neuen Bauens anzuwenden – wie zugleich in der symmetrischen Hofentwicklung sehr traditionelle Mittel des Städtebaus.

Entlang der Alsterkrugchaussee reihen sich weitere Siedlungsbauten, die in den zwanziger (und dreißiger) Jahren die städtische Block- und Zeilenform des Mietshauses in den Vorort brachten, zugleich aber mit verringerter Geschoßzahl die damals geringeren Grundstückspreise für deren Reform nutzten. Besonders schön sind etwa die Großwohnanlagen **Alsterkrugchaussee 463–493** (der traditionalistische Bau wurde von Klophaus & Schoch 1926–30 erbaut und setzt die Siedlung Am weißen Berg fort; s. Alsterdorf) oder **591–597** (Elingius & Schramm, 1927/31). – Ecke Ratsmühlendamm/Alsterkrugschaussee liegt übrigens auf dem freien Platz ein bronzezeitlicher **Grabhügel.**

In die letzte, krisengeprägte Phase der Wohnungsbaupolitik der Weimarer Zeit gehören die Zeilenbauten **Am Lustberg 14–22**/Niedernstegen 11–19. Wie in den Versuchsbauten der Jarrestadt sollten hier verschiedene technische und strukturelle Konzepte erprobt werden, um die »Wohnung für das Existenzminimum« möglichst rationell zu erzeugen (›Rationell‹ nannte sich auch die Trägergesellschaft, die beide Versuchssiedlungen errichtete); entworfen wurden die beiden Zeilen gemeinsam von den Architekten Block & Hochfeld, Bensel & Kamps, Paul A. R. Frank und Karl Schneider. Der Zustand der verputzten Bauten macht es sehr schwer, wahrzunehmen, daß man hier vor der konsequentesten Hinwendung zum Internationalen Stil des Neuen Bauens in Hamburg steht.

Eine andere Spezialität, die Licht auf die Wohnungsreform der zwanziger Jahre ebenso wirft wie auf einen Versuch der Hamburger Werftindustrie, sich neue Produkte zu erschließen, ist das Stahlhaus **Soltstücken 2**/Ohlendiek 14: Von der Vulkanwerft und den Architekten Elingius & Schramm 1926/27 als Musterhaus errichtet, sollte es Methoden des Schiffsbaus auf den Fertighausbau übertragen (und damit ganz konkret das tun, was sonst in den zwanziger Jahren vielfach als formales Experiment versucht wurde, nämlich das ›Dampfer‹-Motiv als symbolische Form der neuen Zeit in die Architektur zu übertragen).

Aus der 1883/84 errichteten Gemeindeschule ist die **Schulanlage** Ratsmühlendamm/Fuhlsbütteler Damm entstanden. Die Gebäudegruppe ist heute bestimmt durch den 1919–24 errichteten Neubau.

Langenhorn

Langenhorn wird 1283 erstmals erwähnt. Später im Besitz des Hamburger Hospitals St. Georg, wurde es 1830 den Landherrenschaften unterstellt und 1913 als Vorort in Hamburg eingemeindet. Das Dorf lag etwa bei der Gabelung von Langenhorner Chaussee und Tangstedter Landstraße, wo der **Dorfteich** erhalten ist und ein letztes reetgedecktes **Bauernhaus** steht (Langenhorner Chaussee 169, erbaut 1892).

Den ausgedehnten Stadtteil kennzeichnen Wohnviertel des 20. Jh. Die Voraussetzungen für ihre Entwicklung schuf die Hochbahnlinie, die 1912–16 von Ohlsdorf nach Ochsenzoll hinausgeführt wurde.

Die seit 1912 geplante Siedlung **Siemershöh,** Beim Schäferhof/Höpen/Dobenplatz gehört zu den Initiativen von Edmund Siemers, die um 1910 Hamburg wesentliche Impulse vermittelt und in wichtigen Bauwerken ihren Ausdruck gefunden haben (s. Rotherbaum, Universität). Der bürgerliche Reformer der Jahrhundertwende erweist sich hier als Anhänger der Gartenstadtbewegung: Die Siedlung sollte ein neues, gesundes Leben außerhalb der Großstadt und ein neues Gemeinschaftsgefühl ermöglichen. Ausgeführt wurden die meisten Häuser erst in den zwanziger Jahren und dann nicht mehr nach einheitlichen Plänen und auch nicht mit dem alten Anspruch (wie noch Beim Schäferhof mit bodenständigen Doppelhäusern erkennbar ist).

In der Nähe liegt eine der Altenwohnanlagen des **Daniel-Schutte-Stiftes** (Höpen 11, Distel & Grubitz, 1928). Der symmetrisch entwickelte Flügelbau in einer parkartigen Freifläche steht in der älteren Stiftsbautradition. Formal gehört er dem Neuen Bauen an (Flachdach, kubische Baukörper, Horizontalismus, serielle Gliederung, an Dampfermotive erinnernde Balkons).

Weiter nördlich liegt die **Fritz-Schumacher-Siedlung,** die so 1949 nach dem Tode ihres Architekten benannt wurde. Mit ihren 800 Häusern unternahm die Freie und Hansestadt Hamburg gleichzeitig mit dem Geschoßwohnungsbau am Dulsberg 1919–21 (s. Dulsberg) einen Versuch, den ›Flachbau‹, d. h. das eingeschossige Haus mit Garten, für breite Bevölkerungsschichten zugänglich zu machen. Während des Ersten Weltkriegs war dergleichen als ›Kriegerdanksiedlung‹ propagiert worden.

Städtebaulich entwickelt sich die Anlage beidseits von der als Hauptachse benutzten alten Tangstedter Landstraße mit sehr traditionalistischen Mitteln: symmetrischen Straßenanlagen, Platzausweitungen und Sekundärachsen – so liegt das Schulhaus wie ein barockes Schloß im Achsensystem der Siedlung. – Die ein- und zweigeschossigen Häuser sind zu langen Zeilen zusammengefaßt, von denen immer abwechselnd die Gärten nach vorne und hinten abgehen, die auf diese Weise doppelt so breit wie die Häuser sind. An den Querstraßen liegen auch Einzel- und Doppelhäuser. – Das heutige Siedlungsbild ist im einzelnen stark verändert, wobei die äußerst sparsame Bauweise eine Rolle gespielt haben mag (sogar Versuche mit gestampften Lehmwänden wurden gemacht). Durch neue Anstriche ist auch die alte Farbigkeit dahin (für die übrigens der Künstler Otto Fischer-Trachau in den zwanziger Jahren ein sehr differenziertes Konzept entwickelt hatte).

Als bauliches wie soziales Zentrum ist von *Fritz Schumacher* die nach ihm benannte *Schule* an Stelle eines Provisoriums 1928–30 neu errichtet worden. Der Klinkerbau hat im Gegensatz zu den meisten anderen Schulen dieser Zeit ein hohes Walmdach erhalten. Zu Recht hängt in dieser Schule das schöne Altersporträt Fritz Schumachers von Friedrich Ahlers-Hestermann. 1925 ist von Johannes Böse in der Langenhorner Schule die ›Griffelkunst‹-Vereinigung gegründet worden. Sie gab der Siedlung eine einzigartige kulturelle Mitte. Ihr Ziel war und ist es – Impulse Alfred Lichtwarks umsetzend – möglichst vielen Menschen Kunstwerke zugänglich zu machen, indem sie Ausstellungen veranstaltet und ihren Mitgliedern den Erwerb von Originalgraphiken ermöglicht. – Zur ursprünglichen Planung der Siedlung gehörten weitere öffentliche Bauten. Davon ist erst 1953/54 die ev.-luth. **Broder-Hinrick-Kirche** an der Tangstedter Landstraße errichtet worden (Friedrich R. Ostermeyer und Peter Suhr).

Inmitten der Siedlung ist an der **Tangstedter Landstr. 230** als liegengebliebener Kern eines der wenigen Gebäude aus der bäuerlichen Vorzeit erhalten geblieben, die 1880 neu errichtete Kate einer kleinen Landstraßengaststätte.

Das heutige **Allgemeine Krankenhaus Heidberg** zeigt mit seinem übergroßen Rundbogen-

Entwürfe für die staatliche Kleinhaus-Siedlung in Langenhorn, die spätere Fritz-Schumacher-Siedlung. Fritz Schumacher, 1919

portal aus roh behauenen Quadern seinen Ursprung im Dritten Reich an (am Schlußstein des Bogens kann man den abgemeißelten Hoheitsadler erkennen). Es war eine Kaserne der Waffen-SS. Die symmetrisch entwickelte Gesamtanlage und das Portal wirken sehr traditionalistisch, ebenso die Dächer und Kreuzsprossenfenster. Allerdings kann man die Anlage im Hinblick auf die nord-südlich ausgerichteten Zeilenbauten auch als ›modern‹ im Sinne des Wohnungsbaus um 1930 lesen. – Die benachbarte, gleichzeitige Siedlung **Götkensweg 1–19** sieht mit ihrer streng geordneten, axialen Anlage ähnlich und sogar fast militärischer aus als die Kaserne.

Im **Schröderstift,** das 1972 nach Langenhorn in Neubauten am Kiwittsmoor 18–26 umgezogen ist, wurden die Sarkophage des Stifterehepaars in der Krypta der Kapelle zusammen mit der Gruppe Liebe, Glaube, Hoffnung untergebracht, die bis dahin im alten Schröderstift ihren Platz hatten (s. Rotherbaum).

Der Straßenname **Ochsenzoll** erinnert an eine Zollstelle, die hier – also auch an der heutigen Landesgrenze – 1612 bis 1867 bestand.

In diesem bis 1937 nördlichsten Zipfel des hamburgischen Staatsgebietes ist das **Allgemeine Krankenhaus Ochsenzoll** (Langenhorner Chaussee 560) seit 1892 als Psychiatrische Klinik entstanden, zunächst als ›landwirtschaftliche Kolonie‹ des Krankenhauses Friedrichsberg (s. Barmbek-Süd), seit 1898 selbständig. Schon Friedrichsberg hat als Krankenhaus in weitläufigem Park versucht, eine günstige Umwelt für die Heilung der Patienten zu nutzen. Noch konsequenter sollte dies in Ochsenzoll geschehen: weit draußen im Grünen, fern von der Großstadt und deren krankmachendem Milieu – auch dieses Krankenhaus ist ein Stück konkrete Großstadtkritik und Lebensreform. Die Pavillons der Anstalt wurden in ein Tannenwäldchen gebaut, mit einer Mittelachse und parkartig geschwungenen Wegen. Von den ursprünglichen Häusern – die vor allem zwischen 1897 und 1913 entstanden – sind nicht allzu viele erhalten. Wie überall in den Hamburger Großkrankenhäusern sind Neubauten vielfach ohne Bezug zum alten Konzept errichtet worden.

Seit 1935 entstand in Langenhorn eines der Zentren der Hamburger Rüstungsindustrie. Für die Arbeiter wurden umfangreiche Siedlungen errichtet. Die bemerkenswerteste ist die 1939/40 erbaute **Schwarzwaldsiedlung** an der Essener Straße 11–75. Mit steilen Dächern und gemütlicher Putz-/Fachwerkbauweise fällt sie aus dem Rahmen der Hamburger Bautradition und signalisiert so, daß eine im Schwarzwald heimische Uhrenfabrik hier ihre Arbeiter unterbrachte; sie produzierte in der Nähe Zünder für Granaten.

Die ev.-luth. **Ansgarkirche** an der Langenhorner Chaussee 270 (Geißler & Wilkening, 1929/30) ist ein bemerkenswerter Sakralbau des Neuen Bauens: Außen aus Klinkerkuben komponiert, zitiert er innen mit niedrigen Seitenschiffen, Apsis und leicht einwärts gebogenen Betonpfeilern traditionell kirchliche Motive, ist zugleich aber sachlich in der Konstruktion. Die Orgel entwarf Hans Henny Jahnn. Das Altartriptychon von Anita Rée ist nach 1933 entfernt worden und 1943 verbrannt. – In der Grünanlage neben der Kirche steht das Langenhorner **Kriegerdenkmal** für die Gefallenen des Ersten Weltkriegs (Kniender Soldat, Richard Kuöhl 1930).

Bezirk Wandsbek

Eilbek

Eilbek ist zwar heute ein Teil des Bezirks Wandsbek, aber es gehörte seit jeher zu Hamburg. Sein Stadtbild setzt denn auch das von Uhlenhorst und Hohenfelde nach Osten fort – soweit man das den verstreuten Resten älterer Bebauung überhaupt noch ansieht. Denn wie die anderen östlichen Stadtteile ist Eilbek durch den Bombenkrieg schwer zerstört worden.

Die Wandsbeker Chaussee als Landstraße nach Lübeck zog als erste die Bebauung auf sich, sie wandelte sich im Verlauf des 19. Jh. zur Geschäftsstraße mit Etagenhäusern, ebenso wie die Querstraße Wartenau/Landwehr. Die bürgerlichen Quartiere zwischen Eilbeker Weg und Wandsbeker Chaussee entstanden in den 1870er und 1880er Jahren auf Gelände, das 1866 vom Heilig-Geist-Hospital verkauft und seit 1867 zur Bebauung erschlossen worden war. Gruppen von gründerzeitlichen Stadthäusern (große, in Reihe stehende Einfamilienhäuser) sind noch erhalten an Eilenau, Blumenau und Hagenau. Die Viertel zwischen Wandsbeker Chaussee und Hasselbrookstraße wurden um die Jahrhundertwende städtisch mit Etagenhäusern erschlossen.

Der **Jacobipark** ist der erste Hamburger Friedhof, der – 1848 eröffnet – so weit hinaus vor die Stadt verlegt wurde und damit Konsequenzen aus dem Wachstum der Großstadt zog (der erste Friedhof der Hauptkirche St. Jacobi außerhalb der Innenstadt war 1793 vor dem Steintor in St. Georg angelegt worden); 1954 wurde er aufgehoben und in eine öffentliche Grünanlage umgewandelt. Einige wenige *Denkmäler* erinnern noch an die ursprüngliche Funktion, so der Grabstein für die Schauspielerin *Clara Horn* (am Thalia-Theater 1875–84) und der für den Chirurgen *Erich Martini* (gest. 1880). – Die ehemalige Friedhofskapelle an der Wandsbeker Chaussee dient seit der Wiederherstellung durch Hopp & Jäger 1962 als ev.-luth. **Osterkirche.** Sie wurde 1863/64 vom Bauleiter der Nikolaikirche, dem Engländer Isaiah Wood, als einfacher neugotischer Backsteinbau mit Sandsteingliederungen errichtet und im Krieg stark beschädigt.

Als erste Pfarrkirche Eilbeks ist die ev.-luth. **Friedenskirche** 1883–85 von Johannes Otzen zusammen mit seinem Schüler und Mitarbeiter Johannes Vollmer erbaut worden. Der Typus der Wandpfeilerkirche wird hier variiert (nach schweren Kriegsschäden bis 1960 wiederhergestellt). – Benachbart ist die nach Entwürfen von Albert Erbe im hamburgischen Bürgerhaus-Barock 1907–09 errichtete **Schule Ritterstraße 46**/Hasselbrookstraße.

Die ev.-luth. **Versöhnungskirche** am Eilbektal entstand 1916–21. Fernando Lorenzen wandte sich mit ihr vom Historismus ab und gliederte sich in die Reformarchitektur um Fritz Schumacher ein (in der freien Nutzung unbestimmter historischer Assoziationen und der charakteristischen Mischung von Klinker und Werkstein).

Der **S-Bahnhof Hasselbrook** wurde im Zusammenhang mit der ersten S-Bahnlinie in Hamburg nach Ohlsdorf 1905–07 durch das Ingenieurwesen der Hamburger Baudeputation errichtet. Er versucht dem Stadtteil auf seine Weise ein interessantes Zentrum zu geben durch die Entwicklung als burgartiger Backsteinrohbau – eines der letzten Zeugnisse der Hannoverschen Bauschule der Gründerzeit unter den Hamburger Verkehrsbauten. – Übrigens steht in seiner Nähe einer der *Bunkertürme*, mit denen das Dritte Reich die anmutenden Qualitäten des Backsteinrohbaus denaturiert hat.

Wandsbek

Wichtiger als das 1296 erstmals genannte Dorf Wandsbek war lange das Gut gleichen Namens. Es gehörte zeitweise Hamburger Bürgern; 1564 erwarb es Heinrich Rantzau (1526–99), eine der damals in Schleswig-Holstein und Dänemark vermögendsten und einflußreichsten Persönlichkeiten. Er errichtete 1568 ein Schloß. 1614–41 war der dänische König Christian IV. Besitzer des Gutes. Seit 1762 besaß der Graf Heinrich Carl Schimmelmann den privaten Teil des Gutes mit dem Schloß, das er neu ausbaute (daraus entwikkelte sich die Geschichte von Marienthal; s. Marienthal). Insgesamt hat Wandsbek innerhalb der komplizierten Territorialgeschichte Schleswig-Holsteins mit staats- und privatrechtlich sehr wechselhaften Besitzverhältnissen viele Besonderheiten zu bieten. Darauf weisen zahlreiche historische Grenzsteine im Stadtteil hin (etwa der Grenzstein zwischen dem Hamburger Heilig-Geist-Hospital, also der Hansestadt, und dem Gut des Heinrich Rantzau am Eilbeker Weg/Mühlenstraße aus dem Jahre 1573). – Staatsrechtlich stand Wandsbek endgültig seit 1773 unter dänischer Herrschaft und wurde mit Schleswig-

Holstein 1867 preußisch. Der Flecken wuchs seit Anlage der Eisenbahnverbindung zwischen Hamburg und Lübeck 1865 schnell und wurde 1870 zur Stadt erhoben. 1873 wurde die Verwaltung des Landkreises Stormarn nach Wandsbek verlegt. 1937/38 wurde es Hamburg einverleibt. Heute ist es Verwaltungsmittelpunkt für den gleichnamigen Stadtbezirk.

Die schweren Kriegsschäden, die Wandsbek (vor allem im Sommer 1943) betroffen haben, sind die Hauptursache für das heterogene Bild des Stadtteils. Zum Teil beruht es aber auch auf der besonderen, geschichtlich gewachsenen Struktur Wandsbeks. Bis zum Zweiten Weltkrieg war die Grenze zwischen den Hamburger Stadtteilen Eilbek und Wandsbek im Verlauf von Wandsbeker und Eilbeker Chaussee gegenüber der Wandsbeker Marktstraße (die Landesgrenze verlief bis 1937 durch Brauhausstraße und Hammer Straße) unmittelbar ablesbar: dieseits großstädtische Geschäfts- und Etagenhäuser, jenseits eine kleinteilig vorstädtische Bebauung. Das bewahrte selbst noch der Wiederaufbau nach dem Zweiten Weltkrieg.

Mittelpunkt des Bezirks ist das **Bezirksamt Wandsbek,** Schloßstr. 60, bis 1937 das Verwaltungsgebäude des Kreises Stormarn. Der Hauptteil stammt aus dem Wiederaufbau nach dem Zweiten Weltkrieg. Die Nordfront zeigt aber noch das neoklassizistische Erscheinungsbild des Neubaus, den 1922/23 Fritz Höger errichtete und mit gefärbtem Edelputz (die Fensterpfeiler rot) verkleidete. – Im Innern die Attika vom Wandsbeker Schloß sowie Modelle zu dessen Geschichte (s. Marienthal).

Schräg gegenüber markiert die ev.-luth. **Christuskirche** mit ihrem Turm die Stadtteilmitte. Hier stand seit 1633/34 die erste Pfarrkirche des Dorfes, ersetzt 1800 durch einen klassizistischen Neubau (J. A. Arens), der 1898 abbrannte. Die neugotische Nachfolgekirche (Fernando Lorenzen, 1899–1901) wurde 1943 zerstört. Reste ihrer Strebepfeiler sind in den 1953/54 errichteten Neubau (Hopp & Jäger) übernommen – eine karge

Karte von Gut und Dorf Wandsbek, 1805. Links unterhalb der Mitte ist das Schimmelmannsche Schloß mit seinem Park erkennbar (s. Marienthal)

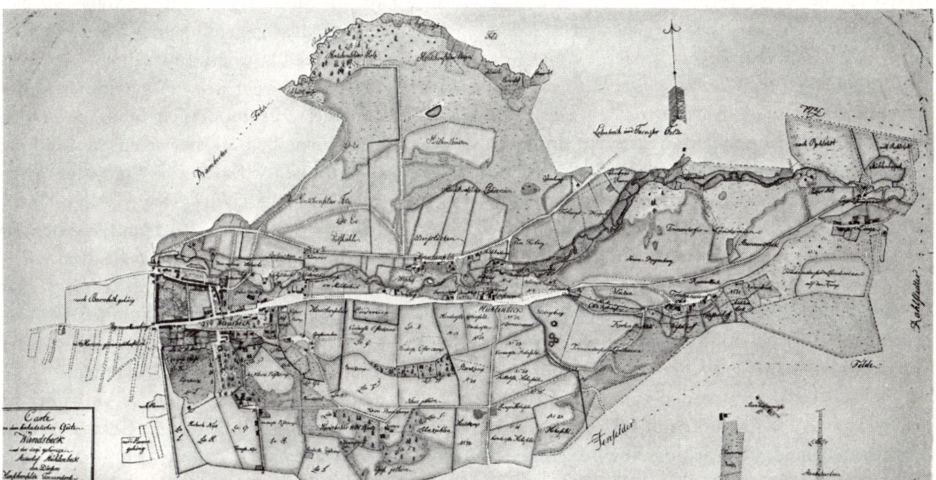

Betonhalle mit einfacher Ausstattung (Christus-Mosaik, Gottfried von Stockhausen, 1965); aus der 1948 im (später abgerissenen) Turmstumpf untergebrachten Notkirche stammt der Holzaltar in der Turmkapelle. Ergänzt wurde der Bau nachträglich durch einen freistehenden Turm.

Nordöstlich liegt hinter der Kirche der **ehemalige Friedhof.** Hervorzuheben ist das Grab von *Friedrich Philipp Victor von Moltke* (1768–1845, dänischer Generalleutnant, Vater des Feldmarschalls) mit einem Gedenkstein für den Widerstandskämpfer *Helmuth James Graf von Moltke* (geb. 1907, als Angehöriger des ›Kreisauer Kreises‹ nach dem 20. Juli 1944 verhaftet und hingerichtet in Berlin 1945) sowie das Grab des Dichters *Matthias Claudius* (1740–1815). – Auf dem Friedhof steht auch das *Kriegerdenkmal von 1871* (Obelisk).

Das bedeutendste Baudenkmal Wandsbeks ist das **Schimmelmann-Mausoleum** auf diesem Friedhof. Es wurde 1785 von Carl Gottlob Horn entworfen (einen Plan des römischen Architekten Giovanni Antonio Antolini vereinfachend) und bis 1792 ausgeführt; möglicherweise stand im Hintergrund ein Projekt, das der 1782 verstorbene Graf Heinrich Carl von Schimmelmann von dem dänischen Architekten Harsdorff noch selbst hatte zeichnen lassen – gut vergleichbar ist jedenfalls dessen Grabkapelle für Frederik V. am Roskilder Dom (seit 1774 im Bau). Der klassizistische Putzbau erscheint als Kubus, aus dem ein Zylinder mit flachem Kuppeldach heraustritt. Innen erhebt sich auf vier dorischen Ecksäulen eine Pendentifkuppel, deren Flächen ebenso wie die Apsiskalotten eine elegante Stuckdekoration (Francesco Antonio Tadei) tragen (Abb. 75). In den seitlichen Anbauten stehen die Sarkophage des Grafen Heinrich Carl von Schimmelmann und seiner Frau. Carl Gottlob Horn (1734–1807) war von Schimmelmann ›entdeckt‹ und als sein Hausarchitekt beschäftigt worden. Sein Mausoleum gehört zu den Hauptwerken des Klassizismus in Norddeutschland (der Schlüssel wird vom ev.-luth. Kirchengemeindeverband Wandsbek verwahrt; HH 70, Schloßstr. 78, ✆ 6522000).

Wandsbek hat dem Grafen Heinrich Carl von Schimmelmann (1724–82) mehr zu verdanken als dieses Mausoleum (und ehemals sein Schloß; s. Marienthal): Er war ein erfolgreicher Kaufmann in Dresden und dann in Hamburg, wurde Heereslieferant Friedrichs des Großen und verdiente am Siebenjährigen Krieg. So konnte er die adligen Güter Ahrensburg (1759) und Wandsbek (1762) erwerben. 1761 trat er erstmals in den Dienst des dänischen Königs, wurde 1762 Freiherr und 1779 Graf, nachdem er seit 1768 als Schatzmeister für die Finanz- und Wirtschaftspolitik Dänemarks verantwortlich war. In Wandsbek förderte er früh die Ansiedlung von Industrie und richtete selbst Betriebe ein. Schimmelmann war kein feudaler Landlord – sondern einer jener bürgerlichen Aufklärer, wie sie sich zur gleichen Zeit in Hamburg zur Patriotischen Gesellschaft zusammengeschlossen hatten und durch die Förderung von Bildung und Wirtschaft die Modernisierung der Welt, das Industriezeitalter einleiteten. – Auch der Ausbau von Ahrensburg im benachbarten Schleswig-Holstein gehörte dazu (insofern eignet sich Wandsbek als Ausgangspunkt für einen Ausflug dorthin).

Hundert Jahre später stand Wandsbek als Industriestadt in Blüte. – Darauf verweist an der Wandsbeker Allee gegenüber der Christus-Kirche der **Puvogel-Brunnen.** Er ist Friedrich Puvogel (1872–1907 Bürgermeister) gewidmet, unter dem Wandsbek zur modernen Stadt geworden war. Mit seiner bemerkenswerten Verbindung von Wasser und Elektrizität (die Figur des ›Morgen‹ von Cuno von Uechtritz-Steinkirch hielt ursprünglich eine Leuchte in der Hand!) bezieht er sich – für damalige Verhältnisse geschmackvoll – auf die kommunalen Versorgungsbetriebe. – Der Hochbahn- und Bus-Umsteigebahnhof **Wandsbek-Markt** entstand im Zusammenhang mit der Hochbahnlinie nach Wandsbek seit 1958.

Aus der Kreisstadtzeit stammt das **Amtsgericht** an der Schädlerstr. 28 mit seinem Gefängnistrakt zur Schloßstraße hin (P. Thömer, 1909/10).

Angesichts der Tatsache, daß in Hamburg Privatarchitekten traditionell nur in Ausnahmefällen öffentliche Hochbauten entwerfen konnten – zumal nicht mehr, seit dort 1909 Fritz Schumacher seinen Dienst angetreten hatte –, ist es bemerkenswert, daß nach einem Wettbewerb 1914 einer der erfolgreichen jungen Hamburger Architekten der Reformarchitektur um 1910 in Wandsbek mit einem öffentlichen Gebäude zum Zuge kam, nämlich Henry Grell mit dem **Charlotte-Paulsen-Gymnasium** (Neumann-Reichardt-Straße 20, 1914–16). Es kann neben Schumachers Hamburger Bauten derselben Zeit bestehen.

Fünfzehn Jahre später hatte Wandsbeks Stadtbauverwaltung sich entschieden zum Neuen Bauen hingewandt – unter dem Dach einer sehr fortschrittlichen preußischen Schulverwaltung und Schulbaupolitik. Das bezeugt die **Schule Bovestraße** (Bovestraße 12), 1928/29 vom Stadtbauamt Wandsbek errichtet. Aus dem Raumprogramm entwickelt sich frei der Baukörper; Flachdächer und der Verzicht auf Dekorationen, ein symmetrisch entwickelter Haupteingang und die Klinkerverkleidung verbinden – sichtlich orientiert an Hamburg – Modernität und Überlieferung. – Das bronzene *Reiterstandbild* eines ›Hunnen‹ (dessen Pferd vor einem Totenschädel erschrickt) ist ein Werk des Bildhauers Erich Hösel (1895), das aus den Beständen der Berliner Nationalgalerie im Zweiten Weltkrieg nach Hamburg gelangte und im Vorgarten der Schule einen wenig motivierten Platz fand.

Das Haus **Bovestraße 2** wurde 1861 für den Kaufmann Christian Bove gebaut, auf dessen argentinische Besitzungen das Stierwappen hinweist. Außergewöhnlich für eine Villa ist die einfache Backsteinarchitektur des Hamburger Architekten Georg Luis.

Erklärlich ist die schlichte Bauweise für das ehemalige **Morewood-Stift,** Böhmestr. 20, das aus dem Nachlaß eines Hamburger Kaufmanns englischer Herkunft um 1850 für Altenwohnungen errichtet wurde. Hier unterhält der Wandsbeker Bürgerverein ein privates *Heimatmuseum* (geöffnet di 16–18 Uhr).

Die Wandsbeker Industrie siedelte sich entlang der *Wandse* (in Hamburg wird daraus die Eilbek) an und nutzte deren Wasser. Daran erinnern noch Straßennamen wie Kattunbleiche und Lengerckestieg/-straße (genannt nach einem wichtigen Industriellen der Frühzeit). – Die eindrucksvollste Hinterlassenschaft dieser Industriegeschichte ist trotz Kriegszerstörungen und Umnutzung (als Gewerbehof) die Fabrik der ›**Kakao-Compagnie Theodor Reichardt**‹, Neumann-Reichardt-Straße 29–33 (Valentin Schmidt, 1905). Der von Hof und Nebengebäuden umgebene Backsteinbau sollte mehr sein als eine Schokoladenfabrik: »Das Gebäude erweckt in seiner Gesamterscheinung in dem Beschauer den Eindruck, daß hier eine Hochburg deutscher Arbeit geschaffen ist« (Hamburg und seine Bauten 1914). Schokolade wird dort schon seit 1928 nicht mehr erzeugt.

Entlang der Hauptausfallstraße Ahrensburger Straße ziehen sich nach Osten ausgedehnte Gebiete mit vorstädtischen Einzelhäusern, die etwa seit der Jahrhundertwende entstanden sind. Zwischen ihnen findet sich als glänzendes Beispiel für das Wiederanknüpfen an die klassische Moderne in den sechziger Jahren das Haus **Eickhoffweg 42a** (Friedhelm Grundmann, 1967).

Von einer **Ölmühle** an der Wandse sind Am Schulgarten 33/Ölmühlenstieg 3–5 Baulichkeiten aus der Zeit um 1800–50 erhalten. Umgebaut zu einem Studentinnenwohnheim wirkt die Anlage in der Parkumgebung allerdings mehr als Idylle denn als Dokument frühindustrieller Arbeitsverhältnisse. – Die Wasserkraft der Wandse, die durch den Eichtalpark fließt, wurde im übrigen schon von Heinrich Rantzau ausgenutzt; *Holzmühlenteich* und *Mühlenteich* gehen auf seine Mühlenbauten zurück.

Die ehemalige Zigarettenfabrik **Haus Neuerburg,** Walddörferstr. 103, wurde 1983/84 von der Bundespost für ihre Zwecke hergerichtet. Dabei wurde das Äußere der älteren Teile etwa in der ursprünglichen Gestalt restauriert: Vor allem der 1926/27 von Fritz Höger errichtete Südflügel ist eines der schönsten Beispiele für die expressionistischen Effekte, die der ›Klinkersticker‹ durch einfachste, nur dem Material abgewonnene Gestaltungsmittel zu erzielen vermochte – hier durch die Drehung der einzelnen Steinschichten der Fassadenpfeiler (vergoldete Steine als Abschluß des Eckpfeilers). Unter der dekorativen Hülle verbirgt sich ein Stahlbetonskelett (Pilzdecken auf Achteckpfeilern). – Der Mitteltrakt stammt von 1924/25 (Klophaus & Schoch).

Etwas verspätet gegenüber den großen Stadtparkanlagen in Harburg, Altona, Hamburg-Winterhude (aber dafür hatte man das Wandsbeker Gehölz; s. Marienthal) wurde 1925/26 der Lauf der *Wandse* zur öffentlichen Grünanlage **Eichtalpark** ausgebaut, dabei den Garten ›Eichtal‹ des Fabrikanten Luetkens einbeziehend. Das Eingangsbauwerk an der Ahrensburger Straße verbindet die Neigung des Expressionismus zur Gotik (Spitzbogenarkaden) mit Ägyptischem: Die beidseits aufgestellten Sphingen stammen vom Schimmelmannschen Schloß (Johann Wilhelm Manstaedt, um 1775).

Gegenüber dem Parkeingang steht an der Ahrensburger Straße ein Findling mit Bronzemedaillon, der zum Gedenken an den Generalfeldmarschall *Helmuth von Moltke* (1800–91) nach dessen Tod errichtet wurde (Carl Garbers). – Moltkes Vater hatte in Wandsbek gelebt und ist bei der Christuskirche begraben.

1909/10 wurde von Fernando Lorenzen die ev.-luth. **Kreuzkirche** Hinschenfelde an der Kedenburgstraße 14 erbaut. Sie steht zwischen Hannoverscher Neugotik und Reformarchitektur; so ist zwar die gotische Form beibehalten, an die Stelle der Perfektion von Verblendern und Glasursteinen tritt aber Handstrichbackstein. Der Turm erhielt einen ländlich wirkenden Kupferhelm.

Ein zweites ehemaliges Gut gehört zu Wandsbek: **Hinschenfelde** umfaßt den Hauptteil der Fläche des Stadtteils nördlich der Walddörferstraße. Von seiner älteren, dörflichen Bebauung entlang der Walddörferstraße gibt es noch Spuren, etwa mit dem gründerzeitlichen Bauernhaus Walddörferstr. 219. Die allmähliche vorstädtische Erschließung wird in einer bunten Mischung von gründerzeitlichen Einzel- und Mietshäusern sichtbar.

Noch während des Krieges wurden für Bombengeschädigte auch in Wandsbek jene ›Plattenhäuser‹ als Behelfsheime errichtet, für die KZ-Häftlinge die Bauteile in Neuengamme herstellten und die von weiblichen KZ-Häftlingen errichtet wurden (s. Poppenbüttel u. Neuengamme). An der **Walddörferstraße 249–251** besteht noch eine kleine Gruppe davon.

Hinschenfelde ist der Teil Wandsbeks, in dem sich dessen kommunaler und gemeinnütziger Wohnungsbau in der Zeit der Weimarer Republik

Gartenstadt Wandsbek, 1914

vollzog. – Auch hier wurde ein **Friedrich-Ebert-Hof** gebaut (Eulenkamp 2–14) – wie sein berühmteres Pendant in Ottensen 1929 als Musterbau der Arbeiterbewegung in entschieden moderner Architektur. – Die Zeile **Hinschenfelder Str.** 1/Lesserstr. 26–52, Friedrich-Ebert-Damm 28 zeigt noch expressionistische Formen (Berg & Paasche, 1926/27). Um 1928/29 folgten am **Friedrich-Ebert-Damm** (Kreuzung Lesserstraße) Wohnblocks im Sinne des Neuen Bauens; schwere Kriegs- und Modernisierungsschäden lassen wenigstens noch die städtebaulich eindrucksvolle Torsituation zum Hamburger Dulsberg hin spüren (s. Dulsberg).

Von dort nach Norden bis zur Hochbahnlinie zwischen Friedrich-Ebert-Damm und Pillauerstraße erstreckt sich die **Gartenstadt Wandsbek.** Diese Gründung der Gartenstadtbewegung sollte die Hamburger mit dem städtebaulichen Reformkonzept vertraut machen und zugleich eine Lösung für den Mangel an Kleinwohnungen in den Städten demonstrieren. Die Siedlung wuchs seit ihrem ersten Haus von 1910 bis in die zwanziger Jahre zu einem selbständigen Viertel heran. Es ist gekennzeichnet von kleinen Siedlungshäusern in Gärten, meist zu Doppelhäusern verbunden (Eugen Fink).

Nördlich der Hochbahnlinie liegt das **Bundeswehrkrankenhaus** auf Hinschenfelder Gebiet. Es wurde 1937/38 als Standortlazarett auf Grund eines Typenentwurfs der Wehrmacht errichtet. Lokalkolorit und ästhetische Qualität sollte ihm die äußere Gestaltung durch die Hamburger Architekten Distel & Grubitz verleihen. Es blieb bei einer unverbindlich traditionalistischen Gesamterscheinung.

An der Wandsbeker Allee/Kirchhofstraße erstreckt sich der 1850 hierher verlegte **Wandsbeker Friedhof** (der Christuskirche) mit alten Grabsteinen und dem gründerzeitlichen Mausoleum für Adolph Christian Neumann.

In Wandsbek hat es früh eine jüdische Gemeinde gegeben (Niederlassungsfreiheit 1604), die mit der von Altona und Hamburg dann die ›Dreigemeinde‹ bildete. Von ihrer Synagoge (1634 ist eine erste bezeugt, 1840 wurde ein Neubau als Hinterhaus an der Königsreihe 13–16 errichtet) ist nichts erhalten; sie wurde 1938/39 profaniert, die Reste wurden vor wenigen Jahren überbaut.

An der **Königsreihe** gibt es aber noch den **Friedhof,** der dort 1637 gegründet und bis 1886 benutzt worden war. Von den Stelen ist die älteste 1676 datiert.

Das Gebäude **Wandsbeker Allee 55** dient heute als ›Bürgerhaus‹. Es ist 1925 für die 1922 in Wandsbek gegründete Rudolf-Steiner-Schule (die erste in Norddeutschland) errichtet worden – und zeigt freilich als einfacher Putzbau eher den Einfluß des Neuen Bauens als den des Goetheanums in Dornach (Schweiz).

Marienthal

Die im Stadtbild Wandsbeks nur schwer nachvollziehbare Zeit Heinrich Rantzaus oder des Grafen Heinrich Carl von Schimmelmann hatte ihren Mittelpunkt im heutigen Marienthal. Dieser Stadtteil zieht sich von der Wandsbeker Schloßstraße bzw. der Bahnlinie nach Süden bis zur Autobahn, von der S-Bahn-Linie im Westen bis zum Holstenhof.

Auf Marienthaler Gebiet steht das heutige Bezirksamt Wandsbek (s. Wandsbek). Südwestlich davon, etwa in der Mitte der Wandsbeker Schloßstraße, lag das **Wandsbeker Schloß.** Heinrich Rantzau hatte es 1568 erbauen lassen – als Dreiflügelanlage, wie es gerade damals in Dänemark modern wurde.

Hier hielt sich 1597/98 der dänische Astronom Tycho Brahe (1546–1601) mit seinen berühmten Instrumenten auf, bevor er an den Kaiserhof in Prag zog: der erste moderne Astronom, der sich nicht mehr auf die Beobachtungen der Antike verließ, um sein (modifiziert geozentrisches) Weltsystem zu entwerfen, sondern selbst genauer hinsah.

1762 kamen Gut und Schloß in den Besitz von Heinrich Carl Schimmelmann, der in Dänemark zum königlichen Schatzmeister und 1779 in den

Das Schimmelmannsche Schloß, um 1860

Grafenstand aufstieg. Er ließ 1772–78 durch seinen Architekten Carl Gottlob Horn das Schloß klassizistisch umbauen (s. Wandsbek). Nach Süden und Südosten dehnten sich Parkanlagen, seit ca. 1770 im englischen Stil landschaftlich gestaltet.

1807 wurden das Dorf und ein Teil des Gutes an die Landesherrschaft, den dänischen König, verkauft – woraus sich Wandsbek entwickelte. – Mit Schloß und Park ging es 1857 zuende: Das Schimmelmannsche Gut wurde von Johann Anton Wilhelm Carstenn erworben und bildete – nachdem 1861 das Schloß abgerissen wurde – nurmehr ›Terrain‹, das der Bebauung zugeführt werden sollte, in erster Linie für Hamburger, die einerseits in der Villa im Grünen wohnen und andererseits in Hamburg selbst ihren Geschäften nachgehen wollten. Die Anlage der Eisenbahn nach Lübeck 1865 schuf die notwendige schnelle Verbindung. Carstenn sorgte dafür, daß sie durch Marienthal führte (mit diesem Namen ehrte Carstenn Maria von Kielmannsegg, die in Wandsbek wohnte).

Man mag dem Schimmelmannschen Schloß nachtrauern, aber Carstenn handelte mit seiner Erschließung gewiß im Sinne des modern und ökonomisch denkenden Schatzmeisters; er schuf eine zeitgemäße, ja eine vorausweisende und bedeutende städtebauliche Gesamtanlage: Das Wohnen in der Villenvorstadt war eine Lebensform, die in England, zumal in London, schon üblich war, und die sich gerade in Hamburg mit den Erschließungen in Rotherbaum, Harvestehude und Uhlenhorst seit der Jahrhundertmitte zu entfalten begann. – Zweifellos war es das englische Vorbild, das Carstenn gut kannte und das er hier nach Wandsbek übertrug. Er legte großen Wert darauf, durch entsprechend großzügig bemessene Parzellen, durch alleeartige Straßen und Schmuckplätze das Ganze attraktiv zu machen. Das regelmäßige Straßensystem ist im Stadtplan noch gut wahrnehmbar, mit den schräg gestellten

Plätzen *Am Husarendenkmal* (ursprünglich Schilleranlage) und *An der Marienanlage* erhielt es zwei Zentren. Die großen Grundstücke durften nur mit Einzelhäusern bebaut werden. Allerdings entstanden sie erst im Lauf von Jahrzehnten. Die schweren Zerstörungen des Zweiten Weltkrieges und ein teilweise allzu massiver Wiederaufbau kamen hinzu. So ist das bauliche Gesamtbild wenig einheitlich. Am ehesten entsprechen Abschnitte der *Octaviostraße* und der *Kielmannseggstraße*, am *Nöpps* und an der *Ernst-Albers-* sowie *Behrensstraße* den Intentionen Carstenns. Auch hier sind fast alle Häuser erst nach der Jahrhundertwende entstanden.

Marienthal wurde zu einem wichtigen Entwicklungsschritt für den Städtebau in Deutschland. Carstenn selbst wertete seine dabei gewonnenen Erfahrungen für die systematische Erschließung der westlichen Vororte Berlins aus (geadelt als Carstenn-Lichterfelde scheiterte er finanziell schließlich am Geschäftsgebaren des preußischen Militärfiskus).

Teile der Gesamtanlage sind 1871 durch eine Kaserne verstümmelt worden (die Wandsbeker Husaren waren bis 1919 hier stationiert). Dafür steht jetzt dort das **Kriegerdenkmal,** vom Traditionsverband des Regiments 1923 errichtet; an der zur Kaserne gewandten Seite des Granitblocks führt ein Husar sein Pferd in den Krieg. – Daneben steht seit 1938 ein bronzener ›**Meldereiter**‹ von J. Jaenicken.

Sympathischer ist der **Gedenkstein für Matthias Claudius** im Wandsbeker Gehölz bei der Rantzaustraße. Er wurde 1840 zum Gedenken an den Dichter (1740–1815) errichtet, der 1770–1813 in Wandsbek gelebt hatte (und dort hinter der Christuskirche begraben wurde). Der erste als Denkmal benutzte Findling in Hamburg (er erhielt auf den Hamburger Friedhöfen und in Gestalt von Schleswig-Holstein-Denkmälern zahllose Nachfolger) trägt das Emblem des ›Wandsbeker Boten‹ (Stab, Tasche und Hut), jener Zeitschrift, die Claudius (gefördert durch Schimmelmann) 1771–75 in Wandsbek herausgab. Ihren Titel übernahm er für die sieben Bände seines (empfindsam-volkstümlichen) Lebenswerks. Später wurde das Emblem zu Wandsbeks Stadtwappen.

Das **Wandsbeker Gehölz** entstand aus dem Schimmelmannschen Schloßpark. Diese Flächen kaufte die Stadt Wandsbek Carstenn während der Erschließung von Marienthal vorsichtshalber wieder ab, um sie vor Bebauung zu schützen und den Baumbestand zu erhalten. So blieb ein weitläufiger Grünzug in der späteren städtischen Umgebung bewahrt.

Im Gehölz liegt der **Wandsbeker Bahnhof,** der trotz aller Veränderungen noch Merkmale seiner ursprünglichen Gestaltung zeigt (1865, Putzbau klassizistischer Tradition). – Südlich vom Durchgang ein Stein mit Wandsbeker Geschichtsdaten.

Am Rande des Wandsbeker Gehölzes, an der Wandsbeker Rathausbrücke, stehen noch zwei **Steinvasen** als Überreste des Wandsbeker Schloßparks; Schimmelmann hatte sie aus dem Besitz des Grafen Brühl in Dresden beschafft. – Zwei **steinerne Löwen** aus dem Schimmelmannschen Park spielen am Südostausgang der U-Bahn-Haltestelle Wandsbek-Markt mit Kanonenkugeln. – Im Bezirksamtsgebäude (Eingang Am Alten Postamt) ist ein Sandsteinaufsatz mit dem **Schimmelmannschen Wappen** vom Schloß erhalten (Daniele Rachette, 1776).

Im östlichen Marienthal entstand in den zwanziger und dreißiger Jahren ein zusammenhängender Siedlungsbereich mit Einzelhäusern und mit einigen schönen Großwohnanlagen an der **Kielmannseggstraße** (30–34) und **Friedastr.** (6–12).

Jenfeld

Kaum Spuren gibt es vom 1927 in Wandsbek eingemeindeten Dorf Jenfeld; allenfalls gründerzeitliche Vorstadthäuser zeugen davon. Weit überwiegend bestimmen Wohngebiete der letzten Jahrzehnte das Stadtbild. – Einen dörflichen Erinnerungsposten bildet das **Kriegerdenkmal** für die Gefallenen des Ersten Weltkriegs aus Findlingen mit Bronze-Emblemen am Denksteinweg/Bei den Höfen.

Die fortschrittliche preußische Schulbaupolitik der zwanziger Jahre, wie sie vor allem auch in Wandsbek aufgenommen worden war, hat in Jenfeld ihre Spuren hinterlassen mit der **Schule Denksteinweg** (Wandsbeker Stadtbauamt, 1929/30), einem schönen Dokument des Neuen Bauens.

In Jenfeld liegt auch die **Hochschule der Bundeswehr.** Ihre Neubauten sind im Gelände der Douaumont-Kaserne aus den dreißiger Jahren am Holstenhofweg entstanden (Heinle, Wischer u. Partner, 1974–78).

Tonndorf

Tonndorf setzt entlang der Ahrensburger Straße die Wandsbeker Bebauung in bunter Mischung fort; es ist seit den zwanziger Jahren zum Wohngebiet geworden. 1927 wurde es in Wandsbek eingemeindet und kam so 1937/38 zu Hamburg.

Das ehemalige **Grundwasserwerk** hat Wandsbek mit Wasser versorgt und weist darauf hin, daß es zur Zeit der Einrichtung 1913/14 noch weit draußen und geschützt lag (Rundbau Am Grundwasserwerk 26).

Der **Friedhof Tonndorf** wurde 1879/80 von der Wandsbeker Christuskirche angelegt. Zum Familiengrab *Neumann-Reichardt* gehörte der ›trauernde Pilger‹ bei der *Kapelle* (Klinkerbau der zwanziger Jahre). – Neben dem Haupteingang *Bronzeengel* (Arthur Bock, um 1920).

An der Jenfelder Straße (Ostseite zwischen Bahn und Rahlau) wurde 1886 ein **jüdischer Friedhof** angelegt. Er löste den in Wandsbek ab.

An der Ahrensburger Str. 165 erinnert ein **dänischer Meilenstein** von 1843 an die Verkehrsgeschichte dieser Straße.

Einer der wichtigsten Neubauten der letzten Jahre in Hamburg liegt hinter dem Gelände des ›Studio Hamburg‹: Das **ZDF-Landesstudio** an der Tonndorfer Schulstraße (A. P. B., 1986–88).

Farmsen-Berne

Farmsen wurde 1296 erstmals erwähnt. Seit dem 14. Jh. von Hamburger Bürgern und dann von der Stadt (15./16. Jh.) erworben, gehörte es zu den Hamburger ›Walddörfern‹ (s. Wohldorf-Ohlstedt, Herrenhaus), also seit Jahrhunderten zum Territorium der Hansestadt, bis 1937 verwaltet von der Landherrenschaft der Geestlande.

Am Berner Heerweg 124 steht – als typischer Backsteinbau der zwanziger Jahre – das ehemalige **Gemeindehaus** des Dorfes, in dem die Gemeindeverwaltung ihren Sitz hatte (H. Jordan, 1928). Damals begann Farmsen zum Stadterweiterungsgebiet Hamburgs zu werden. Dafür war entscheidend die Anlage der *Walddörferbahn* (eröffnet 1918) mit ihrer Haltestelle in Farmsen. – Eine Kate und aus großen Höfen hervorgegangene Gutshäuser und Bauernvillen – *Berner Heerweg 162, 135* und *153* – zeugen noch von der dörflichen Vergangenheit des Stadtteils, das Mühlenhaus am *Kupferteich* von frühindustriellen Leistungen (hier gab es einmal einen Kupferhammer). Die Farmsener Ziegeleien versorgten jahrhundertelang Hamburg, von ihnen rührt der *Ziegelsee* am Friedrich-Ebert-Damm her.

Die **Gemeindeschule Farmsen** (Berner Heerweg 183 – 1909/10 erbaut, der landhausartige Bau wurde verändert und mehrfach erweitert) erhielt 1926 eine **Turnhalle,** damals ein Muster der »Baukunst der neuesten Zeit« (Gustav Adolf Platz). Mit dem Bau wurde der Hamburger Architekt Karl Schneider beauftragt, von dessen Bedeutung die Gemeindeväter wohl kaum eine Ahnung hatten. Tatkräftig von der aufsichtführenden Hamburger Baubehörde gefördert, konnte er eines der modernsten öffentlichen Gebäude Hamburgs in jener Zeit errichten, einen sachlichen Stahlbetonflachdachbau, der dennoch durch die Pfeilervorhalle geradezu klassizistisch wirkt.

Die in den ausgehenden zwanziger Jahren aufgestellten Bebauungspläne hätten Farmsen zu einem dicht besiedelten Stadtteil mit den charakteristischen Zeilenbauten der Zeit um 1930 gemacht; Weltwirtschaftskrise und Drittes Reich haben die Realisierung verhindert. Nur vereinzelte Häuser sind in dieser Zeit entstanden (z. B. die unscheinbaren Zeilen **Berner Heerweg 90–90 a,** Gustav Mewes, 1930). – Große Wohngebiete entstandanden seit dem Zweiten Weltkrieg, so **Farmsen Gartenstadt** westlich der Hochbahnlinie zwischen Krogmannstraße, Bramfelder Weg und Tegelweg/Luisenhof (Hans Bernhard Reichow, 1953/54); Reichows Konzept der ›organischen Stadt‹ wurde hier demonstriert; Reihenhauszeilen und Geschoßwohnhäuser stehen in großen Grünflächen, von denen der Autoverkehr ferngehalten wird. – Die ev.-luth. **Erlöserkirche** am Luisenhof mit ihrer markanten Parabolbetonschalenkonstruktion (Kurt Schwarze, 1959/60) setzt den Akzent in diesem Viertel.

Zum Stadtteil gehört auch das ehemalige **Gut Berne.** Das Hamburger Hospital St. Georg (das es seit 1375 besaß und damit in das Hamburger Territorium einbrachte) verkaufte es 1806 an einen Privatbesitzer. Sein in den 1880er Jahren neu errichtetes Gutshaus (Berner Allee 31) und mancherlei Wirtschafts- und Nebengebäude stehen noch beim Gutspark. – Am östlichen Rand dieses Parks hat sich übrigens Christoph Ranck, einer der engsten Mitarbeiter Fritz Schumachers (und wohl für manches verantwortlich, das dem berühmten Leiter des Hamburger Hochbauwesens selbst zugeschrieben wird), sein eigenes Haus **Zum Gutspark 2** gebaut, ein schönes Beispiel für die Hamburger Landhauskultur der zwanziger Jahre, mit subtil vermauertem dunklem Klinker, weißen Sprossenfenstern und rotem Pfannendach.

Auf den Flächen des Gutes ist seit dem Ersten Weltkrieg eine genossenschaftliche Siedlung entstanden, die **Gartenstadt Berne,** begonnen 1919, seit 1920 mit Friedrich R. Ostermeyer als Architekt. Anfangs Putzbauten, dann Klinkerhäuser bilden charaktervolle Gruppen mit großen Gärten und noch immer einheitlich gepflegten Außenanlagen. Die spätesten Häuser 1929–32 an der Berner Allee gegenüber dem Gutshaus gehen über zum Flachdach des Neuen Bauens. Fritz Schumachers **Schule** für diese Siedlung (Lienaustr. 32, 1929/30) gehört mit ihrer aus den Funktionstrakten in einfachen Kuben komponierten Gruppe zu den konsequentesten Beispielen für seine Hinwendung zum Neuen Bauen.

Südlich und südöstlich der **Hochbahnhaltestelle** (Walddörferlinie 1912–18, landhausartiges Empfangsgebäude) erstreckt sich die Wohnsiedlung **Berner Park** in charakteristischer Gruppierung von Reihenhaus- und Geschoßwohnungszeilen mit Punkthochhäusern (Sprotte & Neve, Pempelfort & Wilhelmi, Hauske & Jochem nach Wettbewerb 1957, ergänzt durch Montagebauhochhäuser am Südrand 1965/66).

Die ausgedehnte, vielfach veränderte Gebäudegruppe des **Pflegeheims Farmsen** entstand 1903. An der August-Krogmannstraße 85–101 stehen die landhausartigen Beamtenwohnhäuser dazu (Hochbauwesen der Baudeputation unter Carl Johann Chr. Zimmermann, 1903/04).

Die **Siedlung Meilskamp** zwischen August-Krogmann-Straße und Meilskamp ist 1937–39 nach Entwürfen von Konstanty Gutschow entstanden – eine der Mustersiedlungen des Dritten Reiches, mit verputzten Giebelhäusern auf großen Grundstücken, geordnet an geschickt geführten Straßen mit einem Anger am Zobelweg.

Bramfeld

Das holsteinische Dorf Bramfeld (1271 erstmals erwähnt) ging 1937/38 in Groß-Hamburg auf. Seine Aufsiedelung seit dem ausgehenden 19. Jh. ist noch an schmuckreichen gründerzeitlichen Vorstadthäusern an der Bramfelder Chaussee ablesbar; dort gibt es auch noch Reste bäuerlicher Höfe. Das wohl älteste Haus ist die aus dem 18. Jh. stammende Kate **Mützendorpsteed 11.**

An der Bramfelder Chaussee als eine der großen Ausfallstraßen Hamburgs in seine Vororte hinein bildet der **Bramfelder Dorfplatz** mit einem Ensemble alles dessen, was um 1900 ein Dorf brauchte, die Stadtteilmitte: Die **Schule** ist 1888/89 erbaut worden (eine typische Dorfschule als zweigeschossiger Backsteinrohbau); davor steht auf dem ehemaligen Dorfplatz eine **Denkmalanlage** mit Friedenseiche (von 1871) und Schleswig-Holstein-Findling von 1898. – Das neue **Rathaus** (1911/12 neben der Schule erbaut) war seinerzeit nötig geworden, weil Bramfeld in die Hamburger Stadterweiterung von Barmbek her hineinzuwachsen begann. – Das aufwendige **Kriegerdenkmal** für die Gefallenen des Ersten Weltkriegs steht Am Ehrenmal (Karl Schurig, Johann Wendt).

Die ev.-luth. **Osterkirche,** Bramfelder Chaussee/Steilshooper Allee, wurde 1913/14 durch den Kieler Architekten Wilhelm Voigt erbaut – ein Zeichen, daß man zu Schleswig-Holstein und nicht zu Hamburg gehörte. Sie kommt an der Landstraße den neuen, von Hamburg herausziehenden Bewohnern Bramfelds entgegen. Ihr Heimatstil signalisiert heile Kleinstadtwelt, als Zentralbau ist sie modern im Sinne der Reform des protestantischen Kirchenbaus und spielt dabei allerdings auf Vorbilder des 18. Jh. wie Rellingen und Niendorf an.

Die Gartenstadt **Hohnerkamp** am Lüdmoor ist eines der Siedlungsgebiete, mit denen in den fünfziger Jahren neue Konzepte eines humanen Wohnens realisiert werden sollten. Hans Bernhard Reichow hat hier 1953/54 (für die Neue Heimat) ein Viertel geschaffen, das locker in große Grünflächen eingebettete Nachbarschaften von Reihen- und Geschoßhäusern so ordnete, daß der Fußgängerverkehr völlig vom Fahrverkehr getrennt wurde. Wohnruhe in organisch gegliederten Grünflächen war das Hauptziel. Terrassenartig gestufte Anordnung und der aufgefächerte Grundriß der Punkthäuser bestimmen das trotz Typenbildung differenzierte Bild der »ersten frei finanzierten und auch frei vermieteten Großsiedlung in der Bundesrepublik nach 1945«.

Steilshoop

Jeder Hamburger versteht unter Steilshoop nur noch die Großsiedlung der sechziger und siebziger Jahre (die den Schlußpunkt der Stadtteilentwicklung vieler vergleichsweise kleinerer und dennoch großer Wohnquartiere darstellt, die von Barmbek her herauswuchsen). So ist in Vergessenheit geraten, daß es einmal ein holsteinisches Dorf gleichen Namens gab. Nur die Villa **Steils-**

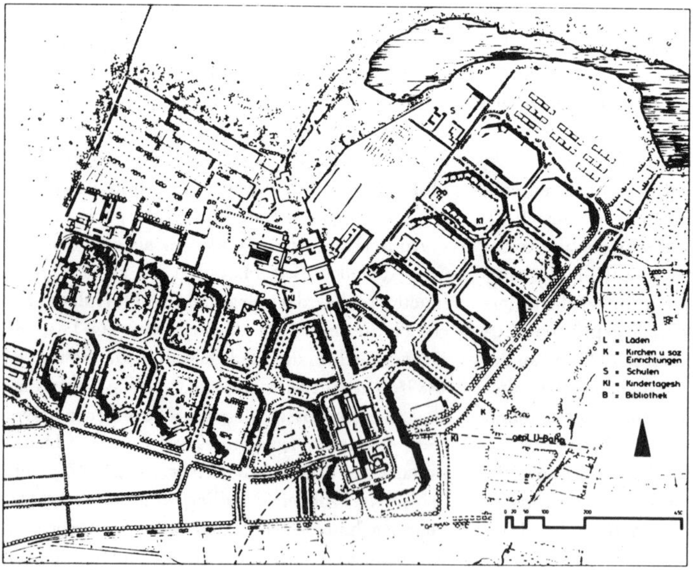

Lageplan der Großsiedlung Steilshoop

hooper Str. 300 erinnert noch daran: Dort hatte sich 1874 ein Schlachter – Georg Michael Heinrich Beisser – einen Bauernhof gekauft und dazu die Villa für sich selbst gebaut (1883), als er es durch neue Pökelverfahren und besonders schmackhafte konservierte Würstchen zum erfolgreichen Versorgungsunternehmer für die Passagierschiffahrt gebracht hatte. Der errungene Status drückt sich in dieser Villa auf dem Dorfe aus mit ihren Neorenaissanceformen und dem kleinen, sie umgebenden Park.

Die **Großsiedlung** liegt nördlich der Steilshooper Allee; sie wurde seit 1961 geplant und bis 1977 ausgeführt. Die zentrale Fußgängerachse, das Konzept der großen Höfe und ihrer architektonischen Individualisierung, die Ausbildung eines markanten Zentrums bemühen sich darum, wieder differenzierte Raumbildungen zum Ausgangspunkt solcher Siedlungen zu machen (an Stelle von Zeile und Punkthaus der vorausgegangenen Trabantenstädte); manche Einzelbauten erreichen hohe Qualität, vor allem die Wohnblocks von Joachim Matthaei und Albrecht Elschner (1971/72, *Edwin-Scharff-Ring, Fritz-Flinte-Ring,*) und Hans-Georg Tinneberg und Geert Stolley (1973/75, *Borchertring, Erich-Ziegel-Ring*). Das kirchliche *Gemeindezentrum,* Gründgensstraße 28, bildet sozial wie architektonisch einen wichtigen Kristallisationskern (Patschan, Werner, Winking, 1972–75).

Wellingsbüttel

Wellingsbüttel wird 1296 erstmals erwähnt. Gut und Dorf gehörten den Hamburg-Bremer Erzbischöfen und gelangten so im Dreißigjährigen Krieg unter schwedische Herrschaft. Von der konnte sich der Gutsbesitzer 1650 lösen, so daß die Freiherren von Kurzrock, denen Wellingsbüttel seit 1673 gehörte (sie stellten kaiserliche Residenten im Niedersächsischen Reichskreis und Fürstlich Thurn- und Taxis'sche Postmeister in Hamburg) ihr Besitztum für reichsunmittelbar erklären konnten. 1806 kaufte es die dänische Krone. Das Dorf kam zu Holstein, das Gut gehörte 1817–1938 Hamburger Bürgern (und seither der Freien und Hansestadt). Beides wurde durch das Groß-Hamburg-Gesetz 1937/38 hamburgisch.

Das **Gutshaus** über der Alster (Zugang: Friedrich-Kirsten-Str.) – ein einfacher Backsteinbau der Mitte des 18. Jh. – ist in der Gründerzeit umgestaltet worden (Martin Haller, 1888–90 – im Erdgeschoß ist die alte Raumeinteilung erhalten, im Mittelsaal eine Rokokostuckdecke). Das **Torhaus** der Gutsanlage – ein schöner, 1759 errichteter Fachwerkbau (wohl von Georg Greggenhofer) – ist Anfang der siebziger Jahre weitgehend erneuert worden (im Torhaus ist das *Alstertalmuseum* eingerichtet; s. ›Museen‹).

Zu den kargen bäuerlichen Rudimenten Wellingsbüttels zählt etwa die 1922 zum Wohnhaus umgebaute Kate **Wellingsbüttler Weg 188.**

Wellingsbüttel ist – begünstigt durch die Lage am Alsterlauf mit seinen bewegten Uferhängen – zum Villenvorort Hamburgs geworden. Es wurde in den zwanziger Jahren insbesondere von der ATAG (Alstertal-Terrain-Aktien-Gesellschaft) aufgesiedelt. Diese von dem Hamburger Makler Johann Vincent Wentzel 1908–10 begründete Gesellschaft erschloß den Grundbesitz der großen Güter im Alstertal (Wellingsbüttel, Poppenbüttel, Sasel). Dazu erbaute sie auch 1913–18 die S-Bahn nach Poppenbüttel, die **Alstertalbahn.** – Den Mittelpunkt bildete die kleine Grünanlage **Rabenhorst;** das heutige Kindertagesheim *Rabenhorst 11* war das Verwaltungsgebäude der Gesellschaft; die Findlinge in der Art eines Hünengrabes erinnern an *Johann Vincent Wentzel* (gest. 1919).

Unter den vielen Einzelhäusern, die seitdem entstanden sind, ist **Pfeilshofer Weg 10** (Friedrich R. Ostermeyer, 1928) hervorzuheben, ein schönes Landhaus im Sinne des Neuen Bauens, mit Flachdach und sorgfältig durchgebildetem, lederfarbenem Backsteinmauerwerk.

Das Landhaus **Up de Worth 24–26** wurde 1933/34 von Fritz Höger erbaut; ausgehend von einem kleinen Siedlungshaus (jetzt Nebengebäude) entstand – ohne dessen Formensprache zu ändern – ein behäbiges Landhaus, dessen steiles Dach nicht zuletzt der Ideologie der Entstehungszeit entgegenkam.

In dieser Landhaussiedlung wurde 1936/37 in traditionalistischer Auffassung gleichsam als Dorfkirche die ev. **Lutherkirche** errichtet (Hopp & Jäger).

Sasel

Das 1296 erstmals erwähnte holsteinische Dorf Sasel kam durch das Groß-Hamburg-Gesetz 1937/38 zu Hamburg. Zum Ortskern rund um den **Saseler Markt** gehören immer noch das alte *Gutshaus* (wie auch in Farmsen und Berne als gründerzeitliches Gebäude), die ehemalige *Schule* (Kunaustraße) und auf dem Marktplatz die Reste des *Rathauses* (das 1926/27 für die aufstrebende Gemeinde errichtet worden war und im Zweiten Weltkrieg sein hohes Dach verlor – 1989/90 wiederhergestellt). Sonst bestimmen ausgedehnte Einzelhausgebiete das Stadtbild. Sie gingen aus von der genossenschaftlichen ›Siedlung Sasel‹, die 1919/20 das Gelände des Gutes übernommen hatte. Dafür hatte u. a. Fritz Höger Häuser entworfen (im einzelnen gänzlich verändert).

Im Bereich des Gutshauses **Pfeilshof** ist seit 1982 ein neues Wohngebiet erschlossen worden mit vielen Varianten moderner Stadthäuser. Das Gutshaus selbst als eine typische Gründerzeitvilla ist mit Pfeilshof 35 stehengeblieben.

Zu Sasel gehört auch die **Mellingburg,** eine kaum mehr kenntliche Wallanlage in einer Alsterschleife. Sie gilt als frühmittelalterliche, sächsische Burg (trotz festungstechnisch ungünstiger Lage umgeben von den Prallhängen des Alsterlaufes). – Hier besteht noch die **Mellingburger Schleuse.** Ehemals staute sie das Alsterwasser, um es Kähnen mit Segeberger Kalk und Bauholz aufzusparen, die mit der Flutwelle flußabwärts fahren konnten; heute dient sie nur noch der Wasserstandsregulierung. – Sie ist aber auch ein Denkmal für die – vergeblichen – Versuche (v. a. 1448 und 1525–29), über die Alster und einen Kanal zur Trave einen Wasserweg nach Lübeck zu gewinnen.

Poppenbüttel

Das ehemals holsteinische Dorf Poppenbüttel wurde 1937/38 in Groß-Hamburg einbezogen. An der Kreuzung Poppenbütteler Weg/Harksheider Straße gibt es mit einem letzten Reetdach (Harksheider Straße/Moorhof) und gründerzeitlichen Häuschen noch Spuren des Dorfes. – Vor allem seit dem Zweiten Weltkrieg ist die Gemarkung weithin für Wohnbauten erschlossen worden; das Alstertal-Einkaufszentrum AEZ bildet die Mitte für den Stadtteil.

Die Parkanlagen an der Alster oberhalb der Poppenbütteler Schleuse gehen auf den herrschaftlichen Landsitz *Hohenbuchen* zurück, der hier schon am Ende des 18. Jh. bestand, verändert als Garten der späteren Gutsbesitzerfamilie Henneberg. Der **Hennebergsche Park** ist durch sein artenreiches Arboretum bekannt. Die 1884–87 auf dem hohen Uferhang errichtete **Burg** ist ein letzter Ausläufer der Tradition romantischer Staffagen, die es – wenngleich in Hamburg nur selten – in den Parks des 18. und 19. Jh. häufig gab.

Das **Schleusenmeisterhaus** Marienhof 2 an der Alster ist 1823/24 neu errichtet worden. Die Poppenbütteler Schleuse ist heute eine moderne Wehranlage.

An eine bemerkenswerte frühindustrielle Vergangenheit des Dorfes erinnert der von einem im 17. Jh. eingerichteten Kupferhammer erhalten gebliebene **Kupferteich** an der Grenze zu Lemsahl; später war dort eine Öl- und Sägemühle. Gründerzeitliche Arbeiterhäuser stehen noch an der Poppenbütteler Hauptstraße 41 ff.

Unter den jüngeren Bauten ist das Geschäftshaus **Saseler Damm**/Ecke Heegbarg hervorzuheben (Sprotte & Neve, 1950/51). Es schließt mit seinen Flügelbauten an die klassische Moderne an; in die Ecke ist eine für die fünfziger Jahre kennzeichnende verglaste, frei schwingende Treppe eingefügt.

Die Bauausstellung ›**Hamburg-Bau**‹ 1978 sollte neue Maßstäbe für verdichtetes Wohnen in der Stadt setzen. Kleine Grundstücke, städtebauliche Erschließung mit hohem Wohnwert (differenziert geführte Wohnstraßen), dazu als Leittyp der

Bebauung individuell gestaltete Reihenhäuser in der Tradition der Hamburger Stadthäuser sollten Einfamilienhaus und städtische (durch den Bodenpreis bedingte) Dichte in Einklang bringen. Wie das funktionieren könnte, ist zumal mit den Häusern von A. P. B. *(Gödersenweg 13–27)*, von Gerkan, Marg und Partner *(Gödersenweg 6–20, Carsten-Meyn-Weg 20, 24–26)*, Architektenkontor Schäfer und Ferdinand *(Gödersenweg 7–11)*, Otto Steidle & Partner, Rojan-Sandvoss *(Carsten-Meyn-Weg 18)*, Patschan, Werner, Winking *(Latekopweg 50–52)*, Bäumer und Streb *(Garleff-Bindt-Weg 29–35)* vorgeführt worden. – Am Rande steht als glänzende Einzelleistung das Haus *Piepenbrinkweg 11* (F. Osmers, 1978/79).

Eine letzte Spur erinnert an eine andere Siedlung, die es in Poppenbüttel gegeben hat, nämlich an jene ›**Plattenhäuser**‹, die 1943/44 von Neuengammer KZ-Häftlingen für Bombenopfer errichtet worden sind (s. Neuengamme, Wandsbek u. Neugraben-Fischbek). Das Doppelhaus Kritenbarg 6 (ehem. Pfefferminzkamp 5–7) vergegenwärtigt die Bautechnik: Betonplatten wurden zwischen Ständer geschoben und ergaben so die Wände, über die ein flaches Satteldach gelegt wurde. – Das Haus ist als *Gedenkstätte und Schauraum* ausgebaut (di 17–19, so 10–12 Uhr).

Südwestlich davon setzt sich die Villen- und Einzelhausbebauung von Wellingsbüttel her entlang der Alster fort – z. B. in der Alsterschleife am Kritenbarg oder am gegenüberliegenden Alsterhang, wo das neoklassizistische Haus Alte Landstr. 272 mit seinen vier dorischen Säulen auffällt. – Die Voraussetzungen hatte dafür die S-Bahn nach Poppenbüttel geschaffen, 1912–18 durch die ATAG angelegt, die Alstertal-Terrain-Aktiengesellschaft, die den Grundbesitz der Gutsbesitzer im Alstertal, darunter auch Eduard Henneberg aus Poppenbüttel, für die Bebauung erschloß (s. Wellingsbüttel).

Hummelsbüttel

Das 1235 erstmals erwähnte holsteinische Dorf Hummelsbüttel kam durch das Groß-Hamburg-Gesetz 1937/38 zu Hamburg. Es lag abseits aller wichtigen Verkehrsverbindungen Hamburgs mit seinem Umland, so daß es bis in die sechziger Jahre hinein erhalten blieb. Erst seitdem ist es dicht aufgesiedelt worden; die höchsten Hochhäuser stehen im ehemaligen Dorfkern.

Die **Hummelsbüttler Dorfstraße** und der **Grützmühlenweg** sind die letzten Reste des Bauerndorfes. Die Bäckerei mit Grützmühle, nach der die Straße benannt ist, wurde beseitigt (das Mühlenwerk ist im Museumsdorf Volksdorf rekonstruiert worden; s. Volksdorf). Erhalten sind die reetgedeckte, um 1800 erbaute Kate Grützmühlenweg 13 und der 1904 neu errichtete Hof Grützmühlenweg 17, dazu gründerzeitliche Häuser an der Hummelsbüttler Dorfstraße sowie eine Friedenseiche von 1871, ein Findling für Kaiser Wilhelm I. und ein Schleswig-Holstein-Gedenkstein von 1898. An der Hummelsbüttler Hauptstraße (bei Nr. 22) steht das Kriegerdenkmal aus der Zeit nach dem Ersten Weltkrieg.

Im übrigen ist die Großsiedlung **Tegelsbarg** (Wettbewerb 1968, Planung durch Nickels & Ohrt, Ausführung bis 1983) mit 2100 Wohnungen ein Beispiel für die Hinwendung zum maßstäblich reduzierten, räumlich gegliederten und gestalterisch anspruchsvollen Wohnungsbau seit Mitte der siebziger Jahre. Wie in den zwanziger Jahren wird der Backstein wieder als Mittel der regionalen Bindung großstädtischer Siedlung genutzt.

Lemsahl-Mellingstedt

Von den holsteinischen Dörfern Lemsahl und Mellingstedt, die seit 1937/38 zu Hamburg gehören, gibt es noch vereinzelte Reste und Spuren als historische Orientierungspunkte in einem Siedlungsbild, das durch Einfamilienhausgebiete der Nachkriegszeit bestimmt ist.

Der **Ortskern** von Lemsahl ist nach seiner Struktur wie mit seiner Einbindung in die Kulturlandschaft noch fast intakt. Trotz jüngerer Einzelhäuser dominieren im Ortsbild Hofanlagen und Bauernhäuser (die freilich kaum über das Ende des 19. Jh. zurückreichen). Am *Dorfplatz* steht der obligate *Schleswig-Holstein-Findling* von 1898 als augenfälliger Anhaltspunkt für die alte territoriale Zugehörigkeit Lemsahls. Zur üblichen Denkmalausstattung gehört die *Friedenseiche von 1871* und das *Kriegerdenkmal von 1926* (Klinkerbau, Wilhelm Klupp) am Redderbarg.

Schon in den zwanziger Jahren hat der Ort eine schöne **Schule** erhalten, ganz modern in Formen des Neuen Bauens, wie es sich um 1930 in der preußischen Bauverwaltung durchgesetzt hatte (Redderbarg 46–48).

An der **Alsterschleife 2** steht ein schönes klassizistisches Holzhaus mit ionischem Pilasterportal aus der Zeit um 1820 – nein, es ist vor kurzem neu verkleidet worden. – Schräg gegenüber ist die Kate **Ole Luus** allzu schmuck instandgesetzt.

Das Gut **Treudelberg** an der Alsterschleife besitzt ein schönes biedermeierliches Herrenhaus mit Allee.

Duvenstedt

Wenige, vor allem gründerzeitliche Reste des ehemals holsteinischen, 1937/38 an Hamburg angeschlossenen **Dorfes** sind im Bereich Duvenstedter Damm und Specksaalredder verblieben. Das **Kriegerdenkmal** steht am Duvenstedter Damm gegenüber Nr. 42 (Tumulus mit bekrönendem Klinkerblock, Wilhelm Klupp, um 1925), dazu kommt an Lohe/Tangstedter Weg der **Schleswig-Holstein-Gedenkstein** von 1898.

Seit ca. 1910 sind in Duvenstedt – anschließend an die Landhausbebauung der hamburgischen Walddörfer – Villen und Landhäuser entstanden. Das wichtigste wäre **Duvenstedter Damm 4** geworden; dieses größte Landhaus Karl Schneiders, begonnen 1929, blieb durch die Weltwirtschaftskrise eine Bauruine (später verändert).

Am **Sarenweg 152–162** liegt eine der beiden ›Norweger-Siedlungen‹, die 1943–45 als Behelfsheime für (privilegierte) Bombenopfer in Hamburg gebaut wurden (s. Wohldorf-Ohlstedt): aus Norwegen beschaffte Blockhäuser mit Grasdach, von W. Kallmorgen zu einer Gruppe geordnet.

Wohldorf-Ohlstedt

Das Gut Wohldorf – im Besitz Hamburgs seit 1440 und Sitz der hamburgischen Verwaltung der ›Walddörfer‹ bis zur Neugliederung Hamburgs 1830 – und das Dorf Ohlstedt – 1292 zuerst erwähnt und ebenfalls seit 1463 hamburgisch – bilden den heutigen Stadtteil Wohldorf-Ohlstedt.

Die **Alte Dorfstraße** (das 1834 entstandene Wohnhaus Nr. 19 mit seinem Reetdach ist das älteste Haus) und der **Ohlstedter Platz** – ein typischer Anger mit Teich und (umgebauten) Bauernhäusern – ist aber noch als dörflicher Kern Ohlstedts erkennbar. Zur alten Dorfstraße hin steht auch als Findling unter einer Friedenseiche das **Kriegerdenkmal** von 1871. – Im übrigen ist Ohlstedt geprägt durch die Erschließungspläne für die Walddörfer, die um 1910 entwickelt wurden (Bebauungsplan 1914), um in diesem landschaftlich reizvollen Gebiet – einer hamburgischen Enklave in der preußischen Provinz Schleswig-Holstein – attraktive Bauplätze zu schaffen. Sie sollten Hamburger Steuerzahler vom Abwandern in die preußischen Randgemeinden abhalten. – Die Voraussetzungen dafür schuf die Verkehrsanbindung an Hamburg. Etwas umständlich war noch die Benutzung der 1907 eröffneten privaten Kleinbahn, die von Ohlstedt über Volksdorf (und von dort schon seit 1904) nach Rahlstedt führte (aufgegeben 1961). 1912–18 wurde die Walddörferlinie der **Hochbahn** bis Ohlstedt geführt, das bis 1925 einen der für diese Linie typischen Bahnhöfe (landhausartiger Backsteinrohbau) erhielt. – Für die aufzusiedelnde Gemeinde wurde 1927 ein **Gemeindehaus** – also ein Gebäude für die kommunale Verwaltung, ein Rathaus – errichtet, entworfen von dem Baurat Völker im von Fritz Schumacher geleiteten Hochbauwesen der Hamburger Baudeputation. – Völker entwarf dann auch ganz im Sinne der gleichzeitigen Bauten Fritz Schumachers die 1930/31 errichtete **Schule am Walde** als sachlich-modernen Klinkerbau.

Ohlstedt wurde vor und nach dem Ersten Weltkrieg zum Villenviertel. Besonders die **Bredenbekstraße** ist gesäumt durch ein Ensemble schöner Landhäuser. Ihre meist traditionalistischen

Backsteinbauten mit hohen Dächern sind Muster für das Leitbild vom bürgerlichen Wohnen, das sich um 1910 in den Gartenvorstädten Hamburgs ausbreitete. – Bei der Planung umstritten war **Bredenbekstr. 29,** ein Hauptwerk des Neuen Bauens in Hamburg aus der reifen Phase seines Architekten Karl Schneider. Es wurde 1928/29 errichtet für Eduard Müller-Drenkberg (Geschäftsführer gemeinnütziger Baugesellschaften) und war gedacht als Ausgangspunkt für eine kleine Kolonie gleichartiger Häuser. Die Anwohner kämpften gegen sein flaches Dach, und erst nach heftigen Behördenauseinandersetzungen wurde es genehmigt. Der aus kubischen Elementen komponierte Baukörper schließt sich nach Norden ab; die Wandflächen sind mit dunklem Klinker verkleidet; nach Osten, Süden und Südwesten öffnen sich alle Innenräume mit durchgehenden Glasflächen und Fenstertüren auf eine Terrasse und weit auskragende Balkons – wie geschaffen zum Sonnenbaden, eine der Errungenschaften der neuen Körperkultur der zwanziger Jahre und des ›Neuen Wohnens‹ in Licht, Luft und Sonne. Ein großer, sorgfältig gegliederter Garten gehörte dazu; er ist inzwischen abparzelliert und bebaut.

Versteckt liegt die ›**Norweger-Siedlung**‹ Ellerbrookswisch/Ohlstedter Stieg (s. Duvenstedt); die Häuser wurden in den Jahren 1943–45 für Bombengeschädigte aus Fertigteilen errichtet, die der Hamburger Gauleiter und Reichsstatthalter Karl Kaufmann aus Norwegen beschaffen ließ; NS-Funktionäre waren die Nutznießer. Den Bebauungsplan entwarf Werner Kallmorgen. Die dunklen Blockhäuser mit weißen Sprossenfenstern und Klappläden wirken verblüffend: Ihre flachen Satteldächer sind nach nordischer Tradition mit Rasen gedeckt.

In der Nähe ist das pilzartig ›organisch‹ gestaltete Haus **Ellerbrookswisch 25** (Werner Neuhaus, 1949–56) ein bemerkenswertes Dokument für an lebensreformerische Tendenzen anknüpfende Bemühungen um eine natürliche Bauweise (Holz, Lehm, ursprünglich war ein Reetdach geplant) und Form (unter Vermeidung von Linie und Winkel) in der Nachkriegszeit.

Als norwegische Fertighäuser wurden 1943–45 auch die Mehrfamilienhäuser **Duvenstedter Triftweg 14–16** und **Bredenbekstr. 62–54** sowie **Sthamerstr. 41–49** erbaut (jedoch in konventioneller Holzbautechnik und mit Hartdach).

Das Einzelhaus **Alsterblick 1** hat Fritz Höger 1923 entworfen. Als Backsteingiebelhaus mit verbrettertem Giebel wirkt es wie ein Prototyp des Siedlungshauses der zwanziger und dreißiger Jahre. Nichts verweist auf den Expressionisten des Chilehauses, das gleichzeitig entstand – alles ist bodenständig, einfach.

An den Hamburger Alsterausbau erinnert der Bereich der **Wohldorfer Schleuse** mit dem ehemaligen Schleusenwärterhaus Schleusenredder 2. Der zweigeschossige Fachwerkbau aus der Mitte des 19. Jh. steht an der Stelle, wo 1529 das Schleusenmeisterhaus der Wohldorfer Alsterschleuse eingerichtet worden war (Portal 1912).

Das 1907 gebaute Wohnhaus des Architekten Otto Ameis (Jacob & Ameis) am **Schleusenredder 21** ist ein programmatischer Musterbau des Heimatstils: Fachwerk und Dachform, Schmuckverband und Holzdetails sind der Bauernhaustradition entnommen; sogar die ›Grootdör‹ erscheint als Motiv der Giebelseite – verbunden mit dem Raumprogramm des bürgerlichen Landhauses.

Modern im Sinne des Neuen Bauens und zugleich sensibel in die Alsterlandschaft eingepaßt ist das von Karl Schneider entworfene ehemalige Haus Bauer am **Duvenstedter Triftweg 4** (1926–28). Trotz Veränderungen und Grundstücksteilung zeigen die Details die ganze Qualität des Architekten.

Am **Duvenstedter Triftweg 50** steht noch die 1831–34 erbaute Schmiede mit ihrer charakteristischen Vorhalle (s. Volksdorf, Museumsdorf).

Neben dem Dorf Ohlstedt bildet den anderen Kern des Stadtteils der Komplex des Wohldorfer Herrenhauses und Gutes samt Kupferhof entlang der doppelt aufgestauten Ammersbek: Die schon 1471 nachweisbare **Mühle** Mühlenredder 35 nutzt den Stau des Herrenhausteiches (1863/64 ist die bestehende Mühle entstanden).

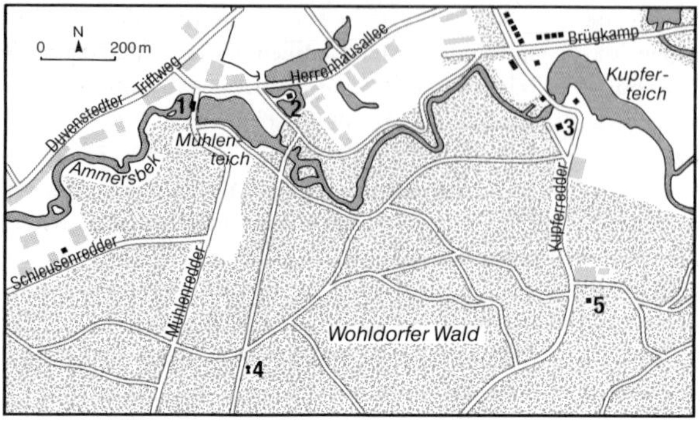

Wohldorf
1 Mühle
2 Herrenhaus
3 Kupferhof
4 Kriegerdenkmal
5 Forsthaus

Von ihr führt die Herrenhausallee (mit einigen alten Fachwerkhäusern) zum **Herrenhaus** (Abb. 76), einem barocken Fachwerkbau auf der ehemaligen Burginsel (1322 erwähnt, 1347 unter Beteiligung Hamburgs zerstört). Es dokumentiert die jahrhundertelange Herrschaft Hamburgs durch den ›Waldvogt‹ und die ›Waldherren‹ (1461–1830), für deren Gebrauch das Gebäude 1712–14 durch den Hamburger Zimmermeister H. Georg Günther errichtet wurde: Von hier aus verwalteten Ratsherren die ›Walddörfer‹ Ohlstedt, Volksdorf, Farmsen, Schmalenbek und Großhansdorf sowie Teile von Hoisbüttel (die drei letzteren gehören seit 1937/38 nicht mehr zu Hamburg). Zugleich und später gänzlich diente es als Ort für Erholungsaufenthalte von Mitgliedern des Senats. Der zweigeschossige Bau mit hohem Walmdach verbindet bürgerliche Hausbautradition (mit seinem auskragenden Obergeschoß) und öffentlichen Herrschaftsanspruch (mit Giebel und Hamburger Wappen). Der ursprüngliche Eingang war nach Norden gerichtet, 1777 wurde er an seine heutige Stelle verlegt.

Für den nördlich vom Herrenhaus gelegenen Pachthof sind 1937 **Landarbeiterhäuser** an der Herrenhausallee errichtet worden – Musterbeispiele für die Blut-und-Boden-Ideologie dieser Zeit mit Fachwerk, Steildach und sächsischen Giebelzierden. Der Gutsverwalter war damals auch Hamburger Gaubauernführer.

Die *Ammersbek* wurde 1622 für den **Kupferteich** aufgestaut und bis 1899 industriell genutzt, ursprünglich zur Herstellung von Messingdraht, seit 1687 als **Kupferhammer** (wie viele andere im Hamburger Umland) zur Aufbereitung von Rohkupfer zu Blechen, im 19. Jh. schließlich als Weberei. Nach deren Schließung 1899 wurden Teile abgebrochen.

Die Reste bilden aber immer noch ein bemerkenswertes Ensemble. Das Haus der früheren Besitzer *Herrenhausallee 95* ist ein zweigeschossiger Fachwerkbau um 1750 ganz ähnlich wie das Herrenhaus. Das Fachwerkgebäude des Kupferhammers selbst *(Herrenhausallee 64)* zeigt noch Spuren der Mühleneinrichtung (17./18. Jh., vielfach verändert). Zur Gesamtanlage gehört auch die Kate *Kupferredder 74.* An der Herrenhausallee stehen Reste der um 1880 entstandenen *Arbeiterhäuser* – eingeschossige Backsteinbauten in Reihe, letzte Ausläufer ländlicher Instenhäuser oder der Buden der Innenstadt.

Auf dem Gelände des Kupferhofs wurde 1912/13 ein barockisierendes *Landhaus* errichtet: Nicht mehr Wasserkraft, sondern die reizvolle Landschaft bestimmen seitdem den Wert der Walddörfer.

Am Kupferredder 54 steht einsam und idyllisch das Wohldorfer **Försterhaus** von 1798 – leider ist es 1980 abgebrannt und seitdem rekonstruiert worden.

Im Wald am Senatorenstieg (parallel zum Mühlenredder) liegt das 1923 angelegte **Kriegerdenkmal,** ein Hügel mit Findlingsaufbau.

Bergstedt

Das holsteinische Dorf Bergstedt gehört seit 1937/38 zu Hamburg. Seit einigen Jahren dauert die Diskussion schon an, in welcher Form es weiter aufgesiedelt werden kann. Der als ›Milieugebiet‹ deklarierte Dorfkern soll geschont werden. Der am besten erhaltene Dorfkern in Hamburgs Norden liegt als Runddorf mit davon ausgehender Straßenspinne seitlich der Bergstedter Chaussee.

Das Kirchspiel Bergstedt wurde um 1150 begründet und erstmals 1248 genannt; es faßte jahrhundertelang die umgebenden Dörfer kirchlich zusammen. Die ev.-luth. **Pfarrkirche,** ehemals St. Maria und St. Willehad, ist im Kern ein Feldsteinbau aus der Zeit um 1200, ein einfacher, flachgedeckter Saal. Das Mauerwerk und die Fenster sind vielfach verändert worden (ein frühgotisches Portal ist an der Südseite erhalten). 1745–50 wurde die Kirche durch Jasper Carstens erneuert, dabei nach Westen verlängert und mit einem Fachwerkturm über dem Westgiebel bekrönt. – Im Chor sind gotische Quaderfugenmalereien und Weihekreuze freigelegt worden. Das Innere der Kirche ist vor allem bestimmt durch die Holzbalkendecke von 1609 mit Bemalung von 1685 (Ranken, Inschriften) und die ländlich-einfache Ausstattung: Der Altaraufsatz ist 1952 aus heterogenen Stücken des 17. Jh. zusammengefügt worden. Die Kanzel von 1686 wurde zugleich an die Wand versetzt, sie war vorher in einen Kanzelaltar integriert. Der Taufengel entstand 1768. Die Emporen an der Nord- und Westwand sind 1663 datiert. An der Chornordwand steht Juratengestühl des 18. Jh. Ein Porträtepitaph erinnert an den Pastor Winkler (gest. 1771).

Auf dem *Kirchhof* stehen einige ältere Grabdenkmäler. Dort liegt auch das **Kriegerdenkmal** 1914–18, ein Findling auf einem Hügel (Wilhelm Klupp).

Am Wohldorfer Damm bezeugt ein **Gedenkstein** von 1898 für die Erhebung Schleswig-Holsteins 1848 (mit Doppeleiche) die frühere Zugehörigkeit Bergstedts zu Holstein.

Südlich von der Kirche liegt der dreieckige Dorfplatz **Bergstedter Markt** mit *Friedenseiche* von 1871 und *Völkerschlachtdenkmal* (Findling von 1913) sowie einem Dorfteich. Um ihn herum waren die Hufnerhäuser der fünf Bergstedter Bauernstellen gruppiert.

Vom *Krämerschen Hof,* Bergstedter Markt 3, ist der um 1770 errichtete zweigeschossige Wohnteil erhalten; er war als Querhaus vor den verschwundenen Wirtschaftsteil gelegt. Der *Siemerssche Hof* an der Ostseite des Bergstedter Markts ist ein stattlicher Neubau an Stelle des 1870 abgebrannten Vorgängers.

Zwischen Kirche und Dorfplatz stand das Schulhaus (vor wenigen Jahren abgebrochen). Auch die gründerzeitliche *Bäckerei* – Dokument für die im 19. Jh. im Dorf aufkommende Arbeitsteilung – wurde (bis auf das Ladengebäude am Volksdorfer Damm) abgebrochen.

Das Naturschutzgebiet **Hainesch** südlich vom Dorfkern erinnert mit seinem Namen an die mittelalterliche ›Esch‹-Fluraufteilung.

Jenseits der Landstraße gehört noch das reetgedeckte Fachwerkwohnhaus **Volksdorfer Damm 262** (um 1850) zum Dorfkern. – Dort liegt am Volksdorfer Damm der 1864 eröffnete und mehrfach erweiterte Bergstedter **Friedhof.**

Die **Alte Mühle** in reizvoller Lage an der Saselbek (neben ihr gab es in Bergstedt auch noch die Rodenbeker Mühle) nutzt das starke Gefälle an der Einmündung des Baches in die Alster. Sie gehört zu jenen zahlreichen Wassermühlen, die im 13. Jh. überall im Land angelegt wurden (Hamburgs Jungfernstieg und die Alsterseen gehen ja auch darauf zurück). Die Gebäude stammen aus dem ausgehenden 19. Jh. Der Mühlendamm und der aufgestaute Teich, das Mühlengerinne, die gepflasterte alte Fahrstraße und die um 1800 entstandene Kate Nr. 31 bilden mit ihnen ein reizvolles Ensemble von Topographie, Architektur und früherer Nutzung.

Volksdorf

Volksdorf wird erstmals 1296 urkundlich genannt. Damals gehörte der Zehnte des Dorfes dem Kloster Harvestehude. Seit 1437 kam das Dorf durch Verpfändung in hamburgischen Besitz, jahrhundertelang als eines der ›Walddörfer‹ verwaltet (s. Wohldorf-Ohlstedt, Herrenhaus). Seit der Gründerzeit erlebte Volksdorf die Erschließung als Landhausvorort. Wie für Wohldorf-Ohlstedt wurde 1914 auch hier ein Bebauungsplan aufgestellt, der die Verwandlung des Dorfes in eine Gartenstadt einleitete. Steuerkräftigen Bürgern Bauplätze auf Hamburger Territorium zur Verfügung stellen zu können, war das Ziel. Tatsächlich ist der Stadtteil bis heute geprägt durch den Einfamilienhausbau der oberen Mittelschicht.

Die Aufsiedlung setzte eine leistungsfähigere Verkehrsverbindung mit der Innenstadt voraus, als sie die alte Farmsener Landstraße bot. 1903/04 wurde daher eine *Kleinbahn* von Alt-Rahlstedt nach Volksdorf angelegt (bis 1907 wurde die Bahn bis Ohlstedt und Wohldorf verlängert; ihr *Bahnhof* ist erhalten im Haus am Volksdorfer Marktplatz – der Betrieb wurde 1934 eingestellt). Es folgte 1912–18 die *Walddörferbahn* als Zweiglinie des Hochbahnrings. Deren **Bahnhof Volksdorf** – hier verzweigt sich die Bahn nach den beiden Walddörfern Ohlstedt und Großhansdorf – hat fast mittelstädtische Ausmaße mit seiner drei Gleise überspannenden Bahnsteighalle (Betonbinder). Die **Haltestelle Buchenkamp** ist wie ein Landhaus entworfen, im Hinblick auf die im Bebauungsplan von 1914 vorgesehene Gartenstadt.

Die ev.-luth. **Kirche am Rockenhof** (Walter Ahrendt, 1952/53 – Kreuzigungsgruppe von Karl Schubert) bildet – auf dem Hügel am Bahnhof gelegen – den Mittelpunkt des Stadtteils, ein bodenständig-traditionalistischer Backsteinbau. Das karge, durch Stahlbetonbinder gegliederte Innere ist 1989 von Bernhard Hirche neugestaltet worden.

Die katholische **Heilig-Kreuz-Kirche** an der Farmsener Landstraße bildet ihr Gegenstück, trotz moderner Formen und Bautechnik maßstäblich eingepaßt und gestalterisch unprätentiös dem Viertel gemäß (Hermann Rau und Walter Bunsmann, 1964/65).

Die Volksdorfer Bauernhäuser lagen in einer Reihe entlang der Straße **Im Alten Dorfe.** Nur der östliche Teil davon ist erhalten. Im übrigen ist der Dorfumbau zum Stadtteil hier gut ablesbar: Um 1950 entstanden die traditionalistischen Backsteingeschäftshäuser an der **Claus-Ferck-Straße** und das **Postamt,** 1976/77 die **Weiße Rose** als neues Geschäftszentrum (Begebau – Dejan Cerovic, Helmut Hein, W. Wiegert); in deren Fußgängerbereich blieben einige alte Bäume erhalten, die einst einem der Bauernhäuser Windschutz boten. Eine Plastik (Franz Reckert, 1978) erinnert an die Widerstandskämpfer der ›Weißen Rose‹ im Dritten Reich.

Heinrich Ohlendorff (1836–1928) wurde durch den Import von Guano reich und als Anhänger Bismarcks in Hamburg nach dem Krieg 1870/71 geadelt; in Volksdorf erwarb er Flächen für ein standesgemäßes Gut. Davon ist **Ohlendorffs Park** erhalten. Das Gutshaus **Im Alten Dorfe 28** wurde 1927/28 durch eine Villa ersetzt (Elingius & Schramm), deren neoklassizistischer Putzbau dem Ortsamt dient.

Den östlichen Rest des alten Dorfkerns, beim Dorfteich gelegen (Im Alten Dorfe 46–48), hat der Verein ›De Spieker‹ seit 1962 zum **Museumsdorf** ausgebaut. Durch Umbau, Brände und Wiederaufbau, durch hierher verlagerte Häuser und durch Rekonstruktionen kann man zwar nicht mehr ohne weiteres vom alten Volksdorf sprechen. Anschaulich vergegenwärtigt aber das Freilichtmuseum die bäuerliche Kulturgeschichte der Walddörfer.

Das *Spiekerhus* vom Ende des 17. Jh. ist eines der alten Volksdorfer Hufnerhäuser; es wurde 1966 als Veranstaltungssaal und Altentagesstätte hergerichtet. – Der *Harderhof* ist eine Rekonstruktion von 1967–69 des damals abgebrannten Hufnerhauses. Es ist museal ausgestattet. – Im *Dorfkrug* ist ein Restaurant eingerichtet; ursprünglich wohnten in diesem ›Instenhaus‹ zwei Familien. – Im zweigeschossigen Fachwerkbau

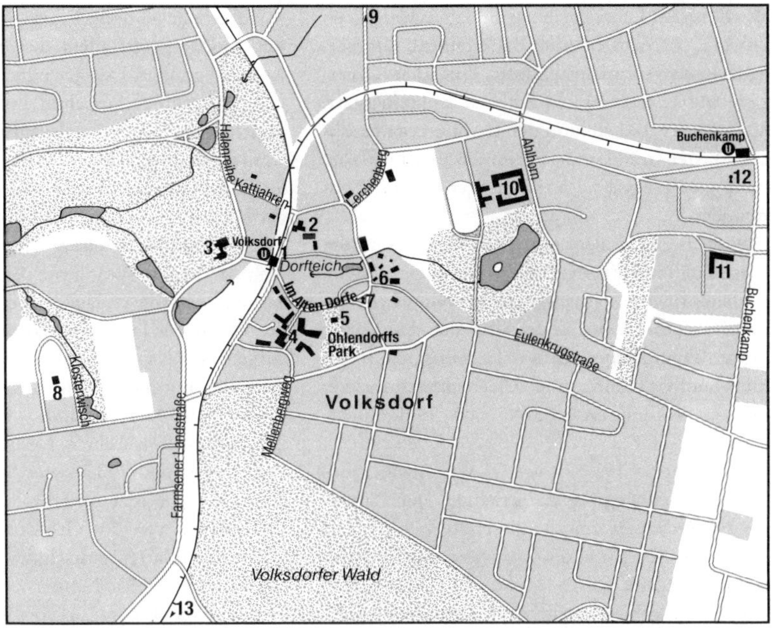

Volksdorf 1 Bahnhof Volksdorf 2 Kirche am Rockenhof 3 Heilig-Kreuz-Kirche 4 Geschäftszentrum Weiße Rose 5 Ortsamt 6 Museumsdorf Volksdorf 7 Friedenseiche, Kaiser-Wilhelm-Stein und Heimkehrerdenkmal 8 Ehem. Landhaus Klöpper (Kinderheim) 9 Siedlung Wensenbalken 10 Walddörferschule 11 Tunnkoppelring 64–68 12 Tor-Monument (H. Kiecol) 13 Stresow-Stift

der *Grützmühle* ist eine Göpelmühle eingebaut; sie stammt aus Hummelsbüttel. – Die *Durchfahrtscheune* von 1657 wurde 1972 aus Schnakenbek bei Lauenburg nach Volksdorf übertragen. – Die *Schmiede* mit Vorhalle ist eine 1977 hergestellte Kopie der Wohldorfer Schmiede. Die Einrichtung mit Werkzeug stammt aus Volksdorf. – Das *Durchfahrthaus* wurde 1985–89 aufgebaut als Rekonstruktion des 1954 abgerissenen Hauses im Alten Dorfe 25 (ein Fachhallen-Hufnerhaus, bei dem ungewöhnlicherweise auch der Wohnteil eine Durchfahrt zur Diele besaß).

1989/90 wurde Im Alten Dorfe 60 die *Volksdorfer Schulkate* rekonstruiert. Ursprünglich 1752 am Rockenhof gebaut, wurde sie 1829/30 nach Ohlstedt übertragen und diente dort bis zu ihrem Abbruch 1981 als Wohnhaus.

Öffnungszeiten des Museumsdorfes: tägl. 9–12 Uhr und 14 Uhr bis zur Dämmerung außer di und do, Führungen sa 15 Uhr und so 11 und 15 Uhr (✆ 6035225, Verein ›De Spieker‹, HH 67, Im Alten Dorfe 48, ✆ 6039098). – Am Knick der Straße Im Alten Dorfe steht die Volksdorfer **Friedenseiche** von 1871 mit Findling, dazu ein **Kaiser-Wilhelm-Stein** von 1897 sowie ein **Heimkehrerdenkmal** der Nachkriegszeit.

Außerhalb des Museumsdorfes gehören zur bäuerlichen Vergangenheit die Kate **Claus-Ferck-Str. 43,** das ehemalige (gründerzeitliche) Hufnerhaus **Lerchenberg 2** und der **Mahrsche Hof,** Lerchenberg 12. Letzterer wurde neu angelegt, als sein Vorgänger im Dorf 1826 abgebrannt war (er stand da, wo 1877 das Bauernhaus **Im Alten Dorfe 42** neu gebaut wurde). – **Kattjahren**

18–20 ist ein Landarbeiterwohnhaus aus der Zeit um 1850/70, ein schlichter Backsteinbau mit reetgedecktem Krüppelwalmdach. Das kleine, reetgedeckte Backsteinfachwerkhaus **Eulenkrugstr. 60** (Mitte 19. Jh.) steht in der Tradition der ländlichen Insten- und Landarbeiterhäuser: schmal und niedrig enthielten sie meist mehrere kleine Wohnungen.

Südlich der Eulenkrugstraße wurde seit der Jahrhundertwende – gefördert von Heinrich von Ohlendorff, der dafür Teile seines Gutes parzellierte – eines der ersten der ausgedehnten Volksdorfer Wohngebiete erschlossen, mit einem regelmäßigen Straßennetz und Alleebepflanzung, mit großen Gartengrundstücken und Einfamilienhäusern.

Dort wurde 1922/23 von Karl Schneider das Haus **Mellenbergweg 83** errichtet. Der Pionier des Neuen Bauens zeigt an diesem Klinkerbau mit hohem Dach noch traditionalistische und expressionistische Motive.

Im Wohngebiet westlich der Farmsener Landstraße steht das ehemalige Landhaus Klöpper, **Klosterwisch 8** (Kinderheim, im ehemaligen Park moderne Erweiterungsbauten). 1904 erwarb Heinrich Adolph Klöpper (Inhaber des Wollhandelshauses Klöpper und Bauherr der beiden Klöpperhäuser in der Innenstadt) in Volksdorf ein Grundstück. Das bis 1905 errichtete Landhaus wurde entworfen von W. u. R. Rzekonski. Der an das späte 18. Jh. anschließende Putzbau mit biberschwanzgedecktem Mansardwalmdach, klassizistischen Einzelformen, im Innern mit einer typischen Hamburger Diele, verarbeitet Anregungen von Alfred Lichtwark, mit dem Klöpper befreundet war; das Haus ist so eines der Dokumente für die Reform des bürgerlichen Wohnens nach der Jahrhundertwende in Hamburg, die dem Landhaus eine zentrale Funktion zuwies.

Die Siedlung **Wensenbalken** weit im Norden des Dorfes (Wensenbalken/Lottbeker Platz/Lottbeker Feld – diese Namen erinnern an ein untergegangenes Dorf in dieser Gegend) gehört in den Zusammenhang der seit 1914 propagierten ›Kriegerheimstättenbewegung‹, die Gartenstadt und Siedlung vor allem den Kriegsteilnehmern zugute kommen lassen wollte. Seit 1915 geplant vom Hamburger Ausschuß, konnten die Doppel- und Reihenhäuser aber erst 1922–29 ausgeführt werden (entworfen von Distel & Grubitz, der Siedlungsplan mit Anger und Sportplätzen von der Hamburger Baudeputation).

Die **Walddörferschule** (Im Allhorn 45) ist wohl derjenige unter Fritz Schumachers Schulbauten, der die pädagogischen Reformanliegen der zwanziger Jahre am klarsten architektonisch ausgedrückt hat. Sie wurde 1929–31 errichtet (damals der nördliche Flügel als Volksschule, der südliche als Oberrealschule – heute ›Walddörfergymnasium‹). In einer Denkschrift hatte der Lehrkörper der Volksdorfer Schule schon 1927 dem Senat die Idee unterbreitet, »im deutlichen Unterschied von der Großstadt- und Vorstadtschule eine Gartenstadtschule« zu errichten. Die Gartenstadtidee als Teil der Lebensreformbewegung gab das Programm vor: »Die erzieherische und unterrichtliche Arbeit muß aus der räumlichen Nähe der freien Natur und ländlichen Kultur jeden nur denkbaren Nutzen ziehen.« Das wurde umgesetzt durch die Lage der Schule am Rande des Siedlungsgebietes, nördlich der *Horst* als landschaftlich besonders schönem (seit 1985 durch einen Teich bereicherten) Teil der Volksdorfer Flur. Das bestimmt vor allem ihre offene Form: nur zwei Geschosse, weitläufig um den offenen Hof gelegt, trotz doppelter Klassenreihen an Mittelfluren nur niedrige Baukörper (Fritz Schumacher begründete so das Flachdach), Terrassen als ›Schulzimmer im Freien‹, klare, sachliche Formen im Großen wie im Detail, kostbares Klinkermauerwerk – und bei alledem die große Geste einer axialen Anlage mit neoklassizistischen Reminiszenzen an der Pfeilerhalle der Aula. Der Gesamteindruck ist auch erhalten geblieben, nachdem 1979–81 in den abgesenkten Hof neue Schulräume und in die Achse eine Pausenhalle eingebaut wurden (Gerhard Ostermann). Schmückende Pointen setzen Tierplastiken im Hof und im Flur des Südflügels.

Entwurf für die Hochbahnhaltestelle Buchenkamp, 1914

Die Erschließung des Wohngebietes **Buchenkamp** (westlich der Straße dieses Namens) hat seit 1983 einen guterhaltenen Teil der Volksdorfer Knicklandschaft aufgezehrt (wenn auch die Knickeichen selbst erhalten blieben, so auch in der Grünanlage *Eichenrehmen*). Beachtenswert sind der Wohnblock **Tunnkoppelring 64–68** (Nietz, Prasch, Sigl, 1984/85 – einer der letzten Neubauten der Neuen Heimat) und das **Tor-Monument** von Hubert Kiecol (1984) im Einkaufszentrum bei der Hochbahnhaltestelle.

Neben der Erschließung Volksdorfs als Landhausvorort und Gartenstadt hat es auch eine Entwicklungstendenz gegeben, die hierher soziale Einrichtungen verlegte, um ihnen die Vorzüge der ländlichen Lage zu erschließen. Davon sei nur genannt das **Stresow-Stift,** das als vorbildliche und formschöne Altenwohnanlage 1927 von Distel & Grubitz an der Farmsener Landstr. 60 errichtet worden ist.

Rahlstedt

In das 1248 erstmals urkundlich belegte Rahlstedt wurden 1921 Neu-Rahlstedt, Oldenfelde und Meiendorf sowie Tonndorf-Lohe eingemeindet. 1937/38 kam es zu Groß-Hamburg.

Die heutige ev.-luth. **Pfarrkirche Alt-Rahlstedt** gehört – wie Eppendorf und Bergstedt – zu den alten Kirchspielzentren in Hamburgs Umgebung. Das Langhaus ist im Kern ein Feldsteinsaal des 12./13. Jh. mit vielfach ausgeflicktem Außenmauerwerk und um 1870 veränderten Fenstern. Der Westturm ist um 1780 erneuert worden. Auch der fünfseitig geschlossene Chor aus der zweiten Hälfte des 13. Jh. zeigt – sorgfältig bearbeitetes – Feldsteinmauerwerk; innen ist er vom balkengedeckten Langhaus durch einen Triumphbogen getrennt und durch ein Kreuzgewölbe mit Bandrippen überwölbt. Der Altar hat einen schlichten, dreiteiligen Aufsatz von 1695. Die Kanzel wurde 1800 aus der ersten Wandsbeker Christuskirche übernommen (um 1690, am Korb Evangelisten, auf dem Schalldeckel Engel mit Leidenswerkzeugen Christi). Aus Wandsbek stammt auch das hölzerne Kruzifix aus der 2. Hälfte des 15. Jh. Die Holzfiguren von Petrus und Jacobus (Mitte 15. Jh.) sind wohl Überreste eines Altars. – Mit gründerzeitlichen Pastorat- und Schulbauten ist die Umgebung der Kirche immer noch als altes Ortszentrum gekennzeichnet.

Jenseits der Rahlstedter Straße wurde 1829 der **Friedhof** der ev.-luth. Kirchengemeinde angelegt (Am Friedhof, 1938 erweitert). Ältestes Grabmal ist das Gußeisenkreuz Freerks von 1837. Von der Altrahlstedter Kirche stammt ein Kruzifix in der Nähe der Kapelle (A. Wiechert, 1926). Auf dem Familiengrab *Grimm* sitzt eine weibliche Marmorfigur mit antikischem Opferaltar vor dorischen Säulen (A. Wiechert, 1911). Eines der schönsten Hamburger Grabdenkmäler ist das des Dichters *Detlev von Liliencron* (1844–1909, seit 1901 in Rahlstedt), eine Rosen streuende Mädchenfigur auf hoher Stele, von Richard Luksch 1909 gestaltet.

An der Rahlstedter Bahnhofstraße hat **Detlev von Liliencron** gewohnt; an ihn erinnert jetzt ein **Denkmal** im Liliencron-Park (Quader mit Porträt-Medaillon, 1934). – Dort steht auch ein **Schleswig-Holstein-Denkmal** (Findling 1948).

Bestimmend für das Ortsbild in Rahlstedt selbst wie in Oldenfelde ist die Aufsiedlung zum ausgedehnten bürgerlichen **Vorstadtvillenviertel** des späten 19. Jh. und des frühen 20. Jh., ausstrahlend vom Rahlstedter Bahnhof, so etwa an der *Oldenfelder Straße, Amtsstraße, Buchwaldstraße, Parchimer Weg* und *Remstedtstraße.* Die meisten Häuser sind späthistoristische (Neobarock) und Jugendstilputzbauten. Zwerchgiebel, Türmchen und Veranden gliedern sie abwechslungsreich. Das weitläufige Straßennetz ist gekennzeichnet durch große, langrechteckige Blocks. Zu einer Unterscheidung zwischen Haupt- und Nebenstraßen – abgesehen von der Rahlstedter Straße als alter Landstraße – kommt es kaum, auch Zentren werden nicht ausgebildet. An der Remstedtstraße gibt es eine kleine Grünanlage, wo das *Kriegerdenkmal* für die Gefallenen des Ersten Weltkriegs aus der Gemeinde Rahlstedt steht (Granitpyramide). – Die noch selbständige Gemeinde Oldenfelde errichtete ihr eigenes *Kriegerdenkmal* 1921 an der Oldenfelder Straße/Delingsdorfer Weg.

Am **Pulverhof** steht in der schönen Parkanlage am Wandsestau eine gründerzeitliche Villa. Hier wohnte der letzte Müller der 1602 für die Schießpulverherstellung eingerichteten und später vielfach umgenutzten alten Mühle.

An die *Stapelfelder Straße* als alte Landstraße ist **Neu-Rahlstedt** angelehnt, trotz Nutzungswandel und Umbau immer noch einer der guterhaltenen Dorfkerne Hamburgs. Bauernhäuser (und eine gründerzeitliche Bauernvilla) sind auf den hufeisenförmigen *Dorfplatz* ausgerichtet, der eine Art Rundling bildet. 1288 wurde der Ort erstmals erwähnt; er war wohl nicht lange vorher entstanden. Nach Süden ist die Verbindung mit der Kulturlandschaft erhalten.

Das 1296 erstmals erwähnte **Oldenfelde** ist als Dorf so gut wie verschwunden, seit um 1900 vom Rahlstedter Bahnhof her die Vorstadtvillen seinen Dorfkern aufgezehrt haben (Oldenfelder Straße).

Meiendorf (erstmals 1318 genannt) hingegen zeigt noch immer mit den Bauernhäusern an *Saseler Straße 7* (Hufnerhaus), *9* (gründerzeitliches Altenteilerhaus) und *12* (Kate, 18. Jh.), *Wildgangsstr. 12, Meiendorfer Str. 89, 98* und *Schierhornstieg 2, Dassauweg 6* und *10* seinen Dorfkern sehr anschaulich, wenngleich die Bauernhäuser kaum vor das 19. Jh. zurückreichen. – Das *Bürgerhaus,* Saseler Str. 21, ist die ehemalige, um 1880 errichtete Dorfschule.

Das ehemalige **Gut Höltigbaum** wurde um 1869 weit draußen in der freien Ackerflur angelegt (Sieker Landstr. 119). Mit seinem Herrenhaus hat es ein unerwartet vollständiges Innenraumensemble der Gründerzeit zu bieten (Treppenhaus, Neorenaissanceausstattung).

Denkmäler der Verkehrsgeschichte an der für Hamburgs Handel so wichtigen Landstraße Richtung Lübeck sind die **Meilensteine** von 1843 an der *Meiendorfer Str. 187* und *Bargteheider Str. 91.* Sie sind in der dänischen Zeit Holsteins aufgestellt worden und weisen mit ihren Königsmonogrammen darauf hin. Ein kurzer Abschnitt einer Chaussee – wie sie um und seit 1800, hier 1843, unter dem Einfluß des französischen Vorbildes für den dänischen Landesausbau angelegt worden sind – wurde bei der Neuanlage der **Sieker Landstraße** bewahrt (Ecke Höltigbaum – der Name erinnert übrigens an einen Schlagbaum an dieser Straße) und zeigt mit Findlingspflaster auf der Fahrbahn, daneben verlaufendem unbefestigtem Sommerweg und Entwässerungsgraben nebst begleitendem Knick das typische Profil einer solchen damals modernen und heute geradezu prähistorisch wirkenden Fernstraße. Hier war es die Hauptverbindung von Hamburg mit Lübeck.

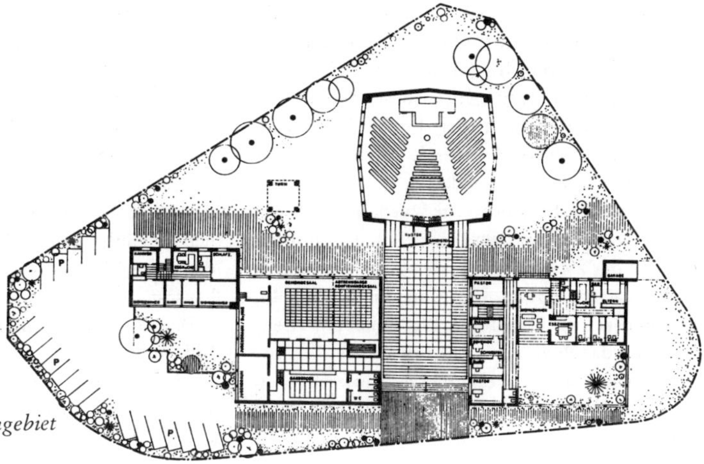

Trinitatiskirche im Wohngebiet Hohenhorst

Ausgedehnte Wohngebiete der Nachkriegszeit haben Rahlstedt zum bevölkerungsreichsten Hamburger Stadtteil werden lassen (ca. 80000 Einwohner). **Hohenhorst** (u. a. Köpenicker, Schöneberger und Grunewaldstraße) vertritt den Höhepunkt der Wohnungsbautätigkeit der Nachkriegszeit: Orientiert an der Idee der Trabantenstadt, wie sie Ernst May in den zwanziger Jahren entwickelt und in Frankfurt realisiert hatte, und wie sie in den fünfziger Jahren in den skandinavischen Hauptstädten musterhaft vorgeführt wurde, entstand dieses Wohnviertel 1959–66 – zwei große Quartiere beidseits eines Grünzugs mit mehreren Schul-, Kirchen- und Geschäftszentren (Berliner Platz – ev.-luth. *Trinitatiskirche,* Halenseering, Otto Andersen, 1964/65) und mehr als 3000 Wohnungen vom Reihenhaus bis zum vierzehngeschossigen Hochhaus, nicht zu vergessen die Ausstattung mit Freiplastik (Bronzestelen von Barbara Haeger an der Schöneberger Straße).

Ein Demonstrativvorhaben der Bundesregierung – geplant unter Mitwirkung eben von Ernst May – war in diesem Sinne **Rahlstedt-Ost** (1963–66) mit Wohnsammelstraße, Grünzug, durch das Kirchengemeindezentrum ausgezeichneter Mitte (ev.-luth. *Dankeskirche mit Gemeindezentrum Hegeneck,* Friedhelm Grundmann 1965–67 – Altarkreuz Hans Werner Peters, Fenster Gisela Wienert-Grundmann) sowie von dort aus gruppierten Wohnhäusern (Am Hegen, Kielkoppel).

Bezirk Bergedorf

Lohbrügge

Die dem heutigen Stadtteil entsprechende Gemeinde Lohbrügge entstand 1927 durch die Vereinigung von Sande und Boberg (und gehörte damals zur preußischen Provinz Schleswig-Holstein). Mit Sande war seinerseits 1894 das Dorf Lohbrügge zusammengelegt worden. 1937/38 wurde Lohbrügge in Groß-Hamburg einbezogen.

Die wichtigste Entwicklungsgrundlage für Sande/Lohbrügge war jahrzehntelang die schnelle

Expansion der ›Bergedorfer Eisenwerke‹, die (1859 in Geesthacht gegründet) 1867 hier angesiedelt worden waren. Ihr Gründer Wilhelm Bergner nahm durch Stiftungen, insbesondere die Finanzierung der Sander Erlöserkirche, Einfluß auf die Entwicklung der Gemeinde Sande und ihres baulichen Erscheinungsbildes.

Die ev.-luth. **Erlöserkirche** wurde 1898/99 von Hugo Groothoff errichtet – wie alle Hamburger Kirchen der zweiten Hälfte des 19. Jh. als neugotischer Backsteinbau. – Das **Mausoleum Wilhelm Bergners** (Hugo Groothoff, 1900) bildet das Zentrum des daneben liegenden Friedhofes. Mit romanischen Formen weist dieses Bauwerk auch dem toten Fabrikanten die beherrschende Rolle in Sande zu.

Arbeiterwohnhäuser in der Tradition der eingeschossigen traufständigen Kleinwohnhäuser stehen noch an **Johannes-Rabe-Stieg, Ohlstükken** und **Höperfeld.** In diesem Bereich und vor allem an der **Lohbrügger Landstraße** ist auch die gründerzeitliche Etagenhausbebauung vorangeschritten, kleinbürgerliche Einzelhäuser derselben Zeit entstanden am **Ulmerliet.**

An die Bergedorfer Eisenwerke selbst, die auf dem Gelände zur Bille hin lagen, erinnert nichts mehr außer einer Tafel Ludwig-Rosenberg-Ring/ Wilhelm-Bergner-Pfad (1974 wurde das Werk geschlossen und abgerissen).

1906/07 erhielt Sande ein eigenes Wasserwerk. Der **Wasserturm** in den Sander Tannen wurde durch eine Berliner Ingenieurfirma als standardisierter Typenbau ausgeführt, architektonisch für die Entstehungszeit sehr altmodisch (auf einen konischen Unterbau aus Backsteinmauerwerk ist der auskragende Behälter aufgesetzt).

An Boberg als einen der historischen Siedlungskerne des Stadtteils erinnern einige alte Reetdächer im Bereich **Schulredder/Unterberg.**

Kriegerdenkmäler kennzeichnen die alte Selbständigkeit der Orte: am Lohbrügger Markt für Sande und am Langberg für Boberg.

Lohbrügge-Nord entstand 1960–70 als eine der größten Hamburger Trabantenstädte der sechziger Jahre.

Bergedorf

Neben Harburg, Altona und Wandsbek ist Bergedorf die vierte ehemals selbständige Stadt, die heute als Mittelpunkt eines Bezirks fungiert. Waren erstere bis 1937 preußisch und überhaupt jahrhundertelang in die besonderen Entwicklungsbedingungen Schleswig-Holsteins und Niedersachsens eingebunden, so hatte Bergedorf ihnen gegenüber seit 1420 eine ausgesprochene Sonderstellung als selbständige Stadtgemeinde unter hansestädtischer Landesherrschaft.

Bergedorf liegt am Übergang des Flüßchens Bille aus der Geest in die Elbmarsch, sein Name erscheint 1162 erstmals in Urkunden. 1201–27 stand es mit ganz Holstein unter dänischer Herrschaft (verkörpert durch den Holsteiner Grafen Albrecht von Orlamünde). Wie in Hamburg und Lübeck fallen in diese dänische Zeit entscheidende Ereignisse für die Entwicklung Bergedorfs: Albrecht von Orlamünde ließ 1208 die Bille für eine Mühle aufstauen; er ließ wohl auch erstmals eine Wasserburg errichten. Beides bestimmt bis heute das Stadtbild.

In der Folgezeit wurde Bergedorf ein Burgort des Herzogtums Sachsen (ab 1296 Sachsen-Lauenburg) und erhielt 1275 das Stadtrecht. 1322 wurde das Teil-Herzogtum Mölln-Bergedorf gebildet. Von ihm gelangte der Ort 1370 unter die Pfandherrschaft Lübecks. Dann wieder von Lauenburger Herzögen erobert, wurden vielfältige Fehden und Konflikte 1420 durch die Eroberung Bergedorfs und der südlich davon gelegenen Elbmarsch (der späteren Vierlande) durch Hamburg und Lübeck angeschlossen. – Damit obsiegte die hansestädtische Politik, benachbarte Territorien zu erwerben und so Handel und Verkehrswege sowie die Versorgung der Städte zu sichern. Lübeck und Hamburg verwalteten das ›beiderstädtische‹ Amt Bergedorf seitdem gemeinsam. 1867 löste Hamburg die Lübecker Rechte an Bergedorf ab. Das Städtchen behielt unter Aufsicht der Hamburger ›Landherrenschaften‹ seine kommunale Selbständigkeit bis zum Groß-Hamburg-Gesetz, durch das es 1937/38 in die Hansestadt eingemeindet wurde.

Das **Bergedorfer Schloß** (Umschlagrückseite) vereinigt in seinem heutigen Erscheinungsbild Bestandteile aller Phasen seiner Geschichte: Mittelalterliche Mauerreste finden sich unter dem Ostflügel von 1589/90. 1610 wurde der Westflügel errichtet. Dazwischen spannt sich der Fachwerkflügel des Südtraktes von 1661. Am eindrucksvollsten gibt sich der Teil des Schlosses, der bei der Wiederherstellung des mittelalterlichen Nordflügels 1897–1901 neu gestaltet wurde; es ist ein aufwendiger Eingangsbau und der Nordtrakt in den Formen der norddeutschen Backsteingotik, wie sie die Anhänger der Hannoverschen Schule Conrad Wilhelm Hases pflegten. Hier war Franz Andreas Meyer der Architekt, jener Schüler Hases, der seit 1872 als Oberingenieur in Hamburg wirkte und so zum Beispiel die Speicherstadt – im gleichen Stil und Material – gestalterisch bestimmt hat. – Im Hof ist beim Tor die *Grabplatte* für den Hamburger Hauptmann *Dietrich Schreye* aufgestellt, der im Kampf um Bergedorf am 12. 7. 1420 den Tod gefunden hat (Sandsteinplatte mit Kruzifix und Inschrift). Beidseits des Eingangs zum Museum stehen barocke *Kriegerplastiken* aus Reitbrooker Gärten.

Das *Museum* im Schloß (Außenstelle des Museums für Hamburgische Geschichte) informiert ausführlich über die Kulturgeschichte in Bergedorf und den Marschlanden seit den ersten Spuren der menschlichen Besiedlung. – Das *Landherrenzimmer* mit reicher Intarsienausstattung wurde bei der Erneuerung des Schlosses um 1900 als repräsentativer Amtsraum für die Hamburger Landherren eingebaut. Es nimmt auf die kunsthandwerklichen Traditionen der Vierlande Bezug und erinnert zugleich an die hamburgische Herrschaft über Bergedorf und die Marschen, die von diesem Schloß aus verwaltet wurde.

Öffnungszeiten: di, do und so 10–17 Uhr (✆ 7225–2509).

Die Wälle des 16. Jh. wurden 1805 geschleift. Mit den erhaltenen Grabenabschnitten bildet so die alte Schloßbefestigung malerische Wallanlagen. Ihre bestimmende Gestaltung haben sie gleichzeitig mit der Schloßerneuerung um 1900 erfahren: Findlingsmauerwerk, Schmiedeeisengeländer, zumal die reizende kleine Hängebrücke zeigen Jugendstilelemente.

Daß auch das Städtchen einmal Wall und Graben hatte, ist heute nicht mehr erkennbar. Die großen Straßendurchbrüche der Vierländerstraße (1928–30) und der Bergedorfer Straße (1958/59) haben die letzten Spuren getilgt und dabei auch gleich einen wesentlichen Teil der Altstadt vernichtet. Einen recht intakten, ja teilweise idyllisch-heilen, kleinstädtischen Charakter hat sich Bergedorf jedoch an der durch die Achse der Siedlung verlaufenden Hauptstraße **Alte Holstenstraße** und **Sachsentor** bewahrt.

Die ev.-luth. Pfarrkirche **St. Petri und Pauli** liegt im westlichen Teil der Altstadt, zwischen dieser und dem Schloß, am Mühlendamm der Bille (Abb. 78). – Das Kirchspiel Bergedorf wird 1162 erstmals in Urkunden erwähnt. Seine Kirche ist um 1500 als Fachwerksaal neu erbaut und dann 1589–91 sowie 1608–09 nach Westen (mit einem Turm über dem Giebel) erweitert worden. Um 1660/70 entstand der Querarm nach Süden. An der Nordseite wurde im 18. Jh. in der Art eines niedrigen Seitenschiffes eine Reihe von Logen angebaut, die von außen je einen eigenen Zugang haben. Der Windfang am Haupteingang stammt vom Ende des 19. Jh.

Das Innere der Bergedorfer Kirche ist durch die fast dörfliche Bauweise und die dennoch differenzierte Raumgestaltung, dazu mit seiner Ausstattung des 16. bis 18. Jh. außergewöhnlich stimmungsvoll und sehenswert. Die einfach verputzte Decke des Kirchensaals wurde in der Mitte des 19. Jh. erneuert. Die Säulenädikula des Altars von 1662 rahmt ein Kreuzigungsbild (Henrich Dittmers, Hamburg) und wird flankiert von Holzfiguren des Moses und Aron. – Der Korb der Kanzel wurde 1586 gestiftet, an den Brüstungsflächen sind die neutestamentlichen Heilstaten von Kreuzigung, Auferstehung und Himmelfahrt, dazu das Wappen der Stifterin zu sehen. Der Schalldekkel ist 1602 ergänzt worden. – Der Kirchenraum wird vor allem bestimmt durch die Emporengemälde des 17. Jh. In Querarm und Chor sind es

Bergedorf um 1870. Lithographie von F. G. Müller. – Von den Sehenswürdigkeiten der Randbilder sind vor allem das Schloß und die Kirche erhalten. Vom Bahnhof (links unten) steht noch das kleine Betriebsgebäude Neuer Weg 54 (s. S. 498)

Dr Sillem's Institut.

Grosse Strasse v.d. Mittelbrücke ges.

hnhofs.

Colosseum.

Schiffwasser.

Portici.

Marktplatz.

Bergedorfer Eisenwerk.

eher bäuerlich wirkende Evangelienszenen; im Langhaus hingegen sind qualitätvolle Tafelbilder mit Szenen des Alten Testamentes vor die Emporenbrüstung montiert (am Rahmen der Tafel der Orgelempore Stifterinschrift Johannes und Bernd Corthum, 1679).

Weiterhin tragen Epitaphien und Porträts von Pastoren in barocken Rahmen zum Schmuck des Kircheninneren bei, besonders an der Nordwand des Chores das Epitaph Joh. Reimbold (gest. 1713) mit Allegorien von Frieden und Gerechtigkeit, bekrönt durch einen triumphierenden Christus (Johann Hinrich Rundt, Hamburg). Im Querarm Bildnisepitaphien für die Pastoren Caspar Wringer mit aufwendigem Rahmen (gest. 1710 – gemalt von Rundt, 1702) und Christian Vermehren (gest. 1765), an der Langhaus-Südwand für Gerhard Corthum (gest. 1704).

Außen am Chor sind große Sandsteindeckplatten von Erbbegräbnissen aufgestellt, u. a. das des Bürgermeisters Michael Petersen (1587–1654) und des beiderstädtischen Amtsverwalters Hermann Schuldor (1584–1657). – Links vom Turmeingang eine Familiengrabplatte des Amtsverwalters Laurens Wiebeking von 1722 mit Ehewappen. – Nördlich der Kirche ist das **Pastorat** in das Ensemble eingefügt (Distel & Grubitz, 1913/14).

Zwischen Kirche und Bille steht Alte Holstenstr. 79 das **Hasse-Haus,** erbaut um 1630 für den Organisten, mit turmartigem Anbau von 1836 (hier wurde 1699 der Komponist Johann Adolf Hasse geboren).

Nach Nordwesten verläuft die Alte Holstenstraße auf der Krone des 1208 angelegten Mühlendammes. Deswegen wird sie auch zu Recht noch wesentlich bestimmt durch die **Kornwassermühle** (Abb. 78) am Billestau und deren 1973/74 abgebrochenes und dann – leicht ortsversetzt – als Neubau rekonstruiertes Gebäude (Alte Holstenstr. 86 – in dieser Gestalt war die Mühle 1839 neu errichtet worden). Übrigens ist auch das malerische Häuschen **Kupferhof 1** eine Rekonstruktion – neu, wenngleich in alter Gestalt. Der Mühlenstau erlaubte hier den Betrieb eines Kupferhammers.

Die Serrahnstraße liegt auf dem Kai des Billebeckens unterhalb der Kornwassermühle. Hier steht noch der um 1900 aufgestellte **Kran,** mit dem schwere Stückgüter umgeschlagen werden konnten (über Bille und Doveelbe ist die Flußschiffahrt nach Hamburg möglich).

Auf die Territorialgeschichte verweist der **Grenzstein** von 1726 mit dänischem Königsmonogramm an der Eisenbahnbrücke über die Holstenstraße (im Schaufenster des Hauses 53); hier war die Landesgrenze zwischen dem beiderstädtischen Bergedorf und dem holsteinischen Lohbrügge. – Auf der Bergedorfer Seite des Billewehrs, beim Haus Nr. 66, stand 1601–1816 das **Holstentor** – vor einigen Jahren dort aufgefundene Fundamentfindlinge liegen auf der gegenüberliegenden Straßenseite.

Von den älteren Bergedorfer Bürgerhäusern – eher bescheidenen Giebelhäusern – sind einige Reste erhalten: Hinter der unscheinbaren gründerzeitlichen Putzfassade des Hauses **Alte Holstenstraße 76** verbirgt sich ein liebenswürdiges Innenraumensemble, ein Café mit intakter Ausstattung der Gründerzeit und des Jugendstils, im hintersten Zimmer mit einer Rokokostuckdecke. – **Alte Holstenstr. 82** und **84** sind einfache, stark erneuerte Fachwerkgiebelhäuser des 17. Jh.

Mindestens ebensosehr wie diese augenscheinlich ›alten‹ Häuser tragen die gründerzeitlichen Häuser mit ihren schmuckreichen Fassaden zum bunten Idyll dieser Hauptstraße bei, die sich dann nach Osten als Straße Sachsentor – 1971 verwandelt in eine Fußgängerzone – fortsetzt.

Sachsentor 2, der alte Gasthof **Stadt Hamburg,** stand ursprünglich etwas weiter westlich; er mußte dem Verkehr ausweichen und wurde beim Neuaufbau 1958/59 erheblich erneuert; eigentlich besteht er aus zwei Häusern, dem Eckhaus von ca. 1550 mit dekorativ geschnitztem Fachwerk und einem Giebelhaus von ca. 1650. – Das schmiedeeiserne *Herbergszeichen der Schmiedegesellen* von 1767 stammt übrigens von einem der alten Bergedorfer Zunfthäuser, die in den fünfziger Jahren für die Anlage der Bergedorfer Straße abgerissen wurden.

Gemischt mit Neubauten und vorgesetzten Fassaden des 19. und 20. Jh. (bis hin zu modernen Anpassungsversuchen) folgen vereinzelt und teils in Gruppen noch Fachwerkhäuser des 17. und 18. Jh.: **Sachsentor 10** (Giebelhaus), **15** (Giebelhaus aus dem 17. Jh.), **14** und **28** (Traufenhäuser mit Zwerchgiebel, 18./frühes 19. Jh.). Das im frühen 17. Jh. errichtete Bürgerhaus **Sachsentor 29** ist vielfach umgebaut, aber noch gut erhalten; sein verputzter Straßengiebel mit Lisenengliederung und Sandsteinportal ist wohl 1772 neu errichtet worden. – **Sachsentor 50, 52** und **54** bilden eine Gruppe von Fachwerk-Giebelhäusern (um 1700 bzw. 1683 und 1625, zum Teil sehr verändert).

Diese Hauptstraße vermittelt einen behäbig-kleinbürgerlichen Eindruck. Daß es abseits von Sachsentor und Holstenstraße auch in dieser kleinen Stadt Unterschichten gab, deren Häuser viel bescheidener ausfielen, daß es dazwischen ein kleines Handwerkerviertel mit Zunfthäusern gab – das läßt sich heute im Stadtbild nicht mehr nachvollziehen: Diese Bebauung fiel seit den fünfziger Jahren dem Durchbruch der Bergedorfer Straße zum Opfer (das völlig umgebaute Haus **Neuer Weg 30–32** erinnert allenfalls daran). Zuletzt gehörten zu dieser Kleine-Leute-Altstadt die Häuschen am **Specken 25–27** – typische kleine Sahlhäuser vom Ende des 18. Jh., wie sie ja auch in Hamburg in den Gängevierteln standen. Sie sind dem Neubau von Wohnungen gewichen, sollen aber an anderer Stelle rekonstruiert werden.

Die **Windmühle,** Chrysanderstraße 52, wurde 1831 erbaut und zeigt in der Flügelmechanik aus den zwanziger Jahren mit verstellbaren Windlamellen den letzten Ausbaustand dieser alten Technik der Energiegewinnung.

Bergedorf wurde – wie jede anständige Kleinstadt – durch einen Satz von **Denkmälern** ausgestattet: *Kaiser Wilhelm I.* (am Kaiser-Wilhelm-Platz, Bronzebüste auf Granitobelisk von 1891), *Bismarck* (im Schloßgarten, von Carl Garbers 1906, ein dreieckiger Granitdolmen), *Turnvater Jahn* (1911, Findling mit Porträtrelief in Bronze), ein *Kriegerdenkmal von 1870/71* (Granitobelisk in den Anlagen an der Chrysanderstraße). Der eiserne *Schalenspringbrunnen* am Kaiser-Wilhelm-Platz ist 1888 vom Besitzer der Bergedorfer Wasserwerke gestiftet worden – und früher gehörten dazu auch als Beitrag der Gaswerke zwei Kandelaber; beides wies sinnig auf die zivilisatorischen Fortschritte des Städtchens durch diese Versorgungswerke hin. An die Völkerschlacht von 1813 erinnert ein hundert Jahre später gesetzter *Findling* in der kleinen Anlage zwischen Reinbeker Weg und Chrysanderstraße.

Bergedorf hat seit der Anlage der Eisenbahn und seit der Industrialisierung Stadterweiterungen in alle Richtungen erfahren. Sie sind samt ihrer sozialen Differenzierung im Stadtbild gut nachvollziehbar. Zwischen der Landstraße nach Geesthacht und der Berliner Bahnlinie ziehen sich gründerzeitliche Mietshausviertel hin. Kleinmaßstäbliche Häuschen aus der Mitte des 19. Jh. gibt es noch an der Bleichertwiete und Soltaustraße.

Östlich vom Altstadtkern erstrecken sich die Geesthänge hinauf ausgedehnte gründerzeitliche und dann bis in die Gegenwart weiterentwickelte Villengebiete. Die große Zahl bürgerlicher Villen in Neorenaissanceformen an alleeartigen Straßen (weithin mit dem alten Pflaster) erklärt sich nicht mehr nur aus dem Bergedorfer Bedarf: Wie in die anderen außerhalb der Hansestadt gelegenen Villengebiete von Marienthal bis Othmarschen sind hierher viele Hamburger Bürger gezogen.

Den Reinbeker Weg zum Doktorberg hinauf gelangt man aus der Gründerzeit zum Jugendstil und schließlich in die zwanziger Jahre. Am Übergang zum Erholungswald stehen noch ein altes Ausflugsgasthaus und das Luisen-Gymnasium, dahinter am Rande des Waldgebietes der **Bergedorfer Wasserturm** von 1902 (konventionell einfach wie der in Lohbrügge). Im einzelnen verdienen die Häuser **Steinkamp 13** und **23** sowie **Von-Anckeln-Str. 3** von dem Architekten Bruno Wieck besondere Erwähnung: um 1910 entstanden, bilden sie einen eigenständigen Bergedorfer Beitrag zur Reformarchitektur dieser Zeit, der neben den Häusern von Elingius und den Brüdern Gerson in den Elbvororten bestehen kann. Wie jene pflegen sie die bodenständige Backsteinbauweise, sind aber sichtlich stärker von der bäuerlichen Tradition der Vierlande geprägt.

Die frühere Bismarckstraße ist als **Hermann-Distel-Straße** jetzt benannt nach dem Bergedorfer Architekten Hermann Distel (Distel & Grubitz), der sich mit **Nr. 31** als eigenem Haus ein Muster dieser Landhausarchitektur schuf – allerdings nicht einen Backsteinbau wie sonst üblich, sondern, wie am ersten Werk der Architekten Distel & Grubitz, der Universität, ein Edelputzbau (1910).

Die ausgedehnte Einzelhaussiedlung – immer wieder mit schönen Häusern vor allem der zwanziger Jahre – zieht sich nach Süden bis zum Geesthang (im Bereich Gojenbergsweg).

Westlich vom Stadtkern liegen – von Lohbrügge her bestimmt – Gewerbeflächen, aber auch weitere kleine Einzelhausviertel, dabei das schöne Heimatstilhaus **Oberer Landweg 88** von 1908.

Die öffentlichen Gebäude Bergedorfs – von Schloß und Kirche abgesehen – liegen alle außerhalb des alten Städtchens, sie sind erst mit seinem späteren Wachstum notwendig geworden.

Das älteste erhaltene davon ist die 1856 neu erbaute **Volksschule** Am Brink 7 – ein einfacher Backsteinrohbau. – Die wichtigsten öffentlichen Gebäude stammen aus der Schumacherzeit und sind auch von Fritz Schumacher als Leiter des Hochbauwesens der Hamburger Baudeputation entworfen; mit ihnen greift die Großstadt gestaltend in das Städtchen ein. – In ihrer jeweiligen Umgebung bilden sie die beherrschenden Zentren: Das **Amtsgericht** von 1926/27, Ernst-Mantius-Str. 8, tritt am Billeteich dem Schloß gegenüber. – Im Villenviertel am Doktorberg, Reinbeker Weg 76, wurde das **Luisen-Gymnasium** 1929–31 als Mädchenoberschule erbaut. Der Betonskelettbau im Sinne der neuen Sachlichkeit ist klinkerverkleidet, in den Brüstungsflächen zeigt das Schmuckmauerwerk traditionelle Vierländer Motive, den Eingang schmückt eine Stele mit Bronzegruppe ›Tanzende Vierländer‹ (Hartlieb Rex). – Schumachers **Hansa-Gymnasium** war schon 1912–14 erbaut worden (Hermann-Distel-Str. 25); es erhielt 1986/87 eine sehr bemerkenswerte neue **Turnhalle** (Markovic, Ronai, Lütjen).

Trotz der Dominanz der Hamburger Baudeputation und ihres Oberbaudirektors in den zwanziger Jahren hatte doch damals Bergedorf eine selbständig bestehende Bauverwaltung des Magistrats. Und sie ließ es sich nicht nehmen, den kommunalen Mittelpunkt der Stadt selbst zu gestalten, das **Rathaus** (jetzt Bezirksamt, Wentorfer Str. 38). Dafür wurde eine Villa erworben, die 1898/99 durch Johannes Grotjan erbaut worden war. Der Stadtbaumeister Krüger entwarf den Neu- und Ausbau gemeinsam mit dem Hamburger Architekten Georg Lindner 1925 und führte ihn 1926/27 aus. – Der durch einen hohen Turm überragte Putzbau mit zahlreichen Details aus den zwanziger Jahren (insbesondere im Sitzungs-

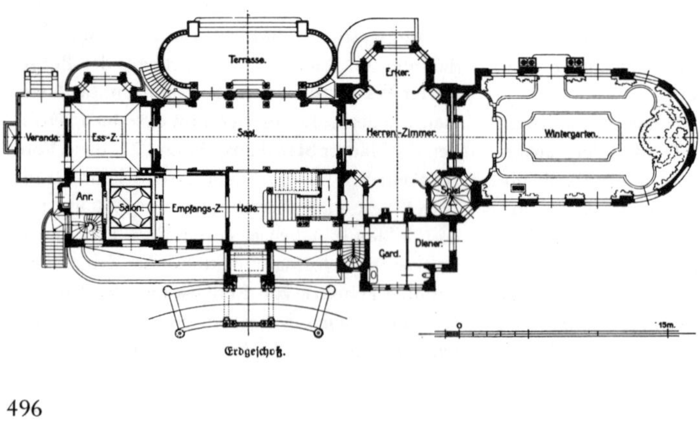

Grundriß der Villa, die bis heute den Kern des Bergedorfer Rathauses bildet

saal der Bezirksversammlung) bewahrt auch die wichtigsten Innenräume der Villa: Sie bilden das besterhaltene historistische Innenraumensemble neben dem Hamburger Rathaus mit dem alten *Treppenhaus*, dem *Blauen Zimmer*, dem *Saal* und dem *Herrenzimmer* – jedes in einem anderen Stil mit hohem kunstgewerblichem Aufwand ausgestattet.

Der **Alte Friedhof** am Gojenbergsweg ist 1831 eröffnet worden, inzwischen längst aufgelassen und zur öffentlichen Grünanlage hergerichtet. Vereinzelte Grabdenkmäler sind erhalten geblieben.

1906/07 wurde ein neuer **Waldfriedhof** am Ende der August-Bebel-Straße angelegt. Mit seinen Erweiterungsflächen bildet er mittlerweile einen ausgedehnten parkartigen Bereich; die Mitte markiert die alte *Aussegnungshalle* in barockisierender Backsteinarchitektur. – Von den Grabdenkmälern sind zu erwähnen die Familiengräber von Hans Martin Dorotheus *Lange* (1863–1913), in dessen Amtszeit als Bergedorfer Bürgermeister (1898–1913) die Anlage des neuen Friedhofes fiel (Muschelkalk-Exedra mit dorischen Säulen, Bronzeporträtmedaillon) und von Hermann Friedrich *Meßtorff* (1854–1915), dem Bauherrn jener Villa, die dann zum Rathaus wurde (kniender Jüngling mit gesenkter Fackel – Ludwig Dasio, 1919). Sie liegen in den Bereichen 18 und 17 des Friedhofs. – Im Westteil des Friedhofs, im Blickpunkt einer frei gehaltenen Rasenfläche, wurde 1922 das *Kriegerdenkmal* für die Gefallenen des Ersten Weltkriegs aufgestellt (Muschelkalkblock, in den Sockel eingelassen das Relief einer trauernden Frau von Friedrich Wield).

Die **Sternwarte** auf dem Gojenberg (Gojenbergsweg 112) hat die Freie und Hansestadt Hamburg durch Albert Erbe 1907–12 erbaut – sie ist der Ersatz für jene ältere, die dem Museum für Hamburgische Geschichte weichen mußte. Aber sie ist sowohl das Dokument des Fortschritts der Astronomie als auch der Umweltverschmutzung in Hamburg selbst: Moderne Geräte konnten ihre Leistung im Dunst der Großstadt nicht mehr entfalten. – Die Bauten sind verputzt und haben barocke Formen; sie erinnern eher an ländliche Gutsbauten als an die gleichzeitigen öffentlichen Gebäude Albert Erbes in Hamburg, wo der Architekt entschieden an das barocke Bürgerhaus und dessen Backsteinbauweise anknüpfte.

Die Bergedorfer Stadtverwaltung betrieb in den zwanziger Jahren eine selbständige kommunale Wohnungsbaupolitik. Im Anschluß an das Villengebiet sind es eher landhausartige Mietshäuser, die entstanden – etwa die Häuser der ›Freien Stadt‹, die das Stadtbauamt zusammen mit dem Architekten Ostermeyer entworfen hat, zwischen **Justus-Brinckmann-Straße, Gojenbergsweg, August-Bebel-Straße** und **Heysestraße.**

Das Stadtbauamt selbst errichtete am Fuß des Geesthanges die Klinkerbauten entlang der **Holtenklinkerstraße** (Nr. 115–129 1924, 137a–d 1931, 139–145 1926/27, 162–172 1929). Die Häuser folgen dem raschen Stilwandel der zwanziger Jahre von traditionalistischen und expressionistischen Formen zum Neuen Bauen.

In der südwestlich vor Bergedorf und jenseits des Industriegebietes gelegenen Marsch entstand seit 1922 die Siedlung **Nettelnburg**. Ihre eingeschossigen Doppelhäuser sind von einer aus Kriegsteilnehmern und Kriegshinterbliebenen gebildeten Genossenschaft errichtet worden (Architekt Friedrich Winterfeldt). Ein Schulhaus ist 1927/28 hinzugekommen.

Das **Berufsschulzentrum** am Billwerder Billdeich bildet im neuen Aufsiedlungsgebiet Bergedorf-West, Richtung Allermöhe, ein lokales Zentrum. Der vordere Teil (Gewerbeschule) wurde 1976–78 nach Entwürfen der Architekten von Gerkan, Marg und Partner errichtet. Unmittelbar daneben ist mit **Billwerder Billdeich 616** ein besonders schönes Billwerder Bauernhaus erhalten (errichtet 1719, Backsteinschmuckverbände, Kratzputzfelder).

Seit 1982 entsteht südlich der S-Bahn-Haltestelle Nettelnburg die Großwohnsiedlung **Allermöhe** mit außerordentlich ambitionierter Planung – holländisch inspirierten Kanälen und gestalterisch ungewöhnlich anspruchsvollen Einzelbauten.

Eine Besonderheit hat Bergedorf aufzuweisen mit dem wohl ältesten in Deutschland erhaltenen Bahnhofsgebäude: Am **Neuen Weg 54** steht noch das Verwaltungsgebäude der Bergedorfer Station der ersten Hamburger Eisenbahn, der Linie Hamburg-Bergedorf, die 1841/42 von dem englischen Ingenieur William Lindley angelegt worden war. Der einfach-sachliche Holzbau wurde (wie alle Hochbauten der Bahnlinie) von Alexis de Chateauneuf entworfen (Abb. 77).

Der von Hermann Schomburgk 1905/06 erbaute (1911 nach Westen erweiterte) **Bahnhof Bergedorf-Süd** (ebenfalls am Neuen Weg) gehörte zur 1905–07 eingerichteten Bahnverbindung mit dem bis 1937 hamburgischen Geesthacht und zur 1911 angelegten ›Vierländer Bahn‹ (die in den fünfziger Jahren eingestellt wurde). – Mit dem Heimatstil des Bahnhofs wird anschaulich, wie die Entdekkung bäuerlicher Architekturmotive durch städtische Architekten Hand in Hand ging mit der Erschließung des Landes durch die Stadt und ihre modernen Verkehrssysteme.

Die Vier- und Marschlande

Die Vier- und Marschlande nehmen mit 130 km² mehr als ein Sechstel der gesamten Staatsfläche der Freien und Hansestadt Hamburg ein.

Die Elbinseln zwischen der Geest und der Elbe, durch deren Arme Gose-Elbe und Dove-Elbe voneinander getrennt, waren schon im 12. Jh. in mehreren Ortschaften – wohl auf Wurten – besiedelt. Voll nutzbar wurden sie aber erst durch die Landgewinnungsmaßnahmen der Zeit um 1200: In großen Flächen von Ringdeichen umzogen, durch Entwässerungsgräben trockengelegt und in Hufen – bäuerliche Siedlungsstellen von etwa 40 Morgen – eingeteilt, entstand damals eine bis heute erhaltene, höchst eindrucksvolle Kulturlandschaft. Nicht nur die Bauernhäuser und Kirchen entlang den Deichen, sondern gerade auch die regelmäßige Streifenflur, die durch die Entwässerungsgräben entstand, ist bis heute kennzeichnend für das Gebiet: Zwischen Entwässerungsgräben erstreckten sich 15 – 20 m breite Streifen vom Vorder- bis zum Hinterdeich bzw. zur Landscheide zwischen vorderer und rückwärtiger Deichbebauung. Auf den Deichen verlaufen die Fahrwege, denen die Bauernhäuser den Wohnteil zuwenden. Wie der Lübecker oder der Braunschweiger Dom als Kirchen Heinrichs des Löwen, so ist diese Landschaft eine der großen Kulturleistungen Norddeutschlands im Mittelalter. – Schwer zu übersehen sind zahllose neuzeitliche Eingriffe in dieses Gebiet; so stört die Autobahn mit ihren Dämmen und Brückenbauwerken nachhaltig das Gesamtbild.

Ob die Bedeichung wirklich schon um 1180 einsetzte, zur Zeit Heinrichs des Löwen also (wie für Altengamme und Curslack sowie Billwerder angenommen), mag umstritten bleiben. Sicher ist, daß die zweite Phase der Landgewinnung in die Zeit fiel, als dieses Gebiet zum dänischen Reich gehörte (1201–27) und Graf Albrecht von Orlamünde für einen systematischen Landesausbau sorgte (s. Bergedorf).

Bei der Wiederherstellung der alten Verhältnisse nach der Schlacht von Bornhöved 1227 gelangten die Kirchspiele Billwerder (mit Moorfleet und Allermöhe, Reitbrook, Ochsenwerder) an Holstein – aus ihnen bildeten sich später die ›Marschlande‹. Die Kirchspiele Altengamme, Neuengamme, Curslack und Kirchwerder – die späteren ›Vierlande‹ – kamen zum Herzogtum Sachsen (dann Sachsen-Lauenburg). Die Territorialpolitik Hamburgs erfaßte beide Bereiche: 1395 konnte es die Marschlande außer Reitbrook erwerben. Durch den Ausgang der Bergedorfer Fehde von 1420 gewann es gemeinsam mit Lübeck die Vierlande und Bergedorf, die dann bis 1867 durch ›beiderstädtische‹ Amtleute verwaltet wurden (seit 1512 gemeinsam durch den Amtsverwalter in Bergedorf) und dann ganz zu Hamburg kamen.

Die Gose- und die Dove-Elbe wurden zwischen 1314 und 1344 bzw. 1471 gegen den Elbe-Hauptstrom nach Osten abgedämmt, dann in der Neuzeit auch nach Westen (Tatenberger Schleuse 1951). Die ihnen folgenden Deiche sind also nur noch Schlafdeiche, die Landschaft ist insgesamt

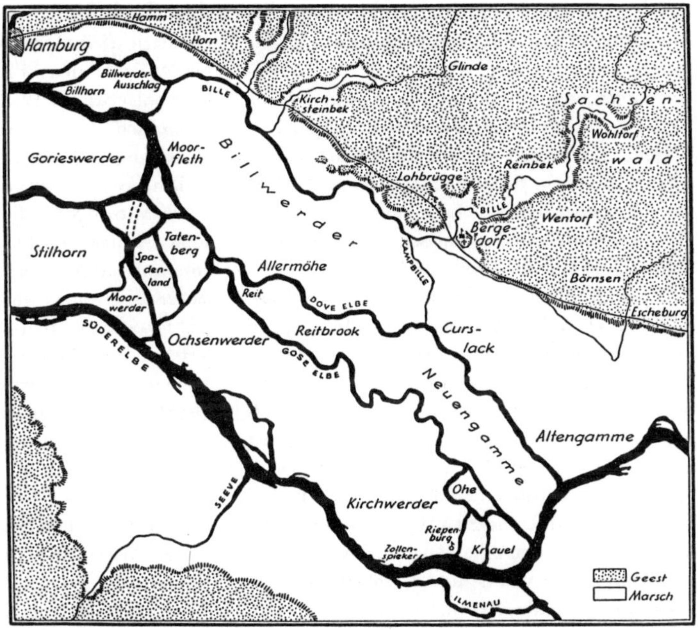

Der Ostteil des Stromspaltungsgebietes der Elbe um 1200, das Gebiet der Vier- und Marschlande

zu einem einheitlichen Deichverband geworden – zumal hinter der nach der Sturmflut von 1962 neu geschaffenen Hauptdeichlinie. – Das Gebiet hat im Laufe der Jahrhunderte zahlreiche Deichbrüche und Sturmfluten erlebt. Daran erinnern viele Bracks (etwa an der südlichen Deichlinie von Kirchwerder): Teiche, die vom einströmenden Wasser ausgespült wurden und anschließend von einem neuen Deich umzogen wurden (auch aufgefüllte Bracks sind so an den Kurven im Deich noch erkennbar). Die schlimmste der Sturmfluten in historischer Zeit war die von 1771 (Denkmal in Neuengamme).

Die Vier- und Marschlande waren jahrhundertelang Getreideanbaugebiete. Der Ertrag wurde durch den Landesausbau ständig gesteigert, insbesondere nach Einführung von Feldentwässerungsmühlen nach holländischem Vorbild im 16. Jh. – Der dadurch erreichte Wohlstand spiegelt sich an den Häusern wider: Um 1600 entstanden die reichsten Ausschmückungen und die aufwendigsten Konstruktionen der traditionellen Fachhallenhäuser.

Im 18. Jh. vollzog sich der Wandel zum Gemüseanbau zur Versorgung Hamburgs mit frischen Lebensmitteln – seitdem ist ›Vierländer Gemüse‹ zum Begriff geworden. – Dies ging einher mit einer zunehmenden Aufteilung des Grundbesitzes; so entstanden in großer Zahl Katenstellen. Dazu traten die kleinen Wohnhäuser grundbesitzloser Handwerker und Landarbeiter neben Hufnerhäuser und Katen.

Auch die Vier- und Marschlande wurden von den Auswirkungen der Industrialisierung erfaßt. Das zeigt sich seit der Mitte des 19. Jh. im Baubestand, der bei den Bauernhäusern zwar am traditionellen Großhaus festhielt, aber zum Backsteinrohbau überging und bald die gründerzeitlichen Neorenaissanceschmuckformen übernahm, die die vorstädtischen Häuser in den zu Versorgungszentren aufsteigenden Dorfkernen bei den Kirchen ohnehin mitbrachten.

1911/12 entstand mit der Vierländer Bahn und dann 1918–27 mit der Marschenbahn ein Eisenbahnnetz. Es wurde in den fünfziger Jahren wieder aufgegeben. Die Bahndämme wurden Wanderwege, da und dort stehen noch die Bahnhöfe.

Heute bestimmen vielfach die Glashäuser intensiv betriebener Gärtnereibetriebe das Ortsbild entlang den Deichen. – Insgesamt hat aber das Gebiet – von Allermöhe abgesehen – seinen ländlichen Charakter bewahrt.

Die Entdeckung der Bauernkultur der Vier- und Marschlande am Ende des 19. Jh. ging in Hamburg von Justus Brinckmanns Kunstgewerbemuseum aus. Er begann, die bäuerliche Bauweise zu erforschen und gab damit den Anstoß zur Gründung des ›Vereins für Vierländer Kunst und Heimatkunde‹ 1901, dessen Spuren zumal in Altengamme zu finden sind. Neubauten bemühen sich um Anpassung an die Formenwelt der Vierlande, ohne doch die neuen zivilisatorischen Bedürfnisse von Wohn- und Schulhaus zu vernachlässigen. Seitdem ist auch der alte Bestand an Bauernhäusern ein Augapfel der Denkmalpflege in Hamburg. Die Kirchen wurden alle um 1900–10 grundlegend instandgesetzt und führen ihr Bild auf diese Maßnahme zurück (die Zutaten und Veränderungen des 19. Jh. eliminierten und damit eine ländliche Kultur konservierten, die damals wohl schon vergangen war).

Die Beschreibungen der einzelnen Stadtteile – es sind überwiegend die alten Kirchspiele – gehen jeweils von der Kirche und ihrer Umgebung aus. Diese Kirchen sind in jedem Fall sehenswert. – In die Listen der älteren Bebauung sind nur wenige Beispiele für die im 19. und 20. Jh. veränderte Bauweise einbezogen. Das ist kein Werturteil: Auch diese Häuser tragen entschieden zum Gesamtcharakter der Landschaft bei. Die mit ›*‹ gekennzeichneten Häuser sind besonders sehenswert. Auf keinen Fall sollte das Freilichtmuseum Rieck-Haus in Curslack bei einem Besuch in den Vier- und Marschlanden ausgespart werden, das eine vollständige Hofanlage zeigt und auch das Innere eines Vierländer Hauses zugänglich macht.

Curslack

Curslack wird 1217 erstmals erwähnt. Die einreihige Marschhufensiedlung entlang der Dove-Elbe ist wohl noch im 12. Jh. durch Eindeichung der Elbmarsch östlich von Bergedorf zwischen Geesthang und Dove-Elbe (gemeinsam mit dem östlich anschließenden Altengamme) entstanden.

Die Mitte des Dorfes und Kirchspiels bildet die 1306 erstmals erwähnte ev.-luth. Pfarrkirche **St. Johannis** am Abzweig des Tönerwegs vom Curslacker Deich. 1599–1603 wurde sie als Fachwerksaal neu gebaut, 1801/02 durch Querarme erweitert und am Chor erneuert (auch das hölzerne Tonnengewölbe stammt aus diesem Umbau). – Der Backsteinfachwerkbau zeigt geringe mittelalterliche Spuren (Feldsteine und Spitzbogenportal an der Westwand). – Westlich der Kirche steht frei der hölzerne *Glockenturm* mit geschweiftem, schindelgedecktem Helm von 1761 (Farbabb. 23).

Der Altaraufsatz ist bei der Erneuerung der Kirche 1952/53 aus Fragmenten des Altars der Dreieinigkeitskirche Harburg (von 1689) zusammengesetzt worden; der segnende Christus, das Altarbild von 1851, hängt jetzt im nördlichen Querarm. – Die sechsseitige, reich geschnitzte Holzkanzel von 1599 ist mit Rollwerkornament, Hermenpilastern an den Ecken und Relieffiguren in schmalen Rundbogenfeldern (Christus, Paulus, die vier Evangelisten) geschmückt. Den im 18. Jh. erneuerten Kanzelfuß trägt die ursprüngliche kleine Atlasfigur. Am Schalldeckel sind in Giebelchen fünf kleine Porträtbüsten eingesetzt. – An der Südseite des Chores steht die Beichtkammer von 1775. Darüber ist die ehemalige Orgelempore von 1621 aufgestellt mit alttestamentarischen Szenen an der Brüstung. – Die Orgel enthält Reste der Werke von 1622 und 1739. – Das graugrün gestrichene Gemeindegestühl von 1803 (es verwendet einige ältere Reste) hat zahlreiche Namensschilder und einige alte Gesangbuchkästen (z. T. noch aus dem 18. Jh.). Schmiedeeiserne Hutständer markieren jeweils eine Hälfte des Langhauses und der Kreuzarme als Männersitze. – Pastorenporträts und zwei Messingkronleuchter (von 1903 in traditioneller Form) vervollständigen die Ausstattung. – Eine Inschrifttafel für den Neubau von 1603 an der Südwand nennt die damalige Orts-Obrigkeit, den Bergedorfer Amtmann, den Pastor und die Kirchengeschworenen. – Eine einzelne Grabdeckplatte von 1645 steht am südlichen Querarm, eine Gruppe von Grabdenkmälern des 16. bis 18. Jh. nördlich im Winkel zwischen Querarm und Langhaus. – Aus einer Grabplatte ist auch das Denkmal für die Gefallenen des Ersten Weltkriegs an der Südwand gefertigt worden.

Die Kirche ist vom **Friedhof** des Dorfes umgeben. An dessen Eingang steht die 1802 erbaute Kate **Tönerweg 2.** – Das **Pastorat,** Rieckweg 3, ist 1663 in der Art einer Kate erbaut und 1962 bis auf den Wirtschaftsgiebel erneuert worden. Letzterer zeigt geschnitztes Holzwerk und Zierverband, Bauinschrift an der Seitentür.

Der **Ortskern** im Verlauf des Curslacker Deichs mischt ältere Fachwerk- und Reetdachbauten mit gründerzeitlichen Häusern (meist Backstein mit städtischem Zementstuckdekor in Neorenaissanceformen); er zieht sich zwischen Curslacker Deich 100 und Nr. 161 hin, besonders die Umgebung von Nr. 112 ist durch ihre baugeschichtliche Vielfalt bemerkenswert. – An **Odemanns Heck 5** liegt der ehemalige Bahnhof der Vierländer Bahn mit schönen Heimatstilformen (Karl Pewe, 1911/12), von dort aus folgt die Straße über die Dove-Elbe dem Bahndamm und nutzt deren Eisenviadukt.

Die Häuser

Achterschlag 62 Scheune (um 1650); **Nr. 160** Hufnerhaus (1772).

Auf der Böge 34 Großkate mit Teilen des 16. Jh. am Wirtschaftsgiebel (Taustäbe).

Curslacker Deich 2 Hufnerhaus (um 1780) mit zwei Scheunen und Nebengebäuden; **Nr. 29** Kleinkate um 1830; **Nr. 47** Hufnerhaus (1748), Hofanlage (Scheune 1822); **Nr. 79** einfaches Wohnhaus (um 1750); **Nr. 99** Wohnhaus aus der Vierländer Heimatschutzbewegung (1904 – damals gefördert vom ›Verein für Vierländer Kunst und Heimatkunde‹), eines der charakteristischen Wohnhäuser, die als Typus städtische Wohnformen übernehmen, jedoch wieder die alten Bauernhausformen zitieren (Inschrift!); **Nr. 104** (1853), **106** (1845) und **108** (1804) Landarbeiterhäuser; **Nr. 112** Bauernhaus (1796), auskragender Wohngiebel, Kratzputzfelder, eines der größten Hufnerhäuser der Vierlande; **Nr. 119** (1831), **123** (Anf. 19. Jh.) und **126** (1867) Landarbeiterhäuser; **Nr. 121** Kate (um 1660, **1792** erneuert); **Nr. 122*** Kate (1575) mit geschnitztem Fachwerk; **Nr. 123** Wohnhaus (1838); **Nr. 136** Hufnerhaus **Grashof** (1845); **Nr. 137** Kate (1855 – Inschrift über der Nordtür), Beispiel für die letzte Bauernhaustradition in den Vier- und Marschlanden, versetzt mit Elementen des romantischen Historismus (Maßwerksprossen im Türoberlicht, Laubsägewerk am Giebel); **Nr. 140** ehemaliges Schulhaus (um 1880); **Nr. 144** Wohnhaus (Anf. 19. Jh.); **Nr. 149** ehemaliges Gasthaus mit spätgründerzeitlicher Zementstuckdekoration (1900/01); **Nr. 157** Kleinkate (1747); **Nr. 161** Bäckerei, Backsteinrohbau (1865); **Nr. 217** Kate (1731).

Curslacker Deich 284, Rieck-Haus* (Abb. 81). Als Außenstelle des Altonar Museums Freilichtmuseum. Bei der Einrichtung 1949–51 wiederhergestellt. – Öffnungszeiten: April – September di–so 10–17 Uhr, Oktober – März di–so 10–16 (✆ 723 12 23). – Das Hauptgefüge des Hauses wurde um 1530 errichtet, der Wohnteil 1663 aufwendig neu gebaut mit mehrfach auskragendem Giebel und Schmuckverband; zugemauert ist die frühere Deichtür (der ursprüngliche Haupteingang). – Das Innere des Hauses zeigt die traditionelle Einteilung des Vierländer Bauernhauses mit Diele, Flett und Kammerfach. Im Flett offener Bodenherd und Wandherd des Altenteilers. – Im Kammerfach Grootdöns mit Wand – und Deckenmalereien des 18. Jh., Wandbetten und -schrank. – Die Altenteiler-Lüttdöns gekachelt, mit Ofen (Bilegger, vom Flett her beheizt). – Vierländer Möbelstücke und landwirtschaftliches Gerät aus dem 18. und 19. Jh.

Zur Museumshofanlage gehören die *Scheune* von 1663 und ein aus Allermöhe stammender runder *Heuberg:* eine offene Scheune, deren Dach in

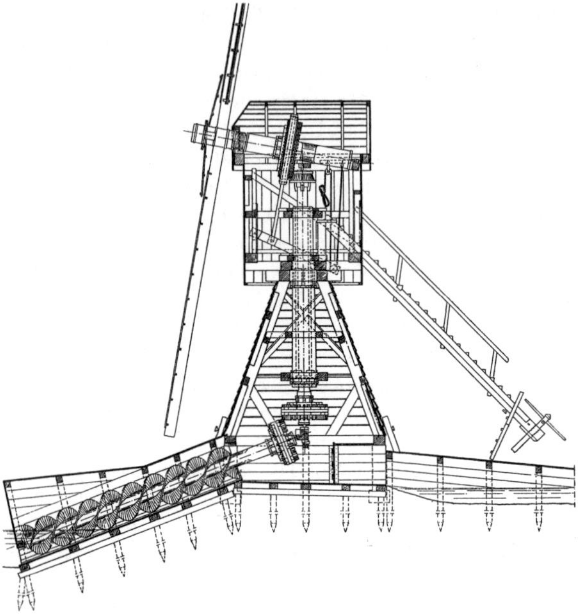

Feldentwässerungsmühle aus Ochsenwerder im Freilichtmuseum Rieck-Haus

der Höhe verstellbar ist. – Aus Ochsenwerder stammt die *Windmühle* am Entwässerungsgraben (um 1800). Solche Windmühlen verbesserten seit dem 16. Jh. nach holländischem Vorbild die Feldentwässerung. Sie betrieben Schöpfräder. Die hier statt dessen eingebaute archimedische Schraube wurde um 1780 auf Vorschlag der Hamburger Patriotischen Gesellschaft eingeführt.

Curslacker Deich 288 Kate (Anf. 19. Jh.); **Nr. 290** späteste Form des traditionellen Fachwerkbaus (1865); **Nr. 306** Landarbeiterwohnhaus (um 1800).

Das runde Fachwerkgebäude **Curslacker Deich 308** mit Kegeldach ist das übriggebliebene Gehäuse einer ›Roßmühle‹, eines Göpels, der um 1780 hier eingerichtet worden ist (umgebaut zum Wohnhaus).

Curslacker Deich 338 Hufnerhaus (um 1850) mit Scheune (um 1800); **Nr. 339** Großkate (1865).

Curslacker Heerweg 7 Hufnerhaus (um 1750).

Seitab vom **Curslacker Heerweg (Nr. 137)** liegt das **Grundwasserwerk Curslack** der Hamburger Wasserwerke, ein mitten in der Marschflur verblüffender Großbau mit eindrucksvoller Klinkerarchitektur (Hans Loop, 1928).

Altengamme

›Gamma‹ wird 1188 urkundlich erwähnt und gehört zu den ältesten Marschhufensiedlungen, gleichzeitig mit Curslack, mit dem es im Deichverband steht. – Seit 1962 schützen moderne Deiche die Vierlande. Dahinter verlaufen jedoch nach wie vor die alten Deiche an der Dove-Elbe, wo Altengamme in Curslack übergeht (Altengammer Hausdeich/Curslacker Deich). Die Dove-Elbe wurde 1471 gegen den Elbehauptstrom abgedeicht. – Ungefähr dort, am Gammer Ort, hatte im 14. Jh. vorübergehend eine braunschweig-lüneburgische Burg bestanden.

Die 1247 erstmals erwähnte Pfarrkirche **St. Nikolai** zeigt noch Partien eines Feldsteinbaus der Zeit um 1200. Der Chor des einfachen Saales war eingezogen. – Vor dem Westgiebel steht frei der hölzerne Glockenturm, im Kern von 1605, ein verbohltes hölzernes Gerüst mit hoher Pyramide über geschweiftem Helm. – Die Kirche erhielt ihr heutiges Erscheinungsbild durch einen Umbau 1748–52. Damals entstanden der Chorabschluß und die großen Fenster neu. Das westliche Portalvorhaus wurde 1837 erneuert. Das östliche ›Brautportal‹ entstand in alten Vierländer Formen 1907/08 im Rahmen einer umfassenden Instandsetzung der Kirche durch Julius Faulwasser.

St. Nikolai birgt das schönste *Innenraumensemble* der Vierlande (Abb. 80). Das hölzerne Tonnengewölbe ist mit einem blauen Sternenhimmel ausgemalt. Die blumengeschmückten *Emporen* vergegenwärtigen ein Diagramm der Dorfgesellschaft (die Orgel trägt die Inschriften der Obrigkeit, die Ostempore die der Hufner, die Westempore unter der Orgel die der Bäuerinnen). – Der *Altaraufsatz* von 1752 (Harm Oelrich aus Neuengamme) hat zwischen Doppelsäulenrahmen ein Kreuzigungsgemälde, um ihn angeordnet ist eine zweigeschossige Chorempore, darunter eine *Beichtkammer* von 1784. In die Westempore einbezogen ist der *Orgelprospekt* (Orgel 1751 von Johann Diederich Busch aus Itzehoe). – Drei Mönche tragen das *Bronzetaufbecken* aus dem späteren 14. Jh. (auf dem Kessel ein Maßwerkfries und Medaillons). Darüber ein hölzerner *Taufdeckel* mit zweigeschossig turmartigem Aufsatz aus dem 17. Jh. – Die *Kanzel* von 1752 hat einen marmorierten Korb und vergoldet aufgelegtes Ornament sowie Blumenmotive am Aufgang. – Der Gesamteindruck der Kirche ist bestimmt durch das reiche *Gestühl* (teilweise noch aus dem 17. Jh.) mit ornamentalen Intarsien vor allem des 18. und 19. Jh. – Eine Vierländer Spezialität mit fast exotischer Wirkung sind die schmiedeeisernen *Hutständer* an den Männerstühlen im vorderen Teil des Langhauses. Die Blumengebinde der Emporenbrüstungen und der Intarsienfüllungen sind mit ihnen in Eisen übersetzt. – Zwei Messingkronleuchter von 1640 und 1719 vervollständigen die Ausstattung. – Im *Glockenturm* hängt die ›Celsa‹-Glocke von 1487, die aus dem 1805 abgebrochenen Hamburger Dom übernommen wurde. – An der Südwand außen zwei große *Grabplatten* des 17. Jh., zwischen den Südvorhallen ein *Kriegerdenkmal* für die Gefallenen des Ersten Weltkrieges, in der Gestaltung angelehnt an alte Grabplatten.

Der *Kirchhof* zeigt nur wenig Hinweise auf seine jahrhundertealte Geschichte, wenngleich die neueren Grabsteine die alten Familiennamen des Dorfes tradieren und mit der Kirche ein stimmungsvolles Gesamtbild bieten. Von ihm aus öffnet sich der Blick über die Marschhufenlandschaft mit ihren Entwässerungsgräben bis zum Geestrand. – Am Eingang das *Kriegerdenkmal* von 1870/71 (Obelisk aus poliertem rotem Granit in eiserner Umhegung).

In der Umgebung der Kirche manifestieren sich am besten die Bemühungen des 1901 in Altengamme gegründeten ›Vereins für Vierländer Kunst und Heimatkunde‹ zur Wiederbelebung der Vierländer Baukultur nach der Jahrhundertwende: Das **Pastorat** wurde 1902 nach Entwürfen von Hugo Groothoff zum Musterbau dieser Bewegung mit seiner Verwendung von Schmuckfachwerk, Backsteinzierverbänden und Kratzputzfeldern. Das 1880 erbaute **Schulhaus** wurde 1913 in ähnlichen Formen erweitert durch den Zimmermeister Ernst Carsten Hamester, der schon das Wohnhaus **Kirchenstegel 9** erbaut hatte (1908). – Rückwärts am Kirchenstegel 20 liegt die ehemalige **Kirchenschulkate** von 1830, die 1889 umgebaut worden war.

Die Häuser

Von Bergedorf aus führt der Horster Damm nach Altengamme durch die alte Flur zum Deich, der sie vor der Elbe schützt.

Horster Damm 45 Landarbeiterhaus (1869); **Nr. 293** Kate (um 1700); **Nr. 319** Hufnerhaus (um 1650, 1688 umgebaut) und Scheune (1765); **Nr. 329*** Hufnerhaus (um 1650); **Nr. 345** Hufnerhaus (um 1800), daneben die Altenteilerkate **Nr. 349**; **Nr. 351** Heimatstilhaus um 1910; besonders bemerkenswert der turmartige **Kornspeicher*** (1562), Eichenholz-Bohlenfachwerkbau mit abgewalmtem Dach; **Nr. 355** Hufnerhaus mit zweigeschossigem, reich dekoriertem Wohnteil (1907).

Altengammer Hauptdeich 82* (18. Jh.); **Nr. 86** Kate (1861); **Nr. 120** Kate (1790); **Nr. 126** Kate (1865); **Nr. 130 Altengammer Mühle** (1876 erstmals errichtet – vorher galt Mühlenbann für die Riepenburger und die Bergedorfer Mühlen), gründerzeitliche Backsteinbauten, der Aufbau der Windmühle selbst reetverkleidet, ohne Flügel; zugehörig Hufnerhaus (18. Jh.).

Altengammer Elbdeich 14 Kate (1867); **Nr. 36** Kate (um 1700); **Nr. 70** Landarbeiterhaus zu Nr. 76 (um 1850); **Nr. 76** Hufnerhaus (um 1650); **Nr. 138** Kate (1691); **Nr. 166** Hufnerhaus (um 1650, Wirtschaftsgiebel erhalten); **Nr. 224** Scheune (um 1650); **Nr. 254** Kate (1691).

Altengammer Hausdeich 6 Kate (1629); **Nr. 82** (um 1715); **Nr. 98** Kate (um 1800); **Nr. 120** Kate (um 1800); **Nr. 130** Hufnerhaus (1740).

Neuengamme

Das einreihige Marschhufendorf Neuengamme folgt der Dove-Elbe, parallel zum jenseitigen Altengamme und Curslack. Es ist wohl mit einer im 12. Jh. erwähnten ›noch unbebauten Insel‹ gemeint, erscheint dann 1212 als ›nova insula‹ und 1228 als ›nova gamma‹ in Urkunden. Damit fiele seine Eindeichung in die Zeit des Albrecht von Orlamünde. Neuengamme umfaßt (zusammen mit dem nach Westen folgenden Reitbrook) den Polder zwischen Dove- und Gose-Elbe.

Die Pfarrkirche **St. Johannis** wird erstmals 1261 erwähnt, aber sie gehört zu den vier alten Kirchspielen der Vierlande. Reste der Feldsteinmauern aus dem 13. Jh., ein fünfseitiger Backsteinchor wohl aus dem 14. Jh. und ein vereinheitlichender Erweiterungsbau von 1802/03 (davon der dreiseitige Westabschluß und das hölzerne Tonnengewölbe) bestimmen das Erscheinungsbild der Kirche. Das *Brauthaus* stammt von 1619. – Der freistehende *Glockenturm* mit seinem geschweiften Helm wurde 1749/50 errichtet.

Der *Altar* ist modern. *Kanzel* und *Orgelprospekt* gehören zur klassizistischen Ausstattung von 1803. – Das *Gestühl* hat zum Teil Wangen und Türen aus der Zeit seit dem 16. Jh., Reihe 15 auf der Südseite ist 1666 datiert, mit rundbogigen Felderfüllungen und feinen Rankenintarsien weicht es stark ab vom sehr einheitlichen Vierländer Intarsienstil, der zwischen 1750 und 1850 blühte. – *Hutständer* des 18. und 19. Jh. und Messingkronleuchter von 1596 und 1644 bereichern die Ausstattung. – Im Brauthaus steht eine gotische *Grabplatte* von 1470, *Grabplatten* des 16./17. Jh. an der West- und Nordwand der Kirche. – Das **Pastorat** Feldstegel 18 wurde 1906 unter dem Einfluß des ›Vereins für Vierländer Kunst und Heimatkunde‹ erbaut (s. Altengamme).

Die Häuser

Der **Ortskern** in der Umgebung der Kirche – etwa zwischen Odemann-Brücke und Heinrich-Stubbe-Weg – mischt die alte bäuerliche Tradition von reetgedeckten Fachwerkhäusern und gründerzeitliche Vorstadthäuser, die städtischen Standard in bunter Weise auf das Land übertragen haben. Ein kleines Straßennetz liegt im Curslack zugewandten Vorland an der Dove-Elbe; nach deren Abdämmung 1471 war die Fläche vor dem alten Deich besiedelbar geworden. Alte Katen und Wohnhäuser, dazu Bauten aus dem Umkreis der Heimatschutzbewegung bestimmen das für die Vierlande einzigartige Ortsbild: **Achter de Wisch 23** Wohnhaus (noch 16. Jh. – das älteste nur als Wohnhaus genutzte Gebäude in den Vierlanden); **Nr. 27** und **35** Katen (um 1820); **Nr. 41** und **48** Heimatstilhäuser (um 1910); **Nr. 30** Kate (1761). – **Grote Stegel 4** Wohnhaus (1753). – **Heinrich-Stubbe-Weg 3** Kate (um 1750).

Nach Curslack führt der **Viadukt** der ehemaligen Vierländer Bahn von 1911.

Neuengammer Hausdeich 19 Kate (1854); **Nr. 23** (ehem. Bahnhof von 1911); **Nr. 49** Großkate (1636) mit Schmuckverband (›Donnerbesen‹), geschnitztem Fachwerk, vermauerter Deichtür; **Nr. 57** Hufnerhaus (1854), eine der ältesten Scheunen (1586); **Nr. 77** Großkate (um 1660) mit vermauerter Deichtür, Backstein-

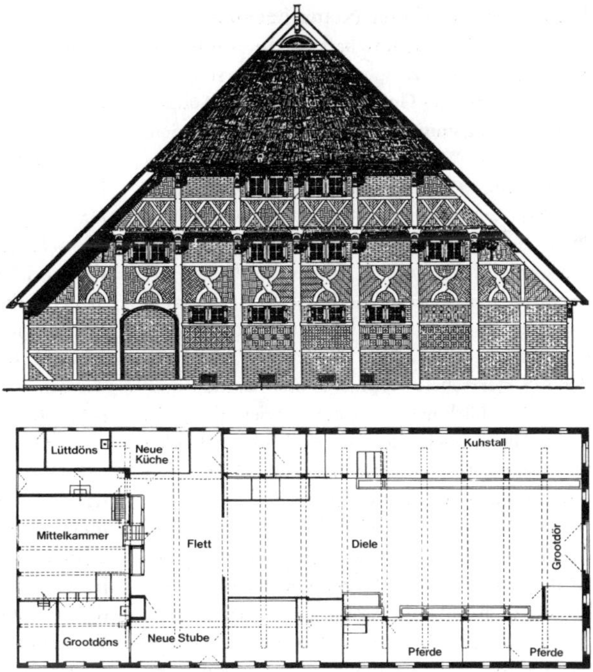

Neuengammer Hausdeich 343, Grundriß und Giebel des Wohnteils

schmuckverband; **Nr. 81*** Hufnerhaus (18. Jh./1828); bohlenverkleideter, turmartiger Kornspeicher (um 1550); **Nr. 157** Hufnerhaus (im Kern 1635), Scheune (1728); **Nr. 166** Landarbeiterwohnhaus (1778); **Nr. 185** Kate (1706); **Nr. 201** als Scheune genutztes ehem. Hufnerhaus mit Bohlenverkleidung (1567!); **Nr. 227** Hufnerhaus (im Wirtschaftsteil das älteste erhaltene Fachhallengerüst von 1483!), Scheune (1575/19. Jh.); **Nr. 237** Kate (1880); **Nr. 238** Kate (um 1660); **Nr. 239** ehem. Bäckerei (um 1820, verändert); **Nr. 245*** Hufnerhaus (1828, Innengerüst von 1585) mit Hofanlage (zwei Scheunen, eine von 1598); **Nr. 249** Schulhaus, dekorierter Backsteinrohbau (1889); **Nr. 251** (um 1800); **Nr. 254*** Kate – besonders schönes Fachwerk mit Backsteinzierverband (1653, im Kern noch 16. Jh.); **Nr. 343*** Hufnerhaus (1626) mit einem der schönsten Vierländer Giebel am Wohnteil mit vorkragenden Obergeschossen, dekorativen Kreuzstreben, Schmuckverband und ›Donnerbesen‹, vermauerter Deichtür; **Nr. 413*** Hufnerhaus (1559, Giebel am Wohnteil Anf. 17. Jh.) mit ganz ähnlicher, aufwendiger Gestaltung wie Nr. 343; **Nr. 603** Kate (1588); **Nr. 495** Wohnhaus (um 1750); **Nr. 603** Hufnerhaus, ursprünglich ganz bohlenverkleidet (1588); **Nr. 649** Kleinwohnhaus (1769).

Wie der Ortskern liegt **Zwischen den Zäunen 17*** im Vorland der Dove-Elbe eine Kate (1660) mit aufwendigem Wohngiebel; **Nr. 16** Schmiedehaus (Anf. 19. Jh.).

Der Einzelhof **In der Ohe-Nord 22** bewahrt die frühere Insellage der Ohe (bis zur Abdeichung der Gose-Elbe): Hufnerhaus mit Backsteinzierverband (1752), Scheune (um 1750).

An die Katastrophe des Deichbruchs von 1771 erinnert das **Deichbruchdenkmal** von 1871 am Neuengammer Hauptdeich (Lange Grove).

Konzentrationslager Neuengamme

In der alten Kulturlandschaft der Vierlande sind auch die baulichen Zeugen für das finsterste Kapitel der Hamburger Geschichte zu finden: Südlich vom Neuengammer Hausdeich, entlang dem Jean-Dolidier-Weg (ehem. Neuengammer Heerweg) wurde 1938 in einer Ziegelei ein Außenlager des Konzentrationslagers Sachsenhausen eingerichtet und 1940 zum selbständigen Konzentrationslager Neuengamme ausgebaut, das seinerseits durch zahlreiche Außenlager zum Zentrum eines ganz Norddeutschland umfassenden Lagersystems wurde. Hierher wurden 106000 Opfer der NS-Herrschaft verbracht, hier wurden ausländische Häftlinge – aus der Sowjetunion, aus Polen, Frankreich, den Niederlanden, Belgien und Dänemark – zusammengezogen. 55000 sind umgekommen oder ermordet worden.

Bald nach dem Krieg beschloß der Senat, auf diesem Gelände eine Strafvollzugsanstalt einzurichten, die bewußt das Gegenmodell einer demokratischen Rechtspflege vergegenwärtigen sollte. Heute erscheint dieser Beschluß fragwürdig, zumal die inzwischen errichteten Betonneubauten (Hochbauamt 1966) einen menschenfeindlicheren Eindruck vermitteln als die gefährlich idyllischen Backsteingebäude des Dritten Reiches. Dabei ist zu beachten, daß die Häftlingsbaracken des KZ nicht erhalten sind. Nur die massiv gebauten Produktions- und Überwachungsgebäude blieben stehen. Mit den weitläufigen Grünanlagen sind sie eher geeignet, die Geschichte dieser Stätte zu verniedlichen, als sie zu erhellen.

Das 1940 erbaute *Klinkerwerk* sollte die Ziegelei im größten Ausmaß ausbauen – dort sollten die Backsteine für das nationalsozialistische ›Neue Hamburg‹ erzeugt werden. Offiziell hieß die Firma im Eigentum der SS ›Deutsche Erd- und Steinwerke‹. Es ist ein großzügiger, durch Backsteinmauerwerk und mächtige Dächer der regionalen Bautradition angepaßter Industriebau, dessen Einrichtung vollmechanisiert war. Die Häftlinge wurden hauptsächlich zum Herbeischaffen des rohen Tonmaterials mittels einer Feldbahn eingesetzt.

Im Klinkerwerk wurden dann die Betonfertigteile hergestellt, aus denen ab 1943 Behelfssiedlungen gebaut wurden; ein Beispiel dieser von weiblichen Häftlingen erbauten ›*Plattenhäuser*‹ ist westlich vom Klinkerwerk rekonstruiert worden (s. Poppenbüttel, Wandsbek, Neugraben-Fischbek).

Der *Stichkanal* zur Dove-Elbe wurde als KZ-Hafen ausgebaut, ebenso die *Dove-Elbe* als Kanal – das sollte den Transport der produzierten Klinker zur Stadt ermöglichen.

Während des Krieges wurden *Rüstungsbetriebe* (u.a. Walter-Werke) im KZ-Gelände angesiedelt.

Lageplan des Konzentrationslagers Neuengamme, Anfang 1945 A Altes Klinkerwerk B Gärtnerei C Stichkanal der Dove-Elbe und Hafen D Neues Klinkerwerk E und F Rüstungsbetriebe G SS-Lager H Schutzhaftlager mit Häftlingsunterkünften J Industriehof K Krematorium

0,75 cm ≙ 100 m

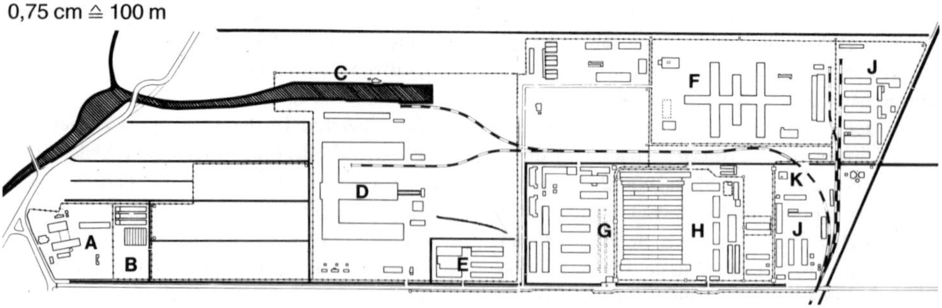

Ihre Fabrikbauten sind gleichfalls als traditionalistische Backsteinbauten nicht von ihren ›zivilen‹ Zeitgenossen zu unterscheiden. – Selbst der *Wachtturm* erscheint als Produkt der Heimatschutzbewegung.

Eine Vergegenwärtigung der Geschichte angesichts dieser trügerischen Bauten erfordert die Konfrontation mit dem Inhalt des **Dokumentenhauses** (geöffnet di–so 10–17 Uhr, ✆ 7231031 – erbaut 1980/81 nach Entwürfen von Walter Bunsmann und Paul-Gerhard Scharf); von dort aus kann man dem mit Informationstafeln versehenen Rundweg folgen.

Die *Gedenkstätte* mit Inschriftwand und hoher Denkmalstele sowie einer Bronzeplastik von François Salmon wurde 1965/66 angelegt.

Kirchwerder

Kirchwerder wird 1217 erstmals genannt, es wurde also wohl in der Zeit Albrechts von Orlamünde eingedeicht. Durch die Abdeichung der Gose-Elbe (mit Kraueler Elbe) zwischen 1314 und 1344 wurde die Deichverbindung mit Neuengamme hergestellt. Nach 1962 wurde der alten, durch viele Bracks gekennzeichneten Deichlinie im Süden ein neuer Hauptdeich vorgelegt.

Der alte Ringdeich des Kirchspiels umfaßt Heinrich-Osterath-Straße und Kirchwerder Hausdeich (entlang der Gose-Elbe), den Kirchwerder Mühlendamm (Kraueler Elbe), die alten Deichstrecken in oder hinter dem Kraueler, Zollenspieker, Hower und Warwischer Hauptdeich sowie den Kirchwerder Elbdeich und Warwischer Hinterdeich (am Hauptstrom). Durch eine mittlere Landscheide parallel zur Gose-Elbe ist die Flur des zweireihigen Marschhufendorfes geteilt. Zahlreiche Teilsiedlungsbereiche von Fünfhausen bis Teufelsort (nördlich der Landscheide) und Krauel bis Warwisch (südliche Hälfte) gliedern das Kirchspiel, dessen Mitte das eigentliche Kirchwerder mit der Pfarrkirche ist.

Die sandige Bodenbeschaffenheit des Kirchspiels begünstigte im 18. Jh. den Übergang zum Gemüseanbau, mit dem das Entstehen zahlreicher Katenstellen zu erklären ist. Katen bestimmen in auffälliger Weise das Ortsbild.

Die ev.-luth. Pfarrkirche **St. Severin** ist 1785–91 weitgehend neu errichtet worden (Reste der Feldsteinkirche vom Anfang des 13. Jh. am westlichen Teil der Nordwand erkennbar, im 1649/50 nördlich angesetzten *Brauthaus* ein gotisches Spitzbogenportal). – Von der Kirche abgerückt steht der alte hölzerne *Glockenturm* mit geschweiftem Helm von 1771 (Abb. 79).

Die Ausstattung des schlichten Saales mit fünfseitigem Chorschluß und südlichem Querarm besitzt einen *Altaraufbau* mit Kreuzigungsbild von Johann Caspar Bleyel aus Lübeck (1785/86). – Die *Emporen* an der West- und Nordseite von 1672 wurden 1751/52 nach Osten verlängert. Die Brüstungsbilder entstanden 1680 (neutestamentliche Szenen) bzw. 1754 (alttestamentliche Szenen); in die Emporenbrüstung des Südflügels sind 1928 zehn Apostelfiguren (wohl von einem Altar, um 1500) eingesetzt worden. – Die klassizistische *Kanzel* und die *Taufe* wurden 1806 von dem Neuengammer Tischler Michael Busch geschaffen. – Der *Orgelprospekt* entstand 1785, das Werk von 1904 enthält Teile der Orgel von 1641 bzw. 1785. – Ältere *Gestühlsteile* sind 1641 datiert, sonst entstand das Gestühl 1785–90. – Schmiedeeiserne *Hutständer* kennzeichnen die Männerplätze. – Ein spätgotischer Sakristeischrank steht im Chor hinter dem Altar. – Weiterhin schmücken die Kirche Pastorenbildnisse des späten 17. Jh., Rundbilder ›Christus am Ölberg‹ und ›Verspottung‹ (2. Hälfte 17. Jh.) sowie Messingkronleuchter von 1601, 1604, 1656 und 1666. – Das Gemälde ›Kluge und törichte Jungfrauen‹ in geschnitztem Renaissancerahmen (um 1600) im Brauthaus stammt von einem Epitaph.

Der **Friedhof** besitzt den umfangreichsten Bestand wertvoller Grabplatten aus dem 16. bis 19. Jh. in den Vier- und Marschlanden. Die Sandsteindeckplatten für Familienbegräbnisse entstanden vor allem im 17. Jh. Ihre Erhaltung in Kirchwerder ist einer der ersten Maßnahmen der von Justus Brinckmann um 1900 in den Vier- und Marschlanden entfalteten Denkmalpflege zu verdanken. Von Inschriften eingefaßt und ergänzt, zeigen die Platten meist Reliefs mit Bezug auf die christliche Auferstehungshoffnung (Kreuzigung, Grablegung und Auferstehung Christi, Erwekkung des Lazarus, Jüngstes Gericht), hinzu kommen Bildnisse der Verstorbenen, Wappen und Hausmarken. Die schönsten Grabplatten sind im Brauthaus der Kirche geborgen, die übrigen am Rande des Friedhofs aufgestellt. – Der Friedhof wurde 1892 nach Süden erweitert (neugotische *Kapelle* 1898).

Der traditionalistische Klinkerbau des **Pastorats**, Kirchenheerweg 6, stammt von 1927 (Distel & Grubitz).

Am Kirchenheerweg steht das **Kriegerdenkmal** für die Kriege von 1864/66 und 1870/71 (Stele mit Eiche und Inschrifttafel).

Die Häuser

In der Umgebung der Kirche hat sich ein dichter bebauter Ortskern entwickelt, dessen Häuser vor allem seit der Gründerzeit entstanden sind.

Kirchenheerweg 7 ehem. Wirtshaus (um 1870), **Nr. 14** (1749), **Nr. 24** (1855).

Heinrich-Osterath-Straße 79 Kate (im Kern von 1575); **Nr. 189** Hufnerhaus (um 1850); **Nr. 199** Hufnerhaus (1854); **Nr. 254** Hufnerhaus (um 1850); **Nr. 269** Kate (um 1820).

Kirchwerder Hausdeich 24 Kate mit Kratzputzfeldern (um 1720); **Nr. 42** Hufnerhaus (im Kern Mitte 16. Jh., Wirtschaftsteil um 1700); **Nr. 56** Scheune (1756); **Nr. 100** Doppelwohnhaus (um 1850); **Nr. 108** Großkate mit Backsteinzierverband (um 1800); **Nr. 114** Hufnerhaus (um 1800); **Nr. 124** Hufnerhaus (um 1700, Kratzputzfelder) und Scheune (1718); **Nr. 135** Kate (1743); **Nr. 136** Hufnerhaus (um 1800); **Nr. 154** Kate (um 1800); **Nr. 216** Kate (1735); **Nr. 224** Hufnerhaus (um 1830); **Nr. 230** Kleinkate (um 1800); **Nr. 238** Hufnerhaus (1748); **Nr. 278** Hufnerhaus (1808).

Kirchwerder Mühlendamm 5 Hofanlage mit Hufnerhaus (1834), zwei Scheunen (1631 bzw. 1820) sowie einem **Turmspeicher*** von 1535 (vgl. die Beispiele Horster Damm 351 und Neuengammer Hausdeich 81).

Kirchwerder Mühlendamm/ Kraueler Hauptdeich liegt die **Riepenburg**. Benannt nach einem Ritter, der sie im Auftrag der sächsischen Herzöge im 13. Jh. für deren Vogtei über die Vierlande anlegte. Von 1420 bis 1512 saßen hier die hamburg-lübeckischen ›beiderstädtischen‹ Amtleute, die die Vierlande verwalteten. Das Burghaus wurde dann abgebrochen. Es stand auf einer noch erkennbaren Wurt in einem Ringwall. – Zur Riepenburg gehörte die (bis zur Errichtung der Mühle Altengamme 1876) einzige Mühle der Vierlande; der heutige Mühlenbau entstand 1830.

Von Kirchwerder führt beim **Zollenspieker** – ausgehend vom Heerweg nach Bergedorf – auch die wichtigste **Fähre** über die Elbe; sie ist als ›Eßlinger Zoll‹ schon 1252 genannt. Das heutige Anwesen geht mit seinen ältesten Bauteilen (an der Nordseite sichtbar) auf einen Neubau von 1621 zurück. Um die Jahrhundertwende wurde es zum Ausflugslokal ausgebaut, in dessen Garten man auch heute noch geruhsam den Binnenschiffsverkehr auf der Elbe beobachten kann. Die exponierte, bastionsähnliche Lage vergegenwärtigt noch die Bedeutung dieses Platzes für die Vierlande. – Das davor am Ufer aufragende **Pegelhäuschen** entstand 1910 und weist auf die lebenswichtige Bedeutung hin, die der Wasserstand des Stromes für die eingedeichten Marschen wie für die Schifffahrt hat.

Kirchwerder Elbdeich 3 Kate (1746); **Nr. 5** Kate (1802); **Nr. 78** Hufnerhaus (um 1700/1868); **Nr. 86** Wohnhaus (1754); **Nr. 124** Hufnerhaus (16./17. Jh., Wohngiebel 1789); **Nr. 142** Kate (um 1700, am Wohngiebel ältere Schmuckfachwerkteile); **Nr. 190** Kate (1804); **Nr. 201** Kate (um 1750); **Nr. 219** Kate (um 1720, Wohnteil um 1800).

Bei Kirchwerder Elbdeich 238 erinnert ein **Fischerei-Begrenzungsstein** an die Bedeutung der Elbfischerei für die Marschdörfer. – Kirchwerder Elbdeich 248 Kate (1785).

Das **Hower Brack** erinnert an einen der vielen Deichbrüche. Um das ausgespülte (später aufgefüllte) Brack entstanden im großen Bogen ein neuer Deich und in dessen Schutz neue Hufnerhäuser und Katen, so **Nr. 19** (16. Jh., Wohnteil 1827) und **Nr. 29** (1759).

Warwischer Hinterdeich 146 Wohnhaus (um 1800); **Nr. 166** Wohnhaus (1722).

Norderquerweg 124 Kleinwohnhaus (1836). – Norderquerweg **148** steht der **ehemalige Bahnhof** der Vierländer Bahn (1911/12, Hermann Schomburgk) mit Fachwerk im Sinne der Heimatschutzbewegung.

Ochsenwerder

Der Ochsenwerder wird schon 1142 erwähnt, jedoch entstand die zweireihige Marschhufensiedlung westlich von Kirchwerder wohl erst im 13. Jh. Als Teil der Marschlande gehört es seit 1395 zu Hamburg. Die Hufen am Ochsenwerder Norderdeich und am Ochsenwerder Elbdeich werden durch den Ochsenwerder Landscheideweg voneinander geschieden.

Die 1254 erstmals erwähnte Kirche wurde nach Deichbrüchen 1332 an ihre heutige Stelle verlegt. Sie steht hinter dem westlichen Deichabschnitt (Ochsenwerder Kirchendeich/Elversweg) am Alten Kirchdeich zusammen mit Kirchhof und Pastorat auf einer ansehnlichen Wurt. Die ev.-luth. Pfarrkirche **St. Pankratius** wurde 1673/74 als Backsteinsaal mit fünfseitigem Chorschluß neu errichtet. Der Westturm mit kupfergedecktem Helm wurde von Johann Leonhard Prey 1739–41 ausgeführt. Das Gesamtbild der Kirche ist bestimmt durch die Instandsetzung von 1910 (Julius Faulwasser).

Der *Flügelaltar* von Hein Baxmann 1632/33 (wie in Allermöhe) besitzt geschnitzte, farbig gefaßte Reliefs (aufeinander bezogene Szenen des Alten und des Neuen Testaments auf den Flügeln, in der Mitte Kreuzigung). Die Flügelaußenseiten sind 1701 mit Passionsszenen bemalt worden. Im Aufsatz Jüngstes Gericht, flankiert von Moses und Johannes d. T., Petrus und Paulus. Als Bekrönung Salvator, begleitet von Engeln mit Martersäule und Kreuz. – Die *Kanzel* entstand etwa in der gleichen Zeit, vielleicht in der Werkstatt von Hein Baxmann. Der Kanzelkorb wird von einem Engel getragen, der Gesetz und Evangelium in Händen hält, an den Brüstungsflächen Reliefs mit Verkündigung Christi, Anbetung des Kindes, Kreuzigung und Auferstehung. An der Kanzeltreppe Reliefs der Evangelisten. Auf dem Schalldeckel triumphierender Christus (wie die Rankenaufsätze wohl im späten 17. Jh. entstanden). – *Marmortaufbecken* auf Sandsteinsockel (1702). – Die *Orgel* schuf 1707/08 Arp Schnitger. – *Brüstungsgemälde* der Nordempore 1714/15 von den Hamburger Malern Hinrich Berckau und Siegmund Pietsch (Szenen aus dem Neuen Testament). – Drei Ölbilder von 1640 bzw. 1710. – Messingkronleuchter 1613 und 1617. – An den Außenwänden der Kirche sind *Grabplatten* des 17. Jh. aufgerichtet.

Auf dem die Kirche umgebenden *Friedhof* Kriegerdenkmäler 1870/71, 1914–18 und 1939–45.

Das 1634 erbaute **Pastorat** erscheint heute als zweigeschossiger Fachwerkbau. Dabei handelt es sich um den Wohnteil eines auf T-Grundriß – wie die Landhäuser des 17. Jh. in den Marschen (s. Moorfleeter Deich 359) – entwickelten Bauernhauses. Es ist das älteste erhaltene Pastorat in den Vierlanden. Der Wirtschaftsteil wurde 1945 zerstört.

Elversweg/Dorferweg steht ein 1898 errichteter Granitobelisk mit Inschrifttafel als **Gedenkstein** für die fünfhundertjährige Zugehörigkeit (1395–1895) des Kirchspiels Ochsenwerder (Ochsenwerder, Moorwerder und Tatenberg) zu Hamburg.

Die Häuser

In der Umgebung der Kirche hat sich ein schöner **Ortskern** mit der charakteristischen Mischung traditioneller Bauernhäuser, Katen und Landarbeiterhäusern mit gründerzeitlichen Vorstadthäusern entwickelt.

Ochsenwerder Norderdeich 140 Großkate mit schönem Fachwerk und Backsteinzierverbänden (um 1700); **Nr. 178** Großkate (um 1800); **Nr. 278** Großkate mit Deichtür und Zierverbänden (1637).

Die **Reitschleuse** mit Pumpwerk am Reitdeich regelt die Entwässerung der Gose-Elbe (erbaut 1922–24).

Reitbrook

Eine Siedlung in Reitbrook wird schon in der Mitte des 12. Jh. erwähnt. Die Eindeichung und Anlage des einreihigen Marschhufendorfes erfolgte zu Beginn des 13. Jh. im Deichverband mit Neuengamme. Kirchlich gehörte Reitbrook zu Allermöhe. Als Besitztum des Reinbeker Zisterzienserinnenklosters kam es an das holsteinische Amt Reinbek. 1724–50 pfandweise und durch den Gottorfer Vergleich von 1768 endgültig gelangte es in den Besitz Hamburgs.

Die Bebauung auf den alten Bauernstellen ist überwiegend neuzeitlich. Dazu gehört aber eines der besonders schönen alten Hufnerhäuser, der **Odemannsche Fährhof***, Vorderdeich 5: Das Haus hat einen zweigeschossigen, quergestellten Wohnteil (T-Haus) und geschnitztes (z. T. später erneuertes) Fachwerk von 1605.

In der Nachbarschaft liegt die 1773 erstmals und 1870 in der heutigen Gestalt erbaute Reitbrooker **Windmühle.** Hier war der Vater jenes Alfred Lichtwark Müller, der am 14. 2. 1852 in der benachbarten Kate **Vorderdeich 9** zur Welt kam. Daran erinnert dort eine Gedenktafel. – Diese Kate ist so instandgesetzt worden, daß kaum mehr die kleinen Verhältnisse nachvollziehbar sind, aus denen der erste wissenschaftliche Leiter der Hamburger Kunsthalle kam (s. ›Museen‹, Hamburger Kunsthalle).

Vorderdeich 275 Bauernhaus (Bruno Wieck, 1943); **Nr. 289** Backsteinzierverband (18. Jh.).

Allermöhe

Das 1249 erstmals genannte Allermöhe ist als einreihige Marschhufensiedlung (fortgesetzt durch Moorfleet) das Gegenstück zu Billwerder, mit dem es gemeinsam den Polder einnimmt, der zwischen Bille und Dove-Elbe wohl noch am Ende des 12. Jh. eingedeicht worden ist (wie das nach Osten anschließende Curslack). Seit 1395 gehört es als Teil der Marschlande zu Hamburg.

Der Stadtteil ist seit Jahren zur großflächigen Aufsiedlung vorgesehen. Ausgedehnte ›Stadthäuser‹-Siedlungen entlang von holländischen Grachten sollen die alte Marschstruktur und die Einbeziehung in die städtische Siedlung vereinbar machen. Von Bergedorf her ist dieser Vorgang auch seit 1982 in Gang gekommen mit den ambitionierten Wohnvierteln südlich vom S-Bahnhof Nettelnburg (s. a. S. 497).

Teile der Marschhufensiedlung sind entlang der Dove-Elbe am Allermöher Deich erhalten geblieben, dem allerdings die Marschenlinie der Bundesautobahn zusetzt. Auch hier bildet die Umgebung der Kirche einen kleinen, etwas dichter bebauten Ortskern aus.

Die ev.-luth. **Dreieinigkeitskirche** ist 1611–14 als Fachwerkbau neu gebaut worden, offenbar angesichts schlechter Erfahrungen mit den älteren Massivbauten auf dem unsicheren Marschboden. 1759 wurden die Südwand und das Dach erneuert. Wie die anderen Kirchen der Vierlande besteht sie an dieser Stelle wohl seit ca. 1200; 1331 wird sie erstmals erwähnt. Die fünfseitig geschlossene Saalkirche hat gekuppelte Rundbogenfenster; vor dem Westgiebel steht der hölzerne Glockenturm.

Das *Innere* wird bestimmt durch das hölzerne Tonnengewölbe und dessen 1725 entstandene Deckenmalereien (Wolkenhimmel, in der umlaufenden Voute Bilder nach alten Vorbildern von 1930 – im Altarbereich noch drei von 1725 erhalten). – Während einer Restaurierung durch Hugo Groothoff 1900 ist die ausgebaute Ausstattung der Kirche einem Brand zum Opfer gefallen. Erhalten blieb der *Altaraufsatz* von 1613/14, der von Hein Baxmann aus Hamburg geschaffen wurde; er folgt der für den lutherischen Bereich noch lange verbindlich gebliebenen Tradition des Flügelaltars, aber natürlich mit den modernen Formen der deutschen Renaissance und lutherischer Ikonographie: im Hauptteil Kreuzigung, darüber im Aufsatz Jüngstes Gericht, auf den Flügelinnenseiten aufeinander bezogene Szenen des

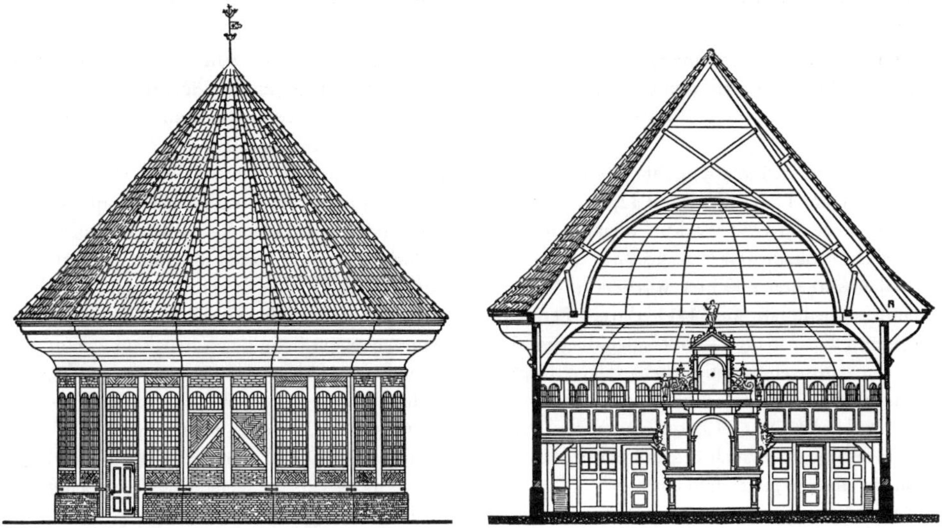

Dreieinigkeitskirche Allermöhe, Aufriß des Chores und Schnitt

Alten und Neuen Testaments; auf den Flügelaußenseiten spätere Prophetenbilder. – Die *Empore* neben und über dem Altar hat Brüstungsbilder von 1724 (Passionsszenen). – *Kanzel* und *Gestühl* wurden 1901 dem ursprünglichen Bestand nachempfunden, einige erhaltene Reste (Türen des 17. Jh. am Juratengestühl) einbeziehend. – *Sandsteingrabplatten* des 17. Jh. stehen an der Wand der Kirche.

Neben der Kirche steht die *Friedenseiche* in einer Steinumhegung, auf dem Friedhof das *Kriegerdenkmal* 1914–18 von 1921.

Die Häuser

Allermöher Deich 311 Kate (1820). – Besonders zahlreich erhalten sind kleine Landarbeiter- und Handwerkerwohnhäuser: **Allermöher Deich 66** (1860); **Nr. 84** (1880); **Nr. 134** (1841); **Nr. 155** (Ende 18. Jh.); **Nr. 274** (1880).

Allermöher Deich 484 ist ein einfaches klassizistisches Holzhaus (um 1800, zweigeschossig, bohlenverkleidet). Es gehörte zum **Krapphof,** einer 1775 gegründeten (von der Hamburger Patriotischen Gesellschaft geförderten und um 1810 wieder geschlossenen) Kattundruckerei, für die man versuchte, die Farbe liefernde Krapp-Pflanze hier heimisch zu machen.

Der **Fährstein** bei der Reitbrooker Mühlenbrücke am Allermöher Deich trägt die Inschrift »Anno 1744 hier fehret man mit Pferde und Wagen über die Elbe nach Reitbrook Neugam und Zollenspieker – Der Herr segen und behuete dich«, dazu die Monogramme der Reitbrooker Fährmeisterfamilie Odemann (s. Reitbrook; 1873 wurde die Fähre stillgelegt).

Billwerder

Billwerder erfaßt die Besiedlung entlang der Bille innerhalb der um 1200 eingedeichten Gesamtfläche, zu der auch Allermöhe und Moorfleet gehören; es wird erstmals 1251 erwähnt und gelangte 1395 als Teil der Marschlande unter Hamburger Herrschaft. Seit dem 16. Jh. haben Hamburger Bürger die Bauernhäuser in Landsitze, Teile der Hufen in Gärten verwandelt. Am Ende des 18. Jh. war ganz Billwerder von dieser Landhauskultur geprägt. Als ihm die Elbvororte den Rang abliefen und die in Billbrook aufkommende Industrie sich bemerkbar machte, wurde Billwerder wieder zum Dorf.

Die ev.-luth. Pfarrkirche **St. Nikolai** (deren Vorgänger um 1200 erbaut und 1251 erstmals erwähnt wurde) ist 1737–39 durch den Hamburger Baumeister Johann Nikolaus Kuhn (1709–43) als Backsteinsaal neu errichtet worden. 1911 abgebrannt, wurde sie bis 1913 durch Fernando Lorenzen rekonstruiert (wobei auch der gründerzeitliche Turm einen ländlich-barocken Kupferhelm erhielt). Von der alten Ausstattung ist die *Taufschale* erhalten (1740 von Christoph Gruber aus Hamburg, der auch die Nikolausfigur über dem Turmportal geschaffen hat).

Das *Innere* von 1911–13 versucht, mit modernen technischen Mitteln (z. B. Betongewölbe) den angestammten Gesamteindruck der Kirche wiederzugeben. Der Kanzelaltar und die westliche Emporenanlage sowie das Gestühl wirken aber im materiellen Aufwand, im Formenreichtum, in der Perfektion ihrer Durchgestaltung weit städtischer als die übrigen Kirchen der Vier- und Marschlande – vielleicht galt das schon für Kuhns Bau, der ja wohl vor allem auch den in Billwerder sich aufhaltenden Stadtbürgern dienen sollte.

Bei der Kirche steht das *Kriegerdenkmal 1914–18*. Etwas östlich davon, an der Nordseite des Billwerder Billdeichs, wurde 1899 das *Denkmal für den Anschluß an Hamburg 1395* als ein Meilenstein der Lokalgeschichte (Granitsäule mit Inschriften und Wappen) aufgestellt.

Das **Glockenhaus** am Billwerder Billdeich 72 ist eines jener älteren Landhäuser in den Hamburger Marschen, die bäuerliche Wirtschaft und das Bedürfnis der Stadtbürger für einen standesgemäßen Sommeraufenthalt verbanden. Erhalten ist der um 1600 errichtete und um 1780 für den Hamburger Oberalten Paridom Daniel Kern ausgebaute, zum Deich hin gelegene, zweigeschossige Wohnteil eines Bauernhauses (das 1909 abbrannte und durch einen stark verkürzten Neubau ersetzt wurde). Der Glockendachreiter hat dem Gebäude den Namen gegeben. – Das Haus wurde 1972–83 umfassend restauriert (erhebliche Teile des Fachwerks dabei ausgetauscht). Schon 1605 ist für das Gehöft eine Nutzung als Landhaus nachweisbar. Im Obergeschoß sind Teile der Balkendecke mit Malereien aus der zweiten Hälfte des 17. Jh. erhalten. Spuren von Wandmalereien aus Spätbarock und Empire haben zu einer Gesamtrekonstruktion der Erdgeschoßräume geführt, die einen fiktiven Eindruck vom Leben im Landhaus um 1800 vermitteln können. – Westlich vom Haus ist neuerdings der Versuch unternommen worden, einen kleinen Barockgarten anzulegen. –

Das Anwesen dient als Bauhof und Restaurierungswerkstatt des Hamburger Denkmalschutzamtes. Dafür wurden zwei aus den Vierlanden hierher übertragene Scheunen wieder aufgebaut.

Im Glockenhaus ist seit 1984 das *Deutsche Maler- und Lackierer-Museum* untergebracht, dessen Besuch trotz des weiten Weges lohnt: Die Geschichte des Malerhandwerks wird durch Ausstellungsstücke aus ganz Deutschland dokumentiert. Besonders bemerkenswert sind die zunftgeschichtlichen Bereiche, aber auch die Ausstellungsstücke zur künstlerischen Ausbildung in den Zünften für Gesellen- und Meisterstücke im 17. und 18. Jh.; hier wird der Ausbildungsstand der Maler jener Zeit in Hamburg deutlich, deren Werke gerade in den Vier- und Marschländer Kirchen zahlreich begegnen. Ebenso wichtig sind die Sammlungen zur Geschichte der Dekorationsmalerei im 19. und 20. Jh.; die farbige Gestaltung von Innenräumen in Historismus, Jugendstil und Neuem Bauen kann hier studiert werden.

Öffnungszeiten: sa u. so 10–13 Uhr, April–Okt. auch mi 10–16 Uhr (✆ 343887 und 7338706).

Rund hundert Jahre älter als das Glockenhaus dürfte das (nach einer zeitweiligen späteren Nutzung so genannte) **Predigerwitwenhaus,** Billwerder Billdeich 96 sein – ebenfalls der als Landhaus genutzte Wohnteil eines nur noch rudimentär erhaltenen Hufnerhauses. Der Backsteinbau mit Pilastergliederung und Walmdach schließt an niederländische Vorbilder des 17. Jh. an.

Die Häuser

Billwerder Billdeich 121 Kate (um 1750). – Das um 1900 mit einer reich geschmückten Fassade versehene Hufnerhaus **Billwerder Billdeich 256** enthält im Obergeschoß des Wohnteils noch eine bemalte Balkendecke des 17. Jh. (um 1650 gehörte das Haus Jodokus Edzardi, Pastor an der Hamburger Michaeliskirche).

Billwerder Billdeich 570 Kleinkate (um 1750); **Nr. 570** Kate mit geschnitztem Fachwerk und Backsteinzierverband (17. Jh.).

Moorfleet

1252 wird Moorfleet erstmals genannt; es gehört seit 1395 als Teil der Marschlande zu Hamburg. Die einreihige Marschhufensiedlung wurde mit Billwerder und Allermöhe um 1200 eingedeicht. Sie wurde in der ›Franzosenzeit‹ 1813 von Westen bis zur Kirche niedergebrannt (als Glacis des zur Festung ausgebauten Hamburg). Wie in Billwerder hatte sich auch hier vorher die Hamburger Landhauskultur ausgebreitet. Das heutige Ortsbild ist in seinen Grundzügen noch erhalten, jedoch durch Autobahnbauten geschädigt; Moorfleets Stadtbilddominante ist die freilich bemerkenswerte **Autobahnbrücke** über die Norderelbe geworden (Egon Jux, Harro Freese, 1959–62, Schrägseil-Hängebrücke).

Die 1331 erstmals erwähnte ev.-luth. Pfarrkirche **St. Nikolai** liegt mit dem sie umgebenden Friedhof auf einer Wurt. Sie ist 1680/81 als Backsteinsaal mit fünfseitigem Chorschluß neu errichtet worden. Aus dieser Zeit stammt auch der Haupteingang mit der bekrönenden Christusfigur. Damals erhielt die Kirche auch neugotische Fenster. Eine umfassende Instandsetzung 1903 (Hugo Groothoff) und die Restaurierung 1962–74 haben Veränderungen des 19. Jh. rückgängig gemacht.

Den *Altaraufsatz* (Valentin Preuß, 1688) rahmen gewundene Säulen sowie Statuen der Evangelisten und des triumphierenden Christus (Hauptbild 1967). – Der *Taufstein* (Klaus Lukkey, 1967) steht unter dem Taufdeckel von 1689 (V. Preuß). – Der *Beichtstuhl* entstand 1769. – Der *Kanzelkorb* war 1843 in den Altarrahmen eingebaut worden. Seit der Restaurierung des Altars ist er wieder selbständig aufgestellt: Ein Werk von Hein Baxmann von 1621/22 mit Reliefs ähnlich denen der Kanzel von Ochsenwerder. – Beidseits des Altars das *Juratengestühl* mit Wangen von 1625 (Reliefs von Propheten und Aposteln aus der Werkstatt Hein Baxmanns). – Orgelprospekt von 1683/84. – *Emporengemälde* (Szenen der Passion bis Pfingsten) 1720 von Martin Conrad. – Messingleuchter von 1653 und 1664. – An der Nordseite des Turms stehen *Grabplatten* des 17.–19. Jh.

Das **Pastorat** nördlich der Kirche wurde 1741 erbaut (Jahreszahl im Backsteinverband). Es ist ein vollständig erhaltener Bau in der Art der Marschländer Landhäuser: Der Wirtschaftsteil eines Hufnerhauses wird mit einem zweigeschossigen, quergestellten Wohnteil abgeschlossen (Kreuzhaus oder T-Haus). – Davor steht als *Luther-Denkmal* eine Bronzeplastik von Harro Magnussen. Sie stammt von der im Zweiten Weltkrieg zerstörten Lutherkirche von 1904/05 in der Innenstadt (Karpfangerstraße): Die Szene – Martin Luther schlägt die 95 Thesen an die Wittenberger Schloßkirche – war dort sinnvoll am Eingang angebracht. – Vor dem Kirchhofeingang steht die *Friedenseiche* von 1871.

In der Nähe, im Haus **Sandwisch 25** (18. Jh.), wurde durch den damaligen Moorfleeter Pastor Sengelmann 1851 eine ›Arbeitsschule‹ für arme Kinder eingerichtet (ein Jahr zuvor im Pastorat begründet), die 1860 nach Alsterdorf verlegt und so zur Keimzelle der ›Alsterdorfer Anstalten‹ wurde, eines der in der Inneren Mission verwurzelten großen evangelischen Sozialwerke.

Der ältere Baubestand des Dorfes ist sehr geschrumpft: Am **Moorfleeter Deich 97** wurde 1818 eine Bäckerei errichtet, deren Haus erhalten ist. – **Nr. 100** und **Nr. 110** sind in der gleichen Zeit entstandene Wohnhäuser. – **Moorfleeter Deich 171** Kate (18. Jh.).

Moorfleeter Deich 359 (um 1690) hat den Wirtschaftsteil eines Hufnerhauses; der Wohnteil ist als Landhaus für Stadtbürger ausgebaut – zweigeschossig quergestellt mit eigenem Walmdach; der Mittelsaal im Obergeschoß ist mit Decken- und Wandmalerei vom Ende des 17. Jh. ausgestattet (Scheinarchitektur, Medaillons); das Äußere des Wohnteils ist 1980 weitgehend erneuert worden. – **Moorfleeter Deich 408** ist die ehemalige Distriktschule (um 1800); **Nr. 483** Hufnerhaus (um 1750).

Tatenberg

Der Deich von Tatenberg entstand wohl im 14./15. Jh. und machte zu Ochsenwerder gehöriges Vorland siedlungsfähig. Die **Tatenbergschleuse** an der Dove-Elbe wurde 1950/51 erbaut. – Eines der wenigen alten Häuser ist die Großkate **Tatenberger Deich 167–169** (jedenfalls der Fachwerkrest um 1650 am Giebel). – **Nr. 171** Kate (um 1850); **Nr. 185** Kleinwohnhaus (um 1800).

Spadenland

Das Spadenland ist der westliche Zipfel der Marschlande; es setzt die Flur von Ochsenwerder fort und ist wie Tatenberg auf dessen Vorland wohl im 14./15. Jh. durch Eindeichung entstanden.

Das Hufnerhaus **Hofschläger Deich 82** liegt noch auf einer Wurt und erinnert so an die Zeit vor der Eindeichung.

Bezirk Harburg

Harburg

Die um 1133/37 zuerst erwähnte Horeburg kontrollierte auf einer Sandinsel in der Elbmarsch als letzter Ausläufer der von Süden herantretenden Höhenzüge die Süderelbe, ein Gegenpol zum jenseits der Niederung gelegenen Hamburg. Lange zwischen dem Hochstift Hamburg-Bremen und den Welfenherzögen strittig, gehörte sie seit 1257 zum Herzogtum Braunschweig-Lüneburg und wurde Sitz einer Vogtei, also von Verwaltung und Gericht für das umgebende Gebiet. Die wohl schon im 13. Jh. bei der Burg entstandene Siedlung (an der heutigen Schloßstraße) erhielt 1288 die Rechte einer ›gefreiten‹ Gemeinde, 1297 folgte das Stadtrecht.

Harburg war 1397–1403 an Hamburg verpfändet, 1403–1514 an Lüneburg. Wieder in braunschweig-lüneburgischem Besitz, wurde es 1527–1642 Residenz einer Nebenlinie des Welfenhauses. 1642 fiel Harburg an die Celler Linie der Welfen, gehörte seit 1705 also zum Kurfürstentum, dann Königreich Hannover. In der Residenzzeit wurden Schloß und Stadt ausgebaut, um 1650 modern befestigt (daran erinnern die Straßennamen Wallgraben und Neue Straße).

Seit 1847 war Harburg die Endstation der Eisenbahnlinie nach Hannover. Damit setzte die Industrialisierung und das schnelle Wachstum des Städtchens ein. Für das Königreich Hannover wurde Harburg als Elbehafen und Industriestandort wichtig. Auf Einfuhrrohstoffe ausgerichtete Industrien entstanden seit der Jahrhundertmitte. 1856 wurde mit der Harburger Gummi-Kamm-Compagnie und der Gummifabrik, aus der die Phoenix-Werke hervorgingen, zum eigentlichen Gründerjahr der Industrie in Harburg. Die Einwohnerzahl verzehnfachte sich zwischen 1850 und 1900 auf 50000. 1888 wurden die Nachbardörfer Heimfeld und Wilstorf sowie 1910 Eißendorf eingemeindet (heute selbständige Stadtteile; s. unten).

1866 wurde Harburg durch die Annexion Hannovers preußisch. 1927 erfolgte die Vereinigung mit Wilhelmsburg zur Großstadt Harburg-Wilhelmsburg, die 1937/38 zusammen mit den umgebenden, noch nicht eingemeindeten Landgemeinden in Groß-Hamburg einbezogen wurde. Heute ist Harburg Stadtteil und sein Rathaus Verwaltungssitz des gleichnamigen Bezirks, der die süderelbischen Gebiete der Freien und Hansestadt Hamburg umfaßt.

Harburg und sein Industriegebiet wurde durch Bombenangriffe 1944/45 schwer zerstört. Der

Wiederaufbau mündete in eine umfassende Neugestaltung des historischen Kerns. – Die ältesten Strukturen sind noch im Straßenzug Harburger Schloßstraße, Schloßmühlendamm, Lüneburger Straße (das alte Rückgrat der Siedlung) und in der um 1650 entstandenen Neuen Straße erkennbar.

Mitte der Altstadt war die ev.-luth. **Dreifaltigkeitskirche,** die 1650–52 als Backsteinsaal mit Spitzbogenfenstern und Barockportal neu errichtet wurde (Neue Str. 44 – die mittelalterliche Marienkirche war im Zusammenhang mit der Stadtbefestigung abgebrochen worden). Durch die Zerstörungen des Zweiten Weltkriegs ist davon nur ein Teil der Westwand mit dem Portal übriggeblieben (Salvatorfigur als Bekrönung). Der Neubau (Ingeborg und Friedrich Spengelin, 1962/63) beherbergt Fragmente der alten Ausstattung: ein Kruzifix und zwei Holzengel mit Kreuz und Geißelungssäule vom 1689 entstandenen *Altar* (weitere Reste in Curslack und Wilhelmsburg-Kirchdorf), aus der Zeit um 1660 Salvator- und Evangelistenfiguren von der *Kanzel* sowie die hölzerne *Taufe,* außerdem barocke Pastorenporträts und Bruchstücke von Grabplatten.

Hinter der Kirche an der Hermann-Maul-Str. 5 ist das ehemalige **Schulhaus** erhalten, ein Fachwerkbau vom Ende des 18. Jh.

Nach Anlage der **Neuen Straße** um 1650 wurde dort das Haus **Nr. 47** errichtet – durch Umsetzen eines Hauses, das um 1625 erbaut worden war und dem neuen Stadtwall weichen mußte. Das Giebelhaus mit Utlucht hat geschmücktes Fachwerk (im Erdgeschoß eine Stuckdecke um 1690). – Das zweigeschossige, traufständige Fachwerkhaus **Nr. 59** wurde um 1780 an Stelle des Münzhauses von 1650 errichtet.

Die **Lämmertwiete** zwischen Neuer Straße und Schloßmühlendamm wurde seit dem 16. Jh. bebaut; sie ist seit 1975 als Fußgängerzone hergerichtet worden. Bei den einfachen, teils stark restaurierten oder gar nachempfunden-neuerrichteten Fachwerkhäuschen aus dem 17. und 18. Jh. ist die barocke, geschnitzte Haustür von 1683 am Haus **Nr. 9** hervorzuheben.

Die **Harburger Schloßstraße** verband die Schloßinsel mit der Stadt und war lange deren vornehmster Teil. Das lassen trotz Kriegsverlusten und Vernachlässigung noch die stattlichen Fachwerkhäuser des 17./18. Jh. erkennen. Die wichtigsten davon – **Nr. 5** (erneuert), v. a. 7 und **13** – sind als langgestreckte Baukörper giebelständig zur Straße angeordnet, ebenso die kleineren Häuser **Nr. 29** und **33.** Die Traufseite wenden zur Straße **Nr. 9** und **45.** – Auf dem Grundstück Nr. 36 stand das barocke Rathaus von 1733, das im Zweiten Weltkrieg zerstört wurde.

Auf der nördlich vorgelagerten Insel lag die Burg. In den Auseinandersetzungen zwischen den braunschweig-lüneburgischen Herzögen und den Städten Hamburg und Lüneburg wurde sie 1396 zerstört. Unter der anschließenden Pfandherrschaft Hamburgs wurde das im 14. Jh. entstandene ›Hohe Haus‹ wiederhergestellt, ein mehrgeschossiger Backsteinbau; die Harburger Herzöge bauten es zum Renaissanceschloß aus. Später diente das **Schloß** der landesherrlichen Verwaltung. Die Fünfeckform der Schloßinsel entstand durch die ab 1644 angelegte Bastionärbefestigung. Sie wurde zwar schon 1755 teilweise geschleift, diente aber in der ›Franzosenzeit‹ 1813/14 noch einmal als Fort. Damals brannte das Schloß teilweise ab. – Später übernahm die Harburger Hafenwirtschaft die Schloßinsel; 1972 wurde als ein letztes Hauptgebäude der Residenz das um 1690 errichtete Ablagerhaus abgerissen. Um so bemerkenswerter ist, daß das ›Hohe Haus‹ noch zu wesentlichen Teilen erhalten ist (im Kernmauerwerk des Hauses Bauhofstr. 8).

Die Umgebung von Harburger Schloßstraße und Schloßinsel wurde im 19. Jh. zum Industrie- und Hafenviertel, wenn man von den Resten einiger Wohnhäuser des mittleren 19. Jh. am **Schellerdamm 2–4** (Abb. 83) und sogar einem Fachwerkhaus von 1645 am **Karnapp 5** (1988/89 restauriert, bemerkenswert v. a. die Rückseite) absieht. Hier vor allem vollzog sich die wirtschaftliche Entwicklung der Stadt. Das begann bereits im 16. und 17. Jh. mit der Nutzung der die Schloßinsel umgebenden Gewässer als geschütztem Bin-

Stadtplan von Harburg, 1850. Rund um die Schloßinsel (›Citadelle‹) der Hafen mit seiner Schleuse, südlich davon der Bahnhof. Östlich der Altstadt die Kasernen und der Exerzierplatz der Garnison. Der Exerzierplatz ist zum Teil schon in eine öffentliche Grünanlage umgewandelt (Schwarzenbergpark). Die Gründerzeit der Harburger Industrie steht noch bevor.

nenhafen mit davon abzweigenden Kanälen. – Seit 1547 gab es hier ein ›Kaufhaus‹ (eine staatliche, seit 1708 städtische Speicher- und Marktanlage), 1650 zusammen mit einer Hafenerweiterung erneuert (Kaufhauskanal) und 1881 abgerissen. Davon steht aber noch als Überrest ein 1826 errichtetes Fachwerk-Speichergebäude an der Kanalseite des Grundstücks **Blohmstraße 22–24** – das älteste erhaltene Hafengebäude in Gesamt-Hamburg. – Der Aufschwung kam mit der Industrialisierung: 1845–49 wurde der alte Hafen für Dampfschiffe ausgebaut – aus dieser Zeit stammt die **Alte Harburger Schleuse** (Kammerschleuse am Ende des Dampfschiffwegs) – in den 1860er und 1880er Jahren modernisiert und erweitert. Als offener Tidehafen an der Süderelbe entstand 1904–07 der Seehafen 1 bis 3 (dem das Dorf Lauenbruch zum Opfer fiel); Seehafen **4** kam 1927–29 hinzu.

Der 1847 angelegte Harburger **Bahnhof** erhielt im Rahmen der Neuordnung der Hamburger Eisenbahnverhältnisse 1896/97 einen Neubau (Hubert Stier), ein Backsteinrohbau mit romanischen und norddeutsch-gotischen Formen im Sinne der Hannoverschen Schule (zwischen Gleis 3 und 4 Reste des *Wartesaals Erster Klasse*).

Für die Eisenbahnverbindung mit Hamburg wurde 1872 erstmals eine Brücke über die Süderelbe angelegt, die moderne Nachfolger gefunden hat. Im ursprünglichen Erscheinungsbild erhalten ist die erste Straßenbrücke, heute die **Alte Harburger Elbbrücke,** die 1897–99 errichtet wurde (Hubert Stier). Ihre Sandsteinportale waren von preußischen Adlern bekrönt.

Der gleichzeitig mit der Industrialisierung einsetzende und durch sie bedingte Umbau des Stadtzentrums und die Entwicklung neuer Wohngebiete vollzogen sich südlich der Bahnlinie, die 1881 für die Unterelbebahn angelegt wurde, und der Buxtehuder Straße.

Die **Ratsapotheke,** Schloßmühlendamm 25 zeigt – der Lämmertwiete benachbart – den Maßstabswandel, den die Harburger Altstadt seitdem erfuhr und sich im heutigen Stadtbild von Schloßmühlendamm und Lüneburger Straße mit gründerzeitlichen und jüngeren Wohn- und Geschäftshäusern manifestiert; das Haus wurde 1852/53 vom Stadtbaumeister Ziepolle im Rundbogenstil der Zeit erbaut. Die 1862 aufgestellten Löwen am Eingang stammen von Ernst von Bandel.

Südlich der Altstadt formierte sich seit dem Bau eines neuen **Rathauses** (heute Sitz der Bezirksverwaltung) ein neues Stadtzentrum. Der eindrucksvolle Bau, der sich zum damals ebenfalls neu angelegten *Harburger Rathausplatz* entfaltet, wurde nach einem Wettbewerb von 1888 bis 1892 durch Christoph Hehl in Formen der deutschen Renaissance ausgeführt. Gleichzeitig entstand dort die **Hauptpost** (ein durch den Krieg beeinträchtigter Backsteinbau, im Stil ursprünglich dem Rathaus angepaßt).

Das ehemalige Gebäude der **Handwerkskammer,** Marienstr. 15 (Hermann Mähl, 1910/11) ist mit seinen barocken Formen ein Dokument des wieder erstarkenden Selbstbewußtseins des Handwerks nach der Zeit der Gewerbefreiheit, die 1869 das Zunftwesen beendet hatte (Handwerkskammern als Selbstverwaltungsorgan des Handwerks wurden durch das Handwerkergesetz 1897 begründet). – Gegenüber steht seit 1957 das **Helms-Museum,** an dessen Fassade das Portal des Rathauses von 1733 eingebaut wurde.

Zu diesem Stadtzentrum gehört auch das Gebäude der **Deutschen Bank** an der Harburger Rathausstraße, es wurde 1912/13 für die Hannoversche Bank durch Bernhard Weise (Hannover) erbaut.

Die Ausdehnung der Wohngebiete Harburgs folgte den alten Ausfallstraßen und entwickelte zwischen ihnen seit ca. 1860 einfache Schachbrettstraßennetze zur Erschließung von Baugelände (vor allem zwischen Eißendorfer Straße und Schwarzenbergstraße). Daß der später berühmte Städtebauer Karl Henrici 1870–75 Stadtbaumeister in Harburg war, einer der Begründer des ›künstlerischen Städtebaus‹, hat dabei keine Spuren hinterlassen. Seit 1884 wurde das **Phoenix-Viertel** zwischen Maretstraße und Wilstorfer Straße als schematisches Rasternetz angelegt und dann mit einfachen Etagenhäusern bebaut (1856 hatten an der Moorstraße die Hamburger Albert und Louis Cohen eine Gummifabrik eröffnet, die Keimzelle der heutigen Phoenix-Werke, aus dessen Nachbarschaft der Name des Viertels abgeleitet ist).

Der **Alte Friedhof** zwischen Maret- und Bremer Straße ist 1828 eröffnet und nach Anlage des Neuen Friedhofes in Eißendorf aufgelassen worden. Einige gestalterisch wichtige und historisch bedeutsame Grabanlagen blieben erhalten. Sie erinnern an Familien und Bürger Harburgs, die in der Stadtgeschichte eine Rolle gespielt haben. – Bemerkenswert ist der kleine neugotische Kuppelbau, der dem Wasserbaudirektor *Johann Heinrich Blohm* gewidmet ist (1799–1858 – unter ihm wurde der Harburger Hafen ausgebaut). – Das große *Kriegerdenkmal* mit Bronzeengel von Carl Boerner ist 1891 datiert.

Die ev.-luth. **Johannis-Kirche** am Nordende des Friedhofs ersetzte den kriegszerstörten neugotischen Bau, den Christoph Hehl 1892–94 errichtet hatte. Vor ihr steht auf hohem Sockel das 1932 enthüllte **Harburger Kriegerdenkmal.** Die Inschrift zeigt, wofür die von Hermann Hosaeus geschaffene, überlebensgroße Bronzefigur eines verwundeten Soldaten, mit geschultertem Gewehr und Kopfverband, marschiert: »Wunden zum Trotz, tatbereit heute wie einst und in aller Zeit, Deutschland, für dich.« Das Denkmal steht zeitlich zwischen den ähnlich militaristischen in Altona und Hamburg (s. Innenstadt, Wallring und Altona-Altstadt) und verdankt seine Existenz wie jene dem Betreiben eines privaten Komitees. – Seit 1986 wird die martialische Aussage konterkariert durch das **Mahnmal gegen den Faschismus** von Esther und Jochen Gerz, das am Sand steht; die im Lauf der Zeit stückweise in einen Schacht zu versenkende Stele soll auf ihrem Bleiüberzug Graffiti der Harburger Bürger – und möglichst solche, die Stellung beziehen – aufnehmen.

Die Schwarzenbergstraße ist der alte Postweg nach Stade und Buxtehude. Hier ist die um 1845 angelegte **Schorchtstraße** Teil eines der ersten Stadterweiterungsgebiete Harburgs im Zeitalter der Industrialisierung. Die einfachen Häuser (u. a. Nr. 44–50) vergegenwärtigen die Lebensverhältnisse der kleinen Leute. – Hier liegt auch die ehemalige **Kaserne** Schwarzenbergstraße 81–93; sie wurde 1880 bezogen und dient heute der Technischen Universität. Der Backsteinbau im typisch preußischen Rundbogenstil erinnert an die jahrhundertealte, in der Tradition der Burgbesatzung stehende Garnison in Harburg.

Wichtiger ist der nördlich der Straße liegende **Schwarzenbergpark,** der sich weitläufig den Geesthang hinunterzieht. Er wurde seit 1835 auf dem Exerziergelände der Garnison angelegt. Ein 1862 aufgestellter *Denkstein* erinnert an deren Kommandanten *Ferdinand von Bissing* (1787–1856), der diesen Bürgerpark initiiert hatte. Dort wurde nahe der Bissingstraße 1938 auch das vom Stadtbaumeister Karl Henrici entworfene *Kriegerdenkmal* für die Gefallenen von 1870/71 in Form eines neugotischen Turmes aufgestellt (1873 war es an der Wilstorfer Straße errichtet worden). Ein weiteres *Denkmal* erinnert an den Oberbürgermeister Friedrich Wilhelm August *Grumbrecht,* in dessen Amtszeit (1855–83) sich Harburgs Wandlung zur Hafen- und Industriestadt beschleunigt vollzog, in dessen Amtszeit auch der Übergang in die preußische Provinz Hannover fiel (der Findling mit Porträtplakette wurde 1886 aufgestellt). Vom Verschönerungsverein wurde 1894 zur Erinnerung an die Befreiungskriege 1813/14 ein *Kanonendenkmal* aufgestellt, bestehend aus Kanonenkugeln und einem französischen Kanonenrohr (1937 umgesetzt und vereinfacht). – Am *Aussichtsplatz* im Osten des Parks (eine Inschrift erinnert an Kaiser Wilhelm I., der 1873 dort ›weilte‹) ein gußeiserner Schalen-*Springbrunnen* (1898), auf der Terrasse darunter das *Kriegerdenkmal* der traditionsreichen Harburger Schützengilde für ihre Gefallenen des Ersten Weltkriegs.

Zwischen Schwarzenbergstraße und Park liegt der **Jüdische Friedhof;** er ist 1690 angelegt worden. Bemerkenswert ist das *Kriegerdenkmal* für die im Ersten Weltkrieg gefallenen Mitglieder der Jüdischen Gemeinde in Harburg (daß Juden in

Harburg wohnten, ist erstmals 1610 erwähnt. 1863 war eine Synagoge an der Eißendorfer Str. 17 erbaut worden – in der ›Reichskristallnacht‹ 9./10. 11. 1938 durch Nazis schwer beschädigt, wurde sie alsbald als »Verkehrshindernis« abgerissen).

Am Aufgang zum Schwarzenbergpark vom Helmsweg her liegen die Überreste des 1656–1870 für die herzoglichen Beamten und die Garnison unterhaltenen **Soldatenfriedhofs** mit Grüften und Grabsteinen des 17. und 18. Jh.

Die Stadtentwicklung Harburgs erreichte ihre Höhepunkte dann in den Erweiterungsgebieten, für die 1888 bzw. 1910 die umgebenden Dörfer eingemeindet worden waren. Heute bilden diese wieder eigenständige Stadtteile und werden anschließend der Reihe nach behandelt. In ihnen vollzog sich Harburgs Stadtentwicklung der 1920er Jahre (im Rahmen des 1922/1923 von Gustav Oelsner und Josef Brix für die preußische Regierung aufgestellten ›Generalsiedlungsplans für das Groß-Hamburger Gebiet‹). Damals kam es unter dem Oberbürgermeister Walter Dudek (1924–33) auch hier zu einer bemerkenswerten kommunalen Leistung im Großwohnungsbau (s. Eißendorf, Heimfeld, Wilhelmsburg). Dazu gehört der im Stadtkern errichtete Block **Zentrumshaus,** Julius-Ludowiegstr. 18 (G. Hinrichs, 1928–30). Entlang dem als Grünzug gestalteten *Göhlbachtal* entstand der Wohnblock **Mergellstraße** 1–9/Hastedtstr. 34–48/Hirschfeldstr. 2–8 der Angestellten-Baugenossenschaft ›Heimat‹ (Ernst und Eduard Theil, 1926–28), ein Klinkerbau mit expressionistischer Baukeramik (s. Barmbek-Nord und Lokstedt).

Auch die **Feuerwache** an der Hastedtstraße (1928) und die **Badeanstalt** Bremer Straße (erbaut nach Entwürfen des Stadtbaumeisters Carl Lembke 1928/29) gehören zum Harburger Bauprogramm in der Weimarer Republik. Die Fassade des Bades ist als Klinkerschild mit tief zwischen gestuften Lisenen liegenden Fensterachsen in die Häuserreihe der Straße eingeschoben und dokumentiert durch ihren formalen Anspruch das sozialpolitische Anliegen des Gebäudes.

Neuland

Wie der Name andeutet, ist die 1937/38 durch das Groß-Hamburg-Gesetz zu Hamburg gekommene Fläche des Stadtteils künstlich gewonnen worden, der westliche Ausläufer der niedersächsischen Marschlandschaft Neuland (es schließt sich nach Osten das niedersächsische Bullenhusen an). Es blieb – trotz eines neuen Gewerbegebiets und verschiedener Kleinsiedlungsbereiche, trotz Autobahn – ein überwiegend landwirtschaftlich genutztes Gebiet östlich der Harburger Hafen- und Industrielandschaft. **Neuländer Hauptdeich** und **Elbdeich** bilden den alten Siedlungssaum.

Durch absichtsvolle Schieflage zieht das Geschäftshaus **Großmoorbogen 7** (v. Gerkan, Marg und Partner, 1982) die Aufmerksamkeit auf sich.

Gut Moor

Gut Moor gehört seit 1937/38 zu Hamburg, es besteht aus landwirtschaftlich genutzten Flächen mit geringer Besiedlung entlang dem **Großmoordamm.** Ein nach dem Ersten Weltkrieg aufgestelltes *Kriegerdenkmal* am Großmoordamm 277 – ein Findlingsaufbau wie in vielen kleinen Dörfern – erinnert an eine Siedlungsselbständigkeit. Im übrigen beginnen hier die niedersächsischen Elbmarschdörfer des Neulands.

Wilstorf

Wilstorf wurde 1888 von Harburg eingemeindet. Reste des alten Dorfes (z. B. das umgebaute Bauernhaus **Rönneburger Str. 3** von 1815) verbinden sich mit den Zeugnissen der Aufsiedlung Wilstorfs als Harburger Stadterweiterungsgebiet des 19. und 20. Jh. durch Etagen- und Einzelhäuser entlang der **Winsener Straße,** Großsiedlungen der zwanziger und dreißiger Jahre sowie jüngerem Wohnungsbau zu einem bevölkerungsreichen Vorort. –Im Bauernhaus Rönneburger Str. 47 wurde 1976 eine ev.-luth. **Kirche** eingerichtet (Friedhelm Grundmann mit Hans Kock).

Außerhalb der Einzelhaus-Siedlungen lag an der Radickestraße eine ausgedehnte Gärtnerei, deren Inhaber (nach ihm ist die Straße benannt) sich 1929/30 von den Architekten Dyrssen & Averhoff ein hochmodernes Wohnhaus errichten ließ **(Radickestr. 30)**, eine der besten Villen der klassischen Moderne in Groß-Hamburg.

Seit 1907 hat die Stadt Harburg das Außenmühlengelände erworben und dann dort 1913–27 (ergänzt durch den Schulgarten bis 1932) den **Harburger Stadtpark** angelegt. Der *Außenmühlenteich* (er geht auf eine 1564/65 angelegte herzogliche Mühle zurück), die bewegte Landschaft, die Gliederung in je selbständig gestaltete Bereiche, idyllische Szenerien und Sportplätze machen ihn zu einem der schönsten Parks der Freien und Hansestadt, vergleichbar in seiner Gestaltung mit dem Altonaer Volkspark und dem Hamburger Stadtpark. – Der 1909 entstandene *Ludowieg-Brunnen,* eine Mauer-Exedra mit Brunnen und Porträtplakette, erinnert an Julius Ludowieg (Oberbürgermeister 1886–99 – der Brunnen befand sich bis 1929 an der Buxtehuder Straße). – Vom Sand in den Harburger Stadtpark wurde 1927 die Porträtbüste des *Schiller-Denkmals* übertragen (Ernst von Bandel, 1859/60). – 1935 entstand die Büste für den Gartenbaudirektor *Georg Hölscher,* der den Park angelegt hatte.

Rönneburg

Rönneburg wurde 1937/38 mit Groß-Hamburg vereinigt. Reste des Dorfes finden sich im Bereich des **Rönneberges,** einer wohl sächsischen Erdwallanlage (7. Jh., am Küstersweg/Burggraben/Am Burgberg). An der Vogteistr. 26 steht das **Kriegerdenkmal** für die Gefallenen des Ersten Weltkriegs. – Die Aufsiedlung der Gemarkung in Fortsetzung des Harburger Stadterweiterungsgebietes Wilstorf prägt zunehmend das Erscheinungsbild des Stadtteils.

Langenbek

Der Stadtteil entstand seit dem Zweiten Weltkrieg als Wohngebiet, ausgehend von Ansätzen zur Aufsiedlung der Gegend im 19. und 20. Jh. **(Winsener Straße).**

Sinstorf

Sinstorf wurde 1937/38 Groß-Hamburg zugeschlagen. Es ist längst von der Erweiterung des Harburger Siedlungsbereichs erreicht.

Die als Bau ins 12. Jh. zurückreichende (und nach archäologischen Befunden wohl in karolingischer Zeit gegründete) Sinstorfer Kirche mit ihrem Kirchhof bildet den bedeutenden historischen Orientierungspunkt des Stadtteils; ihre Umgebung ist bestimmt durch reetgedeckte Bauernhäuser im stark bewegten Gelände und alten Baumbestand. Dort stellt sich noch immer – zumal angesichts der Sichtverbindung mit der südlich anschließenden Kulturlandschaft (und trotz der dort verlaufenden Autobahn) – der Eindruck einer geschlossenen Dorfanlage ein.

Die ev.-luth. **Kirche** war im Mittelalter Zentrum eines ausgedehnten Kirchspiels. Ihre Baugeschichte läßt sich (ergänzt durch Grabungsergebnisse der sechziger Jahre) am bestehenden Bauwerk gut ablesen, dem eine Holzkirche vorausgegangen ist. Sichtbar sind Mauern vom Langhaus eines wohl um 1200 errichteten Feldsteinneubaus. Die drei vermauerten Arkadenbögen und die romanischen Fensterchen der Nordwand zeigen, daß es sich um eine dreischiffige Basilika gehandelt hat; sie besaß einen eingezogenen, rechteckigen Chor. – Das Nordschiff wurde nach Zerstörungen um 1416 abgerissen, das Südschiff hingegen mit dem Mittelschiff zu einem Saal vereinigt. Ein neuer Chor (dessen Ostwand mit Fenster und Blendengiebel erhalten ist) und ein Westturm (Spuren an der Westwand) wurden zugleich errichtet. Um 1660 ist der Chor auf Langhausbreite verbreitert und wohl zugleich der Turm abgebrochen worden. 1698 entstand das Türmchen auf dem Chorgiebel. Von einer umfassenden Renovierung 1906/07 stammen der Eingangsvorbau in romanischen Formen und die Fensterteilung der Südwand. – Östlich der Kirche steht frei ein hölzerner *Glockenturm.*

Im *Inneren* sind Emporenbilder des 17. Jh. erhalten (Propheten und Apostel). An der Südwand Reste eines Steinepitaphs vermutlich für den Prediger Conrad von Windheim (1566–1603) mit

Aufriß der Sinstorfer Kirche. Nordseite mit den Spuren romanischer Fenster und Langhausarkaden

Kreuzigung und Pilasterrahmung. Der *Altar* von 1619 zeigt im Aufsatz zwischen korinthischen Säulen und ornamentalen Wangen die Kreuzigung und in der Beschlagwerkbekrönung Isaaks Opferung. Die *Kanzel* wurde 1643 gestiftet und 1688 verziert und bemalt (Evangelistenbilder am Korb; auf dem Schalldeckel Salvator). Zwei Messingkronleuchter und Pastorenbilder stammen aus dem 17. Jh. Das Fragment einer *Kreuzigung* (aus einem spätgotischen Altar) ist die Mariengruppe an der Chorwand (Eiche, Lüneburg um 1470/80).

Der baumbestandene Kirchenhügel war im Mittelalter befestigt. Auf dem *Kirchhof* bei der Kirche stehen noch zahlreiche alte Grabdenkmäler. Ein Sandsteinobelisk erinnert an die Gefallenen von 1870/71. – Neben dem Feuerwehrspritzenhaus am Sinstorfer Kirchweg (um 1880) steht ein nach dem Ersten Weltkrieg errichtetes **Kriegerdenkmal** mit Bronzerelief (eines sterbenden Fahnenträgers).

Marmstorf

Marmstorf wurde 1937/38 in Groß-Hamburg eingegliedert. Seit der zwischen den Kriegen begonnenen Aufsiedlung der Gemarkung ist die Einbindung des alten Dorfkerns (Feuerteichweg, Appelbütteler Weg, Handweg) in die Kulturlandschaft zwar gestört; dennoch ist er als solcher noch gut erlebbar. – Das stark bewegte Gelände, die Wegespinne, die vom Dorf ausgeht, Fachwerkhäuser mit Reetdach, altes Pflaster, ein Dorfteich tragen zum Gesamtbild bei. – Während der ›Franzosenzeit‹ 1813/14 war das Dorf gänzlich niedergebrannt worden. Darauf verweist ein **Findling** am Feuerteichweg/Handweg (1914 gesetzt).

Eißendorf

Eißendorf wurde 1910 von Harburg eingemeindet und gelangte mit ihm 1937/38 zu Groß-Hamburg. Auf seiner Gemarkung entwickelte sich die Stadterweiterung Harburgs schon seit der Jahrhundertwende.

Vor allem zwei Großsiedlungen der zwanziger Jahre sind – trotz vieler Veränderungen – sehenswert: Der **Adolf-von-Elm-Hof** (Adolf-von-Elm-Hof 1–2) wurde erbaut für die gewerkschaftliche Baugenossenschaft ›Wohnungskultur‹ (Berg & Paasche, 1928); vier Zeilen ordnen sich zu Hofräumen, geschlossen durch einen südlichen Querriegel; die Mittel des Neuen Bauens werden für städtebauliche Akzente genutzt (Eckbalkone und überhöhte Treppenhäuser am Nordende der Zeilen); die Klinkerverkleidung sichert trotzdem Bodenständigkeit. Den Namen der Gesamtanlage erläutert das Adolf-von-Elm-Denkmal (Kniende Mutter mit Kind auf Klinkersockel, Porträtrelief und Inschrift erinnern an den Pionier der deutschen Arbeiter-Konsum-Vereins-Bewegung). – Die streng gereihten Zeilen **Eißendorfer Str. 115–133** zeigen als einfache Putzbauten, mit flachen Satteldächern und modernisierten Details kaum mehr, daß es sich um einen Höhepunkt des Neuen Bauens in Hamburg handelte. Sie entstanden für die Baugenossenschaft ›Hoffnung‹ 1929/30 nach Entwürfen von Karl Schneider, damals mit Flachdächern.

Zu den meistbeachteten Wohnungsbauten der fünfziger Jahre in Hamburg gehört die Siedlung **Denickestraße** (Ingeborg und Friedrich Spengelin, 1956–58): Winkelhäuser an Wohnwegen auf terrassierter Hangfläche, abgeschirmt durch Geschoßwohnhäuser, demonstrieren Möglichkeiten verdichteter Einzelhaussiedlung.

Im Stadtteil liegt auch der 1927 eröffnete **Neue Friedhof** mit Ehrenfriedhof.

Das alte **Dorf** lag am Ende des *Göhlbachtales;* weitläufig von modernen Einzelhausvierteln umgeben, hat es dort noch Spuren hinterlassen (z. B. reetgedeckte Katen an der Weusthoffstraße/Göhlbachtal). – Ein **Kriegerdenkmal** (Findlinganlage) steht am Kirchenhang bei der Lutherkirche.

Heimfeld

Heimfeld wurde 1888 von Harburg eingemeindet. Erst hundert Jahre vorher (1785) war das ehemalige herzogliche Vorwerk aufgesiedelt worden. Es wurde zum Stadterweiterungsgebiet für Harburg mit geschlossen und offen bebauten Wohnquartieren von der Gründerzeit bis in die dreißiger Jahre. Städtisch dicht ist das Viertel um die **Meyerstraße** mit schematischen Reihen gründerzeitlicher Etagenhäuser (und der neugotischen ev.-luth. **Paulus-Kirche** als Mitte). Vor allem im Bereich **Heimfelder Straße** und **Eißendorfer Pferdeweg** hat Heimfeld dann die Funktion eines bürgerlichen Villengebietes erhalten (1908 hatte der Harburger Magistrat die Erweiterung im Westen der Stadt auf ›landhausmäßige Bebauung‹ festgelegt). Vom weitläufigen Besitz des Harburger Fabrikanten Heinrich Christian Meyer (er hatte die Gummiwaren-Compagnie gegründet) ist **Meyers Park** als Übergang zur freien Landschaft des Staatsforstes bis heute erhalten geblieben.

Die **Friedrich-Ebert-Halle** (Stadtbauamt Harburg, 1929/30) verbindet zwei Schulen (ursprünglich eine Realschule und ein Realgymnasium) als Flügelbauten mit einem Festsaal. Damit erhielt die Großstadt Harburg-Wilhelmsburg ihren kulturellen Mittelpunkt und ihr bedeutendstes öffentliches Gebäude, ein Denkmal für die Ära des Oberbürgermeisters Walter Dudek (1924–33) und ihr sozialpolitisches Programm. Der ›Volkshaus‹-Gedanke der Zeit nach dem Ersten Weltkrieg wurde hier verwirklicht und mit dem Namen des sozialdemokratischen Reichspräsidenten verbunden (Rudolf Bellings Porträtplakette Friedrich Eberts wurde 1933 von den Nationalsozialisten eingeschmolzen). Die axiale Komposition und der erhöhte Hauptbau geben der Anlage feierliches Pathos; im einzelnen sind die Baukörper mit ihren Flachdächern (nur die Halle hat ein flaches Pyramidendach) sachlich-modern.

Zum heutigen Stadtteil Heimfeld gehören auch die Harburger Seehafenanlagen mit dem sie umgebenden Gewerbegebiet (s. Harburg).

Wilhelmsburg

Wilhelmsburg ist flächenmäßig der größte Hamburger Stadtteil. Er umfaßt mehrere ältere Siedlungen, die auf eingedeichten Inseln im Stromspaltungsgebiet zwischen Norder- und Süderelbe seit dem 14. Jh. angelegt worden waren. In unmittelbarer Nachbarschaft zur Handelsstadt Hamburg waren sie Gegenstand territorialer Auseinandersetzungen und Transaktionen; am Ende gehörten die Teile nördlich der heutigen Stadtteilgrenze zu Hamburg und ermöglichten später dessen Hafenentwicklung (vgl. die Stadtteile Veddel, Kleiner Grasbrook, Steinwerder); aus den südlichen bildete Herzog Georg Wilhelm von Braunschweig-Lüneburg-Celle 1672 die Herrschaft (später Amt) Wilhelmsburg, die in der Folgezeit zum Kurfürstentum und dann Königreich Hannover, seit 1866 zur Provinz Hannover innerhalb Preußens gehörte. 1925 zur Stadt erhoben, wurde Wilhelmsburg 1927 mit Harburg zu Harburg-Wilhelmsburg vereinigt und 1937/38 Groß-Hamburg zugeschlagen.

Wilhelmsburgs Stadtbild reicht von der intakten Marschenkulturlandschaft bis zum Industrieviertel und Hafengebiet, es umfaßt ausgedehnte Verkehrsanlagen wie dichte Wohnviertel, Villen und Bauernhäuser, Fabriken und Kirchen.

Den historischen Kern des Stadtteils findet man in **Kirchdorf** mit der alten Kirche, dem Wilhelmsburger Amtshaus und Resten der dörflichen Siedlung an der Kirchdorfer Straße.

Die ev.-luth. **Kreuzkirche** wurde 1614 neu gebaut (ihr Vorgänger war 1388 gegründet und 1397 geweiht worden). 1894 wurden die Längswände erneuert (nur an der Nordwand noch alte Fachwerkreste) sowie Querarme und Chor in neugotischen Formen errichtet. – Der Altaraufsatz wurde erst 1955/56 unter Verwendung von Teilen des Altars der Dreieinigkeitskirche in Harburg (Holzfiguren von Christus und den Evangelisten, 1689) gestaltet. Vom Neubau 1614 stammen der Oberteil der Sandsteintaufe (mit Beschlagwerkornamenten), die mit Ecksäulen und Rundbogenfeldern gegliederte Holzkanzel, die Empore mit geschnitzten und bemalten Brüstungsfeldern sowie Teile der Gestühlsbrüstungen und Bilder der Jugendgeschichte Christi an der Decke. – Nach 1672 entstand die Empore im Südquerarm und die Herzogsloge (mit Porträt des Herzogs Georg-Wilhelm von Braunschweig-Lüneburg-Celle). – Epitaph Meineking (1718). – Der dörfliche *Friedhof* rund um die Kirche besitzt Grabdenkmäler aus der Zeit seit dem späten 19. Jh. (ein klassizistischer Obelisk an der Kirche).

Fachwerk mit Backsteinschmuckverband zeigt das **Küsterhaus** aus dem 17. Jh. an der Kirchdorfer Straße 170.

Das ehemalige **Amtshaus,** Kirchdorfer Str. 163, ist ein einfacher Backsteinbau von 1724 mit Walmdach, die Hauptfront verputzt. Es steht auf den Grundmauern einer Burg, die um 1370 durch das Adelsgeschlecht der Groten, die damaligen Besitzer der Insel Stillhorn, und noch einmal um 1600 neu erbaut worden war. – Seit 1672 wurde die Herrschaft Wilhelmsburg von hier aus verwaltet. – Im Amtshaus befindet sich das *Museum der Elbinsel Wilhelmsburg* mit heimatgeschichtlicher Sammlung, insbesondere auch zur Geschichte der Milchwirtschaft, der ehemaligen Hauptwirtschaftsform der Elbinseln (*Öffnungszeiten:* 1.5. bis 31.10. so 15–17 Uhr; ✆ 7542609 und 7543982).

Auf dem umgebenden **Friedhof** steht das **Kriegerdenkmal** für die »für Deutschlands Einigkeit und Ruhm« 1866 (!) und 1870/71 Gefallenen.

An die Eindeichung Wilhelmsburgs seit 1333 erinnert an der Kirchdorfer Straße/**Am Deichdenkmal** ein Findling (1933 mit späterer stilisierter Karte der einzelnen Gebiete). Hier stehen auch zwei Betonstelen als Denkmal für die größte Katastrophe, die Wilhelmsburg nach dem Zweiten Weltkrieg heimgesucht hat, die **Sturmflut vom 16./17. Februar 1962.** Damals verloren in den überfluteten Wilhelmsburger Marschflächen 207 Menschen ihr Leben.

Seit 1930 wurden die Flächen nördlich und westlich des Dorfkerns durch ein ausgedehntes Kleinsiedlungsgebiet in Anspruch genommen, das im Dritten Reich als ›Hermann-Göring-Siedlung‹ ausgebaut wurde (zum Beispiel mit den Fachwerkhäusern **Am Papenbrack**).

Seit dem Zweiten Weltkrieg sind moderne Großsiedlungen entstanden. Leider ist gerade Wilhelmsburg-Kirchdorf berüchtigt geworden durch eines der umstrittensten Beispiele für Trabantenstädte der sechziger Jahre: **Kirchdorf-Süd** zwischen Otto-Breuner-Straße und Autobahn (Ende sechziger, Anfang siebziger Jahre errichtet), das jeden über die Autobahn nach Hamburg

Kommenden mit seinen Hochhäusern beeindrukken sollte, ist bereits zum städtebaulichen Problemgebiet geworden; hier werden Anstrengungen unternommen, um durch Verbesserungsmaßnahmen an den Montagebauten und im Wohnumfeld doch noch ein lebenswertes Viertel zu schaffen – obwohl der schroffe Widerspruch der hochgestapelten Blocks zur umgebenden Marschlandschaft bestehen bleibt.

Denn östlich von hier aus – durchschnitten durch die Autobahn – hat Wilhelmsburg fast intakte Reste der bäuerlichen Kulturlandschaft und der zugehörigen Bebauung entlang der Deiche bewahrt. Wenngleich das Vorland zwischen den historischen und den zur Elbe vorgeschobenen neuen und höheren Deichen, die nach der Sturmflut 1962 angelegt worden sind, weitgehend durch Baggergut der Elbefahrwasserbaggerung aufgespült worden ist, so bilden an **Finkenriek, Stillhorner Weg, Moorwerder Süder-** und **Norderdeich, Einlagedeich, Jenerseitedeich, Goetjensorter Deich, Schönenfelder Straße, Nieder-** und **Obergeorgswerder Deich** Bauernhäuser meist aus dem 19. Jh., oft mit Reetdach, charaktervolle Partien der Marschensiedlung. Hervorzuheben sind vor allem **Jenerseitedeich 39, 61** und **76a** (1768) sowie **Schönenfelder Str. 33** (1690). Die **Windmühle, Schönenfelder Str. 99** (Abb. 82) wurde 1874/75 neu gebaut (sie hatte Vorgänger seit 1582). Das zugehörige Fachwerkhaus **Schönenfelder Str. 100** reicht wenigstens ins 18. Jh. zurück.

Die ›Wasserburg‹, **Finkenrieker Hauptdeich 20**, ist die einzige außendeichs gelegene Wurt in der Elbmarsch. Die Kate ist um 1840 errichtet worden; ihre unmittelbare Umgebung ist durch einen niedrigen Sommerdeich gesichert. So ähnlich wird man sich die Ansiedlungen in den Elbmarschen vor den Eindeichungen vorstellen dürfen.

Die südöstliche Spitze des Stadtteils, an der sich Norder- und Süderelbe teilen, ist erst seit der Bildung von Groß-Hamburg mit Wilhelmsburg verbunden. Hier hatte Hamburg 1395 (gleichzeitig mit Ochsenwerder jenseits der Norderelbe) den **Moorwerder** erwerben können. Bis heute zeigt Moorwerder durch seinen eigenen Ringdeich und die eigenständige Fluraufteilung (übereinstimmend mit dem jenseits der Elbe liegenden Spadenland!) seine eigene Geschichte an. Jahrhundertelang boten die Stromregulierungsarbeiten Hamburgs, die der Norderelbe mehr Wasser zuungunsten des alten Hauptarmes Süderelbe zuführen sollten, Anlaß zu Auseinandersetzung mit Braunschweig-Lüneburg bzw. dem Königreich Hannover und dann Preußen. – Die kleine Siedlung dokumentiert ihre frühere Selbständigkeit mit dem **Schulhaus** von 1911 und dem Keramik-*Kriegerdenkmal* von 1922 an dessen Nordwand (Moorwerder Norderdeich).

Der mittlere Teil der Inseln von Wilhelmsburg entwickelte sich unter dem Einfluß des Hamburger Hafens von Norden her entlang der Georg-Wilhelm-Straße zur Stadt; seit der Gründerzeit entstanden Etagenhäuser am *Vogelhüttendeich* und auf dem *Großen Sand,* und dann in den zwanziger und dreißiger Jahren Wohnviertel und Großsiedlungen zwischen *Ernst-August-Kanal, Vering-Kanal* und *Georg-Wilhelm-Straße.*

Die **Georg-Wilhelm-Straße** ist die alte Verbindung zu den Fährstellen an Süder- und Norderelbe, mit denen der Verkehr von Hamburg nach Harburg abgewickelt wurde (bis zur Eisenbahnverbindung von 1872 und der Straßenbrücke von 1888). Ihre zweckmäßig schnurgerade Linienführung von 1852 folgt dem 1813 von den napoleonischen Truppen angelegten ersten Straßenzug, der vorübergehend die Elbe überbrückte. Parallel dazu verläuft das übrige Straßennetz (*Veringstraße* als Hauptachse). Einfacher konnte die Erschließung nicht gestaltet werden. Es war ja auch nur eine Arbeiterwohnstadt.

Daran, daß 1913 mehr als 18 % der Wilhelmsburger Bevölkerung aus polnischen Arbeitern und ihren Familien bestand, erinnert die insbesondere für sie 1897/98 erbaute katholische **St. Bonifatius-Kirche** (ein veränderter neuromanischer Backsteinbau, teilweise finanziert von der Wollkämmerei am Reiherstieg, die seit ihrer Gründung 1890 die polnischen Arbeiter nach Wilhelmsburg geholt hatte).

Die schnell wachsende Siedlung rechnete mit einer umfassenden Aufsiedlung der alten Elbinseln. Diese Entwicklung hat der Erste Weltkrieg zunächst unterbrochen. So steht eine isolierte Gruppe gründerzeitlicher Wohnblocks südöstlich des Rangier-Bahnhofs um die *Wittestraße*. Der **Wasserturm** (Groß-Sand 4, Wilhelm Brünicke, 1911/12) ist das Dokument der Einrichtung einer modernen, auf Großstadtausmaße zugeschnittenen Wasserversorgung. 1902/03 wurde auch ein **Rathaus** errichtet (heute Ortsamt), ein nüchterner Backsteinrohbau für Verwaltungszwecke. Da das Stadtwachstum dann doch anders verlief, steht es heute einsam an der Reichsstraße/Mengestr. (Erweiterungsbau A. P. B., 1983/84).

Gegenüber dem Rathaus an der Mengestraße 20 wurde 1984/85 das **Bürgerhaus** errichtet (Friedrich-Wilhelm Kuhn und Rudolf Pramann). Wie eine Wasserburg angelegt, als Backsteinrohbau der regionalen Tradition verbunden, mit gemeinschaftsstiftender Glaskuppel in der Mitte, versucht es, das Stadtteilzentrum aufzuwerten.

Die Wohnviertel aus der Zeit vor dem Ersten Weltkrieg im Norden der Veringstraße und der Georg-Wilhelm-Straße tragen – vor allem am *Vogelhüttendeich* – alle Kennzeichen der Spekulation, der sie ihre Existenz verdanken. Um so bemerkenswerter sind die Arbeiterwohnungen, die die Hamburg-Amerika-Linie 1910–12 für ihre Beschäftigten im Kuhwerder Hafen durch den Bauverein zu Hamburg (Wilhelm Behrens und Ernst Vicenz) an der **Fährstraße 15–63** erbauen ließ: Sie übernahmen das Konzept der Reformblocks mit Hofbildung zur Straße, die der Bauverein entwickelt hatte. – An der **Fährstr. 66–74** und **79–81** folgen mit ähnlich vorbildlicher Anlage die Genossenschaftswohnungen des Bauvereins Reiherstieg aus derselben Zeit und mit Nr. **92 ff.** Häuser der Allgemeinen Deutschen Schiffszimmerer-Genossenschaft (1910).

Ansätze zu einer städtebaulichen Differenzierung in der späten Gründerzeit zeigt die **Mannesallee** – als Querachse zur Veringstraße – mit der ev.-luth. **Kirche** (deren neugotischer Backsteinturm erhalten ist).

Als Wilhelmsburg mit Harburg 1927 zur Großstadt Harburg-Wilhelmsburg vereinigt worden war, hatte die Stadtverwaltung Wilhelmsburg bereits mit dem Bau von umfangreichen städtischen Großwohnanlagen begonnen. Von ihnen ist vor allem bemerkenswert die Bebauung der **Veringstraße 46–56** (mit Erkern und strebepfeilerartigen Stützen im Erdgeschoß) und Nr. **47–91**/Mannesallee/Sanitasstraße; als expressionistisch gegliederte Putzbauten weisen diese Häuser eine für Groß-Hamburg ganz ungewöhnliche Gestaltung auf – die späteren Teile *(Sanitasstraße 20–26)* gehen zum üblichen Klinkermauerwerk über.

Nach 1933 und noch während des Krieges entstanden für den forcierten Ausbau der Hafenbetriebe in Wilhelmsburg große Wohnanlagen im Bereich Georg-Wilhelm- und Veringstraße, so die Zeilengruppe **Georg-Wilhelm-Straße 31–41, Rotenhäuser Damm 23–37,** die 1941 durch die Deutsche Wohnungsbaugesellschaft erbaut wurde (Gerhard Langmaack).

Wilhelmsburg und vor allem seine Industrie- und Hafengebiete sind im Zweiten Weltkrieg schwer zerstört worden; umfangreiche neue Industrieflächen wurden nach der Sturmflut von 1962 auf ehemaligem Siedlungsgelände westlich des Reiherstiegs ausgewiesen (*Hohe Schaar)*. Die Industrieanlagen haben außerdem in den letzten Jahrzehnten eingreifende Strukturänderungen durchgemacht, so daß das Gesamtbild der Gewerbeflächen zwischen Brache und High Tech wechselt.

Das Gewerbegebiet im Westen der Wohnviertel weist nur noch wenige ältere Zeugnisse auf. Der gründerzeitliche Backsteinbau der **Honigfabrik,** Industriestr. 125–131 ist als soziokulturelles Stadtteilzentrum am Nordende des Veringkanals eingerichtet (Wiederaufbau nach einem Brand 1987/88). Nur noch Rudimente sind von den Industriekomplexen am **Reiherstieg** (Abb. 85) übriggeblieben, z. B. von der 1890 eröffneten ehemaligen **Wollkämmerei** an der Wollkämmereistraße – oder aber es sind moderne Einrichtungen an ihre Stelle getreten (z. B. **Getreidemühle Plange,** die 1896 als größte Mühle in Europa erbaut worden und im Krieg schwer zerstört worden war; gründerzeitliche Reste und der umfassende Neubau von 1953/54 bestimmen das heutige Erscheinungsbild an der Trettaustraße). Eindrucksvoll sind die **Speicher-** und **Silo-Anlagen** für Getreide und Ölsaaten im Bereich **Reiherstieg/Rethe** (seit 1936 ausgebaut; Abb. 84) und die **Hubbrücken Rethe** (1932–34, 42 m Hubhöhe) sowie **Kattwyk** (1971–73, 52 m Hubhöhe), die **Reiherstieg-Klappbrücke** (1955/56) sowie die **Reiherstieg-Schleusen.** Die **Lotsekanal-Klappbrücke** kam 1979 hinzu.

Die 1623 durch einen Ringdeich gesicherte Insel *Neuhof* wurde um 1900 von der Hafenindustrie erfaßt. Monumental wurde 1924–27 von dem HEW-Architekten Felix Herold der Klinkerbau des **Kraftwerks Neuhof** gestaltet (Nippoldstraße) – das zweite Hamburger Großkraftwerk nach dem in Rothenburgsort-Tiefstack. – Hier beginnt auch die Auffahrtrampe auf die 1970–74 errichtete Köhlbrandbrücke (s. Waltershof).

Altenwerder

Die erstmals in einer um 1250 geschriebenen Urkunde erwähnte Elbinsel Altenwerder wurde um 1300 und nach einer Sturmflut 1418 noch einmal neu eingedeicht. Damals waren die Erzbischöfe von Bremen (für die östliche Hälfte bis zum Scheidegraben entlang dem Altenwerder Kirchweg) und die Herzöge von Braunschweig-Lüneburg (für die westliche Hälfte) Landesherren der Insel. Seit 1675 bzw. 1719 gehörte ganz Altenwerder zu Braunschweig-Lüneburg und gelangte mit ihm über Kurfürstentum und Königreich Hannover 1866 unter preußische Herrschaft, bis es 1937/38 in Groß-Hamburg aufging.

Vor allem Milchwirtschaft mit den Absatzgebieten Hamburg und Altona wurde auf Altenwerder betrieben, seit dem Mittelalter auch Fischfang, der zumal im 19. Jh. wie in Finkenwerder aufblühte. Die am Deich aufgereihte Besiedlung mit Bauern- und Fischerhäusern war im Norden und Osten am dichtesten. Ein 1914 beschlossener Straßenplan sollte die Insel als neues Landhausviertel erschließen. Aber erst die seit 1961 geplante, seit 1973 betriebene Hafenerweiterung verwandelte Altenwerder vollständig: Seine Bewohner wurden umgesiedelt, ihre Häuser abgerissen, der Großteil des Kulturlandes innerhalb des Deichrings durch Elbebaggergut aufgespült. – Die Elbarme Köhlfleet im Norden und ein Zweig der Süderelbe im Süden der Insel sind gleichfalls ebenso wie die dazwischenliegenden unbedeichten Weideflächen der Vorländer längst zugeschüttet und aufgespült.

Die älteste Kirche Altenwerders lag vermutlich an der Südwestecke der Insel. Um 1420 wurde sie ersetzt durch einen Neubau in der Inselmitte auf einer Wurt. An dessen Stelle wurde 1831 die noch bestehende klassizistische **Kirche** aufgeführt. Sie ist mit dem umgebenden Friedhof das letzte Zeugnis für die Siedlung (Abb. 86). Der einfache Backsteinbau hat einen polygonalen Chorschluß. Über dem Westeingang wurde 1895 der neugotische Backsteinturm angefügt. – Das *Innere* ist durch toskanische Säulen dreischiffig und zweigeschossig mit Emporen eingeteilt, im Mittelteil durch eine Holztonne überwölbt. Im Chorabschluß steht der Kanzelaltar.

Moorburg

Moorburg liegt auf einer der ehemaligen Elbinseln und wurde wohl um 1300 eingedeicht (um 1600 Anschluß an den Francoper Deich bei Hohenwisch). 1375 ist es Hamburg gelungen, diese Siedlung zu erwerben; bis zur Bildung von Groß-Hamburg 1937/38 blieb sie das einzige Herrschaftsgebiet der Hansestadt südlich der Elbe.

Wohl am Ende des 14. Jh. wurde für eine hamburgische Besatzung ein Backsteinturm gebaut ähnlich den gleichzeitigen Hamburger Burgen in Cuxhaven-Ritzebüttel und auf Neuwerk; er stand westlich der heutigen Kirche und wurde 1819 abgerissen.

Den Standort der 1309 erwähnten ersten Kirche Moorburgs auf dem *Alten Kirchhof* kennzeichnet ein runder Entwässerungsgraben in den Wiesen am Moorburger Kirchdeich. – 1596/97 wurde die ev.-luth. Pfarrkirche **St. Maria Magdalena** errichtet; sie gewann ihr Erscheinungsbild durch einen Erweiterungsbau 1686–89, durch eine neugotische Backsteinummantelung des späten Historismus (1878/79, J. H. M. Brekelbaum aus Hamburg) und eine heimatpflegerische Neugestaltung 1907, die an das überlieferte ursprüngliche Erscheinungsbild der Kirche anknüpfte. – Der Altaraufbau von Valentin Preuß mit gedrehten Säulen, Figuren von Christus und den Evangelisten, mit Putten und reichen Akanthusranken als ornamentalem Beiwerk (Altargemälde von Chr. Sorgel – Abendmahl, Kreuzigung, Grablegung) entstand 1688. – Die Kanzel wurde 1787 hergestellt und damals in den Altar an Stelle des Mittelbildes eingefügt, um einen Kanzelaltar zu gewinnen; sie wurde 1961 wieder selbständig aufgestellt. – Auch die holzgeschnitzte Taufe gehört zur Ausstattung von 1688, ebenso wie die Emporen. – An die Hamburger Herrschaft über Moorburg erinnert die Loge mit Hamburger Wappen, die damals für die amtierenden ›Landherren‹, die für die ländlichen Territorien zuständigen Hamburger Senatoren, aufgestellt wurde (einbezogen ist die gleichzeitige ehem. Brauttür). – Ein Porträtepitaph (für J. Becker, gest. 1693) und Pastorenbildnisse des 17. bis 18. Jh. sowie ein Messingkronleuchter von 1648 vervollständigen das Innenraumensemble. – An der Südwand der Kirche ist eine Grabplatte von 1695 aufgestellt.

Der *Friedhof* vergegenwärtigt ein kurzes kriegerisches Ereignis der Moorburger Geschichte: 1813/14 lag hier eine Zernierungs-Schanze zur Belagerung der napoleonischen Besatzung in Hamburg; im März 1814 war sie heftig umkämpft. Dafür wurde 1910 das **Denkmal** nördlich der Kirche errichtet (Findling mit Adler, Kanonenkugeln). Daran erinnert auch das klassizistische Grabmal des in Moorburg gefallenen Leutnants Heinrich Hansing.

Entlang dem Moorburger Elbdeich (Abb. 87) zeugen alte Bauernhäuser von der jahrhundertlangen Besiedelungsgeschichte Moorburgs. Selbst unter deformiertem Äußeren verbergen sich da und dort noch alte Fachwerkgerüste: **Moorburger Elbdeich 309** und **399, Hohenwischerstraße 27** und **39** (die letzteren Häuser gehören heute zu Francop). – Moorburg ist – wie schon in Altenwerder vollzogen – für die Hafenerweiterung bestimmt und insofern sind seine Tage gezählt.

Hausbruch

Spuren des Dorfes und der Aufsiedelung seit Eröffnung des Bahnhofs 1899 bestimmen den Kern des Stadtteils. Die Großsiedlung **Neuwiedental** ist 1959–66 auf Grund eines städtebaulichen Entwurfs von Schramm & Elingius gebaut worden: ein ausgedehntes Wohngebiet, das in sechs ›Wohnknollen‹ (Bereiche verdichteter Bebauung) gegliedert ist. Geschoßwohnungszeilen und Hochhausscheiben wechseln ab. – Die zum ersten Mal in Hamburg in großem Maßstab durchgeführte Montagebauweise hat die Intention durchkreuzt, innerhalb des städtebaulichen Rahmens die Einzelbauten abwechslungsreich zu gestalten.

Neugraben-Fischbek

Auf dem Gelände des heutigen Stadtteils liegen zwei historische Siedlungskerne: Am Rand der Geest Fischbek, in der Marsch Neugraben. Beide Dörfer kamen 1937/38 zu Hamburg. Vorher waren sie preußisch, bis 1866 hannoversch, und weiter zurück gehörten sie zu unterschiedlichen Teilen des Herzogtums Braunschweig-Lüneburg.

Vom ›Neuen Graben‹ zwischen den Deichen von Moorburg und Francop, der im 16. Jh. nachweisbar ist, rührt der Name des 1540 erstmals erwähnten Dorfes Neugraben her. Von einigen Katen ausgehend entwickelte es sich wohl damals auf dem Talsandkegel des Scheidebaches.

Entlang der Francoper Straße reihen sich Gehöfte mit Findlingsmauern, mit Hufnerhäusern, Scheunen und Katen. Auch die Differenzierung der dörflichen Gesellschaft drückt sich im Ortsbild aus, das Katen und Brinksitzerhäuser, dann seit dem 19. Jh. Wohnhäuser von Handwerkern und Arbeitern aufgenommen hat.

Francoper Straße 45 Hofanlage, das vielfach veränderte Haupthaus mit Balkeninschrift von 1610, jüngere Nebengebäude; **Nr. 51** Hofanlage, Haupthaus im Kern von 1770 (verändert), Scheunen von 1726 bzw. 1730, Backhaus 1753, ehemals zugehörig die Kate **Nr. 53; Nr. 55** Hofanlage, Haupthaus Großkate von 1747, Durchfahrtscheune; **Nr. 63** Hof mit Durchfahrtscheune, Hufnerhaus von 1770, Backhaus, Findlingsmauer – gegenüber wohl als Altenteilerkate **Nr. 84; Nr. 67** Hofanlage, Haupthaus mit Resten des Baus von 1733; **Nr. 52** Kate; **Nr. 54** Bauernhof mit Scheune und Findlingsmauer; Haupthaus von 1726, Durchfahrtscheune von 1797 und Speicher 19. Jh., Backhaus; **Nr. 60** Hofanlage, Haupthaus (Großkate) Mitte 18. Jh. (verändert), Durchfahrtscheune, Querdielenscheune, Findlingsmauer.

Etwas abseits liegt am **Fischbeker Moor 5** ein weiterer Bauernhof mit einer alten Scheune.

Das weithin aufgesiedelte Gebiet hat seine Mitte im neuen **Ortsamt Süderelbe** (Neugrabener Markt 5, Riecke & Karres, 1975/76).

Das ukrainisch-katholische Kirchengemeindezentrum mit der **Allerheiligenkirche** Birkenbruch (Karlheinz und Julia Bargholz, 1977–80) zitiert mit seinem Backsteinkuppelbau byzantinisch-ukrainische Traditionen ebenso wie es sich in die regionale Bauweise einbindet.

Als eigenständiger Siedlungskern am Übergang von Geest und Marsch ist heute noch mit einigen reetgedeckten Häusern **Fischbek** beidseits der Cuxhavener Straße erlebbar.

Im südlichen Randbereich des Stadtteils entstand während des Zweiten Weltkriegs die ausgedehnte **Falkenberg-Siedlung** an den ›-heide‹-Wegen beidseits der Neugrabener Bahnhofstraße mit Behelfsheimen für ausgebombte Hamburger; zum Teil war es eine der berüchtigten ›Plattenhaus‹-Siedlungen, hergestellt von KZ-Insassinnen aus Betonfertigteilen, die in Neuengamme gegossen wurden (s. Poppenbüttel und Neuengamme). Den veränderten, ausgebauten und verschönerten Häusern ist diese Geschichte nicht mehr anzusehen. Das Haus **Sandheide 41** soll aber daran künftig erinnern.

Auf dem **Falkenberg** gibt es Spuren einer frühgeschichtlichen Wallanlage.

Francop

Als Teile des **Alten Landes** bilden die heutigen Hamburger Stadtteile Francop, Neuenfelde und Cranz eine eindrucksvolle Kulturlandschaft. Hier gibt es einige der wertvollsten Bauernhäuser des Hamburger Staatsgebietes (Neuenfelde). Sie verdanken ihren Wohlstand und ihr Ortsbild dem Ertrag der fruchtbaren Marschenfluren wie den Absatzmöglichkeiten in der nahen Hafenstadt. Obst- und Gemüsebau haben einen legendären Ruf.

Die Bremer Erzbischöfe organisierten seit ca. 1150 die Landgewinnung im Alten Land. Nach niederländischem Vorbild und wohl auch durch niederländische Kolonisten wurden Sandbänke und Überflutungsgebiete der Elbmarsch durch Ringdeiche eingefaßt und in gleichmäßige Flurstücke aufgeteilt, zwischen denen Entwässerungsgräben zu einem rückwärtigen ›Wetterungs‹-Graben führen. Auf jedem Flurstück entstand am Deich das Bauernhaus. Wie in den Vier- und Marschlanden sind auch im Alten Land noch alle Merkmale dieser mittelalterlichen Kulturleistung gegenwärtig. Zu Hamburg gehört seit 1937/38 der Ostteil, die *Dritte Meile Alten Landes.* Vorher seit 1866 preußisch, war es mit dem Herzogtum Bremen (dem früheren Gebiet der Bremer Erzbischöfe) an das Königreich Hannover gelangt. Nach Westen setzt es sich bis Stade fort.

Durch Sturmfluten zwischen 1392 und 1412 waren die Elbmarschen des Alten Landes bis zur Neubedeichung um 1460 unbewohnbar geworden, auch 1962 war das Alte Land überflutet. An solche Katastrophen erinnern die ›Bracks‹, die an den Deichbruchstellen durch das einströmende Wasser ausgespült wurden, so *Achtern Brack.* Heute ist die alte Deichlinie funktionslos geworden durch die Deiche, die nach der Sturmflut 1962 mit neuem Verlauf angelegt wurden.

Die Bebauung des Deiches in Francop – das um 1235 erstmals erwähnt wird – ist gemischt und nicht sehr alt: **Hohenwischer Str. 277** hat einen schönen Fachwerkgiebel mit Backsteinschmuckverband (17. Jh.). – Das besonders traditionell aussehende Haus Hohenwischer Str. **253** wurde 1942 erbaut.

Am **Gutsbrack** – einem der größten Bracks – steht das schöne Fachwerkgutshaus, das einen 1842 abgebrannten Vorgänger ersetzt hat.

Der Weg **Zur Graft** führt in das zur früheren Süderelbe gehörende Vorland. Dort liegen Reste einer Ziegelei, teilweise stehen die (um 1900 entstandenen) Gebäude auf Wurten.

Der östliche Teil der Hohenwischer Straße – **Hohenwisch** – gehört in das künftige Hafenerweiterungsgebiet (s. Moorburg). Dieser jüngste Abschnitt des Alten Landes zwischen Francop und Moorburg wurde übrigens erst im 16. Jh. eingedeicht.

Neuenfelde

Neuenfelde gehört seit 1937/38 zum Hamburger Teil der ›Dritten Meile Alten Landes‹ (s. Francop). Insbesondere in Neuenfelde ist deren Einheit von Natur- und Kulturlandschaft, Architektur und schmuckreichem Detail noch zu verfolgen.

›Neuenfelde‹ ist als Ortsname seit dem 15. Jh. überliefert. Die älteren Siedlungen *Nincop* und das schon 1059 erwähnte *Hasselwerder* gingen erst 1927 darin auf (an ihre Lage erinnern noch Hasselwerder Straße und Nincoper Straße).

Die ev.-luth. Pfarrkirche **St. Pankratius** (am Organistenweg) liegt mit dem sie umgebenden alten Friedhof (einige ältere Grabmäler sind erhalten) auf einer Wurt, der Zugang führt durch ein um 1750 entstandenes Torhaus. – Die Kirche ist 1682–87 errichtet worden. Der Backsteinsaal mit dreiseitigem Chorschluß erhielt 1841 einen neuen Turm.

Der weite Saal ist von einem hölzernen, auf marmorierten Pilastern aufsetzenden Tonnengewölbe überdeckt (Abb. 88), das 1683 von den Hamburger Malern Hinrich Berichau und H. Chr. Wördenhoff lehrhaft ausgemalt wurde (Wolkenhimmel über Balustrade, bevölkert von Engeln, die dem Betrachter Tugendembleme sowie Spruchbänder und -tafeln vorhalten; im Chorhaupt Jüngstes Gericht). – Der *Kanzelaltar* (ein besonders früher Vertreter dieses protestantischen Altartypus) und die Empore hinter ihm sind 1688 von Christian Precht in Hamburg geschaffen worden, möglicherweise beraten von Arp Schnitger; Altar und Brüstungen sind durch gedrehte Säulen gegliedert, dazwischen sind holzgeschnitzte Figuren eingestellt (Petrus und Paulus bzw. Evangelisten mit dem Salvator); Kanzelkorb und Schalldeckel werden von Engeln getragen, die hochsitzende Kanzel läßt Platz für ein großes Altarbild (Auferstehung Christi); an den Emporenbrüstungen weisen Wappen auf den schwedischen Gouverneur des Herzogtums Bremen hin. Die Logen wurden 1693 für den Bauherrn der Kirche, Propst J. H. von Finckh und den Orgelbauer Arp Schnitger eingerichtet, der seit 1684 in Neuenfelde lebte und arbeitete und in der Kirche beigesetzt ist (1648–1719). – Die untere Westempore von 1682 hat Brüstungsbilder mit Christus und den Aposteln; die obere ist 1688 zusammen mit dem Orgeleinbau entstanden; der reich gegliederte Orgelprospekt schmückt die zu wesentlichen Teilen erhaltene *Orgel,* die Arp Schnitger für seinen Heimatort 1688 geschaffen hat, eines seiner berühmtesten Werke. – Der *Taufstein* von 1683 (Putten tragen ein blumengeschmücktes Becken) steht unter einem dreistufig turmartigen Aufbau (Abb. 88). – Zum *Gestühl* des 17./18. Jh. gehört der Beichtstuhl von 1730 auf der Südseite (bekrönt von den Figuren der Rechtgläubigkeit und vier geistlicher Tugenden), davor die Stühle der Kirchenvorsteher von 1731; die ›bunten Stühle‹ von 1729 auf der Nordseite sind von einer freistehenden Kolonnade eingefaßt, auf der acht Tugenden stehen. – Ergänzt wird die Ausstattung durch einen Messingkronleuchter von 1709 und durch ein Porträt von J. H. von Finckh (1729). – Aus der Vorgängerkirche ist eine Sandsteinbüste des Salvators (2. Hälfte 16. Jh., innen über der Nordtür) und die Grabplatte eines Geistlichen von 1503 mit Ritzzeichnung (in der vermauerten

Südtür) sowie das romanische Weihwasserbecken (achteckiger Granitblock in der Turmhalle) erhalten.

Die Marschhufensiedlung zeigt schöne niedersächsische Fachhallenhäuser entlang den alten Deichen. Für den Reichtum des Alten Landes sprechen die teilweise aufwendig geschmückten Giebel. Am Ende des 17. Jh. erhielten eine Reihe der Höfe prächtige hölzerne Prunkpforten.

Das Hufnerhaus **Stellmacherstraße 14** von 1779 gehört zu den schönsten der Hamburger Elbmarschen. – Dasselbe gilt für das Bauernhaus **Stellmacherstr. 9** (Farbabb. 24). Es ist um 1775 errichtet worden und hat eine ältere *Prunkpforte* (mit Datum von 1619, aber wohl um 1680).

Das Hufnerhaus **Nincoper Str. 45** ist seiner ausführlichen Bauinschrift zufolge 1778 nach einem Brand neu erbaut worden. Charakteristisch für die Altländer Häuser ist die *Brauttür* im Wohnteilgiebel. Sie ist mit einem geschnitzten Holzsturz von 1838 geschmückt. Die Hofzufahrt überbrückt den Entwässerungsgraben und ist durch eine *Prunkpforte* von 1683 geschlossen.

Das Hufnerhaus **Neuenfelder Fährdeich 5** stammt von 1834. – Auch am Neuenfelder Fährdeich **145** gibt es eine Prunkpforte (mit Datum 1747, aber wohl vom Ende des 17. Jh.).

Zu den ältesten Deichen des Alten Landes gehört vielleicht der Ringdeich **Rosengarten.** Er wäre dann um 1150 entstanden. Wie es dem damaligen Bedarf entsprochen hätte, ist er niedriger als die späteren oder gar die heutigen Deiche. – Da freilich keine alte Besiedlung bezeugt ist, könnte es auch sein, daß mit ihm nachträglich ein Teil des Vorlandes in der Art eines Sommerdeichs gesichert wurde.

In Neuenfelde hatte in einem Bauernhaus der Orgelbauer Arp Schnitger seine Werkstatt. Das Haus ist nicht erhalten, an seiner Stelle steht **Vierzigstücken 95,** ein Neubau um 1900. Eine Gedenktafel erinnert an die Bedeutung der Stätte.

Cranz

Der kleine Stadtteil Cranz gehört mit dem östlichen Teil des Alten Landes seit 1937/38 zu Hamburg (s. Francop). Der Ort besteht aus der Bebauung des die Estemündung auf der Westseite begleitenden Deiches. Sie ist malerisch-kleinteilig, besteht aus Wohnhäusern und Ausflugslokalen, deren schmuckreichste aus der Gründerzeit stammen. Hier ist die Anlegestelle der Fähre nach Blankenese, ein traditioneller Ausgangspunkt für Ausflüge ins Alte Land.

Museen und Sammlungen

Allgemeines

In Städten von der Größenordnung Hamburgs sind sonst die Ausstattungen von Residenzen und fürstliche Sammlungen zum Grundstock großer Museen geworden. Dieser Impuls fehlt in der Hansestadt seit je. Mehr noch: Zum liberalen Selbstverständnis der Republik gehörte es bis in die dreißiger Jahre, daß keine aktive Kultur- und Kunstpolitik betrieben wurde. Allenfalls kam es zur finanziellen Förderung durch den Senat dort, wo große Vorleistungen bereits erbracht waren oder die Nützlichkeit plausibel war. Die Folgen sind zu spüren.

Die heute bestehenden staatlichen Museen sind aus der alten Tradition bürgerlicher Sammlungstätigkeit hervorgegangen. Engagierte Bürger und Vereinigungen haben sie begründet. Erst nach ihrer Etablierung, seit dem Ende des 19. Jh., übernahm sie der Staat in seine Obhut. Das jüngste Museum, das sich hoffentlich in die Reihe der großen einreihen wird, ist das im Aufbau befindliche ›Museum der Arbeit‹, initiiert 1980 von einem privaten Verein.

Erst vor kurzem hat sich der Museums-Boom in der Bundesrepublik durch Pläne für einen Ausbau der ›Museumsinsel‹ bei der Kunsthalle auch in Hamburg bemerkbar gemacht. Der Umbau der Großmarkthallen am Deichtor zum Ausstellungsort 1989 (s. Innenstadt, Deichtor-Markthallen) ist charakteristischerweise wiederum einer großen privaten Stiftung zu verdanken.

Das mag als Hinweis auf die Gründe genügen, die gesucht werden müssen, wenn die Häuser und Darstellungsmittel der Hamburger staatlichen Museen manchem als unzureichend erscheinen mögen – jedenfalls gemessen an den großen Neubauten und Neuordnungen der anderen Großstadtmuseen der Bundesrepublik.

Zu den wichtigsten Errungenschaften des letzten Jahrzehnts gehört der Aufbau des **Museumspädagogischen Dienstes,** der Programme zu ›Gesprächen in Hamburger Museen‹ für Schulklassen und Gruppen anbietet (Auskunft durch die Museen sowie durch den Museumspädagogischen Dienst, HH 76, Hamburger Str. 45, ✆ 29188–2752, mo–do 9–12 Uhr und 14–16 Uhr sowie fr 9–12 Uhr).

Der aktuelle Informationsdienst ›Hamburgs Museen‹ (für die staatlichen Museen) erscheint halbjährlich und ist in den Museen sowie bei der Tourismus-Zentrale erhältlich.

Die staatlichen Museen halten ein reiches Angebot von Bestands- und Ausstellungskatalogen bereit, einschließlich der ständig ausgebauten Loseblattsammlung des Museumspädagogischen Dienstes zu einzelnen Themen und Werken. – Die Museumsbibliotheken sind meist die besten für ihr jeweiliges Sammelgebiet in Hamburg. – Vortragszyklen, Führungen und Sonderausstellungen gehören zum selbstverständlichen Angebot der großen Museen.

Übrigens sollte der Besucher die Museumsgaststätten in seine Rundgänge einplanen – das ›Café Liebermann‹ der Kunsthalle, die ›Vierländer Kate‹ des Altonaer Museums, das ›Historant‹ des Museums für Hamburgische Geschichte und die ›Destille‹ des Museums für Kunst und Gewerbe sowie den ›Atoll‹ im Museum für Völkerkunde.

Die großen staatlichen Museen

Hamburger Kunsthalle

Innenstadt

HH 1
Glockengießerwall (nördlich vom Hauptbahnhof)
✆ 24 86-26 12
Di–so 10–18 Uhr

Die Hamburger Kunsthalle ist eine der großen deutschen Gemäldegalerien mit bedeutenden Bildern der europäischen Kunstgeschichte vom Mittelalter bis zur Gegenwart. Sie geht zurück auf die 1850 eröffnete ›Öffentliche Städtische Gemälde-Galerie‹. Der Kunstverein in Hamburg (gegründet 1817) hatte ihre Bestände zusammengebracht, Stiftungen haben sie wachsen lassen. 1869 wurde dafür der Backstein-›Altbau‹ der Kunsthalle errichtet (zu dem der Senat nur ein Drittel der Baukosten beisteuerte). 1886 wurde Alfred Lichtwark (1852–1914) zum Direktor berufen. Am Ende seiner Tätigkeit erfolgte die Erweiterung durch den ›Neubau‹ (1914–1921).

In einem Vierteljahrhundert hat Lichtwark das Haus geprägt durch sein Anliegen: dem Hamburger Bürgertum ›Kultur‹ zu vermitteln. Zum einen dadurch, daß er es auf die eigene kulturelle Tradition hinwies – das Ergebnis ist die Sammlung zur Geschichte der **Malerei in Hamburg.** Deren wichtigste Stücke waren regelrechte Entdeckungen Lichtwarks, so die Altäre der Meister Bertram und Francke, das Werk Philipp Otto Runges, die bürgerlichen Realisten des Vormärz. – Zum anderen wollte Lichtwark durch Kunstwerke von europäischem Rang das Kunstverständnis der Hamburger stärken. Eine **Sammlung von Bildern aus Hamburg** kam durch Auftragsvergabe für Bilder aus der Stadt und Porträts Hamburger Persönlichkeiten zustande. Vor allem Max Liebermanns Ansichten von Alster und Elbe (Farbabb. 27) und seine Porträts gehören dazu, weiterhin Bilder von Uhde, Kalckreuth, Trübner, Slevogt und Corinth, von Bonnard, Marquet (Farbabb. 26) und Vuillard (Farbabb. 28).

Mit der Gründung der **Gesellschaft Hamburgischer Kunstfreunde** und vielen Veröffentlichungen gewann Lichtwark Einfluß auf die vermögende und politisch tonangebende Oberschicht der Stadt, von deren Bewilligungs- und Stiftungsbereitschaft seine Arbeit abhing. Ebenso wirkte er aber auf die Volksbildung ein als Förderer der Kunsterziehungsbewegung im reformfreundlichen Milieu der Hamburger Volksschullehrerschaft – aus der er selbst stammte. – Die Nachfolger haben durch Sammlungstätigkeit und Neugliederung der Ausstellungen das Profil der Kunsthalle aktualisiert. – Auch im ›Dritten Reich‹: 74 Gemälde verlor die Kunsthalle als ›entartete Kunst‹ 1937.

Der Spielraum für Neuerwerbungen ist in den letzten Jahrzehnten immer enger geworden. In *Sonderausstellungen* werden jedoch Bestände der Dauersammlung mit auswärtigen Leihgaben in Interpretationszusammenhänge integriert, die den heutigen internationalen Ruf dieses Museums begründen.

Meister Bertram und Meister Francke stehen längst nicht mehr im Kontext der ›Malerei in Hamburg‹, sondern bilden die Höhepunkte der mittelalterlichen Malerei in der Sammlung alter Meister. Die Bilder Philipp Otto Runges – der ›Morgen‹, die ›Hülsenbeckschen Kinder‹ – sind mit denen Caspar David Friedrichs Hauptwerke einer glänzenden Abteilung mit Bildern der deutschen Romantik geworden.

Die Abteilung ›Malerei in Hamburg‹ (in den Seitenkabinetten im Erdgeschoß des Neubaus) ist andererseits seit Lichtwark angewachsen um die Bilder der Hamburger Sezession, der Nachkriegsmoderne und der Gegenwart. Sie dokumentiert die Entwicklung der Malerei in Hamburg seit dem 15. Jh. Die an der niederländischen Kunst orientierte bürgerliche Malerei des 17. und 18. Jh., der Realismus des Vormärz um Jacob Gensler, die Bilder des 1897 gegründeten ›Hamburger Künstlerclubs‹ um Arthur Illies, Ernst Eitner und Arthur Siebelist gehören zu den wichtigsten Abschnitten dieser Abteilung.

Die Kunsthalle sammelt Plastiken des 19. und 20. Jh.; sie sind in die Schausammlung integriert.

Das Kupferstichkabinett legt Zeichnungen und Druckgraphik vom 15. Jh. bis zur Gegenwart vor.

Zeitgenössische Künstlerschallplatten bietet eine Phonothek.

Das Münzkabinett besitzt Münzen seit der Antike, dazu Medaillen von der Renaissance bis zur Gegenwart.

Museum für Kunst und Gewerbe

St. Georg

HH 1

Steintorplatz 1 (Hauptbahnhof, Zentraler Omnibusbahnhof ZOB)

✆ 24 86–26 30. Di–so 10–18 Uhr

Das Museum ist hervorgegangen aus einer Initiative seines ersten Direktors Justus Brinckmann (1843–1915) und den kulturpolitischen Aktivitäten der Patriotischen Gesellschaft von 1765. Er entwarf 1863 das Konzept – als zeitweiliger Sekretär der Gewerbekammer war er dem Hamburger Handwerk verbunden –, die Gesellschaft begründete die Sammlungen, bald gefördert durch staatliche Zuschüsse.

1877 wurde das Museumsgebäude eröffnet, in das zugleich die Gewerbeschulen einzogen. So wurde Brinckmanns Anliegen zu lebendiger Realität: Handwerk und Kunstgewerbe durch die »Anschauung der besten Hervorbringungen aller Zeiten und Länder« zu fördern.

Persönliche Vorlieben Brinckmanns sind bis heute in der Sammlung erkennbar: Japanisches Kunsthandwerk und die bäuerliche Kultur der Vierlande gehören gleichberechtigt dazu.

Die umfangreichen und vielfältigen Sammlungen bieten einen Überblick über das europäische Kunsthandwerk vom Mittelalter bis zur Gegenwart, von liturgischen Geräten bis zum modernen Industriedesign, mit Objekten aus Glas, Keramik und Porzellan, Edelmetall, Bronze, Zinn und Elfenbein. Möbel und Interieurs aus Bürgerhäusern stellen den Zusammenhang zur bürgerlichen Kultur Hamburgs her. Zuletzt ist der neubarocke Musiksaal des Budge-Palais (s. Rotherbaum) hinzugekommen.

Zu den Höhepunkten gehört die Jugendstil-Abteilung mit dem ›Pariser Salon‹ (erworben von Brinckmann auf der Pariser Weltausstellung 1900) und den von Henry van de Velde gestalteten und eingerichteten Räumen aus dem Haus Possehl in Travemünde.

Weiterhin umfaßt das Museum Abteilungen zur Archäologie (Ägypten, alter Orient, griechische, etruskische und römische Antike), zum Kunstgewerbe Ostasiens und des islamischen Orients, zur europäischen Plastik bis 1800, Textil- und Plakatsammlungen (nur zu Teilen ausgestellt); es sammelt Photographien und Photogeräte sowie Musikinstrumente.

Museum für Hamburgische Geschichte

Innenstadt

HH 36

Holstenwall 24 (U 2 St. Pauli, Bus 112)

✆ 35 04–23 60. Di–so 10–18 Uhr

Das Museum ist aus der ›Sammlung Hamburgischer Altertümer‹ des 1839 gegründeten Vereins für Hamburgische Geschichte hervorgegangen. Dort wurden Bildquellen zur Stadtgeschichte und Topographie systematisch gesammelt ebenso wie all das, was durch die Modernisierung der Stadt ausgemustert wurde – wie die Einrichtung des Bürger-Militär-Zeughauses und des alten Bauhofes. Stiftungen von Privatleuten und Firmen reicherten die Sammlung an. Und sie nahm Teile von alt-hamburgischen Bauwerken auf, so nach dem Großen Brand von 1842 und bei den Abbrüchen im Freihafengebiet nach 1881.

Das Museum erhielt 1908 erstmals einen staatlich bestallten Direktor und dann bis 1922 – mit einem Hauptwerk Fritz Schumachers – ein eigenes Haus, das durch die Integration von Baufragmenten an den Fassaden wie im Innern selbst zum Ausstellungsobjekt wurde; besonders bemerkenswert sind die Kaiserstatuen vom alten Rathaus am Nordflügel und im 1989 mit Glas überdachten Hof das ehemalige Südportal der Petri-Kirche (s. Innenstadt, Wallring).

Die Sammlungen vergegenwärtigen die Geschichte der Stadtgestalt von der Hammaburg bis zur Gegenwart (Stadtmodelle). Die innere Entwicklung der Republik in Handwerks- und Zunftgeschichte, Rat und Gericht, Bürgermilitär, Geld-, Verkehrs- und Postgeschichte, die Arbeiterbewegung – das komplexe Wesen der Hafenstadt wird hier anschaulich.

Umfangreiche Sammlungen, Modelle und Interieurs zur Geschichte von Haus und Wohnen seit dem 9. Jh. dokumentieren die Kultur des Hamburger Bürgertums (so ist unter anderem ein barocker Saal aus der Deichstraße und eine Bürgerhausdiele eingebaut), aber auch die der Landgebiete, zumal der Vier- und Marschlande und Finkenwerders. Hamburgs Existenzgrundlage wird erklärt in den hafen- und schiffahrtsgeschichtlichen Abteilungen mit Modellen zum Aufbau und zur Funktion des Hafens und seiner technischen Einrichtungen, der Werften und des Elbefahrwassers sowie mit vielen Schiffsmodellen. Besonders populär ist die große Modelleisenbahnanlage, die den Eisenbahnbetrieb in Hamburg nachbildet (Vorführungen etwa stündlich).

Das ›Historic Emigration Office‹ gibt Auskunft über Auswanderer, die von 1850 bis 1914 über Hamburg emigriert sind (di–sa 10–13 Uhr und 14–17 Uhr).

Im Garten des Museums Plastiken des Barock aus Landhausgärten in Billwerder und Baureste aus der Innenstadt.

Hamburgisches Museum für Völkerkunde

Rotherbaum

HH 13
Rothenbaumchaussee 64 (U 1 Hallerstraße, Bus 38)
✆ 44195–524
Di–so 10–18 Uhr

Das Völkerkundemuseum ergänzt in einer Hafenstadt wie Hamburg nicht nur das Bildungsangebot der anderen Museen, sondern ist auch eng mit dem Überseehandel verbunden. So gehen die älteren Bestände auf das zurück, was hamburgische Kaufleute von ihren Reisen mitbrachten. Es hatte und hat seine Funktion in der Information über Länder, mit denen Handel getrieben wird. Die erste ethnologische Sammlung wurde 1849 angelegt, aus ihr entwickelte sich unter der Obhut des Naturwissenschaftlichen Vereins das Museum (1879–90 im Museumsgebäude am Steintor, dem heutigen Museum für Kunst und Gewerbe). Seit 1890 Teil des Naturhistorischen Museums, erhielt es ein eigenes Haus 1908–12 unter Georg Thilenius (Direktor seit 1904); seitdem wurde es zur Stätte wissenschaftlicher Forschung.

Die Bestände dokumentieren in ihrer Vielfalt die Stiftungsgeschichte und Schwerpunkte der Forschung des Hauses. Das macht den Rundgang reizvoll, bei dem man von der Afrika-Abteilung (mit ihren reichen Beständen von Holzbildwerken) zu Inka-Gold und altägyptischen Mumien und Bildwerken findet. Hervorzuheben ist die Südsee- und Südostasien-Abteilung mit einem ›Maori-Haus‹ aus Neuseeland. Vorder-, Süd- und Ostasien, Indianer- und Eskimokulturen, aber auch die Kultur der Sowjetunion von ihren Naturvölkern bis zur gegenwärtigen Industriegesellschaft haben eigene Abteilungen.

Altonaer Museum

Ottensen

HH 50
Museumstraße 23 (Bahnhof Altona)
✆ 3807–514
Di–so 10–18 Uhr

Das Altonaer Museum (1863 von einer Museumsgesellschaft initiiert, 1888 durch die Stadt Altona übernommen) war mit seinem Neubau von 1901 Teil des städtebaulichen Konzeptes, mit dem sich das zur Großstadt gewordene Altona um die Jahrhundertwende ein neues, identitätsstiftendes Stadtzentrum rund um den Platz der Republik gab (s. Altona-Altstadt).

Naturkunde Norddeutschlands, Kunst und Kultur, Stadt- und Regionalgeschichte, Technik-, Schiffbau- und Schiffahrtsgeschichte, Bauernhaus und Volkskunde Schleswig-Holsteins sind Sammelgebiete dieses ›Norddeutschen Landesmuseums‹. Zu den Attraktionen des Museums gehört die Sammlung von Galionsfiguren alter Großsegelschiffe und die umfangreiche Spielzeugabteilung. Die stadtgeschichtliche Abteilung besitzt eindrucksvolle Ausstellungsstücke zur Geschichte der jüdischen Gemeinde in Altona und damit zu dessen Geschichte als religiöse Freistatt.

Hamburger Museum für Archäologie und die Geschichte Harburgs Helms-Museum

Harburg

HH 90

Museumsplatz 2 (S 3 Harburg-Rathaus)

✆ 77170–609

Di–so 10–18 Uhr

August Helms gründete 1898 den ›Museums-Verein für den Stadt- und Landkreis Harburg‹, seine Söhne stifteten 1925 das erste eigene Gebäude für das Harburger Heimatmuseum. 1937 wurde es durch die Stadt Harburg übernommen und 1955 in einem Neubau untergebracht. Seit 1972 wird das Helms-Museum zum Hamburgischen Museum für Vor- und Frühgeschichte ausgebaut, das die Vor- und Frühgeschichte des Hamburger Raumes vom ersten Auftreten des Menschen bis ins Mittelalter erforscht und in Ausstellungen präsentiert. Die neuerdings erfolgte Übernahme der Boden-Denkmalpflege in Hamburg durch das Museum und neue Schwerpunkte in der Archäologie des Mittelalters sowie ein neues Schwergewicht auf die Erschließung der Harburger stadtgeschichtlichen Sammlungen lassen spannende Veränderungen des Museums erwarten.

Museum der Arbeit

Barmbek

HH 60

Maurienstr. 19 (Bahnhof Barmbek)

✆ 2984–2364

Öffnungszeiten für Gruppen nach Vereinbarung bzw. im Rahmen von Kursen des Museums oder des Museumspädagogischen Dienstes, außerdem Mo 16–20 Uhr.

Seit 1980 besteht ein Verein, der die Gründung eines Museums der Arbeit betreibt. Die bereits bestehenden Sammlungen sind in Gebäuden der ehemaligen ›Hamburg-New Yorker Gummiwaaren-Fabrik‹ in Barmbek untergebracht (s. Barmbek-Nord).

Das Konzept sieht vor, daß neben dem Museum die Stadt selbst als Ort und Ergebnis der Arbeit ihrer Menschen erschlossen wird. Es werden daher Ausstellungen vor Ort und historische Stadtrundgänge sowie Hafenrundfahrten angeboten.

Die anderen Museen

Neben den großen Museen erschließen zahlreiche kleinere, teils staatliche, überwiegend aber private Museen vor allem stadtteilbezogene Schwerpunkte der Hamburger Kultur- und Kunstgeschichte. Außenstellen der staatlichen Museen sind in kulturgeschichtlich bedeutenden Stadtregionen und wichtigen Baudenkmälern eingerichtet. Die Universität verfügt über wertvolle naturwissenschaftliche Schausammlungen.

Zu den kleineren Museen führt Michael *Koglin:* Was die anderen nicht zeigen. Ein Verführer durch Hamburgs private Museen und Schausammlungen, Hamburg 1988.

Alstertalmuseum

Wellingsbüttel

HH 65

Wellingsbüttler Weg 79a (S 1/11 Wellingsbüttel)

✆ 5366679. Sa u. so 11–13 u. 15–17 Uhr

Die Sammlung des Alstertalvereins im restaurierten Torgebäude des ehemaligen Gutes Wellingsbüttel (s. Wellingsbüttel) informiert über die Prähistorie des Alsterraumes, die Heimatkunde der nördlichen Stadtteile, die Schiffahrt auf der Oberalster.

Auto-Museum Hillers

St. Georg

HH 1

Kurt-Schumacher-Allee 42 (beim Museum für Kunst und Gewerbe, U 1, U 2, ZOB)

✆ 246577

Tägl. 10–17 Uhr
Historische Automobile aus der Zeit seit 1903.

Dehmelhaus
Blankenese
HH 55
Richard-Dehmel-Str. 1 (Bus 189 und 286 ab Bahnhof Blankenese)
✆ 860232
Besichtigung nur nach Absprache
Wohn- und Arbeitsräume des Dichters Richard Dehmel (s. Blankenese).

Deutsches Maler- und Lackierermuseum
Billwerder
HH 74
Billwerder Billdeich 72 (im ›Glockenhaus‹, Bus 330 ab U 3 Billstedt)
✆ 343887 u. 7338706
Sa u. so 10–13 Uhr, April–Okt. auch mi 10–16 Uhr
Sammlung und Dokumentation zur Geschichte des Malerhandwerks in Deutschland im restaurierten ›Glockenhaus‹ (s. Billwerder).

Deutsches Spielemuseum
Innenstadt
HH 1
Glockengießerwall 3 (Hauptbahnhof)
✆ 324272
Fr 14–20, sa u. so 10–20 Uhr
Sammlung von Spielen, Spielkarten und Spielutensilien aller Art.

Eidelstedter Heimatmuseum
Eidelstedt
HH 54
Alte Elbgaustr. 12 (S 3/21 Elbgaustraße)
✆ 5709599
Di u. do 15–17 Uhr
Geschichte von Dorf und Stadtteil Eidelstedt.

Electrum
Barmbek-Süd
HH 76
Klinikweg 23 (U 2 Hamburger Straße)
✆ 6363641
Di–so 9–17 Uhr
Technisches Museum der Hamburgischen Elektrizitätswerke HEW. Grundlagen und Geschichte der Elektrotechnik werden durch historische Geräte, Dokumente und Funktionsmodelle veranschaulicht.

Ernst-Barlach-Haus
Othmarschen
H 52
Baron-Vogth-Str. 50a (im Jenisch-Park, Bus 36 Teufelsbrück, S 1/11 Klein Flottbek)
✆ 826085
Di–so 11–17 Uhr
Werke von Ernst Barlach (Sammlung Hermann F. Reemtsma), u.a. ›Fries der Lauschenden‹ (1930–35). Sonderausstellungen. – Blinden ist es ausdrücklich erlaubt, die Plastiken zu ertasten.

Geologisch-Paläontologisches Museum der Universität
Rotherbaum
HH 13
Bundesstraße 55 (›Geomathikum‹-Hochhaus)
✆ 4123–4999
Mo–fr 9–18 Uhr, während der Vorlesungszeit auch sa 9–12 Uhr
Erdgeschichte, Geologie, Entwicklung des Lebens bis zur Evolution des Menschen. Besonders interessant: Fossilien und Lackfilm-Präparate.

Hamburgisches Architekturarchiv
Barmbek-Nord
HH 60
Bramfelder Str. 140 (U 2 Habichtstraße)
✆ 6913836 u. 6913822
Di–fr 10–18 Uhr
Das von der Hamburgischen Architekturkammer getragene Archiv sammelt Quellen und Dokumente zur Geschichte der Baukultur in Hamburg. Es bezieht Ende 1989 das Eingangsbauwerk der ehem. ›Margarine Voss‹-Fabrik (s. Barmbek-Nord).

Heimatmuseum des Wandsbeker Bürgervereins
Wandsbek
HH 70
Böhmestr. 20 (Bahnhof Wandsbek)
Ø mo–do 68 47 86, fr 6 56 14 65
Di 16–18 Uhr
Im Aufbau begriffene Sammlung zur Geschichte von Schloß, Stadt und Stadtteil Wandsbek.

Jenisch-Haus
Othmarschen
HH 52
Baron-Voght-Str. 50 (S 1/11 Klein Flottbek, Bus 36 Teufelsbrück)
Ø 82 87 90
1. 4. bis 31. 10. di–sa 14–17 Uhr, so 11–17 Uhr, im Herbst und Winter di–so 13–16 Uhr und so 11–16 Uhr)
In dem klassizistischen Landhaus ist ein Museum bürgerlicher Wohnkultur eingerichtet (Farbabb. 16, Abb. 54). Umgeben vom Jenisch-Park, vergegenwärtigt es die Blüte der Landhauskultur in den Elbvororten (s. Othmarschen). – In den Obergeschossen wird ein Überblick über das Wohnen der Hamburg-Altonaer Oberschichten von der Spätrenaissance bis zum Jugendstil geboten.

Johannes-Brahms-Gedenkstätte
Neustadt
HH 36
Peterstr. 39 (im ehem. Beyling-Stift, Bus 112 Museum für Hamburgische Geschichte)
Ø 34 46 88
Di u. fr 12–13 Uhr, do 16–18 Uhr
Noten und Erinnerungsstücke des in Hamburg geborenen Komponisten.

Krameramtswohnungen
(Außenstelle des Museums für Hamburgische Geschichte)
Innenstadt
HH 36
Krayenkamp 10 (bei der Hauptkirche St. Michaelis, Bus 37 Michaeliskirche, U 2 St. Pauli)
Ø 31 10–26 24
Di–so 10–17 Uhr
Letzter intakter Rest einer Hofwohnanlage der vorindustriellen Zeit mit museal eingerichteter Wohnung (s. Innenstadt, Sanierungen; Farbabb. 25).

Mana Kumaka Assids Indio-Museum
Wandsbek
HH 70
Kramerkoppel 24 (Bus 164 Eichtalstraße)
Ø 6 56 06 57
Sa u. so 11–17 Uhr
Privatsammlung zur Indianer-Kultur Südamerikas.

Mineralogisches Museum der Universität
Rotherbaum
HH 13
Grindelallee 48 (Mineralogisch-Petrographisches Institut, Bus 102 Grindelhof)
Ø 41 23–20 51
Mi 14–17.30 Uhr
Kristalle, Mineralien, Meteoriten, wertvolle Bernstein-Inklusensammlung.

Museum der Elbinsel Wilhelmsburg
Wilhelmsburg-Kirchdorf
2102 Hamburg 93
Kirchdorfer Str. 163 (Bus 155 ab S 3 Wilhelmsburg)
Ø 7 54 26 09 u. 7 54 39 82
1. 5. bis 31. 10. so 15–17 Uhr
Sammlungen des Wilhelmsburger Vereins für Heimatkunde zur Geschichte der Elbinseln im ehemaligen Amtshaus Wilhelmsburg (s. Wilhelmsburg).

Museum für Bergedorf und die Vierlande
Bergedorf
2050 HH 80
Bergedorfer Schloß (Bahnhof Bergedorf) (Umschlagrückseite)
Ø 72 52–25 09
Di, mi, do u. so 10–17 Uhr

1939 eingerichtet durch den Bergedorfer Bürgerverein, seit 1955 Außenstelle des Museums für Hamburgische Geschichte. Geschichte und bäuerliche Kultur der Elbmarschen, Entwicklung von Schloß und Städtchen Bergedorf (s. Bergedorf).

Museumsdorf Volksdorf
Volksdorf
HH 67
Im Alten Dorfe 46/48 (U 1 Volksdorf)
✆ 6035225
Museumsbereich di–so 10–18 Uhr, Führungen mit Innenbesichtigung der Häuser di–so 15 Uhr
Freilichtmuseum des Vereins ›de Spieker‹ zur bäuerlichen Kultur der Walddörfer im ehem. Dorfkern Volksdorf (s. Volksdorf).

Neuer Botanischer Garten der Universität
Klein-Flottbek
HH 52
Ohnhorststr. 18 (S 1/11 Klein-Flottbek)
✆ 82220
Täglich 9–20 Uhr, im Winter bis 17 Uhr
Nachfolger des traditionsreichen Botanischen Gartens in den Wallanlagen.

Övelgönner Seekiste
Othmarschen-Övelgönne
HH 52
Övelgönne 83 (Bus 183 ab Bahnhof Altona)
✆ 8809327
Sa u. so 14–18 Uhr
Das Privatmuseum des ›Käppen Lührs‹ vereinigt all das, was der Binnenländer von Seefahrt und Übersee erträumt – vom Schrumpfkopf bis zur Seekarte.

Panoptikum
St. Pauli
HH 4
Spielbudenplatz 3 (U 3 St. Pauli), ✆ 310317
Mo–fr 11–21 Uhr, sa 11–23 Uhr, so 10–21 Uhr
Über hundert Prominente der Weltgeschichte in Wachs.

Planetarium
Winterhude
HH 60
Hindenburgstr. 1 (im ehem. Wasserturm des Stadtparks, U 1 Hudtwalckerstraße, U 3 Sierichstraße und Borgweg)
✆ 516621
Ausstellung und Aussichtsplattform so–fr 10–15.30 Uhr, mi u. fr bis 19 Uhr; Vorführungen so 11, 14.30, 16 Uhr, mi u. fr 16 u. 18 Uhr. Voranmeldung empfehlenswert. Kinder unter 6 Jahren dürfen nicht in die öffentliche Vorführung.
1930 eröffnet; informiert über Himmelskunde, Kosmologie und Astronomie einschließlich Raumfahrt. In der Dauerausstellung leider nur noch wenige Reste der Sammlung des Kunsthistorikers Aby Warburg zur Geschichte von Sternkunde und Sternglaube, die er für das Planetarium zusammenstellte. Die Aussichtsplattform bietet einen hervorragenden Überblick über die Hamburger Stadtteile beidseits der Alster (s. Winterhude).

Postmuseum
Neustadt
HH 36
Stephansplatz 1 (ehem. Gebäude der Oberpostdirektion, Postamt 36, U 1)
✆ 3573351
Di, mi, fr 10–15 Uhr, do 10–18 Uhr
Geschichte von Post und Telekommunikation mit historischen Geräten und Gegenständen sowie Funktionsmodellen.

Puppenmuseum Elke Dröscher
Blankenese
HH 55
Grotiusweg 79 (Sven-Simon-Park, ab Bahnhof Blankenese Bus 286 Falkenstein)
✆ 810582, Di–so 11–17 Uhr

Puppen, Puppenstuben, Puppenkleider im restaurierten Landhaus Michaelsen auf dem Falkenstein, der Hamburger Inkunabel des Neuen Bauens von Karl Schneider (s. Blankenese).

Rieck-Haus

Curslack

2050 HH 80

Curslacker Deich 284 (Bus 125, 225 ab Bahnhof Bergedorf S 2 und S 21)

✆ 723 12 23

1. 4. bis 30. 9. di–so 10–17 Uhr, im Herbst und Winter di–so 10–16 Uhr

Das Freilichtmuseum, eine Außenstelle des Altonaer Museums, zeigt eine vollständige Hofanlage der Elbmarschen (s. Curslack; Abb. 81).

Sammlung historischer Schienenfahrzeuge

Wilhelmsburg

2102 HH 93

Vogelhüttendeich 174, Bahnbetriebswerk Hamburg-Wilhelmsburg der Deutschen Bundesbahn (S 3 u. S 31 Wilhelmsburg)

Die von privaten Vereinen zusammengebrachten und restaurierten, im Bahnbetriebswerk Hamburg-Wilhelmsburg untergebrachte Sammlung von Lokomotiven, Waggons und Straßenbahnen ist noch nicht öffentlich zugänglich.

Auskünfte und Besichtigungsmöglichkeiten: ✆ 723 26 96 u. 58 74 07.

Schaugewächshaus im alten Botanischen Garten

Neustadt

HH 36

Planten un Blomen, Eingang Stephansplatz/Dammtordamm (U 1 Stephansplatz)

✆ 41 23–23 27

9–16.45 Uhr, im Winter bis 15.45 Uhr

Gewächs- und Palmenhäuser in der Parklandschaft der Wallanlage ›Planten un Blomen‹.

Schausammlung des Instituts für Angewandte Botanik

Neustadt (Wallanlagen)

HH 36

Marseiller Straße 7, Ecke Jungiusstraße (U 2 Messehallen)

✆ 41 23–23 31

Mo–fr 9–16 Uhr

Naturwissenschaftliche Mustersammlung, zugleich Warenkunde des Welthandels

Spielzeugmuseum Dieter Kurth

St. Pauli

HH 6

Marktstr. 3 (U 2 Messehallen)

✆ 4 36 21 18

Mo–fr 12–18 Uhr, sa 11–14 Uhr

Spielzeug von der Gründerzeit bis ca. 1960

Tabakhistorische Sammlung Reemtsma

Othmarschen

HH 52

Parkstr. 51 (S 1/11 Othmarschen)

✆ 8 22 05 42

Führungen nach Voranmeldung

Sammlung zur Geschichte des Tabakgenusses im ehem. Wohnhaus Reemtsma.

Zoologisches Museum der Universität

Rotherbaum

HH 13

Martin-Luther-King-Platz 3 (Bus 102 Grindelhof)

✆ 41 23–38 80

Di–fr 10–13 u. 14–19 Uhr, 2. und 4. Sa im Monat 10–17 Uhr

Einheimische Tierwelt, Prinzip und Erscheinungsweisen der Evolution, Bedrohung und Ausrottung der Arten. – Aus dem 1890 eröffneten Naturhistorischen Museum am Steintorwall, das im Zweiten Weltkrieg zerstört wurde, ist als einziges Stück ein Narwalschädel erhalten, der 1684 von Walfängern aus den Gewässern um Spitzbergen mitgebracht wurde.

Museumsschiffe

Museumshafen Övelgönne

Ottensen-Neumühlen/Othmarschen-Övelgönne
HH 52
Am Anleger Neumühler Kai (Bus 183 ab Bahnhof Altona)
∅ 38 41 11
Frei zugänglich
Für historische Schiffe aus Privatbesitz wurde dieser Hafen 1977 von einem Verein begründet und seitdem unterhalten (s. Othmarschen).

Rickmer Rickmers

St. Pauli
HH 4
Bei den St. Pauli-Landungsbrücken (U 3)
Brücke 1, Fiete-Schmidt-Anleger
∅ 35 69–31 19
Tägl. 10–18 Uhr
Die 1896 in Bremerhaven gebaute Dreimastbark wurde 1983 durch den Verein ›Windjammer für Hamburg‹ erworben und bis 1987 restauriert.

Cap San Diego

Ottensen-Neumühlen
HH 52
Neumühlen – Westkai (Bus 183 ab Bahnhof Altona)
∅ 3 90 55 46
Mo–fr 8–17.30 Uhr, sa u. so 8–18.30 Uhr
1962 in Dienst gestelltes Frachtschiff (s. Ottensen; Farbabb. 4).

Ausstellungen

Kunsthaus Hamburg

Innenstadt
HH 1
Ferdinandstor 1 (bei der Kunsthalle, Hauptbahnhof)
∅ 33 58 03
Di–so 10–18 Uhr u. mi 10–20 Uhr
Wechselnde Ausstellungen zur Gegenwartskunst in Hamburg.

Kunstverein in Hamburg

Innenstadt
HH 1
An der Kunsthalle (Hauptbahnhof)
∅ 32 78 45
Di–so 10–18 Uhr u. mi 10–20 Uhr
Wechselnde Ausstellungen, insbesondere zur aktuellen Kunstentwicklung.

Kirchlicher Kunstdienst

Innenstadt
HH 36
Esplanade 15 (Evangelische Akademie Nordelbien, U 1 Stephansplatz)
∅ 34 12 64 u. 35 24 34
Mo–fr 9–14 Uhr
Wechselausstellungen und Graphothek zur christlichen Kunst.

Künstlerhaus e. V.

Eimsbüttel
HH 36
Weidenallee 10 c (U 3, S 21 u. S 31 Sternschanze)
∅ 45 17 19
Di–so 18–20 Uhr
Aktuelle Kunst.

Fotogalerie der Staatlichen Landesbildstelle

Stellingen
HH 54
Kieler Str. 171
∅ 54 99–3 06
Mo–fr 8–16 Uhr, di bis 20 Uhr, sa 10–15 Uhr
Monatlich wechselnde Ausstellungen.

Kampnagelfabrik

Winterhude
HH 60
Jarrestr. 26 (Bus 172 Barmbeker Straße, ab Bahnhof Barmbek oder ab U 2 Mundsburg)
∅ 27 87 21

Öffnungszeiten je nach Veranstaltung
Im Veranstaltungszentrum in der ehemaligen Kampnagelfabrik (s. Winterhude) werden laufend auch Ausstellungen zur aktuellen Kunst gezeigt.

Deichtorhallen
Innenstadt
HH 1
Deichtorstraße (U 2 und S Hauptbahnhof, U 1 Steinstraße)
✆ 323763
Öffnungszeiten je nach Veranstaltung
Im Herbst 1989 wurden die Deichtorhallen als neues großes Ausstellungszentrum eröffnet. Die ehemaligen Großmarkthallen wurden durch eine private Stiftung restauriert (s. Innenstadt, Deichtor-Markthallen). Die erste große Ausstellung findet im Winter 1989/90 statt: ›Einleuchten: Mit Kunst‹ (internationale Ausstellung zeitgenössischer Kunst).

Der Informationsdienst **Kunst in Hamburg** wird zweimonatlich herausgegeben (Tourismus-Zentrale).

Geschichtswerkstätten

Bürgerinitiativen, von denen das Hamburger Museumswesen ausgegangen ist und ausgeht, sind in den Stadtteilen zahlreich vertreten: **Bürgervereine** sorgen seit langem für die Erforschung von Stadtteilgeschichte und Heimatkunde und arbeiten zum Teil an heimatgeschichtlichen Sammlungen (Auskünfte: *Zentralausschuß Hamburgischer* Bürgervereine, Großer Burstah 36, HH 11, ✆ 372222).

Ihre Zeitschriften sind eine unerschöpfliche Informationsquelle für jeden kulturgeschichtlich Interessierten. Beispiele sind etwa das ›Jahrbuch des Alstertalvereins‹, ›der Wandsbeker‹, ›Blankenese‹ und ›Unser Blatt – Flottbek-Othmarschen‹.

Die Hinwendung zur Alltagsgeschichte, zur Geschichte des eigenen Wohnortes und Stadtteils hat dazu geführt, daß neue **Geschichtswerkstätten** und **Stadtteilarchive** entstanden sind. Sie erproben auch neue Formen der Vermittlung von Geschichte, insbesondere bieten sie historische Stadtrundgänge an (Auskünfte: *Kulturbehörde, Abt. Stadtteilkultur,* Hamburger Straße 45, HH 76, ✆ 29188–4155, und *Arbeitsgemeinschaft Stadtteilkultur,* Bornstr. 12, HH 13, ✆ 442328). Ein Verzeichnis von Stadtteilrundgangangeboten hat die Kulturbehörde 1989 herausgegeben (›Kiek Mol‹ – Stadtteilrundgänge Hamburger Geschichtswerkstätten).

Eine kleine Auswahl:

Stadtteilarchiv Ottensen
Ottensen
HH 50
Zeißstr. 28 (Bahnhof Altona)
✆ 3903666
Do 16–19 Uhr
In einer ehemaligen Drahtstiftefabrik eingerichtet. Archiv, Ausstellungen, Stadtteilrundgänge.

St. Pauli Archiv
St. Pauli
HH 4
Wohlwillstr. 28
✆ 316954

Geschichtswerkstatt Barmbek
Barmbek-Nord
HH 60
Wiesendamm 25
✆ 293107

Goldbekhaus
Winterhude
HH 60
Moorfurtweg 9
✆ 2793090
Arbeitsgruppe Stadtteildokumentation

Denkmalschutz

Wer sich nicht nur für die Geschichte der Denkmäler interessiert, sondern auch an ihrem künftigen Geschick Anteil nimmt, findet in allen Stadtteilen Gleichgesinnte in projektbezogenen Denkmalschutzinitiativen (Auskunft: *Kulturbehörde, Denkmalschutzamt,* Imstedt 18, HH 76, ✆ 29188–2733).

Einige Adressen:

Verein ›Rettet die Deichstraße‹
HH 1
Klosterwall 2
✆ 24825–3420
Mo u. mi 10–13 Uhr

IGB – Interessengemeinschaft Bauernhaus in den Vierlanden
Werner Schröder
Kirchwerder Hausdeich 188
2050 HH 80
✆ 7231598
Karsten Stange
Neuengammer Hausdeich 237
2050 HH 80
✆ 7233870

Initiative zur Erhaltung historischer Bauten in Bergedorf
Richard-Linde-Weg 21 f.
2050 HH 80
✆ 7395588

Verein der Freunde der Denkmalpflege
HH 11
Trostbrücke 4–6
✆ 366619 u. 366629

Patriotische Gesellschaft von 1765
HH 11
Trostbrücke 4–6
✆ 366619 u. 366629

Glossar

Ädikula Rahmung eines Portals, Fensters, einer Nische oder eines Grabmals in Form von Säulen, Pfeilern oder Pilastern mit bekrönendem Giebel oder Gebälk

Apsis Halbrunder, mit einer Halbkuppel überdeckter Raum, der sich zu einem Hauptraum öffnet

Arkade Bogenstellung über Säulen oder Pfeilern

Attika Niedriger Aufbau zur Verdeckung des Dachansatzes, auch Halbgeschoß über dem Hauptgesims eines Gebäudes

Basilika Mehrschiffiger Kirchenraum mit über die Seitenschiffe erhöhtem Hauptschiff, das durch Fenster im Obergaden eine eigenständige Belichtung besitzt

Bastei, Bastion Vorspringendes Werk einer Festung, dient zur Aufstellung von Geschützen zur Flankierung der Mauerzüge

Bauwich Seitlicher Abstand von Haus zu Haus

Bay-window Fenstererker; beliebtes Motiv nach englischem Vorbild zur Ausbildung der Fensterachsen bei Kontorhäusern

Blende Flach einer Mauer aufgelegtes Gliederungsmotiv, z. B. Blendbogen, Blendarkade usf.

Brinksitzer Dorfbewohner mit eigenem Haus, aber nur geringem Grundbesitz (Brink = Ackerrain)

Bude Seit dem Mittelalter gebräuchlicher, niederdeutscher Begriff für Kleinwohnung. Buden sind meist in Reihen angeordnet, entweder in eingeschossigen Häusern oder im Erdgeschoß mehrgeschossiger Häuser (Obergeschoßwohnungen heißen Sahl – s. S. 35)

Crescent Halbmondförmig zurückschwingende Häuserzeile, zu Parks oder zur Landschaft geöffnet. Im englischen Klassizismus entwickeltes städtebauliches Motiv

Deich Schutzdamm gegen Hochwasser

Dienst Schlankes Säulchen, das im Rahmen des gotischen Architektursystems Gewölberippen, Gurte oder Archivolten trägt. Der Wand oder Pfeilern vorgelegt

Dreispänner Mietshaus, bei dem ein Treppenhaus je Geschoß drei Wohnungen erschließt

Dückdalbe Pfahlbündel zum Festmachen von Schiffen

Epitaph An der Kirchenwand oder an Pfeilern aufgestelltes oder aufgehängtes Erinnerungsmal für einen Verstorbenen, unabhängig von der Lage des Grabes

Exedra Halbrunde Nische

Fleet In Hamburg innerstädtischer Kanal, entstanden aus den Mündungsarmen von Bille und Alster sowie aus den Entwässerungsgräben der eingedeichten Flächen der Altstadt und aus ehemaligen Festungsgräben

Formstein, Formziegel Ziegel, Backstein, der durch geeignete Formung im Backsteinrohbau die Herstellung von Schmuckgliedern und Flächendekorationen ermöglicht

Frontispiz Frontgiebel, Giebel über dem Mittelteil eines Gebäudes

Fünte Taufbecken aus Metall

Gängeviertel Kleinwohnungsviertel in der Hamburger Altstadt und Neustadt. Benannt nach den schmalen Höfen und Verbindungsgängen im Bereich der vor allem im 17. und 18. Jh. entstandenen, dichten Bebauung rückwärtiger Grundstücksflächen mit Kleinwohnungen (Bude und Sahl)

Geest In Nordwestdeutschland das höhergelegene Land im Gegensatz zur Marsch. Meist hügelig, sandig, weniger fruchtbar. Entstanden aus eiszeitlichen Ablagerungen

Gewände Schräge, profilierte oder gestufte Einschnittfläche von Fenstern oder Türen in der Wand eines Gebäudes

Glacis Unbebaute Fläche vor einer Festung zur Freihaltung des Schußfeldes

Gotteskasten Kirchlicher Opferstock, auch Einkünfte einer Kirche insgesamt

Grootdöns Große Stube, Stube des Bauern im Kammerfach, dem Wohnteil des niedersächsischen Bauernhauses

Gurtbogen Trennbogen zwischen den einzelnen Jochen eines Gewölbes bezogen auf die Längsachse des Gebäudes (im Gegensatz zu den seitlichen Scheidbogen). Gurtrippen sind Gurtbogen eines Rippengewölbes, die in ihrer Ausbildung sich von der der Rippen nicht unterscheiden

Hallenkirche Mehrschiffige Kirche mit gleicher oder annähernd gleicher Gewölbe- oder Deckenhöhe der Schiffe und Belichtung nur durch Fenster in den Außenwänden der Seitenschiffe

Hamburger Burg In Hamburg entwickelte Blockrandausbildung von Mietshäusern. Zur Vermeidung von Hinterhöfen wird der Baukörper verschränkt geführt, so daß Vorhöfe zur Straße entstehen (s. S. 69)

Hannoversche Schule Von Conrad Wilhelm Hase in Hannover begründete Schule der Neugotik in der zweiten Hälfte des 19. Jh. Die Forderung nach Wahrheit in Konstruktion und Zweckerfüllung führte zur systematischen Entwicklung des Backsteinrohbaus (s. S. 59)

Herme Aufsatz in Form einer männlichen oder weiblichen Büste auf einem nach unten verjüngten Pfeiler (Hermenpfeiler) oder Pilaster (Hermenpilaster)

Joch Der einem Gewölbefeld entsprechende Raumabschnitt in der Längsrichtung eines Gebäudes

Juratengestühl Kirchengestühl für die Juraten, die Kirchengeschworenen

Kanneluren Senkrechte Rillen am Schaft einer Säule, eines Pfeilers oder Pilasters

Kartusche Zierrahmen für Inschriften, Wappen usf.

Karyatide Mädchen- oder Frauenstatue, die an der Stelle eines Pfeilers oder einer Säule ein Gebälk trägt

Klinker Ziegel, Backstein aus kalkarmem, schwach eisenhaltigem Ton, der beim Brand bis zur Sinterung erhitzt worden ist. ›Klingend‹ hart. Klinker haben besonders kräftige und vielfältige Farben sowie Oberflächen mit glasurartiger Wirkung. Bevorzugtes Material für die Fassadengestaltung in Hamburg zwischen 1910 und 1930

Kontorhaus Bürohaus. In Hamburg speziell der Typus des zur Vermietung an viele kleine Firmen konzipierten Großbürohauses mit zentralen Verkehrs- und Versorgungseinrichtungen (s. S. 67)

Krüppelwalmdach Satteldach mit abgewalmter (schräg abgeschnittener) Giebelspitze

Lisene Flache, gliedernde Wandvorlage, im Gegensatz zum Pilaster ohne Basis und Kapitell

Loggia Offene Laube oder Säulenhalle in der Front eines Gebäudes. Auch überdachter Balkon

Lünette Fläche innerhalb eines Bogens, meist als Schmuckfeld über Fenstern

Mansarddach Dach mit gebrochenen Flächen (die unteren steiler als die oberen), genannt nach einem französischen Architekten des 17. Jh.

Marsch In Nordwestdeutschland fruchtbare Niederungen (im Gegensatz zur Geest). Meist eingedeichte ehemalige Überschwemmungsgebiete im Bereich der Gezeiten

Maßwerk Geometrisch entwickeltes Gliederungssystem für das Bogenfeld von Fenstern, dann auch für andere Flächen in der Gotik

Mezzanin Halbgeschoß, niedriges Zwischengeschoß, meist zwischen Erd- und erstem Obergeschoß, auch unter dem Kranzgesims

Obergaden Fensterzone im oberen Teil des Mittelschiffs einer Basilika

Pendentif Sphärisches Dreieck, das vom quadratischen Grundriß eines Unterbaus zum Fußkreis einer Kuppel überleitet

Pilaster Wandpfeiler mit Basis und Kapitell

Predella unterer Teil des Altaraufsatzes

Priel Gezeitenwasserlauf im Wattenmeer und in von den Gezeiten erfaßten Flußwatten

Pseudobasilika Mehrschiffige Kirche mit stark überhöhtem Mittelschiff, das jedoch keine eigene Belichtung besitzt (vgl. Basilika und Hallenkirche)

Pylon Torbau des ägyptischen Tempels, davon abgeleitet auch andere monumentale Torbauten, auch Pfeilertürme einer Hängebrücke

Reep Tauwerk, Seil. Reeperbahnen dienen der Herstellung

Reet Niederdeutsch für Schilf, Rohr, Ried. Reet dient bei Bauernhäusern als Dachdeckungsmaterial

Retabel Mit Gemälden oder Skulpturen geschmückter Altaraufsatz

Risalit In ganzer Höhe vor die Flucht eines Gebäudes tretender Bauteil. Mittel-, Seiten- oder Eckrisalite dienen der Gliederung von Fassaden

Rundling Niedersächsischer Dorftyp mit kreisrund um einen gemeinsamen Dorfplatz angeordneten Hofstellen

Sahl Im Obergeschoß gelegene Kleinwohnung (vgl. Bude)

Scheidbogen Bogen zwischen den Schiffen einer Basilika oder Hallenkirche

Schlängel Schmaler Ponton zwischen Pfählen

Schute Lastkahn mit geringem Tiefgang. In Hamburg benutzt zum Warenumschlag zwischen Speichern und Schiffen

Siel Anlage zur Entwässerung einer eingedeichten Fläche mittels Graben und Deichschleuse. In Hamburg auch Bezeichnung für die seit 1842 angelegte moderne Stadtentwässerung (Kanalisation)

Taustab Tauartig gedrehter Stab als Schmuckglied, in der Backsteinarchitektur aus Formsteinen gebildet

Terrasse In Hamburg Bezeichnung für eine Mietwohnhausanlage auf dem rückwärtigen Teil eines innerstädtischen Grundstückes im 19. Jh. (s. S. 54 f.)

Tide Flut, Gezeiten

Tidehafen Ein jederzeit unabhängig von der Tide zugänglicher Hafen

Tondo Rundes Feld mit Gemälde oder Relief

Traufständig Mit der Dachtraufe der Straße zugewandt

Tudorbogen Flacher, spitz zulaufender Bogen aus vier Kreissegmenten mit zwei sehr verschieden großen Radien. Charakteristisch für die englische Spätgotik

Tumulus Hügelgrab

Twiete Schmale Verbindungsstraße. In Hamburg vor allem die Verbindungswege von Deich zu Deich in den Poldern von Cremon, Grimm und Deichstraße

Tympanon Fläche eines Giebels oder Bogenfeld eines Portals

Utlucht Niederdeutsche Bezeichnung für einen vom Boden aufsteigenden Vorbau vor dem Bürgerhaus (im Gegensatz zum aus Obergeschossen auskragenden Erker)

Verband Art der geordneten Verbindung von Mauersteinen, vor allem im Backsteinrohbau. Es entstehen regelmäßige Flächenmuster bis hin zum freien Zier- und Schmuckverband

Verblender Ziegel, Backstein mit besonders perfekt bearbeiteter Oberfläche (Überzug, Glättung, Färbung und Glasur) zur Verblendung von Fassaden. Charakteristisches Material im Hamburger Backsteinrohbau der zweiten Hälfte des 19. Jh.

Vierspänner Mietshaus, bei dem ein Treppenhaus je Geschoß vier Wohnungen erschließt

Vierung Bereich der Durchdringung von Langhaus und Querhaus in einer kreuzförmig angelegten Kirche

Volute Gliederungsmotiv in Form einer Spirale oder Schnecke; etwa an Giebeln, Konsolen oder Kapitellen

Vorhangfassade ›Curtain wall‹, der tragenden Konstruktion eines Gebäudes vorgehängte Fassade, meist aus Metall und Glas

Voute Deckenkehle, konkav gerundeter Übergang zwischen Wand und Decke

Westwerk Monumentaler Westbau romanischer Kirchen mit einem von Emporen umgebenen, nach außen turmartig in Erscheinung tretenden Hauptraum und flankierenden Treppentürmen

Wurt Zum Schutz vor Sturmfluten aufgeschütteter Hügel, meist für ein Haus oder Gehöft

Zwerchgiebel Giebel vor einem Zwerchdach, einem Dach mit quer zum Hauptdach verlaufendem First

Zwerchhaus Dachaufbau in Höhe mindestens eines Geschosses, in der Flucht der Außenwand eines Gebäudes, mit eigenem, zum Hauptdach quer angeordneten Dach

Literatur über Hamburg

Bücher über Hamburg sind 1989, im Hafenjubiläumsjahr, zahlreich neu erschienen. Sie können dem Interessierten weitergehende Informationen geben, als es in diesem Führer möglich ist (siehe ›Buchhandlungen‹ und ›Bibliotheken‹). Für ein näheres Kennenlernen von Hamburgs Geschichte, Kultur und Stadtgestalt muß aber vor allem auf ältere Literatur hingewiesen werden: die klassischen Standardwerke zu Topographie und Bau- und Kunstgeschichte, die nur noch in Bibliotheken eingesehen werden können – sich aber bis heute lohnen. Beigegeben ist eine Auswahl von Neuerscheinungen der letzten Jahre, die meist noch im Buchhandel erhältlich sind.

Die gesamte Literatur zur Hamburger Geschichte, insbesondere die zu einzelnen Stadtteilen, Bauten, Architekten usw. verzeichnet die *Bücherkunde zur Hamburgischen Geschichte* (bis jetzt vier Bände).

Grundlagenliteratur

C. F. *Gaedechens:* Historische Topographie der Freien und Hansestadt Hamburg und ihrer nächsten Umgebung von der Entstehung bis auf die Gegenwart. Hamburg 1880

Wilhelm *Melhop:* Historische Topographie der Freien und Hansestadt Hamburg von 1880 bis 1895. Hamburg 1895

Wilhelm *Melhop:* Historische Topographie der Freien und Hansestadt Hamburg von 1895 bis 1920 mit Nachträgen bis 1924. 2 Bde. Hamburg 1923–1925.

Wilhelm *Melhop:* Die Alster. Geschichtlich, ortskundlich und flußbautechnisch beschrieben. Hamburg 1932

Reinhard *Schindler:* Die Bodenaltertümer der Freien und Hansestadt Hamburg. Hamburg 1960 (Veröffentlichungen des Museums für Hamburgische Geschichte, Abt. Bodendenkmalpflege 1)

Reinhard *Schindler:* Ausgrabungen in Alt-Hamburg. Hamburg 1959

Hamburg. Historisch-topographische und baugeschichtliche Mittheilungen. Den Mitgliedern der 15. Versammlung Deutscher Architecten und Ingenieure dargebracht von dem Architectonischen Vereine. Hamburg 1868 (Reprint 1979).

Hamburg und seine Bauten. Herausgegeben vom Architekten- und Ingenieurverein Hamburg (AIV): 1890, 1914 (2 Bde.), 1929, 1953, 1969, 1984.

Georg *Dehio:* Handbuch der Deutschen Kunstdenkmäler. Hamburg – Schleswig-Holstein, bearbeitet von Johannes *Habich.* München/Berlin 1971

Die Bau- und Kunstdenkmale der Freien und Hansestadt Hamburg. Bd. 1: Renata Klée *Gobert:* Bergedorf, Vierlande, Marschlande. Hamburg 1953. – Bd. 2: Renata Klée *Gobert:* Altona, Elbvororte. Hamburg 1959 (2. Aufl. 1970). – Bd. 3: Renata Klée *Gobert* u. Peter *Wieck:* Innenstadt, die Hauptkirchen St. Petri – St. Katharinen – St. Jacobi. Hamburg 1968.

Wilhelm *Melhop:* Alt-Hamburgische Bauweise. Kurze geschichtliche Entwicklung der Baustile in Hamburg dargestellt am Profanbau bis zum Wiedererstehen der Stadt nach dem großen Brande von 1842 nebst chronistisch-biographischen Notizen. Hamburg 1908 (2. Aufl. 1925, Reprint 1972)

Günther *Grundmann:* Hamburg gestern und heute. Gesammelte Vorträge und Ansprachen zur Architektur, Kunst und Kulturgeschichte der Hansestadt. Hamburg 1972

Ernst *Rump:* Lexikon der bildenden Künstler Hamburgs, Altonas und der näheren Umgebung. Hamburg 1912

Zeitschrift des Vereins für Hamburgische Geschichte (erscheint jährlich).

Neuere Bücher

Ulrich *Bauche* (Hrsg.): »Wir sind die Kraft«, Arbeiterbewegung in Hamburg von den Anfängen bis 1945. Hamburg 1988 (Ausstellungskatalog Museum für Hamburgische Geschichte)

Jörg *Berlin* (Hrsg.): Das andere Hamburg. Freiheitliche Bestrebungen in der Hansestadt seit dem Spätmittelalter. Köln 1981

Hartwig *Beseler* / Niels *Gutschow:* Kriegsschicksale deutscher Architektur, Verluste – Schäden – Wiederaufbau. Neumünster 1988 (Bd. 1, S. 35–103 Hamburg)

Michael *Bose* u. a.: »... ein neues Hamburg entsteht...«, Planen und Bauen von 1933–1945. Hamburg 1986 (Beiträge zur städtebaulichen Forschung 2)

Jörgen *Bracker:* Hamburg von den Anfängen bis zur Gegenwart. Wendemarken einer Stadtgeschichte. Hamburg 1987

Dietmar *Brandenburger,* Gert *Kähler:* Architektour. Bauen in Hamburg seit 1900. Braunschweig/Wiesbaden 1988

Maike *Bruhns:* Anita Rée. Leben und Werk einer Hamburger Malerin 1885–1933. Hamburg 1986 (Veröffentlichungen des Vereins für Hamburgische Geschichte 29).

Hans *Brunswig:* Feuersturm über Hamburg. Die Luftangriffe auf Hamburg im Zweiten Weltkrieg und ihre Folgen. Stuttgart 1978

Ralf *Busch* (Hrsg.): Von den Sachsen zur Hammaburg. Bilder aus Hamburgs Frühzeit. Neumünster 1987

Klaus von *Dohnanyi:* Hamburg, mein Standort. Hamburg 1986

Michael *Eissenhauer:* Die Hamburger Wohnstiftungen des 19. Jahrhunderts. Hamburg 1987 (Arbeitshefte zur Denkmalpflege in Hamburg 9)

Jürgen *Elingius,* Christiane *Leiska:* Erich Elingius, ein Architekt in Hamburg. Hamburg 1989

Jürgen *Ellermeyer,* Rainer *Postel* (Hrsg.): Stadt und Hafen. Hamburger Beiträge zur Geschichte von Handel und Schiffahrt. Hamburg 1986 (Arbeitshefte zur Denkmalpflege in Hamburg 8)

Kurt *Gerdau:* Heimathafen Hamburg. Geschichte und Geschichten von Schiffen, Menschen und der See. Hamburg 1988

Ralph *Giordano:* Die Bertinis. Frankfurt a.M. 1982

Michael *Goecke:* Stadtparkanlagen im Industriezeitalter. Das Beispiel Hamburg. Hannover/ Berlin 1981 (Geschichte des Stadtgrüns 5)

Kurt *Grobecker,* Hans Dieter *Loose,* Erik *Verg:* Mehr als ein Haufen Steine. Hamburg 1945–1949. Hamburg 1981

Kurt *Grobecker,* Hans Dieter *Loose,* Erik *Verg:* Heraus aus den Trümmern. Hamburg in den 50er Jahren. Hamburg 1983

Kurt *Grobecker:* Hafen Hamburg 1945–1985. Skizzenbilder der Nachkriegsgeschichte. Herford 1985

Friedhelm *Grundmann:* Hamburg. Hamburg 1978 (Deutsche Lande Deutsche Kunst)

Dieter *Haas* (Hrsg.): Der Turm. Hamburgs Michel, Gestalt und Geschichte. Hamburg 1986

Hamburg. Geschichte der Stadt und ihrer Bewohner, Herausgegeben von Werner *Jochmann* und Hans-Dieter *Loose.* Band 1: Hans-Dieter *Loose* (Hrsg.). Von den Anfängen bis zur Reichsgründung. Hamburg 1982. – Band 2: Werner *Jochmann* (Hrsg.). Vom Kaiserreich bis zur Gegenwart. Hamburg 1986

Hamburger Architektur – Jahrbuch 1989. Hamburg 1989

Die Hanse, Lebenswirklichkeit und Mythos, Ausstellungskatalog des Museums für Hamburgische Geschichte. Hamburg 1989

Jörg *Haspel:* Hamburger Hinterhäuser, Terrassen, Passagen, Wohnhöfe. Hamburg 1987 (Hamburg-Inventar, Themen-Reihe 3)

Der Hauptfriedhof Ohlsdorf. Hamburg 1989 (Arbeitshefte zur Denkmalpflege in Hamburg 10)

Renate *Hauschild-Thiessen:* Bürgerstolz und Kaisertreue. Hamburg und das Deutsche Reich von 1871. Hamburg 1979

Arno *Herzig* (Hrsg.): Das alte Hamburg 1500–1848/49, Vergleiche – Beziehungen. Berlin und Hamburg 1989

Hermann *Hipp:* Wohnstadt Hamburg. Mietshäuser der zwanziger Jahre zwischen Inflation und Weltwirtschaftskrise Hamburg 1982 (Hamburg-Inventar, Themen-Reihe 1)

Hermann *Hipp,* Evi *Jung:* Hamburg nach dem Großen Brand von 1842, Begleitschrift zum Nachdruck ›Hamburgs Neubau‹ – Lithographien von Charles Fuchs. Hamburg 1946/47. Hannover 1985

Paul Theodor *Hoffmann:* Die Elbchaussee. Ihre Landsitze, Menschen und Schicksale. Hamburg 1982 (9. Aufl.).

Gisela *Jaacks:* Mit Ebba Tesdorpf durch Alt-Hamburg. Diese Frau sieht mehr. Hamburg 1979

Roland *Jäger* und Cornelius *Steckner:* Zinnober, Kunstszene Hamburg 1919–1933. Hamburg 1983

Gert *Kähler:* Wohnung und Stadt. Hamburg, Frankfurt, Wien – Modelle sozialen Wohnens in den zwanziger Jahren. Braunschweig/Wiesbaden 1985

Werner *Kayser:* Fritz Schumacher, Architekt und Städtebauer. Eine Bibliographie. Hamburg 1984 (Arbeitshefte zur Denkmalpflege in Hamburg 5)

Eckart *Klessmann:* Geschichte der Stadt Hamburg. Hamburg 1989

Arnold *Kludas:* Die Geschichte der deutschen Passagierschiffahrt. Bd. 1–5, Hamburg 1986 ff. (zuletzt Bd. 3 1988).

Arnold *Kludas,* Dieter *Maass,* Susanne *Sabisch:* Hafen Hamburg. Die Geschichte des Hamburger Freihafens von den Anfängen bis zur Gegenwart. Hamburg 1988

Egbert *Kossak:* Stadt am Fluß. Hamburg 1989

Karin *Maak:* Die Speicherstadt im Hamburger Freihafen, eine Stadt an Stelle der Stadt. Hamburg 1985 (Arbeitshefte zur Denkmalpflege in Hamburg 7).

Volkwin *Marg,* Gudrun *Fleher:* Architektur in Hamburg seit 1900. Ein Führer zu 192 sehenswerten Bauten. Hamburg 1983

Carsten *Meyer-Tönnesmann:* Der Hamburgische Künstlerclub von 1897. Hamburg 1985 (Hamburger Künstler-Monographien 23/24)

Hans *Meyer-Veden,* Hermann *Hipp:* Hamburger Kontorhäuser. Hamburg 1988

Dirk *Meyhöfer,* Klaus *Frahm:* Hamburgs Backstein. Zur Geschichte des Ziegelbaus in der Hansestadt. Hamburg 1986

Ilse *Möller:* Hamburg. Stuttgart 1985 (Klett Länderprofile)

Dörte *Nicolaisen:* Studien zur Architektur in Hamburg 1910–1930. Nijmegen 1985

Edith *Oppens:* Hamburg. München 1981

Volker *Plagemann* (Hrsg.): Industriekultur in Hamburg. Des Deutschen Reiches Tor zur Welt. München 1984 (Industriekultur deutscher Städte und Regionen)

Volker *Plagemann:* »Vaterstadt, Vaterland…« Denkmäler in Hamburg. Hamburg 1986 (Hamburg-Inventar Themen-Reihe 2)

Volker *Plagemann* (Hrsg.): Übersee – Seefahrt und Seemacht im deutschen Kaiserreich. München 1988

Volker *Plagemann* (Hrsg.): Kunst im öffentlichen Raum. Anstöße der 80er Jahre. Köln 1989

Kurt *Rauschnabel:* Stadtgestalt durch Staatsgewalt? Das Hamburger Baupflegegesetz von 1912. Hamburg 1984 (Arbeitshefte zur Denkmalpflege in Hamburg 6)

Wolfgang *Rudhard:* Das Bürgerhaus in Hamburg. Tübingen 1975 (Das deutsche Bürgerhaus 21)

Gustav *Schiefler:* Eine Hamburgische Kulturgeschichte 1890–1920, Beobachtungen eines Zeitgenossen (bearbeitet von Gerhard Ahrens,

Hans Wilhelm Eckart und Renate Hauschild-Thiessen). Hamburg 1985 (Veröffentlichungen des Vereins für Hamburgische Geschichte 27)

Axel *Schildt:* Die Grindelhochhäuser. Eine Sozialgeschichte der ersten deutschen Wohnhochhausanlage Hamburg-Grindelberg 1945 bis 1956. Hamburg 1988

Helga *Schmal:* Vier- und Marschlande. Hamburg 1986 (Denkmaltopographie Bundesrepublik Deutschland – Hamburg-Inventar, Stadtteilreihe 6, 1)

Jost *Schramm,* Horst von *Bassewitz,* Stephan *Hupertz:* Häuser aus einem Hause. Hundert Jahre eines Architektenbüros in Hamburg. Hamburg 1985

Fritz *Schumacher.* Das Werden einer Wohnstadt. Bilder vom neuen Hamburg. Hamburg 1932 (Reprint 1984)

Irmgard *Stein:* Jüdische Baudenkmäler in Hamburg. Hamburg 1984 (Hamburger Beiträge zur Geschichte der deutschen Juden 11)

Rolf *Stephan:* Hamburg ehemals, gestern und heute. Stuttgart 1985

Theaterstadt Hamburg – Schauspiel, Oper, Tanz, Geschichte und Gegenwart. Herausgegeben vom Zentrum für Theaterforschung der Universität Hamburg, Manfred Brauner, Christine Müller, Barbara Müller-Wesemann. Reinbek 1989

Anne-Marie *Thede-Ottowell:* Hamburg. Vom Alsterhafen zur Welthafenstadt. Hamburg 1988

Christoph *Timm:* Gustav Oelsner und das Neue Altona. Kommunale Architektur und Stadtplanung in der Weimarer Republik. Hamburg 1984

Christoph *Timm:* Altona-Altstadt und Altona-Nord. Hamburg 1987 (Denkmaltopographie Bundesrepublik Deutschland – Hamburg-Inventar, Stadtteilreihe 2, 1)

Clemens *Wischermann:* Wohnen in Hamburg vor dem Ersten Weltkrieg. Münster 1983 (Studien zur Geschichte des Alltags 2)

Heinz *Zabel:* Plastische Kunst in Hamburg. Skulpturen und Plastiken im öffentlichen Raum. Reinbek 1986

Günter *Zint:* »Die weiße Taube flog für immer davon«, St. Pauli. Hamburg 1982

Abbildungsnachweis

Farbabbildungen und Schwarzweißabbildungen

Bilderberg (Wolfgang Kunz), Hamburg Farbabb. 24
Günter Brinkmann, Hamburg Farbabb. 12
Fridmar Damm, Köln Umschlagvorderseite, Umschlagrückseite, Farbabb. 2, 15, 23
Klaus Frahm, Hamburg Farbabb. 8, 9, 17
Hamburger Kunsthalle (Elke Walford), Hamburg Farbabb. 26–29
Stephanie Keutner, Hamburg Farbabb. 19–21
Ulrike Krause, Hamburg Abb. 8
Heiner Leiska, Hamburg Abb. 2–4, 9
Hans Meyer-Veden, Seevetal Umschlagklappe vorn; Abb. 13–88
Michael Pasdzior, Hamburg Farbabb. 3, 4, 10, 13, 14, 16, 18, 22
H. u. E. Scheidulin, Bremen Farbabb. 11
Achim Sperber, Hamburg Farbabb. 1, 5, 6, 25
Stuttgarter Luftbild Elsäßer GmbH, Stuttgart (Freigegeben d. Reg. Präs. Stuttgart, Lizenz Nr. 9/79 187) Farbabb. 7
Manfred Vollmer, Essen Abb. 1, 5–7, 10–12

© 1989, Copyright by COSMOPRESS, Genf Farbabb. 29
© VG Bild-Kunst, Bonn, 1989 Farbabb. 26, 28
Dr. Marianne Feilchenfeld, Zürich Farbabb. 27

Abbildungen im Text

Staatsarchiv Hamburg S. 12, 14/15, 18, 21, 31, 37, 41, 43, 44, 46, 47, 60/61, 139, 190, 251, 256, 259, 262, 276, 282, 290/291, 309, 350/351, 379, 382, 393, 467, 472, 492, 516
Denkmalschutzamt Hamburg S. 29, 57, 134, 162, 179, 294, 330, 341, 354, 356, 499, 502, 505, 506, 511, 521
Hamburger Verkehrsverbund HVV S. 573
Museum für Hamburgische Geschichte S. 34
Staatliche Landesbildstelle Hamburg S. 106, 184, 195, 197, 271, 298, 306, 426
Niedersächsisches Landesverwaltungsamt, Institut für Denkmalpflege S. 287

Peter Illies S. 115
Markovic, Ronai, Lütjen S. 116
Hans Meyer-Veden S. 368
Barbara Zucker S. 119
Hermann Hipp S. 98, 141, 221, 391

Hamburg und seine Bauten 1890 S. 51, 53, 398, 430
Hamburg und seine Bauten 1914 S. 65, 124, 128, 205, 215, 216, 219, 250, 283, 377, 471, 487, 496
Hamburg und seine Bauten 1929 S. 264
Hamburg und seine Bauten 1953 S. 20
Hamburg und seine Bauten 1969 S. 100, 361, 489
Hamburg und seine Bauten 1984 S. 476
Bau-Rundschau 1914 S. 209
Bau-Rundschau 1919 S. 464
Bau-Rundschau 1921 S. 457
Bau-Rundschau 1927 S. 365
Bau-Rundschau 1947 S. 110
Bauwelt 1927 S. 441
Das Bild, 1930 S. 461
Denkschrift zur denkmalpflegerischen Planung und Gestaltung der Cremoninsel. Hamburg o. J. (um 1940) S. 143
Heinrich *de Fries:* Karl Schneider – Bauten. Berlin/Leipzig/Wien 1929 (Neue Werkkunst) S. 335, 358
Charles *Fuchs:* Hamburgs Neubau. Hamburg 1850 S. 173

Hamburg. Berlin 1922 (Deutschlands Städtebau) S. 202, 272

Hamburg. Historisch-topographische und geschichtl. Mitteilungen. Hamburg 1868 S. 27

Das Hamburger Kontorhaus. Hamburg 1909 S. 68, 161

Julius *Faulwasser:* Der große Brand und der Wiederaufbau von Hamburg. Hamburg 1892 S. 122

Werner *Hebebrand:* Zur neuen Stadt. Berlin 1969 (Schriftenreihe der Akademie der Künste 5) S. 113

Die Hamburger Hochbahn. Hamburg 1912 S. 131, 394

Roland *Jäger* und Cornelius *Steckner:* Zinnober, Kunstszene Hamburg 1919–1933. Hamburg 1983 S. 407

Werner *Kayser:* Fritz Schumacher, Architekt und Städtebauer. Eine Bibliographie. Hamburg 1984 (Arbeitshefte zur Denkmalpflege in Hamburg 5) S. 77

Der Kreis 4, 1927 S. 169

Eduard Lorenz *Lorenz-Meyer* und Emil *Janda:* Breitfenster und Hecke. Ein Bilderbuch alter hamburgischer Häuser und Gärten. Einleitung von Alfred Lichtwark. Hamburg 1906 S. 343, 349, 360

Volkwin *Marg* und Gudrun *Fleher:* Hamburg, Bauen seit 1900. Hamburg 1983 S. 311, 339

Frans *Masereel:* Das Gesicht Hamburgs. Hamburg 1965 S. 344 (Frans Masereel-Stiftung, Saarbrücken)

Meyers Konversations-Lexikon, 3. Aufl. 1896 S. 401

Neu-Altona. Hamburg 1958 S. 303

Neues Altona. Altona 1929 S. 334

Dörte *Nicolaisen:* Studien zur Architektur in Hamburg 1910–1930. Nijmegen 1985 S. 75

Planen, Lenken, Ordnen: Bauen – Aufgaben und Leistungen. Hamburg 1948 S. 386

Wolfgang *Rudhard:* Das Bürgerhaus in Hamburg. Tübingen 1975 (Das deutsche Bürgerhaus 21) S. 166, 203

Johannes *Saß* und Hermann *Okraß:* Hamburg, eine Chronik der Hansestadt. Hamburg 1939 S. 104, 199

Konrad *Schneider:* Hamburgs Münz- und Geldgeschichte im 19. Jahrhundert bis zur Einführung der Reichswährung. Hamburg 1983 S. 23

Fritz *Schumacher:* Das Entstehen einer Großstadtstraße. Braunschweig u. Hamburg 1923 (Fragen an die Heimat 3) S. 176

Fritz *Schumacher:* Das Werden einer Wohnstadt, Bilder vom neuen Hamburg. Hamburg 1932 S. 437

Friedrich *Schwieker:* Hamburg, eine landschaftskundliche Stadtuntersuchung. Hamburg 1925 S. 371

Das Vorlesungsgebäude in Hamburg. Hamburg 1912 S. 375

Praktische Reiseinformationen

Hamburg hat die **Postleitzahl 2000** (Postämter Hamburg 1 bis 76), 2050 (Postamt Hamburg 80 und Postämter der Vier- und Marschlande), 2100 (Hamburg 90), sowie 2101 (Hamburg 96), 2102 (Hamburg 93), 2103 (Hamburg 95), 2104 (Hamburg 92).

Das Telefon-Ortsnetz Hamburg (das die Landesgrenzen überschreitet) hat die **Telefon-Vorwahl 040.**

Hamburger **Kraftfahrzeuge** haben das Kennzeichen **HH.**

Die folgenden Informationen haben sich um Aktualität bemüht. Das Angebot verändert sich aber täglich. So wird dringend empfohlen, sich weiterer *Informationsmittel* zu bedienen:

Veranstaltungskalender auf dem neuesten Stand (auch die im folgenden aufgeführten) und die zweimal jährlich erscheinenden
Hamburg Tips sowie **Stadtplan und Tips von A–Z** (mit umfassender Adressenliste) vermittelt die Tourismus-Zentrale.

Monatlich erscheinende *Informationsdienste:*
Die **Hamburger Vorschau** enthält neben Spielplänen und Veranstaltungsterminen umfassende Informationen über Hotels und Gastronomie, Einkaufsmöglichkeiten, Sport, Galerien und Museen, Rundfahrten. Sie ist u. a. in Buchhandlungen erhältlich (Abonnement durch *Thalia-Buchhandlung Erich Könnecke,* Hermannstr. 18, HH 1, ✆ 3005050).

Kultur in Hamburg enthält einen umfassenden Veranstaltungskalender und besonders detaillierte und reichhaltige Angaben zur Stadtteilkultur, zu Treffpunkten, Live-Musik, zu Galerien und Ausstellungen (*Konkret Literatur Verlag,* Osterstr. 124, HH 20. Abonnement bei Inter Abo, Wendenstr. 25, HH 1, ✆ 230992).

Wohin in Hamburg faßt Veranstaltungskalender, Einkaufstips und Hinweise auf Gastronomie, Bars, Hotels usw. zusammen (*Hamburg-Verlag Katrin Mendelssohn,* Hochallee 40, HH 13, ✆ 447037; erhältl. in Lokalen u. Geschäften).

Auch der **Hamburg-Führer** enthält aktuelle Veranstaltungspläne, Gaststätten- und Hotelverzeichnisse, die touristisch wichtigen Adressen sowie Einkaufstips (*Hamburg-Führer-Verlag,* Rothenbaumchaussee 195, HH 13, ✆ 458555).

Das **Stadt-Magazin** des ›Hamburger Abendblatts‹ enthält umfassende Veranstaltungskalender für Theater und Film, Konzert, Live-Musik und Sport sowie aktuelle Tips für die Freizeit vom Einkaufen bis zum Töpferkurs (*Axel Springer Verlag,* Kaiser-Wilhelm-Str. 6, HH 36, ✆ 347-3433, 347-4694, 347-4669).

Die *Stadtillustrierten* **Szene Hamburg, Prinz** und **oxmox** erscheinen monatlich und bieten neben der Berichterstattung über Hamburg die aktuellesten Hinweise auf Veranstaltungen, Treffpunkte, Lokale.

Besonders hilfreich ist das Branchentelefonbuch mit einem ausgezeichneten 54seitigen Reiseführer, Stadtplan etc. Die **Gelben Seiten** informieren über alle Bedürfnisse von der Apotheke bis zur

Puppenklinik, vom Abendkleid bis zum Zwieback (*Hamburger Adressbuch-Verlag Dumrath & Faßnacht,* Winsbergring 38, HH 54, ✆ 853088, Bildschirmtext *920315#). Der gleiche Verlag bietet außerdem über Bildschirmtext das umfassende aktuelle Informationsprogramm **Hamburg Magazin** an (Btx *5672000#).

Die *Staatliche Pressestelle* (Rathaus, HH 1, ✆ 36811528) hat 1989 den umfassenden Behördenwegweiser **Mit Hamburg verbunden** neu herausgegeben, der in Postämtern und Banken kostenlos erhältlich ist.

Einkaufspassage ›Hanse-Viertel‹
Eingang Poststraße
✆ 30051–220
mo–fr 10–18.30 (do bis 20.30), sa 10–15 Uhr (an verkaufsoffenen sa bis 18 Uhr), so 11–15 Uhr

Hafen
St. Pauli Landungsbrücken
zwischen Brücke 4 und 5 mit *Hafen-Tip*
✆ 30051–200
täglich 9–18 Uhr, November bis Februar 9–17 Uhr

Flughafen
Ankunftshalle D
✆ 30051–240
täglich 8–23 Uhr

Vor Reiseantritt

Informationsstellen

Die **Tourismus-Zentrale** Hamburg (Burchardplatz 14, HH 1, ✆ 30051–0, Bildschirmtext *52200 #) erteilt Auskünfte und berät Reisende, weist Zimmer nach, vermittelt Theater- und Konzertkarten, Tagungsräume, Fahrräder und Fremdenführer. Und natürlich ist bei ihr Informationsmaterial aller Art erhältlich. Sie unterhält fünf Informationsstellen:

Tourist Information

Bieberhaus
nördlich vom Hauptbahnhof
✆ 30051–244 und –245
mo–fr 7.30–18 Uhr und sa 8–15 Uhr
Theaterkasse: ✆ 30051–205

Hauptbahnhof
Hauptausgang Kirchenallee
mit Hotelreservation
Hachmannplatz 1
✆ 30051–230
täglich 7–23 Uhr

Karten, Spezialführer

Es ist unmöglich, diesem Führer ausreichendes Kartenmaterial für die Orientierung in allen Stadtteilen beizugeben. Es ist unbedingt empfehlenswert, sich mit einem der beiden großen Stadtatlanten zu versehen:
Der **Hamburger Straßen- und Verkehrsatlas** (*RV Reise- und Verkehrsverlag,* Berlin – Stuttgart – Gütersloh) und der
Hamburg-Stadtatlas (*Falk-Verlag,* Hamburg) bieten hervorragende Karten, Straßenregister, Verkehrsinformationen und Hinweise auf Institutionen.

Die große Zahl von **Stadtführern** unterschiedlichen Umfanges und inhaltlichen Profils erschließt sich schon am Bahnhofskiosk; zum Jahr des 800. Hafengeburtstags 1989 hat sie sich erneut vermehrt.

Drei sind besonders hervorzuheben:
Hamburg mit Kindern
(Reise- und Freizeitführer für Eltern, *Rasch und Röhring Verlag,* Hoheluftchaussee 95, HH 20)

Hamburg zu Fuß – 20 Stadtteilrundgänge durch Geschichte und Gegenwart
(*VSA-Verlag Hamburg,* Stresemannstr. 284a, HH 50)

Hamburger Stadtführer für Rollstuhlfahrer
(*Hamburger Landesarbeitsgemeinschaft für Behinderte,* Südring 36, HH 60).
Außerdem gibt es beim Bund Deutscher Architekten ein Führungsblatt zu aktueller Architektur: **Hamburger Bauten** (*BDA,* Mittelweg 89, HH 13, ✆ 446838)

Reisezeit

Hamburg ist weder Sommerfrische noch Wintersportort – wiewohl in kalten Wintern die Außenalster zum schönsten Schlittschuhrevier der Welt werden kann, wiewohl im Sommer Alster und Elbe zum Segeln einladen. Es gibt keine Reisezeit, die besonders zu empfehlen ist. Es sei denn – die Rhododendronblüte im Mai/Juni und der Herbst sind die Jahresabschnitte, in denen sich das durchgrünte Stadtbild und seine Parks besonders schön darbieten.

Anreise

Hamburg ist mit allen Verkehrsmitteln leicht zu erreichen.

Mit dem Auto

Die **Autobahnen** (A 1 und A 7 sowie aus Richtung Berlin die A 24) tangieren die innere Stadt im Osten und Westen, die A 1 aus Richtung Süden führt direkt in die City. Wer mit dem Auto nach Hamburg kommt, hat damit die besten Möglichkeiten, sich die Außenbezirke anzusehen. In den inneren Stadtteilen wird er hingegen an Werktagen auf große Parkplatzschwierigkeiten stoßen.

Für die **Parkhäuser** der Innenstadt gibt es ein Parkleitsystem durch Beschilderung an den Hauptstraßen. Die aufnahmefähigsten in zentraler Lage sind über den Ballindamm zu erreichen.

Das historische Straßennetz ist radial auf die Innenstadt ausgerichtet, drei **Ringstraßen** stellen günstige Querverbindungen her (*R 1* verläuft entlang dem alten Wallring um die Innenstadt, *R 2* von Altona über die Stadtteile Eimsbüttel, Eppendorf, Winterhude, Barmbek und Dulsberg nach Wandsbek, *R 3* verbindet die äußeren Stadtteile von Blankenese über Niendorf, Langenhorn und Poppenbüttel bis Rahlstedt).

Mit der Bahn

Fahrplanauskünfte ✆ 19419

Wer mit der Bahn nach Hamburg kommt, sollte sich informieren, welcher der **Bahnhöfe** von Harburg bis Altona, die die meisten Fernzüge berühren, für sein Ziel am geeignetsten ist. **Hamburg-Altona** ist der Hamburger Endbahnhof für Fernzüge aus Richtung Süden, der **Hauptbahnhof** vermittelt am meisten Großstadtgefühl, der **Dammtorbahnhof** zwischen Botanischem Garten und Rotherbaum war früher der vornehmste der Hamburger Bahnhöfe; in seiner unmittelbaren Nachbarschaft liegt das Congress-Centrum Hamburg CCH. **Harburg** erschließt die Stadtteile südlich der Elbe.

Wer bei der Ankunft auf Information angewiesen ist, sollte am Hauptbahnhof aussteigen (s. oben Informationsstellen).

An der Kirchenallee auf der Ostseite des Hauptbahnhofs beginnen auch die offiziellen **Stadtrundfahrten.**

Im **Hauptbahnhof Wechselstuben** (täglich 7–22 Uhr) und **Postamt** (durchgehend geöffnet).

Im **Bahnhof Altona Wechselstube** (mo–sa 7.30–20 Uhr, so 10–13 Uhr, 13.45–18 Uhr).

Bahnhofsmission
Hauptbahnhof, ✆ 326869
Altona, ✆ 397075
Harburg, ✆ 774945

Mit dem Flugzeug

Nach Hamburg führen Direktflüge von München, Nürnberg, Stuttgart, Frankfurt, Saarbrükken, Köln/Bonn, Düsseldorf und Berlin sowie von den europäischen Hauptstädten und aus Übersee.

Der **Flughafen Hamburg** in **Fuhlsbüttel** liegt am Nordrand des Siedlungsgebietes, man gelangt von ihm schnell in die Innenstadt (Buspendelverkehr ›Airport Express‹ zwischen Flughafen und Bahnhof Ohlsdorf in Zehnminutenabständen mit Anschluß an die Schnellbahnen S 1 und U 1 – zum Hauptbahnhof insgesamt ca. 40 Minuten; außerdem direkte Busverbindungen zur Innenstadt. Der Schnellbus 39 führt nach Wandsbek und in die Elbvororte, Bus 217 nach Barmbek, Bus 292 nach Langenhorn).

Im Empfangsgebäude **Tourist-Information, Reisebüros, Hotelnachweis** und **Autovermietungen, Postamt** (mo–sa 7–21 Uhr, so 9–20 Uhr) und **Bank** (täglich 6.30–22.30 Uhr).

Die Baulichkeiten wirken – wie viele meinen – nicht sehr weltstädtisch. In den kommenden Jahren wird aber ein großzügiger Neubau entstehen. Dann wird auch die Parkplatznot enden. Im Kern handelt es sich bei dem Empfangsgebäude übrigens um einen schönen Bau der zwanziger Jahre (s. Fuhlsbüttel).

Führungen in der *Flughafen-Modellschau* täglich 10 Uhr, 12 Uhr, 14 Uhr und 16 Uhr.

Mit dem Schiff

Ein Linienverkehr für Personen nach Hamburg zu Wasser findet nicht mehr statt – es sei denn mit der England-Fähre aus Harwich oder mit den HADAG-Elbeschiffen.

Kurzinformationen von A–Z

Alster

Die Alster gehört nicht nur zu den schönsten Partien des Stadtbildes, sondern war auch immer ein wichtiger Verkehrsweg. Vor wenigen Jahren erst wurde der Linienverkehr der Alsterschiffe im Rahmen des Hamburger Verkehrsverbundes eingestellt. Einen Ersatz bieten von April bis Oktober die Alster-Rundfahrten ab Anleger Jungfernstieg, vor allem die **Alster-Kreuz-Fahrt** (10.45 bis 18.15 Uhr halbstündlich vom Jungfernstieg zum Winterhuder Fährhaus mit Anschluß bis zur Saarlandstraße am Stadtpark ab Anleger Mühlenkamp, Fahrtdauer und Fahrpreis je nach Wahl der Strecke zwischen den insgesamt 14 Anlegern).

Die **Alster-Rundfahrt** (10–18 Uhr halbstündlich, ca. 50 Minuten) auf Binnen- und Außenalster, die **Kanal-Fahrt** in den Seitenkanälen der Alster (9.45, 12.15, 14.45, 17.15 Uhr, ca. 2 Stunden), **Brückenfahrt** unter ca. 100 der über 2400 Hamburger Brücken hindurch (di 10.15, ca. 3 Stunden – nur Mai bis September), die **Fleet-Fahrt** durch die Innenstadt-Fleete und die Speicherstadt (10.45, 13.45, 16.15, ca. 2 Stunden), die **Vierlande-Fahrt** auf der Bille durch Vier- und Marschlande nach Bergedorf (täglich außer di, 10.15 Uhr, ab Bergedorf-Hafen 14 Uhr, ca. 3 Stunden – Rückfahrt mit S-Bahn) sowie ein **›Dämmertörn‹** (20 Uhr, ca. 2 Stunden, nur Mai bis September) erschließen die Alster (und die Bille).

Außerdem können Alsterschiffe gechartert werden (geeignet für Veranstaltungen bis zu 32 Personen). Fahrkarten, Auskünfte und Fahrpläne bei der **ATG Alster-Touristik,** Alsteranleger, Jungfernstieg, HH 36, ✆ 341141 sowie bei der Tourismus-Zentrale.

Der **Alsterwanderweg** entlang der Alster vom Baumwall bis weit außerhalb der Landesgrenzen folgt den Fleeten, der Binnen- und Außenalster, der kanalisierten Alster bis Fuhlsbüttel, dann dem

Lauf durch die äußeren Vororte (mit alten Schleusen, zum Beispiel in Lemsahl-Mellingstedt) und schließlich dem ländlichen Oberlauf. Er bietet vielfältige Möglichkeiten für Rudern und Segeln, Spaziergänge und Einkehr.

In Fuhlsbüttel kann man sich **Kanus** leihen und alsteraufwärts paddeln – die authentische Form des Hamburger Wasserspaziergangs (*Bootshaus W. Töns,* Ratsmühlendamm 2, HH 63, ✆ 599498).

Bootsvermietungen rund um die Außenalster, u. a.
Bodo's Bootssteg (Alte Rabenstraße, HH 13, ✆ 440654) und
Robby Reich (Fernsicht 2, HH 60, ✆ 487824).

Auktionen

Die wichtigsten Hamburger *Buch- und Kunstauktionshäuser* sind:
F. Dörling, Inh. Wolfgang Ketterer
Buch- und Kunstantiquariat
Neuer Wall 40–42
HH 36
✆ 364670
Hauswedell & Nolte
Buch- und Kunstauktionen
Pöseldorfer Weg 1
HH 13
✆ 448366 u. 4103622
Henner Wachholtz
Maria-Louisen-Str. 62
HH 60
✆ 474026

Aussichtspunkte im Stadtgebiet

Der **Heinrich-Hertz-Turm** (Fernmeldeturm; Gesamthöhe 271,5 m) mit Restaurant und Aussichtsplattform in 128 m Höhe ist täglich 9 bis 23 Uhr geöffnet; von dort aus bietet sich eine umfassende Übersicht über Innenstadt, Hafen und die Alsterstadtteile. Das Turmrestaurant dreht sich in einer Stunde um den Turm (12–23 Uhr; Lagerstr. 2, HH 6, ✆ 438024).

Die Turmplattform (82,54 m; Gesamthöhe 132 m) der Hauptkirche **St. Michaelis** (Aufzug!) ist für Innenstadt und Hafen ein idealer Aussichtspunkt (s. Neustadt, St. Michaelis). Turmaufgang von der südwestlichen Tür 2 (April–November: mo–sa 9–17.30 Uhr, so 11.30–17.30 Uhr; im Winter mo–di und do–sa 10–16 Uhr, so 11.30–16 Uhr, ✆ 371727).

Die Aussichtsplattform des **Wasserturms** (60 m) im *Stadtpark* bietet einen Blick über die nördlichen Stadtteile (s. Winterhude; so–fr 10–15.30 Uhr, mi u. fr bis 19 Uhr).

Vom *Stintfang* aus, dann im ganzen Verlauf der *Geestkante* nach Westen bieten sich eindrucksvolle Fernblicke auf Elbe und Hafen – besonders auch am *Altonaer Balkon* (beim Altonaer Rathaus) und im *Rosengarten* (Elbchaussee 100).

Behinderte

Umfassende und sehr detaillierte Hinweise (z. B. Museen, Sehenswürdigkeiten) für körperbehinderte Reisende gibt der ›Hamburger Stadtführer für Rollstuhlfahrer‹, der regelmäßig neu aufgelegt wird (s. S. 555).
Behindertentaxi
Fa. Utermarck
Schäferstraße 11
HH 6
✆ 4105458
Mo–fr 7–18 Uhr, zwei Tage Voranmeldung

Bibliotheken

Hamburg hat zahlreiche Bibliotheken zu allen Interessengebieten.

Die **Hamburger Öffentlichen Bücherhallen** sind zuständig für allgemeinbildende und schöne Literatur. Sie umfassen über 50 **Stadtteilbüchereien** (und bieten dort stadtteilbezogene Kulturprogramme mit Lesungen, Ausstellungen, Vorträgen an) sowie die **Zentralbücherei** mit **Musikbücherei** (Große Bleichen 27, HH 36, ✆ 356060, di–fr 11–19 Uhr, sa 10–13 Uhr).

Aus der seit dem 16. Jh. aufgebauten, durch den Zweiten Weltkrieg schwer geschädigten Stadtbibliothek ist die **Staats- und Universitätsbibliothek Carl von Ossietzky** hervorgegangen, die zentrale wissenschaftliche Bibliothek Hamburgs (mehr als 2 Mill. Bände).

Sie ist Archivbibliothek für das in Hamburg erscheinende Schrifttum. Die Handschriftensammlung besitzt Handschriften und Nachlässe Hamburger Schriftsteller und Wissenschaftler. Der Norddeutsche Zentralkatalog erschließt die Bestände anderer wissenschaftlicher Bibliotheken in Hamburg, Schleswig-Holstein und Bremen. Wissenschaftliche Literatur aus allen Wissensgebieten, umfassende bibliographische Hilfsmittel und große Lesesäle, die ›English Library‹ und die ›Collection française‹, dazu Sonderlesesäle (insbesondere eine Hamburgensiensammlung mit – fast – allem, was man über Hamburg lesen kann) und Spezialbibliotheken (Ossietzky-Lesesaal der Bibliothek der Hamburger Arbeitsstelle für deutsche Exilliteratur) sind in der ›Stabi‹ zugänglich (Von-Melle-Park 3, HH 13, ✆ 4123–1; Lesesäle, Katalog und Auskunft mo–fr 9–19 Uhr und sa 10–13 Uhr; Ortsleihe, Norddeutscher Zentralkatalog, Sonderlesesäle und Spezialbibliotheken haben kürzere Öffnungszeiten).

Weitere **Hochschulbibliotheken** (u. a.)

Technische Universität Hamburg-Harburg
Martin-Leuschel-Ring 14/16
HH 90
✆ 771700

Hochschule für Bildende Künste
Lerchenfeld 2, HH 76
✆ 2984–0

Hochschule für Musik und Darstellende Kunst
Harvestehuder Weg 12
HH 13
✆ 441950

Fachhochschule Hamburg
Technische Bibliothek
Berliner Tor 3
HH 2
✆ 2488–2614

Architektur, Bau- und Vermessungswesen
Hebebrandstr. 1
HH 60
✆ 59105–656

Universität der Bundeswehr
Holstenhofweg 85
HH 70, ✆ 6541–1

Die **Commerzbibliothek** im Börsengebäude (Bibliothek der Handelskammer Hamburg, Alter Wall 2, HH 11, ✆ 36138–377, mo, di, do, fr 10–15 Uhr) sammelt Literatur zu Wirtschafts-, Sozial- und Rechtswissenschaften.

Das **Informationszentrum des HWWA** (Hamburger Welt-Wirtschaftsarchiv – Institut für Wirtschaftsforschung Hamburg) mit großer Bibliothek zu allen Wissensgebieten der Wirtschaft (850000 Bände) verfügt über ein Zeitungsausschnittarchiv über alle Themen aus Wirtschaft und Sozialwissenschaft, über Firmen und Personen, auch über Stadtentwicklung in Hamburg (Neuer Jungfernstieg 21, HH 36, ✆ 3562–0, mo–fr 9–19 Uhr). Dort befindet sich auch die **Übersee-Dokumentation** (Deutsches Übersee-Institut, ✆ 3562–589).

Die **Nordelbische Kirchenbibliothek** der Ev.-luth. Nordelbischen Landeskirche in der Nähe der Staats- und Universitätsbibliothek ist eine Fachbibliothek für Theologie und ihre Randgebiete, u. a. auch mit umfangreicher Literatur zur kirchlichen Kunst und Architektur (Grindelallee 7, HH 13, ✆ 447894, mo, mi 9–16 Uhr, do 9–17 Uhr, fr 9–14 Uhr, sa 10–13 Uhr).

Die **Bibliotheken der Hamburger Museen** informieren über ihr jeweiliges Sammelgebiet; die des **Museums für Hamburgische Geschichte** verfügt über umfassende Hamburg-Literatur (di–fr 10–17 Uhr; s. Museen).

Die Bibliothek des **Instituts für die Geschichte der deutschen Juden** sammelt Literatur zur jüdischen Geschichte und Religion (Rothenbaumchaussee 7, HH 13, ✆ 4123–2617, mo–do 9–16 Uhr, fr 9–15 Uhr).

Das **Staatsarchiv der Freien und Hansestadt Hamburg** ist das Archiv für Hamburg und die ehemals selbständigen Städte und Gemeinden im heutigen Hamburger Staatsgebiet; es besitzt eine umfassende Hamburg-Bibliothek und betreut die **Bibliothek des Vereins für Hamburgische Geschichte** (ABC-Str. 19, HH 36, ✆ 3681–1862, mo, di, do, fr 9–16 Uhr). Das Staatsarchiv wird sehr stark frequentiert. Schriftliche Voranmeldung und Platzreservierung im Lesesaal ist erforderlich.

Im übrigen wird auf den **Führer durch die Hamburger Bibliotheken** verwiesen, der von der Staats- und Universitätsbibliothek herausgegeben wird.

Buchhandlungen und Antiquariate

Die Hamburger **Buchhandlungen** sind zahlreich und vielfältig sortiert. Die größte ist das **Thalia-Buchhaus** mit Büchern aus allen Wissensgebieten sowie einer großen Hamburg-Abteilung (Große Bleichen 19, HH 36, ✆ 300505–0).

Das kontinuierlichste Veranstaltungsprogramm mit Lesungen und Diskussionen bietet die **Heinrich-Heine-Buchhandlung** (Grindelallee 26/28 und Schlüterstr. 1, HH 13, ✆ 449778). Sie liegt im Universitätsviertel, wo zahlreiche weitere Buchhandlungen und Antiquariate mit unterschiedlichen Schwerpunkten an Grindelallee, Rentzelstraße, Grindelhof, Binderstraße, Schlüterstraße, Johnsallee und Rothenbaumchaussee anzutreffen sind, u. a. das **Musik-Antiquariat Wagner** (Rothenbaumchaussee 1, HH 13, ✆ 4104374).

Wede ist die große Fachbuchhandlung für Schiff- und Luftfahrt, Eisenbahn und Auto (Große Bleichen 36, HH 36, ✆ 343240).

Für Reisende aller Art ist die **Buchhandlung Dr. Götze ›Land & Karte‹** ein Eldorado; sie bietet alles über alle Länder, vom Reiseführer bis zur wissenschaftlichen Landeskunde, vor allem aber Stadtpläne und Karten aus aller Welt (Im Bleichenhof, Bleichenbrücke 9, HH 36, ✆ 373851).

Sautter & Lackmann ist eine der größten deutschen Fachbuchhandlungen für Kunst und Architektur (Admiralitätsstr. 71/72, HH 11, ✆ 373196, regelmäßige Neuerscheinungskataloge).

PPS bietet umfassende Literatur über Photographie (Feldstraße/Hochhaus 1, HH 4, ✆ 431700–0).

Fremdsprachenbuchhandlungen sind u. a.
Colón
(Colonnaden 97, HH 36, ✆ 344438)

der **Französische Buchladen**
(Rappstr. 1a, HH 13, ✆ 445501)

Martin H. Frensche International Books
(Spitalerstr. 26e, Landesbank-Galerie, HH 1, ✆ 327585)

Hermann Kerckhoff
(Poststr. 2, HH 36, ✆ 352268 u. 342530)

Von den vielen **Antiquariaten** seien beispielhaft genannt:
Antiquariat Pabel
(Krayenkamp 10 [Krameramtswohnungen] und Englische Planke 6, HH 11, ✆ 364889)

Bücherkabinett A. u. C. Simon
(Poststr. 14, HH, 36, ✆ 343236 und 343237)

Cabinett der Geschichte
(Esplanade 17, HH 36, ✆ 345621)

F. Dörling, Inh. Wolfgang Ketterer
(Neuer Wall 40–42, HH 36, ✆ 364670)

Henner Wachholz
(Mittelweg 43, HH 13, ✆ 440414)

Max Wiedebusch
(Dammtorstr. 20, HH 36, ✆ 345001).

Spezialisiert auf Literatur über Hamburg und Norddeutschland ist ›**Die Hamburger Eule**‹ (Margret Hamann, Postfach 201616, HH 20, ✆ ab 16 Uhr 667544 u. 4808543, nur Versandbuchhandlung).

Einkäufe und Souvenirs

Wer Maritimes und Krimskrams aus dem Umfeld von Hafen und Seefahrt als Souvenir sucht, kommt an den Kiosken der Touristenzentren auf seine Kosten (etwa an Überseebrücke und St. Pauli-Landungsbrücken). Wer es echter haben will, besucht die professionellen Geschäfte für die Ausrüstung von Speichern, Schiffen und Seeleuten entlang der Hafenkante, am Rödingsmarkt und in der Deichstraße (z. B. **Carl Feddersen,** Deichstr. 35, HH 11, ✆ 365968) oder den Tropenausrüster (z. B. **Brendler,** Große Johannisstraße 15, HH 11, ✆ 373425).

Ansonsten sind Einkaufswünschen in Hamburg nur subjektive Grenzen gesetzt. ›Schickimicki‹ und echter Luxus ist in der City zwischen Gänsemarkt und Burchardplatz ebenso zu finden wie Alltagsbedarf in Kaufhäusern und Spezialgeschäften.

Die **Einkaufspassagen** der Innenstadt sind für Schaufensterbummel besonders geeignet. Immer noch gelten die Läden in den **Alsterarkaden** als besonders typisch (**Ladage & Oelke** prägt seit Generationen den anglophilen Bekleidungsstil eingefleischter Hamburger; Neuer Wall 11, HH 36, ✆ 344747).

Der City machen die **Geschäftsviertel der Stadtteile** erfolgreich Konkurrenz: Mittelweg, Eppendorfer Baum, Eppendorfer Landstraße mit Pöseldorf im Bereich der Milchstraße, Neue Bergstraße in Altona, die Waitzstraße in Othmarschen, die Blankeneser Bahnhofstraße, aber auch die große Passage entlang der Hamburger Straße in Barmbek, das historische Zentrum in Bergedorf, die City in Harburg, der Wandsbeker Markt.

Kaufhäuser befinden sich außer auf dem Bahnhof Altona insbesondere an Mönckebergstraße und Jungfernstieg in der City, dazu in den Stadtteileinkaufszentren in Barmbek (Hamburger Straße), Harburg, Wandsbek, Poppenbüttel, in Altona, im Elbe-Einkaufszentrum in Osdorf u. a.

Der **International shopping guide** für Hamburg (deutsch/englisch) erscheint sechsmal im Jahr (International Shopping Guide Verlag, Mengstr. 19, 2400 Lübeck 1, ✆ 0451/1600033).

Elbe

Die Elbe erlebt man am einfachsten bei einer Fahrt auf den Linienschiffen des Niederelbedienstes der HADAG Seetouristik und Fährdienst AG ab St.-Pauli-Landungsbrücken flußabwärts bis *Schulau* oder *Lühe*. Außerdem veranstaltet die HADAG Bord-Parties und andere Sonderveranstaltungen. Elb-Schiffe werden auch für private Veranstaltungen verchartert (Fahrpläne und Fahrkarten bei der HADAG, St.-Pauli-Landungsbrücken, Brücke 2 und 4, ✆ 376800–24 und 376800–28).

Im Sommer fahren an einigen Terminen Schiffe ab St. Pauli-Landungsbrücken nach *Helgoland* (Abfahrt 7, Brücke 6/7, Rückfahrt ab Cuxhaven mit Bundesbahn-Sonderzug bis Hamburg-Hauptbahnhof bis 20.45 Uhr). Sie sind die beste Gelegenheit, Hamburgs Verbindung mit der See kennenzulernen (Auskunft über Termine und Buchungen: Seetouristik, Vorsetzen 32, HH 11, ✆ 373374; außerdem bei allen Reisebüros, bei der Deutschen Bundesbahn und der Tourismus-Zentrale). Für Helgoland-Fahrten ab Cuxhaven und Büsum siehe Umgebung.

Zu den reizvollsten Spazier- und Wanderwegen gehört der *Elbe-Wanderweg* entlang dem Nordufer des Stromes, vor allem ab Neumühlen, über Övelgönne bis zur Landesgrenze und weiter.

Essen und Trinken (Spezialitäten)

Die Hamburger Lokaltradition im Bereich von Essen und Trinken ist bodenständig, nicht jedermanns Sache, in jedem Fall gehaltreich: ›Bohnen, Birnen und Speck‹, ›Hamburger Aalsuppe‹ und der Urahn des ›Hamburgers‹, das ›Rundstück warm‹ (Braten mit Soße auf Brot). Fischspezialitäten aller Art vom Rollmops bis zur Finkenwerder Scholle, der Seefahrtklassiker ›Labskaus‹ werden in den meisten guten Restaurants angeboten. Genannt sei der **Old Commercial Room** mit **Captain's Table** (Englische Planke 10, HH 11, ✆ 366319 u. 366368).

Fischrestaurants gibt es von den St. Pauli-Landungsbrücken bis zum Altonaer Fischereihafen, u. a. das **Fischerhaus** (St. Pauli-Fischmarkt 14, HH 20, ✆ 314053).

Die eigentliche Spezialität der Hafenstadt ist, daß es Spezialitätenrestaurants aus (fast) aller Herren Länder gibt. Sie sind nicht (nur) zur exotischen Bereicherung der Einheimischen und Touristen da, sondern Ausdruck des Zustroms von Menschen aus diesen Ländern.

Das wohlhabende Hamburg hat sich im übrigen schon immer Haute Cuisine von Weltstadtformat geleistet. Feinschmecker kennen die heute einschlägigen Restaurants oder werden gebeten, sich auf Spezialführer zu verlassen. Überhaupt gilt für das riesige gastronomische Angebot in Hamburg, daß es eine erhebliche Fluktuation der Lokale, der Wirte, des Publikums gibt: Der Besucher sollte sich jeweils auf möglichst aktuellem Stand informieren (s. ›Restaurants‹).

Fahrradverleih

Hamburg (und Umgebung) ist ideal für Fahrradfahrer: Die Steigungen halten sich in Grenzen, innerhalb der Stadt kommt man schneller vom Fleck als mit dem Auto, das Radwegnetz ist umfangreich und wird ständig ausgebaut. Die Wanderwege entlang der Alster und Elbe ebenso wie die Innenstadt sind mit dem Fahrrad am bequemsten zu erleben.

Die Möglichkeit, Fahrräder in Schiffen und Bahnen des Hamburger Verkehrsverbundes mitzunehmen (s. Verkehrsmittel) eröffnet reizvolle Möglichkeiten für Touren in Hamburg.

Fahrräder verleihen die **Tourismus-Zentrale** (Tourist Information im Bieberhaus 1.5. bis 30.9. – Vorreservierung erforderlich), einige der großen Hotels sowie viele der zahlreichen Fahrradfachgeschäfte, so **Fahrrad-Richter** (Barmbeker Str. 16, HH 60, ✆ 275095), **Pit's** (Bundesstr. 21, HH 13, ✆ 4102748) oder das **Zweiradhaus in Wohldorf** (Schleusenredder 8, HH 65, ✆ 6070844), allerdings nur während der üblichen Ladenöffnungszeiten.

Feste

Finden im Sommerhalbjahr zahlreich statt, in der Innenstadt wie in allen Stadtteilen. Der **Hafengeburtstag** hat sich zu einer besonders beliebten Veranstaltung entwickelt (s. ›Hafengeburtstag‹).

Das **Alstervergnügen** mit wechselnden Terminen im Spätsommer verwandelt die Umgebung von *Kleiner* und *Binnen-Alster* in eine Budenstadt (mit kulturellen Einlagen).

Auf dem *Heiligengeistfeld* findet im November der **Dom** statt, das traditionelle Hamburger Volksfest (s. St. Pauli); inzwischen gibt es dort auch den **Frühlingsdom** (März/April) und das **Hummelfest** (Juli/August).

Fundbüros

Das **Öffentliche Fundbüro** ist für alle verlorenen Gegenstände in Hamburg zuständig, auch in den Verkehrsmitteln der Hamburger Hochbahn (also U-Bahn und Busse). Es befindet sich in der Neustadt (Bäckerbreitergang 73, HH 36, ✆ 351851, di, mi, fr 8–12 Uhr, mo u. do 8–15.30 Uhr).

Für S-Bahn und Fernbahn sorgt das **Fundbüro der Deutschen Bundesbahn** (Stresemannstr. 114, HH 50, ✆ 3918–2685 und –2686).

Außerdem: **Bundespost-Fundsachenverwaltung** (Postamt 1, Hühnerposten 12, HH 1, ✆ 2395693, mo, di, mi, fr 10–13 Uhr, do 11–15 Uhr).

Galerien

Die zahlreichen Galerien in Hamburg haben ihren Sitz vorzugsweise in der Innenstadt und in den Stadtteilen rund um die Außenalster. Aktuelle Angebote kann man in der Tagespresse finden oder in der monatlichen Vorschau der ›ZEIT‹, der ›Hamburger Vorschau‹, in ›Kultur in Hamburg‹ sowie in den Stadtillustrierten. Das Informationsblatt ›Kunst in Hamburg‹ erscheint zweimonatlich (Tourismus-Zentrale). Seit 1989 gibt es den ›Kunstführer Hamburg‹ (Hrsg. Birgit Gatermann u. Alfons Mencke, Christians Verlag, Hamburg), der ausführlich über Galerien und Kunsthandel informiert.

Gedenkstätten und Gedenkplätze

Denkmäler, Gedenkstätten und Gedenkplätze, die sich auf die Gewaltherrschaft und die Verfolgung der Juden im nationalsozialistischen Dritten Reich, auf die Opfer des davon heraufbeschworenen Zweiten Weltkriegs beziehen, sind in den einzelnen Stadtteilbeschreibungen beschrieben. Die wichtigsten sind:

Dokumentenhaus und Gedenkstätte im ehemaligen Konzentrationslager Neuengamme (s. Neuengamme). Im Dokumentenhaus auch Auskünfte über weitere Gedenkstätten im ehemaligen Konzentrationslager Fuhlsbüttel, in der Janusz-Korczak-Schule am Bullenhuser Damm (s. Rothenburgsort) und im Plattenhaus Poppenbüttel (s. Poppenbüttel).

Gedenkstätte Ernst Thälmann

Eppendorf
HH 20
Ernst-Thälmann-Platz (Tarpenbekstr. 66)
✆ 474184
Di–fr 10–19 Uhr, sa u. so 10–13 Uhr
Dokumentation zu Leben und politischem Wirken des 1944 im KZ Buchenwald ermordeten Hamburger Bürgerschafts- und Reichstagsabgeordneten, der seit 1924 Vorsitzender der Kommunistischen Partei Deutschlands war. Er wohnte 1929–33 in diesem Haus.

Gedenkstätte Fuhlsbüttel

Ohlsdorf
HH 63
Suhrenkamp 48 (U 1 und S 1/11 Ohlsdorf)
✆ 7231031 (Dokumentenhaus Neuengamme)
So 10–12 Uhr
Im ehemaligen Torhaus der Justizvollzugsanstalt Fuhlsbüttel untergebrachte Dokumentation über die NS-Herrschaft und ihre Opfer. Hier war 1933 das erste Hamburger KZ eingerichtet worden (s. Ohlsdorf).

KZ-Gedenkstätte Neuengamme

Neuengamme
2050 HH 80
Jean-Dolidier-Weg (ehem. Neuengammer Heerweg, Bus 227 ab Bahnhof Bergedorf)
✆ 7231031
Dokumentenhaus di–so 10–17 Uhr
Auf dem Gelände des Konzentrationslagers Neuengamme (s. Neuengamme) wurde 1981 ein Dokumentenhaus eröffnet.

Plattenhaus Poppenbüttel
Poppenbüttel
HH 65
Kritenbarg 6 (ehem. Pfefferminzkamp 5–7, S 1/11 Poppenbüttel)
∅ 7231031 (Dokumentenhaus Neuengamme)
Di 17–19 Uhr u. so. 10–12 Uhr
Das Haus der Gedenkstätte wurde von KZ-Insassen für Bombenopfer aus Fertigbauteilen errichtet (s. Poppenbüttel).

Denkmäler für Opfer des Faschismus und des Zweiten Weltkriegs auf dem **Hauptfriedhof Ohlsdorf** (s. Ohlsdorf).
Ruine der Hauptkirche **St. Nikolai** am Hopfenmarkt (s. Innenstadt, Neue Burg).
Kriegsdenkmal und Gegendenkmal am **Stephansplatz**/Dammtordamm (s. Innenstadt, Wallring). – Siehe auch **Stadtrundfahrten.**

Hafen

Informationen über den Hafen bietet der **Hafen-Tip** der Tourist-Information (St. Pauli-Landungsbrücken zwischen Brücke 4 und 5, ∅ 30051–200, täglich 9–18 Uhr).

Alles Wissenswerte enthalten das **Hamburger Hafenbuch** *(Verlag Katrin Mendelssohn,* Hochallee 40, HH 13, ∅ 447037) und der von *Werner Skrentny* herausgegebene **Hafenführer** (VSA-Verlag für das Studium der Arbeiterbewegung, Stresemannstr. 384a, HH 50, ∅ 894069).

Hafenrundfahrten kann man mit Stadtrundfahrten kombinieren oder direkt ab St.-Pauli-Landungsbrücken antreten; besonders empfehlenswert ist die Fahrt mit einer Barkasse, die in der Lage ist, die Fleete der Speicherstadt zu befahren. Die Rundfahrten dauern etwa eine Stunde (Auskünfte: HADAG, ∅ 376800-24 und Barkassen 314644). Hafenrundfahrten organisiert auch das **Museum der Arbeit** (s. ›Museen und Sammlungen‹).

Alternative Hafenrundfahrten veranstaltet u. a. der DGB (NF-Reisebüro, Besenbinderhof 60, HH 1, ∅ 241031).

Besonders reizvoll ist es, den Hafen mit den **HADAG-Hafenfähren** auf eigene Faust zu erkunden (s. ›Verkehrsmittel).

Hafengeburtstag

Der Hamburger Hafengeburtstag findet alljährlich um den 7. Mai herum statt – er ist das größte aller Feste in Hamburg geworden. Das Datum bezieht sich auf den ›Freibrief‹ Kaiser Friedrichs I. Barbarossa aus dem Jahr 1189 (s. Innenstadt, Neue Burg) und wurde 1989 deshalb besonders aufwendig begangen.

Kaufhäuser s. ›Einkäufe‹

Kinder

Ferienprogramme für Kinder in den Staatlichen Museen bietet der **Museumspädagogische Dienst** an (Kulturbehörde – Museumspädagogischer Dienst, Hamburger Str. 45, HH 76, ∅ 29188-2752, mo–do 9–12 Uhr und 14–16 Uhr sowie fr 9–12 Uhr).

Der oben genannte Reise- und Freizeitführer **Hamburg mit Kindern** (Rasch und Röhring-Verlag, Hoheluftchaussee 95, HH 20) gibt viele praktische Tips und Hinweise für Reisende mit Kindern.

Kinos

Hamburg besaß seit Beginn der Kinozeit zahlreiche große Kinos. Sie sind mit dem Aufkommen von Fernsehen und Flaschenbier ebenso ausgestorben oder in Kleinkinos aufgeteilt worden wie andernorts. Das letzte der traditionellen Uraufführungskinos der fünfziger Jahre ist ›Streit's‹ am Jungfernstieg.

Andererseits ist Hamburg mit **Programmkinos** (vor allem ›Abaton‹, Allende-Platz 3, HH 13, ✆ 442646), dem kommunalen Kino **Metropolis** (Dammtorstr. 30, HH 36, ✆ 342353), dem **Hamburger Filmbüro** in der ehemaligen Zeise-Fabrik (Ottensen, Friedensallee 7, HH 50, ✆ 391747) und kommerziellen **Studios und Produktionen** (Studio Hamburg mit ›Vorführung 6‹, Jenfelder Allee 80, HH 70, ✆ 6688–0) eine der wichtigen Filmstädte Deutschlands. Die **Programme** erfährt man natürlich aus der Zeitung.

Telefon-Ansage: 11511, 11512 u. 11513.

Wöchentlich erscheint der **Filmriss,** eine umfassende Programmübersicht mit Kritiken (Doppelpunkt-Verlagsgesellschaft, Dammtorstr. 30, HH 36, ✆ 340707).

Konsulate

Durch seine weltweiten Handelsbeziehungen ist Hamburg auch die größte Konsulatsstadt der Bundesrepublik: Die Konsular- und Handels-Vertretungen von 75 Staaten (1990) bieten auch Reisenden Hilfe (Anschriften unter ›Konsulate‹ in den ›Gelben Seiten‹ des Branchentelefonbuches – dort auch die der deutschen Konsulate von Staaten, die in Hamburg nicht vertreten sind).

Konzerte und Musik

Die **Musikhalle** ist der wichtigste Konzertsaal Hamburgs (Karl-Muck-Platz, HH 36, ✆ 346920) mit Veranstaltungen von Klassik bis Pop.

Das **Congress Centrum Hamburg CCH** (am Dammtorbahnhof, Vorverkauf im Messehaus, Jungiusstr. 13, ✆ 342025) ist u. a. der Veranstaltungsort für große U-Musik-Veranstaltungen, internationale Gastspiele vom Ballett bis zur Personality-Show.

Im **Sendesaal des NDR,** Oberstr. 116–120 (ehemalige Tempel-Synagoge; s. Harvestehude) finden öffentliche Rundfunkkonzerte statt (Norddeutscher Rundfunk Hörfunk, Rothenbaumchaussee 132, HH 13, ✆ 413 - 1).

Das Amt für **Kirchenmusik** gibt Auskunft und versendet Veranstaltungspläne über die vielfältigen kirchenmusikalischen Veranstaltungen in der Hansestadt (Uhlandstr. 49, HH 76, ✆ 2205131).

Vor allem die **Hauptkirchen der Innenstadt** bieten große Veranstaltungen und kontinuierliche Angebote. Ständige Veranstaltungsreihen sind z. B. die **Stunde der Kirchenmusik** mittwochs in der Hauptkirche *St. Petri* (mi 17.15 Uhr) und die **Orgelandachten** in der Hauptkirche *St. Michaelis* (täglich 12 Uhr, im Sommer außerdem 17 Uhr sowie sa Orgelkonzerte, ✆ 366588).

Die **Fabrik** (s. Ottensen; Barnerstr. 36, HH 50, ✆ 391 5636) sowie die **Markthalle** in der ehemaligen Blumenmarkthalle am Hauptbahnhof (s. Innenstadt, Markt; Klosterwall 9–21, HH 1, ✆ 339491) veranstalten Pop-, Rock- und Jazzkonzerte, Lesungen, freies Theater usw.

Lokale mit **Live-Musik** sind zahlreich – man findet sie in ›Kultur in Hamburg‹ und in den Stadtillustrierten (s. S. 553).

Theater- und Konzertkarten vermitteln das **START/KART-System** (an das in der Bundesrepublik bereits über 3600 Reisebüros angeschlossen sind) und die **Theater-Kasse** der Tourismus-Zentrale (Bieberhaus) sowie Konzertdirektionen und private Theaterkassen (siehe Veranstaltungskalender oder Branchentelefonbuch). Der **last minute Kartenshop** in der Tourist Information Hanse-Viertel (✆ 353565) bietet täglich von 15–18.30 Uhr verbilligte Restkarten an (u. a. Deutsches Schauspielhaus). – Vor allem die Musical-Theater bieten ihre Karten über **Teleticket** an (telefonischer Kartenverkauf; ✆ 27075–270).

Kunsthandwerk

Kunsthandwerkliche Werkstätten aller Art finden sich in allen Stadtteilen Hamburgs. Das **Haus des Kunsthandwerks** in St. Georg (Koppel 66, HH 1) faßt in einem umgebauten Fabrikgebäude verschiedene Werkstätten zusammen.

Kurioses und Originelles

... ist in einer Großstadt nur kurios und originell, wenn man es selbst aufspürt. Aber vielleicht wäre ja das ein Tip: Alles, was Hamburg abspült, gelangt in das umfangreiche Sielsystem (die Kanalisation), das erste, das in einer deutschen Stadt eingerichtet wurde. Im Hauptpumpwerk Altona münden die Geest-Stammsiele. Die filterbaren Gegenstände werden dort aus den Abwässern herausgefischt. Aus den merkwürdigsten Fundstücken haben die Mitarbeiter der Stadtentwässerung ein **Abwasser- und Sielmuseum** aufgebaut, das tiefe Einblicke in das Wesen der Großstadt zuläßt (St. Pauli, HH 4, Bei den St. Pauli-Landungsbrücken, Besichtigung nur nach Absprache, ✆ 3807-3441).

Lesetips s. Literaturanhang und ›Bibliotheken‹.

Literatur

1989 wurde im restaurierten Haus Schwanenwik 38 (s. Uhlenhorst) das
Literaturhaus Hamburg eröffnet (Schwanenwik 38, HH 76, ✆ 2270948), das laufend Ausstellungen, Lesungen, Diskussionen und Vorträge veranstaltet. Außerdem Café und Buchhandlung.

Eine lange Tradition hat das Hamburger Literaturzentrum e. V. **lit.** Es ist ebenfalls in das Literaturhaus einbezogen (✆ 2279203).

Über das **Literaturtelefon** (Ansagedienst ✆ 11510) kann man Gedichte und Kurzprosa hören.

Märkte

Hamburg besaß bis in die fünfziger Jahre keine Märkte im landläufigen Sinne. Der **Großmarkt** (s. Innenstadt, Markt und Hammerbrook) versorgte nur den Zwischenhandel. Dann wurden aber in den Stadtteilen **Wochenmärkte** eingeführt, die inzwischen teilweise legendären Ruf haben – so der **›Ise-Markt‹** (Abb. 7) in der Isestraße unter dem Hochbahnviadukt oder der **Wochenmarkt in Volksdorf** –, wobei die Inschrift des alten Meßbergbrunnens am Hopfenmarkt (s. Innenstadt, Neue Burg) wohl den Kern der Sache benennt: »Auf dem Markt lernt man Leute kennen«, zumal im Bereich der ›guten Adressen‹: Der Ise-Markt als Treffpunkt zwischen Harvestehude und Eppendorf, der in Volksdorf für die bürgerlichen Walddörfer.

Eine Sonderrolle spielt der **Altonaer Fischmarkt** (Abb. 8, 9). Aus dem Marktplatz des alten Altona und dem Fischgroßmarkt des Altonaer Fischereihafens hervorgegangen, ist er zum allsonntäglichen Jahrmarkt geworden. auf dem von Antiquitäten bis zu Gebrauchtkleidern, von lebenden Fischen bis zu Discount-Zimmerpalmen ein buntes Warenangebot mit hoch stilisiertem, hinreißendem Marktgeschrei vertrieben wird. Als Endpunkt für Streifzüge durch das Nachtleben bietet er frühe Stärkung (So 6–9.30 Uhr).

Messen und Fachausstellungen

Die **Hamburg-Messe** im Messegelände zwischen Holstenglacis, Karolinenstraße und Jungiusstraße veranstaltet laufend große Messen und Fachausstellungen. Besonders attraktiv unter den regelmäßig wiederkehrenden Veranstaltungen ist die Internationale Bootsausstellung ›Hanseboot‹ (1989 zum 30. Mal, 21.–29. 10.).

Den **Messe-Kalender** erhält man bei der Tourismus-Zentrale und von der Hamburg Messe und Congress GmbH (Jungiusstr. 13, HH 36, ✆ 3569-0).

Die Messehallen beim **Modezentrum** in Schnelsen haben sich zu einem wichtigen überregionalen Ausstellungszentrum entwickelt (Fachmessen und Sonderausstellungen, Modering 1 a, HH 61, ✆ 5509383).

Museen s. ›Museen und Sammlungen‹

Nachtleben

Das Nachtleben wohl kaum einer deutschen Stadt hat einen so legendären Ruf wie das in Hamburg. Es ist gleichbedeutend mit **St. Pauli.** Freilich: Das Buch, das das Vergnügungsviertel dieses Stadtteils am besten vergegenwärtigt, heißt ›Die weiße Taube flog für immer davon‹ (Günter Zint, 1982).

Auch hier gilt, daß das Nachtleben erst dann schön ist, wenn man es selbst entdeckt. Auf St. Pauli hat man jedenfalls alle Möglichkeiten dazu, vom anständigen ›Zillertal‹ bis zum frivolen ›Salambo‹ und vielen noch direkteren Etablissements (zu den kulturgeschichtlichen Aspekten s. Altona-Altstadt und St. Pauli).

Notfälle

Die wichtigsten **Notrufe** in Hamburg sind:

Polizei	✆ 110
Feuerwehr (die in Hamburg auch für **Rettungswagen** und **Notarztwagen** zuständig ist)	✆ 112
Ärztlicher Notfalldienst und **Apothekennotdienst**	✆ 228022
Zahnärztlicher Notdienst	✆ 11500
Giftinformationszentrale	✆ 6385–3345 –3346
Tierärztlicher Notfalldienst	✆ 434379

Die Kassenärztliche Vereinigung Hamburg unterhält **Notfallpraxen** in *Farmsen* (Berner Heerweg 124, HH 72) und *St. Pauli* (Stresemannstr. 54, HH 50)

Parks

Hamburg ist weithin eine Gartenstadt. Alleen, grüne Villenviertel, öffentliche Grünanlagen und große Parks in allen Stadtteilen sind zahlreich (Informationsmaterial bei der *Umweltbehörde,* Steindamm 1, HH 22, ✆ 2486-0).

Die **Wallanlagen** sind die bis heute oft umgebaute, älteste öffentliche Parkanlage Hamburgs; im Bereich **Planten un Blomen** beim Congress Centrum Hamburg CCH (Dammtorbahnhof) gibt es vom 1.5. bis 21.8. 22 Uhr und vom 1.9. bis 30.9. ab 21 Uhr ein ›Wasserlichtkonzert‹.

Restaurants

Das Hamburger gastronomische Angebot ist so groß, daß nur intensive (und jeweils aktuelle) Umschau mit Hilfe von Zeitungen und Zeitschriften und vor allem ›heiße Tips‹ zu den besonderen kulinarischen Genüssen führen, die jeden Aufwand lohnen. Insgesamt ist das Niveau hoch, die Preise sind es nicht minder.

Bei der Tourismus-Zentrale sowie in vielen Lokalen sind die monatlichen **Informationsdienste** ›Gästeführer Hamburg‹ mit aktuellen Hinweisen für Hotels, Restaurants, Spezialitäten, Nachtklubs (Ewald Schwarzer Verlag, Wallberstr. 3, 8028 Taufkirchen, ✆ 089/612020) sowie ›Hamburg à la carte‹ mit Nachrichten und vielen Anzeigen aus der Gastronomie (Verlag Blumenfeld, Chilehaus B, HH 1, ✆ 302902-62) erhältlich. – Außerdem gibt es teilweise umfangreiche Restaurantführer für Hamburg im Buchhandel.

Die folgenden Lokale sind eine subjektive Auswahl, die mehr Wert darauf legt, hamburgisches Ambiente und Aussichtsmöglichkeiten, historisch und baugeschichtlich interessante Umgebungen zu erschließen als ein Urteil über die kulinarische Qualität des Angebots abzugeben.

In der City

Der **Ratsweinkeller** sollte bei einer *Rathausbesichtigung* nicht ausgespart und dann auch authentisch genutzt werden. Nirgends sonst kann man sich in gleicher Weise althanseatischen Illusionen hingeben (s. Innenstadt, Rathaus; Große Johannisstr. 2, HH 11, ✆ 364153).

In den neugotischen Räumen des *Gebäudes der Patriotischen Gesellschaft* (s. Innenstadt, Trostbrücke) ist das **Alte Rathaus** und im Keller der **Fleetenkieker** eingerichtet (Börsenbrücke 10, HH 11, ✆ 367570 u. 365617).

Gastronomisch und zugleich historisch zu empfehlen sind die Gaststätten der **Deichstraße:** Das **Alt-Hamburger Bürgerhaus** (Deichstr. 37, HH 11, ✆ 373633) ist dort das wichtigste historische Gebäude (s. Innenstadt, Deichstraße). Die Räume mit Bürgerhaus-Diele sind mit Mobiliar aus Bürgerhäusern des Barock und Klassizismus eingerichtet. – Weiterhin u. a. der **Deichgraf** (Deichstr. 23, HH 11, ✆ 364208) und **Zum Brandanfang** (Deichstr. 25, HH 11, ✆ 365520).

Anno 1750 ist in einem alt-hamburgischen Bürgerhaus eingerichtet (Ost-West-Str. 47, HH 11, ✆ 330070), das im Lauf der Zeit allerdings erheblich verändert worden ist (s. Innenstadt, Grimm). Im Souterrain der **Gröninger Braukeller** (✆ 331381).

Die Vegetarische, Gaststätte und Café in den Alsterarkaden mit besonderem Angebot und Blick auf Alster und Rathaus (Neuer Wall 13, HH 36, ✆ 344703).

Der **Friesenkeller** liegt unter den Alsterarkaden mit Blick auf Rathaus und Alster auf Alsterniveau (Jungfernstieg 7, HH 36, ✆ 344761 u. 345396).

W. Schümann's Austernkeller hat zwar keine Aussicht auf die Binnenalster, als traditionsreiches Lokal aber gehört er zum Hamburger bürgerlichen Milieu (Jungfernstieg 34, HH 36, ✆ 345328 u. 346265).

Alsterpavillon, Café und Restaurant (Jungfernstieg 45, HH 36, ✆ 345052), in der City an der Binnenalster; das Promenadencafé mit der längsten Tradition in Hamburg (s. Innenstadt, Jungfernstieg).

Das Café **Bäckerei Oertel** ist im Obergeschoß eines der Esplanadehäuser, die um 1830 entstanden sind, eingerichtet (s. Innenstadt; Esplanade 29, HH 36, ✆ 340275). Vor allem das in der Gründerzeit mit einer Eichenvertäfelung ausgestattete Hinterzimmer ist sehr stimmungsvoll. Hier kann man im Geiste Hinrich Castorp seinen Großvater besuchen lassen (Thomas Manns ›Zauberberg‹ beginnt in der Esplanade).

Die **Galeriestuben** sind in den *Krameramtswohnungen* eingerichtet (s. Innenstadt, Sanierungen; Krayenkamp 10, HH 11, ✆ 365800), ebenso **Zur alten Kramerstube** (✆ 365800).

Am Hafen

Hannes an der Überseebrücke bietet eine gute Aussicht auf Hafen und Hafenkante (Vorsetzen, HH 11, ✆ 315047).

Auf dem **Museumsschiff ›Rickmer Rickmers‹** ist ein stimmungsvolles Restaurant eingerichtet worden (Bei den St. Pauli-Landungsbrücken 1, HH 4, ✆ 317374, täglich 10–17 Uhr, abends nur geschlossene Veranstaltungen).

Das **Bavaria Blick**-Restaurant im obersten Geschoß der Brauerei Bavaria-St.-Pauli (Bernhard-Nocht-Str. 99, HH 36, ✆ 314800 und 314453) bietet eine hervorragende Aussicht über den Hafen.

Das **Fischerhaus** liegt im Bereich des ehemaligen Hamburger Fischmarkts in St. Pauli (St. Pauli-Fischmarkt 14, HH 36, ✆ 314053).

Das **Fischereihafen-Restaurant** gibt schon mit seinem Namen Auskunft über Lage und Angebot (Große Elbstr. 143, HH 50, ✆ 38 18 16).

An der Elbe

Zum alten Lotsenhaus gehört zu den traditionsreichen Lokalen der Fischer- und Lotsensiedlung Övelgönne am Elbufer (s. Othmarschen; Övelgönne 13, HH 50, ✆ 8 800196). Ebenso dort u.a. **Zum Bäcker** (Övelgönne 38, HH 50, ✆ 8 80 77 13).

Im Westen

Das **Eisenstein** ist in der *ehemaligen Zeise-Fabrik* in Ottensen eingerichtet worden. Ebenda die **Filmhauskneipe** (s. Ottensen; Friedensallee 5 bzw. 7, HH 50, ✆ 3 90 46 06 bzw. 39 34 67).

Das **Landhaus Scherrer** an der Elbchaussee bietet dieser allerfeinsten Adresse gemäß große Küche (Elbchaussee 130, HH 50, ✆ 8 80 13 25).

Im Untergeschoß von Elbchaussee 139 (s. S. 345) befindet sich **Le Canard,** ein feines Restaurant mit exclusivem Blick auf den Hafen (HH 50, ✆ 8 80 50 57).

Das Café **Röpers-Hof** ist in einem restaurierten Bauernhaus untergebracht (s. S. 340; Agathe-Lasch-Weg 2, HH 52, ✆ 8 81 12 00).

Jacob bei der Kirche in *Nienstedten* gehört zu den Lokalen mit der längsten Tradition in Hamburg; es ist Teil der Landhauskultur in den Elbvororten und legendär durch seine Elbterrasse (s. Nienstedten; Elbchaussee 401, HH 52, ✆ 82 93 52).

Das **Landhaus Dill** liegt in der ehemaligen Bäkkerei gegenüber (s. Nienstedten; Elbchaussee 404, HH 52, ✆ 82 84 43).

Sagebiel's Fährhaus in der ehemaligen Blankeneser Fährkate (s. Blankenese) bietet mit seinen schönen Terrassen einen hervorragenden Ausblick auf die Elbe und das Blankeneser Hanggebiet (Blankeneser Haupstr. 107, HH 55, ✆ 86 15 14) – ebenso wie das auf 74,7 m Höhe gelegene Restaurant auf dem **Süllberg** (Süllbergsterrasse 2, HH 55, ✆ 86 16 86 u. 86 18 00).

In den Stadtteilen

Das **Bauernhaus im Volkspark** ist die historische Parkgaststätte im Altonaer Volkspark (s. Bahrenfeld; Nansenstr. 82, HH 54, ✆ 5 40 33 79).

Das **Landhaus Walter** im *Stadtpark* ist das einzige erhaltene der von Fritz Schumacher für den Stadtpark entworfenen und gebauten Lokale (s. Winterhude, Stadtpark; Hindenburgstr. 2, HH 60, ✆ 27 50 54).

Der **Dorfkrug Volksdorf** ist in einer historischen Kate des Museumsdorfes eingerichtet (s. Volksdorf; Im Alten Dorfe 44, HH 67, ✆ 603 92 94).

Viele weitere Lokale sind in den äußeren Stadtteilen zu finden, die alte Katen, Bauernhäuser, Mühlen, Landhäuser, aber auch historische Ausflugsrestaurants, Kutscherkneipen, Schleusenmeisterkrüge und Fährhäuser mit Leben füllen.

Rundflüge

Gibt es je nach Wetterlage im Sommer an den Wochenenden (Flughafen Fuhlsbüttel, Buchungen ✆ 5 08 22 68 und 5 00 01 47).

Rundflüge mit historischer Dimension werden von der *Deutschen Lufthansa* an Bord eines restaurierten Exemplars der legendären **Junkers Ju 52** (›Tante Ju‹) durchgeführt. Der Flugzeugtyp wurde seit 1931 gebaut – er ist also fast so alt wie der Hamburger Flughafen (Deutsche Lufthansa, Dammtorstr. 14, HH 36, ✆ 3 59 52 24).

Stadtrundfahrten, Führungen, Spaziergänge

Stadtrundfahrten werden von der Tourismus-Zentrale mit Ausgangspunkt Kirchenallee (St. Georg-Seite des Hauptbahnhofs) durchgeführt.

Tagsüber die **Große** und **Kleine Stadtrundfahrt** mit ca. 2½ bzw. 1¾ Stunden Dauer, die einstündige Rundfahrt **Hamburg kompakt,** die kombinierte **Stadt- und Hafenrundfahrt** (ca. 2¾ Std.).

Die Rundfahrt **Hamburg bei Nacht** (Abfahrt 20 Uhr, Rückkehr gegen 0.30 Uhr) schließt an die Stadtrundfahrt einen Besuch auf St. Pauli an, samt Nachtleben auf der Großen Freiheit. Auskünfte und Reservierungen für Gruppen: ✆ 2271060 oder Tourismus-Zentrale ✆ 300510.

Die **Nostalgische Stadtrundfahrt** mit der ›Hummelbahn‹ (Kleinbahn auf der Straße) ab Kirchenallee führt im Sommer im Zweistundentakt durch die Innenstadt und zum Hafen (✆ 7928979, Ostern bis 31. 10. ab 9 Uhr und zuletzt 18 Uhr, vorher ab 15. 3. und nachher bis November verkürztes Programm).

Das Nachtprogramm **Die große Hamburger Lichterfahrt** mit ›Hummelbahn‹, Alsterschiff (einschließlich Picknick auf der Außenalster und Besuch der Lichterorgel in Planten un Blomen) wird vom 15. 5. – 15. 8. täglich angeboten (Abfahrt 20 Uhr).

Gästeführer vermittelt die *Tourismus-Zentrale* für Rundfahrten, Besichtigungen und Führungen in allen gängigen Sprachen. Der *Hamburger Hostessen-Service* (Wellingsbüttler Weg 88, HH 65, ✆ 5366016) vermittelt Damen an Gruppen als Begleiterinnen und Dolmetscherinnen für Stadtrundfahrten, Tagungen, Einkaufsbummel.

Kulturgeschichtliche Führungen und Spaziergänge mit thematischen Schwerpunkten veranstalten der *Museumspädagogische Dienst* und das *Museum der Arbeit* (s. ›Museen und Sammlungen‹). Stadtteilbezogene Führungen bieten Geschichtswerkstätten und Vereine; die Kulturbehörde hat 1989 ein Verzeichnis solcher Angebote veröffentlicht (›Kiek mol‹, Stadtteilrundgänge Hamburger Geschichtswerkstätten). – Außerdem neuerdings: ›Statt-Reisen‹ (Lange Reihe 111, HH 1, ✆ 245666).

Kunstführungen in Hamburg und Umgebung veranstalten die *Hamburger Studienfahrten Karl Otto Wolf* (Mönckebergstr. 18, HH 1, ✆ 327653, mo–fr 14–18 Uhr).

Alternative Stadtrundfahrten führen zu den Stätten der Verfolgung und des Widerstandes im ›Dritten Reich‹ (Zwei Routen von je 3–4 Stunden Dauer ab ZOB Steintorplatz; Termine: *Landesjugendring Hamburg,* Alfred-Wegener-Weg 3, HH 11, ✆ 3195345).

Die *Deutsch-Jüdische Gesellschaft* veranstaltet im Sommer **Stadtgänge zu ehemaligen jüdischen Stätten** in Hamburg (Esplanade 14, HH 36).

Über die **aktuelle Stadtplanung und Neubauten,** aber auch Stadtteil- und Baugeschichte informieren die von der *Baubehörde* veranstalteten Rundfahrten ›Sieh Dir an, wie Hamburg baut‹ (Abfahrt Moorweide gegenüber dem Dammtorbahnhof 6. 5. bis 15. 10. sa 14 Uhr, ✆ 34913-2662).

Theater, Oper, Ballett, Kabarett

Die zahllosen Veranstaltungen, Aufführungen, Konzerte, die alltäglich in Hamburg stattfinden, kann man nur aktuell erforschen. Dafür sind die Hilfsmittel oben genannt worden. Außerdem informiert der Telefonansagedienst der Deutschen Bundespost über Oper und Theater (✆ 11516) sowie über sonstige Veranstaltungen (✆ 11515).

Die großen Staatstheater in Hamburg bieten Oper, Ballett und Theater auf internationalem Niveau:
die **Hamburgische Staatsoper** mit der Studiobühne **Opera stabile** (Große Theaterstr. 24, HH 36, ✆ 351721),
das **Deutsche Schauspielhaus** mit **Malersaal** (Kirchenallee 39, HH 1, ✆248713),
das **Thalia-Theater** (Alstertor, HH 1, ✆ 322666) mit der Dependance **tik** (Theater in der Kunsthalle).

Das Kulturzentrum **Kampnagelfabrik** (s. Winterhude) bietet in hinreißender Vielfalt Theater, Ausstellungen, Konzerte, Lesungen, Diskussionen (Jarrestr. 20–26, HH 60, ✆ 2791066).

Weitere Theater in Hamburg

Altonaer Theater
Museumstr. 17
HH 50
✆ 39 15 45 und 39 15 46

Commedia Theater
Neanderstr. 22
HH 11
✆ 34 19 04

The English Theatre bietet Theater in englischer Sprache
Lerchenfeld 14
HH 76
✆ 22 55 43

Ernst-Deutsch-Theater
Mundsburger Damm 60
HH 76
✆ 2 27 01 42-22

Hamburger Kammerspiele
Hartungstr. 9/11
HH 13
✆ 4 14 01 40

Harburger Theater
Museumsplatz 2
HH 90
✆ 77 46 46 und 77 88 80

die kleine komödie und
Peter Ahrweiler's rendezvous
Neuer Wall 54
HH 36
✆ 36 73 40 und 37 13 14

Komödie im Winterhuder Fährhaus
Hudtwalckerstr. 13
HH 60
✆ 27075–270 und 47 40 81

monsun theater
Friedensallee 20
HH 50
✆ 3 90 41 48

Neue Flora
Stresemannstr. 161
HH 50
✆ 27075–270
(Ab Sommer 1990 ›Das Phantom in der Oper‹)

Das **Ohnsorg-Theater** kennt man vom Fernsehen; im Original ist es – für manchen Süddeutschen erschreckend – authentisch plattdeutsch.
Große Bleichen 23
HH 36, ✆ 35 08 03 21

Das **Operettenhaus** führt wohl noch auf unabsehbare Zeit ›nur‹ das Musical ›Cats‹ auf.
Spielbudenplatz 1
HH 5, ✆ 31 11 76
Kartenvorverkauf 27 07 52 70

Piccolotheater
Juliusstr. 13–15
HH 50, ✆ 43 53 48

Das **St. Pauli-Theater** spielt niederdeutsche Folklore, lokal-zeitkritische Stücke, Hamburg-Komödien.
Spielbudenplatz 29
HH 36
✆ 31 43 44

Theater in der Basilika
Borselstr. 16
HH 50
✆ 3 90 46 11

Theater im Zimmer
Alsterchaussee 30
HH 13
✆ 44 65 39 und 45 09 68

Theater für Jugendliche und Kinder

Klexs-Theater
Alter Steinweg 43
HH 11
✆ 34 34 36, Vorverkauf 34 35 00

Theater für Kinder
Max-Brauer-Allee 76
HH 50, ✆ 38 25 38, 38 37 59 u. 38 29 59

Kabarett und Kleinkunst

(unter vielen anderen)

Das Schiff liegt im Nikolaifleet an der Holzbrücke.
Holzbrücke 2
HH 11
✆ 364765

Schmidt
Spielbudenplatz 24
HH 26
✆ 314804 und 314824

Über die vielfältigen Angebote von **freien Theatergruppen** und **Kabarett** informieren ›Kultur in Hamburg‹ und die übrigen Veranstaltungskalender.

Das **Hansa-Theater** ist das letzte klassische Varieté-Theater Deutschlands mit internationalem Programm.
Steindamm 17
HH 1
✆ 241414

Für die *Theaterkarten* siehe ›Konzerte und Musik‹.

Umgebung

Die Umgebung Hamburgs bietet viele lohnende Ziele für Ausflüge, naturbezogen oder kulturgeschichtlich interessierend, mit Verkehrsmitteln jeder Art.

Wenn es irgend geht, sollte dabei **Lübeck** an erster Stelle stehen, leicht und schnell zu erreichen mit der Bahn und über die Autobahn (A 1). Man vollzieht dann die historische Verbindung beider Hansestädte, von Nordsee und Ostsee innerhalb der Hanse nach, erlebt im reichen Bestand an Bürgerhäusern Lübecks seit dem Mittelalter bau- und kunstgeschichtliche Horizonte, die in Hamburg längst verloren sind. – Ein Ausflug in die traditionsreichen Ostseebäder **Travemünde** und **Timmendorfer Strand** läßt sich damit verbinden.

Von Hamburg aus sollte man auch die **Nordsee** ansteuern, was am schönsten durch einen Tagesausflug nach Cuxhaven und Neuwerk erreicht werden kann (mit dem Auto über die B 73). **Cuxhaven** gehörte als vorgeschobener Posten bis 1937/38 mit seinen Hafenanlagen und dem Schloß Ritzebüttel – dem Sitz des dort amtierenden Hamburger Senators – zu Hamburg; es ist der Ausgangspunkt für eine Fahrt mit dem Wattwagen nach **Neuwerk,** das seit 1962 wieder ein Stadtteil des Bezirks Hamburg-Mitte ist und dessen Turm im 14. Jh. von Hamburg zur Sicherung der Elbmündung erbaut wurde (s. Neuwerk; die Wattfahrt ist von der Tide abhängig; Auskunft und Buchung bei Karl-Heinz Brütt, Haus Wattenpost, Duhner Str. 19, 2190 Cuxhaven, ✆ 04721/62213).

Ein Besuch des **Wrack-Museums** in Cuxhaven (Dorfstr. 80, 2190 Cuxhaven, ✆ 04721/23341, di–fr 9–12 Uhr und 15–17 Uhr, sa und so sowie an Feiertagen 10–12 Uhr und 15–17 Uhr) bietet durch geborgene Reste untergegangener Schiffe, ihrer Ausrüstung und Ladung einen verblüffend vielfältigen Einblick in Schiffahrts- und Handelsgeschichte.

Von Cuxhaven aus fährt täglich die ›Wappen von Hamburg‹ nach **Helgoland:** 30. 4. bis 30. 9. ab 10.30 Uhr, Rückkehr 18.30 Uhr, hin und zurück je ca. 2 Stunden Überfahrt – an manchen Wochenenden fährt sie auch in Hamburg selbst ab (Auskunft über Termine und Buchungen: Seetouristik, Vorsetzen 32, HH 11, ✆ 373374; außerdem bei allen Reisebüros, bei der Deutschen Bundesbahn und der Tourismus-Zentrale).

Nach Helgoland kann man auch über *Büsum* gelangen (ab Hamburg mit Bus, Auskunft bei Jasper-Busreisen, Mühlendamm 86, HH 76, ✆ 2271060 und Colonnaden 72, HH 36, ✆ 343751).

Wer sein Wissen über Schiffe und Häfen vertiefen möchte, kann sich nach **Bremerhaven** aufmachen und dort das **Deutsche Schiffahrtsmuseum** besuchen, in dem er dann auch manches

Hamburger Exponat entdecken wird (Van Ronzelen-Str., 2850 Bremerhaven, ✆ 0471/44048, di–so 10–18 Uhr).

Von den **Adelssitzen und Herrenhäusern Schleswig-Holsteins** ist als eines der wichtigsten und Hamburg nächstliegenden das **Schloß** in **Ahrensburg** besonders sehenswert. Seine Geschichte ist eng mit der Wandsbeks verbunden (im 16. und 17. Jh. durch die Rantzaus, im 18. und frühen 19. Jh. durch die Schimmelmanns; s. Wandsbek).

Das **Schulauer Fährhaus** mit der **Schiffsbegrüßungsanlage** ›Willkommhöft‹ und dem **Buddelschiff-Museum** (täglich 10–17 Uhr, im Winter außer mo) gehört der Funktion nach ganz zu Hamburg, liegt aber schon jenseits der Landesgrenzen (Schulauer Fährhaus, 2000 Wedel, ✆ 04103/83094).

Das **Freilichtmuseum Kiekeberg** (Rosengarten 5, 2107 Ehestorf, ✆ 7907662) hat bis 1987 der Freien und Hansestadt Hamburg gehört. Dann hat sie es an den niedersächsischen Landkreis Harburg verkauft, der es seitdem großzügig ausbaut. Es informiert durch hierher übertragene Bauernhäuser und ganze Höfe über die Geschichte von Dorf und Landwirtschaft im nördlichen Niedersachsen. 1989 wurde ein Neubau eröffnet, in dem die Geschichte der landwirtschaftlichen Technisierung präsentiert wird.

Ansonsten soll nicht unerwähnt bleiben, daß auch *Lüneburg, Buxtehude* und *Stade, Glückstadt, Ratzeburg* und *Mölln* zu Hamburgs Umgebung gehören – aber dazu braucht man einen anderen Führer.

Unterkunft

Abgesehen vom *Zimmernachweis* der Tourismus-Zentrale und ihrer Tourist Informations-Büros (s. S. 554) geben die eingangs genannten Führer und Informationsdienste Hilfe bei der Auswahl von Unterkunftsmöglichkeiten. Allgemein ist das Hotelangebot vielfältig, der Tendenz nach teuer.

Wer die Kosten nicht scheut, kann sich mit der Übernachtung in einem der traditionsreichen **First-Class-Hotels** an Binnen- und Außenalster (›Vier Jahreszeiten‹, Neuer Jungfernstieg 9, HH 36, ✆ 3494-0; ›Atlantic Hotel‹, An der Alster 72, HH 1, ✆ 2888-0) ein besonderes Weltstadterlebnis gönnen. Im Rahmen kombinierter Pauschalangebote des Programms **Happy Hamburg** gibt es dafür auch günstige Möglichkeiten.

Die **Jugendherberge auf dem Stintfang** (s. Innenstadt, Wallring) bietet einen absolut privilegierten Blick auf den Hafen (Alfred-Wegener-Weg 5, HH 11, ✆ 313488).

Das **Jugendgästehaus Horner Rennbahn** des Deutschen Jugendherbergswerkes in Horn (Rennbahnstr. 100, HH 74, ✆ 6511671) liegt weniger zentral, aber in der Nähe öffentlicher Verkehrsmittel (U 3 Horner Rennbahn, U 1 und Busse Wandsbek-Markt, S 4 Wandsbek).

Die günstigen Übernachtungsmöglichkeiten beider Jugendherbergen kann man sich durch frühzeitige Reservierung sichern (zu den üblichen Bedingungen des Deutschen Jugendherbergswerkes – insbesondere für Familien eine empfehlenswerte Möglichkeit, in Hamburg zu übernachten).

Die Hamburger **Campingplätze** befinden sich an der Kieler Straße 374, 620 und 650 sowie am Kronsaalsweg 86 (Autobahn-Abfahrt Stellingen, ✆ 5404532, 5705121, 5704498 und 5404994, Auskünfte beim ADAC, ✆ 2399-246 und bei der Tourismus-Zentrale, ✆ 30051-117).

Verkehrsmittel

Hamburgs sehr leistungsfähiges öffentliches Nahverkehrssystem faßt im **Hamburger Verkehrsverbund HVV** die Bus- und Hochbahnlinien der Hamburger Hochbahn-Aktiengesellschaft und die S-Bahnlinien der Deutschen Bundesbahn sowie Nebenbahnstrecken in die Umgebung und außerdem die Hafenfähren der HADAG zusammen; es erschließt das Stadtgebiet mit 2800 Haltestellen. Übrigens erkennt man

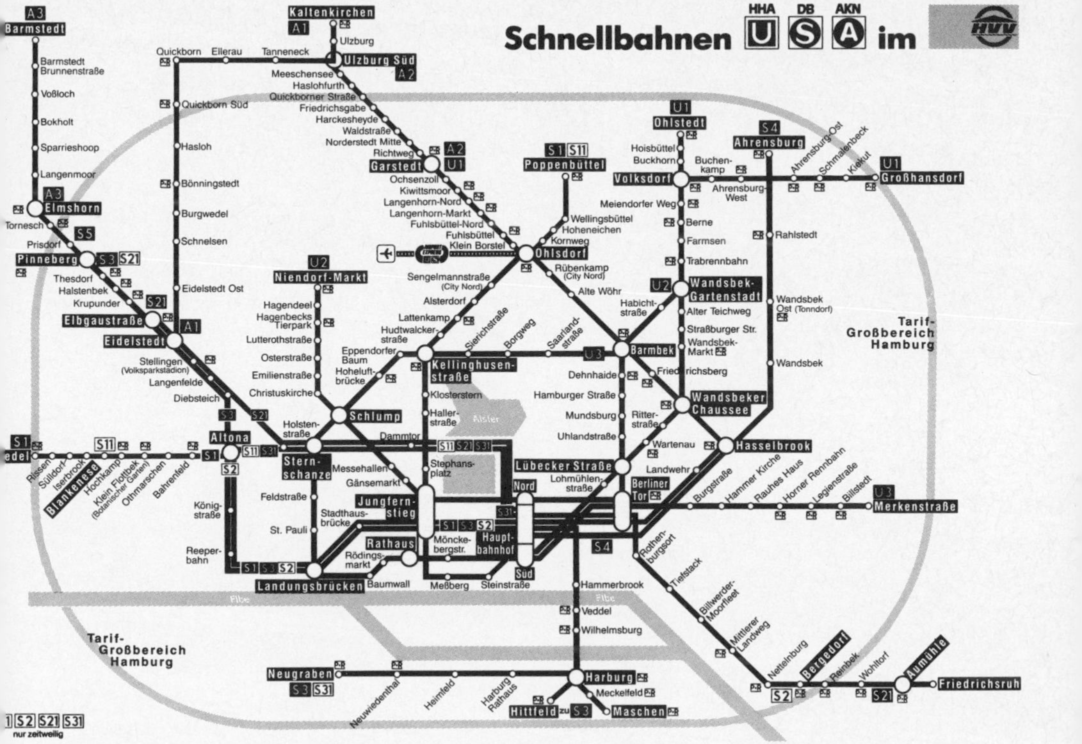

die Hochbahn am ›U‹ ihrer Haltestellen, sie hat lange Untergrundbahnabschnitte – wie die S-Bahn inzwischen auch. Beide Bahnsysteme gehörten schon zur Zeit ihres Aufbaus nach der Jahrhundertwende zu den modernsten Europas (s. Kapitel ›Jahrhundertwende‹ sowie zu den wichtigeren Haltestellen die Stadtteile).

Über **Tarife** (jahreszeitlich gibt es interessante Sonderangebote) und **Linien** informiert der HVV unter ✆ 32 29 11 (täglich 7–20 Uhr).

Es lohnt sich, wenn man sich auch als Tourist den vollständigen **Fahrplan** besorgt (bei den Kundenberatungsstellen des HVV und an den meisten Zeitungskiosken und -läden). Er enthält die Fahrpläne aller Linien und eine Übersichtskarte. Man kann sich aber auch auf das Netz der U- und S-Bahnlinien beschränken und von deren Haltestellen ausgehend die Buslinien aussuchen, die einen zum Ziel bringen. In den Außenbezirken mit weniger schneller Busfolge kann das allerdings zeitaufwendig werden.

Wichtig ist, daß in der Nachtzeit – zwischen ca. 0 Uhr und 4 Uhr – **Nachtbusse** mit veränderter Linienführung verkehren (zentrale Umsteigestelle Rathausmarkt).

Das **Tarifsystem** kennt neben einer **City-Karte** zu 1,– DM (sehr günstig für Fahrten im Bereich der Innenstadt) drei Preisstufen je nach Reichweite für Einzelfahrten. Wenn man den HVV aber erst ab 9 Uhr benutzt, lohnt sich immer eine **9-Uhr-Karte,** wobei für die Bedürfnisse dieses Führers der Geltungsbereich **Großraum Hamburg** ausreicht; die **Familienkarte** kostet dann (1989) 10,50 DM und gilt für bis zu vier Personen beliebigen Alters mit bis zu drei Kindern (bis zum vollendeten 12. Lebensjahr) für beliebig viele Fahrten am Geltungstag. Günstig für Einzelreisende, übertragbar und zeitlich nicht gebunden ist die **Mini-Zeitkarte** für drei Tage (18,– DM).

Es gibt außerdem besonders günstige **Touristenkarten** (für einen Erwachsenen und bis zu drei Kindern unter zwölf Jahren in seiner Begleitung), die für einen oder mehrere frei zu wählende Tage gelten (mo–fr ab 9 Uhr, sa und so ganztägig). Sie gelten auch für die 1. Klasse der S-Bahn, für Schnell- und Nachtbusse und sind erhältlich bei den Büros der Tourist Information sowie im HVV-Informationszentrum im S-Bahnhof Altona und im HVV-Stadtteilbüro Niendorf (Niendorfer Marktplatz 20).

Die **Fahrkarten** werden im Schnellbahnbereich und an manchen Bushaltestellen und Schiffsanlegern durch Automaten, sonst durch die Busfahrer verkauft.

Auf den Hafenfähren des HVV und in den Schnellbahnen der Linien U und S können auch *Fahrräder* mitgenommen werden (in den Bahnen mo–fr 9–16 Uhr und ab 18 Uhr, an Feiertagen, sa und so ohne zeitliche Einschränkung). Dafür ist eine zusätzliche **Fahrradkarte** (2,– DM) je Fahrt erforderlich.

Zoo, Botanische Gärten

Hamburg besitzt zwei **Botanische Gärten,** den **alten** mit großen *Pflanzenschauhäusern* in den *Wallanlagen* (beim Stephansplatz/Dammtorbahnhof, täglich 9–16.45 Uhr im Sommer, 9–15.45 Uhr im Winter) sowie den **neuen Botanischen Garten** der Universität in *Osdorf* (Ohnhorststr. 18, HH 52, ✆ 8222–250, täglich 9–20 Uhr im Sommer, 9–17 Uhr im Winter).

Im Bereich von **Planten un Blomen,** etwa da, wo jetzt das Congress Centrum Hamburg CCH steht, gab es auch einmal einen Zoo. Er ist im Ersten Weltkrieg eingegangen und war damals schon weit überflügelt worden durch eine der immer noch größten Attraktionen Hamburgs: **Hagenbecks Tierpark** war der erste, der Tiere aus aller Welt in einer parkartigen Umgebung präsentierte, die den jeweiligen natürlichen Lebensräumen nachgebildet ist. Ein *Delphinarium* und ein *Troparium* sind neuere Attraktionen (s. Stellingen; Carl Hagenbecks Tierpark, Hagenbeckallee, HH 54, ✆ 5400147, täglich ab 8 Uhr bis abends je nach Jahreszeit und Wetterlage).

Autor und Verlag bemühen sich darum, die Praktischen Reiseinformationen aktuell zu halten, können aber keine Gewähr für die Richtigkeit jeder einzelnen Angabe übernehmen – Anschriften, Telefonnummern, Öffnungszeiten etc. ändern sich oft kurzfristig. Wir bitten um Verständnis und werden Korrekturhinweise gerne aufgreifen (DuMont Buchverlag, Postfach 100468, 5000 Köln 1).

Hamburg …

… in drei Stunden

Hamburg in drei Stunden – das ist zu kurz. Aber man kann es riskieren, wenn man vom Hauptbahnhof aus zur Binnenalster geht, von dort auf den Rathausmarkt, zur Mönckebergstraße mit Petri- und Jacobikirche, dann noch durch das Kontorhausviertel, durch das Chilehaus hindurch zum Meßberghof, und wenn man von dort aus einen Blick auf die Speicherstadt wirft, die Fassade des Freihafens.

Die Eindrücke mögen genügen: Die Gewässer, die Landschaft, die Wohnviertel der Außenalster am Horizont, Rathaus und City, alte Kirchen und der Hafen – Größe, vielleicht auch Duft der Weltstadt kann man erhaschen.

… in einem Tage

Ein Tag Hamburg – der sollte eine Hafenrundfahrt und die Besichtigung des Rathauses einschließen. Ein City-Bummel vorher – wie oben oder etwa auch vom Stephansplatz über die Colonnaden und die Gänsemarktpassage zum Gänsemarkt, dann über die Poststraße zum Rathausmarkt – führt an Fassaden vorbei, aber die sind an diesem einen Tag nicht so wichtig.

Vielleicht läßt sich noch eine Alsterrundfahrt unterbringen.

Warum nicht abends nach St. Pauli?

… in zwei Tagen

Der zweite Tag in Hamburg könnte einem der großen Museen gelten, vor allem der Hamburger Kunsthalle. Ihre Ausstellungen haben Weltruf. Aus der Sammlung sollte man sich auf jeden Fall den Hochaltar von St. Petri und Meister Francke, Philipp Otto Runge und Caspar David Friedrich ansehen. – Die Bilder Max Liebermanns sind ein Ausdruck jener bürgerlicher Kultur in Hamburg, die Alfred Lichtwark erzieherisch herbeiführen wollte.

Der Nachmittag könnte in die Elbvororte führen, beispielsweise in den Jenischpark mit Jenisch-Haus und Ernst-Barlach-Haus.

… in drei Tagen

Wer seinem Hamburg-Besuch einen dritten Besichtigungstag zuschlägt, sollte zwei Wege auf sich nehmen: Erstens sollte man den Hauptfriedhof Ohlsdorf aufsuchen und sich dort die Zeit nehmen, einen Teil des Waldgürtels zu besichtigen – ausgehend vom Wasserturm an der Cordes-Allee nach Westen. – Zweitens sollte man in den äußersten Südosten des Stadtgebietes fahren und dort Bergedorf und die Vier- und Marschlande besuchen; auf jeden Fall aber Altengamme mit seiner Kirche und das Rieck-Haus in Curslack, dazu Gedenkstätte und Dokumentenhaus Neuengamme.

… in einer Woche

Ich möchte niemanden dazu überreden, nach Hamburg zu kommen, um hier eine Woche nur mit Besichtigungen zu verbringen. Nicht, weil es sich nicht lohnen würde. Nein, irgendwie wäre das dem Alltagscharakter dieser Stadt nicht angemessen. – Aber vielleicht summieren sich ja doch so viele Tage, daß man außer den Kernstücken der vorausgegangenen Vorschläge noch mehr in Augenschein nehmen kann. Davon sollte man wenigstens einen Tag darauf verwenden, die City näher kennenzulernen. Je einen halben Tag könnte man in Rotherbaum/Harvestehude und Eppendorf verbringen. Die Elbvororte haben mehr Zuwendung verdient: Ein Nachmittag und Abend in Nienstedten und Blankenese (vielleicht mit Kaffee und Kuchen in Sagebiels Fährhaus) nach vormittäglichem Museumsbesuch in Altona wäre sehr angebracht, zumal bei Anfahrt mit dem Elbedampfer der HADAG. Ein Sonntagvormittag in Övelgönne könnte mit einem Rundgang durch Othmarschen verbunden werden. Dann aber sollte sich ein Tag Harburg und Wilhelmsburg widmen. Und schließlich könnte noch eine Exkursion in die Walddörfer führen (nach Wohldorf über Volksdorf mit Museumsbesuch und über Bergstedt). Und vielleicht könnte man sich auch schon in den Vier- und Marschlanden mehr Zeit lassen.

... in einem und vielen Jahren

Eigentlich habe ich mir aber bei diesem Führer nicht in erster Linie ›Besucher‹ vorgestellt – sondern jene, die in dieser Stadt leben und arbeiten, sei es zeitweise oder immer, so wie ich selbst hier seit fünfzehn Jahre lebe. Ihnen soll er Grundinformationen über ihren Stadtteil bieten und die Möglichkeit, darüber hinaus Hamburg zu erkunden. Vielleicht ist er dafür ein bißchen zu umfangreich geworden. Wenn sich aber zeigen sollte, daß er dennoch bald nicht mehr genügt, um aufkommende Fragen zu beantworten, daß er bei weitem nicht alles enthält, was dem aufmerksam gewordenen Betrachter interessant erscheint – dann hat er seinen Zweck erfüllt.

Register

Personen

Sachregister

Folgende im Druck **fett** herausgehobenen Stichworte fassen **Objektgruppen** zusammen: Badeanstalten, Bahnhöfe, Bastionen, Brücken, Brunnen, Denkmäler, Fabriken, Fähr-, Grenz- und Meilensteine, Feuerwachen, Friedenseichen, Friedhöfe, Gasthöfe und Restaurants, Gemeindezentren, Hafen, Hochbahnhaltestellen, Kirchen, Klöster, Kontorhäuser, Kräne, Krankenhäuser, Landhäuser, Museen, Parks und Grünanlagen, Passagen, Polizeiwachen, Rathäuser, S-Bahnhöfe, Schleusen, Schulen- und Bildungseinrichtungen, Skulpturen, Stifte, Synagogen, Theater, Villen, Wachhäuser, Wassertürme, Wasserwerke und Windmühlen.